学术著作

抗战时期西南大后方城市发展变迁研究

主　编 ● 何一民

作　　者：何一民　艾智科　王肇磊
　　　　　丁小珊　李映涛 等

重庆出版集团 重庆出版社

图书在版编目(CIP)数据

抗战时期西南大后方城市发展变迁研究/何一民主编.—重庆：重庆出版社，2015.12

（大后方丛书）

ISBN 978-7-229-09837-7

Ⅰ.抗… Ⅱ.何… Ⅲ.城市史—西南地区—1937~1945 Ⅳ.①K297

中国版本图书馆CIP数据核字(2015)第100622号

抗战时期西南大后方城市发展变迁研究
KANGZHAN SHIQI XINAN DAHOUFANG CHENGSHI FAZHAN BIANQIAN YANJIU

何一民　主编

出　版　人：罗小卫
责任编辑：徐　飞
责任校对：何建云
装帧设计：重庆出版集团艺术设计有限公司　陈　永　吴庆渝

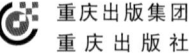

重庆出版集团　出版
重庆出版社

重庆市南岸区南滨路162号1幢　邮政编码：400061　http://www.cqph.com
重庆出版集团艺术设计有限公司制版
自贡兴华印务有限公司印刷
重庆出版集团图书发行有限公司发行
E-MAIL:fxchu@cqph.com　邮购电话：023-68809452
全国新华书店经销

开本：740mm×1030mm　1/16　印张：49.25　字数：774千
2015年12月第1版　2015年12月第1次印刷
ISBN 978-7-229-09837-7
定价：98.50元

如有印装质量问题，请向本集团图书发行有限公司调换：023-61520678

版权所有　侵权必究

《中国抗战大后方历史文化丛书》

编纂委员会

总 主 编：章开沅
副总主编：周　勇

编　　委：（以姓氏笔画为序）
山田辰雄　日本庆应义塾大学教授
马振犊　中国第二历史档案馆副馆长、研究馆员
王川平　重庆中国三峡博物馆名誉馆长、研究员
王建朗　中国社科院近代史研究所副所长、研究员
方德万　英国剑桥大学东亚研究中心主任、教授
巴斯蒂　法国国家科学研究中心教授
西村成雄　日本放送大学教授
朱汉国　北京师范大学历史学院教授
任　竞　重庆图书馆馆长、研究馆员
任贵祥　中共中央党史研究室研究员、《中共党史研究》主编
齐世荣　首都师范大学历史学院教授
刘庭华　中国人民解放军军事科学院研究员
汤重南　中国社科院世界历史研究所研究员
步　平　中国社科院近代史研究所所长、研究员
何　理　中国抗日战争史学会会长、国防大学教授
麦金农　美国亚利桑那州立大学教授
玛玛耶娃　俄罗斯科学院东方研究所教授

陆大钺	重庆市档案馆原馆长、中国档案学会常务理事
李红岩	中国社会科学杂志社研究员、《历史研究》副主编
李忠杰	中共中央党史研究室副主任、研究员
李学通	中国社会科学院近代史研究所研究员、《近代史资料》主编
杨天石	中国社科院学部委员、近代史研究所研究员
杨天宏	四川大学历史文化学院教授
杨奎松	华东师范大学历史系教授
杨瑞广	中共中央文献研究室研究员
吴景平	复旦大学历史系教授
汪朝光	中国社科院近代史研究所副所长、研究员
张国祚	国家社科基金规划办公室原主任、教授
张宪文	南京大学中华民国史研究中心主任、教授
张海鹏	中国史学会会长，中国社科院学部委员、近代史研究所研究员
陈晋	中共中央文献研究室副主任、研究员
陈廷湘	四川大学历史文化学院教授
陈兴芜	重庆出版集团总编辑、编审
陈谦平	南京大学中华民国史研究中心副主任、教授
陈鹏仁	台湾中正文教基金会董事长、中国文化大学教授
邵铭煌	中国国民党文化传播委员会党史馆主任
罗小卫	重庆出版集团董事长、编审
周永林	重庆市政协原副秘书长、重庆市地方史研究会名誉会长
金冲及	中共中央文献研究室原常务副主任、研究员
荣维木	《抗日战争研究》主编、中国社科院近代史研究所研究员
徐勇	北京大学历史系教授
徐秀丽	《近代史研究》主编、中国社科院近代史研究所研究员
郭德宏	中国现代史学会会长、中共中央党校教授
章百家	中共中央党史研究室副主任、研究员
彭南生	华中师范大学历史文化学院教授
傅高义	美国哈佛大学费正清东亚研究中心前主任、教授

温贤美　四川省社科院研究员
谢本书　云南民族大学人文学院教授
简笙簧　台湾国史馆纂修
廖心文　中共中央文献研究室研究员
熊宗仁　贵州省社科院研究员
潘　洵　西南大学历史文化学院教授
魏宏运　南开大学历史学院教授

编辑部成员（按姓氏笔画为序）

朱高建　刘志平　吴　畏　别必亮　何　林　黄晓东　曾海龙　曾维伦

总　序

章开沅

我对四川、对重庆常怀感恩之心,那里是我的第二故乡。因为从1937年冬到1946年夏前后将近9年的时间里,我在重庆江津国立九中学习5年,在铜梁201师603团当兵一年半,其间曾在川江木船上打工,最远到过今天四川的泸州,而起程与陆上栖息地则是重庆的朝天门码头。

回想在那国破家亡之际,是当地老百姓满腔热情接纳了我们这批流离失所的小难民,他们把最尊贵的宗祠建筑提供给我们作为校舍,他们从来没有与沦陷区学生争夺升学机会,并且把最优秀的教学骨干稳定在国立中学。这是多么宽阔的胸怀,多么真挚的爱心! 2006年暮春,我在57年后重访江津德感坝国立九中旧址,附近居民闻风聚集,纷纷前来看望我这个"安徽学生"(当年民间昵称),执手畅叙半个世纪以前往事情缘。我也是在川江的水、巴蜀的粮和四川、重庆老百姓大爱的哺育下长大的啊! 这是我终生难忘的回忆。

当然,这八九年更为重要的回忆是抗战,抗战是这个历史时期出现频率最高的词语。抗战涵盖一切,渗透到社会生活的各个层面。记得在重庆大轰炸最频繁的那些岁月,连许多餐馆都不失"川味幽默",推出一道"炸弹汤",即榨菜鸡蛋汤。……历史是记忆组成的,个人的记忆会聚成为群体的记忆,群体的记忆会聚成为民族的乃至人类的记忆。记忆不仅由文字语言承载,也保存于各种有形的与无形的、物质的与非物质的文化遗产之中。历史学者应该是文化遗产的守望者,但这绝非是历史学者单独承担的责任,而应是全社会的共同责任。因此,我对《中国抗战大后方历史文化丛书》编纂出版寄予厚望。

抗日战争是整个中华民族(包括海外侨胞与华人)反抗日本侵略的正义战争。自从19世纪30年代以来，中国历次反侵略战争都是政府主导的片面战争，由于反动统治者的软弱媚外，不敢也不能充分发动广大人民群众，所以每次都惨遭失败的结局。只有1937年到1945年的抗日战争，由于在抗日民族统一战线的旗帜下，长期内战的国共两大政党终于经由反复协商达成第二次合作，这才能够实现史无前例的全民抗战，既有正面战场的坚守严拒，又有敌后抗日根据地的英勇杀敌，经过长达8年艰苦卓绝的壮烈抗争，终于赢得近代中国第一次胜利的民族解放战争。我完全同意《中国抗战大后方历史文化丛书》的评价："抗日战争的胜利成为了中华民族由衰败走向振兴的重大转折点，为国家的独立、民族的解放奠定了基础。"

中国的抗战，不仅是反抗日本侵华战争，而且还是世界反法西斯战争的重要组成部分。

日本明治维新以后，在"脱亚入欧"方针的误导下，逐步走上军国主义侵略道路，而首当其冲的便是中国。经过甲午战争，日本首先占领中国的台湾省，随后又于1931年根据其既定国策，侵占中国东北三省，野心勃勃地以"满蒙"为政治军事基地妄图灭亡中国，独霸亚洲，并且与德、意法西斯共同征服世界。日本是法西斯国家中最早在亚洲发起大规模侵略战争的国家，而中国则是最早投入反法西斯战争的先驱。及至1935年日本军国主义通过政变使日本正式成为法西斯国家，两年以后更疯狂发动全面侵华战争。由于日本已经与德、意法西斯建立"柏林—罗马—东京"轴心，所以中国的全面抗战实际上揭开了世界反法西斯战争(第二次世界大战)的序幕，并且曾经是亚洲主战场的唯一主力军。正如1938年7月中共中央《致西班牙人民电》所说："我们与你们都是站在全世界反法西斯的最前线上。"即使在"二战"全面爆发以后，反法西斯战争延展形成东西两大战场，中国依然是亚洲的主要战场，依然是长期有效抗击日本侵略的主力军之一，并且为世界反法西斯战争的胜利做出了极其重要的贡献。2002年夏天，我在巴黎凯旋门正好碰见"二战"老兵举行盛大游行庆祝法国光复。经过接待人员介绍，他们知道我也曾在1944年志愿从军，便热情邀请我与他们合影，因为大家都曾是反法西斯的战士。我虽感光荣，但却受之有愧，因为作为现役军人，未能决胜于疆场，日本就宣布投降了。但是法国老兵非常尊重中国，这是由于他们曾经投降并且亡国，而中国则始终坚持英勇抗战，并主要依靠自己的力量赢得最后胜利。尽管都是"二战"的主要战胜国，毕竟分量与地位有所区别，我们千万不可低估自己的抗战。

重庆在抗战期间是中国的战时首都，也是中共中央南方局与第二次国共合作的所在地，"二战"全面爆发以后更成为世界反法西斯战争远东指挥中心，因而具有多方面的重要贡献与历史地位。然而由于大家都能理解的原因，对于抗战期间重庆与大后方的历史研究长期存在许多不足之处，至少是难以客观公正地反映当时完整的社会历史原貌。现在经由重庆学术界倡议，全国各地学者密切合作，同时还有日本、美国、英国、法国、俄罗斯等外国学者的关怀与支持，共同编辑出版《中国抗战大后方历史文化丛书》，这堪称学术研究与图书出版的盛事壮举。我为此感到极大欣慰，并且期望有更多中外学者投入此项大型文化工程，以求无愧于当年的历史辉煌，也无愧于后世对于我们这代人的期盼。

在民族自卫战争期间，作为现役军人而未能亲赴战场，是我的终生遗憾，因此一直不好意思说曾经是抗战老兵。然而，我毕竟是这段历史的参与者、亲历者、见证者，仍愿追随众多中外才俊之士，为《中国抗战大后方历史文化丛书》的编纂略尽绵薄并乐观其成。如果说当年守土有责未能如愿，而晚年却能躬逢抗战修史大成，岂非塞翁失马，未必非福？

2010年已经是抗战胜利65周年，我仍然难忘1945年8月15日山城狂欢之夜，数十万人涌上街头，那鞭炮焰火，那欢声笑语，还有许多人心头默诵的杜老夫子那首著名的诗："剑外忽传收蓟北，初闻涕泪满衣裳！却看妻子愁何在？漫卷诗书喜欲狂。白日放歌须纵酒，青春作伴好还乡。即从巴峡穿巫峡，便下襄阳向洛阳。"

即以此为序。

庚寅盛暑于实斋

（章开沅，著名历史学家、教育家，现任华中师范大学东西方文化交流研究中心主任）

序　言

何一民

1937年,抗日战争全面爆发后,中华民族进入了一个生死存亡的关键时刻。整个国家的政治、经济、文化和社会发展都受到了广泛而深远的影响,城市亦不例外。随着战事的逐步扩大,沿海和中部地区的城市相继沦陷,中国政府和东中部的企业、机关、学校等都面临着向大后方进行战略转移的任务。特别是国民政府西迁重庆后,以四川、西康、云南、贵州、广西、陕西、甘肃、新疆等省组成的大后方成为了全国抗战的坚实堡垒,大后方城市的政治经济地位得到前所未有的提升。以此为契机,抗战时期大后方的城市发展迈入了一个相对繁荣的时期。也正是由于大后方城市与社会经济的发展,才构筑了抗击日本侵略的不垮长城。因此,对抗战时期大后方城市进行系统的全面而深入的研究非常必要。

首先,通过探讨抗战时期大后方城市的发展可以更好地了解中华民族为抵御外来侵略而做出的不懈努力。众所周知,抗日战争是一场包括各地区、各党派、各阶级在内的全民族的反法西斯战争,它既是中华民族生死存亡的危难时刻,也是中华民族从沉沦走向复兴的一个重要转折。为了赢得民族解放,整个国家动员了一切可以动员的力量。其中,大后方城市的发展在民族复兴的进程中起了重要的作用,成为全民族组织抗战的重要载体和基地。

其次,研究抗战时期大后方城市的发展,有助于更加深入和全面地认识近代中国的城市化的发展变迁。抗战时期是近代中国社会发展和变化较为特殊的一个阶段。席卷全国大部分地区的战争改变了中国现代化的进程和发展重心,一方面,东中部地区的工业化和城市化进程被迫中断;另一方面,中国城市工业化和城市化从晚清开始一经启动就如开了闸门的江水，一往直前，不可遏制，因而当东中部的工业化和城市化受到战争的阻碍后，中东部地区的大量人口、工厂、企业、学校以及其他机构向大后方城市的转移，直接加快了大后方的工业化和城市化进程，改变了中国现代化的轨迹，可以说，抗战时期大后方的城市发展是近代中国城市发展的一个重要组成部分，是城市现代化进程的延续。抗战时期大后方城市的发展为20世纪下半叶的工业化、城市化创造了一定的条件，影响深远。从这个角度上讲，抗日战争不仅仅具有民族解放的意义，它还是中国的一次现代化进程的调适过程，促进了大后方工业化和城市化的发展，这种调适尽管具有很强的被动性，但对于中国人民坚持抗战，取得最终的胜利具有重要的意义，对于大后方在战后的发展也奠定了基础。

另外，研究抗战时期大后方城市的发展能够更好地拓展学术研究领域。就城市史研究而言，对不同区域的城市做深入研究，是学科发展的趋势。鉴于中国经济社会发展水平不平衡和地区性变异幅度很大的客观国情，开展宏观的、整体的城市史研究的同时，将中国按空间分解为若干个较小的研究单位，进而对其中各要素作细微的分析是十分必要的，因而加强抗战时期大后方研究还具有学科建设的意义。

2011年初，通过重庆相关方面知悉重庆市正在组织全国专家学者就抗战史展开全方位的研究，该大型研究工程是开放式的，面向国内所有的研究者，其中有关于"抗战时期重庆与四川城市发展"研究方面的选题，具体事宜是由重庆市委宣传部负责。四川大学城市研究所对此信息高度重视，当即召开会议商议，决定申报该课题。经过相关程序，该课题得到批准，并以我为课题负责人。按重庆市委宣传部下达的研究任务，只是研究抗战时期重庆和四川的城市。但我希望通过这个项目将大后方所有区域的城市都纳入研究的范围，不仅有川、渝、云、贵等西南地区，还包括陕、甘等西北地区，以及西藏和新疆。但是，研究进程的开展并不能完全如愿，一是经过半年多的资料收集，发现收集抗战时期西北地区城市的资料有相当大的难度；二是原承担抗战时期西北地区城市研究的同志突然失联，在近一年的时间内都无法联系，后来才知是身体出现状况；三是仅西南地区城市的资料就非常多，写出来的体量就很大，如果再加上西北地区，可能会上百万字，远超出重庆市委宣传部的要求。另外,四川大学城市研究所正在将西藏和新疆城市作为专项课题开展研究,因而在此情况之下,才决定将原定大后方城市研究改为西南大后方城市研究。"西南一词照狭义解释,乃指川、康、滇、黔而言。一般论西南建设者多侧重于前三省之阐述,而对黔省之建设问题,每多废而不言,言之,亦不过片断之论述耳。"①但是今天我们研究西南大后方的城市是要包括重庆、四川、西康、云南、贵州。本课题主要分为五部分进行研究,一是对抗战前后中国城市的发展进行整体的、宏观的研究,鸟瞰抗战前后西南大后方城市的发展变迁;二是对战时陪都重庆的发展进行了全方位的深入研究;三是对四川省(包括西康省)的城市在抗战前后的发展进行了系统的研究;四是对云南省城市在抗战前后的发展进行了系统的研究;五是对贵州省城市在抗战前后的发展进行了系统的研究。在历史上,西南地区多因交通不便,远离国家政治中心和经济中心,因而发展相对缓慢。抗战时期,西南地区因国家战略中心的转移,获得了新的发展机遇和动力,特别是部分中心城市在多重动力机制的推动下获得了较快的发展,与国内其他重要中心的发展水平基本相同,甚至还可能超过相当部分城市,西南中心城市的发展对于西南地区其他城市和乡村的发展起到重要的引领和带动作用。

抗战时期西南大后方城市从纵向相比有着较大的发展,可以从以下几方面进行考察。

一、城市数量增多,城市结构发生变化。据统计,四川地区(包括西康)县级城市在1936年为180个,到1945年增加到187个,增加了7个;云南则从1935年的110个增加到1945年的112个,增加2个;贵州由战前的81个增加到1940年的82个,后又调整至78个,西南县级城市共增加了6个②。从表面上看,县级建置城市数量有所增加,数量不多。但有几点需要注意,一是在西南少数民族地区的建置城市数量有所增加;二是建置市的数量有所增加,在一定程度上优化了西南城市的空间格局;三是城市规模结构发生了较大变化,部分区域中心城市兴起。

抗战时期,重庆、成都、贵阳、昆明等区域中心城市得到了优先发展,城市

---

① 谢文钧:《贵州之经济建设问题》,《贵州》,1940年,创刊号。
② 付林祥、郑宝恒:《中国行政区划通史》,复旦大学出版社,2007年,第76—77页。

用地规模、经济规模、人口规模不断扩大,分别成为各个区域的政治、经济、交通、文化中心。在这几座区域中心城市的带动下,西南城市不断由传统走向现代,促进了西南城市规模结构发生了历史性的变化。一是重庆由四川省辖市提升为院辖市,并定位为中华民国的陪都,使重庆成为西南、乃至全国的政治中心、军事中心城市。二是贵州省的省会贵阳和四川的盐业生产基地自贡相继撤县设市,进行了市制改革,加上战前设立的重庆、成都、昆明三市[①],西南地区便拥有了五座市建置城市,市建置的增设对于这些城市的推动作用十分巨大。三是抗战时期,国民政府对大后方的政区进行了调整,四川、云南、贵州共设立了30余个行政督察区,将县级城市分为1—6个等级。行政督察区的所在城市一般是发展较好和规模较大的城市,因而西南城市的城市行政等级结构便由战前的省会—行政督察区—县城(局)的三级结构,演变成为陪都—省会—行政督察区—县城(局)四级结构,而县级城市因人口规模和经济发展水平不同而分为多个层次,四川县城分为六级,云南、贵州分为三级[②]。

二、抗战时期,西南大后方的重要城市基础设施建设出现较大发展,部分城市的质量得到提升,城市道路、桥梁、城市供水、供电、通讯等都有很大的发展。经过国家和社会各界的努力,重庆、成都、昆明、贵阳等西南城市交通、水电、通讯等基础设施建设发展较快,城市发展水平得到了较大的提升。1936年成都市政府拟定了成都市道路计划,重新设计了贯穿成都市全城的四条干路:东干路、南干路、西干路、北干路,至1944年,四条干路基本完工,又修筑了环城公路20余公里,并改良了市内大部分道路,"现全市684街,其未扩修者仅余偏僻最少数之街巷"[③]。还修建了复兴桥等桥梁[④]。现代水电事业也因外省人口和工厂的迁入而得到了较大发展。成都启明公司的发电量由1937年的280万度增加到1941年的730万度,到1947年更增至1545万度[⑤]。随着电力事业的发展,成都市街灯也逐渐采用电灯以取代菜油灯。1938年安装街灯752盏,计172街,至1942年全市街灯总数增加到1900余盏,除少数街

---

① 付林祥、郑宝恒:《中国行政区划通史》,复旦大学出版社,2007年,第109页。
② 付林祥、郑宝恒:《中国行政区划通史》,复旦大学出版社,2007年,第87—121页。
③ 蔡永如:《成都市之路政与排水建设》,《成都市》,1945年4月,第2期。
④ 李澄波:《修建复兴桥概述》,《成都市》,1945年,第3期,第23页。
⑤ 赵星洲:《成都启明电灯公司剖析》,《四川文史资料选辑》,第25辑。

道外,基本上主要的街道都安设了街灯。① 为保障饮水安全,1939年成都市提出筹建自来水厂,1945年8月成都自来水股份有限公司正式成立后,即着手铺设水管线路。1946年4月13日第一期工程完工,市民开始了有清洁卫生的饮用水。现代通讯事业也得到了迅速发展,抗战初期,上海、南京等大城市的通讯设备迁至成都、重庆等城市,成都因之形成了一个以有线电为主,无线电为辅,电报、电话并重的电讯枢纽,并和后方各省全部联络贯通②。到1944年,成都与省内通话的县城达百余个③。同时又因交通部将上海部国际无线电台移至成都,而形成了以成都为中心,分别建立了直通伦敦、柏林、日内瓦、旧金山、马尼拉、悉尼等国际无线电路。贵阳则对城区内50余条街道、马路进行了翻修和整治。④ 电力建设也成绩突出。1938年贵阳工业用电量为零,但到1945年则增至832.7万度。⑤ 重庆在市政建设方面成就更是巨大,"和上海、南京等都市没有差别","重庆作为近代都市基础设施的要素较齐全"。⑥ 除重庆、成都、昆明、贵阳等大城市外,一些中小城市相关市政建设也取得了一定进展。如落后的贵州,到1946年已建电厂的县城有镇远、铜仁、遵义、独山、安顺、清镇、惠水、息烽、修文、贵定、兴义、普定、湄潭、桐梓14县。⑦ 遵义等城市安设了公用电话。⑧ 安顺县政府将儒林街、顾府街、南街、府门街、县门口、七五街、大梨街、范笥街、金柜街等街道均拓宽改建成马路。⑨ 这些城市的现代邮政、电信等市政工程在抗战时期也得到初步的发展,进一步促进了贵州城市现代性因素的增长。⑩

抗战时期,西南城市因市政基础设施的建设,其面貌发生了巨大变化,促进了城市现代化的发展。"成都市自改修马路以来,街衢整洁,市政一新,物

---

① 成都市政府:《成都市市政统计》,1942年。
② 《三十年来之中国工程》中国工程师学会三十周年纪念刊,1946年4月。
③ 《成都电信局业务科长长途话务价目表》,1944年。
④ 《贵阳市政统计年鉴》,民国三十三年(1944年)1月。
⑤ 1947年《贵州省统计年鉴》(胜利纪念特辑),第91页。
⑥ 东亚同文学会:《四川新地志》,1942年。
⑦ 贵州省地方志编纂委员会:《贵州省志·城乡建设志》,方志出版社,1998年,第16页。
⑧ 遵义市文化局史志编写组:《遵义文化史》,遵义市文化局,1990年内部版,第224页。
⑨ 贵州省地方志编纂委员会:《贵州省志·城乡建设志》,方志出版社,1998年,第253页。
⑩ 都匀市史志编纂委员会:《都匀市志》(下),贵州人民出版社,1999年,第960—969页。

质文明,颇有蒸蒸日上之势。"[1]甚至贵州偏僻小县城——晴隆,"一切建设已粲然大备,实为西路小县中最进步者"。"夜间,街上的商店都在煤气灯光下显得非常辉煌,市景也很可观。"[2]

三、在抗战时期,西南地区原来就存在的城市发展不平衡出现更大的分化和差异。一方面是少数大中城市发展非常快速,另一方面则是大部分城市规模甚小,发展缓慢。西南数省的自然地理环境、社会经济及历史发展有巨大的差异,从而造成了区域城市发展的不平衡。抗战时期,由于资源分布的不平衡,发展动力的不平衡,导致各省发展不平衡,各省内部发展不平衡。总体而言,四川地区,尤其是以重庆为中心的川东地区和以成都为中心的川西地区的城市发展较快;云南以昆明为中心的滇东地区城市也得到较快发展;虽然贵州和西康相对滞后,但相比抗战前,城市也有较大的发展,贵阳、遵义、康定、雅安、西昌等城市在抗战时期也迅速成长。但为数众多的边远地区的城市相对发展就较为缓慢。

抗战时期,西南大后方发展不平衡还表现在城市工业的发展方面,1942年四川(包括重庆)建有工厂1654家,云南106家,贵州112家,西康12家,资本额分别为1130012000元(法币)、209499000元、46264000元和329800元。[3] 除了经济发展不平衡外,城市人口规模也有突出的表现,重庆城市人口规模最多时达百万以上,成都城市人口最多时也有70余万人,昆明、贵阳等中心城市的人口也分别有数十万人;但西南边远地区大部分城市的规模都甚小,发展仍然缓慢。据记载,贵州有部分县级城市人口在"百余户","三百余户","居千余"等,这类的记载比比皆是。[4] 虽然抗战时期不同类型的城市都有一定的发展变化,但仍然有些边远城市远离工业革命和现代化,仍然停留在农业时代,"是古朴的"。[5]

四、抗战时期,西南大后方的区域城市体系初步形成。抗战时期,西南地区的重庆、成都、昆明、贵阳等中心城市在多种动力的推动下出现快速发展,

---

[1] 何一民:《变革与发展:中国内陆城市成都现代化研究》,四川大学出版社,2002年,第505页。
[2] 刘磊:《抗战期间黔境印象》,贵州人民出版社,2008年,第378、383页。
[3] 经济部统计处:《后方工业统计概况》,1945年5月。
[4] 刘磊:《抗战时期黔境印象》,贵州人民出版社,2008年,第3—397页。
[5] 刘磊:《抗战时期黔境印象》,贵州人民出版社,2008年,第188页。

城市规模迅速扩大,功能不断强化,区域内的政治、经济、文化教育、交通中心的辐射力和聚集力进一步增强。特别是重庆,因其陪都的政治地位,聚合了当时所有城市发展的动力机制,而成为了整个大后方,甚至是全国的中心城市。重庆、成都、昆明、贵阳等中心城市通过政治、交通、经济、文化、物流的联系,将其影响辐射至省域范围,甚至跨越行政区别,影响到整个大后方。成都在抗战时期,不仅是西南的政治中心之一[1],而且还因"与它附近地带各方面的经济关系很密切,……如原料的供给,交通的便利,市场的接近,动力的供给,资金的周转,劳工的供给",使成都"渐渐地从手工业姿态演进到新的工业化类型"而成为川西的工业中心[2];文化也得到了快速发展,"现在已变成全国文化中心之一"[3],是"后方四五个大都市当中的一个"[4]。贵阳则从一个"苗彝遍地贫瘠不堪的处所"而"形成西南诸省交通的中心枢纽"[5]与"大都会"[6]。

随着重庆、成都、昆明、贵阳等中心城市功能的加强,它们也增强其腹地的辐射力和聚集力。重庆因"陪都"政治地位和位于西南门户优势,将长江上游、嘉陵江、涪江、沱江、乌江沿岸和川黔、渝黔、成渝公路等沿线的成都、宜宾、乐山、泸县、内江、江津、万县、贵阳、遵义等城市紧紧地聚合在一起,在战时发展成为西南最大的中心城市,逐渐形成了以重庆为核心,以成都、昆明、贵阳为次中心和各等级的县级城市等不同层级城市,共同构建的西南后方城市空间体系,从而促进了西南城市体系的变化。

此外,抗战时期西南城市发展还具有明显的突变性特征。大多数西南城市在战前发展几乎没有现代性因素,却因中东部国家机关、军队、民众以及工矿企业、文教事业的西迁,城市建设与城市面貌发生了巨大变化,是为西南城市发展的一个黄金时期,但随着抗战的胜利,政府机关、厂矿、技术人员、各类文化工作者的离去,则使西南城市发展顿时衰落下来,呈现出其兴也勃、其衰也忽的特点。

---

[1] 吴泽宣:《成都市易长之前后》,《市政研究半月刊》,第1卷,第1期,1938年7月25日。
[2] 张圣轩:《成都工业现状及其发展途径》,《四川经济季刊》,1944年,第4期。
[3] 景怡:《成都剪影》,《宇宙风》,1940年,第105期,第250页。
[4] 王楷元:《理想中的大成都》,《成都市》,1945年,第3期,第5页。
[5] 顾君毅:《贵阳杂写》,《旅行杂志》,1939年,第3期。
[6] 德瞻:《贵州步行记》,《宇宙风》,1938年,第75期,第140页。

综上所述，抗战时期，西南大后方城市因国家战略的需要，在中东部国家机关、企业、学校和大量人口西迁等多种因素的共同作用下，得到了快速发展，进一步促进了西南大后方城市从传统走向现代的转型，初步改善了西南城市空间分布体系，带动了西南地区经济的发展和社会进步，有力地支持了中华民族的抗战大业。但是，由于西南地区缺乏持久有力的内生动力机制，致使西南城市因战后人口、各项现代事业和国家战略重心东移而普遍衰落，并呈现出外源性、不平衡性和突变性等发展特征。

先后参与本课题研究者达十余位，参加初稿撰写的主要有四川大学城市研究所何一民教授、重庆三峡博物馆艾智科博士、江汉大学王肇磊博士、成都信息工程学院丁小珊博士、四川省社科院李映涛博士，另外四川大学城市研究所刘杨、黄灵、陆雨思、田月等多位硕士研究生也参与了部分城市资料的收集、整理和研究。本课题由何一民主持，并负责总体框架设计和对全书的修改。本课题初稿于2013年初陆续完成，但对这些分散的初稿进行修改却用了整整一年的时间，直到2014年中期才完成。即使如此，仍然存在若干不足和问题，只好留待后来者弥补，敬请读者批评指正。

目 录

总序 …………………………………………………… 章开沅 1
序言 …………………………………………………… 何一民 1

第一章　抗战爆发与中国城市的大变动 …………………………… 1
　第一节　抗战爆发前中国城市的发展格局 ………………………… 2
　　一、从农业时代到工业时代的跨越 ……………………………… 2
　　二、抗战前中国城市的区域空间布局 …………………………… 26
　　三、抗战前中国城市早期现代化的基本趋势 …………………… 35
　第二节　抗战爆发与东中部城市的沦陷 …………………………… 41
　　一、日军发动全面战争与东中部城市的逐步沦陷 ……………… 42
　　二、东中部城市资源的部分转移 ………………………………… 44
　　三、日本对沦陷区城市资源的掠夺 ……………………………… 63
　第三节　抗战爆发与大后方城市化进程的加快 …………………… 76
　　一、大后方城市发展资源的激增 ………………………………… 77
　　二、战时大后方城市发展格局的变化 …………………………… 92
　　三、抗战大后方城市分布与发展类型 …………………………… 98

第二章　战时首都重庆的发展 …………………………………… 110
　第一节　抗战爆发前重庆的早期现代化 ………………………… 110
　　一、商业贸易的发展与长江上游商贸中心的初步形成 ………… 111
　　二、现代工业的崛起与长江上游工业中心的初步形成 ………… 115

三、市政建设的发展及对城市的影响 …………………………… 121
第二节　国家政治中心西迁与陪都地位的形成 ……………………… 124
　　一、南京国民政府首次迁都 ……………………………………… 124
　　二、四川战略地位的凸显与国府迁渝 …………………………… 127
　　三、重庆陪都地位的确立 ………………………………………… 130
第三节　战时大后方的工业中心 ……………………………………… 134
　　一、战时重庆工业发展的基本环境 ……………………………… 134
　　二、战时重庆的工业布局 ………………………………………… 141
　　三、战时重庆的工业发展及其生产状况 ………………………… 143
　　四、战时重庆的工业合作运动 …………………………………… 151
　　五、战时重庆的工业产品展览会 ………………………………… 158
　　六、战时重庆工业发展的地位 …………………………………… 169
第四节　战时重庆商贸业的发展 ……………………………………… 173
　　一、战时重庆的商业发展概况 …………………………………… 174
　　二、战时重庆的商业网络 ………………………………………… 178
　　三、战时重庆的商会 ……………………………………………… 194
　　四、战时重庆的外贸业 …………………………………………… 201
第五节　战时大后方的金融中心 ……………………………………… 210
　　一、战时重庆金融业基本概况 …………………………………… 211
　　二、战时重庆的金融管制 ………………………………………… 218
　　三、抗战时期以重庆为中心的金融网建设 ……………………… 223
　　四、抗战后期重庆的通货膨胀 …………………………………… 231
第六节　战时重庆的市政、人口与生活水平的变化 ………………… 236
　　一、战时重庆的市政建设 ………………………………………… 236
　　二、战时重庆的人口的变化 ……………………………………… 250
　　三、战时重庆市民的生活水平的变化 …………………………… 254

第三章　抗日战争时期四川城市的发展与变迁 ………………………… 270
　第一节　抗战与四川城市的发展变迁 ……………………………… 270
　　一、四川的自然地理环境对城市的影响 ………………………… 270

  二、抗战前四川城市的发展变迁 …………………………………… 275
  三、抗战西迁与四川城市的发展 …………………………………… 280
 第二节 抗战时期四川城镇体系的变化 ………………………………… 293
  一、近代四川城市体系的形成 ……………………………………… 293
  二、近代四川城市空间分布的特征 ………………………………… 308
  三、战时四川城市体系的变迁 ……………………………………… 313
 第三节 抗日战争与四川省会成都的发展 ……………………………… 341
  一、战时经济的发展 ………………………………………………… 341
  二、战时人口的增长与社会群体的变迁 …………………………… 357
  三、战时市政建设与城市管理 ……………………………………… 366
  四、战时成都教育文化的繁荣 ……………………………………… 374
 第四节 战时川东南城市的发展 ………………………………………… 380
  一、战时宜宾的城市发展 …………………………………………… 380
  二、战时内江的城市发展 …………………………………………… 389
  三、战时自贡的城市发展 …………………………………………… 401
  四、战时泸州的城市发展 …………………………………………… 407
  五、战时乐山城市的发展 …………………………………………… 411
 第五节 战时川东城市的发展变迁 ……………………………………… 421
  一、战时万县的城市发展 …………………………………………… 421
  二、战时涪陵的城市发展 …………………………………………… 427
  三、战时达县的城市发展 …………………………………………… 431
 第六节 战时川东北城市的发展与变迁 ………………………………… 437
  一、战时广元的城市发展 …………………………………………… 437
  二、战时绵阳的城市发展 …………………………………………… 444
  三、战时南充的城市发展 …………………………………………… 449
 第七节 战时川西南城市发展与变迁 …………………………………… 457
  一、战时雅安的城市发展变迁 ……………………………………… 457
  二、战时康定的城市发展 …………………………………………… 464
  三、战时西昌的城市发展 …………………………………………… 471

第四章 抗战时期云南城市的发展

第一节 战前云南城市的发展 …… 478
- 一、云南城市发展的自然地理环境与人文环境 …… 478
- 二、抗战前云南城市的发展 …… 489

第二节 抗战内迁与战时云南城市发展 …… 515
- 一、抗战内迁与云南城市与区域的发展 …… 515
- 二、抗战时期云南城市的发展 …… 533

第三节 抗战时期云南城市体系的发展 …… 552
- 一、战时云南城市体系的空间分布的变化 …… 552
- 二、战时城市功能与空间形态的变化 …… 560
- 三、战时云南规模等级结构的变化 …… 573

第四节 抗日战争时期云南省会昆明的发展 …… 587
- 一、战时昆明经济的发展 …… 588
- 二、战时昆明科技文化的繁荣 …… 598
- 三、战时市政建设与城市公共事务管理的变化 …… 605

第五节 战时云南区域城市的发展变迁 …… 617
- 一、滇西区域城市的发展演变 …… 618
- 二、滇南区域城市的发展演变 …… 628
- 三、滇东及滇中区域城市的发展演变 …… 634

第五章 战时贵州城市的发展

第一节 抗战前贵州城市的发展 …… 638
- 一、贵州城市发展地理环境 …… 639
- 二、战前贵州城市空间分布 …… 641
- 三、战前贵州城市的发展 …… 645

第二节 抗战与贵州城市的发展变迁 …… 664
- 一、抗战内迁与贵州城市的发展 …… 664
- 二、抗战时期贵州城市发展存在的困难与问题 …… 681

第三节 抗战时期贵州城市体系的发展 …… 690
- 一、战时贵州城市体系的空间分布的变化 …… 690

二、战时城市内部结构的变化 ………………………………………… 692
三、战时贵州城市规模等级结构的变化 ………………………… 695
四、战时贵州城市体系变化的特点 ………………………………… 699

第四节 省会贵阳的发展 ………………………………………………… 702
一、战时贵阳经济的发展 …………………………………………… 702
二、战时贵阳人口的增长与社会群体的变迁 …………………… 719
三、战时贵阳科技文化的繁荣 …………………………………… 724
四、战时贵阳市政建设与城市管理 ……………………………… 730

第五节 战时贵州其他区域重要城市的发展 ………………………… 733
一、战时遵义城市的发展 …………………………………………… 734
二、战时安顺城市的发展 …………………………………………… 741
三、战时毕节城市的发展 …………………………………………… 744
四、战时都匀城市的发展 …………………………………………… 746
五、战时铜仁城镇的发展 …………………………………………… 748
六、战时贵州其他一般城市的发展 ……………………………… 759

第一章　抗战爆发与中国城市的大变动

中国是世界城市的发源地之一,在长达数千年间,虽经历过无数次的战乱与王朝更替,但文明发展的历史未曾中断,城市发展的历史也未曾中断,城市发展长期居于世界先进水平,诞生了诸如长安、洛阳、开封、临安、北京等一批世界性城市和一大批中小城市,到1843年中国共有大小城市1653座①,并形成了"首都—省会—府(州)—县"的城市行政等级体系。随着1842年中国被迫打开国门,开放上海、宁波、厦门、福州、广州,从此,中国城市发展进入到了工业时代。至此,中国城市发展便随着现代性因素不断增长而快速发展。在1840—1937年间,中国城市资本主义工商业、现代金融业、对外贸易不断促使城市和国家经济结构发生现代化改变,并改变了城市社会结构和文化结构,最终导致了中国城市在性质、功能和类型等方面都发生了历史性的变化。特别是在19世纪80年代至20世纪30年代,经过社会各界的共同努力,中国城市发展欣欣向荣,这也成为数千年来中国城市发展的"黄金时期"之一。但是,1937年7月7日,抗日战争爆发,日本帝国主义侵略铁蹄不断深入,中国大量中东部城市沦入敌手,中国城市发展的"黄金时代"因此被迫中断,中东部城市陷入到持续的衰落之中,西部城市因中华民族抗战的需要、"西迁运动"的促进得到了较快的发展,从而使中国城市发展格局发生了历史性的大变动。

---

①《营业方法之变迁》,《东方杂志》,第1卷,第5号,第47页。

第一节 抗战爆发前中国城市的发展格局

一、从农业时代到工业时代的跨越

19世纪中叶,随着西方资本主义国家用强力打开中国国门,中国从闭关自守的状态被强行纳入到世界资本主义体系中,但西方资本主义国家并不是要将中国变成与它们一样的发达国家,变成与西方国家一样的独立、富强的国家,而是成为其殖民地,成为其原料产地和商品倾销地。因而自1840年鸦片战争后,中国开始一步步沦为半殖民地。伴随着西方资本主义国家对中国的侵略,各种现代性要素也传入中国,并在中国内部逐步发酵,推动了中国内部在政治、经济、文化等各个领域产生变革,工业化、现代化和城市化成为中国的发展新趋势,中国开始从农业时代向工业时代转型。

(一)现代经济的发展

自19世纪中叶以后,中国城市开始从农业时代的传统城市向工业时代的现代城市转型,这种转型的直接动力在于城市现代经济的发展,虽然中国近代城市化仍然以商业化为主,但近代中国的商业化与过去的商业化有所不同,它是在全球工业化,在中国已经开始工业化进程的背景下进行的商业化,因此在近代中国虽然没有能够实现工业化,而部分重要中国城市却因近代工业的兴建、发展,形成了新型的工业中心和经济城市[①],并带动了中国城市化从农业时代向工业时代的转变。

1. 现代城市工商业的崛起与发展

中国近代城市发展的基本动力是现代工商业的普遍建立。自19世纪中后期中国在部分沿海沿江城市建立起第一批近代工商业企业起,经过半个世纪的发展,到20世纪初叶,现代工商业逐渐由东部沿海、长江流域,向内陆地区的城市扩展。

中国近代工商业首先在上海等东南沿海与长江流域开埠口岸城市产生,先是外国人在香港、广州、上海等地办了一些小规模的船舶修造厂,随后清政府和民间个人也相继开办了一些近代工业企业。19世纪末20世纪初,中国

---

① 隗瀛涛:《中国近代不同类型城市综合研究》,四川大学出版社,1998年,第10页。

出现了第一次兴办现代工商企业的高潮,除官办企业外,民办企业数量较前增多,民国建立以前,全国创办的大中型民营工厂为347家,民营铁路公司有16家,中小型轮船公司560余家。民国前期,中国社会虽然出现较大的变动,但城市现代工商业却较少因社会变动而遭到较大的破坏,不仅北京的中央政府,而且中国各省区地方政府也都竭力推动城市现代工商业的发展,并为此采取了若干措施,如完善工商业立法,稳定财政和货币制度,试图收回关税自主权和准备统一度量衡与货币制度,鼓励私营企业等,从而较有力地促进了中国城市现代工商业继续发展。上海在晚清时期就已经发展成为中国的现代制造业中心和商业中心、金融中心,民国初年更多的资本聚集到上海,不仅原有的一些工厂规模进一步扩大,而且越来越多的新工厂也开始建设,沿苏州河两岸兴建起若干家工厂。1914年《捷报》刊载:上海"许多工业的新建筑,都在兴建之中。这项工程标志着上海租界向着日益发展为一个伟大工业中心的新阶段。西区从法租界到苏州河的各纱厂正在做大量的添置。东京路、澳门路很大一片地方,正在兴建一家日商纱厂,大约将雇佣工人3000名。附近有一家大的面粉厂也正在施工。白礼氏洋行的制烛厂,也在加大扩充。苏州河下段对着麦克亨路正建造着另一家大面粉厂。……在华德路越界处,科发洋行正在建筑新的仓库和一座制药厂。华新纺织公司从香港搬至上海的3座纱厂建造厂房。除此以外,怡和、老公茂、恒丰等纱厂都在大肆扩充"。[①] 北方的另一个新兴城市——天津在清末民初也迅速发展成为一个特大的经济中心。据统计,1902—1913年间,天津新设工厂就有49家,其中华资工厂28家,资本总额373万元,外资工厂21家,资本额101.8万元。第一次世界大战期间,西方列强忙于相互争夺,放松了对中国的资本输出和经济压迫,使中国现代工业发展获得了一个相对宽松的国际环境,从而使中国的现代工业出现了一个被称为"黄金时期"的发展机遇。天津在这一个新的机遇下迅速发展成为北方的工业中心。据不完全统计,从1914至1928年,天津新设的工厂达1286家,平均每年新设工厂92家,其中1915年和1924年新设工厂数分别为219家和297家[②]。另据1928年天津社会局调查,天津中国

[①]《捷报》,1914年11月7日,第425页。
[②] 宋美云:《北洋时期官僚私人投资与天津近代工业》,《历史研究》,1989年,第2期。

城区(租界未包括在内)共有国人创办的各类工业2186家,资本总额为3300万元;此外租界内还有中外工业企业3000余家。

民国前中期,中国其他城市的现代工业也有一定的发展,如长沙"自从辛亥革命以来,发起工厂企业得到很大的动力。几乎每天都有新公司注册"[①]。青岛、广州、武汉、宁波、苏州、无锡、镇江、芜湖、沙市、哈尔滨、重庆等城市的工厂企业都有较大的发展。据1913年统计,全国各大中城市共有53家中资面粉加工企业,其中14家是在1911—1913年之间建立的;同期,新增机器制造厂也达9家,工厂数量不断增加。工业门类日渐齐全,纺织业、面粉食品加工业、机器制造业、电力工业、制药业、火柴业等产业均得到了较快的发展。在第一次世界大战至1923年期间,各重要城市的工业建设如火如荼,尤其是华资所建工厂数增加较快。参见下表。

1923年前中国部分城市新增华资工厂统计表

城市	1912年以前	1912—1914年	1915—1918年	1919—1923年
上海	48	40	54	170
苏州	2	5	2	6
无锡	8	9	13	24
南京	1	1	—	8
杭州	4	9	4	10
汉口	15	6	9	16
青岛		2	2	14
大连	39	4	17	71
营口	3		1	10
沈阳	1	2	1	20
抚顺		3		10
安东	1	1	4	21
吉林		2	3	4
长春		3	3	8

[①]《捷报》,1913年8月9日,第429页。

续表

城市	1912年以前	1912—1914年	1915—1918年	1919—1923年
吉林滨江	1		1	7
哈尔滨	5	1	9	21
广州	3	4	4	14
总计	171	92	127	434

资料来源：国民政府经济部档案，《1930年工商部关于工厂成立统计表》。

尽管中国在民国前中期经过了范围甚广的军阀混战，给中国社会带来了巨大的灾难，但从总体上考察，此一时期中国城市的现代工业仍处于向上发展的进程中，并出现了现代工商业中心城市。到1933年，北京、天津、上海、广州、汉口、重庆、西安、青岛、南京、无锡、福州、汕头等12座城市拥有各类工厂(场)9679家[1]。下面以青岛、广州、武汉、长沙等城市工业发展状况为例加以说明。

青岛是一个在晚清才开始兴起的城市，在晚清民初德据青岛时期，德国殖民者为掠夺山东矿产资源等，在青岛兴建了一批工矿企业。据《中国近代手工业史资料》记载，这一时期，德国人在青岛兴办了礼和蛋厂、青岛啤酒酿造公司、青岛电灯厂、青岛自来水厂、捷远洋行、德远洋行、青岛面粉厂、沧口绢丝纺织公司、青岛精盐制造厂等10家工业企业[2]。但以上的记载还未统计青岛四方机车厂、青岛造船所、沧口缫丝厂、Htish runnen汽水公司、哥伦比亚有限公司、卡尔·艾帕斯公司、桶厂、戈莫尔啤酒厂等德资工矿企业[3]。据统计，德国在青岛开办的工厂企业共20家，资本总额2109亿马克[4]。一战后至抗战前日据青岛时期，日本殖民者也在青岛创办了一系列工厂，仅在1914年后的几年中，日本就在青岛和胶济铁路沿线设立了60多个门类3000余家工厂，资本总额达5400万银圆左右。1922年，在青岛的日资企业仅资本额在50万元以上的就有80家[5]。1922年，中日签订《解决山东悬案条约》及附约

---

[1] 吴承明：《中国资本主义与国内市场》，中国社会科学出版社，1985年，第73页。
[2] 彭泽益：《中国近代手工业史资料》，第2卷，三联书店，1957年，第757—761页。
[3] 寿杨宾：《青岛海港史》（近代部分），人民交通出版社，1986年，第83页。
[4] 李金宝：《青岛近代城市经济简论》，《文史哲》，1997年第3期。
[5] 胡汶本等：《帝国主义与青岛港》，山东人民出版社，1983年，第56页。

6条和协定条件16条后,中国民族资本在青岛得到了一定程度的发展。1931年青岛市有较大规模的工厂126家,手工业企业1194家,工业总产值为1亿多元,其中棉纱产值占总产值的27.3%,棉布占22.1%,卷烟占20.4%,榨油占6.8%[①]。1937年抗战爆发前,青岛市较大工厂数则增加到324家[②]。

广州是一个历史悠久的文化古城,商业贸易一直就很发达,清代实行闭关锁国政策时成为唯一的对外通商口岸。鸦片战争后,随着中国被迫对外开放,广州对外贸易的垄断地位被打破,上海逐渐取代了广州对外贸易中心的地位,后随广州在近代的开放,现代工业也开始兴起,从晚清到抗战前广州现代工业的发展经过了三个阶段。

第一阶段:19世纪40—80年代,广州创办了一批近代轻工企业。鸦片战争后,广州沦为开埠口岸,带有近代化色彩的近代工业随之而在广州兴办。例如中国最早的船舶工厂——黄埔柯拜船坞(1845年),1846年和1851年,美商又先后兴建了丹麦岛船坞公司和旗记铁厂。到19世纪六七十年代,广州先后兴建了广州机器局、陈联泰机器厂,到19世纪80年代,广州已兴建了广州枪炮厂、广州织布局、机器缫丝厂、机械制造厂、船舶修造厂、火柴厂、罐头厂、印刷厂、电灯厂以及轮船公司。这在以传统仍居主导地位的广州点燃了迈向现代的希望之火,促进了广州城市近代化的发展。

第二阶段:19世纪90年代至1911年清朝覆亡,广州的官员和工商业者先后引进了西方国家的先进技术,又创办了一批现代工业企业,工业门类日渐增多,现代工业在城市经济体系中的地位愈来愈重要。据有关资料统计,1895—1913年,广州府属新建工矿企业计有82家,有详细资料记载的76家企业资本额高达820.4万元,其中广州城区16家主要企业资本额共579.1万元,占全国主要企业同期资本额的10%以上[③]。

第三阶段:民国初年到抗战前,此一时期广州出现兴办工业企业的高潮。辛亥革命的成功,为广州现代工业的发展提供了新的历史机遇,第一次世界大战的爆发又为广州民族工业的发展获得新的动力。此期广州现代工业因外国资本的压力减少,而出口机遇增加,国内市场需求也大增,因而工业的发

[①] 青岛市军管会调研室编印:《青岛经济概况》,1950年,第2页。
[②] 李金宝:《青岛近代城市经济简论》,《文史哲》,1997年,第3期。
[③] 赵春晨:《晚清民国时期广州城市近代化略论》,《广东社会科学》,2004年,第2期。

展出现一派盎然生机。广州的机器工业,"始稍具近代机器工业之规模,始发生一种生产手段之作用于社会经济机构之中"①。其中以纺织针织业、火柴制造业、橡胶业的发展最为突出。此外,机器制造业、水泥、自来水、榨油业、碾米业、电力等也得到相应的发展。广州的纺织业历来较为发达,到民国初年则盛极一时,其中规模较大的袜厂计有"时明、亚兴、广民兴、粤通、李祺、利行等数十家"②。

武汉作为华中腹地的区域中心城市,城市现代工业发展虽比沿海开埠城市起步稍晚,但经过各方力量的推动,城市工业自19世纪60年代始便开始了迅速发展。武汉最早的现代工业为俄商创办的顺丰砖茶厂(1863年),随后各国商人纷纷来汉设厂。据统计,19世纪60年代外商在汉经营的现代工业企业主要有12家③。这些企业一般使用了诸如锅炉、电机等先进设备④,使武汉现代工业的发展在起步阶段便站在一个较高的起点上。在外资企业的刺激下,武汉民族工业开始逐渐兴建、发展。除张之洞兴建的汉阳铁厂、湖北枪炮厂、大冶铁矿、汉阳铁厂机器厂、钢轨厂、湖北织布局、缫丝局、纺纱局、制麻局、制革厂等一批近代官办工业企业外,民间社会资本也创办了一批近代工业,涵盖了榨油、面粉、烟草、碾米、水泥、机器制造、水电等工业门类,其中既济水电公司和全国第二大机械厂"扬子机器公司"都是在这一时期建立的。至辛亥革命前,武汉地区规模较大的民族资本主义工厂有40余家,据对其中30多家的统计,计有工人约8000人,资本额为10465980元⑤。武汉因之被人誉之为"东方芝加哥"。民国建立后,武汉城市现代工业持续发展,成为与上海、天津鼎足而立的中国三大工业基地之一。20世纪30年代是武汉城市经济的繁荣时期,工业发展到了历史最高水平。据1936年8月统计,湖北省有工厂554家,分属水电、冶炼、金属品、机器、电器、木材、土石品、化学、饮食、烟草、纺织、服饰、文化、军工等16个门类,其资本总额6146万元,年产值2亿多元。在上述三项统计中,武汉一城均占90%左右⑥。在抗战初期,随着

---

① 广州市立银行经济调查室编:《广州之工业》,商务印书馆,1937年,第5页。
② 龙加林:《开创广州市针织工业的爱国华侨》,《华夏》,1985年,第1期。
③ 陈均、任放:《世纪末的兴衰——张之洞与晚清湖北经济》,中国文史出版社,1991年,第37页。
④ 郭其耀:《武汉最早的外商工厂——俄商砖茶厂》,《武汉工商经济史料》,第2辑。
⑤ 贺觉非、冯天瑜:《辛亥革命首义史》,湖北人民出版社,1985年,第34页。
⑥ 冯天瑜、陈锋:《武汉现代化进程研究》,武汉大学出版社,2002年,第120页。

上海、平津等工业城市的沦陷，大批沿海工矿企业西迁至武汉，使武汉一度成为抗战初期中国的工业中心。

民国前中期，在现代工业文明的催化下，东部沿海一些城镇也因兴建工业而得到了快速的发展。如无锡在1932年有工厂171家（其中独资经营71家），包括纺织、面粉、榨油、碾米、造纸、肥皂及印刷等轻工业，共有工人44562人；无锡成为当时中国民族资本企业较为集中的城市。由于现代工业的发展，无锡城市发展迅速，城市规模不断扩大，沿运河密密地分布了数量众多的工厂、仓库、码头以及成片的工人住宅区。在太湖沿岸，资本家、商人则新建了一批豪华别墅、私人园林及相关生活设施，从而形成新的城市建成区。

沿海一带的部分城市的工业也在此时期有较快发展，如广东新会、台山、顺德，福建泉州、厦门及附近华侨集中的城镇也因华侨投资设厂而出现较快发展[①]。

中国腹地的一些重要政治中心城市，诸如长沙、西安、重庆、成都，甚至一部分边疆城市也在工业浪潮的推动下出现了兴办现代工业企业的热潮，相继建立起了一些现代工业企业。

位于湘江之滨的湖南省会长沙，在历史上亦为商贸重镇，然而近代以来发展现代工业企业较为滞后，远落后于上海、武汉等城市，长沙最早的现代工业企业为1896年创办的"善记和丰火柴股份公司"，其后相继有湖南宝善机器制造局、陈万利机器厂、裕湘机器厂等现代企业[②]。进入民国后，长沙的现代工业有较大的发展，工业的门类也有较大扩展，主要有机械工业、纺织工业、采掘业、玻璃制造业、印刷工业、陶瓷业、烟草制造、日用化工等行业。据长沙市政筹备处1930年2月调查：1930年长沙有较大的机械工业企业15家，资本额300万元，工人4000余人；又据《中国实业志》记载，1935年，长沙有纺织、冶金、火柴、电器、染料、针织、皮革等24个行业，其中机械制造工厂122家，资本额为601.75万银圆，有职工6600人，年产值为1233.89万元[③]。

曾经为六朝古都的西安，自宋以后就开始出现长期的衰落。但在19世纪60年代，随着清政府大举兴办现代工业，西安于1869年出现了最早的现

[①] 何一民：《近代中国城市发展与社会变迁》，科学出版社，2004年，第40页。
[②] 彭平一、陈琳：《论长沙城市近代化的开端》，《长沙大学学报》，2010年，第4期。
[③] 长沙市志编委会：《长沙市志·轻工业志》(1840—1987)，第7卷，湖南人民出版社，1998年。

代工业企业——西安机器局,其后又设立了火药局。西安的工业经过数十年的艰难发展,到20世纪30年代,逐步建立起了纺织、印染、印刷、铸造等工业门类[1],为抗战时期西安城市工业的继续发展打下了一定的基础。

重庆位于长江与嘉陵江交汇处,是一个深处内陆的城市,随着19世纪末的对外开放,新式工业也开始起步。重庆的新式工业首先发生在火柴业,随后扩及纺织、棉织、玻璃、采掘、航运和电灯等行业。到抗战前,重庆现代工业已在较广泛的部门和行业产生,机器生产有了新的发展,钢铁工业、机器工业、化学工业、水泥制造也开始出现。据国民政府经济研究所《中国工业调查报告》统计,1933年重庆共有现代工厂和手工工场415家[2]。

四川省省会——成都的新式工业发轫较早。1877年四川总督丁宝桢在成都创办了四川省第一家现代工厂——四川机器局。成都的新式工业虽然起步较早,但却发展缓慢,在1877至1895年的近20年间,成都没有出现第二家现代工业企业。至于民办工业企业直到20世纪初才开始出现。据统计,1890—1911年间,成都具有一定规模的工厂仅有7家[3],相比重庆其发展也十分缓慢。从1895年至1927年,成都新增民族工业工厂数为18家,在全国有统计的44座城市中处于并列15位,占44个城市工厂总数的1.2%弱,约占全国工厂数的0.7%;工业总数仅有重庆的1/2,与昆明基本相当,略高于西安和兰州[4]。

晚清民国时期,部分边疆地区的城市也出现了新式工业企业,如乌鲁木齐在19世纪末即开始引进西方的机器,发展军事工业,巡抚饶应祺奏准筹款购办毛瑟洋枪及制造火弹、银圆、红钱的机器;部分机器从上海购进,在迪化南梁建立机器局后移至水磨沟,修理军械,兼产民用五金制品[5]。清政府实施新政改革后,在官方的倡导下,新疆出现了一个兴办近代工矿企业的高潮。光绪二十九年(1903年),迪化"宝新局"改组为"宝新公司",进行石油、石

---

[1]《西京近代工业》,《西安文史资料》,第19辑,西安出版社,1993年,第73—78页。
[2] 隗瀛涛:《近代重庆城市史》,四川大学出版社,1989年,第25—26页。
[3] 隗瀛涛:《近代重庆城市史》,四川大学出版社,1989年,第691页。
[4] 杜恂诚:《历年所设本国民用工矿、航运及新式金融企业一览表(1840—1927)》,《民族资本主义与旧中国政府》,上海社会科学出版社,1991年。
[5] 乌鲁木齐市党史地方志编委会:《乌鲁木齐市志》,第1卷《总类》,新疆人民出版社,1994年,第43页。

蜡、肥皂等的生产①。光绪三十二年(1906年)新疆地方当局于迪化设立习艺局，传授金工、木工、制革、制绳、缝纫、毡毯等加工制作工艺，组织各族群众进行纺织、制革、造纸、缫丝等手工业生产及农业技术改良活动；并于同年在迪化设迪化石油公司，用土法炼油。光绪三十四年(1908年)当局又在迪化设工艺局，管理手工业生产②。民国建立后，乌鲁木齐又兴办了永丰电灯公司、迪化阜民纺织公司、迪化电灯公司等数家新式企业③。

中国其他城市也在城市工业化发展进程中获得了不同程度的进展。当时海关关册对这种热潮作过如下的记述："中国工业，日见扩充，各种机器，势必多用。国家之兵工厂、造币厂、铁路、船厂及制革厂、电灯厂满布各处，开矿熔化等事，均需机器，缫丝厂甚多，各处又有织布、织袜、棉线、汗衫、棉纱，及机器磨坊、面粉、榨油、锯木、造纸等厂，砖及水泥、烛、皂、玻璃、磁器等厂，年胜一年，中国所制纸烟，与进口者相竞，各处大城，自来水逐渐推广，印刷厂，多处已有……"④随着全国城市近代工厂的建设，大量的资本投于工业部门，工业资本得到了较快的增长，到抗战爆发前的1936年，中国工业资本积累达到了21亿元。参见下表。

1928—1933年中国登记设立的工厂数与平均资本额

时间	登记设立的工厂数(家)	每家平均资本额(千元)
1928	250	471
1929	180	356
1930	119	378
1931	113	245
1932	87	168
1933	153	159

资料来源：《申报年鉴》，1936年，第806—807页。

---

① 乌鲁木齐县地方志编委会：《乌鲁木齐县志》，新疆人民出版社，2000年，第25页。
② 乌鲁木齐市党史地方志编委会：《乌鲁木齐市志》，第1卷《总类》，新疆人民出版社，1994年，第52页。
③ 贾秀慧：《晚清民国时期乌鲁木齐城市近代化述论》，《西域研究》，2007年，第2期。
④ 上海通商海关总税务司署：《通商各关华洋贸易情形总论》，1917年，第12—13页。

1936年中国工业资本估计（东北、台湾及外资除外）　　单位：百万元

类别	币值	比重(%)
中国工业资本	2140.8	
生产资料的生产		20.0
生活资料的生产		80.0
纺织业		36.8
饮食品业		16.2
水电业		19.1
资本的有机构成		
不变资本	2191.2	98.5
可变资本	32.7	1.5
资本的所有形态		
公营工业	317.6	14.8
私营工业	1823.2	85.2

资料来源：吴承明：《中国资本主义与国内市场》，第8页。

现代工业的发展，使工业产值在中国国民经济结构中的比重不断提高。据统计，1933年国人所经营的工厂产值约占工业产值的28%，其余72%是手工业和工场生产的[①]。工业的发展，不仅促进了中国城市功能不断地由传统向现代变迁，而且还促进了工业兴办地——城市的快速发展。"景德镇因为产瓷器，该地人口年有增加，已可称为一都市。唐山近年成为矿业都市，在秦皇岛内有五千居民赖以生活。萍乡的煤业与大冶的铁业，亦使各该地方成为工业都市。"[②]

自晚清以来，随着中国经济纳入到世界资本主义体系之中和中国近代工业的兴办、发展与农业商品化的发展，城市商业日益繁荣。例如，因市场的需要，农产品在城市的交易活动极为活跃，且交易量很大。参见下表。

[①] 巫宝三：《中国国民所得》(1933年修正值)，《社会科学杂志》，第9卷，第2期。
[②] 马松玲：《论农村与都市》，《新农村》，1934年，第10期，第11页。

1919年国内几种主要农产品的商品量和商品值

种类	商品量(万担)	商品值(万元)
茶叶	334.7	8545.6
土丝	13.1	10328.5
桑蚕丝	194.2	6091.5
柞蚕丝	157.2	3708.2
烟叶	226.8	3447.1
大豆	5738.5	17000.4
棉花	790.0	20352.2
粮食	526.8亿斤	147698.4
合计		217171.9

20世纪二三十年代是中国资本主义初步发展和进一步发展的时期,也是农产品商品化发展较快的时期。据20世纪30年代的调查、估计,包括粮食、棉花、丝、茶、大豆、花生、桐油等主要农产品的商品值在45亿元左右,即从1919年到1936年的17年间增长了1倍强,年增长率约为5%[1]。但农产品贸易额在国内贸易的份额不断下降,到1936年,中国主要城市的农产品贸易额只占贸易总额的24%,而工业品和手工业品比重分别占34%、42%[2]。

民国前中期,中国进出口贸易也进入一个快速发展阶段,如1923年中国对外贸易额达到了16.7亿两白银,较1918年的10.4亿两增加了6.3亿两[3]。国内、国际贸易的发展是建立在城市商业发展基础之上的。抗战以前,中国城市商业进入到了一个"黄金时代"。如上海的民族资本经营的五金行业商店在1862年至1913年的51年间仅开设了130余家,而1914—1918年的4年间则新增设了110家,全行业营业额平均每年为5000万元,相当于第一次世界大战爆发前的5倍。在内地的重庆,商业发展也很迅速,抗战前夕,在重庆经营山货业的有107家。其中堆栈22家,资本13.39万元;字号15家,资本13.4万元(缺2家日本字号资本数);中路11家;洗房59家,资本

---

[1] 吴承明:《中国资本主义与国内市场》,中国社会科学出版社,1985年,第110页。
[2] 郑友揆、韩启桐:《中国埠际贸易统计1936—1940》,中国科学院,1951年。
[3] 何一民:《中国城市史》,武汉大学出版社,2012年,第569页。

15.3万元①,是西南地区的商业中心城市。在上海、重庆等现代工商业城市的带动下,在中国腹地的其他城市的现代商业活动也日益活跃。例如无锡、常州、南昌等城市,详见下表。

1932年国内部分城市向上海输出银圆与出超数统计表　　单位:元

城市	向上海流出银圆总数	流出超过银数	城市	向上海流出银圆总数	流出超过银数
无锡	300000	300000	徐州	1150000	950000
常州	200000	200000	蚌埠	1590000	1590000
苏州	100000	50000	海门	550000	550000
杭州	5530000	4730000	嘉兴	50000	50000
温州	3550000	3500000	扬州	150000	150000
宁波	400000	350000	香港	1650000	750000
清江	850000	850000	南京	1982000	782000
镇江	1540000	1250000	芜湖	5590000	5160000
安庆	350000	350000	宜昌	790000	740000
南昌	1400000	1400000	九江	6520000	6370000
长沙	120000	120000	洛阳	1050000	1050000
重庆	1740000	1740000			

资料来源:马松玲《论农村与都市》,《新农村》,1934年,第10期,第21—22页。

此一阶段,东北地区的城市商业发展较快,1917年东北四省(奉天、吉林、黑龙江、热河)的商会达191家,会董3578人,会员16831人。1919年,沈阳市有大小商铺3000余家,安东(今丹东)有大小商铺千余家,营口约有大小商铺1500家,哈尔滨有大小商铺4000余家。哈尔滨甚至还出现了农产品交易信托股份有限公司,充当粮食买卖的担保人②。

"凡都市必有商业。商业都市之发生,在于交通便利,货物有来源,有去路,始能由农村发展为都市。"③城市与商业之间有着密不可分的关系,城市的

---

①隗瀛涛:《近代重庆城市史》,四川大学出版社,1991年,第129页。
②孔经纬:《中国资本主义史纲要》,吉林文史出版社,1988年,第176页。
③《论农村与都市》,《新农村》,1934年,第10期,第10页。

形成必然带动商业的出现与发展,而商业的进步则有力地促进了城市的发展,两者互为推力。近代以后,随着商业贸易的快速发展,城市也更为兴盛,并促进了城市功能的改善和城市格局的优化。据梁启超研究,"现代之商业都市,大约可以现行之八十九个大小通商口岸总括无遗。换言之,则今日海关常关所在地即全国商业集散之要所。再换言之,则商业市之繁荣,实以对外贸易之关系为主要条件也"①。另据《论农村与都市》一文作者所论,"我国近代因商务辐辏之辟为都市者,如上海、天津、芜湖、九江、岳州、汕头、蚌埠皆是"②。

2. 现代金融业的兴起与发展

工商业的发展推动了城市金融业的发展。自1897年中国第一家近代银行"中国通商银行"在上海创办,并在各省省会城市陆续设立支行始,中国国有、民营银行等现代金融机构纷纷出现。1905年,清政府开办了第一家国家银行——户部银行(1908年改名为大清银行,后又改为中国银行)。其后又先后有交通银行、浙江兴业银行、信义银行、信诚银行、濬川源银行等17家华资银行开办③。民国建立以后,北京政府先后在北京成立了殖边银行、劝业银行、中国农工银行、新华储蓄银行、中国实业银行(后迁上海),在上海设立了兴华汇业银行,在成都设立了中国惠工银行等银行④。晚清时期在现代银行业发展的刺激下,一些经济相对发达的省区也纷纷成立地方银行,各省银行主要由清政府在各省设立的官银号改组而成,如广东省银行、江苏银行、山西省银行、富滇银行、浙江地方银行、湖北省银行、陕西省银行、河北省银行、河南省银行、四川地方银行、湖南省银行、广西银行、江西民国银行、福建东南银行等。辛亥革命后,民营银行发展迅速,仅民国三年(1914年)至民国十年(1921年)的数年间,全国新开设的民营银行就有96家,其中"北四行"(盐业银行、金城银行、大陆银行、中南银行)和"南三行"(浙江兴业银行、浙江实业银行、上海商业储蓄银行)已成为颇具实力的银行。随着银行业的发展,各地还出现了银行同业组织——银行公会。1917年,北京成立了全国第一家由民

---

① 梁启超:《中国都市小史》,《晨报》七年纪念增刊,1926年,第233页。
② 《论农村与都市》,《新农村》,1934年,第10期,第10页。
③ 王方中:《中国近代经济史稿》,北京出版社,1982年,第470页。
④ 郭飞平:《中国民国经济史》,人民出版社,1994年,第26页。

营银行组织的银行公会。此后,上海、汉口、天津、苏州、杭州、哈尔滨等地银行公会相继成立。银行公会的出现,反映着新兴银行资本势力的发展。这时期旧式信用机构——钱庄也有所发展,以上海钱庄发展较为典型。1911 年上海营业的钱庄有 28 家,资本总额为 106 万两,到 1926 年上海的钱庄发展到 87 家,资本总额达 1341 万两。从盈利来看,1912 年 21 家钱庄盈利额为 47 万余两,平均每家 23000 余两;1925 年 82 家钱庄盈利额为 323 万余两,平均每家 39000 余两[①]。银行作为现代金融机构,是城市经济各部门资金流通的中心和枢纽,起着融通社会闲置资金、集中信贷、组织结算、调节货币流通的重要作用,因而银行业的发展对城市经济的迅速发展影响极大。因此,1911 年以后,中华民国北京政府和南京政府均很重视现代银行业的发展。如南京国民政府财政部于 1928 年致函上海银行公会,"请组织银行团,以助政府",并分发北平、天津、汉口等商埠[②]。加之社会对银行也寄予了厚望,从而促进了 1911—1937 年中国银行业的快速发展。据统计,1914 年,全国有华资现代银行 17 家,到 1926 年则增加到 102 家。银行资本额也由 1911 年的 25577000 元增加到 1927 年的 206628000 元,为前 15 年的 8.08 倍[③]。这些银行部分是政府开办,部分由私人开设[④]。各家银行的分支机构因经营的需要遍布全国各大中城市。如汉口有数十家银行,"民国以来,……浙江兴业银行、黄陂实业银行、四川铁路银行,以及直隶、湖南、中孚、盐业、华丰、蔚丰、聚兴诚等银行,皆经商会注册,金融机关当日臻发达矣"[⑤]。聚兴诚银行为四川商帮所组织,资本 150 万元,在重庆、宜昌、沙市等沿江城市设有分行[⑥]。四川大中银行,成立于 1919 年,"宜昌、汉口、北京等处均有分行,营业极为发达"[⑦]。又如中华懋业银行,"本行自八年(1919 年)十二月十一日在中国北京开股东成立会以后,当即着手筹办,北京为总行所在,首先于九年二月六日开幕。次之为天津分行于八月十日开幕。又次之为石家庄分行于八月十八日开幕,又次之

[①] 中国人民银行上海市分行编:《上海钱庄史料》,上海人民出版社,1960 年,第 188—202 页。
[②]《财政部函请组织内国银行团》,《银行周报》,1928 年 7 月 31 日,第 12 卷,第 29 号,第 6 页。
[③] 杜恂诚:《民族资本主义与旧中国政府》,上海社会科学院出版社,1992 年,第 159 页。
[④] 何一民:《中国城市史》,武汉大学出版社,2012 年,第 571 页。
[⑤]《夏口县志》,卷 7,"商务志",1918 年。
[⑥]《民国日报》,1917 年 2 月 21 日。
[⑦]《银行月刊》,1922 年 1 月,第 2 卷,第 1 号。

为汉口分行于九月一日开幕,又次之为上海分行于九月二十四日开幕,又次之为济南分行于十二月一日开幕。其小吕宋、哈尔滨两分行,则原系美国国际汇兑银行所创设,嗣归并于我行"[1]。

南京国民政府建立后,为控制全国经济命脉,巩固统治,逐渐建立了以"四行二局"为核心,以各重要城市分行为节点的全国统一的金融体系。同时,地方官办银行的发展也很快。1928年前,各省设立的官办地方银行只有4家,分支机构78处。而到1937年上半年,全国共有省市地方官办银行26家,分支机构464处。这26家银行几乎涵盖了全国各个省及重要城市[2]。包括"四行"和商业银行在内的全国164家银行在各个城市的分支机构则有1627处[3]。另外,储金局设有网点680余处,通汇局的分支机构则高达9800余处[4]。即便是边远落后的省区也设立数量不等的金融机关。例如西北各省先后建立了西北银行、蔚丰银行等官办或商办银行(见下表)。1928年以后,随着国家的统一,各中央银行还将金融业务发展至中小城市,例如在陕西,中央银行、交通银行、中国农民银行在陕西南郑、咸阳、渭南、泾阳、潼关、朝邑、安康、南郑、榆林、绥德、天水、平凉、武威建立了分行、办事处或寄庄。[5]

1920—1931年西北地区地方官营、商办银行一览表

银行名	创办时间	地点	银行名	创办时间	地点
秦丰—富秦银行	1911	西安	陕西地方实业银行	1930.12.1	榆林
陕西省银行	1930.12.15	西安	甘肃省银行	1922	兰州
甘肃农工银行	1929	兰州	甘肃平市官钱局	1923.1	兰州
甘肃省银行西宁办事处	1929	西宁	富陇银行	1931	兰州
宁夏省银行	1931.1	银川	青海平市官钱局	1931	西宁
新疆省银行	1930.7.1	迪化	蔚丰银行迪化分行	1916	迪化

资料来源:李云峰、赵俊《1931—1937年间西北金融业的恢复和发展》,《民国档案》,2004年,第1期。

---

[1]《银行月刊》,1921年7月,第1卷,第7号。
[2]《全国银行年鉴》,1937年,第A13页。
[3] 鲁振祥、陈绍畴、郭飞平等:《20世纪的中国内争外患的交错》,1996年,第519页。
[4] 鲁振祥、陈绍畴、郭飞平等:《20世纪的中国内争外患的交错》,1996年,第518页。
[5] 李云峰、赵俊:《1931—1937年间西北金融业的恢复和发展》,《民国档案》,2004年,第1期。

随着金融机构在各个中小城市广泛设立,金融资本得到了迅速扩张。中国通商银行为中国自办的第一家银行,到 1932 年,资本额 350 万元;四明商业储蓄银行是创办较早的一家商业银行,1933 年资本总额为 225 万元。中国实业银行 1933 年资本总额为 350.7 万元,到 1935 年,三行资本均达到了 400 万元。到 1936 年全国金融机构的资本额达到了 31642 万元。参见下表。

1936 年中国金融业资本估计　　　　　　　　单位:千元

类别	家数	资本额	资产总值
银行	98	115002	1938279
信托公司	10	7347	22306
储蓄会	2	1500	144984
保险公司	40	32571	62861
钱庄银号	1500	100000	500000
典当	5000	60000	200000
合计	6650	316420	2868430

资料来源:《全国银行年鉴》,1936、1937 年;《中国保险年鉴》,1936 年;《中国金融年鉴》,1937 年。

除银行外,信托公司、交易所、保险公司、储蓄会等现代金融机构也发展较快。最早的信托公司出现在上海,民国十年(1921 年)上海首先出现了 12 家信托公司。最早的交易所为民国七年(1918 年)在北京开设的证券交易所。上海的交易所发展很快,先后成立了证券物品交易所、华商证券交易所、面粉交易所、杂粮油饼交易所等。到 1921 年,全国各城市创设各类交易所共计 136 家[①]。保险业经西方传入后便在中国得到了较快的发展,除上海、天津、广州、北京、武汉等大城市外,一些小城市也出现了保险公司,开展保险业务。如万县在民国十八年(1929 年)相继建立了外商、华商和民营保险机构 30 余家,开展了诸如火灾保险、货物运输险、机动车辆险和团体寿险等业

[①] 郭飞平:《中国民国经济史》,人民出版社,1994 年,第 27 页。

务①。在四川泸州、遂宁,江西安福,贵州绥阳,浙江衢州等城市亦设立了类似的保险机构。

需要指出的是,随着现代银行制度的建立、发展,传统的金融机构如钱庄、典当等的业务发展日趋衰落,特别是东中部地区的大中城市传统金融机构受到现代金融机构的竞争,其败落则是无疑,但在西部的中小城市中,钱庄、典当业仍是城市的重要金融组织,并随社会经济的发展变迁而有所发展,依然是推动城市发展的重要动力之一。

随着金融业的发展,城市各项事业也因金融行业存款、信贷、发行货币、汇兑等业务的广泛开展而得到了发展,促进了城市的繁荣。例如,1931年陕西省银行对工商企业的放款(法币)为3403044元,1932年为2603423元,1933年1881951元,1934年为3395282元,1935年为4160191元,1936年则为7191958元②。这些款项被运用于各城市社会经济生产部门中,从而促进了城市社会经济的发展与繁荣。

(二)现代交通运输业的兴起与发展

现代交通运输业的兴起与发展对于城市发展无疑具有极大的推动作用。城市与城市之间,城市与区域之间各种要素的流动是推动城市存在和发展的基本条件,而要素的流动量、流动速度与流动的空间范围都与交通的发展与否有着密切的关系。民国时期即有学者提出:"今日的社会,欲求各种事业的发达,交通便利是不可缺少的。可是都市方面之开辟公路,不可仅以便利市民或能供游客之游玩,即以为尽了开辟公路的能事,必须认清哪一部分内地是自己的势力范围,自己的主要市场在哪里,在这个广大的市场里面,应该铺设铁路、公路、航路或空路,令那些星罗棋布的农村与都市有交通上的联络。"③早在晚清时期,清政府与有识之士即对此有深刻的认识,并推动轮船、铁路等现代交通的发展。民国建立后,从北京政府到南京国民政府以及社会各个阶层均将铁路、公路、航空建设作为推动中国城市发展的重要措施。

铁路最初由西方列强引进,因铁路建设带有政治侵略与经济侵略的性质,而一度受到清统治者和中国民众的抵制。中国大陆最早的铁路是1876

---

① 万县志编纂委员会:《万县志》,四川辞书出版社,1995年,第397页。
② 《陕西银行概况报告》(油印本)。
③ 马松玲:《论农村与都市》,《新农村》,1934年,第10期,第4页。

年修建的吴淞铁路,但次年即被拆毁。由于铁路具有运输快捷、运载量大等特点,是其他交通工具所不能相比的。铁路对中国经济与城市的发展有着极为重大的影响,特别是铁路干线对于铁路枢纽城市和重要节点城市的影响巨大。"先当知振兴实业,当先以交通为重要。计划交通,当先以铁道为重要。建筑铁道,应先以干路为重要","苟无铁道,转运无术,而工商皆废,复何实业之可图?故交通为实业之母,铁道又为交通之母"[1]。1895—1911 年和 1931—1937 年,中国国内掀起了两次筑路高潮,铁路里程大大增长,据统计,1912—1927 年,中国兴建铁路 3422.38 公里[2],到 1937 年,全国铁路里程共达21000 多公里。铁路的兴建促进了沿线城市的发展,如平汉铁路沿线的郑州、石家庄、正定,津浦铁路的徐州、济南等城市皆受到铁路建设的影响而迅速发展。"铁路之建筑使许多城市更加繁荣,尤于两路之焦点。津浦路线会胶济路西来,济南遂成繁市。再南与陇海铁路交叉,徐州因而兴盛。平汉铁路沿线亦发生类似之二城,正太窄轨铁路,西出山西山地与平汉路会于石家庄,陇海与平汉交叉于郑州。其重要性则较逊焉。"[3]上海、武汉、天津、广州等城市也因铁路建设而获得新的发展动力。

  随着中国社会经济的变迁和城市化的不断发展,传统的驿路交通已远远不能满足时代的要求。中华民国政府成立后,即着手规划和进行全国公路建设。1912 年 1 月 3 日中华民国临时政府下设"交通部",专门负责全国交通建设与管理。同年 3 月 12 日北洋政府国务院亦下设"交通部"。1917 年孙中山领导的广州军政府亦设置"交通部"。1927 年 5 月 16 日国民政府于南京成立,同样也设立"交通部"。民国建立以后,在政府有关部门的推动下,各省区都大力兴筑公路。而民间力量对于公路建设也表现了极大的热情。"增加国家富强,提高民众经济,必须兴筑公路行驶汽车。"[4]"中华全国道路建设协会"在此背景下创办,协会总部设在上海,并在各省市设有分会[5]。在政府和民间力量的推动下,中国现代公路交通有了长足的发展。中国最初的公路是 1908 年苏元春驻守广西南部边防时兴建的龙州—那堪公路,计划修筑 30

---

[1] 宓汝成:《中华民国铁路史资料》(1912—1949),社会科学文献出版社,2002 年,第 94 页。
[2] 中国社科院近代史所:《中华民国史》,第 1 卷(1911—1927),中华书局,2011 年,第 450 页。
[3] 刘节厚:《华北平原之城市》,《市政评论》,1937 年,第 5 期,第 45 页。
[4] 何乃民:《高等汽车学》,商务印书馆,1936 年,第 141 页。
[5] 《道路月刊》,1922 年,第 3 期。

公里,但因工程艰巨,只修通了龙州至鸭水滩一段,全长17公里。不久,全国各地也纷纷开始兴建公路。民国建立后,从国家战略需要,中央政府加强了对公路的规划与建设。随着国家路网的建设,地方公路也得到了较快的发展,如1920年洪伯言等发起兴建的沪太路是当时东南地区省际公路,全长37.25公里①。据民国十八年(1929年)的《交通年鉴》记载,淮安筑成的和在筑的公路,分国道、省道、县道,其中建成县道806.21公里,在建245.45公里②。另据统计,1927年中国公路的通车里程约为29000公里。南京国民政府成立后,更是加快了国家公路网和地方公路的建设,甚至远在西北边远地区的新疆也于1928年修建了全疆第一条公路,开通了迪化(乌鲁木齐)至塔城、惠远至宁远(伊宁)的汽车客运。到1935年12月中国公路通车里程增加到1163000公里③,是1927年的4倍。

现代航运业在近代也有较大的发展。现代航运业发端于晚清时期,经过国人努力,到1911年,全国共设立资本1万元以上的本国轮运公司212家,其中查明资本额的企业106家,资本总额为1725万余元;进入民国后,包括北洋政府在内的中央和地方各级政府的大力支持与社会各界投身于现代航运事业,现代航运业得到了较快的发展。1912—1927年,全国设立资本1万元以上的本国轮运公司195家,其中查明资本额的企业156家,资本总额为2653万余元。以企业数量而言,1927年所创办的轮运公司与此前52年间所创航运企业相埒,以查清的企业资本总额而言,1927年为此前52年间的1.56倍。轮船的数量也有较大增加,据统计1924年中国有各类型的轮船2734只,总吨位445997.11吨,千吨以上轮船为141艘④。抗日战争前,私营轮船运输业共有轮船600560吨⑤,其中26家较大的轮船公司拥有轮船231720吨⑥。

此外,航空业在民国以后也得到了一定的发展。但在1928年以前,民用

---

① 李世华:《上海公路史》,第一册,人民交通出版社,1989年,第65页。
② 戴甫青:《民国时期的淮安公路交通》,《淮海晚报》,2011年9月25日,第5版。
③ [日]家近亮子:《蒋介石与南京国民政府》,王士花译,中国社会科学出版社,2005年,第149页。
④ 严中平:《中国近代经济史统计资料选辑》,科学出版社,1955年,第228页。
⑤ 严中平:《中国近代经济史统计资料选辑》,科学出版社,1955年,第233页。
⑥ 吴承明:《中国资本主义与国内市场》,中国社会科学出版社,1985年,第66页。

航空还属空白,航空器主要用于军事目的。1929年中国的民航事业有了较大的发展,飞行里程达9.6万公里,1936年则进一步增加到34.6万公里,国内的一些重要大城市都设有航空港,从而使城市间的空间距离和时间距离进一步缩短,密切了彼此间的联系,促进区域城市体系和全国城市体系的发展。

现代交通的发展极大地促进了中国城市的发展,在铁路、水路、公路沿线兴起了一批新城市。如位于京广线上的石家庄、郑州、衡阳,位于津浦线上的蚌埠、浦口等。这些城市在未建现代交通运输之前甚至还不具备城市的特点,如蚌埠原来不过是只有500户人家的小镇,1908年津浦路通车,从而带动了位于铁路与淮河交会点的蚌埠迅速发展起来,数年间(到1914年)城市人口就迅速增至10万人,1920年再增至约20万人。河北石家庄也是因为地处京汉、正太铁路的交会点而迅速发展起来,由一个人口不过百户的小村庄变为省辖市(1928年)。1937年,石家庄人口超过6万。① 交通发展还进一步促进了沿线"旧"城市的继续发展。例如南京,津浦及沪宁西铁路通车,使南京成为南北陆上交通与长江水运的交会点,并在城北下关沿江一带,形成新的市区,集中了各种洋行、银行、轮船公司、码头、仓库、火车站等;在铁路沿线一些空地上还密集地发展了棚户区②,极大地改变了南京的空间结构。上述变化均与城市交通体系变化有着直接的关系。

中国引进现代交通,从蒸汽轮船到飞机,相隔大约70年,每项新式交通工具从发明到引进我国并在开始有所发展所用的时间分别为:轮船为33年、火车为39年、城市电车为29年、汽车为15年、飞机为6年,由此可见随着中国的现代化推进,先进的交通工具引进中国所花费的时间越来越短。这些现代交通工具的引进,改变了中国城市传统交通体系,扩大了城市与腹地的联系,加强了城市间的联系,促进了城市体系的演变与发展,极大地促进了中国城市从农业时代的传统城市向工业时代的现代城市转型。

(三)城市景观与空间格局的变化

中国传统城市的发展根植于农业文明深厚的土壤之中,城市景观与空间布局与西方城市截然不同。城市一般为高大宽厚的城墙环围,城墙既有保护

---

① 戴均良:《中国城市发展史》,黑龙江人民出版社,1992年,第329—330页。
② 戴均良:《中国城市发展史》,黑龙江人民出版社,1992年,第331页。

城市居民不受外部侵扰的防卫作用,也有对城市居民管控的作用;所有城市都开有数量不等的城门,以方便城市内外的居民进出城和各种物资运输。城市道路的数量和分布一般与城市规模的大小和城门的布局有着密切关系,小城市的街道布局简单,其城区干道多为十字形;大中城市的街道则分层次布局,主干道也多为十字形或井字形。北方城市的道路布局较为规整,以棋盘式街道格局为典型;南方城市街道受地形和河流等影响,多不规范,城市道路的宽窄以人为尺度,一般道路较狭窄,仅满足人行和骡马车行的需要。农业时代的城市受生产力发展水平的制约,一般都以低层建筑为主,房屋多为木结构,部分官府建筑和公共建筑则为砖木混合结构。城市色彩相对单一,呈现出农业城市生活,富裕、恬静和悠闲的风貌[1]。

鸦片战争以后,中国被迫向西方开放,在开放的过程中,西方城市的各种元素因西方殖民者的侵入而首先传入上海、广州、厦门、天津、汉口等沿海沿江开埠口岸城市,这些城市风貌也因此出现了新的变化,城市面貌的现代性日显突出。如在上海租界,"道路清静宽广,巡捕往来梭巡周密,团练兵操演步伐整齐,舍宇栉比鳞次……,揪隘逼仄之路悉化而为康庄,乡间鄙陋之区皆变为阛阓;四方之人趋之若江汉之朝宗,商贾往来,无远勿届;街衢之间,日事洒扫,迂者直之,陂者平之;设有失慎,捕房鸣钟报警,水龙、火龙、药龙络绎奔赴"[2]。城内四轮马车"驰驱振辔冲"、"车如流水马如龙"[3]。人力车、脚踏车、火车等市内近代交通工具日渐平常;街道煤气灯、电灯"较月光明",而成为"不夜城",使城市夜景格外美丽[4]。甚至内陆芜湖、九江、宜昌等小城市的景观也因开埠通商得到了较大的改变,这些城市修建了数量不等的马路、商场,设置了电灯电话,修建了可停靠轮船的码头,开通了轮船航运,使得新城区的空间与传统老城区的空间发生很大的变化,后者狭窄拥挤,前者整齐宽敞[5]。经过清末民初的发展,到20世纪30年代中国城市面貌也有了较大的改观,

---

[1] [英]托马斯·阿罗姆绘画,李天纲译:《大清帝国城市印象——十九世纪英国铜版画》,上海古籍出版社,2002年,第1—195页。
[2] 唐振常、沈恒春:《上海史研究》二编,学林出版社,1988年,第42页。
[3] 六勿山房主人:《松江杂咏百首》,《沪游杂记》,上海古籍出版社,1989年,第55页。
[4] 鸳湖隐名氏:《洋场竹枝词》,《申报》,1872年7月12日。
[5] 张仲礼、熊月之、沈祖炜:《长江沿岸城市与中国近代化》,上海人民出版社,2002年,第585—602页。

特别是东中部沿海沿江的大城市变化明显,如汉口从20世纪20年代就开始对城市街道进行改造,将石板路面改建为柏油路面,截至1933年,汉口先后修筑了一元路、汉景街、华商街、沿江马路、滨江街、大智路、友益路、保成路、五族街等13条柏油路;另外还在二曜路、中山路等路段修建了混凝土或水泥碎石路面,以及在永宁街、永清街、球场街、吉庆街等街巷铺设碎石,并在后湖一带还铺设了煤渣路等[1]。经此改建,汉口的城市街道景观发生了巨变,现代都市景象日显突出。随着城市的发展,为满足城市居民休闲,"增进市民的健康",城市公共空间也发生很大的改变,越来越多的城市开始重视修建城市广场和公园,如汉口先后修建了市府门前的公共广场[2]、"环绕溪流,颇增兴趣"的中山公园等[3]。

此一时期城市景观最引人注目的是城市建筑的变化,由于建筑材料的变革和新技术的引进,城市建筑无论体量还是高度都发生巨大变化。从前,"正式伟大之建筑物不多,至高不过二层,四边二十五公分砖墙,内部隔板上盖红瓦或青瓦,此种以商店及住宅为多。最近一年来,本市(汉口)私人较大之建筑,为安利英之汽车行、光华之火油厂、天主堂之景福里、福音会之协和医院、申新之纺织厂,其建筑费均在十万元以上,二十五万元以下。至于旧市区……其建筑物多属旧式……修理见新,以维持现状"[4]。

抗战前,中国内地一些城市的景观和风貌也有了一定的"现代化"变化,尽管仍保留了甚至还是传统的城市风格。"都市的繁华,是在车马穿梭中,红绿灯光下,靡靡的音乐声中,就能表现出来",与农村形成"天渊之别"的鲜明对照[5]。这种"现代化"变化不断冲击着城乡社会各界的生活。如市民衣着,城镇女子大都穿旗袍。至于化妆品的应用,对妇女及青年男士而言,均视为日常必需品。下层社会中,男子均穿青衣小帽,女子穿短衣长裙[6]。据对广东徐闻县的调查,由于受政、学两界的影响,城镇中穿西装、学生装的人很多[7]。

---

[1]《汉口市政概况》,《工务》,1933年,第3—12页。
[2]《新汉口市政公报》,1929年,第4期。
[3]《汉口市政概况》,《工务》,1933年,第19页。
[4]《汉口市政概况》,《工务》,1933年,第29页。
[5] 蔡玉瑛:《都市与农村》,《现代青年》,1937年,第1、2合期,第51页。
[6] 中国第二历史档案馆档案:《常熟县风俗调查纲要》,全宗号12,案卷号527页,目录号2。
[7] 中国第二历史档案馆档案:《常熟县风俗调查纲要》,全宗号12,案卷号527页,目录号1。

这些变化由于太快,以至于一些依恋传统城市人士一时无法适应而对城市新气象产生厌恶之感,其中甚至还不乏受过新式教育的学生,他们在"谩骂"都市的过程中,也如实地记录了战前中国城市面貌的现代性改变。例如,《四师学生》刊发的《都市和农村》写道:"你这没廉耻的都市,藏污纳垢!表面上你是何等的庄严!高插云表的楼阁,庞然大物的汽车,那知你包藏着的只是罪恶的人们!卖淫的娼妓!啊!没廉耻的都市!不过是帝国主义者给你装饰的吧!"①

(四)城市社会生活的变化

抗日战争前,中国城市居民的社会生活因西方生活方式和习俗的传入和受现代社会经济发展的影响而发生着深刻的变化。

首先是城市居民服饰的变迁。在以上海为中心的沿海地区,交际场合,青年男子多推崇西服,女子服饰则更加趋于多样化。20世纪20年代,有人把上海女子服饰分为六派:(1)闺门派,这一派主要为鬓龄少女、世家兰畹的未婚女子;(2)阀阅派,主要为笄珈命妇及甲第巨室的妇人;(3)写意派,主要为追逐新奇的女子;(4)学生派,主要为稍受欧风影响的女学生;(5)欧化派,为专门学习西式及在西方留学的女子;(6)别裁派,主要为混合各派而成一家的女子②。南京成为国民政府的首都后,服饰的变化则呈现出以下三个特点:(1)服饰等级制度被破除,服饰上出现了多样性和多变性;(2)价廉物美的机器纺织衣料逐渐成为人们的生活必需品;(3)一些不文明的服饰习惯被逐渐摈弃③。总的来说,"城市居民近为潮流所输,渐趋华靡,小康之家即夏葛冬裘,妇女衣长袍者,亦较前日多"④。民国市民服饰由传统向现代演进过程中的历史特征,时人曾有着深刻的描绘:"他们(都市的居民)的服装是,这个穿绫罗绸缎,那个披的是补丁窟窿,低留答拉的布袋片;这个脸上是红白相间,那个脸上黑炭互衬;这个头上是油明透亮,那个头上是一团土发,这个是咯噔的大皮鞋,那个是露着脚后跟的踢溜跋拉的……"⑤

其次是生活习俗变化。中国城市社会的习俗比较丰富,大抵配合节日庆

---

① 作复:《都市与农村》,《四师学生》,1935年,第2期,第103页。
② 静慧阁:《妇女服饰派别论》,《申报》,1924年1月1日,第199册,第38—39页。
③ 罗玲:《民国时期南京的社会风尚》,《民国档案》,1997年,第3期,第110页。
④ 中国第二历史档案馆档案:《常熟县风俗调查纲要》,全宗号12,案卷号527页,目录号2。
⑤ 郭菊芬:《中国的都市与乡村》,《正师月刊》,1936年,第1期,第34页。

典,一年之中大小活动无数;此外则配合民间崇祀神祇。中国的泛神信仰,多无宗教规范,神祇各具一种或数种特殊职能,与民众生活需要息息相关,这在各种节日中得到了充分体现①。例如岁时年节,各地虽有各异,但都有燃放鞭炮、贴春联门神、插冬青柏枝、穿新衣、拜天地祖宗、迎财神等形式,至于花神节、清明节、端午节、中秋节、婚庆、饮食等节俗,都循着四时节令、平常而有序,体现出各个城市由来已久、相沿成习的风俗民情。但在近代以来,随着西方物质文明的大量输入,华洋习俗不断扞格碰撞,而渐至潜移默化,有的即被欣然接受了下来。例如在服饰方面,上海在明清以来形成的"服尚新奇、衣必华鲜"的习俗得以进一步张扬,以至于"家无担石,鲜履华衣"②。汉口则是"娱乐所需之店铺日见繁盛,首饰店、茶酒楼、绸缎号,其最著者"③。婚庆一改传统而采用新式仪式,如南京男女订婚多借酒馆交换约指或其他公共场所的礼堂成婚,届时,两家戚友齐聚,奏乐成礼。而在汉口,以前结婚必待父母之命、媒妁之言,自由结婚甚少,近世便渐渐多了起来。甚至中国传统信仰也因基督教会的传入,"男女信教自由,其出入天主耶稣者,星期日多赴各会堂做礼拜念祷告"而发生新的变化④。而那些西方侨民所带来的新鲜事物,电灯、电话、玻璃器皿、自来水、四轮马车、脚踏车、西式乐器、自鸣钟等声光化电,斑驳陆离,也日渐深刻地影响着中国城市日常生活习俗。近代以后,受外来文化影响,传统民俗文化与之相互激荡,迭经嬗变,"因此形诸社会生活,蒸以为习尚者,从宜从俗,亦各有当"⑤。甚至一些传统习俗因新风尚的引进而逐渐消失,如昔日立春有迎春东郊典礼,人们观看春牛,"借以觇岁";民国以后,这些活动便告废止。这些历史性的变化,诚如时人所评论的那样:"一般的都市生活,随着资本主义的发展,日趋于奢靡之途;住的有高大的洋楼,吃的是上等的珍品;有各色各样的商店,可以选购物品;有平坦广大的马路,可以乘汽车兜风;夏有电扇,冬有电炉;有自来水的设备;有娱乐消遣的场所;种

---

①王尔敏:《传统中国庶民日常生活情节》,《中央研究院近代史研究所集刊》,1992 年,第 21 期,第 147 页。
②李维清:《上海乡土志》,第 34 课,"民情",上海着易堂,清光绪三十三年(1907 年)。
③徐焕斗:《汉口小志》,《风俗志》,1915 年。
④徐焕斗:《汉口小志》,《风俗志》,1915 年。
⑤南京市文献委员会:《南京小志》,卷 9,中华书局,1949 年。

种所谓现代文明的设施,无不集中于都市"[①]。

由此可见,晚清、民国初期的城市社会习俗的变化,体现了中西文化的碰撞,现代与传统的混合,健康习俗与腐陋习俗并存等特征。总的来说,抗战前中国城市习俗发生了较大的变化,并深入到了城市社会各个层面,但事实上依旧有很多传统的生活方式,承袭着原来的风尚习俗,诚如曾来中国内地进行过实地考察的英国学者罗素所评价的那样:"在中国的各通商口岸,欧美人住在租界。租界里街道平坦,灯火明亮,房屋都是西式建筑,店铺里陈列着欧美的商品。而在租界旁边往往就是中国人住的地方,那里街道狭窄,店铺布置得喜气洋洋,空气中弥漫着中国特有的气味。"[②]罗素所说的"气味"在很大程度上即是我们中华民族及各地特有的民情风俗。总体而言,社会习俗是在变化的,且是向健康方面转化。

二、抗战前中国城市的区域空间布局

中国传统城市因受政治、军事、经济、地理环境等因素的影响,形成了区域发展差别巨大的空间格局。自隋唐以后,中国城市发展重心开始南移,到明清时期中国的大城市多集中于东南地区,特别是江南地区,成为了中国城市发展的核心区域,而隋唐以前以关中和黄河中下游为核心的北方城市虽然在宋以后仍然有较大发展,但逐渐失去了重心地位。

美国学者施坚雅根据中心地理理论规律,探讨了中国区域城市等级、数量和空间分布。施坚雅将中国内地(东北、蒙古、新疆、青海、西藏等地区因城市数量少、发展水平低未包括在内)划分为八个大的城市发展区,给每个大区都划分出了核心区和边缘区。施坚雅的划分也许还有若干值得推敲的地方,但中国幅员广阔,城市发展不平衡是普遍现象,不平衡是绝对的,平衡是相对的。从下表可见清代晚期中国城市发展与分布的不平衡。

[①]杜修昌:《农村与都市之关系》,《中华农学会报》,1932年,第101、102合期,第98—99页。
[②][英]罗素著,秦悦译:《中国问题》,学林出版社,1996年,第57页。

1893年中国主要区域城市等级

区域	中心大都市	区域都市	区域城市	较大城市	地方城市	中心集镇	合计
长江下游	1	3	8	24	74	267	377
长江中游	1	3	10	25	115	403	557
长江上游	1	1	6	21	87	292	408
东南沿海	0	1	4	11	42	147	205
岭南	1	2	7	24	71	223	328
云贵	0	2	3	13	36	112	166
华北	1	6	18	64	189	697	975
西北	1	2	7	18	55	178	261
合计	6	20	63	200	669	2319	3277

资料来源：W. Skinner,(ed), *The City in Late Imperial China*, Stanford University Press, 1977, p298。

1893年中国主要区域城镇分布情况

区域	总人口（百万）	城镇数（个）	城镇人口（千人）	城镇人口比重(%)	城镇平均人口(千人)	城镇密度（个/公里^2）
长江下游	45	270	4750	10.6	17	14.0
长江中游	75	393	3905	5.2	13	4.2
长江上游	53	202	2503	4.7	12	4.8
东南沿海	26	138	1668	6.4	12	7.2
岭南	33	193	2863	8.7	15	4.5
云贵	16	81	714	4.5	9	1.7
华北	122	488	5809	4.8	12	6.5
西北	24	114	1301	5.4	11	1.5
合计	394	1779	23513	6.1	13	4.5

资料来源：W. Skinner,(ed), *The City in Late Imperial China*, Stanford University Press, 1977, p287—298。

20世纪以后，随着工业化、城市化的发展，中国城市与此前相比有了较为明显的进步，其主要表现为：(1)城镇人口数量大增。1912年城镇人口约为

3100万,1928年已达4100万;新增城镇人口1000万左右,相当于晚清70年间增加的城镇人口总数。(2)城镇人口占总人口的比重有所上升。1912年城镇人口占全国总人口的比重为7.6%,1928年增至8.9%,增加了1.3个百分点,与晚清70年间增加的1.6个百分点较接近。(3)大城市人口急剧增加。1927年,上海城市人口已达260多万,全国百万人以上的大城市有4—5个(上海、武汉、北京、天津、广州),新增加的城镇人口,除一部分为自然增长外,绝大部分来自农村,仅有少数外国侨民[①]。

随着民国前中期城市的发展,城市空间布局也出现较大的变化,一些边疆区域的城市出现较快发展。如东北三省在1875年仅建有9座县城,经过清末民初的边地开发,到20世纪30年代初,东北城市数量大增,而且出现了规模较大的城市,如沈阳、长春、哈尔滨、大连、本溪、抚顺等6座城市的人口合计达230余万,比1895年增长了11倍以上[②]。其他区域的城市也得到了较快的发展,据阿若德(Arnold)所著《中国工商业要览》和利查滋神父(Father Richard)所著《中华坤舆详志》,以及《中华归主》、《申报年鉴》等资料记载,在20世纪20年代华北地区包括北京、天津等城市均发展较为迅速。参见下表。

20世纪20年代华北平原主要城市人口　　　单位:人

城市	《中华归主》1922年估计	《中国工商业要览》估计	其他估计
北平	850000	1181400	1467537(1932年调查)
天津	900000	838629	1387462(1931年海关估计)
济南	300000	283000	1322175(1932年调查)
开封	280000		145769(1928年调查)
徐州	125000		125000(申报年鉴)
潍县	100000	97000	100000(申报年鉴)
保定	100000		

[①]张景月:《北洋政府时期的人口变动与社会经济》,《近代中国》,第3辑,第94—95页。
[②]戴均良:《中国城市发展史》,黑龙江人民出版社,1992年,第326页。

续表

城市	《中华归主》1922 年估计	《中国工商业要览》估计	其他估计
唐山	85000		100000（申报年鉴）
山海关	70000		
郑州	35000		
海州	30000		
秦皇岛		5000	20200（1931 年海关估计）

资料来源：刘节厚《华北平原之城市》，《市政评论》，1937 年，第 5 期，第 44 页。

民国前中期中国城市的发展与繁荣，犹如一块块巨大的吸铁石，吸引着大量的农村人口移居城市，使城市人口总数与城市人口比例不断增加，由于相关资料的缺失或研究的角度不一，关于抗战以前中国城市人口的统计意见不一，而无法形成定论，但可以从部分地区农村人口离村率管窥当时中国城市人口数量和比重增加的大致状况。下以日人田中忠夫的调查和浙江省相关材料为例说明。

20 世纪初日人田中忠夫关于中国部分地区农村离村率调查情形表

地名	调查人口数（人）	离村人数（人）	离村率（%）
江苏仪征	2080	30	1.44
江阴	3414	80	2.34
吴江	1372	67	4.88
安徽宿迁	3478	105	3.02
山东霑化	5857	513	8.70
河北遵化	9085	241	2.65
唐县	6177	281	4.55
邯郸	4236	77	1.82
盐山	803	70	8.72
浙江萧山	10355	795	7.58
平均			4.61

资料来源：杜修昌《农村与都市之关系》，《中华农学会报》，1932 年，第 101、102 合期，第 90 页。

1918年浙江省各县农民离村率

县名	农民离村率(%)	县名	农民离村率(%)
杭县	0.74	海盐	1.60
海宁	4.54	崇德	0.39
富阳	2.32	平湖	0.90
余杭	0.61	桐乡	0.18
临安	3.56	吴兴	0.84
于潜	0.92	长兴	0.62
新登	2.32	德清	0.61
昌化	1.04	武康	未详
嘉兴	4.75	安吉	1.40
嘉善	4.35	孝丰	0.29
鄞县	3.12	兰溪	3.39
慈溪	8.88	东阳	4.43
奉化	2.60	义乌	2.83
镇海	10.33	永康	3.24
定海	3.58	武义	未详
象山	1.88	浦江	2.09
南田	0.49	汤溪	0.95
绍兴	4.49	衢县	2.77
萧山	2.60	龙游	3.04
诸暨	22.39	江山	1.39
余姚	2.93	常山	1.65
上虞	3.93	开化	1.01
嵊县	2.72	建德	0.53
新昌	2.40	淳安	未详
临海	0.60	相庐	1.93
黄岩	2.73	遂安	0.95
宁海	1.69	寿昌	3.09
温岭	1.96	分水	0.74

续表

县名	农民离村率(%)	县名	农民离村率(%)
天台	1.30	永嘉	1.21
仙居	0.19	瑞安	0.45
金华	1.01	乐清	1.21
平阳	0.27	遂昌	0.97
泰顺	4.44	龙泉	0.29
玉环	0.13	庆元	0.18
丽水	0.11	云和	0.71
青田	1.32	宜平	9.45
缙云	2.58	景宁	0.10
松阳	1.07	平均合计	2.40

资料来源：杜修昌《农村与都市之关系》，《中华农学会报》，1932年，第101、102合期，第90—92页。

无论是田中氏的调查，还是浙江省的农村人口的离村率，从某种意义上讲，都可大致视为城市人口增长率，从而为管窥城市发展水平提供了一个极好的窗口。1921年，除人口总数超过100万的上海、北京、广州外，2.5万—5万以上人口的城市几乎遍布全国省份，城市空间布局比晚清时期有了较大的改变，其空间分布格局大致情形见下表：

1921年中国都市省区分布情形表 单位：万人

省份	50—100	25—50	15—25	10—15	5—10	2.5—5
浙江	杭州	绍兴、宁波		温州	衢州、湖州、嘉兴、台州	长山、嵊县、处州、黄岩、瑞安、金华、石门、天台、定海、余姚
直隶	天津				张家口、保定、唐山、山海关	河间、顺德、大名、沧州、通州、蔚州、容城
福建	福州			厦门、泉州	漳州、建宁、宁德	兴化、古田、龙岩州、上杭、汀州府、同安

续表

省份	50—100	25—50	15—25	10—15	5—10	2.5—5
江苏	苏州	镇江、南京、扬州		常州、徐州、清江浦、无锡	常熟、兴化、松江、宿迁、泰州、通州、盐城	安东、阜宁、海州、如皋、高邮州、江阴、嘉定、金坛、昆山、溧阳、沭阳、浏河、砀山、丹阳、东台
四川	重庆	成都		顺庆、叙州、万县	涪州、嘉定、泸州、保宁、绥定、东川	中巴、夔州、梁山、绵州、宁远、遂宁、大足、打箭炉、德归、定远、资州
河南		开封	周家口		彰德、固始、光州	柘城、汲县、襄城、河南府、许州、怀庆、汝州、汝宁、杞县、归德、鹿邑、南阳、睢州、遂平、郑州、清化、卫辉、永城
湖北		汉口	武昌	汉阳	樊城、宜昌、荆州、老河口、沙市	安陆、鄂州、襄阳、新堤、枣阳、武穴
江西		南昌	赣州	吉安	抚州、九江	樟树、湖口、宜黄、饶州、瑞金、建昌、金溪、广昌、乐安、乐平、南丰、石城
广东		佛山	潮州、江门、新会	韶州	潮阳、揭阳、连州、澳门、肇庆、汕头	兴宁、鹤山、琼州、连州、龙江、南雄、英德、北海、汕头、石龙、清远、钦州
山东		济南	济宁		烟台、周村、莒州、黄县、沂州、莱州、登州、青岛、潍县	城武、诸城、费县、沂水、胶州、嘉祥、金乡、临清州、平度、博山、寿张、泰安、德州、滕县、曹州、即墨、青州、东昌、东平、汶上、兖州
安徽			芜湖		安庆、庐州、亳州、颍州	正阳关、全椒、怀远、黟县、六安州、南陵、宁国府、宿州、大通、屯溪、无为州
湖南			长沙、常德、湘潭		衡州、宝庆、益阳	茶陵、郴州、洪江、宁乡、辰州、新化、武冈州、岳阳、沅州、攸县
奉天			盛京		安东、锦州、大连、辽阳、牛庄	复州、开平、辽阳、新民、铁岭

续表

省份	50—100	25—50	15—25	10—15	5—10	2.5—5
陕西			西安		汉中、兴安、同州	城固、富平、高陵、泾阳、临潼、沔县、西乡、渭南、洋县
甘肃				兰州	宁夏、平凉、洮州、泾州	徽县、凉州、清道州
热河					赤峰	朝阳、承德、林西、平泉、塔沟、五台镇
吉林					吉林、宽城子	伯都讷
广西					桂林、柳州、梧州	龙州、南宁
贵州					贵阳、遵义	安顺、镇远、兴义、黔西、毕节、铜仁
山西					汾州、三原、太原	祁县、潞安州、沁州、太谷
新疆					莎车府、喀什噶尔、乌鲁木齐	和阗州、奇台、宁县、远县、绥来县、温泉
云南					昆明	昭通、个旧、曲靖、大理、腾越
黑龙江			哈尔滨			瑷珲、呼兰、齐齐哈尔
蒙古						库仑
合计	5	11	15	14	82	191

注：西藏的首府拉萨城市人口在民国时期约 5 万以上。

资料来源：易家钺《中国的都市问题》，《民铎杂志》，1921 年，第 5 期，第 3—9 页。

20 世纪 20—30 年代，随着中国经济出现较大发展，城市也继续发展，5 万—10 万人的小城市由 1921 年的 48 座增加到 1934 年的 115 座[①]。大中城市的数量较前有较大增加，"我国大都市如上海，人口在 200 万以上；北平及广州，亦在 100 万以上；南京、杭州、天津、福州、苏州、重庆等，均在 50 万至 100 万之间；宁波、绍兴、开封、南昌、镇江、佛山、济南、成都等，均在 25 万至

---

① 殷体扬：《我国都市化的问题》，《都市评论》，1934 年，第 11 期，第 2 页。

50万之间;武汉三镇,在1911年,人口有85万,而至1921年,已增至146.8万。我们亦由此看到中国都市之在迅速的发展"[1]。抗日战争前夕,中国共有193座5万人以上的城镇,城镇人口共计3101万人,占全国总人口46607万人的6.7%。其中人口在100万以上的特大城市5个,即上海(370万人)、北平(今北京,157万人)、天津(123万人)、广州(116万人)和南京(101万人);50万—100万人的大城市5个;20万—50万人的中等城市19座,10万—20万人的城市48座,5万—10万人的小城镇则增加到116座。参见下表。

抗战前夕中国区域都市分布比例表

	面积(公里^2)	百分比(%)	都市数	百分比(%)
沿海区	2963429	26.5	147	76.2
中部区	2569330	23.0	39	20.2
内陆区	5640799	50.5	7	3.6
合计	11173558	100	193	100

注:以兴安岭—太行山—豫鄂湘桂西界为线,以东为沿海区;自外蒙高原东缘,经阴山—大青山—贺兰山—青藏高原东缘,以西为内陆区;两线之间则为中部区。下同。

资料来源:沈如生《中国都市之分布》,《地理学报》,第4卷,第1期,1937年。

抗战前夕中国区域都市层级分布表

	100万人以上都市数	50万—100万人都市数	20万—50万人都市数	10万—20万人都市数	5万—10万人都市数	合计
沿海区	5	5	16	39	82	147
中部区	0	0	3	8	28	39
内陆区	0	0	0	1	6	7
合计	5	5	19	48	116	193

资料来源:沈如生《中国都市之分布》,《地理学报》,第4卷,第1期,1937年。

---

[1] 杜修昌:《农村与都市之关系》,《中华农学会报》,1932年,第101、102合期,第86页。

都市分布于水路交通

	100万人以上都市数	50万—100万人都市数	20万—50万人都市数	10万—20万人都市数	5万—10万人都市数	合计
铁道	5	4	13	20	36	78
河运	4	3	14	28	53	102
海运	3	2	4	9	7	25
公路	5	4	16	38	99	162

三、抗战前中国城市早期现代化的基本趋势

（一）城市化水平不断提升

抗战前，在社会经济发展和国家力量的推动下，中国城市化水平比以前有了很大的提升，城市现代化不断发展。按照世界产业制度进化规律，随着工商业发达以后，"大都市必渐次产生"[1]。近代以后，随着中国工业化的启动，商业贸易被纳入到世界资本主义市场体系，一大批大中城市因此不断产生，"上海、汉口、广州、天津等地一年比一年繁华，加以新兴的大都市的猖獗，如长沙、宜昌、重庆等地的蒸蒸日上"[2]。以1934年为例，是年中国有50万人以上的大城市12个，分别为上海167万、北平149万、天津132万、广州94万、汉口75万、成都70万、宁波67万、南京67万、重庆63万、长沙53万、福州62万、杭州52万。同期，中国50万人以上的城市数量居世界之首，与之相比，美国仅11个，英国为6个，日本为4个，法国为3个，意大利为3个，印度为3个，俄国为2个。而同期中国10万人以上的城市有112座，多于美国（93个）、德国（46个）和英国（42个），约占此一时期全世界10万人口城市（共537个）的20.86%[3]。

（二）区域城市发展极不平衡，差异化发展突出

20世纪30年代中期，中国城市经过数十年的发展，较鸦片战争前有很大的进步，但中国城市的发展极不平衡。部分大城市已经可以跻身于世界发达城市的行列，"现在我国的大都市，如上海、汉口、天津、广州、北平，从经济集

---

[1] 殷体扬：《我国都市化的问题》，《都市评论》，1934年，第11期，第2页。
[2] 易家钺：《中国的都市问题》，《民铎杂志》，1921年，第5期，第3页。
[3] 张又新：《中国都市之特色》，《市政评论》，1934年，第1卷，第14—18页。

中方面说,确已做到和外国城市一般地位"①。但是,大多数城市仍然发展落后。此外,区域发展不平衡的现象更加突出,这种不平衡性表现在多方面。

一是表现在城市人口的集中度方面的不平衡。"中国都市人口的数目并不是均分在各省之中,却是聚集数省之中。例如都市人口最多的是江苏省,而以上海做代表,次多的是广东省,而以广州做代表;次多的是直隶省,而以北京做代表。今照前表(《1921年中国都市省区分布情形表》)推定全国都市人口总数约3000万",则上海、广州、北京等城市集中了当时中国城市人口的相当数量,这3座城市的"都市人口已占420万,即已占全国都市人口总数的十分之一以上,即已占全国总人口的百分之一"②。如果加上另外五大城市,则大都市人口所占比重则更高,据1932年、1933年调查,当时中国八大城市的人口总数为7888647人(见下表)。

中国八大城市人口数　　　　　　　　　　　　　单位:人

城市名	人口数	调查年月	城市名	人口数	调查年月
上海	1657378	1933年3月	汉口	755517	1932年12月
北平	1492122	1932年12月	南京	665610	1933年2月
天津	1322175	1932年9月	杭州	523481	1933年1月
广州	1042630	1932年11月	青岛	429734	1933年1月

资料来源:《南大经济》,1933年,第2期,第12页。

尽管易家钺没有探讨2.5万以下的城市人口,但却揭示了中国城市人口发展的一个重要现象,即"中国工商业发达的地方莫过于上海、广州、天津等处,而此数处比之其他各省的重要都市的人口固多,即比之他自己本省的次要都市亦多"③。这从人口的侧面反映了中国城市发展存在巨大的差异化特征。

二是表现在城市的区域分布的不平衡。经过晚清和民国初期的发展,中国各区域城市均有了一定的发展,但受地区地形、经济、文化、社会等诸多因

---

① 殷体扬:《我国的都市化问题》,《市政评论》,1934年,第11期,第3页。
② 易家钺:《中国的都市问题》,《民铎杂志》,1921年,第5期,第9—11页。
③ 易家钺:《中国的都市问题》,《民铎杂志》,1921年,第5期,第10页。

素的影响,中国各区域间的城市发展仍然出现了较大的差异,地区城市发展不平衡性特征比以前更显突出。据邹豹君根据抗战前中国城市所在位置,依据地势高低,加以分类统计研究,其中内地18省共有各类城市1635个,另外东北4省有城市173个,边地6省有152个,蒙藏地区有城市25个,其所占全国城市总数的比例分别为82.36%、8.73%、7.65%和1.26%(参见下表)。从城市海拔分布来看,差异性也极大,海拔1000公尺及以下的城市为1605个,约占80%,而1000公尺以上的城市为380个,约占20%,而中国土地在海拔1000公尺以下地区的面积约为3367100平方公里,仅占全国总面积的30%,却拥有80%的城市[①]。另据沈如生研究,在平原、丘陵、山地和高原等不同的地形地貌地区,城市的数量也极不相同,25万人以上的大中城市,仅分布在平原和丘陵地区,山地和高原地区均无;10万人以下的城市,高原和山地地区仅有20个。参见下表。

20世纪30年代初中国内地18省各海拔高度城市分布数量表　　高度单位:公尺

高度	0—50	200	400	700	1000	1500	2000	2500	3000	4000	5000
河北	95	38	3	—	—	3	—	—	—	—	—
山东	84	21	2	—	—	—	—	—	—	—	—
江苏	61	—	—	—	—	—	—	—	—	—	—
浙江	59	12	3	—	—	—	—	—	—	—	—
福建	25	19	15	4	2	—	—	—	—	—	—
广东	62	30	—	—	—	—	—	—	—	—	—
山西	—	—	19	17	38	32	1	—	—	—	—
河南	13	79	13	4	1	—	—	—	—	—	—
湖北	19	35	6	7	2	1	—	—	—	—	—
湖南	8	29	28	9	1	—	—	—	—	—	—
江西	27	46	7	1	—	—	—	—	—	—	—
广西	—	58	29	5	3	—	—	—	—	—	—

[①] 邹豹君:《中国都市分布与地形》,《师大月刊》,1934年,第15期,第131页。

续表

高度	0—50	200	400	700	1000	1500	2000	2500	3000	4000	5000
安徽	41	15	5	—	—	—	—	—	—	—	—
陕西	—	1	7	39	30	13	—	1	—	—	—
甘肃	—	—	—	—	4	24	15	16	5	1	—
四川	—	5	42	68	12	5	9	4	1	—	—
云南	—	1	2	2	12	25	55	15	3	5	—
贵州	—	—	3	21	27	23	6	1	—	—	—
共计	495	384	184	177	132	125	86	37	9	6	—

资料来源：邹豹君《中国都市分布与地形》，《师大月刊》，1934年，第15期，第129—131页。

民国初期东北四省各海拔高度城市分布数量表　　高度单位：公尺

高度	0—50	200	400	700	1000	1500	2000	2500	3000	4000	5000
辽宁	17	24	14	1	3	—	—	—	—	—	—
吉林	2	23	10	6	—	—	—	—	—	—	—
黑龙江	—	27	20	5	—	—	—	—	—	—	—
热河	—	2	8	6	5	—	—	—	—	—	—
合计	19	76	52	18	8	—	—	—	—	—	—

资料来源：邹豹君《中国都市分布与地形》，《师大月刊》，1934年，第15期，第129—131页。

20世纪30年代初边区六省各海拔高度城市分布数量表　　高度单位：公尺

高度	0—50	200	400	700	1000	1500	2000	2500	3000	4000	5000
察哈尔					5	4	6				
绥远				1	12	4					
宁夏										11	2
青海						1	4	5	1		
西康						1	1	0	7	22	2
新疆	1	2	12		21	25	1	1			

续表

高度	0—50	200	400	700	1000	1500	2000	2500	3000	4000	5000
合计	1	2	12	6	37	36	3	5	23	25	2

资料来源:邹豹君《中国都市分布与地形》,《师大月刊》,1934年,第15期,第129—131页。

20世纪30年代初蒙藏行政区各海拔高度城市分布数量表　　高度单位:公尺

高度	200	400	700	1000	1500	2000	2500	3000	4000	5000	6000
外蒙				2	1	2					
西藏								2	2	15	1
共计				2	1	2		2	2	15	1

资料来源:邹豹君《中国都市分布与地形》,《师大月刊》,1934年,第15期,第129—131页。

20世纪30年代初全国城市各海拔高度分布数量表　　高度单位:公尺

高度	0—200	400	700	1000	1500	2000	2500	3000	4000	5000及以上
18省	879	184	177	132	125	86	37	9	6	
东北四省	95	52	18	8						
边区六省	2	12	6	37	36	3	5	23	25	2
蒙藏				2	1	2		2	2	16
共计	996	248	201	179	162	91	42	34	33	18

注:新疆鲁克沁因低于海平面149公尺,未计入以上各表城市数之中。

资料来源:邹豹君《中国都市分布与地形》,《师大月刊》,1934年,第15期,第129—131页。

抗战前夕中国不同地理单元都市分布表

	100万人以上都市数	50万—100万人都市数	20万—50万人都市数	10万—20万人都市数	5万—10万人都市数	合计
平原	4	3	11	20	52	90
丘陵	1	2	8	21	50	83

续表

	100万人以上都市数	50万—100万人都市数	20万—50万人都市数	10万—20万人都市数	5万—10万人都市数	合计
高原	0	0	0	5	7	12
山地	0	0	0	1	7	8
合计	5	5	19	48	116	193

资料来源：沈如生《中国都市之分布》，《地理学报》，第4卷，第1期，1937年。

(三)城乡二元分化开始突显

城乡之间具有互动性，城市建设与发展必须以农村为依托，而农村的发展则须以"繁华城市为目的"，才能将"农村与城市打成一片，以都市为整个社会的中心"，否则"于国计民生，非徒无益，而且有害"①。诚如陶希圣所言："依照历史发达的趋势，必是乡村依赖城市，生产技术越高，都市的重要性越大，农村对于政治经济社会各方面的地位越趋于次要。并且都市发达，才有改革农村的实力，才能谈及改革农村。"②这段话深刻地揭示出了城乡之间紧密的关系。但近代以后，随着中国城市的发展，城乡之间的关系却走上二元对立的轨道。"数十年来"，中国政府努力"步着新国家的路径上走去了"，但"不惜剥削农村的经济来为都市装点门面"，"都市已是发达了，而整个社会所依为命的农村，则竟因此而破产"③。城市不但"能把农民的生产所得的金钱，不断输入城市里来，城市也能把货物运去供给农民"，如上海"现金集中已达22万万元以上，经济的力量不能算少，所差的，只是替外国人做买卖，因为上海的买办阶级，专是由国外运来的洋货，换取农民的现金，送出国外，从中坐取利益来维持生活，这种经济力量，不仅不能设法去促进农村，反而成为剥削农村的工具，无怪一般人就认为大城市是农村的仇敌了"④。造成近代中国农村破产的因素主要来自内外多重因素："近几年来，受水旱灾荒的侵袭，军阀官僚的剥削，外受帝国主义的侵略，外货的倾销，走私事件的屡次发生，都

---

①《农村与都市》，《琼农》，1934年，第9期，第3页。
②陶希圣：《都市与农村》，《独立评论》，1935年，第137号，第11—12页。
③《农村与都市》，《琼农》，1934年，第9期，第3页。
④殷体扬：《我国的都市化问题》，《市政评论》，1934年，第11期，第3页。

是在促成中国农村的破产。"①在多种力量的推动下,中国城市和乡村出现了二元分化的,诚如时人所评论的那样,"城市原是供给农村货物的制造场,农村是城市原料供给者和推销场,可是现在我国的城市,却变成为外国的货物推销场,农村变成为推销场的主顾,城市的本位一移动,城市和农村就失去调剂作用,同趋枯竭地步。虽然上海天津等市,有不少工厂,但是多半是资本主义国家经营或投资的工厂,帝国主义者虽是在我国领土内制造,可是对于现金仍是不断流出去的,国营的大工厂,能指得出来的,有几个? 因此一般由农村跑到城市里的农民,无工厂可进,无业可操,北平市人力车数达四万以上,就可表示出来城市没有工商业,所以大家又要诅咒城市了。许多由农村跑出来的青年,虽然得到入校求学的机会,可是等到毕业之后,要研究学问的没有再高级研究室可去实习或实验,学工的没有工厂可以工作,学医的没有很好的医院可以工作,学建筑工程的没有多量的建筑工程可以工作,所以又有一部分人要在痛恨城市的了"②。即便是政府认识到城乡和谐共同发展的重要作用,积极推动农村事业的发展,但因城乡的二元对立,而成效甚微。"(政府)莫不以振兴农业,救济农村,为施政之标的;有识之士,亦竭力提倡资本家应投资农村事业,大家应到乡间去多做农村工作相号召。但一如实际情形,而资本家不肯投资于农村也如故,大家依然群趋都市,不肯实际的去做农村工作也如故,故当局所标榜之振兴农村政策,见效无期,可为寒心。"③这样,城乡间的对立,使农村的人力、物力、财力单向流入城市,从而导致了都市的畸形的繁荣,最终使"社会生产受损",城市也因"乡村血液干竭",而会出现"随之衰落"的结果。④

第二节 抗战爆发与东中部城市的沦陷

抗战前中国城市发展尽管有若干曲折;但就总体上仍然呈现发展的趋势。由于日本帝国主义对中国发动全面侵略,中国城市的发展出现中断,特

---

① 蔡玉瑛:《现代青年》,1937年,第1、2合期,第51页。
② 殷体扬:《我国的都市化问题》,《市政评论》,1934年,第11期,第3页。
③ 劳乃心:《都市与农村之根本关系》,《浙江省建设月刊》,1932年,第5期,第41页。
④ 陶希圣:《都市与农村》,《独立评论》,1935年,第137号,第11—12页。

别是中东部沦陷区域内的城市,先是受到日本侵略者的严重破坏,人口大量流失,经济凋落,城市构筑物被破坏;继而被日本军队占领后成殖民地,城市出现严重的衰落。

一、日军发动全面战争与东中部城市的逐步沦陷

近代以来,日本帝国主义"不甘处岛国之境",制定了臭名昭著的"大陆政策",将其侵略扩张目标对准了中国,并发动了一系列侵略战争。自甲午战争后台湾被割让始,中国东中部国土不断沦陷,所在区域城市也因此沦入敌手,从而打断了中国城市化的进程。从1931年始,东中部城市的沦陷主要经历了两个阶段:

第一阶段:东北地区城市的沦陷(1931.9.18—1933.5)。1931年9月18日,日本侵略者悍然发动了"九一八事变",因东北军绝大部分官兵执行了"不准抵抗"的命令,东北地区的中心城市沈阳首先沦陷。随后,日军沿南满铁路展开全面攻势,先后攻占了南满、安奉两铁路沿线的重要城镇。9月19日沦陷的城市有:营口、田台庄、盖平、复县、大石桥、海城、辽阳、鞍山、铁岭、开原、昌图、四平街、公主岭、安东、凤凰城、本溪、抚顺、沟帮子、长春等城市;21日沦陷的城市有吉林等;22日,通辽、郑家屯等城市失守;23日,敦化、蛟河等城市陷落;24日,巨流河、新民被占;25日,洮南陷落;1931年11月至1932年2月,黑龙江省的齐齐哈尔、嫩江、大兴、江桥、哈尔滨、双城、锦州、辽西、宾县、海伦等城市,也相继落入日军之手。至此,"九一八事变"后,经过4个月零18天,东北全境城市均被日本侵略者所控制[①]。

1932年初,日军占领锦州、辽西,"包括山海关在内的长城一线,事实上已置于关东军的统治之下"[②]。这样,长城沿线城市便成为了此时日军首要攻击的战略目标。山海关因位于连接华北、东北两大区域的咽喉地区,战略地位极为重要,故而首先遭到日本侵略军的攻击。1933年1月1日,日军进攻山海关,中国守军"卒因兵力薄弱,武器悬殊,伤亡过重,捉襟见肘,无险可守",被迫突围[③]。山海关及临榆县城(设于山海关内)遂沦入敌手。随后,日

---

① 张宪文:《中国抗日战争史》,南京大学出版社,2001年,第70—81页。
② [日]关宽治、岛田俊彦:《满洲事变》,上海译文出版社,1983年,第359页。
③ "国史馆"史料处:《长城战役》,台北"国史馆"史料处,1980年,第48页。

军继续沿长城沿线攻击,2月,开鲁、赤峰、北票、朝阳等城镇陷落;3月,热河平泉、承德、围场等全部城镇沦陷;4—5月,喜峰口、遵化、玉田、蓟县、秦皇岛、北戴河、抚宁、卢龙、滦县、昌黎、唐山、乐亭、古北口、密云等平津以东地区22座城市也相继被日本侵略军占领①。

第二阶段:抗战时期(1937.7.7—1945.8.15)。1937年7月7日,日本发动"卢沟桥事变",抗日战争全面爆发。日本侵略者迅速在平津地区发起全面进攻,7月29日、30日,北平、天津先后沦陷。同年8月13日,日本海军陆战队向驻守上海的中国守军发起进攻,虽然中国军队奋勇抵抗,但因实力差距,上海于11月12日沦陷。之后,日军继续向西侵占了南京、扬州、六合、来安、滁县等长江下游城市。不久日军在华北进一步扩大侵略,先后攻占了河北张家口、南口、阳高、沧县、南皮、保定、石家庄、涿县、元氏、高邑、临城、内邱、邢台、邯郸、井陉;内蒙古包头、集宁,山东德县、陵县、临邑、恩县、高唐、禹城,河南安阳、大邑;山西大同、阳原、蔚县、广灵、繁峙、代县、朔县、崞县、忻县、灵丘、太原、阳泉、寿阳、榆次、阳曲等城市。

徐州会战后,山东的济南、潍县、台儿庄、莱芜、泰安、肥城、青岛、烟台、掖县、济阳、兖州、济宁、巨野、曲阜、蒙阴、曹县、临城、韩庄、藤县、宁阳等城市,江苏的徐州,安徽的蚌埠、凤阳、怀远、定远、三河集、庐州等城市也相继失守。1938年武汉会战后,江西的九江、上饶、瑞昌等城市,湖北的阳新、大冶、武汉、黄梅、武穴、黄冈、麻城等城市,安徽的霍山、合肥、六安等城市,河南的固始、商城等城市也相继沦入敌手。同年广州会战后,广州、惠州、增城、佛山、从化、花县、虎门、东江等粤北及珠江三角洲的城市也陷落。1938年南昌会战后,南昌、高安、修水、武宁、瑞昌、大城、吴城等江西城市陷落。1939年5月随枣会战爆发,包括沔阳、天门、潜江、汉川、应山、钟祥等江汉平原与鄂北地区的城市以及豫北唐河等城市被日军攻占。1939年桂南会战爆发,广西的南宁、钦县、防城等城市失陷。1941年3月中条山战役爆发,垣曲、济源、孟县、平陆、温县、沁阳、博爱、董封、新乡、焦作、高平、长子、陵川等晋南、豫北城市陷落。1941年4月,福州战役爆发,福州、连江、长门、长乐、福清等福建城市渐次落入敌手。虽然每一次战役中国军队都曾作过殊死抵抗,但多因实力不

---

① 张宪文:《中国抗日战争史》,南京大学出版社,2001年,第130—145页。

济而不得不放弃守城。中国东中部最重要的城市上海、北平、天津、广州、武汉、福州、厦门、安庆、南昌、郑州、开封、宜昌等在较短的时间内相继沦陷,甚至地处抗战大后方的云南腾冲、贵州独山等城市也被日寇所侵占①。这样,在抗战时期,中国东北三省的全部城市,江苏、浙江、安徽、江西、湖北、广东、福建、河南、山东、河北、山西、绥远等省的大部分城市,以及湖南、广西、云南、贵州等省的部分城市先后沦入敌手,成为日寇在沦陷区进行殖民统治和继续向大后方进行侵略的基地。

中国东中部城市的渐次沦陷,使中国数百年来和19世纪中叶以来积累的传统城市文明和现代城市文明的成果大量毁灭于战火,从而对中国城市化产生了极具严重的破坏性影响。

二、东中部城市资源的部分转移

早在1931年日本发动"九一八事变"后,南京国民政府就开始感到日寇侵略危险的加剧,中日之间可能爆发全面战争,因而南京国民政府自1931年开始有计划地将东部城市的部分资源逐渐向中西部地区转移,这些西迁资源主要包括工厂、文教事业和包括专业人才在内的人力资源。

(一)工业西迁

1931年,南京国民政府出于抗战的需要,提出了"基本工业之创办,重大工程之建筑均须择国防后方之安全地带而设置之"的方针②。在"一·二八事变"之后,便将在上海的兵工厂迁至杭州,后又决定将上海、华阴、开封、德州、大沽兵工厂停办,机器分运金陵、巩县、济南和汉阳兵工厂。原拟于江苏无锡设立的化学工厂为防敌袭也改建在巩县。1935年后,南京国民政府又决定兵工厂向川黔转移。是年6月5日,蒋介石指示:"凡各兵工厂尚未装成之机器,应暂停止,尽量设法改运于川黔两厂,并须秘密陆续运输,不露形迹。"③

"七七事变"后,中国分布于沿海、沿江大中城市及华北、东南一些较为发达地区的现代工厂有毁于战火或沦为日寇之手的危险,国民政府为保障长期

---

①张宪文:《中国抗日战争史》,南京大学出版社,2001年,第392—664页。
②中国国民党中央执行委员会训练委员会编印:《中国国民党历次会议宣言决议案汇编》,第2分册,1941年,第247页。
③国民党中央委员会党史会编印,秦孝仪:《中华民国重要史料初稿——对日抗战时期·续编(三)》,1981年,第338页。

抗战所需战略物资供应不致中断，决定有计划、有步骤地把一批重要的国有工矿企业迁到大西南、大西北大后方。为此，1937年7月22日，资源委员会奉国民政府军事委员会密令，由其牵头组织工厂内迁。7月28日，资源委员会建议："迅速迁移机器及化学工厂，以应兵工需要，并派员先行接洽。"①同年8月6日，资源委员会机器、化学组召集会议，议定机器厂内迁具体办法，其他如橡胶和食品行业的工厂也同意一并迁往内地。8月10日，由资源委员会、财政部、军政部、实业部组织监督委员会，以资源委员会为主办机关，指导监督工厂内迁事宜，并决议拨出专款56万元，作为"迁移补助费"。②"监委会"于8月12日召开第一次会议，决定委员名额11人，由各厂推荐，一切应办事宜由主任委员全权办理。同一天，以上海机器五金制造业为主的上海厂联合迁移委员会组成，公推上海机器厂颜耀秋、新民机器厂胡厥文、新中工程公司支秉渊为正副主席，具体负责上海工厂的内迁。1937年8月11日，由上海各厂方代表组成的联合委员会成立，便在监督委员会指导及监督下积极开展卓有成效的工作。"迁委会"决定各厂在武昌徐家棚附近集中，再分配西上宜昌、重庆，南下岳阳、长沙。同时由资源委员会派委员王宠佑在武汉主持划地及与银行接洽事宜。迁委会在武汉设立办事处，并分别在镇江、苏州设立分站，以协助工厂西迁转运工作。与此同时，一些有识之士也呼吁民营工厂也要西迁内地。至此，抗战初期的工厂西迁运动拉开了历史性的一幕，至1940年底结束，抗战初期的工厂内迁活动大体上分为两个阶段：

第一阶段：1938年底前，沿海城市的工厂主要迁往武汉。1937年8月，迁移委员会公布了《迁移须知》，明确规定："凡中国国民所投资之工厂，均可一律迁移"，其迁移目的地为武汉。"如有相当理由，经监督委员会核准，亦可得迁入其他内地。""各厂迁武汉后，在非常时期尽量作军需品之制造，在承平时政府仍将保证给予工作。"此外，《迁移须知》对于内迁工厂的装箱费、运输费、建筑费，以及办理迁移手续、迁移途中的办事处等具体事宜都作了详细安排③。

---

① 张小雁、朱琪：《抗战时期工厂内迁史料选辑》(1)，《民国档案》，1987年，第2期，第36页。
② 《工厂内迁监督委员会第一次会议记录》，中国第二历史档案馆编：《中华民国史档案资料汇编》，第五辑，第二编"财政经济"(六)，江苏古籍出版社，1997年，第382页。
③ 孙果达：《民族工业大迁徙——抗日战争时期民营工厂的内迁》，中国文史出版社，1991年，第6—8页。

《迁移须知》公布后,上海各家工厂立即纷纷前往迁移委员会报名登记,正式开始了紧张的内迁工作。自1937年8月始,在日本侵略军炮火威胁下,上海工厂在迁移委员会的主持下开始迅速积极地有组织地西迁至武汉。其中工厂最为集中的闸北、虹口、杨树浦等地区的工厂设备机件等集中在闵行、北新泾或南市起运;另一部分靠近租界的工厂,先行抢拆至租界装箱,由苏州河或南市水陆起运。1937年8月27日,由顺昌机械厂、新民机械厂、上海机械厂、合作五金工厂等4家组成的联合船队赴汉;8月28日,大鑫钢铁厂、启文机械厂、新中机械厂、利民机械厂、姚兴机械厂等6家组成的联合船队也出发。随后,各类迁移船队接踵赴汉①。随着上海会战的持续,西迁工厂数量不断增多,规模不断扩大,原有的迁移规章已远远不能满足工厂西迁的需要,为此,迁移委员会于9月11日公布了新的办法,资源委员会特地向行政院提出了一项"上海工厂迁移内地扩充范围请增经费"的紧急提案,并指出:"截至9月15日,已迁出之工厂34家,已报关或接洽妥帖待船运出者,尚有89家,现在上海各工厂申请迁移内地者甚多。……亟应迁移者有以下三种工厂",即"吴蕴初所办之化工厂系列,三北、公茂、鸿昌等8家造船厂和商务印书馆、中华书局、新闻报馆、中国科学图书仪器公司、中国标准铅笔厂与印刷厂"等文化印刷事业②。随后,实业部也制订了《沿海各省市工厂迁移内地制造办法》,以促进沿海工业西迁③。9月27日,国民政府工矿调整委员会召集有关部门,专门讨论了工厂内迁的问题,对军需企业内迁作了较为详细的安排④。通过国民政府各个部门较有成效的合作和沿海各工厂的积极西迁,以及社会各界的大力支持,经过卓绝努力,使包括上海在内的沿海工厂西迁活动取得了较大的成绩。当时有人作了这样的描绘:"当我们在各处的江河上,看到无数张帆挂格的木船,顺着风力,朝着水流,蚂蚁样地渡过了千数百里的时候,该意想不到那些行动笨拙得可怕的木船里,尽是装满着无数吨的机械。"⑤据

---

① 涂文学:《武汉通史·中华民国卷》(上),武汉出版社,2005年,第253页。
② 李平生:《烽火映方舟——抗战时期大后方经济》,广西师范大学出版社,1995年,第52页。
③ 李平生:《烽火映方舟——抗战时期大后方经济》,广西师范大学出版社,1995年,第14—16页。
④ 陆仰渊、方庆秋:《民国社会经济史》,中国经济出版社,1991年,第576页。
⑤ 孙果达:《民族工业大迁徙——抗日战争时期民营工厂的内迁》,中国文史出版社,1991年,第10—11页。

统计,在上海失守前,有148家工厂先后迁至武汉,机件物资12400吨①,其中有国营工矿企业121家②。

第二阶段:工厂(包括西迁至武汉的工厂和武汉本地工厂)继续向大西南、大西北后方迁移。西迁工厂到达武汉后,便成立了迁鄂工厂联合办事处。不久,工矿调整委员会也在武汉设立了办事机构,以便筹划工业区建设和军需物资生产。由于武汉也面临战争威胁,同时不少迁鄂工厂的"机件受风雨之侵蚀,损失甚巨",一些内迁工厂则干脆不作停留,径直前往别处以图早日复工。据统计,"临时在武汉开工的各工厂总数约占当时迁达武汉厂矿总数的1/3"。即使复工的也主要是一些生产条件要求不高,进行简单生产的机器厂,至于对场地、生产工艺要求高的现代厂矿,"则连一家复工者也没有"③。在淞沪会战前国民政府对抗战形势估计不足,认为武汉远离淞沪前线,比较安全,拟定了"迁移目的地为武昌"的计划④,但由于战火很快向华中地区燃烧,国民政府不得不将迁移计划进行调整,"筹划战时工业,以川、黔、湘为主","将各厂继续内迁,以策后方生产之安全"。南京失守后,工矿调整委员会便通知在汉各厂准备再次内迁。在此之前,一些上海民营内迁工厂负责人就对国民政府的内迁计划不认同,他们感到国民政府"指定(内迁)地区恰当汉口日本租界过河对面,不甚安全",决非久留之地,经过对川渝地区的考察,他们认为"以一劳永逸之计,还是以迁川为宜",并决定筹建迁川工厂联合会⑤。1938年6月29日,当日军迫近马当要塞,武汉面临失陷的危险之际,国民政府于是下令各级机关人员必须在五日内迁往重庆,工矿调整处也加快了工厂的拆迁工作,并颁布了在汉工业内迁的标准,其范围远比上海工业内迁时规定的更广,各类工厂不论大小,凡对后方军工、民生有用的一律内迁,来不及拆迁者一律炸毁,以免资敌。并计划由武汉出发内迁工业分为三路:一路向南,迁往湘西、湘南、桂林一带;一路向北,迁往陕西等地;另一路为重

---

①孙果达:《抗战初期上海民营工厂内迁经过》,《抗战时期内迁西南的工商业》,云南人民出版社,1989年,第18页。
②涂文学:《武汉通史·中华民国卷》(上),武汉出版社,2005年,第253页。
③孙果达:《民族工业大迁徙——抗日战争时期民营工厂的内迁》,中国文史出版社,1991年,第106—107页。
④林继庸:《拟工厂迁移内地及制作原料之救济办法》,1937年9月13日。
⑤李平生:《烽火映方舟——抗战时期大后方经济》,广西师范大学出版社,1995年,第66—68页。

要的厂矿者,西迁至川渝地区。8月7日,工矿调整处召集在汉各纱厂,立即组织拆迁,并派驻人员监督,按日呈报拆迁进程。这样,由上海及沿海地区迁至武汉的工厂便在国民政府强力组织下开始迅速向西南、西北地区拆迁。8月中旬,武汉的工厂已拆迁得差不多了,路上行人日渐稀少,只有申新四厂、裕华、震寰、复兴等四家纱厂及湖北省办纱、麻、布、纸等数家尚未完全迁走。至9月底武汉失守前,除上海迁到武汉的148家民营工厂外,武汉民营工厂共迁出者168家。10月22日,工矿调整处驻留武汉各人员分乘两只小火轮撤离武汉,至此,武汉工厂内迁才宣告结束[①]。

从武汉迁川的工厂设备一般沿长江航道先运至峡江门户宜昌,再由宜昌分段转迁大后方各地区。在宜昌沿江两岸码头上堆满了从武汉及其他城市撤退来的物资,其中军用器材12万吨以上,油料1万余吨,各政府机关的物资6万多吨,总共达20余万吨以上,而且内迁工厂及相关物资还源源不断地运抵宜昌[②]。川江航运段的运输在卢作孚的"民生实业股份有限公司"精心组织下,采取分段运输的办法,以最大的限度加速物资和人员的撤退,经过两个月的抢运,堆满宜昌长江两岸码头的器材基本运输完毕,从而完成了被称为中国实业界的"敦刻尔克行动"。当日本侵略军进入这座鄂西重镇时,它已是一座空城。

与此同时,其他省区也有部分工业内迁。1938年10月广州沦陷前,捷和钢铁厂部分迁桂,协同和船厂,平安福、冯强两橡胶厂,华南制钉厂等数厂迁至香港复工。此外,福建、浙江两省也分别内迁工厂105家和86家[③]。在山东,青岛市政府抢运出了冀鲁制针厂和华新纱厂,济南迁出了大陆铁工厂等。山西太原的各重要工厂物资也赶在日军到达之间,夜渡黄河,进入陕西,然后分路迁往陕南和四川。另外,安徽的大中华火柴厂、中国植物油料厂,江西九江裕生纱厂、光大磁业公司等工矿企业也溯长江而上,迁至四川各城市[④]。

经过两个阶段的工业西迁,到1940年底大规模的工厂内迁才大体宣告

[①] 孙果达:《民族工业大迁徙——抗日战争时期民营工厂的内迁》,中国文史出版社,1991年,第118—120页。

[②] 孙果达:《民族工业大迁徙——抗日战争时期民营工厂的内迁》,中国文史出版社,1991年,第197页。

[③] 陆仰渊、方庆秋:《民国社会经济史》,中国经济出版社,1991年,第581页。

[④] 张锡昌:《战时的中国经济》,科学书店,1943年,第175页。

结束。据统计,抗战初期内迁的民营工厂达639家,其中经国民政府工矿调整处协助内迁的448家,闽浙两省自行内迁的有191家。内迁至四川的民营工厂有245家,复工的为184家;迁入湖南的121家,复工的86家;迁入广西的23家,复工14家;迁入陕西27家,复工17家;迁入其他地区的23家,复工7家(参见下表)。闽浙两省自行内迁的191家,拆迁机器12万吨[①]。同时,还有一批内迁的国营工矿和兵工企业,例如兵工署先后内迁兵工厂14家,资源委员会内迁厂矿18家[②]。

1937—1939年内迁工厂统计表

工厂类	家数	复工数	器材(吨)	工厂类	家数	复工数	器材(吨)
钢铁厂	1	1	152	采矿厂	8	2	377
机械厂	181	55	13554	纺织厂	97	58	30803
电器厂	29	11	5300	教育用品厂	37	24	1666
食品厂	22	11	3213	其他	17	10	659
化工厂	56	36	8357	合计	448	308	71000

资料来源:《工矿调查处1939年11月10日向经济部报告》,中国第二历史档案馆。

东中部工厂内迁,在很大程度上促进了抗战时期西部现代工业的建立和发展,为西部城市发展提供了强大的经济动力。1937年,西南地区的四川(重庆)、贵州、云南、广西、湖南、陕西、甘肃等7省,共计有现代工矿企业237家,资本额为1520.4万元。随着拥有较高生产工艺的中东部地区工厂的迁入,大后方城市的现代经济实力因此得到了较大的提升,经济结构也发生很大改变。这些内迁工业企业不仅促进了后方城市现代工业的发展,而且还带动了后方原材料加工、商业贸易等现代产业的发展。如重庆,在战前只有10余家机器厂,而且都以修理业为主,根本没有什么机器制造业;但到1939年重庆的机器工厂增至84家,1940年则增加到132家,其中有不少为大型机器

[①] 诸葛达:《抗日战争时期工厂内迁及其对大后方工业的影响》,《复旦学报》(社会科学版),2001年,第4期。
[②]《经济部的战时工业建设、统计汇编》,《资源委员会公报》,卷一,第1,2合期,1941年6月8日。

制造厂。战前重庆大小工厂仅有39家,到1944年增至1518家,从而为重庆成为战时大后方工业基地创造了条件①。又如湘西等各城市,因地理环境闭塞,在战前基本还处于传统城市阶段,现代工业极少,除几家国营大厂外,仅有2家民营机器厂,经济发展水平极为落后。到武汉会战前后,沪汉等城市的民营机器工业迁入湘西就有47家②,后增加至122家,这些工厂的迁入,集中于城市,逐步形成了洪江、沅陵两个工业中心③,这不仅大大地推动了湘西城市工业的发展,改善了湘西、湖南的城市发展体系,而且促进了湘西城市的社会经济的发展。甘肃兰州等城市在抗战前工业门类甚少,近代工业几乎是空白,轻工业普遍为落后的手工业生产。抗战爆发后,部分中东部城市的工矿企业逐渐迁至兰州,推动了当地纺织、面粉、印刷、造纸、电力、化工、机器等工业的发展,兰州则形成了清末以来工业发展史上又一个重要的历史阶段④。陕西宝鸡也因内迁企业的带动开创了现代工业基础⑤。陕西的西安、汉中和甘肃的天水等城市也因内迁工业的到来,为战时城市经济的发展注入了活力,成为西北城市近代工业的重镇。西南地区的成都、昆明、贵阳等省会城市也在内迁工业的推动下,初步建立起了门类比较齐全的现代工业体系,从而有力地促进了大后方城市工业的建设与发展,为城市的发展提供了较为雄厚的物质经济基础,促进了城市经济现代性的发展。

(二)文教事业机构和人员的西迁

抗战前,全国高等院校(包括专科以上学校)108所,大多分布在东南沿海沿江城市。日本侵略者对中国的文化教育机构欲摧毁而后快,早在1932年"一·二八事变"中,日本侵略者就将上海的部分高校等文教机构加以破坏和摧毁,仅同济大学等10余所高校所遭受损失就高达7438187元⑥。抗战爆发后,学校等文教机构成为了日军侵略者破坏的首要目标之一。1937年抗战爆发之初,中国著名的教育家蔡元培、胡适、蒋梦麟等102名学者发表联合声

---

① 陆仰渊、方庆秋:《民国社会经济史》,中国经济出版社,1991年,第683—584页。
② 孙果达:《民族工业大迁徙——抗日战争时期民营工厂的内迁》,中国文史出版社,1991年,第232页。
③ 陆仰渊、方庆秋:《民国社会经济史》,中国经济出版社,1991年,第585页。
④ 柴玉英:《抗战时期兰州工业发展的概况》,《西北师院学报》,1987年,第3期。
⑤ 张敏:《抗战时期的宝鸡近代工业》,《西安工程科技学院学报》,2007年,第2期。
⑥ 唐正芒:《抗战时期的高校西迁述论》,《云梦学刊》,2002年,第5期。

明,揭露日寇破坏中国文教事业的罪行,其中特别指出日本侵略者对我国各类学校的破坏,实为"中国三十年建设之不足,而日本一日毁之有余也……日人之蓄意破坏,殆即以其为教育机关而毁坏之,且毁坏之使其不能复兴"[①]。面对日本帝国主义的疯狂侵略和大肆破坏,为保存中国文化教育事业文脉和抗战时期民族教育的根本,国民政府积极着手进行文教事业内迁工作,先后颁布了《战时内迁学校处置办法》、《社会教育机关临时工作大纲》等文件,其中特别规定了:"各省市教育厅局,于其辖区内或境外较安全之地区,择定若干原有学校,即速加以扩充,或布置简单临时校舍,以为必要时收容战区学生之用。"[②]在国民政府和各高校的组织下,在华北、华东、华中以及华南地区的高校便不断向大后方转移。在这一转移过程中,大体上分为三个阶段。

第一阶段:自1937年抗战爆发至1938年武汉、广州失陷,历时近一年半。这一时期,中国高校集中的平、津、沪、宁、汉、穗等城市,因是日寇攻击的主要目标,为减少这些城市高校等文化教育机构的损失,国民政府根据战局的发展,对高校等文化教育事业西迁作了大致的安排,选定了三个地点以备临时安置西迁各高等学校和其他文化教育机构。第一区在长沙,指令北京大学、清华大学、南开大学三校南迁长沙,联合组建为长沙临时大学。第二区为西安,指定平津另外三所重点大学北平师范大学、北平大学和北洋工学院,联合组建为西安临时大学。第三区地点待定,以安置华东地区的重点高校。这样,大批学校(主要是高等院校)和科研文化机构便克服重重困难向大后方转移。首先西迁的是平津六校。"七七事变"后,北京大学蒋梦麟、清华大学梅贻琦、南开大学张伯苓三位校长与北京大学教授胡适、中央研究院傅斯年积极策划联合内迁。1937年10月,三校联合迁至长沙,组成长沙临时大学,后又南迁至云南,组建西南联合大学。北平师范大学、北平大学、北洋工学院三校师生则转移至西安,组成西安临时大学。后随着东中部地区不断沦陷,各省市高校也纷纷迁往大后方。总计这一阶段,内迁高校约75所,占1938年底我国高校总数97所的77%,占抗战期间内迁高校124所的60%[③]。这一阶段高校内迁是抗战时期三次大迁移中规模最大、任务最繁重、历程最艰辛、

[①] 王春南:《钩沉:九一八事变后饱受日军摧毁的中国教育》,《人民论坛》,2005年,第6期。
[②] 中央教育科学研究所:《中国现代教育大事记》,教育科学出版社,1988年。
[③] 唐正芒:《抗战时期的高校西迁述论》,《云梦学刊》,2002年,第5期。

损失最严重的一次,许多师生为此付出了惨重的生命代价。

第二次大迁移是太平洋战争爆发至 1942 年上半年,历时约 6 个月。这一时期,原避居英美等在华租界和香港高校,或被迫停办或迁往大西南。据统计,这一阶段迁往西南诸省的高校近 20 所。

第三次大迁移是在 1944 年豫湘桂战役大溃退期间。因战场的溃败,导致日寇兵锋直指贵阳,西南震动,迫使广西、贵州的一些高校和先前转移至广西、贵州、湘西和粤北的大批高校急迁四川和黔北。这一时期共计 26 所高校内迁①。

中国高等文化教育机构除了这三次集中向大后方集中转移外,零星迁移或再迁移的高校还有近 50 所②。这些西迁大后方的高校,不仅转移到了重庆、成都、西安等大城市,而且迁至了包括遵义、乐山、璧山、澄江、大理等中小城市。其中迁往陪都重庆的高等院校有交通大学、中央大学、复旦大学等 22 所;迁至四川成都的高校有金陵大学、齐鲁大学等 9 所;迁往四川其他地区的高校有武汉大学(乐山)、同济大学(宜宾、南溪)、山东大学(万县)等 20 所;浙江大学、大夏大学、湘雅医学院等 8 所高校则迁往贵州;迁至陕西的有西北联合大学(由北平大学、北平师范大学、北洋工学院联合组成)、东北大学、山西大学、河南大学等 9 所;迁往广西的高校有武昌华中大学、江苏省立教育学院等 5 所③。内迁高校安置城市参见下表。

抗战期间部分中东部内迁高校安置城市一览表

城市	内迁高校
重庆	交通大学、中央大学、复旦大学、三江大学分校、上海医学院、北平朝阳学院、江苏省医政学院、上海沪江大学、吴淞商船专科学校(后改重庆商船专科学校)、东吴大学法学院、武昌中华大学、湘雅医学院、国立艺术专科学校、中央政治学院、中央工业专科学校、南京国立药学专科学校、南京戏剧学校、上海立信会计专科学校、两江女子体育专科学校、武汉医药技士专门学校、文化图书馆专科学校、南开中学等 22 所

---

①这 26 所高校,包括 1945 年 1 月,因日军为巩固豫湘桂战役成果而发动的向赣中南进攻,而导致聚集在江西泰和的 8 所高校全部转移。
②唐正芒:《抗战时期的高校西迁述论》,《云梦学刊》,2002 年,第 5 期。
③唐正芒:《抗战时期的高校西迁述论》,《云梦学刊》,2002 年,第 5 期。

续表

城市	内迁高校
成都	中央大学医学院及农学院畜牧医药系、燕京大学分校、北平朝阳学院、上海光华大学分校、金陵大学、齐鲁大学、华西协合大学、北平协和医学院护士学校、上海民治新闻专科学校等9所
乐山	武汉大学、江苏省蚕桑专科学校等2所
璧山	江苏省立教育学院、交通大学分校、国立艺术专科学校等3所
宜宾	同济大学
南溪	同济大学
万县	山东大学、蒙藏学校(后改国立边疆学校)、上海法学院商业专修科、中央工业专科学校、山东药学专科学校、山东医学专科学校
三台	东北大学
江津	南京佛学院、正则艺专、武昌艺专
江安	南京戏剧学校
金堂	山西工农专科学校
泸县	东亚体育专科学校
北碚	国术体育专科学校
昆明	北京大学、清华大学、南开大学(三校合组西南联合大学)、上海医学院、国立艺术专科学校、同济大学、中法大学文理学院等7所
大理	武昌华中大学、广州协和神学院
澄江	中山大学
贵阳	湘雅医学院、之江大学分校、大夏大学、江苏省医政学院
遵义	浙江大学
湄潭	浙江大学
平越	国立交通大学唐山土木工程学院、国立交通大学北平铁道管理学院、桂林师范学院
赤水	大夏大学
榕江	广西大学
安顺	军政部南京军医学校
桂林	国术体育专科学校、无锡国学专修馆、江苏省立教育学院、武昌华中大学
贺县	同济大学
北流	无锡国学专修馆

续表

城市	内迁高校
龙州	国术体育专科学校
西安	北平大学、北平师范大学、北洋工学院（合组西安临时大学）、河北女子师范学院（先后迁西安、汉中、南郑）、东北大学（先后迁北平、开封、西安、三台）、山西工农专科学校、焦作工学院（后迁甘肃天水）等9所
宜川	山西大学
宝鸡	河南大学

资料来源：唐正芒《抗战时期的高校西迁述论》，《云梦学刊》，2002年，第5期。

此外，抗战爆发后，国民政府一流的科研学术单位，如国民政府国史馆、中央工业试验所、中央农业实验所、国立中央研究院物理所、动物研究所、心理研究所、气象研究所、地理研究所、兵工署弹道研究所、中国地质研究所、永利化工研究所等百余个科研学术单位，也纷纷迁至重庆、成都、昆明、贵阳等西南地区的城市。文教事业的西迁不仅保存了中国民族的文脉，使之不至于毁于日寇之手，而且还促进了大后方文化教育事业的空前繁荣和大发展，为坚持抗战及战后国家建设培养了大批人才[①]。

中东部文化教育西迁在一定程度上改变了西南大后方城市现代文教事业长期落后的状况，促进了包括大西南各省在内的大后方城市文教事业的发展。例如，西南联合大学迁入云南后，云南省政府和教育厅为改变文教落后局面，恳请联大为其培养师资力量，联大经教育部批准，于1938年秋增设本科7个系，并增收云南籍学生。1943年又在师范学院创办三年制的专修科，每年招收60人，其中滇籍学生占80%。此外，联大还利用暑假联合云南大学、中央研究院举办中等学校在职教师讲习会，举办一年制在职教师进修班等。这些活动为云南各级学校培养了大批教育人才，大大地充实了云南省各级中学的师资力量，提高了教学质量，为云南省的整体文化水平的提高做出了重要贡献[②]。大夏大学社会研究部内迁贵州后，其师生对贵州各族历史文

[①] 何一民：《中国城市史》，武汉大学出版社，2012年，第261页。
[②] 张永民、张轩波：《抗战时期内迁高校与西南边疆教育的发展》，《内江师范学院学报》，2008年，第11期。

化、语言教育等作了较大规模的考察和研究。在其工作计划里,就把"调查贵州省乡土教育"、"黔省各种苗夷语言调查"作为重要任务,其目的在于"借以引起国人研究苗夷问题之兴趣,并以供政府与关心苗夷社会人士之参考,而期苗夷教育、苗夷生活、苗夷卫生、苗夷训练等能获进一步改善"[1]。1941年,社会学家李安宅受聘华西协合大学社会学系教授兼主任,次年筹建华西边疆研究所。华大边疆研究所有计划地派出研究人员到边疆进行实地考察,收集材料、文物,并写成调查报告或论文、专著发表。《谈边疆教育》、《喇嘛教育制度》就是李安宅在亲自深入边疆调查的基础上写成的。他对边疆教育行政、边疆学校教育、边疆社会教育等方面进行考察后,写出了专门的报告书,对川、甘、康、青四省交界地区的教育提出了许多有参考价值的意见,提交给教育部和四川省教育厅,所提见解很有针对性和操作性,至今犹有很大参考价值。经过西迁文教事业的努力,"不但直接促成边疆的现代化,也间接促成内地教育的创化作用"[2]。正如华中大学校长韦卓民在《三年来中国战时教育》一文中指出的那样:"高等教育机构的内迁,并非是一种纯粹不幸之事。因为她们所迁之地,过去在文化上是未开发之区,科学知识观念的传播,有助于推动国家内地的现代化。"[3]

另外,内迁各高校、科研机构还举办了短期专修科、训练班、先修班等人才培养形式,为大后方培训了一批经济建设人才。如迁至四川巴县的蒙藏学院的边疆行政教育、卫生教育、畜牧兽医、边疆政治等专修科和边疆师范专修科;迁至四川巴兴隆场的朝阳学院的垦殖、茶叶先修班等,都为西南经济开发与建设培养了一批急需人才[4]。

(三)东中部人力资源的西迁

抗日战争爆发后,西部地区因地处安全的大后方,而成为沦陷区的政府机关、军队、学校、工矿企业以及大批居民向西南、西北诸省内迁之地,这使得大后方各省城市,如陪都重庆、四川省会成都、陕西省会西安、甘肃省会兰州、

---

[1] 王伯群:《贵州苗夷研究丛刊序》,《贵州苗夷社会研究》,民族出版社,2004年。
[2] 李安宅:《谈边疆教育》,《边疆通讯》,1943年,第2卷,第1期。
[3] 韦卓民:《三年来中国战时教育》,转引自余子侠:《抗战时期高校内迁及其历史意义》,《近代史研究》,1995年,第1期。
[4] 张永民、张轩波:《抗战时期内迁高校与西南边疆教育的发展》,《内江师范学院学报》,2008年,第11期。

贵州省会贵阳、云南省会昆明以及集中了五六个流亡省政府的陕西虢镇、交通枢纽宝鸡，贵州遵义、安顺，四川绵阳、德阳、南充，云南曲靖等城市都得到了很大的发展。如重庆成为陪都后，政府机关、军队、西迁人口不断移入，城市规模和人口不断增加，1937 年全市人口为 473904 人，到 1946 年则增加至 1245645 人①，8 年之间增长了 1.6 倍，成为战时首都和著名的国际大都市。成都在抗战前人口最多时为 50 万人左右②，抗战中后期，因大量人口集聚，较战前增加了 40% 以上，达 74 万人左右③。此外，其他西部大后方城市因中东部人口的移入，其人口规模都有一定的增长。

抗战时期，因日寇入侵，改变了中国以往的人口迁移流向，战争产生的难民和国家机关工作人员、文教事业和工矿业工人技术人员被迫向西迁徙。其间外省往大后方大规模移民主要有两次，一次是 1937 年至 1940 年；另一次是 1944 年豫湘桂战役开始之后，而以第一次为主。

抗战爆发后，随着中东部地区不断沦陷，为寻找安身立命之所，沦陷区人口不断向西部大后方迁移。例如，1944 年底《新华日报》发表了一封读者来信，信中说：难民怀苏 1938 年从江苏逃出，历经汉口、衡阳而桂林，湘桂战役时又从桂林逃往贵阳，不久又逃到重庆，路途异常艰辛④。据 1939 年湖北省政府统计，是年全省流亡人口已达 300 万，其中大部分是向西迁往大后方的⑤。另据赈济委员会统计，1939 年 8 月到 1940 年 2 月之间，前来该委员会看病的外地难民共有 127959 人，其省籍除了四川外，主要有湖北、湖南、陕西、河南、安徽、江苏、浙江、河北等许多省份，举凡沦陷区省份的人口都有⑥。他们分属不同的社会阶层，从事着不同的职业。参见下表。

---

①何一民：《近代重庆城市兴起原因初探》，《城市史研究》，第 3 辑，天津教育出版社，1990 年。
②《警察旬报》，第 16 期，成都，1937 年 9 月 30 日。
③何一民：《变革与发展——中国内陆城市成都现代化研究》，四川大学出版社，2001 年。
④《时事问答：还要再逃难吗？》，《新华日报》，1944 年 12 月 8 日。
⑤《湖北抗战八年来的损失》，湖北省政府，1946 年编印。
⑥中国第二历史档案馆馆藏档案 116 全宗，274 案卷。

1942年4月经过万县难民总站难民籍贯统计

省别	人数	比例(%)	省别	人数	比例(%)
湖北	131	39.8	安徽	92	28
江苏	35	10.6	河南	19	5.8
河北	19	5.8	山东	14	4.3
浙江	12	3.6	江西	6	1.8
湖南	1	0.3	总计	329	100

资料来源:中国第二历史档案馆馆藏档案118全宗,54案卷。

1938年在陕难民籍贯统计

省别	人数	比例(%)	省别	人数	比例(%)
河南	2102	78.5	河北	314	11.7
山西	97	3.6	江苏	73	2.7
山东	53	1.9	安徽	39	1.6

资料来源:中国第二历史档案馆馆藏档案116全宗,274案卷。

抗战时期究竟有多少人口流入西部大后方,至今找不到确切可靠的统计数据。过去不少学者对此都估计过高。如曾任国民政府铁道部长、交通部长的张公权认为:"到1940年,沿海各省逃亡大后方的人民,从一亿八千万增加到二亿三千万,以致全国人口总数之一半定居于中国后方。"[1]陆民仁认为抗战时期"内迁的人口,估计达五千万之众"[2]。两者的估计虽然有很大差异,但都属高估范围。相比之下,当时政府相关部门统计则低得多。据1943年《国民政府年鉴》记载,从1937年10月至1941年,后方各省共收容难民10286642人。另据赈济委员会统计,从1938年至1942年,后方各省共收纳难民2128万人[3]。此外还有刘南溟等人也作过难民人数的估计。由于上述数据相差太大,因而很难确定哪一种统计是准确的,在战争环境中也是不易

---

[1] 张公权:《中国通货膨胀的历史背景和综合分析》,《工商经济史料丛刊》,第1辑,文史资料出版社,1983年,第147页。
[2] 陆民仁:《抗战时期的经济与财政》,《近代中国杂志》(台北),1983年。
[3] 陈彩章:《中国历史人口变迁之研究》,事务印书馆,1946年。

的,加之"中国的许多事情,向无精确的调查与统计,目前难民的数目,就无法知道,连个大概的数字也不可得"①。但无论哪一种统计,都表明抗战期间大后方人口迁入的规模都是巨大的。参见下表。

抗战时期难民人数估计

名称	数字(单位:人)	时间	出处
刘南溟	3000万以上	1938年5月	《新民族》周刊
弗利特·厄特利	3000万—6000万	1938年	《蒙难的中国》
桂林大公报	8000万	1944年	《大公报》
中华年鉴	4000万	1946年	《中华年鉴》

如此众多的人口移居大后方,对于大后方城市和社会经济的发展无疑是有着极为重要的影响,但更为重要的是在于迁入人口的质量,即移居人口素质如何。1938年5月,赈济委员会代委员长徐世英在对记者的谈话中曾提到:"据某处非正式的统计,自东战场逃来的难民中,文化教育者占百分之五十五,党政及国营事业者占百分之二十一,商人占百分之十,工人占百分之六,而农民仅占百分之二。"②而另据赈济委员会运送安置难民万县总站的统计,从1938年11月到1939年经过万县难民总站救济的难民共12.6万余人,其中城市商人占50%,工商学界占15%,农民占23%。由此可见,抗战时期迁往西部后方的人口构成较为复杂。

1. 政府官员、公务人员

随着国家政治中心西移重庆,大批政府军政官员和公务人员也相继迁往重庆、成都、昆明、贵阳、西安、兰州等西部大中城市。其中仅重庆先后接纳和安置国民政府和国民党中央党政军各类机关共计130余个,各级官员和公务人员约万余人③。沦陷区的地方政府也因省会城市的沦陷,而迁至临时省会或大后方城市,其中河北省流亡政府先迁至洛阳,后迁至陕西西安;热河和辽

---

① 《新民族》周刊(重庆),第1卷,第11期,1939年5月9日,第7页。
② 《许委员长讲救济难民问题》,《新华日报》,1938年5月22日。
③ 《抗战时期国民政府军政单位迁驻重庆新旧地址一览表》,《国民政府重庆陪都史》,西南师范大学出版社,1993年。

宁省流亡政府迁至重庆;黑龙江省政府迁至了陕西府谷县;绥远省政府在1939年前迁至陕西榆林。又如1939年1月,国民政府军委会后勤部由衡阳迁移贵阳,并派人员赴重庆组设办公处后,根据"兵站机构调整办法",于天水、桂林两行营所在地各设办事处,分别指挥江北、江南各战区兵站机关。1943年又将赣州第三办事处、老河口第四办事处分别移设桂林、西安,并在大后方西昌等城市设立兵站,执行军品生产、补给、运输等任务[1]。后勤部因主管全军后勤工作,组织庞大,人员众多,并有着较为高效的管理方式,并在一定程度上促进了当地城市的发展。迁入大后方的国民政府官员和公务人员,虽占总内迁人口比例较小,但都是具有较高文化水平的高素质的人口,他们通过其工作、管理和生活方式,对其所移驻的城市的社会经济和市政管理、社会方式的现代化变迁都产生了很深远的影响。

2. 知识分子

这部分人包括大学教授、中小学教师、学生、作家、诗人、画家、戏剧家、科学家、记者、编辑等。他们是当时中国受过良好教育的主要分子,也是民族中最为敏感的部分,大都有较强的民族自尊心和爱国热情,愿意携家带口奔向大后方为国家效力。抗战爆发后,为保存中国的文化教育事业,大批学校和科研机构在政府组织下或自发地向西部大后方转移。据不完全统计,仅迁往大西南的高等院校就有56所,占战前中国高等学府的50%多。师生达2万余人[2]。此外,国民政府的一流科研学术单位,如国民政府国史馆、国立中央研究院各所、中央工业试验所以及企业所属的永利化工研究所等百余个科研学术单位也纷纷迁往重庆、成都、昆明等城市。伴随着中东部文化教育、科研机构的西迁,原工作于中东部城市的大多数著名文化人物、教育工作者、科研人员通过各种方式也相继迁入大后方。据广西桂林市党史征集委员会的统计,抗战时期先后"来到桂林的文化人有1000多人。其中著名的作家、诗人、画家、戏剧家、音乐家、科学家、教授、学者有200多人"[3]。香港沦陷后,中国共产党从香港营救出抗日爱国人士、文化人士及其家属达800多人,其中有柳亚子、梁漱溟、千家驹、邹韬奋、夏衍、胡风、司徒慧敏、戈宝权、张友渔、蔡楚

---

[1] 陈长河:《抗战时期的后方勤务部》,《军事历史研究》,1991年,第4期。
[2] 何一民:《中国城市史》,武汉出版社,2012年,第261页。
[3] 《中共党史资料专题研究集:抗日战争时期(一)》,中国党史资料出版社,1988年,第134页。

生、茅盾、叶浅予、胡绳、黎澍、范长江、乔冠华、高士其、丁玲、叶方等等。① 先后到达四川的文化人士也极多,如文艺界的张恨水、夏衍、张友鸾、张慧剑、阳翰笙、陈寅恪、田汉、吴祖光、凤子、聂绀弩、朱自清、谢冰莹、陈白尘、郁风、徐悲鸿、丰子恺、洪深、叶圣陶、巴金、老舍、顾颉刚、臧克家、姚雪垠、郭沫若等。② 据当时的社会学家孙本文调查,抗战时期,中国知识分子中,"高级知识分子十分之九以上西迁,中级知识分子十分之五以上西迁,低级知识分子十分之三以上西迁"③。随着中东部知识分子的到来,完成了抗战时期中国文化教育事业中心向西部大后方的战略转移,这不仅保存了中华民族的国脉,而不至于毁于日寇之手,而且还促进了西部城市文化教育的发展与繁荣。

3. 企业家、企业管理者、技术工人

作为大后方现代产业发展的主体,由中东部移入的企业家、企业管理者、技术工人,虽在内迁人口占有的比重不是很大,但对西部城市现代城市的发展起着很大的作用。

抗战初期,中东部地区大约600余家工厂向后方迁移,在这一过程,成千上万的企业家、企业管理者和技术工人亦一同内迁。仅工矿调整协助的内迁工厂就有449家,技术工人达1.2万多人。参见下表。

工矿调整处协助内迁工厂情况统计表

分布区域	工厂内迁数(单位:家)					内迁技术人员数(单位:人)				
	1938	1939	1940	合计	百分比(%)	1938	1939	1940	合计	百分比(%)
四川	134	89	31	245	55.57	1532	6156	417	8105	66.36
湖南	118	4	0	122	27.17	148	2413	21	2777	22.82
广西	21	2	0	23	5.12	55	469	8	523	4.37
陕西	20	7	0	27	6.01	58	294	80	432	3.55
其他	11	12	0	23	5.12	0	288	30	318	2.61
合计	304	114	31	449	100.0	1793	9622	751	12164	100.0

---

① 《中共党史资料专题研究集:抗日战争时期(一)》,中国党史资料出版社,1988年,第168—169页。
② 孙艳魁:《苦难的人流:抗战时期的难民》,广西师范大学出版社,1994年,第77页。
③ 孙本文:《现代中国社会问题》,第2册,商务印书馆,1943年,第261页。

资料来源:陈真《中国近现代工业史资料》,第1辑,三联书店,1958年,第88页。

随着西部现代工业的建设与发展,工矿调整处还通过各种形式大量招募各类专门技术人员,到1940年4月23日止,先后招募了1419人,同时各内迁工厂通过自己的关系网络自行招募的专业技术人员达3000多人[①]。

在产业西进的过程中,许多生产工艺研究人员和管理人员怀着报国热情也随各个工厂内迁至西部大后方。据1940年3月国民政府中央建教合作委员会颁布的《非常时期专门人员总调查》统计,投身于大后方339个单位开发建设的知识界人士有7746人。另据国民政府资源委员会1941年所编制的《中国工程名人录》记载,人数更达2万多人[②]。

西部城市现代工业长期落后的原因很多,其中最根本的是人的缺乏,即缺少现代企业家、技术工程人员、受过良好生产技能训练的技术工人、企业管理人员等。正是随着抗战时期这些高素质的人口的到来,为西部城市发展现代工矿企业生产分工提供了发明创造、生产技术和工艺研究与维护、生产、现代企业管理等工业大生产各个环节的必要人才,从而推动了西部地区现代产业的发展。当然这些人口主要集中在大后方的重庆、成都、昆明、贵阳、西安、兰州、遵义等大中城市。他们对于大后方社会经济的发展、社会风俗的现代性变迁起着至关重要的推动作用。

4.商人和手工业者

此类人口在内迁人口占有一定的比重。抗战初期,随着中东部地区沦陷,原生活在沦陷区的一部分商人和手工业者,也随西迁人口洪流迁至西部各城镇。从1938年11月至1939年经过万县难民总站救济的难民共12.6万余人,其中城市小商人占50%[③]。在四川涪陵、丰都县难民中商人所占比例分别为15%和10.5%[④]。途经广西全州难民中商人共计110人,占

[①] 吴至信:《抗战期内技术人员调整之一斑》,《新经济》(重庆),1940年,第3卷,第1期。
[②] 何一民:《中国城市史》,武汉出版社,2012年,第293页。
[③] 《中央日报》,1939年9月27日。
[④] 《赈济委员会重庆难民组训委员会、重庆卫戍区各县难民情况调查表》,中国第二历史档案馆馆藏档案118全宗,22卷,6分卷。

24.12%[1]。1944年豫湘桂战役后,流入重庆、广西、湖南的一支难民队伍中,商贩达114人,手工业者为91人,分别为有职业者总数的43%和34.2%[2]。沦陷区商人和手工业者的内迁为西部城市商业与手工业发展注入了新鲜血液,在一定程度上推动了大后方社会经济的发展。

5. 农民

农民在内迁人口中占有相当比例。但因缺乏详细的资料记载,很难细化统计,但根据赈济会对难民职业的统计,也可以看出农民占有相当比重。例如,1938年12月在途经广西全州的456名难民中,农民为89人[3],占这部分难民人口总数的19.52%。另外也有人对四川涪陵和丰都县的难民的职业构成作了统计,农民分别占难民总数的25%和26%[4]。由于农民普遍因缺乏现代工业生产技能,抵达大后方后,除部分人进入到城市中从事以体力劳动为主的工作外,大多农民难民只能从事农业活动以求谋生。时人曾通过对大后方垦务有较大发展来考察内迁农民的数量。据调查,抗战时期四川、云南、贵州、广西、陕西、甘肃等省,共开垦荒地约7300万亩,可容纳垦民72万户约300万人[5]。其中陕西省黄龙山垦区于1941年9月收容难民26537人,难民中以河南、陕西、山东、河北诸省籍贯占绝大多数[6]。1942年宁夏省曾接收河南水灾难民1556人来宁垦荒;新疆省曾于1943—1944年接收河南通许、尉氏、扶沟、西华等县难民约万人从事农业生产[7]。国民政府农林部也举办了垦区10余处,收容难民71939人[8]。

除垦务外,相关部门和工矿企业通过培训将部分农民安置于各类工厂中

---

[1]《赈济委员会运送配置难民全州总站调查表》,中国第二历史档案馆馆藏档案118全宗,66卷,41分卷。

[2] 窦季良:《湘桂内迁难民就业问题选样研究》,《社会工作通讯月刊》(重庆),第2卷,第4期,1946年4月15日。

[3]《赈济委员会运送配置难民全州总站调查表》,中国第二历史档案馆馆藏档案118全宗,66卷,41分卷。

[4]《赈济委员会重庆难民组训委员会、重庆卫戍区各县难民情况调查表》,中国第二历史档案馆馆藏档案118全宗,22卷,6分卷。

[5] 邹序儒:《战时边疆移垦事业》,《西南边疆》,第3期,1938年12月。

[6]《黄龙山垦区难民人数统计表》(1941年9月),中国第二历史档案馆馆藏档案116全宗,594案,卷(《陕西黄龙山难民组训会组织成立及活动文件,1939—1943》)。

[7] 孙艳魁:《苦难的人流:抗战时期的难民》,广西师范大学出版社,1994年,第172页。

[8]《中华年鉴》,中华年鉴社,1948年,第1326—1327页。

工作。例如,赈济委员会在川、康、陕、甘等省均设有工艺社、工艺所、实验农场等,"截至三十一年,各事业共收容训练难民五千七百四十八人"①。

内迁农民作为现代生产劳动力的基本来源,在西部地区广泛从事各种生产活动,为西部经济开发,支持抗战做出了重要贡献。

此外,还有大批军警人员和宗教界人士在抗战期间转迁至大后方,其数量亦不在少数。

总的来说,外省迁往大后方的人口不仅有当时中国的多数精英,即具有一定科学文化素养或专业技能的知识分子和社会(企业)管理者,而且还包括大量的普通劳动者,这些内迁人口具有两个重要特点:(1)外省内迁西部的人口主要是城乡青壮年,幼龄和老年人较少;(2)他们都主要迁入西部的一些重要城市②。正是他们的"西进",使中国的现代化从沿海沿江地区向西推进了千余公里,极大地推动了中国西部落后地区的开发,从而有力地推动了西部地区社会经济的发展进步,特别是推动了西南城市的大发展。

三、日本对沦陷区城市资源的掠夺

自晚清以来,日本侵略者便对中国城市资源进行了广泛的掠夺。在1931年以前,日本侵略者在中国城市进行掠夺的主要对象侧重于金融、矿产、路政等方面。在金融上,日本通过兴业银行、朝鲜银行、正金银行及东洋拓殖等金融机构以及"西原"等政治贷款,不断强化在中国各重要城市的金融实力,加大对中国普通民众的金融剥削。在矿产资源方面则主要通过控制汉冶萍公司的利权,掠夺湖北大冶等地的矿产资源,日本八幡制铁所的矿石来自大冶的高达80%。在路政上,在东北通过组建的"南满铁路公司",控制了中国东北大部分铁路权益,并获得了铁路沿线的煤矿,如抚顺的煤炭和煤油,鞍山的钢铁、机械工厂、铁路附属地,控制了南满电气公司、大连汽船公司、大连窑业,甚至把侵略触角伸至山东,掠夺山东矿业,从而使中国东北经济几乎"呼吸在满铁公司的地盘之内"③。这些疯狂的掠夺行动,随着日寇侵略的扩大而不断深入。

---

① 秦孝仪:《革命文献》,第96辑,台北中央文物供应社,1983年,第59页。
② 何一民:《中国城市史》,武汉出版社,2012年,第261页。
③ 《九一八前日本在华经济侵略之回顾》,《汉口商业月刊》,1934年,第1期,第6—7页。

(一)日寇对东北的经济掠夺与控制

1931年"九一八事变"之后,东北地区近150个城市尽被日军攻陷。东北城市的金融、矿产资源、经济部门等资源旋即遭到了日寇的疯狂掠夺。日本本土资源短缺,为支撑对中国的侵略战争,便肆无忌惮地掠夺东北地区的各类资源。日本侵略者对凡属有关军需部门和重要经济部门都实行统制,"国防上重要产业,公共公益事业和一般产业的基础产业,即交通、通讯、钢铁、轻金属、金、煤炭、石油、汽车、硫铵、碱、采木等产业",均由日本的"国营或特殊公司经营"[①]。这样,日寇首先将掠夺的重点放在了钢铁、煤炭、液体燃料、粮食等战略物资方面。以生铁为例,从1931年开始,日本从东北掠夺的生铁数量大幅度增加。据伪满国务院总务厅统计资料统计:1931年为24.2万吨,占日本进口总数的61%;1932年为32.2万吨,占进口的73%;1933年为45.3万吨,占进口的70%;1934年为40.9万吨,占进口的67%。如此巨量的被掠夺的生铁,主要来自于属于满铁的鞍山制铁所和属于财阀大仓系统的本溪钢铁厂。

煤炭是另一种重要的战略物资,"九一八事变"以后,为便于掠夺,日本于1934年成立了"满洲煤炭股份公司"(简称满炭)。1936年又成立了"炭业统制委员会",以关东军参谋长为委员长,伪满政府、满铁、满炭的代表为委员,开始有计划地掠夺。日本掠夺东北煤炭,主要通过满铁和满炭两大公司进行。前者统辖抚顺等28处煤矿,后者管理阜新、西安、鹤岗等12处煤矿。"九一八事变"后,日本从东北掠夺煤炭逐年增加:1932年703万多吨,1933年885万余吨,1934年1055万多吨,1935年1127万余吨,1936年1214万多吨,1937年达1266万余吨[②]。

日本对中国东北石油资源(石油、页岩油和人造石油)的掠夺是全面性的,其中以掠夺抚顺页岩油最为突出。1931年以后,通过不断扩建页岩油厂逐步提高了生产能力。1931年生产粗油6.3万吨,1935年增至14万多吨,1936年计划达到30万吨左右。

为掠夺东北农业资源,日本帝国主义一方面大肆进行移民屯垦,一方面

[①] [日]满洲国史纪纂刊行会:《满洲国史》总论,东京漾光社,1970年,第385页。
[②] 姜念东等:《伪满洲国史》,吉林人民出版社,1981年,第301、305页。

大量掠夺粮食等农产品。前者通过武装移民霸占东北铁路沿线、城镇附近的土地资源。据《日本移民土地使用整备纲要》，拟向东北移民100万户，强占土地1000万町步（1町步约合99.18公亩）①，约合9.918亿公亩，占全东北可耕地面积的1/3。后者将东北粮食等农产品大量掠夺至日本本土。如1934年东北运往日本的玉米价值290多万元，占总输出的58%。1936年至1937年，东北每年平均向日本输出大豆商品132万吨，占总输出的46%。

日本还通过"满洲盐业股份公司"垄断了东北的盐业生产，仅1937年运往日本的海盐即达55.5万吨。

此外，日本为达到毒化中国的目的，还在东北地区诱骗中国农民种植鸦片，并将鸦片输往东北、华北、华东以及华中各城市，不仅掠夺了这些地区的大量财富，而且还毒害中国人的身体和精神。据1940年日本《满洲国年鉴》记载，日本殖民者许可种植鸦片的面积非常庞大，1933年为94.1万公顷，1937年增加到103万公顷。此外还有大量土地未经许可种植鸦片。鸦片产量非常巨大，仅热河种烟老区1936年即达815万两。官营鸦片零售所遍布日本占领区的城市，仅沈阳一城就有鸦片销售店730多家，1933年的年销售量为120万两，1937年的年销售量增到1230万两，5年间增加了10倍。鸦片收入也随之而来而逐年增加，1933年为550万元，1937年则达到4780万元。吸鸦片上瘾者登记人数，1933年为56804人，1937年达到811005人，增加了14倍。

海关作为国家的经济门户具有重要的地位，因而日本侵略者每占领一个有海关的城市，就首先将海关强占，从而控制其进出口贸易。1932年6月26日，日本攫取了每年占东北关税收入1/3的大连海关。接着，又相继夺取了滨江、营口、安东、珲春、延吉五个海关。到1933年1月，包括大黑河海关在内的东北全部海关均为日本所强夺。关东军还以各种借口侵占中国的工厂和矿山。至1932年9月，日军先后占领的工矿有奉天纺纱厂和复州、八道壕、西安（辽源）等煤矿，并夺取了东北、内蒙古的38处地方重要矿产的开采权。

1931年东北沦陷后，日本"对中华民族不断给与以绝大的屈辱，且对中

---

① [日]《现代史资料11·满洲事变（续）》，美铃书房，1972年，第949—950页。

国出口贸易和税收,亦施以严酷的打击;这种损失的程度,从中国海关及伪满洲国政府最近公布的贸易数额上,可以知道。过去几年当中,东北特产之豆和豆制品,为中国主要的出口,其地位超过麻丝。……东北沦亡的结果,中国进口倍于出口",严重打击了中国内地城市的经济发展,据1933年10月海关统计,是月进口为"十一亿七千零七万四千元,出口为五亿零七百三十二万四千元"。从而造成汉口等城市的经济"表现凋敝情况"①,"一天一天趋于崩溃"②。

(二)日寇对关内各沦陷区城市的掠夺与破坏

从1937年7月中国全面抗战爆发到抗战结束,中国大片国土沦陷,而后方也遭日军侵扰和空袭,对城市造成了巨大的破坏。国民党政府《中国对日要求赔偿的说帖》称:"溯自一九三一年九月十八日,日本在中国东北发动有计划侵略,以迄日本投降日止,中国为维护主权与领土之完整,并为保障世界正义与安全,艰苦抗战历十五年之久。中国之作战期间,实远较任何同盟国为长久。在此期间,中国被侵占地区之广大,占全亚洲沦陷地区百分之四十五。拥有全国人口百分之八十地区,均遭日军破坏蹂躏。"③抗战爆发后,中国东中部的主要大中城市如北平、天津、青岛、济南、上海、南京、杭州、厦门、广州、芜湖、徐州、蚌埠、武汉等,几乎全数沦陷敌手。抗战时期中国有1246个市县或遭沦陷或曾经历战祸。日军每占领一座城市,就首先抢占银行、银号,掠夺金条、银圆与现款。据统计,1937年7月至1941年12月,中国银行、中央银行、中国农民银行等53家公私银行,在沦陷区的损失共计4124.9万元。当日本占领军在沦陷区建立殖民统治秩序后,即推行"以战养战"、"以华制华"的政策,同时发行军用券、伪币,榨取沦陷区人民的血汗。日本侵略军还以各种不同方式对中国工矿企业、金融机构加以征收、没收、军管,从而垄断了沦陷区的工矿企业,对沦陷区进行抽血式的经济、资源掠夺,同时以暴力为后盾对以城市为中心的各沦陷区的资源进行野蛮的掠夺。华北、华中、华南等地区重要城市残存的民族工业面临日本殖民化恶浪的冲击,完全失去了自主发展的可能性,只能仰人鼻息,被迫成为日本侵略殖民机器的附属品和物

---

① 《东北丧失后中国对外贸易所受之影响》,《汉口商业月刊》,1934年,第1期,第31—34页。
② 《汉口本年度上期对外贸易之极度衰落》,《汉口商业月刊》,1934年,第1期,第35页。
③ 卞修跃:《日本侵华战争破坏了多少中国城市》,《新华澳报》(澳门),2005年7月6日。

资生产加工地,使沦陷区城市成为了日军进行战争的基地。在日本侵略者残暴殖民统治下,中东部沦陷区的城市,如上海、武汉、天津、广州、南京、长沙等大城市经济都处于不同程度的停滞倒退状态。

1. 日本对华北城市的破坏与掠夺

1937年"卢沟桥事变"后,华北各省主要城市迅速沦陷,造成大量工矿企业和设备损毁。其中,北平受损工厂企业97家,损失金额达15941509元;天津损毁工厂企业53家,损失金额达20502093元;青岛受损工厂企业137家,损失金额达10618980元;山东其他城市受损工厂企业243家,损失金额达13492212元;河北受损企业27家,损失金额达23487712元;河南受损工厂企业87家,损失金额达13232287元;山西受损工厂企业71家,损失金额达15157746元[①]。那些在战火中幸存下来的工厂企业也难逃日本侵略者的魔爪,遭到日寇的强占和掠夺。在北平,日伪当局强行接管了华商电灯公司、石景山炼铁厂、长辛店机车修理厂、南口机车车辆厂、清河制呢厂等企业,并对门头沟煤矿进行破坏性开发;另外成立了华北开发公司、华北电信电话公司、华北盐业公司、华北电业公司、中华航空公司、中日实业公司、华北房产公司、华北矾土公司,这些公司均以经济掠夺为目的,疯狂地对北平及华北城市进行经济掠夺。日军占领北平后,即发行军票,打击、控制北平的民族金融业,使民族金融业机构由战前的170余家锐减至战后不到70家[②]。

天津在抗战初期因中国驻军很少,仅有5000余人参加了抵抗,战斗规模很小,敌我双方在市区的战斗仅持续了短短一天,但也有53家工厂企业遭到破坏,损失金额约2000余万元。日本军占领天津后,将天津的中国民族资本企业加以军管,并大肆掠夺各种战略物资。例如,当时天津有10余家橡胶厂,日本当局把生胶、棉纱、汽油等原料物资列为统制物资,使得中国民族橡胶厂无法维持生产而陷入停产或半停产状态。在军管与统制打击下,天津在战前的四五十家炼油厂最后仅剩下3家,其余均被迫倒闭[③]。

山西以(太原)西北实业公司为基干的工矿业体系在战争中遭到毁灭性打击。该公司下属各机械厂在战前拥有工作机器4561台,日军侵占太原后

[①] 陈真:《中国近代工业史资料》,第1辑,科学出版社,1957年,第86页。
[②] 《抗战时期的北京经济史》,《北京现代商报》,2005年9月2日。
[③] 罗澍伟:《近代天津城市史》,中国社会科学出版社,1993年,第641页。

其工厂设备十之有九为敌运走,而光复后仅存机器894台(含迁移后方510台)[1]。这些被劫掠的机器设备均为日军拆卸,并于1938年8月底全部运走,大部分都运往日本的城市,计运往日本大阪的机器有1707部,运往日本小仓的机器有1300部,运往日本东京的机器有397部,运往中国东北的机器有263部[2]。此外,西北实业公司下属化学、印刷、修造、氧气、机车、育才机器、洋灰、电化等8厂完全毁于日军炮火,原来工厂地址则变成日军仓库或小型铁路修理厂[3]。不仅太原如此,甚至山西其他一些县级城市的工业企业同样在劫难逃。据战后《山西省克复地区内损失实情清查审报表》统计,除太原外,大同、阳泉、榆次等中心城市,交城、灵石、沁县、河津、洪洞、繁峙、五台、祁县、代县、清源、介休、汾阳、平遥、霍县、武乡、平定、平陆、临汾、汾城、寿阳、宁武、定襄、垣曲、晋城、沁水、高平、阳城、襄陵、翼城、陵川、长子、长治、应县、沁源、太谷、浮山、徐沟、大宁等县级城市,总计损失价值约15342244.212万元资产或设备[4]。

河北城市经济也遭到日本的大肆掠夺,日军侵占石家庄后不久便以武力强占了大兴纱厂、正太铁路总机厂、井陉煤矿及其焦化厂等中国民族工矿企业。在占领河北期间,还采取各种手段来破坏和摧毁中国民族工业的基础,如日本侵略者为了弥补战争期间钢铁供给的不足,极力推行"献铁运动",将中方工厂的机械设备强行砸毁运走,甚至规定纺织厂要砸毁三分之一的机器设备以供日本制造武器,如大兴纱厂原有3万锭纺纱机,被强行砸毁1万锭机[5]。在唐山,日伪政权将唐山的开滦等煤矿、机械等现代工业均加以军管与统制,接管启新电厂,改名为"冀东电力股份有限公司",并强行接收了通县电气有限公司、秦皇岛秦榆电灯公司、山海关电灯公司、昌黎昌明电灯公司及芦

---

[1] 另据相关资料记载,西北实业公司下属各机械厂战前实有各种工作机器4900余台,至抗战胜利接收时仅存300余台。见《山西全省公营事业概述》,山西省档案馆藏,山西旧政权档案,卷宗号:B30—1—7—1。
[2]《日军搬出西北实业公司机械报告》,山西旧政权档案,卷宗号:B31—2—347;《(西北实业公司)电长官阎将致行政院请通知日政府派员认领机器之电文录呈的电报》,山西旧政权档案,卷宗号:B31—2—342。
[3]《山西全省公营事业概述》,山西省档案馆藏,山西旧政权档案,卷宗号:B30—1—7—1。
[4]《山西省克复地区内损失实情清查审报表》(1946),山西旧政权档案,卷宗号:B13—1—75。
[5] 徐纯性:《河北城市发展史》,华北教育出版社,1991年,第55页。

台芦汉电气公司,使之隶属"冀东电力股份有限公司"①。除石家庄与冀东地区的城市外,河北邯郸、保定、承德、张家口、邢台、沧州、廊坊等沦陷区城市均在战争期间受到了较大的破坏;河北省丰富的矿产、农业资源也遭到了日寇的大肆掠夺。

山东也是日本帝国主义侵略的重点地区,在战争中,包括青岛、济南、莱芜、枣庄、台儿庄等在内的城市在战争中均遭到了较大的破坏。例如莱芜,据不完全统计,惨遭杀害的中国人有5350人、死于炮火的中国人有3978人,民房被烧毁57368间,被掠夺的财物及矿产资源不计其数②。同时,日寇还对察哈尔与绥远等地区的经济资源大加掠夺③。

华北煤铁等资源丰富,早在抗日战争爆发前,便是日寇觊觎之地,为此,日本中国驻屯军司令部会同满铁经济调查会制订了"华北经济工作"计划草案,明确了以煤炭为核心开发项目及其他资源开发顺序④。抗战爆发后,由满铁出资设立的兴中公司作为以"结成日满华经济势力圈及促进日华经济提携为目的"的一种"国策机关"⑤,便不断随战局的进展而扩大掠夺范围,劫夺了井陉、正丰、阳泉、寿阳、六河沟、中兴、华丰、华宝、西山、焦作、凭心、磁县、下花园、大同、洪洞、孝义、富家滩等河北、山西、山东、河南等省的煤矿⑥。华北开发公司则在龙烟煤矿公司、大同煤矿公司、蒙疆矿产贩卖公司、中兴煤矿矿业所、石景山铁厂矿业所等10家矿业公司投资5019.8万元,大肆掠夺华北矿产资源⑦。如日本侵略者于1936年从华北各矿掠夺了煤炭1700万吨,1939年掠夺了煤炭1340.4万吨,1940年掠夺了煤炭1589.7万吨,1941年掠夺的煤炭增加至2272.7万吨⑧。在1939—1942年间,日寇控制的烟筒山、庞

---

① 徐纯性:《河北城市发展史》,华北教育出版社,1991年,第111页。
② 莱芜市地方史志编纂委员会:《莱芜市志》,"日伪军罪行",山东人民出版社,1991年。
③ 庄建平等:《抗日战争》,第6卷,四川大学出版社,1997年,第548—551页。
④ [日]浅田乔二著,袁俞佺译:《1937—1945年日本在中国沦陷区的经济掠夺》,复旦大学出版社,1997年,第110—113页。
⑤ 华北开发公司:《华北开发公司及关系公司概要》(1940年),转引自[日]依田熹家:《日中战争史资料(占领区支配上)》,山川出版社,1975年,第414页。
⑥ 日本东亚研究所:《日本对华投资》(上),原书房,1974年,第198—200页。
⑦ [日]浅田乔二著,袁俞佺译:《1937—1945年日本在中国沦陷区的经济掠夺》,复旦大学出版社,1997年,第121—122页。
⑧ 日本东亚研究所:《中国占领地经济的发展》,1944年,第194页。

家堡、利国、金岑镇、定襄、东山等华北矿山向日满输出铁矿石共计142.8万吨。① 据天津历史研究所副研究员居之芬研究统计,日本侵华期间,从华北开采和掠走煤炭12000万吨、铁矿石450万吨左右、海盐1000余万吨、棉花2000多万担、铝矾土矿300万吨和大量的金、云母、石英等矿产资源,并劫掠了数以百万计的劳工和伴随家属。②

2. 日本对华东城市的破坏与掠夺

随着日寇铁蹄踏进上海、江苏、浙江等经济发达的省市,这些地区城市经济便遭到了战火的巨大破坏。

上海是中国工业重镇,也是日寇重点破坏和掠夺的城市。按日本情报部门战争期间的统计,仅"八一三"淞沪会战期间的工业直接损失就高达8亿元③。另据上海公共租界工部局披露的统计数据,淞沪会战期间,上海全部被毁工厂905家,上海市社会局的调查,被毁工厂则高达近2000家,而据日人估算,上海被毁工厂则有2270家④。除战火摧毁大量工厂企业外,还对战火破坏后幸存下来的厂矿大肆劫掠,如纵火焚烧厂房、物资,毁坏或运走机器设备,清扫、劫掠物资,强占工厂、仓库以充军用等,并通过所谓的"军事管理"手段对上海工矿企业加以接收。据不完全统计,日军在上海实行"军事管理"的工厂共有82家⑤。另外,日本占领军还有组织地对上海租界内的中国资产,尤其是对中国银行进行暴力劫夺,仅在太平洋战争爆发后,日寇通过定性为"敌性银行"的方式而冻结、查封、强行掠夺了中、英、美等国银行的资金即达11.2亿元,其中4.76亿元为中英等国合组的法币价值稳定资金委员会所有资金⑥。

江苏是近代中国的重要工业基地,但经过日本的侵略,城市社会经济遭到了很大的破坏,其中南京被毁工厂数为91家,损失财物15941509元,江苏

---

① [日] 浅田乔二著,袁俞佺译:《1937—1945年日本在中国沦陷区的经济掠夺》,复旦大学出版社,1997年,第140页。
② 《天津历史档案:揭露日本在华北沦陷区经济掠夺内幕》,《人民日报》,1995年8月16日。
③ 日本东亚研究所:《中国占领地经济的发展》,资料乙第86号A,1944年,第1页。
④ 朱斯煌:《民国经济史》,银行周报社,1948年,第244页。
⑤ 魏永理:《中国近代经济史纲》(下),甘肃人民出版社,1990年,第436页。
⑥ 日本中国派遣军总司令部:《原法币价值稳定基金特别使用办法》,昭和十七年(1942年)3月20日,上海档案馆藏。

以外其他城市损毁工业 372 家,损失额高达 61191250 元①。1937 年 11 月 19 日,苏州沦陷。日军入城后大肆抢劫、纵火,江南名城内外处处血泊火海,瓦砾尸堆。阊门石路一带商业区被日机投掷燃烧弹烧毁,面积达几万平方米,大火燃烧三天三夜,石路一带遂成焦土。这一地区被毁商店、旅社、茶馆、戏院等二三百家,民宅六七百户,平民死亡不计其数②。无锡在战前是中国民族工业的一个重要基地。日军侵占无锡后,无锡民族工业备受摧残,申新三厂和庆丰纱厂等工厂被焚毁。西门外的工业区内的业勤、广勤、豫康三家纺织厂全被炸毁。日军占领无锡后,又纵火焚烧 10 昼夜,所有工厂尽付一炬,烧毁厂房 18537 间,商店 54268 间。其中棉纺织业被直接破坏的纱锭数高达 166614 锭,布机 3304 台,占全部设备的 70%;大型丝厂在战前共有 42 家,其中全部被毁者 9 家,部分被毁者 26 家,残存的几家也处于半停产状态,茂新二厂被劫掠一空后,厂房被充作日军的病马院,之后又被日商华友制粉公司强行代管,改名为大丰面粉厂;九丰面粉厂也被日军占有,充作日军的军需工厂。三家工厂的实际生产能力约 80% 被破坏或被控制,损失金额在 250 万元以上。粮米业除在三里桥的米市中心被焚毁外,粮食堆栈中尚存的 130 万石米粮也被劫掠,碾米厂均被迫停顿。榨油业中最大的恒德油厂有部分机器被毁坏;其他如色织厂、毛纺织厂、印染厂等,均因遭受严重破坏而停产。纺织机械工业的设备,除战前一部分转为军用拆运重庆外,未及拆迁的重型设备,都被日军查封盗走。到 1938 年 5 月,日本侵略者改变经济掠夺方式,由三井、三菱、大风等株式会社、商行开设粮行控制无锡米市。日军大肆搜劫大米,以致无锡米价不断上涨,不断激起了市民抢米风潮。同年 12 月间,又成立日伪惠民公司、华中蚕丝公司,以垄断苏浙皖三省的蚕丝生产与经营,并侵夺无锡 18 家丝厂,这样无锡蚕丝的生产经营便完全被纳入到了日本侵略者建立的殖民经济体系之中。对棉纺、面粉、榨油等行业的残存工厂,则采取委托经营、租赁等办法加以统制经营。1939 年 12 月,日伪华中铁道公司接管了锡澄长途汽车公司,实行交通一元化。同时,无锡的通讯命脉也完全被掌握在日人手中。1941 年日本实行棉花统制,将大部分棉花输往日本国内。总

---

①陈真:《中国近代工业史资料》,第 1 辑,科学出版社,1957 年,第 86 页。
②卞修跃:《日本侵华战争破坏了多少中国城市》,《新华澳报》(澳门),2005 年 7 月 6 日。

之,在沦陷期间,无锡的经济,特别是经过战前40年苦心经营的现代工业,绝大部分被日本侵略者摧毁殆尽。江苏省的另一个民族工业重镇南通,于1938年3月被日军占领,侵略者在南通野蛮地烧、杀、淫、掠,使南通人民陷入空前浩劫。著名的大生企业集团所属各工厂停产达两个月之久,后被迫与日本钟渊纺织株式会社"合作"。1943年才由汪伪政权发还,但生产能力大为下降。华东军事重镇徐州沦陷后,很快就建立起了汪伪统治机构"苏北行政专员公署"和"徐州市公署",以加紧对徐州地区的铁、煤等矿产和其他物质的掠夺。

浙江经过淞沪会战、宁绍战役和浙赣战役数役之后,杭州、嘉兴、湖州等工商业的城市均陷敌手,使浙江现代工业遭到了巨大的破坏,仅直接工业损失就达392亿元(法币)。战前浙江省各城市有110余家电力工业企业,但战争爆发后,大部分毁于战火,如嘉兴永明电气公司事务所的房屋即毁于战火,杭州电气公司在国民党军队退出杭城时曾将闸口新发电厂内的机器自动破坏了一部分,以防资敌。杭、嘉、湖地区沦陷后,华丰、民丰等大型造纸厂被日军强行霸占,耗资10万元筹建的温溪纸厂无法经营,一些勉强开工的纸厂也由于原料昂贵相继歇业。浙江的机械工业也同样损失巨大,规模较大的武林、大来、协昌、胡金兴、应镇昌等五家机器厂本来准备装箱运往四川,但只有一部分零件运到浙江尚未沦陷的地区,其余机器设备均落敌手。据当时浙江省政府主席黄绍估计,杭州搬到金华的工业设备仅及设备总数的1/10。经历了8年抗战之后,1945年浙江省的机械工业工厂只剩下了22家。丝绸业被破坏的情形更为严重,日本侵略者不仅使浙江的丝织业濒于覆灭的境地,也给广大的蚕农带来了无法挽回的损失,战前全省共有大小私人种场达105家,其中90%在战争中被摧毁,如杭州的西湖、萃盛、西溪、凤亭等种场,嘉兴的明明种场,都是规模较大的种场,均毁于战火。整个战争期间,浙江的桑园损失面积达170万亩,改良蚕种产量损失95万张,产茧量损失77万担,丝车损失4474台,茧行损失150家,产绸量损失250万匹①。

3. 日本对华中城市的破坏与掠夺

湖北武汉在近代为长江中游中心城市,自开埠以来,近代工业不断发展,成为近代中国工业重镇,有"东方芝加哥"之称。抗战爆发后,一度成为国家

---

① 袁成毅:《抗战时期浙江经济损失初探》,《杭州研究》,2008年,第1期。

政治、经济、文化中心,也是东部沿海工业西迁的目的地,但随着战火不断沿江上溯,使原迁至武汉的东部沿海工业和武汉本地工业不得不再一次踏上西迁之路。1938年5月武汉会战爆发,武汉工矿企业、居民区便成为了日军攻击的首要目标之一,战争给武汉造成了不可估量的损失。例如,1937年9月24日,日寇以硚口机场为轰炸目标,轮番轰炸,使武胜路一带房屋几乎全部破毁[1]。1938年8月,日军轰炸机在武汉投弹1100余枚,死伤市民3112人,损毁商店294家,民房1801栋。据统计,从1937年秋至1938年10月25日,日机共投弹4590余枚,炸死居民3389人,炸伤约5230人,毁坏建筑物4900多栋[2]。其中,汉口在抗战期间,"人口伤亡12120人,房屋损失7515栋,各项损失总金额计42344亿元,其中房屋损失总价为3076亿元,公用建设及事业损失1345亿元,金融业损失678亿元,工商业损失8203亿元,学校损失1248亿元,卫生设备损失110亿元,工业企业减少75%"[3]。武汉的工商业企业被彻底摧毁的达12%[4]。例如,武汉维新百货商店的大部分物资,染织布厂的远东电机,汉阳铁厂2500千瓦汽轮发电机及锅炉、机件、火砧共2000多吨物资设备,裕华纱厂的100余台布机和400余件原棉全被敌机炸毁。经此战火浩劫,武汉原有工业企业的57%内迁至川渝黔陕湘等地区,被日军轰炸损毁的企业共计12%,以及来不及拆迁而被主动破坏的部分企业,使得武汉历经七八十年艰辛创办发展起来的民族工业在短短的数月之内便损失了70%以上,且尽囊武汉近代工业之精华[5]。

大冶铁矿,在抗战前,年产量达50余万吨。武汉会战中因将"机件内迁,原矿稍有破坏,损失较重"[6]。1938年10月大冶铁矿落入敌手,11月,日军将铁矿委托给日本制铁株式会社经营,改称"大冶矿业所",强迫大冶铁厂提交全部矿山图纸和卷宗,将矿山附近27个村庄全部摧毁[7]。同时,日军还将矿

---

[1] 胡莲孙:《三镇房地丛谈之三》,《武汉春秋》,1983年,第5期,第59页。
[2] 黄永华:《日军侵占武汉罪行一斑》,《武汉春秋》,1982年,第5期。
[3] 《武汉市在抗战时各种损失简表》,1945年12月。
[4] 参见祝慈寿:《中国近代工业史》,重庆出版社,1989年,第881—885页。
[5] 皮明庥:《近代武汉城市史》,中国社会科学出版社,1993年,第492—493页,第497页。
[6] 陈真:《中国近代工业史资料》,第1辑,科学出版社,1957年,第79页。
[7] 黄石市政协文史委员会:《汉冶萍大事记》,湖北省政协文史委员会:《湖北文史资料》(汉冶萍公司与黄石史料专辑)(总第39辑)。

山库存的 6 万多吨矿石洗劫一空,运往日本①。在日据时期的 7 年间,日本侵略者共从大冶铁矿掠夺矿石高达 500 万吨②。

应城盐矿是华中地区重要的食盐产区,咸丰三年(1853 年)开始获准熬盐。至抗战爆发前,该矿每年盐产量都在 30 万担左右。1938 年 10 月,日军占领应城以后,鉴于食盐的重要地位,对应城盐矿实行严厉的统制管理。占领之初,为了防止食盐流出,日军强令各盐场一律熄火停业 70 余日③。为全面控制食盐生产和销售,日本占领军军部责令湖北伪政府颁布了《处理应城石膏公司办法》,勒令应城石膏公司停业,由日伪应城膏盐股份有限公司接管,实行官商合办,所产食盐由日伪当局统制销售。此外,日寇还极力掠夺湖北诸如金融、粮食、金属制品等各类战略物资,从而达到其所谓的"增产物资与供应物资",以"充实保卫东亚的力量"的罪恶目的④。

此外,在抗战期间,安徽、江西、湖南等省也遭到日寇破坏和掠夺,其中安徽近代工矿企业受损 5 家,损失 1389111 元;江西 2 家,损失 2720885 元⑤。湖南在长沙会战、常德战役中,长沙因战火付之一炬而成为空城一座,常德等城市则仅存废墟。

4. 日本对华南城市的破坏与掠夺

抗战时期,日本帝国主义通过战争手段和经济掠夺等方式,彻底地摧毁了以广州为核心的华南城市在数十年间积累起来的工业文明成果。抗战前,广东的现代工业发展达到了历史最高水平,以省营工业为主体的工业体系粗具规模,广州因之成为中国沿海重要的工业城市之一。日军在攻占广州期间,"因搬迁不及,致遭摧残,损失惨重"⑥。福建厦门在战前还有制肥皂、修船等工厂 21 家,经过抗战,仅存 3 家,5 家被日军收买或强占或改为制造军需用品,因战事延及,机器材料损失估计 500 余万元。战前原有商铺 5202 家,因战事停闭 1500 家,损失 60 万元。厦门在沦陷的 7 年间损失税收历年累计

---

① 湖北省地方志编纂委员会:《湖北省志·经济综述》,湖北人民出版社,1992 年,第 86 页。
② 华中钢铁公司:《华中钢铁公司关于日人劫夺大冶铁矿铁砂数量的调查》,湖北省档案馆:《汉冶萍公司档案史料选编》(下),中国社会科学出版社,1994 年。
③《应城县政府应城县抗战史料》,湖北省档案馆藏,案卷号:LS3—5—5485。
④ 徐旭阳:《抗日战争时期日本对湖北沦陷区经济掠夺述论》,《湖北第二师范学院学报》,2010 年,第 7 期。
⑤ 陈真:《中国近代工业史资料》,第 1 辑,科学出版社,1957 年,第 86 页。
⑥ 国民政府工商部广州辅导处编纂委员会编印:《两广工商经济特辑》,第 1 页。

至少在1000万元以上①。侵略军在占领华南地区最发达的珠江三角洲地区和潮汕地区后,立即对广东省营企业采取强占、拆迁乃至劫夺等政策。如广东省营工业中投资最多、规模最大的广东造纸厂,其设备与技术均从瑞典引进,为当时中国最先进的造纸厂,日本军占领该厂后,将该厂改建为日本海军军部军需制造厂,1940年5月,日本人又将该厂所有设备拆运至日本北海道重新设厂。华南机器行业中最大的民营企业协同机器总厂,在广东沦陷即被日军划拨给日商福大公司经营,其原有机器设备与贵重工具、材料也相继被日本人被洗劫一空,运回本土②。日军为了"攫取南方资源,以谋自给自足",还对华南地区昌江、崖县、陵水等地的铁矿实行掠夺性开采。仅田独铁矿在1939年至1944年间,被劫运的矿石就达2687689吨③。广东沿海钨矿储量比较丰富,日寇占领阴江南鹏岛后,日本三菱公司在1939年起至1945年5月,共开采钨矿1350吨。

不仅如此,日本侵略者还对大后方城市进行了疯狂的大轰炸,给重庆、成都、贵阳、西安等城市造成了极大的人员伤亡和大量的财产损失。

总之,在日本侵略者占据东北、华北、华东、华中、华南期间,垄断和控制了这些沦陷区城镇的大部分工矿企业,中国民族资本的新式工业和手工业遭到了严重的摧残和打击。特别是集中了中国民族工业企业总数60%的上海、天津、武汉、广州、无锡等五大城市,遭到了特别严重的破坏和摧残。据统计,从"七七事变"到1938年10月武汉失守,中国工业生产能力遭到重创,其中纱锭损失达70%,面粉产量损失达60%,火柴损失53%,缫丝损失50%,造纸、盐酸、制碱工业损失均在80%以上④;重工业中的电力、钢铁、机械、煤炭等也蒙受了巨大损失。为达到"以华制华"、"以战养战"的目的,日寇对沦陷区的各个产业通过"军管理"、"委任经营"、"中日合办"、"租赁"、"收买"等强制手段加以统制和劫掠。日军在沦陷区极力推行统制政策,凡属物质之移动,均须向日军申请,"持有许可证方准移动,否则予以严厉制裁。所受统制之物质,计有铁路材料、五金、棉花、木材、麻制品、皮、树胶、香油、羊毛、石炭、

---

①《厦门等7市县沦陷损失调查》,福建省档案馆藏:11.10.7355。
②赖正雄:《抗战时期日本对华南地区经济掠夺与统制的特点》,《江海学刊》,2004年,第1期。
③李琳:《日本占领海南及其对资源的开放和掠夺》,《海南大学学报》(社会科学版),1997年,第2期。
④许涤新:《现代中国经济教程》,光华书店,1948年,第32页。

药品、机械、米、麦、杂粮、面粉、煤油、罐头、纸料等,因是沪、厦、汕、粤等沦陷区内,各种物质价复再一番狂涨"①。日本通过各种手段,在沦陷区内对中国的纺织、煤矿、铁矿、电力、盐场、机器缫丝、造纸、水泥等行业的企业进行霸占,并占有这些工矿企业的大多数产品和利润②,使之成为奴役中国人民的资本,进而造成了中国中东部地区城市发展的严重衰退,给中国城市发展造成了巨大破坏性的影响。

第三节　抗战爆发与大后方城市化进程的加快

抗日战争全面爆发后,大后方③成为抵御日军侵略的坚强堡垒,各种资源向大后方集中,大后方城市聚集效应较战前明显增强,城市化进程明显加快。随着沦陷区的扩大和日军对华军事封锁的加剧,大后方成为一个相对独立的空间;由于西南、西北两个大市场的进一步融合以及多个区域中心城市的频繁互动,大后方城市体系逐步形成。在战争刺激下,一些中小城市获得了新的发展机会,成为大后方与外部往来的交通要道或门户,这显然有助于构建

---

① 《日军统制占领区物质》,福建省档案馆藏:1.5.1763,"物质"应为"物资",此处保留了档案原样。

② 祝慈寿:《中国近代工业史》,重庆出版社,1989年,第881—885页。

③ 大后方是相对于战争前线或沦陷区而言,关于抗战大后方的空间地域,目前并无统一界定。抗战时期,社会各界对大后方均有各自论述,其空间范围也各不相同。蒋介石曾在1937年作《国府迁渝与抗战前途》讲话时指出:"关于如何使国家转败而胜,转危为安,我个人总想不出一个比较可行的办法,只有忍辱待时,巩固后方,埋头苦干,但后来终于定下了抗日战争的根本计划。……到了二十四年进入四川,这才找到了真正可以持久抗战的后方,所以从那时起,就致力于实行抗战的准备。"(秦孝仪主编:《先总统蒋公思想言论总集》,第14卷,(台北)国民党中央党史委员会,1984年,第653页。)此后,蒋介石在多次讲话中将四川作为后方之根据地。1940年,著名学者陈长蘅在论及战时人口和后方建设时认为:"目前所谓后方,除已有一部分沦为战区之各省不计外,大致即西南的川黔滇康西藏与西北的陕甘宁青新疆外蒙各省区而言。"(陈长蘅:《论战时人口变动与后方建设》,《财政评论》,1940年,第1期,第44页。)1943年,经济部关于战时后方工业厂数资本工人及动力设备统计中提及的省份则包括川、康、黔、滇、桂、粤、闽、湘、赣、浙、苏、皖、陕、甘、青、宁、绥、鄂、豫、晋共20省。(《经济部统计处关于战时后方工业统计报告(1943年5月)》,《中华民国档案资料汇编》,第5辑,"财政经济(六)",第2编,江苏古籍出版社,1994年,第338—339页。)近来,学者潘洵在论及大后方的内涵与外延时认为大后方的空间界定应分层次来看:重庆、四川为大后方的核心地区,云南、贵州、广西、西康、陕西、甘肃、宁夏、青海为大后方的拓展地区,其他国民党控制区域为大后方的拓展地区。(潘洵:《论抗战大后方战略地位的形成与演变——兼论"抗战大后方"的内涵与外延》,《西南大学学报》(社会科学版),2012年,第2期,第12页。)本书所谈之大后方介于狭义与广义之间,其核心层主要是指当时西南地区的四川(包括重庆)、云南、贵州、西康等省份,同时兼及广西、陕西、甘肃、湖北、湖南的部分地区。

大后方多层级的城市空间网络。应该承认,抗战大后方城市的畸形繁荣具有很强的阶段性和暂时性,是战时社会发展的表现。但正是因为抗战时期东中部的各种经济要素和社会要素以及各种资源聚集于西部,由此推动了西部城市化的大发展,故而对20世纪下半叶西部地区的城市化、工业化和现代化都产生了深刻的影响。

一、大后方城市发展资源的激增

城市发展资源通常包括自然资源和社会资源。自然资源是一个地区自然环境中存在的通过开发可以利用的资源,比如矿产资源、水利资源等;社会资源常常与人的活动有关,是社会发展过程中产生的与政策、科技、文化、人力等方面相关的资源,如资本资源、历史资源等。资源对城市的发展起着至关重要的作用。抗战时期,大后方城市发展资源激增,对这一区域的城市化进程产生了深远影响。

(一)大后方城市发展政治资源的激增

政治资源是一种与国家权力或政治运作密切相关的资源。美国著名政治学家罗伯特·A.达尔认为,政治资源是政治过程的参与者可用于影响他人行为的手段。采用何种政治影响力和形式意味着会有怎样的政治生活方式,因而具有不可忽略的道德意义和实际意义[①]。在近代中国,国家命运时常处于一个内忧外患的特殊时期,政府必须因时调整发展战略和配置各种资源。地区发展所仰赖的政治资源也由此与国家命运紧密相连。

早在南京国民政府成立之初,中国西部地区的发展就变成为重要的政治战略问题受到较大关注。1928年,南京国民政府确立了"开发西北、建设西北"的方针,并派出西北科学考察团、西北实业考察团等进行实际考察。1930年,国民政府又制定了《开发西北计划》,对西北的开发进行了整体规划。1931年5月,国民会议第七次大会通过了《开发西北办理工赈,以谋建设而救灾黎案》等,确定了"以工代赈"的开发计划[②]。"九一八事变"之后,国民政

[①] [美]罗伯特·A.达尔著,王沪宁、陈峰译:《现代政治分析》,"序",上海译文出版社,1987年,第4页。
[②] 马振犊:《宋子文与"西部开发"》,吴景平主编:《宋子文生平与资料文献研究》,复旦大学出版社,2010年,第96页。

府便开始从国家安全战略上思考东西部城市发展与经济开发问题。除了定西安为陪都,改名西京,以洛阳为行都外,国民政府还在西北建设上给予政治倾斜。1931年10月3日,蒋介石在与熊式辉商谈备战计划时认为:无论和与战,西北实为政府的第二根据地①。1932年12月,国民党四届三中全会通过了《边疆建设决议案》,决定设立西北拓植委员会。在国家政策引导下,社会各界对西北的关注度也明显加强,相关团体纷纷成立,诸如开发西北协会、中国边疆协会、西北问题研究会、新西北社等组织有37家之多②。以开发西北协会为例,该组织于1933年成立于南京,以傅作义、邵力子为名誉理事,戴任为理事长。他们都热衷于西北建设。国民党元老张继在该会所属刊物《开发西北》的创刊号上发文称:"开发西北,才能恢复这颓废的中国民族。"③应该说,"九一八事变"后,出于国家安全与发展战略的考虑,西北地区一度成为国人关注的焦点。1933年,担任河南省建设厅厅长的张静愚感叹:"'九一八'的丧钟,警醒了国人的迷梦!'一·二八'的炮声,震骇着各个的心灵!大家都感觉口号标语之不足以救国了,于是才转换方向,走向实际救国之路,大声疾呼地到农村去,到西北去!一向被人遗弃的西北,倒是才遭际时会,引起国人的重视;不断的贵重足迹,源源的践履到广漠的中土来。"④1933年5月,宋子文到陕、甘、宁视察时讲:"西北的建设,不是一个地方问题,是整个国家的问题,现在沿江沿海各省,已经在侵略者炮火之下,我们应当注意中华民族发源地的西北,赶快注重建设。"⑤可以看出,在20世纪30年代初,建设西北已是国民政府上下认同的政治策略,它具有很强的战略指导意义。

随着西南局势以及华北情形的变化,国民政府在选择战略腹地这一问题上也有了一些微妙的转变。1933年8月17日,蒋介石在日记中说:"大战未

---

① 《蒋介石日记》(手稿本),1931年9月26日,转引自杨天石:《寻找真实的蒋介石》(上),山西人民出版社,2008年,第201页。
② 秋浦:《蒋介石"开发西北"大梦的夭折(上)》,《中国档案报》,2012年7月12日,第3版。
③ 张继:《开发西北问题》,《开发西北》,1934年,第1期,第4页。
④ 《河南省建设厅张厅长叙文》,张人鉴著:《开发西北实业计划》,北平作者书店,1934年,第2页。
⑤ 宋子文:《西北建设问题》,秦孝仪主编:《革命文献》,第88辑,中央文物供应社,1982年,第103页。

起之前,如何掩护准备,使敌不加注意,其惟经营西北与四川乎!"①显然,此时在蒋介石心中,四川的战略意义已经显现,但仍位于西北之后。然而,1934年10月15日,蒋介石在西安又讲:"近几年来,陕西无论在政治方面、军事方面、经济方面以及学术文化方面,都有相当的进步,但是依现在的程度,仍旧不能达到预期的标准,不足以担负复兴民族的责任。"②由此可见,1934年蒋介石对西北地区作为战略腹地已产生了较大的失望情绪,以四川为主体的西南地区的地位由此开始凸显。1935年7月,蒋介石指出:"对倭应以长江以南与平汉线以西地区为主要阵线,而以川黔陕三省为核心,甘滇为后方。"③由此可见,西南地区此时已被蒋介石确定为战略之核心,而西北之陕甘两省仍在兼顾之中。同年8月,蒋介石再次强调:"我们川滇黔三省在革命史上有最光荣的历史,居最重要的地位,实为我们国家和民族托命之所与复兴之基。因为四川既为革命的发祥地,就应该做革命永久的根据地,革命之花,既由四川而放,亦要由四川来收革命最后成功之果,彻始彻终完成革命的使命。"④如此看来,到1935年,蒋介石已经基本确定了以四川为中心的西南为今后国家之战略腹地。

1937年7月7日,卢沟桥事变爆发,中日全面战争开始。蒋介石在庐山发表讲话后,国共合作御敌进入实质阶段。然而,面对日军有准备地疯狂进攻,国民政府在正面战场的抵抗并没有产生明显的效果。淞沪会战爆发后,鉴于日益严峻的形势,国民政府开始筹划从南京后撤。1937年11月20日,国民政府正式宣布迁往重庆,军事指挥仍固守于武汉、长沙、衡阳一线。尽管国民政府并没有立即宣布重庆为陪都,但以重庆为中心的大后方实际上已经形成。大后方的城市发展也由此获得了巨大的政治资源。

首先表现为国家主要机构迁至重庆,大后方形成了以重庆为中心的行政体系,由此带来了大后方政治格局的变化。国民政府主席林森于1937年11

---

① 《蒋介石日记》(手稿本),1933年8月17日,转引自杨天石:《蒋氏密档与蒋介石真相》,社会科学文献出版社,2002年,第401页。
② 《先总统蒋公思想言论总集·演讲》,第12卷,(台北)国民党中央党史委员会,1984年,第573页。
③ 薛光前:《八年对日战争中之国民政府》,(台北)商务印书馆,1978年,第59页。
④ 《先总统蒋公思想言论总集·演讲》,第13卷,(台北)国民党中央党史委员会,1984年,第349页。

月17日率领大批政府官员由南京出发,西迁重庆。同月20日,林森在武汉发表《国民政府移驻重庆宣言》。之后,国民政府各级官员陆续抵达重庆。12月1日,行政院通令各省市政府,表示移渝办公。12月6日,国民党中央执行委员、监察委员会通告各级党部,开始在重庆办公。到1938年春,政府主要部门、民间团体、新闻单位以及不少外国驻华使馆均迁驻重庆。国民政府所属中央行政部门的办公机构,集中迁建于重庆新市区的上清寺、曾家岩及大溪沟、罗家湾约两平方公里的地界内[①]。1938年冬,以蒋介石为首的国民政府军事委员会全部迁撤至重庆,使得重庆成为战时大后方的政治、军事中心。在1939年5月5日,重庆升格为行政院辖市之前,重庆作为四川省属地方城市为国民政府中央机构提供了办公场所,绝大多数政令军令均从这里发出,重庆成为名副其实的战时首都。1940年9月6日,重庆被定为陪都,其在大后方的行政中心地位进一步巩固。

其次表现为国民政府迁都重庆后对大后方的行政区划与建制作了一些调整,以便于地区管理和开发。例如1939年1月1日,撤西康建省委员会,正式成立西康省,以康定为省会。1939年5月重庆为院辖市后,扩大市区,将巴县的沙坪坝、磁器口、小龙坎、歌乐山、石桥场、九龙铺、黄桷垭、唐家沱、寸滩、相国寺等地区划入重庆。1939年9月1日,正式建置自贡市。至此,四川范围内设有院辖市重庆,省辖市成都、自贡,另有18个行政督察区和135个县[②]。1942年3月,四川嘉陵江三峡实验区改置北碚管理局,"照一等县设置,组织和权责与一般县政府相同"[③]。1941年7月,贵阳正式成为建制市[④]。1943年3月,西安改隶于陕西省辖[⑤]。

除了行政区划与建制的变动外,抗战时期国民政府还在大后方完善行政督察公署制,推行新县制,进一步强化了中央对地方的行政领导。行政督察专员公署既是省政府的派出机构,代表省政府督察所属各县,又是一级地方

[①] 张弓、牟之先:《国民政府重庆陪都史》,西南师范大学出版社,1993年,第17页。
[②] 蒲孝荣:《四川政区沿革与治地今释》,四川人民出版社,1986年,第508页。
[③] 重庆市地方志编纂委员会:《重庆市志》,第1卷,四川大学出版社,1992年,第753页。
[④] 傅林祥、郑宝恒著:《中国行政区划通史·中华民国卷》,复旦大学出版社,2007年,第324页。
[⑤] 1932年1月,国民党中央决定以陕西县为陪都,定名西京,直隶行政院,但仅设筹备委员会,并未成立市政府。1943年3月,陕西省政府呈准设立西安市,由该省政府管辖。1947年6月,西安又被升格为院辖市。参看郑宝恒著:《民国时期政区沿革》,湖北教育出版社,2000年,第604页。

行政机构。在四川,自刘湘统一川政后,中央权力开始逐步向地方渗透。1936年4月后,四川就设立了18个行政督察专署①。抗战时期,因西康省的成立,部分行政督察专署有所变化。1938年,青海被划为7个行政督察区,次年又改划为6区,在离省会西宁较远的第五、六、七区设立行政督察专署②。1938年,云南省将16个政务视察区改为行政督察区,并于各区设置行政督察专员公署③。新县制则从1939年开始谋划,是国民政府在抗战时期实施的一项县级基层治理措施,有助于加强政府对大后方的统治。1940年起,普遍实施新县制的有川、甘、滇、湘、桂、闽、浙、皖、赣等10省。1943年,共有19个省1153个县市推行新县制④。

另外,还表现为抗战时期大后方聚集了大量行政管理专门人才,从事市政治理,取得了一定成效。以重庆为例,抗战爆发初期,李宏锟、贺国光均担任过市长,李、贺为军旅出身,对市政建设相对不熟悉。但之后的吴国桢则是留美学者,曾担任汉口特别市市长,在经济学、市政建设等方面多有建树,是专门的市政管理人才。吴国桢就任重庆市长期间,对重庆市政建设产生了较大影响,"在推行市政机关的行政效率方面,颇具成效"⑤。又如抗战初期担任成都市市长的杨全宇,曾留学德国,在发展战时成都教育事业、治理米价等方面均发挥了一定的积极作用⑥。1942年1月,陕西省为促进西安建设,专门成立了西安市政处,由刘楚才任处长,后有黄觉非、蒋智焕等继任,对战时西安市政建设产生了较大影响⑦。当然,抗战时期的大后方仍然处于一个军事斗争十分紧张的大环境中,市政建设也要服从军事需要,地方政府由军事官员主持事务的也不少见。

(二)大后方城市发展经济资源的激增

经济资源是经济体系中各种经济物品、条件的总称,具有稀缺性和有用性。经济资源的种类较多,这里主要是指用于促进抗战大后方发展的物资资

---

① 匡珊吉、杨光彦主编:《四川军阀史》,四川人民出版社,1991年,第454页。
② 傅林祥、郑宝恒著:《中国行政区划通史·中华民国卷》,复旦大学出版社,2007年,第429页。
③ 云南省地方志编纂委员会编:《云南省志·地理志》,卷一,云南人民出版社,1998年,第110页。
④ 张皓著:《中国现代政治制度史》,北京师范大学出版社,2004年,第220页。
⑤ 郑洪泉主编:《重庆古今风云人物》,重庆大学出版社,1989年,第301页。
⑥ 《西充文史资料选辑》,第7辑,西充县文史资料研究委员会,1988年,第60—61页。
⑦ 西安市地方志编纂委员会:《西安市志·政治·军事》,第5卷,西安出版社,2003年,第340页。

源,它包括本地物资资源和外来内迁物资资源。本地经济资源多是大后方原有的自然经济条件与经济基础,外来内迁经济资源多是因抗战全面爆发后由东中部地区内迁至大后方的各类工矿企业、金融和商业资本。

1. 本地经济资源

大后方地区的经济资源以农副业资源和自然资源为主,非常丰富。

(1)农副业资源。大后方的各省区有着丰富的自然资源,其中农副业资源是最为传统、最基础的资源,对支撑抗战经济发展发挥了极其重要的作用。以成都平原为例,这里"川流交错,田畴弥望,不特为四川盆地最宽广之平原,亦且为我国农业经济要区之一"①。1942年茅盾曾在一篇散文中记述道:"成都平原人口的密度,大概不下于扬子江三角洲罢。但有胜于扬子江三角洲者,即这里几乎没有让一寸土闲起来。稻、麦、甘蔗、菜蔬、竹林,连着一片又一片。甚至公路路基的斜坡上也都[被]种上的菜蔬、黄花和蝶形的白花点缀得满满的。甚至田埂上两个的斜面,也都挺立着一簇一簇的蚕豆。"②除了食用农作物外,四川的经济农作物种植也十分发达。以桐树为例,抗战时期四川62县,遍布于扬子江、嘉陵江、乌江、沱江等流域,均有桐树种植,故桐油产量也十分巨大,为全国之首③。事实上,四川早在千多年前就被誉为"天府之国",其后一直保持这一美誉并广为流传,之所以称为"天府之国"大抵也是因为其农业生产较为发达,物产富饶的缘故。近代著名地理学家胡焕庸称:四川"物产种类之多,国内任何省区所不及"④。民国时期著名的农业经济学家在描述抗战初期的四川农业时讲道:"南京沦陷以后,少数人士由下江入川,所感觉者只是四川物产丰富,价格奇廉,以故彼等生活享受,非常优裕,中资或中薪以上者,每餐杂鱼柑橘柚子等更是无限制购食,未尝间断。"⑤所谓"无限制购食,未尝间断"也许有夸大之嫌,但也说明当时四川农作物资源的丰富让不少"下江人"都觉得十分惊奇。

不独四川如此,云南也因气候宜人,土地相对肥沃,适合农作物生长,农业也较为发达,特产也较为丰富。近代农学家汤惠荪曾说:"滇省气候,有'四

---

① 周立三:《成都平原东北部农业地理》,《地理》,1942年,第3—4期,第29页。
② 茅盾:《"天府之国"的意义》,《青年生活》,1942年,第6期,第38页。
③ 《西南资源与经济建设》,《经济研究》,1939年,第1期,第15页。
④ 胡焕庸编著:《四川地理》,正中书局,1938年,第10页。
⑤ 董时进:《抗战以来四川之农业》,《四川经济季刊》,1943年,第1期,第48页。

季皆是春,一雨便成秋'之谚,海拔二千公尺之土地,在他省不能树艺五谷者,在滇省且为果蔬棉蔗之名产地。宝川大理之农田,均在海拔二千公尺左右之高原,而其地有所谓'五发田'者,于同一农地,每季种植五种作物,可见其生产力之优越矣。"①西南地区各省还盛产数量甚巨的茶叶、蚕丝、药材、柑橘等;至于鹿角、虫草等珍稀产品也十分有名,远销各地,成为当地经济收入的一项重要来源。

(2)盐业资源。盐是人们日常生活的必需物资,除了食用外,还广泛用于医疗、工业领域。特别是抗战全面爆发后,沿海地区纷纷沦陷,海盐生产和供应受阻,大后方的盐业在抗战时期也就具有重要的战略意义。盐业资源在大后方主要是井盐、池盐、矿盐和土盐,分布在四川、云南、青海、甘肃、宁夏等地。四川产盐有川南、川东、川北三大区域,抗战爆发前川南有富荣东、富荣西、邓关、犍为、乐山、云阳、大宁、井仁、资中、盐源、彭水等盐场,川东有开县、奉节、忠县、大足和万县等盐场,川北有射蓬、简阳、南阆、乐至、三台、蓬中、蓬遂、绵阳、射洪、南盐、西盐和中江等盐场。川盐"每年供食之人口,达数千万,而直接间接赖以为生者,不下数百万人。其运销地域达川、陕、湘、鄂、滇、黔六省,对于交通及聚落,尤有显著之影响"②。云南也是著名的井盐产区,抗战爆发前有黑井、琅井、元兴井、永济井、阿陋井、白井、乔后井、喇鸡鸣井、云龙诺邓井、云龙天耳井、云龙大井、云龙石门井、磨黑井、石膏井、按板井、香盐井和益香井等17个井场。川滇两省共有45个井盐盐场③。在西北地区,青海、甘肃、宁夏为池盐主要产区,同时也产井盐、土盐。"甘肃产地,凡十有五区,其中池盐十二区,井盐二区,土盐一区;宁夏产地,凡四大区,皆为池盐;青海产地凡二区,皆池盐。"④应该说,西南、西北构成了当时我国除海盐外的主要产盐区域,这对满足抗战需求有着重要作用。据统计,1937年时,全国产盐42662千市担,其中四川、云南、西北分别为7138千市担、959千市担、649千市担,三者占全国总量的约20.5%;而1941年时,沿海地区大部沦陷,全国盐产量共19170千市担,此时四川、云南、西北产盐仍保持在较高水平,分别为

---

① 汤惠苏:《西南各省之土地利用与农业问题》,《地政月刊》,1936年,第4—6期,第810页。
② 林超、陈泗桥:《四川盐业地理》,《地理》,1945年,第1—2期合刊,第1页。
③ 于长清、唐仁粤主编:《中国盐业史》,"近代、当代编",人民出版社,1997年,第106页。
④ 田秋野、周维亮编:《中华盐业史》,(台北)商务印书馆,1979年,第456页。

9877千市担、1199千市担、2049千市担,占总量的约68.5%[①]。由此不难看出,抗战时期大后方的盐业产量已占据全国总产量的近七成,这正是该地区盐业资源开发的表现。

(3)矿产资源。矿产资源是工业生产的基础,也对军需物资有着重要影响。矿产在西南、西北各省的储藏量也十分丰富。"矿产区域之划分,以金属矿之与火成岩有关者为主体,若煤石油石盐等矿床,则因分布广泛,……仅载数个特别明显之区域,若陕北盆地四川盆地等□备一格而已。"[②]"四川天然富藏极厚,大部未经动用。矿藏之中,有金、银、铜、盐、铁及煤油。"[③]"贵州久以产水银著称。"[④]云南也是矿藏储量十分丰富的地区,"金属矿有金、银、铜、铁、锡、铅、锌、锑、钨、铋、锰、铝、汞等十余种;非金属矿有砒、煤、岩盐、硫磺、石膏、硝石、石棉、瓷土、宝石、大理等十余种。矿区之分布极广,境内各县,无县无矿,每县最少一种,且有多至十余种者"[⑤]。《云南矿产志略》称:"云南境内矿产,种类之多,产额之盛,可称为国内本部各省中之最丰伟者焉。而尤以铜锡银铅锌诸矿,希望之大,可冠全国各省。"[⑥]近代著名地质学家、矿业学家孟宪民也指出:"滇省之铜矿床,分布特广,厂铜遍布,不胜枚举。……滇省之铅、锌、银矿产分布甚广,几遍全省。……滇省锡矿产量,占全国百分之九十强。"[⑦]

在西北地区,石油、煤矿以及铁、金、银、铜、铅等矿产均储存较丰富。例如在陕西"关中区(渭北一带)富于煤矿,汉南金属较多,陕北广布石油"[⑧]。具体来讲,"金属矿有金、铁、铜、铅、锰等项,其中以金和铁产量较丰。非金属矿有石炭、石油、石棉、石墨、石膏、土硝、土盐、土碱、硫磺等项,尤以石炭之产量最巨"[⑨]。在甘肃,铁矿储量总计约12627270吨,"主要产铁区域偏东南部

[①]相关统计出自《各区盐产量1937~1946》,《统计月报》,1947年,第113—114期,第28—29页。此表从1940年开始将四川盐产量分解为川康、川东、川北三区,故在统计分析时作了加法处理。
[②]谢家荣:《中国之矿产时代及矿产区域》,《地质论评》,1936年,第1—6期,第376页。
[③]《西南资源与经济建设》,《经济研究》,1939年,第1期,第2页。
[④]侯德封编:《中国矿业纪要(民国二十一年至二十三年)》,实业部地质调查所、国立北平研究院地质学研究所,1935年,第569页。
[⑤]中国国民经济研究所:《云南之金属矿产》,《西南实业通讯》,1942年,第1期,第29页。
[⑥]朱熙人等:《云南矿产志略》,国立云南大学发行,1940年,第1页。
[⑦]孟宪民:《云南矿产种类述略》,《地质评论》,1937年,第3期,第248—250页。
[⑧]雷宝华:《陕西省矿产之分布与矿业之概况》,《开发西北》,1935年,第5期,第33页。
[⑨]黎小苏:《陕西之矿产》,《陕行汇刊》,1944年,第4期,第59页。

分,储量既富,品质亦佳,含铁成分平均在百分之五十左右"①。甘肃煤炭储量也较为丰富,"仅次晋陕川豫各省,居全国第五位"②。新疆的矿产储藏量也十分巨大,"可称世界利薮,凡金、银、铜、铁、石油、煤矿等,几无不俱有"③。以石油来看,"新疆油田分布之广,蕴藏之富,不仅为吾国经济上一大富源,即在世界之石油生产上,亦可占一重要地位"④。毫无疑问,丰富的矿产资源是战时常规工业和军事特殊工业发展的前提,也对战时大后方城市经济发展产生了重要影响。

（4）水资源。水资源是人类生存的基础,也是城市发展的重要条件。古往今来,但凡城市兴盛、人群聚集的地方,必然有较充足的水资源。在大后方,尤其是西南诸省河流密布,且下降坡度明显,这既有助于水资源的开发利用,同时也促进了抗战时期该地区的城市发展。

西南地区位于长江上游,以长江为主干,辅以嘉陵江、沱江、乌江、岷江、大渡河、涪江、渠江等支流,加之边境地区的澜沧江、怒江、元江等,共同构成了一个庞大的水系。近人傅崇矩记载:"四川虽属山国,而成都实为泽国,因江河贯通,水利溥及也。水源皆发于岷山,或资灌溉,或利舟楫。沱江则通简州、资州,以达泸州之大江。锦江则通眉州、嘉定、叙州、泸州、重庆、忠州、夔州,出巫峡而达长江,直趋于海。"⑤傅崇矩的记述表明了江河对成都平原经济发展的重要作用。四川的另一个重镇重庆,则位于长江与嘉陵江交汇处,境内有涪江、渠江、乌江流过,这对其发挥地区贸易集散中心的作用产生了重要影响。事实上,西南地区分布十分广泛的河流,不仅可以用于灌溉、运输,而且还能用于水电开发。20世纪40年代初,国民政府资源委员会电业处就开始拟订全国水力开发概要,并列出计划总表。美国水利专家萨凡奇也在这一时期受邀考察三峡,商议筹建水坝。⑥ 国民政府官员蒋君章在抗战时期也指出:"西南水力,蕴量既多,而又便于利用,可以说是无尽的宝藏。"⑦

---

① 黎小苏:《甘肃的铁矿》,《西北通讯》,1948年,第2期,第17页。
② 阎锡珍:《甘肃矿产资源概述》,《甘肃贸易季刊》,1943年,第2—3期,第38页。
③ 《新疆矿产蕴藏极丰富》,《西北导报》,1937年,第5期,第23页。
④ 张作民:《新疆之矿产》,《西北通讯》,1948年,第4期,第17页。
⑤ 傅崇矩编:《成都通览》,上册,巴蜀书社,1987年,第8页。
⑥ 曾照鉴译:《访萨凡奇先生》,《新世界月刊》,1947年,第2期,第25—27页。
⑦ 蒋君章编著:《西南经济地理纲要》,正中书局,1943年,第26页。

西北地区的水资源虽然不如西南丰富，但可利用者也甚多。"西北河流水势湍急，蕴藏之水力极富，最宜于利用发电。"计有壶口、太寅、大小口头、寒门、黄金峡、汉江干流、汉江支流、红石崖、刘家峡、牛皮峡、享堂、大小峡、老鸦峡、茅笼峡、青铜峡、红山峡、黑山峡、曹家浪、泾惠渠跌水、渭惠渠跌水、洛惠渠跌水、黑惠渠跌水、褒惠渠跌水、织女渠跌水、梅惠渠跌水、汉惠渠跌水、秦岭以南各谷、秦岭以北各谷、昆仑山冰川、天山冰川、祁连山冰川、马沁雪山冰川等32处水力可用，水力总量达到14839500匹马力[1]。

事实上，大后方本身存在的自然物质基础与经济条件，还远不止上述几大类，这里所举仅为当时最直接、最重要的经济资源。另外需要说明的是，在近代工业、城市化和现代化的推动下，大后方的一些地区在机器工矿企业、金融业和现代商业方面都有所发展，但这种发展与当时中国沿海地区的生产发展水平相比较，还显得比较低下。因此，抗战爆发前，大后方的工业生产以及经济资源的开发利用都还较为落后。

2. 内迁经济资源

抗战爆发前后，东中部地区的经济资源开始向大后方转移，既有物质方面的资源，也有人力方面的资源，从而为大后方城市的发展提供了极为重要的战略资源，有力地推动了大后方城市的发展。

(1) 工矿企业等物质资源。工矿企业内迁是我国抗战时期工业发展中具有重要历史影响的事件，它一方面减少了因战争带来的工业损失，另一方面又为大后方工业的发展提供了新机遇。众所周知，近代中国工业的布局是极其不均衡的，东部沿海地区受西方势力影响较大，其工业化进程远远快于内地。抗战全面爆发前，西南、西北地区的工业基础十分薄弱。据相关研究显示，1937年，上海一市就有大小工厂5481家，占全国工厂总数的30%以上，整个东南沿海地区则占了76%，西南、西北地区所占不到10%[2]。抗战全面爆发后，上海局势十分危急，以颜耀秋、胡厥文等为代表的一批实业家开始筹划迁厂。与此同时，国民政府资源委员会也将工厂内迁纳入议事日程。资源委员会还成立专门工作组赴上海调研和督促迁厂事宜。至此，以上海、武汉

---

[1] 黎小苏：《西北的水力资源》，《陕行汇刊》，1944年，第6期，第26—28页。
[2] 李世平主编：《中国现代史纲》，中央广播电视大学出版社，1993年，第402页。

为中心、由东至西的工业内迁全面展开。

工业内迁的方向与军事斗争的形势密切相关,有经历武汉、宜昌至重庆和成都者,也有经武汉、长沙至贵阳、桂林和昆明者,也有从广州迁至昆明者,但无论结果如何,抗战时期的工业内迁实为中国工业史上的一次壮举。有关工业内迁厂矿的具体数据,至今仍然没有统一的说法。翁文灏1945年所作的报告显示:"综计经政府促助内迁之厂矿,共达448家,……其地域分布,四川占百分之五十四点六七,湖南占百分之二十九点二,陕西占百分之五点九,广西占百分之五点一一。"[1]翁文灏的数据引自1941年工矿调整处编制的《内迁厂矿数累计表(按内迁复工设厂地区分类)》[2]。然而,具体负责内迁事宜的林继庸在回忆录中说:"这次迁移,除却闽浙两省未得确实统计及国营工厂不列外,计经协助迁入的民营厂矿共452家,物资达12万吨。"[3]林继庸认为民营内迁厂矿即有452家,并未计算国营内迁企业数量及由福建、浙江内迁的民营企业数量,故内迁至大后方之各类企业数量远不止四五百家。这些内迁的企业,分布在四川、湖南、云南、贵州、广西、陕西、西康等省份。其中,尤以四川以及战时国民政府所在地重庆的工厂数量最多,不少工厂为与国家战略紧密相关的兵工、机械企业,这在很大程度上改变了近代中国的工业布局。内迁工厂迅速恢复生产,促进了当地的工业发展,对大后方的经济发展是一次"充血"式的资源补给,大后方的城市化也受此影响深远。

(2)金融机构及其资本等特殊经济资源。与工业内迁相比,金融资本内迁是抗战时期经济领域的一种非物质的大迁徙。在战争局势的影响下,国民政府主要金融机构、财团以及一些地方信贷机构纷纷内迁。以重庆为例,截至1941年12月31日,总部设在重庆的银行有18家,资本总额达到456000000元。其中,因抗战将总部由境外迁入重庆的有中央银行、中国银行、交通银行、中国农民银行、山西裕华银行5家,其余为重庆原有或战时新建,但迁入的5家银行资本总额为403000000元,占全部银行总资本的约

---

[1] 章伯锋、庄建平主编:《抗日战争·国民政府与大后方经济》,第5卷,四川大学出版社,1997年,第232—233页。
[2] 黄立人:《抗日战争时期工厂内迁的考察》,《历史研究》,1994年,第4期,第128页。
[3] 张朋园等:《林继庸先生访问记录》,(台北)中央研究院近代史研究所编印,1983年,第137页。

88.38%①。由此可见,迁入银行的金融资本总量远远高于本地银行资本总量,故迁入银行对地区金融的影响是显而易见的。在云南,亦是如此。抗战爆发前,中央银行、中国农民银行、交通银行、中国银行、国家邮政储蓄金汇业局、中央信托局等国家金融机构均未在云南设立分支机构,抗战爆发后各中央金融机构在云南纷纷设立分支机构,同时又有金城银行、上海商业储蓄银行、广东省银行、上海信托股份有限公司、山西裕华银行、大同银行等省级银行在云南开设分行或办事处②。在国民政府的推行下,大后方的各个省区的金融设施与布局都得到不同程度的完善。据1945年8月统计,抗战时期西南、西北十省共有总行319家,占全国总行总数的76.7%,分支行有1686处,占分支行总数的65.7%③。不言而喻,战时大后方金融机构的设立、发展与东中部金融机构的内迁和国民政府战时金融政策不无关系,这为地区金融网络建设奠定了基础,同时也促进了当地金融融资、投资工作的开展。

  抗战时期,影响大后方金融资本发展的另一个重要历史现象是四联总处的内迁及改组。四联总处在1937年8月成立,后随国民政府机构内迁至重庆。此时,四联总处积极稳定金融市场,举办联合贴放业务,采取各种融资办法,扶持企业恢复生产。1939年9月后,四联总处开始改组,至抗战结束前,共经历两次改组。通过改组,四联总处加强了对国家金融资本的管控,使得中央银行的金融调节职能得到凸显④。应该承认,四联总处在战时融资、定向借贷以及其他金融业务方面发挥了极为重要的作用。以1941—1942年度为例,由国库拨款、四行投资、四行贷款等方式配给重工业的资金就达1.7亿元,占同期重工业贷款总额的83.5%⑤。而在四联总处的管控下,大后方的金融机构对社会资本的融资力度也进一步加大,"中中交农四行及中信、邮汇两局,吸收储蓄数额截至三十三年12月底止,为1532970余万元。在运用黄

---

  ①根据《中华民国战时首都档案文献》中的统计计算而成。详见郑洪泉、黄立人主编:《中华民国战时首都档案文献·战时金融》,第5卷,重庆出版社,2008年,第54页。
  ②夏强疆:《云南金融业的繁荣期》,中国人民政治协商会议西南地区文史资料协作会议编:《抗战时期西南的金融》,西南师范大学出版社,1994年,第13—24页。
  ③谭熙鸿:《十年来之中国经济》,中华书局,1947年,第147页。
  ④王红曼著:《四联总处与战时西南地区经济》,复旦大学出版社,2011年,第33—36页。
  ⑤许纪霖、陈达凯主编:《中国现代化史(1800—1949)》,第1卷,学林出版社,2006年,第471—472页。

金方面,截至三十四年3月底止,计收回法币达4432130余万元"①。当然,随着抗战后期通货膨胀的加剧,国民政府的融资和放贷政策也有所变化,这对大后方的经济发展产生了较大影响。

(3)劳动力资源。全面抗战爆发后,东中部地区逐步沦陷,人口大量内迁,使得大后方城市人口激增。例如上海及其周边地区,在国民政府西迁后,民众纷纷向西迁徙,常熟、苏州、无锡、常州、镇江等城市由原来数十万人锐减至几万人②。事实上,抗战时期人口内迁的地区不仅限于江南,在东北、华北、华东、华南以及中部地区,因为战争导致的人口西迁也是十分广泛的。人口西迁使得大后方城市人口爆炸式增长,战时人口西迁在对大后方城市发展带来了极大压力的同时,也为大后方城市产业发展带来了充足的劳动力,尤其是一批懂得新技术、新知识的劳动力,成为大后方经济发展的新力量。据相关研究来看,抗战初期,沿海沿江有大约600余家工厂向西南、西北迁移,同时也有成千上万的企业家、企业管理人员、科技人员、技术工人随之一同内迁③。另据翁文灏的报告显示,抗战期间共内迁机器材料70900吨,技工12080人④。另有林建曾的研究显示,内迁的技术人才大致可以分为三类:一类是随厂矿内迁的技术工人,一类是专业技术人员,一类是各种专业科技人员;其中第一类内迁人数在1940年底估计约2万人,第二类当有6000人左右,第三类近8000人⑤。显然,上述统计与研究,都只能展示抗战时期内迁技术人员的局部,何况大量商业经营、管理者以及金融从业人士的内迁并没有列入统计之中。总之,内迁技术人员作为大后方劳动力资源的核心,为大后方城市经济发展做出的贡献是不可忽视的。

---

① 章伯锋、庄建平主编:《抗日战争·国民政府与大后方经济》,第5卷,四川大学出版社,1997年,第98页。
② 张根福著:《抗战时期的人口迁移——兼论对西部开发的影响》,光明日报出版社,2006年,第42页。
③ 何一民:《抗战时期人口"西进运动"与西南城市的发展》,《社会科学研究》,1996年,第3期,第100页。
④ 章伯锋、庄建平主编:《抗日战争·国民政府与大后方经济》,第5卷,四川大学出版社,1997年,第232页。
⑤ 林建曾:《一次异常的工业化空间传动——抗日战争时期厂矿内迁的客观作用》,《抗日战争研究》,1996年,第3期,第98—99页。

(三)大后方城市发展文化资源的激增

文化是城市的灵魂,是城市发展的内在动力。西南地区的城市在其漫长的发展过程中形成了具有自己独特个性的城市文化,这些原有的城市文化有着丰富的内涵和生命力。抗战爆发后,东中部地区的文化机构、组织、团体纷纷内迁,逐渐形成了重庆、成都、桂林、昆明等战时文化中心。应该说,内迁使大后方的文化领域发生了巨大变化,逐步形成了有着鲜明的时代特征和前进方向的战时文化,这是大后方城市发展的重要资源之一。

1. 文化机构的增加

文化机构的内迁首先表现在教育领域。1937年9月中旬,中央大学开始决定迁渝办学,成为高校内迁的成功典范[1]。同一时期,北京大学、清华大学、南开大学迁至湖南长沙组成长沙临时大学,后又迁往昆明组成西南联合大学[2]。迫于战争的影响,一些高校根据实际情形逐步内迁至重庆、成都、昆明、贵阳、桂林、乐山、万县、西安等地。据有关学者研究,抗战时期内迁至西南地区的院校共61所,内迁至西北地区的院校共11所[3]。除了高校西迁外,一些科研机构也在同一时间迁移至大后方。例如中央研究院所属各所,各自在不同时间迁至重庆、昆明、李庄等地[4]。同时,诸如中国科学社、中国气象学会、中国农学会、中国度量衡学会等科学学术组织也纷纷迁入重庆。在科研机构之外,抗战时期还有大批书局、出版社、印刷厂、广播电台、报刊社向大后方迁移。以创刊于1938年1月的《新华日报》社为例,武汉会战期间坚持出版,直至该年10月25日才将报社迁至重庆继续发行[5]。同样从武汉迁至重庆的有生活书店,新知书店则由武汉迁至桂林,中华书局则从上海迁至香港,又由香港迁至重庆,开明书店从上海经武汉迁至桂林[6]。在各种内迁的文化机构中,还需要特别指出的是国民政府军事委员会政治部第三厅。1938年1月,国民

---

[1] 蒋宝麟:《抗战时期中央大学的内迁与重建》,《抗日战争研究》,2012年,第3期,第124页。
[2] 西南联合大学北京校友会编:《国立西南联合大学校史——1937至1946年的北大、清华、南开》,北京大学出版社,1996年,第478—482页。
[3] 该统计未包括迁入广西、江西以及广东北部、西部等地区的一些高校。详见侯德础:《抗日战争时期中国高校内迁史略》,四川教育出版社,2001年,第71—72页。
[4] 张凤琦:《内迁西南的中央研究院》,中国人民政治协商会议西南地区文史资料协作会议编:《抗战时期的西南科技》,四川科学技术出版社,1995年,第35—53页。
[5] 韩辛茹著:《新华日报史》,重庆出版社,1990年,第52页。
[6] 唐正芒等:《中国西部抗战文化史》,中共党史出版社,2004年,第21—22页。

政府决定改组军事委员会,并由郭沫若担任主管宣传文化工作的第三厅厅长。国民政府军事委员会政治部第三厅于1939年春迁至重庆。在南方局的影响下,国民政府军事委员会政治部第三厅成为文化界大批进步人士活动的场所。[①] 应该说,上述各类文化机构的内迁在很大程度上挽救了抗战带来的文化损失,同时也为大后方文化事业的发展奠定了基础。

2. 文化名人的增加

近代著名社会学家孙本文在抗战时期指出:"高级知识分子十分之九以上西迁,中级知识分子十分之五以上西迁,低级知识分子十分之三以上西迁。"[②]这大体反映了当时高层次知识分子在内迁人群中所占的分量。其中,文化名人便是高层次知识分子的重要组成部分,包括文学、艺术、新闻、出版、教育、科技等各领域的具有影响力的人士。抗战时期,内迁的文化名人的总数是难以估计的,但文化名人内迁的现象是十分普遍的,他们多居住在文化机构聚集的城市,进行宣传、创作,对推动大后方的文化繁荣做出了积极贡献。

从地域分布来看,抗战时期内迁的文化名人主要集中在以下三种类型的城市:一是战时首都重庆。重庆是抗战时期国民政府所在地,是大后方的政治、经济、军事中心,也是大后方的文化中心。蔡元培、张澜、黄炎培、邹韬奋、陶行知、郭沫若、老舍、梁实秋、晏阳初、梁漱溟、叶圣陶、茅盾、冰心、张季鸾、王芸生、罗家伦、张伯苓、马寅初、张恨水、胡风、田汉、贺绿汀、夏衍、郁达夫、阳翰笙、叶绍钧、郑振铎、丰子恺、徐悲鸿、张大千、张书旗、孙瑜、赵丹、朱希祖等数百文化界名人都云集重庆,使得重庆的抗战文化空前繁盛。二是成都、昆明、桂林、贵阳等省会城市。成都、昆明、贵阳为当时国家重点高校除重庆以外最为集中的地方,四川大学、东北大学、金陵大学、齐鲁大学、华西大学、西南联大、云南大学、浙江大学、湘雅医学院、大夏大学等著名高校均位于这三个城市,而诸如赵元任、钱穆、陈寅恪、傅斯年、朱自清、冯友兰、吴宓、闻一多、巴金、沈从文、曹禺、冯友兰、金岳霖、徐中舒、费孝通、华罗庚、蒋梦麟、吴晗、朱光潜、钱锺书、王力、陈省身等著名学者均在这些学校任教。桂林虽然没有太多的高校迁入,但一些文化组织如中央研究院地质研究所、中华职业

---

① 彭亚新主编:《中共中央南方局的文化工作》,中共党史出版社,2009年,第9—12页。
② 孙本文:《现代中国社会问题》,第2册,商务印书馆,1943年,第261页。

教育社、《救亡日报》社、中国记者协会等则聚集在此,加之在香港沦陷后,又有一大批文化名人迁入桂林,使得桂林成为抗战大后方的又一个文化高地。据学者统计,从 1938 年 10 月至 1944 年,先后内迁到桂林的文化人士多达 1000 多人,其中闻名全国的文化人士近 200 人,包括李四光、胡愈之、田汉、巴金、陈翰笙、范长江、张友渔、柳亚子、何香凝等。[①] 三是偏远的地方市镇。抗战时期,因为迁移的艰巨性和复杂性,同时考虑到躲避轰炸的便捷性,有一些高校、科研机构和其他文化组织选择了远离大城市的方式,如武汉大学迁往乐山,而同济大学几经周折,最后落脚在四川宜宾的李庄古镇,中央研究院也有不少机构设在李庄。尽管路途遥远,各种条件欠缺,但这些偏远市镇仍然成为抗战时期文化名人的聚集地。抗战时期的梁思成、林徽因、童第周、李济等人便居住于李庄,并在此创作出了不少重要的文化成果。

总体而言,抗战时期大后方的文化资源得到了极大的丰富,无论是文化机构、组织、团体的数量还是文化名人的内迁,都为战时大后方的文化发展积蓄了力量;加之抗战时期中国共产党和各民主党派在大后方坚持了正确的文化导向,国民政府在这一阶段的大部分时间里也实施了相对宽松的文化政策,从而使大后方形成了前所未有的文化繁荣景象。

二、战时大后方城市发展格局的变化

随着促进城市发展的政治、经济、文化资源逐渐变化,抗战大后方的城市发展格局也发生着明显转变。在战时需求的刺激下,大后方形成了一核、多中心、多层级的城市体系。一方面,重庆作为战时首都聚集了丰富的资源,城市实现了跨越式发展;另一方面,大后方各区域中心城市发展较快,其规模迅速扩张;同时,受交通或经贸影响较大的一般城市也获得较大发展。尽管大后方的城市体系受战争因素的影响较大,具有战时性,但大后方城市之间内外联系的加强绝非偶然,这显然是历史因承与现实需求发酵的必然结果。

(一)城市体系的多层次结构

1. 抗战大后方核心城市的形成

抗战以前,在大后方所覆盖的区域,并未形成一个具有绝对影响和广泛

[①] 张红:《抗战中内迁西南的知识分子》,江西人民出版社,2004 年,第 19 页。

辐射力的城市。① 然而,自 1937 年 11 月国民政府内迁重庆,重庆作为战时首都的政治地位开始确立;1938 年武汉会战后,国民政府军事委员会也完全撤至重庆,重庆成为国民政府抗战的军事指挥中心;1940 年 9 月 6 日,国民政府颁布法令定重庆为陪都;而 1942 年中国战区建立后,重庆则上升为世界反法西斯远东战场的指挥中心。② 因此,抗战时期大后方城市发展格局的转变首先表现为重庆成为该区域的核心城市。

毫无疑问,重庆作为长江上游重要的通商口岸,其经济方面的区域枢纽性作用在战前已经十分明显。抗战爆发后,由于各种力量的汇集,重庆的发展获得了前所未有的机遇。重庆在大后方政治、经济、军事、文化等各领域的核心地位也很快得以建立。以经济领域的工业生产为例,据抗战时期学者的调查,大后方的工厂有 1300 余家,而重庆占约 450 家,近总数的三分之一。③ 尽管不同的统计来源和路径存在较大的数据误差,但这至少反映了当时重庆作为战时首都所集中的工厂数量十分庞大。而同一时期,重庆商业、金融业的发展亦是如此。应该说,作为中国抗战大后方的经济中心,重庆在承接中国战时生产力布局的重大调整,构筑战时中国的经济基础,支撑抗战危局中,发挥了不可替代的作用。

作为战时大后方的核心城市,重庆的城市规模迅速扩张。国民政府内迁重庆前,重庆的市区主要限于今天的渝中半岛之一部分④,而到 1938 年底,重庆城市建成区面积已经扩大到近 30 平方公里。1939 年 3 月底,国民党政府组织迁建委员会,为解决防空疏散问题,决定各机关迁至重庆附近 100 公里范围内,同时决定将成渝、川渝公路两侧,重庆周围 80 公里范围之区域划归

---

①尽管重庆在开埠后逐渐成为长江上游的经济中心,但西北地区的贸易往来仍多以西安、兰州为中转,以天津为出海口。参看胡铁球:《近代西北皮毛贸易与社会变迁》,《近代史研究》,2007 年,第 4 期,第 91—108 页。

②隗瀛涛先生指出:"1942 年,同盟国中国战区统帅部在重庆成立,蒋介石任该战区统帅,美国将军史迪威任参谋长,负责指挥中国、越南、泰国、缅甸、马来西亚等国的抗日战争,重庆成为东亚各国联合抗日的指挥中心,受到世界的瞩目。各国的军政界要人频繁出现在重庆,重庆成为具有重要国际地位和影响的世界性大城市,知名度空前提高。"参看隗瀛涛:《中国近代不同类型城市综合研究》,四川大学出版社,1998 年,第 367—368 页。

③袁梅因:《战时后方工业建设概况》,《经济汇报》,1944 年,第 5 期,第 87 页。

④据《九年来之重庆市政》载,1920 年时,重庆全域还包括江北、南岸之一部分,面积 525 方里。详见《九年来之重庆市政》,重庆市政府秘书处编印,1936 年,第 27 页。

重庆。① 除了城市空间不断扩大外,重庆的城市人口也迅速膨胀。据重庆市公安局的人口调查统计,全市1936年2月有人口328805人,到1945年12月时则迅速增长到1245645人②,增长了近3倍,重庆由大型城市一跃为特大型城市。

2. 区域中心城市的发展

抗战时期,大后方在不同区域形成了多个中心城市,如成都、昆明、贵阳等,虽然这些区域中心城市的规模与功能有一定的差异,对区域的影响范围也不一样,但都在一定区域内居于主导地位。首先是受战争的影响,这些区域中心城市的政治、军事功能都得到凸显,如昆明自滇缅战场开辟后,成为远征军的指挥基地,驼峰航线、滇缅公路均以昆明为总枢纽,这使得昆明的军事战略地位得到进一步提升。抗战时期,国民政府进行军事战略部署的大后方城市还有桂林、贵阳、成都等,这些城市的政治、军事功能也因此得到强化。与此同时,东中部的经济资源内迁也加快了区域中心城市功能的提升。成都、昆明、桂林、贵阳等城市的工厂数量均在工业内迁的基础上迅速增长,例如成都在1945年时有工厂330家,远超战前的数量数倍;昆明1940年时有工矿企业80余家,其中空军飞机制造厂、中央电工器材厂等均为重要企业,"昆明成为战时仅次于重庆和川中的第三大工业区"③。

在上述背景下,抗战时期大后方区域中心城市规模扩张较快。成都的城市规模在抗战时期也得到较大扩张。对此,近代都市地理学者沈汝生等人描述说:"[民国]二十七年国民政府移驻重庆,前方之机关学校内迁四川,公教人员、流亡难民,麇集都市,成都为目标之一,故人口激增,市面繁荣,市区范围大为扩张。而以清水河以南最为发达,华西坝以东九眼桥以西一带空场,因民国二十六年复兴门复兴桥之兴建,开南区交通之捷径,别墅学校机关相继建立,该处原为市府拟定之新村地址,本期随自然之发展,已占预计地域之大部。……总之,是期正当抗战时期,成都因受政治、经济、文化力量之新刺激,人口增加,范围扩张,其发育已臻满壮年期之阶段。"④ 1943年时成都人口

---

① 隗瀛涛主编:《近代重庆城市史》,四川大学出版社,1991年,第470页。
② 郑洪泉、黄立人主编:《中华民国战时首都档案文献·战时社会》,第3卷,重庆出版社,2008年,第1页、第19页。
③ 何一民:《中国城市史》,武汉大学出版社,2012年,第601—602页。
④ 沈汝生、孙敏贤:《成都都市地理之研究》,《地理学报》,1947年,第14卷,第17—18页。

达到502979人。昆明因抗战内迁而导致人口在短期内迅速膨胀,1937年昆明全市人口为142657人,到1941年时达到255462人[1],增加了79.07%。贵阳在抗战时期的人口数量也快速增长,1937年时为147421人[2],到1945年抗战结束时贵阳人口为284504人[3],增长了92.99%。1943年桂林人口也达到373001人,[4]较战前有大幅增长。有学者研究估计,抗战时期中国各地人口流迁入西南地区的人口在300万—400万间,迁入西北地区的人口约300万,除战时首都重庆外,主要分布在成都、昆明、贵阳、西安、兰州等大城市及一些区域性的政治、经济中心与交通沿线。[5] 由此可见,抗战时期的人口内迁仍首先是对核心城市或中心城市产生了影响,直接导致这些城市人口膨胀。

3. 区域次中心城市的发展

抗战时期的大后方,除了区域中心城市的功能进一步完善,城市规模迅速扩张外,部分区域次中心城市也得到较快发展。区域次中心城市的发展也同样得益于战时人口迁移、工商业布局、资源开发、新交通或贸易线路的开辟,同时也受战时大后方核心城市和区域中心城市辐射的影响。例如,宜宾为长江上游重要的货物集散地,连接川滇之枢纽。抗战时期,叙昆通道战略意义显著,"宜宾之商业范围除上下川南外尚包括川西、西康及滇省之一部分,腹地之广,实为重庆以外之西南各都市所不及"[6]。据1938年的统计显示,宜宾全境人口为607617人,1941年时又增至795000人[7]。在川东地区,则以万县为中心。万县在抗战前"其商业地位仅次于重庆,四川第二大商埠"[8]。"自抗战军兴,宜沙沦陷,以交通梗阻,商场贸易,一落千丈"[9]。尽管如此,抗战时期的万县仍为一区域贸易的集散地,同时其"金融活动为附近各县之核心"[10]。在滇西,以大理为中心,"大理当滇缅要冲,北面由丽江、阿墩

---

[1] 谢本书等编著:《昆明城市史》,第1卷,云南大学出版社,2009年,第428—429页。
[2] 《贵州省统计资料汇编》,国民政府主计处统计局编印,1942年,第17页。
[3] 贵阳市志办《金筑丛书》编辑室:《民国贵阳经济》,贵州教育出版社,1993年,第194页。
[4] 《后方五大城市人口统计》,《广东省银行季刊》,1944年,第1期,第267页。
[5] 张根福:《抗战时期人口流迁状况研究》,《中国人口科学》,2006年,第6期,第72—80页。
[6] 蒋君章:《西南经济地理纲要》,正中书局,1943年,第220页。
[7] 王文元:《四川宜宾社会经济概况》,《西南实业通讯》,1942年,第3期,第3页。
[8] 谢觉民:《万县都市地理》,《地理》,1943年,第3—4期,第17页。
[9] 宋之豪:《万县经济概况》,《四川经济季刊》,1945年,第2期,第289页。
[10] 焦超然:《万县经济概况》,《四川经济季刊》,1945年,第4期,第250页。

(今德钦)与康藏相接,故不特为迤西之重镇,且为商业荟萃的地方,与昆明同为云南二大经济中心"①。在西康,则以康定为中心;抗战时期,康定因西康省的建立而成为省会,其城市行政地位顿时提升,由此推动了城市规模的扩大和城市功能的发展,成为西康省的政治、文化中心,以及区域的商品集散地。1938年康定全境人口共有22112户,1943年则激增至39008户②。在广西也形成了南宁、柳州等次级区域中心城市,南宁为"广西西南部之经济中心",柳州的"商业范围亦较桂林为广","且为广西省之公路中心"③。然而,广州沦陷后,南宁与柳州受战争影响较大,城市发展不稳定。在关中平原西部地区,则以宝鸡为中心。宝鸡的城市地位在抗战前并不突出,抗战爆发后,由于人口和工商业内迁,加之陇海铁路修至宝鸡,其交通优势得到发挥,"一时顿显重要,举凡商业教育等之发展,突飞猛进,殊有一日千里之概"。人口总数在1941年10月则达到218020人④。紧邻宝鸡的天水为陇南重镇,"抗战军兴,地位更趋重要,公路纵横,形成甘陕、甘川交通之枢纽,人口日增,工商勃兴,市面日新月异,大有一日千里之势。……已形成陇南政治经济文化之中心矣!"据1940年3月的统计,全县人口280400人,"较战前增加三倍"⑤。

抗战时期,西南诸省的区域性次中心城市因外力的推动和战争发展的需要,其城市功能都在不同程度增强。如四川之泸县、南充、自贡,西康之雅安,云南之个旧、蒙自,贵州之遵义,陕西之汉中等等。以四川之泸县为例,泸县在抗战之前便是川南重要的农副产品生产地,同时也凭借着长江与沱江交汇的地理优势,在港口贸易中具有一定地位。"抗战发生,海运断绝,外货多改由滇越路入口,复经川滇公路运到四川,而泸县适当川滇公路终点,因此当地进出口货物,更形增加,益促使商业市场之繁荣。"⑥抗战时期,泸县人口也有较大增长,1943年全县人口达977489人,⑦1944年更是达到120余万,"为川南第一大县"⑧。在川北地区,南充因位于嘉陵江中游,"上经广元沟通甘陕,

---

①李式金:《大理地理志略》,《西南边疆》,1943年,第17期,第13页。
②李致刚:《康定琐志》,《旅行杂志》,1943年,第1期,第60页。
③蒋君章:《西南经济地理纲要》,正中书局,1943年,第233—234页。
④《宝鸡经济调查》,《陕行汇刊》,1943年,第1期,第50—51页。
⑤《天水经济概况》,《甘行月刊》,1941年,第3期,第27页。
⑥周林:《泸县金融市场之透视》,《金融知识》,1944年,第1期,第107页。
⑦冯裕贵:《泸县经济概况》,《四川经济季刊》,1943年,第1期,第380页。
⑧周林:《泸县金融市场之透视》,《金融知识》,1944年,第1期,第107页。

下至重庆,西达成都,既可通以水路,又有公路联络……商贾往返甚多,市面亦甚繁荣","系川北嘉陵江流域外销产物集中交易较大之市场"①。川南的自贡因拥有丰富的盐业资源,"为川省产盐第一区域"②,在民国前期有很大的发展,成为重要的盐化工城市。抗战爆发后,自贡在盐业、金融、商贸方面发展迅速,四川省政府为了推动自贡的发展和加强管理,于1939年9月设立自贡市政府,而国民政府行政院则于1942年8月正式批准设市,全市人口为221937人③。抗战时期的雅安,在西康地区的政治、文化影响不及康定,但在商贸往来上却对西康省十分重要。"雅安当川康两省之孔道,位于雅河水道之枢纽,内销物品之输入西康,与夫西康物产之输出省外,皆赖雅安为转运集散地"④,因而抗战时期雅安的经济功能有很大的提升。云南之个旧、蒙自在抗战前即是重要的工商业城市,抗战时期则因矿产资源开发和商贸线路的变化而有更进一步的发展。贵州之遵义,因与四川有着密切的经济、文化联系,经济较为发达,故而"全县的人口,常常驾于省会贵阳之上,遵义的经济和文化地位也始终在贵州的领导地位"⑤。抗战时期,因西南大后方水陆联运线的开辟,遵义更是发挥其交通节点的优势,成为"川黔驮运之水陆联运站,市街甚为繁荣"⑥。陕西之汉中为陕南重要城市,连接川、陕、甘之枢纽,"川北、陇南货物集散地"⑦,抗战爆发后,由汉中经汉水至汉口方向的商贸逐渐受阻,但水路联运线路开辟后,汉中至重庆的商业联系进一步加强,汉中成为川陕甘贸易的重要节点城市。

4. 一般城市也有不同程度的发展

一般城市是抗战时期大后方除核心城市、中心城市、次中心城市之外的以县城为主的城市,这些城市分布较广,规模较小,它们在抗战时期也有所发展,但相比区域中心城市和次中心城市发展较缓慢,其辐射力和聚集力范围较小。如四川之达县,1941年时人口一度达到646986人,但其交通并不通

---

① 刘骅南:《现时南充猪鬃产销概况》,《贸易月刊》,1942年,第1期,第91页。
② 《自贡市一瞥》,《国讯旬刊》,1939年,第215期,第12页。
③ 张孝沐:《自贡市经济概况》,《四川经济季刊》,1944年,第4期,第379页。
④ 胡邦宪:《雅安康定羊毛之贸易及调查》,《贸易月刊》,1940年,第3期,第70页。
⑤ 述鹏:《漫谈遵义》,《人生与服务》,1944年,第1期,第30页。
⑥ 蒋君章:《西南经济地理纲要》,正中书局,1943年,第229页。
⑦ 洪涛:《今日之汉中》,《益世周报》,1938年,第7—8期,第124页。

畅,"水路周载亦小,致商业未臻繁盛"①。类似的城市还有松潘、会理、巴中、丰都、安县、黔江、百色、开远、会泽等等。

三、抗战大后方城市分布与发展类型

(一)城市的分布

抗战时期是大后方城市发展的重要阶段,这一时期的城市分布因承了以往城市分布的一些特点,即以河流形成的交通线为基础形成城市网。河流是孕育城市的基础,世界上大多城市的产生都与河流有关。近代以来,长江上游、黄河上游、珠江上游以及澜沧江上游的城市通过大河及其支流所构成的水系进行密切的商贸活动、物资运输和人员往来。例如重庆位于长江与嘉陵江交汇处,在长江上游和嘉陵江流域的商贸中居于主导地位。"长江沿岸除上海、汉口而外,殆无其匹,其地位之重要,隐握长江上游之牛耳,西南诸省之锁钥。"②重庆周边的主要城市如泸县、江津、涪陵、万县、广安、长寿、合川、綦江、遵义等也多分布于长江或嘉陵江、沱江、渠河、乌江、涪江等支流沿线。又如成都,长江的两大支流岷江、沱江从成都平原的西、东两侧穿过,域内另有江安河、青衣江、蒲阳河、毗河、青白江、湔江、石亭江、大渡河等支流,岷江、沱江及其支流周边分布的城市主要有松潘、绵阳、灌县、乐山、内江、自贡、宜宾等城市。西安则主要依托渭河,但另有泾河、黑河、石川河、涝河、零河等支流水系分布,周边主要城市宝鸡亦紧邻渭水,汉中则位于汉水上游。兰州沿黄河发展,桂林紧邻漓江,等等。事实上,从文明史的角度看,城市的发展对江河的依赖已确认无疑,到抗战时期,以上述水系为基础的交通线依然发挥着十分重要的作用,大后方的城市网也沿袭了这一内在规律。

当然,抗战时期城市的分布除了受江河水系影响外,也受新交通线开发的影响。这一时期,为了满足军需民用,国民政府十分注重大后方的交通建设。以铁路建设为例,抗战爆发后开始修建的铁路有湘桂、滇缅、叙昆、黔桂、宝天、咸同等线路;而公路方面则开通了滇缅、汉白、安康、天双、汉渝、河岳、滇越、川滇、内乐、西祥、乐西、垒畹、中印等线路③。另外,国民政府还在大后

---

①陈林:《达县经济概况》,《四川经济季刊》,1945年,第2期,第295页。
②袁著:《重庆都市发展之地理的根据》,《四川经济月刊》,1938年,第5期,第53页。
③谭刚:《抗战时期的西部交通建设与城市发展》,《天府新论》,2004年,第2期,第101页。

方开辟了不少水路运输线。交通运输沿线的一些城市,特别是水陆交通枢纽的城市往往因其地理位置的优势,很快得到较大的发展,其区域影响力亦有较大增加。

然而,除了上述情形外,抗战时期大后方的城市分布也与内迁资源布局密切相关。从大的布局来讲,西南的内迁资源明显多于西北,西南城市发展更快。以内迁的工厂为例,据统计:1937—1938年内迁工厂443家,其中位于四川的有254家,位于湖南、广西的有142家[1],内迁湖南、广西的工厂多分布在这两省西部,仅这三省所接纳的工厂数量就占1937—1938年内迁工厂总数的近90%。文化资源的内迁也是如此,重庆、成都、桂林、昆明所接纳的内迁教育、出版、新闻、文艺等各类机构数量要远远多于西北城市,也无怪乎有学者称,抗战时期"文化中心的西移,造就了西南地区的一批文化据点"[2]。除了资源因素外,人口内迁也直接导致了大后方城市布局的变化。孙本文曾讲:"战时移民主流,大致从东部移向西部,以长江为主途。除有一部分沿江迁入江西、湖南、湖北各省外,大都分布于西南西北各省;而其中尤以四川、云南、贵州、广西为最多。……其迁移过程,大率先往城市,城市不能容纳时,再入内地市镇或乡区。"[3]毫无疑问,从抗战时期的实际情况来看,流入四川、云南、贵州、广西等西南省份的人口较多,这一地区的城市发展也相对较快,城市规模扩大也较大。由此可见,抗战时期大后方的城市发展和分布受战时资源、人口的流向影响较大,同时也是当时政治、军事战略需要的结果。

另外,值得注意的是,抗战时期大后方的城市分布极不均匀,主要表现为四川的城市获得了较大发展,总体上快于其他省份,其中心城市、次中心城市以及重要城市数量多于其他省份。战时四川城市发展较快的原因与当时国家政治、经济、文化资源对四川的倚重和四川原有的基础不无关系。以工业发展为例,有研究显示:"从1938年至1940年由工矿调整处协助内迁的厂矿和技术工人主要是迁往四川,内迁四川的厂矿数和技术工人数分别占总数的56.57%和66.63%"[4]。若以人口数量来看,经过抗战期间的发展,四川省的

---

[1]《内迁工厂节略》,《联合经济研究室通讯》,1947年,第20期,第60页。
[2] 唐正芒:《中国西部抗战文化史》,中共党史出版社,2004年,第440页。
[3] 孙本文:《现代中国社会问题》,第2册,商务印书馆,1946年,第260页。
[4] 何一民:《抗战时期人口"西进运动"与西南城市的发展》,《社会科学研究》,1996年,第3期,第100页。

城市规模明显整体大于其他省份的城市规模。下表是根据1947年国民政府统计制作的大后方主要省份超过30万以上人口的城市。

1947年大后方30万以上人口城市一览表

省别	县市	所辖行政区人口数量（人）
院辖市	重庆	1002787
院辖市	西安	502988
四川	成都	620302
	华阳县	465194
	简阳县	986870
	崇庆县	386020
	金堂县	485748
	彭县	365162
	绵阳县	379887
	巴县	828352
	江津县	840677
	合川县	712340
	江北县	532041
	武胜县	343718
	奉节县	406846
	长寿县	320309
	荣昌县	349577
	綦江县	405290
	南川县	320155
	云阳县	473590
	万县	857563
	开县	606586
	梁山县	388027
	酉阳县	500525
	秀山县	346413

续表

省别	县市	所辖行政区人口数量(人)
四川	铜梁县	404636
	大足县	359750
	璧山县	342472
	涪陵县	829496
	达县	670375
	渠县	735400
	大竹县	477266
	宣汉县	475139
	丰都县	444220
	乐山县	339525
	犍为县	538543
	荣县	523307
	威远县	356422
	眉山县	372876
	忠县	467280
	邛崃县	361119
	泸县	989155
	宜宾县	799940
	富顺县	774116
	资阳县	540958
	内江县	569667
	叙永县	316835
	古蔺县	321654
	隆昌县	329628
	合江县	415241
	资中县	705638
	阆中县	387858
	南充县	772916
	巴中县	510483

续表

省别	县市	所辖行政区人口数量(人)
四川	蓬安县	370192
	广安县	569166
	三台县	878998
	射洪县	468473
	仁寿县	968981
	西充县	334440
	营山县	391752
	仪陇县	319686
	邻水县	360231
	岳池县	560051
	南部县	698613
	中江县	825033
	遂宁县	570191
	安岳县	663154
	蓬溪县	624625
	乐至县	423475
广西	全县	308281
	博白县	417756
	郁林县	371225
	贵县	467436
	平南县	378573
	桂平县	474129
	容县	304815
	藤县	402135
	苍梧县	423614
	邕宁县	409613
	北流县	368911
贵州	遵义县	588894
	盘县	335759

续表

省别	县市	所辖行政区人口数量(人)
陕西	长安县	499376
甘肃	武威县	307756

根据内政部编《中华民国行政区域简表》(商务印书馆,1947年)编制。

上表为内政部于1947年的统计,但以上所列除几个重要城市的人口为城市人口外,其他各县应该是地区人口,即包括农村人口在内。其时大后方不可能有85个超过30万人的城市,在1947年《中华民国行政区域简表》的统计中,昆明城市人口为255462人,贵阳城市人口为262740人,桂林城市人口为142202人,兰州城市人口为156468人,这些省会城市的人口亦未超过30万,因而其他县级城市的人口不可能超过30万。但这些统计也透露出一些信息,表明经过抗战时期社会经济的发展,大后方部分重要县域的人口也发生一定的变化,尤其是四川的人口增加较多,其中也包括城市人口的增加。

(二)发展类型的变化

1. 多功能综合性城市发展与变化

城市功能反映了城市的发展水平和城市特性。抗战时期,大后方的城市发展取得了较大进展。一些城市也逐渐由单一功能城市向多功能综合性城市转变,也有一些城市的功能在抗战时期得到进一步强化,对区域的影响更加明显。最典型的例子就是重庆,重庆在战前虽然已经成为长江上游的经济中心,但多限于商贸活动的影响;其金融、工业的发展尽管仍领先于周边城市,但总体上还是比较滞后。然而,抗战全面爆发后,重庆便成为了大后方的政治、军事、经济、文化中心。与此同时,重庆还是国共合作的政治舞台,各民主力量和抗日运动均以重庆为中心;中国战区的建立,则使重庆与伦敦、莫斯科、华盛顿等城市一样,成为世界反法西斯的重要指挥中心,重庆也由此获得了国内外的广泛关注。应该说,抗战时期,"重庆得到了前所未有的历史赐予,开始了特定历史条件下的特殊进步。因内迁而盛、救国而兴,重庆成了闻名遐迩的名城,登上了城市近代化的高峰"[①]。除了重庆以外,抗战时期的成

[①] 隗瀛涛主编:《近代重庆城市史》,四川大学出版社,1991年,第28页。

都、昆明、贵阳等区域中心城市的功能也得到明显的增强，其城市功能多元化的趋势进一步显现。就成都而言，尽管重庆在抗战时期的政治、经济地位已超越成都，但重庆的"其经济辐射能力在川西地区还不足以取代成都的地位"①。成都战时的商业、工业、交通等方面的发展均大大超越了战前，对四川其他区域的影响也有明显的提高。昆明的城市规模虽然不及重庆与成都，但在抗战时期也发挥了多功能综合性的作用，特别是滇缅战场的开辟以及驼峰航线的建立，昆明实际上成为战时大后方的一个重要军事枢纽和中国战区的另一个军事指挥中心。

2. 因工业内迁而兴的城市

工业内迁加速了大后方中心城市的形成。内迁的工厂大多数集中在后方的中心城市，这进一步增强了这些城市的经济发展动力。翁文灏曾讲："在短短的三年多中，居然在后方建立了15个新的工业中心区域。这真是一件值得兴奋的事。根据去年年底的统计，资本在1万元以上，劳工在30人以上的用动力的工厂，在这15个区域中，已达1354家。"②抗战时期，重庆、成都、昆明、贵阳、桂林、西安、兰州等城市的工业均得到发展。可以说，工业成为这些城市战时经济发展的一个重要助推器。然而，工业内迁对大后方城市的发展并不仅仅表现在核心城市和中心城市发展上，工业对中小城市发展的带动作用也十分明显，这往往是以前史学界所忽视的问题。事实上，稍加注意便会发现，抗战时期，"内迁工业较集中的其他城镇，如四川万县、南充，陕西宝鸡，湘西沅陵、芷江、辰溪、邵阳等城市也都有相当的发展，人口增至10余万人；湖南衡阳曾一度由10万人增加到50万人；兵工厂较集中的四川泸州也得到扩建；因新开采石油，甘肃玉门形成新城市"③。不难看出，抗战时期的大后方因工业而盛的中小城市并不罕见。以宝鸡为例，抗战前，宝鸡的工业并不突出，更多是扮演着川陕商贸中转的角色。抗战爆发后，有申新工厂、大新面粉厂、洪顺机器厂、泰华棉毛厂、震寰纱布厂、湖北官纱局等20余家工厂迁至宝鸡，占内迁陕西工厂的大部分，其中纺织设备能力占全陕西的50%。工

---

① 何一民主编：《变革与发展：中国内陆城市成都现代化研究》，四川大学出版社，2001年，第60页。
② 《经济部的战时工业建设》，翁文灏：《科学与工业化——翁文灏文存》，中华书局，2009年，第412页。
③ 何一民：《从农业到工业时代：中国城市发展研究》，巴蜀书社，2009年，第212页。

业发展促使城市人口迅速增长,宝鸡由战前的 7000 人左右猛增至 70000 人①。为了促进宝鸡工业的更好发展,1938 年 8 月工合西北区办事处在宝鸡成立②,宝鸡实际上成为了负责西北地区工业合作运动的中心城市。

3. 因文化事业发展而盛的城市

抗战时期,在抗日救国与抗日民主的思想旋律下,大后方的文化整体进入繁盛阶段。一些城市因为文化资源内迁,文化机构、团体以及文化名人的聚集,成为抗战大后方重要的文化阵地。以桂林为例,桂林在抗战前曾作为广西省省会,但因地位屡经变更,加之西南军政局势不稳,城市发展受到较大影响。1935 年的一篇调查报告指出:"桂林为广西昔日之省会,且为全省首善之区,其历史深远,其形势位于本省之北,据漓江上游,僻在偏离,风起落后,未可讳言,益以迁省之后,频年兵燹,社会不景气象遂益深矣。"③然而,抗战爆发后,文化资源内迁激活了桂林的城市发展动力,"成为党所领导的国统区抗战文化最主要、最活跃、最有效的中心阵地"④。胡愈之在回忆中也说:"山明水秀的桂林,本来是文化的沙漠,不到几个月竟成为国民党统治下的大后方的唯一抗日文化中心了。"⑤另据相关研究显示,"抗战爆发前,桂林只是一个仅有六七万人口的小城,经济文化都很落后。抗战发生后,随着大片国土的沦丧,大批人口内迁到桂林,桂林人口急剧增加,最多时达到 60 万"⑥。由此可见,文化事业的发展大大加快了桂林的城市化进程。

4. 因交通与经贸发展而兴的港口或枢纽城市

抗战时期,国民政府十分重视大后方的交通建设,川陕、川滇、川黔、黔桂

---

① 张敏:《抗战时期的宝鸡近代工业》,《西安工程科技学院学报》,2007 年,第 2 期,第 255 页。
② 薛觉民:《西北区工业合作社运动实况》,卢广绵等编:《回忆中国工合运动》,中国文史出版社,1997 年,第 126 页。
③ 马启邦:《桂林社会调查》,《警高月刊》,1935 年,第 1—2 期,第 161 页。
④ 杨益群等编著:《桂林文化城概况》,广西人民出版社,1986 年,第 5 页。
⑤ 胡愈之:《忆长江同志》,《泪雨集》,三联书店,1997 年,第 280 页。
⑥ 钟文典主编:《桂林通史》,广西师范大学出版社,2008 年,第 400 页。

之间的水陆交通均有所改善,滇缅、滇印之间的陆路、空路交通线也都已建成。① 与此同时,依靠大后方的交通建设,一些城市利用港口和枢纽的优势,在地区经贸往来中迅速发展。例如云南的蒙自,由于西南贸易通道的开辟,蒙自在对外贸易中的地位迅速提升。地理学者蒋君章说道:蒙自"现为滇南交通枢纽,由昆明集中之出口产品以及昆明以下碧色寨以上之出口产品,均经此转运。出口贸易物以锡、钨、锑、桐油、茶叶、牛羊皮为大宗"②。以至于1938年的海关统计对蒙自贸易作了高度的肯定:"本埠对外贸易,年内飞黄腾达。"③1946年的统计报告则进一步指出:"故在八月日本投降沿海各口收复之前,本区始终为自由中国对外交通之枢纽。"④除了蒙自外,抗战时期因交通与经贸发展而兴的港口或枢纽城市还有宜宾。宜宾为长江上游城市,叙昆线路开辟后成为连通川滇之枢纽。"叙昆大道之重要性,在抗战期间亦甚为显著,故宜宾之商业除上下川南外尚包括川西、西康及滇省之一部分,腹地之广,实为重庆以外之西南各都市所不及。"⑤

5. 因人口疏散而形成的卫星城市

抗战时期,日军为震慑国民政府的统治,对大后方的诸多城市实施了大轰炸,造成了巨大财产损失和人员伤亡。为了减少这一损失和伤亡,不少城市纷纷将拥挤的人口疏散至周边,形成迁建区,并很快发展成为一座繁荣的小城市。例如在战时首都重庆附近,国民政府就划出"迁建区"以疏散市区人口。其中,"国民政府的军政机关便纷纷自重庆向巴县境内沿长江两岸以及成渝、川黔两条公路沿线疏散,一时谧静的乡村机关林立,官邸别墅星罗棋布,还出现不少新居民点。此时全县人口,据粗略统计约为 768000 余人,从

---

① 有关抗战时期大后方交通建设的研究成果较多,如董长芝在20世纪90年代初就撰文肯定了国民政府在积极发展大后方交通运输事业,开辟西南和西北国际交通线方面的作用。(见董长芝:《抗战时期大后方的交通建设》,《抗日战争研究》,1993年,第1期。)后来,谭刚又就抗战时期西部交通建设对城市发展的影响作了探讨。(谭刚:《抗战时期的西部交通建设与城市发展》,《天府新论》,2004年,第2期。)近来,谭刚将大后方交通研究的内容进行了拓展,就抗战时期大后方交通及其对西部地区的经济影响进行了全方位、多层面的研究。(见谭刚:《抗战时期大后方交通与西部经济开发》,中国社会科学出版社,2013年。)
② 蒋君章:《西南经济地理纲要》,正中书局,1943年,第236页。
③ 《海关中外贸易统计年刊》,上海总税务司署统计科编印,1938年,第134页。
④ 《海关中外贸易统计年刊》,上海总税务司署统计科编印,1946年,第29页。
⑤ 蒋君章:《西南经济地理纲要》,正中书局,1943年,第219—220页。

而形成畸形繁荣"①。这种因为中心城市人口疏散导致卫星城发展的现象在抗战时期是比较普遍的。当时一些有识之士对此也有所认知,并试图从市政建设和城市长远发展的角度来阐释:"智识疏散和资金疏散,应该同时进行。"②1941年《市政评论》刊文又指出:"现在我国的城市,因受敌机轰炸的威胁,在积极进行人口的疏散,由于人口的疏散,则小都市分散计划,即应立即产生,这个小都市分散计划,必然的以原有城市为市中心区,四周分散若干区域,自然形成为卫星都市。"③在卫星城市发展方面比较典型的例子是北碚,北碚在战前是四川省所辖的嘉陵江乡村建设试验区,抗战时期则有大批学校、机关、文化团体和社会名人迁入,极大地推动了城区建设发展,故有"小陪都"之称,是重庆最有影响力的一个卫星城镇。④

6. 因资源开发而发展的城市

资源是促进城市和地区发展的重要因素。为了满足战时需要,国民政府对大后方的资源进行了一定开发和利用,一些城市也因此得到较大发展。云南个旧,"矿产富饶,尤以锡矿为最著名,占全国产锡量百分之九十以上,销路之广,远达欧美,为我国出口货物之大宗"。个旧的工业发展在清末民初已经起步,但到抗战时期,个旧的经济战略价值得到更充分展现,其锡产量进一步提升。时人描述说,个旧"全邑人口山下约二万余人,山上砂丁约八万余人。市尘殷繁,屋宇栉比"⑤。位于西北的玉门也与个旧一样,也是因资源开发而发展起来的城市。"自抗战军兴,海上封锁,来源断绝,滇缅路运输有限,供不应求,迫于需要,经济部资源委员会着手开办玉门油矿,……实为我国首屈一指之国营事业。"⑥经过抗战时期的发展,玉门油矿成为当时中国"规模最大、产量最高、职工最多、工艺技术领先的一个油矿"⑦。油矿开发使得城市人口

---

① 周仲初:《抗日战争时期巴县划为"迁建区"的概况》,《巴县文史资料》,第2辑,1985年,第117—118页。
② 《疏散与建设》,《黄埔》,1939年,第9期,第1页。
③ 王克:《疏散与都市计划》,《市政评论》,1941年,第3期,第10页。
④ 潘洵:《论重庆大轰炸对重庆城市社会变迁的影响》,张诗亚主编:《国际殖民主义教育文化论集》,内蒙古大学出版社,2006年,第27页。
⑤ 程顺元:《个旧鸟瞰》,《旅行杂志》,1940年,第9期,第35页。
⑥ 欧阳明:《访问玉门油矿》,《旅行杂志》,1948年,第3期,第37页。
⑦ 玉门石油管理局史志编纂委员会:《玉门油矿史(1939—1949)》,西北大学出版社,1988年,第1页。

开始显著增长。《玉门市志》载:"民国二十七年,玉门油矿正式开发,各地来矿职工为境内新添人口源流。"①又如綦江县,由于拥有铁矿资源,抗战后资源委员会在此设立炼铁厂、炼钢厂,"规模极大"②;同时,綦江县由于位处川黔交界处,綦江作为长江南岸支流,在川黔陆路交通线还不发达的情况下,对地区商贸运输起着至关重要的作用。鉴于此,国民政府于1938年10月成立綦江水道工程局,筹划整理綦江水道,进行水利资源利用,促进区域内盐、铁、煤等物资交易③。因为资源得到开发,綦江在抗战时期获得了较大发展,全县人口一度增至40多万人。

抗日战争是近代中国为抵御外辱而进行的一次最为悲壮的战争,也是第二次世界大战的重要组成部分,写满了心酸与惨烈。抗日战争对中国城市的破坏是巨大的,中国东中部城市的发展因此受到严重破坏,甚至可以说,抗日战争以其强烈的震撼力和摧毁力中断了中国东中部城市的发展,是近代中国城市史上具有重要影响的历史事件。然而,抗日战争在造成中东部城市沦陷后出现发展断裂的同时,也造就了大后方城市整体性跨越发展态势和畸形繁荣现象,这一状况可以概括为近代中国城市空间布局和发展的一次重大调整与结构性变轨。在这种调整和变轨中,大后方城市的各种资源在国家战时战略的导向下得到更充分的利用,从而使得这一区域形成了新的城市体系,城市布局和城市类型也得到了较大改变。抗日战争大后方城市发展格局变动,不仅为中国取得抗战的最终胜利奠定了基础,而且对大后城市在20世纪下半叶的发展也产生了十分深远的影响。

城市是人类文明的重要标志,它的发展构筑了人类历史进程最为核心与精华的部分。美国著名的城市史学家刘易斯·芒福德曾说:"城市从起源时代开始便是一种特殊的构造,它专门用来贮存并流传人类文明的成果"④。因此,城市在人类演进的长河中聚集了极为丰富的各种形态的文明,城市变迁在某种程度上直接反映着人类生活的全部方式。战争是人类历史进程中的一种特殊形态,它对城市发展产生了很大影响。这主要是因为,"城市自身的

---

① 玉门市地方志编纂委员会编:《玉门市志》,新华出版社,1991年,第139页。
② 罗潜澜:《綦江经济概况》,《四川经济季刊》,1944年,第3期,第422页。
③ 《綦江渠化的进程》,《新世界》,1944年,第8期,第43—45页。
④ [美]刘易斯·芒福德著,倪文彦、宋俊岭译:《城市发展史——起源、演变和前景》,中国建筑工业出版社,1989年,第23页。

属性及其在战争中的特殊地位,对战争中的攻防双方而言,在整个战略、战役中都具有举足轻重的作用,它充分满足了战争对其实施集中打击和致命打击的客观需要,因此,城市往往成为战争中必然和首要攻击目标之一"[1]。很显然,人类用文明创造了城市,但也会因为利益争夺发动战争,并因此改变城市原有的发展状态。一场大规模战争对城市格局变动和城市文明进程的影响是不言而喻的。

---

[1] 何一民主编:《近代中国衰落城市研究》,巴蜀书社,2007年,第406页。

第二章　战时首都重庆的发展

在传统的农业文明时期,重庆是一座地处偏远、经济相对落后且功能单一的封建城邑。开埠前后,重庆的城市发展开始步入早期现代化轨道,特别是工商业的发展逐渐使其成为区域经济中心,市政建设也初步得到发展。抗日战争全面爆发后,随着国民政府行政中心转移,工业内迁,以及教育文化资源在大后方的聚集,重庆城市化进程急剧加速,一跃而为全国的政治、军事、经济和文化中心。毫无疑问,抗战时期是重庆城市发展史上的一个高峰,对新中国成立后乃至今天重庆的城市发展也都产生了广泛而深远的影响。与此同时,战时重庆的崛起是大后方城市发展的一个缩影,它最具代表性地反映了山河破碎的背景下大后方的城市发展水平和状况,从而展示了一个在战场之外抵御民族侵略和推进城市化并举的壮丽图景。

第一节　抗战爆发前重庆的早期现代化

抗战全面爆发之前,重庆的城市发展萌发了诸多新因素。一方面,自清中叶开始,重庆的商贸业就在长江上游地区获得了较快发展,成为这一地区的重要商品集散地;另一方面,自开埠后,重庆的近代工业和市政建设也取得了一定发展。总体来看,抗战前的重庆在城市早期现代化上已经迈出了坚实的步伐,已是一个有着重要区域影响的城市。

一、商业贸易的发展与长江上游商贸中心的初步形成

早在清中叶,在社会经济整体恢复的带动下,位于川东地区的重庆在商业上就有了很大发展。商业的发展促进了地区贸易的增加,重庆因此成为一个重要的区域性市场网络节点。乾隆年间《巴县志》载:"渝州每岁下楚米石数十万计,而百货贩运均非船莫济。"①由此可见,航运成为传统农业时期重庆对外贸易的重要交通运输方式。所以,"沿江上下数千里无业者募充水手,大艘四五十人,小亦不下二三十人"②。另据道光二十五年(1845 年)的一次不完全统计,重庆仅下河各帮拥有的船只就超过 748 只。③ 发达的航运可以将长江上游各地的货物聚集到重庆,然后通过重庆的码头转运至长江中游。向楚等人所著的《巴县志》在描述重庆早期的商贸业时说:"蜀西南北,旁及康、藏,以至滇、黔一隅,商货出入,输会必于重庆,故重庆者,蜀物所萃,亦四方商贾辐凑地也。"④1898 年的一位英国外交官在对四川商业贸易进行调查后,对重庆的市场中心地位予以了归纳,他认为附属于重庆的主要市场有:(1)遂宁县,该县供应潼州府及保宁府;(2)省会成都;(3)嘉定府;(4)淑浦;(5)泸州;(6)万县。⑤ 其范围包括了当时四川的大部分地区。由此可见,重庆作为一个区域市场中心,在 19 世纪末所具有的商业辐射功能已粗具规模。

施坚雅在解释中心地理论时曾说:"与低级中心相比,高级中心供应较为专门化的商品,因而有着更为广阔的最大腹地。"施坚雅吸收了克里斯塔勒的中心地理学说和等级市场理论,以此为基础,他将中国分为华北区、西北区、长江上游、长江中游、长江下游、东南沿海、岭南区、云贵区、满洲区等九大区。他还直截了当地认为:"到 1893 年止,各地区及所属都会分别是华北的北京,西北的西安,长江上游的重庆,长江中游的武汉,长江下游的上海,东南沿海的福州和岭南的广州。"⑥施坚雅认为当时云贵地区和满洲区没有与其他区域相当的商业都会中心,但事实上,云贵地区的商业网络很大程度上也以重庆

---

① 王尔鉴修纂:《巴县志》,卷 3,"课税",第 43 页。
② 王尔鉴修纂:《巴县志》,卷 3,"课税",第 49 页。
③ 《清代乾嘉道巴县档案选编》上册,四川大学出版社,1989 年,第 417—418 页。
④ 向楚主编:《巴县志选注》,重庆出版社,1989 年,第 658 页。
⑤ 姚贤镐编:《中国近代对外贸易史资料》,中华书局,1962 年,第 1550 页。
⑥ [美]施坚雅主编,叶光庭等译:《中华帝国晚期的城市》,中华书局,2000 年,第 329、335 页。

为中心,至少依附于重庆。套用"同心圆"理论来说,重庆在晚清时已位于由云贵川黔所构成的同心圆的核心。

清末民初重庆商业贸易的另一显著特征是受外国资本主义的影响较大。1890年时,重庆的对外贸易总额已有685.1万海关两。开埠后,重庆的对外贸易总额迅速攀升,到1899年,达到2579万海关两①。对外贸易额的增长说明了开埠前后重庆城市内外经济联系的新动向。不过,值得注意的是,清末重庆商贸活动的主体仍是国内商人。换言之,国内商人之间的贸易额要比直接的对外贸易额大得多。②据1892—1901年的海关报告显示,"重庆商业主要部分是在华商手中,目前仅有的外国公司为英商重庆贸易公司、法商柯芬立洋行和德商瑞记洋行分行。比较说来,他们的营业既不大也不占重要"③。1911年时,英国人的调查报告也认为:"华籍商家得到了贸易扩张的最大的一分,洋商公司虽然从1902年的3家增为1911年的28家,他们做的生意却不曾照这个比例增加。"④然而,依靠国内商人之间的密切交往而构成的市场网络,并没有影响重庆作为区域商贸中心的地位。在整个中国市场被拖入早期现代化轨道的带动下,重庆的对外开放程度仍在加速,只是这种加速更加明显地通过与全国性商贸中心的联系来推动。英国布莱克本商会组织1896年对四川市场的调查说明了这一现象:

> 重庆洋布进口贸易全部操在27家商号之手,他们都直接派有代理人常驻上海。除了重庆这些商号在上海有代理人之外,成都有3家,嘉定有1家,也在上海有代理人,随时按他们的需要代为购买。这4家的交易规模比较小,而他们直接向上海进货这一事实对于重庆作为四川省贸易的主要市场及分销中心的地位,并无重大影响。重庆这样的地位,由于它的特别优越的地理位置,是永远不会受到

---

① 隗瀛涛主编:《近代重庆城市史》,四川大学出版社,1991年,第118页。
② 美国史家罗威廉在研究汉口时也表达了同样的观点,他认为从1861至1890年,汉口的国内贸易额在全部贸易额中占据压倒性优势。详见[美]罗威廉著,江溶、鲁西奇译:《汉口:一个中国城市的商业与社会(1896—1889)》,中国人民大学出版社,2005年,第104页。
③ 周勇、刘景修译编:《近代重庆经济与社会发展(1876—1949)》,四川大学出版社,1987年,第108页。
④[英]施特劳奇著,李孝同译:《重庆海关1902—1911年十年调查报告》,《四川文史资料选辑》,第11辑,1979年,第223页。

严重的威胁的。每年在一定的季节里,商人从偏僻和辽远的城镇如成都、保宁府、潼川府、遂宁府、嘉定府、叙州府、绵州、合州及其他重要地方,有的由陆路,有的由水路来到重庆,运来他们的土产——鸦片、药材、生丝等等,并运回洋货。①

从以上表述不难看出,清末的重庆已是长江上游货物的集散地,它对内辐射四川大部分州县,对外与上海有直接联系,通过这种联系,重庆与海外市场形成了一条关系密切的商业链。这一商业链的出现是重庆传统贸易中难见的现象,因为在重庆开埠之前,重庆的贸易交往对象主要是汉口。从长江上游下来的大米、药材、茶叶、纺织品、陶瓷、盐、猪鬃等大多通过河运被送至汉口,并在汉口完成交易。但重庆开埠后,越来越多的四川人越过汉口直接到上海去购买外国货。这些货物除了通过行帮、公所、会馆等传统商业组织进行流通外,还依靠洋行、商会等进行交易。1890 年,重庆成立了最早的洋行——立德乐洋行,随后又有太古洋行、怡和洋行、义昌洋行和瑞记洋行等。1904 年,重庆商务分局与巴县知县邀集各商帮,讨论成立商会,"以便会议商务"②。由此可见,到 19 世纪末 20 世纪初,重庆的商业贸易不仅在额度上有了显著变化,其商品流通渠道与方式同传统农业文明时期相比也有一定区别。

进入民国以后,重庆的商业贸易发展更为迅速。特别是第一次世界大战结束后,国际市场复苏,外国资本主义经济对中国的渗透不断加剧,重庆的商业活动也越来越多地依赖对外贸易。1912 年重庆的对外贸易额约是 2687 万海关两,1936 年时达到史上最高的近 9136 万海关两。③ 对外贸易额大幅度地攀升,表明重庆经济发展的外向型特征更加明显,只是这种外向型是以入超为前提的。尽管如此,重庆在全国商贸中的地位仍然得到了巩固和提升。据国民政府实业部 1935 年所作的有关中国长江流域通商口岸对外贸易的统计来看(见下表④),清末时重庆进出口贸易额在全国贸易总额中的比例排第四

---

① 姚贤镐编:《中国近代对外贸易史资料》,中华书局,1962 年,第 1548—1549 页。
② 《四川官报》,第 21 册,"新闻",1904 年,第 2 页。
③ 周勇、刘景修译编:《近代重庆经济与社会发展(1876—1949)》,四川大学出版社,1987 年,第 500 页。
④ 实业部国际贸易局编:《最近三十四年来中国通商口岸对外贸易统计(1900—1933)·中部》,商务印书馆,1935 年,第 56 页。

位,到20世纪20年代后则仅次于上海、汉口,位列第三。

国民政府实业部关于中国长江流域通商口岸对外贸易的统计表(1935年)

时间	城市	进出口贸易额在全国贸易总额中的比例
1901	上海	17.70%
	汉口	9.30%
	镇江	4.09%
	重庆	3.63%
1911	上海	17.39%
	汉口	10.40%
	九江	3.06%
	重庆	2.57%
1921	上海	23.98%
	汉口	7.40%
	重庆	2.22%
	南京	1.92%
1931	上海	34.18%
	汉口	5.28%
	重庆	1.91%
	九江	1.49%

资料来源:实业部国际贸易局编《最近三十四年来中国通商口岸对外贸易统计(1900—1933)·中部》,商务印书馆,1935年,第56页。

当然,值得注意的是,从上表中所显示的数据来看,自清末以后重庆进出口贸易额在全国贸易总额中的比例持续递减,而上海的数据则持续递增,这也反映了近代中国地区贸易之间的差距在扩大。但无论怎样,就西部区域贸易来看,到20世纪30年代时,重庆的商业中心地位并没有减弱,反而不断增强。中共早期的革命者薛子中曾游历湘、粤、黔、滇、川等省,1935年他在游记中写道:"重庆不惟为川省第一商埠,且为黔滇陕甘等省货物之集散地,每年贸易总额平均约七千余万关平两。"①而同一时期中国银行对重庆经济状况的分析也认为："不特全川之进出口贸易，几全以此处为转运之枢纽，即云南、贵州、陕西、甘肃等省，附近川境之各地，其进出口货，亦悉由此地转运。俨若外洋与中国之对于上海焉。"②重庆商贸对西北地区陕西和甘肃的商贸影响是晚清时所不多见的。由此看来，民国建立后，重庆的市场辐射范围在逐步扩大。"到20世纪30年代，形成了以重庆为中心，连接我国中西部地区，辐射吸引四川和西南的完整的市场体系。"③种种迹象表明，重庆是一个因商而兴的城市。商业贸易的发展大大促进了重庆城市化的进程，也扩大了重庆的区域影响。

二、现代工业的崛起与长江上游工业中心的初步形成

以机器生产为主的工业文明是人类文明步入近代后的一个显著特征，重庆近代工业的发展受开埠影响较大。农业时代重庆的传统手工业并不发达，其经济发展也较缓慢，只是到了晚清才逐步成为区域商贸中心。与全国其他地区相比，重庆近代工业的起步也相对较晚。1891年，邓云笠、卢干臣、李南臣三人负责集股在重庆成立了森昌火柴公司。该公司"仿西法立案"，"以兴商务而挽利源"④为宗旨，是迄今见载的重庆第一家近代工业企业。以此为契机，重庆迈出了近代工业化的步伐。概括起来，截至抗战全面爆发之前，重庆近代工业的发展有如下几个方面的特点：

1. 发展迅速，长江上游的工业中心初现雏形

重庆近代工业的发展起步虽较晚，但发展十分迅速。以火柴业为例，清末民初中国火柴业的中心是上海、天津无疑，而重庆则是内地火柴业的代表，其创办资本仅次于沪津两市，工人则占到全国同行业工人总数的35%。⑤另据民国时期的经济学者张肖梅的统计，1936年时，全川有火柴厂34家，其中有15家在重庆，占44.11%；重庆火柴厂的年产量为2.72万箱，占全川的

---

① 薛绍铭：《黔滇川旅行记》，中华书局，1938年，第164页。
② 《重庆经济概况》，重庆中国银行编印，1934年，第2页。
③ 周勇主编：《重庆通史·近代史（上）》，第2卷，重庆出版社，2002年，第359页。
④ [清]于宝轩：《皇朝蓄艾文编·工艺一》，第24卷，台湾学生书局影印，1965年，第2005页。
⑤ 陈真：《中国近代工业史资料》，第1辑，三联书店，1958年，第1200—1201页。

58.31%。[1]

在纺织方面,仅据重庆布业公会的统计,1929—1930年间,重庆产布总量在百万匹以上,"销路之广,北达陕甘,南至滇黔,西及康藏。是时厂数虽有增加,而货品犹有供不应求之势"。其中,民初廖荣光集资千两,在重庆南岸设裕华染织厂,此后逐年扩充。到1926年裕华染织厂的织机达160台,30年代中期又增至300余台,是重庆第一大棉织厂。[2]

在煤矿业方面,1905年重庆士绅桂荣昌等组织成立了嘉泰公司(后更名为江合矿务有限公司),专事开采、运销煤铁矿产。[3]民国以后,重庆先后出现全济煤矿公司、三才生煤矿公司、宝源实业股份有限公司、天府煤矿股份有限公司等多家煤矿企业。其中,位于江北的三才生煤矿是20世纪30年代前四川最大的煤矿企业,该厂于1921年开办,拥有工人1300人,日产煤达500吨。[4]

事实上,除了火柴业、纺织业、煤矿业外,开埠后重庆的面粉业、印刷业、玻璃制造业、猪鬃加工业等也都得到了较大规模的发展。根据隗瀛涛先生的统计,1891年至1911年四川近代资本主义企业共108家,重庆(指今重庆所辖区域)即占55家,约占全川工厂总数的51%。[5]这些工厂吸收了大量劳动力,工人数量也因此不断扩充。据重庆市商会1933年的调查,重庆各业工人总数为49824人。[6]以当年重庆人口总数280449人来看,[7]工人占全部人口的比例达到近18%。这说明,当时重庆至多每6个人中,便有1个工人。

很显然,从经济的区域版图来看,近代工业的迅速发展使得重庆作为长江上游工业中心的地位逐渐凸显;当然,它是以较早形成的商业贸易网络中心为基础的,反过来又促进重庆商贸业的发展。除了商贸上的相互推动因素外,重庆近代工业之所以快速发展,其主要原因可以归纳为以下两点:

第一,开埠为经济发展注入了新的活力,促进了重庆近代工业的发展。众所周知,重庆在古代是一个传统的农业城市,且受地理环境因素影响,其农

---

[1] 张肖梅:《全川火柴业概括》,《四川经济参考资料》,中国国民经济研究所印行,1939年,第R119页。
[2] 重庆中国银行编:《重庆之棉织业》,中国银行总管理处经济研究室,1935年,第5—7页。
[3] 隗瀛涛、周勇著:《重庆开埠史》,重庆出版社,1983年,第107页。
[4] 张学君、张莉红:《四川近代工业史》,四川人民出版社,1990年,第223页。
[5] 相关统计参看隗瀛涛主编:《四川近代史稿》,四川人民出版社,1990年,第321—245页。
[6] 向楚主编:《巴县志选注》,重庆出版社,1989年,第651页。
[7] 傅润华、汤约生主编:《陪都工商年鉴·陪都概况》,第1编,文信局,1945年,第7页。

业发达程度也较低。开埠前,重庆的工业发展几乎为零,但外国商人对向重庆及其周边地区销售工业品的市场前景却充满了无限期待。早在19世纪七八十年代,英国的商业报告就称:"四川是一个极富饶的省份,幅员广大,物产丰富,运输工具的增加会使那里对于英国货物的消费和当地剩余产品的输出给予直接和明显的刺激。那里已经成为我们最好的中国市场之一,每年销售九十万锭以上的棉布和十二万锭呢绒。"①商业利润的刺激需要直接的工业生产进行源源不断的补给。1895年的《马关条约》明确了外商在中国内地开设工厂的权力。1896年,由英商立德乐在重庆南岸开设猪鬃厂,是为重庆第一家由外国人创办的工厂。由于立德乐最初利润丰厚,重庆绅商和其他外国商人也纷纷投资兴办猪鬃厂,以至作为工业原料的猪鬃出口量迅猛增加。1891年,经由重庆海关出口的猪鬃约568担,价值5133海关两,到1913年,增至15355担,价值877551海关两。②事实上,开埠所带来的影响并不仅仅表现在利润上的驱使所促成的工厂开设,它还更多地体现着新思想和新技术的引入。例如重庆的玻璃制造业,1906年之前均系土法生产,1906年之后,江津人何鹿嵩在外习得先进生产方式,便回重庆设置新式玻璃厂,其机器设备全从日本进口。从此,西南地区开始步入了生产日用玻璃制品和高级美术玻璃器皿的新阶段。③

第二,地方政府为挽救利源鼓励工业资本的发展。挽救利源是救国方式的一种,其渊源可追溯至洋务维新时期的商战思想。众所周知,早在19世纪60年代,为挽救国难,不少有识之士提出了以兵战对兵战,以商战对商战,认为"习兵战,不如习商战"④。这种思想并没有被后来追求所谓的"制度变革"的思潮所湮没,相反,它却随着商业资本的不断发展,逐渐渗透并扩大影响。清末民初,各地采取措施鼓励实业,保护民族企业,便深刻地证明了这一点。在重庆,聚昌火柴厂开办之初,邓云笠等人就与官府协商获得25年专利权,"川省地界不得踵设争利"⑤。川东道黎庶昌在1893年给李鸿章的一份电文

---

① 姚贤镐:《中国近代对外贸易史资料》,第3册,中华书局,1962年,第1146页。
② 甘祠森:《最近四十五年来四川省进出口贸易统计》,民生实业公司经济研究室,1936年,第77页。
③ 隗瀛涛、周勇:《重庆开埠史》,重庆出版社,1983年,第109页。
④ 郑观应:《盛世危言增订新编》,台湾学生书局,1976年,第753—755页。
⑤《渝报》,第3册,1897年,第17页。

中也称:"查洋火事小,该洋商等听人簸弄,逐事把持,有损中国自主之权甚大,势难允准。"①无独有偶,赵尔巽曾就重庆商人何鹿蒿的玻璃厂作如下批示:

  查华商机器制造货物,出厂完一正税,概免重征,历办有案。将来出货渐多,运销外省,自应照案奏咨办理,此时请暂免本省境内厘税,系为提倡工业,鼓舞商情起见,应准暂免厘税二年,以示格外体恤。②

  事实上,这种通过免征厘金来鼓励地方实业家兴办工厂的方式不仅仅限于玻璃制造业,其他行业也有类似规定。例如在缫丝业,1910年时,重庆劝业道就对商人吴征恕开办的诚成丝厂予以鼓励。劝业员王承烈很快便向四川劝业道呈请豁免出口厘税。同年8月28日,四川劝业道回复称:"巴县职商吴征恕等所办山茧厂丝缫制尚属合法,再能督工加意接头添丝等事,必为洋商欢迎,售得高价。自应援照改良出口家蚕细丝免征本省厘金,以示优异。"③可以看出,清末时,地方官员对保护民族工业,抵制外商,已经有了很明确的认识,这有助于重庆近代工业的发展。

  2. 生产方式的新旧交织状况比较明显,且传统方式仍占据主导地位

  工业早期现代化的最根本意义在于以生产力和生产关系变化为基础的生产方式的变革。在传统的中国社会,虽然早已有雇工的生产方式,工业品也可以作为商品流通,但工业生产主要以手工个体劳动形式完成,工业生产简单、规模小,整体依附于农业。④重庆深处内陆,更是如此。然而,随着晚清外国资本主义势力不断向中国内地渗透,重庆的工业生产也悄然发生着变

---

① 《李鸿章全集·电报三》,第23册,安徽教育出版社,2008年,第344页。
② 汪敬虞编:《中国近代工业史资料》,第2辑,科学出版社,1957年,第818页。
③ 《〈四川劝业道为重庆诚成丝厂免征本省厘金札〉附译文》,《四川保路运动档案选编》,四川人民出版社,1981年,第88页。
④ 有部分学者在探讨中国资本主义萌芽时认为,脱离于传统的新的生产关系发端于明末清初,并据此来判断中国社会发展中具备自身的资本主义因素。即便是如此,他们也坦诚,那些生产"在农业中,还是微不足道的,在手工业中,亦只占极小比重。经过300多年,直到鸦片战争前,也未能进入工场手工业阶段"。详细论述参见许涤新、吴承明主编:《中国资本主义发展史》,第1卷,人民出版社,1985年。

化。如卢干臣等于1891年开设的火柴厂很大程度上便是对他们在日本开设同样工厂的移植。据1892年8月28日巴县给川东道的呈文称："窃日本自来火厂,本系川商卢干臣等在彼开设,嗣因日人自款专利,不许华人贸易,始经卢干臣等禀请将器具运回卑县地方开设。"①在其他行业,企业主也积极采取措施,吸收和引进先进的技术,促进生产。1907年,重庆商人王静海在潼川开设永靖祥丝厂,"改良缫法,颇著成效"。"该厂成丝运沪,每箱卖价比在潼川土法缫丝可多售银一百七八十两以至三百两,获利甚厚。"该厂样丝送交法国里昂商会检验,被认为"实系匀细光泽,且丝质强韧,尤合机器织造之用"②。1910年5月24日,重庆商人吴征恕开办诚成丝厂,厂中所用缫丝器具,"有摇车一架,八尺锅炉一架,引敬〔擎〕机一架,宰眼机一架,擦床机一架,荡干机一架,又胡车一百架。至于操作等事,概系女工,现有四十余人"③。

毫无疑问,无论是技术的革新,还是雇佣工人的增加,都是开埠后重庆工业生产过程中出现的新因素。由此导致的工业生产规模不断扩大,工业品的数量和种类也显著增多。然而,这并不能掩饰早期重庆工业发展中所保留的相当比重的传统因素。以猪鬃加工业为例,直至20世纪30年代初,全重庆的猪鬃行业"工作全仗人手,无机械等"④。在纺织行业,这种特征更为明显。重庆的传统纺织采用木机,较为笨拙,到20世纪初,始有铁轮机之应用。它首先出现在1905年江北簸箕石的"复原"厂,后来又有南岸呼归石之"富川"厂与苏炳章在弹子石所办之"协利厂"采用铁轮机。"'复原'开办时,有湖北机五十台。宣统元年改为'复新',有机一百零五台,迨至民二,全厂停办。'富川'开办时,有东洋机三十台,未数年而歇业。'协利'虽至今犹存,但从未十分发展。"⑤可见铁轮机在重庆纺织业的运用也并不广泛,而且即便是采用铁轮机,它虽然较木轮机生产效率有明显提高,但并非机械动力,而主要是依靠人力,其生产过程依旧属于工场手工操作。来自重庆的海关报告也显

---

①《〈森昌字号火柴厂商卢干臣等呈请采购川磺禀〉附详文》,《四川保路运动档案选编》,四川人民出版社,1981年,第63页。
②《〈四川劝业道知照同意拨借官本扩充潼川丝厂札〉附详文》,《四川保路运动档案选编》,四川人民出版社,1981年,第79—81页。
③《〈四川劝业道为重庆诚成丝厂免征本省厘金札〉附详文》,《四川保路运动档案选编》,四川人民出版社,1981年,第88页。
④《重庆经济概况》,重庆中国银行编印,1934年,第175页。
⑤重庆中国银行编:《重庆之棉织业》,中国银行总管理处经济研究室,1935年,第3页。

示,20世纪30年代初包括重庆在内的整个四川"在使用现代机器的工业方面没有办到显著发展,纺织棉纱仍然是家庭工业"。报告还说,在四川所有的纺织公司中,只有一个是采用西式机器装备,而重庆最大的纺织公司裕华印染织布厂拥有的设备中铁机100架,而木机则有120架。① 由此看来,在向近代过渡的过程中,重庆工业所表现出的朝前的张力有限,传统的生产方式仍然占据主导地位。

3. 近代大机械制造工业发展落后

大机械制造业是工业化的重要内容。西方工业革命之后,大机器制造业在经济发展中的地位逐渐凸显。重庆开埠后,虽然工业发展有了很大进步,但在大机械制造业领域,仍十分薄弱。以辛亥革命前兴办的53家企业统计,轻纺工业占93.45%。② 据20世纪30年代的一次工业调查显示,重庆劳工以小工业工人占大多数,约5万人。重庆市商会的统计则表明,1933年时,重庆有大小机器厂41家,其中工人在20人以上的仅10家,不到25%,其余多为几人的小店。③ 而同一时期,上海的机器制造业规模却远高于此。据记载,上海1933年的机器工业厂数量达到456家,产值1389万元。④

应该说,重庆机械制造工业发展的落后是一个客观的事实,它反映了重庆工业化的不平衡。具体来看,我们通过对工业各大门类的比较可以认定,重庆工业的发展比较明显地偏重于生活日用的轻工行业,这种格局直至抗战时工业内迁才发生改变。时人对这种不平衡状况的原因也作了分析,认为:"一为交通不便,运输困难;二为重庆现无电力供给动力来源,仅恃煤及柴油,而柴油售价极昂;三为五金入口,当局认为禁品,非经特别允许,不得运入;四为苛捐杂税之重而且烦,人民不堪其苦;五为连年战争不息,农村因以破产,人民购买力锐减。"⑤ 事实上,除此之外,机械工业发展极为缓慢还与普通大众的需求有关。众所周知,在以农业为主导的社会逐步向工业化过渡的进程

---

①周勇、刘景修译编:《近代重庆经济与社会发展(1876—1949)》,四川大学出版社,1987年,第361页。
②隗瀛涛主编:《近代重庆城市史》,四川大学出版社,1991年,第206页。
③《重庆市属之机械工业》,《工商特刊》(创刊号),1933年,第76页。
④张仲礼主编:《近代上海城市研究》,上海人民出版社,1990年,第328页。
⑤刘大钧:《中国工业调查报告(上)》,李文海等主编:《民国时期社会调查丛编·近代工业卷(上)》,福建教育出版社,2010年,第114页。

中,多数民众在生产中并没有对机器的消费需求。据20世纪30年代的统计来看,当时社会对机器的需求主要来自以下几个方面:"(1)原动机;(2)矿冶用机;(3)农用机及农产品精制机;(4)化工用机;(5)工作机;(6)纺织机;(7)交通用机;(8)其他工用机。此8项中,以纺织及交通用机为最大量。……至于农用机,则农业为吾国之主要产业,农民占人口80%以上,似应吸收大宗机械以供耕耘兼制农产,然事实适与此理想相反。"①由此可见,因为生产方式整体上保留的传统性导致的日常生产和生活对机器的需求过低,是当时中国社会的普遍现象,这也直接导致了机械制造工业的缓慢发展。

三、市政建设的发展及对城市的影响

在古代相当长一段时间内,重庆的城市职能更多地表现在军事关隘上,其经济发展在全国的地位并不突出。或者说,重庆很早就是一座"城",但作为"市",它的发展并不充分。因此,重庆受经济发展影响的城市配套设施建设和城市管理也显得相对落后。开埠之前,"重庆旧城当扬子嘉陵两江汇流处,形如岛城,有九门,八门邻水,只通远一门通陆道。全城石质四围,峻崖依崖为垣,弯曲起伏,处处现出凸凹转折形状。街市斜曲与城垣同,横度甚隘通衢,如陕西、督邮各街仅十余尺,其他街巷尤窄"②。可以看出,依山而建、错落起伏、蜿蜒狭窄,正是古时重庆城市面貌的真实写照。然而,随着城市化步伐的加快,人口快速聚集后,市政系统落后和缺失所带来的污浊之象也处处可见。时人描述旧重庆的街市说:"下水道无全部联络通沟,时有淤塞,雨时则溢流街面者有之,积潴成河者有之","用水悉取之河边,满街湿泥","全城除五福宫附近外,无一树木。除夫子池、莲花池两污塘外,无一水池"。③这些诟病的出现必然要求加强市近代政体系的建设,完善城市基础设施。

重庆近代意义的市政体系建设应自开埠后始。1891年,重庆海关建立,标志着重庆正式开埠。海关作为当时一个专门管理进出口货物,并负责征收契税的机构。它的建立标志着中国城市市政建设开启了一个新时代。重庆海关成立后,清政府委派川东道张华奎任海关监督,负责各项事宜。当然,作

---

① 欧阳仑:《及今后之技术问题》,《工业中心月刊》,第3卷,第1期,1934年1月。
② 《九年来之重庆市政·绪言》,重庆市政府秘书处编印,1936年10月,第6页。
③ 《九年来之重庆市政·绪言》,重庆市政府秘书处编印,1936年10月,第6页。

为具有强烈半殖民化的机构,重庆海关也设税务司一职,由外国人管理。直至 1927 年,重庆海关才完全由中国人掌控。① 比海关出现稍晚的是租界,1901 年王家沱租界的开辟为重庆租界之肇始。日本人取得王家沱的租借权后,在租界内设立殖民机构管理市政。不过,王家沱租界更多的是外国经济入侵的平台,在基础设施建设上并没有太多作用。事实上,以市政机构的沿革来看,重庆自己所建立的具有近代意义的市政机关为清末所设之警察局。1905 年,四川通省警察总局咨川东道改重庆保甲局为警察局,设于天符庙,并召集 48 个坊厢的保甲委员实施培训,让他们担任警员。② 此时重庆城分七区,每区置团总 1 人,由巴县县令遴委统辖,"不负组织训练民众之责,只仰承县旨循例办公而已"③。到 1921 年,刘湘在重庆设商埠督办处,并委任杨森负责管理。第二年,杨森去职,邓锡侯接任,并改督办处为市政公所。后来又几经更迭,直至 1927 年,21 军军部改重庆商埠督办公署为市政厅,并任潘文华为市长,"以下分设各局,于是,市之名称乃定,而市之制度乃具。"④ 由此可见,市政厅的出现实际上可以看作是重庆市政建设史上的一座里程碑,它具有划时代的意义。

重庆市政厅符合近代市政机构建设的特征,有助于市政建设的开展。随着军阀混战的进行,长期盘踞重庆的刘湘逐步成为四川最具影响的实权人物。1929 年 2 月 15 日,刘湘根据国民政府《市组织法》的规定,批准设立重庆市。市政府成立后,相关的组织机构也进行了调整。总务处被废除,民生局改为社会局,新设教育局、审计处。后来又将江北办事处改为江北管理处,增设南岸管理处。20 世纪 30 年代初期,秘书处与社会局合并为总务处,增设了市金库局、团务局、土地局等机构,一些处、局机构下设单位也增多,成为重庆历史上市政机构设置最为完备的时期。这表明,城市的发展拓展了市政工作的范畴,市政系统也因此变得愈加庞大。

随着市政机构的改良和逐步健全,重庆在城市建设上的步伐也开始缓慢发展。20 世纪 20 年代,一些有识之士提出了颇富时代意义的建设计划。例

---

① 隗瀛涛、周勇:《重庆开埠史》,重庆出版社,1983 年,第 41 页。
② 向楚主编:《巴县志选注》,重庆出版社,1989 年,第 697 页。
③ 《九年来之重庆市政》,重庆市政府秘书处编印,1936 年 10 月,第 135 页。
④ 《九年来之重庆市政》,重庆市政府秘书处编印,1936 年 10 月,第 12 页。

如1921年时,杨森曾对江北作详细规划,指出:"欲先开辟北岸,拟自江北县城外之打鱼湾,下至唐家沱一带,沿江筑堤三十里,以为轮船泊步,原有旧城商店、堆栈悉令他徙以整齐之。"①不独江北,在沙坪坝,自20世纪20年代起,人们利用磁器口古镇的底蕴在这里陆续建立了一批学校和工厂。很显然,市政建设的开展拓宽了市区范围。即便是在向来以朝天门为东界,向西至临江门、通远门、南纪门一线的原有市区,到20世纪30年代时,重庆市区向西已经扩至曾家岩、两路口一线,增加了近两倍。不独有市区的扩展,市内的基础设施建设也得到重视。特别是市政厅成立之后,先后"整理旧街道,使市场展宽,市面清洁,创修中央公园,使市民于工作之暇,得有休憩之所,又以本埠三面临江,水道交通,颇关重要,乃从事建修嘉陵码头、朝天门码头,以利商货之转输"。②除此之外,重庆市政厅还计划筹备设立自来水公司,整顿电灯、电话设施,新修马路干道。当然,重庆囿于其山地的特殊情形,道路拓展和自来水工程都受到很大限制。例如,当时便有人指出:"改善下水道体系也曾努力,但由于路基的岩石性质,这项工程是很艰难的、费钱的,而且必然是缓慢的。新设自来水厂已可供应上半城,同时下半城尚仍赖江水为饮料。"③但就总体而言,由于市政机关的努力,重庆的城市面貌在20世纪30年代时已经得到很大改善。所谓"昔日殡宫,今成沃壤"④,正是对这一城市化进程的形象描述。

众所周知,20世纪二三十年代是西方市政建设理念在中国较为盛行的时期,不少城市都在这个时候迎来了市政建设的高潮。例如董修甲曾就当时的市政问题指出:"盖我国无论旧式城市(内地各城市是),或新式城市(如各通商大埠是),其卫生上、居住上亟待解决之问题实多。至我国乡野,虽空气充裕,树木众多,极合卫生,惟人生需用物具,多不设备,不便也孰甚?故欲使我国各地悉成乐土,当注意寓乡于市之意。"⑤董修甲是在谈及对西方田园城市理论引介时讲这番话的;事实上,当时的孙科、杨哲明、殷体扬、蒋慎吾、吴国

---

①向楚主编:《巴县志选注》,重庆出版社,1989年,第802页。
②《潘督办报告朝天嘉陵两码头经过情形及以后进行市政之步骤》,《重庆商埠督办公署月刊》,1927年,第9期,第3页。
③周勇、刘景修:《近代重庆经济与社会发展(1876—1949)》,四川大学出版社,1987年,第371页。
④杨世才:《重庆指南》,重庆书店,1938年,第6页。
⑤董修甲:《田园新市与我国市政》,《东方杂志》,1925年,第11号,第41页。

桢、陈乐桥等人都在这一时期对西方市政建设理念作了不同程度的吸收和介绍。在重庆,即便是军阀混战,仍然有人在城市规划和基础设施建设等问题方面作出了不少探索,其中尤以潘文华为最。潘文华本为军人,是刘湘部下。他于 1927 年出任重庆市长,1935 年卸任,此为重庆市政变革最显著时期。无怪乎人们说潘文华任重庆市长后,"全市马路、自来水、电力厂及一切建设,不数年而次第完成"①。不仅如此,潘文华主政期间,还在重庆修建了第一个城市公园,筹办了第一家公共汽车公司。② 市政建设的进步反映了重庆城市早期现代化步伐的加快,这也正是潘文华所期盼的,他在履职之初就说:"重庆市均与沪汉各埠,并驾齐驱,是则文华之所盼望者也。"③到潘文华卸任之前,重庆的市政建设虽然仍旧不能与上海和汉口相提并论,但其间的巨大变化却已为时人所瞩目,这也为抗战爆发后重庆城市的进一步发展奠定了基础。

第二节 国家政治中心西迁与陪都地位的形成

随着中日民族矛盾的逐渐紧张和加剧,国民政府对迁都作了比较周详的考虑,四川和重庆的战略地位迅速凸显。抗战全面爆发后,尽管抗战时期的重庆是日本侵略者打击的重要目标,但重庆也由此获得了城市发展的新机遇。随着国府迁渝,并明定重庆为陪都,重庆成为全国的政治、军事、经济、文化中心。重庆的城市地位发生了巨大转变,完成了由区域中心城市向全国中心城市的跨越。

一、南京国民政府首次迁都

1932 年 1 月 28 日,日军在上海挑衅酿造事端后,南京处于直接威胁范围。出于政治安全的考虑,1 月 30 日,国民政府主席林森和行政院长汪精卫联合签署了《国民政府移驻洛阳办公宣言》,明确表示:"政府为完全自由行使职权,不受暴力胁迫起见,已决定移驻洛阳办公。"④2 月 2 日,国民党中央

---

① 傅润华主编:《中国当代名人传》,世界文化服务社,1948 年,第 254 页。
② 杨筱:《重庆首任市长——潘文华》,《重庆市渝中区文史资料》,第 17 辑,2007 年,第 208 页。
③ 《潘督办报告朝天嘉陵两码头经过情形以及以后进行市政之步骤》,《重庆商埠督办公署月刊》,1927 年,第 9 期,第 3 页。
④ 《国民政府移驻洛阳办公宣言》,《外交部公报》,1932 年,第 1 期,第 1 页。

执行委员会发布《为国民政府及中央迁移洛阳办公通电》,再次强调了政府迁都洛阳的决策,并指出:"常务委员会及执监委员会除负有特别任务者外,电邀一齐莅洛。"①就这样,自"一·二八事变"之后,国民政府很快作出了迁都洛阳的决策。紧接着,除军政部长何应钦、外交部长罗文干、京沪卫戍司令陈铭枢等人仍留守南京外,国民政府大批工作人员在林森、汪精卫等人的率领下开始北上赴洛办公。

毫无疑问,此次迁都策略的提出和实施,在时间上是极为短暂的。之所以如此迅速地作出决定,与当时南京所面临的紧急情势有关。就在"一·二八事变"发生后的第二天,蒋介石就意识到了问题的严重性。他在日记中初步表达了对迁都的决心:"与倭长期作战,将来结果不良,必归罪于余一人,然而两害相权,当取其轻,政府倘不迁移,则随时遭受威胁,将来必作城下之盟,此害之大,远非余一人获罪之可比。"②1月31日,汪精卫在开封讲演时也说:"国民政府设在江边,战事一起,即在军舰炮火威胁之下……供职于国民政府诸人生命虽不足惜,其如政府机关不能完全自由行使职权,则全国政务,便陷于无政府的状态,其贻祸国家,宁可思议!"③蒋、汪二人作为当时国民政府的实权人物,他们的态度对于迁都显然具有举足轻重的作用。事实上,蒋介石、汪精卫十分敏感地认识到迁都的必要性和紧迫性,除了受上海事态的影响外,还与当时日本在南京方面的异常动向紧密相关:

(一)南京日领事上村公告领事馆人员及侨商等,不得已于相当时间内,退避至安全地带。(二)同日(二十九日)下午一时,日领事下棋。日领馆忽将该领馆原设电台及重要文件,陆续移于停泊下关日舰中。(三)在沪停泊之日军舰平户号,于廿九日午前八时三十分开驻南京江面。(四)下关江面,原驻日舰三艘卅日下午续到二艘,日舰当局派员向我海军部说明:沪事仅局部问题,驻长江日舰,对中国兵舰无敌意,但各日舰均悬警备旗。(五)日侨早已完全离京

---

① 罗家伦:《革命文献》,第36辑,(台北)中央文物供应社,1984年,第1561页。
② 秦孝仪:《中华民国重要史料初编——对日抗战时期》绪编(一),(台北)中国国民党中央党史委员会,1981年,第430页。
③ 汪精卫:《国民政府暂移洛阳办公之原因及经过》,《中央周报》,1932年,第192期,第1页。

赴沪。①

由此可以看出,"一·二八事变"后,日本方面对扩大战事,并威慑国民政府首都南京,是有充分准备的。同时,国民政府对日本扩大战事的可能性也作了估计,并试图以迁都来保存力量,促成政府机构之正常运转。1932年3月1日至6日,国民党中央执行委员会在洛阳召开会议,会议通过了《确定行都与陪都地点案》,指出:"一、以长安为陪都,定名为西京。二、以洛阳为行都。"②然而,国民政府此次迁都又是十分仓促的,对于抗日,也并没有树立相应的意志,更无长远打算。

退踞洛阳后,国民政府仍然执行"攘外必先安内"的政策,对于上海的淞沪战事,则采取力主和谈的方针。1932年2月13日,何应钦致电蒋光鼐、蔡廷锴,说:"蒋公之意,我军进攻,无论如何牺牲终难达目的,已派陈次长与日武官原冈及第九师团参谋长田代少将接洽,先谈双方停止射击若干时间,为办理调停余地,然后就一步商谈如何撤退等问题。"③而另外一方面,迁都洛阳后,不少官员因为习惯了南京官邸式的生活,对洛阳简陋的条件极为失望。冯玉祥曾描述这样的情形说:"那些自称革命的新贵们,来到洛阳,一看即垂头丧气了,没有洋楼,没有地板,没有新式马桶,更没有大餐可吃,所以很多的人都表示不满意了。"④由于各种问题的存在,加之《淞沪停战协定》的签订,国民政府的外交努力最终换得了南京的暂时和平,蒋介石于1932年5月30日率领大批官员回到南京。此后一段时间,国民政府实际上分南京与洛阳两地办公,一面促成还都南京,一面又建设行都洛阳。直至1932年11月29日,国民政府发布《自洛阳还都南京令》,称:"首都交通便捷,国际周旋,较为顺适。乃定十二月一日移回南京,俾获耳目之周详,试申正谊于坛坫,外以遵守国际条约之精神,感格邻国,内以持续长期抵抗之策略,昭告邦人。"⑤1932

---

① 何天言编:《上海抗战血战史》,现代书局,1932年,第178—179页。
② 荣孟源主编:《中国国民党历次代表大会及中央全会资料》(下),光明日报出版社,1985年,第156页。
③ 李勇、张仲田编:《蒋介石年谱》,中共党史出版社,1995年,第204页。
④ 冯玉祥:《我所认识的蒋介石》,陕西师范大学出版社,2007年,第31—32页。
⑤ 《国民政府自洛阳还都南京令》,秦孝仪主编:《中华民国重要史料初编·对日抗战时期》绪编(一),(台北)中国国民党中央委员会党史委员会,1981年,第552页。

年12月1日,国民政府正式迁回南京,并举行了还都典礼。

二、四川战略地位的凸显与国府迁渝

1934年10月,红军开始长征。随着红军主力转入云贵川地区,国民政府的目光开始聚焦于西南地区。对四川而言,国民党中央试图利用"剿匪"之机加大对地方的渗透与控制。1934年12月,国民政府命令改组四川省政府,刘湘被任命为省主席,并负责"剿匪"事宜。四川政局由原来的军阀混战转向统一,四川的战略地位也随之凸显。1935年《申报月刊》上的一篇文论就说:"自从中央军平匪乱而入川以后,四川这块山明水秀,天产富庶的庞大土地,不仅引起全国上下的重视,进而东京、伦敦、华盛顿、巴黎亦将他注目了。明白地说,四川现在已不是深锁在夔门以内的四川,它已是中国的、东亚的,甚至于世界的四川了。"[1]很显然,由于红军主力长征入川,国民党鉴于"剿匪"上的考虑,在政治和军事上加强了对四川的控制。国民党中央不仅派遣参谋团和别动队入川,并着重整顿川康军事与财政。1935年10月,国民政府还撤销了军事委员会委员长武昌行营,新设立了重庆行营。

> 军委会委员长行营于三月一日在武昌成立后,川、黔及湘、鄂股匪,经我军分途痛剿,歼除殆尽,所余残匪,现已远窜西北。剿匪军事重心,遂移向陕、甘、四川一带。故行营定十月一日在渝成立,而武昌行营遂于十月二十日结束。职员除一部调西北剿匪总部外,大部负责人员均将赴渝。驻赣绥署及行营参谋团亦即结束,高级人员将分别由赣、蓉赴渝。[2]

从以上这则通告来看,重庆行营成立的直接目的是为了承接武昌行营的任务,以便"剿除"红军,进而控制四川。曾任刘湘秘书的邓汉祥回忆说:"重庆行营表面规定专管川、康、滇、黔四省军事政治经济,实际则注重在四川。"[3]

---

[1] 芳秋苇:《四川在我国政治上的地位》,《申报月刊》(下),1935年,第12号,第51页。
[2]《重庆行营成立通报》,陈集忍等主编:《红军转战贵州——旧政权档案中史料选编》,贵州人民出版社,1984年,第201页。
[3] 邓汉祥:《四川省政府及重庆行营成立的经过》,《文史资料选辑》,第11册,第33辑,1963年,第109页。

事实也是如此,四川作为中国内陆深处的一个省份,它在"围剿"红军和安定西南局势上的作用是显而易见的,特别是重庆行营成立后,重庆开始成为西南地区的政治、军事中心。1935年,蒋介石在不同场合对四川的战略地位作了相同的指示。这年3月4日,蒋介石在重庆出席四川党务办事处扩大纪念周会议时指出:"就四川地位而言,不仅是我们革命的一个重要地方,尤其是我们中华民族立国的根据地。"①同年10月,蒋介石在成都又讲道:"日本人无论在东三省或者将来再在华北弄什么伪组织,都不相干,都不足以致我们的死命!我们今后不必因为在华北或长江下游出什么乱子了,就以为不得了,其实没什么!只要我们四川能够稳定,国家必可复兴!"②蒋介石在成都讲这番话时,华北事变已经爆发,中日之间的民族矛盾也日益加剧。由此也不难看出,随着日本侵华步骤的加快,国民党对于长远的御敌斗争也开始有所考虑,而依托四川、据守重庆则成为这一战略构想的重要内容。

事实上,国民政府对于将四川和重庆作为战略腹地的构想并不仅仅是因为政治上的原因,西北和西南各自的经济发展状况也是其中的一个重要的参考要素。早在1932年国民政府在准备还都南京时就认识到:"关中为自古建国之域,河洛为文化发祥之地,一自胡马南侵,中原板荡,黄河流域之地,文化日衰;至于近代,受外国经济、文化之侵略,与历年军匪之骚扰,社会文化,破坏几尽,而人民更不能保其生存。"③虽然国民政府还都南京后,把建设陪都和行都作为一项政策固定下来,但短短几年时间,西安和洛阳的建设并没有太大改善。加之,1936年后,红军主力在陕西会师,并以延安为中心建立了根据地。出于安全战略上的考虑,西安和洛阳已不是国民政府迁都的理想之地。反观四川,不仅在1935年结束了军阀混战,实现了政治统一,而且在经济发展与社会资源上也具备一定优势。1935年《四川经济月刊》上的一篇文论就指出:"川省可资利用之原料既富,而原有之民族工业,亦都具有相当之历史,

---

①《蒋委员长讲:四川应作复兴民族之根据地》,秦孝仪主编:《中华民国重要史料初编·对日抗战时期》绪编(一),(台北)中国国民党中央委员会党史委员会,1981年,第329页。
②秦孝仪主编:《先总统蒋公思想言论总集》,第13卷,(台北)国民党中央党史委员会,1984年,第480页。
③《蒋中正等提议将中央党部国民政府迁回南京并切实进行长安陪都及洛阳行都之建设事宜案》,秦孝仪主编:《中华民国重要史料初编·对日抗战时期》绪编(一),(台北)中国国民党中央委员会党史委员会,1981年,第550页。

且以地域广大,气候温和,无论何种产业,均有良好之发展机会,则当此盛倡生产建设之时,吾人安可忽视四川在我国经济上地位之重要。"①更有人大声呼吁开发四川,以挽救国难,说:"今日四川在中国之地位,较之'九一八'以前,不知重要若干倍,加以天时地利人力,俱有使实业振兴之可能,……盖国难愈严重,四川愈应开发。"②由上可见,至迟到20世纪30年代中期,四川在国家经济战略上的价值已被认识。正是基于此,四川才更加符合作为迁都目的地的基本条件。

1937年7月7日,卢沟桥事变爆发。8月14日,国民政府发表《自卫抗战声明》,称:"中国之领土主权已横受日本之侵略,……中国决不放弃领土之任何部分,遇有侵略,惟有实行天赋之自卫权以应之。"③至此,抗日战争全面展开。由于实力对比悬殊,国民党军队在日军的进攻中节节败退。国民政府高层开始将迁都逐渐提上议事日程。1937年8月29日,蒋介石在日记中写道:"如迁都则应在重庆,大本营则在洛阳,行政院则在衡阳。"④可见,迁都何处,蒋介石此时已有初步抉择。1937年11月12日,上海沦陷。第二天,蒋介石意识到了问题的严重性和迁都的紧迫性,将迁都纳入议程表。他在接下来一周内的日记中,四次提到要"决定迁都日期"。⑤ 1937年11月19日,国民党在南京举行国防最高军事会议,蒋介石在会上指出:"国民政府迁移重庆,为三年前预定计划之实现,切愿党政军全体同志于迁渝以后更要积极振作,力求革新精进,造成蓬勃气象,一新国际观感,以安慰前方将士,激励全国国民,共同一致,恪尽本职,来争取抗战最后胜利。"⑥第二天,国民政府发表宣言称:"国民政府兹为适应战况,统筹全面、长期抗战起见,本日移驻重庆。"⑦11月26日,国民政府主席林森和部分行政人员抵达重庆,重庆成为战时首都。

---

① 徐新六:《四川在我国之经济地位》,《四川经济月刊》,1935年,第1期,第26页。
② 胡庶华:《四川经济建设问题》,《四川经济月刊》,1936年,第1期,第47页。
③ 中国第二历史档案馆编:《中华民国史档案资料汇编·外交》,第5辑,第2编,江苏古籍出版社,1997年,第27页。
④《蒋介石日记》,1937年8月29日,斯坦福大学胡佛档案馆藏,据手抄稿整理。
⑤《蒋介石日记》,1937年11月13—19日,斯坦福大学胡佛档案馆藏,据手抄稿整理。
⑥ 秦孝仪主编:《先总统蒋公思想言论总集》,第14卷,(台北)国民党中央党史委员会,1984年,第652页。
⑦《国民政府移驻重庆宣言》,张旭光编译:《大战史料汇编》,第1集,江西文化出版社,1943年,第93页。

与"一·二八事变"后迁都洛阳相比,此次国民政府迁都重庆显然准备更充分。11月30日,蒋介石在日记中写道:"国民政府前往重庆办公以使长期抗战也。"①由此亦可见,重庆在国民政府抵御日本侵略的计划中具有十分重要的战略意义,进而成为国民政府高层进行长期抗战的后方基地。当然,国民政府虽然宣称要移驻重庆,但其间各机构有相当长一段时期分别在重庆、武汉、长沙等多地办公,这一状况一直持续到武汉会战结束后。1938年12月,国民政府军事委员会迁移到重庆办公,至此,国民政府完成了移驻重庆的所有步骤,重庆成为大后方抗战的政治中心。

三、重庆陪都地位的确立

国民政府迁渝后,重庆立即成为大后方的政治、军事中心。尽管如此,重庆仍是四川省政府管辖的一个城市,国民政府也没有像前次移驻洛阳时那样,明确颁布法令宣称重庆为陪都。直至1940年9月6日,国民政府才发布命令确认重庆的陪都地位。由此也可以看出,从法理上来看,抗战全面爆发后相当长一段时间内,中华民国的陪都仍是西京,即西安。换言之,重庆从被认定为迁都之地到明确为陪都,经历了一段相对漫长的时间,这主要受到以下因素的影响:

第一,当时重庆城市发展较为落后,需要通过建制提升来满足战时首都发展的基本要求。抗战时期,重庆受地形限制,其城市的区划范围比较小,城市的面貌陈旧。加之长期军阀混战的影响,地方的发展未受到国家的重视。因此,从开埠到抗战爆发前,重庆虽然经过了近四十多年的发展,但其在全国各大城市中的地位并不突出。1927年,重庆设市政厅后,其建制虽然经过多次变动,但最终仍为省辖之一地方城市。潘文华也多次组织人员建议国民政府根据《特别市组织法》中的相关规定②,设重庆为特别市,但均未获得国民政府的批准。抗日战争全面爆发后,随着各党派、机关、学校、银行以及文化组织和社会团体大量迁入,重庆城市出现裂变式发展,原有的市政机制已无

---

① 《蒋介石日记》,1937年11月30日,斯坦福大学胡佛档案馆藏,据手抄稿整理。
② 1928年,国民政府颁布《特别市组织法》,规定符合下列条件之一者为特别市:"一、中华民国首都;二、人口百万以上之都市;三、其他有特殊情形之都市。"由于重庆不满足前面两个条件,只能以第三个原因来申请特别市。相关法规参看中国第二历史档案馆编:《中华民国史档案资料汇编·政治(一)》,第5辑,第1编,江苏古籍出版社,1997年,第125页。

法满足社会正常运转的需要,更不能适应战时首都的要求。1938年9月,行政院决议批准重庆市组织机构"暂准援照直属市组织",但同时又规定"该市仍隶属于四川省政府"。①1939年4月,国民政府行政院向国防最高委员会提议:"查重庆市向为西南重要商埠,现已蔚成政治文化中心,该市政府虽系援照直隶市组织,因事务日繁,其行政系统及政权,亟须明确规定,以资运用。兹为促进行政效率,适应实际需要,拟将该市改为直隶于行政院之市。"②由此不难看出,是国民政府基于城市现实状况的考虑,重庆才被列为中央直隶市,但这一地位的提升对重庆城市的发展具有重大意义,也为陪都定位的最终出台奠定了基础。

第二,国民党试图树立抗战意志,表明抗战决心,虽政府已退至重庆,但军事上仍坚守寸土必争的信念,不愿在抗战之初就被冠以迅速退居后方的形象。卢沟桥事变爆发之初,国民党高层就已意识到事态的严重性,蒋介石于该月最后一天就预定:"政府地点拟定武汉或长沙、广州。大本营拟洛阳、西安、彰德。"③但是,国民党在家困国亡的关键时刻,仍然选择了坚持抗战的道路,在军事战略上实施了有步骤的后退。1937年8月1日,蒋介石在南京出席中央军校扩大纪念周演讲时指出:"未奉命令须死守不退,既奉命令必勇往直前,强者不可燥进,弱者不致后退。"④1937年11月26日,蒋介石在日记中写道:"南京城不能守然不能不守。对上对下对国对民无以为怀矣。"⑤南京沦陷后,国民党先后以武汉、衡阳军事战略要地,予以顽强抵抗。1938年6月27日,指挥武汉会战的蒋介石似乎预感到了此次战役的结果,但又不愿国土再沦丧,于是在日记中写道:"每一想到,穷苦之妇孺与同胞,若武汉再被敌攻陷,将不知遭遇如何之浩劫,唯有鼓励军民与武汉共存亡。"⑥尽管如此,蒋介石又对战场形势十分清醒,他并没有忘记"三年前以四川为抗战根据地之准备"⑦,时刻都在筹划后方建设,以待时局变化和反攻时刻的到来。从这个意

---

① 黄立人:《抗战时期大后方的经济史研究》,中国档案出版社,1998年,第16页。
② 《国民政府公报》,第151号,第140册,(台北)成文出版社,1972年,第8页。
③ 《蒋介石日记》,1937年7月31日,斯坦福大学胡佛档案馆藏,据手抄稿整理。
④ 秦孝仪主编:《先总统蒋公思想言论总集》,第14卷,(台北)国民党中央党史委员会,1984年,第597页。
⑤ 《蒋介石日记》,1937年11月26日,斯坦福大学胡佛档案馆藏,据手抄稿整理。
⑥ 《蒋介石日记》,1938年6月27日,斯坦福大学胡佛档案馆藏,据手抄稿整理。
⑦ 《蒋介石日记》,1938年10月13日,斯坦福大学胡佛档案馆藏,据手抄稿整理。

义上讲,蒋介石所谋划的后撤可归为一种战略性后撤。1938年年底,蒋介石在总结这一年的军事行动时写道:"一年中失陷徐州、开封、广州、武汉之四大重镇,除广州余部不战而溃丧失威信之外,其余皆与敌军以重大打击,以使敌进退维谷,攻守皆难,而我之战略与政略得以布置完成,且立于主动地位,奠定抗战胜利之自信心理。"①由此可见,蒋介石对于其步步后撤,以"空间换时间"战略步骤的效果是比较满意的。事实上,在自身实力较弱的情况下,蒋介石既不会选择在与日军的对抗中彻底消耗掉军力,也不愿意大范围直接逃撤至后方以致留下历史罪名,他唯有且战且退,国家政治、军事战略中心的确立也需依此循序渐进。

第三,国民政府在主战场上大范围败退,日本又加紧扶植伪政权,出于抵制伪政权和凝聚后方力量上的考虑,陪都建设最终提上议事日程。国民政府迁都后,不少前方将士有懈怠心理,担心中东部地区已被放弃,对于国家存亡并无信心。针对这种观点,有人指出:"我们自从发动抗战以来,没有实行全面的全民族抗战,所以遭受了暂时的失败。在这种情形之下,结果是被迫着迁都了。但是应当着重指出的是,不要因为国都的迁移,而存着放弃南京以至于长江流域的思想。"②事实上,国民政府迁都重庆在战略上具有保存实力的意义,也有助于长期抗战的开展。1940年,重庆举行了庆祝陪都成立大会,会议认为国民政府迁到重庆"就是认定了这次的抗战是长期抗战,四川是我们民族复兴的根据地,重庆是我们抗战的指挥台,因此就决定将重庆建立陪都"③。可见,确立陪都对于当时振奋精神,树立长期抗战的决心有重要作用。除此之外,国民政府明定重庆为陪都还是出于抵制汪伪政权的考虑。1940年汪伪政权在南京成立后,发布了《国民政府还都宣言》,称南京为全国唯一合法中央政府,"重庆方面如仍对内发布法令,对外国缔条约协定皆当然无效"④。对于这种局面,重庆方面给予了强烈驳斥,并最终通过法令于1940年9月明定重庆为陪都⑤,这无疑从法理上否认了汪伪政权的正当性。

---

① 《蒋介石日记》,1938年12月30日,斯坦福大学胡佛档案馆藏,据手抄稿整理。
② 《国民政府迁都感言》,《解放周刊》,1937年,第1卷,第25期,第88页。
③ 《纪念国庆暨庆祝重庆建立陪都之意义与认识》,《明耻》,1940年,第9—10期合刊,第3页。
④ 中国第二历史档案馆编:《中华民国史档案资料汇编·附录(上)》,第5辑,第2编,江苏古籍出版社,1997年,第116页。
⑤ 周开庆著:《四川与对日抗战》,(台北)商务印书馆,1971年,第66页。

总的来讲,国民政府将重庆确立为陪都是重庆城市自身发展和当时全国政治局势发展的历史必然,也是军事战略的需要。它对巩固大后方的发展,鼓励人们坚持抗战,具有重要意义。不过,需要指出的是,此时国民政府并没有废止1932年确立西安为陪都的法令;相反,对于重庆这一新确立的陪都,国民政府要求"行政院督饬主管机关参酌西京之体制,妥筹久远之规模"。①可以看出,当时重庆的陪都建制仍比照了西安。尽管如此,由于国民政府驻住的事实已经存在,重庆作为战时首都也就成为了客观事实,这在当时全国各大城市中是独一无二的。1940年10月,国民政府专门成立了陪都建设计划委员会,统筹规划和建设重庆。毫无疑问,国民政府迁渝以及重庆陪都地位的确立,对重庆的城市发展产生了深远影响。

综观前文所述,由于日本对华侵略的不断扩大,国民政府逐渐意识到了问题的严重性。上海"八一三事件"发生不久,国民政府定洛阳为行都,西安为陪都,随后的国民政府迁都洛阳事件可谓是其针对日军威胁中国首都南京的一种应急性反应。南京的威胁解除后,国民政府又还都南京。然而,卢沟桥事变的爆发最终宣告了中日战争的全面展开。这对于近代本已脆弱的中国而言,无疑是一次致命的打击。但它却促成了近代中国城市发展格局的一次重大调整,尽管这一调整具有相当大的被动性。随着南京国民政府内迁重庆,大量工矿企业、商业团体、金融组织以及学校都迁驻重庆。重庆成为战时首都,并获得了极大的发展机遇,战时重庆的发展正是在该背景下拉开帷幕的。

需要指出的是,重庆从成为事实上的战时首都到正式被确立为陪都,经历了近三年时间。在这段时期内,国民政府并没有取消西安的陪都地位。这主要受到了以下几个因素的影响:一是战前重庆的行政地位较低,其城市建设较为落后,需要一个缓冲阶段;二是国民政府虽已退至重庆,但军事上仍且战且退,国家政治、军事战略中心的确立需要循序渐进;三是国民政府在主战场上大范围败退,日本又加紧扶植伪政权后,迁渝的国民政府急需在法理上确立其合法性。1940年9月6日,国民政府颁布法令,定重庆为陪都。这实际上是对重庆在抗战时期的政治、军事、经济和文化中心地位的再次确认。

---

①《国民政府公报》,第290号,第154册,(台北)成文出版社,1972年,第10页。

随着战事的发展,中国战区成立后,重庆成为远东地区反法西斯的军事指挥中心。至此,重庆从功能相对单一的区域城市一跃成为具有国际影响力的多功能综合性都市。由此我们不难理解,抗战对于促进重庆城市发展及其功能演变无疑是具有重大的历史意义。

第三节　战时大后方的工业中心

如前章所述,抗战全面爆发前,重庆的工业已经取得了一定发展。抗战爆发后,随着各种资源的聚集,重庆工业迎来了新的发展机遇。重庆工业的快速发展是与战时国家战略物资需要和生活物资供给密不可分的。重庆也因此成为大后方的工业中心。战时重庆的工业生产带动了其他经济领域的发展,工业逐渐成为推动重庆经济发展的支柱性产业。甚至可以说,战时重庆工业的发展改变了重庆的经济结构,对推动重庆的早期现代化具有里程碑意义。

一、战时重庆工业发展的基本环境

（一）战时重庆工业管理体系与措施的调整

1. 管理机构的变化

抗战全面爆发后,国民政府对各主要机构和管理部门进行了相应调整。其主要原则是:"一、裁并性质重复或机能一致的机关,停办或撤销并支机关,或受战事影响工作,不能进行的机关,以求经费的撙节,与行政单位的减少。二、划清行政与军事机关的权限,并厘定隶属的系统。因之,抗战以来军委会所设置的统制物资各机关,盖行合并于行政院各部会。"[1]于是,涉及工业发展的机构便在1938年被统一划归经济部。至此,战时工业管理主要由经济部下设的工业司、矿业司、资源委员会以及工矿调整处负责。[2] 调整后的工业管理机构将原属于军事部门的机构都划入了经济部,经济部遂变成了一个十分集中的专门的经济管理机构。总的来讲,"调整后的经济机构对抗战前期经

---

[1] 吕学海:《我国战时的行政体制》,《行政评论》,1940年,第2期,第25页。
[2] 韩渝辉主编:《抗战时期重庆的经济》,重庆出版社,1995年,第41页。

济的发展,尤其是对西南的开发建设起了重要作用"[①]。就重庆而言,由于很快成为行政院直辖市,其工业管理职能虽多受中央统辖,但各部门在抗战时期仍归属于社会局工商行政科,科下设工业股,这与战前相比并无大的变动。

2. 专门的工业法规不断完善

战争的爆发与扩大全面影响到了重庆的工业生产。为了更好地组织和管理战时工业,国民政府颁布了一系列的法规,主要有《工业奖励法》、《特种工业保息及补助条例》、《奖励工业技术暂行条例》、《奖励工业技术暂行条例施行细则》、《战时管制工资办法》、《非常时期厂矿工人受雇解雇限制办法》、《奖励仿造工业原料器材及代用品办法》、《修正劳资争议处理办法》、《战时全国技术员工管制条例》等。[②] 这些工业法规的颁布或修订,既有利于战时工业管理和调控,又在一定程度上促进了工业的发展。例如在奖励标准上,《工业奖励法》将需要一百万元实收资本一条取消,规定:"凡国人在后方所办有关国防民生之重要工矿业,实收资本,已达必要数额,即可呈请奖励。"[③]另外,国民政府对可享受奖励的企业给予多层次的鼓励:"凡可享受奖励的企业,其放贷资本以年息五厘为限,可享受五年不变的政策";"凡可享受奖励的企业,政府可低息贷款,或协助企业向银行或其他方面借贷";"凡可享受奖励的企业,政府以当年产品成本及市场价格为准,酌量给予先进补贴,以为货币贬值的一种补救方法";"凡可享受奖励的企业,可分别给予不同程度的减免出口税、原料税、转口税或一些地方性税捐。若租用国家土地,还可免五年以上地租"。[④] 可以看出,抗战时期国民政府出于挽救民族危亡和维护统治的考虑,对工业发展采取了众多的刺激措施,这在法规体系的前后对比和内容的完善程度上来看,都是比较明显的。翁文灏对此曾有很高的评价:抗战时期的工业"既有保护之成规,复有资金之匡助。抗战时期中主管机关认真倡导促进之程度,实远在和平时代之上"[⑤]。

[①]周天豹、凌承学主编:《抗日战争时期西南经济发展概述》,西南师范大学出版社,1988年,第53页。

[②]沙千里主编:《战时重要法令汇编》,双江书屋,1944年,第317—334页。

[③]《四年来的经济建设》,中国国民党中央宣传部印,1941年,第4页。

[④]《中国工业资本之筹集与运用》,《中国工业建设论文选辑》,1943年,第58页。

[⑤]翁文灏撰战时工业法规之修订及后方工业之发展》,中国第二历史档案馆编:《中华民国史档案资料汇编·财政经济》,第5辑,第2编,江苏古籍出版社,1997年,第135页。

3. 工业组织进一步发展

首先,新成立和发展了一些工业组织。由于战时工业生产的需要,一些工业团体或迁至重庆,或在重庆诞生。主要有中国生产促进会、迁川工厂联合会、中国全国工业协会、国货厂商联合会、西南实业协会等。这些团体或举行战时救济活动,或组织新兵服务社,或联合商会、银行公会等其他团体建议政府实施战时工业应有之措施,如"工业编组、集中生产、定货政策、充实资金、管制物价、运输税制等"[①]。除此之外,抗战时期,重庆的工会组织也得到了一定发展。到抗战末,重庆的产业工会共有17个,职业工会64个,会员人数达到127869人。工会的发展对工人福利的保障、工人技术的训练及其文化水平的提高都起到了积极的促进作用。另外,重庆的商会组织在抗战时期也进一步壮大。"抗战军兴,工商业作伟大西迁运动,重要者多集中陪都,工商业既骤然繁荣,商会所负责任加大,内部组织,乃益臻完善。"[②]商会的出现虽然是基于促进商业和经济发展考虑的,但在工业管理和协调上仍起到了较大作用。

(二)战时工业内迁

20世纪30年代以前,中国的工业分布格局是以沿海城市为重心的,内陆城市的工业发展缓慢,工业化的程度比较低。但随着中日矛盾的加剧,战争局势逐渐紧张,工业内迁被提上议事日程,并成为近代中国工业史上一次颇有影响的经济事件。

1937年7月28日,资源委员会按照国民政府总动员设计委员会的要求召开了会议讨论工业问题,会上便有人提出搬迁上海工厂的议案。第二天,资源委员会约集上海工业界人士商谈,多数表示愿意。8月9日,资源委员会决定通过行政院院务会议的形式来处理上海工厂内迁工作,提出:"俾长期抵抗之力量得以增厚,预计将工作母机二千部连同工具,并择炼钢、炼气、制罐、制橡胶轮胎及制防毒面具等重要生产设备,迁至后方指定地点复工生产,需补助迁移款项五十六万元。"[③]1937年8月10日,国民政府行政院通过了资

[①] 付润华、汤约生主编:《陪都工商年鉴·工商机关及工商组织》,第2编,文信书局,1945年,第12页。

[②] 付润华、汤约生主编:《陪都工商年鉴·工商机关及工商组织》,第2编,文信书局,1945年,第7页。

[③] 张朋园等:《林继庸先生访问记录》,(台北)中央研究院近代史研究所编印,1983年,第29页。

源委员会的提案,决定成立由资源委员会、财政部、军政部、实业部共同组成的上海工厂迁移监督委员会。至此,工业内迁工作全面展开。

战时工业内迁主要分三个阶段进行:第一阶段从1937年8月开始至当年11月止,主要是向汉口迁移上海及沿海地区的工业;第二阶段是从1937年11月至当年10月,因为武汉面临失守,大量工厂西迁至宜昌;第三阶段是从1938年10月至1940年6月,工业由宜昌经川江航运过三峡入川,其中大部分布局在了重庆。据统计,自抗战爆发至1940年底,内迁工厂639家,分布在四川的有254家,[1]仅重庆就有243家,[2]约占全部内迁工厂总数的38%,全部迁川工厂总数的95.7%。[3] 大量工业厂矿的内迁,对大后方的工业建设起到了巨大的推动作用,在现代中国工业史上产生了重要影响。蒋介石在1943年4月30日全国工业建设计划会议期间就称,工业内迁是"抗战中间最难得的一件事"[4]。

为了在战时条件下顺利推进工业内迁的战略,国民政府采取了大量措施,这主要体现在以下两个方面:

第一,成立相关机构,专门负责工业内迁事宜。国民政府的内迁工作是从上海开始的,最早的机构是前文提及的上海工厂迁移监督委员会。淞沪会战爆发后,国民政府在军事委员会下设工矿调整委员会,拟定迁厂整体方针,并成立厂矿迁移监督委员会,以全力执行全国工矿内迁重建方针。经济部成立时,厂矿迁移监督委员会改组为工矿调整处,继续负责全国的工业内迁。[5] 从1938年开始,鉴于内迁厂矿数量在内陆省份的增多,国民政府为了解决这些厂矿内迁的后续安置问题,在大后方的一些省份成立了工厂联合会。工厂

---

[1]《翁文灏撰战时工业法规之修订及后方工业之发展》,中国第二历史档案馆编:《中华民国史档案资料汇编·财政经济》,第5辑,第2编,江苏古籍出版社,1997年,第136页。
[2] 周勇:《重庆通史》,第3卷,重庆出版社,2002年,第1009页。
[3] 由于各种统计存在误差,加之工厂存在民用与军用的复杂性,内迁工厂总数、迁川工厂总数、迁渝工厂总数都存在不同的统计数据。在翁文灏的一些记述中,迁川工厂总数均为254家。1945年中国工业经济研究所编的《工业统计资料提要》显示迁川工厂数量为254家。1947年出版的第20期《联合经济研究室通讯》中所附《内迁工厂节略》所示,四川内迁工厂254家。2002年重庆档案馆公布的《迁川工厂联合会全体会员名录》(《档案史料与研究》,2002年,第2期)中迁川工厂数量达到292家,其中迁渝工厂数量达到271家。
[4] 蒋介石:《中国工业建设的途径》,秦孝仪主编:《先总统蒋公思想言论总集·讲演》,第20卷,(台北)国民党中央党史委员会,1984年,第160页。
[5]《战时后方工业是如何建立的》,《新世界》,1944年,第1期,第11页。

联合会由工矿调整处驻当地办事处和部分迁驻当地工厂的负责人组成,其会员随内迁工厂数量的增加而逐步增加。另外,为解决工厂内迁的运输问题,国民政府于1938年武汉会战后成立了由卢作孚担任主任的军事委员会水陆运输管理委员会。水陆运输管理委员会利用木船为主要运输工具,先后租用或订购了木船1200条,抢运物资25000吨。① 尽管,这一数据与当时中国需要内迁的工业总量相比仍有较大差距,但卢作孚领导的水陆运输管理委员会依托民生公司,为战时工业由三峡入川的迁移工作做出了相当大的贡献。

第二,经济政策鼓励。据时任行政院上海工厂迁移监督委员会主任委员林继庸所述,国民政府"为了鼓励内迁,对于及早迁移者除给装箱费、运费、旅费、生活费之外,还发给建筑、复工等费,并允许向政府申请低利贷,还协助征地、解决用电困难,承接工作,减免苛捐杂税,购储材料原料,以减少其复工困难"②。同时,工矿调整处在工业生产物资供应和融资上也对内迁的工矿企业给予支持。具体而言,这些支持可分为设备供应、材料管理、贷款办理三大方面。"工业设备除由该处饬由有关工厂分别供给外,并经由贸易委员会之复兴公司、世界公司由国外购运应用。材料管理分等级、限运、限价等项目办理。贷款办理除一部由该处存有资金拨付外,并常代为转请四联总处核借。"除工矿调整处的扶持之外,四联总处"每月所贷放的款额,早已超过二万万元的数目"③。另外,国民政府还特别指定交通银行为国家实业专业银行,以加强对国营、省营和民营工矿企业的资金协助。

尽管国民政府采取了诸多措施来推动工业内迁工作,但其主导的工业内迁仍然存在不少缺陷。时任经济部工矿调整处工业司司长的吴承洛在"西南实业协会"成立大会上就指出:"当时迁建工作的进行,是注意与军事有关的机械、电气、化学、纺织等工业。其属于消费的工业,即日用品的工业,并没有一定要去督促迁移。"④吴承洛的谈话说明,当时国民政府在内迁的工厂种类、行业上是有选择的。加之,人力、物力和财力的匮乏,导致国家搬迁能力不足,很多工厂不得不自行搬迁或疏散,这无形中造成了国家工业资产流失。

---

① 彭承福主编:《重庆人民对抗战的贡献》,重庆出版社,1995年,第192页。
② 林继庸:《民营厂矿内迁纪略》,《工商经济史料丛刊》,第2辑,文史资料出版社,1983年,第122页。
③《战时后方工业是如何建立的》,《新世界》,1944年,第1期,第14—15页。
④ 吴承洛:《西南实业协会之使命》,《西南实业通讯》,1940年,第2期,第3页。

另外,国民政府对于内迁工厂在融资上的支持也不够,一些政策无法落实。据1939年的一项统计显示,"工厂迁移,建厂及流动资金三种放款总额,不过九百万元,但当时投资在贸易及收购农产品的,却各为二千万元、三千万元。"[1]由上可见,国民政府内迁工厂的实际支持力度是有限的,大多数工厂(特别是民营工厂)仍然需要依靠自身的努力才能辗转至后方复工。

虽然存在诸多不足,但工业内迁仍然是抗战时期产业领域的一次比较成功的战略转移,也是中国现代工业史上的一次壮举。从事后的实际效应来看,此次工业迁建运动"给予后方工业之赐予,实至深且巨"[2],它对抗战时期的大后方经济发展和前方战场支援有重要的积极意义,对中国特别是重庆的现代工业发展进程产生了极为深远的影响。

(三)战时工业物资需求的增长

一般而言,"任何战时经济政策的目的,都在减少个人消费,将因受战时繁荣而膨胀的过剩社会购买力,移入政府之手,因为现代式的全面战争,须动员全国的人力、财力及物力,除去为维持最低生活所必需的以外,其他均应当贡献给国家,以为作战之用"[3]。这描述的是一种战争导致物资紧缺现象。然而,战争对于经济的另一种反作用力则表现为刺激需求和扩大生产。所以,也有人深刻地指出:"全国物力资源总动员中,工业动员乃一最重要之部门,工业可以供给长期抗战所需之军用品,工业可以供给抗战期中人民日用必需品,工业可以供给输出国外换取外汇之物品。"[4]1941年,民国时期的学者李众荣曾参与中央统计局组织的对重庆及其附近地区的工厂调研活动,涉及的行业主要有纺纱、煤矿、造纸、水泥、玻璃、炼钢、油料、电化、酒精、糖、机器制造等部门。在事后的调查报告中,李众荣指出:"各工厂之货物,其销路绝不成问题,缘目前后方为求过于供之社会,故各厂极少存有未销出之货。"[5]"销路绝不成问题"自然是言过其实,但却反映了战时大后方对于产品的需求状况。对于重庆而言,作为战时首都和大后方的重要工业中心,其工业生产的

---

[1] 杨桂和:《当前经济问题之检讨》,《经济建设季刊》,1942年,第1期,第145页。
[2] 章伯锋、庄建平主编:《抗日战争·国民政府与大后方经济》,第5卷,四川大学出版社,1997年,第253页。
[3] 杨桂和:《当前经济问题之检讨》,《经济建设季刊》,1942年,第1期,第149页。
[4] 雷心如:《重工业与国防》,《再生杂志》,1939年,第21期,第10页。
[5] 李众荣:《大后方之工业现状》,《西南实业通讯》,1941年,第4卷,第1期,第13页。

影响显然也是十分广泛的。反过来,促进或刺激重庆工业生产的各种经济活动因素在当时更是客观而普遍存在的。

> 迨战事发生,军事机关需要工业产品,数量至巨。在先我国各工业中心尚多完整,国际交通路线亦可尽量利用,故供需尚未至十分失调。及至粤汉相继沦陷,各中央机关皆迁至西南与西北各省,而后方工业本不发达,舶来品又不易输入,于是工业品之供给渐成不足。在军事方面,因政府未雨绸缪,军需品之供给反日见增加,唯人们日用品之情况则异是。中央机关西迁,大批公务员随之俱来,而至后方避难之人亦复不少。后方人口增加,所需要之工业品亦随而增多,至后方工业不能应付。以服用品言之,国人消费棉布极多,川省虽多织布厂,而棉纱则向恃武汉、上海与石家庄等处纱厂为之供给,武汉与石家庄来源断绝之后,新迁纱厂尚未开工,于是该省棉纱乃全仰给于上海一处,长江交通已断,棉纱由沪运输,运费昂贵,而数量亦不能充足,故在二十七年九月间上海纱价盘旋于二三百元之时,重庆市价竟高至七百五十元。此中虽不免有投机与操纵情事,然供求之不能相应,为不能否认之事实。……其他工业品类此者甚多,大半供求不剂,价格高涨,凡在后方之人皆曾亲身经历。①

以上是近代经济学家刘大钧对战时后方工业发展的一段分析,从中不难看出当时后方工业物资需求与实际生产之间的矛盾比较普遍。鉴于此,当时的学者赵兰坪就认为,后方急需的是物资生产,物价问题反而显得并不那么重要。他强调说:"我国战时物价,不易统制,不易平抑,物资生产能赖以增加,物资输入,反能赖以不断,倘若竟能达到平抑目的,以后方经济情形而论,所得利益未必大于所受弊害。"②先不去评价赵兰坪有关战时物价的论述是否有失偏颇,单就其有关物资生产重要性的观点来看,亦可知当时供需矛盾的紧张程度。对此,章乃器从战时统制的角度来描述了物资生产的意义,他说:

---

① 刘大钧著:《工业化与中国工业建设》,商务印书馆,1944年,第70—71页。
② 赵兰坪:《我国战时物价与战时物资》,《金融知识》,1942年,第2期,第259页。

"在经济上能大量动员生产,以增加物资数量,否则没有物资做管理对象,管理固然等于空缺;物资过分缺乏,不足以应消费者的要求,或者仅余零售商的零星存货,管理也绝难见效。"①可以肯定,无论是以实际的日常需求来看,还是出于经济管理和调控上的考虑,工业物资生产在抗战时期都显得十分紧迫。这一基本状况的存在,恰恰是推动战时后方工业发展的一种客观要求和重要动力。

二、战时重庆的工业布局

工业的布局问题,是战时后方工业建设的一个首要问题。如何规划其空间布局,对于顺利推进战时生产有着重要影响。作为战时首都的重庆,承担了数量多、战略意义重大的工厂迁建事务,其工厂空间布局的重要性也自然凸显。

如何考虑工厂的空间布局,当时有人指出:"在此敌机疯狂,四出轰炸之下,孰敢保证其不来破坏,集中一地,危险成分较多,防空设备,决非短时间可以办就。如果分散乡村,使敌机不易注目,而各厂依然可以完成其生产任务,自较为安全。"②可以看出,这一对工厂空间布局的建议首先考虑的是安全问题。事实上,工厂分散布局"不但避免空袭之危险,亦所以解决集中生产时原料与成品运输之困难,及工人集中时粮食供应上之困难,且可便于乡村农民之参加工作"③。毫无疑问,分散布局是战时工业发展的一个基本要求。分散布局不仅是对安全的考虑,而且还考虑了工厂原料获取、物资生产、设备供应、产品运输和产品销售等方面的便利。当时另一篇文论更为全面地概括了战时工厂选址时所需考虑的内容:"第一是区域。战时工业区域,固应以安全为要义,但是在现代空战剧烈时代,绝对的安全,谁也没有把握,所以原则上只应该分散而不可集中,其他对于水路陆路的交通,仍须顾到便利。近时四川、重庆、云南、昆明愿有人前往建立工业的基础,这是很有远大的目光,尤其重庆一地,蕴藏煤铁量很富,市场亦有极大的购买力,而原料之多,更为各省所不及。第二是厂基。厂基的要素,一是高爽,二是近水路,三是距离市区不

---

①章乃器:《由物资问题说到战时工业》,《金融知识》,1942年,第2期,第95页。
②《战时工业的分散与集中》,《中外经济抉萃》,1937年,第11期,第21页。
③赵曾珏:《工业之自然位置与战时之特殊性》,《东南经济》,1941年,第1期,第31页。

远,四是水电供给便利。"①这种对于安全与便利的双重考虑,是符合战时重庆工厂选址要求的。显然,为了避免重庆工业经济无谓的损失,工厂在空间布局上应遵循这样的原则。不过,在实际操作过程中,重庆特殊的地形和已有的城市形制和发展水平又给工厂选址、安置和复工带来了不少困难。

1938年初,林继庸抵达重庆,积极着手内迁工厂的安置与复工。对于如何选择地址,怎样对这些工厂作战时空间布局,林在考察重庆地形后感到很困惑。他后来回忆这一境况时说:

> 论及为工厂择地一点,当时我们曾费了一番研究功夫:在平常时期,只须考虑交通、电力、原料、销场、有关各业联系、技术及研究协助、劳工招雇、金融周转、地方捐税、地方治安、灾荒、劳工生活、天气影响、人事、地势、用水、地价、疾病及治疗、出水及放气等环境;在抗战时期,更需要特别注意国防及空袭问题;在迁厂时期,复工的时间问题,又高于其他一切。在重庆附近竟找不着一片完好的平地,江水的高底线,相差竟达百尺,上述各项条件有些是勉可适用的,其余如天气影响、地势、疾病各点,是无可选择。我们只能考虑到空袭安全、迅速复工,以及有关各业的联系三点。为谋安置到渝工人,使迅即得到工作起见,我们只得让厂家先就市区内租些房子,安装机器,暂时先行部分复工,一面再寻觅建厂地点。为谋各厂空袭安全起见,我们不主张各厂疏散太过僻远。我们以为远乡僻镇并不比较附近市区为安全。大工厂的兴建,当然最好是在山谷之间而又交通便利,可以把重要机器藏在山洞内。但是这种现成的好地方究竟不容易找,若是找得到也要让给国防事业最关重要的工厂去用。所以我们只找在市区附近三四十里的地方,交通稍为便利,地势稍得隐蔽,有开凿扩大防空洞的可能,各厂布置疏而不密,而能互相联系便得。……我们十日来,在城区附近选择了十几处荒地,作为工业区。预备把有关各厂作有计划的分配,使他们各自联系起来。②

---

①《工厂内迁的几个重要原则》,《四川经济月刊》,1937年,第5期,第36页。
②张朋园等:《林继庸先生访问记录》,(台北)中央研究院近代史研究所编印,1983年,第68—69页。

作为具体负责内迁事宜的重要人物,林继庸的这段口述表明,当时在重庆安置内迁工厂是十分困难的,其中所要考虑的因素既非一般时期可比,也非在一般城市迁建工厂那般顺利。

据《迁川工厂联合会全体会员名录》①中所录的重庆各工厂地址来看,这些工厂主要分布在渝中区的化龙桥、黄沙溪、菜园坝、大溪沟、上清寺、李子坝等,南岸区的弹子石、海棠溪、铜元局、王家沱、龙门浩、猫背沱、石溪路、五桂石等,沙坪坝区的小龙坎、磁器口,江北区的溉澜溪、董家溪、红砂碛、簸箕石、文星场、猫儿石、黑石子、郭家沱等,九龙坡区的鹅公岩,另有少量内迁工厂分布在大渡口区、北碚区。从这些地点来看,当时内迁的工厂主要分布在长江和嘉陵江两岸,是综合考虑了战时安全、生产便利、地理环境以及城市形制和发展水平等问题的。

内迁工厂的空间分布基本反映了战时重庆工厂空间分布的基本态势。尽管重庆在抗战时期又新建了不少工厂,但其分布的特点并未得到改变。战后制定的《陪都十年建设计划草案》亦呈现出这一特征,抗战时期渝中半岛的工厂最多,在迁建和新建的1356家工厂中,即有389家,占28.7%;其次为南岸弹子石地区152家,占11.2%;再次为小龙坎122家,占9%。以下顺序为龙门浩、海棠溪、江北、化龙桥、溉澜溪、沙坪坝、相国寺、玄坛庙、菜园坝、李子坝、磁器口。② 由此不难看出,受地形影响,抗战时期重庆工厂的分布呈现靠山、临江、近郊、分散的特点。这在很大程度上保证了重庆战时工业生产,有利于战争物资供应和经济发展,亦影响了后来相当长一段时期重庆工业的空间分布和生产格局。

三、战时重庆的工业发展及其生产状况

战时工业生产是保证战时工业产品日常需求的前提,是战时经济链条中的重要一环。从抗战全面爆发到1942年,重庆的工业呈现出整体向上的发展势头,是近代重庆工业发展史上一个新高峰。当时人们描述道:"最近迁川

---

①重庆档案馆:《迁川工厂联合会全体会员名录》,《档案史料与研究》,2002年,第2期,第40—49页。

②陪都建设计划委员会编:《陪都十年建设计划草案》,陪都建设计划委员会编印,1947年,第63—65页。

的工厂,都先后建立起来,机器是日夜不停的转动,工人也不停的工作着,出品供不应求,后方的生产事业正表现得蓬勃的发展。"①另据有关研究,到1939年,内迁至重庆的机械类工厂多数已开始复工,这些工厂每月可以生产车床、刨床、钻床等工作母机100台,蒸汽机、煤气机、柴油机、水轮机、小型发电机等动力机420部,轧花机、针织机、纺纱机、织布机、抽水机、造纸机等作业机1400部。到1942年时,重庆的机械工业得到进一步发展,厂家比1939年增加了5.32倍。②由此不难看出,内迁工厂在战时重庆的工业生产中起到了十分积极的促进作用,其复工和快速的发展,在内迁之后的一段时期内表现出了较大的活力和生机。

事实上,不只是内迁的工厂,重庆原有或新设立的工厂也很快加入了战时工业生产的大潮之中。例如面粉业,抗战前重庆有新丰、先农和岁丰三家面粉厂,其中新丰在1934年改组为复兴面粉公司。抗战爆发后,复兴面粉公司发展为重庆规模最大的面粉公司之一。1943年,复兴面粉公司的注册资本为400万元,设有第一、第二制造厂,各自每日夜生产面粉约1200袋。③再如制革业,《迁川工厂联合会全体会员名录》中所列制革业工厂仅数家,在抗战需求的刺激下,重庆制革业发展十分迅速。1944年5月的统计显示,重庆有各类制革工厂434家。这些制革工厂的发展反映了当时重庆皮具、革具以及相关原料的生产状况,其具体产销数据如下:

1939—1944年重庆市制革工业产销概况统计表④　　　　　单位:张

年份	类别	重革	轻革	烤羊革	麂皮
民国二十八年（1939年）	生产量	39541	20500	132712	7000
	销货量	39840	22325	136860	7000
民国二十九年（1940年）	生产量	59792	34926	172844	7000
	销货量	59792	35152	177188	7000

---

①黄佩兰:《改善重庆纺织女工生活增加战时生产的一点意见》,《妇女新运》,1939年,第3期,第5页。
②韩渝辉主编:《抗战时期重庆的经济》,重庆出版社,1995年,第64页。
③鲜伯良:《陪都面粉工业概况》,《川康建设》,1944年,第5—6期合刊,第1—2页。
④徐崇林:《抗战以来之重庆制革工业》,《中国工业》,1945年,第28期,第23页。

续表

年份	类别	重革	轻革	烤羊革	麂皮
民国三十年（1941年）	生产量	74361	35396	121648	6000
	销货量	74332	35396	121492	6000
民国三十一年（1942年）	生产量	70000	20000	120000	5500
	销货量	68688	20000	120000	5500
民国三十二年（1943年）	生产量	56367	18000	80000	2000
	销货量	57313	18000	80000	2000
民国三十三年（1944年）	生产量	61660	12000	65000	4000
	销货量	61646	12000	65000	4000

附注：1.重革为输带革及底革，轻革为鞋面革、带革及箱革，烤羊革为全羊皮、有色及本色羊皮等。2.重革产销数字，民国三十年以前系依求新、汉中、华胜、大成、光华各厂实际数量，再加小手工厂之一倍，民国三十一年以后，加两倍估计之。3.鞋革产销数字，民国三十年以前统计方法同重革，民国三十一年以后，汉中、华胜停产，完全属于估计。4.烤羊革产销数字，民国三十年以前重、轻革方法，再加小手工厂之三倍，民国三十二年后，全属估计。5.麂皮系汉中、大成、光华、中美等实际产量。

尽管存在统计上的估算和误差，但我们仍然可以从上表管窥出当时重庆制革工业发展的一些端倪。从整体上来看，重庆制革工业在1941年之前发展势头较好，其产销总量均保持平稳的发展。这也与抗战时期重庆整个工业的发展状况和走势相符。除了制革业外，重庆的煤炭业也因战争爆发，需求量增大而有所发展。据统计，1936年时，重庆全年用煤量约为29.4万吨，1938年时已多增加十余吨。但重庆煤炭产量有限，仍有"供不应求之势"[1]。当然，上文所列举之面粉业、制革业以及煤炭业仅为战时重庆工业发展的一部分，但仍可以从一个侧面反映当时重庆工业发展的状况。

重庆工业在抗战前期迅速发展的原因很多，其中战时刚性需求和市场扩大最为重要。众所周知，由于内迁导致人口的膨胀，以及战争导致物资的匮乏，都在客观上促成了刚性需求的增长。以棉纺织业来看，1942年大后方各厂纱锭数与织机数都不及战前全国的二十分之一，生产能力受到很大限制，

---

[1] 马浚之：《重庆市煤焦运销概况》，《矿冶半月刊》，1938年，第1卷，第4期，第9页。

常常需要从上海、汉口抢购大量纱布,并积极发展小型棉纺织工厂。[1] 实际上,这种生产能力不足,以及现实需求量又巨大的差距,在当时重庆其他一些行业也普遍存在。直到 1943 年 6 月 2 日,蒋介石还在第二次全国生产会议上说:"目前我们中国的经济问题,生产实居最重要的地位,不论是农业物资,或工矿物资,都有大量增产的必要。"[2]可见,生产、生活以及战争中对各种物资的需求必然要求发展工业,加大生产。

然而因种种不利因素的限制,抗战前期重庆的工业繁荣并没有持续很长时间。1942 年以后,重庆的工业形势开始出现不同程度的停滞和衰退,重庆的战时工业进入到一个曲折发展阶段。1943 年重庆民生工业"依工矿调整处统计,重庆市各化学、纺织、饮食品工业产品的实际产量,如以上年 1—10 月为 100,则本年同期之生产指数,毛呢为 413,玻璃为 180,食用油为 169,卷烟 140,肥皂 138,面粉为 122,火柴为 121,均增产甚多;又机制纸为 97,水泥为 92,棉纱为 90,均略见逊色,皮革为 77,则减产较著"。该文还进一步分析指出:"本年工业界虽感困难重重,然各重要国防与民生用品之生产,大体尚能勉为支持,仅机器、电器、纺织、制革几种工业略呈萎缩减退之势。"[3]以此看来,到 1943 年时,重庆工业的部分领域仍维持了一定程度的发展,但造纸、水泥、电器、纺织、制革等领域的衰退迹象已经开始显现。例如重庆纺织业,其产量在 1942 年下半年开始就已经减少,1942 年 7 月的产量只有 1941 年 12 月的 55%。[4] 1943 年 12 月,花纱布管制局重庆办事处织户调查委员会对重庆 720 余家织布厂中的 173 家大户纺织厂进行了调查,调查表明,有 39 家纺织厂每月生产二三布(每匹幅 30 英寸,长 20 码,重约 5 市斤左右)19392 匹,平均每机每月织布 31 匹;有 134 家每月生产二七布(每匹幅宽 36 英寸,长 40 码,重约 10 市斤)41850 匹,平均每机每月织布 20 匹。织户调查委员会的这一报告根据调查数据进一步指出:"重庆市一般织机生产效率之低微,洵有改进余地也。"并叹言:"重庆市之织布业,在战时管制政策之下,实无自由发展

---

[1] 行政院新闻局编:《纺织工业》,行政院新闻局编印,1947 年,第 29 页。
[2] 蒋介石:《检讨生产事业的成就和发展》,秦孝仪主编:《先总统蒋公思想言论总集》,第 13 卷,(台北)国民党中央党史委员会,1984 年,第 197 页。
[3] 齐植璐:《民国三十二年后方工业总结》,《工业合作季刊》,1944 年,第 1 期,第 2 页。
[4] 付润华、汤约生主编:《陪都工商年鉴·民生工商业》,第 5 编,文信书局,1945 年,第 2 页。

之机会,更以原料供给之不足,自不能再有新生之力量矣。"①1944年,重庆市政府的工业普查报告也承认:"抗战以后,政府统制棉花棉纱棉布后,最初略现表面之繁荣,之后棉纱供给愈少,外纱来源断绝,大部织机,均无纱可织,故[民国]三十二年以后之情况,形成有织机,有工人而无棉纱可织之现象。"②

另一份来自实业人士薛明剑的统计亦表明了当时重庆机器工业的生产状况。薛明剑指出,1943年6月以后,重庆"因工作缺乏,周转困难而频相停工者日甚一日"。薛明剑还举例说:"以沙磁区而论,该区工厂六十四家中已有十二家停业,约占全区百分之二十。再江北区工厂三十三家中,宣告倒闭者十五家,停顿者二家,合计占该区工厂百分之五十。"薛明剑的统计以民营工厂为对象,他估计当时重庆的民营机器工业正式与非正式停工者,已达总数的百分之五十左右。③机器工业的发展状况与当时重庆整个工业的走势大体相符。据1944年的统计来看,重庆歇业、改组、撤销的民营工厂数达到了125家。④

种种迹象显示,1942年以后,重庆的工业发展开始表现出下行趋势,一些行业的生产状况不容乐观,其原因如下:

第一,通货膨胀导致的经济形势整体恶化,不利于重庆工业的持续发展。众所周知,随着抗战的持续,国民政府经济统制所暴露出的问题越来越多,其中通货膨胀是抗战后期最具典型的问题。受通货膨胀的影响,物价持续高涨。抗战时期中国物价平均上涨年率1938年为49%,1939年83%,1940年124%,1941年173%,1942年235%,1943年245%,1944年231%,1945年8月252%。⑤其中原料和居民日常生活用品占据了重要地位,这就直接导致了原料价格和工资被迫上涨,但工业产品价格却上涨幅度不大,导致工业利润下降,进而影响工业生产。对此,民国时期的经济学者吴大业就指出:自1937年至1939年,制造品价格的上涨较甚,原料品价格、工资与利率则落后,

---

①张文毅:《重庆市173家大纺织户生产情况调查》,《四川经济季刊》,1945年,第3期,第281—286页。
②重庆市政府编:《重庆市工业普查报告·纺织业》,第1辑,重庆市政府编印,1944年,原书无页码,图书馆管理人员标识为第52—53页。
③薛明剑:《重庆民营机器工业之危机及救济方法》,《中国工业》,1944年,第23期,第11页。
④《工业统计资料提要》,中国工业经济研究所编印,1945年,第5页。
⑤洪葭管主编:《中央银行史料1928.11—1949.5》(上),中国金融出版社,2005年,第659页。

制造的利益增大,所以此期以内,后方工业生产突飞猛进,但1940年以后,原料品价格与工资的上涨已超过制造品,制造的利益减少。所以工业生产的增加,亦较前减缓。① 显然,受通货膨胀的影响,在利益与市场的导向下,工业生产受阻,工业发展的困难程度也自然加重。

第二,政府对民营工业的支持力度降低,国营和官僚资本却进一步膨胀。在抗战前期,国民政府为了稳固后方经济,采取了一些积极措施来促进民营经济的发展。不少民营性质的迁渝工厂和新设立的工厂也在这一时期得到快速恢复和发展。但随着抗战相持阶段的到来,国民政府的经济政策发生转向,对民营工业的支持力度逐渐下降。据《经济三年实施办法》记载,1940—1942年拨发"国营"厂矿资金达16654万元,而同一时期配给民营工矿业的资金仅为3800万元,占国营厂矿资金的22.8%。② 下表则反映了1937—1944年大后方民营资本的实际增减情况:

抗战后方的民营工业厂数及其资产状况③

年份	厂数	资本额(百万元)	折战前币值	平均每厂资本(万元)
1937	60	21.9	21.3	35.5
1938	182	91.4	69.7	38.3
1939	346	118.2	53.7	15.5
1940	496	155.6	30.3	6.1
1941	738	280.8	21.7	2.9
1942	1077	331.7	8.5	0.8
1943	977	1149.3	9.2	0.9
1944	533	809.8	1.9	0.4

不难看出,1937—1942年,大后方民营工厂数量增涨比较明显,资本总额的增加则持续到1943年。然而,综合通货膨胀因素,资本总额相对于战前而

---

① 吴大业:《抗战以来的物价与生产》,方显廷编:《中国战时物价与生产》,商务印书馆,1945年,第20—21页。
② 转引自清庆瑞主编:《抗战时期的经济》,北京出版社,1995年,第307页。
③ 许涤新、吴承明主编:《中国资本主义发展史》,第3卷,社会科学文献出版社,2007年,第410页。

言实际是在总体下降。尤其是每厂平均资本,在抗战后期已经十分微小,这说明民营企业的规模已大大减小。除此之外,国民政府在抗战后期还加大一些工矿企业的税收,从而进一步加重了民营工业的负担。以面粉业为例,重庆共有复兴、福民、福祈、天城、岁丰等五家面粉厂,均为民营性质,"面粉统税废除后,即改征营业税,统税□收税率为百分之二点五,现行营业税□则为百分之三,反较前多百分之零点五负担。该业厂商以部分厂商为民食供应生产,并无营业可言,是项负担只有加重生产困难。"①对于抗战时期重庆民营工业的生存状况,有学者就指出:"民营工业不仅无法享受到抗战前期的优惠政策,而且还失去了同国营工业同步发展的公平环境,这也注定了抗战后期重庆大量民营工业无法逃避其衰落的历史命运。"②

第三,战争的持续以及长期的轰炸,制约了重庆工业的发展。抗日战争是一场全民族的反侵略战争,其持续时间较长、战斗之艰辛,是十分罕见的。抗日战争所消耗的国力也是十分巨大的。据国民政府外交部存档的抗战损失统计,各种工业之房屋设备、原动机、作业机、工具机、器具、材料、原料、制成品等共计1190963000美元。③ 不仅如此,为了摧毁中国人民的意志,日军还从1938年2月至1944年12月对重庆及其周边地区实施了惨无人道的大轰炸。大轰炸给工厂造成了极大损失,严重破坏了工业生产。例如1940年5月27日日机炸毁了豫丰纱厂的100余间厂房。广生公司房屋、器具、机械、煤炭等受损共计127万元。同月29日的轰炸,造成化龙桥、磁器口、菜园坝等地的重庆市话局、中央电工器材厂重庆办事处、重庆市工务局大部分库房、办公室、办公用品、职工宿舍及私人财产被炸毁。同福煤矿损失房屋、器具、机械、煤等价值约60.1万元。④ 据相关文献记载,日军轰炸给重庆工业造成了十分巨大的损失。为了躲避轰炸,当时不少工厂便在开凿的防空洞里进行生产。笔者曾于2010年10月9日对原第21兵工厂老职工107岁高龄的蔡万全老人进行过采访,他讲述到当时的生产状况时说:"那时不在厂房生产,都在洞子里头。防空洞外面轰轰炸弹声,我们在洞内生产。基本没有马达,

---

①《渝区民营工业近况》,《中国工业》,1945年,第28期,第16页。
②张超林:《抗战时期重庆民营工业的兴衰及其历史启示》,《重庆社会科学》,2002年,第6期,第44页。
③迟景德著:《中国对日抗战损失调查史述》,(台北)"国史馆"印行,1987年,第263页。
④潘洵、周勇主编:《抗战时期重庆大轰炸日志》,重庆出版社,2011年,第182—185页。

机床大都是手动的,产量不高,一个班一天也就3—4支枪管。"同时,当时有83岁高龄的原第1兵工厂老工人王作曦老人也回忆说:"当时为了搞军工生产,这些防空洞特别多。仅我们厂就有一百多个'洞子',有接近两万平方米的面积。"①显然,为了坚持抗战,工人在艰苦的环境中付出了极大代价。可见,持续的轰炸和艰难的战时环境给重庆工业生产带来了巨大的难题。可以肯定的是,尽管重庆的工业在抗战时期取得了快速发展,但大多数工厂的规模仍然较小,抵御风险能力较低,在持续抗战和大轰炸的恶劣环境下,就容易出现破产和衰退。

第四,工业生产缺乏系统的组织和科学的管理。众所周知,国民政府对于持久抗战的准备和困难的预计是有限的,工业内迁与生产恢复也存在比较明显的盲目和仓促,更难以进行科学的管理和系统的组织。林继庸在回忆迁川工厂的安置状况时就指出了其中的一些乱象,他说:"厂数众,物资多,运输工具不够,又要让军事和政府机关占先,延缓时日及损失物资是不能避免的。"②在建设过程中,重庆的工厂也大多仅顾于各自短期的产品生产,缺乏周密和长远的计划。有的工厂为了避防轰炸,只能迁往郊外,生产的组织也显得更为混乱。以猪鬃加工工业为例,该行业最初是集中在重庆市区进行,"嗣以空袭频仍,风险较大,除一部分移迁四郊开工外,多在各产地设厂加工,以熟货运渝经贸委外销。至于生货之收购及加工业务,多极分散,各自为政"③。"多极分散,各自为政"正是抗战时期重庆工业组织和管理的写照。对此,当时的有识之士也予以揭示:"除了极少数的例外,现在工厂负责的人,很少是根据合理主义和科学管理的原则管理工厂的。"④显然,战时的生产环境是十分复杂的,许多工厂无法进行有序的组织和管理,在融资、原料运输、设备购置、电力供应、劳工招募、工资分配、产品销售等多方面都面临着巨大困难,只能陷入非常时期的仓促和忙乱之中。

第五,运输困难,原料供应短缺,销售市场也不易拓展。抗战爆发时,"西

---

① 两则访谈均于2010年10月9日在重庆建设集团家属区谢家湾进行,此处引文为口述后的录音整理。
② 林继庸:《民营厂矿内迁纪略》,《工商经济史料丛刊》,第2辑,文史资料出版社,1983年,第134页。
③ 钱英男:《重庆市之猪鬃运销概况》,《中农月刊》,1942年,第6期,第29页。
④ 朱福国:《我国工业管理之回顾与前瞻》,《新经济半月刊》,1943年,第8期,第147页。

南各省,则铁路公路,尚鲜建设。至于通信方面,有线电台更寥寥如晨星"[1]。交通建设滞后直接导致了运输困难,进而严重影响到了工业原料的输入与产品的输出。1944年,重庆市政府的工业普查报告显示了纺织业因为运输困难造成的原料匮乏、外销困难的局面。该报告说:"西北之羊毛,产量甚多,而因外销停止销路颇感困难,而重庆需毛甚殷,两地之间,情形迥异,此运输困难所致也。夫运输之困难,不独为毛纺界之所独有,实为战时各界所共感,但如能各毛纺厂采联合运输,且与其他运输机构多联系,则困难程度,自可减少若干。"[2]"至于销路,除军政部制呢厂出品全部由军需分配外,中国、民治二厂大部运销本市,尤以平价供应重庆各机关公教人员为多,重庆以外之其他城市,亦有运销者,但为数甚少。"[3]缫丝业亦是如此。"重庆仅有一家绸厂,更无销路问题,惟缫丝原料日渐减少,故缫丝业年年在不景气之情形中,此种不景气,推原其故,尚为生丝无法外销,致价格低落所致也。"[4]毫无疑问,困顿的交通让许多纺织工厂承受的运输压力逐渐增大,并成为当时重庆各工厂所面临的一个共同问题:他们无法以便捷的方式获得足够的原料,更不能快速地开拓市场,生产自然萎缩。

当然,抗战时期工业发展逐渐呈衰退之势的原因还与农业基础薄弱有很大关联。很显然,农业是中国国民经济中传统的主导产业,抗战时期,农业和广大农村仍然是国民经济的基础。中国传统农业的落后是制约中国工业长远发展的一个极为重要的因素,相关研究已很深入,本文不再赘述。但无论怎样,抗战时期重庆工业的发展,虽然受到了多种因素的困扰,但仍为战时物资生产和供应做出了积极贡献,尽管它避免不了衰退的历史命运。

四、战时重庆的工业合作运动

合作运动思潮源于欧洲,20世纪初便已开始在中国传播,但直至抗战全

---

[1] 韦以黻:《西南交通建设与长期抗战》,《西南导报》,1939年,第1期,第19页。
[2]《重庆市工业普查报告·纺织业》,第1辑,重庆市政府编印,1944年,原书无页码,图书馆管理人员标识为第68页。
[3]《重庆市工业普查报告·纺织业》,第1辑,重庆市政府编印,1944年,原书无页码,图书馆管理人员标识为第67页。
[4]《重庆市工业普查报告·纺织业》,第1辑,重庆市政府编印,1944年,原书无页码,图书馆管理人员标识为第73页。

面爆发后,工业合作事业才真正迎来了发展机遇。① 1938 年 8 月 5 日,中国工业合作协会在武汉成立,由行政院长孔祥熙任总会理事长,路易·艾黎代理总干事。之后,各地工合组织逐步建立,工合运动开始兴盛,直至 1943 年,进入衰退期。

工业合作实际上是一种从资金、技术、组织等层面来构建新型工业生产模式的方式,"是由工人们自己筹建了资金,购买工具,建立工场,自己从事生产,自己管理自己的业务,生产所得都归自己享有的一种自助自救的新的制度"②。工合运动在抗战时期兴起有其积极意义。《东方杂志》载文称:"对于贫苦的难民给予了救济和生活;在日本经济侵略面前保持了本国工业;还有最重要的,是对中国人供给了道德和信任之新鲜而无穷的源泉。工人、专家、热心的青年都有了工作做。……然而好几百处工业重生,中国人能抵抗日本的毁灭力。工人和智识阶级可经由合作社而建设新中国工业,同时并能和日本作持久战。"③这一概括比较全面。当时工合运动的发展,无论是对于民众的救济,丰富工人生活以及提高他们的技术水平,还是抵御日本经济侵略,发展民族工业,都起着比较重要的作用。

鉴于此,工合运动得到了社会各界人士广泛支持。1939 年 9 月 25 日,毛泽东曾书信给香港的工合国际促进委员会主席何明华主教,说:"我赞成以合作社的方式在中国组织建设许多小型企业。"④宋庆龄曾于 1939 年 12 月 10 日在香港演讲说:"最近若干中国人士和同情我国的外籍友人(多数是英人)所发起的工业合作运动,……是一种以人类复原为旨趣的运动,它以适当的工作给予各种人等,而且给以永久的工作。""中国工业合作社的主旨,不是侧重于借用放款,而是要帮助生产者的本人。"⑤孔祥熙也说:"这个运动,政府只有维护,并且帮助发展,他的重要是不可估计的,他对于中国工业指出一条新路。……这个运动足以表现中国对于目前战争的整个态度。在此次残酷

---

① 有关工合运动缘起的论述,参见侯德础著:《中国工合运动研究》,四川大学出版社,1996 年,第 1—49 页。
② 沙千里:《论工业合作》,《工业合作月刊》,1939 年,第 1 期,第 11 页。
③ 陈淑民:《中国战时工业现状》,《东方杂志》,1939 年,第 36 卷,第 11 号,第 77 页。
④《艾黎自传》,甘肃人民出版社,1987 年,第 130 页。
⑤ 宋庆龄:《中国工业合作社之意义》,《宋庆龄选集(上)》,人民出版社,1992 年,第 298—304 页。

战争的铁证上打出一个新国家的形状来。"①国际友人赛珍珠此时在大洋彼岸也发表了对中国工合运动的看法,说:"中国在当前能够积极发展工业合作运动,是唯一的好办法,它能给流亡的难民以救济及生活的力量,它能发展民族工业以抵抗日本的经济侵略,更能给中国民众以新的精神及信仰。"②总的来讲,抗战时期的工合运动是一次工业领域的新型民族自救运动,它对促进大后方工业发展,满足人们生活需要,提高民众智识,以及增强抵御侵略的能力都具有积极作用。

在重庆,国民政府于1939年1月设立了工合川康区办事处,负责组织重庆、四川和西康的工合运动。不久,重庆也成立了工合事务所,具体筹建重庆的工业合作社,推动工合运动的开展。据1939年底的统计显示,重庆有工业合作社114个,社员数为1221人,社股有43459元,③其规模仅次于湖南邵阳。邵阳当时被划为西南区工合运动的中心,重庆则成为川康区工合运动的中心。合作社在重庆的发展,后来似有减少。1940年12月,重庆的一些合作社组织创立了联合社,次年7月改名为重庆市工业生产合作社联合社。1941年初,《工业合作月刊》所载艾黎的文论显示,重庆有73个单位合作社。不过,艾黎在考察完这些合作社后,仍然很欣慰地感慨:"请求组织合作社的人一天多似一天,我们希望关于这些合作社所需要的资金不要发生问题,因为物价的稳定和出品的充实有连带关系的。"④由此可见,作为具体统筹工合事务的负责人,艾黎当时对于重庆工合运动的发展是充满希望的。

总的来讲,重庆工合事业在这一时期得到了较大发展,工合运动所促进的工业生产也让很多人感到鼓舞。爱泼斯坦曾在考察完重庆的工业合作社后说:"我见到了一些样品,其中有染毛机,一些分酪器和其他一些奶厂的必需品,这些都是西康一个新的牧场所需要的,还有重庆兵工厂的许多零部件,学校和实验室用的煤油灯,以及政府谷物仓里的通风器,等等。三年前,中国西部地区从未制造过这些物品。而现在,我们很感兴趣地注意到,甚至机械

---

① 孔祥熙:《工业合作与抗战》,《工业合作月刊》,1939年,第1期,第2—3页。
② [美]赛珍珠:《工业合作与抗战建国》,《西北工合》,1940年,第5期,第4页。
③ 沈雷春、陈禾章编:《中国战时经济志》,(台北)文海出版社,1985年,第106页。
④ 艾黎:《重庆事务所》,《工业合作月刊》,1941年,第1期,第73页。

厂使用的某些车床,在重庆这儿也完全可以制造了。"①可以肯定,工合运动的开展,促进了战时工业生产,在夯实大后方的经济基础和支持前方抗战上都起着积极作用。孔祥熙也不得不说:"此项运动,随着我们光荣的抗战而生,并为光荣的抗战而服务,这一种新事业的建立,等于建立了我们对敌经济作战的一个重要堡垒。"②

值得注意的是,重庆工合事业最初的繁荣与国民政府一定程度的扶持不无关系。以贷款而言,国民政府的主要银行在不同时期对重庆工业合作社给予了资金上的支持,并将贷款分为信用贷款、利用贷款、储押贷款和运销贷款四类。其中,信用贷款是以用于购买原料,支付工资、厂租及加工过程中之必要流动资金为限,限期最长一年;利用贷款是以用于购买设备及修建厂屋为限,限期最长三年;储押贷款是以用于储押自有原料及□品为限,期限最长八个月;运销贷款是以用于社员委托运销之成品、预付货价及运销费用为限,限期最长六个月。③ 然而,国民政府对于工合事业的支持力度终究是有限的。随着抗战的持续,国内工业发展的条件更加艰难,加之国民政府的政治、经济政策也逐渐转变,重庆的工合运动在1942年后很快走入低潮。

1942—1943年,担任中国农民银行经济研究处处长的梁庆椿与好友冯世范对重庆的工业合作社组织与经营状况进行了调查,"渝市之工业合作运动,始自民国二十八年……至三四两月间,工合社数由十余社,突增至百余社以上。人数由数百人增至数千人,驯至服务工厂之雇工,亦相牟加入,其势有如雨后春笋。然因其进度太远,基础未固,迨五三、五四敌机大炸渔垣,居民疏散,百业停滞,于是蓬勃一时之重庆工合,不免陷于停滞。迄于今日,其真能支持者不过数十社而已"。对于此种情形,梁庆椿等人还进一步描述:"三分之二以上之合作社,成立于二十八年,四年来其社员数目之逐年增加者仅二社,不增亦不减者亦六社,而逐年减少者共有七社。目前各社之社员数,平均

---

①爱泼斯坦:《重庆工合》,卢广绵等编:《回忆中国工合运动》,中国文史出版社,1997年,第315页。
②孔祥熙:《工业合作与合作运动》,《中国合作》,1943年,第3卷,第1期,第32页。
③《中国工业合作协会、重庆中国银行协订办理四川工业合作细则》,1939年,重庆市档案馆,档号:289—1—402。

不过每社 14.4 人"①。由此不难看出,重庆工业合作社主要在 1939 年发展,之后虽有调整和巩固,但仍然逐步衰退,到 1943 年大多数已陷入停顿。曾担任工合重庆事务所主任的李在耘当时也坦诚,在具体供销业务上,重庆工合"自三十一年度至三十二年度,均无若何显著之进步"②。

重庆工合事业走向低谷,最直接的一个原因是资金的匮乏。众所周知,抗战进入到相持阶段后,抵御侵略所要求的在物资生产和供应上的持久性愈发重要。然而,中国工业经济基础的薄弱日益凸现。加上国民政府在经济统制上的诸多问题,一方面通货膨胀越来越严重,另一方面工业发展所需的资金紧张愈发明显。重庆的工合运动发展也就愈发困难。下表反映了 1943 年重庆工业合作社的资金结构。

1943 年重庆工合业务资金贷款与需求额度表③

类别	棉织业	化工业	机器业	服装业	印刷业	合计
社数(个)	13	9	2	5	1	30
股金(元)	394730	932500	65058	69790	20000	1482078
贷款额(元)	1550119	3667606	763400	491700	289000	6761825
需款额(元)	3628527	3927274	800000	1000000	400000	9755846
需款与贷款数之比(倍)	2.34	1.07	1.05	2.03	1.38	1.44

从上表可以看出,1943 年重庆 30 个工业合作社的需款额都远大于贷款额,由此说明这些合作社均面临着资金短缺的局面。不仅如此,其自持股金相对于贷款额和需款额而言,都十分微小,这说明自持股金在推动合作社工业生产和运营方面所起的作用极其有限。梁庆椿与冯世范的调查有助于我们对这种现象作更深的解读。

---

①梁庆椿、冯世范:《渝市工业合作生产社之组织经营及改进意见》,《中农月刊》,1943 年,第 2 期,第 23—24 页。

②李在耘:《重庆工合社联合社概况》,《工业合作半月通讯》,1944 年,第 2 期,第 9 页。

③此表根据多个表格数据绘制,详见伍玉璋:《重庆工合之剖视》,《四川经济季刊》,1944 年,第 3 期,第 239—240 页。

战时后方，以增产为第一要务，各社之自有资产既少，借入款又不充分，以如此少量之资金，而欲使一企业作有效之生产，实少可能。……由各社之资产负债表考察，各社之固定资产较之同等规模之私人工厂毫无愧色，而其流动资产则相差甚远。固定资产如厂屋机器防空洞等，均依开办时之价格登账，与现在市价比较，相差何止一二十倍。例如蔡家场制酸合作社与菜园坝机器社之固定资产账面各为三万五千元及五万元，事实则已各值二十余万元及六十余万元。平均而论，每社之账面固定资产约三万元，以时价十倍计划为三十万元，三十二社合计划近千万元。但查各社已缴股金总额仅约二十五万元，借入款总额仅一百五十万元，以之充购买原料支付工资之流动资金，实嫌偏少。值兹原料飞涨之际，如何能作合理之经营耶？合作事业之不克发挥效用，此殆为其主因之一。故嗣后合作金融机关对于各社之贷款额实应积极提高。盖就其固定资产之总值而论，即每社贷放一二十万元，亦毫无危险可言也。①

梁庆椿与冯世范抓住了现象的关键，但在寻求解决之道时，希求国民政府的金融机关能够给予工合事业更充实的资金支持恐怕是一种事与愿违的想法。事实上，在战时条件下，国民政府疲于应付各种经济问题，对于金融领域的贷款，只能多支持国营企业和大型工厂，而对工合运动只靠社会力量筹组的工厂或零散生产线，很难给予足够的帮助。1943年6月在重庆召开的国家总动员第二次全国生产会议上，一份提案道出了其中的原委。该提案指出："我国普通银行之投放于工厂者殆以寥若晨星，国家银行之工矿贷款，虽年有增加，然比诸物价之高涨，亦属有减无增。且此项贷款多用于国营事业，如盐产、专卖、交通等常居最大数额，民营事业之请求贷款者，除数额□更分配不足外，复有种种之困难。"很显然，国民政府当时对国营和民营企业在资金支持上是有巨大差别的。与此同时，该提案还指出："四行贷款往往重视大厂家而忽视小工业，此故奖励高级效率生产之意。然值此物资缺乏有无、问

---

① 梁庆椿、冯世范等：《渝市工业合作生产社之组织经营及改进意见》，《中农月刊》，1943年，第2期，第26—29页。

题严重之时,手工业尚须辅助。对小型工厂实不应一律疏忽,且需求资金最迫切者亦往往为此类小型工厂。更为战后发展计,尤须及时扶住小规模工厂,使之逐渐扩充设备,建立现代化产业之基础。"①尽管提案者认识到了小型工厂在当时工业生产中的重要性,但从国民政府的金融政策来看,小型工厂以及广泛存在的手工业者并没有得到相应的资金扶持,这自然不利于工合事业的发展。

除了资金短缺外,重庆的工业合作社没有形成比较完善的机制和良好的产销方式。早在1939年,中国工业合作协会与中国银行重庆分行在商讨筹组工合供销网络问题时指出:"各工合社成品因品质式样需要运输等各种关系外销多成问题,现行代营处之设立原意至善,惜因上列限制致代营处积贷呆滞,无法销售,……故在目前状况下各社成品似应销行所在地为原则。""各社需要原料,似有统筹之必要。然战时物价波动甚烈,运输工具尤感缺乏,难期适应需要,且往往因物价之涨落,各种费用之大小,而使货物到达之日,反高于当地市价,以致发生不良之波折,故非有最密之组织、灵活之物价情报网,自备之运输工具,不足以言统筹原料之供给也。"②虽然很早就发现了在组织、生产和销售等环节中的问题,但重庆的工业合作社并没有进行实质性的变革。工业合作社机制不合理也导致了生产要素所产生的效率较低。例如"大佛段电池社之生产量尚不及其生产力百分之十,……平均而论,三十一单位社之总生产量至多不过其总生产力之一半而已。原因为何?曰:生产要素配合之未尽合宜也"③。由此可见,没有完善的机制和良好的产销方式,工合运动的成效是很难实现的。

另外,一些合作社在管理上也比较混乱,在生产组织上也没有充分考虑实际要求,有的合作社社员并不参加劳动,类似的冗员过多对工业生产并无直接作用。中国农民银行江津办事处对当地漏田沟煤矿生产合作社的调查显示:"该社除当地少数矿工外,多为陷区后迁人士,且女性社员几占半数,此项社员非但不能工作,即于社业诸务亦甚少过问,其组织近于散漫。……惟

---

①《扩大工矿贷款,简单申请手续,便利贷款条件,以帮助生产事业,增加生产案》,1943年6月,重庆市档案馆,档号:287—1—440。

②《对于各工合社调整与贷款之补充办法》,1939年,重庆市档案馆,档号:289—1—402。

③梁庆椿、冯世范:《渝市工业合作生产社之组织经营及改进意见》,《中农月刊》,1943年,第2期,第25页。

合作生产贵乎全体社员均能工作,而该社社员几达半数不能参与工作,此其最大缺欠。今后如能加以改组扩充,前途大有厚望。"①煤矿生产显然对性别有一定的要求,而半数工人因为是女性不能参加劳动,对其最终的生产效能产生了严重不利的影响。1945 年的一份统计更清晰地说明了合作社管理混乱、冗员过多的现象。当年重庆工业合作社只有社员 472 人,仅出股而不在社工作者 172 人,占社员总数 36.44%。社员在社中任管理工作者,如经理、保管、文书、事务等计 111 人,占社员总数 23.51%。社员直接参加生产劳动者计 189 人,仅占社员总数的 40.05%。由于部分社员长期不参与生产,故合作社采取了雇用社员的方式来补充劳动力不足。1945 年,重庆 34 个合作社长期雇用的职员、技工和杂工,以及练习生,共 530 人,超过合作社本身拥有的总人数 12.28%,如与实际参与生产的社员相比,则超过 76.66%②。事实上,在抗战后期,众多的社员不参加生产,而是以入股的方式分红;与此同时,合作社又因为劳动力缺失不得不采取雇工的方式来补充,这都已经违背了工合运动发展的初衷,也严重影响到了合作社自身的发展,也很难适应战时复杂的经济局面。

概括而言,重庆的工合运动是抗战时期发展工业、促进生产的一种新方式,在促进战时重庆工业发展和改善工人生活方面起到了一定积极作用,它是书写近代重庆工业史不可或缺的内容之一。重庆作为战时首都,其工合运动的发展在当时中国工合运动中有着较为重要的地位。然而,重庆的工合运动却因资金短缺、机制不健全、管理混乱、产销不畅,不可避免地走向了衰落。

五、战时重庆的工业产品展览会

众所周知,抗战全面爆发后,大量工矿企业内迁至西部,其中重庆作为战时首都,承担了为数众多的工矿企业安置。应该说,工业内迁是抗战时期产业领域的一次比较成功的战略转移,也是中国现代工业史上的一次壮举。从事后的实际效应来看,此次工业迁建运动"给予后方工业之赐予,实至深且

---

① 《江津工合社调查报告》,1944 年 6 月 1 日,重庆市档案馆,档号:289—1—577。
② 秦柳方:《重庆的工业合作社》,《四川经济季刊》,1945 年,第 3 期,第 98 页。

巨"①,它对抗战时期的大后方经济发展和前方战场支援均有重要的积极意义。这一时期,人们为了推动工业发展,激发国人的生产热情,在大后方筹办了不少工业产品展览会,学界对此还未作较系统的研究。毫无疑问,工业产品展览会是展现工业发展水平、树立民族自信心的一种方式。自近代民族工业兴办以来,国人便参与和举办过不少与实业或产品有关的博览会。这种博览会被今世的学者称之为"中国走向世界的新步幅"。博览会与近代中国的市民生活紧密联系在一起,成为城市发展史的一个新内容。博览会所蕴含的科技、文化传播和早期现代化意义被逐渐认识,其国族想象符号也在研究中被强化。②应该说,产品展览会形式源于最初的商品博览,到抗战时期已经历数十年的发展,形成了比较成熟的机理。重庆作为抗战时期大后方的工业中心,其工业生产、展示和销售对促进整个大后方的工业发展有着重要影响。因此,对重庆战时工业产品展览会进行研究有助于我们更好地了解当时大后方工业发展的基本情势,认识战时重庆工业的发展水平及其在市民日常生活中的影响。抗战时期,重庆的工业产品展览会按组织机构来分主要有两种形式:一是迁川工厂联合会举办的产品展览会,二是资源委员会组织的工矿展览会。

(一)迁川工厂产品展览会

随着内迁企业数量的增多,为了尽快恢复生产,实业家胡西园、颜耀秋、余名钰等人开始筹备组织迁川工厂联合会。1938年1月25日,时任国民政府经济部工矿调整处处长的林继庸召集迁川工厂主要代表推动成立迁川工厂联合会。同年4月17日,迁川工厂联合会在重庆正式成立。③该会成立后,对促进迁川工厂恢复生产产生了积极影响。同时,迁川工厂联合会还筹划举办工业产品展览会,以展示战时迁川民营工业的成就。1939年10月,"迁川工厂联合会会员产品展览会"在重庆牛角沱生生花园举办。时任迁川工厂联合会监事的庄茂如回忆说:"在那运输困难,物资缺乏,人心不安的情

---

①章伯锋、庄建平主编:《抗日战争·国民政府与大后方经济》,第5卷,四川大学出版社,1997年,第253页。

②这方面的研究最初是以关注商业团体的活动为开端的,以马敏、朱英等人的研究为代表,他们在近些年的研究中把注意力转向了博览会,并产生了不少成果。详见马敏主编:《博览会与近代中国》,华中师范大学出版社,2010年。

③林泉记录,张朋园、林泉访问,郭廷以、张朋园校阅:《林继庸先生访问记录》,(台北)中央研究院近代史研究所编印,1984年,第67页。

况下,为山城生色不少。"① 最初的工业产品展览会规模都较小,其影响有限,但却形成了一些基本的形式,其举办地点也固定在了重庆牛角沱的生生花园。在迁川工厂联合会举办的历次展览会中,以1942年元旦和1944年10月10日开展的两次展览最为典型。

1942年元旦开展的展览会为期14天,参观者逾12万人。这次展览会得到了国民政府的大力支持,经济部部长翁文灏和重庆市市长吴国桢分别担任展览会正副会长,著名实业人士胡西园则担任筹委会主任委员。开展当天,翁文灏与好友罗家伦、叶企孙一同前往参观,以示庆贺。② 其间,国民党军政要员林森、冯玉祥、居正、于右任、孙科、何应钦等,中共驻渝领导人周恩来、邓颖超、董必武以及各国驻华大使和社会知名人士都前往参观,并题词勉励。国民政府经济部以这次展览会成绩卓著,特举行了颁奖表彰大会。经济部部长翁文灏向迁川工厂联合会会员颁发奖状,迁川工厂联合会被授予甲等一号奖状。③

此次展览会所设展览室一共四间:第一、第二展览室陈列的是轻工业成品,第三间钢铁,第四间机器。参加这次展览会的厂矿企业共有97家,产品有四十余类,可谓"琳琅满目"、"洋洋大观"。④ 展览室中的展品大体反映了当时迁川民营工矿企业的生产恢复状况和水平。其中有大鑫铁厂的各种冶金产品、华生电器厂的各种马达与风扇、合作五金厂的各种医疗器械、中华无线电厂的手摇发电机、中新工厂轧制的铁皮、建华和亚浦耳电器厂的灯泡、震旦机器厂的灭火设备、上海新民机器厂的抽水机、中国实业机器厂的印刷机、中国工业炼气厂的酸和碱、中国汽车制造厂的汽车部件、康元制罐厂的铁罐、美亚绸厂的丝绸、冠成针织厂的毛巾、中华和光华药房的药品、庆华厂的颜料、中国标准铅笔厂的铅笔、精一机器厂的各种绘图仪器等等,共有展品千余种。⑤

这次工业展品的集中展示起到了一种直观的震撼效果,对于战时重庆的

---

① 关于迁川工厂联合会何时举办第一次工业产品展览会,现暂无确切资料说明,此处所述为庄茂如的回忆,是否为第一次工业产品展览会,亦无证据。详见庄茂如:《记迁川工厂联合会》,《文史资料存稿选编·经济(下)》,中国文史出版社,2002年,第94页。
② 翁文灏著,李学通等整理:《翁文灏日记》,中华书局,2010年,第729页。
③ 罗继成、李本哲:《迁川工厂联合会简记》,《抗战时期重庆民营工业掠影》,中国民主建国会重庆市委员会、重庆市工商业联合会合编,1986年,第23页。
④ 合棽:《追忆迁川工厂展览会》,《海王》,1942年,第14卷,第16—17期,第36页。
⑤ 孙果达:《民族工业大迁徙——抗日战争时期民营工厂的内迁》,中国文史出版社,1991年,第207页。

紧张生活无疑是一次调节和鼓舞。应该说,抗战期间,这些内迁的民营企业能够迅速恢复生产,对于战时大后方工业的发展,以及前方战场的经济驰援,都有十分积极的作用。不过,在抗战期间,这些民营企业的生存环境仍然是比较恶劣的,其产品虽然在展览会上受到一定程度的肯定,但其销售状况也并不乐观。所以,有参观者也感叹:"许多东西只可以在展览会里得见,市场上是购买不到的。我们不想他们仅是展览会的样品,而切盼能有计划的大量生产,大量供应,一切物料的安定,便可促成后方的安定,也便是增加抗战建国的力量。"[1]

1944年10月10日开展的工业产品展览会是由迁川工厂联合会与当时的全国工业协会一起举办。此次展览会先由迁川工厂联合会与全国工业协会共同推定27人组织筹备委员会,筹备委员会主任委员为张丽门,副主任委员为吴蕴初、潘仰山,常务委员有杨倬庵、陈体荣、厉无咎、张剑鸣、颜耀秋、胡西园、章乃器、吴羹梅、余名钰、张万里、庄茂如、马冠雄。总务组长和主任秘书由吴羹梅兼任,财务组长为厉无咎,交际组长为胡西园,征集组长为陈体荣,布置组长为庄茂如,宣传组长为张万里,编纂组长为章乃器。[2] 其展品包括各厂的成品和半成品,各种设备和产品模型,以及图标、照片等。吴羹梅回忆说:

> 这次展览会取得了很大成功,盛况空前。展品种类繁多、琳琅满目。参展的厂家竞相把自己的新产品醒目地摆上展架,尽量详尽生动地把工厂情况反映在各类图标中,吸引参观者。如上海机器厂的"高田灌溉用抽水机"现场作抽水表演。新民机器厂的"万能铣床"、西南化工厂邓云鹤博士制造的名为"银花"的用麻脱胶的纤维品等,充分显示了后方工厂的生产能力。一时间,整个山城为之轰动,重庆各大报刊纷纷报道。会场内参观者云集,人头攒动。[3]

1944年的这次展览会被命名为"会员厂矿出品展览会",参展的主要厂

---

[1] 合櫢:《追忆迁川工厂展览会》,《海王》,1942年,第14卷,第16—17期,第37页。
[2] 林涤非著:《章乃器》,花山文艺出版社,1999年,第176—177页。
[3] 许家骏、韩淑芳整理:《铅笔大王——吴羹梅自述》,中国文史出版社,1989年,第76页。

家有新民机器厂、合作五金厂、新中工程公司、上海机器厂、西南化工厂、家庭工业社、恒顺机器厂、震旦机器厂、华生电器厂、南洋烟草公司、上川实业公司、天厨味精厂、亚浦耳电灯泡厂、豫丰纱厂、章华毛纺厂、申新纱厂、裕华纱厂、沙市纱厂等。① 尽管处于抗战后期,民营企业发展艰难,但这些迁川企业为展示各自的工业资源和生产水平,仍积极行动,力促展览会成功,所展示的展品亦不失一些亮点。

(二)工矿产品展览会

资源委员会是国民政府早在抗战前就已经设立的一个统制国有工矿企业的经济部门,在抗战时期对促进经济重心转移和实现大后方经济发展方面都发挥了重要的作用。资源委员会举办的工矿展览会从1943年夏开始筹备,其筹备过程就历时超过半年之久。当年6月28日,资源委员会成立了专门的筹备委员会,计11人,后又因事务繁重,增加至13人。整个前期的筹备过程可分为三个阶段:第一阶段自1943年7月2日开始,为期一个月,主要任务是征集陈列物品、计划会场与健全陈列内部机构;第二阶段从1943年8月开始,至11月结束,共四个月,主要任务是催运产品与建设会场;第三阶段从1944年1月15日开始,为期半个月,主要任务是布置会场。② 1944年2月15日,资源委员会专门招待新闻界,报告筹备经过。到1944年2月24日,展览会在求精中学开始预展,主要邀请党政机关领导人和文化名人参观。从1944年2月27日正式开始,至当年4月4日,则为正式展览时间,主要面向公众开放。展览每天的开放时间是上午九点到十二点,下午一点到五点。③

应该说,此次展览的筹备是比较充分的,而资源委员会所属之105家工矿企业亦全部参展。正式开展当天,就有160多家单位,三万余人向资源委员会函索参观券。④ 不过,由于场地有限,第一天只能供六千多人参观。组织者考虑到会场拥挤,计划从1944年2月28日开始,每日限制发售参观券。⑤ 尽管如此,到3月2日,到会场参观的机关学术团体已达四百多个,人数则有

---

① 胡厥文著,胡世华等整理:《胡厥文回忆录》,中国文史出版社,1994年,第62—63页。
② 朱其清:《工矿产品展览会筹备经过》,《资源委员会季刊》,1944年,第4卷,第2期,第151—152页。
③ 《工矿展览会明日预展,二十七日起公开展览》,《新华日报》,1944年2月23日,第2版。
④ 《工矿展览会今日起公开展览》,《新华日报》,1944年2月27日,第3版。
⑤ 《工矿展览昨六千多人参观》,《新华日报》,1944年2月28日,第2版。

两万四千多人。① 4日起,主办方规定原定于中午12时至1时的休息时间取消,改为全天候开展。② 可见,资源委员会在抗战末期举办的这次工矿产品展览会引起了广泛关注,也产生了较大的社会影响。"除了有两天的休会整理展览品以外,每天都是人山人海,应接不暇,重庆的市民至少有五分之一——二十万人在会场上巡礼过。"③其参观人数之多,远远超出了主办方的估计,以至于他们不得不一次次将展览时间延长,以满足参观者的需要。

此次展览会不仅规模庞大,其展品也十分丰富和富有特色,"为抗战以来所仅见,即布置和装潢的精美,也颇费匠心。……全场的展品分为资源、煤、石油、钢铁、非铁金属、化工、电器、电力、机械等十馆,内容分实物、模型、图表及照片图画等四类"。④ "凡足以示范生产过程及结果者,或有特殊发明与贡献之创制、仿造或代用品皆属之。……举凡事业之历史与计划、工程之设备与程序、技术之内容与进步、原料之供应与困难、品质之标准与改良、产品之种类与量值、产销之概况与发展、运输之路线与能力、供应之对象与范围等皆在不泄国防机密之条件下,择要陈列。"⑤这次展览会在很大程度上反映了当时重庆乃至大后方的国营工业生产水平和发展状况。国民政府官员王子壮曾于1944年2月24日预展当天观摩过此次展览,他在当天的日记中对一些展品作了相关描述:

> 有图表、模型、实物等。最近之新发现尤为不少,如放射性之铀,即重要发现;一甘肃铀矿局之模型及制油之程序,用一套铁器表演如真。其次,我国钢铁业之进步,能自制三十五磅铁轨及含有钼不锈钢等,非金属、铝锅等均能自制,且有极佳成就,精锡之冶炼已达百分之九九点九五,等于最高标准。电工方面,冷光灯在我国尚属极少,用电最少,而光耀如日光,战后必能发展,一改余现在菜油

---

① 《工矿展览会四百个机关学术团体预约参观》,《新华日报》,1944年3月2日,第2版。
② 《工矿展览会改善参观办法》,《新华日报》,1944年3月4日,第2版。
③ 余爽仁:《资委会工矿展览会轮廓》,《中国工业》,1945年,第26期,第16页。
④ 寇禹铭:《后方工矿建设鸟瞰——记工矿产品展览会》,《工矿合作季刊》,1944年,第1期,第106页。
⑤ 《经济部资源委员会工矿产品展览会提要》,经济部资源委员会编印,1944年,第5页。

灯下写作日记光线昏暗之状况也。①

从这段描述中，可以看出，此次工矿展览会所展之展品可谓集中了当时后方工业产品的精华。《新华日报》从当年1月就开始关注这次展览会，并介绍说："展览品种类甚多，其中如各式电机包括电话机、无线电机、发电机等，一千马力蒸汽机模型，220马力煤气机等都甚重要。"②事实上，这次展览会的展品种类之多，样式之新颖，用途之广，在之前的展览会上是未曾有过的。也无怪乎有重庆市民在参观完后感叹道："此次资委会之工矿产品展览会，可谓国内工矿业之空前盛举。产品收集之丰富，尤称壮观，至于布置之周密，说明之详尽，独其余事。"③直至4月4日闭会时，《新华日报》援引当时中央社的讯息说："该会所有陈列制成品，大都在陪都和附近定售一空，模型等件，即将交正在筹备中的重庆陈列馆保管，以便日后永久陈列。"④虽然抗战后期工业生产的一些领域已经呈现出了不同程度的衰退，但人们对于了解工业资源和生产状况以及购买工矿产品仍然表现出了极大的热情，工矿产品展览会无疑为此提供了一个新的平台。对于组织者而言，他们也希望通过多办产品展览会，"使全国人士认识工矿事业的重要，并表现抗战以来工矿界在技术上以及物资供应上的贡献"。⑤

(三)战时重庆的工业产品展览会的意义

抗战时期的重庆是大后方工业的中心，其所办的各类工业产品展览会次数也比较多，上文所举也仅为当时具有代表性之一二而已。值得肯定的是，这些展览会在当时基本上都引起了市民的广泛关注。这对于战时的工业生产、日常生活和社会文化都产生了积极影响。

首先，战时重庆的工业产品展览会有助于民众了解战时国家工业和社会资源状况，增强抗战必胜信念。抗战全面爆发后，国民政府虽然组织了不少

---

①《参观工矿展览会》，《王子壮日记（手稿本）》，第9册，（台北）中央研究院近代史研究所编印，2001年，第78页。
②《资源委员会定期举行工矿产品展览会，正在求精中学布置会场》，《新华日报》，1944年1月28日，第2版。
③谢秉仁：《资委会工矿产品展览观后感》，《涛声》，1944年，第1卷，第6期，第2页。
④《工矿展览会今天闭幕》，《新华日报》，1944年4月4日，第3版。
⑤寇禹铭：《后方工矿建设鸟瞰——记工矿产品展览会》，《工矿合作季刊》，1944年，第1期，第106页。

阵地战,但是仍然没有能够抵御日本的疯狂进攻,以致大片国土失陷。不少国人对于偏居西南一隅抵抗的持久性感到担忧,他们很难了解国家还能组织多少经济与社会资源去完成民族独立的使命。战时首都举办的工矿产品展览会提供了不少这方面的信息。1944年2月28日的《新华日报》就曾指出:"从那些图表、产品与模型中,使人惊叹中国资源储藏的丰富。除开日本强盗劫掠了我们百分之五十二以上的煤藏和百分之七十以上的铁藏以外,现在大后方还有一千万万吨以上的煤储藏量和一万五千万吨以上的铁储藏量。这个展览会告诉我们:大后方的矿藏,是已经开始着手发掘和利用了。"[1]显然,工业产品展览会上的数万种展品和各类图表、数据在展示过程中,更能直观地告诉普通市民一些道理:工业在战时也能有如此之进步,个中的因由与大后方的资源不无关系。由此观之,举办工矿展览会对于增强共赴时艰的自信与坚持抗战的决心是有益的。所以,1942年迁川工厂联合会工业产品展览会的重要主办人、豫丰纱厂经理潘仰山就说:"在参观迁川工厂出品展览会后,吾人咸感无上兴奋,对我抗战期内工业发达之迅速,至为欣慰,更对我抗战期中工业产品之不乏供应,益复坚定,亦即对我抗战胜利之将近到临,益复笃信。"[2]1944年2月26日,《中央日报》发表社论,高度评价了资源委员会举办工矿产品展览会的意义:"参观了这个展览会陈列的实物和图片,我们由此更增强了抗战必胜、建国必成的信心。我们由此可以知道,中华民族坚贞不屈的精神不但能够以劣势的技术打败强敌,并且能够以劣势的设备生产优良的产品,还能够更进一步,改良我们的技术。"[3]

其次,启迪民智,普及工业科学知识,凸显展览的教育意义。工矿展览会不仅向世人表明了抗战必胜的信念,也能使不少工矿产品置于相应的检视环境下,便于人们提出更新的技术和方式。同时,陈列展览面向大众,其教育意义是十分广泛的。在1944年资源委员会举办的工矿展览会开幕之前,蒋介石就亲临会场指导和参观,并对展览给予了积极肯定:"各种陈列品都富教育意义,饬即定期公开展览,并延长展览期限,尤须使陪都附近各校学生都得有

---

[1]《丰富的资源——看了工矿展览会以后》,《新华日报》,1944年2月28日,第2版。
[2]潘仰山:《迁川工厂联合会展览会感言》,《西南实业通讯》,1942年,第5卷,第1期,第18页。
[3]《民族自信心的具体化》,《中央日报》,1944年2月26日,第3版。

参观机会。"①这对于长期处于灾难中的国人而言,近代知识的教育和启迪是比较缺乏的,而近代工业的发展恰恰是其中十分重要的内容。历次工业产品展览会的举办者也往往对此极为关注,他们利用图标、文字和照片来比较直观地呈现工业产品生产或使用中的原理。仍以1944年资源委员会举办的工矿展览会为例,组织者将此次展览会的展品共分作三类:一是工矿产品,二是工矿模型,三是供作工矿事业参考的图标说明。并在展览期间,各部门还特地安排技术人员向观众作说明。②通过这些直观的表现方式,人们对工业产品的来龙去脉会更加了解。更有甚者,在参观完此次工矿展览会后,还有人提出了筹办工业博物馆的理想:"欧美各大城市为普及民众常识起见,均有博物馆之设,且使一般学生学而习之,以辅书本之理解,或为科学,或为历史,或为人文,或为艺术,或为工业,或兼而有之。今我国胜利在望,应即注重建国工作。战后自须依照国父之实业计划及最高领袖之'中国之命运'上所示实行宏大之建设。然则如何能诱之导之,使吾广泛之民众步上此康庄大道。依据此次展览会之反应,鄙见重庆既为战时政治、经济及工业之中心及战后之陪都,实需利用此项陈列品为基础成立永久人性之工业博物馆,为大众教育,在中国工业化之前,使一般人民之眼睛与头脑先工业化。"③事实上,从某种程度上讲,会展与博物馆实际上具有相同的效果,那就是都可以成为大众共享的文化空间,达到相关领域知识普及教育的效果。当然,会展具有临时性,博物馆的陈列显然可以达到持续和固定的效果。但不管怎样,抗战时期重庆工业产品展览会的举办实现了其大众教育的功能,而工业博物馆计划的提出也表明了人们对这种展览主题和方式的肯定与期待。

再次,激发民族自信心。众所周知,在近代中国,因长期遭受西方列强的侵略,国人的灭种之危机感逐渐加强。随着封建王朝的崩溃,人们对于民族国家的概念也日渐清晰。在中西方交流过程中,不少有识之士在技术、制度以及文化的对比上产生了比较明显的差位感。抗战时期的特殊情势,无疑加重了这种差位感,并使之最终转化为力图自强,改变弱国命运的精神激励和

---

① 《工矿展览会定期开放,蒋主席昨亲临巡视》,《新华日报》,1944年2月22日,第3版。
② 《工矿展览会将先举行预展几天》,《新华日报》,1944年2月16日,第3版。
③ 吴有荣:《从工矿展览会到建立陪都工业科学博物馆》,《科学技术月刊》,1944年,第4期,第67页。

动员。所以,战时《时事类编》的一则刊文深刻指出:"昌盛的工业是现代国家的产物,它与落后的封建性的社会经济,是不能并存的。"①可见,在抗战时期,工业发达与民族强盛的正面关系已形成共识。1944年2月26日的《大公报》针对资源委员会举办的工矿产品展览会载文说:"在准备反攻的现阶段中,许多物资,需要盟邦协济,欲并非由整架的飞机到一个螺丝钉,都须由国外运来。若干物件,中国已能自造。……倘能因目前中国这一点工矿成就,使友邦人士认识中国工业建设之有希望,则对战后的中外经济合作,预奠一块心理的基石,那就更意味深长了。"②另有市民参观完这次展览后感叹:"抗战以前,国内工业之基础,可谓毫无,因之一切工业用品,几无不仰给于国外。今值国难期间,而资委会竟能破除万难,当次国困民穷之时,工业基础毫无之际,集少数之人才,以有限之资本,简单之设备,广开重轻工业建设之门,埋头苦干,不为任何之讥笑而气馁,不因任何困难而灰心,足致所营各厂,尽其规模,其中辛苦之概况,远非局外人所能领略也。"③显然,工业展览会所展示的内容在很大程度上增强了国人的民族自信心,这种在工业领域体现出的民族进步性是客观存在的。就连参观完此次展览会的李约瑟也坦诚地撰文说:"这一次的展览会成功地证明中国科学及工业的工作者,在技术方面很优秀而且可以和人竞争。这是世界人士应当注意到的一件事。"④李约瑟是在英国的一次演讲中提及此事的,李约瑟的回应证实了工业展览会的意义,它试图用一种话语来阐释民族的进步性,而对这种进步性的追寻也恰是国人期求获得世界认同的写照。

作为战时首都,重庆的工业产品展览会从一个侧面展示了抗战时期重庆乃至大后方的工业生产规模、水平和技术成就。迁川工厂联合会和资源委员会是两种不同的组织和机构,它们所属的工矿企业构成了重庆工业生产的主体,这一时期重庆的工业产品展览会也主要由上述两个组织和机构筹办。迁川工厂联合会筹办的工业产品展览多以实业家倡导在先,政府官员受邀参加、协调,而资源委员会筹办的工业产品展览则以政府策划为主,所属企业积

---

① 洪进:《民族生命力在工业》,《时事类编》,1941年,第67期,第6页。
② 《看了工矿展览之后》,《大公报》,1944年2月26日,第3版。
③ 谢秉仁:《资委会工矿产品展览观后感》,《涛声》,1944年,第1卷,第6期,第2页。
④ 王国忠著:《李约瑟与中国》,上海科学普及出版社,1992年,第127页。

极组织、参加。但总的来说，无论是迁川工厂联合会，还是资源委员会，它们对筹办工业产品展览会都作了比较充分的准备，展览会也引起了市民的广泛关注，并产生了较大的社会影响。所谓"中外人士均有好评，对我国未来之工业建设咸致深切之希望"①即是对当时展览会的盛况和作用的一种概括。具体而言，其历史意义主要有三：一是有助于民众了解战时国家工业和社会资源状况，增强抗战必胜信念；二是启迪民智，普及工业科学知识，凸显展览的教育意义；三是激发民族自信。

当然，纵观迁川工厂联合会与资源委员会所办的工业产品展览会，我们也不难从参展企业及其展品规模中看出，抗战时期民营与国营两种工矿企业之间的发展差距。因此，展览会在一定程度上还促使人们反思抗战后期民营工业的发展。1944年2月27日，也就是在资源委员会所办工矿产品展览会正式开展的当天，《新华日报》发表社论指出："抗战以来有关国防工业几乎绝大部分控制在政府手里，其中除交通部、军政部所辖一部分外，精华所萃尽在资源委员会经营的各种企业。据统计资源委员会105单位中职员一万二千人，工人十七万，衡之抗战需要，自然还感得太薄弱了。……我们不期然回想到前年的迁川工厂展览会。那一次展览，表现出民营工业在千辛万苦中奋斗出来的成绩。……三年来由于百物昂腾，机械、资源、运输乃至销路等困难，民营工业之艰难，已成为一个很值得重视的问题。……它们不像资源委员会所辖工厂矿场之幸运，有政府雄厚资金的支持，能够集中大批人才，它们一切仰赖于自力奋斗。今天我们看到国营事业的某些进步，大家特别是政府还应更多去关怀，去帮助它们，使它们能突破困难，而生机焕发。"②《新华日报》的评论固然带有一定的阶级和党派立场，但也反映了当时重庆工业发展过程中客观存在的一个事实。那就是与国营工业相比较，民营工业的发展在抗战后期受到了比较明显的阻碍，其规模和产量都无法与国营工业相提并论，这也可以算是工矿产品展览会所体现出的另一层意义了。

毫无疑问，抗日战争是近代中国工业发展史上的一个特殊时期，而抗战大后方的工业生产对于坚持抗战直至最后胜利又具有十分特殊的意义。

---

① 万仁元、方庆秋主编，中国第二历史档案馆整编：《中华民国史史料长编·民国三十三年（一）》，南京大学出版社，1993年，第659页。
② 《看工矿展览会后的几点感想》，《新华日报》，1944年2月27日，第2版。

1941年6月,中国西南实业协会、迁川工厂联合会、重庆市国货厂商联合会联合发表声明称:"国家之建设,固有赖于工业之开发,工业之发展,亦有赖于国家之强盛独立。举世殖民地及半殖民地国家,有能为工业国者乎?……故此次抗战,谓为国家独立而战固宜,谓为工业自由而战,亦无不可。"[1]工业所负时代之责任是显而易见的,与工业有关的活动也被赋予了类似的符号意义。应该说,为了保存工业基础,并试图通过工业的发展来挽救民族危亡,自国民政府到实业家,多以极大的期望去组织西迁、恢复生产。工业产品展览会即是抗战时期展示大后方工业生产以及工业文化交流的一种形式。因此,工业产品展览会是研究抗战史和工业史的重要内容。与此同时,工业产品展览会与近代中国各类博览会或陈列活动具有诸多共性,但它同时又体现了抗战的时代性和工业的主题性,其历史研究的意义不言自明。或者说,在探讨近代博览会的问题时,将工业产品展览会作为专题列入,抑或对推动此类研究有所裨益。

六、战时重庆工业发展的地位

尽管面临诸多问题,抗战时期的重庆工业仍然在困难中发展,有其特定的历史地位。事实上,无论从中国工业史还是从重庆城市史的角度来看,重庆在抗战时期的工业规模有了很大提高,是大后方的工业中心,也是重庆工业发展史上的一个高峰。

抗战爆发前,中国的工业基本分布在沿海城市,尤以上海居多,而重庆的工业化程度还很落后。据20世纪30年代的一次工业调查显示,重庆劳工以小工业工人占大多数,约5万人。重庆市商会的统计则表明,1933年时,重庆有大小机器厂41家,其中工人在20人以上的仅10家,不到25%,其余多为几人的小店。[2]而同一时期,上海的机器制造业规模却远高于此。据记载,上海1933年的机器工业厂数量达到456家,产值1389万元。[3] 1937年全国各省(东北除外)共有各类工厂3935家,其中四川、云南、贵州、广西四省共有工

---

[1]《财政部秘书处关于会商迁川工厂联合会呈工业界之困难与期望事致钱币司函》,1942年6月8日。参见中国第二历史档案馆编:《中华民国史档案资料汇编·财政经济(六)》,第五辑,第二编,江苏古籍出版社,1997年,第140页。

[2]《重庆市属之机械工业》,《工商特刊》(创刊号),1933年,第76页。

[3]张仲礼主编:《近代上海城市研究》,上海人民出版社,1990年,第328页。

厂163家,仅占全国的4.16%,不到上海(31.39%)的七分之一。[①] 抗战爆发后,由于工业内迁,四川、云南、贵州等地,尤其是重庆及其附近地区,工厂数量激增,成为大后方的工业核心区域。

根据1938年底的调查来看,重庆"全市共有机械、电气、搪瓷、建筑、化学、纺织、面粉、火柴、煤矿、造纸及印刷等45个部门,243个工厂。[民国]二十八年虽遭受敌机凶狠的轰炸,但是迁川之厂大半集中在此,新创设的工厂亦络绎不绝。……对着沦陷区中民族工业被敌人摧毁殆尽,重庆的确是中国的'工业之家'了"[②]。时人描述这时重庆的工业生产形势说:"遽然成一繁盛之工业城市,其工业区之范围,广达十数方英里。"[③]工矿调整处工业司司长吴承洛在谈到战时重庆及四川工业发展时说:"'七七'抗战,厂矿内迁,见诸事实,多以重庆及其附近为集中地点,而沱江与岷江流域之工业,亦在勃然兴起,……而四川新工业之迅速发展,已居领导之地位。"[④]以1940年底国民政府经济部的统计来看,当时大后方共有工厂1350家,其中重庆有451家,约占33.4%。到1944年时,后方工厂有1300余家,其中重庆有451家,仍是大后方工厂分布最多的地区。这些工厂包括冶炼工业16家,机器五金工业210家,电工器材工业27家,化学工业108家,纺织及服装工业42家,饮食品工业17家,印刷文具工业17家,其他工业14家。[⑤] 此数据只是对规模较大工厂的统计。到1944年底时,大后方共有工厂5266家,其中重庆有工厂1518家,占大后方工厂总数的28.82%,[⑥]其比重仍位列大后方各省市第一。

由上可见,工业内迁改变了中国的工业空间布局。加之,战时重庆工业自身的发展,抗战时期重庆工业在全国的地位已经超越战前上海等城市工业在全国的地位,以重庆为中心的大后方成为中国工业的集中区。不过,由于战时生产需要与客观基础的限制,国民政府在进行工业产业部署时也有地域上的考虑,重庆便成为了战时中国工业布局与建设的城市。下表是1945年底时,国民政府对后方各省(市)机器工业的统计:

[①]隗瀛涛主编:《中国近代不同类型城市综合研究》,四川大学出版社,1998年,第662页。
[②]许涤新:《日在发展中的大后方经济》,《群众》,1940年,第10期,第264页。
[③]《工业之家的重庆》,《中外经济拔萃》,1940年,第1—2期合刊,第52页。
[④]吴承洛:《战后工业建设区位之研究》,《新经济》,1942年,第1期,第7页。
[⑤]袁梅因:《战时后方工业建设概况》,《经济汇报》,1944年,第9卷,第5期,第86—87页。
[⑥]《战时工业统计——截至民国三十三年年底止》,《中国工业》,1945年,第28期,第39页。

1945年底后方各省(市)机器工厂数量统计①

地区	厂数	地区	厂数	地区	厂数	地区	厂数
重庆市	349	陕西省	49	甘肃省	18	贵州省	16
广西省	91	湖南省	236	四川省	70	云南省	2

说明：上表所列机器工厂，包括机器制造厂、机器修理厂、翻砂场、红炉冷作等。各厂设备为车床、刨床、铣床等工具机及其他各式炉锤等。

上表尽管是抗战胜利之初的统计，但从当时已有部分工厂开始着手还迁东部的实际来看，表中数据仍能反映出当时重庆机器工业在整个大后方的地位。在表中统计的大后方所有机器工厂831家中，重庆占据349家，约41.9%。重庆机器工厂数量接近湖南、四川、陕西三省机器工厂数量的总和。这充分说明，以现代工业中占据重要地位的机器工业来看，重庆明显领先于其他地区。但我们以机器纺织来看，其结论并非完全如此。下表是1940年到1943年，后方主要省(市)机纱产量统计：

1940—1943年后方各省(市)机纱产量表②

时间 省份	1940年 厂数(家)	1940年 产量(件)	1941年 厂数(家)	1941年 产量(件)	1942年 厂数(家)	1942年 产量(件)	1943年 厂数(家)	1943年 产量(件)
重庆	7	33106	10	48539	15	33091	14	43941
四川	7	1617	11	5888	14	16288	13	19261
云南	3	4398	4	10445	4	16980	4	10816
广西	1	884	3	1711	4	7930	5	1361
湖南	6	668	7	7015	12	9103	13	9304
陕西	15	8243	17	15396	20	18845	20	19267

从上表来看，1940—1943年间，重庆的机纱厂家在大后方并不居于绝对

---

① 秦孝仪主编：《中华民国经济发展史》，第2册，(台北)近代中国出版社印行，1983年，第630页。
② 《经济统计丛刊第五种·后方重要工矿产品第二次统计》，经济部统计处编印，1944年1月，第71—72页。

的多数,但其总产量则保持了明显的优势。这说明,抗战时期的重庆在机纱纺织领域,企业规模较大,生产效能也较高。不过,重庆机纱纺织总产量相对于大后方其他省份的优势在1942年开始缩小,其具体表现为:1940和1941两年,重庆的机纱纺织产量均高于大后方其他各省机纱纺织产量的总和,而1942年和1943年,重庆的机纱纺织产量均远低于大后方其他各省机纱纺织产量的总和。如果将这四年二者之间的比率作统计的话,它们分别是:2.09、1.20、0.48、0.73。由此可以看出,重庆机纱纺织业在大后方的地位虽然没有动摇,但领先优势在缩小。其发展呈下降态势的。同时,我们也可以以电器制造业为例再作一番比较:

1943年后方各省市电器制造工业主要产品产量[1]

名称	单位	总计	重庆	四川	贵州	云南	广西	湖南	陕西
发电机	部(K.V.A)	131(6471)	60(4416)	—	—	6(900)	63(1125)	2(30)	—
电动机	部(马力)	1314(8277)	351(2590)	—	—	554(2450)	103(1047)	306(2190)	—
交换机	门	3155	580	250		2325		—	—
名称	单位	总计	重庆	四川	贵州	云南	广西	湖南	陕西
电话机	部	3333	11	50	—	2572	700	—	—
收音机	部	1710	102	—	—	—	1608	—	—
变压器	部(K.V.A)	3446(11289)	3212(8887)	—	—	234(2402)	—	—	—
电表	部	1890	301	100	—	479	1010	—	—
开关	只	16034	10259	57	—	5718	—	—	—
电泡	只	879194	479705	—	—	—	399489	—	—

从上表所列国民政府经济部的统计数据来看,1943年时,除了变压器、开关两种产品外,重庆的发电机、电动机、交换机、电话机、收音机、电表等电器制造产品的产量均不处于领先地位,有的还远远落后于其他地区的产量。尽管如此,重庆生产的发电机、电动机规模却较其他地区大,其总功率要高。这可能是因为重庆有关发电机、电动机制造厂的生产技术更先进、生产力更高

[1]《经济统计丛刊第五种·后方重要工矿产品第二次统计》,经济部统计处编印,1944年1月,第43—44页。

的缘故。

综上所述,重庆工业无论是就其规模还是生产技术和水平而言,在抗战时期都取得了前所未有的发展,这一发展对战时重庆和大后方的早期现代化和城市化都有着明显的推动作用。战时重庆的工业化在近代重庆城市史上是从未有过的,它大大加速了重庆的城市发展和演变,对后来重庆工业格局的形成有着十分重要的影响,在近代中国工业史上也有其特殊的历史地位。当然,战时重庆的工业发展仍然存在诸多不足,例如生产技术的进步还有限,工业结构也不够合理,工业生产状况在抗战后期出现了不同程度的下滑,资本垄断现象日趋严重,某些领域和行业还落后于周边省份,等等。但从抗战大后方这一特殊时境上讲,重庆工业的发展在很大程度上完成了当时国家工业战略转移的任务,从经济发展和物资生产上有力地支援了抗日战争,同时也充分体现了当时重庆工业化程度和经济发展的整体水平,展示了当时大后方社会经济发展的状况。

第四节　战时重庆商贸业的发展

商业自重庆建城以来便是其社会经济发展中的重要产业。重庆也正是因商而兴,成为一个区域商业中心。[①] 抗日战争全面爆发后,随着大量物资资源和人口的内迁,重庆商业的发展因此获得了新的契机。抗战时期的重庆,不仅是全国的工业重心,其商业也日益繁盛,成为大后方的商业中心。但对外贸易的发展则受战争影响和交通的制约而十分艰难,远不及战前,并在一段时期内与蒙自、梧州、南宁等城市也存在一定差距。尽管其中存在不少波动,但战时重庆的商贸业总体上处于一个较高的发展水平,这对战时重庆经济的发展和人们在大后方坚持抗战是有其积极意义的,同时它也对战时重庆的城市发展产生了广泛而深远的影响。

[①] 王笛曾专门论述了清代重庆商业与城市的发展,认为重庆是当时长江上游重要的商业和物货集散中心。参见王笛:《跨出封闭的世界——长江上游区域社会研究(1644—1911)》,中华书局,2001年,第254—255页。

一、战时重庆的商业发展概况

(一)商业规模急剧膨胀

战时重庆商业规模急剧膨胀首先表现在从业人数猛增。在近代重庆城市人口的行业构成中,从事商业的人口一直占有较大比重。到抗战时期,商业人口所占比重进一步增加。相关研究证明:1941 年,全市商业从业人员达 106083 人,超过工矿业从业人员(92006 人),占全市总人口的 15.1%,占全市从业人员的 19.8%。而至 1945 年,商业从业人员猛增至 234278 人,占全市总人口的 18.6%,占全市从业人员的 39%。① 其次,重庆商业规模扩张迅速。以商业资本为例,抗战前夕,重庆的商业资本总额不过千万元,到 1941 年已经增长为 12583 万元,1942 年更是猛增为 49535 万元。同时,商业企业平均资本也在增长,战前重庆商业企业的平均资本额仅为 2000 元左右,到 1941 年增至 8823 元,1942 年则增至 19111 元。② 商业资本的不断增长与当时银行对商业的支持也有密切关系,下图为 1939 年重庆 15 家银行对不同行业的放款统计:

1939 年底重庆 15 家银行不同行业放款数量统计③　　单位:千元

业别	商业	工矿	公用事业	交通	文化	政府财政	其他	合计
金额	22215	34	280	317	81	1452	511	24890
比例	89.25%	0.13%	1.12%	1.27%	0.32%	5.83%	2.05%	100%

由上表可以看出,1939 年,重庆 15 家银行放款最多的行业是商业,其放款额度占据了对所有行业放款额度的近九成。对商业放款数额巨大可能与当时的投机行为有关。1945 年 7 月,参政员黄宇人等九人在国民参政会第四届一次会议上就中国农民银行"贷放大宗商业款项,影响市面,并有营私舞弊重大嫌疑"提出议案,称:"查渝市商业资金约只二十亿左右,但最近每月交换总数曾达二千亿。其溢出之数字,大多为国家银行放款票据,其数之大,至可惊人。如以此或一部分金融资本,变为商业资本,用于不正当之经营,其害之

---

① 韩渝辉主编:《抗战时期重庆的经济》,重庆出版社,1995 年,第 117—118 页。
② 韩渝辉主编:《抗战时期重庆的经济》,重庆出版社,1995 年,第 117 页。
③ 康永仁:《重庆的银行》,《四川经济季刊》,1944 年,第 3 期,第 125 页。

大,不难想象。"①

尽管商业投机所带来的不良社会影响巨大,但银行资本向商业领域的大量流入却正说明了当时重庆商业发展的规模也是前所未有的。下表显示了抗战时期重庆主要商业行业的公司商号数量以及资本额度,从中也可以看出当时重庆商业的繁荣程度:

战时重庆主要商业行业的公司商号数及资本额②

行业名称	行业的公司商号数	总资本额(万元)	统计时间
棉花业	304	4000	1942年
匹头业(包括土布)	1362	7000	1944年春
米粮商业	1328	700	1943年10月
糖果业	231	1460	1944年底
酿酒业	700	1070	1944年9月
纸烟商业	72	1600	1943年4月
制革业	438	2000	1944年春
五金业	856	5000	1944年底

(二)商业集中统制加强

抗战时期,因战争需要,国民政府加强了商业管理,具有相当的强制性和专门性。首先,制定法规,实行专卖制度。专卖制度在古代就已为政府所使用,是特殊时期管理经济的一种有效方式。抗战时期,国民政府财政部官员鲁佩璋曾对专卖制度大力推崇,他说:"专卖制度是最合于战时财政的,尤其在中国这种地广人众的国家。"③国民政府战时颁布的专卖法规主要有《战时食盐专卖条例》、《战时火柴专卖条例》、《战时烟类专卖条例实行细则》、《战时食糖专卖条例》等,进而对市民日常生活所需的基本物品实行产、收、售由官方或官方指定的厂商专门运作的方式,以利于统一管理和调配。应该说,

---

① 中国人民银行金融研究所编:《中国农民银行》,中国财政经济出版社,1980年,第228页。
② 周天豹、凌承学主编:《抗战时期西南经济发展概述》,西南师范大学出版社,1988年,第253页。
③ 鲁佩璋:《专卖制度之检讨》,《财政评论》,1941年,第5期,第10页。

国民政府制定实施专卖制度的初衷是为了在特殊时期更好地调配市场资源，以利战时之需。国民党的五届八中全会在部署专卖事业时就指出："此非常时期，一般工商业每多利用时机，操纵市价，博取厚利，酿成社会上分配不平之现象，施行专卖制度，抑制豪强，充裕国用，又于国计民生两有裨益。"①然而，专卖制度在实施过程中却产生了不少弊端，它使得一些机构或官方指定的厂商享有垄断和独享地位，在收购商品时尽力压低价格，而在出售商品时又可以尽量抬高价格，以获取暴利。1942年5月18日，重庆市警察局的一份呈报称，刘鸿声任火柴专卖总局的总理以来，川滇黔三省的火柴公司都大为不满。其缘由是，刘鸿声为中国火柴大王，他利用身份规定以每箱一千七八百元的价格收购各公司生产的火柴，之后又高价卖给专卖局，进而可以六倍获利。②

其次，成立平价购销处，控制产区，调节市场销售和物价。1939年12月，国民政府设立平价购销处，负责粮食、衣物等日用必需品的平价购销工作。不久，平价购销处改组成为日用必需品管理处。日用必需品管理处的主要任务是，"利用经济力量，控制食油纸张之产区或集散市场，把握大量物资，以调节销区需用，并辅以政治管制，俾收以物控价及合理分配之效"。"供销方面除食油纸张外，兼及肥皂、牙膏、牙刷等日用品，以廉价供应渝市，各军公教人员，借以安定其生活。"③以纸张购销为例，重庆纸张消费数量每月约三万张左右；日用必需品管理处为加强购运，在四川梁山、大竹、夹江以及江西赣县、湖南衡阳各重要产区，分设处站，直接收购，充实来源。在供应上，以机关团体报社等直接用户为对象，以抗战有关宣传品及小学教科书为主要用途。所有国产机制白报纸及米色报纸等，均由各厂交日用必需品管理处统筹分配。此外，日用必需品管理处还督促重庆市纸业同业公会组织共同购运委员会，大量向外省产区采购，随时予以资金及运输上的便利，并协助各大用户，向各产区自行采购。这样，可以减少商品流通环节，降低成本，加强对市场的实际管控。

(三)商业内部各行业发展不平衡

抗战时期，重庆的商业虽然获得了快速发展，其规模急剧膨胀，但各行业之

---

① 《准财政部代电以实施专卖请协助进行事由》，1942年7月10日，重庆市档案馆藏，档号：64—8—50。
② 《重庆市警察局呈报火柴专卖情形》，1942年5月18日，重庆市档案馆藏，档号：53—2—1546。
③ 《经济部日用必需品管理处关于控制物资垄断市场的工作报告》，中国第二历史档案馆编：《中华民国史档案资料汇编·财政经济·商业》，第5辑，第2编，江苏古籍出版社，1997年，第1—12页。

间的发展并不平衡。下面是1942年重庆商业各主要行业企业、资本结构表：

1942年重庆商业各主要行业结构表①

行业	企业分布 家数	企业分布 在全部商业企业中的比例(%)	资本分布 资本(万元)	资本分布 在全部商业资本中的比例(%)	行业企业规模 平均每家资本(万元)	行业企业规模 在整个商业平均额中的比例(%)
餐饮	3545	13.68	1372.87	2.77	0.39	20.42
棉货	3074	11.86	10227.25	20.65	3.33	174.35
百货	2403	9.27	4998.48	10.09	2.08	108.9
五金电料	1549	5.98	3293.16	6.65	2.13	111.52
粮食	1513	5.84	944.53	1.91	0.62	32.46
木材	1115	4.30	1896.39	3.83	1.7	111.76
煤炭	804	3.10	134.65	0.27	0.17	8.95
蔬菜水果	626	2.42	851.96	1.72	1.36	71.20
图书教育用品	536	2.07	1261.68	2.55	2.35	123.04
中西药	528	2.04	1261.89	2.55	2.39	125.13
纸	338	1.30	748.29	1.51	2.21	115.71
食油	291	1.12	360.30	0.73	1.24	64.92
丝绸呢绒	269	1.04	5887.85	11.89	21.89	1146.07
糖	117	0.45	1473.93	2.98	12.60	659.69
山货	83	0.32	451.61	0.91	5.44	284.82
盐	73	0.28	2040.35	4.12	27.95	1463.35
煤油	24	0.09	1365.00	2.76	56.88	2978.01
其他	9032	34.85	11265.12	22.74	1.25	65.45
总计	25920	100	49535.77	100	1.91	100

分析上表,在1942年重庆商业各行业中,企业数量在一千家以上的有餐

---

① 据1942年重庆市社会局工商业统计表编制,见《重庆市资金分配情形》,经济部统计处,1943年编印。转引自《抗战时期重庆的经济》,重庆出版社,1995年,第125页。

饮、棉货、百货、五金电料、粮食和木材,这六大行业企业总数为13199,约占全部商业企业总数的50.92%。不过,从资本分布来看,资本额在1500万以上的行业有棉货、丝绸呢绒、百货、五金电料、盐和木材,这六大行业的资本总额为28343.48万元,约占商业全部资本的57.22%。另外,从商业各行业内部企业的平均资本来看,在3万元以上的行业有煤油、盐、丝绸呢绒、糖、山货和棉货,这六大行业的企业平均资本总额是128.09万元,而商业所有企业的平均资本仅为1.91,前者是后者的约67倍。由此可见,虽然餐饮、粮食业在1942年的重庆拥有较多的企业数,但单位企业规模大都很小。反之,从事煤油、盐、丝绸呢绒、糖业的企业虽不多,但单位企业的资本较为雄厚,规模也较大,这可能与行业内部垄断有关。同时,棉货、百货等业不仅拥有数量繁多的企业,每个企业的资本规模也不低,这也展现了当时重庆在棉货、百货方面的整体行业实力。

尽管存在行业或企业内部的不平衡,但从总体上看,战时重庆的商业获得了前所未有的发展,其资本总额不断扩张,商品供给也相对充足,对周边的辐射作用十分明显。当然,战争对重庆商业的影响是双重的,一些商铺在战争中被迫歇业,一些行业会因为战争的持续逐步萎缩,并在一定程度上制约了重庆商业对外联系。抗战前,因重庆商业优势,外国商行已有不少入驻重庆。战争事起,日本商行纷纷闭歇离去。太平洋战争爆发后,中国正式向日、德、意宣战,故在渝的外国商行多以美英商行为主。据1944年的统计显示,美国商行在渝设立并曾在美大使馆注册者计有18家,英国商行在渝设立并在英大使馆注册者计有9家[①]。

二、战时重庆的商业网络

重庆地处川东,长江、嘉陵江在此汇合,位置险要。自清代始,依托两江水路运输的商业贸易逐渐兴盛,川江航运所展现出的优越的地理条件使得重庆成为长江上游的一个区域商业中心。王笛在探讨长江上游的区域经济时指出:"在清代,长江上游的商品经济与商品贸易有了很大的发展,特别是长江一线的东西贸易有重大突破,这是与四川的移民和长江上游的开发分不开

[①]《重庆外国商行调查》,《新商业月刊》,1944年,第1卷,第1期,第52页。

的。川江主要支流嘉陵江、沱江、岷江都在粮食和棉、糖、盐产区,汇流而下,集中在宜宾、泸州和重庆,从而形成了一个沿江的城市贸易系统。"① 可以看出,长江上游密织如网的河流促成了重庆、宜宾、泸州三个区域商贸中心城市的发展。近代中国著名地理学家陈尔寿先生在1943年的《地理学报》上论及重庆的区域性经济地位时认为:"因其具乘上转下之地位,又当川东要冲,故商贾辐辏,百货云集,成为集散中心;川省土产,顺水而下,集中输出,而沪汉洋货,溯江而上,分销各地,因此抗战以前重庆海关之贸易数额,恒占全省总额百分之八十以上。川省之政治中心固在成都,而蓉城僻处川西,不通运输,故其经济地位远不及川东边缘之重庆。"② 由此可见,这种依托水路的传统商业贸易模式在抗战之前依旧被保留下来,并得到更有效地发挥,使得重庆在长江上游承东启西之商业地位进一步增强。

另一方面,抗战时期的重庆汇集了内迁的大量物资和人力资源,商业繁荣之象远非战前所能比。据隗瀛涛先生研究,抗战时期重庆的商业资本迅速膨胀,到1942年时形成了一个高峰,当时重庆商业资本占社会各业总资本的72.76%。③ 另据韩渝辉的研究,1941年,全市商业从业人员达106083人,超过工矿业从业人员,占全市总人口的15.1%,占全市从业人员的19.8%。而至1945年,商业从业人员猛增至234278人,占全市总人口的18.6%,占全市从业人员的39%。④ 商业资本的膨胀以及从商人员的增多在很大程度上展示了商业繁荣的局面。诚然,重庆商业的繁荣与国民政府极为重视发展战时首都的政策有关,但战时重庆商业内外联系和商品流通的进一步加强,也大大促进了其商业资源的优化,使得抗战大后方形成了以重庆为中心的商业网络。⑤ 这种商业网络表现出了比较明显的战时特征,其中的商业地理空间以

---

① 王笛:《跨出封闭的世界:长江上游区域社会研究》,中华书局,2001年,第189页。
② 陈尔寿:《重庆都市地理》,《地理学报》,第10卷,1943年,第115页。
③ 隗瀛涛主编:《近代重庆城市史》,四川大学出版社,1991年,第143页。
④ 韩渝辉主编:《抗战时期重庆的经济》,重庆出版社,1995年,第117—118页。
⑤ 商业网络的提法与经济史研究的兴盛不无关系,商业网络不仅是一种客观存在的社会经济结构形式,也是研究商业发展的一个极佳视角。自20世纪80年代以来,有关商业网络的研究成果不断涌现,不同学者对商业网络的形成有不同的理解,大致包括血缘、地缘、业缘、文缘、善缘等。这方面的研究在滨下武志、古田和子、顾德曼(Bryna Goodman)、朱荫贵、朱英、冯筱才等人的一些著述中均有体现,在此不一一列举。这里所言"以重庆为中心的商业网络"套用了古田和子对网络的解释,是一个空间地域概念,即抗战时期大后方形成的以重庆为最核心层级的市场体系以及在这一体系中重庆同各节点城市商业的内外连通,它是一种"支配着空间的关系"。

及由此形成的市镇体系和内外连通功能都发生了微妙的变化。然而,该商业网络又在很大程度上因承战前长江上游业已形成的商业市镇体系,商品流通也保留了诸多传统的方式。

(一)作为大后方的商业网络中心

施坚雅和王笛的研究已经充分证实了重庆在晚清已是长江上游的商业中心城市[1],但对于抗战全面爆发后,重庆的商业贸易情形却言之不多。事实上,随着国民政府后撤以及沦陷区的扩大,西南、西北诸省与中部沿江和东部沿海口岸的联系被截断,大后方逐渐成为一个在空间形态上相对独立的商业区域。重庆作为战时首都,其在大后方商业市场中的核心作用十分明显,这使得重庆成为该区域商业网络的中心。换言之,战时大后方因商业的不断发展,而形成了以重庆为中心、以不同层级城市为次中心或边缘核心,共同构成的一个大后方商业场域。

抗战之初,国民政府以重庆为中心,控制着包括平汉、粤汉两铁路线以西的大部分地区,此时大后方的商业网络除覆盖西南、西北之主要区域外,可延伸至湖北、湖南、广东等地,与上海、香港等地的贸易往来虽受影响,但并未中断。从棉纱的输入情况来看,战前重庆之棉纱多仰赖上海、武汉,上海约占七成,武汉约占三成。上海沦为战区后,"重庆输入之棉纱,五分之四产自武汉,而上海则降为五分之一"[2]。输入重庆之棉纱,并不仅限于本地市场需求,而多流向川北、川南、川西地区。故就大后方棉纱行业与东南方向的商业联系而言,重庆仍发挥着较强的纽带作用。然而,"自[民国]二十九年六月宜昌、沙市沦陷后,由重庆东运货物,显然减少"[3]。东运货物减少,西进货物的比重亦大大下降。仍以棉纱为例,"根据经济部平价购销处之登记,自[民国]三十年四月以至十二月之九个月中,各地输入重庆之棉纱,其数量,上海占百分之七,香港占百分之八,仰光占百分之二,共计由沦陷区或国外直接输入者,占百分之十七。而间接由后方各省输入者,则占百分之六十一,其中以贵阳

---

[1]施坚雅主要借用了德国地理学家克里斯泰勒的中心地理论,成功地分析了长江上游的城市系统,进而形成了所谓的"施坚雅模式"。后来,王笛则利用施坚雅模式对长江上游的区域贸易、城市系统以及商业市场进行了详细的解读。

[2]杨蔚、陈敬先编著:《重庆棉货市场及市价之研究》,中央银行经济研究处,1944年,第46页。

[3]《海关中外贸易统计年刊·各项比较图表》,"附录",上海总税务司署统计科编印,1946年,第1期,第11页。

为最多,占百分之二十八;昆明稍次,占百分之二十,其余衡阳、长沙、柳州、桂林等地共占百分之十三。此外由本省泸县、宜宾输入者,亦占有百分之二十二"①。重庆是战时大后方的棉纱纺织工业中心,据中国纺织企业公司1945年编制的《大后方纱厂一览表》来看,重庆当时有纱厂19家,占四川的73%,整个大后方的35%。② 由于需求量的增加,重庆与后方输入棉纱城市之间的联系也进一步增强。从1941年各地输入重庆的棉纱比重来看,贵阳、昆明、衡阳、长沙、柳州、桂林、泸县、宜宾等地占据了总量的八成以上,这表明战时大后方的棉纱贸易实际上形成了一个不同于以前的相对成熟的空间体系。

大后方内部市场的发展和成熟,与战事的发展密切相关。应该说,1938年武汉沦陷之前,汉口对于后方的商业贸易仍有举足轻重的作用,而至1940年前,重庆与东南各地的商业往来还在很大程度上依赖沙市、宜昌。据民国时期经济学者杨蔚等人的研究,"沙市、宜昌沦陷后,鄂西之棉花改由宜昌上游之三斗坪集中,更与湖南津市一带之产棉汇集,输入重庆"。同时,杨蔚等人还指出,陕西棉花此时也丰收,但出口停滞,增加了对重庆的输入。比较而言,"鄂陕两地棉花输入之数量,鄂花约占十分之六七,陕花只占十分之三四"。③ 随着战事的发展,鄂西的棉花输入也比较困难,重庆对四川棉花的需求增长,致使四川棉花种植范围不断扩展。1940年底,四川有57个县推广了棉花种植,产量迅速增加,这些地区成为重庆纺织业的一个重要原料供应地。④ 战时重庆的棉纺业发展十分迅速,可谓"一日千里,大非昔日可比"⑤,但重庆本地不产棉,基本仰赖外埠,故对周边的需求较大。如上文所言之鄂西、湘西、陕西以及四川,即是重庆棉纺织业的货源地。

很显然,战时状态下东南方向贸易受阻后,西南、西北诸省内部商业联系不断增强,大后方作为一个相对独立的商业区域发展日趋成熟。而重庆凭借其既有的商业地位与战时政治中心城市的影响,在大后方的商业网络中总体

---

① 杨蔚、陈敬先编著:《重庆棉货市场及市价之研究》,中央银行经济研究处,1944年,第46—47页。
② 中国纺织企业公司编:《大后方纱厂一览表》,1945年。转引自隗瀛涛主编:《近代重庆城市史》,四川大学出版社,1991年,第246页。
③ 杨蔚、陈敬先编著:《重庆棉货市场及市价之研究》,中央银行经济研究处,1944年,第28—29页。
④《自由中国的纺织工业》,《纺织染季刊》,1941年,第4期,第130页。
⑤ 傅润华、汤约生主编:《陪都工商年鉴·民生工商业》,第5编,文信书局,1945年,第2页。

上处于最核心层级,"不惟为川省第一商埠,且为黔、滇、陕、甘等省货物之集散地"。① 就药材市场来看,四川是中国传统的药材产区和集散地。对此,曾任国民政府主计处统计局专员的蒋君章就认为:"川省产药虽富,而由川出口的药材实不限于川省所产;凡云南、甘肃、陕西、青海、西藏等地一部分的药材,以及西康省的药材,多经陆路,前来川省集中。因此,四川实在是西南药材的生产名区,又兼集散中心。"② 来川的药材以及本地种植的药材,多先集中于灌县、雅安、宜宾、江油、万县等城市,再运至重庆。重庆因此实际上成为大后方药材贸易重要的港口城市。汇聚在重庆的药材并不完全在本地销售,更多地是运往外地。傅润华等人在《陪都工商年鉴》中就指出:"四川药材输出,大都集中重庆,由重庆运往南洋群岛、关外、甘肃、宁夏、两广、浙豫等地。"③ 由此亦不难看出,从抗战时期的药材贸易来看,重庆在链接大后方城市之间以及大后方城市与外界城市之间发挥着枢纽作用。如果依据商业贸易在区域城镇中的影响,将大后方药材业的贸易体系分为多个层级,重庆无疑居于这个体系的中心,次中心有灌县、雅安、宜宾、江油、万县等城市。

当然,抗战时期大后方商业网络的形成和发展还得益于西南通道的开辟,陕西、川北、川西、川东等地的不少商品通过各种方式运至重庆,经川南,以河运、驿运等方式入昆明,再由滇越、滇缅、滇印通道出境。"年来西南各省进出货物,胥以滇越铁路及滇缅公路为运输孔道,该二路线,既贯通滇省,蒙自海关所在地之昆明,其贸易情形,遂有蒸蒸日上之势。"④ 西南通道的开辟使重庆与宜宾、昆明、腾冲、蒙自、龙州等城市的商业联系更加紧密。这既促进了大后方内部市场发展,又增强了重庆在大后方商业网络中的地位。以桐油为例,四川是我国桐油的主产区,也是战时桐油贸易最为活跃的地方。我国近代著名地理学家胡焕庸所记载:"四川产桐之区域遍及全省。北至广元、江油,西至乐山、屏山,南至秀山、酉阳,东至巫山、奉节,无不产之。维产量特丰者,实位于重庆以下大江沿岸之下东各县,如云阳、万县、邻水、忠县、长寿、涪陵、丰都、石柱是也。……四川桐油之集散地,大都位于产区中心及交通便利

---

① 薛绍铭:《黔滇川旅行记》,中华书局,1938年,第164页。
② 蒋君章:《西南经济地理》,商务印书馆,1945年,第104页。
③ 傅润华、汤约生主编:《陪都工商年鉴·物产》,第9号,文信书局,1945年,第36页。
④ 《民国二十八年海关中外贸易报告》,中国第二历史档案馆、中国海关总署办公厅合编:《中国旧海关史料(1859—1948)》,第132册,京华出版社,2001年,第593页。

之商埠。在川东者为合川、涪陵、重庆、万县。在川南者为宜宾、泸县。在川北者为南充。惟合川、涪陵、宜宾、泸县、南充诸县集中之桐油,均系由各产桐县分直接运来到达以后,再行转运于重庆或万县,而不直接输出于省外"。①然抗战军兴后,"海运受阻,桐油出口,专恃香港,香港既陷,惟恃空运。不惟空运工具太少,不能运输大宗油类,而且成本太贵,外销亦因之大为减少,简直可以说现在出口贸易已完全停止"。②这里的外销主要是指传统意义上与上海、武汉和香港之间的贸易,所谓"外销停止",是指经汉口、上海的出口基本停止,大后方城际贸易日渐发展,激活西南方向国际贸易的发展。从既有的史料记述来看,抗战之前,川省桐油最重要之集中地为万县、重庆两地,但万县的地位要高于重庆,而抗战爆发后,"桐油输出,改道西南,重庆桐油输出之地位,将更呈突飞猛进之势"③。"重庆下游各地桐油均送渝集中出口,而万县则为川东之桐油集中地。"具体来看,因宜宾与昆明通道的修筑,"宜宾、重庆为川省桐油之出口市场。至于川北各地所产桐油则于渠河之达县,嘉陵江之阆中,岷江之太和镇等处集中后即直接运至重庆集中出口,而不复经由合川转运。下川东各地所产桐油则改集彭水,然后转运重庆"④。至重庆、宜宾之桐油又多运往蒙自,故蒙自成为桐油离境口岸交易集散地。⑤不难看出,抗战爆发后,特别是武汉、香港沦陷后,西南国际贸易的发展促进了这一地区商业贸易的活跃,而重庆在地理空间上的优势使得它能够很快超越万县,在大后方桐油贸易市场居于主导地位。

抗战时期,除了西南方向的市场体系得到拓展外,重庆与西北方向的商业联系也有所加强,这首先是因为西南地区商品需求量的迅速增长。由于战时东路棉花供应紧缺,重庆的主要花纱布生产厂商裕华、申新、豫丰,均在西北产棉各地设机构购棉,"其数亦巨甚"⑥。猪鬃的收购也是如此,当时最大

---

① 胡焕庸编著:《四川地理》,正中书局,1938年,第46页。
② 高语罕:《四川桐油问题》,《四川经济季刊》,1943年,第1期,第125页。
③ 秦孝仪主编:《抗战建国史料——农林建设(三)》,第104辑,(台北)中央文物供应社,1986年,第334页。
④ 严匡国:《四川桐油产销概况》,《四川经济季刊》,1944年,第2期,第125页。
⑤ 据严匡国1945年的记述,1940年时经蒙自的桐油出口占全国总量的35%,远高于其他口岸。详见严匡国:《我国桐油产销之现状与展望》,《西南实业通讯》,1945年,第11卷,第5—6期合刊,第13页。
⑥ 史显中:《重庆市之花纱布市场》,《农本》,1941年,第53期,第26页。

的加工企业四川畜产公司除在重庆设有总厂外,还分别在黔、滇、陕、甘、湘、鄂、豫等省广设收购和加工机构。① 在毛纺织方面,西北地区的皮毛在抗战以前多通过西安至天津一线出口,而华北沦陷后,西北的皮毛出口改道,取道兰州经新疆被运往苏联。② 除了出口外,西北的皮毛还大量内销至重庆和西南其他城市。其中一个重要原因便是抗战时期内迁的 8 家机器毛纺织厂有 6 家在川康地区,而重庆就拥有 4 家。"各厂所需原料大部运自陕甘。"③皮毛由西北内销至西南,促进了西北地区一些市镇的兴盛。例如甘肃传统的主要皮毛集散市场有兰州、永登、张掖、酒泉、安西、固原、西丰镇、永昌、张家川等,④而张家川因位于陕甘交界处,在抗战时期的皮毛贸易中的地位得到进一步巩固。据史料载,1939 年至 1949 年是近代张家川皮毛贸易最全盛的时期。抗战爆发东路贸易中断后,"张家川皮毛全部销往重庆、成都两地","四川商客善于经营羊皮,他们把生皮运到重庆加工成品,然后运往外地出售"⑤。又如陕南,这一地区的货物以往多沿汉水运送至汉口与外界交易,"抗战爆发后,东南水运路线受到一定阻滞,陕南药材、山货的输出又以汉中为集散地,多走蓉渝滇黔这条通往大西南的道路,到国民党统治区的大后方。……甘肃的药材,沿古老的茶马贸易路线逆向而行,进入陕南,并经此线入川"⑥。毫无疑问,战时重庆及西南各城市需求量的增长,以及战时状态下西北贸易线路的变化加快了西北、西南两个商业市场的互动与融合,尤其是增强了甘肃、陕南与重庆、成都等西南城市之间的商业联系。

总体而言,抗战时期西南、西北两个地区大市场的发展与互动促进了以重庆为中心的大后方商业体系的建立。尽管这一体系的某些商业联系具有明显的战时性,但仍然有助于大后方的商品流通和市场的扩大,由此推动了

---

① 古耕虞:《我经营猪鬃二十余年的回顾》,中国人民政治协商会议全国委员会文史资料研究委员会编:《文史资料选辑》,中国文史出版社,1986 年,第 13—14 页。

② 有关抗战时期西北皮毛贸易出口路线方面的研究已经被学界广为重视,不少专著或专论中均有提及。可参看谭刚:《抗战时期西北皮毛贸易与大后方经济变动》,《中国历史地理论丛》,2012 年,第 1 期,第 56—71 页;亦见黄正林:《近代西北皮毛产地及流通市场研究》,《史学月刊》,2007 年,第 3 期,第 103—114 页。

③ 陈真、姚洛合编:《中国近代工业史资料》,第 4 辑,三联书店,1961 年,第 349—350 页。

④ 《甘肃皮毛运销集中点》,《甘肃贸易》,1943 年,第 2—3 期合刊,第 51 页。

⑤ 麻均、马辅臣:《张家川的皮毛业》,宁夏回族自治区政协文史资料委员会、陕西省政协文史资料委员会等合编:《西北回族与伊斯兰教》,宁夏人民出版社,1994 年,第 213 页。

⑥ 王一成、韦苇编著:《陕西古近代对外经济贸易研究》,陕西人民出版社,1990 年,第 455 页。

该区域商业市镇、小型集散市场、高级市场以及商贸中心等不同层级商业网络的发展。需要指出的是,虽然重庆位于战时大后方商业网络的中心,但受运输、时局等因素的影响,并非所有商品均以重庆为集散地与交易中心。以夏布为例,川东、川南地区是夏布的原料产地,但荣昌、隆昌、内江"为川产夏布之中心"[①]。战前,各地夏布多在荣昌漂染加工后运至重庆码头,特别是自1936年荣昌邮局统一承包夏布运输后,重庆码头在夏布运销网络中的地位开始下降。对此,抗战时期旅渝的吴济生在《新都见闻录》中描写道:"凡著名产区如隆昌、荣昌、内江、江津、中江、邻水、大竹各处出口的夏布,经销国内市场和国外朝鲜等处的,均以此(重庆)为集中转输地点。后因捐税繁重,各地希图避免,均改邮递,渝地输入数量,逐以大减,但实际上仍不失为一重要市场。"[②]由此推断,在抗战时期夏布的生产与运销方面,重庆在整个商业网络中并不处于最中心的层级,至多扮演着将部分荣昌所汇集之夏布作转口运输的角色。

(二)由长江上游及其支流为主构成的商业网络

抗战时期,国民政府为巩固后方,在改善西南、西北地区的交通上采取了诸多举措,也产生了积极效果。[③]然而,新建交通速度较慢,难以发挥即时效应;再者,公路运输成本较高,战时后方的商品流通仍多采用水运。对此,蒋君章指出:"西南铁路甚少,尤其是内地,简直没有什么铁路,所有运输由公路和水路担任,就连运费方面,公路比水路要贵十六倍。"[④]因此,在沿海地区大部沦陷,东中部交通运输受阻的情形下,"要想发展大后方供应抗战物资,那么要算水道运输,最为通宜。所以在抗战现阶段的水运,比较平时,更来得迫切需要"[⑤]。事实上,包括四川、西康、贵州、云南等省以及鄂西、湘西、陕南等在内的后方主要区域有着密织如网的水系,它们之间依靠长江及其支流相互连接,故水运在促进这一区域商业流通和市场发展方面有着天然的优势。

---

① 胡焕庸编著:《四川地理》,正中书局,1938年,第41页。
② 吴济生:《新都见闻录》,光明书局,1940年,第231页。
③ 抗战时期大后方的交通运输在水路、陆路、航空等方面均有所改善,特别是为满足军需以及其他战时物资运输,国民政府新修建了不少公路、铁路,并开辟了新航线。有关这类研究可参看董长芝:《抗战时期大后方的交通建设》,《抗日战争研究》,1993年,第1期,第89—104页。
④ 蒋君章:《西南水运问题》,《青年中国季刊》,1940年,第2期,第204页。
⑤ 王洸:《现阶段的水运》,《新经济》,1941年,第4期,第76页。

"(长江)北岸支流之大者,在西康境内有雅砻江、大渡河、青衣江,在四川境内有岷江、沱江、嘉陵江,雅砻、大渡、青衣、岷江四水。……大江南岸支流在滇境者有普渡河、牛栏河,在滇东北与川西南者有横江,在川境者有长宁河与永宁河,在川黔两省境内者有綦江与黔江,在黔境者有沅江上游的三源。"①在陕南,长江两大支流汉水、嘉陵江的源头并发于此;其中,嘉陵江"源出宝鸡县南大散关西的嘉陵谷,出凤县而入甘肃,又折入本省(陕西)境洛阳而南入四川省"②。如此丰富的水系为发展河运提供了良好的条件,而重庆因为地处长江与嘉陵江汇合处更具有得天独厚的商贸优势。民国《巴县志》就载文说重庆"有舟航转运之利,蜀西南北,旁及康藏,以至滇黔之一隅,商货出入输会,必于重庆。故重庆者,蜀物所萃,亦四方商贾辐辏地也"③。抗战时期,重庆是大后方的商业网络中心,其商业往来很大程度上仍然依托以长江上游及其支流为主的水运,并由此构成了南北相连、东西互通的庞大市场体系。

以桐油来看,"四川桐产区多在长江、岷江、沱江、嘉陵江、乌江各流域附近,故各就近输入商务较繁荣之城市集中后,再运万县、重庆两大油市出口,其距万、渝较近或有河道可资运输者,则直由产区运往万、渝二油市"④。不过,"抗战时期,万县由于时局的影响逐渐衰退,整个四川的桐油贸易重心转向西南,重庆成为川内尤其是川东北一带桐油的中心集散地,同时泸县、宜宾这两个川南的二级市场功能突出。……在长江流域市场网中,以重庆为前哨的广大四川内地成为上海终端出口贸易的腹地市场"⑤。又据傅润华等人对战时重庆桐油市场的记载:输入重庆之桐油,大致可分为川北、川江上游、川江下游三区:川北区包括万源、宣汉、达县之一部,及渠县、南部、阆中、江油、盐亭、蓬溪、遂宁等县,借巴河、渠河、涪江之便,而汇集于嘉陵江口之合川,再入重庆市场。川江上游区,包括井研、荣县、乐山、屏山、宜宾、泸县、庆符、高县、筠连、珙县、江安、长宁、兴文、叙永、合江、江津、綦江等县,借黔边綦江、合江间之赤水河、綦江河,叙永、古宋间之永宁河,犍为、乐山之岷江,井研、富顺

---

① 蒋君章:《战时西南经济问题》,正中书局,1943 年,第 176—177 页。
② 杨文洵、韩非木等合编:《中国地理新志》,"第五编",中华书局,1936 年,第 190 页。
③ 向楚主编:《巴县志选注》,重庆出版社,1989 年,第 658 页。
④ 张肖梅、赵循伯编著:《四川省之桐油》,商务印书馆,1937 年,第 33 页。
⑤ 张丽蓉:《长江流域桐油贸易格局与市场整合——以四川为中心》,《中国社会经济史研究》,2003 年,第 2 期,第 62 页。

之沱江,为运输道,而汇集于宜宾、江津、泸州三地,再转汇于重庆市场。川江下游区,包括南川及涪陵、酉阳、秀山、黔江、彭水五县,借乌江之运输,集中于涪陵,再由长江上溯,运入重庆市场。南川则旱运至长江之木洞镇,上溯运入重庆。① 可见,战时重庆作为川北、川江上游、川江下游三个片区桐油贸易中心的地位尤为突出。尽管这三个片区均有各自桐油贸易的区域中心,但重庆依托长江、嘉陵江、綦江、黔江、乌江、涪江等水系而成为了这些区域中心相互链接以及对外连通的纽带。

又如米粮贸易,重庆本埠并不量产米粮,却是一个十足的米粮销售区。其米粮的源产地多在紧邻重庆的沿江上下游城镇。时人记载说:"如甲年大河(长江)流域丰收,则叙府、泸州、江津一带有米运来;乙年小河(嘉陵江)流域丰收,则保宁、顺庆、渠县、达县一带有米运来;有时下川东丰收,则长寿以上的小码头,亦有米运渝。然近来只有下载,鲜有逆运。统计渝市每年销米约一百万石左右,而以江巴两县所产不及十分之一。"② 可见,长江、嘉陵江沿线城镇多为重庆米粮市场的供应地。对于重庆米粮的供给市场,曾主管国民政府粮食储备的胡昌龄在抗战时期也有比较详细的描述,他说:"重庆市食米之供给,除一部给诸附近江、巴、璧山、綦江等地外,其大部分之输入来源,遍及长江、岷江、嘉陵江、涪江、渠河各区域产米县份。长江方面之输入来源,远至乐山、眉山。嘉陵江方面,则南充、武胜,历年当对重庆输出,甚至再上之阆中、苍溪,在丰收年份,亦有米运来重庆。涪江方面,远至最上之江油中坝。渠河方面,如三汇、渠县、广安、岳池、达县,以至宣汉、通江、南江、巴中,均有食米运渝接济。"③ 这证明,重庆实为长江上游米粮运销市场的核心,其销售贸易对长江上游及其支流沿线城镇的米粮市场有较大的带动作用。

再以棉纱贸易为例说明,棉纱输入重庆后,除了满足本地生产需求外,还通过纱商在各节点城市销售。例如,位于重庆下游几十公里的长寿在抗战之初共有纱商10家,年供销四千余包,价值超过百万元。但其进货地均为重庆,购妥即用木船沿长江载运至长寿,除了供长寿县本地居民织布外,还多畅

---

① 傅润华、汤约生主编:《陪都工商年鉴·物产》,第9编,文信书局,1945年,第32—33页。
② 王苾琪:《联营专卖研究与实践》,正中书局,1941年,第6页。
③ 胡昌龄:《重庆市食米供需与米市场之检讨》,《农本》,1940年,第43期,第4页。

销垫江、邻水、大竹等多处。①长寿因之成为棉纱贸易在长江沿线的一个重要节点市场,而类似于长寿这样的节点市场还广泛存在于重庆以西的长江沿线城市。另外,就长江支流而言,嘉陵江无疑对重庆商贸往来的贡献最大,"盖以渠、涪为支流,凡川东北繁华城镇,意被网罗,以贯通甘陕,载重四十吨之民船,由涪可以上溯太和镇,由渠可以上溯三汇,由嘉陵可以上溯南充,北道之货,胥由是出"②。因此,嘉陵江流域之汉中、广元、绵阳、南充、阆中、遂宁、合川等均为该区域市场节点城市,由重庆输出之棉纱亦多以这些城市为二级销售场地。总体而言,棉纱的供应和销售网络大致分为:"(1)重庆附近各县;(2)大河即泸州、叙府、嘉定、成都各区属之;(3)小河即合川、南充、阆中、遂宁、绵阳各区属之;(4)中路即成渝公路沿线各区,如荣昌、隆昌、资中、内江等地属之。兹据棉纱业公会中人估计,销往大河者约总数百分之四十,销往小河者约占百分之三十,销往中路者约占百分之二十,销于重庆及附近各县者仅百分之十耳。销售各路之棉纱盖由水客自行购运。"③所谓"大河"即指通过长江运输至泸州、宜宾,再通过岷江到达乐山、成都;"小河"是指通过嘉陵江、涪江、沱江运输至沿线主要城市。由此亦可见,"大河"、"小河"对于重庆棉纱运销的贡献达到70%。

　　抗战时期,重庆对棉花的需求量增大。鄂西之棉可由长江逆江而上运至重庆,陕南之棉则可通过陆路驿运后转水运顺嘉陵江而下至重庆。另有四川扩大棉花种植区域,但四川适合大面积种植棉花的地区并不多,故四川产棉区实际上主要集中在涪江流域之遂宁、蓬溪、射洪、三台、中江,沱江流域之简阳、荣县、威远,岷江流域之仁寿、井研,嘉陵江流域之南部、南充,巴水流域之仪陇、巴中、宁江等县,也有棉花供应重庆。④除了棉花外,战时供应重庆的煤炭产区也多分布在长江上游及其支流的水系周边。当时,国民政府经济部矿冶研究所的马浚之在对重庆的焦煤业调查后认为:"渝市售煤大部来自嘉陵江两岸,最北可到合川,沿大江两岸,江津、永川之煤小部亦可运到渝市。焦炭来自南川万盛场、贵州桐梓桃子荡綦江一带,而嘉陵江岸白庙子及其他各

---

① 《长寿县经济调查》,《四川经济月刊》,1938 年,第 9 卷,第 1—2 期合刊,第 9 页。
② 张肖梅编:《四川经济参考资料·航业》,"第八章",中国国民经济研究所,1939 年,第 4 页。
③ 赵永余:《重庆市之棉纱业》,《经济动员》,1939 年,第 10 期,第 577 页。
④ 孙虎臣、杨晓钟:《四川省粮食肉类及棉花供需之再估计》,《川农所简报》,1945 年,第 9—12 期合刊,第 103 页。

厂亦有一小部焦炭来渝。"①不难看出,为了运输的方便,无论是棉花种植的位置,还是煤炭厂商的选址,都靠近河流、水域,各类商业活动便通过错综复杂的水系将各级市镇与重庆这个中心市场连接起来。

除了上述水系间的市场连通外,抗战时期的国民政府还通过建立水陆联运线的方式来发挥水运、陆运二者的优势,以促进大后方物资运输。1939年2月,国民政府在重庆成立水陆运输联合委员会,隶属交通部。其目的是:"以重庆为中心,组成联运网。"②国民政府首先开辟的是三条水陆联运线:一条为川陕甘水陆联运线,由重庆港出发,沿嘉陵江上溯至陕西阳平关,再转陆路至宝鸡或由嘉陵江转入白龙江抵甘肃碧口联系西北诸省;一条为川湘水陆联运线,由重庆港出发,沿长江下驶涪陵转乌江到龚滩,转陆路到龙潭,再转酉水至湖南的沅凌、常德联系东南各地;一条是西南国际交通线,由重庆港出发,沿长江上溯泸州,联系川滇、滇缅公路。③这三条水陆联运线,一方面强化了大后方市场的内部联系,另一方面则起到大后方市场与国际市场联系的作用。川湘水陆联运与川陕甘水陆联运实际上可以称作一条,主要"由衡阳开始,经常德、沅陵、龙潭、彭水、涪陵至重庆(川湘线),由重庆循嘉陵江经合川、南充至广元……到广元后与陕甘驿运配合,用车接运到天水、兰州,再循甘新路,用骆驼往西北出口"④。由此可见,川湘、川陕甘水陆联运线的建立实际上构成了大后方以重庆为中心的"东南—西北"走向商贸路线。而在西南方向,则主要是以重庆为汇聚点,经长江水道,并通过滇越、滇缅线路出海。⑤滇越、滇缅线路均以昆明为节点,但"昆明以上,则真正运输的目的地,是联络扬子江上游的腹地四川省的资源"⑥。而四川省的商业市场又与甘肃、陕西相连,

---

①马浚之:《重庆市煤焦运销概况》,《矿冶半月刊》,1938年,第4期,第6页。
②1944年6月,国民政府将水陆运输联合委员会改组为水陆空联运委员会。由此水陆空联运委员会成立时已是抗战末,且空运多与军需有关,民间商品流通多不涉及空运。故本文不对水陆空联运作阐述。有关水陆联运的介绍,参看龚学遂著:《中国战时交通史》,商务印书馆,1947年,第28页。
③重庆市地方志编纂委员会编:《重庆市志》,第5卷,成都科技大学出版社,1994年,第85页。
④傅润华、汤约生主编:《陪都工商年鉴·交通》,第8编,文信书局,1945年,第2页。
⑤武汉、广州沦陷前,重庆商贸出口的路线大致有以下五种:"1.由渝经水运至沪出口;2.由渝经水运至汉,转粤汉铁路至港出口;3.由渝经水运至叙州,循叙昆旧道,经昭通至昆明出口;4.由渝循川黔公路经贵阳至昆明出口;5.由渝循川滇公路经毕节至昆明出口。"(《四川贸易局川滇运输计划》,《中外经济拔萃》,1938年,第2期,第78页。)不过,武汉、广州沦陷后,重庆商贸出口的东、南方向均受阻,川滇线路成为最主要的贸易通道。
⑥严德一:《论西南国际交通路线》,《地理学报》,1938年,第10期,第10页。

故以采取水陆联运方式构筑的川滇交通线,这在客观上有助于西北、西南两个大市场衔接与流通。毫无疑问,"西北—西南"走向和"东南—西北"走向的两条交叉于重庆的水陆联运路线对大后方市场体系的形成和发展产生了重要影响。

(三)战时重庆市场的商业流通——以米粮、猪鬃业为例

商品流通是商品从生产领域向消费领域转移的过程。抗战时期,大后方的商品进入重庆市场后,仍然需要通过多个环节才能转向消费领域。因此,重庆市场的商品流通实际上是构成大后方整个商业网络的一个重要链条。米粮和猪鬃是重庆的传统贸易中的重要商品,也是战时对民用军需有着较大影响的商品。这里,我们以米粮、猪鬃业为例,尽可能全面地介绍当时重庆市场商业流通的各个环节。

1. 米粮运销

重庆是大后方的米粮运销中心,其来源多由泸县、宜宾、江津、合川、内江以及附近邻县供应,市场有河米市场与山米市场之分,山米市场的份额远小于河米市场。所谓河米市场是指通过长江、嘉陵江等江河运输至渝的米粮,其交易地点以河岸码头为据点,重庆周边会因此形成较大的集市[①]。这些集市的米粮运往重庆后主要囤积在菜园坝、朝天门、曾家岩、临江门市场。山米市场,重庆市区旧时有"五大米市",最大的是米亭子,其余四处分别是金马寺、紫霄宫、龙王庙和簧学街。抗战时期,国民政府加强米粮市场的集中管制后,重庆的河米交易全部移至米亭子处,而山米交易也只有米亭子、簧学街两处。在郊外,海棠溪、弹子石、寸滩以及磁器口等地均有米粮交易。

从米粮交易的环节来看,重庆的米粮市场一般由运商、居间商、买商组成,不同的人对各环节的分类和称谓均有所不同,但这些环节在米粮交易中以一种相互依赖、共同协作的关系构成了一条比较完整的米粮销售链条。重庆的运商可分为坐地运商与水客运商。坐地运商,即渝市之运商,随时派人至米粮产地采购;水客运商,即外埠运商,他们自各地运米来渝。居间商也称

[①] 稻麦改进所对长江流域十县米粮的运销调查中比较详细地介绍了重庆周边米粮集市的情况。例如江津,"其米之散集,以朱家沱、白沙、县城三点为中心,而以长江为其主要干线,输出渝、涪、万及三中心间之相互调剂,皆纯依赖长江水运"。详见稻麦改进所编,建设厅校:《长江流域十县米粮运销调查报告(续)》,《建设周讯》,1938年,第7卷,第20期,第29—39页。

捐客或行商,主要是通过在米粮交易中介绍信息、资源等来向买卖双方收取一定费用。买商可分为零售商、小贩和加工厂商,他们都向运商购买米粮。不同的是,零售商和小贩直接将从运商手中购入的米粮卖给消费者,而加工厂商会将从运商手中购入的米粮制成熟米或面粉后转售给消费者。另外,米粮的运销多需起卸和测量斤两,由此也就产生了力夫和斗工两种职业。以下是对1938年冬重庆米粮运销环节的统计:

1938年冬重庆米粮运销环节构成统计表

种类	家数(家)	营业方法	付钱方法
运商	数十	由外地运入重庆交易	现金或期票
行商/居间客	18	介绍买卖、代议价格,负银钱交付责任	自资或向银行钱庄周转
行商兼运商	2或3	有时去外地采购	现金
加工制造商	98	机器米厂8家,面粉厂3家,土碾米厂87家	现金或借债
零售商	450	街面设店零售于消费者	现金或记账
小贩商	200—300	四乡米贩每次运米数石来市售卖	以米易钱
米栈商	20	堆栈4家,米栈十数家,堆米住客收费	自资

资料来源:于登斌《重庆粮食市场研究》,《新中华》,1944年,第7期,第77—78页。

由上表所示,我们可以大致概括出重庆米粮交易的基本程序:米粮由运商或行商从农户手中收购,后通过零售商和小贩卖给消费者,或者通过加工厂制成面粉、精米等卖给零售商、小贩和消费者。一般来讲,"除运商外,行商和小贩有时亦经营采购生意,运商多采购河米,小贩多采购山米"[①]。因此,抗战时期,重庆的米粮输入方式是多元的,其渠道也是多样的。在资金周转方面,从米粮进入商品流通渠道开始,多数可以采取现金、票据以及记账的方式,但在流通的最后环节,也就是当米粮与消费者直接发生关系时,一律以现金交易。

2. 猪鬃运销

[①] 郭荣生、陈无怀:《重庆市米粮供需实况与统制方策》,《军事与政治》,1941年,第3期,第37页。

猪鬃是猪颈部和脊背上5厘米以上的刚毛,是工业上不可缺少的一种材料,属于农副工业产品。四川很早就盛产猪鬃,清末通商后,猪鬃便是一项重要的出口产品,"而鬃质之优良,又为世界之冠"①。抗战期间,国民政府加强了这项战略物资的管理。其收购运销,均由贸易委员会的富华贸易公司(后为复兴公司)办理。1939年9月,行政院核准公布了《全国猪鬃统销办法》,规定猪鬃为全国统销货物。②

重庆管理猪鬃业的商业组织称为牛羊皮猪鬃肠衣输出同业公会,凡经营猪鬃之商号、梳洗房、经纪、行栈等均需入会,否则不得营业。据民国时期的农学专家钱英男1942年的调查,重庆当时"有商号十四家,分布于城区闹市;梳洗房二十一家,多数处南岸;经纪共二十三家,分布于林森路、陕西路、东华观巷等处;行栈十三家,多在林森路。至大贩、小贩则无固定营业地点,亦不入公会。屠户原极散漫,近以当局统制肉价,有屠商业联合营业处之组织,原极其零之猪鬃,亦集中于联营处矣,共计七处,罗布全市"。③ 有关重庆猪鬃运销环节中商号、梳洗房、经纪、行栈的数量统计,不同时期有不同的结果,但它们各自在整个市场中的身份与作用则是固定的。1945年《四川经济季刊》中一篇介绍重庆猪鬃业的文章对此作了更详细的描述:

> 重庆营猪鬃山货业者,向分四个部门:一曰行栈,专与外埠山贩往来,为吸收外埠来货之专门机构,代为售货,并代办起卸及税务等一切手续,按货值抽取百分之五之佣金。战前有三十家左右,现在仅存十一家。二为"中路帮"即"居间商",专向行栈买货,转售与洗房,战前有四十家之多,现在几乎消减,仅存数家而已。三曰洗房,向居间商或行栈购货,洗成猪鬃,然后售与字号,是为洗房,战前营此业者,在三十家左右。四为字号,专门向洗房收购熟货,直运申汉或就地售与外国洋行。战前字号特别发达,经济力量雄厚,共有三十余家,现在除四大公司外,几无字号。……自抗战军兴,交通梗阻以来,过去山货总汇之重庆,日见萧条,猪鬃业务,由现在仅存的蓄

---

① 实业部国际贸易局编:《猪鬃》,商务印书馆,1940年,第6页。
② 《战时财政金融法规汇编》,财政评论社编印,1940年,第128页。
③ 钱英男:《重庆市之猪鬃运销概况》,《中农月刊》,1942年,第6期,第30页。

产、实丰、和源、崇德四大公司完全经营,仅有数家小洗房及十余家行栈,苟延残喘而已。现在猪鬃由四大公司转售与贸委会之复兴公司,再由复兴公司转售英美驻渝行家,从业者均纷纷改行,故目前经营猪鬃山货业之人才,异常缺乏。①

可以看出,重庆猪鬃的运销一般经历屠户—小贩—大贩—行栈—居间商—梳洗房—字号(商号)—贸委会—洋行几个环节。大致情形是,屠户宰猪后所得零星猪毛,由小贩收购成整后,转售与大贩,大贩集中后进入堆栈,经堆栈介绍售与梳洗房,此为生货交易。待梳洗房加工后售与字号,则为熟货。之后,字号(商号)将猪鬃售与贸委会配箱,再由贸委会售与洋行出口。当然,在日常流通过程中,也不排除梳洗房和字号直接在各产地向屠户或小贩收购猪鬃原料的情形。一般而言,由屠户至行栈的流程多在猪鬃入重庆前完成,这被称为外山市场。而行栈之后的流程多在重庆市内完成,这被称为集中市场。在外山市场,双方成交后,由交易处过秤,每百元双方各出秤金二角,以充公会费用。而在集中市场之猪鬃,首先要经过剔除、泡渍、践踏、烘干、炉板蒸伸、再烘、梳别、检验以及包装等10个加工过程②。其过程十分复杂,而仅包装就分两步:"第一步,先按其长短分号及重量,用印就之牌号商标纸,分类包裹之;第二步,将包好之鬃,分别花色及号数,装以木箱,每箱净重关称100斤,谓之配箱。"③配箱之后的猪鬃被集中收购等待出口或用于工厂深加工。值得注意的是,随着国民政府对战时商品流通管制的加强,来自各路的猪鬃在重庆最终由蓄产、实丰、和源、崇德四家字号(商号)收购,这四家字号(商号)将所收购之猪鬃汇集至贸委会所辖的复兴公司。这样,国民政府就实现了对猪鬃业外销的专买专卖。

通过上文的分析,抗战时期重庆的米粮和猪鬃流通仍然具有很强的传统型。米粮之运商、居间商、买商以及猪鬃之贩商、行栈、居间商、梳洗房、商号等,实际上在重庆传统的商品贸易中就已经出现。可见,尽管战时重庆的商

---

① 宋克谦:《四川猪鬃制销概况》,《四川经济季刊》,1945年,第3期,第136页。
② 王鹏昇:《猪鬃的用途及贸易》,《新经济》,1941年,第5期,第114页。
③ 财政部贸易委员会调查处:《猪鬃产销初步研究》,《贸易半月刊》,1939年,第2期,第71—72页。

业组织较多,但在基本环节上,商品的流通还是依靠旧有的体系和规制。当然,为了管理好战时物资,国民政府对商品买卖实行了严格控制,这就使得商品流通的上层管理结构发生了改变。

三、战时重庆的商会

重庆最大的商业组织莫过于重庆市商会,其渊源可以追溯至1905年成立的重庆总商会。商会是商业繁盛的产物,其作用是为了平衡商业运行中的种种关系,促进市场调控和管理。1938年的《修正商会法》对商会的功能作了归纳,分别是:"一、筹议工商业之改良及发展事项;二、关于工商业之征调及通报事项;三、关于国际贸易之介绍及指导事项;四、关于工商业之调处及公断事项;五、关于工商业之证明事项;六、关于统计之调查编纂事项;七、得设办商品陈列所工商业补习学校,或其他关于工商业之公共事业,但须经该管官署之核准;八、遇有市面恐慌等事,有维持及请求地方政府维持之责任;九、办理合于第三条所揭宗旨之其他事业。"[1]第三条宗旨即"以图谋工商业及对外贸易之发展,增进工商业公共之福利"。此外,"有关工商之事项建议关于中央或地方行政官署,以期改善现状,及答复政府及自治机关咨询,并接受其委托,斯亦为重要之任务"[2]。应该说,经过不断发展,重庆商会组织日益健全,其社会功能更趋强大,对商业发展的影响也更加显著。

抗战爆发后,东中部商业实体大量迁聚重庆,为了适应商业的繁荣,重庆商会进行了改组和扩充。在此背景下,重庆的商会组织得到较快发展,其规模迅速膨胀。1936年,加入重庆市商会的同业公会仅有36个,1939年也仅39个,而1940年则增至69个,1941年5月有86个,1942年初为88个,1943年为116个。1945年4月时有123个,各业会员达27481名[3]。下表为1944年重庆市度量衡检定所向重庆市商会呈送的当时重庆商会同业公会名册:

---

[1]《修正商会法》,《经济法规汇编》,第2集,1938年,第54页。
[2] 沙千里编:《战时重要法令会编》,双江书屋,1944年,第461页。
[3] 傅润华、汤约生主编:《陪都工商年鉴·工商机关及工商组织》,第2编,文信书局,1945年,第7页。

1944年统计重庆市商会类别、名称及负责人表

序号	公会名称	负责人	类别
1	药材输出业同业公会	周楸植	输出业公会
2	生丝输出业同业公会	温少鹤	输出业公会
3	牛羊皮猪鬃制输出业公会	古今佛	输出业公会
4	嘉陵江区煤矿业同业公会	蓝绍侣	矿业公会
5	土布工业公会	文济川	必需品工业同业公会
6	第一区碾米工业公会	王植槐	必需品工业同业公会
7	第二区面粉工业公会	袁国梁	必需品工业同业公会
8	第一区植物油制造工业公会	王震欧	必需品工业同业公会
9	第一区制药工业公会	陈丰镐	必需品工业同业公会
10	第十区棉纺织工业公会	潘仰山	必需品工业同业公会
11	第三区造纸工业公会	张剑鸣	必需品工业同业公会
12	第一区电工器材工业公会	杨立坦	必需品工业同业公会
13	第一区机器工业公会	马熊冠	重要工业公会
14	第一区制革工业公会	白万全	重要工业公会
15	第二区印刷工业公会	沈骏声	重要工业公会
16	第三区火柴工业公会	徐宾谷	重要工业公会
17	第一区酒精工业公会	杨公庶	重要工业公会
18	第九区金属工业公会	余蕴兰	重要工业公会
19	第一区针织工业公会	黄陞之	重要工业公会
20	第一区缫丝工业公会	刘澍霆	重要工业公会
21	皂烛工业公会	武光舜	普通工业公会
22	证章工业公会	萧庆禄	普通工业公会
23	牙刷工业公会	李德明	普通工业公会
24	陶磁(瓷)工业公会	江亮畴	普通工业公会
25	毛巾工业公会	仇允师	普通工业公会
26	切面工业公会	刘德镕	普通工业公会
27	纸烟工业公会	冯作新	普通工业公会
28	食糖工业公会	戴钜章	普通工业公会

续表

序号	公会名称	负责人	类别
29	煤炭公会	谭采臣	必需品商业公会
30	粮食公会	刘君蕃	必需品商业公会
31	丝绸呢绒公会	龚□伯	必需品商业公会
32	纱商公会	仇秀敷	必需品商业公会
33	棉花公会	傅儒席	必需品商业公会
34	纸张公会	黄庄毅	必需品商业公会
35	油商公会	谢子贤	必需品商业公会
36	汽车公会	宣传京	必需品商业公会
37	新药公会	罗治昆	必需品商业公会
38	五金电料公会	周荟柏	必需品商业公会
39	银行公会	康心如	必需品商业公会
40	钱庄公会	陈德恕	必需品商业公会
41	仓库公会	杜尧勋	必需品商业公会
42	糖商公会	连从云	重要商业公会
43	茶商公会	陈载阳	重要商业公会
44	国药公会	熊雨田	重要商业公会
45	本商公会	吴绰裕	重要商业公会
46	铜铁锡器商业公会	汪斌臣	重要商业公会
47	煤油公会	王百撰	重要商业公会
48	图书教育用品公会	王民心	重要商业公会
49	百货公会	蒋恕诚	重要商业公会
50	承揽运送公会	顾文宣	重要商业公会
51	典衣公会	申忠仁	重要商业公会
52	颜料公会	仇秀敷	重要商业公会
53	承销盐公会	缪恺	重要商业公会
54	轮船公会	邓华益	重要商业公会
55	酒商公会	李王昭	普通商业公会
56	水果公会	刘太白	普通商业公会
57	屠商公会	杨巨卿	普通商业公会

续表

序号	公会名称	负责人	类别
58	特牲公会	曾澄波	普通商业公会
59	扇商公会	吴注淮	普通商业公会
60	粗纸公会	唐炳轩	普通商业公会
61	藤器公会	朱立贵	普通商业公会
62	旧五金公会	向蔼卿	普通商业公会
63	石商公会	谭海林	普通商业公会
64	泥作公会	李镇河	普通商业公会
65	苏裱公会	罗海藩	普通商业公会
66	银楼公会	唐鉴可	普通商业公会
67	纸盒装潢公会	谭海清	普通商业公会
68	电影戏剧公会	夏云瑚	普通商业公会
69	旅栈公会	刘云翔	普通商业公会
70	菜蔬公会	谭海清	普通商业公会
71	镶牙公会	唐伯华	普通商业公会
72	糖果饼干公会	王子照	普通商业公会
73	棕麻质绳公会	傅汝金	普通商业公会
74	酱园公会	张载坤	普通商业公会
75	砖瓦公会	刘子和	普通商业公会
76	洗染公会	陈化光	普通商业公会
77	干菜公会	张雁秋	普通商业公会
78	中西餐食公会	马守义	普通商业公会
79	服装公会	吴让之	普通商业公会
80	鞋帽公会	李仲卿	普通商业公会
81	皮货公会	尹恒丰	普通商业公会
82	川芋公会	黄懋欣	普通商业公会
83	油漆公会	张君泽	普通商业公会
84	纸烟商业公会	唐荣森	普通商业公会
85	磁〔瓷〕器公会	刘子诚	普通商业公会
86	石灰公会	尹介立	普通商业公会

续表

序号	公会名称	负责人	类别
87	浴池公会	刘云翔	普通商业公会
88	理发公会	张大成	普通商业公会
89	人力车公会	袁淇湘	普通商业公会
90	轿商公会	李吉云	普通商业公会
91	冰糕甜食公会	袁剑溶	普通商业公会
92	竹商公会	郑成之	普通商业公会
93	板车公会	周德侯	普通商业公会
94	旧船材料公会	黄云集	普通商业公会
95	照相公会	李雪怀	普通商业公会
96	□棉线公会	陈清和	普通商业公会
97	旧物委托拍卖公会	吴秀文	普通商业公会
98	军旗符号公会	刘从吉	普通商业公会
99	伞商公会	高子宏	普通商业公会
100	玻璃公会	冯子源	普通商业公会
101	度量衡公会	曾源清	普通商业公会
102	榨卤菜公会	陈瑞云	普通商业公会
103	草篾席公会	彭集森	普通商业公会
104	篾作公会	戚银山	普通商业公会
105	鱼商公会	高国祥	普通商业公会
106	鹅鸭蛋公会	徐吉祥	普通商业公会
107	面食公会	饶玉书	普通商业公会
108	药香蚊烟香公会	陈文章	普通商业公会
109	保险公会	项馨吾	普通商业公会
110	木器公会	张德毓	普通商业公会
111	换钱公会	张锡臣	普通商业公会
112	茶庄公会	贺资生	普通商业公会
113	铁锅公会	杜耀先	普通商业公会
114	陶器公会	周金铺	普通商业公会
115	出版公会	王云五	普通商业公会

续表

序号	公会名称	负责人	类别
116	毛□公会	陈鹤皋	普通商业公会

资料来源:郑成林《抗战时期国民党对商会的管理与控制》,《华中师范大学学报》(人文社会科学版),2011年,第6期,第51页。

此表虽从1944年所呈文件中摘录,但其数据很可能源自1943年,这与傅润华、汤约生所编《陪都工商年鉴》中1943年有116个同业公会的统计相符。在这些同业公会中,有62个普通商业公会,13个重要商业公会,13个必需品商业公会,8个重要工业公会,8个普通工业公会,8个必需品工业同业公会,3个输出业公会,1个矿业公会。这里的工业同业公会仅是针对工业商品的公会称呼,其性质仍属于商会。公会种类与战时商品的需求、类别以及流通密切相关。重要商业或工业公会与必需品商业或工业公会多涉及人们日常生活中最为常见、也最为紧迫的商品。

抗战爆发后,重庆商会组织得到较快发展,除了商业本身的繁荣因素外,可能还与政府的战时引导和管制有关。例如,1940年11月9日,重庆市社会局发布训令称:"本市各业已组织同业公会者,查有九十六单位之多,唯其中已加入本会为公会会员之公会仅有六十九单位,尚有二十七单位未经依法入会,亦在本会范围之内。"重庆市社会局要求各同业公会于11月15日之前一律加入商会组织,否则,"各予警告"[①]。这说明,抗战时期的重庆政府在对待商会发展上,采取了强制入会的政策。事实上,这一局面的形成与国民政府在抗战时期强化社会部对商会的管理有关。同时国民政府也在修订的《商会法》和《工商同业公会法》中规定公司行号必须限期加入公会,公会限期加入商会。郑成林在对这一问题进行研究时指出:"抗战爆发后,国民党将商会指导管理权移至政府,但同时颁布一系列法律规章加强对商会监管,又采取诸如强制入会、派遣书记、组训人员、工作汇报等多种手段,对商会的组织和活

[①]《令饬限于十一月十五日以前加入商会不得延误》,1940年11月9日,重庆市档案馆藏,档号:83—1—120。

动进行渗透,逐步建构起组织管理与业务管理相结合的双重管理体制。"[1]国民政府实施一系列的政策,其本意是要更好地实现战时管制,这种管制在客观上对商会的发展是有一定促进作用的。因此,如何更理性地审视战时重庆商会的发展,而不是一味将之归结为商业繁荣的影响,这是一个需要引起重视的问题。

抗战时期,重庆的商会发挥了较强的社会功能,对调节商业发展,乃至促成国家与社会层面的互动,都起到了十分积极的作用。例如,巴县政府曾准备变卖米船码头,龙隐镇米粮业同业公会遂致函四川省政府和重庆市政府,请求制止,"以便停泊船只,而裕民食"。1940年11月21日,重庆市长吴国桢下令,要求巴县政府"暂缓变卖"[2]。1942年,为了抑制日用必需品价格的上涨,国民政府对丝绸呢绒布业实施限价管制,但此举大大加重了丝绸呢绒布业的负担。重庆市丝绸呢绒布商业同业公会在给社会局的呈文中就指出:"查本业自去岁三、八两月管制当局令饬议价,未能体察实际情况,限价过低,致来源间断,演变至今,而存底亦将告罄,直接影响本业生计,间接影响社会供需。"[3]同样是1942年,重庆市电影戏剧业同业公会曾提出为了筹募空袭救济金,在距离各影院适中地点,筹建防空洞,以利于演出时疏散,进而提高票价一元,三周为限,但此举并没有得到重庆市政府的同意。这年3月20日的市政会议认为,"筹款方法完全转嫁观众,殊欠平允。现本市各剧院莫不利市十倍,应由各影戏院担任筹措半数□准,随票附加一元,其间以十日为限"[4]。1943年,重庆出版业同业公会成立,并出台了公会章程。该章程明确规定:"本会以维持增进同业之公共利益及矫正弊害为宗旨。"[5]在成立之初,重庆出版业同业公会就针对当时的行业困境,向政府直陈:"出版业目前之困难固

---

[1] 郑成林:《抗战时期国民党对商会的管理与控制》,《华中师范大学学报》(人文社会科学版),2011年,第6期,第51页。
[2]《为该会前请制止变卖米船码头一案业转准四川省政府令饬巴县政府制止等令仰知照由》,1940年11月21日,重庆市档案馆藏,档号:53—22—211。
[3]《据本市丝绸呢绒布商业同业公会呈请调整限价以开来源一案呈请鉴核示遵由》,1943年4月1日,重庆市档案馆,档号:53—25—3。
[4]《关于重庆市电影戏剧业同业公会筹募空袭救济金的呈、指令、函》,1941年3月20日,重庆档案馆藏,档号:53—12—179。
[5]《重庆市出版商业同业公会章程》,宋原放主编,吴道弘辑注:《中国出版史料(现代部分)》,山东教育出版社,2001年,第62页。

多,惟最主要的不外运输不便,书籍无法像战前畅通,因之货物搁置,资金周转不灵,而造货成本日增,开支与捐税日重,使同业无法再生产,他如审查辗转费时,出版后而遇查禁,或甲地通行而乙地被扣等等之损失,更加重出版业之特殊负担。以往我政府与有关当局,亦曾迭经改善与协助,惟尚不能完全解除此类苦痛,乃系事实。捐税之予文化事业以减免,如何于审查后出版之书籍予以确实保障,如何使各地出版业获得信用贷款等之方便,所有这些如有出版业自身成立之工会将方便不少。""所以能有集思广益,在会务组织上,多多使规模较小之同业,均得为本会效劳之机会,又为必要。"①商会的直接指陈和批评,还表现在对统购统销政策的不满上。1945年2月,重庆市商会等4团体发布"说帖",称:"桐油全国产量约150万担,战时后方生产尚应均七八十万担。自被统购统销以来,几等于零,无可统购,始久放宽;⋯⋯蚕丝全国约10万担,战时后方应产二三万担,自统购统销以来,每年减至二千余担,不及十分之一;猪鬃全国年产12万担,战时后方尚应产七八万担,自被统购统销以来,年产不过二万余担。"②重庆商会的这种批评,反映了抗战后期,国民政府对统购统销管理失控后,商业逐步走向萧条的现实。

应该说,重庆商会的迅速发展,是战时特殊环境影响的结果,商会在改善商业状况、促进商业繁荣上所产生的作用是十分明显的。一方面,政府会对商会进行渗透,从而实现对商会的管控与利用;另一方面,商会也会为了自身的利益,为了实现本行业的发展,向政府建言或提出批评、质疑。商会与政府的互动,是商会自身发展的需要,也是对国民政府经济政策的一种回应。

四、战时重庆的外贸业

(一)战时重庆外贸业的发展概况

外贸业的发展是商业繁荣和物流发达的表现,也与物资生产和需求息息相关。抗战时期,作为战时首都,重庆的外贸业在十分艰难的条件下表现出缓慢而曲折发展与间歇性衰退并存的现象。重庆外贸业的发展状况可以从进出口数据统计中探晓一二,以下是1936—1945年重庆进出口统计表:

---

① 《祝重庆市出版商业同业公会之成立》,《图书印刷月报》,1943年,第2期,第2页。
② 周天豹、凌承学:《抗战时期西南经济发展概述》,西南师范大学出版社,1988年,第265页。

1936—1945 年重庆进出口统计表　　　　单位：法币百万元

年份	进口货值	出口货值	进出口差额	进出口总值
1936	5366.93	3765.70	-1601.23	9132.63
1937	4935.35	3943.44	-991.91	8878.79
1938	3716.87	1669.31	-2047.56	5386.18
1939	2745.26	987.34	-1757.92	3732.60
1940	4500.00	1131.92	-3368.08	5631.92
1941	3610.00	2020.00	-1590.00	5630.00
1942	16.00	—	—	—
1943	59.00	8.40	-50.60	67.40
1944	288.40	218.30	-70.10	506.70
1945	2955.10	232.30	-2722.80	3187.40

资料来源：据《通商海关华洋贸易总册》《中国海关统计年刊》《海关中外贸易统计报告》以及中国第二历史档案馆所藏海关档案统计资料编制，转引自隗瀛涛主编：《近代重庆城市史》，四川大学出版社，1991年，第147页。

由上表可知，抗战时期重庆的外贸水平整体不及战前，即便是进出口总额最高的1937年也比上年低两百多万元，而最低的年份1943年则不及1936年的百分之一。从进出口总额来看，抗战全面爆发对重庆外贸的影响十分显著，其数值下降幅度较大，直至1940年才有所缓和。但是，1941年后，进出口总额又急剧下降，几乎进入停滞状态，直至抗战进入尾声才有所恢复。总税务司1946年的统计分析指出："民国三十年重庆关贸易，因交通不便，极受影响。大部分交通车辆，均被政府征用，故公路贸易，数量大为减少。……自二十九年六月宜昌、沙市沦陷后，由重庆东运货物，显然减少。……三十三年，因河南、湖南、广西，战事不利，多数公路，不能通行，对外贸易，因而减少。……三十四年上半年，本地贸易情形显有进步。"[1]很显然，总税务司的报告大体描述了当时重庆对外贸易在战争影响下的发展状况。具体而言，战时重庆的进出口贸易大体可分为四阶段：（1）1937—1939年，这期间重庆传统出口

---

[1]《海关中外贸易统计年刊·各项比较图表》，"附录"，上海总税务司署统计科编印，1946年，第1期，第11页。

路线川江航道逐渐被阻断,其水运交通的优势难以体现,开始转向西南国际交通线。在转换过程中,进出口货值逐年下降。(2)1940—1941年,外贸路线的转移完成,西南国际通道在贸易中的作用得到发挥,进出口值回升。(3)1942—1943年,太平洋战争爆发后,日军占领缅甸,西南国际交通路线完全中断,国统区对外贸易基本停滞,一些贸易由军事空运完成。(4)1944—1945年,随着抗战胜利曙光的到来,日军对战区的控制力量逐步减弱,重庆的外贸开始走向复苏。值得注意的是,整个抗战时期,无论进出口货值如何变化,逆差现象始终存在,并在1940年达到顶点,之后随着对外贸易的衰减和停滞而减少。抗战胜利前夕,重庆对外贸易又开始活跃,此时的逆差也大幅度跃升。

另外,从贸易线路来看,重庆的对外贸易向来是通过其他通商口岸进行转口贸易,尤其是战前基本上是通过上海和汉口进行对外贸易,直接对外国的进出口都比较少。但到抗战时期,虽然贸易总额与战前相比减少了,却因上海、武汉失守,重庆的直接进出口贸易价值反而得到明显提高。抗战时期,重庆的外贸线路主要有7条:(1)渝曲线,由重庆至曲江,分两路,一路是驿路与铁路联运,另一路是公路与铁路联运;(2)渝衡线,由重庆至衡阳,通过川湘公路与粤汉铁路联运;(3)渝昆线,由重庆至昆明,通过公路与航空联运;(4)渝泸昆线,由重庆经泸县至昆明,通过长江水路与公路联运;(5)渝洛线,由重庆至洛阳,通过铁路、公路、水路与驿路联运;(6)渝兰线,由重庆至兰州,公路、水路与驿路联运;(7)丁宜渝线,由重庆经宜宾至印度,通过水路、公路和航空联运。[①] 这在某种程度上改变了战前重庆主要依靠长江航道面向汉口、上海从事对外贸易活动的路线。

尽管处于战时状态,物资十分紧张;加之,沦陷区范围逐步扩大,各路交通也受到很大限制,重庆的对外贸易发展十分艰难,但其商品种类仍然比较丰富,主要涉及军需民用的各类日常大宗物资。下表是有关1944年1—10月重庆进出口商品统计[②]:

[①]韩渝辉主编:《抗战时期重庆的经济》,重庆出版社,1995年,第139页。
[②]据1944年《重庆关每月货物进出口表》统计制作,详见该年各期《财政评论》。

1944年1—10月重庆商品进出口统计　　　　　　单位：国币元

名称	月份	1月	2月	3月	4月	5月	6月	7月	8月	9月	10月
动物及动物产品	进口	518306	1351877	1381161	1224677	5017001	—	3426846	2270571	6351496	3778449
	出口	—	12761535	3000	4800000	594807	—				
生皮熟皮及皮货	进口	2271461	1208640	375115	6618944	4008550	—	1196754	3507944	3988938	1813401
	出口	34500	54000	1456573	502240	377445		954050	—	2547458	—
豆类	进口	439970	2247035	6780643	112000	5499017		2233400	4589535	6816968	9146748
	出口	—	367602	—	—	—		—	—	—	—
杂粮及其制品	进口	396160	6168980	2069767	120000	37675245	—	12340627	6990652	56173600	100981910
	出口	—	1626904	349700	—	—		—	—	—	—
鲜果干果制果	进口	1785	5934	40880		33132	—	5849	—	67536	185881
	出口	—									
药材及香料	进口	3227490	3392692	9393941	4465631	11715117	—	6471481	5154041	29024012	29858985
	出口	2559931	2554912	1171623	15740410	21178115	—	9921721	4130950	2839752	7837150
油蜡	进口	7943612	12427881	7471382	38606018	12884321	—	107679474	38827942	30490114	24814744
	出口	606909	501823	5501265	5943039	3168227	—	16499995	822751	10951186	10951150
子仁	进口	86400	693618	797056	46924	2664382	—	558326	769595	1357540	2920450
	出口	—	—	20608	38480	175810		68100	—	2408504	12820
糖类	进口	11256321	24658393	4143058	4071735	23300410	—	17373155	—	—	6948860
	出口	5061165	—	—	10478090	200000	—	3973366	—	—	26793113
茶类	进口	519109	3435204	10730321	—	14432250	—	9937210	12776440	17984950	300000
	出口	316850		1083400	93250	104280	—	233400	—	—	26433034
芋类	进口	16399715	29711915	4106000	16590021	53776336	—	10403619	388008	2957500	63528465
	出口	116420	2213100	5759161	11936250	10295000	—	1033400	—	32981000	551000
菜蔬鲜干卤	进口	598250	992039	1973061	4337050	3421860	—	4150192	4427335	12588881	6731004
	出口	89015	877924	233297	308281	956246	—	1254072	118816	681205	573596
其他植物产品	进口	2640940	11015308	2687315	7236665	3375241	—	5148320	201390	234500	10603420
	出口	241960	213640	3335400	145000	*	—	83700	86000	4140220	228600

续表

名称\月份		1月	2月	3月	4月	5月	6月	7月	8月	9月	10月
燃料	进口	—	10000	—	—	55176	—	—	—	—	—
	出口	—	—	—	—	21000	—	246000	—	90000	—
纸类	进口	2311757	13286201	18358428	9676499	22140247	—	14695643	16387692	27731829	44791480
	出口	41242	338324	95080	205977	275980		731750	—	13387752	796950
纺褓织维	进口	30525154	50425756	7065502	127247693	98800190	—	24493600	26031578	3691421	74946531
	出口	395600	20671902	44253797	86200955	97241873	—	86038057	883192	6236741	47000
玻璃及玻璃器	进口	108039	759759	1037039	1425148	1143440		771813	759824	—	1178475
	出口	2249399	5015726	5352292	9107240	6092045		11927614	454620	6889322	3775705
磁器	进口	9697	15000	1584044	5395198	1661180		490000	462539	3609797	6682560
	出口	—	1210672	1073590	2887623	1155968		934282	—	4771660	—
化学及化学产品	进口	1365509	2904247	3274906	9405776	*		494681	862867	3939547	6522275
	出口	927331	3450619	2835515	13016039	9318250	—	26879083	1204064	11622251	1553881
匹头	进口	3954924	9191349	10979903	11327356	8646130		42486810	1228400	52493777	21676973
	出口	560045	6436108	16121660	7043232	20468963		78103515	—	12985124	386200
矿砂及金属制品	进口	10811809	4230886	22541859	45145748	36477101		27772025	9910261	21790001	27856053
	出口	6830474	25621675	23878443	15228804	44517211		19936024	6247781	34499094	10652710
杂货	进口	10326284	11296015	22633351	29776496	62619598		24216682	15058300	39889917	64156873
	出口	75033206	77320015	132144782	188902175	220536744		269532466	141678893	162805377	126417027
总额	进口	105712676	196421119	139425600	329830351	433501737	—	325346507	154096914	321182324	509452937
	出口	95069045	161249211	251669902	372898085	427999164	—	538652595	155627067	429828004	217008827

注：标"—"为无统计数据；标"*"为数据模糊不清，暂无法核实。另外，本表是根据1944年《财政评论》中刊载的重庆每月进出口统计表合计制作成全年统计表，由于原表本身以及合计制作过程中的误差，故数据可能会略失准确，但不影响整体判断。

由上表统计数据可以看出，1944年1—10月重庆的对外贸易主要包括动物及动物产品、皮货、豆类、杂粮、蔬果、药材及香料、油蜡、子仁、糖类、茶叶、芋类、燃料、纸张、纺织品、玻璃器皿、磁器、化学产品、匹头、矿砂及金属产品、杂货等22大类。就进出口总值而言，杂货、矿砂及金属产品、纺织品、糖类、药材及香料、油蜡、化学产品等在各类物质中占据多数,它们是当时重庆对外贸易的重要商品。事实上,重庆的这一外贸结构在很大程度上与当时中国的外贸情形相符。马寅初在1939年6月28日的党政训练班演讲时曾指出:"中国之出口货大抵为农业品,如桐油、丝、茶、牛皮、羊毛、猪鬃等类,而进口货大抵为工业品,如棉纱、洋布、面粉、糖、纸烟等类。"[①]当然,就单项进口而言,1944年4月纺褖织维类的货值最高,达到127247693元,其次是1944年7月蜡油的货值,达到107679474元,各占当月进口总值的38.6%和33.1%;这说明,在重庆各进口种类中,纺织品和蜡油是两大重要物资。就单项出口而言,1944年7月杂货货值最高,达到269532466元,其次是1944年5月纺褖织维类的货值,达到97241873元;这说明,在重庆各出口种类中,杂货和纺织品是两大重要物资。

(二)战时重庆外贸业在大后方的历史地位

战前,重庆是长江上游最大的商埠,其对外贸易业已经获得较大发展。中共早期的地方军事工作者薛绍铭在游历西南地区时就曾指出:"重庆不惟为川省第一商埠,且为黔、滇、陕、甘等省货物之集散地,每年贸易总额,平均约七千余万关平两,其进出口货物主要为棉纱、匹头、煤油等,出口货物主要为生丝、山货、药材等。"[②]抗战时期,重庆作为战时首都,在大后方的对外贸易体系中,处于十分重要的位置。首先是大量工业、商业实体内迁至重庆,使得重庆进一步强化了大后方的工业中心和商业中心的地位。这使得重庆在大后方的物质、商品内外流通中发挥出了主导作用,并进而促进了重庆对外贸易新格局的形成。其间,尽管有蒙自、腾越、龙州等海关国际贸易额的迅速增长,但并不影响重庆在抗战期间大后方对外贸易经济中的突出影响。另一方面,国民政府外贸机构内迁重庆,在法理上明确了重庆作为战时大后方外贸重要一极的当然性。1937年9月,国民政府拟定促进生产调整贸易办法大纲,在军事委员会下设立农产、工矿和贸易三个调整委员会。其中,贸易调整委员会的主要任务是统制出口货品取得外汇,其办公地点设于上海。1937年12月,贸易调整委员会(简称"贸委会")迁至汉口。1938年1月,贸委会改

---

① 马寅初:《马寅初战时经济论文集》,作家书屋,1945年,第236页。
② 薛绍铭:《黔滇川旅行记》,中华书局,1938年,第164页。

隶财政部。之后,贸委会迁驻重庆办公。

应该说,从横向比较而言,抗战时期的重庆以其战时首都的特殊地位,在对外贸易方面获得了一定发展。尽管在数据统计方面,战时对外贸易额仍不及战前,但重庆在整个大后方对外贸易体现中的作用显然不是战前局面所能展现的。毫无疑问,抗战全面爆发前,中国的对外贸易重心在沿海开放地区。以1937年的统计来看,海关税收最高的前十个城市是上海、天津、汉口、青岛、九龙、广州、汕头、厦门、烟台、秦皇岛。[1] 以进口总值来看,1938年排名前十的城市为上海、天津、九龙、广州、青岛、汕头、秦皇岛、烟台、蒙自、厦门;以当年出口总值来看,排名前十的城市是上海、天津、广州、蒙自、汕头、青岛、九龙、秦皇岛、梧州、烟台。[2] 由此可见,抗战初期,蒙自实际上是最大的内陆对外贸易城市。然而,随着战争的持续,中国东南地区和越南、缅甸大部逐渐被日军控制,云南、广西地区的对外贸易逐渐衰减。学者吴兴南的研究:"1940年6月,日本侵占越南,滇越铁路运输中断,蒙自关对外贸易大受影响,太平洋战争爆发后,对外贸易便完全陷入停滞状态。"[3]而抗战前夕,薛绍铭在西南地区游历时也写道:因为个旧县以及滇越铁路的修建,"一切货物均不经蒙自,市面遂因而衰,今昔相较,实在是一落千丈"[4]。与之相应的是,重庆因其在大后方工矿生产、商业流通等领域的重要影响,对外贸易也在战时环境下获得了较大发展。下表所列数据是对1940年各主要海关税收情况的比较:

1940年各主要海关税收情况比较表

内容 海关	1940年海关税收额 (单位:国币万元)	比1939年增长额度 (单位:国币万元)	比1939年增长幅度 (单位:%)
江海关	27314	10634	63.8
津海关	9226	2467	36.5
胶海关	3594	749	26.3
雷州关	783	437	126.3

---

[1]任锡光:《二十六年中国海关之收入》,《近代杂志》,1938年,第5期,第35页。
[2]《中国贸易年鉴1948》,中国贸易年鉴社印行,1948年,第35—37页。
[3]吴兴南著:《云南对外贸易史》,云南大学出版社,2002年,第162页。
[4]薛绍铭:《黔滇川旅行记》,中华书局,1938年,第93页。

续表

海关\内容	1940年海关税收额（单位:国币万元）	比1939年增长额度（单位:国币万元）	比1939年增长幅度（单位:%）
秦皇岛关	740	106	16.7
重庆关	691	344	99.1
九龙关	685	565	470.8
粤海关	670	584	679.1
长沙关	616	475	336.9
浙海关	566	194	52.6
东海关	490	16	3.4
蒙自关	462	293	173.4
闽海关	313	136	76.8

注:津海关包括长城各口分卡办事处在内,东海关包括龙口及威海卫关在内,资料来源:《民国二十九年份海关税收状况》,《中央银行月报》,1941年,第2期,第242页。

从上表我们不难看出,与1939年相比,增幅最快的六个城市依次是广州(粤海关)、香港(九龙关)、长沙、蒙自、湛江(雷州关)、重庆;与之对应的是,天津(津海关)、青岛(胶海关)、烟台(东海关)、秦皇岛等城市的对外贸易增幅则明显不及上述六个城市。这说明,随着日军对华侵略的扩大,华北、华东大片领土沦陷后,华南、西南成为对外贸易发展的新兴增长区域。到1940年时,除江海关、津海关、胶海关、雷州关和秦皇岛关五个临海海关外,重庆已经成为内陆各大海关中,年税收额最高的城市。

1940年后,特别是太平洋战争爆发后,日本扩大了对东南亚国家的侵略,大后方主要城市的对外贸易迅速衰减,不少正常贸易的物资采取军事运输方式流通,以海关统计的外贸交流显著降低。以下是我们根据《海关中外贸易统计年刊》中相关数据制作的1942—1945年大后方主要城市海关对外贸易统计表:

1942—1945 年大后方主要城市海关对外贸易统计① 　　　　单位:国币百万元

年份 城市	1942 进口	1942 出口	1943 进口	1943 出口	1944 进口	1944 出口	1945 进口	1945 出口
重庆	16.0	—	59.0	8.4	288.4	218.3	2955.1	232.3
成都	—	—	—	—	81.7	0.1	71.6	—
万县	2.1	—	7.3	—	13.2	—	141.6	—
梧州	141.6	0.7	537.6	3.0	690.2	63.8	446.8	—
南宁	35.9	4.4	287.1	21.8	354.0	49.8	562.6	3.7
龙州	13.0	0.3	45.4	1.2	58.2	1.8	2.1	—
蒙自	217.7	34.2	433.8	67.0	748.1	395.7	4173.5	286.2
兰州	12.5	—	15.6	28.8	27.4	21.4	37.4	410.3
西安	2.1	—	32.9	—	268.1	—	430.0	—
洛阳	122.6	—	863.1	—	269.1	—	1247.1	7.4
雷州	623.4	151.0	281.9	34.0	295.9	79.9	3073.6	109.3

注:1.进出口货物包括输出至沦陷区在内;2.雷州关为湛江海关旧称,本不属于大后方城市范畴,这里列入仅作为比较参考。

由表可见,太平洋战争爆发后,大后方各主要城市对外贸易均受到严重打击。依据进出口总额,1942 年大后方各主要城市的贸易量从大到小依次排列为雷州、蒙自、梧州、洛阳、南宁、重庆、龙州、兰州、万县、西安、成都;1943 年大后方各主要城市的贸易量从大到小依次排列为洛阳、梧州、蒙自、雷州、南宁、重庆、龙州、兰州、西安、万县、成都;1944 年大后方各主要城市的贸易量从大到小依次排列为蒙自、梧州、重庆、南宁、雷州、洛阳、西安、成都、龙州、兰州、万县;1945 年大后方各主要城市的贸易量从大到小依次排列为蒙自、重庆、雷州、洛阳、南宁、兰州、梧州、西安、万县、成都、龙州。不难看出,从 1942—1945 年间,蒙自、梧州、洛阳、南宁、重庆等城市在整个大后方的贸易额中所占比重较大。其中,重庆在 1942—1943 年间的对外贸易处于较为低迷状态,直至抗战末,才迅速恢复。这一规律也适用于当时大后方的其他贸易

---

①据《海关中外贸易统计年刊》中各城市贸易统计绘制,上海总税务司署统计科编印,1946 年,第 1 期。

城市,即便是贸易额较大的蒙自,在太平洋战争后也走向了低谷。云南学者对这一时期蒙自关口的贸易状况作描述时就指出:"太平洋战争爆发后,越南、缅甸、泰国先后被日军占领,滇越、滇缅贸易被封锁。1942年2月4日,国民政府财政部命令将蒙自、腾越两关合并,成立昆明关,增设滇越铁路支所等机构。1942年5月12日,将原属蒙自关的河口、碧色寨分关降为分卡。"①然而,从总体上看,与其他城市关口相比,蒙自关承担了这一时期大后方对外贸易的大量物资,仍然是大后方对外贸易相对较活跃的城市。

综上所述,抗战时期重庆的对外贸易发展波动较大,但因战时首都地位的影响,可谓大后方的贸易政治中心。从具体数据来看,抗战时期重庆的对外贸易虽然不及战前的发展水平,也不及战时蒙自等关的贸易额,在直接进出口贸易额上与蒙自、梧州、洛阳、南宁仍有一定差距。但在大后方的城市体系中,蒙自、梧州、洛阳、南宁、重庆等作为主要的对外贸易城市,在对外贸易体系中不是分散的,而是一体的。如果分析海关税收数据,就会发现重庆在1940年大后方各城市海关税收中位居第一。这充分说明重庆的对外贸易是以间接的方式进行的,其重要性也是其他城市无法比拟的。随着抗战胜利曙光的到来,重庆的进出口贸易逐渐超过梧州、洛阳、南宁等城市,即证明了这一点。

第五节 战时大后方的金融中心

近代重庆的金融市场十分活跃,这与开埠后工商业的繁荣不无关联。抗战爆发前,重庆已经是四川主要的金融资本聚集地,是长江上游金融链条中最重要的一环。卢沟桥事变以后,随着大量东中部金融资本涌入重庆,重庆的金融业获得了前所未有的发展,成为战时大后方的金融中心。为了抵御日军侵略所带来的金融风险,稳定经济运行,国民政府实施了诸多战时金融政策,促进了重庆金融业的发展。但同时因金融统制的诸多弊端,制约了金融业本身的发展和对地区经济的推动。

---

①董孟雄、郭亚非:《云南地区对外贸易史》,云南人民出版社,1998年,第39页。

一、战时重庆金融业基本概况

(一)战前重庆金融业的发展

抗战爆发前,重庆的金融业已经有了一定发展。早在清代,重庆由于商业贸易往来频繁,票号就比较兴盛,达30余家。1899年,中国通商银行在重庆设立分行是为重庆银行业发展之始。[1] 此后,虽然历经战乱,重庆的银行业仍然得到一定的发展。到1937年,重庆拥有聚兴诚银行、大中银行、中和银行、富川银行、美丰银行、平民银行、川康殖业银行、四川盐业银行、市民银行、北碚农村银行、川盐银行、少年银行、四川商业银行、重庆银行、新业银行、四川建设银行、和成银行等数十家银行。[2] 应该说,重庆本地银行业的发展已经勾勒出了重庆近代金融业发展的基本脉象。除了具备现代组织和功能的银行外,旧有的钱庄在抗战前的重庆也逐渐得到了恢复。"民国七八年间,为钱庄业极盛时代,共有钱庄五十余家。此后逐年递减,迄十四年,即减少至三十家。是年,钱业公所改组为钱业公会。当时军事稍定,各业逐渐回苏,钱庄业亦力图振作。十六年,又增达四十九家,大有重振旗鼓之势。"[3]之后,囿于内乱不止,外患频至,重庆的钱庄业发展也受到了很大影响。到1937年时,重庆钱庄数量已大为减少,仅剩23家,但这一数量仍占当时四川所有钱庄总数(55家)的41.8%,比省会成都的12家还多一倍以上。[4]

与此同时,一些外埠金融机构在抗战前也以开设分行的形式入驻重庆。除了前文提及的中国通商银行外,1909年大清银行在重庆设立分行,1913年铁道银行在重庆开设办事处,1915年中国银行、交通银行由上海来渝设立分行,1934年上海的江海银行也在重庆设立分行,等等。外埠分行在重庆的纷纷设立,表明重庆的金融与商贸活动影响逐渐扩大。1935年,中央银行和中国农民银行也相继在重庆设立分行。中央银行进驻重庆后,对重庆金融业影

---

[1] 中国人民银行总行金融研究所历史研究室编:《近代中国的金融市场》,中国金融出版社,1989年,第176页。
[2] 中国人民银行重庆金融研究所编制:《近代重庆金融机构调查表》,《近代重庆货币与金融》(未刊稿),转引自隗瀛涛主编:《近代重庆城市史》,四川大学出版社,1991年,第291页。
[3] 李荣廷:《重庆市之钱庄业》,《金融知识》,1942年,第3期,第189页。
[4] 张肖梅编著:《四川经济参考资料》,第4章,"银钱业",中国国民经济研究所,1939年,第46页。

响较大。它按照国民政府中央的部署,先将重庆各商业银行之钞票,饬令收回。后又针对地方银行所发行之三千零七十六万元巨额钞票,由财政部发行相应公债,交中央银行作担保,以该行之申钞收回地钞。此后,"币制渐趋统一","川中各银行,皆以六成现金,四成保证金准备,十足领钞……渝中紊乱已久之地方币制,乃就统一于中央币制之下,而开其新的纪元"①。重庆金融状况在20世纪30年代的迅速转变是与川政统一和国民党中央势力入川的步骤相一致的。或者说,在国民政府逐步加强对四川的管制过程中,财政和金融与军事力量一样,都被作为其重要措施而得到全面推行。中央银行对重庆金融的改制,结束了长期以来重庆金融业的混乱局面,有助于抗战爆发后重庆金融业的发展。

总的来讲,抗战爆发前夕,重庆金融业的发展已经奠定了一定基础。无论是本地金融机构的建设,还是外埠金融机构的入驻,都显示了重庆金融业在经济发展中所具有的活力,也展示了重庆金融业对周边地区的影响力。

(二)抗战时期重庆金融规模膨胀

1.金融实体数量增长

抗战全面爆发后,与工商业内迁一样,东中部地区的大批金融机构也逐步后撤,重庆汇聚了其中绝大部分的金融业实体。因此,抗战时期重庆金融业的发展首先表现在银行钱庄数量的迅猛增长。时人对此描述说:"自抗战发生,我国金融中心之上海,沦于敌手,京杭苏皖,皆为暴敌铁蹄所及。金融机关,在焦土抗战之口号下,随军退至后方,活动范围,较前大为紧缩。四川重庆,适为后方根据地,西南商业中心,其被省外金融界所重视,目为最优良之发展目标者,亦为事理所必然。计交通银行支行,已于一月十日在渝开业,该行总管理处人员,亦已大部来渝,并拟在蓉、筑两地设立支行。又觅定行址,兴工改建,不日开业者有上海银行、浙江兴业银行、中南银行、盐业银行。已派员来渝筹设分行者,有大陆、四行储蓄会、中国通商、中国实业、四明等行。又邮政储金汇业总局、中央信托局,原设上海,现亦迁渝,金融机关之盛,开空前未有之大观,重庆此后地位,似不只西南金融中心而已也。"②可见,中

---

① 傅润华、汤约生主编:《陪都工商年鉴·金融》,第7编,文信书局,1945年,第2页。
② 白也:《抗战期中的重庆金融》,《四川经济月刊》,1938年,第9卷,第1—2期,第74页。

日战争的爆发使重庆汇聚了大量内迁的金融机构和金融实体,这在客观上促进了重庆金融业的兴盛。

以银行业为例,截至1938年12月,在重庆设立的银行主要有中央银行重庆分行、中国银行重庆分行、中国银行上关岳庙办事处、中国银行四牌坊办事处、中国农民银行重庆分行、中国农民银行重庆大梁子分理处、四川省银行、聚兴诚银行总管理处、聚兴诚银行重庆分行、聚兴诚银行重庆都邮街办事处、川盐银行、四川美丰银行、重庆银行、重庆银行总行仓库部、重庆银行重庆都邮街妇女储蓄部、重庆银行三牌坊办事处、川康平民商业银行、金城银行重庆分行、交通银行重庆交通银行、中南银行、江海银行、上海商业储蓄银行重庆分行等22家。到1941年12月时,总行设在重庆的银行就有中央银行、中国银行、交通银行、中国农民银行、四川省银行、美丰银行、重庆银行、山西裕华银行、亚西实业银行、聚兴诚银行、川盐银行、川康平民商业银行、通惠实业银行、长江实业银行、建国银行、开源银行、四川建设银行、和成银行等18家,而各分行、支行和办事处等银行机构则达到74家。① 在银号和钱庄方面,1942年《金融月刊》刊载的有关重庆银钱业的调查显示,当时重庆正在注册和已经完成注册的银号和钱庄共有谦泰银号、永成银号、复兴义记钱庄、仁裕钱庄等46家。② 杨泽对此进行了修订,认为截至1942年6月,重庆的银钱庄号数量为50家。以下是有关当时重庆银钱业机构数量的分类统计表:

1942年6月重庆银钱业机构分类统计③

银钱业种类	家数	在渝行处数
国家银行	4	25
四川及各省省银行	11	16
商业银行	36	56
商业银钱庄号	50	50
合计	101	147

---

①郑洪泉、黄立人主编:《中华民国战时首都档案文献·战时金融》,第5卷,重庆出版社,2008年,第49—55页。

②《重庆市银行钱庄调查》,《金融月刊》,1942年,第1期,第18—24页。

③杨泽:《四川金融业之今昔》,《四川经济季刊》,1944年,第3期,第217页。

据上表所示,在 101 家银钱业机构中,各类银行 51 家,钱庄、银号 50 家。另外,1942 年重庆各类银行所设分支机构达 97 处,战前仅为 28 处。而 1942 年官方所设银行分支机构共 41 处,战前仅为 8 处;1942 年商业银行分支机构共 56 处,战前仅 20 处。可见,无论是官方性质银行,还是商业性质的银行、钱庄,其数量在抗战时期都有较大增长,这是重庆战时银钱业发展的最直观的表现。应该说,银钱业的迅速发展是重庆作为大后方金融中心地位的具体体现(见下表)。

抗战时期重庆银钱业行庄家数比较①

年份	总计	银行总行	银行分支行处	钱庄、银号
1937 年 7 月前	59	9	27	23
1941 年底	143	18	72	53
1943 年 10 月底	162	37	89	36

从上表可见,从 1937 年 7 月到 1943 年 10 月,重庆银钱业行庄数量从 59 家增长到 162 家,增加了 174.6%;同一时期,银行总行增加了 311.1%,银行分支机构增加了 229.6%,钱庄、银号增加了 56.5%。显然,银行总行数量的增加幅度最大,这无疑与重庆的战时首都地位密切相关,同时也是重庆作为大后方金融中心和金融总部的直接体现。另外,该表中所示的 1941 年银行分支处共 72 家,与前文所说的 74 家不同,可能是不同统计口径造成。而钱庄、银号数量在 1941 年后有所下降,这可能与抗战后期的金融动荡和现代金融业的发展有关,也可能与钱庄自身抵御风险的能力有关,最终造成不少钱庄转并为银行。对此,民国时期的经济学者寿进文指出:"钱庄墨守旧制,无论在其组织形式、业务内容,以至经营技术,都不肯多作改良,所以即使战时又予钱业以发达机会,再也不能恢复民国以前和民国初年执华商金融业牛耳的那种地步了。后方钱业当发达后,均纷纷改组为银行,……重庆[民国]三十一年后成立的银行,均为钱庄或银号改组而成,钱业毕竟是落伍的金融组

---

① 郑洪泉、黄立人主编:《中华民国战时首都档案文献·战时金融》,第 5 卷,重庆出版社,2008 年,第 60 页。

织了。"①可见,出于规避风险的考虑,一些钱庄在其规模膨胀到一定程度时就可能改组转变成银行,这也是战时重庆银行数量增长速度远高于钱庄的一个重要原因。

事实上,抗战时期重庆银钱业的实体数量不仅取得了纵向上的快速发展,而且在与大后方其他城市的横向比较上,也具有绝对的优势。毋庸置疑,中中交农四大国有银行以及不少地方省属银行在抗战爆发后均将总部迁驻重庆,有的则在重庆大量增设办事处或分支行。与此同时,一些商业银行为了更好地发展业务,也纷纷将总行和分支行设在重庆。以下是1944年大后方各城市注册民营银钱业分布数量表:

1944年大后方各城市注册民营银钱业分布数量表②

银钱业		银行	钱庄	银号	合计
家数		48	56	39	143
资本(万元)		22935	4290	4690	31915
各城市分布数量	重庆	25	23	12	60
	成都	3		7	10
	昆明	6			6
	内江		13	3	16
	自贡	1	9	2	12
	泸县	1	4		5
	江津	1		5	6
	贵阳			1	1
	万县		1	1	2
	雅安	1			1
	涪陵		2	1	3
	其他	10	4	7	21

通过表中所示,1944年大后方各城市注册的民营银钱业共有143家,其

---

① 寿进文著:《战时中国的银行业》,原书出版社不详,1944年,第70页。
② 黄鉴晖著:《中国钱庄史》,山西经济出版社,2005年,第133页。

中重庆有 60 家,约占 41.96%,这几乎等于当时成都、昆明、内江、自贡、泸县、江津、贵阳、万县、雅安、涪陵等城市当年注册的民营银钱业数量的总和。就银行业而言,1944 年大后方各城市注册的民营银行共 48 家,其中重庆有 25 家,约占 52.08%。由此可看出,抗战时期重庆金融业在大后方的中心地位十分明显。

2. 金融资本扩张

抗战时期,重庆金融业规模的膨胀还突出地表现在金融资本的扩张。1938—1939 年,国民政府召开了不少金融会议,提出以"抢购物资抵制伪经济侵略","活泼地方金融","投资农工生产,扶助地方经济建设"为目的的地方金融发展策略。之后,重庆的省市地方银行纷纷获得了增加资本的机会。其中,四川省银行一家就增资 3800 万元,其他商业银行增资数额也十分巨大。1942 年,仅四川增资的银行就有 7 家,增资总额为 7200 万元,比其原有资本总额增加 2.5 倍。[①] 同时,重庆的一些中央及特许银行也获得了大量注资。例如 1943 年 10 月,财政部在交通银行官股中增加资本 4000 万元[②],充实了银行的运营基础。大量资本的注入则揭示了当时银行规模的快速膨胀。

重庆钱庄的发展也较快,其资本在抗战时期的扩张速度并不逊色于银行业。下表是对抗战时期重庆银钱业资本平均数的比较:

抗战时期重庆银钱业资本平均数比较[③]　　　　单位:千元

年份	1937 年 7 月前	1941 年底	1943 年 10 月底
总平均	500	3579	8261
银行资本平均	1556	12667	14861
钱庄银号资本平均	87	492	1272

由上表可以计算出,与抗战爆发前夕相比,1943 年 10 月重庆银钱业总的

[①] 杨泽:《四川金融业之今昔》,《四川经济季刊》,1944 年,第 1 卷,第 3 期,第 221 页。
[②] 交通银行总行、中国历史第二档案馆合编:《交通银行史料(1907—1949)》,第 1 卷,中国金融出版社,1995 年,第 24 页。
[③] 郑洪泉、黄立人主编:《中华民国战时首都档案文献·战时金融》,第 5 卷,重庆出版社,2008 年,第 64 页。

平均资本额增长了15.5倍,其中银行平均资本额增长了8.6倍,钱庄银号平均资本额增长了13.6倍。短短数年间,重庆的银钱业资本扩张速度之快,可见一斑;但同时也可以看出,银行业的资本扩张速度要略慢于钱庄业。下表为战前设立战时继续存在的行庄资本前后对比:

重庆战前设立战时继续存在的行庄资本前后比较① 单位:千元

年份	1937年7月前	1941年底	1943年10月底
总计	14612	39550	101500
银行	14000	38000	93000
聚兴诚银行	2000	4000	4000
四川美丰银行	3000	10000	20000
重庆银行	1000	5000	10000
川盐银行	2000	4000	6000
四川建设银行	1000	1000	3000
四川省银行	2000	4000	40000
川康平民商业银行	2000	4000	10000
钱庄	612	1550	8500
益民钱庄	100	200	1000
和济钱庄	52	230	500
义丰钱庄	210	420	5000
和通钱庄	200	400	1000
仁裕钱庄	50	300	1000

从上表统计的数据来看,就战前设立战时存在的银行而言,1943年10月比1937年7月的资本总额增长了4.6倍;而就战前设立战时存在的钱庄而言,1943年10月比1937年7月的资本总额增长了11.9倍。这再次表明了,在1937—1943年这段时间内,钱庄的资本扩张速度要快于银行的资本扩张速度。但是,抗战时期,重庆钱庄的数量增长速度却远不及银行,这可能与重

---

① 郑洪泉、黄立人主编:《中华民国战时首都档案文献·战时金融》,第5卷,重庆出版社,2008年,第64页。

庆钱庄的资本集中程度较高有关。

总的来讲,抗战全面爆发后,随着国府的西迁,大量物资资源聚集于大后方,作为战时首都的重庆在金融业方面迎来了巨大的发展机遇。无论是金融实体数量的迅速增长,还是银钱业金融资本的扩张,重庆金融业在抗日战争这一特殊时期都表现得十分明显。时人描述说:"自战事西移,我国金融业之重心,亦步亦趋,移转至西南各省,重庆已代昔日之上海地位。"[①]将重庆与昔日的上海作比较,足以显示重庆在抗战大后方的金融中心地位。抗战时期重庆金融业的发展是重庆近代城市化的重要内容,它在促进近代重庆城市功能转变,以及扩大对长江上游地区经济发展的影响上均产生了深远影响。

二、战时重庆的金融管制

(一)四联总处

抗日战争全面爆发后,鉴于对稳定全国金融的考虑,国民政府财政部于1937年7月31日决定由中央银行、中国银行、交通银行、中国农民银行在上海成立联合办事处,由蒋介石兼理事会主席,宋子文为副主席,联合办理战时贴现和放款事宜,以救济银行和工商各业。然而,此时成立的四行联合办事处是一个比较松散的金融组织,在管理战时金融上并不具备较强的集中效力。"嗣以政府西迁,战事转剧,而加强金融力量,尤为迫切,乃于二十八年九月公布《战时健全中央金融机构办法纲要》。四联总处乃根据该纲要规定,于是年十月一日改组,由中央银行总裁、副总裁,中国银行董事长、总经理,交通银行董事长、总经理,中国农民银行理事长、总经理及财政部之代表组织理事会。"[②]四联总处成立之初,便拟定了促进金融工作的任务,这主要包括:"调节发行,以安定金融;推行储蓄,以吸收游资;核定汇款,以融通资金;收兑金银,以充实准备;办理贴放,以发展经济;扩大农贷,以增进农产;完成金融网,以沟通经济脉络。"[③]

四联总处以理事会为最高之执行机构,其任务在制定金融和经济政策,考核金融机构的工作,每周举行例会一次。据统计,在成立的最初一年里,四

---

① 董文中编辑:《中国战时经济特辑续编》,中外出版社,1940年,第312页。
② 财政部直接税处编:《十年来之金融》,中央信托局印制处,1943年,第10页。
③ 洪葭管主编:《中央银行史料(1928.11—1949.5)》,下卷,中国金融出版社,2006年,第773页。

联总处就召开例会46次,临时会议1次,处理议案共1236件。四联总处理事会设主席一名,由蒋介石担任;设常务理事三名,由孔祥熙、宋子文、钱永铭担任;另设理事若干,分别由翁文灏、张嘉璈、徐堪、陈行、周佩箴、叶琢堂、贝祖诒等担任。

1942年春夏之际,四联总处奉蒋介石关于统一发行及调整四行业务的手令,制定了《统一发行办法》,规定自1942年7月1日起,所有法币之发行统由中央银行集中办理;同时又通过了《中中交农四行业务划分及考核办法》,明确规定:中中交农四行业务除各依其法及条例所规定者外,在抗战期内尤应依照规定,渐谋专业发展。[1] 此后,中央银行统筹外汇支付、代理国库、集中办理解决国民党军政费用;中国银行负责对国内外贸易方面的资金融通;交通银行负责对交通、运输和工矿业方面的资金融通;中国农民银行负责农业方面的资金融通。四联总处的此次调整被称为第二次改组,它直接促进了中央银行职能的转变。第二次改组后的四联总处理事会由主席与副主席构成,分别由蒋介石和孔祥熙担任,理事会以下设秘书处与战时金融经济委员会,秘书处管理文书科、稽核科、统计科、发行科、储蓄科、放贷科、农贷科、汇兑科之事务,战时金融经济委员会管理发行小组委员会、储蓄小组委员会、放款小组委员会、农贷小组委员会、工地金融小组委员会、汇兑小组委员会、特种小组委员会事务。

四联总处作为战时国民政府的最高金融管理机构,对这一时期大后方各类金融组织、业务的发展以及工农业生产都产生了重要影响。首先,四联总处的成立有助于国民政府加强金融管控。就重庆而言,驻渝国家金融机构是四联总处的组成单位,受四联总处协调、管理和指挥。地方金融机构则多由财政部钱币司直接管理,到1942年7月,财政部为进一步加强控制地方金融,公布了《财政部银行监理官办公处组织规程》和《财政部派驻银行监理员规程》,确定在重庆、成都等地设置银行监理官办公处,负责监管辖区内银行钱庄的业务活动和调查辖区内的金融活动,并有权会同有关机关检查向银行借贷的企业内部财务情况。[2] 其次,四联总处的成立有助于推动大后方金融

---

[1] 陈行:《我国中央银行之演进》,《银行周报》,1947年,第6—7期,第5页。
[2] 韩渝辉主编:《抗战时期重庆的经济》,重庆出版社,1995年,第207页。

业务的发展。以吸收储蓄为例,截至1944年底,四联总处所辖各行局的储蓄总数达14120000000元,比1943年底增加5685000000元,增加了67.4%。①不止于此,抗战时期,四联总处还积极拓展在大后方设立银行及其分支机构业务,这使得不少省、市、县的金融业务得以开辟新的领域。重庆在抗战时期拥有的银钱庄数量远远多于战前,其资本总额也大幅度增长,这在前文已经作了分析。另外,四联总处在促进大后方工农商业的融资方面发挥了较大作用。对工矿业的贷款一直是四联总处贴放业务的中心。据统计,工贷在国家行局联合贴放贷款总额中所占比例,1937至1939年仅为4.72%,1940年即猛升到21.34%。到1943年,工贷第一次超过其他各类生产性贷款,居各类贷款之首,占贷款总额的59.81%。②而对于重庆,银行在商业领域的注资则远远要高于在其他行业的注资。1941年,重庆商业借入资金占工商行号借出资金的87%;1942年,重庆的商业资本占社会总资本的73%,对商业贷款占银钱业贷款的65%。③大量资金涌入商业一方面加快了商业的繁荣,另一方面又容易造成投机现象。

(二)金融法规建设

抗战时期,国民政府迁渝后,为稳定地方金融,保障大后方生产、生活秩序,颁布了不少金融法规。关于抗战时期国民政府颁布的金融法规,至今并没有比较完整的统计。重庆市档案馆所编《抗日战争时期国民政府经济法规》中专设"金融"一章,录入金融法规58部,但因类别划分的问题,其他经济类章节亦有不少法规涉及金融。另外,1947年国民政府中央银行经济研究处编写的《金融法规大全》共收录金融法规逾330部,但这一资料汇编所收录的法规起止年限跨度超过了抗战时期。而由中国第二历史档案馆等编的《中华民国金融法规选编》则收录了有关抗战时期的金融法规约175部。诚然,限于资料的完整性,同时也受到统计过程中存在金融、财经、经济等类别交叉划分的影响,目前仍难以对有关抗战时期金融法规数量做十分准确的判断,但我们可以根据以上分析,粗略地估计当时国民政府颁布的金融法规近两百

---

① 重庆市档案馆、重庆市人民银行金融研究所合编:《四联总处史料(中)》,档案出版社,1993年,第178页。
② 财政部统计处:《中华民国战时财政金融统计资料》,1946年。转引自黄立人:《四联总处的产生、发展和衰亡》,《中国经济史研究》,1991年,第2期,第56页。
③ 隗瀛涛主编:《近代重庆城市史》,四川大学出版社,1991年,第144页。

部。由此亦可以看出,抗战时期实际上是国民政府金融法制建设较快的一个时期;从民国经济史这一整体来看,抗战时期的金融法制建设具有重要的历史意义。

1937年7月15日,国民政府制定公布了《修正妨害国币惩治暂行条例》,是为"七七事变"后国民政府颁布的第一部金融法规,但它并没有提及战争,只是对之前的条例作了细化,增强了打击措施。1937年8月15日,国民政府颁布了《非常时期安定金融办法》。该办法是国民政府为应对卢沟桥事变后,特别是上海"八一三"淞沪会战爆发后严峻的金融形势而制定的。《非常时期安定金融办法》的公布施行,遏制了挤兑提存浪潮,有利于稳定金融秩序,揭开了中国战时金融整治的序幕。

1938年4月29日,国民政府公布《改善地方金融机构办法纲要》,其要点如下:"一、凡地方金融机关办理农矿商之贴押房款者,得向中中交农四行领用一元券及辅币券;二、领用期限以二年为度,期满尚可延长一年,不负担利息,仅负担所缴纳二成法币准备项下应生之利息及百分之二点二的印制费;三、一元券及辅币券之准备,以法币至少二成,公债至多三成及金融机关承做之期票、债票、股票、货物栈单、产业等资产充之;四、金融机关如不按照纲要上规定之业务办理,经财政部查实后,得停止其领券,并处分其所缴之准备。"概括起来,该纲领主要在于"新定一种领券制度,鼓励地方金融机构放款,以扶助农工各业增加生产,同时加强地方金融机关与中央金融机关之联系,共同担负推行战时金融政策之使命"[1]。1939年9月8日,国民政府公布《战时健全中央金融机构办法纲要》,主要规定了四联总处的构成、职责,四联总处在战时金融体系中的决策性地位由此确立。同日,国民政府还公布了《巩固金融办法纲要》,强调加强法币发行,扩大法币准备金,同时也要求吸收社会游资,扩充金融网。应该说,《巩固金融办法纲要》是战时金融政策的一个具有阶段划分意义的纲领文件,它对抗战中后期大后方的金融产生了重要影响。

1938年9月28日,国民政府行政院颁布了《金类兑换法币办法》,该项办法共七条,其要点有三:一是责成中中交农四行、邮政储金汇业局、邮政局,

---

[1] 邹宗伊著:《中国战时金融管制》,财政评论社,1943年,第272页。

为收集金类机关;二是收金价格,以中央银行逐日挂牌行市为标准,但以金类请兑法币,酌给手续费,最少百分之三,最多百分之五;三是以金类交由中中交农四行换算作为法币存款者,除加给手续费外,并照银行规定利息加给周息二厘。《金类兑换法币办法》为国民政府战时集中管理金银兑换政策之肇事。为了更好地抑制黑市兑换,国民政府于1938年10月21日颁布了《实施收兑金类办法》,以强调中央银行挂牌价格标准的唯一性。1939年1月17日,国民政府颁布《收兑金银通则》,该通则共二十六条,旨在由收兑金银办事处秉承四行联总处主任之命,督促并指挥中中交农四行分行处办理,以期民间不必要之金银,逐渐集中于国家银行,以免流入沦陷区域或私运出国。[①] 1940年1月26日,财政部公布了《推进银行承兑贴现业务暂行办法》,进一步强化了四联总处在推进票据之承兑贴现及重贴现业务方面的职能。

1940年1月,四联总处制定了《县银行法》,基层金融业务得到进一步拓展。1940年8月,财政部颁布《非常时期管理银行暂行办法》,该法在一年后得到修订。修订后的办法对战时银行的设立、银行存款准备金、银行放款、抵押,以及银行的经营范围和外汇与外汇交易管制等均作了详细规定。1942年5月28日,《中中交农四行业务划分考核办法》通过后,中中交农四大国有银行的地位发生变化,中央银行开始独家收存各银行的存款准备金,中交农三行以往分别摊存的准备金全部移交中央银行。这次调整强化了中央银行的职能,增加了央行调剂金融市场的能力,有利于国家对金融业的控制。

在储蓄方面,国民政府为吸纳社会资金,活跃大后方工商业发展,先后颁布了不少法规。1937年9月30日,《救国储金章程》颁布,是为卢沟桥事变后国民政府颁布的第一部储蓄类专门法规。该法规主要在于鼓励国民长期积蓄财力,广购救国公债,进而以国家名义专门设立救国储蓄。1938年12月29日,国民政府为奖励国民节约储蓄,兴办建国事业,颁布《节约建国储金条例》。与救国储金不同,节约建国储金专由中中交农四行及邮政储金汇业局经收。为了吸收中长期存款,国民政府于1942年2月7日核准施行《加强推行储蓄业务办法》,明确"以劝导人民认储三年以上之定期储蓄为原则,以配

[①] 林澜平:《我国战时之国家银行金融政策》,《经济商业期刊》,1941年,第1期,第69页。

合三年建设计划"①。1944年2月15日,国民政府为配合新县制又通过了《普遍推进全国各市县乡镇公益储蓄办法》,专门设立乡镇公益储蓄,该储蓄同样为中长期储蓄,期限是定期三年。1944年3月14日,财政部通过《加强推行储蓄办法》,再次强调以推行三年以上之定期储蓄为原则,此举可能与抗战后期农工商业发展困难,对资本的需求增大有关。

总的来讲,抗战时期国民政府为稳定金融秩序,加强金融管制,确保大后方经济发展,颁布了众多金融法规。这些法规涉及货币、银行、贴放、汇兑等各方面,在规范重庆和大后方金融业发展方面还是起到了很大的积极作用,尽管还有许多负面因素。

三、抗战时期以重庆为中心的金融网建设

金融网建设是战时金融业发展的一个重要内容,也是稳定战时大后方经济的重要举措。国民党中央执行委员在编有关地方经济发展的小册子时就指出:"发展地方经济,必须先发展地方金融,金融不健全,一切地方经济建设计划,都是不易实现的。"②应该说,国民政府对于抗战时期金融建设的重要性有充分的认识,因此,在卢沟桥事变爆发后不到一个月的时间,四行联合办事处就成立。四行联合办事处以及后来改组成立的四联总处在拓展金融业务,建设大后方金融网方面有其积极作用。1938年8月,《筹设西南、西北及邻近战区金融网二年计划》,是国民政府明确推进大后方金融网建设的开始。该计划提出:"凡后方与政治交通及货物集散有关之城镇乡市,倘无四行之分支行处者,责成四联总处,至少指定一行前往设立机构。"③1940年3月增订《第二第三期筹设西南西北金融计划》,提出中中交农四行应引导在西南、西北筹设金融机构216处,分三期进行,限于1941年底全部完成。④ 除了稳定金融秩序,发展经济的需要外,抗战时期国民政府金融网的建设还是基于对日本金融侵略和破坏的考虑。为了防止这一点,国民政府曾规划全国金融分

---

① 重庆市档案馆、重庆市人民银行金融研究所合编:《四联总处史料(中)》,档案出版社,1993年,第256页。
② 《地方经济建设》,中国国民党中央执行委员会训练委员会编印,1942年,第102—103页。
③ 童蒙正:《金融与战时经济》,《金融知识》,1942年,第3期,第105页。
④ 重庆市档案馆、重庆市人民银行金融研究所合编:《四联总处史料(上)》,档案出版社,1993年,第10页。

区办理:"(一)沦陷区域之金融,(二)附近沦陷区域之金融,(三)距离较远区域之金融,(四)复兴被据区域之金融。"并强调"因地制宜,以适应当前之环境,并努力推行之"。同时还提出相应方针:"(一)完成西南西北金融网,并促进各省地方金融机关,遍设分支行,以利金融流通;(二)准许战区省地方金融机关,酌量发行一元券及辅币券,以节制法币之发行,而防日人之套换……"①无论出于何种原因,国民政府在抗战时期的金融网建设和部署都产生了重要影响,对于推动大后方经济发展,完善大后方金融体系,乃至促进重庆金融中心的形成都有积极意义。

1939年3月6—10日,国民政府财政部在重庆召开第二次地方金融会议,重点讨论充实地方金融组织,扩充业务,协助生产等事宜,强调"省与中央,省与省间,省与县乡间,更当加紧一步的联系,精诚无间的合作"②。1939年9月8日,国民政府在重庆颁布《巩固金融办法纲要》,明确指出:"扩充西南、西北金融网,期于每县区设一银行,以活泼地方金融,发展生产事业。"③1941年12月9日,国民政府财政部在重庆公布了修订后的《非常时期管理银行暂行办法》,强调:"新设银行,除县银行及华侨资金内移请设立银行者外,一概不得设立。"④可以看出,国民政府对于大后方金融网的建设,旨在通过中央、省、县、乡各级银行的设立来组织,其中发展县、乡银行尤为重要。所以,"金融之流通如人身之血脉,吾国应使其普及至全国每县,第一步计划,使每一县,至少有一国家银行及一私立银行之设立。第二步扩展至乡村,以一区为单位,至少每一区有一银行之办事处,使金融之流通而达到业务上,无微不至,无远弗届,得以金融血脉,流通全国之全身,使每一部分,平均发展之"⑤。

一系列措施的实行,使得以重庆为中心的大后方金融网逐步形成。在大后方的金融网建设过程中,中中交农以及省级地方银行发挥了重要作用。据载,川、康、滇、黔、陕、甘、宁、青、桂以及重庆九省一市,在战前所拥有的银行总分支行,不过254所,仅占全国总数的14.8%;而截至1941年6月时,这九

---

① 董文中编辑:《中国战时经济特辑续编》,中外出版社,1940年,第346页。
② 《第二次地方金融会议》,《东方杂志》,1939年,第36卷,第8号,第70页。
③ 赵廉:《金融法规续编》,中央银行经济研究处,1942年,第7页。
④ 中国第二历史档案馆、中国人民银行江苏分行编:《中华民国金融法规选编》,档案出版社,1991年,第653页。
⑤ 戴问梅:《金融网之建立与振兴工商业》,《中央周刊》,1939年,第23期,第11页。

省一市新设的银行总分支行就有543所,除掉裁并的33所外,新设和旧有的合计共有总分支机构764所,是战前的3倍。而这764所总分支机构中,为中中交农四行所设的有233所,占30.5%,为省银行所设的有275所,占36%,为商业银行所设的有256所,占33.5%。中中交农和省级地方银行在大后方设立分支机构的贡献率为66.5%。①

就重庆而言,抗战时期金融网的建设也十分迅速。从中中交农四行移驻重庆始,重庆的金融体系便朝着以四大国有银行和主要省属银行、商业银行总部为核心,以各银行分支处为骨干的金融网发展。战前,总部位于重庆的银行主要有四川省银行、川康平民商业银行、四川美丰银行、川盐银行、重庆银行、聚兴诚银行,这些银行多数为民营商业银行,资本额相对有限。抗战爆发后,以中中交农为代表的银行纷纷将总部迁驻重庆,而从1938年7月到1943年8月重庆新设立的商业银行总行就达到25家②。另有统计表明,截至1942年底,总部设在重庆市的银行有30家,在四川省成都市的有2家,在四川省大足县、铜梁县、江津县、自贡市、泸县、北碚、荣昌县、金堂县、垫江县、康定县、雅安县的各1家,在贵州省贵阳市的1家,在云南省昆明市的8家,在广西省桂林的1家,在陕西省西安的1家,在陕西省榆林县的1家,在甘肃皋兰的1家,在宁夏的1家,在新疆迪化的1家。③可以看出,重庆成为名副其实的战时金融总部。以下是1939年各银行添设分支行处及其总部对照表:

1939年各银行添设分支行处及其总部对照表④

行名	分支行处地址	性质	省属	类属	总部所在地
中央银行	渝新市区	办事处	四川	中央及特许	(迁)重庆
中央银行	蒙自	办事处	云南	中央及特许	(迁)重庆
中央银行	下关	办事处	云南	中央及特许	(迁)重庆
中央银行	绵阳	办事处	四川	中央及特许	(迁)重庆
中央银行	内江	办事处	四川	中央及特许	(迁)重庆

---

① 寿进文:《战时中国的银行业》,原书出版社不详,1944年,第61页。
② 寿进文:《战时中国的银行业》,原书出版社不详,1944年,第65—67页。
③ 郭荣生:《战时西南、西北金融网建设》,《财政学报》,1943年,第3期,第54—58页。
④ 盛慕杰:《战时之中国银行业》,《财政评论》,1940年,第1期,第114—116页。略有改动。

续表

行名	分支行处地址	性质	省属	类属	总部所在地
中央银行	都匀	办事处	四川	中央及特许	（迁）重庆
中央银行	南部	办事处	四川	中央及特许	（迁）重庆
中央银行	广州湾	办事处	广东	中央及特许	（迁）重庆
中央银行	西宁	办事处	青海	中央及特许	（迁）重庆
中央银行	老河口	办事处	湖北	中央及特许	（迁）重庆
中央银行	南宁	办事处	广西	中央及特许	（迁）重庆
中央银行	凉州	办事处	甘肃	中央及特许	（迁）重庆
中央银行	酒泉	办事处	甘肃	中央及特许	（迁）重庆
中央银行	龙州	办事处	广西	中央及特许	（迁）重庆
中央银行	宜山	办事处	广西	中央及特许	（迁）重庆
中央银行	龙陵	办事处	云南	中央及特许	（迁）重庆
中央银行	畹町	办事处	云南	中央及特许	（迁）重庆
中国银行	广州湾	办事处	广东	中央及特许	（迁）重庆
中国银行	桂林	分行	广西	中央及特许	（迁）重庆
中国银行	龙州	分行	广西	中央及特许	（迁）重庆
中国银行	南宁	支行	广西	中央及特许	（迁）重庆
中国银行	柳州	支行	广西	中央及特许	（迁）重庆
中国银行	兰州	分行	甘肃	中央及特许	（迁）重庆
中国银行	下关	办事处	云南	中央及特许	（迁）重庆
中国银行	保山	办事处	云南	中央及特许	（迁）重庆
中国银行	祥宁	办事处	云南	中央及特许	（迁）重庆
中国银行	大理	办事处	云南	中央及特许	（迁）重庆
中国银行	楚雄	办事处	云南	中央及特许	（迁）重庆
中国银行	保山	办事处	云南	中央及特许	（迁）重庆
中国银行	腾冲	办事处	云南	中央及特许	（迁）重庆
中国银行	曲靖	办事处	云南	中央及特许	（迁）重庆
中国银行	个旧	办事处	云南	中央及特许	（迁）重庆
中国银行	平彝	办事处	云南	中央及特许	（迁）重庆
中国银行	宣威	办事处	云南	中央及特许	（迁）重庆

续表

行名	分支行处地址	性质	省属	类属	总部所在地
中国银行	开远	办事处	云南	中央及特许	（迁）重庆
中国银行	芒市	办事处	云南	中央及特许	（迁）重庆
中国银行	会泽	办事处	云南	中央及特许	（迁）重庆
中国银行	叠允	办事处	云南	中央及特许	（迁）重庆
交通银行	贵阳	分行	贵州	中央及特许	（迁）重庆
交通银行	内江	办事处	四川	中央及特许	（迁）重庆
交通银行	桂林	分行	广西	中央及特许	（迁）重庆
交通银行	柳州	分行	广西	中央及特许	（迁）重庆
交通银行	昆明	分行	云南	中央及特许	（迁）重庆
交通银行	酉阳	办事处	四川	中央及特许	（迁）重庆
交通银行	南宁	办事处	广西	中央及特许	（迁）重庆
交通银行	雅安	分行	西康	中央及特许	（迁）重庆
交通银行	宣威	办事处	云南	中央及特许	（迁）重庆
交通银行	保山	办事处	云南	中央及特许	（迁）重庆
交通银行	大理	办事处	云南	中央及特许	（迁）重庆
交通银行	祥云	办事处	云南	中央及特许	（迁）重庆
中国农民银行	柳州	支行	广西	中央及特许	（迁）重庆
中国农民银行	蒙自	办事处	云南	中央及特许	（迁）重庆
中国农民银行	澄江	办事处	云南	中央及特许	（迁）重庆
中国农民银行	曲靖	办事处	云南	中央及特许	（迁）重庆
中国农民银行	顺宁	办事处	云南	中央及特许	（迁）重庆
中国农民银行	思茅	办事处	云南	中央及特许	（迁）重庆
中国农民银行	东川	办事处	云南	中央及特许	（迁）重庆
中国国货银行	重庆	分行	四川	农工	（迁）香港
新华银行	重庆	分行	四川	商业储蓄	上海
重庆银行	昆明	支行	云南	商业储蓄	重庆
重庆银行	康定	支行	西康	商业储蓄	重庆
重庆银行	泸县	办事处	四川	商业储蓄	重庆
重庆银行	嘉定	办事处	四川	商业储蓄	重庆

续表

行名	分支行处地址	性质	省属	类属	总部所在地
重庆银行	叙府	办事处	四川	商业储蓄	重庆
重庆银行	雅安	办事处	西康	商业储蓄	重庆
四川省银行	阆中	办事处	四川	省市立	重庆
四川省银行	新津	办事处	四川	省市立	重庆
四川省银行	江安	办事处	四川	省市立	重庆
四川省银行	西充	办事处	四川	省市立	重庆
四川省银行	眉山	办事处	四川	省市立	重庆
四川省银行	资中	办事处	四川	省市立	重庆
四川省银行	江津	办事处	四川	省市立	重庆
四川省银行	灌县	办事处	四川	省市立	重庆
四川省银行	洪雅	办事处	四川	省市立	重庆
四川省银行	中坝	办事处	四川	省市立	重庆
四川省银行	绵阳	办事处	四川	省市立	重庆
四川省银行	南部	办事处	四川	省市立	重庆
四川省银行	崇庆	分行	四川	省市立	重庆
四川美丰银行	昆明	分行	云南	商业储蓄	重庆
四川美丰银行	渝化龙桥	支行	四川	商业储蓄	重庆
四川美丰银行	雅安	分行	西康	商业储蓄	重庆
湖南省银行	桂林	办事处	广西	省市立	长沙、耒阳
广东省银行	桂林	办事处	广西	省市立	广州
广东省银行	重庆	支行	四川	省市立	广州
广东省银行	衡阳	分行	湖南	省市立	广州
陕西省银行	汉阴	办事处	陕西	省市立	西安
陕西省银行	石泉	办事处	陕西	省市立	西安
川康平民银行	昆明	分行	云南	商业储蓄	重庆
川康平民银行	绵阳	办事处	四川	商业储蓄	重庆
川康平民银行	雅安	分行	西康	商业储蓄	重庆
南京商业储蓄银行	上海	分行	江苏	商业储蓄	(迁)重庆
西康省银行	雅安	分行	西康	省市立	康定

从中可以看出,1939年各银行在重庆添设分支行处的寥寥无几,但在其他地区添设分支行处的银行总部却多位于重庆。事实上,抗战时期,重庆的银行分支处设立也较迅速,只是其金融网建设首先体现出的是银行总部的设立。在抗战阶段的历年中,重庆的银行分支处设立尤以1943年发展最为迅猛,该年上半年就有21家总行和28家分支机构成立。[①] 从整个大后方的银行总分支行处数目情况来看,重庆作为战时首都较之其他地区所拥有的家数亦并不少。以下为大后方各省市战前战时银行总分支行处数目统计:

大后方各省市战前战时银行总分支行处数目比较表[②]

内容 省市	战前数	战时增设数	现有数	备注
重庆	28	100	119	战前设立之28所现裁减为19所
四川(除重庆)	96	329	414	战前设立之96所现裁减为85所
西康	3	36	39	
贵州	4	45	49	
云南	18	102	118	战前设立之18所现裁减为16所
广西	44	95	124	战前设立之44所现裁减为29所
陕西	51	100	140	战前设立之51所现裁减为40所
甘肃	17	63	80	
宁夏	5	11	15	战前设立之5所现改组裁减为4所
青海		3	3	
新疆	9	28	37	
总计	285	912	1138	战前设立之285所现裁减为226所

注:四川数据截至1942年12月底,重庆数据截至1943年1月底,西康、贵州、云南、广西、陕西、甘肃、宁夏、青海、新疆等数据截至1942年11月底。

从上表来看,重庆在1943年1月时有银行总分支处119家,约占大后方总分支处总数的10.5%。单从数字上看,重庆所拥有的银行总分支家数并

[①]韩渝辉主编:《抗战时期重庆的经济》,重庆出版社,1995年,第211页。
[②]郭荣生:《战时西南、西北金融网建设》,《财政学报》,1943年,第3期,第49页。

不及四川、陕西、广西之多，但这并不能说明重庆战时金融网建设要弱于川、陕、桂；相反，抗战时期的重庆所辖面积并不大，也没有设县，故其银行的分支处并不通过县，而是直接设于各街巷和乡、镇、村。因此，重庆的金融机构密度是远远超过大后方其他城市和地区的。与其他各省市相比，重庆此时金融网主要由30家银行总部和89家银行分支处构成，这主要是根据前文所述郭荣生对1942年大后方各城市所拥有银行总部的统计推算得出。由于总部多设在重庆，这些银行在各省市的分支处在金融运作时必然会受重庆方面的指导和影响。所以，有学者就指出："到1943年为止，中中交农四行已与四川、云南、贵州、广西、江西、甘肃、陕西、湖南、上海、浙江、青海、湖北、香港等省市的35个城市建立了稳定的贴放款关系。重庆地方商业银行也与四川、云南、湖南、湖北、广西、广东、贵阳、上海、陕西的15个城市建立了稳定的业务联系，形成了以重庆为中心，以国统区为活动范围的新的金融市场和金融网络。"①这是对战时以重庆为中心金融网的总体概括，但具体而言，在大后方的金融体系中，实际上形成了多层的金融节点。这些节点的分布与城市的政治和经济地位密切相关。或者说，政治和经济地位最高的城市位于金融节点的最中心，政治和经济地位较高的城市则位于金融节点中最靠近中心的层次，依此逐渐扩散。金融节点呈辐射状层层分布，起着不同的作用，对资金的集散有着重要影响，为存款、贷款、借款、汇兑以及公债发行等金融业务提供了便利，共同构成了战时大后方的金融网。

综上所述，在国民政府积极推动下，大后方战时金融体系建设取得了较大成就，逐步形成了以重庆为中心，以昆明、成都、桂林、西安、贵州等省会城市为重要节点，以各省主要地区、市、县为次要节点，以少数乡镇为节点末端的金融网。重庆在大后方的金融中心地位通过金融网建设得到进一步巩固。不过，国民政府在大后方的金融网建设是十分不均衡的，大量交通不便或商贸往来欠繁荣的市、县被游离于大后方金融网之外。据统计，截至1942年底，"西南西北共辖739县市，现设立银行之总分支行处1138所，分布于374县市，此374地区平均一地有三家银行设行。现西南西北尚有365县市无银

---

① 周勇：《近代重庆金融中心的形成和发展》，《重庆渝中区文史资料·渝中金融史话专辑》，第18辑，2008年，第30页。

行前往设立行处,未设行处县市占西南西北县市总数之半"[1]。这充分表明,战时大后方金融网的建设并不完整,这也证明了国民政府为应对战时状态,欲短期健全金融体系的愿望是难以实现的。

四、抗战后期重庆的通货膨胀

抗战全面爆发后,仅是区域中心城市的重庆,在短时期内接纳了大量内迁资源,迅速成为大后方的经济重心,这也促进了抗战初期重庆的经济大发展。在金融领域,无论是金融机构还是金融资本,都得到前所未有的扩张。但是,随着战争的持续,诸多金融问题逐渐暴露,并失去控制,通货膨胀便是其中的一个重要方面。抗战时期发生在重庆乃至整个大后方的通货膨胀是在战时特殊历史条件下产生的,具有客观必然性。

抗战时期,重庆的通货膨胀经历了两个不同的阶段,这也是大后方通货膨胀的两个阶段。第一阶段是1937年到1940年,此阶段的通货膨胀比较温和。考虑到沦陷区范围不断扩大,财政收入减少,为应对战争状态下军需开支急剧增长的特殊情况,这种温和的通货膨胀是合理的、必需的,也是社会经济正常发展能够承受的。第二阶段是从1941年开始到1945年的恶性通货膨胀,此阶段货币发行量远远高于流通中实际需要的货币量,物价飞速上涨,金融市场的混乱局面逐渐形成。以下是抗战时期通货膨胀指数统计:

抗战期间通货膨胀指数统计[2]

时间	国民政府财政部统计处通货膨胀指数
1937年6月	100
1937年12月	117
1938年6月	123
1938年12月	164
1939年6月	213
1939年12月	305

---

[1]郭荣生:《战时西南、西北金融网建设》,《财政学报》,1943年,第3期,第51页。
[2]杨培新:《中国通货膨胀论》,生活书店,1948年,第3—4页。

续表

时间	国民政府财政部统计处通货膨胀指数
1940 年 6 月	431
1940 年 12 月	560
1941 年 6 月	763
1941 年 12 月	1076
1942 年 6 月	1773
1942 年 12 月	2442
1943 年 6 月	3544
1943 年 12 月	5357
1944 年 6 月	8725
1944 年 12 月	13464
1945 年 6 月	28289

由上表所示,从抗战爆发前夕到抗战结束前夕,通货膨胀指数从 100 上升到 28289,增长了约 283 倍;而从 1937 年到 1940 年,这一指数仅增长约 5 倍,从 1941 年到 1945 年,该指数增长约 37 倍。引起这一时期剧烈通货膨胀的原因很多,概括起来主要有以下三个方面:

第一,战时状态下的畸形繁荣是引发通货膨胀的潜在总因。抗战时期,各种资源内迁促成了重庆城市地位的迅速提升,重庆的经济发展以此背景展开,并形成了畸形繁荣。一方面,为满足战时军需民用,催生了一部分农工商业的迅速发展,大量资本涌入重庆金融市场;另一方面,社会生产虽然受到刺激,但生产能力低下,加之民众消费能力不高,大大影响了资本的实际吸收和转化效果,进而扩大了社会游资总量,金融市场的投机现象十分严重。民国时期的经济学家伍启元在谈到战争对银行存款的影响时,专门针对大后方的畸形繁荣情形指出:"至于内地的银行(特别是四川)则有相反的趋向。这有四个原因:第一,抗战以来,拥有资产者大都往内地迁移,跟着他们往内地跑的就是他们的流动资金;第二,在内地因为直接投资的机会不多,所以流动资金大都用存款的方式集中于银行;第三,法币发行的数量增加了,货币数量之增加有引来存款数目增加的趋向;第四,因为种种原因,后方地方商业有一种繁荣的景象,商业繁荣通常也会增加存款的数量。"①不过,伍启元所谈及的存款增加多是抗战初期的事情,它表明了当时银行在吸收资金方面发挥了作用。但是,在抗战中后期,用于购买黄金、美金和黄金等投机活动的市场游资逐渐增多,加之1943年1月后国民政府开放了黄金自由买卖,政府直接在市场吸收资本,故商业银行可吸收存款受到较大限制。"存款不增,放款尤感困难,且格于法令限制,合法放款盈余极微。……以重庆为中心,连昆明、成都、西安、贵阳等四大城市估计在内,截至[民国]三十三年底为止,存款总额尚不及一百亿。三十四年前半年存款总额尚不及三百亿。战期物价上涨,朝夕万变,而银钱业存款,如比照物价计算则瞠乎其后,经营斯业者,如非另出花样,别开生面,其正常业务之萧条,自可想象而知也。"②所以,当时"重庆竟有出高利到三分四厘尚感款项无法借得者"③。时人在回忆当时的金融市场时更是总结性土指出:"迄[民国]二十九年间,后方物价,波动甚剧,利率亦随之上扬,通货膨胀,游资□□,朝野一般人士乃大声疾呼,盛倡紧□之说,亟谋管制之方。……渝市银行业之活动,颇受相当影响,但因后方经济变态之繁荣,渝市银行之新设及向内地分设或由外省分设来渝者益众,表面上甚属热闹,其经营对象,仍侧重商业放款及生产投资。……但信用膨胀,刺激物价,资金呆□,危机隐伏。目前盛况,不容长久乐观。战争平息之日,或即为渝市银行业发生破绽之时。"④通货膨胀的不断加剧,导致大量货币进入流通领域,既不能回笼,又无法投资于生产,而积存于社会,由此出现了庞大的社会游资。这些游资的持有者,为了使不断贬值的纸币保本,同时也为了谋取暴利,便利用战时物资奇缺和非正常供应的特殊情形,大搞囤积和投机。战时投机致使大量社会资本和金融资本向商业资本转化。这也是本章在谈到抗战时期商业发展时认为银行将资本大量投入商业的原因所在。

第二,为应对战时资本需求以及财政赤字的困难,国民政府不断加大货币、国债发行量。战争状态下,国防与军事需求的费用是十分庞大的,而维护后方社会稳定,促进经济发展方面的费用更是难以估量。为应对这种紧急局

---

① 伍启元:《中日战争与中国经济》,商务印书馆,1940年,第107页。
② 李荣廷:《我国后方之战时金融》,收于朱斯煌主编:《民国经济史》,银行学会编印,1948年,第427页。
③ 屈秉基:《法币增发与通货膨胀》,《陕行汇刊》,1941年,第3—4期,第5页。
④ 陈晓钟:《十年来重庆市银行业鸟瞰》,《四川经济季刊》,1944年,第3期,第157页。

势,国民政府总体上采取了宽松的货币政策。1937年11月,孔祥熙曾召集财经官员商讨战时货币政策,但对于选择新发流通券还是增加法币发行量未作决定。1939年国民党五届五中全会否定了发行新券的办法,认为:"供应军费,收买物资,使用多量法币,则筹码之流通,自无不足之虑。"①至此,国民政府战时宽松的货币政策基本形成。据统计,截至1937年6月,国民政府共发行法币1407202334元,而到1940年6月,法币发行数额达到6062609515元,再到1945年8月,这一数额增加到2376096508213元。② 由此可见,国民政府抗战结束时的货币发行量比抗战爆发前夕的货币发行量增长了约1689倍。国民政府对于货币发行量增大所带来的金融风险并不是没有认识,只是由于战时各种需求太大,而全国的经济被压缩至大后方后造成财政收入降低,最终入不敷出。近代经济学者寿进文援引国民政府财政部官员朱偰的统计指出:"计自抗战发生至[民国]二十七年底,国库支出达三十万万元之巨,其取给于税收及捐款者,仅七八万万元,约占支出四分之一,其余均债款弥补。"③在公债发行方面,仅以抗战爆发的前四年看,1937年9月国民政府发行救国公债5亿元,1938年5月发行国防公债5亿元,1939年发行军需公债6亿元,1940年再次发行军需公债12亿元;除此之外,国民政府还发行了不少建设公债。④ 值得注意的是,国民政府发行的战时公债不少都通过预约券形式向银行抵押,而银行又以此发行纸币,这实际上加大了通货膨胀的速度。总之,庞大的货币和公债发行额,使得市场上流通的货币量越来越大,直接造成了通货膨胀。

第三,战争导致金融界恐慌,投机公债失败后,对市场缺乏基本信心。由于战时金融秩序并不健全,资本大量涌入后使得社会游资数量不断增长,投机现象越发严重。1937年8月的《四川经济月刊》载文说:"希望各界人士,对于公债价格,不要发生疑问,为维持国家信用体面计,无论如何困难,均应尽力维护,何况公债基金如川省之田赋、盐税,以及营业税、禁烟税等,均无动

---

① 财政部财政年鉴编纂处:《财政年鉴续编》,第1篇,商务印书馆,1945年,第67页。
② 中国第二历史档案馆:《国民党政府的法币政策》,《历史档案》,1982年,第5期,67—69页。
③ 寿进文:《战时中国物价问题》,生活出版社,1944年,第20页。
④ 陶昌善:《抗战三年来之国债》,《经济汇报》,1940年,第1—2期,第76页。

摇可虑。"①该文号召投机公债,这显然是以上层人士立场在战事之初为稳定金融市场所作的呼吁,事实上并非如此。抗战全面爆发后不久,一些金融机构投机公债后因资金短缺而倒闭,国家金融体系的信赖度也逐渐降低。1938年,《四川经济月刊》载文回顾了抗战时期重庆的金融问题,其中谈到1937年的情况时说:"渝市钱庄业,在二十六年上期,因市面平定,游资集中,公债物品之买卖,各帮往来之经营,有利可图,新钱庄相继出现,气象至为蓬勃。下半年亦与银行同其命运,公债投机失败,资金呆搁甚多,因营业失利而办理结束者,有和盛、友廉、集义、益源、益友等,其余谦泰、和济、濬源等庄因经营公债,多系随买随卖,手中并无存货,不致受巨额债券跌价之损失,下期营业,尚有盈余。但金融市场已入死静状态,故现在所余各庄,亦只维持现状,守株待兔而已。"②由此可见,金融市场的稳定与战事的发展有着密切关系。事实上,抗战全面爆发时,重庆地方政府已经债台高筑,这对那些投机公债的金融机构产生了严重威胁,导致其后期账款坏死。所以,"重庆金融界银根不活动,最大原因,固为债权变成死债,但是借与省府充作军政各费的借款,不能如期收回,关系亦大。年来省府以国家多事,灾荒频臻,应收税款,甚为缩短;而支出项目,则有增无减,财政赤字,遂赖向金融界借款,或发行省库券交给颁欸机关,持向市场押现,以为挹注,两项数字,据报端发表,共达三千余万元,几超出重庆各行总资本的一倍。金融界银根所受影响之巨,不言可知。最根本的办法自为由省府立即如数或按期拨还,而值此抗战期间,军需恐急,政府自无力拨还所负债务之基金"。③显然,投机公债产生的呆账过多现象无疑会致使不少金融机构资金流转困难,金融实体对市场的信心会大大降低,他们要么选择歇业、破产,要么转向其他投机领域。

应该说,作为战时首都,重庆的金融问题很大程度上反映了当时大后方金融发展的整体面貌。通货膨胀的发生是战时重庆经济发展的一种必然现象,其产生的原因是多方面的。除了上述三个方面外,战时经济结构不合理、生产成本变化以及国际通胀等因素也是导致通货膨胀的原因,但在此不作一

---

① 郑洪泉、黄立人主编:《中华民国战时首都档案文献·战时金融》,第5卷,重庆出版社,2008年,第48页。
② 白也:《抗战期中的重庆金融》,《四川经济月刊》,1938年,第9卷,第1—2期,第76页。
③ 白也:《抗战期中的重庆金融》,《四川经济月刊》,1938年,第9卷,第1—2期,第80—81页。

一解读。另外,通货膨胀恶化后直接引起物价上涨,并造成金融市场动荡和秩序混乱,极大地影响了城市建设和民众的日常生活。

第六节 战时重庆的市政、人口与生活水平的变化

抗战时期,重庆由一个川东商埠迅速成为大后方的政治、军事、经济和文化中心,其城市面貌发生了巨大变化。首先是市政建设加快,城市道路建设和交通得到一定改善,城市居住环境的改造缓慢推进。其次是战时重庆的人口数量急剧增长,大大超出了原有城市所能承担的规模,城市空间的拓展加快,大量人口内迁又致使重庆的人口结构发生变化,这都对战时重庆社会的发展产生了深远影响。

一、战时重庆的市政建设

(一)行政区划的调整与城市空间拓展

抗战全面爆发后不久,由于行政地位的变化以及城市功能的转变,重庆的行政区划在抗战时期也有所调整。1939年5月5日,重庆由四川省政府直辖乙种市,改为行政院直辖市,同时任命贺国光为市长,半年后吴国桢继任市长。1939年9月,全市由六区增加为十二区。这十二区由若干镇组成,分别是第一区龙王庙镇、太华楼镇、马王庙镇、镇江寺镇、白鹤亭镇,第二区桂花街镇、大阳沟镇、蹇家桥镇、北坛庙镇,第三区段牌坊镇、东华观镇、东升楼镇、王爷庙镇,第四区观音岩镇、骡马店镇、安乐洞镇,第五区金马寺镇、菜园坝镇、石板坡镇、宝善寺镇,第六区曾家岩镇、大溪沟镇、张家花园镇,第七区上清寺镇、两路口镇、中二路镇,第八区新市场镇、化龙桥镇、遗庆祠镇、黄沙溪镇、李子坝镇,第九区木关街镇、体仁堂镇、米亭子镇、四方井镇、三洞桥镇、溉澜溪镇,第十区陈家馆镇、刘家台镇,第十一区龙门浩镇、玄坛庙镇、弹子石镇、窍角沱镇,第十二区海棠溪镇、南坪场镇、铜元局镇;同时,重庆当时还另设有新市区直辖镇回龙镇、石马镇、猫儿石镇、音溪镇、石桥铺镇,以上共计51个镇,497保,5405甲。① 这次区划调整是抗战时期重庆行政地位变化后的首次调

---

① 《重庆市区镇保甲数目统计表》,《重庆市政府公报》,1940年,第12—13期,第127—132页。

整,基本确立了战时重庆市各行政区的范围;尽管在被确立为陪都后,重庆的行政区划又略有变化,但并没有超离这次调整所形成的框架。

随着日军对重庆大轰炸的持续,重庆需要不断将内迁的人口向城外疏散,重庆的城市空间也因此迅速向郊外拓展。于是,迁建区建设加快。当时,就有人提出,"现今各大都市已在努力从事的疏散,不仅是泛泛的人口的疏散,把许多拥挤于都市的人们,无计划地强迫转移于郊外、邻县、邻镇,或孤村,智识疏散与资金疏散,应该同时进行,同时加以有计划的组织。数年来未能解决的农村建设问题,很可以利用今日的时机,获得迅速而圆满的解决"[①]。迅速而圆满的解决自然是不可能的,人口向城外疏散,的确在客观上对城市周边的建设有一定的促进作用。1939年,为统筹在疏散区域建设郊外市场、住宅、工厂等工作,国民政府批准重庆成立重庆郊外市场营建委员会,受重庆卫戍总司令部监督指导。[②] 1942年,国民政府还颁布了《陪都及迁建区各机关公务员眷属生产合作推进办法》《陪都及迁建区普设消费合作社配销平价物资办法》等法规,这有利于迁建区的发展。于是,在重庆附近一些较为发达的市镇,成为了疏散沿途主要的交通集结点。战时工厂、学校、政府机构以及新建的住宅等地周围形成了新的聚集点。西郊的小龙坎、沙坪坝、磁器口、新桥、歌乐山、高滩岩等,嘉陵江北的观音桥、猫儿石、相国寺、溉澜溪、寸滩等,长江南岸的海棠溪、黄桷垭、龙门浩、弹子石、大佛寺等地区都因此而得到一定发展。[③] 另外,抗战爆发后,不少国民党政治要人和社会名人为躲避空袭,在重庆周边建造了一些官邸或公馆,这些官邸或公馆建成后逐渐形成了小范围的活动区和聚居区,它们对重庆城市向四周拓展也起到了一定作用。

由于城市行政级别的提高和城市面积的扩大,抗战时期重庆市政府对市界作了新的划定。1939年12月,国民政府行政院通过了勘定重庆市新市区地界的提案,划定市区面积约300平方公里。"自二十八年大轰炸后,纷向四郊疏散,于是北达北碚,南至南温泉,东迄大兴场,西达大渡口,而市廛所及,法定区域约达300方公里,迁建所及,则约1940方公里。"[④]概括而言,抗战时

[①]《疏散与建设》,《黄埔》,1939年,第9期,第1页。
[②]《重庆郊外市场营建委员会组织规程》,《重庆市政府公报》,1939年,第6—7期,第41页。
[③]参见谢璇、骆建云:《基于抗战防空疏散的近代重庆城市发展》,《城市发展研究》,2012年,第2期,第72—76页。
[④]《陪都十年建设计划草案·总论》,陪都建设计划委员会编印,1946年,第1页。

期重庆全市范围包括:江北方面,自大兴场对岸的梅子岗岚垭江边起到上游的沱江边止,包括郭沱江、唐家沱、黑石子、寸滩、头塘、江北城、溉澜溪、廖家台、相国寺、石马河等地;南岸方面,越过了涂山,自大兴场起到金沟岩止,包括放牛坎、大田坎、大佛寺、弹子石、玄坛庙、龙门浩、清水溪、崇文场、海棠溪、南坪、铜元局等地;西郊方面,北起嘉陵江渡溪沟,经歌乐山背斜层,南达长江边的余溪浩处,包括詹家溪、磁器口、沙坪坝、小龙坎、新桥、歌乐山、金刚坡、上桥、石桥铺、九龙坡等地。[1]

在城市空间拓展的同时,城市分区功能规划也被逐步提上议事日程。1939年12月1日,重庆建设期成会成立,该会拟定了《重庆市建设方案》,提出了包括城市建设、市政公用事业发展在内的计划。1940年,重庆市临时参议会首届二次大会通过了这一方案。同年10月,行政院决定成立重庆陪都建设计划委员会,详细规划重庆建设事宜。通过这些规划,重庆的城市功能分区基本形成,强调"建设新重庆整个计划,从共向性与地区性划分,分制推进。如划重庆城市(市区)为商业区,近郊为住宅区,沙坪坝划为文化区,南岸划为工业区,南北温泉划为风景区"[2]。事实上,尽管内迁的工商企业、金融机构和政府单位数量繁多,但经过战争初期的调整,重庆城市的功能格局已经基本显现。有人在《市政评论》上建议说:"可将原有市区上中下城区及新市区,划为市中心区,以新市区划作行政区,为政府机关所在地,上中下城区划作商业区,为商栈行号所在地,借扬子江及嘉陵江运输的便利,商品可以转运到内地去。南岸、北岸及化龙桥、小龙坎、磁器口等区划作轻工业区,为手工业及小工厂所在地,但重工业区,则不宜设置在重庆市附近。沙坪坝区已形成学校区,即划作学校区,原有的疏散区,其地域太过广泛,交通费及时间太浪费,种种不利益,减少任何人的工作效率,且容易引起生活的不安,似应缩小疏建区域。"[3]著名地理学家陈尔寿则提出了"码头堆栈区"、"商业区"、"行政区"、"工业区"、"住宅区"、"文化区"、"风景区"、"棚户区"、"公墓区"、"耕地区"十区划分方案。[4]这些讨论与建议不尽相同,但对于重庆以商业、

---

[1] 周勇主编:《重庆通史》,重庆出版社,2002年,第1157页。
[2] 周勇主编:《重庆抗战史:1931—1945》,重庆出版社,2005年,第440页。
[3] 王克:《疏散与都市计划》,《市政评论》,1941年,第3期,第10页。
[4] 陈尔寿:《重庆都市地理》,《地理学报》,1943年,第10卷,第134—136页。

工业、办公、文化、居住等形式作功能分区是持一致观点的。有些建议也被后来的市政工作者所采纳，并影响到了重庆的城市规划和建设。

(二)城市道路建设与公共交通发展

1.城市道路建设

抗战之前，重庆市内交通因山势起伏，并不发达。"靠江边都是陡峭的崖岸，入城必拾级而上，凡百数十级而达城门，再百数十级而至街道，街巷之间，又各以石级相连。"①重庆市外的交通，则主要依靠水路往来，同时辅之以陆路联系。抗战爆发后，大量机构和人口内迁使得原有的城市道路系统不堪负担，公共交通亦不能适应战时需要。于是，社会对于改善重庆城市交通，加强重庆与大后方各城市之间联系的呼声越来越高。

1938年初，市政府开始修建两浮公路，同时修筑的还有市区的三大马路，即由临江门经定远门达劝工局段，由段牌坊经玉带街、雷公嘴、三圣殿达磁器街段，由临江门沿嘉陵江而上达大溪沟段。7月，上述各路基本完工。8月，市府又令工务局会同马路工程处翻修城区都邮街、关庙街、较场口以及大、小梁子等支马路。至此，重庆市区马路干、支线基本形成。②1938年年底，重庆市政当局还成立了3个测量队，经过一年半的调查、设计，提出了改善和发展重庆城市道路的"道路网计划"③。1943年时，重庆市政府还决定修建长约800米连通南纪门至较场口的马路，临江门至民族路的马路也进入施工阶段。④这些马路的建成无疑进一步加强了重庆上下半城之间的联系，有利于两个区域之间的流通。除了市内公路外，重庆还修建了不少连通市区与郊外的公路。1943年，重庆市郊公路七星岗至歌乐山线纳入政府财政支持的工程进入实施阶段。佛图关至九龙坡、佛图关至新桥、小龙坎至杨公桥、山洞至白市驿的公路以及通向广阳坝、珊瑚坝、九龙坡、白市驿机场的道路也在这一时期修建起来。这些公路的修建有助于带动郊区场镇建设，对改善进出重庆的道路交通状况有着积极作用。

1939年6月8日，国民政府公布《都市计划法》，这是战时状态下以国家

---

① 《重庆风景线》，《中兴周刊》，1937年，第169期，第15页。
② 周勇主编：《重庆抗战史：1931—1945》，重庆出版社，2005年，第446页。
③ 隗瀛涛主编：《近代重庆城市史》，四川大学出版社，1991年，第473页。
④ 黎宵：《重庆新市政》，《新市政》，1943年，第2期，第7页。

名义出台的对都市发展规划具有指导意义的法律文件。其中,有关道路建设的规定强调:"市区道路系统应按分区及交通情形与预期之发展布置之,道路占用土地面积不得少于全市总面积百分之二十","市区道路之纵横距离应依使用地区分别定之","市区主要道路交叉处,车马行人集中地点及纪念物建筑地段,均应设置广场,并于适当地点设置停车场"。[①] 应该说,《都市计划法》在内容上体现了当时较新的城市规划和设计理念,但由于战时形势多变,社会秩序不稳定,一些城市的规划建设工作也很难开展。重庆的情况亦是如此。例如陪都建设计划委员会曾指出:"无论为目前计,为战后计,沟通南北之交通隧道均非辟建不可。日后隧道完成,不但交通情形便利而于防空更有莫大用途。"[②]而抗战胜利后编制的《陪都十年建设草案》更是对重庆的城市交通建设提出了诸多方案,有些方案至今仍在实现过程中。由此可见,战时重庆的道路建设与城市规划既有即时可行的部分,也有十分超前的部分。不过,抗战时期重庆的道路交通建设在实施过程中面临着两个方面的困难。一是重庆因为城市本身的山城特色,地势起伏较大,两江穿城而过,阶梯状或陡坡状的道路随处可见,不利于机械化交通工具的推广。当时旅居重庆的陆思红描述重庆的道路特点时说:"上半城自通远门而东,沿嘉陵江一带,面积三倍于下半城,繁盛街道,如关庙街、都邮街、大梁子、武库街等,其联络上下半城之处名为小什字,现为各路公共汽车之会车场。上述街道,均为经纬干路,其小路里巷,上坡下坡,梯级动则数十阶,非健步者不敢轻劳玉趾。……重庆新市区干路之规划,须循山脉以迂回,跨谷绕丘,势难整齐划一,如他城市之易于。"[③]另一个问题是,重庆作为战时首都饱受日机空袭带来的痛苦,城市破坏比较严重。1939 年 5 月 4 日,日机轰炸重庆后,蒋介石在当天的日记里写道:"敌机今日傍晚来渝轰炸,延烧实为有生以来第一次所见之惨事,目不忍睹,天父有灵,盍不使残暴之敌速受重灾也。"[④]《新华日报》在报道 1940 年 6 月 28 日的空袭时写道:"此次敌机投弹数目,比以前数目较多,灾害区域亦较

---

① 《都市计划法》,内政部总务司第二科编:《内政法规汇编·地政类》,商务日报馆,1940 年,第 118 页。
② 《关于编造重庆陪都建设计划委员会三十一年度工作计划及概算书上行政院的呈》,重庆市档案馆藏,档号:75—1—50。
③ 陆思红:《新重庆》,中华书局,1939 年,第 24 页。
④ 《蒋介石日记》,斯坦福大学胡佛档案馆藏,档案号:40—8。据手抄稿整理。

广大,新市区、江北岸及玉带街、兴隆街等处,均被滥炸,房屋倒塌甚多。"[1]应该说,此类报道和记述在抗战时期十分常见,而自1938年到1943年间日机对重庆数百次的大轰炸给重庆所带来的灾难则是难以估量的,对当时城市道路和建筑的破坏也显而易见。

2. 公共交通发展

近代中国的公共交通受物质技术进步的影响,经历了从轿子、板车、马车到人力车、电车、公共汽车、出租车的发展,但这一过程不是单向的线性演变,而是一种复线交织状态。近代公共交通的出现和发展,"为市民相互交往、工作、娱乐提供了方便的交通工具,扩大了市民的活动范围,加速了人口和物资的流动节奏,沟通了城区内部各街区和社会集团之间的联系,因此对城市现代化的推动作用十分明显"[2]。抗战时期,重庆的公共交通主要由轿子、滑竿、马车、人力车、公共汽车以及渡船承载,它们各有特色,在城市公共交通中发挥着不同的作用。

轿子是中国传统的出行工具,但多属于社会上层人士所常用。重庆的轿子种类和样式较多,有明轿、官轿、花轿、敞轿、三丁拐、凉轿、壳壳轿等[3],其名称在不同时代不同阶层均有不同说法。近代著名教育学家舒新城20世纪20年代在旅蜀期间曾详细介绍了重庆的三种轿子:"第一种是私轿,作为老爷太太姨太太少爷小姐们所专有,都是藤作的,座位如藤靠椅而后面高出坐者头上数寸……第二种是长轿,就是走长路的人所坐的轿子,都是竹篾制的,是一种长方箱子的式样,外面糊纸涂油以避雨,尺寸甚小,长约二尺五,宽约一尺四,坐在里面必须如菩萨式的直着腰,轿夫通常为两名。第三种是街轿,形似私轿而大小与长轿等,亦为篾制,专为街上代步的利器,轿夫一律为二人。"[4]抗战时期,重庆依然保留了少量轿子作为出行的交通工具。张恨水的小说有专门描写抗战时期重庆轿子和轿夫的场景:"门边小广场上,停着两辆汽车和四五乘藤轿。其中有一乘藤轿,椅座特别宽大,倒像乘凉坐的。轿杠有碗口

---

[1] 西南师范大学历史系、重庆市档案馆编:《重庆大轰炸1938—1943》,重庆出版社,1992年,第117页。
[2] 何一民:《中国城市史纲》,四川大学出版社,1994年,第376页。
[3] 《旧重庆的轿子和滑竿》,魏仲云编著:《重庆名胜风情录》,重庆出版社,1994年,第298—299页。
[4] 舒新城著:《蜀游心影》,开明书店,1929年,第48—49页。

粗,将蓝布缠了,杠头上缠着白布,相当精致。三个健壮的汉子,各人的对襟褂子敞开胸前一排纽扣,盘膝坐在地面石头上,都望着大门里吐出来的人群,看看其中有他们的主人没有。"①虽然轿子是一种十分传统的交通工具,但时至抗战,选择乘坐轿子来出行的重庆人也并不少见,"凡在码头、闹市、旅店、妓院等地均有轿行设立"②。

除了轿子外,重庆最具特色也富有传统的另一种交通工具就是滑竿。滑竿一般用两根结实的长竹竿绑扎成担架,中间架以竹片编成的躺椅或用绳索结成的坐兜,前垂脚踏板,由两轿夫前后肩抬而行。"滑竿的生意,说起来,比轿子好,一乘轿抬起来既笨重,走路又不灵便,价钱又比滑竿贵,坐在上面,固然样儿神气一点,但它没有滑竿那样舒适,滑竿不但可以坐,而且可以躺,乘座〔坐〕在上面睡一个大觉,也许就到目的地了。"③近代著名作家萧红在其作品中曾描述过1939年她在歌乐山乘坐滑竿的经历,对滑竿夫的命运十分怜惜,充分肯定了滑竿在重庆公共交通中所起的作用:"我总以为抬着我的不是两个人,而象轻飘飘的两盏烟灯。在重庆的交通运转却是掌握在他们的肩膀上的,就如黄河北的驴子,垂着头的,细腿的,使马看不起的驴子,也转运着国家的军粮。"④显然,在地势十分特殊的重庆,滑竿是十分普及的,这很大程度上是因为它即便是上坡下坎也能较为方便地运送客人。

马车在古代便用来载人或物,是一种较为常见的交通工具,但在抗战时期的重庆,马车的作用较小,乘坐的人并不多。曾任《新民报》主笔的张慧剑抗战时期曾迁居重庆,他对重庆的马车有这样的描写:"重庆大道上,时见有马车,以'爬行'之姿态往来,车之制,甚陋,不如贵阳之藤马车远甚,此或即平地马车与山地马车之别。"⑤从张慧剑的记述来看,受地形影响,当时重庆的马车并不流行,处于城市公共交通的边缘地带。与马车处于同样地位的还有板车,板车多用于物资运输,也较少会参与客运,但板车在抗战时期的重庆,始终都没有在公共交通中发挥重要作用。1939年,重庆市还通过了《取缔胶皮

---

① 张恨水著,曾智中、尤德彦编:《张恨水说重庆》,四川文艺出版社,2001年,第313页。
② 薛新力主编:《重庆文化史:远古—1949年》,重庆出版社,2001年,第254页。
③ 文山:《四川的滑竿》,《中美周报》,1938年,第304期,第37页。
④ 萧红著:《萧红全集》,哈尔滨出版社,1991年,第1120页。
⑤ 张慧剑:《辰子说林》,南京新民报社,1946年,第129页。

铁轮板车案》,以防止私造通行证,"又未加盖印章,显系有意蒙混"①之弊端。

人力车通常又被称作黄包车,是近代中国各城市中比较重要的交通工具。人力车最初于1874年由法国侨民带入上海,它在中国的兴起,与近代中国城市空间的扩大密切相关,同时也对其他交通工具的发展产生了较大影响。② 人力车在重庆何时出现,暂无确切考证。《重庆掌故》引述1947年《重庆夜报》的一则文章称:"宣统元年,重庆举行'赛宝会',盛况空前,适成都方面由上海购了十二辆人力车,途经重庆,正值会期,使用来在会场行驶。"但这次偶现,并没有使得人力车成为重庆交通工具的一种。直至1925年,"市政当局着手筹建公路,曹家巷'宏胜钱庄'有一位姓胡的商人,自备了私家人力车一辆,每天往来于五福街至下半城一带。当时每当停下,许多人感到稀奇,争往围观,数月后这辆车也就不知所踪了。两三年后,市郊的公路逐渐修建,重庆市面上才正式有了人力车行业,招雇力夫,出租车辆,一般人也用以代步,从此成为重要的交通工具了"③。抗战前夕,重庆的人力车"仅行于马路之街道,力资每段约八百文至一千文,多则递加,如继续坐三四段则平均每段只合六七百文,又上坡比下坡稍贵。……载客每段铜元八百文,只行市区,不能直接到蓉。沿途各县分段均有人力车"④。抗战时期,人力车夫依旧以路段为基础收费,而人力车也是当时重庆最为主要的交通工具之一。1940年3月,重庆市工务局车务管理处制定出台了专门性规则,加强了对人力车的管理。⑤

重庆公共汽车公司的创建始于1933年8月,由何北衡、卢作孚等人筹资集股成立。抗战爆发前,重庆的公共汽车发展十分缓慢,且时停时办。抗战爆发后,重庆的人口爆炸式增长,城市空间得到拓展,原有的公共汽车运营方式明显不能合乎现实需要。1937年11月15日,重庆市政府发布训令称:"市民对本市公共汽车啧有烦言",并列举其原因说:"(一)行车次数太少,不足

---

① 《取缔胶皮铁轮板车案》,《重庆市政府公报》,1939年,第1期,第53页。
② 相关论述可参看邱国盛:《人力车与近代城市公共交通的演变》,《中国社会经济史研究》,2004年,第4期,第14—21页。
③ 王秉诚著:《重庆掌故》,重庆出版社,1986年,第83—84页。
④ 杨世才:《重庆指南》,重庆书店,1938年,第88—89页。
⑤ 《重庆市工务局车务管理处管理板车、人力车规则》,《重庆市政府公报》,1939年,第6—7期,第60—61页。

以应需要；(二)行车时距参差不一；(三)中法站十分拥挤，不易打车。"①同时，该训令对开班停驶时间、行车辆数、加班时间、每车乘客人数等均作了规定。1939 年底，重庆公共汽车股份公司有客车 37 辆，其中抗战开始后新购的有 24 辆。1940 年 6 月，为了加强重庆与近郊的联系，方便疏散至近郊各机关的职工、家属的日常工作和生活，促进中央、省、市三级政府机构的正常运转，重庆市政府决定扩充资本，改组重庆市公共汽车公司。②1941 年 5 月，国民政府交通部增拨官股 150 万元资助重庆公共汽车发展，同年 8 月，重庆市公共汽车事业移交军委会运输统制局接办，与交通部原设之迁建区运输办事处合并，设立重庆公共汽车管理处，直隶于运输统制局。重庆公共汽车管理处成立之初，接收车辆共 41 辆，能行驶的仅 16 辆。③1941 年底，公立事业改归交通部接管，重庆公共汽车管理处改隶交通部公路总局。④经过 1941 年的改制，重庆市公共汽车的发展实际上处于国民政府交通部与重庆市政府双重管理之下，这有利于其业务的扩大与调整。1944 年底，重庆公共汽车管理处拥有车辆已达 130 辆，其中能行的有 93 辆。行驶路线，在市区新开辟了连接上、下半城的上清寺至储奇门的特别快车线；原 1 路公共汽车线从曾家岩经小什字延伸到过街楼，另外又开通了上清寺到都邮街、机房街、小什字等 3 条线路。在郊区，西北方向重庆至北碚线除行驶由七星岗至北碚的直达车外，还加开了以七星岗、牛角沱为起点，分别到小龙坎、歌乐山、青木关、北碚的 9 条线路；西南方向先后开辟了从两路口到石桥铺以及两路口经杨家坪到九龙坡的 2 条支线，另外还有从海棠溪至南温泉和海棠溪经土桥至马王坪线路。这一时期，重庆公共汽车的总线路增加到 18 条，总路程达 146.5 公里，与 3 年前改为国营初期相比，行驶的公共汽车数量增加了 4.8 倍，客运线路长度增加了 64%。⑤可见，公共汽车是重庆抗战时期发展异常快速的一种交通工具。

与公共汽车相比，渡船在抗战时期重庆的城市交通中同样发挥了十分重

---

①《规定本市公共汽车改善办法案》，《重庆市政府公报》，1939 年，第 2—3 期，第 108—109 页。
②邵先崇著：《近代中国的新式交通》，人民文学出版社，2005 年，第 142 页。
③《重庆市公共汽车管理处于三十年八月十一日组织成立》，1941 年 8 月，重庆市档案馆藏，档号：61—15—3856。
④《整顿重庆公共汽车公司办法案》，1941 年 3 月，重庆市档案馆藏，档号：67—1—221。
⑤隗瀛涛主编：《近代重庆城市史》，四川大学出版社，1991 年，第 498 页。

要的作用。旧时的重庆仅以渝中半岛为限,三面临江,市民北去江北,南赴南岸,均需渡江。因此,轮渡业早已有之,但其组织多分散。抗战爆发后,鉴于重庆市区三面临江的情形,何北衡、何静源等人计划筹办重庆轮渡公司,以便人们往来于江北、南岸。1938年1月1日,川江航务处开通储奇门至海棠溪线试航。同年7月,重庆轮渡公司正式成立。[①] 1941年6月25日,重庆市政会议第97次会议通过了《重庆市轮渡管理办法》,从该办法的规定来看,当时重庆的轮渡航线共7条,其中经常开通的轮渡航线有5条:1.储海线,由储奇门至海棠溪;2.望龙线,由望龙门至龙门浩;3.嘉弹线,由嘉陵码头至弹子石;4.朝野线,由朝天门至野猫溪;5.朝溉线,由朝天门至溉澜溪。另有枯水期停航的线路2条:1.南黄线,南纪门至黄葛渡;2.嘉江线,由嘉陵码头至江北观阳门。[②] 从开办到1942年,重庆轮渡公司搭"载乘客总数,达六千万人以上",不仅如此,重庆轮渡公司还开通了望龙线、储海线、朝弹线的夜航,"每日为重庆市民添加六个钟头的办公时间"[③]。庞大的客运人数以及夜航的开辟充分表明,轮渡与抗战时期重庆市民的生活息息相关。

抗战后期,重庆还出现了过江缆车。过江缆车最初在1944年2月,由国民政府经济部、重庆市政府与中国桥梁公司共同发起,并邀集重庆银行界与重庆轮渡公司共同筹办轮渡客运缆车道。同年5月,重庆缆车特种股份有限公司成立,聘请茅以升为总经理兼总工程师。重庆过江缆车选址在客流量较大的望龙门码头,于1944年7月动工,1945年4月竣工。[④] 过江缆车的修建是应重庆地理条件和交通发展需要而生的,它在一定程度上弥补了其他交通工具的不足。

由上所述,无论是轿子、滑竿、马车,还是人力车、公共汽车、渡船以及过江缆车皆构成了战时重庆公共交通工具的主体,只是由于各自的特点和现实的需要,它们的发展状况各不相同。下表反映了抗战时期重庆一些交通工具的发展情况:

---

① 申发康、陈风兮:《重庆轮渡公司创办始末》,《重庆地方志通讯》,1987年,第1—2期,第71—72页。
② 《重庆市轮渡管理办法》,《重庆市政府公报》,1941年,第22—23期,第34页。
③ 张澍霖:《重庆市的江上交通》,《西南实业通讯》,1943年,第1期,第37页。
④ 韩渝辉主编:《抗战时期重庆的经济》,重庆出版社,1995年,第305页。

1937 年与 1941 年重庆交通工具数量比较①

交通工具	1937 年 10 月统计	1941 年 12 月统计
乘轿	3332 乘	3835 乘
各式汽车	244 辆	5213 辆
人力车	2265 辆	3054 辆
渡江木船	1045 只	2041 只
汽船	15 只	589 只
驳船	280 只	986 只
脚踏船	651 辆	164 辆
马车	—	194 辆

从上表中所示的数据来看,1937 年 10 月与 1941 年 12 月重庆交通工具数量很多的均是轿子,这说明轿子在抗战时期重庆城市公共交通中一直都有着重要作用,它并没因为近代半机械化或机械化交通的发展迅速退出历史舞台。与此同时,各式汽车的数量在这一时期则在高速增长,从 244 辆增加到 5213 辆,增加了 20 多倍。相反,民国时期在许多城市发展较快的人力车在战时重庆并没有获得很大的发展,其辆数并没有显著变化。而渡船的情况又比较复杂,在渡江木船方面,其数量由 1045 只增加到 2041 只,增加了 95.3%;而汽船和驳船发展较快,其数量分别增加了约 38 倍和 2.5 倍;在脚踏船方面,其数量则由 651 辆下降到 164 辆,下降了约 3 倍。马车的发展,由于没有 1937 年的数据,无法作比较说明。但总的来看,抗战时期重庆的各类交通工具数量增长较快,这反映了当时重庆公共交通事业的大发展。

(三)城市居住环境

战前,重庆仅为省辖地方城市,其城市规模并不大。从其地理空间来看,由两江夹住,形如半岛,而岛上山势起伏,道路多以阶梯铺设。抗战初期,由上海来重庆的高绍聪对此有很细微的描述:"城市均在山上,由轮船码头上岸,最少须历二百级,故挑行李夫役,均先捆好用肩背负,其运货之物,亦用肩背。繁盛地段,虽有马路,其两边房屋,间或用梯而上下,此地人士多喜穿短

---

① 陈尔寿:《重庆都市地理》,《地理学报》,1943 年,第 10 卷,第 122—123 页。

服,中上级之外,均常年赤脚草鞋。"①由于重庆地势奇特,其城市的建筑也依山而建、依石而附,有如梯坎,逐层垒高。张恨水描述重庆的房屋时说:"此间地价不昂,而地势崎岖,无可展拓。故建屋者,由高临下,则削山为坡。居卑面高,则支崖作阁。平面不得开展,乃从事于屋上下之堆叠。屋向上叠,为楼为阁,人尽知之。向下亦云堆叠者,此则为蜀中之独特建筑。其法或沿坡支屋,逐渐斜下。或坡下作悬阁,其上架楼二三层,以超出地面。故他处出门必须下楼,而此地上楼,乃得出门,亦为常事。"②其实,张恨水所描述的建筑即是吊脚楼,但此种吊脚楼因远看时有"重屋累居"的整体形势而体现出浓郁的重庆特色,这在其他地方较为罕见。这种拥挤的累居式房屋在山势起伏的城市里,使得空气更加难以流通,对居住环境造成了一定影响。1926年8月至1927年7月的重庆工务报告在谈到重庆开辟新市场时指出:"旧城面积狭小,房屋辐辏,对于清洁卫生消防诸要政,已陷于万难之境,开辟市场,动议有年,迄未实行。"在说到建设公园时又指出:"重庆人烟稠密,空气污浊,市民工作之暇,苦无游憩之所。"③由上不难看出,受限于城市发展规模、水平和特殊的地理条件,战前重庆的城市居住环境较为恶劣。

抗战全面爆发后,重庆成为战时首都,其城市地位得到迅速提升。国民党中央政府以及重庆市政府为改变重庆的居住环境,采取了一些措施。首先是注重清洁卫生改良。例如1940年4月6日,重庆市市长吴国桢在回复这年3月22日有关道路洒水的提案时称:"所拟本市道路洒水办法,准予试办,至每月所需经费1650元,准并入清洁总队经费内。"④其次是加强区域规划,促进住房合理建设。例如抗战期间,先后担任重庆市长的贺国光与吴国桢均重视平民宿舍建设。平民宿舍工程建于枪坝子,基础建筑费用为十五万元。1943年平民宿舍工程竣工,这对收容部分市民,缓解住房紧张局面有所帮助。⑤再次,建设防空洞,尽可能促进居住安全。战时重庆不断遭受日机轰炸,这给居住带来了重大安全问题。为了市民的居住安全,重庆在抗战时期

---

① 高绍聪:《重庆琐记》,《旅行杂志》,1940年,第4号,第3页。
② 张恨水:《重庆旅感录》,赵君豪编:《西南印象》,原书无出版社,1939年,第12页。
③ 《十五年八月至十六年七月工务报告》,《重庆商埠督办公署月刊》,1927年,第7期,第6—8页。
④ 《本市道路洒水案》,《重庆市政府公报》,1939年,第6—7期,第105页。
⑤ 黎宵:《重庆新市政》,《新市政》,1943年,第2期,第7页。

修建了大量的防空洞。高绍聪谈及此举时说:"重庆地面是整个的岩石,三个年头,日夜有工人开凿山矿似的,到处听见金石声和火炮震石声,防空壕上面有五尺厚原来的石头,就是五百磅炸弹落下来,人在里面是觉不到影响的。"①应该说,抗战时期重庆市政府在改善城市居住环境方面作出了不少努力,也取得了一定的成效。有人描述这一变化时称:"昔日的'地无三尺平'之谚,现已两样了。室内的筑建,经政府努力的建设,做成一条平坦的环城马路,和那些新兴建筑的住宅区,都是西式房子,一幢幢的如栉鳞般排列着在市上,更有那点市里的隧道和防空壕的点缀,便成一个壮丽严肃的都市。"②"壮丽严肃的都市"是一种宏观概述,它反映了这一时期重庆市貌的更新以及居住环境的改善,但这些变化仍然多是局部的和缓慢的,因为战时大量人口的涌入给城市发展带来了巨大的压力。

> 重庆找房子,真有意想不到之困难,城里不谈,当然早已塞得实实足足,城外乡村之间,也是毫无隙地。我有一个朋友租到了一间猪棚旁边的破屋,龌龊奇臭,虽然经过一番收拾,总是麻姑娘搽粉,丑态难掩。仔细一看,透光的屋顶,通风的墙壁,潮湿的泥地,漆黑的光线,恶劣条件,无不齐备。这种环境,如果讲起人道主义来,文明国家的监狱也许还要改良一点。但是这小小不过二方丈的面积,每月租金十六元,据说左邻右舍比较起来,这间屋不能算为最贵,其余可想而知。③

> 在重庆找太太比找事容易,只须三天;找事又比找房子容易,只须三个月;而找一所房子却须三年。说三年或许失之夸大,但困难是不言而喻了。房子难找,是因为重庆的房屋,原来就挤得满满的,你要想从这里面钻寻出一个空隙,自是一件艰巨的工作。④

从上面的文字不难看出,抗战时期重庆市民对住房的需求是远远高于房

---

① 高绍聪:《陪都重庆素描》,《旅行杂志》,1941年,第2号,第6页。
② 君沛:《战时新都的重庆》,《永安月刊》,1940年,第12期,原刊无页码。
③ 思红:《重庆生活片段》,《旅行杂志》,1940年,第4号,第10页。
④ 黄洛:《重庆杂写(二)》,《中央周刊》,1945年,第50期,第7页。

屋实际数量的,这就造成了房屋租金飞涨,但住房仍然难以寻找的现象。不仅如此,在居住质量方面,战时的重庆也不容乐观。一方面是因为特殊的地理条件使得房屋简陋、潮湿,光线也不充足;另一方面是因为城市可利用空间有限使得房屋建筑十分拥挤,不利于空气流通。

除了战时市政建设所构成的环境因素外,重庆的气候也影响了其居住环境和质量,这在抗战时期就引起了不少人的注意。当时在中国银行任职的李孤帆就说:"重庆的天气亦极为古怪,譬如平时每晨都是在乌烟瘴气的浓雾之中,气压极低,简直使人有窒息的苦闷。"[1]另外,重庆一些固有的生活和居住习性也是影响居住环境的重要因素,但这很难在短时间内得到改变。著名教育学家舒新城在经过万县时,曾试图用江水冲洗照片,但多次试验都失败了。后来,他探知原因才知道是江水中含有明矾的缘故。他记述说:"经过多次检验,始知道重庆人民都用江水,而江水泥浆太深,非用明矾澄清不能使用,我今朝显影药中所用的水就是有明矾的。"[2]从现代健康学的角度来看,直接饮用江水是可能对人体造成伤害的,所以在战时的重庆,人们纷纷选择用明矾净化江水以用于生活,但长期饮用明矾净化水对身体健康无疑会产生一些负面影响。与此同时,重庆市民生活用水的获得也十分不易。高绍聪记载:"重庆市虽有自来水,用户仍少,且味不佳,多数仍饮江水,每担四百钱,自江中挑上,重负上数丈高之地,再送里许,可谓苦极。"[3]可以看出,战时重庆市民生活用水多取自江中,历经数百级梯坎才能被送到居民家里,这都给居住带来了不少问题。

总之,抗战时期,重庆虽然在市政建设方面取得了不少进展,特别是在改善住房以及环境卫生方面作了不少努力,但由于种种原因,重庆的居住环境并没有本质改变。张笃伦在为《陪都十年建设草案》作序时指出,抗战时期的重庆,"一切公用事业之设备,住行乐育之措施,多系临时因应,侄偬急就,事前之准备,既未许充分,事后之改进,自难于周安"[4]。张笃伦的话道出了战时重庆市政以及公用事业建设方面的不足,这种不足既是因时而生,也是因事

---

[1] 李孤帆著:《西行杂记》,开明书店,1942年,第4页。
[2] 舒新城著:《蜀游心影》,开明书店,1929年,第47页。
[3] 高绍聪:《重庆琐记》,《旅行杂志》,1940年,第4号,第5页。
[4] 陪都建设计划委员会编:《陪都十年建设计划草案》"序",陪都建设计划委员会编印,1946年。

而出,它反映了战时重庆城市发展的一个侧面。

二、战时重庆的人口的变化

战前,重庆是长江上游的重要商埠,尽管其城市规模不很大,但工商业的发展使得城市人口增长较快。从1927年至1936年,重庆的人口由208294人增长到471018人,增加了约1.26倍,年均增长率约为14%。其中,尤以1933年至1936年间增长最快,1933年重庆有280449人,而1934年达到369396人,增加了约37.12%,1935年到1936年,重庆人口则增加了近10万人。①抗战全面爆发后,国民政府为保存实力,号召各级机关、团体、工矿企业和学校内迁,这些机关、团体、工矿企业和学校纷纷选址于重庆,这使得重庆人口加速膨胀。另一方面,随着沦陷区的扩大,东中部地区大量难民西迁,其中不少难民溯江而上,栖居于重庆,这进一步造成了重庆城市人口的激增。以下为1937—1945年重庆户口及其增长率的统计:

重庆1937—1945年户口及其增长率统计表②

年别	户数	指数	人口共计 人数	指数	男 人数	指数	女 人数	指数
1937	107662	100.00	475968	100.00	277808	100.00	198160	100.00
1938	112116	105.9	488662	102.6	283259	101.9	215403	103.6
1939	99003	92.1	415208	87.2	227203	88.9	168005	84.7
1940	89300	82.9	394092	82.7	245112	88.2	148970	75.1
1941	134183	124.6	702387	127.5	436636	157.1	265751	132.1
1942	165293	153.5	830918	172.5	530096	190.1	300822	151.8
1943	158231	146.9	923403	192.0	571533	205.7	351870	177.5
1944	185503	172.2	1037630	218.0	626701	225.5	410929	207.8
1945	201832	187.4	1245645	261.7	745480	268.7	499165	251.9

---

①这些数据由《陪都工商年鉴》中所列表格计算得出。详见傅润华、汤约生主编:《陪都工商年鉴·陪都概况》,第1编,文信书局,1945年,第7页。

②《重庆市统计提要》,重庆市政府编印,1945年。重庆档案馆藏,档号:53—30—109。

由上表所示,1937—1945年,重庆的户数从107662户增长到201832户,增加了约87.4%。从人口数来看,重庆这一时期的总人口由475968人增长到1245645人,增长了约161.7%,年均增长率约为20.2%。其中男性人口从1937到1945年增长了约168.7%,女性人口从1937到1945年增长了约151.9%。这表明,抗战时期,重庆男性人口的增长速度略高于女性。另外,从逐年人口变化来看,1939年和1940年重庆的户数与人口数均有所下降,这与大轰炸密切相关。[①] 不过,总体而论大轰炸并没有造成人口数量的持续减少,在重庆生活的人依然觉得:"一次疏散,二次疏散,重庆的人口不知为什么愈疏散愈多,马路上摩肩擦踵,推不完,挤不开,一天到晚,无时无刻,不像戏院子门口散场一般。"[②]从数据来看,抗战时期重庆的人口增长速度是惊人的,其年均增长率较战前的10年提升了约6.2个百分点。正因为如此,抗战时期的重庆由一个仅有四十多万人口的中等城市迅速发展成为一个拥有一百多万人口的大城市,其户数和人口数在当时的大后方均位列前茅。下表为抗战时期大后方各重要都市户口比较情况:

抗战时期大后方各重要都市户口比较[③]

城市	时期	户	人口 共计	男	女	平均每户人口数
重庆	1945年12月	201832	1245645	746480	499165	6.0
贵阳	1943年12月	45876	249721	155146	94575	5.4
成都	1941年10月	95746	372382	212289	180103	3.9
昆明	1939年	35644	196962	110669	86293	5.5
西安	1944年5月	83092	374229	233933	140296	4.5
兰州	1939年7月	19800	88150	55420	32730	4.4
桂林	1942年2月	42526	262332	161866	100466	6.1

---

①大轰炸给重庆人口带来的影响是巨大的,大轰炸尤以1939和1940年最为密集和损失惨重。相关研究可参看常云平、何多奇:《论重庆大轰炸期间的人口变迁》,《重庆师范大学学报》(哲学社会科学版),2007年,第6期。亦见潘洵:《抗战时期重庆大轰炸对重庆城市社会变迁的影响》,《西南师范大学学报》(哲学社会科学版),2005年,第6期。
②思红:《重庆生活片段》,《旅行杂志》,1940年,第4号,第7页。
③重庆市政府编:《重庆市统计提要》,重庆市政府编印,1945年。重庆档案馆藏,档号:53—30—109。

尽管统计时间不一样,但我们仍可从表中所示的数据概观当时大后方各城市的户数与人口数量。总的来看,在大后方各城市中,户数与人口数量最多的是重庆,而人口数量超过百万的也仅有重庆。从每户平均拥有人口数量来看,重庆与桂林最多,达到和超过了6人。这种家庭规模较大的现象可能是在重庆与桂林寄居于亲友避难的人数更多的缘故,也可能是重庆与桂林在战时为抵御大轰炸,执行奖励生育方面力度更大的缘故,此需作进一步探讨。

抗战时期,重庆人口的急速膨胀对重庆的人口结构产生了重要影响。首先表现在职业构成方面,重庆从一个工商业者占多数的城市变为一个公务、人事服务、工商业者占多数的城市。众所周知,抗战爆发后,国民政府各主要机关、社会团体、金融机构、学校等纷纷迁往重庆,这就使得从事政府公务和服务行业的人数猛增,从事其他职业的人数则相对减少,重庆的职业结构形态也由此改变。下表是对1943年重庆各类职业人口数量的统计:

1943年重庆各类职业人口数量概况表①

职业类别	人数	占总从业人口比例(%)
农业	73029	7.73
矿业	1351	0.14
工业	128446	13.60
商业	165725	17.54
交通业	49731	5.26
公务业	53003	5.61
自由职业	22656	2.40
人事服务业	215792	22.84
其他	792	0.08
无业	120468	12.75
不详	113749	12.04
总计	944742	100

①《本市职业人口概况表》,《重庆市政》,1944年,第1期,第2页。

从上表来看,1943年重庆从事人事服务业的人口最多,占所有从业人员的五分之一多。纯粹的公务人员也不少,超过五万人。在各类职业中,从业人员第二多的是商业,这表明商业仍然是当时重庆最为重要的产业之一。工业的从业人数仅次于商业,这也正说明了战时重庆工业已获得了巨大发展。另有统计显示,"以1946年人口分析,农业占7.58%,工矿业占13.87%,商业占21.04%,服务业占17.85%,交通业占5.19%,公务员占7.09%,自由职业占2.34%,无职业占19.44%,其他占5.6%"。[1] 该统计同样表明了工商业在重庆经济领域中所拥有的重要地位。与此同时,从事服务业与公务员总人数占各类从业人员的比例已由1943年的28.45%下降到1946年的24.94%,这与国民政府还都南京后大批机关、团体、金融部门、社会组织撤离重庆有关。

除了职业构成发生变化外,抗战时期重庆人口膨胀还影响到了人口的性别比例和籍贯构成。以下是对1936年至1945年重庆人口性别比例的统计:

1936年至1945年重庆人口性别比例[2]

年份	1937	1938	1939	1940	1941	1942	1943	1944	1945
比例	140.19	131.50	135.24	164.54	164.30	176.22	162.43	152.51	149.35

如上表所示,抗战时期重庆的男女性别比例整体较高,性别失衡现象较为严重。从逐年数据来看,1943年之前,重庆的男女性别比例基本呈上升趋势,之后有所下降。抗战时期,重庆男女性别比例最高的三年是1940年到1942年,这可能与大轰炸中妇女、老人、儿童更容易受伤和死亡与大批军队驻扎等因素有关。另外,抗战时期,大量人口迁入重庆造成了本地人口比例的缩小,"下江人"等群体扩大。据统计,1943年重庆全年移入16.4万余人,移出5万余人,净增加11.3万余人。而以1946年重庆人口最高峰时的124.5万人计算,战前重庆土著居民为20.9万人,按最高自然增长率在1946年也不会超过40万人,那么,抗战时期移入重庆的居民可能超过80万人。[3] 在如此庞大的移民群体中,不少为长江中下游居民为避难迁入,进而使得"下江

---

[1] 游时敏著:《四川近代贸易史料》,四川大学出版社,1990年,第4页。
[2] 数据由前文所引"重庆1937—1945年户口及其增长率统计表"中的男女人口数量测算得出。
[3] 隗瀛涛主编:《近代重庆城市史》,四川大学出版社,1991年,第386—387页。

人"群体迅速扩大。①"下江人"群体的扩大在当时的重庆引发了诸多社会问题,也对后来重庆居民的籍贯构成和地缘关系产生了一定影响。

三、战时重庆市民的生活水平的变化

从城市史的角度来看,重庆在抗战时期获得了历史性的发展机遇,其城市化进程步入特殊的发展阶段。在这一阶段,重庆的政治、军事地位也得到空前提升,其经济规模较以往有了显著变化。②然而,作为战时首都,重庆的人口剧增,城市生存压力较大,加之日军对重庆持续的大轰炸所造成的巨大损失,因此,抗战时期重庆的经济发展实际上受到多重因素的限制。在上述背景下,重庆市民的生活水平怎样,与当时大后方其他城市相比的情况又如何,都需要在经济史、社会史范畴作进一步的探讨。应该说,厘清这两个问题,有助于我们更深刻地理解抗战时期重庆乃至大后方的经济发展状况,也有助于我们更好地把握抗战对重庆乃至大后方社会发展和市民日常生活的影响。事实上,从现有的史料来看,抗战时期大后方的市民生活水平,在不同的阶层和不同的城市或区域存在细微的差别。

(一)抗战时期重庆市民的生活危机

由于处于残酷的战争大环境下,经济波动较大,加之大轰炸使得重庆市民的生存环境十分恶劣。因此,就实际生活状况而言,大多数人依旧会为日常生活中的温饱问题担忧,也会为人身安全问题感到愁苦,不同阶层均有其危机感。

1. 劳工阶层

劳工阶层处于社会下层,占社会各阶层的多数,其生活水平也最能贴近当时社会大众生活的实际状况。抗战时期,重庆劳工阶层的生活水平普遍低下。抗战时期,中国农民银行和重庆社会局对重庆工人的收入和生活状况做了调查,他们认为:战时重庆工人的购买力较低,其日常开支多用于米面、大豆及蔬菜等最低限度需要,肉食为工人饮食之奢侈品,需求较少。同时,重庆

---

① "下江人"在历史上出现较早,自重庆开埠后,商贸业的发展使得其人数逐渐增多。相关论述参看张瑾:《权力、冲突与变革:1926—1937 重庆城市现代化研究》,重庆出版社,2003 年,第 279—284 页。

② 隗瀛涛先生将这一时期称作"内迁而盛",详见隗瀛涛主编:《近代重庆城市史》,四川大学出版社,1991 年,第 28—36 页。

工人因为嗜好烟酒，积习难改，烟酒开支亦为日常生活中的大项之一。但重庆工人在交通和娱乐上的开支都较少。[①] 就福利保障而言，重庆劳工阶层时时面临着巨大的生活压力和健康风险。战时对重庆一些纺织纱厂的调查显示："工作分为日夜两班，每人每天的工作是十二小时，工作十天休息一天，但休息的那天是没有工钱的，工人最怕生病，既拿不到工钱，还要借钱去看病吃药，否则只好饿着肚皮让自己慢慢地好起来，因为有些工厂是没有医生护士，只有简单的外科用的药品。"[②] 日常生活贫瘠，饮食不够合理，以及福利保障措施不到位，给普通工人的身体状况造成了较大影响。国民政府卫生署对战时重庆工人的营养调查表明："贫血在工人中，最为普遍，男者较重，女者较轻"，血液中蛋白质的含量则"较战前正常平均值，低15%"。[③] 显然，战时重庆工人的实际生活状况是较恶劣的，这也给市民的择业带来了不少影响。"一般靠固定收入维持全家生活的公务人员们，如果他们的子女，初中毕业以后，限于经济力量，不能再升学读书，他们宁肯设法使他们的子女到一个机关里去当一名抄写或录士，决不肯送到工厂里去做一个学习工人。也许一个工人的收入要比一个机关里的录士还多，但他们仍然不肯，而其不肯的最大原因，就是以为劳动是下等职业，从事劳动工作，就是奇耻大辱。"[④] 由此可见，职业上的歧视，工作条件较差，工资收入较低、福利保障缺乏以及身体健康不良，是战时重庆工人实际生活样态的基本面。

2. 知识分子

知识分子是抗战时期重庆市民中仅次于劳工阶层的群体，它包括大部分公务员、教师、学生以及一些自由文化学者和民主人士等。抗战时期，重庆知识分子的生活水平较劳工阶层稍高，但多数也十分清苦。当时，国民政府曾为公务员加薪，并实施公粮平价措施。这在一定程度上缓解了公务员的生活压力，但薪俸增加的速度赶不上物价的飞涨。"薪俸是相对固定的，而物价则

[①] 郑孝齐、张发锐：《重庆工人所得及生活费（上）》，《中农经济统计》，1942年，第5期，第7—20页。

[②] 黄佩兰：《改善重庆纺织女工生活增加战时生产的一点意见》，《妇女新运》，1939年，第3期，第5—6页。

[③] 王成发、陈费润：《战时重庆工人营养调查》，《中国营养学杂志》，1946年，第1—2期，第49页。

[④] 牟乃弦：《关于增加工业生产的几点意见》，《社会工作通讯月刊》，1944年，第7期，第14—15页。

变幻无常,以有限换无穷,其不可能,自无待言。"①所以,当时有人呼吁改善公务员待遇,以维持其家庭生活,称:"所有公务员的生活,仅适宜于独身者的生活,这话初初看去似乎武断,然而仔细一想,是不能不承认的。所以,本这种见解,就有人立志不结婚,以等到抗战以后再作此打算。"②公务员如此,教师的状况也十分堪忧。时任中央大学教授的常任侠说:"生活愈过愈窘,作一教授,每月薪资一千五百元,每月膳费约需两千元,至不能供一饱,此往日所未经。盖今千元,不过抵战前二三元耳。"③战时的物价不断飞涨,而教授们的待遇没有同步上涨,他们的收入大多无法维持自己和家庭的生活。同为中央大学教授的朱森则在1940年秋却因"多领了五斗平价米"的"责难"而被气死④,这恰成为当时教授们生活潦倒的一种特别写照。蒋介石在1943年也表示:知道教员生活艰苦,但希望大家以俭约、节省的方式,度过经济的困境。⑤抗战时期长期生活在重庆的张恨水作诗感慨了当时的艰苦:"入蜀三年未作衣,近来天暖也愁眉,破衫已不像东西。袜子跟通嘲鸭蛋,布鞋帮断像鸡皮,派成名士我何凝?"⑥

3. 社会上层

社会上层是指具有一定社会地位或拥有较多财富和权势的群体,他们在社会各阶层中处于优越位置。毫无疑问,抗战时期重庆的社会上层在收入上远不是普通市民可以比拟的,他们往往不会过于担忧消费支出的多少及其方式。康心如之子康国雄回忆抗战时期的一段生活时说:"我记得好像那个时候经常都在请客,其实并不是我们家里请客,有很多的要人,好多达官贵人,都要借我们的客厅请客。因为我们家条件好,房子又多,可能还想来沾点发财的福气吧。"⑦康心如为重庆金融界的重要人物,其个人以及所交往圈子的家庭生活水平自然较高。不过,抗战时期重庆的社会上层人士并不一定都喜好"请客",仍有不少偏爱俭朴的人。例如:"陈诚饮食甚俭,便宴宾客,亦不

---

① 《公务员待遇提高了之后》,《抗战半月刊》,1942年,第9期,第3页。
② 凤兮:《改善公务员的生活》,《现代妇女》,1943年,第5期,第3页。
③ 常任侠著,郭淑芬、沈宁整理:《战云纪事》,海天出版社,1999年,第438页。
④ 关于朱森之死因,历史有不同记载,学界也有争议,但亦多认为与当时的生活状况有关。此处引自周颖:《朱森教授之死》,《人物杂志》,1946年,第5—6期,第1—4页。
⑤ 张其昀主编:《先总统蒋公全集》,卷3,(台北)中国文化大学出版社,1984年,第3241页。
⑥ 张伍著:《我的父亲张恨水》,团结出版社,2006年,第158页。
⑦ 康国雄口述,何蜀整理:《我的罪名:蒋介石的干儿子》,中共党史出版社,2004年,第27页。

逾四菜一汤,无奇珍。"①冯玉祥亦是如此,1939年10月23日,他与苏联大使潘友新会餐后,感叹道:"苏联大使请吃饭,真是烟酒充足,菜又丰富。咱们请他吃饭,也不过馒头、豆包、稀饭,菜不过几盘。……可是他请我是他全国的钱,我请他吃饭是我自己的钱。"②宋庆龄在重庆时,生活上也保持了节俭的作风,"穿当地出产的苧麻布做的衣服,有些她所需的穿着因经济问题而置备不起。……尽管她有一所房子住,她的兄弟们又借给她一辆车,她作为孙逸仙博士遗孀所领的恤金远远跟不上通货膨胀"③。蒋介石也倡导"党员服务应与难民同饮食,与先给难民饮食"④。另据蒋介石的私人医生熊丸对抗战时期生活的回忆,说:"那时大家都很俭朴,即使吃的、穿的、用的都很坏,大家也都无所谓,每个人心中仿佛都存着几许抗战胜利的希望。"⑤可见,国难当头的环境下,紧衣缩食成为人们共同的自觉,即便是社会上层人士,多数人的生活也保持在一定的水平线上,不至太过奢华和离谱。

(二)抗战时期重庆的物价水平

应该说,时人的记述大体能够反映出抗战阶段重庆市民生活之艰辛,但如何更深入和细微地认清当时的生活水平,就必须借助经济统计数据作进一步分析。首先需要探讨的是抗战时期重庆的物价水平,因为物价对人们的生活水平有着重要影响,物价波动引导消费取向,物价上涨过快容易增大生活压力,物价下跌过快则会容易抑制生产,造成物资供应短缺。抗战时期,重庆的物价变化受战时环境影响巨大,也与国民政府的财政金融政策密切相关。

1.抗战时期重庆物价的变化

总体而言,抗战时期重庆的物价变化较大,上涨幅度明显,对市民的生活产生了重大影响。抗战时期重庆的物价变化经历了以下两个大的阶段:

第一阶段是从1937年7月抗战爆发到1939年年底。这一阶段重庆的物价上涨缓慢,波动较小。"八一三事变"后,由上海旅渝的高绍聪对重庆的

---

① 萧乾主编:《新编文史笔记丛书·新笔记大观》,上海书店,1996年,第280页。
② 中国第二历史档案馆编:《冯玉祥日记》,江苏古籍出版社,1992年,第728页。
③ 伊斯雷尔·爱泼斯坦著,沈苏儒译:《宋庆龄:二十世纪的伟大女性》,人民出版社,2008年,第447页。
④ 《蒋介石日记》,1939年5月7日,斯坦福大学胡佛档案馆藏,据手抄稿整理。
⑤ 熊丸口述,陈三井访问,李郁青记录:《蒋介石私人医生回忆录》,团结出版社,2010年,第57页。

物价作了描述,他说:"人谓重庆物价甚贵,除洋货外,并不算贵,其土产应有尽有,其价如米每斗三元四角,甚大之橘,约三两重,仅售两百钱。……唯洋货战前较上海贵百分之五十,战事发生后六个月,始涨至百分之三百。"①1940年,西南经济调查研究所的一项调查显示,重庆零售物价指数以民国二十六年六月为100,至二十八年年底止,一般物价即涨三倍,即386.22。其中,房租建筑材料指数为470.60,衣料指数为468.20,杂项类指数为458.89,燃料指数为401.00,食料指数为242.45。当年,四川省政府建设厅驻渝办事处对重庆零售物价的调查则显示:以二十六年六月基数为100,二十八年十二月指数为334.7,二十九年一月指数为349.1,二十九年二月指数为374.3。其中,涨价速度最快的是燃料类,二十八年十二月的指数即达到600.2。② 事实上,如果除去货币通胀的因素,战争状态下物价上涨数倍是合理的,这也说明抗战初期的金融环境相对较好,并没有受到严重波及。翁文灏在一次报告中就指出:"抗战初期币值稳定,粮食丰收,日用物品存量尚足,虽首都、武汉、广州相继沦陷,江运陆运,均受阻碍,而沿海口岸,尚未尽被封锁,外来物资犹可内运,故物价增长,尚属缓和,自[民国]二十六年至二十八年底,物价上涨仅约倍余。"③

第二阶段是从1940年初到1945年抗战结束。这一阶段重庆的物价飞速上涨,逐渐超出了经济正常运行的范围。1939年德国入侵波兰后,世界反法西斯战役全面爆发,国际局势更加动荡,金融市场不稳定因素增加,使得这一阶段重庆物价的上涨速度十分明显,市民感触较深。从造成的原因上来分析,1941年太平洋战争爆发之前的物价上涨多与供求失衡、囤积商品和金融投机有关。太平洋战争之后的物价上涨则又增加了通货膨胀的因素。对此,曾任职于国民政府资源委员会的曹立瀛分析说,1939年时,"法币发行额在抗战中虽有增加,但大致还在趋势线上,依自然的需要而增加。'七七'事变时,中中交农四行发行总额计1444916000元,一年后只增到1726997000元。所以现在的物价高涨,并不一定由于通货膨胀"④。另据经济学家杨培新援引

---

① 高绍聪:《重庆琐记》,《旅行杂志》,1940年,第4号,第4—5页。
② 邓发:《论抗战中的民生问题》,《解放》,1940年,第113期,第4—5页。
③ 中国第二历史档案馆编:《中华民国史档案资料汇编·财政经济(九)》,第5辑,第2编,江苏古籍出版社,1997年,第283页。
④ 曹立瀛:《战时平衡物价问题》,《经济动员》,1939年,第3卷,第2—3期合刊,第64页。

国民政府财政部对通货膨胀的统计来看,从1937年6月到1945年6月,因法币发行造成的通货膨胀指数从100上升到28289,增长了约283倍;而从1937年到1940年,这一指数仅增长约5倍,从1940年到1945年,该指数增长约51倍。[1] 由此可见,1940年后法币发行量猛增大大诱发了物价的上涨。据国民政府经济部对重庆54种零售商品的物价总指数变化统计来看,1937年为104.4,1940年为556.5,1944年12月增加到48035。[2] 从这组数据来看,重庆零售商品物价从1937年到1940年约涨了5倍,1940年到1944年12月上涨了约86倍。

2.抗战时期重庆物价与其他地区物价的比较

通过上文的分析来看,抗战时期,特别是抗战后期,重庆的物价整体上涨幅度过大,这无疑严重影响到了市民的日常生活。但我们不能孤立地看待战时重庆的物价,还应将其与同时期其他地区物价作比较研究。下表为1937年至1945年重庆趸售物价指数:

1937—1945年重庆趸售物价指数[3]

类别	总指数	食料类	衣料类	燃料类	金属电料类	建筑材料类	杂项类
1937年	101	97	108	103	108	108	97
1938年	126	89	181	148	201	185	105
1939年	220	122	462	310	414	178	188
1940年	559	360	1154	1024	955	530	422
1941年	1578	1472	2003	2300	2624	1591	910
1942年	4408	3603	5575	6087	10735	4335	2935
1943年	13298	9092	19118	20253	38625	13917	8806
1944年	43050	35772	59991	53595	95898	34030	31912
1945年	150195	138990	199132	209344	173893	133315	109152

注:1937年1—6月重庆趸售物价指数为100。

---

[1] 杨培新:《中国通货膨胀论》,生活书店,1948年,第3—4页。
[2] 《重庆市零售物价指数表》,《重庆市物价指数》,第3卷,第12期,国民政府经济部编制,1944年12月,第2页。
[3] 四川联合大学经济研究所、中国第二历史档案馆编:《中国抗日战争时期物价史料汇编》,四川大学出版社,1998年,第304页。

根据上表统计,重庆趸售物价总指数从 1937 年的 101 上升到 1945 年的 150195,短短 8 年间上涨了约 1486 倍。趸售,即批发,趸售价格不包括劳务、服务价格,对零售价格产生重要影响,趸售价格指数是反映物价波动和通货膨胀情况的重要指标。由此观之,抗战时期重庆的物价涨幅率是十分惊人的。特别是衣料类和燃料类,在单项涨幅中最大。以下是有关 1937 年至 1945 年全国趸售物价指数的统计:

1937 年至 1945 年全国趸售物价指数比较[①]

类别	总指数	食料类	衣料类	燃料类	金属电料类	建筑材料类	杂项类
1937 年	103	100	107	103	109	104	102
1938 年	131	108	160	131	162	141	164
1939 年	220	163	308	234	305	227	204
1940 年	513	406	763	629	732	453	486
1941 年	1296	1170	1727	1374	1844	1108	1152
1942 年	3900	3254	5527	4347	5760	3167	3704
1943 年	12936	9425	23633	14274	17354	10152	11556
1944 年	43197	34806	77059	47621	50446	30628	43227
1945 年	163160	149245	231657	184948	183870	117373	146717

注:1937 年 1—6 月全国趸售物价指数为 100。

上表数据为国民政府主计处的统计,全国趸售物价总指数从 1937 年的 103 上升为 1945 年的 163160,上涨了约 1583 倍。这说明,同一时期,重庆的趸售物价总指数的上涨幅度要略低于全国趸售物价总指数的上涨幅度。不仅如此,就食料类、衣料类、燃料类、金属电料类、建筑材料类以及杂项类趸售物价指数来看,重庆 1945 年比 1937 年分别增长了 1432 倍、1843 倍、2031 倍、1609 倍、1233 倍和 1124 倍,而全国的增长情况依次是 1491 倍、2164 倍、1795 倍、1685 倍、1128 倍、1437 倍。因此,除燃料类和建筑材料类外,重庆其他趸

[①] 四川联合大学经济研究所、中国第二历史档案馆编:《中国抗日战争时期物价史料汇编》,四川大学出版社,1998 年,第 287—294 页。

售物价指数上涨幅度均要低于全国同类商品趸售物价指数。就大后方主要城市趸售物价对比的情况来看,重庆也在总体上偏低。下表为1937—1945年重庆与大后方主要城市趸售物价总指数的比较:

1937—1945年大后方主要城市趸售物价总指数统计[①]

城市 时期	重庆	成都	西安	兰州	贵阳	康定	昆明
1937年	101	103	105	107	98	104	—
1938年	126	128	146	146	105	137	—
1939年	220	225	245	217	187	225	—
1940年	559	665	497	399	413	587	—
1941年	1578	1769	1270	1016	969	1352	—
1942年	4408	4559	4120	2853	3395	4388	—
1943年	13298	14720	16279	10047	9428	12982	—
1944年	43050	56965	39679	26533	34940	49229	63203
1945年	150195	170397	155341	88655	167025	177053	305711

注:1937年1—6月趸售物价总指数为100。

从1937年到1945年趸售物价总指数的上涨幅度来看,上表所列大后方的主要城市中西安与兰州略低于重庆,其他均高于重庆。在抗战爆发的1937年,重庆的趸售物价总指数仅比贵阳高,低于成都、西安、兰州、康定;在抗战结束的1945年,重庆的趸售物价总指数也仅比兰州高,低于成都、西安、贵阳、康定和昆明。从1939年开始到1945年,兰州的趸售物价总指数要低于重庆。贵阳和康定的趸售物价总指数在抗战中期基本低于重庆,但在抗战末期突然蹿升,超过了重庆。另外,整个抗战时期成都的趸售物价总指数都高于重庆,西安的趸售物价指数则仅有1940—1942年的3年低于重庆。概而观之,重庆在抗战初期和末期的趸售物价总指数相对较低,在抗战中期的趸售物价总指数处于大后方主要城市的中等水平。

[①] 四川联合大学经济研究所、中国第二历史档案馆编:《中国抗日战争时期物价史料汇编》,四川大学出版社,1998年,第304—308页。

3. 抗战时期重庆市民的收入

从经济学原理来看，单方面考察物价难以说明市民的实际生活水平，还应当根据市民的收入状况来分析市民的生活水平。抗战时期的重庆市民的收入受战争影响较大，不同阶层的收入状况也不尽相同，这给相关统计和研究带来了一定困难。在这里，我们以重庆较为广大的中下层群体工人的收入为主要参考，同时也对比其他阶层的收入状况，进行综合分析。下表是对1937年7月至1943年7月重庆产业工人实际收入的统计：

1937年7月—1943年7月重庆产业工人实际收入统计[①]　　单位：元

时期	机器业 男	印刷业 男	印刷业 女	面粉业 男	纺织业 男	纺织业 女
1937年7月	32.4	19.0	11.2	21.0	17.9	14.6
1938年7月	57.9	29.2	16.0	38.0	23.4	18.3
1939年7月	71.2	45.2	28.2	60.0	47.2	40.8
1940年7月	145.4	77.7	52.7	130.4	87.4	61.7
1941年7月	329.5	312.8	176.7	200.3	242.3	175.0
1942年7月	595.0	405.6	293.9	544.7	406.2	357.1
1943年7月	1308.5	1013.4	497.4	1199.5	914.0	846.0
1943年7月与1937年7月相比上涨	39.38倍	52.34倍	43.41倍	56.12倍	50.06倍	56.95倍

从上表数据来看，从1937年7月到1943年7月的六年时间里，重庆产业工人的实际收入有比较明显的上涨，其中涨幅最大的是纺织业女工实际收入和面粉业男工实际收入。但从绝对值来看，机器业男工的实际收入一直为产业工人中最高。另外，在印刷业和面粉业中，男工实际收入均明显高于女工。与此同时，据表所示，1937年到1943年，重庆趸售物价总指数从101上升到13298，上涨了约131倍，这说明抗战时期重庆产业工人实际收入的涨幅要远远低于物价的涨幅。下表是对1937年7月至1943年7月重庆职业工人实际

[①]《重庆市产业工人实际收入》，《社会调查与统计》，1943年，第3期，第66—73页。

收入统计：

1937年7月—1943年7月重庆职业工人实际收入统计[①]　　　　单位：元

时期	人力车业	肩舆业	渡船业	驳船业	码头业	板车业	挑水业	木作业	石作业	泥水业
1937年7月	12.7	21.3	19.2	13.2	23.1	18.3	27.0	18.6	8.7	21.2
1938年7月	35.0	26.3	24.0	17.7	30.9	49.1	40.0	26.2	18.1	25.7
1939年7月	82.5	60.8	40.0	41.5	47.2	85.4	82.5	61.0	45.3	66.5
1940年7月	135.0	136.8	85.0	108.7	99.6	179.8	155.0	224.4	78.6	155.7
1941年7月	354.1	271.9	267.8	197.9	220.4	315.4	246.7	319.6	295.0	405.0
1942年7月	437.2	400.7	568.2	474.7	445.5	529.6	473.1	688.4	675.8	681.3
1943年7月	1178.4	961.9	1232.4	1157.3	1222.6	1425.5	1252.4	1681.0	1710.3	1756.7
1943年7月与1937年7月相比上涨	91.79倍	44.16倍	63.19倍	86.67倍	51.93倍	76.90倍	45.39倍	89.38倍	195.59倍	81.86倍

由表中数据可见，1937年到1943年间，重庆职业工人实际收入增长速度整体要快于产业工人，但除"石作业"外，其他行业实际收入增长速度仍远低于同一时期重庆的物价增速。就绝对值而言，不同的行业收入差别较大，综合以上两表的统计来看，面粉业、纺织业、肩舆业工人的实际收入相对较低，木作业、石作业和水泥业工人的实际收入在1941年后上涨十分明显。

1941年有关重庆工人生活的一项调查指出："家庭支出：衣、食、住、燃料支出占生活费的86.8%。食物燃料之百分比多于战前上海，而房租及杂费相反。收入愈少，食物费愈大，衣着费愈小。收入愈多，燃料及水费愈少，杂费愈大，房租则少变动。……杂费以嗜好及医药费为多，娱乐、交通甚少。收支对比，多有盈余。……工人工资所得不多，然比公务员为优。"[②]工人工资比公务员优并非言过其实，事实上，抗战时期通货膨胀对从事公务、教师、服务行业的群众打击是最大的。下表是对1937年至1943年间重庆不同行业实际薪金和工资指数的统计：

[①]《重庆市职业工人实际收入》，《社会调查与统计》，1943年，第3期，第74—77页。
[②]《重庆工人所得及生活费（上）》，《中农经济统计》，1942年，第2卷，第5期，第7页。

1937—1943年间重庆实际薪金和工资收入指数①

时期	重庆公务员	重庆教师	重庆一般服务人员	重庆工业工人
1937	100	100	100	100
1938	77	87	93	124
1939	49	64	64	95
1940	21	32	29	76
1941	16	27	21	78
1942	11	19	10	75
1943	10	17	57	69

从上表可以看出，1937—1943年间，公务员、教师的薪金和工资收入指数下降最快，工人反而下降较慢。不过，与工人相比，公务员、教师福利保障要偏多，这可谓是对艰难生活的补救。例如，1941年6月国民政府曾颁布《非常时期改善公务员生活办法》，之后又据此修订出台了《公务员战时生活补助办法》，这些措施均对公务员月需之米粮、薪俸、代金券等作了说明。② 在高校教师收入方面，国民政府教育部于1940年8月公布了《大学及独立学院教员聘任待遇暂行规程》，对助教、讲师、副教授和教授的月薪作了分类规定，其中最低是7级助教月俸80元，最高是1级教授月俸600元。③ 除了学校所给予的工资外，一些教授也在政府或其他单位兼职。例如朱希祖在中央大学、国立女子师范学院授课的同时，也筹划国史馆工作，还负责考试院相关事宜，故其收入亦相对于一般教师高。然而，教师中如朱希祖这般的毕竟是少数。即便是朱希祖，在抗战时期买书也会"以书价太昂，石印之书过于旧日之木板佳刻，遂敛手不购"④。综上可见，抗战时期，重庆市民的实际收入难以与物价相提并论。

---

① 张公权著，杨志信摘译：《中国通货膨胀史（1937—1949）》，文史资料出版社，1986年，第43页。
② 陈天锡著：《迟庄回忆录》，沈云龙主编：《近代中国史料丛刊续编》，第3辑，（台北）文海出版社，1971年，第224—225页。
③ 《大学及独立学院教员聘任待遇暂行规程》，《教育通讯周刊》，1940年，第37—38期，第11页。
④ 朱希祖著：《朱希祖日记（下）》，中华书局，2012年，第1122页。

4.抗战时期重庆市民的生活费指数

生活费指数是对不同时期生活费水平变动情况的反映。由于抗战时期生活费为市民日常消费之大宗,故探讨市民生活费指数有助于更准确地认识当时的生活水平。以下是对1937年至1944年重庆生活费指数的统计:

1937—1944年重庆生活费指数[①]

时期	总指数	食品类	衣着类	燃料类	房租类	杂项类
1937	1.06	1.06	1.11	1.03	1.06	1.08
1938	1.20	1.07	1.66	1.43	1.29	1.37
1939	1.97	1.50	3.45	2.94	2.09	2.46
1940	6.07	5.78	9.48	7.11	4.74	4.97
1941	19.7	22.0	24.2	17.8	10.8	13.5
1942	45.6	42.7	70.6	75.9	25.6	38.6
1943	118	110	237	166	48.2	103
1944	289	322	462	293	69.5	211

注:1936年7月至1937年6月重庆的生活费指数为1,1944年的数据为当年3月数据。

从上表所示的数据来看,1937年至1944年3月重庆的生活费总指数从1.06增加到289,增加了约272倍。而同一时期,重庆零售物价指数从1937年的104.4增加到1944年3月的25288.7,增加了约241倍。[②] 生活费总指数变化与零售物价指数变化相近。由此可以进一步说明,当时重庆市民对与生活紧密相关之外商品和服务的消费需求较小。这与表中反映的食品类、衣着类生活费指数在全部生活费指数中偏高的缘由是一致的。

当然,不同职业、阶层在生活中的消费取向和支出方式是不一样的。一般来讲,同等条件下,社会上层不会过多担心温饱,除了基本需求外,还会选择奢侈品或者文化和服务类产品消费。而社会下层往往需要不断地劳动以

[①] 章伯锋、庄建平主编:《抗日战争·国民政府与大后方经济》,第5卷,四川大学出版社,1997年,第778—780页。

[②] 《重庆市零售物价指数表》,《重庆市物价指数》,1944年,第12期,第2页。

满足日常生活中的食品和衣着类需求,他们几乎不会涉及奢侈品或文化和服务类产品消费。因此,在面临经济风险和动荡时,他们各自所承受的影响也不一样。下表是对1937年至1943年重庆不同职业生活费指数的统计:

1937—1943年重庆不同职业生活费指数[①]

日期	商人及地主	公务员及教职员	工人
1937	1.67	1.07	1.06
1938	1.33	1.23	1.18
1939	1.99	1.96	1.96
1940	5.79	5.80	5.51
1941	18.7	18.9	21.4
1942	44.8	44.5	47.1
1943	117	117	122

注:1936年7月至1937年6月重庆的生活费总指数为1。

由上表所示,1938—1943年,商人、地主、公务员及教职员工的生活费指数总体上相当。1940年以前重庆工人的生活费指数大体上要低于商人、地主、公务员及教职员工。从1941年开始,重庆工人的生活费指数增长较快,并高于商人、地主、公务员及教职员工。为何出现此种情形,从经济学角度来推断,可能与不同群体的经济实力和消费结构有关。具体而言,抗战前期通胀并不严重,商人、地主、公务员及教职员工拥有较强的购买力,在生活中会偏向奢侈品消费,而在抗战后期通货膨胀加剧的情况下,地主、商人掌握实物,公务员、教员尽管有政府的政策补贴或其他支持,但他们在消费取向上均有所改变,可那些单靠出卖劳动力获得工资收入的工人因为物价上涨和货币不断贬值而造成生活成本大幅增加,其生活费指数就迅速增长。

不过,对抗战时期重庆市民消费水平的探讨,绝不能孤立地进行,而应将其置于大后方的整个环境中,通过与其他主要城市的比较来看,就会有新的

[①]据《重庆各级人员生活费指数》整理,详见孔敏主编:《南开经济指数资料汇编》,中国社会科学出版社,1988年,第350—352页。

发现。下表是对 1943 年 7 月至 1944 年 6 月大后方各主要城市工人生活费指数的统计：

1943 年 7 月—1944 年 6 月大后方各主要城市工人生活费指数①

时期	重庆 产业	重庆 职业	成都	自贡	内江	乐山	万县	西安	兰州	桂林	贵阳
1943 年 7 月	216.1	238.5	378.4	245.1	206.5	307.5	291.0	393.7	236.7	334.3	232.2
1943 年 8 月	248.0	263.8	361.2	268.9	306.8	305.2	346.2	379.5	273.8	345.6	238.2
1943 年 9 月	244.9	260.1	349.1	295.2	301.8	333.3	341.1	358.9	298.8	346.4	261.4
1943 年 10 月	254.9	269.8	341.0	302.6	291.8	340.3	323.6	316.1	296.5	361.8	302.3
1943 年 11 月	283.9	303.4	371.2	301.1	315.5	345.5	344.8	312.0	295.4	374.6	371.9
1943 年 12 月	311.2	333.5	406.3	343.7	343.5	369.1	407.0	351.3	290.7	398.9	381.1
1944 年 1 月	340.4	367.0	553.6	472.8	440.0	486.0	465.6	461.7	311.4	437.6	426.8
1944 年 2 月	391.5	422.8	645.2	560.9	525.2	682.1	534.2	486.2	349.9	497.9	595.5
1944 年 3 月	550.6	610.0	701.2	638.0	627.3	777.6	702.5	502.8	406.8	655.5	672.5
1944 年 4 月	634.7	701.0	776.5	772.2	761.0	837.9	823.2	509.9	426.6	723.0	842.1
1944 年 5 月	763.2	856.8	948.8	948.1	885.5	1218.0	1043.5	528.4	456.5	763.2	857.3
1944 年 6 月	810.1	906.0	1138.8	1025.4	959.6	1187.0	1159.2	521.9	471.6	875.9	1157.5

注：1942 年 11 月指数为 100。

从表中的数据来看，从 1943 年 7 月到 1944 年 6 月的一年间，重庆的产业工人生活费指数从 216.1 增加到 810.1，增加了约 2.75 倍。而同一时期重庆的职业工人生活费指数从 238.5 增加到 906.0，增加了约 2.80 倍，二者相差不大。因此，从逐月的情况来看，无论重庆以职业工人生活费指数还是以产业工人生活费指数为参照，成都、乐山、万县的工人生活费指数均高于重庆，而自贡、内江、西安、桂林、贵阳的工人生活费指数也仅有少数月份低于重庆，唯有兰州的工人生活费指数要整体低于重庆。这说明，在大后方的主要城市中，抗战时期重庆工人的生活费指数是相对较低的，故重庆工人在抗战时期

---

① 章伯锋、庄建平主编：《抗日战争·国民政府与大后方经济》，第 5 卷，四川大学出版社，1997 年，第 791—792 页。

的生活压力亦相对较小。为了更好地说明这一问题,我们可以将生活费指数、实际收入指数以及真实工资指数三项数据同时纳入作比较。以下为1943—1945年大后方主要城市工人生活费指数、实际收入指数及真实工资指数统计:

1943—1945年大后方主要城市工人生活费指数、实际收入指数及真实工资指数统计[①]

城市	1943年 生活费指数	1943年 实际收入指数	1943年 真实工资指数	1944年 生活费指数	1944年 实际收入指数	1944年 真实工资指数	1945年 生活费指数	1945年 实际收入指数	1945年 真实工资指数
重庆	197.5	181.0	91.6	671.6	615.3	91.6	2470.2	2070.2	83.8
成都	—	—	—	955.4	601.9	63.7	2633.6	2063.7	77.3
自贡	223.4	180.5	80.8	820.1	738.5	90.0	2443.6	1901.2	79.8
内江	228.9	179.4	78.4	815.4	674.0	83.7	2614.8	2163.1	80.4
乐山	251.7	146.3	58.1	972.8	638.8	65.7	2677.7	2400.0	83.7
万县	259.6	207.5	79.9	887.8	637.0	95.2	2687.4	2892.3	108.7
西安	287.4	166.6	49.6	574.4	305.0	55.5	2307.9	1416.6	64.8
兰州	203.5	218.9	107.6	511.5	540.1	105.6	2253.5	2387.5	103.9
昆明	232.7	197.1	84.7	720.3	562.3	78.8	4320.3	3218.0	42.4

注:1942年11月生活费指数为100。

由上表数据可知,单就生活费指数来看,重庆工人从1943年到1945年都维持在一个相对较低的水准,要低于成都、内江、乐山、万县、昆明等城市。从实际收入指数来看,这一时期重庆又高于成都、西安等城市,但低于万县。与其他城市相比,则时高时低,这也说明1943—1945年时重庆工人的实际收入在大后方的各主要城市工人群体中并不低,至少为中等。就真实工资而言,从1943年到1945年,除兰州、万县外,重庆工人的真实工资指数整体高于大后方的其他城市。真实工资指数是实际工资收入指数除以生活费指数所得的结果,它反映了不同工资收入在物价波动影响下的实际价值,也是衡

[①] 章伯锋、庄建平主编:《抗日战争·国民政府与大后方经济》,第5卷,四川大学出版社,1997年,第787页。

量各城市购买力水平的最好方式。从这个意义上讲,尽管物价和工资在不同的城市存在差异,但抗战时期重庆工人的购买力与大后方多数城市相比却相对较强,其生活水平应相对较高。

市民生活水平是反映经济和社会实际发展状况的一个重要指标,开展有关市民生活水平的具体研究有助于我们更全面地了解战时经济运行的一些微观层面。这就需要用比较视野,对城市之间以及城市内部各阶层之间的生活费用、收入水平及其他相关经济指标作分析。通过对相关经济统计数据的考察可以看出,就重庆市的物价而言,1940年之前上涨幅度并不大,1940年以后到抗战胜利期间上涨迅猛。另外,从茇售物价指数来看,除燃料类和建筑材料类外,重庆的涨幅总体上要低于全国。与大后方主要城市相比较,重庆茇售物价总指数大体上要低于昆明、成都、康定、西安,高于贵阳和兰州。就消费取向而言,抗战时期重庆市民仍主要关注与生活紧密相关的物质消费。而不同阶层,因为经济实力和消费结构不同,其抵御战时经济动荡的能力也不一样。从生活费指数来看,抗战时期的重庆较大后方主要城市相对偏低,加之重庆市民的真实工资水平相对偏高,故重庆市民的实际购买力和消费水平较大后方的其他主要城市相对偏高。

纯粹的经济统计数据上的比较分析表明,抗战时期重庆市民的生活水平在大后方各主要城市中相对较好,但这绝非是为了展示当时重庆的经济繁荣程度。事实上,在抗日战争的大背景下,受社会发展程度的局限,以及战时环境的困扰,重庆市民的生活水平仍整体较低。应该说,抗战时期市民的实际生活样态,在不同社会阶层会有不同的具体表现。在重庆,除一部分社会上层人士外,包括劳工和知识分子在内的广大群体,其收入的增长完全不能适应物价的上涨情势,有的甚至连个人的日常开支都难以满足,生活十分艰难;而即便是社会上层,多数也鉴于抗战这一特殊情势,在生活上尽可能节俭,以体恤国困民需。

第三章 抗日战争时期四川城市的发展与变迁

第一节 抗战与四川城市的发展变迁

中国抗日战争是20世纪中期中国人民抵抗日本侵略的一场殊死战争。这场战争对中国历史进程的影响巨大而深远,在中国城市的发展和近代化方面同样如此。对于地处大后方四川的城市来说,正是际会了这一特殊历史背景而获得了发展机遇。

一、四川的自然地理环境对城市的影响

城市是人类文明的最大成就之一,城市的出现标志着人类开始摆脱蒙昧,迎接文明的曙光。城市的发展过程同时也是文明积累、整合和传承的过程,人类所有伟大的文明几乎都是在城市里产生,城市集中了人类创造的主要物质文明、精神文明和制度文明,几乎包罗了人类生活的各种内容,城市成为文明的载体和温床。但城市的产生和发展离不开自然环境,城市作为聚落的高级形态和地理空间,是人和自然的共同系统[1],是人类活动和各种自然因素综合作用的结果。城市的产生、发展都需要具备一定的客观条件,要遵循自然地理的法则,同时,也受各种自然条件的限制,如地形地貌、水文条件、气候等的影响。地理环境与自然条件是人类赖以生存的基础,也是支配人类社

---

[1] 鲜肖威、张林源、艾南山:《自然地理、人文因素演变与城市聚落发展的关系——以兰州河谷盆地为例》,《地理科学》,1983年,第4期。

会和文明诞生与发展的关键性因素之一。"任何历史记载都应当从这些自然基础以及它们在历史进程中由于人们的活动而发生的变革出发。"①可以说,地理环境与自然条件是影响和塑造城市诞生与发展路径的支配性因素之一。地理环境自然条件可以作为人类文明与社会的一种给定的外生因素,对城市的产生和发展有着重要的影响。

四川位于北纬38°30′~32°30′,东经103°~110°之间,位于中国大陆西南腹地,地处长江上游,隶属我国大陆地势的第二阶梯,是四周高山环绕、内部为河谷丘陵平原的内陆盆地。四川省地域广阔,地跨青藏高原、横断山脉、云贵高原、秦巴山地、四川盆地等几大地貌单元,地势西高东低,自西北向东南倾斜。东部为四川盆地,中部为成都平原,西部为川西高原。辖区面积达48.6万平方公里,其面积居中国各省区第5位。四川在近代东与贵州相邻,南与云南为伍,西临西藏、青海,西北与甘肃、陕西接壤。

无论从构造还是从地貌上看,四川盆地都是一个典型的盆地。它从震旦纪以来就是地壳比较稳定的大型凹陷区。晚三叠纪的印支运动中成为一个内陆湖盆,但范围要比今日的四川大得多,中生代堆积了厚达3000—4000米的紫红色的砂岩和页岩,因此人们又称它为"红色盆地"或"紫色盆地"。中生代末期的四川运动使盆地周围褶皱成山,中间相对下陷,四川盆地的轮廓基本形成,并使盆地内部地层也发生大规模的变形。东部出现一组北东向的褶皱,称盆东褶皱带;中部形成穹窿构造,称盆中穹窿带;西部表现为沉陷,成为盆地沉陷带,这为今天盆地的三大地貌区奠定了基础。新生代的喜马拉雅运动使周围山地再次上升,盆地再次相对下陷,成都一带下陷更深。同时,长江切穿巫山,滚滚东流,完成了统一的长江水系,使内流盆地转变为外流盆地。四川盆地可明显分为边缘山地和盆地底部两大部分,其面积分别约为10万多平方公里和16万多平方公里。

四川盆地是我国最大的外流盆地,面积26万多平方千米。四川盆地内部丘陵、平原交错,地势北高南低。四川盆地边缘地区地形以山地为主,山地面积占总面积的93%。四川盆地气候属比较典型的亚热带季风性湿润气候,冬季温暖,无霜期长,春季到来较早,夏季湿热,秋季多雨,全年多雾。据相关

---

①马克思、恩格斯:《马克思恩格斯全集》,第3卷,人民出版社,1960年,第23、24页。

研究,这一地区历史时期的气候变化趋势与全国有着较强的一致性,即近一万年以来的气候变化是由寒冷干燥期与温暖湿润期交替出现,距今10000—8000年是寒冷阶段,年温比今天低4—5℃;距今8000—3000年属暖热阶段,年温比今天高3℃左右,湿度也较今天要高;距今3000年以来气候进入温和阶段,温度变化不大。历史时期植被的分布情况清楚地反映出这一地区历史时期气候的变化状况。和其他地区一样,四川盆地距今8000年以来的温暖湿润的气候环境,为本地区富有地域特色的史前农业的发展及其社会的进步提供了良好的条件。正是在原始农业社会不断发展变革的基础上,古代四川的城市得以在四川盆地起源、形成并不断发展。可以说,四川盆地所处的地理位置以及距今8000年以来由寒冷干燥转向温暖湿润的气候条件极大地促进并加快了该地区历史发展的进程,为城市的起源、形成和早期发展提供了有利的外部环境。四川盆地由于四周环山,冬季北方寒流不易入侵,冬暖显著。最冷月均温一般4—8℃,极端最低温一般不低于零下5℃,比同纬度的长江中下游地区分别高出2—4℃和10℃以上。冬无严寒,霜雪少见,小麦、油菜等小春作物冬季可以继续生长。春早,3月上中旬整个盆地的日均温稳定在10℃以上,大于10℃的初日,比同纬度的长江中下游提早两旬,春早有利于大春作物的早播、早栽和小春作物生长。但气温回升快、雨水不足,常出现春旱。夏热且长,盆地各地5—9月的均温在20℃以上,夏季长约4—5个月,大部分地区7月均温超过26℃,特别是盆地东南的长江河谷地区,7月均温达28—30℃,极端高温更高达42℃,成为全国著名的高温区。夏季长,结合多雨,有利于大春作物的旺盛生长,只是盆地9月下旬日均温常低于20℃,对晚稻的抽穗扬花带来不利影响。全年无霜期较长,无霜天数在280天以上,宜宾、重庆、合州且超过330天。盆地内年降水量900—1100毫米,东南部较多,酉阳、秀山1200毫米;西北部较少,成都820—830毫米。全年雨量45%—55%降于夏季,夏雨由东向西递增,春季雨量占全年的20%—25%,秋季占25%,降水量或雨日秋季均超过春季,这种情况在盆地北部尤为明显。各地年降水量及夏半年主要作物生长季节的雨量相对变率小,这是盆地作物收成稳定的重要气候因素。

由于四川具有良好的自然地理环境,因而200多万年前的旧石器时代早期,四川便开始有了人类早期活动。距今七八千年的时候,四川地区逐渐进入新石器时代。新石器时代遗址分布很广,已发现 200 多处,其中最具代表性的有广汉三星堆遗址,成都金沙遗址、十二桥遗址,广元营盘梁遗址,西昌礼州遗址等。至迟在商代,四川就开始出现了早期的城市。由于四川盆地生态环境相对较好,故而四川盆地很早就有人类的活动,而农业也在盆地有很好的发展,四川的城市也主要集中在这一地区,四川盆地由于地表形态不同,分为四个地区:川西平原区、川北浅丘区、川南微褶区、川东山地区。其中川西平原区是人类早期活动频繁的重要区域,以成都为中心的岷江中游成为中华文明的发源地之一。川西平原区面积 6000 多平方公里,是四川盆地最大的平原,也是西南地区最大的平原,海拔约 600 米。岷江过灌县遂行分流,分支愈来愈多,形成若干冲积扇,造成冲积平原。成都平原形如三角,以灌县为顶,从灌县至成都相距约 60 公里,海拔相差约 300 米,以平缓坡度自灌县倾斜而下,岷江至都江堰有内江、外江之别。川西平原地形平坦,土壤肥沃,稻田分布居全域第一,为长江上游最重要的农业经济区。川西平原的人口十分密集,城市也相对集中,除四川的中心城市成都外,还有绵竹、什邡、彭县、灌县、崇宁、广汉、新都、新繁、华阳、郫县、温江、双流、新津、彭山、眉山、青神、崇庆、大邑、邛崃、浦江、名山、丹棱、洪雅、夹江、峨眉、乐山、金堂、德阳等重要城市。川北浅丘区西以龙泉山脉与川西平原划界,东沿华蓥山脉南下,北上至毛场坝(东乡属),北界走于中江、乐至、安岳、大足 4 县南界。该区域地形全为侵蚀剩余之丘陵,比较高度一般都在 100 米以下,南部起伏更小。水系包括涪江、渠江之中下流及嘉陵江正流之中游,全部属于嘉陵江系统。川北浅丘区也分布有一定数量的城市,主要有江油、绵阳、三台、中江、太和镇、遂宁、剑阁、阆中、南充、巴中、三汇镇、渠县、广安、合州等。川南微褶区西南由峨眉县城西沿峨边、马边两县东南,下至犍为沿屏山西界以抵长江岸,西南为雷波、马边、峨边区;东北以涪、沱分水与川北浅丘区为界,东沿荣县、合江而抵长江岸,正南止于省界;西接川西平原区,有龙泉背斜之天然境界。本区地势较为平坦,盛产稻米,产量虽不及川西平原,但远优于川北丘陵地带,是四川第二稻米产区。因而该区域的城市数量也较多,主要有简州、资中、内江、自贡、犍为、五通桥、宜宾、泸州、合江、峨边、马边、屏山、雷波、荣县等。川东山地区西接川北浅丘区、川南微褶区,北以毛场坝、温汤井构造线与盆地边划开,南界东段以南川、綦江县界为断,西段截江津、合川南部山地的盆边,东界沿石柱山脉北端至万县,向北直上以接北界,南端顺山脉走向西南延伸触于南界;可分为南北两部,以江北、巴县的东界划开,该区面积南北狭长,地形多山,特产有橘、茶、烟、麻、桐等。川东地区的城市主要有长江和嘉陵江沿岸的重庆、江北、璧山、铜梁、永川、开县、长寿、涪州、丰都、忠州、万县、江津、邻水、大竹、垫江、梁山、达县、东乡、新宁等。

四川西部高原山地由于地势北高南低及高山、深谷相间,纬度偏北,气候南北差异和垂直差异十分明显,是四川气温最低、霜期最长、降水较少、日照充足的地区,大部分地区年均温度在5℃以下,最冷月均温4—12℃,极端最低温在-20℃以下,霜期长达10个月以上,最热月均温大部在8—15℃。最西北的石渠、色达一带年均温低于零度。高原大部分地区年降水600—800毫米,年相对湿度在60%左右。云量少,日照时间长,一般可达2300—2500小时,超出盆地内一倍,属多日照地区。这在一定程度上弥补了热量的不足,虽然热量条件限制了农业、林业发展,但夏季的热量和水分可供草本植物旺盛生长,是四川重要的纯牧区或半农半牧区,人口较少,经济不发达,因而在历史上城市的数量少,规模小。

川西南山地区位于青藏高原东部横断山系中段,地貌类型为中山峡谷。全区94%的面积为山地,且多为南北走向,两山夹一谷。山地海拔多在3000米左右,个别山峰超过了4000米。主要山脉有小凉山、大凉山、小相岭、锦屏山。最高峰为石棉、九龙与康定三县交界处的无名山峰,海拔高达5793米。本区东部的大凉山山地为山原地貌。山原顶部海拔为3500—4000米,北部为大风顶,南部为黄茅埂。本区中部的安宁河谷为平原,面积约960平方公里,是四川省第二大平原。川西高山峡谷地区由于地势悬殊,气候垂直变化特别明显。河谷干暖,作物可一年两熟,由于降水不多,水分较欠缺。高山冷湿,宜于发展林、牧业。这里保存了大片原始森林,是全国重要林区之一。川西南山地宽谷盆地区,气候总特征为冬暖夏凉,干湿季分明。最冷月均温在7℃以上,冬暖胜过东部盆地,夏季由于多雨,海拔较高,因而气温不高,7月均温在22℃左右,无明显四季之分。这两个区域因自然环境的制约,在古代也是人口稀少的地区,城市数量甚少。

四川河流纵横,水网发达,不仅为农业的发展提供了丰沛的水资源,也成为影响四川城市的形成和分布的重要自然地理因素。据统计,全省共有大小河流1300多条,其中,流域面积在500平方公里以上的河流有267条。四川的江河除西北部的白河及黑河为黄河水系外,均属长江水系。省内长江流域面积达55万平方公里,占全省总面积的97%,占整个长江流域面积的28%。由于受构造和地貌条件的制约,西部高原山地的河流多南北向,山河相间排列,成树枝状水系;东部盆地水系则呈向心状辐集。川江位于盆地偏南,两岸支流不对称,北岸支流多而长,南岸支流少而短。四川省内长江水系主要干、支流有川江、金沙江、雅砻江、岷江(包括大渡河、青衣江)、沱江、嘉陵江(包括涪江、渠江)、乌江、赤水河等。这些江河水量大,河床深,枯水时段短,水量较稳定,对通航有利。全省通航河流达99条,通航里程8774公里,其中通行机动船航道5010公里,占长江流域航道的15%。川江是全省水运大动脉,连接各大小江河的水运交通。水是生命之源,因而,人类的活动离不开江河湖泊,城市也基本上是沿江河分布,四川数量众多的江河为城市的兴起创造了有利条件,而大部分城市都是沿江河而分布。

二、抗战前四川城市的发展变迁

中国是一个地域辽阔、区域政治经济发展不平衡的大国,其城市在分布和发展上也存在着显著的不平衡。进入近代以后,沿江沿海城市以及东部城市有了较大的发展,然而西部内陆的城市发展却相当缓慢,有的甚至存在一定程度上的停滞和倒退,这一时期四川城市的发展也不例外。以成都为例,据20世纪30年代初的统计,当时成都人口约为30余万,与1843年的人口基本持平[1]。至于一些中小城市因近代社会动荡而停滞衰退得更加显著。四川乃至整个中国西部的城市发展缓慢、迟滞的原因很多,总结起来主要有以下几方面:

(一)经济区位劣势

四川地处中国西南部的内陆地区,对外交通不便,与国内外市场联系相对薄弱,生产落后,资金不足,交通不便,城市发展缺乏动力。

近代以来,随着中国经济地理版图的变动,以上海为代表的近代中心城市兴起。这些城市基本都分布在沿海沿江以及东部地区,而四川与这些经济

---

[1] 胡焕庸、张善余编:《中国人口地理》上册,华东师范大学出版社,1984年,第260页。

中心城市的距离基本上都在一千公里以上,且间有山川阻隔,使四川在近代中国的整体版图中成为偏僻内地和经济洼地。虽然四川物产丰富,传统经济相对自给自足,坐拥"天府"美称,但受与经济中心距离遥远的制约,经济地理位置反而愈加不利,其发展新式工商业的水平远低于东部城市。1911年全川仅有各类工厂103家,1936年增至583家,总资本仅654万元,工人18700人,其中主要是手工工场,机器工业企业只占其中一小部分,[①]散布于成都、重庆、嘉定、宜宾等地。据1937年统计,四川仅有115家使用动力、资本在1万元以上、雇工30人以上的厂矿,总资本共214.5万元,平均每一厂矿的资本不到2万,工人总数13000人,平均每一厂矿的工人为113人。可见四川在抗战前近代工业规模的薄弱。[②]战前四川主要工业部门为棉纺织业、缫丝业和丝织业、火柴业、造纸业、面粉业、制革业、麻织业、盐业、采矿冶铁业等[③],而以轻工业为主。

由于远离世界资本主义市场和近代兴起的中国的经济中心城市,四川发展新式工业化所需的资金、技术等要素极度缺乏,相关的管理人员和技术人员更是寥若晨星。受四川地区自然地理条件的限制,抗日战争以前,四川的新式交通运输发展极为缓慢,远远落后于华北、东北、东部沿海及沿江等地区。例如铁路是最具现代化和工业化之代表性的现代交通工具,然而直到20世纪30年代,四川却没有建成1公里的铁路,而直到抗战胜利后,也只有个别矿务区内铺设了内部自用的轻便铁路,而从清末就开始规划设计的川汉铁路却始终没有正式建成一段,直到1949年川汉铁路四川段的主要铁路工程——成渝铁路也只完成了工程的45%。铁路作为现代化的交通运输工具,其运输量大、快捷,运输成本低,因而对于发展经济,促进经济要素和社会要素自由流动起了重要作用。有学者研究,20世纪20年代中期,手推独轮车或平板车的运费是铁路运费(每吨每公里不到0.015元)的10余倍,而人力肩挑背负运输成本更是比铁路运费高20—30倍。[④] 由于铁路迟迟不能建成,因而四川境内的各种物资的运输成本非常昂贵,限制了物资和人口的流通。当

[①]李紫翔:《抗战以来四川之工业》,《四川经济季刊》,第1卷,第1期,1942年1月。
[②]陈真:《中国近代工业史资料》,第4辑,三联书店,1957年,第92—97页。
[③]蒋君章:《西南经济地理纲要》,正中书局,1943年。
[④][美]阿瑟·恩·杨格:《1927—1937年中国财政经济情况》,中国社会科学出版社,1981年,第351页。

铁路和公路在东部地区普遍修筑,许多大中城市都为铁路、公路相连接之时,四川却因地理条件复杂,资金缺乏等原因望路兴叹。

由于四川通航江河较多,因而四川的水上运输一直较发达,清末开始也引进了现代化的轮船运输。近代以后,川江航运发展比较迅速,从而弥补了四川铁路建设迟缓的不足,也在一定程度上加强了四川与外部的联系,促进了沿江城市经济的发展。如1926年卢作孚创办民生公司,初期经营合川至重庆的航线,由于经营管理有方,业务发展很快,相继合并了一些航运公司。1937年民生公司拥有大小轮船46只,总载重量18000吨,占川江中外轮总数一半以上,航线由嘉陵江扩大到长江,业务为客货兼运,并在长江沿线各埠设立了分支机构。由于四川地处中国地理阶梯一二级交替地带,虽然江河数量多,但相对于长江中下游地区和沿海地区,整体水运能力严重落后。因此当东部城市受惠于轮船航行业的发展所带来的繁荣时,四川的大部分城市仍只能采用人力、畜力等传统运输方式。

当中国开始发展民用航空运输时,四川也开始起步。1931年,国民政府所属"中国航空公司"开通了上海至重庆民用航空线。抗战期间,又以重庆为中心开辟了8条国内、国际航线,但航空事业主要是为政治、军事需要服务,对国民经济的带动作用甚小。抗战结束之后,四川各地的机场仍以军事用途为主,供民用或军民共用的机场有重庆、成都、宜宾、万县、泸州、乐山、西昌等处。但是飞机陈旧,机场设备简陋,飞机跑道短、窄、松、软,通信导航、航行管理、机务维修以及运输服务等设备都十分落后。除此之外,民国时期曾经营运过的空中运输线,还有成昆航线、渝昆航线、陕滇航线,中美开辟的"驼峰"航线。这些航线都是沪蓉航线延长的支线,营运的时间也不长。

综上所述,抗日战争前,经济地理位置偏僻,与世界中心市场和近代中国的经济中心城市距离遥远,交通运输方式整体落后等因素的制约,使四川城市与国内外市场的联系较为薄弱,从而使这些城市的新式工商业发展相对滞后,除部分城市有少数规模不大的工厂外,相当部分城市都没有现代机器工业。与东部城市经济以较快的速度发展形成鲜明对比,四川城市经济发展缓慢,不少城市经济社会动荡而停滞衰退。从而使城市发展的内在推动力不足。

(二)政治混乱,军阀割据,战争频仍,盗贼横行,城镇屡遭破坏

从1911年"成都兵变"到1932年"二刘之战",直至蒋介石通过刘湘势力控制四川的20余年间,四川一直陷于军阀混战的局面,其间先后发生的大小战役达470余次,平均每个月有两次战役。特别是1918年四川各大小军阀正式划定防区后,各路军阀拥兵自重,以防区为据地,各自称雄,防区俨然成为各武装军阀的独立王国。同时,各军阀基本都把防区内的军、政、财等权力集于一身,在各军(师)部下设有政务委员会(或政务处),委员长由军(师)长自兼。政务委员会下设有民政、财政、教育、建设各处(科),负责实施各方面的工作。凡防区内军官的提拔,地方官吏的任免、制度废止、行政的设施、赋税的征收等,皆由部队长官发布命令施行。[①]

军阀割据和军阀混战,给四川人民带来深重的灾难,民穷财尽,哀鸿遍野,百业萧条。如四川民营商轮由于军阀混战,受尽了征召之苦,一旦被拉兵差,不仅免费运送官兵、运载弹药粮秣,还有各种没完没了的痛苦折磨。当时,沿江的大小军阀肆意征用民用船只,摊派各种名目的捐税,使民众难以承受。从而在根本上扼杀了民营商轮的发展生机。四川城市在军阀混战中也屡遭破坏,甚至有一些城镇毁于战火,致使四川城市的发展严重受阻。

(三)农村经济趋于崩溃,农民生活极度贫困,购买力下降,农村市场萎缩,不能为城市的发展提供足够的农产品,限制了民族资本主义工商业和城市的发展

四川农村受资本主义的影响相当微弱,自然经济的分化、瓦解进程也极为缓慢。民国以来,土地兼并加剧,租佃关系日渐扩大和膨胀,农民所受的压迫和剥削越来越重。军阀割据时期,军阀对农民盘剥,田赋预征之苛,杂税之繁,历史上罕见,加上胥吏豪绅浮收勒索,兵匪团丁骚扰肆虐,农民到了难以生存的地步。

[①]温贤美:《四川通史》,第七册,四川大学出版社,1994年,第47页。

部分在川军阀预征钱粮一览表

征收者	预征年份	一年所征次数
二十军	1961 年	6
新四军	1969 年	10
二十一军	1933 年	4
黔军教导师	1944 年	3
二十四军	1939 年	2
二十三师	1971 年	3
二十八军	1985 年	14
二十九军	1977 年	12

资料来源：孙怀仁《中国财政之病态及其批判》，上海生活书店，1937 年，第141—142页。

如上表所示，各军阀对于田赋的附加和预征，可以说已经达到了骇人听闻的程度。1935 年国民政府派往四川视察地方情况的官员徐庭瑶就表示："川省民间疾苦，不堪言状，钱粮已征至民国七十余年，有一年征十二年粮者，人民不堪负担，多将田单契据贴于门上，说明无力偿欠，请官厅将其田契没收。"[①]在军阀的横征暴敛下，四川部分地区的农村"倾家荡产者，已居十之八九"，"人民逃避十室九空"，良田荒芜，农产品萎缩，农民大量破产、逃亡，加上频繁的自然灾害和活跃的农村高利贷的推波助澜，农村经济也日趋凋敝，而不可能为城市的发展提供所需的粮食和其他家副产品，使城市工商业发展难以为继，城市经济萎缩。

另外，由于政局动荡，战争频繁，盗贼横行，治安混乱，内地地市也极不安全，许多军阀官僚、富商大贾、豪绅地主纷纷将资产向沿海开埠城市转移，从而使西部城市资金更加贫乏，发展更加困难。由于诸种因素的影响，西部城市发展缓慢，与东部城市差距日益扩大，直到抗战爆发，这种局面才有所改变。

---

① 《新闻报》，1935 年 4 月 12 日。

三、抗战西迁与四川城市的发展

1937年日本发动全面侵华战争,东部半壁河山沦陷敌手,中国东中部大多数城市,特别是若干重要的政治中心城市和近代兴起的主要工商业城市的沦陷,中国东部和中部的城市化进程因此被迫中断。

西部地区是中国战时的大后方,当东部沦陷区城市遭到严重破坏,发展停滞、倒退时,西部大后方城市在抗战时期因东中部各项事业和人口的西迁而得到一个发展机遇。抗日战争爆发后,沦陷区的政府机关、军队、学校、工厂企业以及大批的居民向西南、西北内迁,使包括四川在内的西部城市,如陪都重庆、四川省会成都等得到很大的发展。如重庆成为陪都后,城市规模和人口不断增加,1937年全市人口为473904人,到1946年则达1245645人[①],8年间增加了2.6倍,成为国际知名的大都会。成都在抗战前人口最多时为50万人左右[②],抗战中后期,成都城市工商业、文化教育事业都有较大的发展,城市人口也较战前增加了42.8%,达742188人[③]。可以说抗战内迁带动了四川城市的发展和变化。

抗战时期,由于战争的原因而造成了中国东部人口大规模向西迁移,这就是近代中国人口的"西进运动"。"西进运动"所产生的影响是十分广泛的,其中一个重要的后果即是促进了西部城市的发展,可以说没有战时人口的变动和经济的大发展,也就没有战时西部城市的发展。

(一)人口西迁与四川城市人口结构变化

抗战开始,随着战火不断扩大,华北、华中、华东、中原、珠江三角洲等地区相继沦陷或成为战区,这些地区的各级政府机关、大批军队、工厂企业、学校、文化团体和部分居民纷纷向西南、西北等内地大规模内迁。由于重庆成为战时首都,四川的自然地理条件、生活环境条件等都较好,因而各政府机关、工厂企业、文化团体多迁往四川的重庆、成都等城市。四川成为大后方接纳移民最多的省区。

[①] 何一民:《近代重庆城市兴起原因初探》,《城市史研究》,第3辑,天津教育出版社,1990年。
[②]《警察旬报》,第16期,成都,1937年9月30日。另据四川省政府编《四川统计月刊》,第1卷,第1期统计,是年重庆城市人口为473697人。
[③] 何一民:《从农业时代到工业时代:中国城市发展研究》,巴蜀书社,2009年,第209页。

抗战时期外省往西南大规模的移民主要有两次,一次是1937年到1940年,另一次是1944年豫湘桂战役开始之后,而以第一次为主。尽管关于抗战时期内迁人口的具体数字,众说纷纭,但表明抗战时期的人口流动规模很大。四川作为接纳外省移民最多的省份,以往都普遍认为迁川移民达千万人左右。但从这一时期四川省(包括西康、重庆在内)历年的人口统计数来看,人口规模变动不大,几乎看不出外省人口流入对四川人口规模变动的影响。据研究,1937年的四川人口统计是可信性程度较高的一次统计[1],从该年度的人口统计数据来看,外省移民人数很少。如果以这一年的人口为基数的话,那么其后四川的人口不仅未有大规模的增长,反而有不同程度的减少,1938—1943年,四川人口基本上在4850万左右徘徊,不仅看不到人口大规模的机械增长,甚至连人口的自然增长也看不到。

抗战前的十余年间,四川的人口自然增长率一直都较低,人口增长十分缓慢。由于战争的影响,大批青壮年离川奔赴前线抗战,也有大批壮丁被迫逃亡,因而导致四川人口自然增长率降低,不少地区甚至还出现负增长的情况[2]。从人口统计来看,抗战时期四川历年的人口基本保持在4850万左右,处于停滞状态。如果说人口的自然增长率接近零的话,那么人口增长的停滞则表明人口净迁移率也接近零,人口迁入和人口迁出基本抵消。换句话说,由于迁往四川的外省移民与四川往外省迁移的军事移民(军队、壮丁等)的数量大约相当,在人口统计上反映不出净迁移率。据此估计,抗战时期四川迁往外省的军事移民在300万人左右,那么外省迁川人口也应该在300万人左右。

此一时期人口迁移对四川城市发展和社会经济发展的影响还不仅在于迁入人口的数量,而更重要的在于迁入人口的质量。抗战时期迁往四川的人口构成较复杂,但其中特别值得注意的有以下几方面的人口。

1. 政府官员、公务员

随着国民政府迁都重庆,大批政府官员和公务员也相继迁往重庆及成都等大中城市。仅重庆先后接纳和安置的国民政府和国民党中央党政军各类

---

[1] 李世平:《四川人口史》,四川大学出版社,1987年;李世平、程贤敏主编:《近代四川人口》,成都出版社,1993年。
[2] 何一民:《抗战时期"西进运动"与西南城市的发展》,《成都党史》,1995年,第6期,第21页。

机关就共约130余个,各级官员和公务员约万余人①。他们虽然占总内迁人口的比例较小,但都是高素质的人口,并在社会政治生活中发挥着十分重要的作用。此外包括中国共产党在内的各党派、社会各阶层的政治力量也相继汇集到重庆,因而重庆不仅是战时中国的首都,大后方的政治、经济、文化、军事中心,同时也成为以国共合作为基础的抗日民族统一战线的政治舞台。

2. 企业家、企业管理人员、科技人员、技术工人

此类人口在内迁人口中占有相当的比例。抗战初期,沿海沿江有大约600余家工厂向西南、西北迁移,同时也有成千上万的企业家、企业管理人员、科技人员、技术工人随之一同内迁。仅工矿调整处协助的内迁工厂就达449家,技术人员和技术工人达1.2万多人,从1938年到1940年由工矿调整处协助内迁的厂矿和技术工人主要迁往四川,内迁四川的厂矿数和技术工人数分别占总数的56.57%和66.63%,都在一半以上。迁往四川的工厂大部分是迁至重庆一带,如迁川工厂中的103家机械工厂绝大部分都设于重庆南岸、江北、巴县。除此之外,自迁的工厂还有近200所,其中不少也是迁往四川。由于国民政府迁往重庆,于是国民政府兵工署所辖第10、20、21、24、29、31、50等7个兵工厂先后迁到重庆。国民政府资源委员会及其他部门所属国营厂矿也纷纷迁往重庆、贵阳、昆明、成都等城市。随着日军进攻湘桂,国民党军队大溃退,原迁往湖南等地的民营厂矿也有不少再迁往四川。

人口西进不仅带来了大量资金和较先进的技术,也带来了大批科学研究技术人员和管理人员。据1940年3月国民政府中央建建合作委员会发表的《非常时期专门人员总调查》统计,投身于大后方的339个单位开发建设的知识界人士有7746人。另据资源委员会1941年调查编制的《中国工程名人录》,人数更达2万多人。

技术工人和专业技术人员是工厂生产和发展的关键,但由于四川原工业基础落后,技术工人和专业技术人员少,上海等地工厂内迁时,随迁的技术工人和技术人员并不多,因而内迁工厂在复工时,工人和技术人员奇缺,严重影响后方生产的顺利发展。工调处即采取措施,派人到邻近各省招募技术工人,贷给安家费和旅费,从而使许多技术工人从四面八方涌向内地,由工调处

---

① 何一民:《抗战时期"西进运动"与西南城市的发展》,《成都党史》,1995年,第6期,第21页。

介绍到各工厂工作。另外工调处还在各地开办各种培训班,分期分批培训新的技术工人。从而初步缓解了后方各工厂对技术工人的急迫需求。为了保证工厂对技工的需求,国民政府还制定了工役制度,规定凡受政府规制的各企业的工人准其抵偿兵役,同时还规定了合法工资和工作时间,并要求工厂主改进工人的福利,使其能安心地在工厂工作。

工调处还招募专业技术人员,对专业技术人员提供旅费,到1940年4月23日止,先后共招募各种专业技术人员419人,各内迁工厂通过自己的关系自行招募的专业技术人员达3000余人[①]。同时教育部也加强大后方的工业教育,培养专业技术人才。

1938—1941年迁入四川的技术工人数(不含重庆)

业别	1938年底	1939年底	1940年底	1941年底
总计	1532	7688	8105	8105
机械工业	657	3817	3934	3934
纺织工业	81	736	797	797
化学工业	66	642	688	688
电器制造业	154	545	595	595
教育用具工业	184	527	536	536
饮食品工业	12	444	444	444
矿业	15	377	377	377
钢铁工业	313	360	360	360
其他工业	50	240	374	374

四川现代化工业大生产长期落后,原因是多方面的,而缺乏资金、技术工程人员、技术工人、管理人员则是其中一个十分重要的原因。大批移民迁入四川,不仅带来了大量的资金,而且也提供了足够数量的具有较高质量的人口,从而为西南发展现代化工业大生产复杂的分工提供了必需的技术工程人员、技术工人、管理人员,以及从事科学技术研究、设计和发明创造的必要的

[①] 何一民:《抗战时期"西进运动"与西南城市的发展》,《成都党史》,1995年,第6期,第21页。

人才。这些人才来到四川,对于四川经济的发展和城市建设都起到了重要的推动作用。

3. 教师、学生、科研人员、文化工作者等

抗战爆发后,为了保存中国的文化教育事业,大批学校(主要是高等学校)和科学文化机构向以战时首都重庆为中心的西南地区转移。据不完全统计,先后迁往西南的高等学校达 56 所,占战前中国高等学校的 50% 多。教师和学生达 2 万余人。他们中包括当时中国大多数著名学者、教育家。此外国民政府的一流的科研学术单位,如国民政府国史馆、中央工业实验所、中央农业实验所、国立中央研究院物理所、中央工业实验所、中央农业实验所、国立中央研究院物理所、动物研究所、心理研究所、气象研究所、地理研究所、兵工署弹道研究所、中国地质调查所、永利化工研究所等百余个科研学术单位也纷纷迁往重庆、成都、昆明等城市。据当时的社会学家孙本文调查,抗战时期,中国知识分子中,"高级知识分子十分之九以上西迁,中级知识分子十分之五以上西迁,低级知识分子十分之三以上西迁"[①]。大批知识分子、文化人迁往西南,完成了中国文化教育重心向西南的战略转移,不仅保存了中华民族文化国脉,使之不至于毁于日寇之手,而且促进了西南地区文化教育的空前繁荣和大发展,为中国培养了大批的人才。

总的说来,外省人才汇聚于包括四川在内的西南各城市,极大地促进了四川城市社会经济文化的发展。

关于抗战时期外省西迁人口问题,还有两点应值得注意:(1)外省迁往西部的人口主要是城市的青壮年,幼龄和老年人较少。(2)他们都主要迁入西部的一些重要城市。这对四川城市的发展产生了巨大的影响。

抗战时期东部人口向西部的迁移,是 20 世纪中国规模最大的国内人口迁移,这次"西进运动"的基本力量是政府公务人员、企业家、科技人员、知识分子、文化工作者以及技术工人,他们的西进使中国的现代化由沿海沿江向西推进了千余公里,直抵中缅边境和丝绸之路,极大地推动了包括四川在内的中国西南、西北落后地区的开发,特别是推动了城市的大发展。

1945 年抗日战争取得胜利,原内迁的机关、企业、工厂、学校及成千上万

[①] 孙本文:《现代中国社会问题》,第 2 册,商务印书馆,1944 年,第 261 页。

的内迁人口相继复员,西部地区城市人口有所减少。不过经过8年的抗战,这些城市都有不同程度的发展,因而战后复员虽然对它们有很大影响,但是这些城市都较战前上了一个新的台阶,部分内迁的企业、工厂、学校和人口仍留在这些城市,同时战时也新设了不少工厂、企业、学校、机关,因此战后西部城市发展水平仍远远高于战前。如1948年重庆城市人口为98万余人,虽比战时人口最高点少21%,净减少26万余人,但和战前相比却增加了1倍多。战后成都城市人口减少不多,1946年12月成都人口为726062人,仅比1945年12月时的人口减少2.2%,净减少16126人。

(二)城市经济发展

抗战爆发前后,国民政府通过全面考察,认为"四川天府之区,应该利用来作抵御外患,复兴中国的根据地,所以整理四川,应该比开发西北尤为重要急切"。而且四川拥有战时生产的丰富资源,有充足的粮食和矿产资源,军事战略地位重要。但在战前,四川城市与东中部地区相比经济落后,战前,中国的现代工业大部分集中在沿海沿江的一些大中城市。据统计,1937年抗战前夕,全国有一定规模的企业共计有3935家,其中上海达1279家,占总数的32.5%。而四川全省仅有工厂583家,资本总额处于全国的第17位。多数企业投资小,技术设备落后。真正符合工厂标准,即拥有动力和30名以上工人的厂仅有115家。诚如时人所言:"四川地处西陲,工业落后,已设之工厂数量及范围均较其狭小。惟自抗战以来,沦陷区工厂内迁,及因外货来源断绝,新兴工厂先机而起。"

抗战爆发后,沿海工矿企业纷纷内迁,四川省迎来了前所未有的发展黄金时期。当沿海沿江的城市相继沦陷,这些地区的大中城市的部分工厂、企业、设备和技术人员在沦陷前紧急内迁。这次工厂企业内迁,历时三年多,据1939年工矿调查处报告,仅该处协助内迁的工厂就达448家,机料71000吨,复工的达308家,随迁工人1216人,其中迁入四川的254家,复工的为184家。参见下表。

迁川工厂迁入及复工家数

业别	1938年底 迁入	1938年底 复工	1939年底 迁入	1939年底 复工	1940年底 迁入	1940年底 复工	1941年底 迁入	1941年底 复工
总计	134	54	223	118	254	184	254	207
机械工业	50	24	96	45	108	92	108	94
化学工业	27	5	34	17	37	25	37	33
教育用具工业	19	10	26	19	32	21	32	27
纺织工业	10	3	20	13	25	18	25	21
电器制造业	8	3	18	8	20	9	20	10
饮食品工业	7	3	12	6	12	7	12	9
矿业	4	1	4	1	4	1	4	2
钢铁工业	1	1	1	1	1	1	1	1
其他工业	8	4	12	8	15	10	15	10

迁入机械材料吨数

单位：公吨

业别	1938年底	1939年底	1940年底	1941年底
总计	32873.3	44388.6	45257.0	45257.0
纺织工业	16723.9	20414.5	20415.7	20415.7
机械工业	4199.2	9781.1	9980.5	9980.5
化学工业	3010.2	3411.6	3689.4	3689.4
矿业	2989.8	3642.9	3642.9	3642.9
电器制造业	2224.1	2273.2	2273.2	2273.2
饮食品工业	1182.0	2021.8	2021.8	2021.8
教育用具工业	1014.4	1137.3	1428.6	1428.6
钢铁工业	1151.9	1151.9	1151.9	1151.9
其他工业	377.8	554.3	653.0	653.0

据不完全统计，抗战时期，内迁的工厂达1500余家，工人10万余人。内迁工厂不仅改变了原来的工业格局，使内地工厂数量增加，而且也给内地发展工业提供了技术力量和部分设备，推动了后方工业的发展。

在内迁工厂的影响和国民政府的支持与四川地方各个阶层的努力下,四川城市社会经济得到了较快的发展(见下表)。到1942年,全省符合工厂化标准的厂矿已达到1654家,占当时国统区厂矿数的44%,拥有资本11.3亿元,约占国统区资本总额的52.3%,拥有工人10.8万人,占国统区工人数的44.7%。与1937年相比,厂矿和工人数都增加约15倍,资本增加526倍,四川成为战时工业的中心。[①] 到1945年,"后方工厂约6000余家,资本总额约为85亿"[②]。这些工厂主要分布在一些大中城市,如重庆是战时工业发展最快的城市之一,全市工矿企业增至1690家,工业职工10万人,占当时国统区工厂总数的1/3。[③] 除重庆、成都外,四川省内内迁工业较集中的其他城镇,还有万县、南充、泸州等,这些工业的发展为四川城市发展提供了重要推动力。

四川和重庆的工厂数量及开工年份

年份	合计	四川	重庆
总计	2382	864	1518
1936年以前	98	70	28
1937年	26	9	17
1938年	77	15	62
1939年	170	44	126
1940年	248	82	166
1941年	366	127	239
1942年	609	220	389
1943年	455	142	313
1944年	290	122	168
年份不明者	43	33	10

东中部工厂的内迁和本省新厂的建设,极大地推动了重庆、成都等四川城市社会经济的发展。

[①] 彭通湖:《四川近代经济史》,西南财经大学出版社,2000年,第405页。
[②] 陈鉴波:《中华民国春秋》,台北:三民书局,1984年,第838页。
[③]《重庆年鉴1987年》,科技文献出版社重庆分社,1987年,第3页。

抗战前，重庆仅是一个地区性的商业中心，现代工业的发展水平远远低于沿海和长江中下游的城市。抗战爆发后，随着国民政府迁都重庆，大批工厂企业、金融机构科研机构和大量的高素质人才也迁移到重庆，重庆经济出现跳跃式的大发展。如工业经过8年的发展，到抗战胜利前夕，有工矿企业1690家，资本总额达272.6亿元，职工10.6万人，[①]分别占国统区工厂总数、资本总额、工人总数的28.3%、32.1%、26.9%。重庆的工厂不仅数量多，而且门类齐全，形成以重工业为主的综合性工业中心，其中钢铁、机器行业的发展尤其令人瞩目。重庆的钢铁行业从战前的零开始，很快发展成为战时的钢铁生产基地。据统计1943年底，重庆的钢铁厂有26家，是年钢产量为4万吨，约占后方全部钢产量5万吨的80%。[②] 重庆的机器工业是战时发展最快的行业之一，1942年发展到436家，为抗战初期的10.6倍；资本17388万元，为抗战初期的8.7倍；技术工人11762人，各种工作母机2400台。[③] 工业的发展为重庆城市的发展奠下了坚实的基础。重庆的商业在战时出现空前繁荣，不仅表现在商业企业和从事商业的人员大增，而且表现在形成了比较完善的市场体系，成为大后方的对内对外贸易中心。重庆的金融业更是出现前所未有的大发展，重庆汇集了当时中国国统区的国家资本银行和各省的商业银行及地方银行共约百余家，成为战时中国的金融中心。

成都在抗战前现代工业寥若晨星，仅有几个小规模的近现代性质的工厂，如造币厂、火柴厂、兵工厂、制革厂、发电厂等。抗战爆发后，成都的现代工业也较前有相当大的发展。据1942年的调查，成都共有各类新式企业105家，其中化工工厂35家、食品工厂4家、卷烟工厂32家、五金工厂8家、印刷工厂13家、纺织工厂12家、电气工厂1家。[④] 据1945年3月统计，成都共计有工厂330家，其属于纺织工业的22家，碱酸工业的6家，炼油工业1家，酿造工业16家，制药工业6家，造纸工业1家，制革工业1家，五金工业3家，矿冶工业2家，印刷工业10家，教育文具工业4家，建筑材料工业3家，火柴工业3家，皂烛工业7家，其他化学工业13家，电气工业1家，机械工业20家，

[①]《重庆年鉴1987年》，科技文献出版社重庆分社，1987年，第3页。
[②]《重庆战时经济大事记》，《重庆商务日报》，1943年12月。
[③] 傅润华、汤约生主编：《陪都工商年鉴》，第4编，文信书局（重庆），1945年，第19页。
[④]《社会调查与统计》（成都），1944年7月，第29—42页。

陶瓷玻璃工业8家,食品工业7家,烟草工业177家,其他性质未详者14家。[1] 成都的金融业和商业在抗战期间也出现空前的大发展,仅银行、钱庄就有七八十家。

此外自贡、宜宾、广元等城市经济也都有较大的发展,如自贡计有工厂22家,内江有工厂30家,乐山有工厂48家,宜宾有工厂34家,泸县有工厂30家。[2] 甚至一些偏僻的小城镇也因处于交通线上而得到发展。

抗战时期为加强后方的联系和物资、人口流通,国民政府重视建设西南西北的公路、水路交通。据统计,从1938年到1943年,西南地区的公路由战前的2700多公里增加到近3万公里,汽车由数百辆增加到2000余辆。交通发展引起了城镇的变化,抗战爆发初期,中国的海上国际运输线中断,由于战时公路交通突飞猛进的发展,公路沿线的城市都得到不同程度的发展,一些偏僻的城镇也繁荣起来,如广元、绵阳等城市多在汽车站附近发展起新城区。

经过抗战时期的发展,四川城市经济得到了一定程度的提高,为抗战提供了强有力的经济支持。抗日战争期间,全国大部分省沦陷,国民政府的财政开支全靠四川。在抗战最困难时期,四川承担国民政府50%的财政支出。八年抗战,国民政府总支出为14640余亿元,四川负担约有4400亿元,约占30%以上。尽管有相当部分的收入出自农业,但城市为抗战提供的赋税还是占有很大的比重。这又从另一个层面证明了抗战时期,四川城市的经济水平比战前有了很大的提升。

(三)城市文化教育空前繁荣

抗战时期,大批学校、文化团体、文化人迁入西南,促进了西南城市文化教育的大发展。

重庆是战时的政治中心,因此也成为文化中心,文化教育空前繁荣。战时,重庆汇集了中国许多重要的文化机构、文化团体。如新闻出版方面,1941年以前,先后在重庆发行过报刊的报社、通讯社达200余家。据1942年统计,重庆的出版发行机构有130多家,出版各类图书1292种,占全国图书总量的33.3%。此外各种期刊杂志则达数百种[3]。重要的文化团体除了中华

---

[1] 四川省档案馆:《抗战前后四川省工厂概况》,《四川档案史料》,1985年,第4期。
[2] 四川省档案馆:《抗战前后四川省工厂概况》,《四川档案史料》,1985年,第4期。
[3] 张弓、牟之先:《国民政府重庆陪都史》,西南师范大学出版社,1993年,第240—241页。

全国文艺抗敌协会、中华全国戏剧抗敌协会、中国青年新闻记者协会外,还有中国边境文化促进会、东方文化协会、中法比瑞文化协会、中苏文化协会、全国音乐界抗敌协会等,同时一大批著名文学家、历史学家、社会学家、教育学家、经济学家、戏剧家、美术家、电影艺术家等文化学术界著名人士荟萃重庆,他们在抗战救国的旗帜下,以争取民族自由、民族解放为宗旨,团结各种文化力量,推动了重庆文化艺术的进步和繁荣。

重庆教育在抗战时期更是空前繁荣。战前,重庆只有两所高等学校,随着战争爆发,中央大学、中央政治学校、复旦大学、交通大学等31所高等学校陆续迁到重庆及附近地区,加上新建的高校,重庆的高等学校最多达38所,名列全国各大城市之首。随着高校的增多,大批著名教授、专家也云集重庆,在重庆的夏坝、沙坪坝、江津的白沙镇形成了三个著名的学校文化区。同时,重庆的中等教育和初等教育也较前有很大的发展。据1946年统计,重庆有中等学校72所,在国内各大城市中仅次于上海,名列第二,高于天津、南京、青岛等城市。据1944年统计,重庆的初等学校共有285所,是战前99所的2.88倍。[1]

此外成都的文化教育在抗战时期也有很大的发展。抗战开始,先后迁到成都的各省著名高校有私立南京大学、金陵女子文理学院、私立东吴大学、中央大学医学院、齐鲁大学、燕京大学、上海光华大学等学校,各校与成都原有的四川大学、华西大学一起构成了全国著名的华西坝大学文化区。这些学校都拥有一批全国著名的专家、学者、教授,他们治学严谨,教学有方,为国家民族培养了一大批优秀人才,繁荣了四川城市文化,促进了教育的发展。

(四)促进一些主要城市规模扩大和功能结构的变化

一个大城市的人口和一个国家的人口具有本质不同的人口再生产方式,一个国家的人口再生产在大多数情况下,移民所占的数量不多,所起的作用也不大,因为人口再生产大都是通过人口的自然增长来实现的。然而对于一个城市而言,人口的迁移却起着十分重要的作用。抗战时期成都市的人口自然增长并无特殊的变化,但人口的机械增长却非常突出,移民对成都城市人口规模的扩大起到了非常重要的作用。一般说来,大城市的发展没有移民就

---

[1] 隗瀛涛主编:《近代重庆城市史》,四川大学出版社,1991年,第703页。

无法维持,更谈不上增加人口本身的数量,凡是处于发展中的大城市,每年在大城市新增加的居民中,移民的人口往往超过新出生的人口,即人口的机械增长超过了自然增长。

抗战前,西南地区的主要城市,如成都、重庆、昆明、贵阳等,规模都不大,1937 年 7 月,成都城市的人口为 517533 人,重庆城市人口为 473697 人,昆明城市人口在 1936 年为 142657 人。[1] 在农业社会 40 万至 50 万人口的城市可以算是大城市,但是在农业社会向工业社会转型时期,一个拥有 50 万人口的城市还不能说就具有大城市的一切特征。抗战前的成都、重庆等城市与前现代时期相比,虽然有所扩大,但现代大城市的特征还不突出,缺乏现代化大城市所必需的多种形式的公共交通、基础设施和众多的高等学校等文化设施。

抗战时期随着外省移民不断迁入西南,人口向城市聚集的趋势不断加强,重庆、成都、昆明等城市人口急剧增加,1946 年,重庆城市人口达 1245645 人[2],为战前人口的 2.63 倍,开创了西南地区城市发展史上的新纪录。成都人口也增加很快,1946 年成都人口为 726062 人[3],为战前人口的 1.4 倍。泸州、宜宾、广元等四川区域次中心城市的人口也成倍增加。

农业社会的城市人口是比较稳定的,如成都城市人口在清中叶至清末就基本上一直保持在 25 万至 30 万人[4]。尽管在某一历史时期部分城市人口的年增长率较高,但其绝对增长数与抗战时期的规模相比仍然是微小的。重庆城市在战前人口为 473697 人,如果按其高自然增长率年平均增长 2%(实际自然增长远远低于此)计算,8 年期间也仅能增加到 56 万余人。但重庆人口在高峰时则达到了 120 余万人,成都等城市人口的急剧增长都是人口移民所造成。据 1943 年统计,重庆城市人口流动性较大,是年迁入市区的人口为 164571 人,而迁出的人口为 51332 人,实际净迁入人口为 113239 人。[5]

由于人口西进而推动了西南工业、金融、商业、交通的大发展,而工业、金融、交通、商业大多集中在大城市,如重庆、成都、昆明、贵阳等,从而使这些城市的生产资料和工作地进一步集中,不仅集中于一个居民点,而且集中于一

---

[1] 廖国强:《1912—1937 年昆明现代工业与城市化》,《史与志》,1994 年,第 29 期。
[2] 陪都建设委员会编:《陪都十年建设计划草案》,陪都建设计划委员会,1946 年,第 10 页。
[3] 何一民:《抗战时期"西进运动"与西南城市的发展》,《成都党史》,1995 年,第 6 期。
[4] 何一民:《近代成都城市人口述论》,《近代史研究》,1993 年,第 1 期。
[5] 重庆市档案馆:《重庆市政府全宗》,卷 112 号。

个地区。

对大城市来讲,工作地的集中比生产资料的集中更明显。此外,大城市集中了管理、文化、科学和服务性活动。这些工作所需要的空间要比农业少得多,其密度也高于中等城市和小城市,大城市中就业比重比较高可以作为间接的标志之一。农业社会的城市总共不过有几十种职业活动,而现代大城市则有几百种、上千种的职业活动。城市集中的职业活动比它集中的人口程度要高得多。另外此一时期城市人口在职业活动特征上所表现出来的差别是相当的大,由于经济和文化的大发展,此一时期西南的城市脑力劳动和第三产业的在业者比重远远高于过去,同时也高于其他的中小城市。

抗战时期由于东中部人口和事业的西进和由此所引起的一系列变化,这在一定程度上改变了西南主要城市的性质、功能和结构。战前,西南的主要城市如成都、重庆都仅只是地区性的城市,城市经济不发达,城市的聚集功能和辐射功能不强。抗战时期,西南的城市有了很大的发展,特别是重庆从一个地方性的城市一跃而成为战时中国的政治、经济、文化、军事中心,同时重庆也成为国际性城市,美、苏、英、法、波、荷、比、西等30多个国家在重庆设有使馆,联合国善后救济总署中国分会、国际宣传委员会等也设在重庆,不少国家的人民代表大会和外交使者、世界知名人士等也先后来重庆访问,重庆在国际上具有相当高的知名度和影响。

由抗日战争所造成的东中部人口和工业的"西进运动",对四川城市经济、文化的发展起到了重要的推动作用,但也带来了一些消极的影响。如劳动力过剩,失业人口增多,城市贫民急剧增加,市民生活水平普遍下降;生活物资供应紧张,加剧物价上涨;犯罪率增加,社会治安状况不断恶化等。

抗战初期,随着人口西进和政治、经济重心向西南转移,四川城市出现大发展。战时四川城市发展虽然存在许多问题,繁荣、发展的时间不长,但总体上应给予肯定,可以说四川城市发展在奠定战时的物质基础方面取得了相当的成效,不仅对支持抗战取得胜利、维持人民的基本生活起了巨大的作用,而且也在一定程度上改变了中国生产力布局的不合理状况,改变了这些城市的性质和功能,如重庆、成都等城市的工业化的起步和现代教育格局都是在抗日战争时期形成的,从而为以后四川省的社会经济发展打下了基础。

第二节 抗战时期四川城镇体系的变化

一、近代四川城市体系的形成

(一)战前四川行政建置的调整与城市体系的发展

城市体系是指一个国家或地区范围内由一系列规模不等、职能各异的城市所组成,具有一定的时空地域结构,相互联系的城市网络的有机整体。城市体系并不是固定不变的,而是处于不断的变化发展之中,由不发达走向发达,由不完善趋向完善。

四川地区城市历史悠久,在长期的发展过程中,由于政治地位的高低、经济发展水平的差异而形成了等级上的差别,不同等级的城市在区域系统中承担着各自不同的职能,相互作用相互影响,并逐步形成了一个相对完整的城市网络体系。这一城市体系自民国以来,特别是抗战时期得到了进一步的完善。

在中国古代城市的发展进程中,政治因素一般起着主导作用。正如李约瑟所指出:中国古代城市"不是人口自然集中,资本或生产设备自然集聚的结果;它不单是,或者说本质上不是一个市场中心。它首先是一个政治心脏,是行政网络中的一个结,是官僚(或)……古代封建领主的据点"[1]。在古代中国,城市主要是作为一定区域内的政治中心而存在的。因此,"在从春秋战国时代至清朝的3000多年的发展中,从社会整体意义上说,城市始终是政治中心功能占主导位置,各级城市就是各级政府的治所所在地,作为政治中心统治着乡村"[2]。政治因素贯穿了中国古代城市的形成与发展的整个历程,深刻影响着城市体系的形成和发展。不同级别的行政中心形成了一座座规模不等的城市。因此,在一定程度上而言,行政建置层级成为了城市体系层级构成的基本框架。另一方面,城市是区域发展的中心,区域是城市发展的基础。城市需要周围区域为其提供发展所必需的食物、燃料、劳动力和原料。因此,区域社会经济的发展水平对城市的设置与分布有着重要的影响,物产富饶、人口密集的区域内城市的分布也就更为密集,反之,在农业生产落后、人口稀

---

[1] 转引自张光直:《美术、神话与祭祀》,辽宁教育出版社,2002年,第6页。
[2] 张鸿雁:《论中国封建城市经济发展的总体特点》,载《中国史研究》,1997年,第3期。

少的地区城市的分布也就自然稀疏。除了一些特殊地区外,我国历代皆以在一定区域内人口能达到一定数量和赋税能基本保证其行政机构履行职能作为设县的基本标准。经济发展水平差异而形成的等级差异,也对城市体系的发展演变产生了深刻影响。

美国学者施坚雅则进一步认为,在清晚期的中国,存在着两种城市体系:"一个是因帝国官僚政治为实施地方行政而建立并调整的;另一个起初是因经济活动的需要而成形的。前者反映了中国的官僚结构,因为这是个官僚的国家,是个衙门的世界。成队的官员被安排在有正式品级的各级行政职位上;后者反映了中国社会的'自然'结构,因为中国也是个集市与贸易体系。"①民国以来的四川城市是在继承历史时期巴蜀城市体系与分布格局的基础上发展而来,因此民国时期四川的城市体系发展与演变,也大致可以按施坚雅的观点分为两个相互区别又相互关联的系统。

四川地区经过长期以来的开发和发展,到清代已形成了较为合理的行政建置体系和较为完整的城市体系。民国以后,在继承清代行政建置体系和城市体系的基础上,又有一些调整和改动,主要是废除府、州、厅,一律改县,还有一些县名更改,而在城市的数量上并没有多大的变化。

清代的行政区划实行省、府(直隶州、直隶厅)、县(散州、散厅)三级制。1913年1月,中华民国临时大总统颁布《划一现行各省地方行政官厅组织令》、《划一现行各道地方行政官厅组织令》和《划一现行各县地方行政官厅组织令》,此后全国普遍废府州,实行省、道、县三级制。

民国初年,四川省的地方行政区划,也分为省、道、县三级制。另外清末川康地区已建置设治委员会的地区也一律改升为县。以省统道,以道辖县。清中期,道为监察区域,为省政府的派出机构。但清后期道逐渐开始成为地方行政建置。县是最基层的地方行政建置,废除府、州、厅,一律改县,从而加强了县级的行政管辖权。

1914年4月,又以四川省原边东、边西两道辖区析出,设置相当于省一级的川边特别区域(治康定),1925年2月改名西康特别区域。1928年6月,南京政府还通过西康建省议案,改西康特别区域为西康省,但未实行,暂由西康

---

① [美]施坚雅主编,叶光庭等译:《中华帝国晚期的城市》,中华书局,2000年,第327页。

特别政务委员会治理,至1935年7月,始设西康建省委员会于雅安①。

从1912年到1934年的23年间,四川一直处于军阀混战之中,省域实际上为防区制所分割,名存实亡。这一时期,行政区划建置变化很小,仅在1915年改东乡为宣汉县;1928年全省裁道,各县直属省府②;同年建置成都市;1929年建置重庆市③。1935年国民政府将四川全省划分为18个行政督察区和西康行政督察区,分辖各县。这样,四川省共辖2市、19个行政督察区、166个县和3个设治局④。这一时期四川的行政建置在很大程度上决定了当时四川城市体系的构成。除去附郭县性质的成都县、华阳县和巴县,这一时期四川省共有城市168座,城市密度大致为2.95座/万公里²⑤。

(二)城市间的道路网络建设与城市商业贸易体系的构建

"近代城市发展的基础是商业贸易,城市是商品的集散地,转运贸易是城市发展的重要条件,由城市经济组成的网络,成为联系各地市场的中心。这些中心又可分为商业性城镇(地区城市)、集散市场(区域城市)和多功能高级市场(中心城市)等。"⑥不同等级的城市贸易中心依靠道路运输网络相连接,形成了一个基于商业贸易之上的城市市场体系。

1. 抗战前的四川城市道路网络建设

由于地理条件的限制,四川对外交通极为不便,但四川盆地内部的交通却较为通畅,经过长期的发展演变,逐渐形成了一个以成渝两地为中心,向四周辐射,贯通内外各地的道路网络系统,各级城市在这个道路网络系统中占据了举足轻重的地位,正是通过这个道路网络系统,各城市间的政治、经济、文化交流成为可能,最终形成一个完整的城市体系。道路网络系统的发展,对于城市市场体系的形成和发展更具有重要的意义。民国时期,由于军事需

---

① 郑宝恒:《民国时期行政区划变迁述略(1912—1949)》,《湖北大学学报》(哲社版),2000年,第2期。
② 贾大泉:《四川通史》,第7卷,四川人民出版社,2010年,第241页。另一说则为"当于民国十九年初废道",参见傅林祥、郑宝恒:《中国行政区划通史·中华民国卷》,复旦大学出版社,2007年,第222页。
③ 参见蒲孝荣:《四川政区沿革与治地今释》,四川人民出版社,1986年,第491—492页;贾大泉:《四川通史》,第7卷,四川人民出版社,2010年,第241页。
④ 蒲孝荣:《四川政区沿革与治地今释》,四川人民出版社,1986年,第492页。
⑤ 此处四川省面积采用《四川省志·地理志》统计数据。四川省地方志编撰委员会:《四川省志·地理志》(上),成都地图出版社,1996年,第1页。
⑥ 王笛:《跨出封闭的世界——长江上游区域社会研究:1644—1911》,中华书局,2001年,第247页。

要和随着四川经济的恢复发展,四川的道路网络系统也有了较大的发展。①

(1)陆路交通的发展

川省多山,在农业时代陆路交通甚为困难,但经过长期的历史发展,仍然形成了一个沟通省内外以及省内各级城市与乡、镇的交通网络系统。除省级官道干路外,县有县道,乡有乡道,即十数家之小场,莫不有道可通,构成了一个以盆内线、环盆线、出盆线相互交织而成的道路网络。

四川省内道路,以成都为中心,而向四方呈放射状,又分为干路与支路。陆路交通干线有四,即:川东大路、川中大路、川西大路和川北大路。

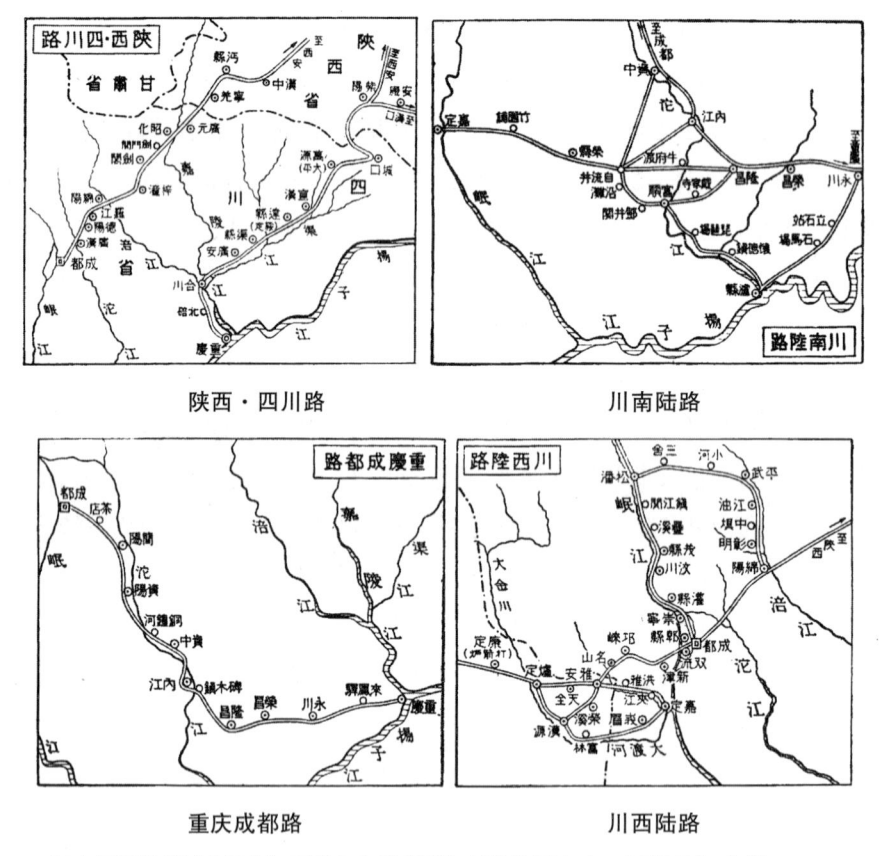

陕西·四川路

川南陆路

重庆成都路

川西陆路

以上四图均引自[日]东亚同文会编《新修支那省别全志·四川省》,上册。

---

① 本节资料主要参考:四川省地方志编纂委员会编纂:《四川省志·地理志》(上),成都地图出版社,1996年,第1页;郑励俭纂:《四川新地志》,正中书局,1947年,第254—302页;陈世松、贾大泉主编:《四川通史》,第7卷,四川人民出版社,2010年,第431—442页;王笛:《跨出封闭的世界——长江上游区域社会研究:1644—1911》,中华书局,2001年,第33—51页。

川东大路,为联络成都、重庆间的干路。自成都东南行,越龙泉山脉出成都平原,经简阳、资中、内江、隆昌、永川,而抵重庆。

川中大路,由成都东行,由赵家渡越龙泉山脉出成都平原,经观音桥、太和镇、蓬溪、南充、渠县、大竹、梁山而止于万县。

川西大路,为川省赴康藏之唯一途径,川康公路亦从此过。由成都经双流、新津至邛崃,自邛崃登山沿西南行,经名山而抵雅安。雅安以西,分为南北两路。南路经荥经越大相岭至汉源,再北折渡飞跃岭而至泸定,再由泸定向西北行至打箭炉。北路则西沿青衣江河谷,经天全,渡邛崃山,降大渡河谷,会南路于泸定。

川北大路,由成都斜向东北,经德阳、绵阳、梓潼、昭化、广元,到达陕西,为川陕联络之唯一大路。

陆上交通的支路有三,即小川北道、小川东路和川南通路。

小川北道,由成都经广汉东折,经中江、三台、盐亭、阆中、苍溪,东折通南巴一带山地,由阆中南歧者,经南部营山、三汇(渠县属大场)、达县、宣汉而趋万源城口。此线平行于川北路和川中路两大干道之间,为赴东北山地之直线通路。

小川东路,由川东大路上之简阳分出,东经乐至、安岳、大足、铜梁、璧山而东。成渝公路沿此路线修建。该线平行于川中路与大川东路二干线间,是成都、重庆间联络的捷径。

川南通路,由成都向正南方之陆路可得两线:一是经双流、彭山、眉山、青神而至乐山,主沿岷江而下,再沿岷江至宜宾。二是从成都往南赴自流井,有两条路:一经中和场至杨柳场渡山,经仁寿、荣县达自流井,一沿大川东路至资中分出而南,直向自流井。由自流井向南,也分为两线:一向正南,由宜宾至昆明;一向东南,沿沱江而下,由泸县、渡口,再溯永宁河谷而上,经叙永而南至贵州。

此外,还有一条沿长江而行之南部沿江路和北部山麓线两条环盆线,以及从各方向出盆地至省外的多条出盆险路,这里不一一列举。

经过晚清民国时期的建设,四川陆路交通网络日渐完善,并呈以下三个特征:

第一,各县以成都为轴心向四方放射,成都宛如车轮之轴,路线由一点而向四外呈放射状态,而分布于成都周围之路线又呈环状之配列。

第二,盆地周围道路成环状。盆地周围靠近山地之边缘处,有道路围绕,连接成环状,沿盆地之东北境者,为万县、平武间之山麓线,沿西北境者,即大川北路是也。盆地之西南东南二边线,为岷江、长江所包绕,故成都、宜宾间之沿岷江路线,宜宾、万县间之沿长江路线即围绕盆地边缘之山麓线也。

第三,河川与道路交织。综观川省河道,除长江干流外,多为南北向,故陆路交通多以沟通东西为主,与河川的方向多成直交或斜交,除东大路之西段路平行于沱江外,都不与河岸并行。这样,四川的陆路与水路交通相辅为用,形成了沟通区域与城市联系的道路网络系统。

民国中期,公路和汽车的出现,对四川陆路交通状况的改善起到了一定的积极作用。四川第一条公路是成都到灌县的成灌公路(当时称公路为马路),于1914年动工,经过12年的修建,至1926年才正式通车,全长55公里。此为四川陆路交通由人畜力向机械化发展的开端。此后,在四川盆地的各驻军防区内,掀起一股修路热潮。从1926年至1933年的7年间,计划建筑的公路达5930.65公里,已完成者有22条,达2751.65公里①。这个时期修成的公路,通达的县市计有:成都、华阳、郫县、崇宁、灌县、简阳、资阳、资中、内江、隆昌、荣昌、永川、璧山、巴县、重庆、新都、金堂、中江、三台、盐亭、南部、阆中、双流、新津、邛崃、名山、雅安、彭山、眉山、夹江、乐山、新繁、彭县、温江、崇庆、大邑、广汉、德阳、罗江、绵阳、乐至、遂宁、蓬溪、南充、岳池、广安、渠县、万县、西充、潼南、合川、铜梁、安岳、彰明、大足、安县、绵竹、富顺、峨眉、犍为、威远、叙永、什邡、蒲江等,共65县市②。1934年蒋介石为了阻击和"围剿"工农红军,下令四川大规模修筑公路,两年间修建与贵州、湖南、湖北、陕西等省相联系的干线公路1300多公里。随着公路的增多,官办、商办、官商合办和官督商办等各种形式的汽车运输公司应运而生。到1936年底,全省营运路线已达41条,全长2749公里,公商客运汽车有1100余辆③。公路建设与汽车运输的发展,对加强四川省内各城市之间的政治、经济文化联系起

---

① 全国经济委员会编:《四川考察报告书》,全国经济委员会出版,1935年,第119页。
② 王立显:《四川公路运输史》(上),四川人民出版社,1989年,第71页。
③ 四川省地方志编纂委员会:《四川省志·交通志》(上册),四川科学技术出版社,1995年,第3页。

到了较大的推动作用。

四川公路的兴筑,始于军阀割据的防区时代,防区制的最大特征是划地而治,各自为政。公路的建设无法统筹进行。刘湘督省时期的四川公路局长魏军藩曾说:"四川公路之过去,大多建筑于防区时代,路线无一定计划,建筑无一定标准……无县道乡道之分,更无省道国道之别,各自为政任意施工,虽小有完成,而联系不周,工程不合。"[①]军阀割据,战祸连年,对修筑公路影响至大,既无统筹规划,亦难照时完工,军阀割据和战争对公路建设影响甚大,有的一条公路要经过几个防区协商颇难,有的公路修建会因战事时建时停,也有公路因军事需要而令其速通,也有因军事需要而不让其修通,有的公路建设重复几次收马路捐,总之情况各异,五花八门。典型者如成渝公路,由于防区分割修筑了7年,后屡经整治,行车仍不通畅。

此外,各防区所修公路往往标准不一,质量也有高低之差,互不衔接。在1933年已完成建筑的2751.65公里公路中,尚有1770公里(占总里程65%)为泥土路,均无路面之铺设,行车困难,尤以雨天为最。即使建筑质量较好的成渝公路,一遇雨天,也往往泥泞难行,不仅导致车辆损坏严重,旅客的安全也无保障,故而公路质量成为公路运输发展的一大障碍。此外,由于公路建筑及运输成本甚高,加之苛捐杂税严重,导致四川公路之票价及运费均属高昂。以成渝公路为例,其票价达到当时浙江公路的两倍左右,货物运价则与人力旱挑之价格相等,或且过之。这一时期的四川公路,由于运价高昂,只能收取价值甚高之货品,而大宗货物,不是选择旱挑,就是选择船运,公路与货运的关系并不密切,对城市间商业贸易的影响并不大。虽然这一时期的四川公路建筑里程有限,质量不高,但却为抗战时期四川公路建设的发展奠定了初步基础。

(2)水路交通的发展

如前所述,由于地理条件的限制,民国时期四川的陆路交通甚为困难。另一方面,四川境内河流众多,水源充沛,具有得天独厚的航运优势。因此,当时的四川交通,特别是货运往来,多以水路为主,陆路为辅。

[①]《四川四大国道之建设之回顾及其使命》,《道路月刊》,民国二十五年11月30日,第11期。转引自王立显:《四川公路运输史》(上),四川人民出版社,1989年,第71页。

全川共有大小河流540条,总长4.4万公里,其中通航河流90余条。全川河流除川西北的白河、黑河及达拉沟三条小河北流入黄河外,其他如雅砻江、岷江、沱江、嘉陵江、涪江、渠江、乌江等七大主要河流以及綦江、赤水河、永宁河、大宁河等均属长江水系。四川境内众水均归之于长江,形成了以长江为主干,各大小江河为分支的遍布四川境内的水运交通网络。①

岷江源于西北之岷山,南流经松潘、茂县、汶川以迄于灌县。灌县以上,河行万山中,峡谷深幽,水流绝速。出灌县之灌口,始流入盆地中,地形陡降,形成成都平原,河流分散,衍为无数支流,又因李冰父子之创筑都江堰,分岷江为内江及外江二系。内江系又可归纳为沱江系及锦江系,蒲阳河及柏条河俱属沱江系之主河,东流至赵家渡入沱江,走马河及府河(柏条河之支流)为锦江系之主流,绕成都西南,至彭山县始归入岷江。外江系即岷江正流,其主要河流,如杨柳河、新开河、正南江均南流至新津县,仍归纳为一。成都平原之上,河流密布,沟渠四达,唯因堰坝林立,均供灌溉之用,仅府河等少数河流,可有舟楫之利。

岷江过成都平原后,经彭山、眉山至嘉定,与自雅安而来的青衣江及发源青海流经川康边境之大渡河相会。青衣江在雅安附近,大渡河在汉源、峨边之间,均成一狭小之盆地。青衣江流域尤为富庶。岷江自乐山南下,经犍为折向东南,至宜宾(及叙州)入于大江,岷江全长约达600公里。

岷江于灌县以上,水流漂疾,仅通竹筏,灌县以下始有舟楫之利,乐山以下,夏季可行小汽船,每年自6月以至10月,凡吃水1—2米的船只可以通航于成都至乐山之间,凡载重10万斤以下之木船亦可终年通航。大渡河不通舟楫,仅通木筏。青衣江自雅安至乐山间,也可通木筏。

沱江之源有二,一为发源于九顶山之绵远河,古称雒水;一为由岷江分出之柏条河与蒲阳河,皆汇流于赵家渡,自此而下,始称沱江。沱江经金堂峡,出成都平原,经简阳、资阳、资中、内江、富顺诸县,有中江之称,至泸县会于大江。沱江全长350公里,自赵家渡以下,水量始大,可通舟楫,载重10余万斤之木船可以终岁通航,富顺、泸县间在洪水时期可通小汽轮。沱江流经各县,为川中最富饶之区,金堂什邡之烟,资中内江之糖,富顺荣县之盐,莫不由此

---

① 以下主要参考胡焕庸:《四川地理》,正中书局,1938年,第111—114页。

外运。

涪江为嘉陵江支流之一,发源于松潘东部山区,东南行过平武县,再南行过江油、彰明、绵阳、三台、遂宁,至合川与嘉陵干流相会。江油以上,水行万山之中,江油以下始入四川盆地,可有航行灌溉之利,遂宁以下洪水期可通汽船,涪江全长400公里。

嘉陵江有两源,东源出陕西凤县,西源称西汉水,始于甘南天水县之蟠冢山,两源相会于略阳之北,南行入川省,经广元,至昭化,会白龙江(其上源之一,亦称岷江,源出甘肃岷县),乃入于盆地,南流经阆中、南部、蓬安、南充,至合川会于涪江、渠河,更南流至巴县入长江。全长约730公里。

嘉陵江为川省与陕、甘交通之主要水上交通要道,自陕西境略阳、甘省碧口以下,即通轻舟,南充以下,洪水期可通小轮,合川至重庆,可常年通小轮。

渠河为嘉陵左岸之重要支流,源出川北米仓山,经通江至江口与南江相会,至三汇与通江(亦称巴江)相会,南下经渠县、广安于合川汇入嘉陵江,长约300余公里,干流自江口以下均通木船。

黔江为四川境内长江南岸第一大支流,发源于贵州西隅之咸宁,东流苗岭以北,横贯黔省至龚滩入于川省,西北流至涪陵入大江。黔江在贵州亦名乌江,在四川亦称龚滩河。黔江全长700公里,其在四川境内者,不过200公里,木船全年可通。

綦江、赤水均为长江南岸小河,唯以盐运关系,亦通木船。綦江因位于川、黔交通之干道,故东溪以下水运繁忙,东溪以上至松坎则因水急滩多,船皆以软板为之,且船身细小无柁桨,但置篙竿缝索,以供运盐,其用等于竹木筏耳。

金沙江自云南来,自宜宾始称长江。宜宾以上,小轮曾试航至屏山,木船更可上溯至蛮夷司。自宜宾下行至重庆计370公里,俗称上川江。由重庆经巫山至湖北之宜昌,计660公里,则称下川江,统称川江。其中自奉节至宜昌间,两岸高山壁立,因有三峡之险,故亦称峡江。自重庆上溯至宜宾,仅通小轮,洪水时期,轮船长度可达40米,枯水时期仅通25米以下之小船。自重庆以下始通行江轮,当洪水时期(自5月至11月)凡身长70米,吃水3米之轮船均可通行,枯水时期则仅身长40米,吃水2米之轮船可以通行。三峡之中,滩多水急,凡马力小者(洪水轮船马力须在2000匹左右)亦不易行驶。

川江水位涨落之差甚大,重庆最高水位多发生于七、八、九月,最低水位则发生于二、三月,洪水期水位平均约高于冬季枯水位12米。

四川重要河道交通概况表

河名		经过城市	航程距离（单位华里）		备注
			木船	轮船	
长江	主流	蛮夷司、屏山、宜宾、南溪、江安、纳溪、泸、合江、江津、巴、江北、长寿、涪陵、忠、鄂都、万、云阳、奉节、巫山	1700	1500	重庆以下通江轮,以上至宜宾通小轮,蛮夷司以下通木船
嘉陵江	主流	广元、昭化、苍溪、阆中、南部、（）口、蓬安、南充、武（）、合川	1100	500	渝合段长行小轮,合川至南充增水期可通小轮
	涪江	中坝、彰明、绵阳、三台、射洪、太和镇、遂宁、潼南	600	250	增水期浅水汽轮可抵遂宁
	渠河	宣汉、达、三（）、渠、广安	400		
岷江	主流	灌、崇庆、新津、彭山、眉山、青神、乐山、竹（）滩、五通桥、犍为	800	700	增水期小轮可经乐山至成都
	青衣江	雅安、洪雅、夹江	250		
沱江	主流	赵家渡、淮口、石桥、简阳、资阳、资中、内江、椑木滩、富顺、赵化镇	700		
	荣溪	自流井、邓井关	110		
黔江		弯滩、鹿角沱、彭水	500		
总计			6160	2950	

资料来源:《四川月报》,第5卷,1934年,第5期,第165页。

从上表可知,抗战前的四川形成了一个以长江为主干,各大小江河为分支的遍布境内的水运交通网络,其中木船通航里程达6160华里,轮船通航里程达2950华里。这些四通八达的水运通道又与陆路交通道路相互交汇,构成了抗战前四川城市间往来的交通网络。凡水陆交汇之主要交通枢纽上,则往往形成较大之城市,如成都、重庆、乐山、南充、万县等。

由于蜀道艰难,运输费用较高,因此,水路运输在抗战前四川城市的商业贸易活动中占据了重要的地位。众所周知,任何一种商业行为,必将受到成本因素的制约,商业运输亦不例外。在近代四川,水运成本比汽车运输成本低廉得多。以成渝路为例,成渝公路每吨货物每公里运输成本高达0.56元[1],而由成都到重庆水运每吨每公里的运输成本可低至0.02元[2]。陆运成本是水运成本的20倍有余。两者间的巨大差异,必然导致在条件许可的情况下,水运成为交通运输之首选项。再如沱江沿岸之内江,其生产之糖大都需要运至重庆,再进行转口贸易,运输量极大。内江虽有成渝公路穿城而过,但由于"旱挑或汽车运送,运费必倍蓰"[3],故商人们在选择货运工具时主要还是依靠水运,以木船将货物运至重庆。正是四川陆路运输的种种不便,造成了四川水路运输无可替代的地位。胡焕庸在《四川地理》中论及四川对外贸易时曾总结:"川省对外贸易,其经由陆路者,数量较少",而大多数经由水路[4]。

当然,抗战前四川的水道运输也受到自然因素的极大制约。首先,受到水道宽狭、水量大小以及水势情况的制约,抗战前四川江河中能通航汽轮者并不甚多。其次,洪水季与枯水季的水量差异大,也会对船运造成巨大影响。如前所述,内江的糖品外销向来依靠沱江水运。内江"每年一至冬季,糖房开搞,新糖登市,无论城乡,均顿呈繁荣之气象,金融亦突现紧张"。1935年大旱,沱江水浅,导致"新糖已逐渐上市待售,而销场方面,则以河道水枯,下运困难,购户观望,不甚畅旺,糖价亦平平"[5]。再如岷江下游的犍为在1937年面临水运困难的情况,"今年自夏秋入冬以来,雨量极少,内河堰水不充,(犍为之)炭盐运输,极度困难,大河河水下落,舟楫通行不易,以至上下河道交通,发生极大障碍。……市面百业凋敝,失业分子增加,社会景象极堪忧虑

---

[1] 全国经济委员会编:《四川考察报告》,1935年,第127页。
[2] 全国经济委员会编:《四川考察报告》,1935年,第138页。
[3] 全国经济委员会编:《四川考察报告》,1935年,第139页。
[4] 胡焕庸:《四川地理》,正中书局,1938年,第121页。
[5] 《四川月报》,第9卷,1936年,第6期。

也"①。自然因素对水运的制约,对四川城市商业贸易的发展也带来了不利的影响。总之,江河是四川的主要交通要道,水运也是四川城市对外的主要交通方式。虽然抗战前四川的水运中存在着种种缺陷,但仍在四川的交通网络系统中占据了举足轻重的地位,与陆路交通系统一起共同构成了抗战前四川道路网络系统,为四川城市体系形成和发展奠定了基础。

城市不是单独存在的,作为一个地区的政治、经济和文化中心,城市不仅和周围的乡村之间进行着频繁的商品交换,而且和其他城市之间,乃至区域以外都进行着频繁的商品交流,最终形成一个完整的商业贸易网络和城市市场体系。在城市交通和商品流通的关系中,城市交通是商品流通的前提和基础,正是在城市交通发展的基础上,城市间的商品流通才能成为可能,而商品流通的发展,也必然进一步推动城市交通的改善和调整。抗战前四川道路网络系统发展为城市商业贸易与城市市场体系的发展奠定了必要基础。虽然这个道路网络系统由于受到各种主客观条件的限制,具有对外联系脆弱、商品流通以传统运输方式为主等缺点,但其仍然成为了抗战时期四川城市交通网络的发展基础。

(三)商业贸易与城市市场体系的发展

抗战前四川的商业贸易有了较大发展,并形成了若干商业中心城市。其中以重庆、万县为全川商品输出与输入之总口岸。此外,众多内地贸易转运市场亦形成输出输入集散之中间枢纽,构成经济繁荣之若干中心。当时的重要商业中心城市大致有如下一些②:

1. 重庆

地当水路与陆路交通要冲,不仅为川省对外贸易之输出输入之总口岸,且为川省内地贸易之最大集散市场,滇、黔、甘、陕、康等邻近川省各地之进出商品,亦多以重庆为转运口岸,故商业之盛,西南各都市中,殆无出其右者。据海关统计,20世纪30年代重庆进出口贸易总值平均为1.0150亿元,其中进口平均总值为5930余万元,出口平均总值为4210余万元,年皆入超

---

①《四川月报》,第10卷,1937年,第2期。
②四川省政府编:《四川省概况》,四川省政府编印,1939年。

2. 万县

为川省对外贸易上仅次于重庆之第二大商埠,同时亦为内地贸易之第二大集散市场。因地理位置与交通关系,而成为下川东一大经济中心,特别是桐油市场之巨,远逾重庆。不特下川东 10 余县,即鄂西 9 县之输出输入,莫不皆以万县为集散地。20 世纪 30 年代的贸易总值平均年达 2500 余万元。

3. 涪陵

地当黔江与长江合流之处,举凡黔江流域之酉、秀、黔、彭、石、南诸县,以及贵州之后坪、沿河、婺川、正安、松桃诸县,其出入口货物,殆均以涪陵为集散转运之枢纽。20 世纪 30 年代每年出入口总值约 1200 万元至 1500 万元。涪陵本地出产之榨菜,年销售总值亦达 20 余万元。

4. 合川

地当嘉陵江下游,渠江、涪江流此汇合,故三江上游 20 余县出产多经此城转运重庆出口,贸易之盛超乎遂宁、南充之上。

5. 简阳

地当成渝公路西段,沱江又流经县境,其上游汇合金堂河、白河、灌县河,均通木船,故金堂、新都、什邡、中江、广汉、新繁等县的物产,均下运总汇于此。出口的商品主要有糖、棉、面、盐等,进口商品主要有米、烟、药材等。每年的贸易总额也值千万余元。

6. 泸县

地当长江、沱江交汇处,位于川、滇、黔之要冲,为下川南地区的商业中心,宜宾、重庆、自流井、贡井、资中等城市的输出入商品也多在此转运,贸易总额之大,居川省第 5 位。

7. 宜宾

握川、滇交通之要冲,当岷江、金沙江之交点,两江上游各地输出之山货、药材、食盐等,以及长江中下游输入之棉纱、杂货、茶叶等,均于此地集散,贸易总额在盛时年达 2000 万元左右,亦川省一大内地贸易市场也。

8. 内江

位于成渝公路中段,滨沱江中流,水陆交通便利,渐成货物流通枢纽,沱江上游各地谷类、糖类多集于此销散各地;加以内江本地糖产之丰,甲于全川,形成川省糖业交易之中心点,故市场之繁,除成、渝、万三地外,当首屈一指。

9. 乐山

地当岷江、大渡河、青衣江合流之处，峨、丹、洪、乐出产之白蜡，井、峨、夹、青、犍、仁、荣出产之蚕丝及桐油，均以此为集散市场，其他如食盐、纸张等之贸易，数量亦大。

10. 雅安

地处四川西部边陲，为四川通往康藏的孔道，边茶贸易最盛，年达40余万元，每年均有大量的食盐、土布、匹头、干菜等商品向天全、荥经、汉源、康定输入，而康藏地区的羊毛、药材、牛羊皮等也由该地汇集往省内外输出，为数亦巨。

11. 成都

为省会所在，亦为省内贸易最大之集散市场，出口有羊皮、羊毛、兔皮、猪鬃、生金、药材、麝香、药盐等；进口有匹头、五金、煤油、颜料、洋广杂货、纸烟、棉纱等，每年的贸易总额达数千万元。

12. 灌县

为成都平原西北屏障，水利起点，以及通松、理、茂、懋、汶孔道。药材市场很大，由松、茂向内地运出之羊毛、羊皮、野牲皮、药材等，均在灌成庄。而由灌运入之茶、布匹、干菜、铜铁器具等，亦以此为集散市场，故贸易额至大。

13. 绵阳

位川、陕要道，安县、罗江、彰明、江油出产之米及丝、麦冬、盐、牛羊皮、猪鬃等土特产，均以绵阳为汇集地，转输其他市场，为数亦巨。

14. 遂宁

为川东北之中枢，涪江水运便捷，川东输出入于川西北一带的货物，大都以此为转运集散地。出口有棉花、麻油、白米、桐油等，年达300余万元；进口有棉纱、匹头、菜饼、黄豆、颜料等，则年达600余万元。

15. 南充

位川北中心，当水陆要冲，附近各县如广安、岳池、武胜、蓬溪、西充、阆中、昭化、南部、仪陇及通江、南江、广元、巴中诸县之商业贸易，均以之为转运枢纽。出口以山货、丝、绸、桐油、药材、棉、烟等为主，总额达百万元。

如前所述，近代城市发展的基础是商业贸易，商业贸易是城市的重要经济功能，不少城市是因商而兴，也往往因商而衰。城市零售商业作为城市的非基本经济部门，容易受到城市人口数量和其购买力的限制，因而对城市发展所产生的推力终归有限。而作为城市的基本经济部门,即服务于城市之外的区域的商业贸易对城市发展的推动作用在于非基本经济部门。城市基本经济部门除满足本地消费外,主要是对外服务,一是区域商品的集散,二是跨区域的商品中转。根据城市商业活动影响范围的大小,抗战前四川城市,大致可以分为多功能高级市场(中心城市)、集散市场(区域城市)和商业性城镇(地区城市)三个层次[①]。不同等级的城市贸易中心依靠道路运输网络相连接,形成了一个基于商业贸易之上的城市市场体系。

抗战前四川城市市场体系中形成了两个区域中心城市——重庆和成都。在古代漫长的时期,成都一直是四川地区的政治、经济和文化中心。近代以后,由于地处长江与嘉陵江交汇处的重庆开埠,因拥有得天独厚的地理条件,其经济地位和政治行政地位也不断上升。在民国时期逐渐成为"内地贸易之最大集散市场,即滇、黔、甘、陕、康邻近川省各地之进出商品,亦多以重庆为转运口岸,故商业之盛,西南各都市中,殆无出其右者"[②]。重庆与成都并列为四川城市市场体系的中心城市。成都虽然未成为开埠通商城市,但在清末以后也出现对外开放的趋势,现代经济和文化也有一定程度的发展,在四川城市市场体系中仍然具有举足轻重的作用,其地位尤在乐山、宜宾、泸州、南充、万县等区域中心之上,亦为川省重要的经济中心。

在抗战前的四川,在重庆、成都两大中心城市之下,初步形成了8个次一级的城市经济和商业贸易区域,即以重庆为中心的上川东区,以成都为中心的川西区,以南充为中心的川北区,以乐山为中心的上川南区,以宜宾为中心的川南区,以泸州为中心的下川南区,以万县为中心的川东区,以广元为中心的川西北区。重庆、成都既是全川的经济中心,也是分区域的经济中心,而乐山、宜宾、泸州、南充、广元、万县分别是所属城市经济和商业贸易区域的中心城市,各在其区域担当着经济中心的职责,是区域的物资集散地。四川的八大经济区内也分成了多个以城市为中心次一级的小经济区,从而构成了一个完整的、多层次城市市场体系。

[①] 本节内容主要参考[美]施坚雅:《中华帝国晚期的城市》,中华书局,2000年;王笛:《跨出封闭的世界——长江上游区域社会研究:1644—1911》,中华书局,2001年;田永秀:《近代四川沿江中小城市研究》,四川大学博士论文,四川大学,1999年。

[②] 四川省政府编:《四川省概况》,四川省政府印,1939年,第75页。

四川城市市场等级体系

一级中心城市	二级区域中心城市	三级地方城市
重庆 成都	重庆	涪陵、彭水、广安、合州、荣昌、内江
	成都	简阳、邛崃、灌县、广汉、绵阳
	乐山	雅安、青神、洪雅、眉山、井研、仁寿
	宜宾	屏山、庆符、筠连、南溪、长宁、江安（犍为）
	广元	昭化（另有陕南部分地区）
	泸州	隆昌、荣昌、永川、江津、合江、叙永
	南充	阆中、西充、岳池、遂宁、渠县、南部、三台
	万县	巫山、奉节、云阳、开县、梁平、忠县、石柱、丰都、垫江（涪陵）

转引自田永秀《近代四川沿江中小城市研究》，四川大学博士论文，四川大学，1999年，第98页。

在这个城市等级体系中，经济联系发挥着越来越大的作用。随着商品经济的发达及交通的不断发展，各城市之间的经济往来也日益密切。通过区域经济的不断发展和区域贸易市场体系格局的日趋完善，城市的等级规模结构也更为合理，城市体系的发展也不断得到完善。此外，通过对抗战前四川城市的行政建制体系与城市市场体系的比较研究可以发现，两者具有很大程度上的一致性，说明四川城市体系是建立在区域行政建置和区域贸易的双重格局之上的，城市体系较为完善和合理。这也是民国以后四川城市行政建置体系变化不大的一个原因。

二、近代四川城市空间分布的特征

近代四川城市是在继承历史时期四川城市的遗产的基础上发展和演变而来的。这在城市的分布与空间格局上表现出极大的历史延续性的同时，也发生了一些不同于旧格局的新变化。四川地区由于自然地理条件以及开发历史的影响，长期以来，各地区间的社会经济发展水平十分不平衡，从而导致四川地区的城市分布也呈现出不均衡性，区域差异明显。虽然受到区域社会经济的变迁及政治和交通等因素变动的影响，战前的四川城市在空间分布的具体情况有所变动,但空间分布不平衡的总体格局却一直没有改变。

(一)平原地区城市数量较多,山地和高原地区城市数量较少

四川地区地域辽阔,地貌类型极为复杂,既有平原、丘陵,又有高原、山地,其中又以山地、高原、丘陵占绝对多数,平原面积狭小。四川地区的平原主要包括成都平原,安宁河谷,盆地内各河流中、下游沿岸平原以及溶蚀盆地等。以成都平原为例,成都平原位于四川盆地西部,为岷江、沱江等河流冲击而成的扇状平原,北起灌县、德阳,西至大邑、邛崃,南达青神,面积约8000平方公里,海拔450—750米,地势由西北向东南倾斜,地表平坦,土壤肥沃,河渠密布,有著名的都江堰水利工程进行自流灌溉,素有"天府"之称,农业生产发达,区域开发历史悠久。成都平原地区与盆地丘陵地区相比,具有更为优越的自然地理环境和农业耕作条件,开发历史较为悠久,农业生产更为发达,能承载更多数量的人口,城市分布也就相对密集,而盆周的山地和高原地区的农业生产条件则较为恶劣,农业生产水平较为落后,人口相对稀少,城市的分布也就相对稀疏。此外,成都平原地区的交通条件也往往较山地和高原地区更为便利,也对城市的分布产生了重要的影响。抗战前,成都平原大致分布有绵竹、什邡、彭县、灌县、崇宁、广汉、新都、新繁、成都、华阳、郫县、温江、双流、新津、彭山、眉州、青神、崇庆、大邑、邛崃、蒲江、名山、丹棱、洪雅、夹江、峨眉、乐山、金堂、德阳等29市县,约占了战前四川地区城市总数168个的17.26%,而成都平原总面积大约仅为四川地区总面积的1.41%,该区城市分布之密集可见一斑。广大的山地,尤其是位于四川地区西部边缘的高原地区,虽然地域广阔,但城市的分布却十分稀疏。

(二)城市呈现出沿河流分布的特征

水源对于一个城市的产生与发展有着举足轻重的影响。《管子·乘马》中称:"凡立国都,非于大山之下,必于广川之上,高毋近旱而水用足,下毋近水而沟防省。"其说明了水源在城市选址中的重要性。根据学者们的有关研究,已发现的我国史前城址一般都紧邻自然水源,同时城址周围具有一定范围的可从事农业生产的平原或河谷盆地。河流不仅为人们提供了生活的必需,生产的便利,而且也方便了人们的交通往来。正如有学者所指出的:"河流和湖泊沿岸自古是人类最理想的居址,自然成为古代城市的空间生长点。因为河、湖沿岸水源充足,交通便利,既利于生产和生活,也利于发展对外交

流,是人口汇聚,经济发展水平高,商品交换最活跃的空间。"因此,城市沿河流分布成为了中国古代城市地理分布的重要特征。四川地区境内水资源丰富,大小河流蜿蜒纵横,城市沿江河分布的特征尤为显著,除极少数城市外,绝大多数城市都分布于江河沿岸,形成了沿江河城市群。一些规模较大,行政等级较高的城市基本都分布于江河沿岸。

抗战时期四川城市沿江河分布情况一览表

河流	城市	数量
金沙江	雷波、屏山、西昌、冕宁、会理、盐源、盐边、昭觉、炉霍、甘孜、白玉、石渠、道孚、九龙、雅江、得荣	16
岷江	成都、温江、郫县、新津、崇庆、灌县、彭县、眉山、彭山、夹江、青神、蒲江、丹棱、洪雅、邛崃、大邑、名山、乐山、峨眉、犍为、峨边、井研、茂县、汶川、松潘、雅安、芦山、宝兴、天全、荥经、汉源、康定、泸定、丹巴、崇宁	35
沱江	新都、资中、资阳、内江、荣县、仁寿、简阳、威远、大足、荣昌、德阳、广汉、绵竹、什邡、金堂、隆昌、富顺、新繁、乐至	19
嘉陵江	铜梁、合江、大竹、渠县、广安、岳池、蓬安、南充、营山、南部、武胜、西充、仪陇、遂宁、安岳、中江、三台、射洪、盐亭、蓬溪、潼南、绵阳、安县、梓潼、剑阁、广元、苍溪、阆中、平武、江油、北川、巴县、宣汉、开县、通江、南江、万源、达县、罗江、昭化	40
乌江	南川、彭水、黔江、酉阳	4
长江	永川、江津、江北、巴县、合川、綦江、璧山、宜宾、南溪、江安、兴文、珙县、高县、筠连、长宁、纳溪、叙永、古蔺、涪陵、丰都、石柱、万县、奉节、开县、忠县、云阳、巫山、巫溪、邻水、垫江、长寿、庆符、城口、古宋、秀山	35

根据上表统计,抗战时期四川城市中位于江河岸畔的达 115 个,占城市总数 168 个的 68.45%,充分体现了四川城市沿河流分布的特征。其中,又以岷江、长江、嘉陵江沿岸为多。如前文所述,岷江、嘉陵江、长江自古以来就是四川地区最为重要的水路交通动脉。因此,从这个角度而言,城市沿河流分布的这一趋势与沿交通要道分布的指向是大致重合的。

(三)重要城市多沿主要交通线分布

四川地区的地理环境相对封闭,对外交通线路较少且相对稳定,因此,一些重要城市常常分布在主要交通线上。

城市作为一个地区的政治、经济和文化的中心，它不是孤立存在的，必然会与本区域内的广大乡村地区以及区域外的其他城市与地区发生联系，进行物资交流以及人员交往等活动。因此，交通条件对于城市的发展与分布有着举足轻重的影响，在一些交通便捷的区域，城市的分布往往会较为密集，另一方面，绝大多数城市，特别是一些较为重要的城市，常常会呈现出沿交通干线分布的格局。如前所述，民国时期四川的城市基本都位于河流沿岸，特别是区域中心城市基本都位于岷江、嘉陵江、长江等巴蜀地区的重要水路交通动脉沿线，充分说明了交通条件对城市分布的重要意义。

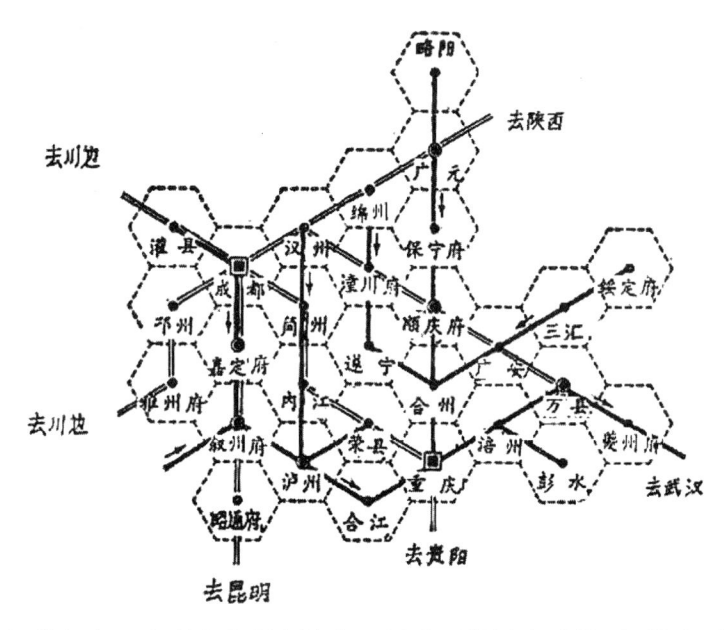

施坚雅以中心地理论来研究清末四川地区的城市系统，勾勒出了清末四川基于区域贸易之上的城市体系的基本架构。其中对于重要交通干线与城市贸易体系的关系有着详尽论述，此处不再赘述①。由于清末到抗战前四川的城市体系变化不大，因此，我们在研究抗战前四川的城市体系与交通系统的关系时，也可以参考施坚雅的相关研究成果。

四川主要交通线与重要城市分布有着密切的关系。"经济中心只要有可能总是坐落在通航水道上"，"河流体系的结构实际上决定了地区较高级中心

---

① [美] 施坚雅：《城市与地方体系层级》，《中华帝国晚期的城市》，中华书局，2000 年，第 327—417 页。

的位置,而河流体系未能连接那些城市的缺陷,则由道路来弥补"①。抗战前四川较高等级与较大规模的城市分布也遵循了这一规律。

抗战前四川地区的交通环境在前代基础上又有了进一步的发展,各城市间除了原有的驿路相通,还新修了公路,引入了汽车这一现代运输方式。此外,岷江、嘉陵江、沱江、涪江、长江等江河的水运也有了显著的进步,现代航运业的引入,对四川地区的交通运输状况改善有着积极的作用。总之,抗战前四川城市之间的网络交通道路网络有了一定发展,加强了城市之间的联系和辐射带动作用,为四川城市体系的发展和完善提供了有利条件。这些四通八达的水陆交通要道又相互交汇,构成了抗战前四川城市间物资往来的交通网。四川地区的重要商业城市正是大都位于这张交通网中的主要交通枢纽上。总之,四川地区的地理环境相对封闭,对外交通线路较少且相对稳定,因此,一些重要城市常常分布在主要交通线上,而交通线路的发展与改变,也对城市的分布与发展有着举足轻重的影响。就抗战前四川城市体系而言,交通条件与交通路线的改变对其影响最为显著的例证就是以重庆为中心的川东城市群的崛起,以及川北城市的相对衰落。对此,学术界已有了较为丰富的研究成果,兹不赘述。仅以川北古城阆中在这一时期的发展变迁为例,一窥其深刻影响。

在古代四川地区的交通网络中,成都至长安的川陕干线一直占据了重要的地位,四川与中原的联系大多经川北走陆路。阆中正好地处这一交通要道之上,成为其间一个重要的交通枢纽城市。直到鸦片战争前,"四川与中原的交通,咸以保宁剑阁为主要路线,当时之保宁比顺庆远更热闹,有如今日之重庆然"②。鸦片战争后,特别是重庆开埠后,川北的物资大多沿嘉陵江运往重庆,洋货亦从重庆批发,更为重要的是轮船这一现代交通运输方式的引入,彻底改变了阆中的交通枢纽地位。由于嘉陵江在南充以下洪水期才能通行汽轮,阆中失去了交通运输上的优势,由南充所取代。而能够通航汽轮的南充,则"握着川北商业经济的牛耳,无论进口货物,还是水运陆运,顺庆都为川北第一隘口"③。川北城市间地位的这一细微变化,无疑体现了交通对城市发展

---

① [美]施坚雅:《中华帝国晚期的城市》,中华书局,2000年,第344页。
② 《成都工商日报》,1932年3月12日。
③ 《成都工商日报》,1932年3月12日。

的深刻影响。

三、战时四川城市体系的变迁

(一)四川城市行政等级的变化

中国城市具有行政等级,一般来说,在同一区域内,行政区划的等级就决定了治所城市的等级规模。任何一级行政区划建制都是以一定规模的人口和一定地域为基础,并根据地理形势、政治军事需要等因素而确定,故而它不是一成不变的。当然,即使在同一区域内,同一等级的行政区划治所城市规模也存在一定差异。当代学者在对城市规模进行研究时,一般都采用经济规模、用地规模以及人口规模等指标来分析。但由于历史资料的缺乏,对抗战前四川城市等级规模体系的研究很难使用以上常用指标进行系统研究,只能作一般性探讨。另一方面,民国政府按事务繁简、财赋多寡等标准将县划分为了不同的等级,可以作为我们研究抗战前四川城市等级规模体系的重要参考指标。

县制是我国行政区划体系中最稳固的一级建制。自从先秦时期各诸侯国设立县建制,秦统一中国后,实行郡县制,县便成为地方行政区划的基层单位。然而县有规模大小、经济富穷、人口多寡之区别,因而也就有了等级之别。这样,县等级划分逐渐形成了以户口、粮赋的多少,以及政治地理位置的差异,交通区位和经济发展程度等指标作为标准。民国初年,县制十分混乱,据当时内政部民政司于1919年3月印制的《全国州道县等级员名表》介绍,京兆地方县分为特别一等(在兴、宛平)及普通三等,直隶、山东等省之县分为一二三等,而同时有的省(如河南)的县却没有分等。针对这种混乱状况,1926年国民政府全面改革县政制度,以事务繁简、财赋多寡将县分为一二三等。1939年,国民政府颁布《县各级组织纲要》规定县按照其面积、人口、经济、文化、交通等状况分为三至六等,由各省政府划分[①]。

民国初年,四川各县等级,仍沿清例,维持旧有等次,后因交通进步,实业发展,各县之人事变更愈大,原列等次,多与实际情形不符,有失平允。省府送准内政部咨请,按照部颁办法,从新拟定,改列报部,业经通饬各县,查报所

[①] 马春笋:《县分等的历史研究》,《华东师范大学学报》(哲学社会科学版),1996年,第2期。

辖人口、面积、财赋及交通营业情形，以为定等之根据。1935年11月，由四川省民政厅根据各县所报送的材料，并参照各省先例，厘定各县县等标准，提经省务会议议决，发交各区行政督察专员，签发意见，再提交会议讨论决定，最终重新拟定了全省各县等级。

四川省各县原列暨现定等级比较表

区县别	原有等级	现定等级	区县别	原有等级	现定等级	区县别	原有等级	现定等级	区县别	原有等级	现定等级	区县别	原有等级	现定等级
第1区			第3区			第5区			叙永	1	2	城口	2	3
温江	2	2	永川	1	2	乐山	1	1	合江	2	2	第10区		
成都	1	2	巴县	1	1	屏山	2	2	（）	3	3	大竹	1	2
华阳	1	1	江津	1	1	马边	1	2	古宋	3	3	渠县	1	1
灌县	1	1	江北	1	1	峨边	1	2	古蔺	3	3	广安	1	1
新津	1	2	合川	1	1	雷波	1	2	第8区			梁山	1	1
崇庆	1	1	荣昌	1	2	犍为	2	1	酉阳	1	2	邻水	2	2
新都	2	2	綦江	2	2	峨眉	3	2	涪陵	1	1	垫江	2	2
郫县	1	1	大足	2	2	第6区			丰都	2	2	长寿	2	1
双流	2	2	璧山	2	2	宜宾	1	1	南川	2	2	第11区		
彭县	1	1	铜梁	2	2	南溪	2	2	彭水	2	2	南充	1	1
新繁	3	3	第4区			庆符	2	3	黔江	2	3	岳池	2	2
崇宁	3	3	眉山	1	1	江安	2	2	秀山	2	2	蓬安	2	2
第2区			蒲江	1	3	兴文	2	3	石柱	2	3	营山	2	3
资中	1	1	邛崃	1	1	琪县	2	3	第9区			南部	2	2
资阳	2	2	大邑	2	2	高县	2	3	万县	1	1	武胜	2	2
内江	1	1	彭山	2	2	筠连	2	3	奉节	1	2	西充	3	3
荣县	1	1	洪雅	3	3	长宁	2	3	开县	1	1	仪陇	3	2
仁寿	1	1	夹江	3	3	第7区			忠县	1	2	第12区		
简阳	1	1	青神	3	3	泸县	1	1	巫山	2	2	遂宁	1	1
威远	2	2	丹棱	3	3	隆昌	1	2	巫溪	2	3	安岳	1	1
井研	3	3	名山	3	4	富顺	1	1	云阳	2	2	中江	1	1

续表

区县别	原有等级	现定等级	区县别	原有等级	现定等级	区县别	原有等级	现定等级	区县别	原有等级	现定等级	区县别	原有等级	现定等级
三台	1	1	什邡	2	2	北川	3	3	理番	1	2	汉源	2	
潼南	2	3	金堂	2	2	平武	3	3	懋功	1	2	第18区		
蓬溪	2	3	梓潼	3	3	第15区			松潘	1	2	西昌	1	
乐至	3	3	罗江	3	2	达县	1	1	汶川	3	3	会理	1	
射洪	3	3	第14区			巴中	1	2	靖化	2	3	盐源	2	
盐亭	3	3	剑阁	3	3	开江	2	2	第17区			越嶲	1	
第13区			苍溪	3	3	宣汉	2	2	雅安	1		冕宁	2	
绵阳	1	1	广元	2	2	万源	2	3	名山	3		昭觉	3	
绵竹	1	1	江油	2	2	通江	3	3	芦山	3		宁南	3	
广汉	1	1	阆中	2	2	南江	3	3	宝兴	3		盐边	3	
安县	2	2	昭化	3	3	第16区			天全	3				
德阳	2	2	彰明	3	3	茂县	2	2	荥经	3				

附注:(1)原列县数:1等58,2等56,3等35;现定县数:1等37,2等57,3等41;增减县数:1等减21,2等加1,3等加6。(2)17、18两区所辖制雅安、芦山、宝兴、天全、荥经、汉源、西昌、会理、盐源、越嶲、冕宁、宁南、昭觉、盐边等14县,已奉行政院令划入西康,故未列等级。又名山县,划归第4区,仍列3等,并以注明。

资料来源:四川省政府编印《四川省概况》,1939年,第14页。

从上表中可以看出,20世纪30年代四川的一等县数量较之从前有了大幅度的减少。根据相关研究可知,从民初至抗战前夕,四川人口呈缓慢增长趋势,而人口户口数一直是划分县制等级的重要参考指标,因此,上表中所显示的一等县数量的大幅下滑,应该主要还是由于划分县等的标准发生了变化,因此,进行纵向比较的意义不大。此外,成都市与重庆市由于行政级别不同,在上表中并未能得以体现。

按照当时的划分标准,1935年四川共有一等县37个,即:华阳、灌县、崇庆、彭县、资中、内江、荣县、眉山、邛崃、乐山、犍为、涪陵、万县、开县、遂宁、安岳、中江、三台、绵阳、绵竹、广汉、达县、仁寿、简阳、巴县、江津、江北、合川、宜宾、泸县、富顺、渠县、广安、梁山、长寿、南充、岳池。

抗战以后,四川省政府根据国民政府颁布的《县各级组织纲要》规定,于1939年对四川所属各县按照其面积、人口、经济、文化、交通等状况重新进行了分等[①]。抗战时期四川各城市等级结构调整变化详见下表。

四川省各县等级变更(1935—1945年)

区县市别	1935年 原定县等	1938年 改定县等	1940年实施新县 制厘定县等	1941—1945年 设局改县后之县等
第1区				
温江	2	2	3	3
成都	1	2	3	3
华阳	1	1	2	2
灌县	1	1	3	3
新津	1	2	3	3
崇庆	1	1	2	2
新都	2	2	3	3
郫县	2	2	3	3
彭县	1	1	2	2
新繁	3	3	4	4
崇宁	3	3	4	4
第2区				
资中	1	1	1	1
资阳	1	2	2	2
内江	1	1	1	1
荣县	1	1	1	1
仁寿	1	1	1	1
简阳	1	1	1	1
威远	2	2	2	2

① 马春笋:《县分等的历史研究》,《华东师范大学学报》(哲学社会科学版),1996年,第2期。

续表

区县市别	1935年原定县等	1938年改定县等	1940年实施新县制厘定县等	1941—1945年设局改县后之县等
井研	3	3	4	4
第3区				
永川	1	2	2	2
巴县	1	1	1	1
江津	1	1	1	1
江北	1	1	2	1
合川	1	1	1	1
荣昌	1	2	2	2
綦江	2	2	2	2
大足	2	2	2	3
璧山	2	2	2	2
铜梁	2	2	2	2
北碚管理局	—	—	—	—
第4区				
眉山	1	1	2	2
蒲江	1	3	4	4
邛崃	1	1	1	1
大邑	1	2	3	3
彭山	2	2	4	4
洪雅	3	3	4	4
夹江	3	3	4	4
青神	3	3	6	6
丹棱	3	3	5	5
名山	3	3	5	5
第5区				
乐山	1	1	2	2
屏山	2	1	2	3
马边	1	1	4	4

续表

区县市别	1935年原定县等	1938年改定县等	1940年实施新县制厘定县等	1941—1945年设局改县后之县等
峨边	1	1	4	4
雷波	1	1	4	4
犍为	2	1	2	2
峨眉	3	2	3	3
沐川	—	—	—	5
第6区				
宜宾	1	1	1	1
南溪	2	2	3	3
庆符	2	3	4	4
江安	2	2	3	3
兴文	2	3	5	5
珙县	2	3	5	5
高县	2	3	4	4
筠连	2	3	6	6
长宁	2	3	4	4
沐川设治局	—	—	—	—
第7区				
泸县	1	1	1	1
隆昌	1	2	2	2
富顺	1	1	1	1
叙永	1	2	2	2
合江	2	2	2	2
纳溪	3	3	5	5
古宋	3	3	5	5
古蔺	3	2	3	3
第8区				
酉阳	1	1	2	3
涪陵	1	1	1	1

续表

区县市别	1935年原定县等	1938年改定县等	1940年实施新县制厘定县等	1941—1945年设局改县后之县等
丰都	2	2	2	2
南川	2	2	3	3
彭水	2	2	3	3
黔江	2	2	3	3
秀山	2	1	2	2
石柱	2	3	3	3
武隆	—	—	—	5
第9区				
万县	1	1	1	1
奉节	1	2	2	2
开县	1	1	2	2
忠县	1	2	2	2
巫山	2	2	4	4
巫溪	2	2	4	4
云阳	2	2	2	2
城口	2	2	5	5
第10区				
大竹	1	2	2	1
渠县	1	1	1	1
广安	1	1	1	1
梁山	1	1	1	2
邻水	2	2	3	3
垫江	2	2	4	4
长寿	2	1	2	2
第11区				
南充	1	1	1	1
岳池	2	1	1	1
蓬安	2	2	4	4

续表

区县市别	1935年原定县等	1938年改定县等	1940年实施新县制厘定县等	1941—1945年设局改县后之县等
营山	2	2	3	3
南部	2	2	2	2
武胜	2	2	3	3
西充	3	3	4	4
仪陇	3	3	4	4
第12区				
遂宁	1	1	1	1
安岳	1	1	1	1
中江	1	1	1	1
三台	1	1	1	1
潼南	2	3	3	3
蓬溪	2	3	2	2
乐至	3	3	3	3
射洪	3	3	3	3
盐亭	3	3	4	4
第13区				
绵阳	1	1	1	1
绵竹	1	1	2	2
广汉	1	1	2	2
安县	2	2	3	3
德阳	2	2	3	3
什邡	2	2	3	3
金堂	2	2	2	2
梓潼	3	3	4	4
罗江	3	2	4	4
第14区				
剑阁	3	3	3	3
苍溪	3	3	4	4

续表

区县市别	1935年原定县等	1938年改定县等	1940年实施新县制厘定县等	1941—1945年设局改县后之县等
广元	2	2	2	3
江油	2	2	3	3
阆中	2	2	3	3
昭化	3	3	5	5
彰明	3	3	4	4
北川	3	3	6	6
平武	3	2	2	3
青川	—	—	4	4
旺苍	—	—	—	4
第15区				
达县	1	1	1	1
巴中	1	2	1	2
开江	2	2	3	3
宣汉	2	2	2	2
万源	2	2	3	3
通江	3	2	3	3
南江	3	2	4	4
第16区				
茂县	2	1	3	3
理番	1	1	2	2
懋功	1	1	4	4
松潘	1	1	2	2
汶川	3	2	4	4
靖化	2	2	2	3

注：本表未包括划归西康省属各县以及重庆中央直辖市和成都、自贡两个省辖市。

资料来源：四川省政府统计处《四川省统计提要》，1945年，第253—260页。

四川省各县等级自1935年至1945年的10年间，为适应政治、社会、经济发展的需要,时有调整。1935年,全省一等县有54县,二等县有53县,三等县有28县。1938年,全省一等县有47县,二等县有57县,三等县有31县。1940年实施新县制,重新厘定县等,全省一等县有26县,二等县有39县,三等县有32县,四等县有27县,五等县有8县,六等县有3县。迄1945年止,全省一等县有26县,二等县有34县,三等县有37县,四等县有29县,五等县有10县,六等县有3县①。随着抗战时期县制改革的完成,四川城市规模等级结构从抗战前的市县两层四级城市规模等级结构演变为了市县两层七级城市规模等级结构,城市规模等级结构更趋丰富和合理,对于密切各城市间的联系,协调各等级规模城市间的分工协作,促进区域社会经济的发展,起着积极的作用。城市规模等级结构的丰富,也适应了战时四川城市社会经济发展的需要,体现了抗战时期四川城市发展水平的提升。

(二)西康省的建立与四川城市行政建制的变化

抗战时期的四川城市行政建制体系发生较大变化,其表现是西康省的成立,重庆升为中央直辖市和自贡市的新建。

西康建省之议始于清末,由于政局变化而未能实施。1914年4月,北京政府将四川省原边东、边西两道辖区析出,新设相当于准省级的川边特别区域(治康定)。1925年2月,改名为西康特别区域。1928年6月,南京政府通过西康建省议案,改西康特别区域为西康省,但未立即实行,暂由西康特别政务委员会治理。1935年7月,始设西康建省委员会于雅安。1938年9月,划四川省宁属8县(西昌、会理、盐源、越嶲、冕宁、宁南、昭觉、盐边)1局和雅属6县(雅安、芦山、宝兴、天全、荥经、汉源)1局归西康建省委员会管辖。1939年1月1日,正式成立西康省,以康定为省会。

西康省的建立,不仅加强了中央对这一地区的管辖,巩固了西南边防,也推动了四川西部及周边民族地区的政治、经济、文化的发展,对该地区城市的发展也产生了深远影响。

康定,史称"打箭炉",为四川通西藏青海之要道,地理位置极为重要,自古为番汉交通贸易之要区。李湘农在《康藏辑要》中描述:"县城东北南三门均依山为城,海子山在城西,峰峦极高,三山围绕,二水中流,地形如釜,居民

---

① 未包括划归西康省属各县以及重庆中央直辖市和成都、自贡两个省辖市。

烟户密若蜂房,百商云集,山货极广。为西藏出入门户咽喉,实为西康陆路最大之商埠。"①由于受到自然地理条件的限制,康定与四川和西藏间的交通极为不便,虽然长期都是川藏商业贸易的重要物资集散地,但是贸易量有限,城市规模也不大。"雅安至康定不过500余里,需程7日,道狭处不能并肩而行。"②1939年国民参政会组成的川康建设视察团在其报告中写道:"西康全境,除雅安、天全两县外,可谓路无车,水无船,人力除乌拉外,绝无交通工具。"③西康建省,省府设于康定,在提高康定城市的政治行政地位的同时,又因抗战军兴,大量人口、资源迁至康定,从而加快了康定政治、经济、社会和文化的转型。特别是抗战期间,川藏公路和康青公路的修建,极大地改善了康定的对外交通条件,促进了康定城市的发展。

对于抗战期间重庆的大发展,本书有专门章节进行详尽论述,此处不再赘述。此外,自贡市的设立,也给自贡城市发展带来了新的机遇。

(三)战时四川城市人口规模的变化

抗战爆发后,南京政府迁往重庆,后定为陪都,升为中央直辖市。重庆成为了中国的战时首都和全国政治、军事、经济和文化中心,并获得了一次千载难逢的发展时机。

抗战时期,随着社会、经济的发展,四川城市的规模等级结构也发生了一定的变化,特别是在城市人口规模方面变化较为显著。抗战爆发以后,大量的东部沦陷区人民迁入四川各大中小城市,使得抗战时期四川城市人口有了较大增长。抗战时期内迁四川的人口的具体数字,众说纷纭。但无论依据何方的数据,都可以确定,抗战时期的四川曾接纳了大规模的外省移民。虽然从这一时期四川省(包括西康、重庆在内)历年的人口统计数来看,人口规模变动不大,基本保持在4850万左右,处于停滞状态④。几乎看不出外省人口流入对四川人口规模变动的影响。这应该主要是因为战争伤亡、战时恶劣的生存环境以及大量军队出川等因素带来的四川人口减少与人口流入相抵消的结果。虽然战时四川的总人口处于一个停止状态,但这一时期四川城市的

---

① 四川省康定县志编纂委员会:《康定县志》,四川辞书出版社,1995年,第41页。
② 梅心如:《西康》,正中书局,1934年,第7页。
③ 国民参政会川康建设视察团:《国民参政会川康建设视察团报告书》,《近代中国史料丛刊》,(台北)文海出版社,1966年,第387页。
④ 李世平、程贤敏:《近代四川人口》,成都出版社,1993年,第112页。

人口却有了较大发展,特别是重庆、成都、万县等城市人口的急剧增加。其原因是东中部各机关、工厂、学校等,大都内迁于城市或城郊,它为众多的外来人口提供更多的谋生手段和生存空间,因此容纳和聚集了大量的外来人口。其次,抗战期间,四川农村中普遍存在强征壮丁入伍现象,而城市人口中被抓壮丁的比例则相对较少,因此导致大量农村青壮年人口被迫逃亡到城市中以躲避征兵,也是四川城市人口猛增的重要原因。当时有人估计,滞留在全川城市(可能包括小城镇)的青年壮丁"当有百万"①。这一数据虽不一定准确,但从抗战期间重庆人口性别比例变化也可推断,当时应该是有大批青壮年男性流入了重庆市。根据相关统计,重庆市在1939年、1945年和1948年的性别比例,分别高达164、149和138,这种严重失衡的性别比例,显然主要缘于大批青壮年男性的流入②。正是由于大量外来人口的涌入带来了抗战时期四川城市人口的快速增长。

1937年7月抗战爆发之初,成都城市人口约为52万人③,重庆城市人口约为47万人④。后随着抗战的持续,外省移民大量向四川迁入,人口不断向城市聚集。1946年,重庆城市人口达124万多人⑤,为战前人口的2.63倍,开创了四川城市发展史上的新纪录。1946年成都人口为76万多人,为战前人口的1.4倍⑥。泸州、宜宾、广元等城市人口也成倍增加。

---

① 任乃强:《五百万壮丁》,《农村周报》,1947年9月3日。
② 李世平、程贤敏:《近代四川人口》,成都出版社,1993年,第113页。
③《警察旬报》(成都),第16期,1937年9月30日。
④ 四川省政府编:《四川统计月刊》,第1卷,第1期。
⑤ 陪都建设计划委员会:《陪都十年建设计划草案》,1946年,第10页。
⑥ 四川省政府编:《统计月报》,第4卷,成都,1948年。

民国时期四川各城市人口统计简表

县(市)份	调查年份	城区人口数	县(市)份	调查年份	城区人口数
重庆	1927	208294	成都	1911	327185
	1928	238423		1926	302895
	1930	253899		1933	438995
	1935	379058		1936	478563
	1937	459302		1937	499059
	1938	488628		1938	461704
	1939	415208		1939	351144
	1940	394114		1940	355326
	1941	629089		1941	377938
	1942	720340		1942	408439
	1943	885902		1943	441023
	1944	1036145		1944	538668
	1945	1203676		1945	701143
	1946(12月)	1005664		1946(12月)	726062
	1947(6月)	1013103		1947(6月)	749770
	1948	985673		1948	641243
自贡	1939	198243	康定	1947	12114
	1941	220900		1948	13685
	1943	214719	南充	1935	53478
	1944	221085		1949	60380
	1948	223327	广元	1939	23640
	1949	239715	阆中	1949	19271
万县	1937	112626	涪陵	1932	39662
	1944	175000	眉山	1935	12000余人
乐山	1922	32989	犍为	1934	9802
新都	1934	10187	彭县	1942	42785
合川	1922	55623	金堂	1935	12165

续表

县(市)份	调查年份	城区人口数	县(市)份	调查年份	城区人口数
江北	1934	49624	双流	1942	31839
	1937	62788	崇宁	1942	13535
泸县	1903	51425	汶川	1941	7359
	1930	73515	遂宁	1947	30054
	1938	76075	什邡	1934	13914
	1949	126607	丰都	1927	21180
宜宾	1934	40846	富顺	1949	18423

资料来源：根据《四川近代人口》、《自贡城市史》，中华民国《乐山县志》、《合川县志》、《广元县志》、《重修涪陵县志》，新修《富顺县志》、《阆中县志》、《南充县志》、《万县市志》、《万县商业志》，施居父《四川人口研究之新资料》、《四川月报》，第五卷，第4期，第七卷，第5期、第6期，第十卷，第3期，第十二卷，第1期，国民政府主计处统计局《统计月报》，第113—114期、第119—120期、第127—128期，1932年《涪陵县户口统计报告书》，整理。

虽然缺乏民国时期四川各城市人口的系统统计，甚至现存统计数据中也有可能存在谬误，但我们仍可以通过上表对民国时期四川各城市人口规模及其演变有一个大致的了解，从而剖析抗战时期四川城市人口规模等级及其变迁的实际情况。

从上表中可以看到，抗战时期是20世纪上半叶四川城市人口规模变动最大的时期。虽然现有统计数据中能同时记录抗战前后人口规模变动的城市并不多，但从这仅有的几组数据可以看到，这些城市的人口规模在抗战时期有了大幅度的增加，特别是重庆、成都这样的大城市，人口更是增加迅猛，达到历史的一个高峰。据统计，1947年重庆城市人口规模在全国设市城市中列第7位，成都城市人口规模在全国设市城市中列第10位，在全国城市中均位属前列[1]。如前所述，这一时期四川城市人口的快速增长主要还是由于沦陷区人口的大量内迁。据1943年统计，重庆城市人口流动性较大，是年迁入

---

[1] 国民政府主计处统计局：《统计月报》，1947年，第113—114期，第19页，"统计资料：表一，人口：表二：各大城市户口"。

市区的人口为164571人，而迁出的人口为51332人，实际净迁入人口为113239人[①]。此外，从上表中可以看到，1945年至1948年间，重庆城市人口由120余万迅速下降到98.5万，成都城市人口也从70余万下降到64万，这应该是因抗战胜利后大量东中部移民返乡所导致。由此亦可推知，抗战时期这些城市所迁入的人口数额至少应该是大于抗战后所下降的人口数额。

从上表中还可见，抗战时期四川城市人口规模的变迁波动极大，其中，1938—1940年期间，成渝两市的人口都呈下降趋势。其中，成都在1938—1939年的一年间，人口就减少了11万之多，人口减少率高达23.8%。1941年以后，成都人口逐渐回升，到1945年抗战胜利时已达70余万，1947年更是接近75万人。但到1948年时，又迅速降为64万人左右。重庆城市人口的变迁趋势也大致与此相同。抗战时期以成渝两市为代表的四川城市人口规模的波动趋势，是与战局的变迁相一致的。1938年开始，成渝两市为了防备日军空袭，政府动员居民向市郊及邻近县份疏散。尤其是1939年"五三"、"五四"日机轰炸重庆市区造成重大的生命和财产损失后，成渝两市向外县疏散人口的速度加快。1941年以后，由于日本将空军的战略重点转入太平洋战场，加之国民党空军对日机进攻的有效抵抗与遏制，日机对四川城市的空袭逐渐减少乃至停止。原来疏散出城外的人口陆续返回城内，而且随着抗战的进一步深入，从沦陷区迁入四川城市的人口亦呈增加的趋势。抗战胜利后，随着大量东中部移民的返乡，以及政府、学校和工商企业的返迁，四川城市经济普遍出现停滞乃至衰退，难以容纳更多的城市人口，导致城市人口持续减少。成渝两市，特别是重庆，作为抗战时期大后方重要的中心城市，人口在抗战胜利后更呈现出大幅下降。抗战内迁对四川城市人口规模的发展和变化的影响可见一斑。

此外，从上表中还可知，就是经过抗战时期的发展后，民国时期四川城市人口规模亦普遍不大，除重庆、成都、万县和泸县外，其余城市人口均在10万以下。5万人以上的城市亦不多，除南充、合川、江北等城市人口在5万人以上外，余皆在5万人以下。其时四川城市人口规模与沿海及长江中下游地区的城市人口规模相比较，普遍偏小，唯有重庆的发展速度可谓一枝独秀。

[①] 重庆市档案馆：《重庆市政府全宗》，卷112号。

1928年重庆的城市人口为238423人，1927年成都城市人口为302895人，成都城市人口超过重庆城市人口，约为其1.27倍。抗日战争爆发后，国民政府迁都重庆，1939年11月改重庆市为中央直辖市，1940年又将重庆定为陪都。重庆成为中国的战时首都，城市规模和人口不断增加，到1945年，重庆城市人口已达到成都城市人口的1.72倍。1946年5月国民政府还都南京后，重庆、成都两市的人口都出现大幅下降，而重庆市人口的下降幅度要大于成都市，到1948年，重庆城市人口仍为成都城市人口的1.54倍。与此同时，四川中小城市与大城市，特别是与重庆间的差距也越来越大。1930年，泸县城市人口大致为重庆城市人口的29%左右，而到1949年，泸县城市人口仅为重庆城市人口的13%左右。同样，南充在1935年城市人口为重庆城市人口的14%左右，而到1949年南充城市人口仅是重庆城市人口的6%左右。重庆的发展速度远大于其他中小城市。

抗战内迁对四川城市人口的影响不仅限于规模的扩大，更重要的是城市人口结构的变化。伴随着政府机构、工矿企业和学校等内迁而来的人口中，有大量的政府公务人员、企业家、科技人员、知识分子、文化工作者以及技术工人，对四川城市人口结构的改变带来了深刻的影响。

抗战时内迁四川的人口究竟有多少，他们的年龄结构、文化水平以及职业构成等具体情形如何，现在我们已很难有一个确切而详尽的认知。然而，根据一些当时的调查统计，我们仍可以略窥一隅。关于内迁难民的职业结构，赈济委员会运送配置难民万县总站做过一个统计，其中显示从1938年11月到1939年9月经过万县难民总站救济的难民共12.6万人，其中城市小商人占50%，工商学界占15%，农民占总数的23%[1]。另据《赈济委员会重庆难民组训委员会、重庆卫戍区各县难民情况调查表》中的统计数据，1942年在四川省涪陵的外省移民总共714人中，其中工人占据了50%，商人为15%，学生为10%，农民为25%；而在丰县地区的641位外省难民中，工人占据了54%，商人为10.5%，学生为9.5%，农民为26%[2]。此外，当时还有社会工作

---

[1]《万县难民职业统计》，载《中央日报》，1939年9月27日。
[2]《赈济委员会重庆难民组训委员会、重庆卫戍区各县难民情况调查表》，中国第二历史档案馆馆藏档案，118全宗，22卷，6分卷，转引自孙艳魁：《苦难的人流》，广西师范大学出版社，1994年，第75页。

者曾对1944年湘桂战役之后流入重庆的难民就业问题做过调查研究。在被作为取样研究对象的一个总数为719人的难民群体中,有职业者为265人,其中商贩114人,占总人数的43%,手工业者91人,占总人数的34.3%,工人22人,占总人数的8.3%,交通员11人,占总人数的4.15%,自由职业11人,占总人口数的4.15%,公务员15人,占总人数的5.7%,农民1人,占总人口数的0.4%[①]。

从以上的数据统计中,我们可以看到,抗战时期内迁四川的人口之中,大致包括农民、工人、知识分子、商人、政府职员及其他自由职业者。在上述几组统计数据中,工人所占比例可谓最大,可能与当时大量的工厂内迁四川有关,而这些工人应该大都会进入各大小城市中谋生。农民所占比例虽也不小,但与其在当时全国人口职业构成中所占比例相距甚远。尤其是在1944年重庆的调查数据中,农民所占比例更是少。这主要应是由于农民安土重迁的思想根深蒂固,而且离开土地后往往缺乏可靠的谋生技能,加之长途迁徙需要相当的财力支撑,因此在内迁四川的难民中,农民的比例不可能太高。甚至有学者还认为,能迁移到大后方的往往并不是纯粹的农民,而是地主和富农[②]。这也可以解释为何在重庆的取样调查中农民所占比例极低,毕竟重庆作为战时首都,消费水平甚高,就业竞争也更激烈,对求职者工作技能和文化水平的要求也更高。总之,内迁四川特别是流入四川城市中的难民,以掌握了一定劳动技能和具有一定文化程度者居多,这对四川城市特别是以成渝为代表的大城市人口结构的改善带来了积极的影响,促进了战时四川城市社会经济的发展。

(四)战时四川城市经济规模的变化

抗战时期的四川城市在经济规模方面也有一定的变化。在抗日战争以前的四川,由于自然地理条件的限制,交通不便,远离近代中国的经济中心,与国内外市场的联系薄弱,加之政治混乱,军阀割据,战争频仍,赋税沉重,阻碍了城市经济的发展,使得城市经济的发展远远落后于东部沿海及沿江等城市,现代资本主义工商业难以发展,除部分城市有少数规模不大的工厂外,相

[①] 窦季良:《湘桂内迁难民就业问题选样研究》,《社会工作通讯》,1945年,第4期,第21—25页。
[②] 孙艳魁:《苦难的人流》,广西师范大学出版社,1994年,第76页。

当部分城市都没有现代机器工厂。

战前四川工业统计

类别	厂数	百分比(%)	资本数(千元)	百分比(%)	工人数	百分比(%)
总计	583	100	6458	100	18710	100
缫丝工业	20	3.4	1500	23.1	6276	23.6
丝织工业	1	0.2	30	0.5	30	0.2
棉织工业	462	79.3	1130	17.5	4340	23.2
食品工业	6	1.0	390	6.1	128	0.7
火柴工业	34	5.8	446	7.0	5969	31.9
肥皂工业	18	3.1	300	4.6	400	2.1
皮革工业	3	0.5	200	3.1	270	1.4
玻璃工业	12	2.1	377	5.1	150	0.8
造纸工业	1	0.2	80	1.2	80	0.4
制卤工业	2	0.3	130	2.0	140	0.8
土石工业	2	0.3	1210	18.7	129	0.7
炼油工业	4	2.4	130	2.0	570	3.0
电器工业	2	0.3	35	0.5	18	0.1
机械工业	5	0.9	500	7.8	210	1.1
冶炼工业	1	0.2	—	—	—	—

资料来源:李紫翔《抗战以来四川之工业》,《四川经济季刊》,1943年,第1卷,第1期,第19页。

从上表可知,抗战前四川工厂数量既少,规模又小。据统计,抗战前四川的工厂数仅占全国的2.93%,工厂资本仅占全国的0.58%,工人数仅占全国的2.85%[1]。其中纺织及火柴等轻工业,在工厂数量、工人数额上都占到了90%左右,而这些工厂,绝大多数都是不使用动力的,严格而言,尚属于工场手工业性质。机器工厂在工厂数量和工人数额上不过只占到1%左右。后来

---

[1] 李紫翔:《抗战以来四川之工业》,《四川经济季刊》,1943年,第1卷,第1期,第19—23页。

发展为战时后方最大的造船厂的民生机器厂,在当时也不过是只有30个工人的机器修理厂罢了。抗战前的四川工业不发达,工厂分布也很不平衡,大部分现代工厂都分布在重庆或其附近,相当部分城市都没有现代机器工厂。同时,重庆电力公司的发电量较大,除民用外,还可提供一部分工厂动力,这是别的城市包括成都在内都没有的现象。总之,抗战爆发后,四川作为民族复兴的大后方基地,成为了国家建设规划和投资的重点,交通运输、基础设施以及工商业都得到了相应发展。特别是东中部沿海沿江的城市相继沦陷,这些地区的大中城市的部分工厂、企业、设备和技术人员纷纷内迁至四川。"四川地处西陲,工业落后,已设之工厂数量及范围均甚狭小。惟自抗战以来,沦陷区工厂内迁,及因外货来源断绝,新兴工厂乘机而起。"据经济部统计处发表,截至1944年底,已呈报登记合于工厂法之工厂,在四川省内共达2382家,资本共计25亿余元,平均每家仅有资本107万元。以工厂业务性质区分,以化学工业为最多,计670家,其次为机器工业494家,饮食品工业408家,纺织工业333家,五金工业155家,电气工业86家,冶炼工业65家,服饰品工业及印刷文具工业各58家,其他各业55家。各种工厂多集中于重庆市区,计1518家,分布全川其他各地者仅864家。自工厂设立年份分析,成立于战前者,仅占1/20,成立于战争开始以后者占19/20。1938年至1942年,新设立之工厂逐年增加,如1938年成立了77家,1939年成立了170家,1940年成立了248家,1941年成立了366家,1942年达最高峰,成立了609家。1942年以后,每年成立之工厂家数趋于减少,如1943年成立了454家,1944年仅成立了290家。自抗战以来迁入四川之工厂共达254家,截至1941年底已复工者共207家,其中以机械工业为最多计94家,化学工业33家,教育用品工业27家,纺织工业21家,其他工业32家。迁川机械材料共达45000公吨,其中以属于纺织业者为最多,计20000公吨,机械工业9980公吨,其他各业共计14800公吨。到1941年底,外来工厂迁入之技术工人共达8105人(自行来川及工厂迁入后来川者未计入),其中以机械工人最多计3900余人,纺织工人797人,化学工人688人,其余各业迁入工人3300余人[1]。

---

[1] 四川省政府统计处:《四川省统计提要》,1945年,第30—33页。

四川工厂家数及资本(截至1944年底)

类别	家数 合计	家数 四川	家数 重庆	资本(千元) 合计	资本(千元) 四川	资本(千元) 重庆
总计	2382	864	1518	2542522	1134397	1408125
化学工业	670	288	382	704012	426978	277034
机器工业	494	58	436	376252	180684	195568
饮食品工业	408	213	195	231790	163221	68569
纺织工业	333	180	153	307725	181403	126322
五金工业	155	52	103	96602	37515	59087
电器工业	86	9	77	90653	33320	57333
冶炼工业	65	38	27	618988	93580	525408
服饰品工业	58	10	48	16828	4128	12700
印刷文具工业	58	10	48	45192	8630	36562
杂项工业	55	6	49	54480	4938	49542

资料来源:四川省政府统计处《四川省统计提要》,1945年,第30页。

总之,抗战时期是四川工业发展史上的重要一页,"短短四五年的时间,使工业落后的四川'迎头而上'的走完了东南先进省区五六十年的迂缓发展的过程","从全后方战时工业上说,四川工业无疑的已占到最大的和最重要的地位"[①]。

四川战时工业在全后方之地位

类别	厂数 全后方	厂数 四川	厂数 四川对全后方之百分比(%)	资本数(元) 全后方	资本数(元) 四川	资本数(元) 四川对全后方之百分比(%)
总计	3758	1654	44.01	1939026025	1130012285	58.28
水电工业	123	24	19.51	143414236	82747292	57.69
冶炼工业	155	66	42.58	302319526	183296000	60.62

①李紫翔:《抗战以来四川之工业》,《四川经济季刊》,1943年,第1卷,第1期,第43页。

续表

类别	厂数 全后方	厂数 四川	四川对全后方之百分比(%)	资本数(元) 全后方	资本数(元) 四川	四川对全后方之百分比(%)
金属品工业	160	68	42.50	23304200	17638900	75.69
机器工业	682	332	48.68	337597611	141532436	41.92
电器工业	98	63	64.29	93044850	33220600	35.70
木材建筑工业	49	22	44.90	5668362	3144100	55.47
土石品工业	122	47	38.52	64400276	292670800	45.45
化学工业	826	370	44.79	559220372	409557243	63.24
饮食品工业	360	163	45.28	83435600	57371850	68.77
纺织工业	788	263	33.38	290508705	148010974	50.95
服饰品工业	147	54	36.73	11044040	6262426	56.70
文化工业	224	158	70.54	21422441	14496664	67.67
杂项工业	24	19	79.17	3645816	3472000	95.23

资料来源：李紫翔《抗战以来四川之工业》，《四川经济季刊》，1943年，第1卷，第1期，第37页。

在大后方及战区的国统区的战时工业中，四川的工厂数、工人及动力设备等都占到44%左右，在资本方面更占到58.26%。这说明四川已成为大后方最重要的一个工业区域，各厂平均资本亦较其他各省多。在各个工业部门中，除杂项工业及文化工业外，厂数方面，以电器工业所占比例最高，竟达64.29%。在资本方面，首推金属品业，占75.69%，而占50%以上者有化学工业、饮食品工业、冶炼工业、水电工业、木材建筑业、纺织工业及服饰品工业等。而冶炼工业与化学工业地位尤为重要。总而言之，无论从质上或量上看，各重要工业部门的一半以上的工厂都集中于四川一省。四川工业在战时后方工业中所具有的重要地位可见一斑。四川工业在抗战时期的发展状态对战时四川城市经济规模变迁产生了重要的影响。

抗战时期四川工厂不仅在数量上迅速增长，而且在空间分布上也发生了一些变化。如前所述，战前除重庆、成都等部分城市有少数规模不大的工厂外，相当部分城市都没有现代机器工厂，虽然这些工厂大多集中于重庆、成都等城市,特别是向重庆集中的格局并没有改变,但四川各大小城市也相继出现了一定数量和规模的现代机器工厂,促进了城市经济的发展和产业结构的改变。

迁川工厂之地理分布

类别	川东	川西	川中	川北	不明者
总计	324	7	2	1	11
冶炼工业	1				
机器工业	98	1	1	1	3
电器工业	15				2
化学工业	35	2			3
纺织工业	21	2			
饮食品工业	8	1	1		
文化工业	29				3
其他工业	14				
矿业	3	1			

资料来源:李紫翔《抗战以来四川之工业》,《四川经济季刊》,1943年,第1卷,第1期,第30页。

四川省各县市工厂及职工人数(不包括重庆) 1944年[1]

县市别	工厂数[2]	职员人数	工人数共计	男工	女工	县市别	工厂数[2]	职员人数	工人数共计	男工	女工
总计	1190	3119	29279	21493	7786	江津	4	49	438	358	80
成都市	52	456	3177	1870	1307	江北	11	286	1756	1171	585
自贡市	4	52	480	440	40	合川	5	46	1572	932	640
温江	1	12	12	12	—	荣昌	1	7	76	74	2
华阳	2	6	32	32	—	綦江	2	25	311	311	—
灌县	1	…	30	30	…	璧山	5	24	273	203	70
新津	1	…	…	…	…	北碚	14	146	1186	1186	—
崇庆	2	1	30	20	10	眉山	3	11	205	48	157

续表

县市别	工厂数[2]	职员人数	工人数 共计	工人数 男工	工人数 女工	县市别	工厂数[2]	职员人数	工人数 共计	工人数 男工	工人数 女工
彭县	2	6	12	12	—	彭山	3	16	130	130	—
崇宁	1	9	90	90	—	洪雅	1	6	7	7	—
资中	4	69	141	130	11	丹棱	2	9	45	45	—
内江	9	205	697	661	36	乐山	25	249	2510	1401	1109
荣县	1	…	…	…	…	犍为	4	16	40	40	—
仁寿	1	3	40	40	—	峨眉	1	…	79	71	8
简阳	1	40	60	60	—	宜宾	21	103	754	754	—
威远	3	12	31	31	—	南溪	1	…	…	…	…
永川	2	17	62	40	22	高县	1	3	11	11	…
巴县	22	345	3458	2847	611	筠连	1	18	360	280	80
泸县	11	163	1898	1350	548	南充	3	17	137	137	—
隆昌	2	5	15	15	—	岳池	1	13	113	63	50
富顺	1	…	34	29	5	遂宁	3	13	227	101	126
合江	5	46	496	246	250	中江	2	18	65	65	—
酉阳	1	…	34	29	5	兰台	1	38	817	675	142
涪陵	6	88	1121	1040	81	蓬溪	4	42	186	112	74
南川	3	33	956	306	650	射洪	3	13	99	87	12
彭水	1	12	40	40	—	绵竹	1	…	…	…	…
石柱	1	12	44	41	3	广汉	2	6	12	12	—
万县	4	10	96	96	…	安县	2	19	172	141	31
开县	1	…	…	…	…	金堂	3	5	84	84	—
云阳	1	…	…	…	…	罗江	1	10	30	30	—
大竹	2	14	63	63	—	广元	3	152	2562	2562	—
渠县	2	31	183	103	80	江油	1	12	20	20	—
广安	4	27	797	346	451	阆中	1	34	430	60	370
梁山	1	4	198	198	—	宣汉	2	9	20	20	—
邻水	2	13	38	38	—	垫江	3	13	86	76	10

注：[1]有一部分1943年所调查之材料。[2]包括合乎工厂法和不合工厂法规定之

工厂,故工厂数较工矿类工厂数为多。

资料来源:四川省政府统计处《四川省统计提要》,1945年,第34页。

从上表中可知,迁川工厂中"90%以上均在川东、靠近重庆巴县一带"[①]。重庆是战时四川工业发展最快的城市,全市工矿企业增至1690家,工业职工10万人,占当时国统区工厂总数的1/3[②]。除重庆外,各县市工厂之分布以成都市、乐山、巴县、宜宾4县市为最多,成都市有工厂52家,乐山25家,巴县22家,宜宾21家。除成都外,重庆、乐山、巴县、宜宾皆位于长江沿岸,关于长江航运对近代四川城市发展的重要影响,前文已有论述,不再赘述。总之,在抗战时期,四川城市工业虽然也有了较大的发展,各大小城市中都相继出现了数量和规模不等的现代机器工厂,促进了城市经济的发展,但对大多数城市来说,工业还是相当落后。

城市金融业的发展也是考察城市经济规模的一个重要指标。随着战时四川城市工商业的发展,战时四川的金融业也有了很大发展变化。四川金融在1935年以前非常纷乱,1935年川政统一至1937年间则渐入正轨。据1937年抗战前之调查,全省有银行16家,共设分支行及办事处105所,其中属于国家银行者32所,属于四川省银行者18所,属于民营商业银行者55所。迨抗战以后全国政治金融中心移于重庆,川省境内银行达868所,其增加原因有6个方面:第一,省外银行及各省驻首都省银行随政府迁于重庆;第二,省外迁川银行为运用资金,在川省各大商业城市设立分支行及办事处;第三,因物价高涨可借银行力量兼营商业,故新设银行增加;第四,川省旧有钱庄多改组为银行,并扩充其营业区域;第五,省银行为调剂全省金融,普设分支行;第六,自县银行法公布后,各县市银行已逐渐设齐。截至1945年底,全川868所银行分支机构中,属于国家银行者及属于各省银行者各114所,县市银行132所,合作金库115所,商业银行391所,外商银行2所。各银行之地域分布情形如下:在重庆者157所,成都市76所,自贡市36所,分布于各县者共609所。各县内之银行有多至30所者如泸县,少则1所。唯边区县份,因经济上需要较浅,尚未设立银行者计有峨边、雷波、沐川、武隆、城口、青川、旺

[①]周开庆:《四川与对日抗战》,台湾商务印书馆,1987年,第52页。
[②]重庆年鉴社编:《重庆年鉴1987》,科技文献出版社重庆分社,1987年,第3页。

苍、懋功、靖化等9县局。有关地方金融之银行计有省银行、合作金库及县市银行。本省省银行已设分支行93处,分布于85县市,合作金库115处,县市银行132处。各县市银行资本共达14200余万元,其中官股占3/10,商股占7/10。县市银行资本最大者广安县银行,计1100万元;最小者为名山及丹棱县银行,各5万元。平均县市银行资本为107万元[①]。

四川省各银行分布(1945年12月)

区县市别	银行数	区县市别	银行数	区县市别	银行数	区县市别	银行数
总计	868	内江	25	蒲江	3	南溪	3
重庆市	157	荣县	2	邛崃	3	庆符	3
成都市	76	仁寿	3	大邑	3	江安	3
自贡市	26	简阳	7	彭山	3	兴文	2
第一区共计	43	威远	2	洪雅	3	珙县	2
温江	4	井研	3	夹江	4	高县	2
成都	3	第三区共计	72	青神	2	筠连	2
华阳	2	永川	5	丹棱	2	长宁	2
灌县	7	巴县	6	名山	2	沐爱设治局	—
新津	5	江津	14	第五区共计	46	第七区共计	56
崇庆	3	江北	6	乐山	23	泸县	30
新都	5	合川	16	屏山	1	隆昌	3
郫县	5	荣昌	4	马边	1	富顺	3
双流	2	綦江	7	峨边	—	叙永	6
彭县	3	大足	3	雷波	—	合江	7
新繁	2	璧山	4	犍为	17	纳溪	3
崇宁	2	铜梁	3	峨眉	3	古宋	2
第二区共计	51	北碚管理局	4	沐川	1	古蔺	2
资中	7	第四区共计	28	第六区共计	43	第八区共计	30

[①] 四川省政府统计处:《四川省统计提要》,第115页。

续表

区县市别	银行数	区县市别	银行数	区县市别	银行数	区县市别	银行数
资阳	2	眉山	3	宜宾	25	酉阳	3
涪陵	10	邻水	3	第十三区共计	31	第十五区共计	24
丰都	3	垫江	4	绵阳	7	达县	10
南川	3	长寿	4	绵竹	3	巴中	3
彭水	2	第十一区共计	37	广汉	3	开江	2
黔江	4	南充	19	安县	2	宣汉	3
秀山	3	岳池	3	德阳	3	万源	2
石柱	2	蓬安	2	什邡	3	通江	2
武隆	—	营山	2	金堂	6	南江	2
第九区共计	34	南部	4	梓潼	2	第十六区共计	7
万县	15	武胜	2	罗江	2	茂县	3
奉节	4	西充	3	第十四区共计	34	理番	2
开县	4	仪陇	2	剑阁	2	懋功	—
忠县	3	第十二区共计	46	苍溪	2	松潘	1
巫山	2	遂宁	9	广元	11	汶川	1
巫溪	2	安岳	3	江油	7	靖化	—
云阳	4	中江	3	阆中	6		
城口	—	三台	8	昭化	2		
第十区共计	27	潼南	3	彰明	1		
大竹	3	蓬溪	3	北川	1		
渠县	6	乐至	4	平武	2		
广安	5	射洪	11	青川	—		
梁山	2	盐亭	2	旺苍	—		

资料来源：四川省政府统计处《四川省统计提要》，1945 年，第 117—118 页。

经过抗战时期的发展，四川城市工商业与金融业都有了很大发展，城市经济规模扩大。与此同时，城市经济的不平衡进一步扩大，地区城市发展差距不断增加，以重庆、成都为代表的部分中心城市得到较大发展，其余城市经济虽也有一定的发展，但与主要中心城市，特别是重庆的经济规模之间的差距却是在不断扩大,此差距在前文所列各表格已有清晰之显示。

(五)战时四川城市体系变化的特点

1.重庆的首位城市地位突出,双中心城市格局形成

在古代四川的城市体系中,无论是从城市的行政等级,还是从城市规模或繁华程度而言,成都毫无疑问是四川地区的首位城市,其作为四川地区政治、经济与文化中心的地位十分突出。直到清代中叶以后,随着以重庆为中心的川东城市的崛起,这一情况才有所改变。近代以来,重庆的经济地位不断上升,特别是在重庆开埠后,因地处长江与嘉陵江交汇处,得天独厚的地理条件,重庆成为长江上游的经济重镇,逐渐取代了成都在传统西南地区商业贸易中心的地位,一跃成为四川乃至西南的经济中心。伴随着商业贸易的发展,重庆的运输业、金融业和工业也有了很大进步。近代以后,成都的经济地位虽不及重庆,但成都作为四川的政治中心地位没有改变。因此,近代以来四川城市体系逐渐形成了成都、重庆并立的双核城市体系。抗战以后,重庆作为陪都和战时中国政治、军事、经济中心,获得了飞跃发展,无论是人口规模、经济规模、城市建设还是城市文化等各方面的发展上都与川内其他城市产生了巨大的差距,城市首位度益发突出,加剧了四川城市体系发展的不平衡,不利于四川城市的协调发展,也对区域社会经济的发展带来了不利影响。

2.城市规模普遍偏小

抗战时期,四川城市获得了较大的发展。然而,与沿海及长江中下游地区的城市相比较,除重庆、成都等个别城市外,城市规模依旧普遍偏小。就人口规模而言,如前所述,除重庆、成都、万县和泸县外,其余城市人口均在10万以下。5万人以上的城市亦不多,除南充、合川、江北在5万人以上外,余皆在5万人以下,城市人口仅有几千人的也不少见。就城市的地域规模而言,则普遍在2平方公里以下。

20世纪40年代四川部分城市建成区规模一览表

城市名	城市面积	备注
乐山	1.5平方公里	《乐山市城乡建设环境保护志》,第16页
犍为	0.6平方公里	《犍为县志》,《中国地方志集成》,第41册,民国十六年,第66页

续表

城市名	城市面积	备注
内江	2.3 平方公里	新修《内江市志》,第 111 页
南充	1.68 平方公里	《南充城乡建设志》
三台	城内面积九百余丈	《四川经济月刊》,第 11 卷,第 1、2 期,《三台城内及近郊的地理调查》
遂宁	1.1 平方公里	《遂宁县志》,第 14 编,第 479 页《城乡建设》
广元	2 平方公里	新修《广元县志》,第 74 页
宜宾	2.02 平方公里	丘信:《宜宾地价之研究》,萧铮主编:《民国二十年代大陆土地资料》,第 79 册

资料来源:田永秀《近代四川沿江中小城市研究》,四川大学博士论文,四川大学,1999 年,第 24—25 页。

3.政治军事因素对战时四川城市发展有着举足轻重的影响

抗战时期,四川作为民族复兴的后方基地,成为了国家建设规划和投资的重点,交通运输、基础设施以及工商业都得到了相应发展,特别是东中部沿海沿江城市相继沦陷,这些地区的大中城市的部分工厂、企业、设备和人口纷纷内迁至四川,促进了四川城市的快速发展。在这个过程中,政治军事因素占据了主导地位,四川城市的发展带有典型的战时经济的特征。因此,四川城市因抗战内迁而得到飞跃发展,自然也因抗战结束后,政府机构、工矿企业、教育机构等回迁,特别是国内战争的爆发而受到严重影响出现衰落。以成都、重庆为例,在城市人口方面,1945 年至 1948 年间,重庆城市人口由 120 余万迅速下降到 98.5 万,成都城市人口也从 70 余万下降到 64 万。这应该是由于抗战胜利后大量难民返乡与事业东归。在城市经济方面,据 1946 年初统计,重庆的内迁工厂中,有 122 家停业和东迁,其中以机器制造业为主,达 98 家;另有化学工业 3 家、纺织工业 1 家、电器制造业 15 家、钢铁业 3 家,其他企业 2 家。1946 年下半年有"大批工业设备,从重庆运到下游的汉口、上海和沿海地区"[①]。到 1946 年 6 月底,成都原有之造纸、化学、染织、机械等

[①] 周勇、刘景修译编:《近代重庆经济与社会发展(1876—1949)》,四川大学出版社,1987 年,第 474 页。

80余家工厂中,已有18家倒闭,其余有三分之一歇业。战时纸烟业一度兴盛,工厂达到327家,倚之为生者约10余万人,1946年4月倒闭者达230家,失业者达70000人之多,全市工商税仅达到预算的40%[①]。凡此种种,不胜列举。总之,随着抗战的结束和国内战争的爆发,四川的城市人口大幅下降,城市经济呈现衰退,体现出政治军事因素对四川城市发展的重要影响。

第三节 抗日战争与四川省会成都的发展

成都在历史上既是巴蜀地区的政治中心,也是经济中心。近代以后,成都除新式工商业落后于重庆外,都较省内其他城市发展迅速。抗战时期,成都的城市发展虽然比不上重庆,但作为四川省会,加之凭借于自身的优越条件,也成为了抗战时期大后方的重要城市之一,同样也因承受内迁之益,而发展迅速。

一、战时经济的发展

抗战时期,成都作为重要的大后方城市之一,成为人口、资金、厂矿内迁的重要目标城市之一,加上国民政府为抗战需要而制定的一些鼓励经济发展政策的实施以及市场空间的扩大,成都城市经济在抗战期间获得了较大的发展。

(一)抗战时期成都的工业

抗战前,成都地处西南一隅,交通闭塞,近代工业基础薄弱,主要集中于规模小、技术落后的传统手工业,近代机器工业数量既少,规模又小,且以纺织及火柴等轻工业为主,而这些工厂,绝大多数都是不使用动力的,严格而言,尚属于工场手工业性质。据《四川近代工业史》统计,战前成都工厂(包括机器工业和手工业工场)共有66个,其资本多在几千元到几万元之间,上百万的仅有君文印书馆[②]。

抗战爆发后,沿江沿海及港口城市部分工矿企业内迁,其中内迁、新建于

[①]《成都市工厂经营状况》,《新华日报》,1946年6月29日。
[②] 张学君、张莉红:《四川近代工业史》,四川人民出版社,1990年,第213—294页。

成都者有数十家。内迁工矿企业所带来的先进的技术、设备、雄厚的资金、专业技术人才以及先进的管理经验等，不仅直接推动了成都工业的发展，对成都本地企业也起到了积极示范作用，从而促进了成都近代工业的整体发展。此外，抗战初、中期，国民政府对大后方经济发展实行扶持政策，又由于战时交通阻隔，沿海等省外工业品及国外工业品无法进入成都，没有外来竞争的成都工业获得了前所未有的发展机遇。

抗战开始后，国民政府先后实行了一系列扶持大后方经济发展的政策，制定了《工业奖励法》。经济部于1938年6月拟定的《抗战建国之工作报告》中，提出了经济建设的五个原则，其中之一就是要充实内地生产力。在政策推动和人口、资金、技术、人才聚集，以及军需民用市场空间扩大等各项因素的作用下，抗战时期的成都工业获得了前所未有的发展。据1942年的调查，成都共有各类新式企业105家，其中化工工厂35家，食品工厂4家，卷烟工厂32家，五金工厂8家，印刷工厂13家，纺织工厂12家，电气工厂1家[①]。据1945年3月统计，成都共计有工厂330家，其属于纺织工业的22家，碱酸工业的6家，炼油工业1家，酿造工业16家，制药工业6家，造纸工业1家，制革工业1家，五金工业3家，矿冶工业2家，印刷工业10家，教育文具工业4家，建筑材料工业3家，火柴工业3家，皂烛工业7家，其他化学工业13家，电气工业1家，机械工业20家，陶瓷玻璃工业8家，食品工业7家，烟草工业177家，其他性质未详者14家[②]。

1. 迅速发展的轻工业

（1）纺织业。抗战时期，成都工业中以轻工业发展为最快，其中尤以纺织业为迅速。据有关资料统计，1935年成都长机帮开业机户约350余家，开动织机房971台，工人1712人，年产纺织品4800余匹，锦缎14800匹，织锦9260床。是年，成都有棉纱织机房30余家，资本额大多在500元左右，其中粗具规模的纺织企业有8家，资本额从3000到30000元不等，工人数从数十人到150人不等。这些企业中，使用动力机者甚少，多数仍采用手工操作的铁轮机或木机[③]。抗战间由于洋货来源断绝，内需剧增，加之裕华、申新、宝

[①]《社会调查与统计》（成都），1944年7月，第29—42页。
[②] 四川省档案馆：《四川档案史料》，1985年，第4期。
[③] 成都市总工会工人运动史研究组编：《成都工人运动史料》，第2辑，1986年。

星、大昌、大经、中和等一批实力雄厚的纺织厂内迁成都,成都纺织工业获得了迅速发展。1943年成都长机帮开业机户有1300余家,开动织机3000余台,工人6000余人,年产丝织品8000匹,织锦机房900家①。此间蜀锦始服务于大众,即丝织品品种数量结构发生了变化,主要产花缎、三纺缎、宁绸、中生纺等,其中属高档产品的金丝缎、金丝寿被仅生产110匹,而属低档产品的素缎锦被生产近20万匹。内迁成都的裕华、申新、宝星、大昌、大经、中和等5个纺织企业,共有纱锭13300枚,织布机近200台,每年为西南各省供棉纱近万件,棉布近百万米②。

(2)印刷业。1936年,成都印刷企业16家,资本额从4万到400万元不等,工厂工人从数十人到数百人不等,而抗战期间,主要印刷企业有13家,资本额均为10多万,工厂工人均1000人左右③。

(3)日用化工企业,包括火柴、肥皂、制革、造纸、燃料、玻璃、药品、酸碱业等。1937年,在蓉粗具规模者仅12家,抗战时期增到49家,据1942年统计,火柴厂有2家,制革厂4家,玻璃厂4家,动力酒精厂10家,代汽油厂2家,墨汁厂1家,硫酸厂1家,化工厂9家,骨粉厂1家,而据1945年统计,又增制药厂6家,造纸厂1家,皂烛企业7家④。由于战时资本与劳力的聚集,抗战期间,成都日用化工企业经营规模普遍扩大,资本额有高达数万元者,也有低至数千元者,产品随需求不同呈现变化。1940年以后,则以生产酒精、玻璃、血清骨粉为主⑤。

(4)食品工业。抗战前,成都食品与卷烟业的生产以手工作坊为多,1933年仅有青阳造冰厂拥有10万元的资产,采用机器生产。抗战间,成都食品工业有了较大发展,主要集中于糖米、面粉、制冰、酿造、糖果方面,据1945年3月统计,成都食品工业有三家,制冰、酿造工业16家,糖糕企业4家⑥,而卷烟业在抗战期间则迅速膨胀,主要是因制烟原料取之于成都附近,供应方便,成本低,而全省吸烟人数在抗战期间激增,卷烟销路畅旺,据1944年统计,成都

---

① 张学君、张莉红:《成都城市史》,成都出版社,1993年,第234页。
② 成都市总工会工人运动史研究组编:《成都工人运动史料》,第2辑,1986年。
③ 成都市总工会工人运动史研究组编:《成都工人运动史料》,第2辑,1986年。
④ 四川档案馆:《四川档案史料》,1985年,第4期,转自《成都城市史》,第237页。
⑤ 张学君、张莉红:《成都城市史》,成都出版社,1993年,第237页。
⑥ 赵维莱:《成都耀华食品发展回忆》,《成都文史资料选辑》,第15辑。

卷烟业有 32 家。

2. 逐步发展的大机器工业及重工业

抗战时期成都工业的发展,不仅表现为工厂数的增加,同时也表现为工业结构的变化。成都地处西南边陲,交通闭塞,接受现代化先进技术及新兴工业发展的思潮较为迟缓,工业基础薄弱,到抗战前夕,成都的工业仍大部分停留在手工业生产的阶段,现代化工厂寥寥无几,近代机器工业除官办的兵工厂、造币厂、火柴厂外,仅有民办的启明电灯公司、四川制革厂、肥皂厂等,其余主要为手工业工场或手工作坊,设备简陋,生产技术落后,不能适应社会需要。抗战爆发以后,成都大机器工业数量有所增加,电力使用范围扩大,汽油、柴油也作为动力而较为广泛使用,出现了大型动力纺织厂、面粉厂等。据 1945 年统计,成都电气工业有 1 家,机器工业有 20 家,五金工业有 3 家,矿冶业 2 家,建材业 3 家,重工业方面有蜀华实业公司、西南矿业公司。工业用电量也可视为衡量现代工业发展水平的一个重要指标。根据统计,1941 年成都启明电灯公司的发电量为 730 万度,最高负荷为 2750 瓦,比战前的 1935 年 280 万度的发电量增加了近 3 倍。用电量的大幅度增加从一定程度上反映出了当时成都现代工业的进步状况。但总体而言,彼时成都大机器工业及重工业的发展还是相当落后的,这也可从当时成都市唯一的动力供给站——成都启明电厂的电流共计分配中窥见一斑。据统计,1936 年,在总的抄见售电度数 207.28 万度中,电灯占 192.66 万度,电力占 14.61 万度,照明用电占总售电量的 95%,而用于电力者仅 5%[①]。抗战以后,随着成都现代工业的发展,工业用电量也有了显著增加。根据统计,1944 年成都启明电厂的电流共计分配中,用于电力者仅占 21.4%,其余皆用于照明、电热等用途[②]。虽然直至 20 世纪 40 年代中期,成都市工业用电量仍然不高,但较之战前,已有了迅速的增长。总之,抗战时期,成都的大机器工业及重工业也获得了相应的发展,但占成都工业主导地位的却是轻工业,成都大机器工业及重工业的发展仍然任重道远。

抗战后期,由于国民党实行专卖、限价、统购统销等经济管制政策,尤其

[①] 四川省电力工业志编辑室:《四川电业志资料汇编》1,(内部资料)1989 年,第 59 页。
[②] 张圣轩:《成都工业现状及其发展途径》,《四川经济季刊》,1944 年,第 1 卷,第 4 期,第 285—295 页。

是通货膨胀,成都工业衰落下去,而其中以民营工业为甚。这是因为:(1)后方资金由几种方式获得,国营工业由国家财政部拨给,而民营工业则由私人集资而来。(2)民营工业资金在抗战期间,尤其是后期一部分由政府拨款和发放津贴,一部分靠私家银行借贷。(3)工业资金从工业利润上积累而来,但除国营工业一切随时由国家财政开支外,民营工业的私人集资,差不多自民国三十二年工业衰落日起,即逐渐趋于衰落半停产状态。因为通货膨胀剧烈,工业利润远不及一般投机事业,渐无本利可言,所以工业界尤其是民营工业不能有效吸收私人资本,而陷入虚盈实亏的境况;又因原料稀缺,通货膨胀所导致的投机盛行,工不如商,商不如投机,社会游资及银行贷款不再投向工业,而是大量涌入商业,加上内迁工矿业、政府学校等机构的陆续返迁,人口减少,资金抽走,市场狭窄,内迁工矿业或迁或停,倒闭者甚多,工业衰落之势无法阻挡。

(二)抗战时期成都的商业

抗战期间,成都一跃而为后方重镇,大批工厂、企业、机关、学校内迁,人口激增,刺激了成都商业的快速发展,商店总数和经营范围都较前大为扩展。

抗战时期,成都商业进入兴盛期,据20世纪40年代中期统计,成都商店总数为28480家,与抗战前相比,净增15167家。增加幅度最大的是生活消费品和服务业,这是人口急剧膨胀、军需民用市场需求的结果;其次是纺织品、文化用品和金融业,它反映了地处西南边陲的成都,虽然在生产资料产销方面落后于重庆,但受到战时需求的刺激,在恢复和发展传统工业以及文化产品市场方面,出现了良好的势头。

兹将20世纪40年代中后期成都商店总数胪列如下:

食品饮食业统计

名称	总数	名称	总数
屠宰	431	中西餐馆	95
羊肉	48	糖商	165
腌卤肉品	84	水果	230
油类食品	1806	饭馆	478
甜食	118	面食	188

续表

名称	总数	名称	总数
糖果食品	195	豆腐	280
干菜	193	猪杂	58
菜蔬	1597	酒商	783
酱园	413	酿酒	22
茶叶	86	鱼类	198
特牲	121	牛奶	217

茶旅、服务业统计

名称	总数	名称	总数
旅店	725	洗染织补	79
船户	181	理发	486
浴室	22	染房	81
承揽运输	74	油漆	81
兽力车	83	货栈	155
照相	80	装置车辆	54
板车	1393	镶牙	46
汽车	36	建筑	120
茶社	614	人力车	504

日用百货业统计

名称	总数	名称	总数
瓷器	69	陶器	63
竹类	57	旧货	875
棺材	179	( )货	61
玻璃器皿	73	席箪	196
木类	112	煤	405
钟表	132	木业	110
铜器	398	山货	231

续表

名称	总数	名称	总数
肥皂	125	寄卖	48
药品	423	新药	205
皮鞋	671	彩仗	88
砖瓦	119	薪炭	189
眼镜	47	纸烟火柴	564
杂货	321	水果苗圃	56
烟商	307	煤油	27
油漆匣屏	44	百货	229
卷烟	72	制箱	65
木器	156	皂烛化妆品	112

丝、棉、麻纺织品(服装)业统计

名称	总数	名称	总数
棉絮棉线	82	估衣	167
四川丝织品	107	服装	167
棉织品	3012	麻织品	83
油绸布	48	靴鞋	249
棉花棉纱	55	丝绸呢绒布	128
刺绣	67	生丝及丝织品	1257
丝商	217	成衣	770
土布	90	火麻	296

五金制品、古玩玉器

名称	总数	名称	总数
琢磨玉器	32	五金电料	104
铜器	398	金银器	188
旧金属	145	修造机械	110
古玩玉器	68	铁器	181

文化用品统计

名称	总数	名称	总数
图书、教育用品	103	道具	65
笔墨	76	印刷	80
纸商	858	苏裱	102
影剧	16		

资料来源：解放军18集团军政治部编《成都概况》，据成都商会统计资料编印，1949年。

以上成都商店共计28480家，比战前的17497家净增了15167家，主要是由于抗战时期，企事业单位大量内迁，商品的需求量和供应量都有大幅度增大。特别是武汉沦陷后，长江货运断绝，全国市场缩小，陕西、山西等地处内陆省份的商人转向成渝两市经营，由此带来成都药材、山货等生意的兴隆。成都的几个商业街区愈加繁荣，形成典型的成都商业特色，如商业场，原系清末开办的劝业场，经1917年大火后，在原址上扩建商业、悦来和新集路三大商场，新修店铺300余间，较原来劝业场大一倍，三大商业场的匹头百货业占半数以上，匹头铺的刘万两、京货局的敬益增各以富丽堂皇和货卖堆山取胜。其他如广和参、张源记、东亚一荣锦章、乾开通、丽都等都持盈保泰，根基雄厚[①]。春熙路在抗战期间亦进入黄金时代。由于外省工业内迁，国民党官僚资本随之进入四川商业、金融业。春熙路租金扶摇直上，发展到寸土寸金，一个单间铺面的口岸最高达黄金数十到一百两。安乐寺市场与春熙路类似，是成都最大的商业、金融市场之一。抗战初期，安乐寺市场纸烟业会员有400余家，抗战末期则增至千余家。其金融市场更是繁荣于20世纪30年代，极盛于抗战期间。抗战时期一些达官贵人避难于成都，特别是他们中的一部分人拥有巨资，积极参与囤积居奇，投机倒把，加上其时通货膨胀，使得安乐寺市场投机盛行，商家均以商品期货作赌注，大搞买空卖空，一时之间呈现出畸形繁荣。1943年开放黄金市场后，从事金融投机的商人公开在安乐寺设金号交易，每日安乐黄金交易额达2000—3000两，美钞流入市场后，安乐寺又辟

[①] 陈祖湘、姜梦弼：《成都劝业场的变迁》，《成都文史资料选辑》，第3辑，第155—159页。

美钞市场①。此外还有传统商业区盐市口,钱行聚集地暑袜街等在这一时期也呈现出繁荣景象。

抗战期间成都商业之所以发达,一是由于成都地处肥沃的成都平原,有丰富的农副产品来源,手工业发达,有着传统的商业基础。二是由人口、资金的聚集效应所带来的,抗战爆发后,沦陷区人口大量内迁及农村劳动力流入城市,内迁人口主要为代表党政机关的公务人员及代表社会生产部门的农工交运人口,尤其是抗战中期由于国土大片沦丧,东部人口大规模内迁,成都人口急剧膨胀。人口的增长自然推动了消费的增长,消费的增长推动了商业的繁荣。三是战时成都机器工业、手工业的发展对成都商业的发展所起的促进作用。

抗战后期,随着国内外政治、经济形势的变化,成都商业发展呈现出病态繁荣。成都历来物产丰富,晚清以来,成都城市的物价水平大都维持一种相对较低的状态,一直持续至抗战初期。自抗战军兴以来,国民政府需用浩繁,收不抵支,尤其是抗战后期,国府财政赤字惊人,不得不靠增发通货来改变这种情况,结果导致各地物价普遍上涨。自1940年始,成都物价水平上涨日甚一日,据金陵大学经济系编制的物价指数表可看出,1937年物价指数比1936年增加15%,1938年比1937年增加16%,1939年比1938年增加38%,1940年比1939年增加284%,1941年比1940年增加249%,1942年比1941年增加296%,1943年比1942年增加305%,1944年比1943年增加369%。可见自1940年始,物价指数呈几何增长势态。其具体情况详见下表。

抗战时期成都趸售、零售物价指数(1937—1945年)

基期1937年1—6月物价指数公式简单几何平均

时期(年) 名类	1937	1938	1939	1940	1941	1942	1943	1944	1945
趸售物价指数	103	128	220	665	1769	4559	14720	56965	170379
零售物价指数	103	125	214	615	1735	4720	16416	66351	214353

---

① 陈祖湘、姜梦弼:《解放前成都最大的投机市场——安乐寺》,《成都文史资料选辑》,第10辑。

抗战时期成都生活指数(1937—1945年)

基期1937年1—6月生活指数公式加权综合式

时期(年) 名类	1937	1938	1939	1940	1941	1942	1943
生活指数	10166	11583	16830	50501	175221	279605	225348

抗战时期成都重要粮食价格指数

时期(年) 名类	1937 1—6(月)	1937 7—12(月)	1938	1939	1940	1941	1942	1943	1944	1945 1—8(月)	1945 全年
粮价指数	123	141	155	173	713	3289	5275	15814	62957	126825	128828

资料来源：分别来自于《中华民国实录》，第5019页、第5045页、第5055页。

从上表中可以清楚地看到抗战中后期成都物价上涨的趋势。抗战期间，相当部分城市沦陷，这些城市与内地失去了经济联系，由于战事影响，即使一些非沦陷区也与后方城市不能进行正常的物资往来，并导致各省物资不能相互调剂，国际交通也受到阻碍，从而引起物资缺乏；国民政府又实行通胀政策，所增发的货币只能在后方流通，后方物价上涨，法币失去信用，商人趁此机会囤积居奇，恶性膨胀便发生了，致使商业出现了畸形繁荣。自1939年始，物价波动失去平衡，商人大做生意，出现商人投机垄断专卖现象。1940年物价猛涨，经商之人更多，他们纷纷投机赚钱。此时期成都出现了"游离商人"，即商外之商，大肆投机，商人操纵市场，买空卖空，更刺激物价飞涨。此期商业资本也出现畸形发展的情形，商业资本多是从商业银行贷款而来，很多商业银行及钱庄本身也经营商业。同样，一些商号也经营银钱业，商业资本与金融资本便在这一特殊情况下结合了起来，从而进一步恶化了成都的商业发展环境。总之，抗战时期成都商业的繁荣不是建立在繁荣的生产经济上，而是建立在囤积居奇基础上。一些正常营业的商号经不住投机与通货膨胀的肆虐，纷纷倒闭，仅1944年成都倒闭的商号就有300余家，倒闭者80%

以上为呢绒业、丝织业、丝绸业、布业及百货业[①]。这种病态繁荣是以牺牲一般民众及正常商业的利益为代价的,其潜藏的危机在抗战后期马上就爆发了。1945年8月抗战胜利后,成都物价狂跌,黄金、美钞、棉纱、布匹、纸烟价格莫不惨跌,大跨之风数十年所罕见,商业处于全面萧条状态,市场一遍卖声,买者寥寥无几[②]。

(三)抗战时期成都的金融业

1935年川政统一,但成都工商业仍处于萧条惨淡之境,成都金融业仅有银号10余家。鉴于此,蒋介石、刘湘等采取了一些措施:统一川税减苛扰,1935—1936年发善后公债7000万元,建设公债4500万元[③];改进交通运输,修公路、铁路,改变了成都封闭落后的境况;稳定金融,收兑地钞,到1937年,私行所发钞票在市面上逐渐绝迹;实行法币币制统一,法币不能兑换金银,由三行(中、中、交)限制外汇,法币发行权收归中央,尤其是1935年6月川省省政府、川善后督办公署和川剿匪司令部迁蓉,使蓉又恢复了财赋聚散中心的地位。抗战爆发后,由于人口与资金的内聚及战时飞涨的物价与商业投机的刺激,战前逐渐衰落的金融业又繁荣起来,据统计,战时成都新设的银行钱庄有几十家[④]。战时信托保险业亦在西南有所发展,信托公司设于成都者有三处,即达中、大道、中孚,保险公司有6处[⑤]。总之,抗战时期是成都金融业发生重大变化的时期,新兴金融机构纷纷设立,金融市场异常繁荣。但在抗战后期,因通货膨胀,物资工商业务无法正常经营,整个经济势态趋下,金融业亦趋混乱和衰落。

新式银行是抗战期间成都金融业发展的重要组成部分。抗战前,成都金融机构以传统的票号、钱庄为主,新式银行虽有所发展,但尚未占据金融机构中的主体地位。抗战期间,"中央"、"中国"、"交通"、"农民"四大国家银行及"中央信托局"、"邮政储金汇业局"等国家行局均在成都设置分支机构,其所

[①] 刘丙吉:《三十三年四川之商业》,《四川经济季刊》,1945年,第75—80页。
[②] 成都市政协文史委等:《民国时代成都金融实况概述(中)》,《成都文史资料》,第20辑,第154页。
[③] 成都市政协文史委等:《民国时代成都金融实况概述(中)》,《成都文史资料》,第20辑,第103页。
[④] 成都市政协文史委等:《民国时代成都金融实况概述(中)》,《成都文史资料》,第20辑,第154页。
[⑤] 《中央银行月报》,1946年,第1卷,第1期,第41—69页。

拥有之雄厚资金,增强了成都金融的活力,推动了成都社会经济和工商业的发展。除国家银行外,地方银行也得到发展。1935年川政统一后,省府主席刘湘将原四川地方银行改作四川省银行,资本200万元,是年11月在重庆开业,同时设立成都分行。抗战前,成都并未设有县立银行。1938年4月,国民党政府公布"改善地方金融机构办法纲要"十条,又制定《县银行法》。是年,成都市市长陈炳光联合其他社会知名人士,发起筹组"成都市民银行",资本总额30万元,每股50元,共6000股。陈代表市政府认购2000股,其余发起人认购300股,然后向外募集,实收资本21.95万元。1942年10月,成都市长余中英又发起筹组成都市银行,1943年成立,资本500万元,市政府认股100万,其余概由本市工商界及士绅认购。成都县银行也于1942年5月注册成立,资本60万元,公股20万元,商股40万元。总之,成都市、县银行都是官商合办,官股少商股多,实际是由商界人士主持,在成都金融业中所起作用并不大。

成都商业银行在抗战期间获得了快速发展,促进了成都银行业的繁荣。抗战前,在成都金融市场占主导地位的是传统的银号、钱庄。抗战期间,省外一批资金雄厚的银行涌入成都金融市场,给因循守旧的成都金融业予以巨大冲击。从1942年开始,成都的银号钱庄逐渐向现代的银行转化,到1944—1945年间发展到高潮,改组为银行之风盛行。到1945年止,成都私营银号钱庄转化为银行的有八家。重庆银号钱庄成都分号分庄转化为银行的有3家。现代银行取代传统的银号、钱庄已是大势所趋势。

到抗战胜利时,成都市共有银行50余家,银号钱庄13家,银行数量与规模都远超过了银号钱庄,金融业的现代化程度大为提高,对促进成都战时经济的发展也起到了重要的作用。

抗战胜利时成都银行银号钱庄概况表

(1)国家和地方行局(中央银行不列入,计9户)

顺序号	名称	立设时间	创办人	分行所在地	资本	负责人	地址	备注
1	中国银行	1915		成都		孙祖瑞	东御街	后周仲卿、杨康祖
2	交通银行	1938		成都		严敦彝	暑袜北三街	后沈笑春

续表

顺序号	名称	立设时间	创办人	分行所在地	资本	负责人	地址	备注
3	农民银行	1935		成都		凤纯德	春熙路	后马考高、宁向南兼
4	中央信托局	1935		成都		杨廷森	华兴街	
5	四川省银行	1935	刘航琛	成都		何兆青	暑袜街	
6	四川合作金库	1936		成都		凤纯德 李星枢	春熙路	
7	成都市银行	1943	兰尧衢		500万元	钟干	提督东街	官商合办
8	华阳县银行	1943	王聚奎		104.58万元	李宪章	南新街	官商合办
9	成都县银行	1942	廖仲和		60万元	沈震川	青龙街	官商合办

(2) 省外商业和地方银行(13户)

顺序号	名称	立设时间	创办人	总行所在地	资本	负责人	地址	备注
1	金城银行	1938	吴鼎昌			江昌绪 邓君直	暑袜街	
2	四明银行	1941		上海		张子丰 李景韩	春熙路	
3	上海商业银行	1938	陈光甫	上海		唐庆永 孙君健	春熙路	
4	山西裕华银行	1941		天津		李自箴	提督东街	
5	云南兴文银行	1941		昆明		殷永佑 张质斋	城守东大街	
6	云南实业银行	1943		昆明		翁希古 宁季瞻	上东大街	
7	云南益华银行	1943		昆明		张金生	华兴街	

续表

顺序号	名称	立设时间	创办人	总行所在地	资本	负责人	地址	备注
8	济康银行	1940	李光普	西康雅安		孙卓章	北新街	
9	建业银行	1944	范旭东 龚再僧	上海		黄肇兴	走马街	继任经理陈祖康
10	中国通商银行	1944		上海		陈夔石	东辕门街	
11	永利银行	1944	裕大华公司			凌肃如	南新街	副经理黄鱼门
12	陕西省银行成都办事处	1938				卡敏斋	新玉沙路	
13	西康省银行	1938		西康雅安		章家麟	华兴街	继任沙善之

(3) 重庆帮银行(17户)

顺序号	名称	分行开业时间	创办人	总行所在地	资本	分行负责人	地址	备注
1	聚兴诚银行	1917	杨文光	重庆		杨子芬	华兴街	后洪范民、陈梓材
2	和成银行	1933	吴晋航	重庆		殷静僧	北新街	后柴子仁
3	美丰银行	1934	康心如	重庆		胡浚泉		后马季瑞、沈仁波
4	川盐银行	1934	刘航琛	重庆		杨叔声		后胡信诚
5	川康银行	1934	刘航琛	重庆		丁少鹤	中新街	后仲玉麟
6	四川建设银行	1943	唐式遵	重庆	300万	余次青	中新街	
7	重庆银行	1933	潘昌猷	重庆		晏仲光	春熙路	后赵丕休
8	永美厚银行	1943	汤子敬	重庆		康茂宣		银号改
9	长江银行	1941.11		重庆	200万	程英琪	春熙路	总行后移昆明
10	亚西银行	1942	陈敦甫	重庆	500万		署袜北三街	江津帮投资
11	华康银行	1944	胡子昂	重庆		刘荣卿	中新街	银号改

续表

顺序号	名称	分行开业时间	创办人	总行所在地	资本	分行负责人	地址	备注
12	同心银行	1943		重庆	500万	熊藻德	总府街	
13	通惠银行	1940	邓华民	重庆	600万	叶汉卿	华兴街	后邓微新
14	光裕银行	1942		重庆	500万	周恩骧	南沟头巷	钱庄改
15	大川银行		杨森	重庆	300万	肖寿眉	北新街	
16	四川兴业银行	1944		重庆		周星洲		重庆裕仁及成都植光钱庄改
17	胜利银行	1944	张志和	重庆		黄星桥	南新街	后由刘元塘接办

(4) 本地银行(以1946年1—6月为限,13户)

顺序号	名称	开业时间	创办人	总行所在地	资本	分行负责人	地址	备注
1	华庆丰银行	1944	陈谷生	成都	1000万	陈安策	中新街	原华丰银号改行代理内江自贡汇兑
2	华孚银行	1943	唐棣之	成都	2000万	张希杜	南新街	原华孚银号改行
3	信华银行	1944		成都				原信华银号改行
4	新亚银行	1944		成都				原新亚银号改行
5	其昌银行	1944	唐永晖	成都	1000万	王作宾	沟头巷	原其昌银号改行,雅安、康定有分支机构
6	汇通银行	1944	杨茂如	成都	4000万	夏肇康		原汇通银号改行,沪、汉、渝皆有分支机构
7	福川银行	1942	陈益廷	成都				原福川银号改行,沪、渝有分支机构
8	成益银行	1944	刘文成	成都		陈清极		原成益银号改行
9	族昌银行	1945	彭光汗	成都	2000万		东安里	原族昌银号改行
10	克胜银行	1945		成都	1400万	张称延	中东大街	原克胜银号改行
11	豫康银行	1944	兰尧口	成都	4000万	朱君昌		原豫康银号改行

续表

顺序号	名称	开业时间	创办人	总行所在地	资本	分行负责人	地址	备注
12	成都商业银行	1939	陈炳光	成都		林竹村	北新街	原市民银行改行,上海设有分行
13	华侨兴业银行	1944		成都			中新街	

附两家停歇的银行

名称	设立时间	创办人	总行所在地	资本	负责人	地址	备注
成都市民银行	1938	陈炳光	成都	30万元		北新街	先是官商合办,后改为成都商业银行
互利信托公司银行部	1942	杨尚周	成都	120万元	卢正权	提督街	1944年停止交换吊销执照

资料来源:成都市政协文史委等《民国时代成都金融实况概述》(中),《成都文史资料》,第20辑。

抗战后期,战事耗费巨大,加上1942年海运不通,缅甸失守后,金华陷落,陆运又不通,成都物资奇缺,国府又实行通胀政策,成都物价飞涨不已。这从前文中的物价指数表中就可以看出来。央行因物价飞涨只好发行大面额纸币,大量发行25元、50元、100元券,1942年1—6月发行1.9亿元,到当年12月底已经发行5.36亿元。物价飞涨时期的法币信用大跌,成都金融业陷入了困境。

通胀期间出现了银钱业化名经商和囤积物资的局面,随着法币的贬值,各银号钱庄仓库业务发展起来,开办储粮、油料及土特产业务。银行亦借有仓库之便,购储物资,兼营商业,囤积货物以谋利求生存。1943年黄金市场开放后,投机愈加盛行,金融混乱。由于法币贬值厉害,黄金黑市公开后,黄金存款成为热门。盟军空军来蓉后,美钞进入市面,金钞市价不断上涨,投机商、金融界角逐于金钞市场,资本空虚的行庄多从事买空卖空的期货交易。1943—1945年金钞涨势惊人,渝、昆、蓉投机盛行,银钱正常业务无法进行,黑市利息极高,游资涌入买空卖空的期货交易中去,银行资金来源日穷。又因市场实际购买力日益薄弱,银行营业清淡,加上工业凋敝,行庄不愿对手工业放款,而商业放款又危险,于是资力较雄厚的行庄把大部分资金用于保存金银,小部分用于营业谋活路,营业收入低,行庄处境困难,危机四伏。

1945年8月抗战胜利后,成都物价狂跌,金钞亦猛跌,棉布、纸烟等日常用品价格莫不惨跌,大跨之风数十年所罕见。而成都银钱业又多将其业务放在商业上,存放款以商业为对象,行庄本身在通货膨胀间又掌握有部分美钞及其他货物,物价惨跌后,有半数以上行庄周转失灵,放出之款亦无法收回,而存款又被大量提现,借款要偿还,金融业出现了崩溃的局面。

二、战时人口的增长与社会群体的变迁

抗战时期,大量东部沦陷区的人口内迁成都,不仅促进了成都城市人口持续增长,也给成都带来了人口结构的变化和社会意识、社会生活的变革。

抗日战争爆发,大批政府机关、工厂、企业、文化团体、学校以及难民等内迁成都。抗日战争结束后,虽然一些机关、工厂、学校迁返原地,但成都城市人口仍呈增长趋势,城市人口规模较战前有了大幅增长。

1937年4月—1949年成都城市人口变动表

年月	户数	男	女	男女合计	增减数
1937.4	86440	305509	214099	519608	
1937.5	86415	305368	214036	519404	-204
1937.6	86185	304915	2130707	518622	-818
1937.7	85916	304361	213172	517533	-1089
1937.8	84639	269857	213939	483796	-33737
1937.9	84129	268557	213115	481672	-2124
1937.10	80721	264469	206123	470592	-11080
1937.11	81226	256640	206900	463540	-7052
1937.12	81081	256356	207789	463145	-395
1938.1	81384	256701	207490	464191	-1046
1938.2	81278	256426	207200	463626	-565
1938.3	81207	256259	206944	463239	-387
1938.4	81354	257014	207136	464150	911

续表

年月	户数	男	女	男女合计	增减数
1938.5	81549	257492	207506	464990	849
1938.6	81928	257956	207870	465826	827
1938.7	82239	258883	208346	467229	1403
1938.8	82656	259666	208629	468295	1066
1938.9	82639	246956	205361	452317	-15978
1938.10	83122	248440	206343	454783	2466
1938.11	83454	249056	206801	455857	1074
1938.12	84068	250403	208073	458476	2621
1939.2				467585	9109
1939.6	72079	190542	160692	351155	-116441
1939.9				312729	-38217
1940.	77855	201565	153761	355326	42597
1941.	88088	216547	161391	377938	22612
1942.1	98667	232303	164979	397282	19344
1942.2	99137	233464	165755	399219	1937
1942.3	99270	234207	166090	400387	1168
1942.4	98915	234507	165489	400266	-121
1942.5	98730	234629	165489	400118	-148
1942.6	98750	235076	165470	400546	428
1942.7	98974	235409	165759	401168	622
1942.8	99138	235912	166012	401902	756
1942.9	99486	236555	166459	403014	1090
1942.10	99819	237355	166844	404199	1185
1942.11	99860	254687	181926	436613	32414
1942.12	97479	267905	189531	456536	19923
1943.	100891	258196	182827	441023	-15513
1943.10	107047	294532	208915	503447	62424
		311484	211950	523434	19987
1944.	109970	316267	222401	538668	15234

续表

年月	户数	男	女	男女合计	增减数
1944.12	113560			620302	81634
1945.2	214187	392772	249357	642129	21827
1945.	214200	402868	249357	652225	10096
1945.6	226271	431416	275400	706816	54591
1945.9	230101	435922	278238	714159	7343
1945.10	231988	438603	279448	718051	3892
1945.12	239631			742188	24137
1946.	224339	422705	278438	701143	-41045
1946.6	227947	425751	282924	708675	7532
1946.12	234145	436179	289883	726026	17387
1947.5	241404	448486	299037	747793	21731
1947.6	242087	449575	300195	74990	1977
1948	125603			641243	-108527
1948.6	117586	370910	276967	647877	6615
1949.10	126247	383809	273111	656920	9043

资料来源:《警察半月刊》,《警察旬刊》,《四川统计月刊》1—2 卷,《成都市》,第 1—4 期,《成都市政统计》1942 年度,《统计月报》,第 78、117、118、129、130 号,《四川统计年鉴》1946 年度。

说明:1945 年 2 月,户数增加的原因,为户籍登记立户标准改变,过去同居同吃则为一户,不同人口以住所居为申请登记的标准,视以一家为一户,人口统计也用科学计算法,借用四川大学计算机整理,完全剔除重复人口,故人口数也较为准确。参见刘元祥:《户籍在行政上之重要性》,《成都市》,第 2 期,1945 年。

从上表中可见,抗战时期成都城市人口规模的变迁是呈曲线波动的。其中,1939 年 9 月份,是抗战时期成都人口最少的时段,仅为 312729 人,比清末人口还要少 43%[1]。主要因为抗战以来,成都经济和社会文化教育事业等都

---

[1] 何一民:《变革与发展:中国内陆城市成都现代化研究》,四川大学出版社,2002 年 4 月,第 583 页。

得到迅速的发展,成都城市基础设施建设也得到改善,城市人口呈持续增长趋势。而1938年底到1939年成都几次遭到日军的空袭,为了防备日军空袭,政府动员居民向市郊及邻近县份疏散,因此成都市区人口出现较大幅度的减少。1941年以后,由于日本将空军的战略重点转入太平洋战场,加之国民党空军对日的有效抵抗与遏制,因此日机对成都的空袭逐渐减少乃至停止。原来疏散出城外的人口陆续返回城内,而且随着抗日战争的扩大,从沦陷区迁入成都的人口亦呈增加的趋势。1946年,抗战胜利,许多迁川移民陆续返回原地,成都人口由上升转为下降,但下降的幅度并非一些著作或人们所想象那样大,1946年12月,成都仍有726062人,仅比上年同月减少2.2%,净减少16126人。抗战胜利后,四川外出军人复员以及各地商人平民、农民对未来发展抱有较高的希望,纷纷涌入成都,故1947年,成都人口又出现新的增长。1947年5月,成都城市人口增至747793人,较1946年12月净增加21731人。6月,成都城市人口继续上升到749770人,达历史上成都城市人口最高点,为清末成都城市人口的2.18倍,为战前成都城市人口的1.44倍。

抗战时期,大量东部沦陷区的人口内迁,不仅促使了成都人口数量迅速增加,而且还改变了城市人口结构,即城市人口的年龄构成、性别比例、受教育程度、职业分类等方面的变化。

成都人口性别比例在民国以来一直呈失衡状态,这主要应该归结于民国以来四川农村社会经济衰落、农村社会普遍贫困化。而成都作为省会所在,社会经济相对发达,谋生相对较易,因而导致大批农村人口涌入成都。另一方面,彼时无论是职业需求,还是社会文化影响,成都城市为男性劳动力提供了更多的就业机会,因此,成都城市人口性别比例失调现象由来已久。抗战以来,随着大量内迁难民进入成都,而难民中男性占据了多数,加之抗战期间,四川农村中普遍存在强征壮丁入伍现象,而城市人口中被抓壮丁的比例则相对较少,因此导致大量农村青壮年人口被迫逃亡到城市中以躲避征兵。因此,抗战期间成都人口性别比例失衡现象进一步加剧。

民国时期成都人口性别比例变化统计表

年份	男性	女性	性别比例
1926	176746	126149	140.0
1933	221189	219570	100.7
1936	270824	207739	130.4
1937	304361	213372	142.7
1939	190542	160672	118.6
1940	201565	153761	131
1941	216547	161391	134.1
1942	232303	164979	138.3
1943	294532	208915	141
1944	316267	222401	142.2
1945	438603	297448	157
1946	436179	289883	150
1947	449537	300195	150
1948	370910	276967	134
1949	383809	273111	140

资料来源：施居父《四川人口数字研究之新资料》；《成都市政年鉴》，第1期；《四川省会公安局工作年报》1934年。转引自何一民：《变革与发展：中国内陆城市成都现代化研究》，四川大学出版社，2002年，第602页。

从上表中可知，虽然成都人口性别比例在民国以来一直呈失衡状态，但具体比值却处于不断变化中。就抗战以来而言，1939年是比值最低的一年，这主要是由于当时为了防备日军空袭，政府动员居民向市郊及邻近县份疏散，因此成都人口出现较大幅度的减少。显然，这些疏散出成都的人口中，又以男性为主。正如前文所述，民国以来，特别是抗战以来，成都市人口性别比例居高不下的重要原因，在于大量外来男性的涌入，而非人口的自然繁衍导致。因此，1939年成都城市人口性别比例比1937年下降了24.1个百分比，成为民国以来最低。后又随人口的逐渐回迁，使得成都城市人口性别比例不断攀升，至1945年达到157，为民国以来最高。人口性别比的严重失衡，不仅给成都城市居民的婚姻生活带来了较大的压力,增加了社会不安定因素,也不利于城市人口的正常再生产。

在人口年龄构成方面,中青年人口占据了城市人口的大多数。根据1938年的相关统计数据,当年成都全市总人口为452317人,其中15岁以下人口为124315人,占全市总人口的27.48%;15—59岁人口为298648人,占全市总人口的66.03%;60岁以上人口为29354人,占全市总人口的6.49%[1]。1938年成都城市人口的这种人口比例,或许与城市人口的机械增长相关。中青年人口占据了城市人口的大多数,为城市社会经济的发展提供了丰富的人力资源,同时,也增加了城市的就业压力。

抗战时期,由于大批政府机关、工厂、企业、文化团体、学校的内迁和成都城市经济的发展,成都城市人口的职业结构也发生了相应的变化。

1938年和1941年成都市人口的职业结构

职业类别	1938年 人数(人)	1938年 比例(%)	1941年 人数(人)	1941年 比例(%)
农业	1982	0.7	2484	1.0
工业	58510	19.6	47886	18.8
商业	80466	26.9	58583	23.0
矿业	114	0.004	167	0.007
公务	12440	4.2	17173	6.7
交通运输	26439	8.8	3247	1.3
自由职业	15634	5.2	8614	3.4
人事服务	90063	30.1	87890	34.4
失业	7368	2.5	29270	11.5
未详	5990	2.0	58559	22.9
合计	299006	100	255254	100

资料来源:1938年资料来自《四川统计月刊》1卷1期14—15页。1941年资料引自《社会调查与统计》,第20页,民国三十年10月"成都市12岁以上常住人口之职业分配

---

[1]《四川统计月刊》,1939年,第1卷,第2期。

表"。注:本职业分类中,(1)交通运输包括邮电、跨政、航务、转运、堆栈、挑换;(2)公务业包括:党务、政治、军事、警察;(3)人事服务包括:家庭管理、侍从庸役及其他;(4)自由职业包括:教育、国医、西医、律师、会计师、工程师、新闻、僧侣教徒等,转自《近代四川人口》。

从上表可以看出,各种职业人口中,比例最高者为人事服务从业人员,1938年高达30.1%,1941年上升到34.4%。这主要是成都作为省会城市,富裕家庭相对较多,不仅富商官员、城居地主等家庭需要雇用服务人员,大多数中等商人、公教人员、律师及企业管理人员等家庭亦需雇用仆役、保姆、杂工,而这些被雇用人员多为进城谋生的农村男女劳动力,取其工资低廉且吃苦耐劳。其次为商业和工业人员。1938年,商业从业人员占成都城市职业总人口的26.9%,1941年占23%,如前所述,抗战时期成都商业发展迅速,因此,商业从业人员比例较高。工业人口比例1938年占19.6%,1941年占18.8%,表明成都工业从1938年到1941年有萎缩的趋势,很可能是通胀及其他因素造成,而工业人口中大部分都是手工业从业人口。据《四川统计月刊》载,1938年成都市近代工厂仅17个,职工864人,占工人总数的3.18%,手工业从业人口比例占90%以上。虽然1941年工业人口比例小于1938年的人数,但1938年以后,近代工业有所增加,如1939年新建工厂4个。因此工业人口比例的多寡并不能完全反映1938—1941年间成都的工业发展状况。成都市公务人员的比例则由1938年的4.2%增加到1941年的6.7%,从业人数净增加4000余人。这是由于抗战开始以后,成都作为大后方的重要城市,又是四川省会所在,其行政功能日益扩大,加之部分政府机关内迁至此,导致行政部门和机构的数量增多,规模日渐庞大,从事行政、党务、政工、警察、军事的公务人员亦相应大量增加。总之,从抗战时期成都市人口的职业结构看,成都仍然不能算作以现代产业经济为主体的城市,而只能算作以商业、服务业和行政为主体的城市。

抗战期间,一批学校机关、文化团体和工厂公司迁入成都,而这些部门团体的职业人口文化素质往往相对较高。因此,他们的迁住在一定程度上改变了成都城市人口的文化教育构成。此外,抗战期间,由于内迁院校的推动、抗战文化的影响以及政府的政策引导等多重因素的作用下,成都的教育事业得以蓬勃发展,推动了成都城市人口教育水平的提高。

1936年成都城市人口教育程度统计

教育程度		百分比(%)		人口		
				共计	男	女
曾受教育	总计	100	49.72	236594	160787	75807
	留学	0.06	0.03	148	85	63
	大学或专门	2.32	1.15	5484	4644	840
	中学	9.40	4.69	22292	15457	6835
	小学	27.3	13.58	64598	38644	25954
	私塾	12.9	6.40	30436	21986	8450
	幼稚园	5.0	2.50	11900	6462	5438
	初识字	43.0	21.38	101734	73507	28227
不识字		50.28		239214	108315	130899
全市人口		100		475808	269102	206706

资料来源:《警务月刊》创刊号,1937年6月。

1938年成都城市人口教育程度统计

教育程度			百分比(%)		人口		
					共计	男	女
全市人口			100		452317	24956	205361
曾受教育	合计		61.002	100	276019	170782	105237
	高等	毕业	1.47	2.41	6658	4690	1968
		肄业	1.60	2.62	7238	4995	2243
	中等	毕业	4.50	7.38	20367	13679	6688
		肄业	5.59	9.16	25293	16117	9176
	初等	毕业	9.37	15.35	42370	25574	16796
		肄业	11.42	18.72	51668	29528	22140
	初识字		27.07	44.35	122425	76199	46226
不识字			36.04		163030	69113	93917

续表

教育程度	人口			
	百分比(%)	共计	男	女
未详	2.93	13268	7061	6207

资料来源:四川省会警察局调查,载《四川统计月刊》1939年,第1卷,第2期。

1946年成都城市人口教育统计

教育程度	毕业	肄业	合计	百分比
高等教育	8952	6778	15730	2.97%
高中教育	14447	13771	28218	5.3%
初中教育	22642	23875	46517	8.8%
高小教育	33025	35018	68043	12.8%
初小教育	37260	47301	84561	16%
私塾教育	109531		109531	20.7%
合计	225857	126683	352540	66.6%
不识字	176329		176329	33.4%
全市人	529711		529711	100%

资料来源:成都市警察局户政室1948年12月《成都市人口统计》。

1946年成都城市人口与四川人口教育程度百分比比较表

教育程度	成都城市人口(%)	四川人口(%)
总计	100	100
高等教育	2.97	0.08
中等教育	14.1	1.98
初等教育	49.5	23.77
不识字	33.4	74.17

资料来源:成都人口据成都市警察局户政室《1946年12月成都市人口统计》,四川人口据《四川省统计年鉴》,1946年。

从以上各表中可知,与战前的1936年相比,1938年成都城市人口教育程度在短短两年内发生了很大变化。其中,不识字人口占全市人口总数从1936年的50.28%下降为38.98%,到1946年更下降为33.4%,变化极为显著。其次,1938年成都城市中接受了高等教育的人口比例较1936年高2个百分点,接受了中等教育的人口比例较1936年高7个百分点。成都城市人口教育程度在短时间之内得到显著提升,显然主要得利于战时内迁而来的受教育水平相对较高的人群所导致的机械增长。此外,抗战期间成都教育水平的提高,也是成都城市人口教育程度提升的重要原因之一。从上表中显示的1946年的相关统计数据中可以看到,当时成都城市人口受教育程度远高于全省平均水平。1946年成都城市人口中受过高等教育者的比例较全川平均水平高近3个百分点,受过中等教育者的比例较全川平均水平高近12个百分点,受过初等教育者的比例较全川平均水平高近25个百分点,而不识字者的比例则较全川平均水平低近40个百分点。二者之间差距可谓巨大,这一方面说明民国时期四川的广大地区,特别是农村地区的教育水平仍然十分落后;另一方面,也反映出同时期成都城市教育水平的相对发达和城市人口的文化素质相对较高。这种极其不均衡的水平差异,体现了近代以来中国城市和乡村发展的脱节,而抗战时期内迁人口和资源向城市,特别是成都这样的后方省会大城市集中,又进一步加剧了这种不平衡。总之,抗战以来,成都城市人口教育程度较战前有了显著提升,这对于成都社会经济文化的发展和社会变迁都产生了积极的作用和深远的影响。

三、战时市政建设与城市管理

抗战时期,随着成都城市经济的发展和人口的不断增加,成都的城市规模也逐渐扩大,城市市政建设也出现了较大的发展。

随着抗战内迁,大批机关、学校、工厂的迁入,以及人口激增和经济的快速发展,成都原有的城区日益狭隘拥挤,已不能适应城市发展的需要,因此抗战期间,四川省政府会同成都市,多次召开会议,重新勘划市区,以求适应城市发展之需要,经过多次重新划界后,成都城市面积大大扩展,奠定了以后数十年成都城市发展的地域空间格局基础。

1936年11月2日,经省府民政厅召集成都市县划界会议议决,"重行勘划市区,以求适应交通建设需要"①。其后由四川省民政厅和建设厅与成都市政府、成都县和华阳县两县府,各派专员会同勘划,次年勘划完成。1937年勘定的市区界线为东至多宝寺,南至白药厂八仙桥,北至凤凰山飞机场,西至罗家碾化成桥,将成华乡区划入市区管辖范围较多,总计面积约138000亩。是当时成都市政府所管辖区域的5倍多。

1940年初,四川省政府召开成都市划界审查会议,重新决定划界原则,组织勘界组重新勘划。1940年4月24日,四川省政府举行勘界组会议,决定由省府民政厅代表赵晋民会同成都市政府代表、成都县及华阳县代表组成成都市勘界组,由赵晋民任组长,再次对原定市界进行勘查。此次勘定市区界线为东至牛市口车站前的碉堡,新东门至猛追湾志城商业学校之后,北门至平桥子碉堡,老西门犀角河,新西门至青羊宫送仙桥,老南门至旧衣冠庙之鸭公桥,新南门至御营碉,全市区域面积约为64400亩左右,较前扩大1倍多。②

成都市历次划界经过

年别	历次面积起讫处				结果
	极东	极南	极西	极北	
1937年	乌龟桥	红牌楼	化成桥	凤凰山麓	未予交拨,停顿至1940年始奉省令重新勘划
1940年	牛市口	刘故主席墓园	犀角河	平桥子	延未交拨,迄至1943年6月复奉省令准将新市区界内官公营庙产先行移交
1943年6月	牛市口	刘故主席墓园	犀角河	平桥子	除华阳县移交一部分学产外,其余均未交拨
1944年9月	牛市口	刘故主席墓园	犀角河	平桥子	奉省令提示筹订各项彻底解决办法,限于本年9月30日前将核定改划各地分划交拨清楚,汇报现正积极商同成华两县办理

资料来源:《成都市》创刊号,1945年3月,第29页。

---

① 《成都市政府施政概况报告书》,《成都市政月刊》,第1卷,第5期,1939年9月。
② 《成都市政府施政概况报告书》,《成都市政月刊》,第1卷,第5期,1939年9月。

成都市历次划界变更比较表（1937—1944年）

面积	1937年内政部规定接收市区	1940年省府规定接收市区	1944年管辖市区
市亩	138000	64400	27371
市里^2	368	171.73	72
公里^2	92	42.93	18.25

资料来源：《成都市》创刊号，1945年3月。

1945年，四川省政府再次饬令成都市政府和成都县、华阳县会商划界交割地域，这一次三市县终于取得了一致的意见，并编造各项移交土地、田赋、户口、保甲图册等，于1945年6月30日正式交割，计成都县拨交成都市政府的土地为4247.98亩，共23保，190甲；华阳县拨交成都市政府的土地为4301.95亩，共19保，92甲。这样成都市政府所管辖的区域扩大为35919亩，尽管比1937年和1940年所勘定的市域小得多，但终于较前有所扩大。接收成、华两县移交的新市域后，即将原市属附城的几镇与之合并，改为六区，即原外东的紫东镇与华阳所划入的新东郊各保合并为第九区；原水津、大安两镇与华阳新交的白塔各保合并为第十区；原得胜镇改为第十一区；原外南万里镇同部分新接收的地区合并为第十二区；原江源、青羊两镇及部分附近新接收的地区合并为第十三区；原万福镇与附近部分新接收的地区合并为第十四区。经过多次划拨后，成都城市占地规模大大扩展，并为成都社会经济的发展提供了新的空间载体。

抗战期间成都城市规划与建设中最为重要的成果之一就是成都新村的规划与建设。1936年，针对成都城市人口日益增多，城区越来越拥挤的状况，四川省政府提出了建设"成都新村"的计划，即在成都城郊按功能进行分区建设。该计划分城北火车站附近一带为工业区，城内及城东牛市口、沙河铺一带为商业区，城南一带为居住区[①]。"成都新村"计划是近代以来成都城市第一个区域性的城市发展规划，其所提出的按功能分区的规划理念对后来成都城市的发展有着重要的影响。不过，由于成都新村计划规模过于庞大，当时

[①]陈乐桥：《建设"新成都"与都市计划》，《成都市政府周报》，第1卷，第10期，1939年3月11日。

政府力有未逮,未能全面施行,只在城南的居住区规划建设了新南门外的"新村"和老南门外的"蓉村"。成都新村的规划与建设在成都首次尝试了现代城市功能分区规划的理念,以道路建设为先导,统一规划,统一建设,不仅扩大了城区范围,带动郊区发展,既在一定程度上缓解了城市住宅压力,又开创了成都城市规划和建设上的一个新模式。

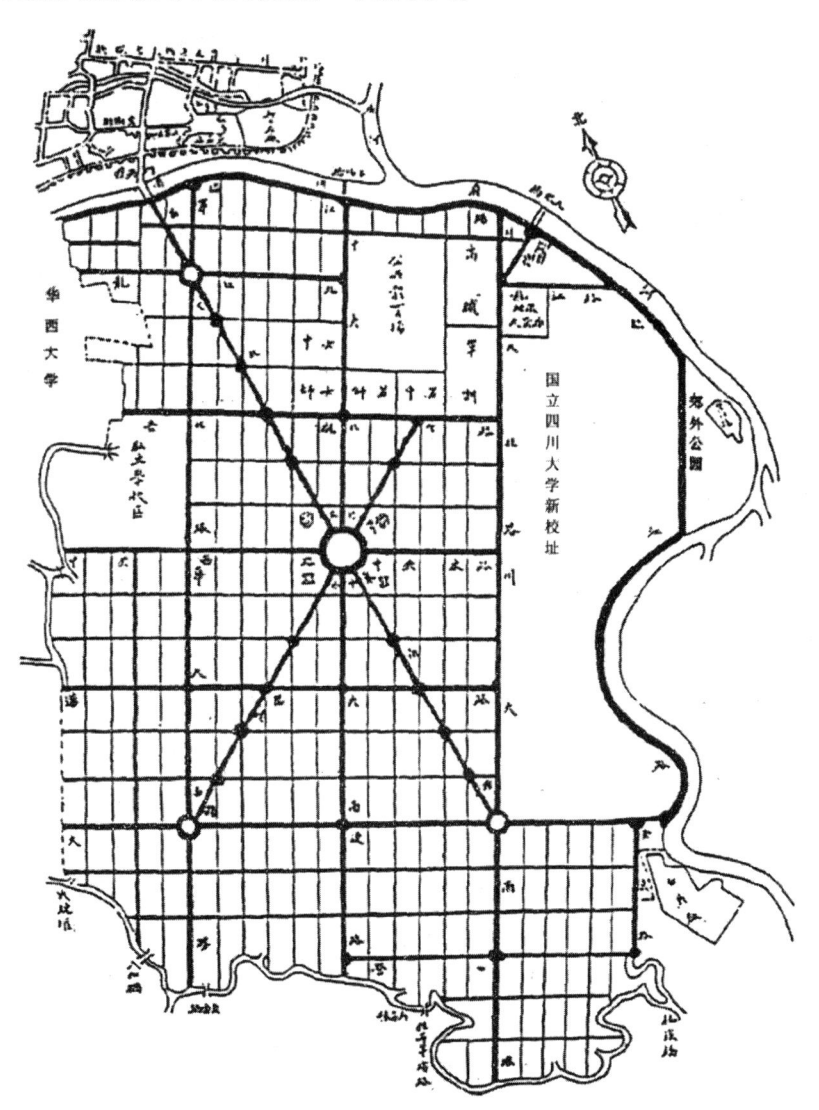

成都市新村建筑计划及其第一期第一次工程　道路系统图

图片来源:成都市地方志编纂委员会:《成都市志·勘测志》,中国建筑工业出版社,1997年125页。

抗战期间，大量人口的涌入和城市经济的发展，使成都原有的市政设施已无法满足城市发展的需求。为适应城市快速发展的需要，成都市政府加强了市政建设，城市道路与交通得到了改善，城市公用设施也得以完善。

城市道路的建设是抗战时期成都市政建设的重要内容。抗战时期的成都市政府不仅修建了贯通全城的四条干路和环城道路，还对市区内已有的道路进行了翻修改良，改善了成都城市的交通条件。1936年，成都市政府拟定了成都市道路计划，重新设计了贯通成都市全城的四条干路，这为其后成都城市街道建设起了重要的指导作用。抗战期间，四条干路先后动工兴建，到1944年止，四条干路基本完成。东干路：由本市东界小桥子起，从得胜场入东门，经东大街、东御街、祠堂街、顺河街、达通惠门，与环城路连接。东干路全长约7000米，到1944年，此一干路除小桥子至得胜场，祠堂街西口至通惠门一段未修筑外，其余各段全部修通。南干路：自本市南界元通桥起，经洗面桥入城，经南大街、红照壁、光华街口，直达盐市口，与东干路连接。南干路全长约4910米，但至1944年仅修通南大街三段，其余均因经费无着而未能续修。北干路：自北界驷马桥起，经簸箕街入北门，经青果街、北大街、上下草市街、上下锣锅巷、中顺城街、皮房街、盐市口，与东干路连接。北干路全长4800米。至1944年，此条干路除玉带桥一段外，全部修通。西干路：自西界犀角河刘家花园起，经花牌坊、石灰街入西门，经西大街、八宝街、青龙街，直通玉带桥、白丝街、忠烈祠街、岳府街、骆公祠、燕鲁公所、新巷子、四圣祠西街、武城门大街，与环城路相接。西干路全长约7100米，但至1944年，仅修了玉带桥附近的一小段路。1936年的成都道路规划中还设计了环城道路，第一环是紧靠城墙，设计长度约15公里，路宽10米；第二环为环绕市行政区域的道路，全长约55公里，设计路宽约6米，路质为沙石路。受实际条件局限，最后付诸实施的只有第一环道路的建设。1938年起，先后修通了故通惠门至老西门，老西门至北门两段路。其后又修筑了北门至曹家巷及曹家巷至新东门天祥寺，全长约3670多米。1943年，又修通新南门外自新村起经九眼桥，至东干道一心桥段，全长2353米。同时新村之南也与外南簧门街道路连接，直达通惠门道路。一心桥以东利用东干道向北与椒子街贯通连接，从而整条环城路回环贯通，全长15公里，初步奠下了现代成都内环路和一环路的基本格局。

成都市旧有街巷道路，年久失修。抗战以来成都市政府较为重视市内街道的修补、翻修与拓宽。1938年一年就共计修补308条街道,修补面积达9万多平方米①。其后由于物价上涨,财政经费困难,修路、补路等市政工程也受到严重影响,如1944年修、补街道虽然达381条,但是总面积仅62814平方米,较原定计划减少了近1/3。由于经费有限,市政府只能对一些主要街道进行维修、翻修,如于1940年翻修了春熙路西、南、北三段;1943年翻修了东大街、顺城街、盐市口、东御街等街道。在对旧有街道养护的同时,市政府有关部门还制定了街道拓宽计划,该计划将成都市的街道除干道外,划分为甲、乙、丙及里巷四等,每条街都划定红线,每遇修建门面,都必须按规定退让。这样"数年以来,皆照此计划进行。故于人民无重大损伤,而交通已便利多多矣"。到1944年,成都市"现全市684街,其未扩修者仅余偏僻最少数之街巷"。②经过多次修补、翻修与拓宽,抗战期间成都城市街道建设有了较大进步和发展,但是如果与同时期的重庆相比,则仍然有较大的距离。总的说来,抗战时期成都街道仍很狭窄,建筑标准较低,质量不高。

城市道路的改善为抗战时期成都城市交通的发展提供了有利条件。加之,此期,成都的经济也较前有了较大的发展,城市人口大幅增加。这些都成为推动成都城市交通发展的重要原因。其中,投资少,不受能源短缺影响,小巧灵活的人力车再次获得发展的机遇,进入黄金发展时期。1937年,成都有人力车公司、车行221家,有车大约6000余辆,车工大约13000余人。随着抗战的不断深入,人口不断增多,人力车也不断增加,大街小巷遍布人力车,政府有关部门一度采取措施,限制立案,规定成都市人力车的最高数量为8106辆。但行政命令并不能阻止人力车的发展。1942年成都市的人力车达到9680辆,其中营业车8106辆,私有自用车1574辆。③到1945年,成都的人力车公司、车行大约有700家,有车11260多辆,车工约3万余人。④抗战以前,由于旧政治势力、习惯保守势力和落后经济的限制,成都现代新兴交通工具的发展非常缓慢。1926年成都华达汽车公司在成都城区引入城市公共汽车营运,在各方保守和落后势力的阻挠和干预下,仅运营了两个月即宣告停止。

---

① 《成都市政府二十八年工作报告》(3),《成都市政府周报》,第2卷,第2期,1940年2月3日。
② 蔡永如:《成都市之路政与排水建设》,《成都市》,第2期,1945年4月。
③ 成都市政府编:《成都市市政统计》,1943年,第76页。
④ 参见邓显金:《成都黄包车的兴起与衰亡》,《成都志通讯》,1986年,第1期。

因此，直到抗战初期，成都市内并没有公共汽车存在。抗战以来，成都因城市的发展对城市公共交通的需求愈加迫切。为此，1938年四川省公路交通委员会第4次会议决定开办成都公共汽车，由"公路局拨车试办"。但由于守旧势力的多方阻挠，以及人力车行的竭力反对，开办成都公共汽车的计划未能立即实行。1940年，日机轰炸成都，城内机关和学校及居民多疏散到城郊，人力车载量太小，无法满足及时疏散人口的要求，而亟须发展城市公共汽车。于是，四川公路局拨出6部木炭车开行成都四门，以忠烈祠为出发点，东线至沙河堡，南线至簇桥，西线至犀浦，北线至天回镇，各线分段设若干站，随车售票，按站上下乘客。营运年余，因车辆不足，改变了行车路线，只开行一条线，其余则停办，即从西门外茶店子至东门外沙河堡，中经犀脚河、老西门、羊市街、上西顺城街、提督西街、春熙路、城守东大街、东门大桥、牛王庙、牛市口，到达沙河堡。①1943年，罗绍光、姚佑民、邓铭枢等官绅子弟集资创办民营公共汽车公司，初有木炭车10辆行驶于茶店子至牛市口的东西干道。继而增加从武侯祠至驷马桥的南北干线。汽车公司为扩张业务，吸收了部分个体车主加入，车辆最多时达30余辆。其时成都市民对于汽车已司空见惯，反对心理已逐渐消除，"乘客喜其新奇，多乘坐此种车辆"，公共汽车的营运状况日益好转。由于其对人力车的营运构成一定威胁。于是人力车行会四处活动，宣称"公共汽车过量增加，妨害人力车业"，还收买省参议员，通过省参议会给省、市当局施加压力，成都市政府被迫做出规定，对公共汽车加以限制。致使新式交通运输事业在成都的发展仍然困难重重。

作为城市街道公共照明的路灯是市政公用事业的一个重要组成部分。抗战期间，随着成都城市经济的发展与城市规模的扩大，市政当局逐步扩大了街灯的覆盖范围，并逐步以电灯取代了菜油灯，街区照明状况得以大大改善，方便了市民生活。路灯在成都的出现始于20世纪初清末新政时期。1902年，成都在新成立的警察局的督办下，相继在成都城区的交通要道东、西、南、北四门大街上栽立二米高的木柱，上挂四方形玻璃灯笼，内置菜油壶灯，同时在各街头转角处的屋檐下方横梁上悬挂同样的四方玻璃菜油壶灯，作为夜间照明之用，从而开启了成都城市街道照明的一个新时代。1924年，

---

① 周芷颖：《新成都》，成都复兴书局，1943年6月。

市政当局在成都市中区的主要干道督院街、南打金街、走马街等处安设了电灯。1938年成都市政当局开始实施第二期街灯安装计划，公共路灯逐渐取代了菜油灯街灯。1939年，成都市共安装公用电灯1600盏。1941年，全市街灯总数为1753盏，"所用电源均为启明公司供给的220伏低压电流，全市街灯分接17电路"。[①] 其时尚余40多条街道未安装电灯，"城区之街道有东教场附近贵州馆等街，皇城四周马道等街，新南门附近光大巷等街，南门附近金字等街，西城边同仁路等四十余街，上列街道因目前材料缺乏，购买困难，无法办理"[②]。但次年市政当局在材料十分奇缺的情况下也陆续将街灯总数增加到1900余盏，除少数街道外，主要的街道基本上都设置了街灯。

城市居民饮用水也是市政公用设施建设的一项重要内容，它不仅与市民生活密不可分，还与城市公共卫生息息相关。井水和河水一直是成都市民主要的饮用水来源。1906年尹德钧等人创办了成都利民自来水有限公司，是为成都人饮用自来水之始。利民公司在城内铺设水管，水管材料为大竹筒，接头部用苎麻缠紧，然后抹上水泥。先是用水车将锦江水汲上来，贮放在城内某地的一个水泥贮水池中，然后用极其原始的水管把水导向各街。由于这种水不是用机械高压引水，也未用化学方法对水进行消毒，这和现代意义上的自来水还有一定的区别。但此举却揭开了成都市自来水事业的序幕。1923年，成都市有6条街道铺设了自来水，但供水范围和供水量都极其有限，后因资金短缺，入不敷出而停业。抗战以来，随着成都城市人口的不断增长，居民饮用水的需求日益增加，兴办自来水设施再次提上了成都市政建设的日程。1939年，成都市政府在工作述要中提出筹建自来水。[③] 1940年杨全宇担任成都市市长后，也提出应发展自来水事业，他指出"自来水应成为成都市进化都市的三大公用事业之一"。[④] 1941年，四川省省务会议议决在成都开办新的自来水公司，以解决成都市的生活用水问题。经过多方募集资金，1945年8月，成都自来水股份有限公司正式成立，1946年4月13日，自来水公司举行了放水典礼，从此成都人民开始有了清洁卫生的生活用水，成都城市公共事

[①]《成都市施政概况报告书》,《成都市政月刊》,第1卷,第5期,1941年9月。
[②]《成都市施政概况报告书》,《成都市政月刊》,第1卷,第5期,1941年9月。
[③]《成都市二十八年度工作要要》,《成都市政府周报》,第1卷,第17—18期,1929年5月6日。
[④]杨全宇:《成都市政之发展计划与现在工作概况》,《成都市政府周报》,第3卷,第3期,1940年5月18日。

业进入新的历史阶段。

四、战时成都教育文化的繁荣

抗战爆发后,大批政府机关、科研院校、文化团体和知识分子纷纷内迁成都,带来了成都教育文化事业的空前繁荣,不仅提升了成都市民的教育文化水平,丰富了成都市民的精神文化生活,更蓬勃开展了各项抗日宣传活动,极大地鼓舞了各界人民的抗日热情。

（一）抗战内迁与成都教育的发展

抗战时期,由于部分科研院校及大批师生内迁成都,加之政府对教育事业也较为重视,因此成都的教育事业发展较快,为抗战建国和成都的建设培养了大批建设人才。

抗战爆发后,为了保全中国的文化教育事业,大批战区高校内迁到了成都等大后方城市。据统计,1937年到1942年,先后迁到成都的高等学校有：国立中央大学医学院、国立中央大学农学院畜牧兽医系、国立中央大学牙科专科学校、齐鲁大学、燕京大学、光华协和大学、金陵大学、金陵女子文理学院、朝阳大学（1938年迁蓉,1941年再迁巴县兴隆场）等。占内迁四川高校总数48所的1/7。这些高等学校的迁入,使得抗战时期成都高等教育规模迅速扩大,科研事业空前繁荣。据统计,1940年,成都的大专院校达12所,使成都成为了在大后方仅次于重庆的,拥有高校数量第二位的文化教育中心城市。

1940年成都各大专院校院系统计

校名	四川大学	中大医院	华西协和大学	燕京大学	齐鲁大学	金陵大学	光华大学	金陵女院	四川农大	中大兽医	合计
院	5	1	3	3	3	3	2	1	1		22
系	25	不详	11	15	9	36	6	不详	不详	1	

资料来源：《成都市市政统计》,1942年,第35页。

除高等教育外,抗战时期成都的中小学教育发展也很快。政府制定了各项规章制度,加强对学校的管理,学风的整顿,教育经费的整理,从而推动了成都基础教育的发展。据统计,1940年成都市中等学校共计46所,教职员共计3609人,学生共计51537人;小学共计74所,教职员共计840人,学生共计22005人。抗战以来,成都市的各级学校教育,无论从学校数、学生数和教职员数来看,都较战前有了较大发展,为保存中华文化,培养抗战建国人才,争取抗日战争的胜利和推动成都城市的现代化发展做出了贡献。

1940年成都市教育概况

学校类别	学校数	教职员数	学生数
总计	132	3609	51537
专科及以上学校	12	1416	4419
中等学校	46	1353	25113
小学	74	840	22005

资料来源:成都市政府秘书处编《成都市市政统计》,1942年,第35页。

1940年成都市中等教育统计

校别	学校数	教职员数	学生数
中学	30	934	21451
师范学校	3	89	924
职业学校	13	330	2738

资料来源:成都市政府秘书处编《成都市市政统计》,1942年,第37页。

1940年成都市初等教育统计

设立体别	学校数	教职员数	学生数
市立	32	390	10943
私立	40	428	10564
中央军校黄埔子弟校	1	11	132
中正校成都分校	1	11	366

资料来源:成都市政府秘书处编《成都市市政统计》,1942年,第39页。

除学校教育外,抗战救亡也促使成都社会各阶层有识之士对发展社会教育更加重视。1938年,成都市按照国民政府的规定,积极推行战时民众教育,成立战时民教推行委员会,下设普及教育委员会、保教董事会。

1938—1939 年成都民教统计

项目	训练师资	民教班数	受教人员
数目	406	42	22350

资料来源:薛钟泰《四川战时民教的回顾与前瞻》,《教与学月刊》,第四卷,第 11 期。

1940 年,成都市实行教育改革,推行政教合一的保教制度,设置镇保学校,将成人教育纳入到国民教育体系之中,进一步向经常化、正规化发展。

除了成人学校教育之外,成都市在社会教育方面还通过设置一些相关机关团体开展了许多工作。如通过成立省立科学馆,组织科学教育;扩建充实图书馆,博物馆,以发挥图书馆、博物馆的社会教育功能;扩修体育场,以发展体育教育。

1942 年成都市社会教育机关团体概况

机关名称	设别	共计	省立	市县局立	私立	职员数
民众教育馆	专设	1	1			15
民众阅报处	专设	9		9		9
图书馆	专设	5	1	1	3	13
	附设	1	1			
博物馆	专设	1	1			
	附设	1	1			
公共娱乐场	专设	15			15	447
公共体育场	专设					
	附设	4		2	2	4
收音机装设机	专设					
	附设	1		1		1
合计		38	3	15	20	489

资料来源:《成都市市政统计》,1942 年度。

1942年度成都市社会教育学校概况

校别	学校数				教职员	学生数		
	共计	省立	市县局立	私立		共计	男	女
各种补习学校	31		31		223	2720	1852	868
孤贫教养院	3	1		2	47	1189	670	519
盲聋哑学校	2			2	17	83	57	26
社教训练机关	1	1						
音乐学校	2	2			6	103	70	33
合计	39	4		35	293	4095	2649	1446

资料来源:《成都市市政统计》,1942年度。

抗战期间,成都的社会教育在行政当局、社教人员以及社会各界的配合下,取得了相当的进展,为城市失学的群体,提供了学习的机会,不仅提高了他们的素质教养和职业技能,也向其宣传和灌输了"抗战必胜"的爱国主义精神,达到国民教化的目的。

(二)文化事业的繁荣

抗战爆发后,从全国各地来到后方的文化人和成都本土的文化工作者一道,运用各种文化形式,积极进行抗日宣传工作,使战时成都的文坛、舞台空前活跃和繁荣,从而推动了成都文化事业的发展。

1939年成立的"中华全国文艺界抗敌协会成都分会",是整个抗日战争时期成都文学界最活跃、最重要的文学团体,其成员既包括李劼人、周太玄等本土作家,更有叶圣陶、沙汀、刘开渠、罗念生、熊佛西、肖军、陈翔鹤、洪毅然等一批知名流寓蓉的作家、理论家和艺术家先后担任过该会的理事。

抗战时期成都的文学界呈现诗歌、小说、散文、报告文学、戏剧齐头并进之势。本土作家艾芜的《秋收》,巴金的《寒夜》、抗战三部曲《火》等作品虽然并非创作于成都,但都代表了抗战小说的最高水平,李劼人则创作了以大后方成都为背景的《天魔舞》。散文和报告文学领域是流寓作家在成都大展才华的舞台。报告文学方面首推刘盛亚的《卐字旗下》系列作品,可以说是当时德国现实生活的真实记录。陶雄的中篇报告文学《记刘粹刚》、李华飞的长篇报告文学《轰炸东京归来》等诞生于成都的作品都具有很强的影响力。这一时期流寓到成都的作家出版了相当数量的散文集,包括叶圣陶的《西川集》、朱自清的《成都诗》、老舍的《可爱的成都》和《青蓉略记》、谢冰莹收录于《生日》和《小说杂文集》中的散文、张恨水的《蓉行杂感》、黄裳的《关于川剧》、肖军的《侧面》、周开庆的《西北剪影》、李昂的《西北散记》、方敬的《保护色》等一大批反映战时大后方社会生活风貌的作品。作家们用他们的作品反映共同抗日的愿望,为当时成都的城市文化注入了强烈的抗争性格。这些作品与当时的社会现实结合得非常紧密,为抗战服务的倾向异常明显。

抗战时期,成都城市文学更直接的创新方式来自戏剧界的合作,他们编演了大批直接反映抗日战争的"时装戏"。早在1936年冬,川剧演员钟文松即主演了《皮匠爱国》。卢沟桥事变爆发后的翌年春天,仅成都三益公戏院一处,就接连上演了《血涌芦沟桥》、《铁血青年》、《川岛芳子与黄浚》、《杀父救国》上下集;布后街成都大戏院也相继上演了《爱国儿女》连台四本和《汉奸的下场》等时装戏[1]。当时的报刊等资料表明,在成都上演的抗战剧目还有《安南血》、《安重根刺伊藤博文》、《汉奸之妹》和《碎镜》等。在戏曲演员自编自演的抗战戏中,影响较大的有川剧名丑王国仁(黄柏寿)的《打日本》、《车夫爱国》和当头棒(刘成基)的《乞儿爱国》。当时的观众认为观他们自编新剧"受其感动者,颇不乏人,其宣传抗日之力,实有功于国家社会,此有目共睹,非予之过誉也"[2]。戏剧的变革和创新是抗日战争时期成都文学领域创新的一个缩影,推动了成都城市文化的进步发展,强化了其务实创新的文化精神。

抗战时期,成都林林总总的报纸总数约有50余家,刊物有400种以上。其中成都出版的有《四川日报》、《新新新闻》、《成都快报》;外地迁往成都的有《新中国日报》、《党军日报》;新创办的有《兴中日报》、《建国日报》、《四川国民日报》;在成都新创刊的进步报刊有《捷报》、《时事新刊》、《民声报》、《星芒报》、《新蜀报》、《华西晚报》、《大声周刊》、《星芒周报》、《救亡周报》、《统一抗战》等报刊[3]。

---

[1] 演出广告见1938年1月上旬《新新新闻》之《本市增刊》各期。
[2] 《剧人小传》,《戏剧周刊》,1942年11月28日。
[3] 谢本书、温贤美主编:《抗战时期的西南大后方》,北京出版社,1997年,第269页。

抗战时期成都主要报纸一览表

政治态度	报名	创刊时间	终刊时间	主办者
倾向于共产党	华西日报	1934.3.5	1949年底	四川省政府
	大声周报	1937.1.17	1938.8	车耀先等
	四川日报	1937.5.5	1939.4.30	杜梓生、陈远光等
	国难三日刊	1937.8	1939.6	陈炳光、钟汝为等
	星芒报	1937.9.18	1939.6	胡绩伟、蒋慕岳等
	捷报	1937.9	1940.3	王达非等
	民声报	1937年冬	1940.3	王达非等
	时事新刊	1938.6.25	1940.3.14	张雪岩、王达非等
	华西晚报	1941.4.20	1947.7.1	田一平、罗忠信等
倾向于国民党	成都快报	1925.7.10	1949.2.11	杨治襄等
	兴中日报	1937.12.8	1941年夏	徐庆坚、吴白桦等
	党军日报	1939.1	1949.12	中央军校成都分校政治部
	成都中央日报	1939.10.10	1949.11	国民党四川省党部
	复兴日报	1935.12.16	1939年底	丁少斋、余富库等
	新闻夜报	1936.2.16	1940年底	李琢仁
	新中国日报	1938年迁自武汉	抗战后迁走	中国青年党
中立	大同日报	1927.2	1940	胡翰之、周重生等
	新新新闻	1929.9.11	1950.1	陈斯孝、马秀峰等
	轰报	1931.7	1938	江剑飞、邹介眉等
	成都新民报	1937.2.16	不详	吴景伯、曹仲英等
	前锋日报	1938.12	1939.12	甘明蜀等
	飞报	1939.4.10	1940.7.17	简朴、袁轼等
	南京早报晚刊	1940.3.1	1942.12.1	姚守先等
	新民报晚刊	1943.6.18	1950.4	陈铭德、邓季惺等
	成都晚报	1943.10.20	1950	姚守先等
	新世周报	1945.7.1	1949年初	张光齐、吕宗涛等

资料来源：四川地方志编纂委员会编纂《四川省志·报业志》，四川人民出版社，1996年。转引自高焰：《抗战时期成都报业的发展》，四川师范大学学位论文，第6页。

战时成都报刊出版业的发展,不仅弘扬了团结抗战到底的精神,唤起了国人的觉醒,也丰富了成都市民的文化生活,推动了成都城市文化的发展。

1937年"七七事变"后,日寇全面发动侵华战争。1937年11月,中华民国国民政府发布《国民政府移驻重庆宣言》,1940年9月6日,国民政府定重庆为"陪都",重庆成为战时中国的政治中心,改变了四川城市的空间布局,形成了双中心的格局,从而对其后的发展产生了深远的影响。四川作为战时中国大后方的最重要的区域,国民政府为有效地控制四川,在成都设置了国民政府的高级军事、行政领导机构,使成都的军政地位仅次于战时首都重庆,成为战时大后方仅次于重庆的军政中心、文化教育中心和抗击日本侵略中国的大后方重要军事战略基地之一,从而推动了成都城市的经济、文化等各方面的发展,城市人口规模和空间规模也有较大扩张,并为20世纪下半叶成都城市的发展奠定了基础。

第四节　战时川东南城市的发展

川东南城市发展历史悠久,拥有宜宾、内江、自贡、泸州等重要城市,这些城市由传统走向现代的过程中,因抗战的爆发,经中东部事业西迁的推动和川东南社会各界的努力,而获得了不同程度的发展,并为抗战做出了重要贡献。

一、战时宜宾的城市发展

宜宾位于四川盆地南部,东靠万里长江,西接大小凉山,南近滇、黔,北连川中腹地,素为川南形胜。因金沙江、岷江在宜宾交汇始称长江,故宜宾又称"万里长江第一城"。自古以来,宜宾就是川南、滇东北和黔西北一带重要的物资集散地和交通要冲。宜宾城原名僰道城,早在春秋战国时期此地有僰人聚居。史籍载:"《禹贡》梁州之域,秦为西南夷地。"[1]西南夷是秦汉时期对西南少数民族的统称,僰人则是西南少数民族中的一支,是宜宾地区的土著先民之一。秦时,宜宾地区属蜀郡,置僰道,始建城。汉武帝时期,宜宾属犍为

---

[1] [清]刘元熙纂修:《宜宾县志》,卷三《建置沿革》,嘉庆十七年。

郡,置僰道。梁武帝时,在宜宾设戎州,以原僰道城为治所。北周时,仍置戎州,另新设外江县。宋代,僰道城为"戎州"治所,其时"夷夏杂居,风俗各异","城之内外,僰夷葛僚又动以万记,与汉人杂处"。[1] 宋徽宗时"戎州"改称"叙州",僰道县改称为宜宾县。宋以后,僰道城逐渐从一个设城之初的军事重镇逐渐变成川、滇、黔三省交界地区的政治、经济、文化中心。至清代时,由于转口贸易的兴盛,城市商业相当繁荣,为川南物资集散中心。19 世纪中叶以后,由于外国资本势力的侵入,中国社会性质发生变化,自然经济逐渐解体,宜宾也开始了早期现代化的缓慢发展。

抗战爆发后,随着大批东中地区的机关、工厂和文化单位向四川转移,作为长江第一城的宜宾自然也成为这些外迁人口、工厂和文化单位的重要选择地之一,由此推动了宜宾经济、文化的发展变化。

(一)工业的发展

在抗战时期,宜宾由于地理位置优越,而成为东中部工业重要的迁驻城市之一。顺着长江航道,中东部地区的工厂溯江而上直达宜宾的著名工厂有中央电瓷厂和中元造纸厂。中央电瓷厂原是建在湖南长沙的大型企业,因日寇入侵,于1939年10月迁入宜宾。中央电瓷厂主要生产电瓷产品,也生产耐火砖,年产电瓷产品370万件,基本可以满足当时国内的需要。该厂搬迁到宜宾后,规模较前有所扩大,员工人数最多时曾达到500多人,其中有大学生30余人[2]。抗战胜利后,中央电瓷厂的大部分员工被调至南京,宜宾的工厂成为分厂,剩下员工只有200多人。随着内战爆发,业务变得萧条,到新中国建立前更是奄奄一息。中元造纸厂于1939年从苏州迁至宜宾城郊黄桷坪,当时有工人六七百名,年产纸2万多令,可出优等纸七八种,为当时宜宾最大的纸厂[3]。除此之外,迁到宜宾的还有中央机械厂、天元化工厂等。这些内迁企业,为宜宾带来了先进技术,同时也培养了一批技术工人,提高了城市工业发展水平,改善了城市功能,同时,还为抗战胜利提供了一定的物质条件。

---

[1]《宋史》,《蛮夷传》。
[2] 政协西南地区文史资料协作会议编:《抗战时期内迁西南的工商业企业》,云南人民出版社,1988年,第297页。
[3] 四川省宜宾县志编撰委员会编:《宜宾县志》,巴蜀书社,1991年,第239页。

在西迁工业的示范和政府努力下,宜宾也兴建了一些现代工业企业。1939年,由国民政府资源委员会在马鞍石组建的宜宾发电厂建成投产,所发电力除供本城需用外,并日夜供应各大工厂,"堪称便利,仍准备大规模扩充,预计自贡市需电,亦由宜宾厂供应之"①。1944年3月国民政府经济部、中央信托局等部门投资,在宜宾安阜兴办中国纸厂。中国纸厂生产的纸质量较高,其间该厂的技术人员自行设计,自行施工,用国产原料生产出中国第一批国产新闻纸②。除此之外,还有航委会在宜宾创办的第六修理工厂,规模亦宏大。1941年,天泉电机米厂开办,宜宾始有电机碾米。由于抗战对矿产资源的需求极大,故而政府鼓励对矿产进行开发,宜宾的煤、沙金等矿产行业也有了初步发展。

抗战时期,除新式工业外,宜宾传统手工业亦有不同程度的发展。宜宾传统手工业作坊,以丝织、棉纱、桐油等传统行业较为重要。民国初年,宜宾的丝制业有较大发展,其产品畅销滇黔及本省各县,尤以滇军各部队风行丝帕,每年约销数万匹,每匹除工资伙食外,约盈余银两一两(约合20世纪30年代国币1元5角有奇)。及1931年后,销路日减,只能销售滇黔省偏僻县份,而成本仍高,买价难增,乃将工资减低,以减少成本,营业者仍大折其本,停业者过半。据调查,1931年前,宜宾有织丝帕机户40余家,计机子200余张;但在外来机器纺织品的冲击下,这些传统手工业受到很大冲击而衰落,到抗战前能勉力支持者,只有10余家,机子30张左右,且随时停工。"营业衰落可谓达于极点也。"③据以上文献记载分析,1931年前应该是宜宾丝帕业最红火的时候,之后日益衰落直至战争爆发,即便因有大量的人口、财富迁入宜宾,这种情况也依然没有得到改善。桐油为宜宾的主要产业之一,每年行销沪上,时价高至50余元。然而到抗战前因种种关系,桐油价格突跌,宜宾地区的桐油价格亦跌至38元,尚不易售出④。虽然以上的记载并没有说明桐油价格下降的原因,但我们确切知道上海是四川桐油销往的主要地区,因1937年淞沪会战的爆发和上海的沦陷,致使以上海为主要外销市场的桐油贸易受

---

① 王元文:《西南实业通讯》,1942年,第5卷,第3期,第3—4页。
② 政协西南地区文史资料协作会议编:《抗战时期内迁西南的工商业企业》,云南人民出版社,1988年,第297页。
③《四川月报》,1937年,第11卷,第1期,第172—173页。
④《四川经济月刊》,1937年,第8卷,第1期,第33页。

阻而制约了宜宾桐油业的发展。抗战期间,国民政府对桐油等行业进行统制管理,1941年1月,政府开始对桐油实行专卖,这也使桐油产业的发展受到影响。

但另有一些传统产业因抗战爆发而获得了一定的发展,如宜宾的棉纱业。抗战前,宜宾只有一些规模较小的棉纱业,大部分都是使用土法纺织,以自给自足为主,作为商品进入市场的数量很少。抗战时期,棉纱成为重要的战略物资,尽管国民政府对棉纱业进行了统制,但因市场的需求量增加,而促进了四川(包括宜宾在内)的棉纱业迅速发展。例如,宜宾的临生叙庄及宝九通等作坊趁势扩大生产,改用机器织布机,各发展到200余部。又如宜宾窑业,抗战前的宜宾民窑——德生窑厂在抗战期间,因战事的需要也开始生产耐火砖及瓷器等件,质量尚佳,销路颇畅。

(二)金融业与商业的发展

战前,宜宾的现代金融业并不发达,仅有中国银行、中国农民银行、四川省银行及四川美丰银行四家在宜宾开设有分支机构。抗战爆发后,大批东中部的工商业纷纷迁川,这些工商业企业需要银行金融业的支持,以便开辟新的市场。同时国民政府退处西南,财政收入减少,中央对地方财政补助也随之而减少,无力活跃地方金融,乃放开对金融的部分限制,允许各城市成立地方银行等金融机构。所以自抗战以来,大后方的银行数量急剧增加,宜宾也不例外。抗日战争爆发后,宜宾的金融机构年年均有增加,截至1943年,宜宾的各类银行已达23家。因是年财政部明令禁止再新设银行,故是年宜宾仅增设了邮政储金汇业局及云南益华银行两家分支机构,均系事先呈准有案者,截至1943年底,宜宾共有银行金融机构25家[①],除5家国家银行外,还有上海、聚兴城、重庆、宜宾县银行等地方金融机构。大批银行金融机构在宜宾聚集,对于宜宾工商业和农业的发展起了重要的推动作用。

抗战期间宜宾工商业渐次发展,"扶植殷急,固有欣欣然向荣之势"。抗日战争爆发后,长江中下游地区的一些企事业单位迁入宜宾境内,一些商人亦随之而来,城市人口急剧增加,促进了宜宾商业的繁荣。抗战期间,宜宾的商业也随之而发展,抗战后期宜宾有大小百货商店百余家,匹头业商号30余

[①] 李鸣道:《三十三年宜宾经济活动》,《四川经济季刊》,1945年,第2卷,第2期,第164页。

家,中、西药房各有10余家,旅馆在100家以上,另有川戏院1家,电影院两家,茶馆酒楼达数百家,此外还有专营进出口货物之商号300余家。可见当时宜宾城的繁荣,流动人口之多,娱乐方式之多样化。1943年,宜宾城区已有2501家商户,分别加入到了粮食、油脂、盐糖、烟酒、煤炭、棉花纱、百货、匹头、丝绸呢绒、五金电料、山货、药材、旅栈、理发、照相、钟表等46个同业公会。其中比较有名的商号有:宝元通、美纶、谦复恒、敬益增、三聚合、福源长、荣义公、允顺全、福顺样、立昌样等绸缎百货匹头商号;廖广东、萧胡子、岳东山等五金电料商号;光福永、水昌祥、笃祜等茶庄(社);天成堂、熙泰和、皮仁仁丝药店等;新蜀华、裕福和、义和祥旅馆;大美、大光明理发店等;容真、新时代照相馆。尤其是宝元通总商号不仅在宜宾盛极一时,而且在国内外享有盛誉。其他中小商号亦顾兴旺。城乡商业网络已形成一定规模,商业呈现出繁荣景象。

(三)社会生活的变迁

宜宾虽然是"万里长江第一城",但是在抗战以前,因地处内陆,交通不便,人口不多,商业不发达,市面不繁荣,城市亦不甚繁华。抗战时期,因人口迅速增长与工商业的发展,原有的城区已经不能适应发展的需要,于是,政府加大了城市基础设施建设,扩马路、修房屋,市容焕然一新,当时人称宜宾为川南唯一繁荣的城市①。据1938年统计,宜宾的城市人口为607617人,1944年据宜宾县政府调查,宜宾城市人口已增至795000人②。除宜宾县城人口有较大增加外,宜宾所属的部分城镇也有较大发展,尤以李庄为典型。李庄战前只是一座3000人口的小城镇,随着抗战时期大批学校和研究机构迁入,如中国营造学社、中央研究院的史语所、体质人类学所、社会科学所以及同济大学等,城镇人口迅速增加,到抗战中后期增至15000人,较战前增加了5倍。

抗战爆发前,宜宾的物价便宜,人们生活简单,平静舒适。但随抗日战争的爆发,人们的平静生活发生巨大的变化,生活日渐艰辛。其主要源于通货膨胀导致的物价飞涨。1937年抗战爆发,军需浩繁,军运恐急,致货运不畅,生产减少,于是衣着原料及日用品逐渐上涨。以米为例,米价以川省本是自

---

① 李鸣道:《三十三年宜宾经济活动》,《四川经济季刊》,1945年,第2卷,第2期,第164页。
② 李鸣道:《三十三年宜宾经济活动》,《四川经济季刊》,1945年,第2卷,第2期,第163页。

给,故涨额较少小,"[民国]二十七年之平均价格,每一老斗会新衡斗五升,仅十二元三角四,二十八年虽步步上涨,亦未超过二十元;二十九年六月间,涨为每老斗三十元;至去年六月间,涨至八十五元,本年因上年收成颇丰,加之当局平抑称力尚仅九十余元"[①]。米原本为四川省内自给物品,所受外界影响相对较少,其涨幅仍然是如此之大,可想当时其他物价之涨幅。其时进口货物及日用品一般走香港、仰光输入,后因两地相继失陷,商业货物来源不易,商人囤货居奇,趁机操纵,其价格莫不暴涨,洋纱、匹头、西药及各种进口货价最为紧俏。物价之飞腾,已成为抗战中最严重问题之一。其中只有中药材、丝、米、麦、豆等较为稳健。《发现李庄》的作者在书提到一位同济大学的外国同事魏特就是因为饥饿而死于李庄。魏特是一位同济大学的外籍老师,应该是很受尊重的,然而还是被饿死,所以他肯定不是唯一被饿死的人,当时到底饿死了多少人,无从考证。总之,抗战数年之商业因时局与交通之剧变,其进步之迅速,是有处于意料之外者;同时,物资匮乏、物价上涨也是出乎意料之外者。

大量东中部人口迁入,为宜宾带来了社会新风气。如婚姻方面,在抗战时期,宜宾婚礼仪式出现移风易俗的变化,城里的人结婚开始采取新式婚礼,不坐花轿,不拜堂,不搞旧的礼仪。通婚范围日益扩大,外来人口也与本地人通婚较为普遍。如罗南陔的女儿罗筱蕖嫁给了中央研究院的逯钦立,这段姻缘,还是傅斯年先生当的月老;罗南陔的侄女张素萱嫁给史语所的李光涛(《明实录》的主要研究员之一),后均随中央研究院去了台湾。中央研究院的两个大龄青年,先后娶了在栗峰小学教书的罗家表姊妹,这事一时在李庄传为佳话。在治丧仪式上也有新变化,如亲人去世,只开追悼会,不搞道场等迷信活动等。

随着大量人口迁入,在思想文化方面也出现一些碰撞和冲突,主要表现在科学与迷信的冲突,精英学术与乡邦文化之间的碰撞等方面。其时有部分当地民众由于缺乏对现代社会的了解,把一些"下江"来的人误以为是牛鬼蛇神,把当时医学院师生上解剖课看作"吃人",但经过科普宣传,人们开始逐渐改变偏见,解除各种误会,思想也变得开放和进步。

---

① 王元文:《西南实业通讯》,1942 年,第 5 卷,第 3 期,第 3—4 页。

(四)农业的发展

抗战开始后,国民政府为了有效保证抗战的顺利进行,对大后方的农业加大投入,对农民增加扶持。宜宾的农业在历史上一直较发达,粮食长期都能够保证自给自足。自抗战以来,随着大后方人口增加和支援前线,粮食需求也在不断增加,为了有效保证粮食的供给,国民政府对宜宾的农业设施进行了大规模投资,开展了两大水利工程建设:一是建设宜宾香厂沟大堰,首先是派专员勘测,精密测量,然后进行科学设计,引香厂沟之水入堰,以便农田遇旱时救济,引水渠全长约12华里;其二是在宜宾第二区明威乡之高滩地方建水库,储蓄大量水资源。此外,为了避免水土流失,加强了对宜宾山地林场的管理,新增树苗,扩大人造林规模,并派专人进行精心护理。

为了保证农民的生产、生活有序的进行,宜宾县农业银行设立了农民贷款所,其宗旨以救济农民,发展农业为主,利息极低,"实为农民之福音也"[①]。随后还设立了农民动产抵押贷款所。抗战之初,宜宾安阜乡开始成立农村信用合作社。抗战爆发后,宜宾各乡在县政府的积极提倡下,纷纷呈请设立农村无限责任信用合作社,均由县政府查核后批准设立,计有安边、蕨溪、永兴、横江、安阜乡等60余处[②]。农村信用合作社的成立,有利于解决农村融资困难等问题,对于发展农业起到了一定的促进作用。

(五)现代新式教育的发展

抗战前,宜宾的教育相当落后。清季,宜宾开始出现新式学校,但民国初年,由于财政困难等原因,学校数量较前有所减少。1921年,宜宾全县共有高等小学、初等小学及高初两等小学校和国民小学校共70余所。1923年,宜宾县政府改高等小学校名为高级小学校、初等小学校,国民小学校改名为初级小学校,高初两等小学校改名为高初两级小学校。1928—1929年,宜宾城乡行帮、会馆、宗祠为抵制军阀提取会产,纷纷变卖会产,创办私立小学,先后开办的小学达100余所。1925年改高初两级小学为县立小学。1930年为普及国民教育,宜宾县政府要求在每一乡(镇)设中心学校1所,全县计89所,由3个保联设国民学校1所。全县计277所,另有私立小学89所。

[①]《四川经济月刊》,1937年,第7卷,第4期,第23页。
[②]《四川经济月刊》,1937年,第7卷,第3期,第82页。

抗战爆发后,由于外来知识分子增多,教育资源随之而增加。宜宾县政府为了促进教育的发展,实施了两项重要政策。一是实施义务教育,1937年成立了宜宾县民众教育委员会和宜宾县义务教育委员会。1939年在普通中、小学校附设"短期小学",招收失学青少年和成年男女文盲,施行义务教育。[1]二是设立国民学校和保国民学校。1940年初,宜宾全县学龄儿童为155201人,入学者为41597人,占全部学龄儿童总数的26.8%。同年,宜宾全县的中心国民学校增至101所,计607班,在校学生20062人,教职工834人;保国民学校增至677所,计1186班,在校学生52400人、教师813人。1941年,宜宾县政府在乡中心学校设民教班,全县计办178班;在保国民学校设民教班,全县计277班。[2]

抗战前,宜宾的职业教育仅有宜宾县立初级普通农作科职业学校1所。抗战时期,职业教育也有了一定的发展,农作科职业学校从1936年至1940年共毕业5班学生,计106人。1941年,该校改名为四川省立宜宾高级农业职业学校(即今宜宾地区农业学校)。除此之外,县立初级中学还招收过"农业班"。

1940年县商会在会址内开办宜宾县私立商业补习学校,学生主要学习会计学。1942年该校迁于信义街云南馆,扩办为私立菁莪高级商业职业学校,分高初两级,分别招生。1940年3月,四川省立宜宾师范学校在柏树溪鱼王桥开办。

除此之外,1944年宜宾县府还拨款法币61万元购置图书,筹建县立图书馆,同年10月县图书馆建成。

抗战时期,不仅宜宾本地的办学有了很大进步,而且由于战乱从东中部迁来宜宾的学校、研究院也有较大发展。抗战时期,大批中国的一流专家、学者因中央研究院的史语所、体质人类学所、社会科学所,以及同济大学、中国营造学社、中央博物馆等迁驻宜宾而聚集在李庄。他们在抗战时期极其艰苦的条件下作出了新的成绩,学者们写出了很多重要的学术著作,取得了显著的学术成果。抗战时期,中国知识界群体表现出了前所未有的自觉担当。梁

---

[1] 四川省宜宾县志编撰委员会编:《宜宾县志》,巴蜀书社,1991年,第512页。
[2] 四川省宜宾县志编撰委员会编:《宜宾县志》,巴蜀书社,1991年,第497页。

思成、童第周、董作宾、董同龢、李方桂、马学良等是在某一方面研究的领军人物，他们都是在物质极度匮乏、身体状况非常羸弱的情况下，进行田野考古或独立研究，完成了开山之作或扛鼎之作，奠定了某一学科的基础。这表现出了知识分子对国家民族的深沉热爱。在如此艰苦情况下，这些学者还不忘培养人才，他们在李庄当地就招收过一批学生，其中如罗哲文、刘渊临等，后来这些人都成为了学科泰斗。李庄由此也成为了抗日战争大后方的四大文化重镇之一。

（六）现代交通与通信的发展

宜宾靠近长江，有着水路运输的天然优势。在抗战期间，成为大后方人口、物资转移的重要集散地。为了更加有效发挥区位优势，支援抗战，从政府到民间都采取了很多措施，积极发展宜宾的水陆交通事业。

岷江航道乐山至宜宾段长约162公里，其间有险滩50多处，早在先秦时蜀郡太守李冰就已着手整治。民国以后宜宾县境段约60.5公里的航道也历经整治，到抗战初载重35吨以下船只可终年航行，丰水期有7个月可航行载重50—300吨船只。1937—1939年，有关部门整治了思坡溪虾蟆石航道，并于北岸筑挑坝，挑流向南，以免下行的航船冲撞虾蟆石。1939年，有关部门又纠集民工整治樊家滩航道，筑竹笼卵石挑坝，以免航船冲撞樊家滩。1942年，再整治老君顿航道，筑顺坝导水归漕。同年，整治灯盏窝航道，于上游南北两岸均筑卵石顺坝，欲导水归漕，然因未同步淘漕，效果不佳，未达预期目标。①

民国前期，宜宾与云南的交通以茶马古道为运输要道之一。1938年，宜宾县长冶熏南主持了宜宾至高县道路县境段17公里的修筑和整治。1944年县政府征收马帮筑路费，动员马帮、商会集资对通往云南的道路进行加宽，铺设石板路面。② 1939年，宜宾开工兴建了县内第一条公路：宜(宾)柏(溪)公路，全长13公里，于次年3月20日完工，其经费为——区粮户随征摊派1万—5万元(法币)，其余不足者则由城内商民募捐。③

1937年，由铁道部和川滇两省投资修建叙昆铁路(宜宾至昆明)，并于是年12月25日分别在昆明和宜宾两地先行开工，然因经费困难和技术落后等

---

① 四川省宜宾县志编撰委员会编：《宜宾县志》，巴蜀书社，1991年，第218页。
② 四川省宜宾县志编撰委员会编：《宜宾县志》，巴蜀书社，1991年，第218页。
③ 四川省宜宾县志编撰委员会编：《宜宾县志》，巴蜀书社，1991年，第221页。

原因,宜宾县境内的铁路只是断续施工,直到 1944 年才仅在金沙江南岸开挖部分路基和几座涵洞,其后就停工路废。①

抗战时期,宜宾的电话和电报事业也有一定的发展。1936 年 1 月,叙州电报局改称宜宾电报局,下设犍为、屏山、南溪、江安和叙南 6 县及李庄等 11 个报话营业处和代办处。1943 年架通宜宾至泸州、乐山、盐津的铜质双线路,开通了宜宾到成都、宜宾到重庆的直达电路。1939 年宜宾邮局升为一等乙级局;宜宾电报局由三等局核升为二等局;县乡村电话管理处更名县乡村电话管理所。1940 年宜宾电报局再核升为一等局。1942 年宜宾邮局隶属西川邮政管理局,1944 年宜宾电报局改称宜宾电信局,1947 年核升为二等乙级局②。

抗战时期,宜宾城市有较大的发展,不仅为抗战的胜利,而且也为 20 世纪下半叶宜宾城市的发展奠定了基础。

二、战时内江的城市发展

内江地区处于四川盆地中心,西靠龙泉山脉,东与华蓥山余脉相接,地势平缓,浅丘平坝相间,向南北延伸,与自贡、泸州、宜宾、德阳、遂宁、南充的丘陵地区构成盆中丘陵区。内江位于天府之国的东南部,坐落在美丽富饶的沱江之滨。内江东连重庆,西接成都,是川东南乃至西南各省交通的重要交会点,有"川中枢纽"、"川南咽喉"之称,为川东南重镇;历来是棉、蔗产区和蔗糖工业中心,素有"甜城"之称。1935 年,在故资州治地置四川省第二行政督察区,以内江县城为治所,下辖内江、资中、资阳、简阳、荣县、威远、仁寿、井研 8 县。抗战时,内江因抗战内迁也有所发展。

(一)工商业的发展

蔗糖生产是内江的传统产业,内江也素有"甜城"之称。但在抗日战争前,蔗糖业由盛及衰、江河日下。清末民初,内江县制糖业有糖坊 1400 家,漏棚 1000 家。③然而由于内江糖业工艺落后,在民国前期受到进口洋糖的大力冲击,因而销路日减,到 1934 年糖坊数量大大减少,据相关资料记载,是年内江城里运销食糖的字号仅有 34 家,其中本地商人经营的有 24 家,外来商人

---

① 四川省宜宾县志编撰委员编:《宜宾县志》,巴蜀书社,1991 年,第 221 页。
② 四川省宜宾县志编撰委员编:《宜宾县志》,巴蜀书社,1991 年,第 226 页。
③ 《四川经济月刊》,1938 年,第 7—8 期。

经营的有10家:江津2家,忠州2家,重庆3家、丰都1家、綦江1家、富顺1家。①但抗战爆发后,东中部的沦陷和进口物资受限,这为内江糖业的发展带来契机。民国前期,中国东中部的食糖向来都靠洋糖进口,而国产糖则以闽粤桂为主要产区。但自抗战以来,日本侵略军严密封锁,中外交通受阻,外糖不易进口;广东的糖厂也多被敌机炸毁,未毁的机器也被运走;福建和广西每年的糖产量仅为战前的六分之一和十分之一,因而川糖生产受到当局和商界的注意和重视,内江、资中的产糖量长期占了全川的70%以上,因此抗战时期大后方蔗糖的生产和供应重任自然而然地就由内江来承担,从而促进了内江糖业的发展。

早在1936年四川省建设厅和四川大学就开始引进爪哇蔗种,同时在内江圣水寺成立了甘蔗试验场,专门负责甘蔗种植和制糖技术的改进。经过研究人员的努力,内江甘蔗试验场在制糖技术方面取得很大进步,其最大成绩就是发明了离心机榨糖法,使糖品在产量、成色、成本等方面都有很大提高。1938年内江甘蔗试验场成立了第一家机器制糖工厂,开启了四川机器制糖的先河。1940年内江甘蔗试验场培养出印度蔗L02990号,产量和含糖量都很高,很快得以在各地推广,内江甘蔗的产量得到大幅度的提高。

抗战前,内江的糖房90%以上都是采用的是土法制糖,其作坊规模大都较小。1938年大华公司与甘蔗试验场合办华农糖厂;同年建设厅召集糖界人士集资成立四川复兴糖业股份有限公司,采用新法和机器制糖。1940年中国联合炼糖股份有限公司三元糖厂在内江创办,资本额达300万元,用机器和新方法制糖。在这些现代糖厂的带动下,内江相继建立了一批由商人创办的糖厂,较著名者有一六、华原、西南、晶晶、太极、利丰享等糖厂,其产量共约占内江全年糖产量的5%—8%。在新兴糖厂的影响下,土糖生产的技术也有了一些变化,主要是手摇离心机在各制糖区漏棚的推广。据统计,1944年,仅内江城区使用手摇离心机的漏棚已有50余家,平均每家有离心机1.5架②。由于市场对糖的需求量不断增大,因而除政府和商人之外,还有华侨、外商积极投资于糖业。四川省建设厅对于四川糖业的发展也做了整体计划,如除拟就

---

①政协四川省内江市委员会文史资料委员会:《内江县文史资料》,第11—12期合刊,1985年,第9页。

②《四川经济季刊》,1945年,第2卷,第2期,第181页。

原有产糖县份,划出若干区域,以免渗种他项农作物外,并拟成立一个大糖厂,专司制糖工作。1937年四川建设厅厅长就与爪哇建元公司达成协议,由爪哇建元公司投资500万,在内江筹办第一糖厂。另外,也有南洋华侨和法国商人也谋在内江投资,华侨出资600万元,法商则投资机器材料等。[1]

抗战时期,内江蔗糖种植面积扩大了很多,当时就有人感叹:"东风一抹蔗田青,万顷蜜裹内江城。"[2]有关资料记载:抗战初期,内江县种蔗面积达111040亩;1938年内江县播蔗面积为135000亩,收蔗33.750万吨。1940年内江种蔗面积上升达166375亩,收蔗41.59175万吨,产糖高达74868750市斤,开创了内江甘蔗生产历史的最高纪录。

内江县抗战时期糖业蔗糖生产统计表 单位:市斤

年份	甘蔗产量	糖类产量				
		糖清	白糖	橘糖	红糖	漏水
1936	469750.00	55620.00	11795.00	12205.00	3240.00	
1937	555754.00	72028.00	13955.00	14477.00	3835.00	
1938	506250.00	67500.00	12712.00	13188.00	3493.00	
1939	412500.00	55000.00	10358.00	10745.00	2846.00	
1940	876500.00	116462.00	22009.00	22883.00	6047.00	23959.75
1941	405370.00	76000.00	19178.00	10559.00	3797.00	
1942	485654.00	29000.00	12195.00	12651.00	3350.00	
1943	412900.00	48000.00	10368.00	10756.00	2849.00	
1944	366752.00		9208.00	9553.00	2530.00	
1945	329054.00	44583.00	8201.00	8570.00	2270.00	25542.00
1946	269370.00		6762.00	7017.00	1868.00	

资料来源:刘宗礼、黄世杰《抗战时期内江县蔗糖生产的发展》,《内江县文史资料》,1985年,第11—12期合刊,第14页。

由于内江的蔗糖主要为市场而生产,因而蔗糖的销售数量自然也是很

---

[1]《四川经济月刊》,1937年,第7卷,第1—2卷,第29—30页。
[2]《民族诗坛》,1939年,第3卷,第3期,第66页。

大。抗战时期,川糖的销售居全国首位,最高年销售量到 16 万吨,占全国销售量的 50%—60%,而内江食糖最高年销量达 6 万吨,又位居川糖各县销售首位,占全省销售量的 37%—38%。总的说来,内江的糖除供应全川各地外,还要北运陕西、河南、甘肃等地,东运湖南、湖北等地,在贵州和云南等地也十分行销。

1939—1941 年内江糖房、漏棚数目变化　　　　　单位:个

年份	糖房	漏棚	合计
1940			727
1941	62	554	616
1942	15	324	339
1943	59	476	535

资料来源:《四川经济季刊》,1944 年,第 1 卷,第 4 期,第 39 页。

抗战时期内江县食糖销售量的统计　　　　　单位:吨

年份	白糖	红糖	橘糖	冰糖	合计
1942	7.800	10.823	4.568	394	23.585
1943	5.940	8.664	14.000	292	28.896
1944	47.010	9.292	3.140	489	59.951

资料来源:刘宗礼、黄世杰《抗战时期内江县蔗糖生产的发展》,《内江县文史资料》,第 11—12 期合刊,1985 年,第 15 页。

战争对经济的影响是双重的,一方面为内江的蔗糖业发展带来了机遇,另一方面也对经济的发展产生了负面的影响。如 1937 年,内江的蔗糖就因战乱而影响其销售。当时报刊报道:"内江各业受战事影响甚巨,其中尤以糖业为甚,橘糖原销湖北等地,现销运几已停止,闻汉口客商因恐货受损失,且有运回万县者。"[①]同时日本对中国实行倾销政策,日本在上海成立糖厂,签订

[①]《四川经济季刊》,1937 年,第 8 卷,第 3 期,第 45 页。

日荷糖协定①。对四川的糖业也有很大冲击。

综上所述,抗战开始以来,内江蔗田面积及糖产量,每年都有增加,至1940年达到一个高峰,1940年以后蔗田面积及糖产量俱呈锐减之势,锐减程度以1941年为最甚。究其原因,都是因战争关系销场缩减,战前四川糖厂除一部分销售本省市场外,其余由产区水运之沙市和宜昌转销两湖,盛时年达300万市担左右,故种蔗者多,而糖产亦臻旺盛。1940年沙市和宜昌相继失守后,川糖外销之路几全被阻塞,致价格低落,影响糖商之利润,故蔗田面积及糖产量随之减少。1942年川康区食糖专卖局在内江设立,各县设食糖专卖办事处。糖商需经专卖办事处批准、登记、发证、核定价格,这些也对内江蔗糖生产带来影响。

抗日战争时期,内江的蔗糖在大后方的经济中占有很重要的地位。这一时期内江创办的制糖工厂大多采用机器生产,制糖工业开始由传统手工业形式转变为现代工业形式,不仅有了量的增长,还有质的飞跃。

内江在抗战中还建立起了酒精工业,为抗战提供了重要的动力资源。抗战期间,由于日本的封锁,从国外进口汽油受到很大限制,因而制造可以替代汽油的产品成为战时的一项重要任务。酒精的用途广泛,除用于医疗、实验等方面外,也可以替代汽油成为战时交通运输的动力燃料。战前内江乃至四川都没有酒精厂。由于制糖所产生的漏水可以制造成酒精,故而在1937年,国民政府经济部资源委员会和四川省建设厅就共同投资10万元在内江椑木镇兴建"内江酒精厂",这是抗日战争时期大后方第一个采用漏水为原料制造酒精的工厂。② 在战争初期,一般使用酒精作汽车燃料要掺约百分之二三十的汽油,后因汽油来源更加困难,一般车辆就直接采用酒精为燃料,不再混汽油等物,因之对酒精的需求量大增,制造者获利亦甚厚,故公私各方纷纷设立酒精厂。内江是四川的重要产糖区,因此所设立的酒精厂也较多,仅1941年就相继建立了9家酒精厂:交通部燃料试验所、自强酒精厂、建华酒精厂、复兴酒精厂、中国联合炼糖公司、国防酒精厂、胜利酒精厂、中川酒精厂、沱江酒精厂③。1941年《四川省统计年鉴》记载:川东南地区规模较大的酒精厂共计

---

① 《四川经济季刊》,1937年,第8卷,第1—2期,第29页。
② 四川省内江经济委员会:《内江地区经济总志》,四川大学出版社,1996年,第7页。
③ 四川省内江经济委员会:《内江地区经济总志》,四川大学出版社,1996年,第8页。

有20家,其中内江有11家,资中有6家,简阳有2家,威远有1家,约占全省总数的24%。由于四川省建立的酒精厂过多,导致不少工厂的原料供应不足,1941年7月11日,四川省政府下令各县对不符合规定的工厂予以封闭停办,其中有资中源通等5家,简阳县1家。若从酒精产量来看,内江所占的比例最大,如建于内江县椑木镇的四川酒精厂在1939年以前,"占了全国产量的一大半"。后随各地酒精厂的大量建立,内江一县的酒精所占比重虽有所减少,但"仍占全国产量的四分之一至五分之一之间"。值得注意的是,当时"在四川制造有一种无水酒精,可做飞机汽油之用"。其时酒精的价格是糖的4倍,利润可观。由于燃料的巨大需求,漏水往往不能满足酒精生产的需要,橘糖、红糖也大量作为制造酒精的原料,因而酒精生产也进一步促进了糖业的发展。内江的酒精生产虽然不是内江的传统产业,但在抗战期间实现了从无到有,再到壮大的过程,不仅增加了内江的工业实力,而且还使内江的产业出现了多样化。内江除了传统的蔗糖业、新兴的酒精业得到了较大发展以外,其他方面也得到了相应的发展,如火柴业、印刷业、棉坊业等。

另外,内江金融业也有较大发展。内江有着传统的蔗糖业,又地处成渝交通的中点,商业繁荣,本地高利贷活跃,使内江成为了金融业争夺的场所。1932年中国银行首先在内江设支行。到抗战前,内江共有5家银行:聚兴诚银行内江办事处、中国农民银行内江支行、川盐银行内江支行、四川美丰银行内江办事处和中国银行内江支行。[①] 抗战爆发以后,内江的银行机构迅速增加到10多家。这些银行在一定程度上促进了内江生产发展和市场繁荣。各银行的主要业务之一就是为蔗农贷款,为蔗农提供贷款既可以保证甘蔗的生产,同时也保护蔗农不受高利贷的剥削。如四川省合作金库与中国银行,为扶持内江甘蔗生产,还在农村组建了信用社87个,为农民货款59061元。银行作为新兴金融机构,其本身的发展无疑就是内江现代经济发展的重要组成部分,同时也是内江工商业逐步完善的催化剂。在抗战期间,银行业为企业和蔗农提供资金,对整个制糖工业的运行都起到了至关重要的作用。据统计,当时外地长驻内江的经纪代理人公司多至120多家,县城内有大小银行

---

① 李毅熙:《我所知道的内江金融业》,《抗战时期西南的金融》,西南师范大学出版社,1994年,第81页。

11家、保险公司1家、钱庄12家,还有可供出租堆糖的堆栈38所,其中属于银行的19所,属于私人的19所。① 当时内江的银行业虽然与高利贷不同,但它利率也甚高,如国家银行对糖业抵押放款,以3月为期,利息为1分5厘,商办银行及省行,信用及抵押利息2分至4分5厘,这与当时地方的高利贷相较,在某种范围内相差无几。

(二)城市人口的增加和社会结构的变化

城市人口的增加是城市化发展的一个重要标志。抗战以来,大量东中部的人口内迁,内江由于地处成渝交通要道之上,有不少外来人口也随之迁入;另一方面随着工业的发展,特别是糖业、酒精业等劳动密集型产业,需要大量的劳动力,促使部分本地农民进城务工,成为产业工人,向城市人口过渡。这直接导致了内江城市人口社会结构的变化。除产业工人增加外,随着商品经济的发展,商业人口也有大的增加。据1944年统计,内江蔗农占全县人口的52%,经营和运销糖品的人口占全县人口的28%。② 占全县人口52%的蔗农并未离开土地,但他们所生产的产品已经与市场发生密切的联系,他们所需要的粮食和其他生活用品也主要需要通过市场购买,由此推动了商业的发展。如1943年内江平均每年从外地输入的大宗商品有:煤炭2500万公斤,大米20万公斤,棉花50万公斤,菜油50万公斤。③ 由此可以看出,内江的蔗农已不再是传统意义上自给自足的农村人口,而是与城市和市场发生密切联系的农业生产者。大量的生产、经营和运输甘蔗和糖制品的工商业者及劳动者,都脱离了农业生产,其生产方式和生活方式都开始有明显的城市化趋向,反映出了内江城市化发展的特质。1941年,据《四川蔗糖产销调查》统计,内江糖房、漏棚的制糖工人至少有11万人;虽然他们之中有相当部分人还未完全脱离农村,但已经开始向新兴阶级——农业工人转化。这一时期,一些现代工厂的建立,招募雇用了一批工人。这些劳动者的身份则完全发生变化。1942年4月在报刊上就曾报道中国联合炼糖厂的工人罢工,反对厂房强制工人每日连续劳动12小时,罢工持续了3天,迫使联合炼糖公司答应将两班制

---

① 王东伟:《解放前内江制糖业概况》,《四川文史资料选辑》,第35辑,四川人民出版社,1985年,第194页。
② 《四川经济季刊》,1944年,第1卷,第4期,第326页。
③ 《四川经济季刊》,1945年,第2卷,第3期,第118页。

12小时工作制改为三班8小时工作制。① 所以在这些机制糖厂中,产生了内江第一批产业工人,大约有近千人。

(三)新式教育的发展

内江在抗战前的新式教育极为落后,1937年《内江县教育情况调查报告》统计:内江是一个有60多万人口的大县,但中等学校仅有县立初级中学、县立简易乡村师范、私立沱江初级中学3所,共17个班,学生825人,教职员78人;全县的完全小学校仅有公立完全小学19所,私立完全小学7所,共计114个班,学生5040人,教职员233人。另有公立初级小学129所,私立初级小学28所,共计157所,191班,学生5482人,教职员191人。另有公立幼稚园2所,共3个班,学生345人,教职员4人②。抗战前内江县无高级中学,中学生仅占全县人口的0.3%;小学生也仅占全县人口的1.7%,适龄入学率不过10%左右。

抗战时期,由于大量人口内迁,国家建设的重心转移到大后方,而越来越多的人开始认识到教育的重要性,教育救国思想逐渐深入人心。当时的报刊也极力宣传教育的重要性,如有作者在报刊上写道:"不识字的人,正和俗谚所说的'睁眼瞎子'一样,处处地方要感到不便利和痛苦,但这难道是他们愿意这样的?当整个社会没有改进以前,没有钱的人,就没有受教育的权利,社会上造成大批的文盲,责任应完全由社会来负担,社会既然亏待了他们怎么还可以剥夺他们做人的权利?目前,我们除竭力提倡民族教育,以期设法扫除文盲而外,对于不识字的同胞们,正应该格外的同情他们,体谅他们。"③抗战期间,内江的学校教育在教育救国思潮的推动下也有很大发展,不仅学校、学生数量激增,而且开始新设高中。内江县立中学、沱江中学先后增设高中(包括女生部),县立师范也添办女师;另外,此一时期新创办的中等学校还有:重庆求精中学内江分校完中(即后来的大洲中学)、四川省立内江实用职业中级学校、内江县立女子完中、张家场的朝阳初中、椑木镇的蓉关初中、东兴镇的景福初中、新店子的大新初中,以及从北京迁来落址于白马庙江家坝

---

① 四川省内江经济委员会:《内江地区经济总志》,1996年,四川大学出版社,第8页。
② 刘万奎、洪万涛:《抗日战争内江县学校教育的回顾》,《内江县文史资料》,第11—12期合刊,1985年,第15页。
③ 郭海如:《全民抗战》,1940年,第112期,第1690—1691页。

的燕京中学;职业实习学校也有一定的发展,主要有县商会开办的商业实习夜校,以及从武汉迁来的私立公正会计实习学校。而完全小学和初级小学的数量则出现大幅度的增加。1946年《内江县教育概况简要统计手册》统计:内江全县的中等学校8所(其中公立3所,私立5所),属高中完中有5所,初中3所,共85个班,学生4185人,教职员272人。与1937年统计相比,中级学校增长了2.7倍,班级及学生均增长5倍,教职员增长了3.5倍(省立内江职校除外,未计在内);全县有中心国民完小57所,私立完小10所,共计67所,班级574个,学生18006人,教职员781人;全县有国民小学504所,私立初级小学50所,共554所,班级645个,学生共30613人,教职员645人;公立幼稚园2所,8个班,公立小学附设幼稚班9个班,共17个班,学生453人,教职员17人。与1937年统计相比,完小(公、私立)增长2.6倍,班级增长了4倍,学生、教职员均增长3.6倍。初级小学(公、私立)增长3.5倍,班级增长3.4倍。学生增长了5.6倍,教职员增长了3.3倍,幼稚园(班)增长了5.7倍,学生增长了3.2倍,教职员增长了4.3倍。[①]

　　内江新式教育能取得如此发展,是与国家的支持分不开的。如1940年,四川教育厅按部颁《国民教育实施纲领》规定,发布了《四川省普设乡(镇)中心学校及保国民学校实施办法》,其中第11条规定:"民国二十九年[1940年]七月至三十年[1941年]六月,各县市所辖各乡镇,应一律成立中心学校一所,每三保成立一所保国民学校;民国三十年[1941年]至三十一年[1942年]六月,每二保成立一所国民学校;民国三十一年[1942年]七月至三十二年[1943年]六月,每保成立一所保国民学校。"这一强行规定推动了内江小学教育的发展,奠定了内江整体教育的重要基础。另一方面发展教育也得到社会各界的大力支持,虽然战时政府发展教育资金困难重重,但得到内江社会各界的大力资助;同时政府除鼓励私人集资办校外,还允许用公有祠产、庙产来兴办教育,内江县大量的私立中小学,就是在这种环境下创办起来。此外大量外省教师的到来,也成为推动内江新式教育发展的一个重要原因。在抗战期间经委派或推荐前来内江教学的外县、外省籍教师很多,不少老师得

[①] 刘万奎、洪万涛:《抗日战争内江县学校教育的回顾》,《内江县文史资料》,第11—12期合刊,1985年,第15页。

到民众的好评,如教英语和语文的有傅汉三、王玉洁、骆瑟亚等老师,教卫生的有李希三、邓如一、饶有庆等老师。这些外省籍教师在英语、数理化、音乐艺术等方面各具所长,并有着丰富的教学经验和素养,他们带来了新的学科知识、新的教学方法,对于内江新式教育的发展起到推动作用,他们与本地教师广泛交流,互相学习,互相补充,受到学生和当地人们的欢迎,在中学教师的延聘中,许多外省籍教师争受聘请,有的更身兼两校教职,甚至数校教职,或得到长期留教,最终在内江定居下来。除此之外,教会也极力促进教育的发展,办起了暑假补习班、英语补习班,而且卫理公会还创建教会图书馆,阅者颇多。[1] 抗战中后期,学者王恩洋、张圣庄曾一度在内江圣水寺、插剑山兴办了东方文教学院、雅风学院,开内江兴办大专学校的先河。

抗战时期,内江在科学文化等方面都得到一定发展。在科学技术方面取得一定的进展,最突出的就是甘蔗试验场在增加甘蔗产量、推广制糖技术方面的努力和创新。内江的抗战文化艺术也有很大发展。抗日战争全面爆发后,内江各界人士相继成立了文艺演出剧团,进行抗战文化宣传,如内江县兴华救亡歌剧社、内江县三·一三救亡剧社、内江孩子剧团、白马镇乡村通俗宣传社、内江县大众剧社、内江沱江中学演出组等,其中影响较大的有内江县兴华救亡歌剧社。内江县兴华救亡歌剧社的革命气息最浓,其演出场地主要在农村,对象也主要是农村居民;上演的剧目有《放下你的鞭子》、《血祭"九一八"》、《芦沟桥事迹》、《保卫大武汉》、《中国妇女》、《重逢》、《八百壮士》、《三江好》、《夜光杯》、《夜之歌》、《凌姑》、《国家至上》、《最后一计》、《电线杆上》、《生死线上》、《封锁线》、《一片爱国心》、《大刀王三》、《前夜》、《塞上风云》、《芦沟桥》、《毁家纾难》、《流亡者之歌》、《血债》、《盲哑恨》、《一个工人》、《如此人家》、《反正》等,在演出过程中,剧社的成员还会做一些演讲报告,激发群众的爱国抗日情绪。1937 年 12 月 5 日《内江日报》董事会成立,12 月 13 日《内江日报》正式创刊。报头由冯玉祥将军用隶书题写,宗旨为:"刊布忠勇烈士之事迹,各地民众之应援,与乎领之言论行动,通上下之情;以糖业经济之消息,示贸易之荣枯。"《内江日报》创刊后,紧扣时代脉搏,着重宣传抗战则生,投降必亡的主题,动员全民抗战。例如 1939 年 4 月 22 日《内

---

[1]《希望月刊》,1944 年,第 16 卷,第 11—12 期,第 28 页。

江日报》载:"此间三·一三救亡剧社新近改组以来,特别注重农村宣传。昨(21日)利用高寺香会,在当地演出《放下你的鞭子》等剧,观众数千人,无不感动。继由社员闻化鱼报告此事,罗万安讲演兵役问题……"①《内江日报》同日还刊载了另一消息:"此间兴华救亡歌咏话剧社,成绩卓著,早为社会人士所洞晓。昨日适逢高寺三月三会期,该会即借此机会作宣传工作,并演街头剧《放下你的鞭子》,情节逼真,莫不为之感动。"②

内江素有书画之乡的美称,国画大师张大千即为内江人,不少省内外著名画家来去成渝两大城市,必在内江住上几日,因而《内江日报》对这些画家主动报道,介绍作者生平,评述其作品造诣之水准,副刊特辟《汉安书画舫》栏目,专门介绍内江有影响的书画家和外地来内江展览的书画名家,前后共刊文80余篇,对于内江城市文化的发展起了重要的推动作用。1942年孟夏,冯玉祥将军入蜀抵内江,开展抗日献金活动,《内江日报》积极参与组织捐献以支援、慰问前方浴血奋战的抗日官兵。内江著名画家梅鹤年精心作了四幅书画作品,奉献给冯将军作"义卖",以表"抗日"赤忱。

(四)现代交通的发展

内江位于沱江中游,地处成渝孔道。就水道交通而言,上可达金堂,下可抵沱江与扬子江交汇之后的泸县。就陆道交通而言,则上达成都,下通重庆,经川中公路则通往自流井、宜宾,也可达乐山,可谓为水陆路交通之一枢纽。

民国初年,内江县没有公路,境内只有石板路116条,共长2704华里;路面宽1.2米,随坡就弯,路窄坡陡,仅供人行,或轿马行走,不能行车,大量物资只能由人挑、抬,或驮运。虽然四川省政府很早就筹备修建成渝公路,然而由于多种原因一直未能修成,直到1933年成渝公路才算工程告竣通车。内江县地处成渝公路的中心点,故而政府和民间都重视对成渝公路的修筑。1926年,当地驻军与县绅设局筹款修建成渝路内江段,经费主要来自县内会产、祠产、粮税、糖税和商帮捐款,共60余万元;筑路劳动力来自本县民工、雇工、包工、工兵等。成渝公路内江段自资中县界起,经史家街、县城、椑木镇、牛棚子至隆昌县界止,全长39.5公里。由于内江官民的努力,该段路于1929

---

① 《三·一三话剧社在高寺演出》,《内江日报》,1939年4月22日。
② 《兴华救亡歌咏话剧社在高寺活动》,《内江日报》,1939年4月22日。

年4月6日即建成通车;1932年6月,银山镇至双凤驿段,始有汽车客运。

抗日战争时期,由于人力、物力的内迁,内江的陆路交通,特别是公路建设有了很大的发展。首先是内乐公路的建设,即从内江经自流井至乐山的干线公路的修筑,其中内江路段经白马镇、凌家场至富顺县界,全长25.8公里。1935年,由川康盐务管理局勘测,次年5月开工修建,1937年3月通车。另外还修建了内威公路,即内江至威远县的公路,全长34公里。该路自内江县永安乡陆家冲起,经张家场至伯施桥威远县界,路段长9.87公里;1940年,开始测绘设计,1942年2月动工;修路民工从万家等邻近的7个乡征调,民工自带工具及柴米铺草,集中食宿,义务修路。桥涵包工经费,由仁茂等14个乡镇分摊缴纳。1944年路基工程粗通。另外,还修建了内江至安岳的公路。内安公路的修建可谓是曲折,1927年内江县政公议修建此路,但由于定线之争,直到1948年才经四川省政府裁定,采用自内江县城经便民、贾家至安岳线路方案,1949年3月始动工修建,由内安公路沿线5个乡征调民工修筑。当时国民党政权已濒临崩溃,无暇顾及,民工仅在沿线荒坡地段,开挖了一些七零八落的路基,便不了了之。所以内安公路在抗战时期并没有得到修建,直至新中国成立后1957年才得以完全竣工。除此之外,成渝铁路,内江段于1937年动工,但也只是进行了一些初步的基础工程。

(五)社会生活的变迁

抗战期间,内江和很多大后方的城市一样,面临着许多相同的境况,外来文化对城市居民视觉和思想的冲击,其时从外省来了大量的人口,平添了些摩登男女。当时的报刊就这样描述过一位摩登女郎:"外省来的摩登女郎,烫着波形的发,唇上涂着如将士的鲜血一样的口红,穿着紧束的旗袍,外罩着呢的时式大衣,着高跟鞋,走时嘚嘚有声,表示自己是一个高贵的女人。"①这些令人眼花的现象对向来比较保守的内江人产生了很大冲击,不少人的观念也开始发生一些变化。

另外,抗战以后,由于战争等多种原因,人们越来越强烈地感受到物资紧缺和物价上涨。内江商业向来繁荣,苏货、匹头等一些物品销路特旺,但抗战以来,许多商路中断,物资输入困难,如沪战爆发后,各货来源断绝,商人乘势

---

① 郭海如:《全民抗战》,1938年,第39期,第505页。

居奇,高抬市价,前售八九角之物品,今已售至一元四五角①。此种现象随着抗战的深入而变得更普遍。

面对全民抗战,当时内江社会各界也极力发挥作用,在推动社会进步方面做了一些有意义的事。内江因位于成渝交通中心,往来于两大城市之间的旅客莫不在此留宿一夜,为了方便这些外来人士,有社会人士除设招待所外,还特立中英文指路牌于交通要道,以供行人便按指路牌住宿。另外,当地人士还发动"三不运动",即"不吸烟、不嫖妓、不赌博",推动健康生活方式,得到当地军政首长的赞赏。另外,当地的爱国人士还受中国盲民福利协会委托,救济过路难民、救护过路病兵。开办了妇女手工艺训练班,提高妇女技能,增强其独立性②。

(六)城市空间格局变化

抗战时期,由于内江制糖业与酒精工业的发展,推动了糖品交易和市场规模的扩大,推动城市建区向外扩展,超出了原来的城墙范围,在城墙之外兴建了若干街市。同时内江县城附近的部分集镇也因工商业的发展而成为工商业集中的城镇,如东兴镇、茂市镇、椑木镇及城区附近成为工厂和贸易集中的场所,这些城镇既是内江也是沱江流域最大的制糖工业基地和糖品交易市场。据1941年统计,内江有1/3的糖房、漏棚都集中在这三镇,共计232家,以后陆续建立的大小糖厂也集中于此,抗战期间所建的8家较大规模的糖厂,其中有7家就设在上述三镇与城区附近。这些城镇以组团的形式,使内江城市建成区面积空前扩大,从而促进了城市的发展。

三、战时自贡的城市发展

自贡地处四川省南部、沱江支流釜溪河畔,以盛产井盐闻名,有两千多年的产盐史,素有"盐都"之称。自古自贡就因盐而兴,成为地区富饶之地,人口聚集,商旅往来,各业繁盛,成为"富庶甲于蜀中"的"川省精华之地",并逐渐发展成为区域经济、政治和文化中心。北周初年,武帝设置因富世盐井兴起的场镇为"富世县",并在大公井盐所在地设置"公井镇",这是今自贡境内设

---

① 《四川月报》,1937年,第11卷,第5期,第98页。
② 《田家半月报》,1945年,第11卷,第17、18期,第6页。

县、设镇之始。县、镇的设置,进一步促进了地方盐业的发展和人口的聚集,城市更加兴盛。经过唐宋的变迁,"富世县"改为"富顺县",成为历史上重要的川南名镇,"公井镇"也并入"荣德县",后改名为"荣县","荣州……东南至本州界一百五十里,自界首至富顺监五十里";"富顺监……北至本州界九十里,自界首至荣州一百一十里",[①]这也正是今自贡市所在的主要区域,富顺和荣县的行政区划变迁也大致在这个范围内进行。明嘉靖年间,"自流井"被开发,"自流井"逐步演变为该地区盐井群的代表井,之后又衍生为地区的地名。清康熙年间,"自流井"已被用作地名,康熙十九年富顺知县视察自流井时指出:"自流井这一带地方,兵马往来于此间。"[②]可见,此时的自流井已作为地名被地方行政机构使用。同时,"大公盐井"又因所出盐卤熬制的食盐洁白味美,作为贡品之用,故被更改为"贡井",与自流井共同开发,加快了地区盐业的发展。

盐业的发展带动了城镇发展,自流井和贡井分别以盐场和居住区为中心形成了两个城市组团,其人口规模远超一般的县城。但是两城镇在行政建制上,分别隶属于不同的县,自流井属富顺县,贡井属荣县。行政区划的分离,不利于井盐业的发展和城市的建设,因而在20世纪20年代,随着现代市制的兴起,要求设置自贡市的呼声大起,但是国民政府对设立市建制城市的要求较严格,认为自贡未达到相应的条件,故未准许。抗战爆发后,自贡的经济地位进一步上升,城市人口大增,设市条件基本成熟。据统计,1937年,自贡地区的人口达30余万人,其中,"井区有十七万五千六百余人,连同自贡范围内的十四个镇乡,共计有30万人。税收:地方牌照及其他各项税收,约十六万四千元,占富顺总收入的百分之十,但盐税一项则有一千二百三十余万,超出富荣两县税收总额的五倍以上;幅员:自东西横长四十里,南北纵长约十里,全面积四百平方里"[③]。一方面是城市人口和经济等都符合设市的基本要求;另一方面是随着东部沿海地区沦陷,自贡盐场在保障民需和支援抗战等方面的作用变得更加重要,其城市的重要性因此而得到了再次提升。为了克服两县分治盐场的弊端,1939年经四川省政府批准,划出富顺县和荣县的主

---

① [宋]王存:《元丰九域志》,中华书局,1984年,第333页。
② 四川省富顺县志编委会:《富顺县志》,四川大学出版社,1987年,第852页。
③ 《社会一瞥:自贡设市原则确定》,《四川月报》,1937年,第10卷、第1期。

要产盐区,取自流井和贡井第一字合称自贡市,是年9月1日正式成立自贡市,直隶于四川省政府。

自贡市的诞生是盐业资源的开发、发展的必然结果,同时也是抗战时期,因东南沿海地区沦陷,重庆成为陪都,四川抗战大后方地位的确立,自贡盐业在国家经济的重要性上升的反映。自贡建市不仅为自贡城市的发展带来新的动力和机遇,而且还推动了城市各个方面的发展变迁。

自贡建市后,城市经济有很大发展。由于日本发动全面侵华战争,使沿海盐区相继沦陷,食海盐者开始依赖川盐,销区的扩大为自贡盐业生产发展创造了条件。同时,沿海地区的盐业、化工、科研等工厂、企业,特别是各大盐业公司相继内迁至自贡,为其发展带去了新的生产技术、工艺和科研人员,不但使自贡盐业生产走上全新的发展道路,而且还推动了自贡盐化工等新兴工业的发展,加快了城市工业的现代化步伐。

地处川南的自贡作为抗战时期中国主要的井盐产场,受到国民政府的保护和扶植,特别是为更新井灶设备、开发更多卤井提供了大量贷款扶助,为自贡井盐产业提供了充足的资金保障。1938年由四川盐务局报财政部批准,向中中交农四行贷款1350万元,另由盐务总局拨款100万元,共计1450万元,作为抗战期间自贡增产的贷款[①]。抗战前,自贡只有170余口卤井采卤,每年采卤15万余吨。抗战爆发后,为了有效开发自贡卤井,凡有生产能力的卤井一律采卤,并尽力淘办旧井,开凿新井,1941年自贡共有261口盐井、467口天然气井一并投入生产,盐的年产量曾达26万余吨,创造了自贡盐业生产史上最高纪录[②]。

八年抗战期间自贡盐场总计生产、销售食盐量表

年份	产量(吨)	销量(吨)
1938年	228420	218803
1939年	251799	255486
1940年	259606	217144

[①] 自贡市文史委员会:《抗战时期的自贡》,出版社不详,1995年,第7页。
[②] 王仁远、陈然等:《自贡城市史》,社会科学文献出版社,1995年,第68页。

续表

年份	产量(吨)	销量(吨)
1941 年	263226	226250
1942 年	237807	239204
1943 年	226076	214029
1944 年	242478	219834
1945 年	229489	157792

资料来源：自贡市经济研究所《自贡市情》，《自贡市情》编委会，1985 年，第 213 页。

由上表可以看出，八年抗战期间，自贡盐场累计生产食盐达 1938901 吨，销售食盐 1748542 吨，自贡盐业在全国盐业和川盐业中的比重也不断上升。抗战前，自贡盐产量在全国盐产总量中仅占 7.9%，抗战爆发后，因沿海产盐区的沦陷，全国盐产量有较大幅度减产，1939 年全国盐产量为 106.25 万吨，自贡当年盐产量为 25.18 万吨，占 23.6%；1944 年，全国盐产量为 83 万吨，自贡当年盐产量为 24.25 万吨，占全国盐产量的 29.2%；1945 年，全国盐产量随着国统区的缩小，仅为 66.15 万吨，自贡当年盐产量为 22.95 万吨，占全国盐产量的 34.7%。自贡盐产在川盐中的比重，也从战前的 45%，上升到 1939 年的 54%，1945 年更增至 60%[1]。自贡盐产量的增加和销量比重的不断提升，使其成为抗战期间供应食盐的主要基地之一，为抗战时期西南经济的发展做出了巨大的贡献。

抗日战争为自贡的经济发展带来了历史性的发展机遇。随着自贡盐业在全国盐业中的地位不断提升，盐业的发展也促进了煤炭、冶炼、机械、金属制品、运输工具制造、纺织、食品加工等行业的大发展，城市商业贸易业随之繁荣。据档案文献统计，抗战时期自贡市区有绸布百货商 71 家、布丝商 266 家、五金电材 21 家、文具图书 7 家、当铺 35 家、酒食店 225 家、鞋帽 44 家等，总计自贡市共有各种商店（号、行）2000 多家，各种商品业同业公会 69 个，有油、米、粮、酒行交易市场 19 处[2]。到 1944 年，自贡共有各业同业公会 57 个，已经正式登记的达 753 家，未经登记的尚有 1000 余家，各业商店资本不一，

---

[1] 宋良曦：《自贡盐业在抗战经济中的作用和贡献》，《盐业史研究》，1995 年，第 3 期。
[2] 王仁远、陈然等：《自贡城市史》，社会科学文献出版社，1995 年，第 133 页。

最低者5000元,最高者2000万元①。可见,当时自贡市商业经济之繁荣。同时,商贸业的发展也提高了自贡城市的经济功能。自贡作为川南地区的商业集贸中心开始显现,自贡在抗战期间开始承载着各类商品交换的功能,是城市商业发展和城市功能得到不断完善的重要表现。

自贡城市的发展是因盐业而兴,因而城市的空间发展受到盐井开发的影响较大,从而形成了一些特点:一是形成了组团式发展的空间布局,自流井与贡井分别形成城市两大组团,两组团之间相距5公里;二是开放式自由布局的空间格局,自贡的两个城市组团与传统的有城墙城市不同,没有城墙束缚,而是开放式的自由布局,产业区与居住区相混杂;三是盐商住宅建筑和公共建筑独具特色,来自各省以及省内各地商贾投资建立的各行帮会馆、公会,以及盐业家族营建的各式名园大宅,成为当时自贡城市建筑的主要象征,这些大型的古典建筑在杂乱的居民建筑群的衬托下,显得尤其堂皇,增添着几分浓厚的文化气息,为这块产盐之地更添加了几许繁华。其中位于自贡市区龙凤山下的釜溪河畔的西秦会馆最具特色,该馆于清代乾隆元年(1736年)动工兴建,乾隆十七年(1752年)始竣工,历时16载。道光年间又进行过大规模的维修与扩建,较前拓出十数丈,依山又另辟一正殿。西秦会馆建立之初是作为陕西籍盐商联络同乡、聚会议事而修建的同乡会馆。由于西秦会馆主供关帝神位,故当地人称关帝庙,也俗称陕西庙。

自贡自古就因盐业而不断发展,也一直是川东经济发展较快的地区,因而随着抗战时期特殊的盐业资源开发所形成的内在动力成为推动经济发展的最主要的因素。但是自贡城市的市政建设在抗战时期却没有跟上经济发展的步伐,城市建成区也没有进行很好的规划建设。1943—1944年,始由自贡市政府主持对自流井和贡井的街道进行改造,主要是将部分主要街道拓宽,并将侵占街道的沿街房屋拆除,特别是将西秦会馆到新桥路段的街道扩展到平均16米宽,其中车道10米,为三合土路面,两侧的人行道平均各宽3米,为石板铺路②。经过这次改造,自贡城市的主要街道得到相对合理的规划建设。

---

① 《自贡市经济概况》,《四川经济季刊》,1944年,第1卷,第4期。
② 王仁远、陈然等:《自贡城市史》,社会科学文献出版社,1995年,第229页。

抗战时期，随着自贡设市，工业的发展，为满足自贡居民用电和工业供电的需求，1942年，在政府支持下，动工架设了自流井至宜宾的33千伏高压输电线路，将宜宾的电能输送到自贡，于1944年正式通电，成为号称中国西南地区第一条长距离高压木杆输电线路①。

城市环境改造和保护也因自贡设市而受到社会各界的高度重视。1940年，自贡市政府向社会颁布了造林布告，要求各区、乡、镇于每年3月12日的植树节组织民众到附近的荒山植树，划出釜溪河南岸的簸米湾一带的山地，作为市一级的造林绿化场地②。这一举措对于日后自贡的城市环境建设和改造具有重大的推动意义，使自贡城市内部环境得到了极大的改善，自贡城市开始走向生态建设的道路。随着一系列市政建设的完成，自贡的城市面貌也因此而焕然一新。

抗战时期，随着自贡城市工业经济的发展，市政管理、商业经济、城镇建设等各方面都得到进一步的发展，经济结构得到不断的完善，自贡的教育、文化、医疗、交通等事业也得到不断的发展。自贡在清代就是川南教育中心，有各种性质的教育机构，如学宫、书院、私塾等。抗战期间，因盐业的发展，政府加大了对文教、卫生事业的投入。据统计，1944年，自贡市财政税收总支出28176744元，其中文化教育支出为2601674元、卫生支出为433168，约占总支出的11%③。同时，盐商投资兴学成为自贡盐商实业救国的重要举措。1924年，自贡盐商创办私立蜀光中学，开办之初仅有教职工47人；1938年，蜀光中学扩建为完全中学，并聘请天津南开中学校长张伯苓先生为董事长，聘天津南开中学部主任喻传鉴为校长，该校从一个规模狭小、设备简陋的初级中学，发展成为一个校舍齐全、设备先进的完全中学，到抗战胜利时，该校教师已达81人④，成为全国知名的中学，对自贡中等教育事业的发展起了重要的示范和推动作用。1938年自贡地方盐商余述怀创办旭川中学，并于1943年捐资修建教室16间，次年又向学校捐赠100万元作为教育基金⑤。1942年，私立剑南中学成立开学，到1944年，有男女生共13班，学生700余人，教职员40

---

① 王仁远、陈然等：《自贡城市史》，社会科学文献出版社，1995年，第237页。
② 王仁远、陈然等：《自贡城市史》，社会科学文献出版社，1995年，第246页。
③ 《自贡市经济概况》，《四川经济季刊》，1944年，第1卷，第4期。
④ 自贡市文史委员会：《抗战时期的自贡》，1995年，第64页。
⑤ 王仁远、陈然等：《自贡城市史》，社会科学文献出版社，1995年，第305页。

余人①。自贡私立师范学校在盐商的投资赞助下于1944年成立②。政府的投入和盐商的投资极大地推动了抗战时期自贡文教事业的发展。

抗战时期,大批优秀知识分子迁入自贡,为自贡的新闻报业发展提供了新动力。在抗战八年间自贡先后创办了《自贡新闻》《自贡民报》《自贡新报》《川中晨报》《自贡日报》等14种报纸。这些报纸在传播政治、经济、文化教育等方面都起到了重要的作用,对于市民了解世界和国内大势,思想观念的转变,新的生活方式的形成都起了重要的作用。

抗战时期自贡城市的卫生事业也取得一定的进步。1938年到1945年,自贡市先后建立了十余家西医私人医院、私人诊所,1945年底达27家;另外还有牙科医院13家。这为市民身体健康提供有效的保障③。

抗战爆发后自贡盐业的发展也在一定程度上改善了原靠畜力驮运和船运为主的交通状况,促进了公路交通的建设,提升了运输能力,便利了市民的日常生活。并将自贡建设成为连接川南,乃至川黔的交通枢纽。

自贡自1939年建市以来,在抗战时期得到一定的发展,同时也在发展中积累和形成了一定的城市管理经验。自贡市作为川南的中心城市,凭借丰富的盐业资源,充分利用自身资源的优势,在抗战这样一个特殊的历史背景下,城市行政管理、经济建设、教育文化事业等都得到较大发展,实现了建市后的第一次大跨越,不仅为抗战的胜利贡献了力量,而且也为解放后的进一步发展奠定了基础。

四、战时泸州的城市发展

泸州是川南著名的"酒城",历史上称"江阳"。泸州建置始于西汉景帝前元六年(公元前151年),因封赵国相苏嘉为江阳侯,以奖其征讨淮南有功而设置的江阳县。从此,江阳成为汉朝郡县制中的名邑④。泸州凭借其地处长江和沱江交汇处的优越位置和两江舟楫之利,成为历史上川、滇、黔、渝的重要物质集散中心。民国时期,改泸州为泸县,置永宁道,1935年,设置第七

---

① 政协四川省自贡市委员会文史资料委员会编:《自贡文史资料选辑:一至五辑合刊本》,政协四川省自贡市委员会文史资料委员会,1982年,第265页。
② 自贡市教育委员会:《自贡市教育志》,四川人民出版社,1993年,第17页。
③ 王仁远、陈然等:《自贡城市史》,社会科学文献出版社,1995年,第315页。
④ 魏仁泉:《泸州之最》,成都出版社,1996年,第3页。

行政督察区。

抗战时期,中华民族团结一致抵御外侵,在此期间,由于东南沿海地区沦陷,海内外联系中断,国民政府西迁,四川成为了大西南支持抗战的主要省份。因与战时陪都——重庆毗连,泸州的经济、政治、文化地位较战前有了进一步的提高,城市日益发展。

(一)城市的重要性和地位有所提高

抗战爆发后,面对日本侵略者对大后方的封锁,开辟一条连接内外的交通线,以保障抗战物资的运输,变得尤为重要。于是国民政府决定从四川经云南出缅甸,建设川滇东路和滇缅公路,这条关系国防建设的重要陆上交通线,在相对较短的时间内建成,途经隆昌、泸州、叙永、毕节、威宁、曲靖、昆明、大理、芒市、畹町入缅甸的南坎、八莫等城镇。自此,战时外援物资便从这条公路,源源不断地从缅甸运来泸州兰田坝卸货,然后分水、路两路转运到大后方和前方各战区。泸州成了当时转运最捷、用时最少的转运中心和出口物资的装车起运站,承担了战时后勤物资转动中心的重任。泸州成为云南入境到长江边转运的最快捷战略要地,水陆联运呈现繁荣景象。此外,为了配合盟军对日作战,国民政府还于1945年初修建了泸州兰田机场,占地1800亩。该机场建成后,使外援物资迅速地不断空运而来,提高了中国军队军需物资供应和军队运动的快速能力。

除了陆路、航运交通运输的建设外,东部地区的一批重要的军事设施也迁建于泸州,进一步增强了泸州的战略地位。1938年2月,河南巩县兵工厂迁来泸州高坝,命名为第23兵工厂,后发展为其后的泸州化工厂,从事军工生产,在八年抗战中,该厂生产了大批军工用品,供应前线。同时,随着抗战的发展,对官兵伤员的治疗和管理成为一大问题,国民政府在泸州设立了当时全国第三管理所,用以收容、治疗伤病将士,其医疗卫生条件也随着需求的增加得到了一定的改善。

(二)经济的发展

民国前期,泸州作为川南重镇,经济迭遭军阀和匪患的破坏而凋敝。抗战爆发后,由于泸州抗战时期军事地位的上升,以及大量机关、工厂、企业的内迁,城区的人口增加,使抗战期间泸州的经济得到恢复和发展,特别是现代工业的举办。其中重工业有第23兵工厂、洞窝水电站、石棚火电站、蓝田汽车修配厂等。轻工业有印刷、火柴、玻璃、织造、酿酒、铁锅、土陶等,尤以锅厂和玻璃厂的规模最大,销路最广。另外机制面粉和酒精提炼的企业也相继开办。随着工业的发展,商业贸易也出现新的发展。1939年,泸州的商业有粮食、茶业、油业、盐业、国药、西药、棉花、煤炭等29个行业。1942年,泸县城内的坐商有粮食、酒类、布匹、百货、西药等72个行业,1349户商铺。纱布业有信孚、亚东、长丰、裕成等300余家。炭业有福森永、鑫成祥、同义和等58家。中药材有天复元、成仁仁堂等40家。西药业有光华、世界等46家[①]。大商号有宝元通、少成美、斜昌等20余家。金融机构有银行、钱庄51个,农村信用社245个。可以说,在抗战中后期,泸州的工商百业盛极一时[②]。泸州是川南著名的"酒城",其闻名中外的"天成生曲酒"在抗战时期不仅畅销川南,还部分销售到省外及美、英等国,虽然因当时交通条件的限制,泸州的曲酒未能大量输出,但其美名已是在这一时期名扬中外,受到极好的赞誉。当时,"美国空军以盟军身份到泸,其人员品尝天成生曲酒后,赞不绝口。有的酒已吃完,酒罐舍不得丢,酒瘾发作时,启开罐塞闻其余香,仍津津有味。有的买酒回国,作为馈赠佳品"[③]。

抗战胜利后,全国的经济格局、物资流转和供需关系发生变化,泸州的商业经济因此而衰落,随着内战兴起,国民政府滥发纸币,物价暴涨,市场萧条,大批私营企业纷纷倒闭,工商业发展转为萧条。

(三)教育文化事业的发展

抗战时期,越来越多的人士认识到教育是民族振兴的根本大计。尽管战火纷飞,社会动荡不安,无论是政府还是社会各界对于发展教育都予以高度重视,并推动了泸州新式教育的发展。泸州自古就是四川教育较发达的地区。从北宋治平四年到清光绪二十七年,泸州地区共考取进士104名,从明洪武二十九年至清宣统二年共考取举人349名[④]。到1936年,泸县共有县立小学48所,其中城区有县立初级小学8所、县立短期义务小学20所。抗战时期,学校的内迁,为泸州教育事业提供了新的发展机遇。1940年四川省立

[①] 四川泸县县志办公室:《泸县志》,四川科学技术出版社,1993年,第251页。
[②] 四川泸县县志办公室:《泸县志》,四川科学技术出版社,1993年,第133页。
[③] 政协泸州市文史资料委员会:《泸州文史资料选辑》,第16辑,政协泸州文史资料委员会,1989年,第123页。
[④] 四川泸县县志办公室:《泸县志》,四川科学技术出版社,1993年,第498页。

重庆高级工业职业学校迁泸,1941年建立泸县县立师范学校。抗战期间,全国各族人民奋起抗击,全力支持抗战事业,泸州各学校的师生,也奋起参加抗日救亡运动,不仅亲自参加到抗战斗争中,还在大后方积极宣传抗战和为抗战事业筹备资金,为全民族的抗战事业贡献力量。这不仅体现了泸州人民的爱国情怀,同时也是泸州教育事业得到发展取得进步的最好证明。

为抗战事业做好舆论宣传工作,泸州各界还兴办了多种报刊,尽管有些报刊只办了几期,但这都是泸州社会为抗战作出努力的表现,也是泸州文化事业得到进步的反映。如《新生活周报》、《青白日报》、《大同日报》、《江城晚报》、《现代新闻》等,这些报刊或长或短时间的发行,都体现了泸州社会民众为抗战事业的努力。

(四)抗战物资上的支援

抗日战争期间,泸州为持久抗战提供了广泛的人力、物力和财力支持。据1938年11月统计,四川第七行政督察区,即泸州专区输送属县壮丁10778人,验收合格10210人;1941年输送壮丁6081名;1942年输送壮丁4922名;1943年,送壮丁外参加青年远征军即有451人;1944年在泸州成立青年军203师,招收大批青年学生及社会知识青年。除此之外,还有自动参军考入中央军校各分校,以及各军种和驻泸招收的各种性能军事人员、军工人员。泸州还有一批军粮供应商,他们除了历年缴纳征粮大多都转送到抗战前线以外,广大民众还积极捐粮献钱,仅1944年就发动川南民众捐献军粮黄谷9436万石(300万斤以上)、杂粮1700石(近60万斤以上)、代金165万元。同时,各界社会人士在支援抗战胜利上也是发挥了重要作用,1941年各界人士捐资的现金可买军用飞机两架;1944年冯玉祥发动献金运动,泸州人民献金5200万元,居全省各县市之首[①]。可见,抗战时期泸州在兵力、物力、财力各方面都支持了抗战前线的战争,为抗日战争的胜利做出了贡献。

(五)城市遭到战争的较大破坏

由于泸州在大后方具有重要的战略地位,因而日本侵略者多次发动对泸州的空袭,泸州成为四川各县市中被空袭次数最多、损失最为严重的地区之

[①] 政协泸州市文史资料委员会:《泸州文史资料选辑》,第26辑,政协泸州文史资料委员会,1995年,第36页。

一,仅有炸弹和机枪扫射的空袭就有6次,给城市造成了巨大的破坏,其中以1939年9月11日和1940年8月12日两次空袭最为严重。1939年9月11日,日机对泸州不仅狂轰滥炸,还投放了大量的燃烧弹,泸州北城一片火海,繁华的街道、商店、公司、银行、仓库、文庙、泸县中学、泸县县署、川南师范等均遭到日机的轰炸,全城被烧毁近一半,伤亡3000多人,藏书10万多册的泸县图书馆也化为灰烬,损失十分惨重[①]。据统计,6次大规模的空袭,炸死炸伤无辜人民6000人以上,烧毁房屋7000余幢,其他财产损失不计其数,还有对城市文化和居民生活的影响和损失更是难以用数字来衡量。

日本侵略者空袭泸州的罪行,不仅造成了泸州大量的生命财产的损失,而且还使经济、商业和城市建设遭到了严重的破坏。当时报刊上便有相关记载:"因抗战进出口货物困难,外加敌机空袭的可能发生,泸县城区人民纷纷迁移乡里,商业前途,更无把握,泸县城区各商号纷纷宣告解体。"[②]从而阻碍了泸州城市的发展。

五、战时乐山城市的发展

乐山素有"天下山水之观在蜀,蜀之胜曰嘉州"之美称[③]。自古以来,就为蜀中风景名胜之区,山清水秀,人杰地灵,诗人荟萃,昔人赏评,推崇备至。李白有"峨眉山月半轮秋,影入平羌江水流"的美句;岑参有"山色轩槛内,滩声枕席间。草生公府静,花落讼庭闲"的称誉[④]。

乐山在古时称嘉州,清雍正十二年升州为府,下置附郭乐山县,县东与犍为接壤,西南与屏山峨边相连;西与峨眉为邻,西北与夹江毗连;北与青神、东北与井研连界,面积约16900平方公里。乐山境内矿产丰富,适宜工矿企业的发展;其地又以盛产白蜡、丝绸而闻名。乐山城位于岷江与大渡河青衣江交汇处,三面临水,一面连路,交通便利,工商发达,被称为上川南重镇[⑤]。抗战爆发以前,乐山城虽然有以上种种资源,交通也较为便利,但由于深处内

[①] 政协泸州市文史资料委员会:《泸州文史资料选辑》,第26辑,政协泸州文史资料委员会,1995年,第37页。
[②] 《泸县商业不振》,《四川月报》,第12卷,第2期。
[③] [南宋]邵博:《清音亭记》。
[④] 周文化主编:《乐山诗选集》,乐山市市中区地方志办公室,1995年,第2页。
[⑤] 乐山县政府编:《乐山史志资料丛书——四川省乐山县概览》,1947年,第1页。

陆,和其他内陆城市一样,发展缓慢,信息闭塞,仅是一座宁静安逸的小城镇。

抗日战争爆发后,东部城市纷纷沦陷,大量的政府机构、工厂、学校内迁,西南大后方的城市兴盛一时,乐山城也在这一时期迅速发展起来。据统计,从1937年起从沿海迁入四川乐山的工矿企业大约有20家,其中分布在乐山城区和五通桥的有空军保险伞厂、永利化学公司、美亚自织绸厂等[1]。抗战期间,内迁四川的高等学校共有47所,其中3所迁到了乐山[2]。迁入乐山的3所学校分别是国立武汉大学、江苏省立蚕丝专科学校和国立中央技艺专科学校。工矿企业以及高校的迁入无疑使乐山的经济、文化、社会都发生了显著的变化,极大地促进了乐山的城市建设和民风开化及信息交流。

抗战以前,乐山由于其便利的交通,车水马龙,人口较密,1935年11月被定为一等县。据统计,1937年,乐山全县有411498人,92084户[3]。抗战时期,乐山与四川其他地区一样,承担了接纳和安置内迁的政府机关、工矿企业、高等学校、社会文化团体以及一般难民的重任,人口迅速增加,据《四川月报》,第11卷记载,1944年乐山地区人口"四十万有奇",加上迁入者,则"实有五十万人以上"。当时乐山城至少接纳了战争移民十多万人,其中大部分居住在城区及附近的各城镇。外来人口的增加,新的市政机构的建立,这在很大程度上促进了乐山主城区和周边城镇的发展,1947年乐山的市镇已达55个。当时乐山县城分中城镇、外城镇,街市广阔,商业繁荣,堪称上川南重镇[4]。

抗战时期,乐山经济得到了一定程度的发展。长期以来,乐山凭借其有利的自然地理条件,农业、手工业都较为发达。抗战爆发后,大量外来工业企业的迁入又进一步促进了本地工业的发展。乐山南部地区的矿产资源丰富,特别是五通桥、牛华溪一带的盐和天然气都十分丰富,很早就有盐井和火井开发。抗战爆发后,这些地下资源得到充分的开发利用,特别是侯德榜任厂长的永利化学公司迁址五通桥后,促进了五通桥盐业、化工、煤炭开采、电力工业等产业的大发展。

---

[1] 干鸣丰:《乐山城市史稿》,中央文献出版社,2006年,第262页。
[2] 温贤美主编:《四川通史》,第7册,四川大学出版社,1993年,第321页。
[3] 乐山县政府编:《乐山史志资料丛书——四川省乐山县概览》,1947年12月,第55页。
[4] 乐山县政府编:《乐山史志资料丛书——四川省乐山县概览》,1947年12月,第4页。

乐山在抗战前,自给自足的自然经济占主要地位,城市工业以手工业作坊为主。抗战爆发后,20多家现代工矿企业相继迁入乐山,从而使乐山的现代工业得到快速发展,改变了原有的产业结构。此一时期,影响最大的工业企业主要有永利化学公司、空军保险伞厂、美亚自织绸厂等。

永利化学工业公司是1937年末至1939年从天津塘沽迁到五通桥老龙坝的。它是闻名中外的天津"永久黄"化工集团的核心企业。"永久黄"即永利制碱公司、久大盐业公司、黄海化学工业研究社的简称,由范旭东先生创办。它迁入乐山后更名为永利川厂,由著名化工专家侯德榜先生担任厂长兼总工程师。由于当时内地盐价昂贵,永利川厂用传统的索尔维法制碱成本太高,无法维持生产,为寻找适应内地条件的制碱工艺,永利公司准备向德国购买新的工艺——察安法的专利。但德国相关公司不仅高价勒索,而且还提出了种种苛刻的条件,因而为了维护民族尊严,侯德榜与永利的工程技术人员一道,认真剖析了氨碱法流程,终于确定了具有自己独立特点的新的制碱工艺,1941年,这种新工艺被命名为"侯氏制碱法"。

空军保险伞厂,又称保险伞制造所,或普益经纬公司。1938年内迁乐山,厂址设在城区护国寺。该厂于1934年试制成功中国第一具降落伞。

1941年,上海美亚绸厂迁至五通桥桥沟设置分厂。分厂有电动织绸机100多台,职工200余人,主要生产福西绉、锦化绉、龙凤大花被面等30多种不同规格的产品,畅销南洋、英国等市场。1945年迁往南充。

内迁的工矿企业不仅促进了乐山产业结构向近代的转变,与此同时也带来了先进的管理经验和众多熟练的工程技术人员,推动了乐山工业的发展。抗战前乐山本地工业以制盐为主,抗战以后增加了木材干馏厂、染练厂、肥皂厂、火柴厂、碱厂、水泥厂、纸厂等,均系机器生产。其中以烧碱、水泥、造纸等最为著名,销路亦广;白蜡为乐山特产,在抗战时也有大量的外销[①]。

1938年,国民政府财政部盐务总局由重庆迁到乐山五通桥镇,因而五通桥实际上成了全国盐务的行政中心,"盐务总局"设在五通桥公园刚竣工两年的"中山堂",这是当时五通桥最豪华的一幢西式风格建筑,身处树木葱茏的菩提山腰,前瞻蜿蜒茫溪河。其后购地300亩,建设新的办公场。盐务总局

[①] 乐山县政府编:《乐山史志资料丛书——四川省乐山县概览》,1947年12月,第18页。

来到五通桥后,对盐政进行改革,以"民制、官收、官运、商销"的新制度代替过去的"民制、官收、商运、商销"制度,主要改革就是以官运代替商运,盐务局专门成立了官运处,直接负责运输,军队及地方政府协助,加强对盐业的管理。其后又通过制定《盐专卖条例》,将盐的产、运、销各个环节控制在国民政府手中,以保证抗战时期大后方的军需民食。盐务总局迁五通桥后,对川盐的场产、运务、销岸等都给予优待,并调动相关方面的人力、物力、财力,改善生产条件和管理方法,由此推动乐山盐业的发展,乐山的盐产量也由1934年的年产469819市担[①],发展到1938年以后的年产量在5万吨以上,外销甚广[②]。

抗战时期,乐山的电力工业也得到较快发展。1928年,乐山嘉乐门外走马街股东卜继川的私营企业嘉裕实业股份有限公司,在制碱获得一定利润后,即创办电灯公司,并于1928年开始发电,主要供本厂和城区部分居民照明用电。1934年该公司又从上海购回200千瓦和50千瓦发电设备各一套,于1936年投产使用[③]。1938年11月,国民经济部资源委员会派浙江大学电机工程专业毕业的蔡昌华到乐山五通桥设立五通桥发电设备处,办理建厂事宜,并选定老龙河坝边地作为厂址,成立了乐山第一座水利发电厂,供电线路从老龙坝至五通桥全长8.5公里,1940年延伸至金粟桥。随着发电量的增加,供电范围扩大,北至乐山,南到犍为、清水溪,西至西坝,初步形成了一个小电网,线路总长96.09公里[④]。

抗战时期,乐山的传统手工业也有一定发展,特别是缫丝、织绸、砖瓦、纺纱、卷烟、火柴、皮革、瓷器等关系民生的手工业发展较快。乐山的纺织业以缫丝、织绸为著,嘉定大绸在战前就具盛名,畅销全川兼及省外。抗战时期,部分作坊开始使用机械生产,计每年约产丝千担以上。

抗战时期,乐山的商业贸易也有一定的发展。乐山城因位于三江汇流之处,居水陆要冲,交通便利,特别是水上运输方便快捷,因而抗战时期,乐山的商号公司林立,为川南货物集散要地,商业繁荣,贸易兴旺,每年贸易总额约

[①] 乐山县政府编:《乐山史志资料丛书——四川省乐山县概览》,1947年12月,第55页。
[②] 乐山县政府编:《乐山史志资料丛书——四川省乐山县概览》,1947年12月,第23页。
[③] 政协乐山市中区委员会:《乐山文史资料——工商经济史料专辑》,乐山市政协委员会,1995年,第75—76页。
[④] 政协乐山市中区委员会:《乐山文史资料——工商经济史料专辑》,乐山市政协委员会,1995年,第77页。

在数千亿元以上,尤以丝绸、白蜡、煤、盐为大宗,占贸易总额50%以上。乐山城内外形成了多条商贸繁华的街道。

抗战时期,乐山的教育事业也有较大发展。乐山的新式中学和小学均于清末开始创办。1905年,乐山县立高等小学堂正式开办。1907年,乐山第一所中学——嘉定府官立中学堂也创办。1936年乐山城区共有学校20所,其中高级中学1所,初级中学2所,高等小学16所,幼稚园1所[1],但没有1所高等学校。抗战爆发后,乐山的新式教育有较大的发展,到1947年,全县42乡镇有中心国民学校46所,国民学校301所;另外还有私立小学19所,私塾约80余所,私立幼稚园3所,其中尚有新生幼稚园未立案,到1947年中学受教育总人数达39193人[2]。

对乐山教育影响最大的还是从省外迁来的国立武汉大学、国立中央技艺专科学校、江苏省立蚕丝专科学校。这些学校在抗战爆发后相继迁入乐山,对于风气闭塞保守、文化教育和科技落后的嘉州古城产生了重大影响,极大地促进了乐山教育和文化事业的发展,推动了乐山城市近代化的进程,而其中影响最大的当属国立武汉大学。关于国立武汉大学选择乐山的原因,如校长王星拱所说:"(一)该地尚无专科以上学校之设立。(二)地处成都之南,叙府之西偏北,水陆交通,均称便利。(三)生物矿物,产蓄丰富,可资研究,以备开发。(四)民情风俗,颇为朴素,而文化程度亦不低于其他大城市。(五)公私建筑物颇多,其破旧者加以修理,即能适用。(六)地方深入内地,不易受敌机之威胁,学生可以安心读书。"[3]武汉大学迁入乐山后做了许多方面的重要贡献。首先是为乐山培养了一批人才,武大迁到乐山后,大批师生为了生活纷纷到各中小学任教,提高了中小学的教学质量。乐山武大附中全由教授、讲师、助教上课,在乐山以教学水平高著称。其次,武汉大学在乐山办学期间,积极造福乡邦,服务社会,广泛开展学术演讲,普及文化;开设工厂,传播技术;根除疤病,永绝三江百姓之祸患;开展多姿多彩的文体活动,也为乐山城注入了学府气象,引进了新文化新风尚,开启了乐山人的视野。学校每年都为乐山培训会计、机械、冶金方面的技术人才,还连年举行科学展览会,

---

[1] 于鸣丰:《乐山城市史稿》,中央文献出版社,2006年,第241页。
[2] 乐山县政府编:《乐山史志资料丛书——四川省乐山县概览》,1947年12月,第17页。
[3] 武汉大学主编:《乐山的回响》,武汉大学出版社,2008年,第3页。

全面展示武大在科技方面研究的重要成果。再次,武大师生积极活跃当地人们的思想,促进信息交流,武汉大学拥有各类学生社团167个,当时影响较大的社团主要有文谈社、政谈社、风雨谈社、海燕社、抗战问题研究会、岷江读书社、峨眉剧联、珞珈团契、力讯社等。很多社团以出版刊物和壁报为主要活动方式,还成立了壁报联合会,各种壁报将文庙棂星门的两侧变成了"民主墙"[①]。各种新思想在乐山城乡广泛传播,当地民众也通过报章杂志和壁报等了解到了更多的社会动态,丰富了文化生活,使这片曾经沉寂的土地变得活跃,使闭塞保守的乐山人转向开化开放。

武汉大学迁乐山后,这座偏僻的内地小城市顿成抗战大后方人文社会科学和自然科学技术的重镇之一。武汉大学校长王星拱求贤若渴,主张自由民主、兼容并包,召集了一大批有影响力的教授学者到乐山武大教学,著名学者有文学院的刘永济、黄焯、叶圣陶、苏雪林、朱光潜,法学院的李浩培、王铁崖、杨瑞六,理学院的汤璪真、李国平、梁百先,工学院的缪恩钊、赵师梅、邵逸周等人,百余位教师和数百学生在抗战期间坚守中国文化阵地,培育人才,他们的思想与学术也惠及乐山,推动了这座城市的发展。

除了国立武汉大学外,国立中央技艺专科学校以及江苏省立蚕丝专科学校也在迁移乐山后,为乐山的发展做了许多贡献。国立中央技艺专科学校很重视实验、实习、科研和为生产发展服务,蚕丝科的师生所研制的"改良蚕种"对乐山、峨眉、夹江、洪雅、眉山等县蚕丝发展起到了很好的推动作用;农产制造实习工厂对"全华酱油"、"乐山口里酥"的酿造和研究做出了很大的贡献,纺织科以川南保险伞制造厂,造纸科以嘉乐纸厂为实习基地,不仅对培养学生学以致用的专业技能起到了很好的作用,也促进了这些企业技术革新。江苏省立蚕丝专科学校在乐山期间,所招收学生多来自川北、川南,尤其以南充蚕丝职业学校毕业生为多,为这些地方人才培养做出了贡献。其学生每年制"嘉阳牌"改良蚕种4万—5万张,畅销川省,颇受蚕农欢迎。两校对于推动乐山的丝绸、造纸、水泥、毛纺织等工业发展也做出了贡献。

抗战期间乐山的文化事业也得到一定的发展,图书馆、戏剧、曲艺、电影事业等呈现百花齐放的局面。

[①]武汉大学主编:《乐山的回响》,武汉大学出版社,2008年,第68页。

抗战前,乐山城区主要有两个带戏台的茶园,一是在萧公嘴浙江会馆萧公庙内,这里有很大的天井坝子,自明清以来,庙会酬神戏多在此演出。民国初在此开办"永乐茶园",后来改名"筠乐茶园"。另一个是1934年在县街开办的"思源茶园",可容纳观众400人,演出川剧和皮影戏。1939年被日军炸毁①。1941年,乐山商人朱世慧出资在东大街建嘉乐大戏院,可容观众1000多人。这是乐山城内第一家专业剧场,此后这里便成了乐山城区表演川戏的主要舞台,一般人称此为"乐山川剧院"。1942年该戏院改称新生嘉乐戏院。1945年又改称"嘉乐胜利大戏院",亦有人称"嘉乐剧院胜利社"。

抗日战争时期,随着大批的外省人迁入乐山,平剧和话剧也相继传入,先后成立了多个演出剧团,平剧方面主要有嘉联平剧社、公余平剧社、护国平剧社、武大珞珈平剧社、夏生戏剧学校平剧社、宝庆和京班等;话剧方面主要有武汉大学的峨眉剧社、丛丛剧社、湖南同乡会剧社、南开学友会剧社、青年剧社、附中东湖剧社,另外还有中央技专星火剧社、中华剧艺社、中华胜利剧团、江苏剧社、华北歌舞剧团等。这些剧团经常为宣传抗战、赈济灾害、抚慰军人、募集基金举行公演、义演。演出内容除传统的剧目外,更多上演新剧,如《棠棣之花》、《日出》、《小英雄》、《边城故事》、《雷雨》等②。1944年秋,有京剧班子来到乐山,其中有很出色的演员,特别是女演员周惠如所演旦戏受到时人很高的评价。

对乐山人有影响的文化活动还有电影的放映。1925年,邑人张文清等从成都购进放映机,在东顺城街安福会馆开办第一家电影院,放映无声电影。抗战开始后,相继有人在乐山开办了蜀嘉电影院、大岷电影院、乐阳电影院等③。1943年有人利用一片瓦砾场建成了一个电影院,设备虽然简陋,但也能上演电影。上演的电影有《蛇蝎美人》、《月宫宝盒》、《清宫外史》。

抗战时期,乐山的报社和通讯也有较大发展。乐山报刊业是从1911年由天主教主办的中文报刊开始的。抗战时期乐山报刊业发展出现高潮,有大小报刊15种之多:《抗敌要闻》、《快邮代电》、《嘉阳日报》、《正声报》、《英文

---

① 四川省乐山市中区地方志编委会:《乐山市市中区志》,巴蜀书社,2003年,第807页。
② 赵世荣:《乐山戏剧活动史料》(《乐山史志资料》1991—1992年总第21—28期合刊),乐山市市中区地方志办公室编印,第341—343页。
③ 施芸:《乐山电影杂记》(《乐山史志资料》1991—1992年总第21—28期合刊),乐山市市中区地方办公室编印,第378页。

广播》、《收音广播》、《诚报》、《原野》、《建国晚报》、《乐山青年》、《星期文艺》、《川南工商》、《民主与青年》、《夫子报》和《水星文艺》等。主办单位主要有武大、三青团、县商会、基督教浸礼会等。其中刊行时间较长影响较大的为《诚报》。《诚报》创刊于1942年,社址设在乐山城内道门口,为铅印日报,四开四版。乐山为专员公署所在地,下辖10多个县,却没有一份铅印的地方报纸,于是《诚报》便拾遗补阙,应运而生。《诚报》是以乐山驻军政治部名义主办,社长是政治部主任刘琦生。除了拥有军队背景外,乐山办报还有独特条件和优势,一是乐山有乐嘉纸厂,纸张不缺;二是乐山有机器印刷厂,印报不成问题;三是该驻军下设补训处有一个通讯班,可抄收国内外广播电台新闻电讯;四是乐山有武汉大学,师生众多,知识密集,群英荟萃,稿源不缺。《诚报》的内容和形式十分简朴,不能与成渝等地大报相比,但每期副刊的质量确实斐然成章,水平很高,主编和撰稿者大多为武汉大学的师生,故而副刊内容丰富,小说、诗歌、散文、杂文、译作等都有[1]。武大文坛社办报《文谈》(后改名为《今天与明天》)在当时也很有影响,该刊文字淡雅,格调清新,文艺性强,思想新颖,有诗歌、散文、杂文、评论,有读书笔记、生活杂感,也有对人生的探索与时政的抨击。

其时,外地的报纸也有在乐山发行,主要有重庆的《中央日报》、《大公报》、《新华日报》、《世界日报》等十多种;四川省会成都出版的《华西日报》、《新民晚报》等也有在乐山发行。但由于交通不便,重庆的报纸到达乐山少则一周,多则十天半月;而成都的报纸运达乐山也需要两三天,虽然是"旧闻",但在乐山仍然还是"新闻"。由于乐山的通讯设备和交通很不发达,无线电收音机少而精贵,私人拥有的极少,除武大理工院有供教学用的外,可能只有当地的党政军官有,仅知住在白塔街高尚荫教授后进小楼里的美国牧师家有一台较大的坐式收音机。这位牧师很热心,有耶稣的心肠,急人之所急,常不辞辛劳,把每天收到的大战新闻、摘要用英文打字机打成几条重要消息,张贴在文庙房外的墙上,供大家阅看。另外,由武汉大学电机系学生为主成立的力讯社在传播信息方面也做了很大的贡献。力讯社的主要活动是出版科技壁报或刊物,他们利用当时学校的收音机收录重庆的广播电台或成都的广播电

---

[1] 武汉大学主编:《乐山的回响》,武汉大学出版社,2008年,第68页。

台,记录新闻并抄录张贴,开始只是写两份,张贴在工学院;后增加到四份,分别贴在校内和校外。由于乐山的通讯设备极端落后,消息闭塞,大城市的报纸要数十日才能到达,而乐山的《诚报》也因发行量有限,不少人难以及时阅读,因此力讯社的这项举措对各种重要信息的传播起了较大的影响。

抗战时期乐山的图书馆和书店都有一定的发展。1909年周渭宾在土桥街开办了乐山最早的书店——拔萃书店,经营木刻版图书。乐山县城内的书店主要集中在土桥街商业区。抗战时期随着大批文化人涌入乐山,对图书的需要增加,因而书店大增,主要有学道街的三五书店,县街生活书店,鼓楼街新生书报社,油炸街青年文化服务社,府街的西南书店、华南书店,紫云街开明书店乐山代办店,圣水街利文书店,三圣街作家书屋等[1]。乐山最早的图书馆——县城图书馆建于1928年,经费由地方财政支出,由教育科长派人经理。1936年,迁至原嘉定府中学堂英语教学楼,俗称"小洋楼"。抗战时期,县城图书馆的藏书有很大的增加[2]。另外,武汉大学等学校迁来乐山后,也建立有图书馆,但主要对校内师生开放。

交通对城市发展的作用是多方面的,交通路线的走向,影响着城市人口的流动和货物聚散程度。交通越便利,城市成长越迅速。先进的交通工具和联络工具,使物资和人口的移动、信息的流通更加频繁,城市之间的联系日益加强。抗战时期乐山对外交通,无论是水上交通还是陆路交通都有不同的发展。1935年起,四川省大规模修建公路,构筑了以成都、重庆为中心的川黔、川陕、川湘、川滇等省际公路网。在四川的公路网中,乐山是成渝西线和川滇线的重要节点,相继建成的有成嘉路、渝嘉路,另外以乐山为出发点或节点的公路还有川滇中路、川滇西路和内乐路等。

乐山的航运主要集中于大渡河、岷江、青衣江,以船筏为主,城区江河两岸码头遍布各处,主要有王浩儿、斑竹湾、水井冲、乌尤寺等客运码头;还有像福全门、三圣桥、旋沱子等杂货码头,渡口有保平渡、凌云渡、萧公嘴渡、斑竹湾渡、马鞍山渡等。

在八年抗战期间,乐山城市既有较大发展和现代化变迁,同时也遭受到

---

[1] 乐山市市中区方志编委会编:《乐山市市中区志》,巴蜀书社,2003年,第818—820页。
[2] 乐山市市中区方志编委会编:《乐山市市中区志》,巴蜀书社,2003年,第822页。

严重的战争创伤。1939年8月19日,日本军用飞机对乐山进行了狂轰滥炸,给乐山造成了惨重的损失,使其刚刚兴起的城市的相当部分建筑瞬间变为焦土,人员伤亡、街道毁坏不计其数。这次轰炸,全毁土桥街、东大街、玉堂街、箱箱街、顺城街、学道街、鼓楼街、中河街、盐市街、庙儿拐街等12条街,半毁街道3条,毁房3500余幢,占当时城市面积的1/3。被毁坏的寺庙教堂建筑有天主教大教堂,伊斯兰教清真寺,道教四圣宫、萧公庙;古城墙也被炸毁一半;有6所学校被夷为平地,昔日最繁华的商业区和住宅区化为灰烬①。其时,乐山城区常住人口为4万人,流动人口无统计,但为数甚多;此次空袭被炸毁的居民有2050户,其中2000户人家有人员伤亡,49户全家死亡,乐山居民死亡、重伤者达5000多人,上万人顷刻间家破人亡、妻离子散、无家可归②。武汉大学在这次轰炸中也有5名学生、2名工友、1名职员和7名教职员家属共计15人遇难,周鲠生、杨端六、叶圣陶等30余位教授的住宅全部被炸毁,叶雅各、蒋思道等20多位教授的财产大部分被毁。一位武汉大学教授后来回忆道:"近来欧战爆发,敌人对我加紧压迫,平均三日一次入川轰炸,以后改为隔日一次,乐山虽灰烬之余,难保它不再光顾。城中残余居民,一夕数惊,状如疯狂,稍有力量者则纷纷下乡疏散。因为侵略者曾于苏稽投弹,又闻重庆某镇被炸,较大村镇,也不敢认为安全,只好向乡间设法。乡间屋租陡然抬高十余倍,猪圈般一间草棚也要六七十元一年。为安全计,只好忍痛接受。不过乡间交通不便,医药缺乏,下乡以后,又有以伤寒痄疾为苦而复迁回城中者。其无家可归的人,只好硬着头皮,蹲在远处,与大花脚蚊、臭虫及污水中一切病菌奋斗,看谁胜利而已。时至今日到处是烽火,到处是干戈,我们这群肩不能挑手不能提的斯文朋友,已有'我瞻四方,蹙蹙靡所骋'之叹,忽然又凭空遭此大难,单身汉还勉强支持,家口众多者,顿时饥寒之态可掬,好像真已到了日暮途穷的境地。有人说我们平日生活过于养尊处优,现在便多受了些罪,也算应该;其实这也是一句不公道的评判。大学教授的报酬在各种职业中并不甚优,所以只有一心埋头研究、淡薄自甘的人,愿作这勾当。天道恶盈的自然道德律的制裁,似乎还轮不到我们吧"③。

---

①乐山市市中区方志编委会编:《乐山市市中区志》,巴蜀书社,2003年,第698页。
②杨迫奔主编:《乐山大轰炸》,乐山市人民防空办公室编印,2005年,第180页。
③陈小滢、高艳华:《乐山纪念文集(1939—1946)》,商务印书馆,2012年,第1页。

由于这次大轰炸,乐山遭到严重破坏,元气大伤,物价飞涨,交易全部中断,嘉乐纸厂、嘉裕碱厂、嘉裕电气公司等被迫停产,人民衣食难安,武大学者刘永济禁不住写出这样的诗句:"煮字难充众口饥,牵萝何补破残衣。接天兵裰欲无辞,一字权衡资大盗。坐收赢利有伧儿,一家欢笑万家啼。"

第五节 战时川东城市的发展变迁

一、战时万县的城市发展

万县位于四川盆地东部,濒临长江三峡,扼川江咽喉,因"万川毕汇"而得名,因"万商云集"而闻名,万县素有"川东门户"之称,上通重庆,下抵湖北,水上交通发达,其境横跨大巴山、巫山、七曜山和盆地东平行岭谷区,陆上交通畅通,为川东水陆要冲,是川陕黔鄂边的桐油、山货、油漆的重要集散地,也是长江中下游花纱、百货、医药等物资入川的中转站。

(一)抗战前万县城市的崛起

1902 年的《中英通商条约》将万县列为通商口岸,但是因多种原因,一直到 1917 年才始设海关,1925 年北洋政府正式批准万县为通商口岸。1926 年 3 月,杨森委任台式遵为万县商埠督办,吴蜀奇为会办,改组筹备处,成立万县商埠督办署,拟定暂行条例 27 条,分科办事细则[1]。

在前近代,夔州本为四川门户和下川东经济中心,但受 1877 年《中英烟台条约》规定口子税单"不分华、洋商人均可请领"的影响,夔州的关税大大减少。1890 年,重庆开埠,成为四川进出贸易口岸,川东各地之货亦均上溯重庆出口,洋货亦从重庆批发,散向川东各地,夔州地位进一步下降,而万县的位置离重庆较近,往下又可以联系宜昌,正处二者之间,有静水港,利于船舶停靠,又为四川中部大路之起点,水路交通发达,优越的地理位置的优势正好被体现出来[2]。

万县开埠后,城市建设逐渐兴起,交通、工业、商业、金融等行业不断发展

---

[1] 参见徐廉明著:《万县港史》,武汉出版社,1990 年,第 55—56 页。
[2] 参见田永秀:《川东经济中心——万县在近代之崛起》,《重庆师范大学学报》(哲社版),1998 年,第 4 期。

起来,进入了第一次快速发展时期。

首先,路桥等城市基础设施建设的新建。杨森在万县开埠之后旋即规划城市,大兴埠政,并拟定"建埠规划",规划之埠域为:东迄聚鱼池,西至明镜滩,南沿翠屏山,北抵沙河子平桥。万县新建设的主要目标:拆城垣、修马路、建大桥、辟公园。到1928年末共拆去城堞895个,东西城墙320丈,又拆去东、正南、正西三处兵房50所,基本建成泥结碎石路面15条(环城路、文明路、一马路、二马路、三马路、西山路、长城路即孙家书房路、环塘路即高笋塘路、电报路、果园前路、果园后路、太白路等),全长约16公里,西山公园已粗具规模,北山公园建成雏形,万安桥、福星桥工程大部完成。1928年底刘湘所部三师师长王陵基进驻万县,继续实施建埠规划,完成万安桥、福星桥未完的部分工程,建西山钟楼,完善西山公园设施,于太平溪口(西山公园坎下磨刀溪至阳马桥礦)修建人工湖(后被大水冲垮)①。路桥系统的完善使得万县的道路相互连为一体,人力车、马车、汽车可行驶各码头之间,更利于城区客货的集散,加快港口的装卸和物资的周转。马路上开始设置以桐油、煤气、电为主要能源的路灯②。为了加强城市建设,还相继设立了万县市工务局、万县市建设科,负责城市基础设施的兴建、扩大城市规模,改善城市环境。开埠通商和城市建设吸引了大量外来人口前来万县发展,1935年万县城市人口已达11万人③。

其次,陆路水路交通有进一步发展。1927年,杨森提议筹建万县至军平的公路,以衔接省道,这条公路长达84公里,由万县通往梁平、大竹、达县、万源、开江、垫江、长寿、重庆等地,并能直通成都④。此外太古、怡和、日清、民生等轮船公司在万县开埠之后,也相继来到万县夺取轮运市场,展开了激烈的竞争,最终民生公司胜出,并在万县设立了办事处、货场(库房)、趸船⑤。

万县的金融业也随着开埠通商后逐渐繁荣,先后有聚兴诚、川康殖业、中

---

① 沈毓英、黄月峰、向诗桂:《万县市历次城市规划》,《万县文史资料(第二辑)》,政协四川省万县委员会,1994年,第25—26页。
② 重庆市万州区龙宝移民开发区地方志编纂委员会编:《万县市志》,重庆出版社,2001年,第158页。
③ 重庆市万州区龙宝移民开发区地方志编纂委员会编:《万县市志》,重庆出版社,2001年,第79页。
④ 徐廉明著:《万县港史》,武汉出版社,1990年,第57页。
⑤ 徐廉明著:《万县港史》,武汉出版社,1990年,第57、59页。

国、市民、川盐银行等 5 家银行在万县设立代办处,另有万和、福厚长等 30 余家钱庄,其后部分四川地方银行亦有在万县设置分行①。然而 1934 年万县爆发了金融危机,相当部分钱庄、银行纷纷倒闭。

清末民初,万县商业已形成"八大帮"(即桐油帮、棉花帮、棉布帮、药材帮、沱江糖帮、大烟帮、丝绸帮、杂货帮),粮食市场亦粗具规模②。据 1935 年统计,万县城区有各类商号店铺共计 2625 家,其中从事输出商贸的有 293 家,从事输入贸易的 1220 家③。万县成为桐油、猪鬃、牛羊皮、药材等山货、土特产品的出口集散地,同时工业品如棉纱、布匹、百货等则由申、汉运经万县,分销各地,从而进一步扩大集散中心和转口市场规模④。万县成为全国最大的桐油市场。

抗战前,万县的近代工业发展缓慢,后虽陆续有商人开办了缫丝厂、火柴厂、印刷厂、发电厂,但工业仍以手工业为主。1936 年,万县城区和近郊共有 8 个主要手工行业,38 个业别,包括铁器制作、木器生产、纺织、染织、服装、铁锅、鞭炮、造纸、酿酒、榨油、制陶、砖瓦、石灰等行业作坊 3512 户,7150 人,形成了品种较全、人数较多的手工业生产体系⑤。

万县设立海关和开为商埠后,城市规模扩大,市政港口设施逐步完善,本土和外国商人纷纷云集万县,商业发达,城市地位不断上升,最终取代了夔州成为四川门户和下川东经济中心。而抗战前万县城市的发展,为抗战时期,万县城市的第二次快速发展奠定了基础。万县成为战时西南大后方的重要城市之一。

(二)抗战时期万县城市的发展

1937 年抗日战争爆发,东部大片国土沦陷,战争造成了人口、物资、工厂、政府、学校等机关的内迁,作为水路入川口的万县地位进一步提升,当重庆被确定为战时陪都后,万县与重庆之间便捷的交通使万县的地位更加稳固和重要。另外,抗战所引发的内迁潮给万县发展带来了新的机遇。抗战时期大量

---

① 参见甘祠森:《万县金融风潮之回顾与前瞻》,《银行周报》,1935 年,第 19 卷,第 26 期。
② 重庆市万州区地方志编委会编:《万县市志》,重庆出版社,2001 年,第 259 页。
③ 参见田永秀:《川东经济中心——万县在近代之崛起》,《重庆师范大学学报》(哲社版),1998 年,第 4 期。
④ 重庆市万州区地方志编委会编:《万县市志》,重庆出版社,2001 年,第 259 页。
⑤ 重庆市万州区地方志编委会编:《万县市志》,重庆出版社,2001 年,第 191—193 页。

东中部人口、工商业、金融业、物资的迁入，给万县带来了劳动力、资金、技术、设备，并且使得军民两用的需求进一步扩大，极大地促进了万县的繁荣，万县城市进入第二次快速发展时期，其具体表现为：

一是城市人口激增。由于日本占领了长江中下游武汉、宜昌等城市，大批长江中下游人口入川，万县处于长江中上游的接合部，大批的人口逃难于此。万县城区的人口由1935年的10万遂增至1944年的17.5万人[①]，成为四川第三大城市，故时人有"成渝万"并列之说。

二是金融业的进一步繁荣。抗战时期，万县银行的数量进一步增加，达到了17家，其中国家银行有中央银行万县分行、中国银行万县支行、交通银行万县办事处、中国农民银行万县办事处，地方银行有四川省银行万县支行、万县县银行、湖北省银行万县办事处，商业银行有聚兴诚银行万县分行、川康平民商业银行万县分行、川盐银行万县分行、重庆银行万县分行、和成银行万县分行、四川美丰银行万县分行、上海商业储蓄银行万县办事处、上海金城银行、浙江兴业银行、永丰银行。随着现代银行业的发展，银号和钱庄等传统金融机构数量逐渐减少，抗战初期，仅存永昌、放丰、月生祥3家，而后又有万有银号、永达钱庄开业[②]。现代银行逐渐代替了传统的钱庄，银行成为万县金融行业的主体。银行业的发展，成为推动万县商业和工业发展的重要条件。

三是商业发展面临的挑战与机遇。万县在抗战前已经是四川的一个物资集散中心和转口贸易市场，但是万县的商业贸易对于长江水路运输具有很强的依赖性，可以说水上交通是商业的生命线之一。然而抗战军兴后，中国海岸线逐渐被日本封锁，长江航运也严重受阻，原本是从万县出口的大宗商品桐油、猪鬃、药材等土货受到严重影响，而四川等内地所需进口的一些物资也得不到很好的补充，万县的进出口贸易因此陷入了停顿。但是战争却给万县国内商业贸易的发展带来了前所未有的机遇。由于东中部沦陷区的民众在战争爆发后大量内迁，万县成为入川首站，因而城区人口骤增，外地商业资本随之输入，军需民用物资需求量猛增，市场空前活跃。1945年，万县城区的工商户达到4100户，其中商业3037户，资本额在100万元以上的有86户。

[①] 重庆市万州区地方志编委会编：《万县市志》，重庆出版社，2001年，第79页。
[②] 参见蓝文惠、陈天菊：《抗战时期万县金融》，《抗战时期西南的金融》，西南师范大学出版社，1994年，第99—107页。

万县仍然是下川东棉、纱、布、山货、材、黄裱纸的主要集散市场①。

四是工业发展出现新契机。抗日战争爆发前,万县的工业以手工业为主。抗日战争爆发后,从上海、武汉迁来了沱口兵工厂、华元造纸厂、湖北机器厂、江南造船厂等一批机器工业,为万县近代工业的发展奠定了初步的基础②。同时为了适应战时军民需要,政府有关部门和省内外的商人也在万县新创办了一些近代工业企业,使万县的工业结构发生显著的变化,近代工业迅速超过了传统的手工工业。1945年,万县有18类工业行业,共有126家各类近代工厂企业,其中城区有84家,郊区有42家,包括兵工厂、机器厂、造纸厂、发电厂、炼油厂、制革厂、纺织厂、面粉厂、猪鬃厂、煤厂、铁厂等,其中有部分工厂规模较大,如国民政府军政部军需署在沙河西溪埠开办的较大规模的第三织布厂,有铁木织机2000多台,职工1.25万人。迁建于万县沱口的兵工署第27兵工厂规模也较大,有职工3483人。湖北建设厅机械厂、湖北建设厅造纸厂、湖北麻织厂等企业的职工人数也多在300人以上③。此期,因大后方人口的剧增而扩大的消费市场,为万县传统手工业提供了新的发展动力,使传统手工业得以继续发展。以土织布业为例,1943年万县织布机达3500台,是光绪年间的3.5倍。

五是中高等教育事业的勃兴。抗战前夕,万县的中高等教育较为落后,共有中学4所,除万县县立中学为完全中学外,其余3校均为初级中学,高等教育还是一片空白。抗日战争爆发,沦陷区的中学、高等院校纷纷内迁,其中有部分中、高等院校落户万县。先后迁入万县的中学有南京金陵大学附属中学(简称金陵中学)、宜昌哀欧拿女子中学、宜昌华英中学、武昌博文中学、安徽旅鄂中学(简称安徽中学)、武昌大公中学、兴华中学、武汉女子中学、武昌三楚中学、武昌阳明初级中学、鄂南初级中学11所,其中后5所迁至万县不久即停办或迁往他处。同时万县人口的增加对教育资源也产生了迫切要求,为适应战时人口激增对教育的需求,万县陆续增设公立中学1所,即四川省立万县中学;私立中学7所,即文光中学、石麟中学、国华中学、协同中学、南

---

① 重庆市万州区地方志编委会编:《万县市志》,重庆出版社,2001年,第259页。
② 刘宗群:《三峡库区城市万县市形成、现状及未来》,《西南师范大学学报》,1994年,第1期,第113页。
③ 重庆市万州区地方志编委会编:《万县市志》,重庆出版社,2001年,第193—195页。

雄中学、鱼泉中学、道生中学,万县的中等教育出现空前繁荣①。抗战时期,内迁至万县的高等学校有国立山东大学(1938年迁入,后迁渝并入中央大学);山东省医学专科学校(1938年迁入),开设医学专科,并设附属医院,为万县培养出一批医务人才;1943年私立辅成学院、私立上海法学院商业专修科也迁往万县;另外还有北平师范大学劳作科也迁至万县②。这些内迁高等学校和专科学校不仅为万县教育注入了新的活力,而且还有力地推动了万县教育的发展。

六是城市建设有一定变化。1944年万县政府通过了《万县整理市政三年建设计划大纲》,其后成立了万县市政整理委员,下设工务、监工、设计、财务、总务等5个组以统一管理建设城市③。胜利路、民主路和部分城市基础设施得到改建,城区主要道路的路灯实行通宵照明,僻街小巷添置清油路灯。尽管公共汽车未能发展起来,但以人力车和轿子为主要工具的交通运输业却较发达。万县政府还曾积极筹设建造自来水厂,但由于多种原因而未能实施④。

抗战时期,万县城市发展曾遭到战争的破坏,由于万县是川东门户,因而屡遭日本侵略军的空袭,给万县城居民的生命财产带来了重大损失。同时,日本侵略者阻塞三峡航道,使万县作为物资集散中心和转口贸易市场港口的发展受到了很大的限制。另外,城市人口的快速增加,其所造成的城市环境问题也十分显著,增加了市政建设的压力。如抗战时期万县无专业的环境卫生的机构,亦缺专业环境卫生人员,城市环境卫生设施严重缺乏,全城无一处垃圾收集场站,也无相应的场所和设备,致使城市垃圾成堆,造成了很大的环境问题。城市公共厕所不能满足人口剧增的需要,已有的大部分公厕也年久

---

① 参见万县市教育委员会编:《万县地区教育志》,重庆出版社,1997年,第167—175页;参见重庆市万州区地方志编委会编:《万县市志》,重庆出版社,2001年,第922页;周季之:《抗战时期万县中等教育概况》,《万县市文史资料选辑》,第2辑,万县委员会文史资料工作委员会,1989年,第61—75页。

② 参见重庆市万州区地方志编委会编:《万县市志》,重庆出版社,2001年,第944页;政协西南地区文史资料协作会议编:《抗战时期内迁西南的高等院校》,附录《抗日战争时期内迁西南的高等院校情况一览表》,贵州民族出版社,1988年,第352页。

③ 重庆市万州区地方志编委会编:《万县市志》,重庆出版社,2001年,第134页。

④ 重庆市万州区地方志编委会编:《万县市志》,重庆出版社,2001年,第136页。

失修,破烂不堪①。小偷及犯罪日益猖獗,鸦片贸易也在部分军人和官员的庇护下被视为合法的商品,吸食者众多,不利于社会稳定②。从而带来了较多的社会问题。

抗日战争胜利后,内迁万县的金融、工业、商业、中高等院校等大多撤返原籍。内迁中学只有安徽中学还留驻万县。1949年全城也仅剩下工厂55家,工业总产值225万元③。虽然长江航运在战后恢复,一度萎缩的桐油市场得到复苏,但"洋货"却大量涌进倾销,严重冲击了地方市场,战争所带来的有利于城市发展的条件纷纷丧失。未几内战爆发,社会剧烈动荡,万县城市发展开始走向衰落,市场逐渐萧条,不少工商户关店歇厂,人口规模逐渐萎缩,1949年万县的城市人口约12.6万人④。

二、战时涪陵的城市发展

涪陵,地处长江与乌江的交汇处,扼两江水路与陆路交通之要冲,逆乌江而上可达鄂湘边界及黔东各地,乌江流域大部分皆为其经济腹地。顺江而上则为川东门户万县,进而直达重庆,水上交通运输优势明显。清中后期,涪陵城因水陆商贸而兴,经济腹地深广,物产富饶,百货辐辏,商贸繁荣,为土货产品和洋广百货物资的中转站,运输业、商业和手工业较发达,成为川东南门户。

1937年抗日战争爆发,东部沿海、长江中下游地区先后沦陷,东中部的工商矿企业、事业单位纷纷内迁,大量难民也迁入四川,作为战时陪都的重庆人口激增,很多工矿企业、事业单位落户重庆,重庆的消费市场猛烈扩大;同时由于长江下游的交通被阻断,先前溯江而上的对川渝物资的供给被阻断,不得已改由西北和东南输入,这样乌江就成为了东南方面物资输入的水上大动脉和对外联系的主要通道之一,位于乌江与长江交汇处的涪陵也一跃成为大后方的重要交通枢纽之一。从而促进了涪陵城市的发展,表现在以下几个方面。

---

①重庆市万州区地方志编委会编:《万县市志》,重庆出版社,2001年,第162页。
②政协万县委员会编:《万县市文史资料选辑》,第2辑,政协万县文史委员会,1989年,第141—148页。
③重庆市万州区地方志编委会编:《万县市志》,重庆出版社,2001年,第194页。
④重庆市万州区地方志编委会编:《万县市志》,重庆出版社,2001年,第259页。

一是城市规模的扩大。清末,涪陵城有大小街巷数十条,居民约1.08万户,人口约4万—5万人①。1928年,涪陵城区面积仅0.8平方公里,东南至望栏桥,西至秦义国,南起六郎街,北至长江边②。1929—1930年,涪陵地方政府为了适应经济发展的需要,先后修建了连接正东街、孝义街、正北街、城隍庙、上西街、西街、上街、圣旨路等街道的通城马路——中山路,从而奠定了城区街道横向布局的基础③。抗战爆发后,因人口的增加和工商业的发展,城市规模不断扩大,城内外形成了若干街巷。虽然在抗日战争前期,日本飞机轰炸涪陵,许多街道受到了破坏,但很快就得到恢复和改建,城区面积经抗战时期的发展而拓展到1.37平方公里,拥有大小街道95条④。

二是交通事业的进一步发展。涪陵现代交通运输业始于20世纪初。1927年,民生公司在荔枝园设一只木船为趸船,开辟渝涪航线,涪陵开始有了轮船运输⑤。抗战前涪陵的陆路交通也得到一定程度的发展,1937年川湘公路建成,跨境而过⑥,使涪陵与重庆及湖南的联系进一步加强。抗日战争爆发后,涪陵的陆路运输没有得到很大的发展,除了之前的川湘公路跨境线外,并无其他新公路。但水上交通运输却得到极大的发展。抗日战争期间,军需民用品需求量增大,客货流量增大,对于水上交通的运输能力提出了新的要求,民生公司在渝涪航线上加派了数艘货轮,而且客班轮船亦增至每日4艘。1945年,涪陵有民生公司、合众轮船公司、招商局、强华轮船公司、三北轮埠公司等数家轮船公司,共有大小轮船20艘航行于重庆至涪陵,涪陵到丰都、万县三斗坪等地⑦。这些船只主要从事渝涪和涪万之间的商旅人员的运送,还负担着将川渝抗日军队运输出川的任务。在货运方面则将涪陵地区的木柴、木料、榨油、桐油、粮食、猪肉、鸡、鸭、蛋及其他农副产品运往重庆,以满足重庆居民日常生活消费和生产的需要,同时将川盐运往湖南,由于宜昌的沦陷,涪陵成为湘盐主要的输入口岸。为了满足重庆军需生产的需要,涪陵的轮船

---

① 涪陵市志编纂委员会:《涪陵市志》,四川人民出版社,1995年,第850页。
② 涪陵市志编纂委员会:《涪陵市志》,四川人民出版社,1995年,第852页。
③ 涪陵市志编纂委员会:《涪陵市志》,四川人民出版社,1995年,第856页。
④ 涪陵市志编纂委员会:《涪陵市志》,四川人民出版社,1995年,第850页。
⑤ 夏述华著:《涪陵港史》,武汉出版社,1991年,第42页。
⑥ 涪陵市志编纂委员会:《涪陵市志》,四川人民出版社,1995年,第539页。
⑦ 涪陵市志编纂委员会:《涪陵市志》,四川人民出版社,1995年,第567页。

运输公司还从事矿石、矿砂的转运工作,水上交通异常繁忙,常常导致物资羁押和旅客滞留,可见涪陵在战时交通量增加幅度之大。由于涪陵港口客货运过于繁忙,港口原来的天然坡岸已经不适合需要,1942—1943年间,民生公司对港口码头进行了改建,用三合土和石板修筑了码头、道路、石阶等①。

三是金融业的繁荣。抗战前,由于涪陵是川东南的物资集散中心之一,聚兴诚银行、同生福钱庄、川盐银行、美丰银行、四川省银行、中国银行、中央银行等相继在涪陵建有分支机构,为涪陵工商业的发展提供资金支持②。抗日战争爆发后,涪陵的交通地位得到突显,作为川东南门户和战时川渝与黔东南地区物资人员交流的港口,其工商业、交通运输业的发展吸引了大量的钱庄、银行来此设立分庄和分行。除抗战前曾在涪陵开设分支机构的聚兴诚银行、同生福钱庄、川盐银行、美丰银行、四川省银行、中国银行、中央银行外,又有和成银行、大夏银行、永信钱庄、至诚钱庄、华成银行、涪陵银行、中国农民银行、交通银行、邮政储金汇业局等9家金融机构在涪陵设立分行和分庄③。这些银行、钱庄为战时涪陵交通运输和工商业的发展提供了资本的保障,同时工商业、交通的发展也反过来促进了金融行业的兴旺。

四是工商业的发展。涪陵的现代工业始于清末,民国初年,采煤、冶铁、织布、制革、榨菜等行业都得到了一定发展,但其发展在军阀混战、洋货输入、自然灾害频繁的背景下,极不稳定,时起时落。1932年涪陵有37个工业和手工业行业,其中规模较大的有纺织、染布、榨菜、造纸、蜡烛、制鞋、面粉、丝烟等④。抗战前涪陵又新建了火柴、电力、机械等工业⑤。抗日战争时期,涪陵的工业、手工业有一定发展,到1945年涪陵共有近代工厂20余家,主要分布在炼油、轻工业、机械、电力、粮食加工等行业⑥,但是这些近代工厂一般都是规模较小,人员较少。在城市经济结构中手工业仍然占主要地位,最引人注目的是榨菜行业。涪陵榨菜加工业最早出现在宣统二年(1910年),仅邱寿安一家经营,产量较低。民国以后,随着制作技术扩散,加工作坊发展至100余

---

① 夏述华著:《涪陵港史》,武汉出版社,1991年,第64页。
② 涪陵市志编纂委员会:《涪陵市志》,四川人民出版社,1995年,第814—816页。
③ 涪陵市志编纂委员会:《涪陵市志》,四川人民出版社,1995年,第814—816页。
④ 涪陵市志编纂委员会:《涪陵市志》,四川人民出版社,1995年,第460页。
⑤ 涪陵市志编纂委员会:《涪陵市志》,四川人民出版社,1995年,第259页。
⑥ 涪陵市志编纂委员会:《涪陵市志》,四川人民出版社,1995年,第451页。

家。抗日战争爆发后,榨菜制作技术日趋成熟,虽受长江航道下游交通阻断和物价波动的影响,产量时增时减,但总体上产量还是在持续增加,成为战时涪陵对外输出的重要商品之一。

1891年重庆开埠,这对涪陵社会经济产生了极大的影响。涪陵市场上开始流通"洋布"、"洋纱"等工业产品,而本地及经济腹地的特产如桐油、生漆、青麻、倍子、牛羊皮等山货也开始大量经涪陵转运输出。尽管涪陵不是开放口岸,轮船不能在涪陵上下货物,入口货物经过涪陵时不能起卸,必须在重庆海关办理各种手续后,才能转运回涪陵,出口货物也必须运往重庆、万县报关后才能运出[1]。但涪陵商业贸易仍然有较大发展。从晚清开始,涪陵就盛产鸦片,1936年以前鸦片输出总值始终占各类商品输出的首位,相比之榨菜、桐油等特产输出都变得不甚重要;进口的商品以食盐、糖、棉纱、烟、酒等为主。1932年,涪陵城有29个商业服务业,大小商号和商铺2962家[2]。抗战以后涪陵的商业也有较大发展,1943年,经县商会登记的行业达43个(比抗战前的29个行业有所增加),有大小商号店铺1946家[3]。抗战以后,由于国民政府实行严厉的禁烟措施,涪陵烟土陷入了滞销的状况[4],而榨菜和山货则取代了鸦片的位置,成为主要大宗贸易的商品,尤其是榨菜,有本地人走水字号专门经营,抗战中后期始有外国商人加入榨菜输出的行列中[5]。

四是中等教育和职业教育的兴起。抗日战争前,涪陵的中等教育和职业教育较落后,高等教育则没有,仅有3所中学,分别是涪陵县立男、女中学和四川省涪陵中学。1935年前后,3所中学每年春秋两届招生,报考人数达一千余人,然而每个学校每期最多取50名学生,入学率极低,当时在涪陵有个初中文凭就算是非常有学问的人了[6]。职业教育也发展滞后,直到1935年才成立涪陵县立简易师范学校。抗日战争爆发后,伴随着涪陵社会经济的发展,涪陵的中等教育学校如雨后春笋般成立起来,相继有建成中学、涪光中

---

[1] 夏述华著:《涪陵港史》,武汉出版社,1991年,第39—40页。
[2] 涪陵市志编纂委员会:《涪陵市志》,四川人民出版社,1995年,第619页。
[3] 涪陵市志编纂委员会:《涪陵市志》,四川人民出版社,1995年,第619页。
[4] 《涪陵烟土滞销吁请救济》,《四川经济月刊》,1937年,第8卷,第27页。
[5] 涪陵市志编纂委员会:《涪陵市志》,四川人民出版社,1995年,第731页。
[6] 躺霖:《解放前涪陵文教琐忆》,《涪陵文史资料选辑(第1辑)》,涪陵文史研究会,1988年,第69页。

学、益光中学、涪南中学、中庸中学、民族中学等创办[1]。小学教育也有长足的发展。在抗战时期,学校是抗战文化的活动中心之一,各中小学校通过演出、升旗仪式等培养学生的爱国主义精神,宣传抗日思想[2]。

此外,涪陵现代邮政、电信事业在清末民初的基础得到了进一步的发展和完善[3]。

抗战时期,涪陵与其他四川城市一样也遭到了日本飞机的轰炸,仅1940年一年就遭到9次大轰炸,所投弹数量从2枚到87枚不等,炸毁多条街道和无数房屋,大量物资也被焚毁,并造成了人员伤亡。日机的轰炸严重影响到涪陵社会经济的正常运行和人民的日常生产生活,学校教学不能正常进行,工厂也不能正常生产[4]。进出港的货物不得不改在城郊和乌江对岸集散[5]。尽管涪陵在抗战期间工业有一定的发展,但是工业基础却十分薄弱,没能抓住抗战内迁的机遇建立一些大型的基础工业,一直到战后也仍然是以商贸、消费为主的城市。

三、战时达县的城市发展

达县位于四川省东北部,是一座历史悠久的文化名城。达县的自然条件优越,气候温和,雨量充沛,物产丰富。在漫长的岁月里达县经历了多次战乱和天灾人祸,直至抗战前,达县的城市发展都极为缓慢。抗战爆发后,为达县城提供了新的发展机遇,促进了经济与文化的发展,推动了达县从传统走向现代的步伐,表现在以下几方面。

一是现代工矿业的发展变化。抗战以前,达县很少有现代工业,其传统手工业也极为落后,仅有少量的手工业作坊和一家铸造厂。抗战初期,达县的铸造业有较大发展,相继有十余家锅罐厂、40多座铸铁炉,年产锅罐30多万套件,每年所用生铁甚多,著名的有石板店刘姓锅厂,渡市乡"义源"锅厂,城西沿江有"合兴"、"达生"、"安林"、"济川"、"权益"等锅厂。铸铁业的兴

---

[1] 涪陵市志编纂委员会:《涪陵市志》,四川人民出版社,1995年,第1195—1197页。
[2] 涪陵地区文化局编:《涪陵地区戏曲志》,《中国戏曲志》(四川卷),1991年,第3页。
[3] 涪陵市志编纂委员会:《涪陵市志》,四川人民出版社,1995年,第259页。
[4] 陶懋勋:《抗战时期涪陵学校的救亡运动》,《涪陵文史资料选辑》,第3辑,涪陵文史研究会,1987年,第120页。
[5] 夏述华著:《涪陵港史》,武汉出版社,1991年,第64页。

盛推动了生铁的开采和冶炼。1939年,由于抗日战争形势紧急,生铁生产供不应求,国民政府所属24兵工厂和30兵工厂派员到达县采购生铁,后在达县特设"经济部土铁管理处",对民间铸造及铁器生产需用生铁严加控制,达县新办的铸造厂多因生铁源短缺,面临困境。由于嘉陵江流域各县所用锅罐主要依赖达县、宣汉供给,所以达县葫芦潭、万家坝、大石桥、砖桥子等土铁厂决定自行开矿冶铁,四区铁山的两处铁厂亦兴工冶炼生铁。同时渠江矿冶公司也在达县复兴场建高炉冶铁,并发明了焦炭冶铁的方法,冶铁不用木炭,鼓风不用手扯风箱的冶铁方法,为达县的新型炼铁开辟了新路子。1941年后,达县境内官办、民办铁厂大兴[1]。1939年,达县的土铁(生铁)每万斤价值法币200多元,到1940下半年,铁价却升至四五千元,高涨20多倍[2]。以后铁价逐年直线上涨,由千而万。铁价虽不断上升,但办冶炼工业成本高,所谓"年矿月炭",又因币制不稳定,售出数目虽大,但法币随时都可能贬值,抗战结束后,冶铁厂逐渐衰落。

二是商业贸易的发展。达县是四川黄表纸(也叫金表纸,即迷信纸)的主要产地之一,也是达县对外贸易的大宗商品之一,不仅行销省内,而且也多运往汉中等省外地区并将汉中的棉花运回达县销售。达县地居四川大巴山麓,汉中位于秦岭之北的汉中平原,尽管有"八百秦岭"和巍峨大巴山的阻隔,而两地的商人为了供应市场,以图厚利,在相隔千里之遥的崎岖山路上,终年来往,不绝于途,把汉中的棉花运来达县,又把达县的黄表纸运回南郑,再由达县与汉中的花表行把棉花、黄表纸分售出去。因为这两种货物运转频繁,于是在达县的黄表纸和棉花也同汉中一样,成了一个不可分开的行业,而在别的市、县就没有花表行这样的商业行帮。在达县各商帮中,花表行业生意的兴隆,是不亚于其他行业的。达县花表行业起源于何时已不可考,但在清末就有邓姓所开之"天星栈",夏姓所开之"庆丰",王姓所开之"大有恒",周姓所开之"乾茂昌"等花表行。民国以后花表行的生意好,故又有钟甫臣、胡象离、冷大玉、蔡醴泉、段成理等花表行号出现[3]。这些花表行栈的地址均集中在沿州河的滩头街、花码头至凉水井一带。开设花表行不只是销售或代销棉

---

[1] 四川省达县志编纂委员会:《达县志》,四川辞书出版社,1994年,第3页。
[2] 达县政协文史资料研究委员会:《达县文史资料》,第2辑,达县市印刷一厂,1988年,第128页。
[3] 达县政协文史资料研究委员会:《达县文史资料》,第2辑,达县市印刷一厂,1988年,第128页。

花和黄表纸,主要的还在于开设旅栈。而花表行旅栈又主要接待从汉中来的棉花客和达县黄都、大树等乡来县城售黄表纸的卖主。经营花表行的老板又不只是开设行栈供卖主堆放黄表纸和棉花,行栈老板也是黄表纸和棉花买卖的介绍人。因为他们熟悉行情,了解棉花和黄表纸在达县存货的多少,所以商客在进行交易前,多向行栈老板打听行情。谈交易时,由行栈老板从中"拉线"、"落盘"。行栈老板既富有商场的经验,自己也有一些资金,更要紧的是信息灵通,因而买卖双方都依赖行栈老板,也有部分行栈老板自己拿出钱来,将货购进储存,待涨价时销售。

棉花与黄表纸在达县每年的成交额是不平衡的。在抗日战争以前,达县生产的黄表纸有佛纸、金表纸两种。两种表纸是善男信女为求神许愿烧用的纸。黄表纸从达县运到汉中后,再由汉中商人转售运到湖北、河南、河北,甚至东北诸省。那些年间,达县所属景市、平滩、黄都、大树、万家等乡所生产的黄表纸有四五十万箱,特别是"李三元"的牌号常常供不应求,即或很熟识的客商,也要先行预订,价钱要稍高一些。在20世纪20年代,由于四川还没有规模较大的棉纺织厂,个体户的纺织工厂购用棉花有限,汉中的棉花不及达县的黄表纸出手快。自抗日战争开始后,从外省迁来四川的大型棉纺织厂和军用被服厂增多,对棉花的需要量陡然上升,而黄表纸则因原先销售黄表纸的省区为日寇占据,不能大量运销,民间对黄表纸的需要也不及战前。所以,在这一段时间内,棉花的成交额大,运来的棉花供不应求,而黄表纸则成了"背时货",销路困难。

抗日战争前,达县与汉中之间棉花和黄表纸的运输主要靠人力和畜力,行走在崎岖的山路上,力夫们为了走山路方便,他们用长而翘的扁担,把棉花包子或黄表纸捆扎在扁担的两端,每担能挑上两百余斤。因为山路难走,载负又重,每天的行程只能走六七十华里。从汉中到达县往返一次,至少一个多月。1940年因抗战需要,才修通从重庆到汉中的一条汉渝公路,从此才结束了使用笨重体力的挑运方法,代之以汽车运输[①]。

三是盐务的发展。盐业关系国计民生,历来为统治者所重视。清末民初,重庆设有"盐茶道"招商统一承运承销各岸食盐。如达县这类中小城市,

---

[①]达县政协文史资料研究委员会:《达县文史资料第三辑》,达县市印刷一厂,1990年,第56页。

由官方指定的官盐店零售。批发价和城乡途差,则由官府同绅商、船帮、力帮核实成本确定。如果遭水运损失事故,驾长必须冒险抢到引票(随船税票)、运单,取得当地证明,按损失数量,去盐场照厂价填补。税率高于厂价二三倍的原税票有效。

达县长期食用的是自贡盐。自贡盐按品种的销区统筹规划为:楚岸、渠岸、济岸运销籽盐、炭盐,涪岸、黔岸运销锅巴盐。达县属渠岸,陕南与万源接壤各县,属青海盐销区,山洪季节,骆驼不能运行,可由与之接近的达县、宣汉盐商向盐务部申请安排自贡盐接济。盐的年销量,丰年多,荒年少,而丰歉不能预测,达、宣盐商正好以济岸指标,灵活运用。民国初年,盐茶道在重庆布告招商,包销各岸食盐,达县复兴恒商号在渝经理人获得了渠岸经营权,后来组成达县渠河运盐公司,经营食盐3年,效益显著,后受护国战争的影响而停业。护国之役后,因川政不统一,盐务无人干预,而重庆商人财多势大,近水楼台,他们将各岸食盐垄断深入销区,又顾及各岸地头蛇的势力,经过协商决定各岸食盐在重庆对口买卖。因为合川是渠岸盐航运的要道,渠岸食盐也不得不转到合川采购。由于军阀割据在川的长期林立,各路军阀为增加财政也开始以查验盐运为借口,设卡勒索食盐过道税。合川陈枢隆、广安罗泽州、达县刘存厚三军阀,均拦征食盐过道税或到岸税,盐商不堪其扰。1925年,陈、罗、刘三人在合川联合设卡并征,全渠江的盐运都被合川控制。1928年冬,下川东战争结束,杨森由万县败回广安后,单独在广安设卡猛征,使达县食盐由每担到岸批发价6两数钱激增至到岸成本11两数钱银[1]。

抗战军兴后,重庆升为陪都,并设盐务总局管理盐务,一时食盐市场更加开放,货源充足,重庆、合川、广安、渠县、三汇、达县、宣汉等地均允许自由交易。当时达县的商会会长袁博怀,原来在上海设庄,经营苏广洋货。"八一三"淞沪战役后,由于汉江下游地区沦陷,海盐不能通过,第2战区司令部也移至老河口,而长期食用海盐的汉江中上游被迫食用含毒禁食的潞盐。在这种情况下,袁博怀决定移庄周河上游起航之官渡场(宣汉新华区),改营食盐,其销售对象均为巴山深处及陕境盐贩,取得了很好的经济效益。在袁博怀的引导下,达县一批贩运商及在达城的渝合商号,纷纷向紫阳、安康、老河口延

---

[1] 达县政协文史资料研究委员会:《达县文史资料》,第4辑,达县市印刷一厂,1994年,第77页。

伸,运去大量川盐,并换回由沦陷区抢运到汉江各地的大批棉花、匹头、山货、畜产品、地道药材,渠江盐务得到了新的发展,川盐销量也陡然激增。

四是银行业的繁荣。抗日战争时期达县的银行业有较大发展,城内金融机构林立,出现了战时的繁荣景象。此一时期达县的银行分为地方银行、商业银行和国家银行。地方银行主要有四川省银行,1934年总行设重庆陕西街,四川省银行在达县城区翠屏路设立代办所,次年改为绥定办事处,1936年更名为四川省银行达县办事处,1942年四川省银行达县办事处升为支行,1946年又升为四等分行。1938年,四川省银行在三汇镇设立渠县办事处,次年10月迁入县城十字街。1939年设大竹办事处。1940年在宣汉堤坎街设宣汉办事处。1946年在开江县城东街设立开江办事处。四川省银行经营存款、放款、汇兑业务,还发行兑换券(简称地钞),代理省级财政金库等。1946年,四川省银行将总行搬到成都。

达县最早的商业银行当数1934年重庆聚兴诚银行在大竹、宣汉设立的隆和、丰仪代理处,主营汇兑业务。抗战开始后,总部在重庆的四川商业银行、四川农工银行(原名为江津农工银行)、美丰银行、重庆商业银行、永利银行、川康平民商业银行、同心银行等均在达城设办事处。安康银行、美丰银行、巴川银行、复华银行经财政部批准相继在三汇设办事处。这些商业银行主要发放商贸贷款,支持政府及商号收购苎麻、桐油、猪鬃等土特产品供军需及出口美国和东南亚。一些银行独资或合资创办商号从事商贸,到抗战后期部分商业银行参与抢购物资,进行票据买卖,炒买炒卖申票、渝票、合票等商业票据。

国家银行在达县设立分支机构较少。1939年,中国农民银行在宣汉、渠县设办事处。1941年5月,在达县今翠屏路设达县分理处,属宣汉办事处管辖[①]。1943年升格为办事处,同时还设有罗江口农业仓库,办理农产品押贷业务。1945年宣汉分理处撤销合并于达县办事处。交通银行于1943年春成立渠县分理处,因业务清淡于当年9月裁撤。1945年6月中国银行成立达县办事处,因抗战胜利,紧缩川内机构被裁撤。这些银行除了经营存款、放款、汇兑业务外,重点发放农贷,推动合作事业,代理中央银行收缴各行、庄存款

[①] 达县政协文史资料研究委员会:《达县文史资料》,第4辑,达县市印刷一厂,1994年,第77页。

准备金等。

战时特殊的经济社会状态给达城银行业的繁荣提供了机遇,但抗战结束后许多银行也相继倒闭歇业,直到解放后,所有银行才得到重新改组和管理。

五是交通的发展。汉渝公路起自汉中,迄于重庆,故称汉渝公路。由汉白(白河)公路上的西乡起,经镇巴越大巴山,再经川境内万源、宣汉双河场、达县、大竹、邻水、江北至重庆,长587公里,为川东通向陕西的重要干线,有川陕东路之称。1938年2月,国民政府下令兴修该路。9月,设立汉宣、宣渝两个工程处,由黄庆慈、孙发端任总工程师,组织施工。该路最初修建的一个目的就是运输苏联援华物资。1940年以后,因苏联援华物资减少,6月汉宣段奉令停工,两个工程处合并为汉渝公路工程处,设于达县;同时设汉渝公路桥渡工程处,负责全路跨径在10米以上的桥梁及渡口的设计与施工。汉渝公路万源至大竹段于1938年9月开始测量,年底设4个总段负责施工。次年1月开工,1940年3月全段打通,全段竣工里程为219.8公里。在万源城有10余公里间,凿有凉风垭及石冠寺等隧道4处,各长10余米。交通部公路局总管理处长赵祖康在石冠寺隧道洞口处题有"秦川锁钥"4个大字。汉渝公路大竹至重庆段于1939年4月测量,次年1月设3个总段先后开工,到当年10月基本打通。由于通货膨胀影响,路面只铺了一半,宽度只达3米,竣工里程为194公里。万源至重庆沙坪坝转盘处为417公里,用款1209万余元,属于交通部"库存自办"工程①。

1940年汉渝公路筑成,开始有汽车营业运输,但是由于路况较差,汽车甚少,运输成本较高,故客货运量极小,达县境内物资集散也主要依靠人力肩挑背负,投入使用的路段并不多。直至1945年始有3辆商营汽车,每天往返于重庆和达县之间,客运才正式进入营运阶段。尽管如此,汉渝公路的通车,也推动了抗战时期达县商业的繁荣,并使州河、巴河的水上运输船只激增,促进了水上运输的发展。

抗战爆发后,重庆升为陪都,人口剧增,所需要粮食也猛增。1939年冬,粮食部部长徐堪函达县商会主席袁博怀,要求组织粮商,大量收购运输粮食,

---

① 达县政协文史资料研究委员会:《达县文史资料》,第4辑,达县市印刷一厂,1994年,第63—64页。

供应渝、合等地。达县旋即组成"达县粮食业联合购运总社",地址设在达县商会,其资本足够营运州河、巴河流域商品粮的支销,故而每天有大小粮船30—40艘,载粮约40万斤,分别由州河各口岸和巴河石梯码头起航逶迤而下。达县运去的粮食主要在合川出售,再转运重庆市等地。

抗战爆发后,达县也成为日机轰炸的目标城市之一,城市因多次遭到日机的轰炸而破坏较大。1939年12月,日机首次空袭达城,投弹1枚,省桐油贸易公司达县分公司万寿宫仓库起火。此次空袭无人员伤亡,但有房屋毁坏情况。1940年5月21日,日机3架在蒲家乡吊钟庙投弹2枚,炸死1人,炸伤3人。1940年8月21日10时左右,日机一个中队(9架)空袭达城[1]。此次轰炸是抗战时期达城所遭受的最大一次空袭。东北角城墙炸塌了二三十米宽,民房被炸被烧数十家;帝主宫被一弹炸中,此处为军队驻地,当场炸死连、排长各1人,壮丁20余人,伤者不计其数,附近居民也有20余人死伤。其中李姓一家8人被炸死7人。达县高中被燃烧弹击中,烧掉半个校舍。此次轰炸,投弹44枚,炸毁房屋84幢,炸死80人,炸伤137人[2]。抗战时期达县城市多遇日本飞机空袭,其毁坏程度虽不及川内其他重要城镇,但同样给达县人民的生命财产和精神造成了极大的损害。

第六节　战时川东北城市的发展与变迁

一、战时广元的城市发展

广元,地处四川盆地北部山区、嘉陵江上游、川陕甘三省接合部,其城市历史悠久,古称利州。1928年全省裁道,各县直属省府,广元所属的嘉陵道一并取消。1935年,国民政府将四川全省划分为18个行政督察区,广元与剑阁、苍溪、平武县等9个县同属第14行政监察区,专员公署驻剑阁县。抗战前,广元对外交通极为不便,经济发展缓慢。1935年1月,参谋团入川,制定了省际公路建设计划,强调"建设公路便利交通,而对军事运输尤关重要"[3]。

---

[1] 达县政协文史资料研究委员会:《达县文史资料》,第2辑,达县市印刷一厂,1988年,第65页。
[2] 达县政协文史资料研究委员会:《达县文史资料》,第2辑,达县市印刷一厂,1988年,第65页。
[3] 陈世松、贾大泉:《四川通史》,第7卷,四川人民出版社,2010年,第434页。

1931年,作为四川省四大公路干线之一的川陕公路开始兴建。该路起于成都,经新都、广汉、德阳、绵阳、梓潼、剑阁、昭化、广元,在川陕两省交界七盘关与陕西公路相连,全程820公里,1937年建成全线通车。川陕公路的建成对广元发展起到了关键作用,特别是抗战军兴,广元成为川陕公路的中心节点,为西南至西北的唯一孔道,西北外来物资均经此地转运西南各地[1],军商车辆往来频繁,这给广元的发展带来了新的机遇。抗战时期,川陕公路成为沦陷区人口从北方进川的重要通道。大批省外工商业者和难民沿公路,经广元内迁西南各省,使广元一度出现工商兴旺的繁荣景象。广元地理位置重要,在抗战时期是各级军政机关的重要驻地,城内中央、省、县军政事业机关林立,北方数省难胞内迁留住的人数也众多[2]。外来人口的流入如同新鲜的血液注入,不仅打破了战前广元地区相对封闭的状态,还促进了经济、文化以及技术与外界的交流,同时还提高了当地人口素质,特别是现代意识的增长,并为广元在抗战时期的发展带来了新的推力。

战前的广元,经济结构单一,农业占主导地位,工商业较为落后,"农占多数,商次之,工又次之,农多自耕,佃农较少,商无大贾,工无大匠"[3]。时人感慨:"科学时期,留异邦者等如晨星晦月,足见学者之陋,教育之风狭已,虽金铁磺煤天然利源,而业者资薄,经营智浅,半途亏折,不复能起,未尝非地方之可痛惜者也。"[4]广元"农业之值高而外输者仅蚕丝、木耳,他若家畜之豕,犁田之牛,年亦有输出者,若柿之制饼,胡桃之核,桐之榨油,量殊不大,果树之产亦恒由天然,未尝多恃人工"[5]。"县人不重工,城乡之业工者殊少。"[6]其时由于交通尚不发达,虽有金铁磺煤天然资源,近代工业发展仍是举步维艰。抗战爆发后,广元因位于大后方连接各战区的生命线的重要节点上,"陆路现有川陕公路经此,将来有天成铁路经此,水路有嘉陵江之便,为理想之工业区"[7]。城市工商业因天然利源又兼交通之便,得天独厚的优势条件,引起了

---

[1]《四川经济季刊》,1945年,第1期。
[2] 范子均、周承瞻:《广元文史资料》,第7辑,广元政协文史委员会,1994年,第16页。
[3] 谢开来:《重修广元县志稿》,1940年铅印本。
[4] 谢开来:《重修广元县志稿》,1940年铅印本。
[5] 谢开来:《重修广元县志稿》,1940年铅印本。
[6] 谢开来:《重修广元县志稿》,1940年铅印本。
[7] 白幼鹏:《广元的经济状况》,《四川经济季刊》,1945年,第1期。

政府和企业家的注意而发展较快,成为工业内迁的重要目的地城市。例如大华纱厂、西北制造厂、陇海机械厂等一批工厂内迁到了广元。这对城市经济结构的调整和生产发展产生了重要的影响。

抗战爆发后,华北及华中地区相继沦陷,西安民营大华纱厂也连遭日机轰炸损失惨重,完全无法正常进行生产,经董事商议决定,将纱厂的部分纺纱机器迁至四川,并最终选择了广元作为新厂址所在地。广元经济虽然不发达,却有着理想的工业区位优势,城北须家河有煤矿,矿区紧挨公路,公路边紧靠嘉陵江,水陆运输十分便捷,均距城约4公里[①]。嘉陵江水质优良,距新厂址不足千米,取水方便,且城内有东山,有较高的厚度,可建防空洞。另外,广元城内空地较多,地价也不高,这都极符合纱厂选址条件,因而纱厂得以最终落户广元。1940年,广元大华纱厂1.28万纱锭设备安装完毕,并在四川、陕西广招工人,是年即开始投产,年产棉纱6080件。至1949年,大华纱厂有1.28万纱锭,职工1021人,"大华纱厂用地宽,汉寿镇里占半边。职工宿舍在华北,货运华西和华南"。这是抗战时期广元城区广泛流传的一段顺口溜,亦可见当时大华纱厂的规模之大。大华纱厂迁至广元,不仅使工厂再生,适应了抗战时期军民对纺织品的需求,同时也为广元的发展做出了贡献。这主要表现为大华纱厂对周边其他行业的带动以及对其他公共设施兴建的促进。大华纱厂迁至广元后,原本清静的广元北门变得繁华热闹起来,为纱厂运送棉花的骡马车队每天络绎不绝,北门内、外街道两边,饭馆旅店也应运而生。有商人在蜀门北路二段西侧开了五六家骡马车店和旅馆,从而刺激了劳动力市场,促进了就业,其时有不少劳动苦力用手推"鸡公车"在纱厂与北门仓库之间专门运送原棉及棉纱[②]。此外,纱厂还兴建了自己的电厂、煤矿、学校、医院,各种配套设施一应俱全,这都是过去广元所不曾有的新气象。

1939年4月,国民政府军事委员会第二战区西北制造厂也从太原迁来广元,先在东街三元宫设厂,后迁至禹王宫,有军事编制的技术工人775人,主要生产机枪、步枪。该厂的军事技术工人到1945年增为1179人,年造枪支

---

① 徐中辉:《大华纱厂落户广元前后回忆》,《广元文史资料》,第18辑,政协广元市委员会编印,2008年。

② 徐中辉:《大华纱厂落户广元前后回忆》,《广元文史资料》,第18辑,政协广元市委员会编印,2008年。

1500 余支(挺)。1948 年由国民政府军政部第 31 兵工厂接管,更名军政部第 31 兵工厂广元制造所。

1938 年,陇海铁路宝鸡机修厂迁来广元,更名广元陇海机器厂,属国营企业,全厂占地约 47 亩,为后方重要机械厂之一,动力为蒸汽机,职工有 84 人。主要制造陇海铁路所需机件,并为当地汽车、畜力车生产零配件①。

以上三厂迁至广元不仅促进了当地社会经济的繁荣,而且还提高了广元在战时的政治、经济地位。此外,国民政府和广元社会各界为实现抗战建国的目标也在广元新办了一些现代工矿企业,如中国银行投资建设的国营广元雍兴酒精厂、1942 年资源委员会与四川省政府联合组建的四川矿业公司广元煤矿等企业,特别是广元煤矿发展前景广阔,"若资金充裕,全部用机器开采,前途未可限量"②。此厂出品矿产甚佳,除供应给广元各工厂以及民用外,还远销至嘉陵江沿岸城市,如昭化、南部、阆中等地。当然,土法开采的小型铁厂依然众多,但产量甚微,不足以与之相较。

在内外力的推动下,战时广元的社会经济一度变得十分繁荣,"水陆运输川流不息,内迁工厂、新增商店比比皆是";市场上各类商品繁多,"西北的棉花、药材、土畜产品、日用百货源源不断地由汽车、骡马车运达广元。四川的食糖(白糖、橘糖)、川盐、本页纸(文化纸)、黄表纸(敬神纸)、川产药材等也在广元成交或向南北转运"③。不过,这只是特定时期的短暂繁荣。抗战结束后,随着内迁人口返还原地,广元随即出现衰落。到 1949 年,广元全县的工农业总产值只有 6340 万元,人均 160 元④。

抗战时期,广元的金融业也有较大发展。抗战以前广元的金融业较为落后,但随着战时广元成为西南与西北地区各类货物交流的重要转运地,特别是数量较多的政府运输机关驻此,各银行也相继来广元设立分支机构,到 1945 年,已有 9 家之多。

---

① 白幼鹏:《广元的经济状况》,《四川经济季刊》,1945 年,第 1 期。
② 白幼鹏:《广元的经济状况》,《四川经济季刊》,1945 年,第 1 期。
③ 蒲曰问:《广元市场兴衰记》,《广元文史资料选辑》,第 5 辑,政协广元市文史资料编委会编印,第 81、82 页。
④ 广元县地方志编纂委员会:《广元县志》,四川辞书出版社,1994 年,第 2 页。

抗战时期广元从事机构一览表

行名	地址	负责人	设立时间
中国农民银行	中正路	叶厥孙	民国二十六年(1937年)
四川省银行	复兴路	赵运舫	民国二十七年(1938年)
中央银行	中正路	汤良辅	民国二十七年(1938年)
中国银行	中正路	韩保和	民国三十年(1941年)
川康银行	中正路	罗殿青	民国三十一年(1942年)
美丰银行	民族路	罗境远	民国三十一年(1942年)
永利银行	中正路	廖洁夫	民国三十二年(1943年)
复华银行	中正路	朱子均	民国三十二年(1943年)
广元县银行	民生路	周椿生	民国三十三年(1944年)

资料来源:白幼鹏《广元的经济状况》,《四川经济季刊》,1945年,第1期。

抗战时期的广元是四川与西北之间联系的重要工商业城市,岁入款项极巨,各银行之间有着一定的分工,中央银行之国库业务甚繁,农民银行着重农贷,中国银行主要做国内汇兑和投资工商业,四川省银行以省内汇兑及对工商业放款为主,其他商业银行则经营商业放款及贴现等[1]。各银行都因广元的工商业发展而获利颇丰。

抗战时期,随着内迁人口的增加和工商业的发展,广元的社会福利事业也有一定的发展,较有影响者如工合保健所、民众阅览室及联合国影片宣传处广元放映站、民众图书馆等。此外,在一些主要街区还建造了工合阅览室、阅报所、壁报以及报社等文化设施。这些公共设施的建设与完善,不仅健全了城市功能,而且还丰富了民众的生活。同时也反映出了这一时期广元人口的增加及城市的繁荣,也揭示了战时广元人民物质文化需求的日益增长。

经过抗战时期的发展,广元在一定程度上改变了原先落后的面貌。但这种发展却是一种畸形的繁荣,生产主要是为了抗战的需要,难免受到战时经济模式的制约,经济远未转入正常的经济发展轨道。加之广元地区原本经济底子较为薄弱,战时的发展是建立在先天不足的基础之上,因而旧时的顽症

---

[1] 白幼鹏:《广元的经济状况》,《四川经济季刊》,1945年,第1期。

仍将继续腐蚀机体,影响城市的发展。这一时期,广元发展中凸显的问题主要包括以下几方面:

一是工业基础薄弱。战时工业的内迁虽然使得广元的新式工业有了初步的发展,但除3家内迁工厂外,其他所兴建的工厂仍具有规模小、资金不足、技术力量薄弱和设备落后等弱点[1],能源和原料供应不足等问题也较为突出。这直接导致了机械制造厂和纺织厂开工不足。即便开工生产,也因广元工业刚起步,底子薄,无法靠自身积累资金,要扩大生产规模和维持生产过程的运作,只能依赖银行贷款。但是,当时国家、地区和商业银行的放款多以商业为主要对象,对工业的投资和贷款极少。1942年以后由于通货膨胀加剧,商业投机活跃,银行利息进一步提高,向工矿企业的贷款和投资又急剧下降,故而广元的工矿企业因资金筹措更加困难而逐渐陷入困境。

二是战时环境的制约。在抗日战争的特殊历史背景下,国家直接通过行政和法律等手段根据战争的需要来直接干预社会经济生活,统制生产、流通、分配、消费等各个经济环节和管制国民经济各部门。其主要做法是对重要的物资统购统销、专买专卖和实行限价。如嘉陵江流域煤的限价为成本的86%,棉布工价仅为成本的55%[2]。在统购统销政策下,工厂无利可图,甚至亏损,就只好停产、关闭。这些战时经济建设管理措施使经济发展和财政收入与战争消耗和人民生活需要之间的矛盾日益尖锐,并造成了通货膨胀、物价飞涨、囤积居奇、物资匮乏的严重局面。此外,国家资本、官僚资本对民营工厂的兼并和限制也使民营企业在市场竞争中处于劣势。这样,经济统制政策从产、销等方面窒息了广元的工业,尤其是民营企业的发展生机。

三是沉重的税收和巨额的公债加重了社会负担。抗战初期,国民政府为弥补财政亏空,采取增加税收、发行公债等方法。如从1937年10月1日起,扩大转口税的征收范围,凡国内运输的货物一律加征转口税;扩大征收统税的品种范围和扩大征收统税的地区,后又将对货物统税改为以价征税。随着战事的发展,新设了所得税、遗产税、战时消费税等税种。1940年到1945年间,征得货物出厂税和货物取缔税共308.71亿元,矿产税10.23亿元,战时

---

[1] 四川省档案馆编:《抗日战争时期各类情况统计》,西南交通大学出版社,2005年,第67页。
[2] 周勇:《西南抗战史》,重庆出版社,2006年,第465页。

消费税32.59亿元,合计351.73亿元,占整个税收的23.9%[1]。另征得印花税46.07亿元,所得税42.36亿元,非常时期过分利税40.3亿元,营业税127.45亿元,遗产税1.77亿元,合计为257.95亿元,占整个税收的17.5%[2]。战时直接税中60%皆由西南工商业者承担。可见,在此背景下广元的工商业在沉重的赋税负担下的发展是何等的艰难。除此之外,国民政府财政部先后为保证战时军政开支还发行了18种内债,共150亿元法币,更加剧了已经十分严重的通货膨胀,给民营工业造成了更大的摧残。

四是社会风气的糜烂对广元社会的腐蚀。在抗战时局的影响下,广元的社会风气发生了很大的变化,一些糜烂的社会习气腐蚀了广元城市发展的肌理。这首先表现为娼妓的盛行。抗战时期,地处大后方的广元,因交通的改善带动了市场的繁荣,往来人口众多,其中有不少的娼妓。1944年的《省府视察广元县政务总结报告书》中称:"嘉陵镇三旅馆中有半公开式之妓女约百余人,由宪兵队、警察局、警备队会同登记管理之。"同年,广元县政府下令清查,警察局仅在一家旅馆就登记有真名实姓的妓女即达22名。从籍贯看:属陕西汉中的有9人,属绵阳、广元的各4人,属成都的3人,属遂宁、射洪、江苏、湖北、江油等地的各1人[3]。1944年,广元城区共有居民27394人,然驻有娼妓的旅馆、餐厅大大小小不下二三十家,公开的、半公开的和隐蔽的娼妓,再加上晚间在大街小巷窜来窜去"吊膀子"的,不下三四百人,可见当时娼妓之盛行。其次,表现为烟毒泛滥。民国初年大烟便泛滥于广元,防区时代,鸦片作为军阀获取财源的手段,对泛滥的烟毒并不禁止。国民政府中央势力入川后,虽然明令禁绝烟毒,但仍是屡禁不止,平坝地区种烟虽绝,但在深山老林中仍然有人偷种,且逐年增加。而那些被裁编的军官、散兵游勇和地方上的袍哥大爷、恶霸地主等更是偷种和贩运大烟。地方当政者,对禁烟阳奉阴违,明禁暗弛,也助长了种烟和贩毒人的气焰。如1942年青川县长郑国梁便明禁暗种,使全县种烟贩烟进入极盛时期。从1935年到1947年间,剑阁专署多次联合青川县府等,劳师动众进行查铲,并逮捕了乡保甲长及民众数十

---

[1] 杨萌溥:《民国财政史》,中国财政经济出版社,1983年,第109页。
[2] 杨萌溥:《民国财政史》,中国财政经济出版社,1983年,第112页。
[3] 王永全:《民国时期广元的娼妓盛行》,《广元市文史资料选辑》,第2辑,政协广元市文史资料编委会编印。

人,甚至还枪毙了数人,但是种、运、售、吸仍然不绝,一直到解放前夕还很严重①。此外,赌博在广元地区也是一种普遍现象。"娼"、"毒"、"赌"无疑成为腐蚀社会风气的流毒,对战时广元的发展造成了不良的影响。

二、战时绵阳的城市发展

绵阳位于四川盆地西北部,涪江上游,"城居江左",并有安昌河环绕城之西南,于东南角与涪江相汇合,故三面环水。古称"涪城"、"绵州",为川西北重要据点,居水陆交通要冲。古人称绵阳:"东据天池,西邻涪水,形如北斗卧龙伏马,为蜀东北之要冲。"②绵阳在民国初年隶属于西川道,1928年裁道后,隶属第13行政督察区。民国前期,四川军阀混战,天灾频仍,民不聊生。例如,当时占据绵阳的军阀擅自铸造和印刷货币,使绵阳币制大乱,最终造成"生产萎缩,市场萧条,怨声载道,民不聊生"的凄凉景象③。故20世纪30年代初有人评论说:"二十年来军阀辗转蹂躏吸取,从农村方面证明,川民之穷已到血汗竭而骨髓枯的境地。"④

抗日战争爆发后,四川成为大后方,与省会成都相距仅90余公里的绵阳得地利时宜之便而获得了较大的发展。

首先是交通发展迅速。1928年,绵阳至罗城马路通车。抗战前夕,川陕公路建成。抗战以后,国民政府迁都重庆,对整个大后方交通进行了全面规划建设,绵阳的交通条件得到进一步改善,至1944年水陆交通体系初步形成。溯涪江而上,可达彰明、江油、平武等地,顺流而下,可通三台、遂宁、合川、重庆等地,由安昌河北上,可通安县。川陕公路南通成都,北达西安,西达兰州,东下重庆,水陆交通堪称便利⑤。交通条件的改善,促进了绵阳商业贸易的发展。抗战时期,陕甘入川或内地运往西北之货物,均必以此为总汇,川西北各县如罗江、梓潼、三台、中江、安县、彰明、江油、平武、北川、剑阁等地的

---

① 胡际春:《青川解放前禁烟闻》,《广元市文史资料选辑》,第2辑,政协广元市文史资料编委会编印。
② [唐]李吉甫:《元和郡县志》,中华书局,1990年。
③ 参见周诚:《建国前绵阳金融机构和货币流通情况》,《绵阳文史资料选辑》,第5辑;肖朝齐:《民国时期德阳的手工业》,《德阳市市中区文史资料选辑》,第1辑。
④ 三户:《理解施政对象与检讨地政本质》,《民间意识》,1935年,第18—20期。
⑤ 朱健民:《四川经济调查》,《四川经济季刊》,1944年,第1期。

土产,也都以此处为转运之区。规划中的川陕铁路与川甘公路也预示着绵阳商业的日趋繁荣和地位的愈发重要,推动省内外的商人纷纷向绵阳聚集。

其次是社会经济的发展和产业结构的优化。抗日战争时期,绵阳为川西北重镇,既是重要的粮食基地,又是交通要道,因此国民党政府对绵阳的工农业生产及交通都比较重视,由此推动绵阳经济的发展和产业结构的优化,其表现有三:

一是现代农业的发展。1939年秋,四川省农业改进所在绵阳设立试验分场,后更名为绵阳县农推所,主要办理稻、麦、棉良种的示范、繁殖、收储、推广等工作,截止到战争胜利,在省农所的配合下,全县在改进农业技术方面,有了较大的提高。农业技术方面成就最为显著的当属良种的推广。在1940年开始推广"金大2950"和"中大2419",1945年全县已基本普及,水稻良种推广了"农改所粘"、"富绵黄"、"303"、"绵阳156"等10万余亩。"浙江3号"晚稻(又名冬谷),自1939年开始在河边、忠兴等乡示范推广以来,以其能迟栽,解决了"等雨打田插秧"的"望天田"栽秧的问题,颇受农民欢迎,可谓不推自广。另有红苕良种名为"南瑞苕",也于1939年开始示范,推广,以其品质好,产量高,全县很快普及。在病虫防治方面,从1939年,便开始用"碳酸铜"拌种,防治大麦"坚黑穗病",用45℃温汤浸种,防治小麦"散黑穗病",1940年起宣传水稻"螟虫"的防治[①]。在肥料方面,1940年开始,免费推广"速效堆肥"、"元平菌"和"骨粉"。还有农推所附设的苗圃30余亩,除部分种粮食,其余也培育树苗,每年约出苗木10万株,供"植树节"县城机关学校栽用,也分发部分给附近乡村农民种植。水利兴修方面的成绩也较突出,1940年兴修了天星堰,以及修建了长达20公里的陇西堰,可灌田2万多亩。由于采取以上有效措施,农业明显增产,绵阳的粮食年产量一般均达11.6万吨左右。增产的粮食支援前线,抗战期间,仅绵阳、三台、盐亭三县筹备的"积谷"和军粮达209万石。另外,水利的兴修也为绵阳的农业经济发展提供了有效的保障。

二是工业的发展。抗战前绵阳的新式工业极少,抗战爆发后也无新式工业企业迁入,但由于绵阳位于水陆交通要道,因而也带动了与运输有关的修

[①] 绵阳文史资料编委会:《绵阳文史资料》,第9辑,1990年,第58页。

理业的发展。抗战期间,在"加紧生产,支援前线"抗日精神鼓舞下,大后方对各种生产和生活物资需求不断扩大的背景下,为绵阳的传统工业发展带来了机遇,井盐业和纺织业都得到了较大的发展。盐业一直是绵阳的重要经济支柱,其中丰谷的皮袋井最为有名,日携皮袋盛卤水斗余,可煎盐百斤。所产之井盐行销附近15个县。县政府设有5个区公垣管理盐务,负责收税和运销,5个公垣共有仓库52栋,可见当时盐业的规模之盛,为解决大后方食盐问题做了重要贡献。至1949年,绵阳有盐井903眼,盐工2467人,烧灶118洞,年产盐73951担[1]。绵阳的丝织业在抗战时期也得到发展,蚕丝最高年产达916吨,三台的蚕丝业最为发达,1937年三台设立了蚕业推广所,又设了13个指导站,建桑苗圃400个,培育良种桑,让农民无偿移栽,又建立了蚕种场年均制改良蚕种3万—4万张。随着桑蚕生产的恢复,小车丝纺日渐增多。据1943年统计,三台有小车丝厂、丝坊1252家,丝车1.34万部,拥有50部以上的丝厂有20余家。抗战时期三台生丝经云南、缅甸销往国际市场的1700余担,内销成渝及乐山南充等地800余担[2]。棉纺织业也有长足的发展,1938年省建设厅派员到三台推广周元龙父子创制的20锭木质脚踏纺车,比老式手摇纺车效率大大提高,至1939年,三台从事棉纺织业的手工业机户达62139户,生产棉纱1386万斤,土宽白布8.6万尺。三台成为大后方棉纺织中心之一,其纱、布运销川、陕、甘、云、贵各省,解决了前方战士的部分军衣[3]。

三是金融业的发展。清末民初,绵阳的典当业仅"永益当"、"德丰当"、"庆余当"、"复兴当"四家,皆因战乱于1927年以前先后关门停业。1928年,川西北银行在绵阳开设分支机构,主要是发行军钞券,未办其他业务。后因资金短绌,于1930年上半年便宣告停业。抗战爆发前夕,始有银行进驻绵阳。1936年4月重庆美丰银行在绵阳北街设立办事处,专门办理存、放、汇款及仓库等业务,绵阳始有第一家名副其实的银行[4]。同年7月,四川省银行在绵阳神仙街扬公祠亦设立办事处,主要办理存、放、汇款,买卖有价证券,同业汇票贴现,代办股票、债券的承募和代还本息,代理金库以及仓库等业务。

---

[1] 绵阳市地方志编撰办公室:《绵阳(县级)市志》,四川辞书出版社,1999年。
[2] 四川省三台县志编纂委员会:《三台县志》,四川人民出版社,1992年。
[3] 四川省三台县志编纂委员会:《三台县志》,四川人民出版社,1992年。
[4] 绵阳文史资料编委会:《绵阳文史资料》,第5辑,绵阳文史资料委员会编印,1988年,第13页。

1938年4月,四川省合作金库派肖觉飞来绵阳文庙街筹建县合作金库,5月开业,初建时,股本10万元,其中信用合作社股金10890元,蚕丝社股金660元,省金库股金28450元,农民银行股金60000元。1940年6月股金增为20万元。其宗旨为复兴农村经济,调剂农村金融,其存、放、汇款业务对象主要是信用社。后因通货膨胀,其资金被剥夺殆尽,无力维持,以并入农民银行而告终。另外,中央银行也于1939年5月在绵阳开设分行。1940年,重庆银行在绵阳设立办事处。1942年,中国农民银行和交通银行相继在绵阳设立办事处。绵阳县银行和巴川银行也于1944年成立。抗战时期,绵阳的金融机构先后共发展到11个,在抗日战争后期形成城市金融繁荣现象。

最后是现代文教、卫生事业的发展。抗战时期,绵阳的学校教育有较大的发展。自抗战爆发,东中部的教育机构相继内迁西部,迁至绵阳的国立六中和张学良创办的东北大学,为绵阳地区的教育发展带来了新的教育资源和人才资源。在抗战时期教育兴国思潮的推动下,绵阳市的中小学教育有较大发展。1930年绵阳仅有中学3所。其中高中3个班,学生134人,初中12个班,学生543人。1945年抗日战争结束,中学发展到8所。其中高中8个班,学生376人,初中34个班,学生1121人[1]。绵阳的中等专业学校在抗战时期也有一定的发展,战前,绵阳并无中等专业教育,1940年省立绵阳初级农业职业学校在普明乡开办,1943年该校又更名为"绵阳高级农业职业学校"。1939年至1943年间还开办了绵阳县简易师范学校和省立绵阳中学师范班等[2]。绵阳的小学教育在抗战时期也有较大发展,1940年共有种类小学239所,其中完小12所,初小157所,短期小学70所,教职员工376人,学生共16184人[3]。1945年抗日战争结束时,绵阳有小学395所,其中中心国民学校43所,保国民学校351所,私立初级学校1所,教职员工1017人,学生共25582人。

抗战时期绵阳在城市医疗卫生方面也有一定发展。抗日战争前,绵阳在医疗卫生方面基本上是以私人行医的中医中药人员为主,分布在城乡为群众治病,由于医疗人员太少,群众治病十分困难。抗日战争时期,由于外省的医

---

[1] 绵阳文史资料编委会:《绵阳文史资料》,第6辑,绵阳文史资料委员会编印,1987年,第42页。
[2] 绵阳文史资料编委会:《绵阳文史资料》,第6辑,绵阳文史资料委员会编印,1987年,第42页。
[3] 绵阳文史资料编委会:《绵阳文史资料》,第6辑,绵阳文史资料委员会编印,1987年,第42页。

疗机构和部队退役医务人员陆续来绵阳,促进了绵阳的医药卫生事业的进步。1939年绵阳在城区公园内建立了第一个公立卫生医疗机构——绵阳公经卫生站,第一位站长为谭香山①。卫生站的主要工作是灭虱治疗,并作一般内外科治疗,抗战结束后,该站更名为"绵阳卫生院",迁至绵阳大西街陕西会馆内。一些社会医药卫生团体亦相应成立了医疗机构或组织,如中医师公会、西医师公会、中药业公会及慈善会等。从抗战开始至战后,绵阳市的各类医疗卫生机构有很大发展,分布在绵阳城区的私人医院、诊所及行医开业的医药人员大小共30多家②。

抗战时期,绵阳在极其艰难的情况下发展了教育、卫生事业,这不仅适应了当时抗日救亡的需要,也为以后绵阳的文化教育、医药卫生事业的进一步发展奠定了一定的基础。

尽管抗战时期绵阳获得了一定程度的发展,但这种发展的缺陷也是十分明显的,即绵阳的短暂繁荣完全得益于战时经济模式,一旦抗战结束,社会经济就不可避免地陷入衰退之中。究其原因,这与绵阳本身发展内动力不足有着千丝万缕的关系。战前的绵阳,虽有新的价值观传入,然"农工各界则墨守陈法,不求改良进步"③,绵阳近代工业的发展依然举步维艰,停留在传统的工业的继续发展上。故时人曾感慨道:"宜复古者渐趋于新,宜求新者反泥于古,甚望司风教者力尽转移焉"④。抗战爆发以后,也无工业内迁于此,虽然抗战为绵阳的传统工业带来了契机,但皆"墨守旧法未见进化"。并未取得实质性的进步,传统手工业仍是其经济支柱。且"本县商家以米商麦冬商茶商丝商酒商为多,全县日用所需之物品多仰给于外县"⑤。一旦这种战时特殊政治环境消失后,绵阳的工业发展必将再次退回原来的发展程度,甚至更加不堪。抗战结束的绵阳便迅速地衰退了,就是明证。这不能不说与其薄弱的工业基础存在着密切关系。此外,资金短缺,技术力量薄弱和战时环境等因素也是制约绵阳的健康发展,导致其走向衰落的原因之一。

---

① 绵阳文史资料编委会:《绵阳文史资料》,第6辑,绵阳文史资料委员会编印,1987年,第43页。
② 绵阳文史资料编委会:《绵阳文史资料》,第6辑,绵阳文史资料委员会编印,1987年,第43页。
③ 蒲殿钦,袁均等:《民国绵阳县志》,1933年。
④ 蒲殿钦,袁均等:《民国绵阳县志》,1933年。
⑤ 《四川各县经济调查之一般》,《四川经济月刊》,第4卷,第4期。

三、战时南充的城市发展

南充素有"丝绸之乡"和"果城"之称,其县境位于四川盆地东北部、川北地区中部、嘉陵江中游,东邻达县,南接广安,西依遂宁、绵阳,北靠广元、巴中,地理位置十分优越,"盛产粮食、经济作物以及林木和畜禽、水生动物,尤以丝绸、广柑最为著名,石油、天然气资源遍及各地,嘉陵江沿岸还盛产盐和砂金"[①]。在历史上,南充长期与成都和重庆形成三城鼎立的态势,并有"川北心脏"和"川北重镇"之称。早在两千多年以前,南充城市就已经得到了较好的发展,在中国农业时代它便一直是川北地区的重要城市之一。民国建立至抗战前,国家时局的动荡和持续战乱给南充城市造成了很大的破坏。抗战时期,因沿海工业和高校内迁、西南大后方的开发,南充获得了强大的发展动力,社会经济、文教事业等方面都得到了长足的进步,并成为后方物资重要的补充地。

南充作为川北的重镇之一,一直是丝绸重要产地和进出口商品集散市场,商业活动颇为兴旺[②]。南充丝绸业起源于远古,兴起于秦汉,《续文献通考》记载,四川丝绸,尤以顺庆、保宁等地为最盛,经历数千年的发展,其发展历程亦是坎坷曲折。清末,为了推进蚕业生产,四川劝业道成立蚕务总局,南充、蓬安、西充等县先后成立了蚕务局主持蚕政,南充、营山等县还设立了蚕桑传习所,开办蚕桑职业教育,培养了一批蚕业人才。一些热心蚕丝事业的志士仁人也纷纷来此投资办厂,南充蚕丝业得到迅速发展。民国初年,张澜、盛克勤等爱国人士留日归来,鉴于南充丝绸设备原始、产品落后,张澜提出在南充兴办教育和实业,必须从蚕丝业入手,并制定实施方案,兴教育、建桑园、办桑社、开工厂,以促进蚕丝业的发展。盛克勤进而提出改良品种、设厂缫丝、量销为主等振兴南充丝绸的主张,这些建议均被采纳。一时间,推广优良桑蚕品种,推行新法养蚕、新式缫丝车、引进铁织机和人才培养等方案先后实施,南充丝绸业由是大兴。1926年至1927年,国际市场因日丝供应量减少,

---

[①] 南充市政协文史资料委员会:《南充市文史资料》,第1辑,南充教育学院印刷厂,1994年,第1页。

[②] 南充市政协文史资料委员会:《南充市文史资料》,第1辑,南充教育学院印刷厂,1994年,第144页。

丝价大涨,甚至出现"一两生丝一两银"的高价。市场巨大需求推动了南充蚕丝业空前发展,丝厂发展至百余家,城乡缫丝坊倍增,共有缫丝车近万部,最高年产茧3.5万余担,产丝4000余担。阆中产区最高年产茧3万余担,产丝3500余担。嘉陵、五福等7家绸厂相继开办,铁织机增至87台。同德等3家缫丝厂采用铁制缫丝车1443部,并开始使用蒸汽锅炉、煮茧机等设备,南充丝绸业盛极一时①。1931年前后,世界经济危机席卷而来,日丝在上海贱价倾销,沉重地打击了我国蚕丝事业。"上海丝价每关担由高峰时的1700两银,跌至500两银左右;川北丝价跌至270两银左右"②,南充丝绸厂、作坊纷纷倒闭。当时,号称丝绸业中天字第一号的百万大亨常俊民气急而死,永和丝厂经理林峄安也被迫跳井,昔日满城机杼之声绝于耳,变成了唉声叹气,一片凄凉景象。丝价狂跌,沉重地打击了桑蚕生产,蚕茧价贱,甚至与豆粮同价,广大蚕农纷纷弃蚕毁桑,砍伐桑树,蚕茧产量降至最低谷。据统计,1934年至1935年,南充年产生丝仅2300担,比极盛时下降88.50%③,南充丝业进入发展的低谷期。

抗日战争爆发后,江浙地区迅速沦陷,生丝的出口货源全靠四川供给,这给南充蚕丝业的发展带来新的机遇。其时,为了提高蚕丝的出口,南充蚕商和蚕农大力培植改良蚕种,致使改良蚕饲养量大幅度上升,改良蚕茧产量由1938年的1009.66吨,上升到1940年的2043.68吨,增长率达102.41%④。1943年南充的丝绸练染厂开始采用蒸汽练染设备练染绸匹,革除了铁锅加木棒搅拌的练染方法,练染质量和产量大大增长,促进了南充丝绸练染生产的技术进步。"到1944年,南充织绸厂、坊已发展到534家,3243人,织绸机2064台,其中铁机55台,生产素绸(大绸、二绸、里绸)、花绸(团花、寿字花、万字花、鱼鳞绸)、湖绉、板绫等"⑤,南充丝业蒸蒸日上,成为我国换取外汇的重要产品,并为国防提供了重要原料,它的发展不仅促进了南充丝业经济的

---

① 南充市政协文史资料委员会:《南充市文史资料》,第1辑,南充教育学院印刷厂,1994年,第28页。
② 南充市政协文史资料委员会:《南充市文史资料》,第1辑,南充教育学院印刷厂,1994年,第28页。
③《南充丝业凋敝》,《四川月报》,1935年,第7卷,第1期。
④ 谢澄:《南充蚕丝概况》,《建设周报》,1940年,第10卷,第23—26期。
⑤ 四川省南充县志编纂委员会:《南充县志》,四川人民出版社,1993年,第281页。

发展,而且还促进了南充的经济繁荣。

抗战时期南充经济的发展还表现在桐油生产和贸易方面。桐油作为重要的工业原料,被广泛用于造船、汽车、油漆等行业,在国际市场上的需求量很大,特别是美国、日本、苏联、西北欧和东欧各国及澳新地区,都是当时中国桐油主要的销售市场。1936年中国桐油出口量达867383公担,销往22个国家,其中美国最多,占出口总量的70%[①]。四川、贵州两省桐树栽植较多,我国的桐油出口货源主要依靠川贵两省提供,而四川桐油的品质好,其碘质、油液酸和溴化物的含量高,在国际市场上享有很高的信誉,其出口量约占全国出口总量的30%左右。抗日战争前,全国桐油多集中于汉口、上海、广州等地转销国外,其中以汉口数量最大,而川北地区所产桐油也是由嘉陵江、涪江、渠江三路经重庆沿长江直下汉口而远销国外的。南充扼嘉陵江中游,是川北桐油的主要集散地之一。南充、剑阁、昭化、通江、巴中、南江和广元等地桐油都在南充集散,然后运销重庆、汉口,有的还直接运销上海。抗日战争爆发后,重庆华南公司董事长杨典章,重庆大庆公司董事赖大伦、刘旭章等于1938年先后到南充收购桐油,将其运至重庆再转运至香港出口。南充商人林耀光为了促进南充的桐油生产与出口,在南充青居乡建立了规模庞大的桐油仓库。1938年到1947年的10年间,南充的桐油年产量达到3000—5000担(每担为100市斤)[②]。

南充县桐油生产调查表(1938—1947年)

年度	桐油产量(担)	折合桐籽(万斤)
1938年	5000	166.66
1939年	3000	100
1940年	3000	100
1941年	3000	100
1942年	4000	133.33

[①] 南充市政协文史资料委员会:《南充市文史资料》,第5辑,南充教育学院印刷厂,1996年,第57页。

[②] 南充市政协文史资料委员会:《南充市文史资料》,第5辑,南充教育学院印刷厂,1996年,第57页。

续表

年度	桐油产量(担)	折合桐籽(万斤)
1943 年	4500	150
1944 年	4500	150
1945 年	4500	150
1946 年	5000	166.66
1947 年	5000	166.66

资料来源:1948年南充县长杨鹤鸣向四川省政府呈报《南充县桐油生产调查表》。

猪鬃也是南充输出的大宗商品。"其集中之外销产品,虽以蚕丝为主,桐油次之,但就猪鬃而论,其重要虽不如川南,但为川省重要产品之一"①。抗战期间,国际市场猪鬃紧缺,日本对中国沦陷区的猪鬃严加控制,限制国内商人经营。因而推动南充猪鬃的出口。"到1942年,城内共有鬃商13家,洗房21家,每年黑毛猪头数,据调查者估计约有124000头"。"据调查者所得,历年各地运集南充之数字,计二十六年1400市担,二十七年1700市担,二十八年2700市担,二十九年3500市担,今年南充集聚数量一定较多,盖因渝垣被炸,当地商贩,必将观望坐守其间也。"②

此外,南充的山货贸易也有较大发展,如"德顺兴"商号不仅增添商品花色品种,扩大门市零售,还兼做小型批发转运,在营山收购菜油、麻油雇力挑运至周口,再由陈三合货栈代水运至南充出售,并购回白糖、冰糖、海味、颜料、"洋钉"、"洋油"等商品,趸卖零售。当时,不少乡区干货店在龚家趸货回乡出卖。"德顺兴"由于经营灵活,生意兴隆,誉满全城。

抗日战争爆发,"下江货"内运受阻,外地匹头货源剧减,大量人口内迁西南,民用军需布匹奇缺,南充的匹头生意因而得以兴旺。经营范围除素有盛名的营山土布(宽窄白布,花布)外,还有青蓝咔叽、阴丹士林布以及绸缎,特

---

①刘骅男:《现时南充猪鬃产销概况》,《贸易月刊》,1942年,第1期。
②刘骅男:《现时南充猪鬃产销概况》,《贸易月刊》,1942年,第1期。

别是各种件料(刚好缝制长衫一件的料)等十分抢手①。

抗战前由于南充丝绸生产发展和进出口贸易的扩大,银行业迅速发展起来,1936年南充开设有3家银行。抗战时期,随着商业的进一步发展,金融业也逐渐兴起。南充的公私银行、钱庄纷纷兴起,先后设立有22家之多。作为国家最高的金融经济机构——四联总处也在南充设立支处,与中央银行南充分行合署办公,按分支处组织则由中、中、交、农四行各派代表1至2人为委员。分支处的职责主要是:关于总处交办事项;关于联合放款投资及储蓄存款业务之策划推进;关于金融经济之调查研究等。南充支处成立后,转发总处文件,核定存款利率,推进储蓄业务等活动。南充银行业也因此大兴。除银行外,南充还开设有9家钱庄:聚合长钱庄、款信钱庄、明德钱庄、成钱庄南充分庄、重庆复华钱庄南充分庄、重庆聚丰钱庄南充分庄、重庆义亨钱庄南充分庄、重庆预立钱庄南充分庄、重庆福余钱庄南充分庄②。抗战后期,南充的银行、钱庄达25家,金融市场借贷资本十分活跃,汇兑业务与省内外重要城市金融往来频繁,并远及香港、缅甸等地。由于汇兑业务的发达,南充成为了省内汇兑"八大码头"之一(当时"八大码头"为成都、万县、内江、自流井、乐山、宜宾、泸州、南充)③。南充成为川北地区重要的商贸、金融中心。

但在抗战时期通货贬值、物价腾贵的情况下,市场集中的巨额游资,对囤积居奇、抬高利率、哄抬物价,有推波助澜的坏作用,亦对银行、钱庄吸收存款与正常业务的开展有一定影响④。市场一切交易活动,操于经纪之手,他们竭力兜揽业务,博取佣金收入,对当时金融法、经营范围、利率汇率的规定多有违犯,因此对于正常的商贸和金融多有负面影响。

抗战时期,南充航空业得到了初步发展。抗日战争时期,国民政府为适应政治和经济形势发展的需要,保卫陪都重庆,巩固战略后方,储备空军力量,决定在四川修建机场30余个,南充县城西南郊之都尉坝即被选定为建机

---

① 南充市政协文史资料委员会:《南充市文史资料》,第5辑,南充教育学院印刷厂,1996年,第113页。
② 南充市政协文史资料委员会:《南充市文史资料》,第5辑,南充教育学院印刷厂,1996年,第118页。
③ 《抗战以来四川之金融》,《四川经济季刊》,1943年,第1卷,第1期。
④ 南充市政协文史资料委员会:《南充市文史资料》,第5辑,南充教育学院印刷厂,1996年,第113页。

场的地方之一。都尉坝距县城4.5公里,东临嘉陵江,三面环山,地势平坦,东西长5公里,南北宽2.5公里,面积约13平方公里,坝之西北还有南渝公路绕过,优越的地理位置使它成为机场地址的不二选择。1938年6月,鉴于抗战形势的严峻,国民政府航空委员会三次急电四川省政府,要求四川公路局派员绘制南充机场位置详图。8月,川鄂公路蓬(蓬溪)渠(渠县)整理段对都尉坝机场场地测量完毕,随即由南充县组成"飞机场征工委员会",计划征用民工5000名,并拟定9月10日开工,但因经费短缺和当时民众的反对,加之日本侵略军当时尚在华北、华东一线,对四川威胁不大,所以南充机场的修建未能如期进行①。1940年,日寇侵占华中、华南以后,日军飞机频频飞临四川各地狂轰滥炸,南充县城也在1940年和1941年两次遭受日机的轰炸。为了抗击日本空军进袭,保卫战略后方,国民政府航空委员会决定立即修建南充都尉坝机场。航空委员会认为南充机场是"成都、梁平间之中心机场,重庆之外围拱卫机场,遂宁之辅助机场,又为战斗机使用机场,关系空军异常切要"②。1941年4月南充机场工程开工,同年10月修筑完工,占地面积806094平方米,迁出民房300余座,从机场北边至城区的公路,经蚂蟥堰到马尿溪与南蓬公路相接,由南充县御史乡600名民工同时修筑建成。"机场工程共挖土1.44万立方米,用了50万个工日,工程费用总共370多万元(法币)"③。

抗战时期,南充的邮政业务增长迅猛。南充至重庆的邮件运输,主要通过陆路与水路分别达到重庆的合川,其陆路邮件运输路线是在清末顺庆邮局创办时开通的南充至重庆方向的合川邮路干线。抗战时期,因与重庆的来往密切,邮路设置有所增加。水路干线主要是省外避难者来川后发展起来的后方事业。南充于1942年2月11日开办了水运业务,以办理重件邮件和印刷品、包裹等物品为主。此外,南充至渠县、营山、岳池的陆路邮政干线,南充至周口、南部、阆中等地的水运邮政路线在抗战时期也有相应的发展,其邮局经

---

① 南充市政协文史资料委员会:《南充市文史资料》,第5辑,南充教育学院印刷厂,1996年,第73页。
② 南充市政协文史资料委员会:《南充市文史资料》,第5辑,南充教育学院印刷厂,1996年,第73页。
③ 南充市政协文史资料工作委员会:《南充市文史资料》,第8辑,南充日报印刷厂,1993年,第114页。

办的基本业务有函件、包裹、汇兑,兼办业务有代售印花税票,邮政储金及简易人寿保险等。"南充为川北商业集散市场,抗战以降,更增重要性,新兴事业林立,避难来川者,每视此为世外桃源,以致邮政业务较战前增加。""该局业务繁忙万状,……兹查该局收费邮件,每月平均平信约五万件,挂号约一万件,邮政收入一万余元,开发汇票月五万余元,兑付汇票约六万余元……"可见,其邮政业务发展之盛。

抗战时期,南充的电信事业也有较大发展。南充电报局在开设初期,主要使用莫尔斯机发报,后来机器损坏,才改用电话单机,用电话传递电报。1940年南充电报局共有"电话机3部,5门总机1部"[1]。其主要是办理国际国内电报业务。国内电报分为军政电报、私务电报和新闻电报,以时限分为普通电报和加急电报。南充电报局的私务电报业务发出次数大大多于军政电报业务的发出,南充民间普遍使用电报无疑反映出其电报事业的发达。

抗日战争爆发后,南充中小学教育事业也在物力、财力极端困难下也得到较快的发展。

抗战前,南充的小学教育比较落后。1937年,"南充有小学2483所,学生133382人,加上382所短期小学、21553名学生,共有小学2865所,学生154935人,学龄儿童入学率约30%"[2]。抗日战争爆发后,南充民众在爱国思想的激励下,节衣缩食,踊跃送子女入校学习,大力地支持了地方教育事业,使小学教育有了较大发展。1939年,政府开始实施国民教育,要求在5年内普及小学4年义务教育,并规定每乡要有1所中心国民学校,每保要有1所保国民学校。此外,南充还创办了一批私立小学,这更加方便了学生入学。地方人士对教育的热忱,确为抗战时期南充小学教育发展的一个重要因素。1945年据统计,"南充有保国民学校3580所,中心国民学校270所,私立初小106所,私立完小12所,共有小学3968所,学生264545人,学龄儿童入学率在50%以上"[3]。另有一大批私塾,学生将近万余。在抗战期间,南充的"地

---

[1] 南充市政协文史资料工作委员会:《南充市文史资料》,第8辑,南充日报印刷厂,1993年,第111页。

[2] 南充市政协文史资料工作委员会:《南充市文史资料》,第8辑,南充日报印刷厂,1993年,第111页。

[3] 南充市政协文史资料工作委员会:《南充市文史资料》,第3辑,南充教育学院印刷厂,1995年,第92页。

方教育以西充为最可观,该县教育经费仅五万余元,而学校则有500所之多,私塾也有202所。西充地处北川,以蚕丝著称,该县地方人士多热心教育,全县学校已超过一保一校"①。

抗战时期,南充的中学教育也有较大发展。抗战前仅有中学7所,其中,省立中学1所,县立初中3所,县立女子初中2所,私立初中1所②。抗战爆发后,中学迅速得到发展,到1945年,已有中学29所,为抗战前的4倍。其中,"国立中学1所,省立中学2所,县立初中7所,县立女子初中4所,私立中学15所"③。

抗战时期,南充无论人力,还是物力、财力都很困难,但是正是在十分困难的条件下,南充的学校教育得到较大发展,主要是由于政府和地方人士深深认识到办学培植人才是对抗战的有力支持,所以除了政府加大办学力度外,各界人士更是踊跃捐输大力办学,私立中学的数量超过了国立、省立和县立中学的数量就是一个重要例证。另外,抗日战争时期东中部大批沦陷区的高等学校迁川,也为南充中学毕业生升学提供了条件,又促使了南充中等教育事业的发展,激起了办学者和就学者两方面的积极性,故南充的中等教育事业也得到了很大的发展。抗战时期,南充中小学教育在内容上亦有改进,各科教学及整个教育工作都以适应抗日战争的需要为原则,特别注意唤起民族意识,激发抗战精神,培养抗战自卫等各方面的应用知识技能。如在小学增设了"战时常识"课,高中男生普遍进行军事训练,女生学习"军事看护",一律实行军事管理。初中生也在寒假进行了战时军事训练。语文课上多选读古今民族英雄爱国志士之言行、传记与激发爱国热情的诗歌、故事和重要时事文章等;同时还要求学生研究宣传讲演之技术与方法,以利于抗日宣传;作文题目亦常采用有关抗战救国的材料。自然课的部分教师,能联系基础理论,讲授一些军用理化知识和防毒器具的构造等。音乐课主要教唱抗日救亡歌曲,如《义勇军进行曲》、《救亡进行曲》、《游击队歌》等。各校都组织师生大力开展抗日救亡的宣传活动,唤起民众,坚持抗战到底。中学还组织宣传

---

① 南充市政协文史资料工作委员会:《南充市文史资料》,第3辑,南充教育学院印刷厂,1995年,第92页。
② 《四川教育年报》,1945年。
③ 南充市政协文史资料工作委员会:《南充市文史资料》,第3辑,南充教育学院印刷厂,1995年,第92页。

队到各乡巡回宣传,并劝募寒衣,支援前线抗日士兵。爱国教育大大激发了学生的爱国热情,抗战时期,省立南充中学高九班柏茂昭、孙祖吉两位同学,投笔从戎,请缨杀敌,深受群众称颂,在社会上起到了好的影响;抗战后期,又有一些中学生参加了青年军。虽然他们的行动所取得的成果甚微,但确为南充的中小学生树立了榜样,也反映了南充教学的深入发展。

但战争对南充城市造成一定的破坏,主要是日军的轰炸,南充城先后遭到两次严重的轰炸。1940年5月18日,日机首次轰炸南充,从龙王井到茧市街,从大南门到川主街,霎时间民房俱毁,血流成河,伏尸遍街①。1940年9月3日,日军再次出动飞机轰炸南充由北向南分三路向城区投弹288枚,硝烟弥漫,楼塌墙崩,血肉横飞,全城一片火海。此次轰炸共伤251人,亡453人,损毁房屋400幢②。除此以外,南充及附近各城市也都遭到多次轰炸,城市和人民遭到不同程度的损失和伤亡。

第七节 战时川西南城市发展与变迁

一、战时雅安的城市发展变迁

雅安,位于四川盆地西缘,邛崃山东麓,青衣江岸畔,其境西连甘孜,东邻成都,南接凉山,北接阿坝,是四川盆地与青藏高原的接合地带,汉藏文化交会处,故素有"川西咽喉","西藏门户","民族走廊"之称。

雅安历史悠久,是世界茶文化的发源地,也是中国南路边茶茶马古道的起始地,茶叶是历代中央政府与藏、羌等少数民族进行茶马贸易的专用商品,雅安及附近各县的茶叶通过茶马古道输入藏区,雅安成为边茶交易的重要市场,城市亦因茶叶贸易而获得了发展。但雅安因为地处偏僻,发展相对缓慢。抗战时期,雅安出现新发展,一个重要的契机就是西康省的建立。

民国建立以后,西藏与四川之间在西康地区多次发生地区冲突。1934年2月,国民党中央为了解决西康问题,决议成立西康建省委员会,以加快西康建省事宜。同年12月,国民党中央任命刘文辉、诺那、刘家驹、张铮、冷融、段

---

① 《南充抗战往事》,《南充晚报》,2012年7月8日,A03版。
② 《南充抗战往事》,《南充晚报》,2012年7月8日,A03版。

班级、向传义等7人为委员,以刘文辉为委员长。1935年7月,西康建省委员会在雅安正式成立。西康筹备建省。抗日战争爆发后,为了加强对西康地区的管辖,1938年1月25日,国民政府行政院第347次会议决议,改组西康建省委员会。1939年1月1日,西康省政府正式成立,省会设在康定,但由于雅安位于盆地边缘,有着交通区位优势,因而西康省的建设重点仍然放在雅安。

西康省建省后,雅安的建设和管理得到了加强。1942年西康省在雅安成立市政整理处,对雅安城区进行规划建设,在东门城外文庙坝开辟新市区,新增抗建路(今英模路)、文辉路(今人民路)、新康路、苍坪路、新生路、交通巷,6条街总长2530米。1943年雅安市政整理处拆除雅安东城门洞,平整城墙基地,辟建新街5条。1944年建成青衣江铁索桥(即文辉桥),从新桥至铁索桥头,自然形成一街,俗称新马路,命名自公路(今华兴街)。青衣江北岸铁索桥头,沿川康公路侧,陆续有棚户、茅屋开茶馆、饭馆、商铺,东面延伸过陇西河形成3条小街。城市规模不断扩大,到1945年雅安街巷增至44条,总长14167米,城区占地面积由0.7平方公里扩大到1平方公里[①]。为了加强对城市街道的卫生管理,市政整理处对城市居民征收清洁捐,并将城厢分4个保段,派军警督促各街道居民清除城内长期堆积的垃圾,动员居民清除障碍物,平整道路、维修水沟,并将所有马厩迁出城外。另设垃圾箱16个,安放于主要街道。经过建设,雅安城区街道焕然一新。

抗日战争时期,雅安城市的发展还得利于交通条件的改善。抗战开始后,国民政府为打通大后方军事运输线,衔接滇缅公路,先后赶修乐(山)西(昌)公路、康滇公路(雅安至昆明)和续修川康公路雅康段。川康公路成雅段是民国时期西康省的第一条公路,全长131公里,始修于1912年,1932年建成。1938年,在国民政府的统一规划下,川康公路(自成都至康定)重新修筑,该公路全长374公里,公路分5段施工,逐步推进,1940年10月10日川康公路正式建成通车。川康公路通车后,开始出现了汽车,每辆可载1.5—1.75吨。1941年,国民政府交通部发给雅安汽车10辆,负担货运。随后私营汽车逐渐发展起来,至1949年,雅安共有公、私汽车50余辆参加长短途运

[①] 四川省雅安市志编纂委员会:《雅安市志》,四川人民出版社,1996年,第67页。

输①。康滇公路也在此一时期相继建设。川康公路和康滇公路加强了雅安与四川省会成都和西康省会康定以及与云南的联系,促进了雅安经济的发展和社会的变迁。

抗战时期,雅安的通信事业也有较大发展。抗战前,雅安开始用莫尔斯电报机与成都通电报,并安设了雅安至新津、夹江等地的长途电话线路。1937年,建成从成都经新津至雅安3.2公厘铜话线路1对。1940年,增加雅安至康定3.2公厘铜话线各1对。1941年,雅安电报局又安装了手摇发电15瓦无线电收发报机1套。次年,雅安成立电话管理所,管理4条线路:雅安至上里;雅安至大兴、草坝;雅安至孔坪、李坝;雅安至对岩、紫石,4条线共长6459杆程②。

抗日战争时期,沿海、内地一些工商业者到雅安,开办民用服装、鞋帽业。1939年1月西康建省后,在政府大力的推动下,雅安先后创办了小型水电厂、机械厂、毛织厂、炼铁厂、铁器厂、皮革厂、造纸厂、酒精厂、化工厂(仅产肥皂)、制茶厂等工业企业,其中以电力、冶金等企业的发展较为突出。

民国成立后,雅安县政府设实业所,后改称实业局、建设局,1941年改设建设科,主管工业。从实业局到建设科,都曾对雅安的矿产资源、竹木资源进行勘测,并推动雅安工矿业的发展。1939年西康省建设厅在雅安设立管理铁矿开采和冶铁铸件的西康铁矿工业管理处,采取"设定矿权,出售爱国公铁支援抗战,核本定价,炼铁铸件报批"等措施,企图垄断西康铁利,遭到政府其他部门和私营铁厂的反对。翌年,铁矿工业管理处撤销。由于西康省军政官员直接插手经营工业,雅安县政府建设科在行业管理中逐渐失去作用,仅由民间行业公会自定行规,自我约束。

1941年,西康省建设厅在雅安县城建火力发电厂,以一台木炭瓦斯发生炉和两台15马力的汽车内燃机带动12千瓦直流发电机发电,但仅供西康省干部训练团照明,后因成本高、利润小而停产。同年,西康省建设厅康裕公司协康水电工程处雅安办事处成立,筹办雅安水电厂,从印度购回反击式卧轴水轮机一台,62.5千伏水轮发电机一台、输电线4500米,在雅安太平场(今陇

---

① 四川省雅安市志编纂委员会:《雅安市志》,四川人民出版社,1996年,第377页。
② 四川省雅安市志编纂委员会:《雅安市志》,四川人民出版社,1996年,第282页。

西乡）建电站，装机容量50千瓦。1943年4月建成投产。

抗战初期，雅安的铁器生产还很落后，工厂规模较小，以土法冶炼生铁，生产土铁、土钢，铸造铁锅、打制小型铁制农具和民用铁器。为了推进雅安工业的发展，在政府与民间的共同努力下，官私合股的西康铁业公司于1940年成立，该公司下设康裕公司（有10家私营铁厂）、康治公司（有5家私营铁厂），资产股金共200万元（法币），新筹官私股200万元，共400万元。由24军副官长陈耀伦任总经理，雅属财政处处长徐健任协理，王怀壁任经理。公司成立当年，即外销毛铁650吨，土钢150吨。1941—1942年，公司铸造民用铁器铁锅2500担（45公斤为一担）、价值50万元，毛铁100担（每担60公斤）、价值12万元，下属各铁厂销售毛铁、铁锅价值100万元[1]。

1940年，西康省建设厅在雅安开办省立西康铁业公司，该公司有简易车、刨、钻、铣床和翻砂等设备，主要生产小五金产品，以满足西康省各属居民对生活用品的需求。1940年，西康省公路局建立雅安汽车修理厂，承担汽车大修和保养任务。

抗战时期，雅安的化工工业也有一定的发展。1939年，西康省政府建设厅出资并吸收私股15万元，开办化工材料厂。次年该厂试制纯碱成功，年产肥皂1800箱，后因利微停产。同年7月，建设厅筹资80万元，开办酒精厂，月产酒精千余加仑，后增至2000加仑，但因技术未过关，酒精质量低劣，市场销路受限，不得不于1944年停产。

雅安及周边地区牛、猪、羊皮资源丰富，家庭手工鞣皮作坊较多。1939年，西康省建设厅在雅安筹建西康省皮革厂，次年建成投产，有职工46人，其中有职员和技术人员13人，主要生产皮鞋面革、底革、衣服革等。当年，生产各类皮革1286张。1941年购置简单机械设备，制成25种产品销售康川各县。1942年西康省建设厅将西康省制革厂作为官股，与商办康定毛织总厂雅安分厂、成都分厂合并，组成官商合办西康毛革特种股份有限公司，当年即取得较佳的生产效益。抗战后期，由于通货膨胀，公司下属4个厂倒闭3个，被迫于1945年解散。抗战时期雅安商人所建私营精益皮鞋厂业绩颇佳。抗战时期，由于迁雅人员增多，服务业也有较大发展，如1942年雅安的缝纫店有

---

[1] 四川省雅安市志编纂委员会：《雅安市志》，四川人民出版社，1996年，第314页。

44户,有缝纫机50台。

雅安有着丰富的竹木资源,是造纸的上好原料,民国前期,雅安造纸业停留在落后的土法制纸水平上,有槽户60家,主要生产青张纸、土连纸、草纸,年产1000多万张,而机制纸则需要从成都供应。1938年,西康省建设厅在上里乡五家口建雅安造纸厂,次年投产,有职工50多人,生产改良手工新闻纸和南路边茶包装纸,月产17万张,年供成都《新新新闻》日报用纸66万张。1941年西康省建设厅投资11万元,增添机器设备,使造纸厂的年产值增至77万元,年盈利10余万元。

雅安是边茶生产贸易的重要城市,有着悠久的传统。1937年,雅安全县茶叶产量为100万公斤,每担(50公斤)时价法币42.5元,总价85万元。其时边茶贸易十分兴盛,茶业店号有恒泰、义兴、聚诚、孚和、永昌、天兴、严义亨、永兴、顺昌、义丰盛、永合、新盛荣、永义等13家,资本额9.8万元[①]。西康建省,为了推动边茶生产和销售,于1939年联合雅安、荥经、天全、名山、邛崃五县茶商与西康建省委员会联股成立康藏茶业股份有限公司,股本金100万元。康藏公司在茶叶增产和质量改进,提升茶叶品质方面作了不少工作,信誉逐渐提高。1940年,西康省政府对茶类改征统税,取代原来的边茶"引岸"制,"陕帮"、"川帮"相继涌入边茶贸易,其时在雅安经营边茶的有官商、军商3家,私营茶商17家。

抗日战争开始后,对盐实行"统运统销",雅安县认销盐额共28引,每引4417公斤。后由康雅盐务支局接管对邻县批发业务,雅安县盐商不得自由贩销外地,盐商营盐统由盐局配销,由于获利不如自由运销,不少盐商转营其他商品。1942年,县盐业公会有会员54户,资本额41万元,其中资本多者为雅安运商分处,有10万元,普庆、康记、安义均为5万元,多数均为0.15万—0.2万元[②]。

抗战时期,由于边贸的发展,雅安的运输业、驮运马栈业也有较大发展,其他商业贸易也随之而增加,并成立了雅安商会,所属工商业计有33个行业,会员999户(未入会的小摊户不包括在内)。商会的任务是传达当局政

[①] 四川省雅安市志编纂委员会:《雅安市志》,四川人民出版社,1996年,第290页。
[②] 四川省雅安市志编纂委员会:《雅安市志》,四川人民出版社,1996年,第326页。

策、法令,监督行业按期完成税收任务,管理市场物价和场地调整,调解商民之间的业务纠纷,维护商人的正当权利,承办主管官署的委办事宜,办理商业登记事项等。

抗战时期,雅安的金融合作事业也有一定的发展。1936年,中国农民银行拨出2万元(法币),交四川省农村合作事业委员会派人组织雅安县农村合作预备社,发放急赈贷款。次年,建立县农村合作事业指导员办事处。1940年改为县合作事业指导室。西康省建立后,曾举办过两期"合作人员训练班",培训117名合作事业骨干。1943年,相继建立了河北、对岩、孝廉3个乡级、37个保级信用合作社,五家口造纸厂和县直属税局2个消费合作社,1个运输社,1个文庙坝劳动运输合作社,1个青江农产副业生产合作社和县直属税局职工消费合作社,共有社员4261人,共入21793股,股金总额149640元。另筹建采铁、造纸、织布、缝纫和砖瓦等14所工业手工业生产合作社[①]。合作社的经营方针是"自有、自营、自享",乡、保信用合作社主要发放农、茶业贷款。但由于不少合作社为土豪劣绅把持垄断,一般农民得不到实惠,放出的贷款长期收不回,缺资金周转,于解放前夕解体。

雅安教育在抗战时期也有一定程度的发展。雅安从1935年实施短期小学义务教育,兴办一年制、二年制的短期义务小学。次年设短期小学47所,58个班,学生3026人,教师77人;完全小学11所,学生1618人,教员78人。1939年,西康建省后,雅安县在校小学生7537人。同年西康省规定除教会兴办的小学外,各级小学校一律以驻地名命名,原来所建宁雅邛联立中学校改名为西康省立雅安中学,办学经费由西康省政府划拨。同时调整班次,充实学额,共设置17个班。初中男、女各6个班,高中5个班,学生638人。1941年,雅安县政府鉴于求学人数增多,在县文庙建雅安县立初级中学,学制3年,当年招收男女学生226人,分班教学。1944年西康省政府规定:"各乡镇建中心国民小学一所,各保设保国民学校一所。"原有完小改为中心国民学校,初级小学、短期义务小学均改名国民学校。当年雅安县有中心国民学校13所,城厢的县立西城小学改为西康省立小学,明伦小学改为城厢示范中心小学。同年,建立西康省立雅安女子中学,校址在县前街府文庙内,招收高、

---

① 四川省雅安市志编纂委员会:《雅安市志》,四川人民出版社,1996年,第492页。

初中学生各2个班,学生317人。1945年末,雅安全县共有各类小学校150余所,在校学生8000余人;共有公、私立普通中学4所36个班,学生近1400人,为民国时期在校学生人数最多年度①。

抗战时期,雅安在文化事业方面也有一定的发展变化。1937年雅安青年会在县城内建立四川省雅安县立民众教育馆,次年12月改名为西康省雅安县立民众教育馆。1939年西康省立民众教育馆在县立民众教育馆址建立。1940年,县立民众教育馆搬迁至草坝乡。省、县立馆内设有图书、报刊阅览、书画展览、新闻图片、风物照片等展出。

1939年,西康建省后,雅安逐渐出现一些报纸和通讯社,先后开办的报刊有《涤报》、《建康日报》等。抗战期间,在抗日救亡活动推动下,新旧艺人和知识青年结合起来相继成立了青年励行国(京)剧社、建康剧艺社、雅安青年剧社、西陲剧社等文艺团体,除演出传统戏剧外,还演出话剧《结婚进行时》、《天网》、《野玫瑰》、《塞上风云》、《日出》等②。

抗战时期,雅安虽然有一定的发展,但是在战时条件下,雅安的发展也受到种种制约。例如,鸦片问题自近代以来一直是困扰雅安发展的一大社会问题。雅安位于川藏门户,地理条件复杂,社会环境更是多变,鸦片种植长期屡禁不止。西康建省后,国民政府和西康省当局虽三令五申要求禁绝烟毒,设置了西康省禁烟督理处,多次由驻军和地方政府进行"声势浩大"的铲烟、禁烟运动,但始终没有达到禁绝的目的。同时,烟匪横行,不少有权势的军政要员和地方实力人物也暗地里参与武装运销,从而毒化了雅安的城市发展。另外,抗日战争开始后,货币贬值日甚一日,物价剧涨,从1937年到1943年,雅安县的粮油、肉、蛋禽、副食调料、纺织、百货、糖、烟和燃料9类商品的市场价格平均上涨454倍。国民政府提出以粮、盐两类物资为中心平抑一般物价,进行物价管制。雅安成立由县长兼任主席的限价委员会,并就管制物价和限价办法制定7条具体规定,召集各业同业公会协商议定出各种主要商品的售价共同执行,但仅维持一个多月,各种货价均突破所定的价格继续上涨,一直到抗战胜利,物价上涨都成为一个严重影响民众生活和社会经济发展的重要

---

① 四川省雅安市志编纂委员会:《雅安市志》,四川人民出版社,1996年,第682页。
② 四川省雅安市志编纂委员会:《雅安市志》,四川人民出版社,1996年,第719页。

因素。

二、战时康定的城市发展

康定是连接川、藏、滇、青等地的重要交通枢纽城市,是内卫四川,外援西藏的军事要地。清末边事频发,为巩固边防,清廷筹议边藏分建两省,筹备将其改土归流。光绪三十二年(1906年)秋,设西康为特设川滇边务大臣驻地,以赵尔丰任其事,着手改土归流计划。光绪三十四年(1908年),改赵尔丰为驻藏大臣兼边务大臣,设安康道,改打箭炉为康定府,康定名称自此始。

1934年,国民政府为了加强对西康地区的管辖,巩固开发边区,决议成立西康建省委员会,以雅安为办公地址,并在康定设置西康行政督察专员公署。1936年,西康建省委员会迁至康定。抗战爆发后,西南大后方的地位变得越来越重要。鉴于康区的特殊地位,国民政府决定加快西康省的建设。1939年,西康省政府正式成立,以康定为省会。西康省的成立,一方面强化了中央政府对西康地区的管辖,提高了康定城市的政治行政地位;另一方面因城市政治行政地位的提升而聚集推动城市发展所需的各种资源,促进了康定在抗战时期的快速发展。康定因此成为西康省的政治、经济、文化中心,时人称之为"小成都"。抗战时期,康定城市的发展主要表现为以下几方面。

一是城市人口规模的扩大。清末,康定只是一个规模较小城市,城市人口仅有五六千人,城市空间规模也不大。民国前期,康定城市人口逐渐增加,但增加得较慢。1933年,康定城区有人口万余[1]。当国民政府决定筹建西康省以后,康定城市人口出现较快的增长,特别是1936年西康建省委员会迁至康定后,大批党、政、军机关在康定设立,由此带动大批内地人口迁居康定。随着康定建设的加快和与内地联系的加强,从内地涌入康定的人口不断增加,城市人口规模迅速扩大。据康定县政府人口报表统计,1936年,康定全县共有5320户,20669人。1939年,西康省建立,康定成为西康省会,康定全县人口增至24182人[2]。到1944年全县人口增至35150人,净增16868人,直至1946年人口仍在增长,达36797人。这些增加的人口主要是从内地迁至康定

---

[1] 李亦人:《西康综览》,正中书局,1947年,第25页。
[2] 柯象峰:《西康纪行》,《边政公论》,1942年,第1卷,第9—10期。

城市的公教人员和工商业从业者,并未包括军人在内。抗战结束后,部分定居康定的公教人员内流,至1948年康定人口仅有28310人,净减8487人[1]。抗战时期大批高素质的内地人口迁入康定城市,促进该地区的城市化发展,这与和平时期科学文化水平较低的农村人口大量迁入城市推动城市化发展不同,后者仅能满足城市经济发展对体力劳动者的需求,而前者则能直接推动城市经济腾飞。康定正是在大规模的内地人口迁入的背景下得到较快发展的。

二是城市建设的加强,城市空间规模的扩大。康定城即建于清中期的打箭炉厅城,位于甘孜东部的高山环抱之中,两山夹峙,一河穿城而流。西康建省前,康定城区空间规模较小,街道狭窄,街市主要分布在折多河两岸,除主要街道南大街、风窝街、中桥街、明正街、上桥西街、老陕街、兴隆街、诸葛街为石板路面外,祥云街、紫气街、上下营盘街等则是自然土路面,各主要街道宽仅3米许。时人描述抗战初期的康定城市面貌时写道:"康定的街市还是若干年前遗留下来的,因多风的关系,房屋建筑得很矮,用鹅卵石嵌成窄狭的市街,粪秽满地狼藉。有些小巷简直是一所大公厕。"[2]康定"房宇鄙陋,街巷仅陕西街路面石板,屋尚整齐,余皆土道难行,更多杂草乱石,以及牲畜遗粪,污秽不堪,斯时商货往来,驼载直入城市,故无清洁之可言"[3]。西康建省委员会迁至康定后,开始对康定城区进行改造。1939年,康定成立市政管理委员会,兴建东郊新市区街道两条,并加宽路面,将城区石板路改为三合土路面,改土桥为可通行车辆的木桁公路桥,城镇建房结构也由单一的穿斗木结构向砖木、石木结构转变。随着康定人口的增加和社会经济的发展,城区的扩建成为必然。从1939年冬开始,在康定东门外乱石河滩平整土地,修建新市区,城区范围进一步扩大。至1942年,共建成文辉路、永晖路和少扬路等三条新街道,总称新市区。文辉路,又称新市前街,全长510米,街面宽9米,两旁共建木结构宽4米深8米一楼一底的街房104间。永晖路,又称新市后街,与东关外紫气街连接,延长108米,街面宽7米,南边是文辉路街房的后面,可前后开门,不另建街房。北面与紫气街房连接,仅能建与文辉路尺寸相同的

---

[1] 数据来源:四川省康定县志编纂委员会:《康定县志》,四川辞书出版社,1995年,第73页。
[2] 李致刚:《康定琐记》,《旅行杂志》,1943年,第17卷,第一期。
[3] 洪思汤:《康定之回顾》,《新西康月刊》,1938年,第1期,第32页。

街房 14 间。少扬路，街长 60 米，宽 7 米，街口两边，建尺寸相同的楼房 18 间。市政委员会还新建街房共 136 幢，标价售与市民[1]。

为了改造旧城区，市政管理委员会规定原城区各主街两侧的居民和商铺锯退铺面，加宽街道，一般从 3 米扩建至 6 米，改石板路面为三合土路面[2]。由于折多河从康定城区穿城而过，因而建有多座桥梁，城区从南到北有将军桥、上桥、中桥、下桥，架于折多河上，北郊有通天桥，东郊有大藏桥，南郊有公主桥。除公主桥为石拱桥外，其他均为木桥，安全性不高，易出事故。故而西康建省后，先后将康定城区 4 桥与通天桥改建为普通木桁架桥，其中上桥、中桥为限载 10 吨的公路桥。

西康未建省前，康定城区无环卫设施。西康建省后，省会警察局负责管理城区环卫，设清道夫 4 名，沿街收运垃圾。建公厕 3 处，禁止随地大小便。

三是交通、通讯事业的发展。西康交通以康定为中心，由康定至西康内地，或赴西藏者，视为出关；由西康腹地，或由西藏来康定，视为入关。出关之路除去赴九龙、丹巴两条小路外，分为南北两条。南路由康定出南门，越折多山，过雅江，循理化、巴安、宁静、察安至昌都而至西藏，为前清入藏之官道。北路亦出康定南门，越折多山后，分路至遂孚，经甘孜、德格抵达昌都进入西藏，为经商之捷径。康定东区交通，即由康定至四川雅安，有三条线路：一为由泸定化林坪，踰飞越岭，经汉源，越大相分岭，经荥经至雅安；一为由泸定、浦麦地，经新庙场、水河场，出荥经至雅安；一为由泸定越马鞍山，经天全，至雅安[3]。

抗战时期为加强西康与内地大后方的联系和物资、人口的流通，国民政府格外重视加强对西康省的交通建设，特别是"从速整治康印、藏印两条国际通路"成为重中之重[4]。康定作为连接四川、西藏以及青海的重要交通枢纽，在此期间，交通与通讯事业得到极大的发展，主要有川康公路、康青公路的建设。

1935 年四川省设立成川康马路局，负责修筑成都至邛崃、邛崃至雅安的

---

[1] 冯有志：《西康史拾遗续集》，《甘孜文史资料》，第 18 辑，1989 年，第 115 页。
[2] 四川省康定县志编纂委员会：《康定县志》，四川辞书出版社，1995 年，第 288 页。
[3] 杨仲华：《西康纪要》，商务印书馆，1937 年，第 112 页。
[4] 蒋俊章：《康藏交通与抗战建国》，《边政公论》，第 1 卷，第 5—6 期合刊，1942 年 1 月 10 日，第 39—47 页。

两段公路。1928年,24军为了加强对西康地区的管辖,开始修筑荥经至泸定大路。1935年蒋介石行营参谋团入川,出于军事需要和加强对西康的控制,要求加快川康公路建设。1939年,成都行辕公路监理处专门成立川康公路工程处,由国民政府拨款,筹建雅安至康定公路。1940年10月15日川康公路康雅段试行通车。1943年元旦,川康公路正式通车,这既是一条从中国内地进入西藏的主要交通线路,又是连接西北地区远通苏联的国际通道[①]。川康公路通车后,康裕公司协康水力发电厂工程处购得8辆道奇牌卡车运送电厂全部器材。其后相继有多家运输公司开设,汽车和马车同时奔驰在这些公路上,从而使康定与内地,西藏与内地的经济、社会、文化联系进一步加强,有力地促进了康定城市的建设与发展。

继川康公路建成后,国民政府决定以康定为中心将公路向北延伸至青海,修建康青公路。1941年,康青公路工程处在康定成立。康青公路分康营公路和营甘公路两段。康营公路,系自康定至营官寨民航机场之公路,于1941年11月开工,1942年10月修通。营甘公路,系营官寨至甘孜之公路,于1943年5月开工,是年11月修通,由此康青公路全线竣工接通,并于次年元旦试行通车。

抗日战争时期,川康公路和康青公路的修筑,一方面促进了战时西康地区的经济建设、生产,支援了前方的抗战;另一方面为后来康定交通运输业的发展奠定了基础。这对加强川藏间的联系和进行边疆建设具有重大意义,特别是川康公路由于其重大的经济作用成为"国内联络公路之最重要者之一"[②]。

川康公路修筑后,对康定与内地间的联系起到了重要的作用,但道路崎岖,车行缓慢,仍然不能满足需要,为此,国民政府决定开辟西康航运。1940年,中国欧亚航空公司在西康修建营官寨飞机场,筹备开办成都、雅安、康定之间的民航业务。次年,机场建成,由空军接管,重加修整。1942年初,成立空军第22站,作军用机场启用。该机场属小型机场,长2000米,宽150米[③]。

抗战前,西康无邮政管理局,康定局隶属西川邮政管理局。西康建省后,

[①] 刘世茂:《抗日战争时期的四川交通》,《四川师范大学学报》,2001年5月。
[②] 国民政府交通部档案:《抗战以来的交通概况》,第148页。
[③] 四川省康定县志编纂委员会:《康定县志》,四川辞书出版社,1995年,第245页。

康定邮局定为一等局,隶属四川邮政管理局,城区邮政业务全面开展,计有邮件、汇兑、报刊发行、邮路 4 大类。但由于交通和政治等因素,向关外传递公文、信函、包裹,时有受阻,邮班亦不正常。同时,康定城区始设了西康省电报局和电话管理处等机构,国民政府交通部也在康定筹建交通部康定无线电台,并于 1940 年建成。

四是工商业的发展。抗战时期随着西康建省,中央政府和西康政府加大了对康定的建设与投资,大批高素质人才的涌入,为康定工商业的发展注入了新的活力,康定的工商业及服务业均得到显著发展。

电力工业的发展。1931 年康定绅商集资成立美明电灯公司,选城南白土坎折多河畔修建一座引水式发电厂,于次年发电,供部分商民照明用电,此为康定人民用电之始。1938 年确定西康建省后,康定城内的机关骤增,商旅日繁,白土坎电厂设备陈旧,效率极低,线路零乱,故障不断,离厂稍远一点,电压极低,电灯变得有名无实,公私皆感不便。1939 年,西康正式建省后,西康省政府决定集中力量创办一座水力发电厂,作为经济建设的先行,遂将 4 个独立经营、自负盈亏的企业——美明电灯公司、启康印刷厂、裕边实业公司、新康合作社合并组成康裕公司,聘请王志超为总工程师兼工程处长,林得文、王东讲等为工程师,成立协康水力发电厂工程处。经过勘察选定大升航为厂址,筹建装机容量为 500 千瓦,有效水头 100 米的高水头电厂。所有机器材料均从外国购回,辗转数年始运回康定。1943 年电站动工兴建,1944 年 12 月建成发电,正式定名为康定水力发电厂。但在枯水期间,因溪流甚小而供电不稳。直到 1947 年底,第二期工程自大风湾引康定河水后,发电才得以正常。由于康定地处高寒,长期靠砍伐树木作为燃料,城区周围山头已经光秃一片,人民生活所需薪炭日趋匮乏。1946 年开始推行电炉烧水、煮饭、取暖,康定水力发电厂机组很快达到满负荷运行。

毛纺业的发展。牛羊毛是康定农牧区主要产品。康定羊毛产量大,又有青海羊毛运康销售。1938 年 3 月相关部门筹建毛织厂,用手工机作推广示范。次年 3 月,西康省政府在"开发边疆"名义下,在康定南郊创设西康省立毛织厂,建厂房数间,在川内购进木制机械数台,在成都、康定招雇实习生和工人,同年 10 月底投入生产。1940 年 10 月,西康省政府在康定开办西康省立洗毛厂,厂址设于南郊毛织厂侧。毛织厂建立初,弹织羊毛被絮,以急军需，后扩大产品，制呢绒、军毯、坐垫、地毯、毛线，行销川康两省，也曾为外国订制地毯。洗毛厂利用水力进行洗毛与分级，所洗之羊毛除供应毛织厂外，由西康兴业公司收购，转售给四川省各毛织厂，后因资本短缺而解体。

建筑业的发展。1937年，康定成立裕边实业公司经营木材加工，烧制石灰、砖瓦等建筑材料。后并入康裕公司，但产品类型未变。主要供应西康省政府建筑办公用房所需的砖瓦、石灰，是当时康定砖木结构的上等建筑材料。

采矿业的发展。康定县境矿藏品类繁多，矿产开采历史较短，开发利用较早的是黄金，但开采规模不大，开采方式极为落后。1939年康定金矿局对淘金工进行注册颁证，凭证收取税金，每人每月纳2分5厘黄金。

印刷业的发展。康定的印刷业以印制宗教读物为主，最早是日库寺的雕版印刷。1935年西康建省委员会迁康定后，始购进脚踏石印机、装订机、切书机等，除印刷公文函件外，已能承印小册子和套色印件。并创办了启康印刷厂，承印表册、账页等件。1939年，启康印刷厂在蓉购置大批铅、石印机扩大业务。与此同时，西康省党部成立，自办印刷器材，创西康《国民日报》。同年省府财政厅会办李先春筹办"康裕公司"，将美明电灯公司、启康印刷厂、裕边实业公司、新康合作社合并，公司在启康和建省委员会印刷局原有设备基础上，添置印刷机设备，聘请刊刻、铸字、排版、安装等各种技师、技工，建康裕公司印刷厂，承印藏汉文字各种印件，为康定最大印刷厂。

锅庄业的发展。锅庄是康定特别的商业机构，集商品交易与住宿为一体，锅庄遍及炉城南、北门一带。抗战时期，康定的民族贸易受外货冲击，藏区商人来康定交易的土特产数量减少，英、印货充斥康定市场。销售英、印货最多的是纸烟、呢绒、毛料、手表、牙刷、铝锅、酥油壶等民族用品及盘尼西林等西药。各地藏商到康人数又有所增加，锅庄业一度兴旺，1939年，锅庄总数达54家。1940年，康定锅庄户成立同业工会。1942年，国民政府实行新税制，茶税改由中央征收，藏区商人到康贸易人数减少，土特产、药材逐渐积压，锅庄业大受影响。

康定自清以后，雅安属茶叶贸易总汇，自打箭炉设关至光绪六年（1880年），边茶销售一直稳定在年均10万引上下，计50万包（"引"指茶的销售限额，每引计茶5包，每包16—20斤）。光绪十九年（1893年）英国取得在西藏亚东开埠通商、免税贸易和治外法权后，印茶大量涌入藏区，年销量达21万斤,川康边茶销量锐减。抗战时期大量内地人口涌入康区,边茶销量有所回升。1939年5月"康藏茶业股份有限公司"成立,取得边茶产制销权,康定茶业由其垄断,公司认足原有引额11万张,但实际制销30万包茶上下。抗战后,边茶产量大减,康藏贸易额日渐缩小,边茶每年不及20万包[①]。

抗战时期,康定除了边茶贸易有较大发展外,其他土特产贸易也有较大发展,为了适应大规模进行边贸的需要,西康知名汉藏人士格桑泽仁、邓珠郎杰、夏克刀登、黄正清、邦达多吉、桑都居冕、麻倾翁以及西康省主持财政金融的官员李万华、李先春等筹集资金,于1942年8月在康定成立了康藏贸易公司,并在拉萨和加尔各答分别设立分公司,在西藏—西康商贸沿线设立办事处和运输站。康藏贸易公司主要从事康藏间山货药材、原料制品、日常用品及其他用品的营运与购销,并代理各厂商办理康藏各地制品推广与销售、原料采办与运输及其他委托事宜等[②]。康藏贸易公司还与国民政府经济管理部门合作,从印度经西藏向国内运送不少战略物资和机器设备,不仅推动了康藏贸易的发展,也促进了西藏与祖国内地的经济联系,并在一定程度上削弱了英印对西藏经济的控制,有力地支援了全国的抗战大业。但是,国民政府为满足战时经济的需要,对税制进行调整,或是利用行政力量对某一行业进行垄断,在一定程度上又限制了康定工商业的自由发展。

五是教育科技事业的发展。西康筹备建省之时,康定县政府即加强了发展教育的力度,康定的中等学校,除中央政治学校康定分校直属国民党南京中央政治学校外,其余均归西康行政督察专员公署管理。西康正式建省后,省政府下设教育厅,康定县境内的省立中小学由教育厅直管。康定形成了中央、省、县三级办学,三级管理体制。

1939年,国民政府教育部在全国推行小学义务教育,自上而下命令各级政府成立"强迫教育委员会",规定7至15岁未入学少年儿童,必须接受小学义务教育。康定县根据中央的要求于是年增建小学校19所,同时设立省立东俄洛实验小学,招收初小毕业藏族学生,食宿在校,享受公费待遇[③]。课程开设藏语文、汉语文、算术、常识4科,实行工读结合,其余教学时间,根据学

---

① 四川省康定县志编纂委员会:《康定县志》,四川辞书出版社,1995年,第169页。
② 曹必宏:《抗日战争时期的康藏贸易公司》,《中国藏学》,2009年,第5期。
③ 四川省康定县志编纂委员会:《康定县志》,四川辞书出版社,1995年,第480页。

生年龄、性别、爱好分组组织生产劳动。学校设有纺毛机及农业实验地,劳动项目有纺牛、羊毛线,种植蔬菜,饲养奶牛等。

1938年,省教育厅在康定创办第一所普通中学,高中班每年秋季招生1次,初中班每年春、秋季各招生1次,各班招生30—40人,实行"三三"学制。1943年,西康省教育厅为了加速民族小学师资和初级科技、财会人员培养,在康定陆续开办了省立第一边疆师范学校、省立商业职业学校、省立农业职业学校以及省立医士职业学校。

抗战时期,康定作为西康省会,成为连接内地与西南边区的重要枢纽而得到了快速发展。川康公路、康青公路建成通车,营官寨飞机场建成,多条航线开通,为康定城市的发展创造了条件,商业、工业也在此期间得到较大发展。城区也因人口的增加,经济的发展而扩大,城市建成区也有较大变化,市政设施逐渐完善。然而康定在获得发展的同时,也存在着资源短缺、环境破坏、通货膨胀、社会矛盾尖锐等问题。

三、战时西昌的城市发展

西昌,地处川西高原安宁河平原之上,位于邛海之滨,是川滇接合部的一个重要城市。长期以来,西昌位置偏僻,交通闭塞,其社会生产力发展水平、文化教育等各个层面均较为低下。抗战时期,由于国民政府西迁,西南地区便成为战略大后方,西昌由于其独特的地理环境、丰富的矿产资源受到了国民政府的高度重视,开始从各个方面大力经营建设。因而西昌的政治、经济、文化等各个方面在抗战时期都有了很大的发展。

为了适应抗战形势的需要,1939年1月1日西康省成立,原四川省宁属地区划归西康省,宁属地区包括8县1设治局,即西昌、越巂、会理、冕宁、盐源、盐边、宁南、昭觉等8县和宁东设治局。由于西康内屏川滇,外控西藏,北接青海、甘肃,南通印度、缅甸,因此抗战时期成为我国西南部国防重地。加之西康物产丰富,矿藏极多,故而"西康对于全面抗战之物质供给实负有极大之责任","川康为中国实行抗战最后根据地"。国民政府从坚持抗战的长远利益考虑,投入了大量的人力、物力开发西康,建设西康。西康省分为宁属、雅属和康属,康属地广人稀、天寒地冻,自然条件恶劣;雅属人多地少且与川西平原接近,无战略屏障;而宁属地区处于安宁河谷,气候冬暖夏凉,物产丰富,矿藏极多,特别是处于川滇线上,战略位置十分重要①。在宁属各城之中,若论最重要者,非西昌莫属。因而抗战以后国民政府加强了对西昌的开发与发展。一个重要举措就是增设行政建置,强化宁属的管理。国民政府在西昌先后增设了两个重要的机构,一个是国民政府军事委员会委员长西昌行辕,于1939年2月正式成立,驻清宁远府衙门。西昌行辕最初的编制为4组4室1部和1个特务连,官兵350余人。其后机构、人员均逐步扩编,官兵达千人以上,各组(处)长、政治部主任,由上校升格为少将;科长、室主任、政治大队长均为上校。抗战胜利后西昌行辕于1946年3月撤销。另一个重要机构就是增设西昌警备司令部,1946年12月7日,升格为"西昌警备总司令部"②。此外,还相继设立有国民参政会西昌办事处、交通部西昌公路管理局、军政部西昌第十一补充兵训练处等一系列机构。抗战时期,西昌成为西康省宁属的政治中心,各类军事、城市政治行政地位的提升和行政机构的设置进驻对于抗战时期西昌城市的发展起到了重要的推动作用。其发展主要表现在以下几个方面:

一是城市人口规模的增加和知名度的提高。随着抗战的持续,西昌这座在战前不为一般世人所知的西南边城成为大后方的军政重镇,人口逐渐增多。"昔日被人鄙视为边区之西昌,今日不特变为康省重要县区,且为抗战期中,国家后防重镇。……人口:全县共82联保,288保,3021甲,36757户,男丁114115名,女口113250名,壮丁30771名,夷务分黑白两族,黑夷151支,2597户,7731名,白夷13093户,29279名"。③

二是工商业的发展。抗战后,宁属由四川之边区一变而为西康之腹地,国家对西昌的重视程度也由过去的边远荒地变为重点开发的宝地。国民政府军事委员会委员长西昌行辕加强对西昌的开发与建设,对于各项生产事业都积极筹划与创办。西昌行辕所举办生产事业,有造林场、畜牧场、制革厂、制糖厂、酒精厂等,造林场经数年的培植,历年共植树苗约在千万株以上,次第育长成林。"制革厂及制糖厂线亦开工,所原料皆采自当地土产,至酒精厂

---

①陈蓉:《发展与贡献——抗战中的宁属》,《西昌师专学报》,1995年8月15日,第36页。
②凉山彝族自治州地方志编委会编:《凉山彝族自治州志》下,方志出版社,2002年,第955—956页。
③王和:《西昌近影》,《康导月刊》,1939年,第2卷,第2期,第38—41页。

现各种器材已陆续西迁,一俟全部到达后,即可装置出产酒精。"①自抗战以来,海洋多被封锁,工业所需原料药品,输入困难,以往仰给于外国原料的工业,纷纷觉得成本加高,来源缺乏,效益直降。而西昌地区的各种原料十分丰富。"据西昌行辕常专员隆废之调查,由西昌出口之牛羊皮,实不及百万斤。羊皮分生熟两种:每年均产熟皮20万张,生皮10万张,生皮10万斤。熟皮每张约重1斤半。"由此可见西昌的牛羊皮产量十分可观。"宁属每年出口之牛羊皮,均在65至80万斤。而实在产额之估计,当在90至100万斤左右,而不越出110万斤。其运销及市场情形,大致羊皮均运销昆明转香港出口,亦有一部分熟羊皮多作鞋里皮……牛皮则半数运至雅州,入四川;更有一部分包装物件而随之运入康定。"②

西昌、冕宁、德昌、盐边、雷波等县地区盛产木材,随着川滇公路的建设、城市建设的发展,对木材的需求不断加大,木材业也获得了较大的发展③。1940年,西昌新建20多家木材加工厂,加工和经营圆料(柱、檩料)和扁料(板、枋及椽子)。西昌所产杉类,"经久不腐,芳香四溢,所制建板,远销昆明、成都,辄取巨利"④。

此外,资源委员会川康铜业管理处还在西昌境内设立机械工厂,组织矿业公司,以谋求更大发展。1940年11月,西昌船板宁远印刷股份有限公司,引进机器设备,成为区内第一家铅印工厂。资源委员会于1939年设西昌电厂,并设5公里长照明线路,以应当地之需要。同时并由水利发电勘测总队勘测附近水力,以备开发。1941年10月,西昌电厂正式供电。后来因为燃料不足及各种原因,决定开发水力以满足供电需求。

虽然这些官办、民办的企业,规模不大,资金也不雄厚,但却是西昌拥有的第一批近代工厂,并在一定程度上改变了西昌长期存在的只有落后的手工业的面貌,增强了西昌经济发展的后劲。更为重要的是促使西昌开始走向现代工业文明,这是抗战影响下西昌发生的最重要的变化之一。

抗战时期,西昌的对外贸易发展也呈现一片繁荣景象,每年输入的货物

---

① 《西昌行辕兴办宁属生产事业》,《西康经济季刊》,1942年创刊号,第217—218页。
② 张凯基:《西昌制革调查报告——烟鞣法》,《新宁远月刊》,1940年创刊号,第31—35页。
③ 谢开明:《西昌木业纪要》,《新宁远月刊》,1941年,第1卷,第6—7期,第23页。
④ 凉山彝族自治州地方志编委会编:《凉山彝族自治州志》下,方志出版社,2002年,第1498页。

价值数百万,"入口货以棉纱正头为大宗,年值294万元,他若贡烟、纸烟、杂货、茶叶、生丝,亦值一百六十万元;出口货以纺绸为大宗,年值100万元,他如药材以防风、白芷、黄芩、当归、茯苓、知母等,年值180万元,此外牛羊皮、建板、白蜡、虫卵等,年出数量亦颇巨"①。也有资料记载:"夷区贸易情形——夷区每年交易数额,销售者,如棉布约值三千万元,食盐绸绢约值一千万元,糖酒零什物品约值两千万元,输出物产仅牲皮与药材,年约一千五百万元,故其每年贸易总额在七千万元以上"②。

随着工商业的发展,金融业也有一定的发展,1939年9月,中国农民银行西昌支行开业。重庆和成银行也于是年在西昌设立办事处,为境内开办最早的一家私营商业银行。1943年7月重庆和成银行西昌办事处改组为西昌分行。此一时期,邮政储金汇业局昆明分局也在西昌开办分支机构。

抗战后期,国内通货膨胀,也影响到西昌,物价出现飞涨的情况。西昌县政府为了应对物价上涨,采取了限价政策。"抗战以来,物价咸受刺激,而逐渐高涨,尤以第五年为特甚,中枢洞察这种高涨的现象,并非合理的增高,亦非事实上必须的增高而乃是一般商人之操纵,和一般民众心理之恐慌所造成,为纠正此种不合理的心理和行为,于是有限价政策之实施"③,但这种限价政策只能治标而不能治本,因而物价的波动给西昌经济带来了消极影响,也对人民的生活造成了不利影响。

三是交通通讯的发展变化。全面抗战爆发之后,日本帝国主义先后占领了我国华东、华北、华南各地,沿海各省相继沦为敌占区,国际交通线被日军封锁,另开国际线路就成为国家最紧迫的战略任务之一。"为持久抗战及树立国家永久大计,中央及重庆行营,已有另开国际线路的计划。这个计划就是以西康为中心,完成康印、康青、康缅三大干线,连接西北与西南之国际路线。"④1939年8月,国民政府交通部在乐山成立乐西公路工程处,下设8个工务总段负责施工。乐西公路自乐山起,经峨眉、富临、石棉、冕宁,至西昌岗窑止,全长525公里。乐西公路全线共征民、兵、石工10万余人,其中在西

---

① 王和:《西昌近影》,《康导月刊》,1939年,第2卷,第2期,第38—41页。
② 汪竹一:《西昌归来谈》,《抗战与交通》,1942年,第75—78期,第1284—1285页。
③ 杨叔咸:《西昌限政之检讨》,《西康经济季刊》,1943年,第5、6期,第60页。
④《刘自乾先生南巡演讲集》,《康导月报》,第129页。

昌、冕宁、越嶲、会理、盐源5县共征汉族民工3.4万人,彝族民工7000人参加筑路。1941年1月乐西公路全线打通,2月试车,年底正式通车。在修建乐西公路的同时,国民政府也开始修建西祥公路,西祥公路是滇缅公路与乐西公路的连接线,起自西昌,经德昌、会理、永仁、大姚,至祥云县下庄街与滇缅公路相接,全长548公里。1940年10月成立西祥公路工程处,下设12个工务总段负责施工。为了征工修筑西祥公路,西昌、会理、冕宁、越嶲、盐源、盐边、宁南7县共征民工达3.76万人。滇境段工程于1940年12月开工,1941年4月修通。西昌境内的工程于1941年2月开工,同年6月修通,8月从西昌试车,年底正式通车。1942年4月国民政府将先后建成的内乐公路202公里、乐西公路525公里、西祥公路548公里连成一线,定名为川滇西路,在西昌成立川滇西路工务局进行管理养护。川滇公路建成后,成为中国抗战大后方一条重要的国际运输线,同时也对西昌的发展起着重要的推动作用,带动了人流与物流的发展。

抗战爆发前后,以西昌为中心还先后修建了多条公路,其中西武线也甚为重要,该路从西昌经会理、通安、忠武山渡口进入云南,再经禄功至武定、昆明,全程约400公里,为四川通往云南的另一条捷径,商旅往来多从此途[①]。此外,还有宁越大道、越嶲路、西会路、会通路,宁越段长268华里,越嶲段长305里,嶲会段长293华里,会通段长90华里,全长共计956华里[②]。因而可以说西昌境内的现代公路交通是始于抗日战争时期。

西昌的航空交通开始较早,1936年西昌小庙机场即开始启用。1937年抗日战争爆发后,西昌的战略地位日益重要,行政督察专员公署据国民政府指令,扩建小庙机场。机场跑道扩建成为750×50米泥结碎石道面,机场扩建竣工后自重庆派邮政飞机开通航线。1939年西康省成立后,当局为适应军政需要,再次征调西昌县、冕宁县、宁东设治局3地的汉、彝民工万余人,扩大加固小庙机场,机场跑道达到1500×50米,并在机场东南一侧建立几十个"上"形飞机掩体,并在此设立空军11总站第6站。1940年小庙机场扩建工程完竣后,即正式投入抗日军需使用。小庙机场是西康境内唯一的军民两用

[①] 凉山彝族自治州地方志编委会编:《凉山彝族自治州志》下,方志出版社,2002年,第2040—2044页。

[②] 汪竹一:《西昌归来谈》,《抗战与交通》,1942年,第75—78期,第1284—1285页。

机场,开辟了西昌对外航空运输线,成为中印航线上的重要机场,也就是后来著名驼峰航线的中驿站,在抗战最艰苦的岁月里发挥了极重要的作用。1943年,美国空军1300多人进驻西昌小庙机场,开辟了西昌至印度、西昌至重庆、西昌至昆明的军运航线。1944年小庙机场空勤、地勤人员多达五六百人,各型军用飞机起降频繁。抗日战争胜利后,小庙机场始正式开办民航①。

抗战之前,西昌由于交通不便,邮运状况十分落后,一般用骡马。抗战开始后,为了加强西昌的对外联系,沟通与外界的信息交流,发挥战略大后方区域中心城市的应有地位,1940年设立西昌邮局;另外在泸沽、冕宁、德昌、礼州、河西、盐源、盐边、冕山、宁南、沙坝、昭觉、黄水塘、黄连坡、樟木著、锅盖梁、普格场、中所坝等17个点设邮局代办所兼办汇兑,统归西昌邮局管辖。西昌无线电在抗战时期亦有所发展。西昌最早仅有军用无线电台,1937年,成都至西昌载波电路开通。1938年秋,西昌电报局增加无线电话台。1940年开放西昌至成都无线电话,同年设立雷波电台,隶属四川省无线电总台。1941年,西昌电报局在西门坡南华宫设置发讯台,并陆续开通西昌至重庆、昆明、康定等外地电报、电话。同年在西昌安装100门磁石市话总机,主要供军政机关、商贾使用。1942年,西昌有各种电台(包括军、政、商)及电报局达15个。抗日战争结束,大部分驻西昌的军政机关内迁,部分电信设备上交。此后,电信业务逐渐减少,通信线路失修,割截被盗严重②。

四是文化教育的发展。1937年抗战爆发以后,西昌县政府按照省政府的要求加大了发展教育的力度,是年9月,四川省教育厅在西昌设立第一所中等技术学校——农业职业学校。1938年10月,国立西康技艺专科学校在西昌开学。同时,县政府派督学督办各区教委会筹设短期学校,以期全县失学儿童都有受教之所,数月之间成立了短期小学34所,共61班,有学生人数1774名。1940年,对短期小学、简易小学分别执行"一年制和二年制",分三期完成义务教育。1941年分高、中、低三级设置课程,高年级开10科,中年级开9科,低年级开6科。宁属各县推行"国民教育制"后,以中心校辅导保国民学校,普遍采用示范课、公开课等形式,让不同学校师生汇集一堂听优良教

---

① 凉山彝族自治州地方志编委会:《凉山彝族自治州志》下,方志出版社,2002年,第2080页。
② 凉山彝族自治州地方志编委会:《凉山彝族自治州志》下,方志出版社,2002年,第2091页。

师授课,启发式、问答式教学。西康建省后,宁远联中改为西康省立西昌中学,开办高中,成为宁属第一所完中。同时又相继设立几所师范院校和专科院校。"年来西康省政府对于边民教育师资之培植甚为积极。除已在康定设立边疆师范一所外,又决定在西昌设立第二边疆师范一所,以便大量吸收倮族青年,广为造就夷区教师。"①

除了建立学校外,进步人士还油印《抗战周刊》,宣传抗日救亡。1939年2月《建宁报》创办。7月,西昌行辕创办《宁远日报》,并附设宁远通讯社。

随着抗战的推进,川滇公路的修筑,西昌的人口渐渐增多,社会服务也随之而兴盛。1943年,"西昌社会服务处"正式建立。该处"有新式洋楼4幢,作办公室和社会公寓、民众茶园、公共食堂、大众图书馆,奠定了服务工作的基础"②。另外,卫生署还在西昌设立卫生院。所有这些都推动了西昌的城市发展,促进了西昌的社会进步。尽管还有许多不足,与四川腹地城市发展还存在着相当大的差距,但是,经过抗战时期的发展,西昌已逐渐摆脱了闭塞落后的状况,开始向现代城市发展。

---

① 《西昌将设边疆师范》,《边疆服务》,1945年,第8期,第62页。
② 李雪松:《社会服务在西昌》,《社会工作通讯》,1944年,第一卷,第12期,第25页。

第四章 抗战时期云南城市的发展

云南,简称"滇",位于中国西南边陲。抗战时期的云南既是抗日大后方,又是滇缅战区主战场,在炮火中云南城市取得了飞跃式发展。城市规模扩大,城市职能发生变化,层级化城市体系得以形成。城市经济飞速发展,现代化市政管理开始出现,城市社会生活丰富多彩,省会昆明更是一跃成为名噪一时的国际性大都市。这一时期是云南城市史上最值得书写的一段历史。

第一节 战前云南城市的发展

抗战前的云南在历经内乱后城市也有一定发展,具体表现为城市数量增多,城市规模扩大,区域城市联系日趋紧密。推动城市发展的契机主要是滇越铁路的筑通和"新云南"建设的实施。滇越铁路的筑通改变了云南城市发展格局,昆明作为省内经济中心的地位更为巩固,滇越铁路沿线的滇东南区域城市发展迅速,并逐步形成了以个旧、开远、蒙自为核心的城市群,个旧发展尤为迅速。"新云南"建设着重在城市内部实行一系列的整顿和改革,城市经济、社会秩序、市政建设等各个方面均有显著的进步。这为抗战时期城市的飞速发展奠定了基础。

一、云南城市发展的自然地理环境与人文环境

山高谷深、河流众多的地理环境,复杂多样的气候环境造成云南独特的省域特征,云南城市亦因此而呈现出分布东多西少,主要集中在占6%的平坝地区,不同区域城市风貌截然不同的特征。同时,由于地理环境的限制,云南城市社会经济发展一直较为落后。这些城市特征一直延续到抗战时期。

(一)云南城市发展的自然地理环境

云南地处亚欧板块和印度洋板块的碰撞接合部。地壳运动的结果造就了藏滇高原的隆起,也造成山高谷深、河流众多的自然地理环境的重要特征。

云南是一个山区与丘陵纵横交错的省份,山区、半山区占全省总面积的94%,其中海拔3500米以上的高山面积约占总面积的15%,海拔在1000米以上、3500米以下的中山占60%,海拔1000米以下的低山约占8%,平坝面积只占6%。广袤的山地大致可分为滇东高原、滇西高原、滇西南高原和西北横断山脉高山峡谷。从总体上看,以元江谷地和云岭山脉南端的宽谷盆地一线为界,云南分为东西两部。该线以东为滇东、滇中高原,平均海拔为2000米,高原面起伏和缓,主要山脉有乌蒙山、五莲峰、梁王山、拱王山、牛首山、六韶山等。高原的中部比较平坦,边缘经大河切割,成为比较破碎的山地。该线西部为山高谷深、山川并列的高中山山地。滇西横断山,也称横断山脉纵谷区横亘其中,高黎贡山、怒山、云岭等高大而狭长的山脉侧卧于此。横断山脉北段,山高、林密、谷深,海拔一般都在3000—5000米,南段为横断山余脉,主要有云岭余脉哀牢山、无量山、怒山余脉大雪山、邦马山、老别山、高黎贡山的分支和槟榔山等,山地海拔一般为3000米左右。整个云南地貌总特征是西北高东南低并自西北向东南分三大阶梯递降。滇西北梅里雪山的卡格博峰海拔6740米,是全省最高点,山势迤逦而南,倾向东南,渐下渐展,亦渐低下,至河口县海拔仅76.4米。地势相差之大由此可见一斑。滇西北德钦、中甸一带是地势最高的一级梯层,滇中高原为第二梯层,南部、东南和西南部为第三梯层,平均每公里递降6米。在这3个大的转折地势当中,每一梯层内的地形地貌都是十分复杂的,高原面上不仅有丘状高原面、分割高原面,以及大小不等的山间盆地,而且还有巍然耸立的巨大山体和深切的河谷,这种分割层次同从北到南的三级梯层相结合,纵横交织,把本来已经十分复杂的地带性分布规律,变得更加错综复杂。

西北高东南低的地势也决定了云南的河流大都自北向南流。云南全省共有大小河流600多条,其中180多条是入海河流的上游,形成了以独龙江、怒江、澜沧江、金沙江、元江和南盘江六大水系为核心,大大小小的支流犹如脉络相通,似蜘蛛网相连遍及全省的河流体系。独龙江发源于西藏,流入缅甸。金沙江、澜沧江、怒江自西北向南并列而下,形成著名的三江并流景象。金沙江流向四川,至宜宾与岷江汇流,改称长江。澜沧江流向东南,流经东南亚缅甸、老挝、越南、柬埔寨和泰国后注入太平洋,出境后改称湄公河。怒江出境后又称莎尔温江,流经老挝,注入太平洋。元江又称红河,发源于巍山和大理市之间的茅草哨,流入越南,注入太平洋。南盘江发源于曲靖市马雄山,是珠江支流西江的主源,流经广西,最后注入南海。全省大多数河流都具有落差大、水流急、流量多的特点。"然均水多滩急,航行不利,仅元江、金沙江下游一段及滇池、洱海间可通水运。"① 云南解放时,内河通航里程1803公里,其中通机动船里程仅54公里,水上运输的发展受到很大限制,河流流向与物资走向不一致,致使沿河两岸城镇少。山高谷深成了制约云南城市发展的重要因素。

云南还有大小湖泊40多个,是西南地区湖泊最多的省份。湖泊总面积约1100平方公里,多数分布在滇中高原湖盆地区,面积在100平方公里以上的有滇池、洱海、抚仙湖。面积在100平方公里以下的有程海、泸沽湖、异龙湖、大屯海、长桥海等。湖泊周边土壤肥沃,农业生产水平较高,地势较平坦,适宜人居,湖泊周边是云南城镇集中地。其中滇池、洱海湖泊周围是云南历史上人类活动最频繁、经济文化最发达的地区。

城市的发展受制于它生存空间所提供的自然地理环境,"无论对哪一发展阶段的人类文明进行研究,都不能忽视人—地关系的考察"②。云南特殊的地形地貌对城市分布造成了重要影响,具体体现在以下几个方面:

1. 云南地广人稀,城镇主要集中在农业发达的坝区

山高谷深的地形导致云南地广人稀,城镇分布密度不及内陆其他省区。云南虽是我国最大省区之一,面积35万余平方公里,而居民仅有1300万人,各县人口密度,高者如昆明每平方公里尚不到300人,其他各县多在百人以下,低者有少至15至25人,如镇南、广通、腾冲、龙陵、得党等人口密度均在30人以下,地广人稀状况由此可见一斑。

在云南省起伏纵横的高原山地之中,断陷盆地星罗棋布。云南省这些盆

---

① 云南省人民政府财政经济委员会编:《云南经济资料》,第1册,1950年,第1页。
② 冯天瑜、何晓明、周积明著:《中华文化史》,上海人民出版社,2005年,第23页。

地又称"坝子",地势较为平坦,有河流通过,土壤层较厚,宜于农耕,往往是城市密集、交通纵横交错之地。云南全省面积在 1 平方公里以上的坝子共有 1445 个,面积在 100 平方公里以上的坝子有 49 个,云南最大的坝子在云南陆良县,面积为 771.99 平方公里。名列前 10 位的坝子还有:昆明坝(1071.4 平方公里)、洱海坝(601 平方公里)、昭鲁坝(524.76 平方公里)、曲沾坝(435.8 平方公里)、固东坝(432.8 平方公里)、嵩明坝(414.6 平方公里)、平远街坝(406.88 平方公里)、盈江坝(340 平方公里)、蒙自坝(369.1 平方公里)。坝子虽仅占云南总面积的百分之六,但它却占据了云南三分之一的耕地,集中了三分之二的人口。因此坝子是云南城市形成和发展的基础。

云南省主要坝子一览表(100 平方公里以上)

县(市)	坝子名	海拔高程(m)	面积(公里^2)
昭通	昭鲁坝	1907	524.8
曲靖	曲沾坝	1863	435.8
	城方桥坝	1935	100.6
陆良	陆良坝	1834	772
宣威	宣威坝	1961	264.1
通海	通海坝	1794	158.3
蒙自	蒙自坝	1293	369.1
建水	建水坝	1303	206.6
弥勒	弥勒坝	1440	230.5
岘山	平远街坝	1483	406.9
泸西	爵册坝	1836	248.7
丘北	丘北坝	1460	184.8
禄丰	碧城坝	1846	144.5
楚雄	楚雄坝	1773	113.8
南华	南华坝	1857	101.2
姚安	姚安坝	1873	119.4
元谋	元谋坝	1075	125
景谷	景谷街坝	1304	160.7

续表

县(市)	坝子名	海拔高程(m)	面积(公里²)
中甸	中甸坝	3288	162.5
	小中甸坝	3267	128.7
维西	保山坝	1646	173
盈江	盈江坝	785	340
腾冲	界头坝	1555	172
	固东坝	161	432.8
嵩明	嵩明坝	1961	414.6
宜良	宜良坝	1510	152.6
路南	路南坝	1683	111.7
师宗	师宗坝	1890	177.2
	亮龙滩坝	1827	132.7
罗平	罗平坝	1495	147.8
	干得坝	1928	105
昆明	昆明坝	1887	1071.4
玉溪	玉溪坝	1623	147.7
江川	江川坝	1729	286.8
勐海	勐遮坝	1159	229.4
大理	大理坝	1965	601
洱源	洱源坝	2055	141.4
祥云	祥云坝	1965	338.8
宾川	宾川坝	1422	322.2
弥渡	弥渡坝	1679	142.1
巍山	巍山坝	1715	167.7
鹤庆	鹤庆坝	2193	183.8
剑川	马登坝	2418	198.6
丽江	丽江坝	2466	198.6
永胜	期纳坝	1400	143.2
潞西	潞西坝	850	141.1

续表

县(市)	坝子名	海拔高程(m)	面积(公里^2)
陇川	遮放坝	783	103
	陇川坝	934	242.2
瑞丽	瑞丽坝	779	174.8
耿马	耿马坝	1100	115.5

资料来源:《云南省志·国土资源志》(初稿),2007年。

从上表可以得知,云南较大的城市均集中在坝子上。以滇西为例,滇西大理坝子位于横断山脉以东,大理坝子、剑川坝子、鹤庆坝子、弥渡坝子等连在一起,地势相对平缓,水源丰富,土壤肥沃,适于人类生存和城市发展,因此城市较为集中。坝区分布着大理、剑川、鹤庆、巍山、祥云、弥渡、宾川、洱源、漾濞、永平等大小不一的城镇,坝区自古以来都是云南社会经济最为发达的地区。而横断山脉西部的山上则生活着拉祜族、独龙族、怒族、傈僳族、布朗族等少数民族,这些居民散居于大山中,直到1949年仍还保持着最原始的刀耕火种的生活方式,城市的建立更是无从谈起。坝区与山地二元社会的差异一直延续到新中国成立后。

2. 在农业时代,云南受交通制约,各个坝区相对独立,城市间联系并不密切,没有形成大型城市

在1910年滇越铁路通车前,云南内部和通往省外的道路以传统土路为主,道路曲折,交通运输工具则以骡马等畜力为主,因而与外部的联系极为艰难,如从昆明经滇黔驿道前往到贵阳,全程约700公里,车行需20日;从昆明到四川的泸州,全程929公里,需行25日;从昆明到四川的西昌,全程563公里,需行18日;从昆明到西藏巴安,全程1243公里,需行43日;昆明到广西百色,全程1096公里,需行28日;昆明至缅甸八莫的滇西大道,全程1170公里,需行33日;而通往越南、老挝、缅甸的另一条孔道"昆车旱道",全程890公里,需行25日[①]。晚清特科状元袁嘉谷进京赶考,沿途没有任何耽误,也需两月有余。清代,云南由于"道路险远,舟车不通,商贾罕至","市廛未集,百

[①]《云南公路交通史运输篇资料汇编》,第1册,2004年,第16—17页。

货未通",以至于"一粟一丝其价十倍于他省"[①]。民国时期,交通仍然是制约云南城市社会经济发展的一个重要因素。"云南地形艰险,交通梗阻,产销两难,云南经济建设的基础虽甚富厚,而可发展的事业益多,然均须运输便捷,始能开发,否则是绝难求其实现。如顺宁的茶,现虽有中国茶业贸易公司在该处惨淡经营,制成红茶,以实向外国推销,惟因运输不便,故进展甚难,因顺宁茶由顺宁经下关至昆明市场上,运费已大于成本,即或滇缅与滇越之交通未断,若再运之海外,售价过高,绝难与外货竞争。即昆华铁业公司在易门东山开采熔炼之铁,运至昆明成本,铁砂开采费仅占百分之一,燃料占百分之十至十一,熔炼人工费百分之六至七,而运费竟过百分之七十,故运输实为当前最大之问题,即炼铁煮盐等之燃料问题。"[②]

云南城市因为受地理环境的限制,城市主要分布在坝区。坝区和山区二元社会结构也决定了中心城镇所能辐射的程度和范围仅限于坝区,对山区的影响十分有限。高山深谷也将云南割裂为滇东、滇西、滇南等几个相对独立的区域。在这几个区域中心城镇中,昆明和曲靖之间的距离有 178 公里,与永昌距离有 795 公里,与大理间距离有 481 公里,与腾冲距离有 962 公里,与普洱距离有 520 公里,与元江距离有 298 公里。在主要靠马驮人运的传统交通运输条件下,从昆明到曲靖要 5 天,到下关需 13 天,到保山需 21 天,到腾冲要 25 天,到蒙自需 9 天,到思茅要 17 天。受交通不便的影响,这几个区域城镇间联系较少,其联系多仅局限于本区域范围内,并拥有各自的区域中心城市。由于地理环境的限制和交通的落后,云南城市发展具有较大的封闭性。城镇人口少,城市空间规模小,城市化水平低,城市对区域的辐射力和聚集力都相当弱,因而不能形成能够带动区域整体发展的中心城市。

3. 云南城市分布东多西少

如果以云岭东侧和元江为界,把云南分为东西两大部分,其面积大体相当。东部由于开发较早,交通方便,人口密集,经济较发达,而西部的横断山脉纵谷区及其南延部分,由于经济落后,城镇较东部为少,就全省来说,城市和城镇最密集的区域当属滇池周围及滇中地区,滇西北地区则最为稀疏。

[①] 清代雍正年间《云南通志》,卷 29,《艺文》,第 4 页。
[②] 张印堂:《云南经济建设之地理基础与问题》,边疆论文集编纂委员会编:《边疆论文集》1—4 册,国际研究院出版,1964 年,第 1237 页。

造成云南城市分布东多西少的原因主要有两点。一是因为滇西北地区常年积雪,一年中有好几个月冰雪封山,与世隔绝,不适于人类生存发展,因而这一地区城市分布较少。滇中部气候温和,四季无甚差别,利于人类繁衍生息,加上中部的昆明、玉溪、楚雄以及西部的大理、保山等地霜期短,利于发展农业,因此该地城市分布密集。偏南的文山、蒙自、思茅基本为无霜区,这些地方适于人们居住,便于交通往来,因此这一带商贸比较活跃,城市分布也相对密集。

城市东多西少的第二个原因就是独特的气候使然。云南素有"瘴疠之乡"的称号,随着生态环境的变迁,到清代时,瘴区逐渐被分割为一个个相对孤立的小区域。民国时期,瘴气主要存在于滇西的怒江、滇南的澜沧江、滇东南的元江及南盘江流域的河谷地区。有史料记载:"烟瘴最盛之域,为西南缅、越连界之九江、元江州、威远厅、蒙自所属之蛮耗、文山之新街、安平之河口、南溪,以及江外三猛各土司地,滇越铁路所经之南溪、白河,广南所属之剥隘、古障,迤西之腾、永,怒江所经与缅越接壤等处。"[①]可见,滇西河谷地带多为烟瘴之地,这些地区均被视为死亡之区,虽然滇西也有很多坝子,土地肥沃,光热充足,但受瘴气的影响,汉人不敢长期在此活动。汉人十分畏惧,因而开发较晚,城市发展较为落后。

4. 城市受地理环境的影响按区域分布

山高谷深的地理环境造成云南被割裂为八个相对独立的区域,即滇东北、滇东、滇东南、滇中、滇西、滇西北、滇西南、滇南,在交通落后的农业时代云南城市较为封闭,各个区域相对独立,各区域城市联系并不密切。例如滇东与滇西城市发展自成体系。历史上云南地区维持与内地交流的孔道主要在滇东。一条是从四川成都向西南,经过邛崃、清溪、越、泸津诸关的川滇西道,通往云南中部的姚安、祥云;另一条是从成都南下犍为、戎州(宜宾),经石门关(今云南盐津县境)、昭通的川滇东道,到达滇池盆地,因此滇东与中原联系紧密。而滇西洱海地区,坝子平阔,有适宜农业耕种的土地、气候与降水。地近青藏高原,北上可入藏区,向南通过保山、腾冲可达缅甸,具有独自完善

[①] 贺宗章:《幻影谈·下卷》,杂记第7,收录于《云南史料丛刊》,第12卷,云南大学出版社,2001年,第133页。

所需物资对外交流的条件,是一个相对封闭和独立的地缘政治单元[①]。

5. 城市沿交通线分布

交通地理位置和自然地理条件在城市的发展变迁过程中起着十分重要的作用。处于交通枢纽位置的地域,是城市形成和生长的重要条件,尤其是交通干线。可以说,交通通达到哪,城市就发展到哪。工业革命后,铁路交通枢纽开始取代港口的地位,成为促进城市生长的新的交通节点[②]。交通越便捷,城市成长越迅速。"交通是城市形成的力。"[③]这一点在云南表现得尤为明显。清代,云南由于"道路险远,舟车不通,商贾罕至","市寡未集,百货未通",以至于"一粟一丝其价十倍于他省"[④]。至民国时期,交通仍然是制约城市社会经济发展的一个重要因素。云南城市主要分布在"南方丝绸之路"等几条交通大道上。清代在五尺道周边分布了昭通府、东川府、曲靖府和云南府属城市,城市多达25个。在灵关道周边分布着楚雄府、大理府属城市多达14个。在永昌道和博南古道上分布着永昌府属城市4个[⑤]。可见,山高谷深的自然地理环境塑造了云南的交通格局,并深刻地影响了云南城市的发展。

(二)云南城市发展的人文环境

多民族聚居使云南形成了独特的人文环境。云南是中国少数民族最多的省份之一,全国56个民族中,云南就有24个人口上万的少数民族。云南省境内的少数民族主要有彝族、白族、哈尼族、壮族、傣族、苗族、傈僳族、回族、拉祜族、佤族、纳西族、瑶族、藏族、景颇族、布朗族、普米族、怒族、阿昌族、基诺族、蒙古族、独龙族、满族、水族、布依族等。历史上少数民族占全省人口的大多数,即使今天也占到1/3,并占到全国少数民族人口1/7强。

云南少数民族人口呈多样化分布,一些民族既有一定的聚居区,又杂散居于其他民族中;一些民族高度集中于一个地区,甚至一个县、一个乡中;有的民族杂散居于城镇及交通沿线,以村寨聚居;而有的民族则散居于城镇之中。但是大约有80%的少数民族都居住在山区,特别是居住在边境地带的山区。主要聚居于平坝地区和边疆河谷的有回、满、白、纳西、蒙古、壮、傣、阿

[①]《云南精典旅游小镇》,http://www.docin.com/p—260744188.html
[②] 费移山:《城市形态与城市交通相关性研究》,东南大学出版社,2003年,第37页。
[③] 陆大道:《区域论及区域研究方法》,科学出版社,1998年,第28页。
[④] 清代雍正年间《云南通志》,卷29,《艺文》,第4页。
[⑤] 李光泉:《传统与变革视野下的清代城市》,四川大学博士论文,2008年,第84页。

昌、布依、水等10个民族；主要聚居于半山区的有哈尼、瑶、拉祜、佤、景颇、布朗、德昂、基诺等8个民族和部分彝族；主要居住在高山区的有苗、傈僳、藏、普米、怒、独龙等6个民族和部分彝族。全省没有一个单一的民族县，回族、彝族在全省绝大多数县都有分布。

云南的地理条件使云南各民族的交往受到了很大的限制，尤其是在滇西北横断山脉高山峡谷地区。地理的闭塞分割也限制了各少数民族的发展，不同的民族只能在相对狭小的地域范围内形成与发展。汉代司马迁就曾说："西南夷君长以什数"，这样的状况几千年来没有发生多大的变化。云南元江—红河一线是一条自然地理分界线，民族聚居区也以此为分界。这条分界线是氐羌族民族的后裔、汉藏语系藏缅语族与百越系民族后裔、汉藏语系及壮侗语族接触区，呈犬牙交错，向北走则壮侗语族的民族越来越少，最终消失在金沙江两岸，向南走则藏缅语族特别是彝语支的民族也呈递减的趋势。此外，山多且海拔变化大导致了云南民族的立体分布格局，从而有了苗族住山头，傣族、布依族住水头，汉族住街头这样的说法。

云南不仅少数民族多，而且社会发展极不平衡。直到20世纪50年代，仍并存着原始社会、奴隶社会、封建社会等多种社会形态。散居高黎贡山上的独龙族仍保留原始经济形态，聚落地并未形成城镇；大小凉山彝族地区盛行奴隶制，甚至四处抢掠其他民族民众为奴。傣族、哈尼族、普米族、纳西族、回族、白族、壮族等已进入封建地主经济阶段，这种多层次的各民族社会经济结构形成了历史跨度很长的不平衡状态，也使得云南区域城市经济不平衡情况较其他省份为剧。

由于云南独特的人文环境，云南的城镇特色鲜明、风格突出。

1. 大杂居、小聚居，城镇民族性特色突出

大杂居、小聚居的状况主要体现为一个城市汇集了多个民族。如民国时期，滇中昆明地区，除了是汉人集中地之外，还杂居着彝族、苗族、白族等少数民族。保山县有汉人、彝族、傈僳族、傣族、白族、苗族等多个少数民族，汉人主要居住在县城内，彝族集中分布在保山练地、上江、河湾、沧莲等处；傈僳族、傣族、苗族与彝族杂居在练地、上江；白族分布在怒江东岸的汶上、甘罗两

地①。云南基本上每个县都由两个以上的民族组成,城镇民族性尤为突出,这是与其他内陆城镇的不同之处。

同时,云南少数民族也并非完全散居,他们多集中居住在一些区域。据1946年统计,云南省有倮倮(彝族)599684人,全省有18个县倮倮人口在10000人以上。他们集中居住在镇雄、峨山、武定、蒙化(巍山)、禄劝、石屏、彝良、保山、楚雄、景东、牟定、宁蒗、双江、姚安、昆阳、元江、弥勒、大姚。此外还有新平等50个县倮倮人口在1000至9999人②。白族又被称为民家,主要分布在洱海地区。例如白族人口在10000人以上的县有:大理县、剑川县、鹤庆县、凤仪县、祥云县、兰坪县、邓川县、洱源县、宾川县;人数在1000人以上,未满10000人的县有:泸水县、元江县、漾濞县、昆明县、维西县、丽江县、丘北县、云龙县、碧江县、镇南县③。居住在高山地带人数相对较少,社会形态更为落后的民族,如怒族、阿昌族等民族分布较集中,而人数较多,社会形态相对先进的民族,如回族、白族分布区域更为广阔。

2. 不同民族地区城镇有独特地方特色

云南城镇的自然条件和社会经济条件差异都很大,城镇的气候从湿热、温凉到高寒,各种类型均有。这必然要对人们的经济生活和生产活动产生不同程度的影响,使这些城镇从房屋建筑到人们的衣食住用行都表现出鲜明的地方色彩。比如景洪和芒市是具有热带风光和傣族风格的城镇,德钦和中甸是具有高寒景观和藏族特色的城镇,大理则是四季如春具有浓厚的白族风情的城市。

以城市建筑为例,西双版纳地处南部亚热带地区,潮湿多雨,有的湿度达到80%,为了避免潮湿、洪水,为了防御森林毒蛇猛兽,其民居建筑是"竹楼"干栏式建筑风格;而滇西北地处森林密布的高寒山区,为了利于防寒,就地取材,建筑了"木楞房";滇南、滇东南地区位于酷热的河谷地带,民居多为土掌房,平屋顶作晒场,隔热良好,取材容易,修建简便;而位于滇池周边的城镇因为气候温和,居住民多为汉人,城市民居为方形两层四合院,即"一颗印"建筑风格,避风、抗震、防盗;洱海地区建筑采取了许多防风、抗震措施,创造了"三

---

① 《云南近代民族发展史纲要》,第224页。
② 《云南全省边民分布册·人口统计表》下编,1946年。
③ 王文光等:《云南近代民族发展史纲要》,云南大学出版社,2011年,第240页。

坊一照壁"和"四合五天井"的独特白族民居风格。

民族地区城镇的地方特色还体现在其管理制度上。边疆民族地区自元代以来就实行的是土司管理制度。土司制度是中国封建王朝在少数民族聚居区和杂居区实行的一种特殊的统治制度。云南土司有宣慰使、宣抚使、安抚使三种武职和土知府、土知州、土知县三种文职,宣慰使等级最高,边疆区域大多是土司的领地,从土司分布情况看,土司绝大部分分布在云南的边境沿线,即中甸维西沿边、腾永沿边、澜沧沿边、思普沿边和河口麻栗坡沿边5个边境地区。在江内改流之地,澜沧江内的巧家、广南、文山、玉溪、蒙自、石屏、建水、武定等地仍有部分土司存在。土司对朝廷承担一定的赋役,在辖地内享有极大的权力。清代曾在鄂尔泰的主持下大规模地进行改土归流,鄂尔泰提出:云南改流宜以澜沧江为界,澜沧江以东必须改流,澜沧江以西的土司暂时保留,即"江内宜流不宜土,江外宜土不宜流"。于是,清廷在澜沧江以东地区进行了改土归流。到雍正六年(1728年),清政府宣布"江内地全改流"[1]。到了民国时期,虽然设立自治局,推行土流并治方针,但因边民闭塞,他们只认土司不认流官,如"临安所属土司……缘近府城,风气开通最易。夷民均守旧习,素不入城,无论土司所待如何,罕有抗者"[2]。即使在早已改流的澜沧县,全境"已为各土司与里目、粮目等准土司所分割盘踞。县政府大小政事,皆须经其手承转,县府不能直接及于人民","县长远不及一乡镇长或区长,不过省政府的传递人而已,对各方鞭长莫及"[3]。云南土司数量最多,统治时间最长,一直延续到20世纪50年代才退出历史舞台。土流并存的城镇管理模式也是其他地区所没有的,因此,这也是云南城镇的一个特点。这都对近代云南的城市发展产生了很大的影响。

二、抗战前云南城市的发展

历史上,由于云南僻处西南,对外交通不便,经济发展长期落后,因而城市也较为落后。明清时期,云南得到一定程度的开发,城市也有所发展。明

---

[1]《清史稿》,第514卷《土司列传》,中华书局,1989年。
[2]贺宗章:《幻影谈》下卷《民事》,第6,《云南史料丛刊》,第12卷,云南大学出版社,2001年,第133页。
[3]周光倬:《滇缅南段未定界调查报告书》,1935年铅印本,第39、40页。

代中央政府为加强对云南的管辖,在边疆地区推行卫所制度,"卫所军屯的分布区域是在腾冲、保山以东,景东、红河以北"①。这在一定程度上推动了这些地区城市的发展。明王朝的政策导致大量内地汉族人口向云南移居,但明代移民主要集中在昆明、曲靖等滇东地区,滇东城市由此得到较快的发展,云南城市分布开始呈现北多南少,省域中部城市相对集中,而省域四周城市数量分散稀少的格局。清代,随着改土归流的深入,云南部分土司所在地被纳入到中央王朝的直接管理范围下,设县分治,在这些治所基础上又逐渐形成了一些新的城市。如丽江虽为滇西北的交通重镇,但长期为土司所管辖,无城垣。雍正元年(1723 年),改土归流,雍正三年(1725 年),云贵总督高其倬请筑丽江府城,始筑城垣,下基以石,上盖以瓦,周四里,高一丈。雍正四年(1726 年),置会泽州,筑城。雍正八年(1730 年),巡抚张允随题请修筑普洱府城、攸乐县城、思茅县城。同年总督鄂尔泰请筑维西、中甸、阿墩子、浪沧江、其宗、喇普、奔子栏格等城,皆筑土为之。雍正九年(1731 年),巡抚张允随请建东川府、镇雄州、大关、鲁甸等城。同年清廷诏改乌蒙府为昭通府,设附郭恩安县,设同知驻大关,移通判驻鲁甸。雍正十年(1732 年),巡抚张允随请建筑昭通府城②。雍正时期是清代云南筑城的高峰时期,既有新筑城市又有土城改筑砖城,先后共修筑城市 18 座。这些新筑城市主要集中在滇东北和滇西南一带,城垣的修建带动了区域的开发,如"在滇东南,顺治十八年设广南府流官,康熙六年,以临安府属的长官司地置开化镇"③。滇西南临沧地区,改土归流后,扩修顺宁府城,顺宁府城开始出现固定集市,光绪年间顺宁城内有府前街和旧城街两个集市,前者每以六日为集,后者以一日为集。住场户数,前者为 500 余户,后者为 80 余户④。定期集市的出现,标志城镇具有了一定的城市辐射力,这也意味着边疆城市经济的发展。

清代云南城市分布大致沿袭了清之前城市分布格局,即沿着"蜀身毒道"等几条主要交通大道分布。如在五尺道周边分布了昭通府、东川府、曲靖府

---

① 尤中:《云南民族史》下,云南大学西南边疆民族历史研究所,1985 年,第 102 页。
② 倪蜕:《滇云历年传》,第 10 卷,《云南史料丛刊》,第 11 卷,云南大学出版社,2001 年,第 103 页。
③ 方国瑜:《云南史料丛刊》,第 34 辑,云南大学历史系,云南地方古代史研究所编(油印本),第 122 页。
④ 凤庆县地方志办公室:《顺宁府(县)志五部》,香港天马图书有限公司,2001 年,第 855 页。

和云南府属城市,城市多达25个。在灵关道周边分布着楚雄府、大理府属城市多达14个。在永昌道和博南古道上分布着永昌府属城市4个。清代城市随着交通线的变化而兴衰起伏。影响最大的是滇缅印交通大道,这一通道在整个清代都呈持续发展态势。《腾越州志》记载:"商客之贾于腾越者,上则珠宝,次则棉花,宝以璞来,棉以包载,骡驮马运,充塞路衢。"清代中前期,川滇驿道沿线城市发展更快,以昆明为起点,途经昭通、大关,可到达四川宜宾,连接上长江水运,因为清代云南矿业开采较为兴盛,东川的铜矿、银矿都要运送到京城,为了加快运送,清政府在这条驿道上设置了比较多的驿站。另外,从昆明到广西百色的滇桂道也是异常繁忙的路线,滇桂线分两条道,最主要一条道途经宜良、广南、文山、罗平、剥隘,再到百色,由于该商路的运输较兴盛,故而推动沿途城镇的发展。但随着晚清蒙自开关,这条道路的商旅日渐稀少,沿线城市也迅速走向衰落。滇黔线也有同样的遭遇,滇黔线就是秦汉时期开辟的南夷道,从昆明出发,经马龙、沾益、宣威到贵州的威宁,这条道路也是明清时期的"通京大道",然而这条驿道路程遥远,自红河线路开辟后,这条线路也开始式微,沿线城镇便不可避免地走向了衰落。经思茅到老挝、泰国、缅甸的通道在清前中期发挥重要作用,以思茅为集散地的与缅、老、泰等国的进出口贸易,在鸦片战争前夕已相当繁荣。光绪二十五年(1899年)思茅关报告称:"60年前,所有安南、暹罗、缅甸各部分商人,皆来思茅贸易。……当时滇川两省各市镇洋货的来源完全依赖思茅供给。故其在商业上居于极其重要的地位。……自长江开放,香港兴起,继之以英占缅甸,经此数次大变动后,思茅商埠遂一落千丈。"[1]

晚清云南部分城市开埠后,滇缅、滇越贸易得到进一步发展,云南贸易线路也得到一定的调整。红河水运开始替代滇桂线,承担起贸易功能,云南省内的各类商品货物自昆明运输到蒙自,再运至蛮耗,然后由水路至河口,沿红河南下至越南海防,再转运欧洲等其他地方。这条线路运输时间比单走陆路费时要少,费用更省。晚清以后,除个旧的锡大量从红河往外出口外,"滇南所产铜、铅、铁、锡、鸦片烟,取道红河出洋;各项洋货,又取道红河入滇,愈行

---

[1]民国资源委员会经济研究室:《云南经济研究报告》,第20号。

愈熟,已成通衢"①。故而此条商路沿线的城市得到一定程度的发展,如蒙自、蛮耗等城市成为重要的商品集散地,商贾云集,往来货物不绝,夜晚更是灯火辉煌,人声鼎沸,蛮耗因而获有"小香港"的美称。这一时期的蒙自更成为了云南最大的进出口中转市场,在蒙自、思茅、腾越三关进出口贸易额中,蒙自关占80%。交通的便利给蒙自发展提供了绝佳的机会,蒙自城市在开埠到滇越铁路通车前经济达到了鼎盛时期。"清宣统间,滇越铁道筑成,以丛山僻远之省,一变而为国际交通路线,非但两粤、江、浙各省之物品,由香港而海防,海防而昆明,一数程可达,即欧美之舶来品,无不纷至沓来,炫耀夺目,陈列于市肆矣。"②1910年滇越铁路开通后,"云南省际贸易之途经迤南一带则与两广、商号交易,而以蒙自、个旧为货物聚散之中心"③。滇东南地区沿线铁路城市开始崛起,出现了一系列新兴商业城镇,如通海、马街、芷村、碧色寨、阿迷(开远)、狗街、宜良等,以铁路为纽带的滇东南城市圈开始逐渐形成。清代交通沿线城市的兴与衰,也从一定程度上反映了交通是云南城市的生命线,云南城市发展与交通密不可分。

19世纪末期云南已基本形成了多个以重要城市为中心的经济区域,滇中经济区以昆明为中心,滇西经济区则以大理府城和腾越州城为中心,另外,滇南以元江和思茅为中心,滇东以曲靖为中心,滇东北以昭通为中心,滇东南以罗平为中心。各区域有不同特色,如滇西地区与缅甸有着密切的商贸联系,商品以丝织品为大宗,同时包括生活用品、土布、土制、土锅、编织品、茶叶等,自缅甸进口的大宗商品为棉花、棉纱及珠宝玉石、象牙、翡翠、琥珀等。据记载,咸丰五年(1855年)经由八莫进口的商品货值就达到55万英镑④。晚清,滇西鸦片也成为滇缅贸易的主要物品,大量鸦片出自滇西,特别是大理府城年产鸦片约为32000担,下关成为重要的鸦片交易中心。滇南地区是云南的重要产茶区,其区域经济特点是茶叶生产和加工贸易。乾隆元年(1736年),清政府设思茅同知,专事茶捐征收,思茅从此成为了滇西南茶叶集散地。清代思茅、普洱和西双版纳间购茶的商贩络绎不绝,藏族商人、印度商人、越南

---

① 万湘澄:《云南对外贸易概观》,新云南丛书社,1946年,第18页。
② 云南省通志馆:《续云南通志长编》下册,云南省志编委会印,1985年,第339页。
③《新纂云南通志》,卷144,商业考二,省际贸易。
④ 吴兴南:《云南对外贸易——从传统到近代化的历程》,云南民族出版社,1997年,133页。

等地商人频繁往来于其间。滇东主要出口矿产、药材和茶叶,尤其是矿产,清前中期东川的铜矿,清中后期个旧的锡矿都是贸易大宗。

清代城市数量较前有所增加,先后设置了14府、5直隶州、6直隶厅、12厅、26州、41县,除了府县同城外,至晚清云南共有县以上的建置城市90个,滇东有城市37个,滇西有城市32个,滇南有城市21个[①]。

民国建立,随着地方行政建置的变化和社会、经济的发展,云南城市发生了一定程度的变迁。民初,云南军政府根据中央政府的要求,废除府州建置,但根据本省的特殊情况,保留了道的建置,形成了省、道、县三级地方行政体制[②],在省与县之间成立蒙自道、普洱道、腾越道、滇中道,对区域实行划片管理。随着区域的调整,也相继增设了漾濞、兰坪、盐丰、个旧、盐津等12个县建置,这对于新设县建置地区的城市发展起了一定推动作用。1929年,云南省废除道制,各县直属于省政府,其后,相继又新设置了20个县,并在部分偏远地区,县政府不便管理的地方设立县佐。经过不断的调整,民国前期云南城市有较大的发展。

(一)城市数量增多,区域中心城市规模扩大

从城市数量来看,民国时期有1市,126个县,其中一等县25个,二等县27个,三等县60个,还有14个设治局。虽然之后减少到113个县,但这与晚清云南共有88个城市相比[③],数量有大幅度增加,略多于解放后124个城市。我们可以看出,民国时期云南形成了一个层次分明、规模不等的较完整的行政体系。

抗战前,云南除了城市数量有一定增多之外,城市规模较前代也有了扩增。扩增一方面表现为人口规模的扩大。自晚清始,四川盆地和湖南省人口压力日增,人口遂大量向更为地广人稀的西南地区迁移。民国时期滇越铁路通车,交通便利,各省各埠之旅居及游历者日渐增多,云南人口增加率有较大提高。据调查,此时云南全省人口总数为9839180人。清末昆明城市人口大

[①] 李光泉:《传统与变革视野下的清代云南城市》,四川大学博士论文,2008年,第74页。
[②] 注:清代时设置有迤东、迤西、迤南、临开广等4道。民国初即裁逊清之府、厅、州,而诸省之区域过大,辖县数多,统治不易,因厘定道制,使居省、县之间,每道辖县多者三十以上,少者十余。辛亥革命以后废除迤东道,而迤西、迤南、临开广3道仍然保留。1914年2月25日,迤西、迤南、临开广更名为滇西、滇南、临开广,并在旧迤东道地区复置滇中道。
[③] 李光泉:《传统与变革视野下的清代云南城市》,四川大学博士论文,2008年,第84页。

约有9万余人,民国前期较前略有增长,超过了10万人。1922年昆明有居民25266户,船民住户465户,寺庙僧道106户,合计25837户,三类居民合计共118861人。1932年,昆明城市人口增至143700人。昆明城市在民初的20年之间,城市人口共增加了4万余人,城市化的速度相当缓慢,远落后于国内东中部地区省会城市,与西南地区的重要城市成都、重庆相比也较为落后。

1918—1922年昆明城市人口统计简表

年份	男	女	总计
1918	60230	52190	113131
1919	61421	53571	114992
1920	62684	54613	117297
1921	63376	53964	117340
1922	64597	54264	118861

资料来源:张维翰修,童振藻纂修《昆明市志》,1924年铅印本,第42页。

随着"新云南建设"的开展,政局稳定、经济兴盛,30年代,云南各个区域的人口开始逐步上升。

1932年云南区域人口统计表

人口数	地区与城市
30万以上	保山、宣威、镇雄
20万—30万	腾冲、会泽、广南、顺宁、昆明市、昭通
15万—20万	建水、马关、蒙化、巧家、彝良、昆明县、文山、景东、陆良、西畴、沾益、澜沧、石屏、永善、泸西
10万—15万	楚雄、寻甸、玉溪、丽江、蒙自、云县、武定、镇康、禄劝、祥云、罗平、平彝、墨江、永胜、曲靖、弥勒、宜良、弥渡、宾川、嵩明、姚安、大关
5万—10万	龙陵、华宁、牟定、开远、个旧、大理、缅宁、镇南、景谷、鹤庆、盐津、绥江、永仁、云龙、大姚、路南、河西、双柏、富州、罗次、呈贡、宁洱、元江、邱北、通海、澄江、安宁、昆阳、江川、易门、峨山、新平、鲁甸、屏边、凤仪、洱源、剑川、镇沅、兰坪、双江

续表

人口数	地区与城市
5万以下	师宗、马龙、威信、禄丰、永平、广通、车里、中甸、维西、思茅、富民、晋宁、曲溪、元谋、六顺、盐兴、盐丰、金平、邓川、华坪、漾濞、江城、南峤、佛海、镇越

资料来源:《民国时期云南行政区域概况》,《云南档案史料》,1994年,第4期。

20世纪30年代,滇中及滇东南地区城市人口增长尤为迅速。十年间,昆明县从1922年的25266户上升到31029户,个旧从2680户上升到16496户,腾冲从32539户增加到52296户。

1932年昆明市人口统计一览表

户数	男丁数	女口数	合计
31029	76663	67037	143700

资料来源:云南通志馆《续云南通志长编》中册,云南省志编委会办公室编印,1985年,第99页。

随着城市吸引力的增强,云南城内居民增多,人口职业构成也产生了一定的分化。从下表可见,20世纪20年代初,昆明城市人口中从事工业的人数甚少,仅2390人;从事商业的人口相对较多,为15031人,加上矿业人口共计17488人,仅占全市总人口的14.7%。其后随着工商业的发展,到1932年昆明市的工商业人口占到总人口数的36%。

1922年昆明市城市居民人口职业构成一览表

职业	人数	职业	人数
议员	32	工业	2390
官吏公吏	4154	商业	15031
教员	517	矿业	67
学生	8243	渔业	352
医士	20	牧业	207

续表

职业	人数	职业	人数
记者	241	其他	21799
农业	25	无职业	50777
合计			118861

资料来源:张维翰修,童振藻纂修《昆明市志》,1924年铅印本,第46—47页。

城市规模扩大的另一方面表现为城市用地规模的扩大。清代,云南的建制城市都筑有规模不等的城墙,城市建成区一般都控制在城墙范围以内。民国建立后,云南的各行政建制城市基本上保持了清代的城墙,但是其城市建成区开始突破城墙的范围,向外拓展,特别是一些区域中心城市。如云南省会昆明在清代的城区面积为5平方公里,晚清昆明自开商埠,城南成了商业聚集区,城市规模开始逐步扩张。1922年云南省政府在1919年首设市政公所的基础上,重设昆明市政公所,划定省会区域,脱离昆明县,隶属于市,并按历史地理关系正式命名为昆明市。这种设置是昆明行政机制由古代到现代转变的历史性转折,也在很大程度上促进了昆明城市规模的扩展。到了1935年时,昆明的行政区划图出现了城外四、五、六区,城市工商业和居住区开始向南也就是向第五、六区扩展。由于人口的增加和工商业的发展,城墙成为社会经济发展的禁锢,因而在这一时期昆明城墙被大规模拆去,在城墙外相继开辟了多条商业街巷。除昆明外,云南其他区域中心城市的建成区面积也出现不同程度的扩大,如云南西南部的区域中心城市腾冲,是滇西政治、军事文化的中心,商业繁荣,民国以后城市人口逐渐增加,城市空间规模逐渐向四周拓展,城市建成区向外扩张的结果是在城墙外新建了一个附城区,并形成以城内文星楼、城外小月城、十字街三处为中心,向四围外延的总体格局,城外建成的工商业街区甚至比城内的工商业街区更为繁华。

但抗战前的云南城市规模扩大的城市仅仅局限于少数区域中心城市,更多的县级建置城市则依然保持着传统原貌。战前云南城乡之间,大城市和小城镇之间的差别很大。例如昆明在抗战前已经是一个开始早期现代化发展的城市,而"与昆明相反,近在咫尺的富民县则非常落后!……过富民,是云南三等县。远看俨然大村壮大,城角各筑一碉堡,颇与北方屯集形式相类似。

全县人口只三万余人,城内仅占二百余户。无所谓商店,惟马店(住骡马者)与零星摊贩而已"。再如位置较为偏远的滇南江城城内人户只有三百家左右,商情也有限。镇越县,距思茅路程七天,人口稀疏,只有小学两校①。

(二)城市经济的发展

1.区域市场体系的形成

长期以来,云南区域广袤,交通不便,各地商业活动一般都通过赶场的形式来进行,市场培育落后。县城较大者有商号二三十家,或少至五六家。除省会昆明等少数区域行政中心城市,一般的县城并不若何繁盛。晚清时期,云南较大的主要中心城市唯昆明、蒙自、腾冲、思茅、下关、昭通、个旧等少数城市②。1911年,随着滇越铁路通车,云南对外贸易量突然猛涨,云南闭塞而落后的区域经济体系发生变动。

滇越铁路于1910年全线建成通车,全长855公里,滇境内465公里,从昆明出发、途经滇中粮仓宜良以及边陲重镇个旧、开远、蒙自、河口,最终连接越南的海防。铁路在滇境内共设34站,等级分四种③。滇越铁路筑通之后,这一条线路运输十分繁盛,可谓是进出云南的"生命线"。据数据统计,从1915年至1920年,法国滇越铁路公司云南段年均盈利100万法郎,1920年至1930年增至年均盈利600余万法郎。云南境内1915—1922年年均客运量为166.7万人④。铁路通车后,滇东南地区便由于运输方式在地域上的连接,聚集力激增,一跃成为全省最具商品吸纳能力的地区。"铁路沿线的城市昆明、呈贡、宜良、开远、碧色寨、河口等地的商业(逐渐)繁荣起来",开远自来"水利称便,民多务农,在昔铁路未兴,工商业均不发达,自滇越铁路修通后,路当要冲,一切舶来品日新月异,工乃渐知改良,商则渐事远贩"⑤。

这一时期的云南出现了三大中转市场。《新纂云南通志·商业考》记载:"云南省际贸易之途经,迤东一带与川、黔交往频繁,而以昭通、曲靖为货物聚

---

①许柱北:《云南思普区游记》,《东方杂志》,1935年,第9号。
②云南省通志馆:《续云南通志长编》下册,云南省志编委会印,1985年,第542页。
③注:一等站有叉道六,避车道六,机车房一,货仓一,修理车厂一,办公室多间;二等站有叉道四,避车道四,旋回桥一,机车房一,办公室多间;三等站有月台一,叉道二,避车道二,货仓一;四等站月台一,叉道一,避车道一,售票房候车室及办公室。
④《滇越铁路纪要》,缪文远等编:《西南史地文献》,第40卷,兰州大学出版社,2003年,第9页。
⑤何明:《西南边疆民族研究》,第6辑,云南大学出版社,2009年,第215页。

散之中心;迤南一带则与两广、上海交易,而以蒙自、个旧为货物聚散之中心;迤西一带与康藏发生交易,而以下关、丽江为货物聚散之中心。全省复以昆明为出纳之总枢纽。"①滇越铁路通车后,只有滇南一带可以直接通过铁路装运出口,其他区域的商品必须先得通过马帮运至昆明,然后由昆明整合起运出口,进口的商品也得先卸载到昆明,然后再转运到其他城市。可见,这一时期的云南地区已经形成了一个以昆明为中心的商业贸易网络。昆明既是云南市场网络的中心,也是川黔贸易、康藏贸易和两广贸易的起点和终点。滇越铁路的修筑又将开关后形成的滇东南城市群扩展为以昆明为龙头的昆明—开远—蒙自、个旧—河口经济走廊。昆明成为全省的物资、人员集散地、中转站和全省的经济核心,以它为中心,向滇东、滇南、滇西辐射,从而形成了以昆明为中心的区域市场体系。

2. 城市工商业的发展

民国前期,云南开始了城市早期工业化进程。尤其是20世纪30年代政局稳定后,政府开始整顿财政金融、扩大税收、专卖鸦片,并通过垄断锡业和其他农矿产品出口,赚取了大量外汇,经济发展逐渐稳定,进出口总额大大增加,云南从一个多年入超的省份一跃成为一个开始出超的省份。在多种因素的推动下,云南的工矿业有了显著的发展。1935年云南省经济委员会成立,致力于云南省的经济建设,大力发展纺纱、织布、动力、水泥和五金等实业②。

抗战前,云南的矿业开采有了较大进步。以个旧为核心的滇东南地区是近代云南矿业最发达的地区。民国时期云南个旧锡务公司、云南炼锡公司、宝华锑矿公司、布沼煤业公司、明良煤矿公司、乌格煤矿公司等都是云南工业化水平较高的企业。这些企业集中于滇东南个旧、宜良、开远等城市。

个旧炼锡公司成立于晚清。1913年春季,个旧炼锡公司的洗炼锡机械及索道等先进设备先后安装完毕,标志着云南冶金工业机械化生产上了一个新台阶。

云南炼锡公司是云南最早使用新式方法炼锡的公司,该公司成立于1939年,是由原来的个旧锡务公司、云南炼锡公司和云南锡矿工程处三者合并而

---

① 龙云、卢汉修、周钟岳、赵式铭等纂:《新纂云南通志》(卷143,商业考)。
② 全国经济委员会棉业统制委员会:《云南省棉业调查报告摘要》,1937年,第2页。

成,成为云南最大的新式锡业公司[①]。故而有时人称:"1934年省内可以称为近代工业者,恐只有个旧之炼锡公司一家。"[②]

宝华锑矿公司也是民国前期云南的重要企业,该公司于1911年创办,资本总额为23.4万元,从香港引进一套先进的冶炼设备,成为云南最大的新式锑矿公司。从1913至1941年的29年间,先后出口纯锑1814吨,生锑15.8吨,锑矿48.5吨[③]。开远明良煤矿公司、乌格煤矿公司和布沼煤业公司等也是云南大型现代化煤矿公司。

昆明是最早发展电力工业的城市。清宣统二年(1910年),昆明市耀龙电灯股份有限公司创办,初为商办,后改官商合办。股额初为银圆25万元,每股10元,共集资2.5万股。民国元年(1912年),工程告竣,正式成立。营业所设于昆明升平坡。发电所设于昆阳县属之石龙坝。转电所设于昆明市小西门内水塘子。当时所设发电机之电量,共为460基罗瓦特,足敷安设16支烛光电灯2.6万余罩。因工程费巨,共用款60余万元,除实收股额不敷外,尚负债40余万元。1923年统计营业收支,除偿还前欠40余万元外,微有盈余。但电量分配渐有供不逮求之势。以近年市内人户增加,各项电力发动工厂相继成立,需用电力颇巨,而私灯、窃电、漏电之弊,在所不免。乃于是年提经股东会议议决:添招新股,增加股额为100万元,由政府负责募新股现金14万元,改订章程。发电厂在昆明近郊石龙坝,占地约280余公亩。第一厂装置德国制水力机3座,计马力850匹。第二厂共装置德国制水力机2座,计马力850匹。两厂共装置德国交流发电机5座,发电容量共为1200基罗瓦特。营业区域为昆明市,供给电灯用户5000余户,马力用户170余户。1935年共用电1985690度[④]。

民国前期,城市电力工业也在昆明外的城市开始起步。

蒙自大光电灯公司,于1915年由商人集股创办,募集股金7万元,购买美国通用电气公司生产的发电设备,并聘请电气技工数人来蒙安装发电设备,1917年初发电,用户近1000户,主要供应蒙自和个旧两个城市用电。蒙

[①] 云南省志编纂委员会办公室:《续云南通志长编》(下册),云南人民出版社,1986年,第448页。
[②] 张肖梅:《云南经济》,第16章《对外贸易》,国民经济研究所1942年印行,第2页。
[③] 程民主编:《蒙自县志》,中华书局,1995年,第445页。
[④] 云南省通志馆:《续云南通志长编》下册,云南省志编委会印,1985年,第340页。

自区内装有 16 支光电灯 850 余盏,每盏收费 1.2 元,用电表装置灯头 727 个,每度电收银 3 角;35 支光常灯 30 余盏,50 支光常灯 10 余盏。个旧区内装有 16 支光灯 720 余盏,32 支光灯 120 余盏,50 支光灯 10 余盏,用电表者,设灯头 46 个,收费与蒙自同①。

开远通明电灯公司,于 1916 年由商人周泽南筹办,募集资本 1 万元,购进英国制造的 20 千瓦的蒸汽直流发电机组 1 台,电厂于 1921 年建成并开始发电,主要供城区照明,多余的电量也输往个旧。电机设于东城外东寺。初尚见效,后因锅炉机件损坏,以致停顿,乃又增加基金,建设了火力发电的通明电灯公司,公司更名为开远通明奇良电灯公司,重新营业,其电力工业走在全省前列。

河口汉光电灯公司,成立于 1926 年,由商人集股 1 万元开办,后改华昌电灯公司②。

昭通民众实业公司电力厂为昭通民众实业公司所办。该公司成立于 1931 年,即开始筹办此厂,派员到上海与英商万泰洋行订购机器。1932 年机器装置完竣,1934 年 1 月开始发电供应照明用电。公司资本约国币 10 万元,系官商合股。

昆明纺织动力厂建于 1934 年,是年云南省政府筹办纺纱、纺织厂,因两厂的发动机需要大量电力,而原有耀龙电力公司之电力难以支撑,故同时筹设动力厂,除供两厂应用外,尚可济各工厂之需,初拟利用富民县水力成立一大规模之水电厂,后因勘测估计工程浩大,难以办理,遂改办为 1200 基罗瓦特之蒸汽发电厂,厂址设于昆明市南城外玉皇阁,资本国币 40 万元③。

总的来看,抗战前云南的近代工矿企业开始起步,但分布主要集中在以昆明为主的滇中地区以及个旧地区,而其他地区的工厂分布则较为分散,数量较少。战前云南工厂一般规模都较小,除采矿业外,其他行业的企业多为小规模的,称不上大规模机械作业,不少企业仅停留在简单手工作坊加工阶段,包括数量甚多的纺织企业,绝大部分都是小作坊。1915—1916 年,随着社会对针织品需求的增加,昆明的针织业得到较大发展,从业人数也较前大幅

---

① 云南省通志馆:《续云南通志长编》下册,云南省志编委会印,1985 年,第 341 页。
② 云南省通志馆:《续云南通志长编》下册,云南省志编委会印,1985 年,第 354 页。
③ 云南省通志馆:《续云南通志长编》下册,云南省志编委会印,1985 年,第 353 页。

增加。1921年据云南实业改进会调查,昆明共有针织业工场18家,但资本总额仅为3270元,平均每家工场资本仅181元。抗战前,昆明的针织业类工厂增至90家,较1921年增加了5倍,有机械织袜机600部,工人总数达2000余人,年出品共6万打,总值达15万元以上,平均每家工场资本总额达1666元,为1921年的9倍[1]。据民国云南省建设厅档案记载,抗战爆发前,云南所属的近代工厂仅103家,其中纺织类企业有28家,占27%[2]。这些企业或与有一定手工制造基础的作坊相联系,或由具备一定资金力量的商号所举办,工业化水平远低于沿海省区,即使是云南省会昆明的情况也不过是如此:"现各种工厂每年皆有增加,虽多用机械制造,而规模狭小,出品无多,每不足供市内之需要……且所设各工厂中之机械,多者十余架,少者数架,强半助以手工。至市内工厂,合计约50余所,职工不过二三千人。"[3]

抗战前云南的商业贸易也取得较大的发展。随着滇越铁路的开通,云南对外形成了大锡主导型的对外贸易格局,进出口贸易进入鼎盛时期。

蒙自是云南商业贸易的重要城市。在晚清开埠后,成为云南对外进行商贸的口岸,中外商人云集,洋行、商号鳞次栉比。1932年法国领事馆迁往昆明以前,云南的外国洋行公司多以蒙自为据点进行工商活动。其时在蒙自从事对外贸易的中国商号有近40家,各商号又分为滇帮和广帮,广帮首脑人物是东方汇理银行的华人买办梁子惠,主要垄断个旧锡矿运输。滇帮主要有八大号,各商号多为外企总代理,如顺成号是法商亚细亚水火油公司的滇南总代理,法商普利洋行也曾设在顺成号内。参见下表。

滇帮"八大号"

商号名称	业主	总号所在地	分号所在地
泰来祥	朱平阶	蒙自	建水、个旧、香港、通海
东美和	沈崇文	蒙自	建水、个旧、香港、昆明

---

[1] 刘辰:《云南之针织业》(油印本),中央研究院社会科学研究所云南经济研究报告之十四,第1—2页。
[2] 云南省总工会工人运动史研究组编:《云南工人运动史资料汇编》,云南人民出版社,1987年,第67—77页。
[3] 张维翰修,童振藻纂修:《昆明市志》,1924年铅印本,第100页。

续表

商号名称	业主	总号所在地	分号所在地
正顺昌	孙海航	蒙自	建水、个旧、香港、昆明、通海
朱恒泰	朱辅	蒙自	个旧、香港
豫顺隆	黄镛、杨应发	蒙自	个旧、香港、通海
应天号	陆应岐	蒙自	个旧、香港、建水
万盛昌	李光翰、武选	蒙自	个旧、香港
顺成号	周子荫	蒙自	个旧、香港

资料来源:蒙自县志编纂委员会《蒙自县志》,中华书局,1995年,第592页。

省会昆明也是商业贸易中心。1907年,昆明仅有6家外国洋行。1923年,昆明的洋行增加到35家,十余年的时间其洋行总数增加了6倍。1907年,昆明的商业分为59个行业,到1923年则发展到84个行业,共计有各类商铺4331家,另有商业公司及商行36家[①]。在此期间,昆明成立了云南总商会,除在云南各地发展分会外,还在昆明各行业发展相关组织。昆明市商会的基层就是商店、行号、公司,基层组织为工商同业公会,是按照当时实行的商会法施行细则组织的,以发展工商业、谋取工商业福利、矫正工商业的弊害为宗旨。抗战前夕,昆明组成了同业公会的行业计有73个。商会和同业公会组织在政府的领导下,对各业商业活动进行规范管理,近代工商管理制度建设逐渐步入正轨。

昆明公会行业类比一览表

业别	铺数	业别	铺数	业别	铺数	业别	铺数
米粮业	118	铜器业	82	酱菜糕饼业	107	皮革业	58
盐业	85	锡器业	12	烟茶杂货业	322	熟皮物业	45
柴炭业	63	洋铁器业	18	烟丝卷烟业	18	皮箱业	25
清油业	18	瓷器业	16	纸烟业	250	吃食馆业	200
火腿白油业	23	玻璃业	8	药材业	133	酒席馆业	21

---

① 云南省地方志编纂委员会:《云南省志·商业志》,云南人民出版社,1993年,第151页。

续表

业别	铺数	业别	铺数	业别	铺数	业别	铺数
斗笠及篾器业	35	砂糖业	8	洋纱业	42	茶馆业	136
机器面业	12	纸张业	45	布匹业	175	旅店业	108
牛乳业	45	笔墨业	15	织布业	100	彩扎业	14
酒业	55	颜料业	22	色染业	20	肩舆业	72
京果海味业	43	骨角业	10	棉絮业	41	剪发业	65
棉丝业	18	洗浆业	30	毛毡业	21	钟表业	26
绸缎业	42	书籍业	16	广洋杂货业	115	眼镜业	4
丝线业	38	印刷业	18	京杂货业	22	伞业	8
丝绦业	18	书画业	35	川杂货业	18	古董业	32
新旧衣服业	58	雕刻业	24	植木业	35	玉器业	46
裁缝业	217	顾绣业	13	石灰砖瓦业	28	象牙业	18
帽业	80	照相业	10	建筑业	21	靴鞋业	190
金银首饰业	84	镶牙业	9	木器业	15	金箔业	17
袜业	18	裱褙业	39	斜木业	40	油腊业	92
油衣及纱灯业	12	造花业	7	漆及漆器业	15	锡纸业	20
钉铁业	35	爆竹业	25	纸札业	11	总计	4325

资料来源：张维翰修，童振藻纂修《昆明市志》，1924年铅印本，第149页。

从上表可见，在商会的管理下，各行业开始进行了整合，一些不适应时代发展需要的行业，如金箔业、扎花业逐渐被淘汰，广货业、丝绸业按其经营业务分别并入纱、布业，绸缎业并入棉布业。同时，也新增了一些行业，如乳酪业、西服业、营造业、牛乳业、针织业、文化娱乐业、电影戏剧业、汽车运输业等。商会的成立，矫正了工商业弊病，调解各类商事纠纷，推动了城市工商业发展。

此外，云南其他重要的区域中心城市的商业贸易也有较大发展，如抗战前腾冲的坐商在千户以上，另外摊贩、行商有800多户，县城每5天举行一街市，每逢赶街市时，其赶市的人数达1.5万—2万人[①]。腾冲商会于民国初年在"丝花行"、"土杂行"、"经纪行"、"水烟行"的基础上建立起来。商会平时

[①] 腾冲县商业局编：《云南省腾冲县商业志》，1989年5月，第7页。

协调工商户之间的一些业务争执,督销内地和边疆的盐务,倡导和举办地方重大公益事业,管理维修龙潞两江桥事,贯彻地方政府对工商业的一些要求,利用庆诞、迎神举办一些大型的物资交流会。随着腾冲商业贸易的发展,商业组织进一步增加,1933年发展演变为花纱、匹头、百货、皮革、土杂、医药、珠宝玉器、屠宰八个同业公会[①]。

大理下关是滇西物资集散和交通枢纽的重镇。在清代就是滇西商帮的汇集地,民国建立后,随着云南的对外开放,商业贸易更加活跃,出现了一些较为有名的商帮和商号,如鹤庆帮的福春恒、庆正裕,喜洲帮的永昌祥,腾冲帮和茂恒、洪盛祥和永茂和等。民国时期,随着云南与缅甸商业贸易的发展,其商业十分兴盛,1925年至1936年,仅董氏洪盛祥商号每年都要出口石磺约2.5万驮(折250吨),每驮石磺运到八莫,可换取18捆洋纱,外加20块大洋。茶叶3000驮(折30吨),进口棉纱约2万担,棉花6000担。除去各项开支,董氏每年可获净利70多万银圆[②]。其时贩卖鸦片成为滇西商人致富的捷径,如1923年是喜洲帮永昌祥赚钱最快的一年,通过贩卖鸦片,利润率高达264%。商业贸易的繁荣使下关成为滇西发展最快的城市。

(三)初步形成了区域城市体系

民国时期,以府城为区域中心的云南区域城市行政体系开始发生变化。其原因之一是民国初年的地方行政制度改革。1913年云南奉北京中央政府的指示进行裁府州留县,除昆明、大理、保山、昭通等原来的府城仍然在区域中保持政治行政中心地位外,其余原来的府城则相继失去了地区性政治中心地位,特别是不在现代交通沿线的府城也逐渐失去区域经济中心地位而走向衰落。导致这种变化的第二个原因是1910年滇越铁路的开通,使沿线城镇进一步发展,形成了一个较有影响力的滇越铁路经济带,滇越铁路经济带的出现打破了明清时期以行政性联系为主的城镇格局,经过重组后,以昆明为中心,昭通、曲靖、腾冲、下关等为次中心的区域城市体系初步形成。

这一时期,区域发展不平衡性加剧。东部地区尤其是滇东南地区现代化转型快且好于西部地区。随着滇越铁路、个碧石铁路、昆明—玉溪公路等道

[①] 腾冲县商业局编:《云南省腾冲县商业志》,1989年5月,第15页。
[②] 王应鹏:《民国时期大理、凤仪的马帮》,《云南文史资料选辑》,第42辑,第311页。

路的修筑,东部地区城市发展速度比西部地区城市更快。东部地区在铁路经济和锡业经济的共同作用下,形成了一个以个旧为核心的,包括蒙自、开远、石屏、建水、河口、玉溪、宜良、曲靖、宣威、通海、路南在内的城市网络,各城市之间的距离比较近,交通方便,经济上互相联系交往比较多,工业化水平领先于云南其他区域,商品经济率较高,整个东部地区在云南经济中占较大比重。个旧在滇越铁路通车后,从一个滇东南小镇发展成为闻名世界的锡都。其大锡出口量在1909年到1938年的30年间,占全国总出口量的90.7%,年生产量占世界总产量的5%,个旧锡成了云南的经济命脉。

西部地区下关、保山、腾冲等传统商贸城市亦继续发展,与滇东城市商品往来联系也较以前更紧密,但滇西商贸更多的是与川藏等地的贸易,有其原生性,且滇西地区城市基本上都以商业为主,没有较大的工业城市,除了几个较发达的商业城市外,大部分城市还未挣脱农业自然经济的束缚,未形成以手工业和商业占主导的城市经济。以滇西为例,战前滇西地区的城市发展势头无法与滇东南城市相比,但由于传统的滇缅商道、腾越关的存在,以及大理到昆明公路的修建,滇西城市仍然取得一定的发展。其中,发展最快的无疑是滇西商贸中心——下关。下关是滇西北的交通中心,地处滇缅商道,东经昆明又可去南宁、广州、香港;经南华又可进入四川,再沿长江而下,直达武汉、上海;西经保山转腾冲或畹町,可达缅甸瓦城、仰光;北过丽江去中甸、维西,经维西可至拉萨,再进印度、阿富汗等国;南到景东、思茅。虽然商道上行走的仍然是马帮,但在马帮经济的带动下,下关城市发展较快。当时,在下关所销杂货"多系内地贩运,为数繁杂,征收不易",而"棉纱、棉花两项系外地之大宗输入,统计下关地面每年两项约销数千驮"[①]。而滇西传统区域中心城市大理受战乱和地震灾害的影响,虽仍是滇西地区政治、文化中心,但经济发展则不及下关。

作为南方丝绸之路必经地的滇东北地区,昭通是滇东北的物资集散地,也是云南通往四川交通线上的主要城市。滇东北的东川铜矿也是云南的经济支柱,滇越铁路开通后,川滇黔贸易减少,滇东北城市地位有所下降,铜矿基本改由滇越铁路运输,昭通逐渐沦为以昆明为中心的二级城市。昭通因交

[①] 云南省档案馆馆藏档案,卷宗号 77—1—4770。

通梗阻,仅为川黔商贾交易货物转运之地,外人贸易则自昔未有,"不足以语于商埠也"①。

滇南、滇西北、滇西南等区域有一定程度开发,但发展势头远远比不上滇东南和滇西。滇南思茅县城是滇南行政中心和商业中心,繁华的珠市街,长约五里,城外的人,已有城内三四倍。然而恶性疟疾和严重的瘟疫导致死亡人数过多,思茅逐渐成为了一座死城。"衙门里常常有老虎来散步,我们一夜数惊,至于野狼,那简直是常来常往的亲戚了。"②总体而言,更多的云南城市仍然以农业为主,没有太大的变化,仍旧按着自己的步伐缓慢前进。整个云南区域城市发展变迁呈现出多种发展态势。

(四)省域中心城市昆明的崛起

昆明是云南的首府,是云南的政治中心。云南大的政治事件无一不是发生在昆明。例如昆明首先发起重九起义,昆明起义成功后,云南各地纷纷效仿,全省迅速光复。1919年"六四"爱国运动也是在昆明爆发,参与者席卷各阶层人士,虽然不能跟北京、上海等地相比,但如此大规模的集会游行,对边疆云南而言,是亘古未有之事,昆明政治中心地位得以充分展现。昆明也是军阀争夺的主战场,民国时期在此发生了唐继尧与顾品珍夺权;龙云、胡若愚对唐继尧的"二六"兵变;龙云、胡若愚、张汝骥三军混战争取统治权的战争。作为政治中心,昆明也是云南各类改革的发源地和试验地。20世纪30年代的云南地方政府兴起的"新云南"建设,国民政府推行的"新生活运动"都是首先在昆明开展。

民国时期的昆明是省、市、县政府机构所在地,在云南省各城市中行政等级最高,也是民国时期云南唯一设市的城市。因此,在行政力量支持下,聚集了云南省最丰厚的资源,可以说,昆明的发展是建立在整个云南省的推动下的。交通是阻碍云南城市发展的一个重要因素,民国时期几乎所有的道路修筑都与昆明有关。如20世纪20年代,政府以昆明为中心开展修筑公路运动,修筑了昆明至下关、昆明至贵州盘县、昆明至玉溪等公路。20世纪30年代,缪云台带领的经济委员会致力于省内的经济建设,创办了近40个企业,

---

①《中国地方志集成·云南府县志辑4·民国昭通志稿》,凤凰出版社,2009年,第29页。
②《活跃的滇西南边疆》,《西南边疆》,1938年,第3期。

这些企业大都集中在昆明。如云南纺织厂、电气炼铜厂、云南缫丝厂、云丰造纸厂、云南水泥厂、昆明电力厂、云南金属工具公司等。可见,昆明作为首府,是政府重点扶持的城市。在政府的大力推动下,昆明城市各方面均发展迅速。

抗战前夕,昆明经济体系中心地位得以确立。昆明在民国以前是全省行政中心,但称不上是整个云南的经济中心。滇西的大理、下关,滇西南的腾冲,滇东北的昭通,滇东的曲靖,滇东南的蒙自、文山,滇南的思茅等都是各自区域相对独立的政治、经济中心。随着铁路的修建通车,滇东南经济中心开始由蒙自转移到昆明,蒙自关于1910年4月2日在昆明成立云南府分关,并订立章程8条,其中规定:"凡火车由云南府运出口货物往东京者,在云南府照章完纳出口正税并子口税或厘金,于完清税厘后听关员于货车上严加封条。"①这就从制度上明确,蒙自已不再是进出口物资报关转运的必经之地。昆明作为滇越铁路的终点,逐渐取代蒙自。《云南概览》载:"昆明为本省省会,当滇越铁路之终端,各汽车路之起点,交通较便,省货外货,大抵在此分配批发,内对各县,外对安南、香港及上海等地,贸易均极繁盛。蒙自……在昔未通车以前,为本省与安南、香港及上海等地贸易之吐纳枢纽,……惟自滇越铁路通车以后,外货直运昆明,省货亦由昆明直输外埠,其重要地位,遂渐移至昆明。"②昆明影响力、辐射力、凝聚力凌驾于全省各地区之上,形成一枝独秀的区域资源配置核心:所有的生产要素包括资金、劳动力、技术都先向昆明集中,经过再加工后形成商品,向四周扩散。昆明从传统的辐射力较小的区域性商业中心逐步变成中国西南地区与东南亚间的贸易枢纽和商品集散地。

这一时期昆明成为现代化程度最高的城市,作家艾芜在其《人生哲学的一课》中对此描述:"滇越铁路这条大动脉,不断地注射着法国血、英国血……把这原是村姑娘面孔的山国都市,出落成一个标致的摩登小姐了。"③云南各属工厂多集中于昆明,昆明作为云南的工业中心,其发展较快。据记载,从1910—1923年的12年间,不论资本多少,全省先后新设立55家工厂,资本总额170余万元。同清末相比,企业数增加了3.7倍④。另据民国云南省建设

---

① 蒙自县志编纂委员会编:《蒙自县志》,中华书局,1995年,第572页。
② 京滇公路周览团滇分会编:《云南概览》,1937年铅印本,第106页。
③ 刘国辉、曹福志主编:《今文观止》,沈阳出版社,1993年,第828页。
④ 吴兴南:《云南对外贸易史》,云南大学出版社,2002年,第182页。

厅档案记载,截至抗战爆发时止,云南各属有现代工厂103家,其中昆明有52家,占到了一半①。此外,昆明有洋行35家,国内外金融机构也达数十家,新型商业贸易公司近40家,各类商号和店铺共计5542户,商业规模大大超过了其他城市。

民国时期昆明所设洋行

国别	行名	开设年月	资本	开设地点	经营业务
法国	安兴洋行	1918年4月	2500万法郎	庆云街	五金器具
	龙东公司			巡津街	投机走私、军火
	沙发理洋行	1922年9月		广聚街	毛货、匹头
	英仕的洋行	1921年5月	10000元	威远街	各种杂货
	加波公司	1921年		巡津街	钢铁水泥等
	志利洋行		100万	广聚街	进出口杂货
	懋和洋行			羊市街	洋纱
	普利洋行	1914年	1000万法郎		洋纱
	滇英洋行				碾米机、百货
	伯理氏公司		3万		食品、旅馆业
	远东公司		50万		羊毛兽皮
	美新木工厂		200万		器械
	商务酒店	1913年8月		火车站	
	中法实业银行	1918年3月		云津街	
	东方汇理银行办事处	1919年8月17日		广聚街	
	沙厘爷洋行	1917年10月1日	1000万法郎	新成铺	进口洋纱洋杂货
	福利洋行	1923年	200万法郎	三义铺	各种杂货
	宝多洋行	1922年	2000万法郎	威远街	毛呢、杂货、五金
	法国大药房	1922年	3000元	巡津街	西药
	徐璧雅洋行	1917年8月18日	70000元	巡津街	五金、棉纱
	亚细亚水火油公司	1919年		云津街	煤油

---

①云南省总工会工人运动史研究组编:《云南工人运动史资料汇编》,云南人民出版社,1987年,第67—77页。

续表

国别	行名	开设年月	资本	开设地点	经营业务
英国	逐安公司	1923年3月	10万元	威远街	钢丝床
	永年人寿保险公司	1918年9月1日		团城脚	保险业务
	卜内门洋枧公司	1920年		广聚街	
美国	三达水火油公司	1917年		巡津街	
	胜家公司	1912年		金马坊	
	慎昌洋行			盐店街	各种机器
日本	府上洋行	1914年1月		三市街	
	日本酒店	1916年		德胜桥	
希腊	马蒂亚多士洋行	1924年6月		金马坊	
	若利玛洋行	1913年		广聚街	
德国	谦信洋行			威远街	德国燃料等
	礼和洋行			威远街	五金机械
	西门子公司			威远街	五金机械
土耳其	沙发尼洋行	1922年		广聚街	

资料来源：云南省经济研究所李硅编《云南近代经济史》，云南民族出版社，1995年，第232至233页；张维翰修，童振藻纂修《昆明市志》，1924年铅印本；《支那省别全志·云南省》（第三卷），东亚同文会，大正六年（1917年）整理。

(五)城市管理、社会、文化有一定发展变化

民国前期，昆明等城市人口较前有一定幅度增加。伴随城市人口的增加，城市问题的增多，加强城市管理成为当局治理城市的一个重要任务。城市治理的一个重要表现是设立专门的市政管理机构。

1919年，云南省长唐继尧废督裁兵、实行民治，创办市政，设云南市政公所于翠湖之湖心亭，委任李宗黄督办其事。旋因政变，唐省长去滇，遂裁。1922年春，唐继尧回滇后再次主持云南省政，于是年8月1日复成立市政公所。划定省会区域，以城内外不属于五乡者，脱离昆明县范围而属市政公所，其属于五乡者仍由昆明县管辖，并按诸历史地理关系，命名为昆明市。昆明市政公所的建立标志着云南城市管理开始进入一个新的发展阶段。昆明市

政公所与县政府不同,主要管理昆明城市的市政和社会建设,其职责主要有以下几方面:

1. 市财政、市公债并市公产之管理及处分事项。

2. 市街道、沟渠、桥梁之建筑及其他土木工程事项。

3. 市交通、电话、电灯、自来水、车船、肩典及其他公用事业之经营及取缔事项。

4. 市警察行政、消防火灾、水患及其他公共安宁事项。

5. 市公共卫生及公共娱乐事项。

6. 市产业之奖劝及经营事项。

7. 市教育及风纪事项。

8. 市社会事业及其他慈善救济事项。

9. 市户籍之调查事项。

10. 省政府委办及其他应办事项。

昆明市政公所设督办一人、会办一人至二人,由省长任命之。督办综理全市行政事务,会办助理之。督办有事故时,得以会办一人代行其职权。市政公所下设总务课、工程课、公用课、警务课、卫生课、劝业课、教育课、社会课。各课设课长1人,课员2—8人,技正技士无定额,由督办视事务之需要随时兴设。市政公所设秘书2—4人,承督会办之命,掌理机要事务及核文稿。设督察长若干人,承督会办之命,分任各区警察勤务及消防事务之督察。督办得就市民中富于学识经验者,遴委6—10人为名誉参事,督办为备都市计划及行政上之咨询,得聘任顾问。1933年,昆明市政公所因市政日繁,甚感区域偏小,不敷发展,呈准将昆明县附近市郊村落大小27村划入市区管辖[①]。

1928年,昆明市政公所根据国民政府颁布的《普通市组织法》改组为昆明市政府。昆明市政府依法听从省政府及各厅长指挥,市长为荐任职,下设经济局、公益局、建设局、公安局、教育局及秘书、督察两处。后省去督察处。1929年初,改经济局为财政局,改公益局为社会局,并增加土地局,公安局和教育局仍旧。同年,根据国民政府《修正市组织法》相关规定,省政府所在地不设公安局,改设省会警察局,故昆明市公安局改为省会警察局,从市政府中

---

① 云南省通志馆:《续云南通志长编》下册,云南省志编委会印,1985年,第1116页。

分离出来，改由省政厅直辖。另外，由于昆明市的人口仅16万人，未达到当时设立普通市需要20万人口的标准，其市政府组织机构过大，故在省政府的督促下缩编，共裁减73人。原设各局一律改为科，只对市长负责，不得对外。

昆明市政府暨附属机关系统表

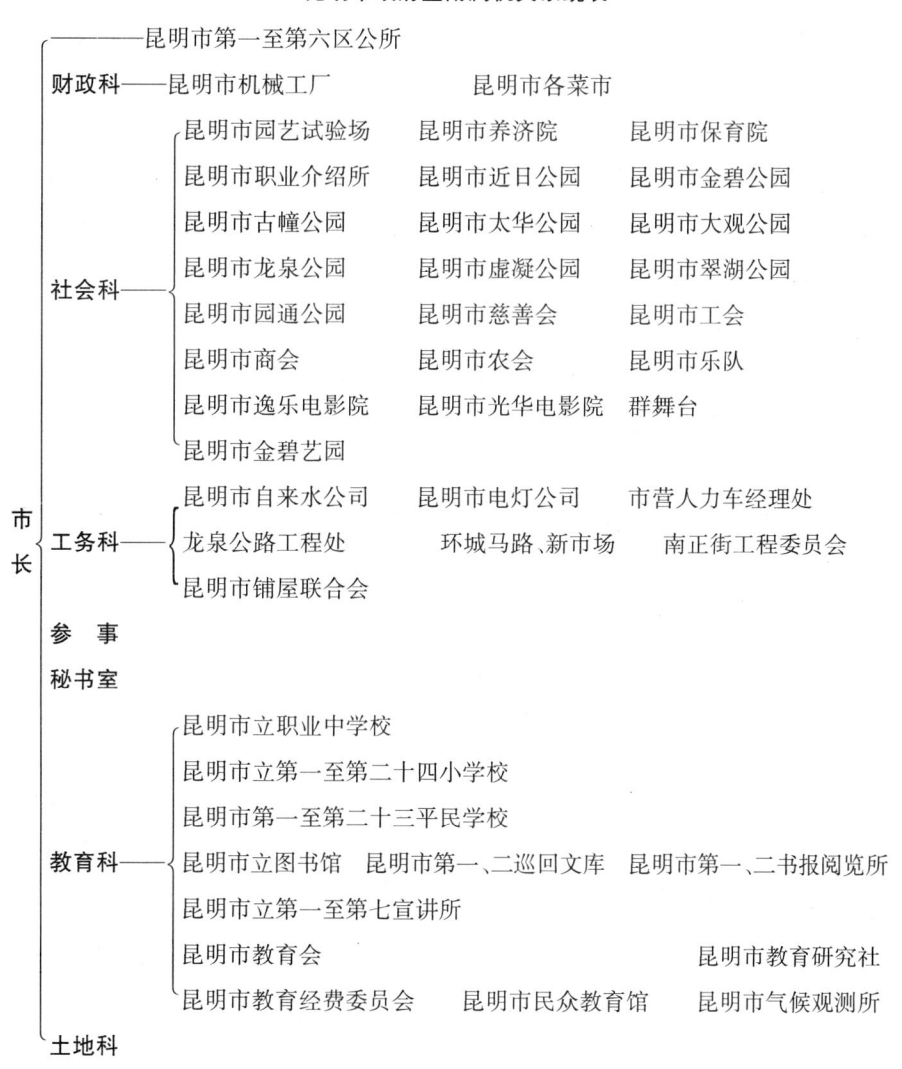

市长
- 财政科
  - 昆明市第一至第六区公所
  - 昆明市机械工厂
  - 昆明市各菜市
- 社会科
  - 昆明市园艺试验场　昆明市养济院　昆明市保育院
  - 昆明市职业介绍所　昆明市近日公园　昆明市金碧公园
  - 昆明市古幢公园　　昆明市太华公园　昆明市大观公园
  - 昆明市龙泉公园　　昆明市虚凝公园　昆明市翠湖公园
  - 昆明市园通公园　　昆明市慈善会　　昆明市工会
  - 昆明市商会　　　　昆明市农会　　　昆明市乐队
  - 昆明市逸乐电影院　昆明市光华电影院　群舞台
  - 昆明市金碧艺园
- 工务科
  - 昆明市自来水公司　昆明市电灯公司　市营人力车经理处
  - 龙泉公路工程处　　环城马路、新市场　南正街工程委员会
  - 昆明市铺屋联合会
- 参事
- 秘书室
- 教育科
  - 昆明市立职业中学校
  - 昆明市立第一至第二十四小学校
  - 昆明市第一至第二十三平民学校
  - 昆明市立图书馆　昆明市第一、二巡回文库　昆明市第一、二书报阅览所
  - 昆明市立第一至第七宣讲所
  - 昆明市教育会　　　　　　　　　　　昆明市教育研究社
  - 昆明市教育经费委员会　昆明市民众教育馆　昆明市气候观测所
- 土地科

昆明市政公所作为一个新型的政府机构，开始引入西方国家对城市进行现代管理的制度和措施，从而促进了昆明城市的现代化转型与发展。市政公所成立后，对所属居民户口进行详细调查，建立健全地方自治组织，推进各种

工商业,发展新式教育,进行市政建设,使昆明城市较前有很大改观。市政公所的营业税、牌照税、土地税等收入逐渐增加,因此各项有关市政的工作得以推广。当时最为引起市民关注的城市公共卫生受到前所未有的重视,一个重要的表现就在城市重要的街区普遍设置公共厕所。为了维护城区内的公共卫生,把原设城中的屠牛羊场搬到南城外。翠湖滨的米线豆腐作坊搬迁出城。与此同时,贴出布告,严厉禁止宰杀病畜,并通知各街守望亭的值岗巡带。另外,还组织"清道夫"清扫城内垃圾,喷水机喷射全市大街道路等。在城市建设方面也引入了现代规划理念,在昆明城市扩张的同时,注意合理分区规划。城市公共空间建设也受到重视,昆明相继在城区和郊区修建了9个对市民开放的公园,翠湖公园和大观楼公园的景观非常美丽,成为昆明人常去休闲的去处①。抗战前,昆明的城市公用事业也有一定的发展,相继创办了自来水厂和耀龙电灯公司,耀龙电灯公司开创了云南城市公用照明事业。市政公所建立后,更是进一步推进了市政公用基础设施的建设。1935年,蒋介石率众来昆明视察,他们发现昆明与全国大中城市相比"非常可爱的,没有给人以乱糟糟的感觉"。蒋夫人宋美龄写道:"昆明城的街道十分干净整洁,建筑物都是同一色彩,和我们在其他地方见到的那些杂乱的建筑物相比,使人感到更舒服。"②

　　城市内部及城市之间的交通运输建设得到云南相关政府部门的大力支持,1929年2月,云南全省公路总局拟订了公路建设计划,将全省公路分为四干道八分区。截至1932年12月,云南已成公路1281公里,另有780公里在建,1274公里已经测勘③。

　　抗战前,云南城市现代化教育在传承晚清的教育改革的基础上,进一步发展。由于云南经济落后,加上民初战乱频仍,因而云南的新式教育发展仍然较缓慢,直到20世纪20年代初云南全省都没有一所高等学校。时任云南省省长的唐继尧认为:国民实行"民治政治,如实业、教育、交通及一切庶政,在需要专门人才,方克有济。此项专门人才,更非由大学以造成不可"。然而"本省无相当之学校以升学,如中学毕业后,多数辍学,欲向省外国外谋升学,

---

① 马龙光:《革新后的云南昆明市》,《生活周刊》,1932年,第5卷,第1—52期。
② [澳]霍尔:《云南的地方派别(1927—1937)》,云南省历史研究所研究集刊,1984年,第536页。
③ 云南公路史编写组编:《云南公路史》,第1册,国际文化出版公司,1989年,第64—65页。

又苦于交通经济之种种障碍"。① 因此他于1922年12月,创办了私立东陆大学。该校成为中国西南边疆地区第一所综合性正规私立大学。该校创办后成效颇著:"就同类机关如上海南洋大学、南京东南大学、天津南开大学等比较之,该大学所有以往成绩与效率居优胜地位,以时间之速,与办理之认真,至有今日所知之效果,可谓难能可贵矣"②。龙云任云南省长后,高度重视发展教育,在全省推广"新教育"运动,增加省政府对教育经费的投入,特别是重点发展城市教育,尤其是对云南唯一的高等学校——东陆大学从各个方面给予支持。1930年,将东陆大学由私立改为省立,全部教育经费由省政府直接拨付。1934年,东陆大学改名为云南大学,先后设立文法、理工学院,并筹备组建医学、农学院系等。此外中等教育和小学教育也在龙云的支持下有较大发展,另外云南边远少数民族地区的教育也因教育经费较前投入加大,办学条件得到一定程度的改善,师资力量也有所加强。1930年,云南全省有省立男子中心学校4所,省立男子师范学校9所,女子师范学校3所,女子中等学校1所,职业学校2所,法政学校1所,县立及联立初级中学47所,市立职业学校1所,县立师资训练所86所,区县立小学校6843所;有中等学校的学生6344人,师训所学生14468人,小学生20万余人③,云南教育落后的状况得到一定程度改变。

抗战前,云南的新式学校教育主要集中在城市,尤其以昆明为发展重点,昆明作为云南省会城市,教育资源大量集中于此,故而昆明的各级教育遥遥领先于其他城市。抗战前,昆明总计有小学52所,就学人数10837人,已占全市学龄儿童总数的92%,故昆明的教育普及程度不仅在云南,就是在全国其他同类型城市中也算比较高的。由于教育资源分配不平衡,云南其他城市的教育相较昆明远远落后,与昆明相隔不远的嵩明、陆良等县城也只有初级中学或师范小学,"完全中学,只昆明有之"④。与昆明相邻的富民县有初级小学90余所,完全小学3所,乡师学校1所。"但所谓完全小学者,反不逮旧式私塾设施完全,乡师亦只是挂个牌子。因地方教育经费不足,教员薪俸即

---

① 唐继尧:《东陆大学开学典礼的致训词》,1923年。
② 中华教育基金会董事会:《视察东陆大学报告》,1927年。
③ 《最近云南教育概况》,《河南教育》,1930年,第21期。
④ 铁道部财务司调查科查编:《粤滇线云贵段经济调查总报告》,第1册,第104页。

不能按月支付。设备自是简陋,而医药之设备,如卫生室,及校医等均无设施。至于学生卫生习惯之养成,缺点之检查矫治,更未举办。而学生中常有百分之十或百分之二十因病请假。教员亦常因病缺课。"①昆明周边的地区尚且如此,云南边境地区的城乡教育则更为落后,如 1935 年省教育厅规定少数民族的儿童施行"苗民教育",在边境县份设立了 35 个土民小学,但是由于居民分散、经济贫困多种因素,这些边地学龄儿童入学率很低,受惠泽的寥寥无几。

抗战前,云南各区域经济的发展,交通条件的改善,使得人口流动性增强。一方面表现为外省人口、农村人口开始大量涌入云南的各级城市,另一方面表现为城市间人口流动性增强。1919 年到 1934 年期间,云南人口从 9995542 人增长到 12042151 人,其中增长最快的是昆明、蒙自、个旧三地。滇越铁路修建后,带动了个旧锡矿业的发展,官办、商办锡矿公司纷纷兴起,从而创造了大量就业机会,导致大批农村劳工成为矿工,如建水及周边地区的农民,甚至远在大理、楚雄的农民都纷纷到个旧以采炼锡为职业谋生,另有不少的矿工也在自己安顿下来后将家属迁入此地,由此推动个旧城市人口快速增长。据统计抗战前个旧的矿工就达 8 万—9 万人②。而矿业开发的兴盛,也带动了为之服务的其他行业的发展,从事商业和自由职业者人数不断上升。

人口流动引发了云南各个层面的社会生活发生变化。如城市居民观念开始发生变化。清末民初,滇越铁路通车,从此西风东渐,西方文化开始冲击着云南的传统习俗和传统文化。随着外国人入滇,昆明金碧路一带,许多洋行都成立起来,昆明有钱人家盖房子,都是请法国的设计师,并由安南的工人来修建,修建法国式建筑成为时尚,现存的云南大学会泽院就是一个典型建筑。此外,安南人和广东人也随着开埠通商大量来到云南,"云南各项工业,多操安南人及广东人之手。缝纫业,粤人占十分之三,安南人占十分之七,家具业,粤人占十分之一,安南人居十分之九。对此两项日用工业,本省人皆绝无仅有。甚至自来水公司安设水道铁管,非用安南工人不能成功"③。在西风

---

① 《西南边疆》,1938 年,第 3 期。
② 个旧市志编纂委员会:《个旧市志》,云南人民出版社,1998 年,第 67 页。
③ 谢晓钟:《云南游记》,《近代中国史料丛刊第 9 辑》,文海出版社,1974 年,第 67 页。

东渐的影响下,看电影、踢足球等现代城市休闲娱乐方式在这一时期也开始流行。民国建立后,云南按照国民政府的要求,颁布的一系列改变风俗的法令,直接推动了昆明等城市的社会风俗演变,如为建立新兴的秩序,改变古老的"日中为市"的旧俗,军政府甚至对昆明市各商店的开门营业时间也作了相应的规定。1912年8月28日,军政府巡带局致云南商务总局的咨文中说:"省城内各街铺户,积习相沿,每日早晨开铺时间,七、八、九钟不等,甚至有延止十点余钟始行开铺者。此种陋俗,殊非民国肇基,咸与维新气象,……且早间贪眠,不特于事业难期发达,实于卫生上诸多妨碍。"[①]在政府的认真贯彻执行下,云南社会风气发生较大改变,诸如缠足等陋习得以禁止,新社会风气开始形成。

抗战前,由于军阀割据的结束,政治的稳定,云南经济状况有了明显的好转,社会秩序也较为安定,城市有一定程度的发展,这为抗战爆发云南成为大后方的重要基地,以及抗战前沿奠定了一定基础。

第二节 抗战内迁与战时云南城市发展

人类历史上战争频繁,战争作为大规模的暴力行为,其残酷性、毁灭性会给发生地区的城市带来巨大的灾难和破坏,但是战争有时也为非战场地区的城市带来新的发展机遇。抗日战争是日本所发动的侵华战争,给中华民族带来了巨大的灾难和毁灭性破坏,但对于大后方的云南城市来说,因大后方的建设而得到了历史性的发展机遇。抗日战争爆发后,国民政府向西南迁移,昔日偏僻的西南边陲云南则成为战时中国大后方的最重要地区之一,东部的部分工厂企业、机关、学校和大批社会精英来到云南,由此推动了云南的工业化、现代化和城市化进程。

一、抗战内迁与云南城市与区域的发展

如果说从晚清到抗战前,云南地区城市与区域发展动力主要是来自于外力推动的话,那么抗战时期,云南城市与区域的发展动力则主要来自于国家

[①] 谢本书:《蔡锷传》,天津人民出版社,1983年,第39—40页。

力量为主导的,包括地方力量和市场因素等多种力量的合力推动。抗战爆发后,日本军队大肆侵略,东中部地区国土大片沦丧。为了保存国力,整个国家实行了战略转移,于是,国民政府西迁至重庆,国民政府开始组织沿海工矿企业和各机关、高校纷纷内迁。云南因地处战略大后方而成为内迁的重点区域。

内迁虽是战时迫不得已的行为,但却为云南城市发展带来了大量的资金、设备和人才,给云南发展带来了一个契机,推动了城市现代化进程。

(一)工厂企业的内迁及影响

"八一三事变"后,东南沿江、沿海一带迅速陷落,工矿企业损失惨重。据统计,机器造纸业损失84%,国防制碱业损失82%,盐酸制造业损失80%,纺织业损失70%,面粉业损失60%,火柴业损失53%,全国6344家工厂,共计损失60%[①]。为了保存实力,满足社会军需民用需求,工商业界率先开始了工矿企业大迁徙。

云南因其战略地位的重要,抗战爆发伊始,国民政府负责重工业开发的资源委员会派出副秘书长钱昌照等人来到昆明考察,并和云南省政府达成协议:"由资源委员会和云南省政府在云南合办工矿企业,资源委员会负责出资金和人员,如有结余双方均分,如有亏损云南方面不承担责任。"[②]在云南省政府的配合下,大量工厂、企业内迁云南。从1938年到1942年间,国家资本的中央工业企业在云南得到迅速发展。1942年前后,在云南的国家资本中中央工矿企业有将近30个。除中央企业外,还有云南地方企业。此外民间社会资本还新建了若干企业。这些内迁企业和新建企业多集中在昆明和滇越铁路、滇缅商道等交通要道的城市,少数分散在云南省内的中小城镇。

抗战内迁云南的企业和新建企业无论是技术设备,还是管理都比云南原来的企业更先进,特别是军工企业几乎都是从外国引进的先进技术装备,工厂规模多为大、中型。大型军工企业有中央垒允飞机制造厂、空军第一飞机制造厂、第22兵工厂、第51兵工厂、第52兵工厂以及第21兵工厂安宁分厂、23兵工厂昆明分厂、无线电器材厂、中央机器厂、中央电工器材厂、昆湖电厂、

---

① 忻平:《1937:深重的灾难与历史的转折》,上海人民出版社,1999年,第513页。
② 钱昌照:《资源委员会及其在云南的活动》,《抗战时期内迁西南的工商业》,云南人民出版社,1989年,第2页。

昆明电冶厂等。

抗日战争时期部分内迁云南的工厂企业一览表

分类	工厂名称	何时何地内迁	内迁何处	备注
军工业	兵工署第22兵工厂	1938年,南京	昆明	1937年迁重庆,1938年迁到昆明
	第21兵工厂安宁分厂	1939年,南京	安宁	1937年迁重庆,1939年迁至安宁
	空军第一飞机制造厂	1938年,韶关	昆明	
	中央垒允飞机制造厂	1938年,杭州	瑞丽	
机械制造业	中央机器厂	1938年,湘潭	昆明	是后方唯一的全能机器厂
	中央电工器材厂	1938年,湘潭	昆明	
	中央无线电器材厂	1940年,南京	昆明	
	中国电力制钢厂	1941年,上海	昆明	
钢铁、冶金业	昆明电冶厂	1939年,南京	昆明	

资料来源:《抗战时期内迁西南的工商企业》,云南人民出版社,1989年。

中央垒允飞机制造厂从杭州迁入瑞丽边境城镇垒允,1939年7月建成投产,新建的厂较原来的杭州老厂规模扩大了许多,全厂共有中国员工2929人,是当时中国设备最先进,规模最大的飞机制造厂。

最值得提及的是中央机器厂。中央机器厂是国家资源委员会创办的我国第一个大型机械厂。该厂初建于1936年,是资源委员会奉令筹建机器制造厂,计划与航空委员会合作,担任航空发动机的制造,积极进行筹备,最初选厂址于湖南湘潭县。逮至"七七"卢沟桥事变发生,中国对日展开全面抗战,战局陡变,湘鄂亦且吃紧,而行将运来之器材,又多件大而笨重,搬徙殊感困难,经呈准停止在湘建厂计划,而全部迁设云南。4月间,在滇选定昆明北郊之茨坝为厂址,积极进行建厂工作。从国外订购的器材运达香港后,再经滇越铁路运至云南。迁滇之初,先租昆明城内民房为临时工场,制造外界委托及自行仿造之各项机件。继而借昆明五金工厂之一部分厂房,专制工具样板,同时积极建造厂房。在湘员工亦陆续西迁。1939年,茨坝初期厂房部分完工,外来机件亦陆续安装。6月间,廉价购得美国斯德华卡车装配厂全部器材,定供制造及装配卡车之用,设备逐渐增加,规模粗具。其生产的产品主要为原动机械、工具机械、纺纱机、交通器材等项。是年开始设计制造220马力煤气机与发电机。1940年秋,昆明局势一度紧张,滇越铁路交通阻断,而滇缅公路又未开放,外购器材,无法内运,对该厂制造工作,妨碍颇大。招聘技工,困难亦多,然而是年该厂产品价值估计仍有国币306.7万元、美金5.2万元之巨(包括在制品已成部分之估价)。员工人数亦增至1341人,规模略备。1941年,战局一度紧张,年内敌机空袭警报达54次,该厂曾4次遭炸,8月12日的轰炸损失特重,厂房仓库等全毁至10所,半毁者亦4所,机件亦稍有毁坏,综计损失不下280余万元。一时厂内工作遂告停顿,整理修葺,并迁移疏散,旷时月余,9月下旬始渐恢复,全厂上下竭力加紧生产工作。中央机器厂迁到昆明后,工人人数由少到多,1940年工人增至1341人,1944年,全厂有职员443人,工人等1694人。工厂规模由小到大,最初有五个小厂:蒸汽透平厂、锅炉厂、煤气厂、发电机厂、汽车厂,随着生产规模的扩大和设备的增加,1942年,改组为7个厂,实行专业化生产,发展成为了战时大后方唯一的全能机器厂。第一厂主要炼钢铸铁,产品部分单独出品,供给市场,一部分制造半成品,供应本厂其他制造部门;第二厂主要制造蒸汽锅炉及其有关器材;第三厂主要制造柴油机、煤气机及煤气发生炉;第四厂主要制造大型发电机及电动机等;第五厂主要制造工具机及各种精密工具;第六厂主要制造纺织机械;第七厂主要制造普通机械。云南的机械工业由此奠定基础。其产品除供事业需要外,其余民用产品和机械产品主要通过市场供应大后方各地,主要销地以四川为最多,云南次之,其他为黔、桂、甘、陕各省更次之[①]。

中央电工器材厂也是资源委员会为保障我国电力工业的发展而创办的。1935年7月开始筹备,厂址最初设于湖南湘潭附近。1938年,汉口沦陷,湘潭逼近前方,感受威胁,该厂奉令迁移,一部分迁桂林,一部分迁昆明。抗战期间,昆桂各厂并行发展,并于重庆、兰州二地分设支厂。1944年秋,湘桂战局演变,该厂桂林部分奉令内迁,一部分迁渝,与支厂合并,一部分迁昆明,一部分迁贵阳。中央电工器材厂先后引进了英国、美国数家公司的电线电缆、

---

① 云南省通志馆:《续云南通志长编》下册,云南省志编委会印,1985年,第378页。

绝缘电缆和真空电子管的制造技术,从德国引进了电话机和交换台的制造技术,是我国第一家全能的电线电缆生产厂。中央电工器材厂在昆明有4个分厂,第一厂制造电线,主要产品有裸铜线、镀锌铁线、军用被复线、绝缘皮线、花线、铅皮线、漆包线、纱包线及钢丝绳等;第二厂制造电子管及氧气、电灯泡等,主要产品有收信真空管40余种,发信真空管10余种,整流真空管数种,各种照明灯泡及氧气;第三厂则以制造电话为主,主要产品有军用电话机、普通磁石式及共电式电话机、自动电话机、磁石式及共电式交换机、载波电话转电线圈及保安设备等;第四厂制造电机、变压器、开关及电表等,主要产品有电动机、变压器、开关设备及电表①。该厂奠定了我国西南地区的电器工业基础。

中央无线电器材厂,于1936年9月开始筹备,厂址初设于长沙。1938年因长沙大火迁桂林,并筹设昆明、重庆二分厂。1940年春,昆明分厂成立。该厂筹备之初,致力于收音机之制造。抗战军兴,军用收发报机需求激增,昆明分厂以制造大型无线电报发送机供给军用为主,并全力制造其他军用机件,以应前方急需,军事通讯,赖以维持。军政部、政治部、航委会等,均有大批机件之定制。1941年供给美国航空志愿队第一大队通信网用机件数十套,该队因此通信灵敏可靠,在一个月内击落敌机284架。该厂各种无线电机件均大量生产,除整架机件外,凡大部分零件现亦能自制,且可多量供应,尤以太平洋战事爆发后,材料来源困难,无不设法自给。向之仰仗欧美或港沪产品,而内地素无一制造者,该厂皆能自造。例如电表、听筒、话筒、拾音器、轻型内燃发电机、电动发电机、晶体振荡控制器及各种仪器等。此外,凡为适应战事特殊需要,必须创造各件,如收报机用之手摇发电机、滤波机、电话秘密终端器、步声机等,该厂均精研创制,以供抗战急需②。

西南联合大学机械实习厂虽然不是大型的现代机械工厂,但对于云南的机械工业也影响甚巨。1939年,西南联大工学院机械系为了教学的需要,在昆明拓东路江西会馆内开始装置机器设备,所有机器大部分均系自清华大学运来。主要设备有大小13个三相交流电动机,共计64匹马力。金工厂机器

---

① 云南省通志馆:《续云南通志长编》下册,云南省志编委会印,1985年,第370页。
② 云南省通志馆:《续云南通志长编》下册,云南省志编委会印,1985年,第371页。

设备主要有德制电动7尺车床1部,美制6尺车床1部,美制5尺车床3部,美制3尺车床1部,国产4尺车床7部,美制直臂钻床1部,国产钻床1部,8尺龙门刨床1部,国产牛头刨床1部,美制万能铣床1部,德制冲剪机1部,工具磨机1部;木工厂有美国自给刨木机1部,美制手推刨木机1部,美制电动木车床1部,美制木车床2部,国产4尺木车床8部,木锯床2部,起口机1部,电动小刨木机1部;锻工厂有美制锻铁炉1座,自制锻铁炉6座,自造鼓风机1部;铸工厂有自制1吨化铁炉1座,自制小型化铁炉1座,自制化铜炉1座,自制鼓风机1部。各厂除供给学生实习外,兼营机器之制造及修配工作。1943年7月,改归清华服务社机械工程部继续经营。主要产品有各种机器配件、车床、手摇钻床、老虎钳、大小铜铁铸件等。该厂培养了大批技术工人,对于云南的工业发展起了重要的推动作用①。

迁滇各企业不仅为抗日战争做了巨大贡献,而且还为云南现代工业的发展奠定了基础,其中若干企业在抗战结束后留在云南,成为20世纪下半叶部分云南现代工业企业的前身,如中国电力制钢厂、云南钢铁厂、昆湖电厂、云南水泥厂等一大批工业企业都是在抗战时期内迁企业的基础上发展起来的。这些内迁企业带来了比较先进的生产设备、技术力量及资金,对云南的工业发展起到了重要的推动作用,特别是机器制造、化工、建材等企业的迁入,填补了近代云南工业的空白,这些企业对开发云南的自然资源,改变云南工业的结构(原来比重最大的是矿冶业),以及输入技术和管理等方面都起了重要作用,也对城市的发展起了重要的促进作用。

1. 大规模工厂内迁,直接促进了云南现代工业的跨越式发展,为大后方带来了发展工业的资本(包括国家资本、官僚资本和民族资本)。抗战前,云南具有一定规模的近代工厂企业只有42家,其余工厂大都规模小,人数少,设备简陋,技术落后,其中大部分还处于手工作坊阶段。内迁工厂不仅直接推动了云南现代工业的发展,而且它带来的先进技术,较科学的管理模式,也对其他企业工厂起了示范作用,刺激了城镇经济的发展和繁荣,使原本闭塞落后的云南缩短了和发达地区的差距。

2. 内迁企业调整了云南的工业结构。抗战前,云南除采矿业外几乎没有

---

① 云南省通志馆:《续云南通志长编》下册,云南省志编委会印,1985年,第379页。

其他的重工业企业,基本上以轻工业企业和手工业工场或作坊为主。内迁的中央企业多为重工业企业,除前面所提到的军工企业外,还有中国电力制钢厂、云南钢铁厂,这些企业在云南的落户和建成投产使云南钢铁工业从一开始就高起点地发展,从此云南结束了不能产钢的历史[①]。战前云南没有化学工业,随着内迁企业的到来,云南化学工业从无到有,从少到多发展起来,规模最大的化工企业是化工材料厂,该厂位于昆明西郊滇缅公路12公里处的普坪村,于1938年12月由国民政府资源委员会创办,主要生产双化牌纯碱和烧碱,纯碱最大日出产量达到1吨[②]。抗战时期云南相继建立了包括机械、化工、冶金、电器仪表、食品、纺织等上百个行业的工厂企业,各行业生产的产品种类繁多,几乎囊括了当时中国有能力生产的所有产品,云南初步形成了一个能自给自足的、门类比较齐全的工业基础结构。这些企业对云南自然资源的开发、工业结构的改变以及技术和管理的输入等方面都发挥了重要作用。

3. 内迁企业带来了先进技术、先进管理制度和经营方式,提高了社会生产效率。例如战前云南纺织业水平较低,只有一些作坊式的纺织厂,机械化程度不高。1937年,国资委和云南经济委员会投资建成云南纺织厂,开创了云南纺织工业新的一页。1938年,中国银行等与经济委员会合办了裕滇纺织公司,1940年建成投产,资本总额高达1200万元,是当时云南最大的纺织企业。到抗战后期,云南全省的机制棉纱由年产0.3万余件增至3.3万余件;纱锭由战前的0.52万锭增至4.8万余锭;棉布由年产3.6万匹增至37万匹[③]。

(二)金融机构的内迁及影响

抗战前,云南没有一家国家银行及其分支机构,也没有外省商业银行进入,只有云南富滇新银行、劝业银行、兴文官银号、矿业银行、益华银号等几家本省金融机构。抗战爆发后,因战时紧迫,国家及各省商业银行纷纷迁入云南。银行业在云南得以迅速发展。从1938年至1940年间,云南新设银行43

[①] 孙代兴、吴宝璋:《团结抗战——抗日战争中的云南》,云南人民出版社,1995年,第176—178页。
[②] 云南省中国近代史研究会编:《中华民族伟大复兴的历史转折:纪念中国人民抗日战争胜利六十周年理论研讨会论文集》,云南大学出版社,2006年,第358页。
[③] 孙代兴、吴宝璋:《团结抗战——抗日战争中的云南》,云南人民出版社,1995年,第179页。

处,至1943年底,云南省银行资本总额比战前多了7倍[①],金融业呈现繁荣景象。银行迁入情况如下:

中央及外省银行在滇设置情况表

分类	名称	成立时间	业务	备注
国家银行	中央银行	1937年	军政存汇	1939年设下关分行;1940年设蒙自分行;1941年设文山办事处;1944年设保山办事处
	中国农民银行	1938年	农贷	蒙自、曲靖、下关、保山、腾冲、昭通等地设有办事处
	中国银行	1938年	汇兑及押汇、储蓄、信托、代理保险、押放透支等业务	设置昆阳、凤仪、大理、玉溪、弥渡、楚雄、漾濞、龙陵、保山、会泽等22处农贷区域,并在大理、曲靖、昭通三地办理工合贷款
	国家邮政储金汇业局	1939年	全部国家银行业务	
	交通银行	1938年	同上	在滇设有5个办事处
	中央信托局	1940年	保险、购料、汇兑、储蓄、信托等业务	
各省商业银行	金城银行昆明支行	1938年	存放款、汇兑、储蓄、贴现	1943年由金碧路迁往南屏街,并在云大、联大设立储蓄所
	上海商业储蓄银行昆明分行	1938年	同上	1941年曾在保山设办事处
	信托股份有限公司昆明支行	1940年	同上	
	聚兴诚银行昆明支行	1939年	同上	1944年迁址南屏街,9月在正义路增设储蓄部
	重庆银行昆明支行	1938年	同上	营运资本30万
	四川美丰银行昆明支行	1938年	同上	营运资金法币5万

---

① 徐朝鉴主编,中国人民政治协商会议西南地区文史资料协作会议编:《抗战时期西南的金融》,西南师范大学出版社,1994年,第15页。

续表

分类	名称	成立时间	业务	备注
各省商业银行	川康平民商业银行昆明分行	1938年	同上	资本额20万
	川盐银行昆明分行	1940年	同上	资本额16万
	浙江平民商业银行昆明分行	1939年	同上,买卖证券及生金银、信托	资本额16万
	广东省银行昆明办事处	1939年	同上,兼营商品买卖	营运资本16万
	新华信托储蓄银行昆明分行	1938年	同上、代理收付款项	营运资本16万
	中国农工银行昆明分行	1940年	同上,仓库	资本额16万
	济康银行昆明办事处	1942年	经营商业银行一切业务	
	四川其昌银行昆明分行	1945年	同上	资本10万
	山西裕华银行昆明分行	1944年	同上	资本50万
	同心银行昆明分行	1943年	同上	营运资金500万
	大同银行昆明分行	1943年	同上	营运资金25万
	正和银行昆明分行	1944年	经营商业银行一切业务	位于南屏街11号,营业资金50万元
	中国工矿银行昆明分行	1943年	同上	营运资金200万元
	光裕银行昆明分行	1945年	同上	营运资金50万
	亚西实业银行昆明分行	1942年		营运资金5万
	华侨兴业银行昆明分行	1943年		营运资金30万

资料来源:中国人民政治协商会议西南地区文史资料协作会议《抗战时期西南的金

融》,西南师范大学出版社,1994年,第15—19页整理。

数量众多的国家银行、外省商业银行及地方银行在抗战时期为了谋求各自的业务发展,竞争十分激烈,正如《广东省银行昆明支行1940年工作报告》中记载:"云南僻处边陲,情形特殊,故地方银行以潜势力之雄厚,实超国家银行而上之。至商业银行,大都均先于本行一年以前成立。地方情形知之既捻,复致力于押汇、抵押、放款以及兼营商品买卖,本行处于此种情势之下,与同业争胜,诚有忧忧乎其难之概。"[1]银行之间虽然有着激烈的业务竞争,但却为城市工商业的发展创造了条件,由于沿海人口和资金大量涌入云南,有一部分流向工业、城建等产业,但更多的部分转变为容易获利的商业资金。如上海王氏兄弟内迁昆明后,在昆明正义路投资兴办了一家百货公司"昆明东南兴业公司",因为经营得当,家喻户晓。据1945年6月统计,中央银行昆明支行经手汇入款项总额达到510余亿元,是1938年的8000倍[2]。金融业的发展从国家银行及各省商业银行迁滇设置表可见战时云南金融业的飞跃发展,抗战结束时,云南全省共有金融机构217个,在19个大后方省区中位居第二。伴随城市金融业的发展,一个新兴行业——保险业也有较大发展,这一时期,保险公司多达15家。此外,内迁也带来了邮政电信业等事业的发展。

(三)学校内迁及影响

抗战期间,迁入云南的高等院校有10余所,包括国立西南联合大学、国立国术体育专科学校、国立中山大学、国立艺专、国立同济大学、私立华中大学、国立中正医学院、国立上海医学院、私立中法大学、中央政治学校分校,还有外来文教单位在昆明创办的云南省立英语专科学校,加上云南大学,于是抗战时期的昆明成为中国的教育中心之一。

---

[1] 徐朝鉴主编,中国人民政治协商会议西南地区文史资料协作会议编:《抗战时期西南的金融》,西南师范大学出版社,1994年,第23页。
[2] 张肖梅著:《云南经济》,国民经济研究所印行,1942年,第S32页。

抗日战争时期内迁云南的高等院校情况表

序号	院校名称	何时何地内迁	内迁何处	备注
1	国立西南联合大学	1938年4月,北平、天津	昆明	北京、清华、南开三校联合而成
2	国立同济大学	1937年,上海	昆明	1940年迁往四川南溪
3	国立国术体育专科学校	1938年,南京	昆明	1939年迁往重庆璧山
4	国立中山大学	1938年,广州	澄江	
5	国立艺专	1937年,北平、杭州	昆明	北平艺专和杭州艺专合并建立,1940年迁往四川璧山
6	私立中法大学	1939年,北平	昆明	
7	国立中正医学院	1938年,南昌	昆明	1940年迁回江西永新、再迁福建
8	上海医学院	1939年,上海	昆明	1940年迁往重庆
9	私立华中大学	1938年,武汉	大理	

资料来源:《云南抗日战争史》,第337—346页整理。

东中部高校科研机构在抗战时期内迁至云南,受到云南地方政府和云南人民的热情相待和大力支持,云南省政府不仅从经费上对这些迁滇学校给予支持,还从政治、生活等各方面对广大师生予以关照。而这些内迁的学校在滇期间,也对云南的经济、社会和文化教育产生了巨大影响。抗战期间,各内迁高校和科研机构之间建立了密切的合作关系,并与云南本土的文化教育机构形成互动,共同推动了此一时期云南主要城市科技文化教育的繁荣。

1937年,龙云特聘著名数学家、教育家、时任清华大学数学系主任的熊庆来教授为云南大学校长。熊庆来上任后,致力于学校革新,强化管理,遵循现代办学理念,主张思想自由,兼容并包,同时在罗致人才方面不讲学派,广纳百家,博采众长,唯求学问,不究资历。因而随着大批知名学者东迁入滇,以及1938年云南大学由省属改为国立,云南大学云集了大批知名专家学者,相继有钱学森、华罗庚、吴文藻、刘文典、严济慈、楚图南、陈省身、冯友兰、费孝通等在云南大学执教,不仅使云南大学的教学科研得到了长足发展,而且奠定了云南大学在20世纪下半叶发展的基础和深厚的学术底蕴,到抗战结束时,云南大学已发展成为一所包括文、法、理、工、农、医等学科在内,规模较大,在国际上有影响的中国著名大学之一。

内迁高校的到来,不仅使云南高等教育的局面得到改变,而且也推动了云南中、初等教育的发展。云南长期没有一所专门的中等学校师资培训院校,全省中学教师2000余人,大专以上毕业者不到一半。1938年8月西南联大增设了师范学院,其后西南联大师范学院又开办了在职教师进修班,办了两期。后又设立专修科。抗战八年时间,西南联大师范学院共培养本科毕业生179人,加上专修科和进修班毕业415人,共计594人,极大地加强了云南中学师资队伍[1]。抗战时期,在内迁高校的推动下,昆明的中等教育有较大的发展,特别是这一时期私立中学因师资较丰而相继建立,最多时达22校。如联大中文系教授王力曾任粤秀中学校长。联大体育部主任马约翰,担任私立天南中学校长等。冰心曾在呈贡县教书并为呈贡县立中学创作了校歌:"西山苍苍滇海长,绿原上面是家乡;师生济济聚一堂,切磋弦诵乐未央;谨信弘毅、校训莫忘;来日正多艰、任重道又远,努力奋发自强;为己造福,为人民争光。"[2]至于天祥中学、粤秀中学、松坡中学、五华中学、金江中学、建设中学、明德中学等从教务、训导、初中部主任及各科教师,都是联大的学生作了包揽。部分高校学生还到昆明之外的其他地区开办学校或在这些学校兼课,如大理的五台中学、昭通的民诚中学、建水的建民中学、宜良的南薰中学、呈贡的建国中学、个旧的云锡中学、宁洱的磨黑中学、马龙的云修中学、永平的兰津中学、宾川的正惠高中、明德中学开远分校、丽江中学、会泽的楚黔初中等都得到内迁高校师生的参与而出现较快的发展,从而大大提高了这些城市学校的教学水平,推动了这些城市的文化教育事业。例如丽江中学在1938年聘请了一批高质量的老师,有刚从西南联大、云大毕业的李鲸石、王金钟、彭璀、刘绍庭、谭文耀等,教师学识丰富水平很高,在他们教导下,1941年丽江中学高七班25名同学,考入大学的有18人[3]。

内迁大学还推动了云南城市社会教育的发展。如西南联大在蒙自时创

---

[1] 蔡寿福:《云南教育史》,云南教育出版社,2001年,第558页。
[2] 余斌:《文人与文坛》,上海辞书出版社,2005年,第8页。
[3] 丽江县政协文史组编:《丽江地区文史资料》,第三辑,第63—66页。

办夜校,参与者甚众。中山大学迁往澄江后,从1939年下半年开始设置先修班,招收高中毕业生和社会失学青年,在八年抗战中共招收了六届,其中历年结业升入国内外各大学者近千人[①]。毋庸置疑,内迁学校推动了云南教育的进步。

(四)人口内迁及其影响

抗战时期,大批中西部地区的人口向西南地区迁移,其中以迁川的人口数量为多,其次则是云南、贵州。战时云南既是二战朝向西南中印缅战区前线盟军的大前方,也是面临东北中国抗战后方的大本营,因而不仅有来自于中国内地的移民,而且还因前线战争导致战场所在地的人口也为了避战而向云南中部和北部转移。各种不同类型,不同层次的人口涌入云南各个城市。抗战时期内迁人口大致分三类:一类是军事人员,抗战时期在滇军队不断增加,中央军驻滇人数最多时为60多万人,美军也近2万多人。二类是政府机关公职人员。三类是教师学生及平民。内迁云南的人口主要集中在省会昆明。1932年昆明市人口为14.37万人,1936年为14.2657万人,抗战前几年人口基本没有增长。1937年即增为20.5396万人,1年之间即增加6.2万多人,增长率为43%,到抗战结束时,昆明人口已近30万人,比战前增加1倍。这些增加的人口并不包括军事人员,一部分来自东部外来人口,另一部分则是云南其他地区所移住的人口。

除昆明这个省会中心城市外,内迁移民主要集中在滇东、滇中、滇东南的蒙自一带以及滇西的大理区域。由于战争等因素,云南省内还出现了若干无业游民,这些无业游民如果不加以妥善安置,也会成为社会的不安定因素。因此云南省政府为了安置游民,遂将普思沿边及广南富州一带辟为农垦区,普思沿边区的范围包括临江、普文、佛海、南峤、镇越、江城等各县局,广富区域包括广南、富州、罗平、师宗、邱北、泸西等县。同时成立由民政厅、财政厅、建设厅和教育厅联合组成的移垦委员会,主持办理实施垦殖事宜。随着农垦区的建立,大量流民迁入普思地区垦殖,一方面解决了游民问题,另一方面促进了边区经济的发展[②]。

[①]中国人民政治协商会议西南地区文史资料协作会议编:《抗战时期西南的教育事业》,1994年,第138页。

[②]邹序儒:《战时边疆移垦事业》,《西南边疆》,第三期,民国二十七年二月,第11页。

抗战时期，云南铁路、公路沿线的部分中小城市有较大发展，这与交通的发展，人流、物流的增加有关。这些城镇是一定区域的政治、经济中心，交通便利，住所和日常生活用品容易解决，择业也相对容易，因而成为内迁人口的择居之地。"难民之逃入云南多系沿交通线逐步迁移，并多集中于各工厂区附近。"[1]1946年6月《云南省各属沦陷区人民寄居调查表》载："云南全省有内迁人口的1市28县，以分布情况而言，除昆明市最集中外，昆明市附近的昆明、安宁、呈贡、宜良诸县也比较集中，此外还分布在滇越铁路和几条公路沿线，如川滇县的会泽、昭通、寻甸，滇黔线的陆南、宣威，滇缅线的楚雄、姚安、祥云、漾濞、龙陵、凤仪及滇越路的蒙自等县。"[2]

内迁人口的移入，一方面促进了当地经济的发展，另一方面也对当地经济和社会带来压力，从而导致矛盾和冲突。云南的大部分城镇在抗战前规模都较小，产业不发达，就业需求不足，不能吸纳更多的人口进入城市中工作，城市所产生的推力往往大于拉力。因而抗战时期大量东中部及省内外人口迁入这些中小城镇，使城市人口激增，与此同时，内迁人群与云南本土人群也产生了较大的矛盾和冲突。

首先，是物资供应上的矛盾与冲突，由于在非常短的时间内有大批外地人来到云南各主要城镇，必然在物资方面增加地方政府和当地人民的负担，而云南的粮食等生活物资相对不丰裕，虽然云南地方政府和人民也尽力支援，但在部分地方矛盾必然出现。"抗战军兴，内地机关、学校、工厂、军队、沦陷区同胞，共100多万人口，一下子涌入1200万人口的云南，使云南粮仓供应顿感紧张，在此紧急情况下，曾动用过一些积谷接济。紧接着在日军的威胁下，越南断绝了对云南的大米输出，而涌入云南的沦陷区同胞越来越多，粮食困难也越来越大。于是云南省政府下令各县增加积谷数量，同时发动全省农民，开荒广种杂粮自食，将换省下来的稻谷，颗粒入仓，以供新增人口之需。后来日军侵占缅甸，腾冲、龙陵相继沦陷，数十万国军开进变为前方的滇西。4年多内的军粮有一部分就是赖大理、保山一带十数县人民供应的。"[3]其时

---

[1] 《昆明难民侨民遣送经过》，中国第二历史档案馆，21(2)，322。
[2] 《云南难民调查》，中国第二历史档案馆，21，2109。
[3] 中国人民政治协商会议西南地区文史资料协作会议编：《西南民众对抗战的贡献》，贵州人民出版社，1992年，第22—23页。

大约2万余人的盟军驻在云南,而盟军对生活物资方面有较高的要求,云南政府也尽量予以满足,但压力十分巨大,在抗战后期的4年间,云南人民"共供应盟军鲜猪约87600头,肉用牛约58400头(其中有部分从贵州省买来),鸡约1460000万只,鸡蛋约8760万个,面粉约219000袋(日军海空军变为守势后,美国也空运了部分面粉来滇),蔬菜约17520000万市斤"[①]。这些庞大数字,一方面充分说明云南人民节衣缩食,勤事农牧饲养,为支援反法西斯战争,做出了巨大贡献;但一方面也反映出在各种生活资料非常紧张的条件下,给云南人民造成的巨大压力,而这种压力在转化成为动力,促进经济和社会发展的同时,也会造成一些问题,影响到经济和社会发展。

其次,抗战以前,云南城市发展极为落后,城市市政设施极不完善,因而不足以承受突然出现的众多人口,重负之下必然怨声载道,无形中加重了本地人和外来人两大群体之间的矛盾和冲突,而外地人由于缺少社会关系,难免与本地人有隔阂。如昆明机关众多,各机关间也会出现用地纷争,如基督教青年会曾得到鼎新街空地一段建立会所,不敷分配,请求拨地,而街市转角的15家铺面及住房3所,隶属富滇银行,银行不允,于是青年会与银行之间出现用地纷争。对于普通平民而言,外地人的到来更是影响了他们的日常生活起居。城市人口增多引发市政建设浪潮,兴修环城马路和开辟新市场是城市建设的重点,大规模的市政建设势必引起大规模的拆迁,因此也出现拆迁纠纷。抗战时期,沿海地区内迁人群和难民涌入昆明,昆明住房不敷使用,他们的到来使昆明物价和房价骤然增高。西南联大校委蒋梦麟先生回忆说:"昆明人对于从沿海省份涌来的千万难民感到相当头痛,许多人带了大笔钱来,而且挥霍无度,本地人都说物价就是这批人抬高的。昆明城内到处是从沿海来的摩登小姐和衣饰入时的仕女,入夜以后她们在昆明街头和本地人一起熙来攘往,相互摩肩接踵而过。房租迅速上涨,旅馆到处客满,新建筑像雨后春笋一样出现。被飞机炸毁的旧房子迅速修复,但是新建的房子究竟还是赶不上人口增加的速度。"[②]战时城市人口激增,给昆明的物业市场造成了空前压力,人与房的供求严重失衡,房价、房租迅速上涨。例如,民国初年,买一

[①] 中国人民政治协商会议西南地区文史资料协作会议编:《西南民众对抗战的贡献》,贵州人民出版社,1992年,第22—23页。

[②] 蒋梦麟:《西潮与新潮:蒋梦麟回忆录》插图珍藏本,东方出版社,2005年,第256页。

处"三间两耳"的院子最多只要2500块大洋,战时昆明房价已经涨到了惊人的地步。当时契税局调查结果显示,昆明市区新建楼房每间至少要750法币,最贵售价高达1600元法币。即使占地只有0.2亩的昆明最常见的三间两耳式住宅院落,卖价也达到一万法币左右。抗战前,云南每间房月租只需5—10元,1941年一间房月租涨至70元,上涨了10倍左右。到了1943年,一间房月租涨至300元,还难觅住房①。

最后,不同地域文化的群体必然在观念文化方面出现冲突。抗战初期,上至云南上层精英,下至普通平民对外省人内迁是保持不赞同态度。对于他们而言,外地人除了带来物资紧张以外,连最起码的着装意识和礼节都没有。本地人多数因循守旧,他们很难理解外地人开衩裙、高跟鞋、奇怪的发型,认为男女学生跳交际舞,是世风败坏的现象。恋人牵手、拥吻的举动更有失体统,恋人一旦被逮住,就有可能遭到皮带鞭打。人们老是在市场上发生磨擦,外地口音会召来店主粗鲁对待并提高商品价格。当地人常说"教训下江人",以此发泄他们对外地来客的不满。下江人成为贬损的对象②。而同时,下江人也异常排斥云南本地人,"刚到云南的一两年,云南人与外省人彼此还不了解,关系相当紧张。外省人发现几乎没有商店在中午之前营业,因此认为云南人很懒。云南人把鸦片当作礼物送给客人,集市政府机关也是如此,这让初来者甚感惊诧。看到当地人吃槟榔吃得牙齿发黑,他们觉得很恶心。"③李长之事件成为当时外地人与本地人发生观念冲突的一个突出例证。1938年3月作为外来移民的云南大学教师李长之撰文批评云南人有若干缺点:"这地方人淳朴,的确到了可爱的地步。我来到已经半年了,但马市口世界书局的门前,每到了晚上八点钟,依然是堆了热心观众,在争着瞧那窗内自来水笔广告和抗战的漫画。自我初来之日起,到现在执笔时为止,广告和漫画,自然永没有变换过,然而那观众却也没有表示冷淡过。"④在文章中,他还对昆明人的拖沓习惯加以批评。这篇文章发表后,昆明文化界认为有贬低昆明人的形象,非常不满,并发起反击。1938年5月22日《云南日报》刊文批评李长之:

---

① http://blog.sina.com.cn/s/blog_4865b35c0100l6ig.html.
② 蒋梦麟:《西潮·新潮》,岳麓书社,2000年,第224页。
③ [美]易社强著,饶佳荣译:《战争与革命中的西南联大》,九州出版社,2012年,第85—88页。
④ 周良沛:《散文中的云南》,云南教育出版社,1999年,第143页。

"昆明人在许多方面,的确很淳朴,但并不像李先生所说的那样淳朴。李先生所谓淳朴并不是真正的淳朴,而是笨拙或低能的另一种说法。……我们替昆明,对李先生表示很大的歉意!像这样天才的作家,从炮火丛中跑出,不远千里来此寻觅做事写小说的材料,而山水不灵,人物扫兴,给他总没有实现过这个愿望,真是莫大的遗恨呀。"[1]李长之最终在昆明文化人"炮火"攻击下,被迫离开昆明去重庆的中央大学。

引起冲突的原因是多方面,既有外部的因素,也有内部的原因。但从冲突走向融合则是发展的趋势,仅仅一两年的工夫,外来人口与本地人口逐渐趋于融合,界限淡化。这期间有不少有识之士作了大量工作,如冯友兰于1939年春在昆明作了题为《云南人与外地人》的讲演,分析了外地人与云南之间的冲突原因,同时也指出有偏见者只是少数人,并不代表整体。后来该讲演稿发表在报纸上,产生了广泛的影响。另一方面云南地方人士和政府为此付出了很大的努力,尽量消弭外来人群与本地人群之间隔阂。云南省政府还通过加强人口管理,对两大群体进行分别对待,特别对社会精英、知识分子给予礼待。如龙云把其居所附近的一栋房子改造为生活区,以象征性的租金出租给联大教授,于是禁烟局的整个厢房就成了蒋梦麟一家的寓所。龙云还把他的孩子送到学校,与联大老师一起生活,在缪云台帮助下,龙云与联大领导建立了良好关系。龙云还经常邀请教授到军队中演讲,并对师生生活较为关心,多次为联大教授送米,捐献棉服。1940年春,龙云为联大和云南其他高校500名学生设立奖学金。在其带领下,一些开明的政府官员也认识到内迁者能提高当地人的文化和教育水平,大力支持内迁高校的工作,教育厅厅长龚自知亲自到联大动员毕业生到云南高中教书,并要求联大教员为云南省中学教师提供在职培训。1939年云南省教育厅创办云南师范学院,录取要求比联大其他学院低,主要针对对象是云南人,目的在于提高云南师资力量。

云南地方政府也积极对难民给予疏导的安排。抗战前期,云南省政府安置了大量的内迁者,豫湘桂战役失败后,大量难民逃至云南,云南省成立了"云南省临时救济湘桂难胞委员会",招待时限为一个月,计有难民1490人前来登记,每人发给救济费国币400元,共计59.6万元。在此期间,以介绍职

---

[1] 易弗:《昆明人与"牛"》,《云南日报》,1938年5月22日。

业、以工代赈、垦荒殖边等办法遣散105人,每人发给遣散费1000元,共10.5万元。

第一次滇缅会战失败,大量缅甸侨民内迁云南。为了解决大量涌入的侨胞问题,云南省各界纷纷组织协助归侨委员会,协助云南紧急救侨会办理救济工作,商讨救济办法,首先,统计难民人数。先到昆明难民总站申请登记,换发难民证,然后凭证到各收容机关。统计入滇侨胞1.5万至2万人。其次,对其提供安置方案。如设立9处招待所安置,并提供食宿。难民来昆,时值霍乱流行,病人多死亡。当即由有关机关商决:筹组昆明市第一临时救济医院一所,免费收治流落病兵及无靠病民。治愈病兵由昆明防守司令部编充战士,治愈贫民由昆明市政府斟酌能力给予职业,并由民政厅筹发开办费二百万,饬令卫生处负责办理。卫生处积极进行,并于1945年2月奉准择定陆军医院后层为院址,招标修葺,收治病人。其药械、被服来源,由军政部驻昆办事处及卫生处各拨发一部分应用,经费来源则由昆明市娱乐场所酌增娱乐捐,每票加价10元,按本市各慈善机关依娱乐捐收入数,以25%分配给领开支,设病床50张①。再次,为难民们寻求出路。一方面为了缓解城市压力,政府开展疏运难胞的行动。入滇侨胞积蓄较丰或有亲友可寻、职业可谋者,均自寻出路。其余则积极疏运,专车运出,每周开车两次,每次开出20余辆。侨胞得以运送回籍。另一方面,为滞留难民提供工作机会,缓解社会不稳定因素。专门指定文庙为侨胞集中售货处,方便其出售所携货物。并成立了职业介绍所,1943年求职人数有4350人,就业有2104人;昆明市政府职业介绍所,1943年求职人数有9668人,就业人数有2372人;青年会职业介绍所,1943年求职人数有2000余人,就职人数有700余人。

由于外来人口管理较为有序和妥当,反过来进一步推动了昆明城市的现代化进程。由于内迁入滇的机关、学校、企业的人口素质普遍较高,他们的到来带来了先进的思想观念、先进的生产技术和管理经验,重工业体系得以健全,轻工业有了突破性发展②。云南的城市文教出现前所未有的兴盛,除内迁高校外,云南大学获得显著发展,中、初等教育也出现很大的进步。大量内迁

①云南省通志馆:《续云南通志长编》中册,云南省志编委会印,1985年,第243页。
②孙代兴、吴宝璋编:《云南抗日战争史》,云南大学出版社,1995年,第42页。

大学教师、学生在中学兼课,为本土人群文化素质的提高创造了条件。此外,在过去相对守旧和保守的云南人在大量内迁人口的影响下,思想观念、生活习惯也都由此发生了很大的改变①。生活习惯的变化,说明他们认同内迁者的生活是更先进和值得效仿的。内迁人群来到云南对于当地人打破地域观念、开阔视野也起着极大的引导作用,例如不少云南人思想观念保守,对于新生事物往往持怀疑态度,科技意识非常淡漠,遇到天灾、疫病,都搞迷信活动。抗战期间大批知识分子的到来,开启了民智,提高了民众的近代科技意识,传播了民族的、科学的、大众的文化。

二、抗战时期云南城市的发展

战争"往往穿越因果关系的界线,以难以逆料、不可思议的方式颠覆或改变人类社会进程"②。战争给云南带来极大的创伤,日机轰炸和滇西战场对城市造成了严重的人员、物质损失。但与此同时,云南城市又因战时沿海企业、人口内迁获得了发展机遇。

(一)战争对云南城市的破坏

战争尤其是旷日持久的战争对城市的破坏是巨大的,其具体表现在三个方面,即对城市物质形态的破坏、引发资源的过度消耗和造成社会动乱。

云南邻近国境线,在抗战时期因越南、缅甸被日军侵占,也成为了战争前线。日军为阻断中国与外界的联系,炸毁了滇越铁路,并派飞机对云南交通沿线的重点城市进行大规模的轰炸。如1939年4月13日,日军出动19架飞机首次轰炸蒙自,造成县城居民死173人,伤160多人,毁屋401间,震坏房屋764间,满城烟火,墙垣残壁间血迹斑斑,一片惨状③。1941年10月18日,又空袭了个旧县城,造成人员严重伤亡,房屋严重损毁。1941年日军三次轰炸建水,死亡平民22人,重伤30人,轻伤40人,炸毁房屋630间④。1942年10月24日,日军轰炸河口城区,三分之二房屋变为废墟。从1938年到1943

---

① [美]白修德、贾安娜:《中国的惊雷》,世界知识出版社,1986年,第17、18页。云南省档案馆:《清末民初的云南社会》,云南人民出版社,2005年,第23、24页。
② Arthurwaldron: *From War to Nationalism China's Turning point*, 1924—1925, Cambridge University Press, 1995, P.9.
③ 蒙自县志编纂委员会编:《蒙自县志·大事记》,北京:中华书局,1995年,第48页。
④ 汪海清:《建水城惨遭日机轰炸的损失及恤灾情况》,《建水古今》,第4辑,第178页。

年,日机前后轰炸昆明52次。据不完全统计,5年多的时间里,日机出动飞机1109架次(不含侦察机),投弹2817枚,炸死市民1160人、伤1636人,炸毁房屋20928间,555处居民区、街道、学校、工厂、机关都没能幸免①。1941年8月中旬,日军对昆明进行了连续8天的大轰炸。这次轰炸给当地民众造成的巨大灾难,仅从《云南日报》以下消息的标题中,便可见一斑。这些报道有:《敌机二十七架,昨狂炸市郊工厂,茨坝马街子工厂均遭轰炸》(8月11日)、《敌机二十九架扰滇,在昆明西南方投弹,本市发紧急警报于二时解除》(8月12日)、《敌机二十八架,昨滥炸昆明郊外,黄土坡被炸死伤四十余人 起火燃烧,茨坝投弹七十余枚共毁屋数百余间》(8月13日)、《敌机二十七架,昨又狂炸昆明市区,炸毁房屋千余栋杀伤同胞七十九人》(8月14日)、《敌机二十七架昨又向市区肆虐滥炸,毁屋八百八十余间,共死伤平民五十人》(8月15日)、《敌机十八架,昨首次狂炸下关,两次投弹关外损失严重,本市发紧急警报》(8月16日)、《敌机三十三架,昨又狂炸市中心区,繁荣街道文化机关多成一片瓦砾,中央民国两报及运动社均遭损坏》(8月18日)等。

保山是抗战期间滇西城市遭受轰炸最为严重的城市之一。"自缅甸腊戌危机,侨胞返国,公私商人车辆猬集于保山市区。环城公路,汽车拥挤。沿南北二关一线,人行几不能通过。市区住宅,城东北隅荷花池新运招待所及沿城公路线房屋,均为罹难侨民与乘搭车辆之五方杂处者住遍。暮色苍茫,汽灯光耀,市区辉煌,夜市交易繁盛。正阳南路小车停满,南阳大旅社早已挂牌客满。保岫东路各餐馆,酒绿灯红,座客盈席。茶社咖啡店,喧哗异常。沿街露天饭摊,就食者此起彼立,娱乐场所保山大戏院,人满为患,繁荣之势,不让都市。"②这座战时人口集聚的城市却因1942年5月4日、5日连续两天,日机以54架、40架的狂轰滥炸,炸死1万多人,约占当时全城人口的一半。全城房屋被炸783户,全毁1967间,半毁的382间,震坏的398间,共3267间③。轰炸导致手工业生产瘫痪,棉织业、丝织业一蹶不振,到战后也未能恢复。

保山周边城镇也无一幸免。1942年5月日军侵占畹町、芒市、龙陵、腾冲等滇西边境地区,所到之处烧杀抢掠,城市遭到巨大破坏。滇缅公路通车后,

---

①《专家首曝昆明大轰炸之最,损毁房屋远超重庆》,《昆明日报》,2010年8月20日。
②云南省档案馆编:《日军侵华罪行实录》(云南部分),云南人民出版社,2005年,第652页。
③云南省保山市志编纂委员会编:《保山市志》,第15编,云南民族出版社,1993年,第552页。

龙陵县城机关林立,南北往来车辆云集,湘、赣、豫、川、黔及大理、鹤庆、保山、腾冲等地商人纷纷到龙陵落户经商。人口剧增到4570户,27500多人。但抗战结束后,大部分公私房屋被毁,变为一片废墟。商人不断迁出,至1944年县城人口仅有470余户,2700多人[①]。畹町中央垒允飞机制造厂于1940年10月26日遭日机轰炸,损失很大,破坏严重,曾停产数月。第22兵工厂1940年10月被日机轰炸而停产。

腾冲是另一座在抗日战争中损毁严重的城市。从1942年5月10日至1944年9月14日收复县城时,腾冲城内的机关、学校、民房全部被毁,城区被夷为平地,全城死亡1.3万余人,房屋毁坏2万余间。《大公报》报道:"腾冲城内不仅找不出几片好瓦,连青的树叶也一片无存。"[②]一座历史文化名城成为了一座废墟。侵华日军在滇西成立日伪政府,还在腾冲组织了"商工会"、"大东亚低利银行"、"大东亚公司"等日伪经济组织,强制发行军票,劫掠中国人民财富。这直接导致了战后数年腾冲经济大萧条。1946年8月31日腾冲县商会给县政府的呈文,真实地反映了腾冲衰落情形。呈文说:"光复后,屋宇摧毁,瓦砾遍野,繁荣之区成为荒凉之地,创痛巨深,满目疮痍,号寒啼饥者比比皆是。生活所迫,岂能坐困待毙?一般素业工商业之人,或典田卖地,或合数人、十数人之力,集资经营,借觅蚨头,以维衣食。去岁日寇投降,又遭物价之惨跌,折本亏累,一蹶不振。光复两载,尚有多数待留在外,无法迁回。城内则一片焦土,无家可归,大半于城外租房住,小本营生。然商场冷淡,元气未复,印缅交易尚未畅通。贸迁无货,出口无物,腾冲商场成为死市,频日以忧,难以经营,折本之号更多。凡营工商业者,皆困惑不堪,……本年各处又遭鼠疫及水灾之患,全县人民叫苦连天,所受痛苦,罄竹难书。"[③]

[①] 龙陵县委党史地方志工作办公室编:《龙陵县志》,中华书局,2000年,第416页。
[②] 谢本书等:《云南近代史》,云南人民出版社,1993年,第487页。
[③] 腾冲县志编纂委员会:《腾冲县志》,中华书局,1995年,第368页。

腾冲抗战期间商业损失调查表（依照民国三十五年物价计算）

名称	数量（驮）	价值（元）
花纱、布匹、洋杂	9302	715151800
药品	87	13498500
磁器、文具	33	13498500
印刷机件、纸张用具	101	636000
杂货	790	43360000
书籍	48	15600000
铁器	33	150000
玉石	30	10240000
皮箱杂货	24	2300000
总计		82346300

资料来源：刘建中、高镇仁主编《保山地区史志文辑·抗战专辑》，第 4 辑，德宏民族出版社，1989 年，第 352 页。

战争还导致了云南资源过度的消耗。抗战全面爆发后，云南出动兵力达 27 万人之多。此外，从云南抽走的壮丁还有 38 万人，这些都是年富力强的年轻人，而当时云南总人口共 1200 万。战争爆发时，云南依靠自己的力量，凑集巨款，向外商订购价值港币 2800 万元的新式武器。云南出兵抗战，自征集、训练、编配、出动，以及官兵之服装、械弹、马匹和器材，均由地方自行装备完整。故龙云曾说滇省派出支援全国抗战的军队，"一枪一弹，都来自云南人民，以全省人力物力贡献国家"。战争无疑耗费了大量物资资源。

在战争过程中，云南人民的负担、民夫的派遣也异常沉重。例如，为了修筑滇缅公路，沿线群众自备衣物、粮食和工具，义务筑路，参加人数总计 30 万人。战争爆发后，腾冲政府积极组织物资支援，给军队补充给养和弹药，参与战时运输的民众共计 3.8 万人次，粮食和弹药源源不断地送到前线，保证了军需。此外，还派大批熟悉地形和敌情的当地人帮助抗日部队侦察敌情或当向导，并组织了一支 5000 多人的转运伤员服务队。1944 年滇西大反攻时，滇西战场总共约有 10 万国民党军队，军队所需的粮食、生活用品，绝大部分由当地人民供给。滇西作战参战的民工 46000 多人，代替兵站供应军粮 415 多万斤,马料210多万斤,牺牲群众达4000多人①。抗日战争期间,仅沾益县征集的兵员就多达8256人。1941年至1945年,征收、征购粮食26万公石以上,平均每人1公石多。除征粮外,还有各种苛捐杂税。1943年,曲靖县各项税捐租息收入为142421元(国币)。另外,当地群众还为修建公路、铁路、机场、仓库、营房等提供了大量劳役②。

此外,战时入滇外来人口数超过100万。战前云南粮食不能自给,要从缅、越、泰进口大米。抗战开始后,滇越铁路和滇缅公路被日军封锁,无法从邻国进口粮食,再加上剧增的百万人口,保证军民吃饭成为一大难题。为此,耗尽了从1933年储备至1937年的2145万公斤积谷,这对弥补战时粮食缺口发挥了重要作用。1944年为支援中国远征军在滇西反攻,又动用积谷220万石,合1650万公斤,大部分由滇西各县自筹,其中保山一县提供了80%以上的供给。云南人民在物资紧张的情况下,还向驻滇美军提供了大量的肉、禽、蛋、菜等食品。从1941年12月到1945年8月,每天供应美军肉牛40头、生猪60头、鸡1000只、鸡蛋6万个、面粉150袋、蔬菜6000公斤③。过度的非生产性消耗致使云南城市发展所需的生产、生活物资严重短缺,造成了城市社会不稳定,并制约了城市发展。

长期战争导致城市社会动乱。云南近代以来匪患严重,这与云南一直处于征战状态有密切关系。尤其自辛亥革命以后,军阀混战,地方政府社会控制力减弱,社会秩序混乱,军队忙于征战,疏于剿匪,甚至军阀还倚重土匪势力争权夺利,这导致云南全省匪患蔓延,盗贼蜂起。民国时期,滇西、滇南土匪最为猖獗,并形成了一股势力,如滇西土匪头子张占彪(张结巴)有匪众1500人,长短枪900余支,活动于大理、邓川、洱源、鹤庆、剑川、兰坪、云龙、宾川一带,地方政府也奈何不得。土匪所到之处,杀烧抢掠,影响商品的流通、人员的往来,扰乱了城市居民安定的生活,严重制约了城市发展。

匪患不仅恶化城市治安,而且还影响了城市建设的开展。1932年,景谷县政府规划在威远大街北侧大平掌建设新县城及中学校,报省政府批准,已有数十户筹建房屋,1935年景谷初级中学从大寨迁至大平掌新校舍上课。同

---

① 郑汕:《中国边防史》,社会科学出版社,1995年,第479页。
② 曲靖市政协文史资料委员会编:《曲靖文史资料》,第9辑,第48页。
③ http://hi.baidu.com/dls1314/item/848b366beaf0b037ac3e83cf。

年5月,大平掌新建居民瓦房13间,砌筑房基42间,街道宽8米,水沟宽0.5米,种植柏树1000余株。后因土匪滋扰,新县城未能建成①。到1949年,仅有2户居民居住。倘塘是宣威北边80支里山间市镇,户数约百户,沿坡建筑,附近铜矿区数个,产铜量丰富,宣统年间从业者3000余人,市街繁荣,交通运输的不便加上匪贼袭击频发,遂采矿停止,市街荒凉,成为苗人住居地②。

　　抗战前云南实际是一个半独立的省份,其财政、经济全系自主,云南的金融财政与中央政府没有关联。抗战期间,云南成为西南大后方,在国民中央政府与云南地方实力派之间的利益博弈过程中,云南经济也逐渐被并入到了国家系统。然而国民政府在云南采取了涸泽而渔的经济政策,通过种种战时措施,几乎动摇了云南刚刚建立起来的经济建设基础。例如战时的征兵征粮,使原已平衡的省预算,又告之入不敷出;富滇新银行并入中央的货币系统以后停止发行货币,法币大量发行,恶性通货膨胀遍及全省。1940年后,物价开始暴涨,1937年大米市价为8.8元,1941年为134.3元,1944年为6466.3元,1945年为31350元。"其上涨率不是作等速率增长,而是作加速率增长。"③在这种情况下,商人自然不肯作长期计划的投资,反过来都赶做急功近利的投机买卖、囤积居奇之事。

　　此外,国民政府对矿产资源开发的错误政策,也引发了部分资源性城市的衰退。抗战时西南出口物资基本上都是国民党政府统制下的抵债物资,这些物资的组织收购,是以强制性的垄断为基础。这对云南城市经济的发展起着抑制和破坏作用。以个旧为例,个旧锡业无疑是云南的经济命脉,锡也是云南省的主要抵债物资,但抗战爆发后,国民政府控制了个旧的锡矿。为统制锡的购运业务,资源委员会矿产出口运销处在个旧设置了办事处,实行定价收购运销。由于战时物价上涨,交通运输困难等因素,个旧锡的生产成本迅速增高,但国民党政府统购价格以国际市场为标准,而当时锡的国际市价仅及个旧锡成本的1/4,因而国民党统购价格订得很低,1943年仅为成本的一半,且购锡款经常不支付十足现款,使锡业生产者大受亏折,锡产量逐年下

---

①云南省景谷县志编纂委员会编:《景谷傣族彝族自治县志》,四川辞书出版社,1993年,第319页。
②李培林:《云南近代小城镇发展述略》,《云南民族大学学报》(哲学社会科学版),1985年,第2期。
③李行健:《抗战期间昆明的物价》,《昆明文史资料选辑》,第7辑。

降。1938年年产量为10731吨,1939年为10050吨,1940年为6567吨,1941年为4600吨,1942年为3700吨,1943年为2000吨,1944年更降为1612吨[①]。抗战后期正逢物价飞涨,以锡价涨幅和矿民生活所需的米价涨幅相比,在1939—1944年的6年间,锡价增长了44倍,而米价却上涨了636倍,矿工终年劳作所得却不敷生计,这样就造成了私矿亏损破产,纷纷倒闭,锡矿商户数量从战前的5000余户锐减至抗战后期的400余户,个旧锡业全面衰落,产量一落千丈,一蹶不振,原本兴盛的个旧城市也出现严重的衰落,经济发展滞后,人口锐减。

(二)战时云南的城市发展

战争引发的大量企业和人才的内迁为云南城市发展创造了新的机遇。这一时期的云南工业超过了过去几十年的总和,使原本闭塞落后的云南缩短了和发达地区的差距。交通体系的改善也促进了城市联系的加强。省会城市昆明不仅成为省内发展最强劲、实力最雄厚的城市,也成为西南地区的国际化大都市。云南城市的发展,具体体现在以下几方面:

1. 城市规模扩大,城市出现职能区域划分

这一时期昆明及各区域中心城市发展迅速,城市规模都有所扩大。例如昆明在抗战前城区面积是6平方公里,1949年扩展到7.8平方公里。其他区域中心城市,如昭通、下关等城市规模都有所扩展。抗战时期下关人口激增,为了满足新增人口居住需要和商业发展需要,专门开辟了新的街市,后改为仁民街,成为下关商业、金融业、娱乐业的中心。昭通为了解决居民住宿问题,增辟了"新民村庄"等场所。

抗战时期,各区域中心城市人口出现不同程度增长。1936年昆明城市人口为145440人,1937年为142657人,人口总数还略有下降,这与战争初期,部分城市人口疏散有关。但至1938年,由于大量东中部人口迁入,城市人口增为205896人,1939年为196962人,较前两年约增五分之二。在昆明的外侨人口,其增加亦速,1936年仅323人,1937年增至500人,1939年后为520人[②]。

[①] 史国衡:《论个旧锡业》,《经济建设季刊》,1944年,第2卷,第4期;张维亚:《云南之锡》,《中央银行月报》,1947年,第2卷,第4期。

[②] 张肖梅:《云南经济》,中国国民经济研究所,1942年,第32页。

在城市规模扩大的同时,城市也出现职能区划,城市公共空间也开始得到规划建设。20世纪40年代昆明城市内部空间结构初步形成了功能分区,城区内部中心区是以五华山为核心的政府机构集中的"官厅地域";城区南部和南郊则是"商业地域",集中了大量的金融机构、公司和商业店铺;城区外东部为"工业地域",城区西部和西郊则为"住宅地域"①。商业地域又做了进一步划分,如昆明光华街是专售各种新、旧书籍的书店业所在地,集中了商务印书馆、中华书局、世界书局等大书社;金碧路是以广东帮经营的五金电器、京广洋杂和粤味餐饮为特色;绥靖路以饭店、酒馆以及各种食品的经营较为出色;珠玑街主要经营的是各种各样的鞍马用具;金牛街是专门用土法制作各种牲畜皮张,各种牛、羊皮衣物和用具的街巷。但区域中心城市以外的其他城市变化相对较小,如广通城区面积没有变化,县城人口在1911年为6168人,经过30年的发展后至1940年其县城人口仍然只有6298人,30年间人口数量几乎没有变化②。

2. 城市经济结构发生变化,现代工商业有较大发展

现代工业是衡量一个城市经济实力的重要指标。随着东南沿海地区的沦陷,西南地区成为抗日大后方,沿海地区的部分工商企业纷纷迁到云南。随着资金、技术、人才、设备的源源流入,一大批中小企业应运而生。"民国以来,工业日有进步。抗战八年,轻、重工业,需要日甚,本省由萌芽渐著成效。"③据云南省1945年统计,是年云南全省有注册工厂约为226家,较1937年增长近5.38倍;工业资本是战前的8.23倍;工人数是战前的4.9倍④。八年时间,云南工业超过了过去几十年的总和,是工业发展的极盛时期。这一时期,工业生产告别了简单的雇工加工生产阶段。在内迁企业的带动下,具有现代生产力性质的轻、重工业建立起来。工业部门有所增加,云南工业结构较前变得相对健全。

在电力工业方面,抗战时期云南的电力工业比战前有较大发展,抗战已有的几家电力企业都得到不同程度的发展,而尤以昆明市耀龙电力股份有限

---

① 支那省别全志刊行会编纂:《新修支那省别全志·云南》,东亚同文会发行,1943年,第378页。
② 王志强编辑:《云南省档案史料丛编近代云南人口史料(1909—1982)》,第2辑上,第33—57页。
③ 云南省通志馆:《续云南通志长编》下册,云南省志编委会印,1985年,第339页。
④ 孙代兴、吴宝璋:《团结抗战——抗日战争中的云南》,云南大学出版社,1999年,第179页。

公司在抗战时期发展较快,并重组为耀龙电力公司。昆明耀龙电力公司自民国元年至抗战爆发初期,先后多次添制发电机,至抗战爆发时发电机容量达2440千瓦,仍不足以应付当时之照明及重要机关机构和企业所需,而一般工商企业工业用电则无从获得。经济委员会为了解决云南纺织厂的用电问题,自行创立昆明电厂于云南纺织厂之旁,装机容量为1250千瓦,于1937年7月完成,开始发电,所发电力除供纺织厂外,尚有余量。抗战以来,工厂相继迁滇,电力需要激增,耀龙公司之负荷更重,照明与动力愈感不足。为谋供求相济,耀龙公司遂于1938年6月1日与昆明电厂合并改组,更名为耀龙公司。抗战期间,政府励行军工生产,用电日增,耀龙公司将已逾龄拆卸之300千伏安旧水力机两部重行修装应用,但仍然不能满足企业用电的需要,抗战后期,耀龙公司的各类用户共有10728户,供电区域日益扩大。为保证不断积极设法扩充发电设备的需要,便于石龙坝增装3000千伏安水力发电机2部,并将石龙坝至昆明之2.3万千伏高压输电线路改为6.6万千伏,以增输电容量,实现环湖供电计划。又拟于宜良县属之可保村,建设5000千伏安汽轮发电机2部。公司资金来源除原有的商股外,不断增加官股部分,国民政府经济委员会、云南省财政厅、昆明市政府、五金器具制造厂、省会警察局、军需局等部门相继投资该公司,继有云南省企业局参加投资,数额历年均有增加,尤以经济委员会投资较多,至1945年几与全部商股相等[①]。

　　云南矿业公司开远水电厂为抗战时期规模较大的发电企业之一。该厂直属于云南矿业公司,其电厂设于开远城南3公里之南桥,距滇越铁路开远车站约4公里,距大屯云南矿业公司约45公里,厂址横跨滇越公路,有邻近铁路与公路之便,交通运渝,尚称便利。该厂的主要任务为利用临安河水力发电,将电力输至大屯,以供个旧矿山开采冶炼锡矿之用,故其重要工程为建筑水力电厂于开远,及架设开远至个旧间的输电线路。电厂工程以引水沟为最大。水沟工程于1937年2月开工,预计18个月内完成。因工人供应困难,延至1940年8月止,计施工43个月,只完成82%。旋因抗战影响,滇越铁路中断,材料缺乏,工程无法进行,加之1940年冬,该厂受敌机轰炸两次,略受损害,建厂工程遂陷于停顿状态。至1941年6月,矿业公司全部改组,

---

[①] 云南省通志馆:《续云南通志长编》下册,云南省志编委会印,1985年,第345—349页。

该厂始行复工,大量准备材料,将水沟未完工程及高压输电线路分头筹办。至1942年底,引水沟及其附属工程全部完成,其他发电工程亦经陆续准备就绪。1941年8月,输电线路亦已完成,即正式开机供电①。

昆湖电厂也是抗战时期云南的重要电力企业。抗战军兴,昆明顿成后方重镇,资源委员会鉴于电力之需要及已有电厂之不足,于1938年开始筹设昆湖电厂,翌年6月起供电营业。1943年复在杨林喷水洞增设避弹发电所1座,与马街子发电所并车供电,历年来业务猛进,有负荷呈过载现象。该厂有2000千瓦汽轮发电机2座,1座装置于马街子,1座装置于喷水洞。另有500匹马力柴油发电机及150匹马力水力发电机各1座,分装于马街子及喷水洞两处。该厂除供给昆明市四郊各重要工业用电外,还将一部分电力售与耀龙电力公司,转给市区照明用电②。

下关玉龙水力发电厂则为官商合办的电力企业,相比之下发展就缓慢得多。该厂初议于民国初年,然因交通不便,机器无法购进遂罢。抗战爆发后,下关为滇西重镇、交通枢纽,纺纱、织布、制革、碾米、制碱及炼硝等工业都有一定的发展,然受到电力供应的制约,因而地方人士鉴于电力之迫切需要,乃由官商集资合办,于1942年设立下关水力发电厂筹备处,从事测量及设计工作。是年4月,并招商承包发电厂之宿舍与材料库建筑。旋因腾龙沦陷,滇缅路中断,此项工程暂行停办。1944年,敦请西南联大工学院长施嘉炀先生为顾问工程师,组织筹备处,重新开始工作。公司共集资11935万元,经1年又4个月之努力,该厂建成,正式发电,每日可发电200千瓦③。

此外,河口汉光电灯公司、蒙自大光电灯股份有限公司、云南矿业公司开远水电厂、开远通明电灯公司、昭通民众实业公司电力厂、昆明市纺织动力厂、腾冲叠水河水力发电厂等在抗战时期有较大发展④。

抗战时期,云南主要城市的机械工业也有较大发展,除了中央机器厂等迁滇中央企业外,云南本省的主要机械企业有云南模范工艺厂、云南五金器具制造厂、纺纱厂、织布厂、裕滇纺织公司、裕云机器厂、振昆实业公司、中原

---

① 云南省通志馆:《续云南通志长编》下册,云南省志编委会印,1985年,第351—352页。
② 云南省通志馆:《续云南通志长编》下册,云南省志编委会印,1985年,第351—352页。
③ 云南省通志馆:《续云南通志长编》下册,云南省志编委会印,1985年,第370页。
④ 云南省通志馆:《续云南通志长编》下册,云南省志编委会印,1985年,第339页。

纺线厂、西南联合大学机械实习厂、昆华工业学校实习工厂、云南印刷局、鼎新印刷厂、崇文印书局、开智印刷公司、光华实业公司印刷厂、昆明自来水公司、德和机器厂、中大机电制造厂、华安工厂、华兴工厂、德昌工厂、中南钢铁厂、民生工厂、振亚机械厂、永协隆机器厂、云南蚕业新村公司、云南蚕丝公司、兴华锯木厂。化学工业方面的重要企业有大成实业公司、云南酒精厂、草坝酒精厂、曲靖动力酒精厂、云南恒通化学工业公司、昆明市酒业公会、光华化学工业公司、利滇化工厂、安达炼油厂、三益炼油厂、昆明化工材料厂、大利实业公司造酸厂、昆明制酸厂、均益洋枧公司、振昆烧碱公司、云丰造纸公司、光大瓷业公司曲靖分厂、昆明永生玻璃厂、华新水泥公司昆明水泥厂、新华化学制药公司、中央防疫处、云南火柴厂总管理处、昆明磷厂、云南制革厂、工光企业公司、思普企业局、元丰油漆厂、南华烟草公司、云南烟草生产事业总管理处、衡裕工程公司、大华企业公司、云南省企业局等，另外制茶业和食品业方面有影响的企业主要有中国茶叶贸易公司、滇新企业公司、罐头食品工业合作社等。矿冶工业企业方面的主要企业有个旧锡务公司、云南炼锡公司、云南锡业公司、云南矿业公司、东川矿业公司、滇北矿务局、电气制铜厂、宝华锑矿公司、云南明兴矿业公司、个旧锑钨分公司、平彝钨锑公司、文山钨矿公司、银铅锌矿厂管理处、昆华煤铁特种股份有限公司、昆明电冶厂、中国电力制钢厂、云南钢铁厂、宣明煤矿公司、明良煤矿公司、滇西企业局。

抗战时期，云南的工业化出现跨越式发展，远超过战前30余年的发展速度和规模，而工业也带动了城市现代化，促进了部分农村人口或外部人口向云南的中心城市迁徙流动。昆明市1937年至1941年人口增加约35%，平均每年人口增加8%强。据1942年人口普查，昆明市本籍有业人口中，农业人口占24.4%，工矿、商业、交通及运输各业人口占53.7%，而昆明市移民有业人口中，务农者只占0.4%，而工、矿、商、交通及运输各业的从业人员占69.26%以上[①]。人口迁徙进城并大量从事工商业，这标志着城市经济实力的提升。工商业的快速发展吸纳了太多的从业人员，极大地促进了城市人口的充分就业，但却导致了产业结构发展失衡，并酿成了一些不利于城市发展的社会问题，如"有些青年男子和妇女因被雇而群集于工厂及商店里，结果造成

[①] 云南省通志馆：《续云南通志长编》中册，云南省志编委会印，1985年，第111—121页。

农村劳动力的奇缺,且附带成为招致家庭间许多不和谐的原因"①。

　　这一时期部分云南城市的商业异常繁荣。昆明不仅因为是省会,而且也是抗战时期的政治、军事重镇,而除工业发展较速外,商业贸易也十分发达,成为云南省的商贸中心。"军兴而后,沿滇缅路一带均顿增繁荣,唯仍以昆明为货物集散之中心区域。"②(详见本章第五节)下关在抗战时期因是滇缅公路和驿运的枢纽,大量企业和商人涌入下关,一时间,下关商贾云集,商店剧增,商业繁荣。例如,抗战时期喜洲帮因商业开拓而成为下关和迤西资产最雄厚的第一大商帮。商业的发达推动下关城市出现了多个商业区:下关关外街道是商业区,中心繁华地段叫"四方街",有成衣店一家,杂货店数家;西大街全是堆店、货栈,是山货药材土特产品的集散地。堆店既是经商者包括坐商和行商的字号经理处,又兼有货栈、仓库。著名的福庆店、洪盛祥、大有庆等都在西大街;振兴街、正阳街也是商业区。滇缅公路通车后新开辟的"新市场",是抗战时期最繁华的商业区③。

　　棉纱为民国以来云南省内交易商品之大宗,每年由外输入的棉纱统计达一千四五百万元。1934年昆明市专营此业者有46家,此外还有四五十家专办药材或杂货而兼办棉纱者。棉纱多由上海购进,货到蒙自或昆明市后,再分售各县。蒙自是滇南之商场,滇南各县所用之棉纱,均由蒙自购买。昆明市为滇东、滇西之咽喉,滇东、滇西各县所用之棉纱,均由昆明市分销。蒙自每年销入口棉纱总数占30%,昆明市占70%。营此业者,获利颇丰。云南所产棉花甚少,因而布匹多为外来之货,亦多由上海输入;业此者以江浙人为多,上海各大绸缎铺亦有在昆明市开设分店。上海永安纱厂在该市开设分销处,营业不弱,销路甚畅,有求过于供之势。抗战爆发后,各类书籍销路日渐增多,此为教育日渐发达之现象,昆明市有大小书局共20余家,然以商务、中华二书局之营业为最盛。此二书局在各大县市镇多设代销处,故各学校所用课本,多由此二家购买。其余各局之营业地方只在昆明市,各县无代售处或分局,书籍多由上海运到④。象牙器具为日常用品之一,如筷子、烟管、家具、

---

① 国情普查研究所:《云南省呈贡县、昆阳县户籍及人事登记初步报告》,1946年(油印本)。
② 云南省通志馆:《续云南通志长编》下册,云南省志编委会印,1985年,第546页。
③ 大理白族自治州地方志编辑委员会:《凤仪县志》,云南人民出版社,第625页。
④ 云南省通志馆:《续云南通志长编》下册,云南省志编委会印,1985年,第545页。

装饰品等多为象牙制作,销路颇广,且价值相宜,故销售及于省外。靴鞋在抗战时期销售也较前增加,靴鞋为中等阶级人士日常必需之品,式样可分中西两式。以前中式流行,抗战以后西式日渐畅销;皮革均由香港及安南购进,成本颇贵。药品销售也很盛行,药品亦有中西之分,西药多由安南、香港、上海购来;中药多产自本省,价值比西药便宜。中西百货在抗战时期有较大发展,昆明市经营中西百货业者景象颇佳,达80余家,但资本雄厚、规模颇大者只一二家。此一二家营业状况颇有可观。所卖买之商品,多为上海及本国各工厂出品,欧美商品因价格昂贵,过问之人甚少。帽亦为日常用品之一,销路广大,尤以冬季为多。毡帽多由上海运到,价格颇贵,至小帽、便帽,销路较窄。铜器为云南省有名的出品,原料取自会泽县,多是旧式,唯价格相宜,人多乐用[①]。云南的蔗糖产量极大,价格低廉,但色泽不佳,除在本省销售外,向外推销,只有少数运销贵州边县,销售呆滞,大有供过于求之势。云南盛产烟叶,但却为英商颐中烟草股份有限公司所把控,该公司成立于清宣统年间,自开办以来,均由外国人办理。1934年11月以前称为英商驻华英美草烟公司,其后改名为英商颐中烟草股份有限公司。该公司在昆明市及蒙自二处设立分公司,而在昭通、曲靖、宜良、呈贡、昆阳、澄江、晋宁、玉溪、安宁、武定、富民、禄丰、楚雄、大理、鹤庆、腾越、景谷、思茅、蒙自、个旧、临安、通海、石屏、开远等县各处设有代理处。此外,外商之经营于云南者,有美商慎昌洋行、英商旗昌洋行,均营机器业。希腊商歌护士洋行、若利玛洋行,日商保田洋行、宝多洋行,法商安兴洋行、志利洋行,则系营进出口杂货;他如府上、徐璧、利玛、地亚多等洋行,或营玩具,或营布纱,或数种兼营。至昆明市商号,规模较大者有福春恒、茂恒、永昌祥等经营进出口货,信诚、春影阁、大兴公司、和通公司等经营洋杂货,万来祥等经营西药[②]。

然而在商业繁荣的背后则隐藏着较多的投机因素,经济泡沫的成分较大。1942年以后,由于通货膨胀、物价飞涨,银行利息高于产业利润,商业利润又高于银行利息,投机商业利润又高于正当商业利润,故而越来越多的资金都流向投机商业。如抗战中期以后,整个下关市场的商人都流行交易时开

---

① 云南省通志馆:《续云南通志长编》下册,云南省志编委会印,1985年,第545页。
② 云南省通志馆:《续云南通志长编》下册,云南省志编委会印,1985年,第546页。

空头支票。"下关多数商号,特别是大商号,自印有一种专门的交易条子,在交易场中使用。有些商号尽管仓库里没有一匹布,一斤纱,他却可以开出几千匹布、几千斤棉纱的条子卖给其他商人。而买者可能家里没有一文现金,也可以开出几万元、几十万元的支票付给对方。无论是现金支票或货物支票,都可以互相转手买卖。"这正反映了当时云南经济"工不如商,商不如囤(积),囤不如投(机)"的畸形现象[1]。这也导致了抗战后期及胜利之后,云南经济的迅速衰退。

3. 省域中心城市——昆明出现跨越式发展

战时昆明既是云南的政治、军事、生产中心,也是云南乃至整个大后方的公路运输、铁路运输、驿路运输、航空运输网络的中心,也是战时大后方重要的物资中转中心和物资、人员集散地。西南地区的土特产品多由此转运出口,输入品也由此进口并向省内各地销售转运。太平洋战争爆发后,昆明又成为中印航空线的物资进出口重要集散地。处于交通枢纽位置的昆明发展尤为迅速,短短几年时间昆明城市规模扩大到7.8平方公里,人口增至27万人,从一个边陲省会城市一跃成为国际化大都市。

昆明在抗战前就因为滇越铁路的通车而逐渐成为云南经济中心。抗战爆发后,由于交通的便利,昆明成为云南内迁企业最多的城市,这又进一步巩固和强化了昆明在云南的经济中心地位。工业企业有著名的中央机器厂、中央电工器材厂、中国电力制钢厂、第22兵工厂、空军第一飞机制造厂等;商业有云南中国茶叶贸易公司、企华贸易行等;建筑业有陆根记、吴海记、安森记营造厂及西南建筑工程公司等。昆明在战时建立的现代型工厂有77家,1944年工厂数量持续增加,约有255家,包括军工、冶金、电力、钢铁、机械、电器、纺织、建材、食品和日用品等门类,有工人近3万人,资本额按战前币值计算为6175万元[2]。

抗战时期,昆明的国际性突出,有"小巴黎"之雅称。抗战时期的昆明商业呈现出空前繁荣的景象。时人记载昆明的"正义路为全城唯一干线,由金

---

[1] 梁冠凡等调查整理:《下关工商业调查报告》,《白族社会历史调查》一,云南人民出版社,1983年,第131页。

[2] 中共云南省委党史研究室编:《中国资本主义工商业的社会主义改造》云南卷,中共党史出版社,1993年,第3页。

马碧鸡两坊间左折进近日楼而迄马市口,长约五里,昆市精华均在此,举凡一切百货商店、国货公司、大药房等林立两旁,近日楼前,每初有花市,万紫千红,一片卖花声中,鲜艳悦目。入夜则霓虹闪烁,仕女摩肩擦背"[1]。至1945年8月,经政府登记的商号更多达20000余家,较战前翻了10倍[2]。工商业推动金融业的发展,至抗战胜利,昆明市有银行金库等金融机构48个,其中官办银行13家,商业银行35家。由于金融机构多密集于南屏街,因此南屏街又被誉为"小华尔街"。可见,昆明在这一时期获得快速发展,是整个云南的经济心脏。

这一时期城市变化最直观的是昆明城市面貌的改变。首先,城市交通有了改观。根据1937年的统计,昆明有公共汽车249辆,人力车1300辆,脚踏车1350辆,畜力货车184辆[3]。汽车数量增加带动了昆明与周边中短途运输的发展。其次,城市市政建设进入一个新阶段。公共交通工具的变化及城市人口的增多,推动市政建设工作的开展。市政建设的重点之一是街区改造。街区改造最主要的成就是开辟了南屏街。改建后的南屏街可谓当时昆明的金融、商业和娱乐中心。除南屏街外,还新辟了从南至北贯通南屏街和宝善街的两条短街,一条名为新祥云街,一条名为晓东街。这两条街具有当时主要沿海城市新型临街建筑的特点,也为城市向东发展提供了条件。第二是修建居民区,最为人称道的居民区是"篆塘新村"和"靖国新村"。由此,昆明形成了造型极有特色的高中低档的居住空间。除此之外,修建新市场,对城市做商业区划,增设公园等公共空间,一个现代化大都市开始得以呈现。

4.区域城市的发展

抗战爆发打破了原有的区域城市体系,区域城市体系发生了新的变化。最大的变化是昆明成为了国际化大都市,成为云南的政治、经济、文化中心。

滇东南区域城市是早期现代化程度最好的一个区域,在抗战初期,由于大量人口、物资汇集在滇越铁路沿线城市,带动了铁路沿线城市发展。抗战中后期由于受铁路被炸和个旧锡矿被国家垄断的影响,发展势头变缓,整个区域失去了抗战前期的活力,但仍然不失为经济发展的重要区域。至1949

---

[1] 帅雨苍:《昆明漫记》,施康强编:《浪迹滇黔桂》,中央编译出版社,2001年,第13页。
[2] http://www.baoshandaily.com/html/20100309/content_12680996924962.html.
[3] 《昆明日报》编:《老昆明》,云南人民出版社,1997年,第83页。

年,云南有私营工矿企业 1398 个,昆明和个旧两个城市的工矿企业占全省厂矿总数的 82%[①]。

滇西地区城市与商业贸易的关系非常密切。1938 年滇缅公路全线通车对滇西区域城市发展又是一大促进,"滇缅公路沿线的楚雄、下关、保山、潞西等地成为抗战时期国民党统治区少有的繁荣地"[②]。下关是滇缅公路和驿运的枢纽,大量企业和商人涌来下关。一时间,下关城市吸纳力大增,商贾云集,甚至专门开辟了"新市场",下关银行有 16 家之多。但随着滇缅公路的中断和战火延烧到滇西,腾冲等滇西城市受到严重损毁,滇西地区城市发展陷入停滞阶段。

抗战中后期,由于滇西地区国土沦丧,川滇藏贸易线取代滇缅贸易线在抗战后期得到发展,相应的滇西北城市也得到较大发展,例如滇西北重镇——丽江在此一时期发展尤为迅速,依靠马帮驮运的鸦片、黄金、白银等特货贸易,丽江商帮形成较大势力,并成为仅次于喜洲帮的少数民族商帮,而滇藏商贸的发展则促进了丽江城市商贸繁荣,人口流动增加,城市规模较前扩大。

云南其他区域的城市受战时交通发展的影响,也有一定程度的发展,如滇东北的"叙昆运输线"是当时云南与四川联系的一条重要运输线路,而川滇东路则是云南到重庆的必经通道,随着抗战后期川滇东路的修建,川滇东路沿途的节点城市,尤其是滇东北中心昭通因人流物流的增加而获得较大发展,"以客马店为例,达 178 户,其中客店 64 户,比 1931 年增加 7 倍。商业从业人员达 3276 人"[③]。在商业的带动下,城市手工业、工业都有一定程度的发展。滇东地区随着滇黔公路、沾益机场的修建,米轨铁路的通车,以曲靖、沾益为中心的滇东地区也有相应发展。

但这一时期区域城市发展都具有一个共性,即都是随着抗战交通的发展而兴盛,因而也随着抗战交通的减少而出现衰落,故其发展缺乏内在动力支撑,具有短暂性。抗战胜利后,国民政府在滇的临时机构撤走,美军回国,内

[①] 中共云南省委党史研究室编:《中国资本主义工商业的社会主义改造》云南卷,中共党史出版社,1993 年,第 4 页。
[②] 朱振明:《抗日战争时期的滇缅公路》,《云南社会科学》,1982 年,第 4 期,第 80 页。
[③] 李珪:《云南近代经济史》,云南民族出版社,1995 年,第 509 页。

迁企业和学校也相继返乡,无论滇缅铁路、滇缅公路,还是滇黔公路、川滇东路等各条运输线路的重要性都较前大幅下降,人流、物流也在短时间内减少,城市商业从畸形发展迅速走向衰落,尤以丽江、昭通、曲靖等二级城市为甚。

5. 边疆城市的开发

抗战边防的重要性促使政府不断关注边疆城市的发展。在政府推动下,边疆开发以前所未有的规模提上了议事日程。首先,政府于1943年成立边疆行政设计委员会,在对边疆民族地区调查研究的基础上设计边疆开发方案和管理边疆民族事务。几年间,边疆行政设计委员会聘请云南省内熟悉边疆情况的人士兼任特约通讯干事,就各地区经济、文化、地理、社会、政治等情况随时报告,同时制定调查表格下发给各县,开展边疆少数民族调查、人物调查、滇东北调查和思普沿边调查等。边疆行政设计委员会将云南省边疆地区分为5大边区,即思普边区、缅宁边区、大小凉山边区、中维德边区、腾龙边区,然后逐步拟定各边区开发方案,有《大小凉山开发方案》、《腾龙边区开发方案》、《普思沿边开发方案》、《中维德区开发方案》、《滇康边区盘夷实况及治理方案》等。

其次,政府通过筑路,移民等方式推动云南边境城市的经济发展。经过政府的积极组织倡导,云南边地交通状况自20世纪30年代开始有了较大改观,抗战时期滇缅公路筑通对边境城市开发起到极大带动作用。如畹町是滇缅公路入滇的第一站,滇缅公路开通后,这一地区车辆、商贾往来不断,腾冲海关还因此将原设于龙陵的分关移驻于此,更名为畹町分关。当时每月进出口物资近万吨,畹町也由原来只有六七户人家的边关驿站,一跃成为举世闻名的繁荣边关小镇。

再次,提高边疆地区教育水平。国民政府教育部先后颁布了《推进边疆教育方案》、《边地青年教育及人事行政实施纲领》等政策性文件。为方便指导,1941年将文件汇编为《边疆教育法令汇编》。此外,教育部还刊印了《边疆教育概况》,详细记载了从1935年至1942年底,政府和各边远省份推行边疆教育的概况。省教育厅又于1939年4月颁行《云南省立边地土民小学学生待遇细则》,规定免去边地小学学费、住宿费及各项杂费,免费供给书本、文具、医药,发放衣帽一套,此外,还奖励边地夷族人才,令其到省受训,如丽江18名学生,沿途宿店伙食及一切手续由地方供给,学生每人筹缴旅费新滇票

60元。① 至1940年,全省共有公、私立小学11069所,在校生774816人。其中民族小学数占全省的11%,民族小学生占全省8%。在政府的统筹规划和积极推动下,云南边地学校教育有很大发展。

6. 城市社会、文化出现新的变化

抗战时期,沦陷区城市的大批文化艺术单位和大批文化名人荟萃云南,其文化教育事业在特殊的时代背景下获得了前所未有的发展契机。这一时期城市文教事业发展较快。例如,1944年,全省中心国民学校有1384所,尚未改制的小学2031所,学生1107495人。到1945年,全省有省立中学21所,县立中学107所,师范20所,职业学校1所,私立中学33所②。战时云南城市文化教育事业除了昆明地区文教发展兴盛之外,在地方上也兴起一股办学潮。一些联大学生深入到云南的一些边远地区,开办学校或在这些学校兼课,如昭通民诚、大理五台、建水建民、宜良南薰、呈贡建国、个旧云锡、宁洱磨黑中心、马龙的云修中学、永平兰津中学、宾川正惠高中、明德中学开远分校、会泽楚黔初中等,提高了这些地区的教学质量,发展了边远地区的文化教育事业。

这一时期,城市文艺活动也异常兴盛。抗战爆发后,有不少外地剧团也来到云南,有多种戏班和剧种,不仅京剧的传统戏剧受到云南人民的喜爱,而且话剧等新剧种也传入云南的主要城市,云南城市人逐渐接受新剧种,审美观念随之发生变化。如这一时期舞台要求较少的话剧开始流行,剧目也是贴近时代要求的抗战戏剧,因而深受广大市民喜爱,这一时期热门的抗日话剧有《难民曲》、《当兵去》、《死亡线上》、《放下你的鞭子》等。西南联大合唱团也常常组织演出队到市区、城郊演唱抗日歌曲。抗战开始后,以娱乐为主的茶铺发展如火如荼,茶馆成为重要的大众文化娱乐空间,不少规模较大的茶馆的演出设施较全,邀请专业艺人和知名票友逐日演唱,门庭若市。大东门外、庆丰街、大观街、金碧路太华春、光华街、劝业场茶室等则邀请本省艺人清唱滇戏,晓东街则有女子评剧清唱茶室,南屏街的小茶楼以表演魔术著名,民众教育馆茶铺以说书闻名。部分大学来到云南后,在城市和乡村积极开展

---

① 云南省档案馆,12—4—1725。
② 云南省地方志编纂委员会:《云南省志·教育志》,云南人民出版社,2003年,第266、267页。

文化教育活动,促进了当地文化教育事业的发展。如中山大学迁到澄江,音乐老师马思聪在西正街居室演奏小提琴,文学家康白清业余开诊所为百姓治病;大学生们则到中学兼课,传播新知识、新思想;也有老师和学生到乡村宣传访问,推动当地民众移风易俗;农学院蚕桑系学生与农民一起栽桑养蚕,关系十分融洽。各大学的师生们积极开展抗日宣传活动,墙报、画刊、话剧、活报剧、晚会、报告会出现在城镇乡村,人们争相观看,喜闻乐见。

在文艺活动兴盛的同时,各类刊物、杂志亦如雨后春笋般纷纷冒出。抗战8年中,昆明先后开办10家报馆,比较重要的有《云南日报》、《文化周报》、《生活导报》、《西南周报》、《南方》、《前哨》、《云南教育》等报刊。仅报纸就由抗战前8种增至抗战后的68种[1]。抗战时期,商务印书馆、中华书局、开明书局、世界书局、新知书店等当时一流出版社均在昆明设立分社,这一时期的图书业发展迅猛,出版书籍种类增加。据统计,抗战期间,昆明先后创办起来的书店和书摊近73家。

社会生活的变化也是城市现代化转型的重要体现。众多的内迁者带来了新观念和不同的生活习惯,本地人在与内迁者冲突与融合的过程中,生活方式悄然发生改变。例如衣服着装的变化,联大女生来蒙自后不久,"远望一队队女学生,孰为联大学生,孰为蒙自学生,衣装迥异,一望可辨。但不久环湖尽是联大学生,更不见蒙自学生,盖衣装尽成一色矣。联大女生短裙露腿,赤足纳双履中,蒙自女生亦效之"[2]。再如饮食习惯的调整。云南人饮品主要是茶,抗战时期咖啡、冷饮也传入云南,深受当地人的喜爱。如广东人在晓东街南屏电影院旁开设白云冷饮店兼营西餐,原材料由香港运来,顾客盈门。可口可乐在抗战时期也随美国人的到来而成为昆明的时尚饮料。

总之,抗战时期是云南城市空前发展的一个重要时期,政治、经济、军事中心向西南转移,大量人口、物资积聚云南,云南得到了一个千载难逢的发展契机。这一时期,云南现代交通网络的形成极大地推动了地处偏远边疆的云南城市现代化转型,特别是昆明,一跃成为西南地区的国际化都市。但抗战时期的繁荣是短暂的、不稳定的,也具有不平衡性,随着抗战结束,内战兴起,

---

[1] 云南省地方志编纂委员会:《云南省志·文化艺术志》,云南人民出版社,2002年,第4页。
[2] 钱穆:《八十忆双亲·师友杂忆》,三联书店,2005年,第206页。

国民政府发展重心转移,工矿企业、人口回迁,云南城市便迅速走向了衰落。

第三节 抗战时期云南城市体系的发展

城市是社会经济发展到一定阶段的产物,城市体系是一个国家或地区范围内由一系列规模不等、职能各异的城市所组成的城市网络的有机整体。这些规模大小各异的城市在区域城市体系中担当着不同的职能分工,较大规模的城市成为城市体系的核心,而较小规模的城市则是城市体系的基层,它们之间的相互作用、相互影响和协作分工,共同构成一个相对完整的城市网络体系,共同推动区域社会经济的发展。研究城市及城市体系的形成过程和功能,有助于了解城市的时代变迁和在区域经济中的地位和作用。

抗战时期云南城市体系从空间分布来看有两个特点:一是沿交通线分布特点更为明晰,滇缅公路沿线城市发展最为迅速;二是以交通汇集地昆明为中心形成了昆明城市圈。战时云南城市职能变化主要体现在交通运输职能和经济职能的提升,开始有了一定的综合城市职能。昆明城市职能变化最明显,商埠区的专业化,工业区的出现,居民区的增设,空间结构要素的增多,城市的职能组合结构逐渐从单一向复合化发展。战时云南城市规模等级无论是人口规模还是城区规模两极分化都很严重。昆明和交通沿线城市无论城区规模还是人口规模,增长较快,而一些边境城镇或不在交通道上的城镇发展甚至出现倒退。

一、战时云南城市体系的空间分布的变化

城市体系的空间结构是指在区域城市体系内各级各类城市的空间分布状态、空间组合形式及其空间的相互关系。影响城市体系空间结构的因素很多,既有地形、水系、土壤等自然地理因素,也有社会、经济、交通等人文社会因素。区域城市体系的空间结构是区域在特定自然环境下社会经济长期发展演变的结果。因此,在不同的历史阶段,区域城市体系空间结构具有不同的特征。

在前节已经提及云南特殊的地形地貌对城市分布造成了重要影响,具体体现为:第一,城市主要集中在农业发达的坝区,云南城市分布与其他省份城

市分布不同之处在于省内虽然也有大江大河,其并未沿江河分布,更多是沿湖分布,因为湖周边区域农耕最为发达,所以成为了城市主要集中地;第二,城市受地理环境的影响按区域分布,山川河谷将云南划分为滇东、滇西、滇南、滇中几大区域,各个区域相对独立,城市发展各不相同,城市间联系并不密切,没有形成全域性城市群;第三,云南城镇分布东多西少;第四,城市主要沿交通线分布。自秦汉时期"蜀身毒道"的开拓,形成了著名的南方丝绸之路,云南城市就主要分布在这条贸易要道上。如灵关道上有大姚和大理;五尺道则集中分布了云南主要著名城市,如昭通、曲靖、昆明、楚雄等;永昌道上有保山、龙陵、腾冲等城市。

抗战时期,云南城市体系的空间分布延续了以上四个特点,但由于战时交通的重要性,交通对城市分布的影响在这一时期更为突出。随着昆明城市地位的提升,以昆明为中心的滇中城市圈的形成也是一个新变化。

(一)城市沿交通线分布

1.战时交通网络的形成

民国前期云南公路修筑并不多,如自1924年6月至1937年6月,云南在省内修筑长、短途公路共3178.2公里[①]。虽然这段时间云南修成通车的公路不多,但一些主要干道的修筑,则为以后云南交通的全面发展创造了有利的条件。

抗战伊始,云南成为唯一能直接同国外贸易的省份,其战略价值十分突出。西南地区形成了以昆明为战时进出口物资的集散中心,以成都为西南西北公路网的联络中心和以重庆为国统区的公路运输中心。为了加强西南诸省的联系,巩固西南大后方,1938年初,国民政府改组"西南各省公路联运委员会",成立"西南公路运输总管理处",统领西南公路交通运输和建设。旋即改隶交通部更名"西南公路运输管理局",后又特设"川滇公路管理处"和"滇缅公路运输管理处",职掌西南公路交通运输和建设。抗战时期,在云南各族人民的艰苦努力下,云南赶修了滇缅公路、川滇东路[②]。首先抢修滇缅公路的建设;其次,改造西南公路,黔滇公路;第三,新建西南公路干线,滇越公

[①] 黄恒蛟:《云南公路运输史》,第1册,人民交通出版社,1995年,第99页。
[②] 四川省中国经济史学会编:《抗战时期的大后方经济》,四川大学出版社,1989年,第199页。

路,从昆明到河口,全长496公里,1940年完工。川滇公路,起自成渝线的隆昌,至黔滇路的沾益,全长796公里,为川黔滇三省联络干道,物资自昆明内运,绕道贵阳,运至重庆和四川各地①。

抗战时期云南公路修建概况表

公路名称	起止地名	里程(公里)	修建时间	通车时间	备注
滇缅公路	昆明至畹町	959	1935年	1938年7月	
滇越公路	昆明至越南河口	496	1939年12月		1940年国内部分筑成
川滇公路	隆昌至沾益	796	1938年		1940年底大部分完成
垒畹公路	垒允至畹町	59		1941年12月	因缅甸战争未通车就沦陷
滇桂公路	昆明至百色	835			筑成通车

资料来源:黄恒蛟主编《云南公路运输史》,第1册,人民交通出版社,1995年,第110—115页。

上表的滇缅公路和中印公路尤其值得一提,战时滇缅公路的修建主要是下关至畹町段,途经昆明、楚雄、祥云、下关、保山、芒市、畹町等城市,1937年8月,龙云提出修路计划,旋即征集20万劳工开始修筑,8月底通车。滇缅公路在如此短的时间,如此恶劣的环境下修通,震惊了全世界。该路于1942年被日军切断。1944年在反攻取得胜利的同时,开始修筑另一条"抗战生命线"——中印公路,中印公路由印度雷多至缅甸密支那,其后分成两线,一条线经八莫、南坎至中国畹町;一条线经过甘拜地、中国猴桥口岸,经腾冲至龙陵,公路终端与滇缅公路相接。这两条线路是全国战时物资补给线,也对云南经济发展作出了极大的贡献。

在抗战前期3年多的时间里,根据战争形势的需要,在云南各族人民的艰苦努力下,云南赶修了滇缅公路、川滇东路。抗战8年间,全省新修、续修和完善路面的公路有70余条,施工里程5000多公里。其中通车的有53条,

---

① 四川省中国经济史学会编:《抗战时期的大后方经济》,四川人民出版社,1989年,第199页。

总长 3800 多公里;新修、续修尚未通车的 18 段,总长 1600 多公里。到 1945 年抗战胜利时,全省公路总里程共 6650 多公里,其中通车里程 3930 多公里,其中干道 13 条 3080 公里,县道支线 27 条 650 多公里,昆明市郊及名胜公路 20 条 190 多公里。1945 年全省公路总里程为抗战前的 2.19 倍,通车里程为抗战前的 3.14 倍,通公路的县(设治局)由战前 19 个增至 54 个[1],初步形成了全省性的公路网。这些公路的修筑,尤其是国道和省际道的贯通,对云南及全中国抗日战争初期的军事、经济、文化等方面起到了重要的作用,也使得城市间联系日益紧密。

航空方面,云南早在 1922 年唐继尧执政时期,就设立云南航空处和云南航空学校,修筑了昆明巫家坝机场。1928 年,民用航空事业得以发展,从国外购入昆明号、碧鸡号,飞机来往于楚雄、大理、蒙自等地,虽无定期航班,但却是云南民用航空运输的开始。20 世纪 40 年代前后云南陆续开通的航线已达 8 条之多,主要有昆渝航线,昆蓉航线,四川经昆明至加尔各答的中印航线,昆明经重庆、成都、兰州、哈密至乌鲁木齐后与欧洲联航的欧亚航线,昆明经桂林至香港航线及昆明至河内与法国航空公司联航的滇越航线等,使昆明一度成为国内外的航空枢纽站。

抗战时期,在日军封锁了滇缅公路这条联系中国和国际的动脉线之后,为了解决物资运输的燃眉之急,著名的中印"驼峰航线"应时而生。驼峰航线是 1942 年春,美国军队为了运送援华物资而开辟的一条从印度飞跃喜马拉雅山脉到中国昆明的空中走廊,运输条件异常艰险,这条航线一度成为中国抗战后期获取国际援助的唯一运输线。截至 1945 年 11 月,美国空运大队从印度运到中国的各种物资共 650000 吨[2]。驼峰航线的开辟使得云南昆明继续作为后方物资供给地和中转站,城市地位进一步提升。总之,民国时期航空业虽处于起步阶段,但作为最先进的新式交通工具,它的出现加速了云南与其他地区联系的步伐,也推动航运中心昆明成为国际化都市。

战时交通网络的形成,使云南在西南地区乃至整个中国城市体系中的重要性进一步提升,昆明成为战时最为繁忙的物资集散地,云南其他地区城镇

---

[1] 杨聪:《中国少数民族地区交通运输史略》,人民交通出版社,1991 年,第 20 页。
[2] 杨实:《抗战时期西南的交通》,云南人民出版社,1992 年,第 234—246 页。

也开始向交通节点蔓延,形成了以交通为节点的城镇分布图。

2. 从滇越铁路到滇缅公路

战前随着滇越铁路建成通车,沿线的昆明、蒙自等城镇进一步发展和一大批城镇的兴旺,相对富裕的滇中地区与矿业发达的滇东南地区相互连接,形成了滇东南经济圈,再和西南其他城市衔接,形成了以经济型为主的半殖民地、半封建城镇网络格局。昆明是核心,公路是连接线,形成了放射状的网络。放射的终端向南延伸到越南、海外;向东延伸到昭通,再到四川、贵州;向西延伸到保山和下关、丽江,再到西藏、缅甸。

战时云南城市体系的空间分布变化与两条公路有密切关系。一是1938年8月通车的滇缅公路,滇缅公路是由昆明至缅甸腊戍的国际公路,途经昆明、一平浪、楚雄、祥云、下关、保山、潞西、畹町等城镇。二是1944年通车的中印公路,南线至畹町,北线经过中国猴桥口岸,经腾冲至龙陵,最终与滇缅公路会合。滇缅公路的影响尤大。通过改善旧路和修建新路,形成了以贵阳、重庆为中心的西南公路网,并使之与西北公路连接起来。改变了云南尤其是滇中地区对外交通的落后状况,大大加强了昆明与省内、省外及国际的联系能力。"滇缅公路通车后,运输量大增,军用运输量特大,昆明市成为大西南的经济、文化、军事要地,交通运输的枢纽。随着抗战的军事形势,省外资金和生产技术源源流入云南,国民党中央和地方工商业机构逐渐增多,如矿业公司、煤业公司、昆明炼钢厂、中国电力制钢厂、云南钢铁厂、资源委员会昆明电工器材厂、中央机器厂、桐油厂、制茶厂、云南纺织厂等,都是战时滇缅公路通车后建立和发展起来的。"[①]

滇缅公路每日车流量较大,据1941年12月统计,1940年在滇缅公路上行驶的汽车,军车3166辆,公车2201辆,商车2265辆,共7852辆,占抗战后方总车辆的半数[②]。车流量的增大一方面使得内迁人口除了集中在昆明以外,还分布在交通沿线。1946年6月《云南省各属沦陷区人民寄居调查表》所载:"云南全省有内迁人口的1市28县,以分布情况而言,除昆明市最集中外,昆明市附近的安宁、呈贡、宜良诸县也比较集中,此外还分布在滇越铁路

[①] 谢自佳:《滇缅、中印国际公路交通线》,《抗战时期西南的交通》,云南人民出版社,1992年,第105页。

[②] 云南省政协文史委编:《云南文史资料选辑》,第37辑,云南人民出版社,1989年,第52页。

和几条公路沿线,如川滇线的会泽、昭通、寻甸,滇黔线的陆南、宣威,滇酒线的楚雄、姚安、祥云、漾濞、龙陵、凤仪及滇越路的蒙自等县。"[1]这说明内迁人口呈现点线式分布,暂居在交通线上的内迁者多从事商业活动,他们和繁忙的公路运输者有力地推动了沿线城市商业的发展。楚雄因为是滇缅公路宿站,过往车辆人员较多,北门街和城外新辟了汽车站,车站附近的汽车修理业、旅店、饮食业营业兴旺,而开店者多为内迁人士。

滇缅公路月运量达万吨以上,车辆通行于滇缅公路上,需要停宿于一些城市,这就直接促进了沿线城市经济的发展。昆明至保山间之宿站为楚雄、下关、永平,如有晚点的意外情况,也可住宿禄丰、一平浪,食站为禄丰、沙桥、漾濞、瓦窑。此外,车辆公路全线通车后,沿线农副产品更加畅销,沿线城镇村庄新开设的小食馆、小旅店如雨后春笋,生意兴隆。

滇缅公路与西南公路和川滇东路连接后,国内外军事物资、经济物资往来频繁,使云南将近1/4的地区改变了交通不便的局面[2]。例如省内公路建设和运输的发展,促进了县与县之间的经济联系。1939年,云南省公路局把从保山左官屯经昌宁县城到顺宁(今凤庆)县城的公路列为新修县道,称保顺线,长177公里。次年,此段公路修筑计划延长到云县,改称保云线,共218.9公里,成为连接4个县的干道。保云线沿线有彝族、傣族、苗族、瓦族、布朗族、回族等少数民族聚居。这些地区盛产茶叶,其中顺宁茶(即今凤庆茶)为云南名茶之一。还盛产甘蔗,尤以昌宁、云县的产量为大,年产80万担以上。昌宁县还是云南盛产粮食、生猪及多种经济作物的主要县之一。

滇东交通沿线城市也有一定发展。抗战初期,国民政府在拟定西南交通建设计划的同时,提出交通与矿产并行开发的原则,在具体实施中,明显的贯彻了这一原则。1937年春滇黔公路通车,1941年3月,昆明至曲靖段铁路通车,后又展修至沾益,东部地区长期利用马帮运输的状况有所改变,交通状况的改善为城市发展提供了条件。如昭通至宜宾公路的开通,其沿线的明良煤矿、水城铁矿、彝良铜矿、昭通的褐煤矿及铜矿、盐津的煤矿得以开发。资源型矿产的开发又拉动了城市经济的发展,而这显然与交通事业的发展有着密

---

[1] 张根福:《抗战时期人口流迁状况研究》,《中国人口研究》,2006年,第4期。
[2] 杨聪:《中国少数民族地区交通运输史略》,人民交通出版社,1991年,第19—23页。

切关系,交通的改善在一定程度上打破了这一地区长期闭关落后的局面。如川滇东路修通后,云南与四川的经济联系加强了,云南特产宣威火腿等大量土特产品从原始的人背马驮运输方式被汽车运输代替。从此,云南"跑泸州"的汽车多了。原来深居乌蒙山岭几乎与世隔绝的彝、苗、回等族同胞,加强了与内地的交流,逐渐开阔了眼界,生活也有了一定的改善。

由此可见,交通网的形成,网络的作用不是简单的数学叠加效能,而是成倍地放大网络内各组成要素所起的作用,点与线的综合作用,干支线的相互配合和穿插。交通带来的集聚效应给城市和经济带来"规模化"。因为它提供的可达性明显要高于周边地区,对周边地区的人流和物流产生强大的吸引力,周边地区的生存和发展也必须依赖于节点地区的可达性优势。这样商业流通、居民生活、社会活动逐渐在这些交通节点周围出现,从而为孕育新的城市创造了可能性。交通的便利,吸引的不只是物流,还有人口的大规模聚集,物资和商品的规模化,有助于成本的降低,而人口的聚集,同时也增大了消费力和生产力,并促进了城市的发展。

3. 以昆明为中心的滇池城市经济圈的初步形成

农业时代,肥沃的土壤,良好的灌溉条件是农业发展的基础,也是城市兴起的基础。因此,城市沿江河、湖泊分布是各个省区城市分布的共同特征。但云南城市沿江河、湖泊分布却有所不同,云南的河流众多,全省有6大水系,河流总长14200多公里,还有大小湖泊30多个。[①] 由于大多数河流流经深山峡谷,滩多水急,河床陡,落差大,航运很不发达,因此,河流众多却成为制约区域城市联系的重要因素,云南沿河两岸城市较少。只有沿金沙江、南盘江分布的城市较其他水系城市分布稍多。金沙江支流孕育云南北部的一些城市,如滇东北的巧家、永善、昭通等城市就坐落在金沙江岸边,中甸、祥云、丽江位于金沙江支流边,金沙江支流龙川江流经滇中坝区,孕育了楚雄、牟定、禄丰、元谋等滇中城市。南盘江兴起于曲靖沾益,流经曲靖、陆良、宜良、华宁、弥勒、开远、泸西、罗平等城市,河流流经开阔的坝区,有利于农业开垦种植,孕育了昆明粮仓——宜良,成为人口较为密集的滇东区域。

[①] 云南省地方志编纂委员会总纂,云南省交通厅、云南省民航局编纂:《云南省志》,卷33《交通志》,云南人民出版社,2001年,第6页。

相较江河航运的险阻,云南有很多高原湖泊,如滇池、洱海、抚仙湖、通海湖、星云湖及阳宗海等湖泊,其水运则比较发达。湖泊周围紧邻坝子,这一带由于农业基础良好,城市经济腹地广阔,分布着大大小小的城市。其中自古以来开发最早、开发最好的两个湖区是滇池和洱海,在它们周围不仅产生了昆明、大理这样的传统意义上的大城市,而且还孕育了大量的县级城市,如滇池周边有昆明、安宁、呈贡、昆阳、晋宁等,洱海周边有大理、邓川、下关、顺宁、漾濞、祥云等城市,在抚仙湖和星云湖周围,也分布着江川、澄江、华宁、玉溪、通海、河西、峨山等城市。民国时期云南沿湖泊分布的区域城市近20个,可谓云南城市分布最密集的区域。

清末民初滇越铁路的通车,滇东、滇中形成了以昆明为核心的经济圈,但滇西地区仍保持着传统的以下关为中心的商道,仍然有着一定的独立性。这一时期逐渐形成了以昆明为核心,以滇池滇中城市群为主体的云南城市圈。

滇池周边地区城市发展尤其依赖昆明。这一时期滇池地区城市完全成为了昆明的原料供给地和销售市场,部分离昆明较近的滇池地区城市发展则完全依赖于昆明。如晋宁、呈贡素称农业之区,晋宁"制造的土布,仅可卖之于境内,蚕豆粉丝,多销售于昆明"。呈贡"对于工业从未讲求,人民需用之衣料器具等物,亦由昆明购办而来,……商业则概多零星小贩,售卖杂货,舶来品亦不易销,因该县人民素尚简朴,商店资本稍大者,惟龙集镇之永顺、云集、宝隆号而已,共资本十万元,然系由海口贩运食盐来县,转运于澄江宜良等属"[1]。安宁距省仅一站,所有居民需用大宗货物,均赴省购办,以其价较廉而物较美,"故县属各市场交易,除输入之粗布为大宗外,均系零星杂货,以及粮食蔬菜"。铁路和水运的方便使其地成为内迁企业首选地,如安宁成为昆明的工业园区。另一方面得益于战时昆明空袭频繁,滇池地区城市成为内迁人口疏散地。如大批院校曾落户于呈贡,云大农学院迁到离呈贡火车站不远的洛羊,国立东方语专和市云南英中迁到斗南镇,华侨中学迁到了呈贡龙街乡,昆华女子中学搬到海晏乡,"中国国情普查研究所"迁驻呈贡文庙[2]。诸如冰心、费孝通等大批知识分子滞留于滇池地区城市。为了防止空袭,呈贡还建

---

[1] 昆明市志编纂委员会:《昆明市志长编(内部资料)》,第11册,1984年,第300—305页。
[2] 云南省呈贡县政协文史资料委员会编:《呈贡文史资料》,第7辑,2000年,第21页。

有防空站,俨然成了昆明的屏障。

玉溪、楚雄、宜良等是昆明的外层城市。玉溪、宜良是省会昆明重要的米粮供应地。这些地区粮食的丰歉和输送粮食的多寡,直接影响着昆明的粮价。昆明的盐主要来源于楚雄地区。玉溪"新兴布"也多销往昆明,如昆明专门经营土布的大道生商号,其原料的来源就是玉溪和河西的布。再如,民国年间玉溪、江川、通海手工卷烟闻名全省,远销泰国、缅甸,而出口则必须经过昆明,经滇越铁路出口。因此,在交通经济的吸引下,昆明成为滇中最重要的物资集散地。

抗战期间,建成的以昆明为中心的公路网和航空线,沿着各大交通线,形成了以昆明为中心的云南近代工商业网络。昆明的节点作用更为突出。昆明为全省中心,进口货物到昆明后,再销向各地。抗战以来,昆明货品"向遍及滇黔川三省,遍及滇黔川康四省,……又遍及三迤,及滇池沿岸各县,滇池沿岸各县之销量,由本市直接运去,可达本市之各个区域,迤东各县,由曲靖、威远、昭通转去,迤西各县,由大理、腾越转去,迤南各县由蒙自、个旧转去"。这样,以昆明为中心的工商业网络得以巩固和发展。

二、战时城市功能与空间形态的变化

区域城市体系是一个由多层级城市组成的系统。在区域城市体系中,不同规模、不同级别的城市的主要功能是不同的,它们在区域经济中所起的作用也有差别。但有些功能是共有的,它们构成城市的基本功能。

(一)城市功能的变化

工业时代经济发展成为城市产生和转型的最主要动力,城市的主要功能是生产,功能的作用形式是集聚、辐射和协调。首先,城市具有高度的集聚性,它是区域人口、经济、信息、技术、智力、金融等的集中地,且集中程度随着区域经济实力的增强而提高,并由集聚而形成显著的集聚效益。其次,城市具有辐射功能,辐射作用表现,一是无形辐射,如知识、信息、服务等的辐射;二是有形辐射,如人才流动、资金信贷、生产设备转移、商品提供等。城市辐射的这两种形式是同时进行的。但在城市化初期以有形辐射为主,随着城市化水平的提高和辐射速度的加快,无形辐射逐步居于主导地位。再次,城市具有协调功能。协调功能主要表现为城市依靠自身作为经济中心的优势,协调区域发展过程中的各种矛盾,增强整个区域经济发展的稳定性。城市在中心地与腹地之间、腹地与腹地之间合理分工,优势互补,实现区域范围内资源的合理利用与优化配置。实现区域内经济社会的协调发展。城市经济功能的提升又导致城市综合功能的叠加,经济发展较快的区域城市往往又成为了具有政治、经济、文教等各项功能的社会实体。抗战时期,云南很多城市职能组合结构发生变化,主要体现为经济功能的提升,综合城市功能的加强。

以省会昆明为例。民国前,昆明尚无明确的功能分区。城墙以内的地方更多的是作为一种防御体系及阶级统治的象征。清代昆明城内"一个翠湖、一座五华山、一座圆通山、一条绿水河、一个洪化府、一个西箭道、督抚衙门、藩臬衙门、粮盐道衙门、云南府等衙门,更有文庙、武庙、城隍庙、土主庙、祧灵寺、报国寺及五华书院、育才书院等,占着大片的地面"[①]。城内主要是衙署、官邸和寺庙,很少有民宅。城市的政治色彩更为浓厚,商业活动主要在南门外进行。时人描述当时的状况,称南城虽然"画栋雕梁,固壮严犹在也",但"重门叠设,皆宽仅丈余,渤然深黑,而又络以月城,虐屋参差,露贩杂陈,市人熙来攘往,出入于其间也,肩背相摩,有如万蜂穿定,无塞无缝之势"[②]。罗养儒在《云南掌故》中提到"城外铺面月收租银八两,而城内两个铺面,月租才收一两六钱银"[③]。城南多为居民区,划分为若干"里",南关、东关为商埠之地,最为繁华。因此,城外房价高于城内房价。辛亥革命以来,经济功能有所提升,尤其是在整理城南交通工程完成后,城南城墙基本上全部拆除,城南成为城市的经济中心。城内经济功能的建筑群体也开始增多,公共建筑和学校增设,城市行政职能逐渐削弱。战时昆明从偏远的西南城市一跃而成为重要的后方重镇。为了充分发挥昆明作为战略后方的重要作用,云南省政府加快了昆明的城市建设,城市职能组合结构进一步得到调整。昆明由单一的行政中心城市职能转变为行政、经贸、交通枢纽等多种城市职能的城市。具体体现为:城市的政治功能进一步弱化,经济职能尤其是商贸功能进一步加强,官衙置换成新型的行政部门,旧有的各种署司或被废弃或被作他用,商埠区的专业化,工业区的出现,居民区的增设,空间结构要素的增多,城市的职能组

[①] 罗养儒:《云南掌故》,云南民族出版社,2002年,第36页。
[②] 卓维华主编:《新编昆明风物志》,云南人民出版社,2001年,第218页。
[③] 罗养儒:《云南掌故》,云南民族出版社,2002年,第36页。

合结构逐渐从单一向复杂化发展。

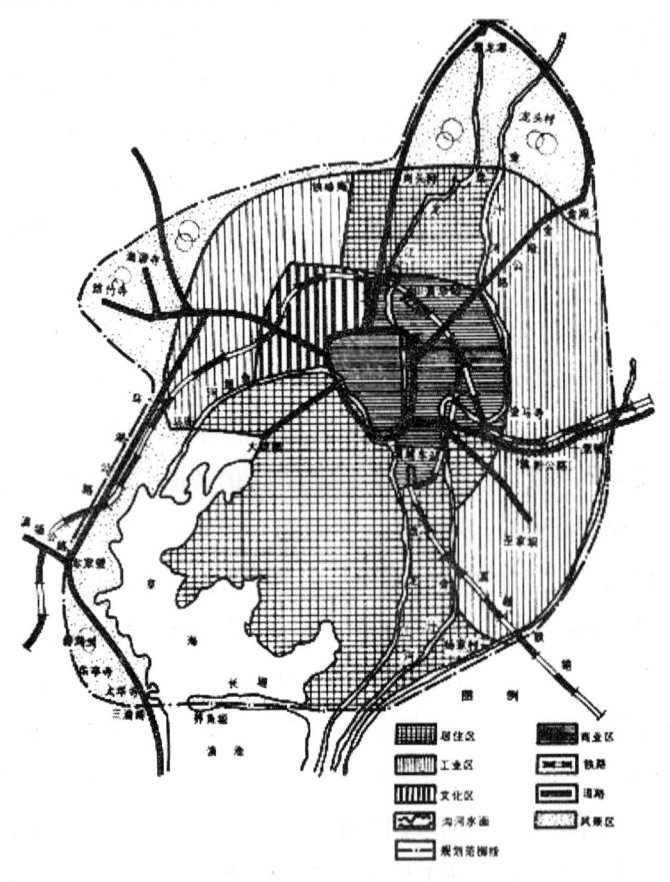

1943年拟昆明市分区计划图

　　从上图可见,抗战时期昆明城市经历了又一次大规模街区改造和城市扩建。该图在扩大了的市区范围内,按照工业、商业、教育、风景、住宅等不同功能进行了标明。最引人瞩目的是近代工业区的出现。抗战初期,机关企业、大批人口迁入昆明,昆明城市容纳力远远满足不了时代发展的需要,加快昆明城市建设迫在眉睫。而此时的昆明是西南地区乃至中国大后方最重要的省域城市,这对城市综合职能提出了更高的要求。政府于1939年制定了《大昆明市规划图》,唐英任昆明市工务局长时,又在此规划图基础上拟定了《昆明市建设纲要》,该《纲要》对昆明市的中心区域,作了初步功能分区和城区道路规划,从而使昆明的城市规划建设进入到一个新的阶段。抗战期间,一些知名的建筑大师如梁思成、赵深、陈植、唐英等人来到昆明,一些营造商也从内地迁到昆明,如基泰工程公司、华盖建筑师事务所、陆根记营造厂等,这为旧城改造提供了可能。街区改造最主要的成就是开辟了南屏街。昆明较繁华的街道基本都是南北走向,东西方向的街道并没有得到规划开发,开辟南屏街就是为了打通昆明城的东西通道。此工程在工商界的关注下顺利进行[①]。改建后的南屏街可谓当时昆明的金融、商业和娱乐中心。除南屏街外,还新辟了从南而北贯通南屏街和宝善街的两条短街,一条名为新祥云街,一条名为晓东街。这两条街商业兴盛,晓东街街道虽不长,因集中了三家影剧院而形成繁华景象,街上遍布许多高档商店,出售各类进口商品,如高档烟酒、名贵衣料、化妆品、珠宝玉器等,此外还开设了酒吧、酒楼、餐厅等餐饮店[②]。这条街具有当时主要沿海城市新型临街建筑的特点,也为城市向东发展提供了条件。

除了对街道和街区进行改造和扩建外,为了解决住宿难的问题,政府在城区周围集中修建居民区,最早建设的居民区是"篆塘新村",这个新村由成立较早的昆明建筑师事务所承建,其集资、征地、规划、设计、施工以及出售均采用统一投资、统一规划、统一设计、统一施工、统一分配、统一管理的办法。"篆塘新村"的住宅全是平房,按小住宅布置平面,采用传统的木排架结构,筒板瓦屋面,土坯墙,毛石地基结合部分毛石墙面,每户自成院落。同时小区中配建有公共建筑,如新村俱乐部、商店等。因其设计合理、实用,且造价低廉,该新村很快售空。而靠近弥勒寺的"靖国新村",主要针对较为富有的人群,档次较高,1940年,昆明工务局又在东南郊吴井桥地段,开发"吴井新村",进行了平整地基、新村道路建设、宅地划分出售工作等[③]。同年,云南省财政厅对复兴村一带的地方进行重新规划和整理,建成商业区,分别按甲乙丙三等等级规模规划和建设并出售。由此,昆明形成了造型极有特色的高中低档的居住空间。

经过十多年的城市扩建、改造,昆明城区面积增大,达到了7.8平方公里,城市综合功能增强,经济功能进一步提升。

昆明的工业区布置比较特别,是远离城区,集中在城市郊区建区。抗战

[①] 谢本书等:《昆明城市史》,云南大学出版社,2009年,第223页。
[②] 谢本书等:《昆明城市史》,云南大学出版社,2009年,第223页。
[③] 谢本书等:《昆明城市史》,云南大学出版社,2009年,第225页。

时期的昆明因大批企业的迁入形成了四个有规模、门类齐全的工业区:茨坝、马街、海口、安宁四个工业区。以海口为例,随着第22兵工厂和第51兵工厂、华新公司水泥厂、云丰造纸厂、火柴原料厂等在海口设厂,1941年,何应钦及龙云等共同促成由云南省建设厅会同海口各工厂及昆阳县政府组织海口建设委员会,配套建立了中国农民银行一所,中滩、山冲邮局各一所,由云南省投资,兴建轮船码头并建设中滩新市区,使海口在短短几年中成为一个新兴的工业区。马街以电工器材生产为主,至1944年,中央电工器材厂在昆明的总厂和分厂,总占地面积已达50多万平方米,昆湖电厂、昆明炼铜厂、普坪化工厂、石咀炼锡厂,当时统称西山五厂,全部集中在马街一带,学校、商店及附属生活部门亦随之陆续设立,繁荣的马街市场构成了如今昆明工业的又一个聚集区。这给厂区附近农民的生活带来不同程度的影响。中央机器厂选址北郊茨坝,下设五厂在该地区大量分布,后成为昆明的茨坝工业区。中国电力制钢厂和云南钢铁厂落户安宁,为安宁钢铁工业奠定了良好的发展基础,亦使安宁地区成为云南省重要的钢铁生产基地。这四个工业区中安宁工业区以黑色冶金为中心,海口工业区以兵工厂、光学仪器厂为中心;以机械制造为中心的茨坝工业区和综合性的马街工业区分别位在主城区四周,各自独立发展,俨然是昆明的四座卫星城。

商业分区也更为细化。随着城墙的拆除,城区东南部的商埠纳入市区中来。这时的商埠已经发展成为面积相当于城市面积五分之三、街道四通八达、商店林立的新区。除了商埠区之外,昆明还有三个商业街区。这些市场大部分是依街道而呈线状分布。除了南城外的大市场形成的小区域外,其他在大小西门及大小东门外,都各有一相当繁盛的市场。抗战时期,南屏街及新辟的新祥云街、晓东街最为兴盛,如晓东街"虽不长,却开设了许多高档商店,出售各种进口商品,如高档烟酒、化妆品、名贵衣料、珠宝玉器等,此外还开设了一些酒吧、酒楼、餐厅、舞厅等。每当华灯初上,游人穿梭,灯红酒绿,舞影婆娑,一派升平景象"[1]。东寺街街两旁是传统的临街铺面,贩卖各种小商品,吃、穿、用一应俱全,是昆明土杂货品的交易市场。城内街旁为菜市,城

---

[1] 沈长泰:《抗日战争时期昆明的城市建设》,《盘龙文史资料》,昆明市盘龙区政协文史委编印,1990年,第5辑。

外街旁为粮食市场,早晚拥挤,终日热闹。其中南门的米市颇为重要,是由农村直接将粮食运到昆明,进行交易的集中之地。以三市街为中心的城南商业小区为当时昆明的一级商业区,以大小东门及大小西门为中心的次一级商业区,三者形成一个半圆形商业区域。

昆明城区还增设了文教区、居民区及自然风景区。城区西北郊是文教区,大批学校集中于此,如西南联大、云南大学、昆华师范学校,成为了昆明的一个文教科研中心。抗战时期为了解决居住难的问题,在城区西南角开辟居民区,兴建了"篆塘新村"、"靖国新村"和"吴井新村"等高中低档居民住宅区。

此外,这一时期,昆明城市交通运输职能也有较大的提升。对外,昆明是滇缅公路、川滇公路、滇桂公路、中印公路等公路的起点和终点,是公路运输的物资集散地。同时,昆明机场每日运输繁忙,昆明也是国际空运的重要中转站,是驼峰航线的一个终点站。对内,城市交通有了较大的改观。根据1937年的统计,昆明公共汽车249辆,人力车1300辆,脚踏车1350辆,畜力货车184辆[①]。公共汽车数量也不算少。汽车数量增加带动了昆明与周边中短途运输的发展。

总之,这一时期昆明城市内部出现了新型的商业中心,工业区、学校、电影院和戏院,中西合璧式建筑随处可见,道路拓宽,交通工具由马车变为汽车,城市面貌较前大为不同,城市空间进行了调整规划,城市又添了新的功能,例如大量金融银行的出现,新式医院、学堂的投入使用,邮电通讯的发达,这些都彰示战时昆明城市职能组合的悄然改变,标志昆明成为具有多种功能的综合性城市。城市职能的变化提升了对区域的辐射力,昆明也成为了国际上有名的现代化都市。

云南其他城市职能的转变主要体现为交通运输职能和经济职能的提升,开始有了一定的综合职能。

以滇西北地区城市为例,自从20世纪30年代永宁逐渐成为滇康商贸交流的门户后,永宁地方的纳西、普米等民族群众中随之掀起了一股赶马经商的热潮。随着永宁皮匠街市场的逐渐发展,康藏丽江鹤庆等地商人也不断来

[①]《昆明日报》编:《老昆明》,云南人民出版社,1997年,第83页。

永宁贸易。为了适应本乡本土的经营需要,各地商人纷纷雇用当地纳西、普米等民族群众为其从事赶马运输,从而进一步刺激了当地人对赶马经商的兴趣。抗日战争前夕,永宁本地的各民族马帮除代人驮脚外,还有一些赶马人已转变为专事贸迁的商人,他们自养马帮,自己经营。20世纪三四十年代是近代永宁赶马经商业的兴盛期。"这一时期,人们已把这项职业作为发财致富的手段之一,并以兼营这项职业为荣。凡养有马骡的人家,总想方设法参加赶马,无马骡的人家,则典出土地购买马骡。"永宁地区赶马经商业的兴起,就是城镇交通运输职能和经济职能提升的最好实例。抗战时期的丽江在滇缅公路阻断后,马帮驮运盛行的情况下,作为交通要道,其城市职能也发生一定变化。当时(大研镇)80%以上的人口,主要依靠手工业和商业为其生活来源,约有2500多人从事手工业工人,还有1200多家大小商户。在城镇居民经商致富的示范效应下,"丽江城郊一带的麽些人,与汉族一样的经商致富者,当然不可胜计"。为了适应丽江商业发展对特殊后备人才的需要,丽江甚至在1943年春季专门在丽江县中开设了一个商业班,招收学生约50人,增加商业会计和藏文两科。这是近代滇西北地区最早也是唯一的专门培养商贸人才的正规学校班级。丽江自清代改流以来见诸于史乘的往往是些"其人多习儒"方面的记载,而今却首创开办商业班之先河,这其中的变化不难反映出丽江职能转变[①]。

交通沿线城市扩建较其他城市更剧烈。如滇中澄江素号滇中名郡,山水明秀,人文蔚起,自中山大学迁来之后,人口激增,市面繁盛,原有铺面街道,异常拥挤,而县署屋宇,大都朽坏。这样古旧的城市,实在满足不了现代发展需要。"现拟定于一空地,约长120公尺,宽50公尺,两旁建新式铺面各18间,街宽5丈,中为马路,路两侧为草地并植树,草地外为人行道,照壁处立新云南纪念碑,西廊铺面后,又有空地一大块,除留小街一道外,辟为住宅区,可以建盖新式房屋十栋。将此空地分段拍卖,售其地价,充作衙署改建,改良监狱。"[②]滇东北威信县位于滇东北偏远地区,因位置适当滇川冲要,商旅麇集,百业待兴,但城内商店、房屋颓旧,街道崎岖,每到赶集时期,人多往往导致道

[①] 周智生:《近代滇西北少数民族地区经商习尚的演变》,《学习探索》,2003年,第4期。
[②]《整理市容,开辟市场,拓宽街道(1934—1940年)》,云南省档案馆建设厅,77—18—6857。

路途塞。"类似环境,万不能因陋就简,故积极提倡建筑新市,改良旧街以适应时代之要求,完成抗建之使命。民众无不乐从,八月动工,迄今时仅五月,新辟市场,已建瓦屋数百间,旧街改修亦将及一半。"①下关"向为迤西通衢,商贾辐辏。自抗战军兴,各省人士云集于此,惟原有住宅稀少,不敷容纳,市场狭隘,遽难改善。为适应社会需要,确有辟建新市场之必要。选富滇新银行东门,北行至海滨公路新桥一带为最适宜。其地当水陆冲要,适合交通,地势宽敞,将来易于扩拓。面积120亩"②。

(二)城市空间形态的变化

城市的形态是受所处的地理环境的影响,经过长期的历史演变而形成的。传统农业时代的城市形态受行政等级的限制和地理环境的影响,空间形态受城墙的束缚,主要有方形、圆形、椭圆形等形态。在民国抗战时期这样一个从传统城市向现代化城市过渡的转型时期,受交通变革、经济发展、城市重建或修葺以及灾害等影响,城市形态或多或少都会发生一定的改变,城市空间形态也更为开放。根据云南城市的几何形态,总的分为两类——集中式和分散式。集中式主要指城市没有被江河或交通干道分割,是一个整体发展,或者是沿着城墙界限发展。云南集中式发展又可分为围绕城墙团块状发展和沿江河或交通线带状发展,分散式主要体现为组团状发展。抗战时期,一些重要的区域城市纷纷扩建,城市公共空间地位日益突出。城市空间形态的变化较前有了较大改变。

1. 城市外部空间形态的变化

集中式团块状城市形态是以城墙为中心形成的一种城市形态,是农业时代一种比较常见的城市形态。民国时期昆明、保山、昭通、腾冲等城市就是集中式团块状城市形态的代表。

这四个城市发展是城市整体的发展,没有被人为地割裂,且发展主要是从墙内发展到墙外。民国时期的昆明城市格局仍然沿袭了旧城格局,保留了龟城外形和半城山水半城街的城市空间格局。街道建筑依山形地势布局建设——由北向南平地伸展。城内以五华山为中心,正义路为轴线。金马碧鸡

---

① 《威信县辟市,易宁县政府图》,云南省档案馆建设厅,77—18—6409。
② 《保山、江川、马龙、蒙化等修道、公路、沟道、厕所、街道表》,云南省档案馆建设厅,77—18—6553。

坊居南,与五华山遥遥相望。东南方向的长春、文庙、威远、光华、庆云、景星等街道向两翼伸展,与环城路连接。受地势影响,自清开始城市就持续朝南发展,民国时期由于自开商埠和滇越铁路终点都在南门外,因此城市发展重点是朝南。保山受地势限制,城市扩展一直是个难题,沿着城墙发展的结果导致城内异常拥挤。滇东北中心城市昭通在民国时期也开始朝外扩展,扩展的结果是出现了北城外大街、东城外大街、南城外大街、西城外大街。由于西城外大街是连接东川、省城昆明的必经之路,因此扩展的重心是朝西城外大街发展。腾冲城市发展也是突破城墙界限,沿着保山方向发展,人口城内外相半,约1.2万人。主要街道有北门街、南门街、东门街、西门街、全仁街等,形成以城内文星楼、城外小月城、十字街三处为中心,向四围外延的总体格局[1]。除了这四个区域中心城市之外,围绕城墙集中发展的还有蒙化、顺宁、楚雄、开远等城市,滇越铁路经过开远境内,但离县城还有一段距离,在铁路经济的带动下,铁路靠县城一侧兴起了附城区,剧场、邮局等现代化设施设在附城区。同样,楚雄也是因为滇缅公路的兴建,城市发展城外较城内更兴盛。可见这类城市由于筑城历史较为悠久,受城墙限制,城市发展大多沿城墙扩张,甚至形成新城区。随着经济的发展,团块状城市向城墙外发展成为了必然趋势。

带状发展的城市一般多邻近江河、湖泊,城市受地理环境的影响沿江河一侧发展,或者城市发展过程中受交通影响,城市地域往往沿交通干线向外扩展,最终形成带状城市形态,这些交通线也成为城市的主要发展轴。民国云南城市呈带状发展的有河口、元江、会泽、下关等城市。

河口和元江是地处江河一侧城市呈带状分布的典型。河口是红河和南溪河交汇地,与越南仅一河之隔,这样的地势势必造成城区沿红河河道由北向南延伸,沿着河岸发展。元江城市形态也是沿着沅江由东向西延伸。带状发展的另一个典型是沿交通线发展的下关,下关是民国时期最著名的商业城市,是滇缅公路上的一个重要交通节点,北接大理,西连保山,东连省会昆明,交通是这个商业城市的生命线,因此,下关的城市空间形态沿交通线延伸,呈三叉形。会泽又名东川,是滇东北重要的资源城市,亦是川滇公路的必经地,

---

[1] 腾冲县志编纂委员会编纂:《腾冲县志》,中华书局,1995年,第552页。

连接省会昆明和昭通的中间城市,因此,一条交通线贯穿城市,城市发展也向昆明和昭通两极发展。除此之外,呈带状形态的城市还有峨山、广通、昆阳等多个城市,也较为普遍。

组团状城市最大的特点是一个城市由于江河或道路的阻隔,由具有一定独立性的两个或多个团块构成。民国时期云南也有很多是组团状城市,如富民、开远、罗次、盐兴等城市。富民城市发展受河流阻隔,发展到一定程度就在河对岸形成一个新城区。罗次因为地势原因,北高南低,只有向南发展,受河流阻隔,也兴设了一个附城区。此外,盐兴市街面积小,县城分布龙川河两岸,东岸市街长二支里,居住人家,西岸市街长一支里半,东西市街通过五马桥联络[1]。

通过对民国时期云南城市空间形态的分类概述可知,建城时间较长,行政等级较高的城市空间形态会受城墙的影响,虽然城市经济发展会突破城墙的界限,但总体而言城市空间形态是沿着城墙发展的。而一些近代新兴城市则没有城墙的限制,更多的是呈带状发展,如下关、河口,受交通和地理因素的影响,有的城市在近代以来城市形态发生了变化,生成了新的城区,例如受道路修筑影响,开远和楚雄分出了两个城区,离道路更近的附城区发展速度、现代化程度都好于主城区。

城市的扩建通常也伴随着城市道路的修建和城市街区的改造。例如宜良县在抗战时期,成立城区街道委员会,由店铺商户出资,抽收房租捐三月,业主六成,租户四成,将县城内外街道划分三段,次第翻修。并将里仁坊拆卸,拓宽路面。为了改善市容,将城内伸出檐厦的房屋一律锯断整齐,所有铺面,全部统一涂刷油漆[2]。宾川县城西门街道因为地势崎岖狭窄,市况萧条,西门外又邻近公路,有鉴于此,当局将西门街辟筑模范路一段宽6公尺,西门两旁隙地辟筑停车站[3]。昭通驻昭安旅长上任后较为关注整顿市政,首先将市集最繁之陡街着手退让街房,改观门面,兴筑马路,刻将竣工。其次,逐步兴修西大街环城马路及城内十字马路等[4]。盐津县政府"吾国多由始则村落,

---

[1] 支那省别全志刊行会编纂:《新修支那省别全志·云南》,东亚同文会发行,1943年,第497页。
[2] 《楚雄、开远、师宗等县关于呈报重建城镇、整理街道》,云南省档案馆建设厅,77—18—6549。
[3] 《马关、宣威、龙陵、景东、耿马宣抚司关于各县修筑县道,造林桥涵洞等项工程》,云南省档案馆建设厅,77—18—6697。
[4] 《民国昭通县志稿》,第13《商务》,昭通新民书局铅印本,1938年,第23页。

继则小镇,终则城市。及其经始建筑从未有根本计划。往往凭一时之趋势,殊少远大之规模。首在涉及,要在适应潮流能合现代应用而具远大之目光为使将来之推广,必须测绘精密,地形详考,风土人情审慎,必须将全城道路河渠位置关系预为规定。街道一经确定则新县市场之骨干已成,建筑方案不能随意更动。兴建新县城宜觅新地,费用省而工程易。……城市街道除运输街道宜为直线外,其余宜随地势曲折不必一定求直。市街设备亦属重要,务使市街之下面能容纳排水之沟渠,并于将来能安设自来水管煤气灯或路灯电线等以及其他各种私人之设备"[1]。由此可见,城市道路的修建和城市街区的改造被各个县城政府列为城市建设的头等要事。

但是就整体来看,云南城市扩建主要是在较大城市中开展,云南城乡之间,大城市和小城市之间的差别很大。例如钟天石提到因为建设经费的原因,"与昆明相反,近在咫尺的富民县则非常落后!……过富民,是云南三等县。远看俨然大村壮大,城角各筑一碉堡,颇与北方屯集形式相类似。全县人口只三万余人,城内仅占二百余户。无所谓商店,惟马店(住骡马者)与零星摊贩而已"[2]。滇西北中甸、兰坪等地则只有一条街,城市建设无从谈起。

2. 城市公共空间的发展

城市公共空间是指人们娱乐休闲、学习、运动的公共场所,主要包括公园、广场、图书馆等场所。公共空间的出现是城市社会发展和进步的表现,更是城市现代化转型的一个重要标志。

抗战时期,城市公共空间有了很大发展,一方面,寺庙、会馆等传统公共空间开始向具有现代化意义的公共空间转型。辛亥革命以来,一些传统建筑经过改造,被赋予了新的功能,城内公共建筑增多。变化最大的是省城昆明。例如昆明衙门旧粮道署于1912年改为省图书馆。1917年,市政当局将旧粮道衙门部分拆除,新建了一条文明街。旧粮道署除文明街占用了部分面积,其他部分则开办了景星小学。巡警道署废除后,其址设巡警局,后改为省会警察厅,1922年在此成立昆明市政公所。1928年8月,昆明市政公所改组为昆明市政府。直至解放,昆明市政府均在此办公。部分寺庙在民国时期功能

---

[1]《云南省政府11年12月行政报告(建设)》,云南省档案馆建设厅,77—9—1906。
[2]钟天石:《西南旅行杂写》,《近代中国史料丛刊第92辑》,文海出版社,1973年,第218页。

也发生变化。如昆明最早的"大众"、"大逸乐"电影院最初开设在寺庙里。崇圣祠祠宇拨归教育厅改作他用。武庙亦于1925年被昆明市政公所整理市街,将大门及照壁拆卸,修建为武成公园,庙宇改为女子中学附属第二小学。城隍庙被改建为劝业场,1932年,又改建为民众礼堂。东岳庙于1932年改设平民工厂[①]。

农业时代城市可供群众文化娱乐和服务的公共建筑很少,民国时期尤其是抗战时期这类公共建筑开始大量出现。如为了发展教育,1928年部令废止祀孔,文庙被改造为民众教育馆,地处城中心的民众教育馆自然就成为市民们休闲、散步以及读书看报和进行文体活动的一个去处。较为热门的是用魁星楼后那座殿宇改作的图书馆,楼下辟为阅览室和放置部分藏书,楼上是文庙的办公室,称为"教导部",同时也存放藏书。阅览室颇宽敞明亮,支满宽大的桌子和背椅,可容纳近百人。此外,还设有一间"儿童阅览室",陈列着画报、童话、故事书、小人书等各种儿童读物,深受少年儿童喜爱。抗战初期,云南当局把当时的博物馆也并入了文庙,并开设陈列室,这几间房屋面积并不大,但密密麻麻地摆满了各种展品,最多的是各种动物和鸟类的标本,制作都很精美、逼真,可谓是五颜六色,栩栩如生[②]。《战后修复孔子庙碑记》记载了文庙一段光荣的历史和辛酸的往事。1941年1月,文庙魁星阁展出了被我国军队击落的日机一架。日军闻讯后,于29日派机群来袭,大成殿、大成门、桂香阁、尊经阁、明伦堂同时被炸毁;崇圣殿与仓圣殿被炸去一半。

此外,城市还新增了许多新型的城市公共空间。抗战时期昆明涌现了一大批公共建筑,如人民胜利堂、南屏电影院、昆明戏院等。人民胜利堂充分利用地形,采用中国传统古建筑的造型与布局,其主体建筑为飞虎队战机造型,平面布局呈"金樽美酒"及花环的形状,表现出庆祝抗战胜利的喜悦。使用现代建筑材料,空间大,坚固实用,是一所高规格的大会堂。

昆明剧院坐落在南屏街中段,是当时昆明第一座新型剧院,在平面设计上除满足以演出京戏为主,和一般剧团演出要求外,还充分利用两侧临街部分修建两层裙房,设置茶座、舞厅和其他商业服务场所。这座剧院几十年来,

---

[①] 云南省志编纂委员会办公室:《续云南通志长编》(中册),云南人民出版社,1986年,第899页。
[②] 杨树群:《老昆明风情录》,云南民族出版社,2006年,第97页。

抗战时期的南屏电影院

虽经多次内部翻修，一直起到市中心区重要娱乐场所的功能作用①。

抗战爆发，随着外来剧团的进入，京剧、话剧等剧种先后入昆，戏班和剧种的增加，昆明人逐渐接受新剧，审美观念随之发生变化。如这一时期舞台要求较少的话剧开始流行，剧目也是贴近时代要求的抗战戏剧，这一时期受广大市民喜爱的抗日话剧有《难民曲》、《当兵去》、《死亡线上》、《放下你的鞭子》等。西南联大合唱团，常常组织团员到市区、城郊演唱抗日歌曲。昆明成了中国联系世界最近的城市之一，昆明人的文化品味提高了，流行的社会风尚更加前卫。

南屏电影院则属当时全国第一流的影院。南屏电影院为当时昆明最豪华的电影院，有"远东第一影院"之称。影院和美国好莱坞的米高梅、二十世纪福克斯、华纳、环球、雷电华、派拉蒙、哥伦比亚和联美即所谓的八大影片公司签订租片协定，在昆明抢映具有号召力的影星扮演的影片。影院上演过《月光下落》、《大独裁者》、《左拉传》、《魂归离恨天》、《翠堤春晓》、《铸情》等。大光明电影院的建筑和设备虽在南屏之下，但也属一流。但是在择片上着重票房生意。陶金、王人美等人演的话剧《孔雀胆》曾经在此上演。电影院

---

① 云南省政协文史资料编委会：《内迁建筑业与昆明城市建设的变化》，《云南文史集粹》，第5卷，2004年，第160页。

的观众多属一般知识分子和上层人物以及美国大兵。学者何炳棣回忆:"造成连演售票空前记录的是约翰·施特劳斯的《翠堤春晓》,联大穷学生竟有连看七八场之多者。一时联大社区大街小巷随处都可听见低吟、高哼、哨吹'蓝色多瑙河'者,不少昆明土著中学生亦不乏效颦者。"[1]

公园是最有代表性的新型城市公共空间。云南城市多依山傍水而建,多就当地的风景名胜辟为公园,只有少数公园在城区空地上或近郊区辟建而成。从 1914 年始到 1935 年,昆明市先后扩建、整修、新设了大观、翠湖、圆通、西山、古幢等一批公园。到 1949 年,共有近日公园、中央公园(云瑞公园)、中山公园、双龙公园、光华街公园、武成公园、壁光公园(穿心鼓楼)、小西城、大东城等小型公园共 10 座。公园的建设和开放是城市公共空间拓展的表现。公园的修建为市民提供了休憩的去处。这也从一个侧面反映了城市社会的现代化转型。

抗战时期,云南风景名胜也成为受人喜爱的公共空间。民国时期,著名的昆明八景分别是:螺峰山"螺峰叠翠",五华山"五华鹰绕",金马碧鸡坊"金碧交辉",莲花池"禹山倒影",官渡"古渡鱼灯",其余还有"霸桥烟柳"、"商山樵唱"、"云津夜市"[2]。金殿、黑龙潭和西山等景点基本成形,成为旅行家的好去处。旅行家甚至意识到,昆明的旅游价值胜过杭州西湖:"杭州……实际不及昆明气候温和适度、山水风景媚人,滇池与西山以及'大观楼'秀丽景象,更非西湖所能及,可惜是地处偏僻,未得文人雅士青睐。"[3]抗战时期,外地人来滇兴起了一股旅游热潮。为了给市民提供方便,也为了创收,云南开始在昆明修筑旅游道路。至 1937 年,市内小西门至大观楼,昆明至黑龙潭、金殿、安宁温泉、西山太华寺等名胜景区公路修通,也修筑了景区基础设施,如在温泉旁修建宾馆,为游客提供住宿,一时间游人如织。

三、战时云南规模等级结构的变化

"城市规模"是现代城市地理学的概念,包括城市用地规模、人口数量、基础设施及经济规模等,在实际中一般使用人口规模和用地规模数据来对现代

---

[1] 何炳棣:《读史阅世六十年》,广西师范大学出版社,2005 年,第 165 页。
[2] 谢晓钟:《云南游记》,《近代中国史料丛刊》90,文海出版社,1967 年,第 80—82 页。
[3] 向尚:《西南旅行杂写》,中华书局,1937 年,第 196 页。

城市展开研究。战时云南城市规模等级无论是人口规模还是城区规模两级分化严重,昆明作为边疆城市的省会,在这一特殊时期,起到联系省内、国内、国际的重要地位,因此昆明城市规模短时间内急剧扩张。下关、昭通等区域中心城市规模亦出现一定程度的扩增。但更多的云南城市受战争影响,城市规模并未发生大的变动。

(一)云南城市行政等级的变化

行政区划是国家为了进行分级管理而实行的国土和政治、行政权力的划分。行政区划以国家或次级地方在特定的区域内建立一定形式、具有层次唯一性的政权机关为标志,行政区划的层级与一个国家的中央地方关系模式、国土面积的大小、政府与公众的关系状况等因素有关。任何一级行政区划建制都是以一定规模的人口和一定地域为基础,并根据地理形势、政治军事需要等因素确定的。一般来说,在同一区域内,行政区划的等级就决定了治所城市的等级规模。当然,即使在同一区域内,同一等级的行政区划治所城市规模也存在一定差异。

民国时期,尤其是在民初,云南行政区划有过几次大的变动,城市行政层级亦随之发生一些变化。民国元年,根据军政府命令,府、厅、州、县名称及所管区域不变,只是废除知府、知州、各县等旧官名。1913 年,云南省裁去清时的直隶厅、州及散州,一律改称县,从而转为省、道①、县三级体制。1914 年 6 月临开广道改为蒙自道,滇南道改为普洱道,滇西道改为腾越道,加上滇中道共 4 道。这时期增置漾濞县、兰坪县、盐丰县、个旧县,1917 年 1 月增置盐津县,1927 年增置 7 县。截至 1929 年,云南省辖 4 道、1 市、104 县、1 行政区、1 殖边督办公署、1 设治局、1 土府、3 土司。1929 年,云南废除道制,各县直属于省政府,并新置 20 县,开始实行省、县两级制。并对距城偏远,不便管理的地方设县佐,全省共设县佐 62 处,1932 年,中央政府明令裁撤县佐,云南即改各行政区为设治区,县佐裁撤至 10 个,为军事要地或距县城较远,县长权力不易达到之地。1942 年,为适应战时需要,将云南沿边各县局划分为 7 个行

---

①注:清代时设置有迤东、迤西、迤南、临开广等 4 道。民国初既裁逊清之府、厅、州,而诸省之区域过大,辖县数多,统治不易,因厘定道制,使居省、县之间,每道辖县多者三十以上,少者十余。辛亥革命以后废除迤东道,而迤西、迤南、临开广 3 道仍然保留。1914 年 2 月 25 日,迤西、迤南、临开广更名为滇西、滇南、临开广,并在旧迤东道地区复置滇中道。

政督察区,管辖全部沿边县,其余各县仍由省直辖。抗战结束后,云南省政府将全省划分为13个行政督察区、1个省辖市。于是地方行政层级又由省、县两级演变为省、行政督察区、县3级。至1949年为止,中华民国云南省所管辖的县市,共计有1市、113县、15设治局。

民国时期云南行政区域设置概况(1929—1943年)

等级	城市
	昆明市
一	滇中:昆明县、宜良县、玉溪县、武定县、楚雄县 滇东(含东北):会泽县、昭通县、宣威县、镇雄县、永善县 滇东南:石屏县、开远县、个旧县、文山县、马关县、建水县、广南县 滇南(含西南):景东县、澜沧县 滇西(含西北):顺宁县、蒙化县、保山县、腾冲县、丽江县、永胜县
二	滇中:嵩明县、澄江县、寻甸县、陆良县、通海县、姚安县 滇东(含东北):曲靖县、沾益县、罗平县、平彝县、巧家县、彝良县 滇东南:泸西县、元江县、蒙自县、富州县、西畴县 滇南(含西南):宁洱县、车里县、镇康县、墨江县 滇西(含西北):祥云县、弥渡县、宾川县、大理县、中甸县、维西县
三	滇中:呈贡县、富民县、安宁县、晋宁县、昆阳县、禄丰县、易门县、江川县、路南县、禄劝县、河西县、华宁县、牟定县、双柏县、元谋县、广通县、大姚县、峨山县、盐兴县、绥江县、鲁甸县、新平县、永仁县、盐丰县 滇东(含东北):大关县、师宗县、罗次县、盐津县、威信县 滇东南:砚山县、马龙县、弥勒县、邱北县、屏边县、曲溪县、金平县 滇南(含西南):思茅县、南峤县、云县、江城县、佛海县、双江县、镇越县、镇南县、景谷县、六顺县、镇沅县 滇西(含西北):漾濞县、洱源县、剑川县、鹤庆县、凤仪县、永平县、昌宁县、龙陵县、邓川县、云龙县、兰坪县、缅宁县、华坪县
设治局①	龙武设治局、宁蒗设治局、碧江设治局、泸水设治局、潞西设治局、梁河设治局、宁江设治局、盈江设治局、莲山设治局、福贡设治局、陇川设治局、瑞丽设治局、德钦设治局、贡山设治局、沧源设治局

资料来源:《民国时期云南行政区域概况》,《云南档案史料》,1994年4月。

---

①注:在地方行政制度中有一个与县同级的特殊行政组织,名为"设治局"。它设立在边远省份或多民族聚居区,由于政治经济落后,不能设立县治,又需要有相当机关加以治理,因而设立这一特殊组织。

从上表我们可以看出,民国时期云南城市体系是适应国家政治体制需要并结合当地地方经济实情在不断地进行调整的,最终形成了一个层次分明、规模不等的较完整的行政体系。从城市数量来看,民国时期有 1 市,126 个县,其中一等县 25 个,二等县 27 个,三等县 60 个,还有 14 个设治局。虽然之后减少到 113 个县,但这与晚清云南共有 88 个城市[①]相比,数量有大幅度增加,略多于解放后 124 个城市。

从城市区域分布来看,滇中城市最多,共计 35 个,其次是滇东城市 16 个,滇东南城市 19 个,滇西城市 25 个,滇南城市最少,有 17 个。从城市等级划分来看,一等城市滇中区域有 5 个,滇东 5 个,滇东南区域有 7 个,滇西 6 个,滇南只有 2 个;二等城市滇中和滇东、滇西一致均为 6 个,滇南为 4 个;三等城市滇中最多,共计 24 个,其次是滇西 13 个,滇南城市超过滇东南有 11 个,滇东南只有 7 个,滇东最少,只有 5 个。这说明滇中地区城市体系发育更完善,城市最多,且成比例 5∶6∶24,滇南区域城市发展落后,只有 17 个城市,且比例为 2∶4∶11。滇东区域和滇东南区域城市发展呈现不均衡状况,滇东 16 个城市比例为 5∶5∶6,滇东南城市比例更畸形,为 7∶5∶7,行政等级高的城市甚至超过了行政等级低的城市,这一是反映了支持大城市的中小城市没有发展起来,大城市发展无法形成强有力的后续支持,二是反映了民国时期城市等级的确立受经济、区域地位等多种因素制约。

总而言之,这一时期云南城市等级体系初步形成,并有着变化大,应时性和具有边疆民族特色的特点。

1. 城市等级体系处于不断应时调整状态

变化大体现在地方政府顺应中央政府规定,不断进行调整。1912 年中华民国成立后,全国的行政建制发生了变化,云南的行政建制也相应进行了调整。1913 年,云南省根据中央政府规定,废除了府、厅、州制,设滇中道、蒙自道、普洱道、腾越道。其后又废除道,直接省县两级制,民国时期短短 38 年时间,设置改革变动约 5 次。设置具有应时性,从新增的城市可见一斑。1929 年云南在内地增设了盐津、彝良、砚山、曲溪、个旧等县,楚雄府大姚县分出盐丰县、广通县分出盐兴县,新增县的原因在于当地经济发展和人口增多,原有

[①] 李光泉:《传统与变革视野下的清代云南城市》,四川大学博士论文,2008 年,第 84 页。

的行政体制不能适应,如个旧锡业的开采是云南财政的重要支柱,为了方便管理,将其从蒙自县划出,设立了个旧县。滇南思普沿边地区为国防要地,地域广阔,1913年设置思普沿边行政总局于景洪,下辖8个行政分局,管理边疆事务。1929年,为加强边区行政组织,取消了思普沿边行政总局,将原有区域设了车里县、佛海县、临江县、南峤县、镇越县、象明县6县及宁江行政委员。1930年,中华民国中央又批准成立腾冲、宁洱督办区。经过不断的调整,到1940年,云南省的县级行政建制增加到131个(其中含设治局16个,督办区2个)。

基层行政组织也是在不断做出调整。民国初期沿袭清制,后根据实际需要,仿照其他省份在全省范围内推行区、乡(镇)、闾、邻制度,继之为乡镇保甲制,以期加强基层统治。民国时期云南省基层行政组织初为区、乡(镇坊)、闾、邻制。县下设区,区下设保,保立保董,再下设甲,甲设甲长。1930年,根据国民政府颁发的《市县组织法》、《区乡镇闾邻组织法》和《乡镇闾邻选举暂行规则》,按照各县区域大小,人口多少,经济、文化、交通、语言、风俗习惯和宗教信仰等不同情况,组织区乡镇(坊)闾邻。民国时期云南基层行政组织到"民国二十三年三月以前,全省各县自治完成者已居多数",边疆各县局也大多完成。如江城县于1933年将"全县划分为4区,14乡(镇),54闾,573邻"。1934年又废区扩大乡镇,整编保甲。其后又改建保甲,废区,扩大乡镇,将县以下改为乡(镇)、保、甲3级基层组织。江城县也于1940年"改为4乡1镇,……全县共编为36保,338甲。这一行政区划一直维持到1949年"。据民政厅1938年统计。全省改建已基本完成,如车里县设14乡、1镇、89保、854甲;陇川设治局设4乡、2镇、26保、230甲[①]。抗日战争时期,废除闾邻,建立保甲,废除区公所,扩大乡镇。1940年,云南省公布《云南省各属乡镇保甲编组大纲》,废除区公所,扩大乡镇。乡镇下为保,保下为甲。据1947年保甲人口统计,云南省131个县市共有1426个乡镇、12650保、127591甲、1711402户、8960752人。至1949年,昆明总人口27万。全省建制镇172个,镇区人口53万,平均每个镇人口不到3000人。

[①] 李国强、方铁主编:《中国边疆研究通报》,第2集《云南专号》,新疆人民出版社,1998年10月,第115页。

2. 城市等级体系具有边疆民族特色

边疆行政建制有民族特色。民国时期，云南的行政建制以省、县两级为主，但由于云南省地处边疆、少数民族众多、社会发展极不平衡，还保留着众多的土司。土流并治是这一时期云南行政区划的一大特点。

土司制度是封建王朝在部分边疆少数民族地区分封各族首领世袭官职，以统治当地人民的一种制度。它以各地原有民族、部落为基础，设立各目，任命少数民族、部落首领为土长、土官，使之充当地方各级政权机构的长官。土司在一定的地域范围内，世袭官职，并保有土地，统治领地上的居民，并对中央王朝负担规定的贡赋和征调。民国初年，因民族、语言文字、风俗习惯、宗教信仰等因素，土司在政府与边民之间，在一定程度上起传达政令、号召团结、相互沟通等作用，所以仍然保留着土司制度。1930 年，国民政府明令废除土司制度，当中央下令改流时，云南地方政府并未照办，而是提出"首应提倡文化，普遍施以教育，并须移殖多数人民充实边地，由多方面开发生产"，制订并贯彻实行了《云南省属各土司地方行政建设三年实施方案》，认为当务之急乃是兴办学校、修筑公路。但此非一时能办之事，且耗资巨大，故特采渐进办法，一面分划土司地区加设行政官吏，一面于二十三年（1934 年）由民政厅长丁兆冠厘订各土司地方行政建设三年实施方案，继续实行"不改之改"政策。抗战时期，改土归流政策又暂时被搁置，以稳定边疆，团结边疆各族人民共同反抗日本帝国主义的侵略。1938 年，武定、盈江、德钦等 28 个县及设治局有土司 99 处。这一时期土司的确在抵御外侮中发挥了重要作用，方国瑜先生在《滇西边区考察记》一文中记述了班洪土司胡忠汉的一次谈话，他说："我不大会说汉话，我说一句就是一句，我数代人服汉朝，汉朝对我家好，我不能背叛先祖，不能背叛汉朝；炉房银厂是汉朝的，我们为汉朝看守，我不能失了先祖之意，洋人来，我一定要打，这是我的责任。"1948 年 8 月，云南省政府下令废除各地土司制度，但由于国民政权已摇摇欲坠，政令难行，各地土司制度仍延续到云南解放。

将原有土司领地纳入政府管理中，加强中央统一集权，这充分体现了边境行政建制特色。但凡有土司的地方，有的设县，有的是设治局，云南省政府在这些地方陆续设立行政委员、弹压委员、设治局长、县佐等行政官吏进行管理，其实是改土归流政策的延续。其中行政设置较有特色的是设治局和对汛督办。民国初年,云南省政府根据云南自身的实际情况,在思茅、普洱两地设行政总局,受普洱道的管制;在云南西部和西南部设了弹压委员,受腾越道管制;对于县域太大、地广人稀、交通不便的地区,设立县佐,代表知县对较为偏远地区进行统治,到1932年全省共有县佐10个。在上述行政建制的基础上,产生了设治局,设治局是一个在少数民族地区建立的过渡性县级机构,民国初年,省政府在沿边少数民族众多地区设置了泸水、菖蒲等行政委员和在芒板、干崖等设弹压委员,直隶于省,不受县的管辖。1914年改弹压委员为行政委员,弹压委员所管辖的地区改为行政区。1922年,行政委员改为设治局,相当于准县级,直接由省政府领导。设治局可以认为是民国时期的改土归流的产物。例如将南甸宣抚司改为梁河设治局,干崖宣抚司改为盈江设治局,盏达副宣抚司改为莲山设治局,陇川宣抚司、户撒长官司、腊撒长官司改为陇川设治局。普洱府思茅厅,地域广阔,增设普文县、芦山县(六顺县),澜沧县分出双江县、沧源设治局,丽江府维西厅1912年设立阿墩子行政委员会、菖蒲桶殖边公署,后改设为维西县、德钦设治局、贡山设治局,丽江府后改为丽江县、碧江设治局、福贡设治局,永北直隶厅永宁土府蒗蕖土州于1928年改为永北县永宁县佐,后改为宁蒗设治局,永昌府、潞江安抚司、孟府孟连长官司合并为保山县。

此外,云南省在边疆民族地区建立了殖边督办公署、对汛督办等特派机构,以加强行政管理和处理国防外交事务。1929年,云南废除道制后,考虑到西南沿边与越南、缅甸相连,经与中央有关部门商议,省政府在腾冲、宁洱两地正式设立直接管辖的第一、第二殖边督办公署,监督沿边各县及行政委员会(后为设治区),管理边防外交事务,并将边区各县、各行政委员会交这两个公署管辖。1938年10月底,撤销第一、第二两殖边督办公署。1914年,根据中法对汛章程,云南省政府设置河口对汛督办和麻栗坡对汛督办,管理国防、外交、缉私、行政等事务。

(二)云南城市规模的变化

先从人口规模来看,据统计,抗战前云南全省人口总数为9839180人,省城人口为275374人,1937年云南共122县,共1173万人,滇中地区人口分布为昆明33万,呈贡8万,昆阳6万,安宁6万,晋宁5万,富民3万。[1] 至于其他地区城市人口则少得多。例如此时腾冲城市居民人口,只不过7000—8000人。可见,云南其他城市虽然人口规模均有所扩大,但扩大幅度远远不及省会城市昆明。《云南经济》里提到昆明市人口,自抗战以来该处成为后方重镇后,颇有显著增加。据1936年至1939年调查,1936年人口数为145440人,1937年为142657人,并无大幅度变动。至1938年,突增为205896人,1939年为196962人,较前两年约增五分之二,外侨方面,增加亦速,计1936年仅323人,而1937年增至500人,1939年后为520人。[2] 但相较上海、武汉、天津等百万人口的大城市而言,云南城市人口规模不可相提并论。如昆明人口最多时不过30万,而陕西西安、四川成都人口在道光二十三年(1843年)就已经分别在30万—50万之间[3]。

1910—1947年云南城市户数统计表　　　　　　　　　　单位:户

城市	1911年户数	1932年户数	1938年户数	1940年户数	1947年户数
会泽	40083	58413	52243	49603	36693
曲靖	19069	24035	19535	19824	17921
昭通	30428	46651	41961	38966	32074
昆明县	23691	35675	37462	37361	33567
禄丰	7158	7116	6917	21816	6747
富民	5138	6971	7068	6756	6755
楚雄	14544	22824	18125	20495	
路南	15842	18099	17755	18050	17029
广通	6298	8077	6586	6168	6153
思茅	3257	5573	5284	4386	3164
宁洱	12154	14044	10075	9318	7824
宣威	38663	58467	49205	49632	44095
腾冲	32539	52296	33462	31917	22740

[1] 昆明市志编纂委员会:《昆明市志长编》,第11卷(近代6),1984年,第15页。
[2] 张肖梅:《云南经济》,中国国民经济研究所,1942年,第E32页。
[3] 胡焕庸、张善余:《中国人口地理》上册,华东师范大学出版社,1984年,第256页。

续表

城市	1911年户数	1932年户数	1938年户数	1940年户数	1947年户数
保山	29180	67054	54539	54539	45633
大理	18022	16192	15092	15018	12001
蒙化	22350	36884	30176	29268	
丽江	20570	28376	19737	18827	17378
中甸	6996	6034	6359	6338	6438
个旧	2680	16496	15119	14014	8876
开远	13180	19636	19098	18373	
石屏	23231	32218	24661	24828	
建水	45131	44150	39924	41080	
蒙自	18318	14956	22980	22058	17334
文山	44728	37833	22873	20450	15798

资料来源:根据《云南省档案史料丛编近代云南人口史料(1909—1982)》(第2辑上)第33—57页整理而成。

从《近代云南人口史料》截取部分滇东、滇中、滇西地区城市,对比1911年、1932年云南区域城市户数可知人口增长呈上升趋势,1938年、1940年云南区域城市户数呈下降趋势。随着新云南建设的开展,政局稳定、经济兴盛,各个区域城市人口开始逐步上升,滇中及滇东南地区城市增长尤为迅速,昆明县从23691户上升到35675户,个旧从2680户上升到16496户,腾冲从32539户增加到52296户,这三个城市就是其中代表。而对比1932年、1938年和1940年的数据可以发现,只有昆明、蒙自这两个区域城市户数有所上升,其他城市人口都呈下降趋势,1947年云南城市户数下降十分明显,主要原因是经过10年战争的浩劫和人口东迁,以及受各种灾害的影响,各个区域人口开始大幅度下降。这也从一个角度反映出民国时期云南区域城市发展的起伏动荡。

此外,我们从上表还可以看到云南区域人口主要集中在滇东北、滇东南、滇中和滇西几大区域。滇东北以昭通为中心,形成昭通、镇雄、宣威、会泽为密集区的人口集中区;滇西形成了以保山、腾冲、顺宁的人口集中带;滇中昆明坝更是形成了以昆明为核心的城市群;滇东南建水、石屏、广南亦是人口集中地。滇南和滇西北等区域由于地理因素的影响,户数多在1万以下。

市区人口规模主要指市区人口数量。云南市区人口规模最大的城市首推昆明。清末昆明城市人口大约9万人,民国略有增长,超过了10万人。但直至抗战前夕,昆明城市人口仅有142567人。25年的时间内,其城市人口仅增加4万余人,比沿海、沿江的主要开放城市增长速度缓慢得多。抗战时期,昆明人口由14万人增加到30万人。

云南部分城市城区人口统计表

城市	户数及人口	城市	户数及人口
腾冲	人口1.2万人	盐津	户数约4000户,人口约2万人
盐津	户数500户	宣威	户数约3000户,人口约1.5万人
昭通	户数约6500户,人口约3万人	沾益	户数约400,人口约2000人
曲靖	户数约1200户,人口约7000人	马龙	户数约400户,人口约2000人
富民	户数约200户,人口约1000人	禄劝	人口约1500人
罗次	户数约250户,人口约1000人	元谋	300余户
盐兴	全市人口4000人	丽江	5万人
玉溪	人口约5000人	昆阳	人口约1000人
开远	人口约7000人	个旧	人口约5万人
师宗	人口约2000人	罗平	户数800户,人口约5000人
元江	人口约2500人	峨山	人口约1000人
禄丰	750户,人口约3200人	广通	户数200户,人口约1000人
楚雄	城内户数为700户,城外为200户,人口约5000人	顺宁	户数城内约1000户,城外约2000户,人口约7000人
蒙化	人口约17000人	凤仪	人口约10000人
下关	人口约10000人	大理	6000人
保山	人口约20000人	镇南	户数300户,人口约1500人

资料来源:支那省别全志刊行会编《新修支那省别全志·云南》,第四部分《都市》,东亚同文会发行,1993年。

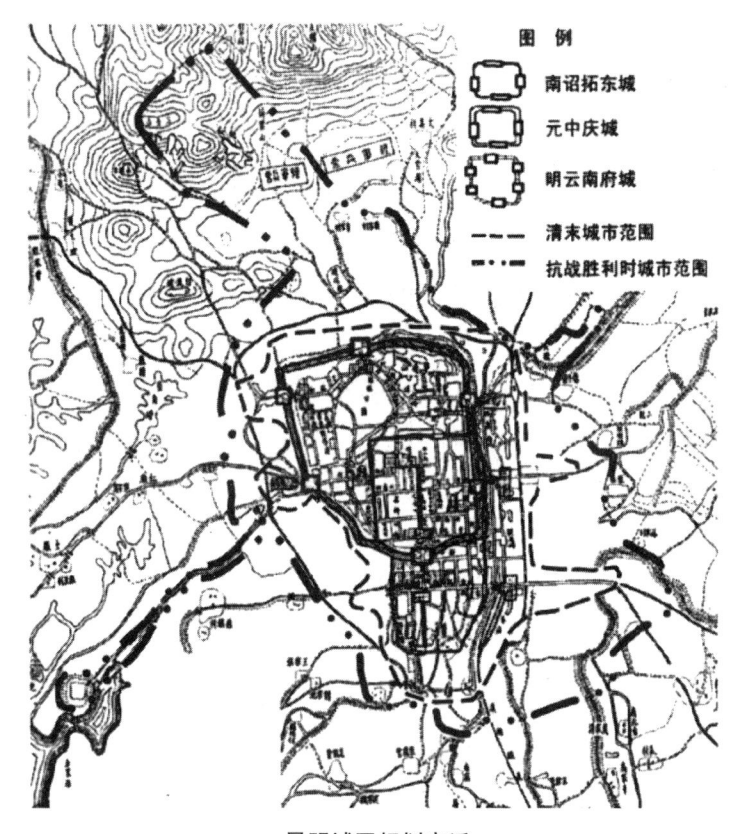

第四章 抗战时期云南城市的发展 583

昆明城区规划变迁

由于方志等记载都是以县为单位，单独记载城市市区人口数量、户数的难觅踪影，《新修支那省别全志》对城区人口有不完全统计，通过对上面部分城市城区人口统计可以看出，第一，就整体而言，云南城区人口数量较少。城区人口过万的城市屈指可数，只有保山、腾冲、下关、凤仪、蒙化、昭通、盐津、宣威、个旧等几个城市，多数城市城区人口只有几千人，甚至不足千人。与沿海城市乃至四川、广西都不能相提并论，这说明了云南城市化水平的落后。

第二，和区域人口分布一样，滇西和滇东北城区人口最密集，这反映了民国时期传统贸易线路城市的兴盛。个旧的异军突起，正说明资源型城市在民国时期也占据重要地位。

第三，民国时期云南一些城市出现城外人口超过城内人口的情况。如罗平城内户数50户，城外市街繁华，户数800户，人口约5000人；腾冲人口城内外相半，约1.2万人。这在一定程度上反映了城市发展水平及人口规模的扩大。

再从城区规模来看,由于城市所在地区的自然条件和社会经济发展水平的差别以及城市在封建行政等级中地位的不同,因而不同城市,其用地规模往往有大小之分。以昆明为例,昆明在滇越铁路通车后,城区扩展较快。抗战时期的昆明城区为了扩大规模,拆去了城墙城壕,为了行使较大的新式交通工具而拓宽街道,这一时期昆明有大小街道150条,大小巷道400余条。城区主要街道有拓东路、金碧路、正义路、护国路、南屏街、长春路、武城路。金碧路"长三里许,商肆林立,为城郊最繁盛之区……路面宽阔,可容四车并行,人行道上,绿杨成荫"[①]。街面最宽为20米,除南屏街为柏油路面外,其余多为五面石铺砌路面。

各历史时期昆明城市面积

时期	隋唐	宋元	明朝	清朝	民国	解放前
面积(公里^2)	1.5	2	3	5	6	7.8

本表数据根据《昆明市志》(昆明市地方志编纂委员会,2003年11月相关资料推算而得。

抗战结束后,昆明城区面积已扩展至7.8平方公里。城市外围已经有多个分区空间,政府在西北扩建大学校区,西南开发靖国、复兴等居住区,东南建设吴井新市区,规模进一步扩大。其中最显著的是城东南一带新兴城区的扩建。清末昆明自开商埠,划定商埠的区域在城区东南方,"以南关外鸡鸣桥起至奏功桥为西段,以奏功桥起至明通太平桥止至金汁河—桂林桥—聚奎楼止为东段,作为华洋公共贸易之场,其四址均竖立界石为凭"[②]。最初建成的商埠后来被称为"商埠第一区",进入民国后,商贸兴盛,原有的商埠过于狭小,于是执政当局对商埠进行了拓展,开辟了"商埠第二区",在一区的基础上向东门延伸,形成南抵一区,沿东城墙宽二里、长约十里的贸易区域。抗战时期,在商埠一、二区的基础上扩建新区,形成了以东西走向的金碧路为中轴线

---

①帅雨苍:《昆明漫记》,《旅行杂志》,1939年,第8号,第26页。
②《绘拟云南商埠规条清折》,《昆明开设商埠之三》,《云南档案史料》,第13期,第38页。

的新城区围绕滇越火车南站,向四周延展,三市街以东盘龙江以西一片街区,此时已不像清末时期,街道已十分明晰,南教场已不复存在,代之以全新的街区,在中轴线西端弥勒寺东北出现一个全新的居民小区——"篆塘新村"和"靖国新村"。而在中轴线东段则出现了一个初具规模的拓东运动场。

然而,将省会昆明与其他城市做一比对可以发现昆明城市面积相对较小。1949年上海城市面积是82.4平方公里,天津50.3平方公里,大连45.7平方公里,南京42平方公里,广州36平方公里,太原19平方公里,杭州30平方公里,张家口35.36平方公里,武汉34.7平方公里,重庆30平方公里,成都18平方公里,兰州17平方公里,济南23.2平方公里,开封15平方公里,西安13.2平方公里,福州11平方公里,南昌8.28平方公里,厦门8平方公里,呼和浩特9平方公里,乌鲁木齐8平方公里,但高于长沙6.7平方公里,贵阳6.8平方公里,长沙6.7平方公里,合肥5.2平方公里,南宁4.5平方公里,西宁3平方公里。[1] 可见,昆明城市规模在省会城市排名位居靠后,在西部地区城市规模不及成都、西安等城市。

抗战时期云南部分城市城周表

城市	城周(支里[2])	城市	城周(支里)
腾冲	3	昭通	5
会泽	4	沾益	3
曲靖	4	马龙	2
富民	1	武定	6
罗次	1	盐兴	2
丽江	纵4横5	呈贡	2
宜良	3	昆阳	3
晋宁	2	路南	2
弥勒	2	玉溪	3
黎县	2	建水	4
开远	4	个旧	10

[1] http://bbs.dahe.cn/read—htm—tid—5625305.htm 大河论坛,以平方公里为单位。
[2] 注:日文1支里=1支那里=1里=540米,与中国1里=500米度量有一定出入。

续表

城市	城周(支里)	城市	城周(支里)
陆良	9	师宗	2
罗平	1	广通	2
楚雄	5	蒙化	3
德钦设治局(阿墩子)	0.5	大理	7
景谷	1	缅宁	2
普洱	3		

资料来源：支那省别全志刊行会编《新修支那省别全志·云南》，第四部分《都市》，东亚同文会发行，1993年。

通过上表可见，云南城市城周规模较小，城周5支里以上的较少，大多数城周集中在3支里左右。城市规模较大且城池修建较全者主要集中在滇中一带，偏远的边疆城市城周一般规模较小，甚至根本没有城墙的修建。如滇南地区有城墙记载的城市屈指可数。滇东南商贸中心城市蒙自在朱自清散文《蒙自杂记》中有如下描述："蒙自小得好，人少得好。看惯了……城里只有一条大街，不消几趟就走熟了。书店，文具店，点心店，电筒店，差不多闭了眼可以找到门儿。城外的名胜去处，南湖，湖里的崧岛，军山，三山公园，一下午便可走遍，怪省力的。"[①]

受战争影响，抗战时期云南城市规模也有缩小的案例。以腾冲为例，抗战前腾冲县城已发展成为滇西政治、军事文化的中心，店铺林立，商贾云集，商业繁荣，手工业发达，总面积达3平方公里。主要街道有北门街、南门街、东门街、西门街、全仁街等，形成以城内文星楼、城外小月城、十字街三处为中心，向四围外延的总体格局，城外比城内更为繁华。至1949年，城内仍是一片荒土，只有零星几户人家，城外沿街店铺和居民住房已基本恢复，城镇规模实际上只存城外面积约1.5平方公里。

边远地区城市规模普遍较小，变化亦甚小。滇南城市颇具代表性。民国前期思茅城墙全长有三里三，商业中心在南门街和教场坝。街子最长的是南

---

① 朱自清：《蒙自杂记》，《新云南》，1939年，第3期。

正街,下节名珠市街,约长五里,城外的人,已有城内三四倍。思茅街巷共49条。[①] 但瘟疫和战争使得思茅逐渐走向衰落,在抗战时期最终沦为了一座死城。《云南思普区游记》一文曾指出"滇南墨江县城和坝子都小。江城县原名猛烈街,只有一个县佐,因为它距各县远(距思茅九日),所以难由别县兼辖,城内人户只有三百家左右,商情也有限。车里县既少人户,也无大宗商业。署外半里,建有新式街房,都是用砖瓦建的,中为大路,左右各三排。中央的二排成棚形,不用墙壁,这便是各种货物的陈设场。边上的四排,两面开门,隔为小间,可以住家。此外还有几十家不规则的民房,每五日一街,街期有三五百人。有美国教堂,信教者不多。镇越县,市场通用法洋,而国币极不值钱。产茶,匪风很重。只有小学两校"[②]。

通过行政等级的设置和人口规模、城市建成区规模可以看到,昆明毋庸置疑是全省的政治经济中心,行政等级最高,为云南省会,直辖市;城区规模最大,1949年达到7.8平方公里;城市人口最多,最多时达30万。清以前,云南城市缺乏中心大城市,滇西的大理甚至可以与昆明平分秋色。抗战时期,昆明城市全面崛起,以昆明为中心的云南全省城市层级网络体系初步形成。

此外,通过以上论述,还可看到云南城市结构比例存在失衡的问题,没有形成大、中、小城市群体,区域中心城市发展关联性不强。与昆明这样的大城市相比,云南更多的是山间小县城,如鲁甸、罗次、大姚、邱北、广南、砚山、文山、西畴、富宁、马关、屏边、墨江等,这些山间的农业都市普遍城区面积小,城市人口少,城内普遍存在大量农田,也没有纳入云南经济体系中,只是附近地区的物资集散地。

第四节 抗日战争时期云南省会昆明的发展

昆明,又称"春城",得天独厚的地理、气候环境使其成为一个富饶美丽的西南大都市。昆明是云南开发最早的区域城市,经过元明清三朝积累,昆明逐渐取代大理,成为实力最强的综合型中心城市。民国时期,昆明更是进入

[①] 云南省思茅县地方志编纂委员会编:《思茅县志》,三联书店,1993年,第168页。
[②] 许柱北:《云南思普区游记》,《东方杂志》,1935年,第9号。

一个城市发展的新阶段,从农业时代的政治军事中心城市一跃成为具有现代化气息的闻名国际的省域中心城市。抗战时期是昆明城市发展最为迅速的时期。在外来因素的作用下,昆明经济、科教和城市建设发展步入了一个黄金时代。城市科技文化繁荣,现代化的工业体系初具雏形,商业、金融业前所未有的繁盛。

一、战时昆明经济的发展

抗战时期,云南成为西南大后方中唯一与国外有着直接联系的省区,故而国民政府对经营云南十分重视。在国家力量的推动下,东部的各种经济要素迅速聚往云南,尤其是向省会城市昆明聚集,以昆明为中心的包括马帮驿路干线、公路、铁路所构建的交通网络的形成,又进一步提升了昆明的中心地位,昆明经济较省内其他城市得到优先发展。

(一)工业体系的初步形成

民国前期,现代化工业开始兴起,但整体工业化水平并不高。昆明则是云南最现代的工厂企业集中地。如耀龙电灯公司是我国抗战以前最大的水力发电工程,也是云南最大的电力企业,到1937年,全厂有两级电站,装机容量2440千瓦,而河口汉光电灯发电量只有几十千瓦,蒙自大光公司最大也只有88千瓦。

抗战时期的昆明经济发展步入到了一个"黄金"时代。首先,工业生产进一步告别了简单的雇工加工生产阶段,在内迁企业的带动下,具有现代生产力性质的轻、重工业建立了起来。城市工业水平提升的一个非常重要的标志是简单雇工加工生产阶段的结束,具有现代生产力性质的轻、重工业体系的建立。如中央机器厂产品定位为原动机器、工具机械、纺纱机、交通器材等。1940年该厂工人增至1341人,1942年,为提高生产效率,改组为7个分厂,实行专业化生产。成为了后方唯一的全能机器厂①。从下表可以看到,抗战时期昆明工业部门有所增加,工业结构得到健全。抗战前昆明没有重工业,这一时期,昆明出现了冶金、机械、化工、电器仪表等行业。

---

① 李珪:《云南近代经济史》,云南民族出版社,1995年,第493页。

1937年以后昆明工业门类情况表

业别	工厂数(个)	所属门类
军火工业	6	重工业
机械制造业	11	
钢铁、冶金业	6	
汽车、修理业	1	
化学工业	25	
建筑材料工业	1	
能源工业	3	
食品工业	5	轻工业
纺织工业	15	
制药及其他日用品业	3	
民用玻璃制造业	1	
造纸业	1	
卷烟工业	2	
木材家具工业	1	
总计	83	

资料来源：昆明市地方志编委会《昆明市志》，第1分册，人民出版社，2003年，第355页。

至1940年，昆明已发展成为大后方8个工业中心区之一，地位仅次于重庆和成都。第一根电缆、第一架军用望远镜、第一批大型发电设备、第一批组装的载重汽车，第一架同轴反旋转式直升飞机等都是产自昆明。

以下新工业统计表反映了新工业的地域分布情况，可以看出昆明市及其郊县是云南新工业的中心，集中了云南绝大多数新工业，这一区域是云南最重要的工业区，个旧、蒙自、楚雄、曲靖、昭通等地也集中了部分云南新工业，但新工业密集度远远低于昆明地区。

1944年云南全省新工业统计表（手工业未计）

业别	工厂数(个)	资本总额(万元)	地区分布
机械工业	14	1400000	昆明县
矿冶工业	13	52000	个旧、路南、蒙自
燃料液体工业	23	5000	昆明、平彝、曲靖、陆丰
化学工业	25	10000	宜良
纺织工业	19	15000	昆明市
烟草工业	5	1000	昆明市
造纸工业	3	1000	昆明、海口
五金工业	24	300	昆明市
机械修理工业	119	1190	昆明市
电器工业	3	322	昆明县
印刷工业	58	11440	昆明市
油漆工业	3	500	昆明市
面粉工业	5	3600	昆明、蒙自、呈贡
陶瓷工业	2	80	曲靖
制药工业	1	10	昆明市
蚕丝工业	2	800	楚雄
水泥工业	1	150	昆明、海口
火柴工业	2	5000	昭通

资料来源：云南省档案馆建设厅，第77—13—2824卷。

抗战时期，昆明的手工业也较战前有较大发展，开始出现了一些传统手工业与现代工业相结合的手工工厂，这些工厂主要分布在织染、金属、火柴、皂碱、皮革、玻璃等行业，其主要的工厂有如下40余家。

（1）织染工业主要有兴发织布厂、艺兴织布厂、顺兴织布厂、瑞记织布厂、有利织布厂、学昌针织厂、华兴织袜厂、广成织造厂、振隆织造厂、永丰织袜厂、协兴公染织厂、华强织造厂、中兴针织厂、普益毛巾厂、联昌毛巾厂、协和织袜厂、新昌织袜厂；

（2）金属工业：华安机器厂、华兴工厂、云鑫工厂、永丰隆机械厂、振亚工厂、昆明市民生工厂、汽车机械厂；

（3）火柴工业：民生火柴厂、大有庆丽日火柴厂、瑞和火柴厂、利华火柴厂、锡庆火柴厂、大云南火柴厂；

（4）皂碱工业：均益肥皂厂、华南肥皂厂、泰丰肥皂厂；

（5）皮革工业：云南制革厂、庆华制皮厂、庆泰熟皮厂、怡庆熟皮厂；

（6）化妆品工业：丽华家庭工业社、新华化妆品制造厂、艳芳化妆品制造厂；

（7）颜科工业：谦益化学工业社、惠民家庭工业社；

（8）玻璃工业：耀华玻璃厂；

（9）电池工业：复森电池厂、龙德电池厂、孔信记电池厂、兴聚源电池厂、广利行电池厂[①]。

另外，昆明的传统手工业店铺和新式手工业店铺在抗战时期也因需要的增加而得到一定的发展。据记载，抗战后期，昆明市的手工业铺达1978家，分别为金银器具82家、帽业120家、爆竹业33家、成衣业272家、玻璃镜柜业28家、鞭业180家、刊刻业30家、碾米业39家、雇佣业14家、染业39家、象牙业16家、织布业173家、裱画业48家、笔墨业24家、照相业8家、染纸业18家、针织业53家、木器业37家、铜器业26家、制革业14家、制面业8家、印刷业30家、烛皂业9家、金箔业27家、漆器业19家、皮鞍业11家、钟表业20家、丝绦业14家、理发业96家、棉絮业41家、丝绸线业62家、糕饼业45家、人力车业46家、洋烛业4家、度量衡器具制造业15家、织毛衣业8家、毛巾业8家、造刀业12家、皮业37家、藤业23家、叶卷烟业45家、织袜业44家、土布业100家[②]。

抗战结束后，许多原有的民营工业企业停产歇业现象相当严重。据国民政府官方材料证实，到1945年12月，云南全省原有公私工厂77家，已有37家停业，停业率高达48%。其中，最感困难者为民营机器、化学、纺织等行业。为了生存，各业曾派代表赴重庆请求给发工资、收购产品、工厂复员等，均未获结果，特别是抗战后新建或扩建的那些投资少、规模小、技术力量薄弱的民

[①] 云南省通志馆：《续云南通志长编》下册，云南省志编委会印，1985年，第510页。
[②] 云南省通志馆：《续云南通志长编》下册，云南省志编委会印，1985年，第511页。

族工业。据对昆明地区1945年以后成立或投产的主要民族企业的统计,除云茂纺织厂、大运烟草公司和诚信实业公司机器厂等3家企业规模较大外,其余各厂规模都不大,职工多在二三十人之间,有的仅有10人左右,与手工作坊无异。① 这些企业常因开工不足,经济效益低下等因素而始终困扰着企业的生存和发展,前途极不乐观。

(二)商业的繁荣

抗战时期也就是20世纪上半叶是昆明商业的一个鼎盛发展时期。一方面因为"云南变成了抗战的大后方,平、津、宁、沪的许多高等学校和沿海各地的工商企业纷纷迁往昆明。其中有许多工商业资本家携巨资来昆明开办工厂和商店。昆明一时百业俱兴,空前繁荣起来"②。另一方面是抗战后期,中国仅剩滇缅公路一条国际交通线与外界联系。昆明地处战时滇越铁路、滇缅公路联系国际国内的交通要道,亦是战时大后方重要的物资中转中心和物资、人员集散地。西南地区的土特产品多由此转运出口,输入品也由此进口。太平洋战争爆发后,昆明又成为中印航空线上物资进出口的集散地。以滇越铁路为例,1938年货运量达376628吨,1939年增至524329吨,为1919年的3倍多。1938年售出客票4200余万张,1930年为4542万张,比1927年增长22倍。特殊的交通地位使昆明一举成为战时西南重要的对外贸易中心和滇省重要的商业中心。

此时的昆明又被称为"小巴黎",战前昆明有商号2000余家,抗战期间,南来北往的商号云集昆明,至1945年8月,经政府登记的商号更多达20000余家。③ 据1939年12月昆明市商会的统计,全市共有布匹、绸缎、中西百货、化妆品、文具等99个行业,共有批发商50户④。"昆明的商务,实在太繁盛了,家家商店没有不大赚特赚的,此地的生意经上是找不到'赔'字的,所以昆明的商人之得意,要超过任何的都市,如果不是目下房屋成问题,还可以多开些商店,可惜现在真是不容易再找到空闲的铺面了。有人从上海运一箱国货衬衫来,成本比上海的售价贵一倍,这衬衫尚未送到商店中出售,已被熟人分

---

① 李珪主编:《云南近代经济史》,云南民族出版社,1995年,第359页。
② 孔庆福:《滇越铁路在抗战中》,《抗战时期西南的交通》,云南人民出版社,1992年,第384页。
③ 谢本书等:《近代昆明城市史》,云南大学出版社,1997年,第203、214页。
④ 云南省地方志编纂委员会总纂:《云南省志·商业志》,云南人民出版社,1993年,第455页。

购一空。"①时人记载昆明"正义路此为全城唯一干线,由金马碧鸡两坊间左折进近日楼而迄马市口,长约五里,昆市精华聚于此,举凡一切百货商店、国货公司、大药房等林立两旁,近日楼前,每初有花市,万紫千红,一片卖花声中,鲜艳悦目。入夜则霓虹闪烁,仕女摩肩擦背"②。抗战这一时期,大型商店公司开始出现,这也标志着传统城市商业开始向近代商业转变。抗战初期昆明有商号2000余家,参见下表。

抗战初期昆明市商号分类表

业别	家数(家)	资本额(元)	营业额(元)	职工数(人)
棉纱	46	1870000	7450000	275
北货	24	580000	1440000	163
药材	91	205000	715000	523
金业	15	200000	620000	73
布匹	116	146000	580000	738
中西百货	85	224000	672000	433
茶业	11	146000	360000	54
糖业	14	41000	160000	66
针织	54	31800	95400	305
当业	21	532000	1064000	126
油蜡	145	14000	50000	384
印刷	13	33000	100000	46
燃料	106	85000	320000	432
海味酱园	110	120000	360000	568
书籍	11	95000	356000	188
土杂货	12	24000	120000	42
西药化妆	28	64000	238000	106
颜料	18	18000	54000	58

---

① 吴黎羽:《新中国的西便门》,《旅行杂志》,1939年,第7号,第4页。
② 帅雨苍:《昆明漫记》,施康强编:《浪迹滇黔桂》,中央编译出版社,2001年,第13页。

续表

业别	家数(家)	资本额(元)	营业额(元)	职工数(人)
押号	22	72	144000	132
猪毛	149	100000	300000	505
丝线	32	104000	312000	114
棉线	16	5000	21400	45
斗笠	11	5500	15500	41
丝纱什帕	19	14250	42750	54
酒业	28	14000	28000	81
帽业	75	37500	112500	205
象牙	16	11200	33600	42
爆竹	28	5600	22400	81
梳算	25	2700	8100	68
油榨	12	4000	12200	45
毡业	17	3400	10200	42
染纸	17	1700	8500	37
估衣皮草	37	18500	55500	101
皮箱	19	5700	17100	50
木器	25	未详	未详	71
干果	25	14000	28000	68
铜器	55	5500	未详	215
屏联	21	10500	24000	57
棉絮	45	20000	50000	123
金箔	19	4000	7000	72
食馆	25	未详	未详	132
机器面业	22	3300	14500	86
照相	10	12000	36000	41
旅馆	85	11300	26100	235
丝绒	8	1600	3200	22
人力车	49	72000	96000	218
染业	50	7500	15000	200

续表

业别	家数(家)	资本额(元)	营业额(元)	职工数(人)
钟表	21	10000	22000	80
糕饼	22	21000	68000	65
首饰	55	12000	18000	184
寿板	74	65000	100000	127
花栗木	29	未详	未详	64
油纸	9	1500	2000	25
皮鞍	15	7000	87000	61
运输	13	1300	45000	41
新衣	20	9100	21000	62
顾绣	24	6000	10000	45
裱画	22	2400	6200	68
瓷器	10	18800	37600	38
鞋业	200	16600	63900	1020
纸业	43	18800	33500	118
总计	2412	5059450	16730150	9769

资料来源：云南省通志馆《续云南通志长编》下册，云南省志编委会印，1985年，第543—545页。

从上表可见，抗战初期，昆明的商业店铺数量达2000余家，但绝大部分规模甚小，资本稍多者不过数千元，少者为数百元，更少者则不及百元，如鞋业商铺达200家，资本总额仅16600元，平均每家仅83元。除了资本额外，职工人数也甚少，平均每一商家仅有职工4人。但随着抗战进行，南来北往的商号云集昆明，商家数量也在不断增加，至1945年8月，经政府登记的商号更多达20000余家[①]。

战时昆明商业发展出现了新的特点，主要体现在两个方面，一是从事国际贸易的公司增多。许多规模较大、资金雄厚、业务联系广泛、具有沟通省内外以至国际流通能力的大商号、大公司，诸如昆明"德利新记"、"贵州企业公

[①] 谢本书等：《近代昆明城市史》，云南大学出版社，1997年，第203、214页。

司"、振昆公司、景明号、怡和祥、恒丰号等纷纷出现。英商颐中烟草股份有限公司昆明分公司成立于抗战前,抗战时期也颇为活跃,在昭通、曲靖、宜良、呈贡、昆阳、澄江、晋宁、玉溪、安宁、武定、富民、禄丰、楚雄、大理、鹤庆、腾越、景谷、思茅、蒙自、个旧、临安、通海、石屏、开远等县都开有代办处,抗战前期每年"营业总额约国币66万元"①。此外,"外商之经营于云南者,有美商慎昌洋行、英商旗昌洋行,均营机器业。希腊商歌护士洋行、若利玛洋行、日商保田洋行、宝多洋行,法商安兴洋行、志利洋行,则系营进出口杂货。他如府上、徐璧、利玛、地亚多等洋行,或营玩具,或营布纱,或数种兼营"②。1941年云南外贸出口5869.8万美元,占全国出口的7.5%,进口2922.1万美元,占全国进口的4.5%,创历史最高水平③。抗战时期昆明市的中国商号"规模较大者有福春恒、茂恒、永昌祥等经营进出口货;信诚、春影阁、大兴公司、和通公司等经营洋杂货;万来祥等经营西药。其余商店多系门市交易"④。二是与运输相关的行业获得较快发展。在滇缅、川滇、滇黔公路上,汽车川流不息,这不仅为汽车运输业提供了良机,也为汽车材料及汽车修理业的发展提供了机遇。如经营汽车材料的昆明启华贸易行在短短的几年里就声名远播。到抗战结束,已拥有资金近二三千两黄金,成为独树一帜的汽车材料商行。

然而,这一时期的繁荣却是畸形繁荣。抗战后期,昆明的大小商号店铺林立,一方面是大多数商家店铺仍然以中小资本为主,但一方面也开始出现拥资甚巨的大商家,如拥有资产4亿多元的豪商达14家,1亿多元的为140余家,1000多万的数百家,市面表象繁荣,但大大超过了人民的购买力,而且投机之风盛行,不仅商人进行商业投机,其他经济部门也都参与了投机的行业,甚至昆明各商业银行无一不设有商号,银行与商号两位一体。整个市场形成一个以国家垄断资本为首,大大小小、形形色色的投机网络,投机性使得昆明经济发展亦具有不稳定性和暂时性。

工商业的繁荣带动了金融业的兴盛。至1938年4月,昆明有银行27家,包括中央四行及中信、中储两局6家,重庆银行、上海商业储蓄银行、浙江

---

① 云南省通志馆:《续云南通志长编》下册,云南省志编委会印,1985年,第546页。
② 云南省通志馆:《续云南通志长编》下册,云南省志编委会印,1985年,第546页。
③ 李珪:《云南近代经济史》,云南民族出版社,1995年,第517页。
④ 云南省通志馆:《续云南通志长编》下册,云南省志编委会印,1985年,第546页。

兴业银行、广东省银行、川盐银行等省外银行12家,富滇新银行、兴文银行、云南劝业银行、云南矿业银行、云南实业银行等9家。另外还有省外钱庄如宜丰钱庄、金沅钱庄等6家;信托组织如上海信托公司等2家;保险业8家。至抗战胜利,昆明市有银行金库等金融机构48个,其中官办银行13家,商业银行35家。

战时昆明经济发展的另一个特点是物价自1940年开始猛涨。"其上涨率不是作等速率的增长,而是作加速率的增长"①,例如昆明市1943年,基本生活资料的价格是逐月上升,成倍地增长。当年从5月到10月,每公斗米(10公斤)从160元上升到250元;每斤盐,从12元上升到33元;猪油老秤每斤从35元上升到95元;猪肉每斤从25元上升到70元;炭每100斤从400元上升到750元;柴每100斤从100元上升到220元;阴丹士林布每市尺从50元上升到80元;大道生土布每匹从500元上升到900元②。

昆明市零售国货价格指数表(1943年4月—1945年8月)

时期	总指数 最低	总指数 最高	每月上升倍数	食物类指数 最低	食物类指数 最高	每月上升倍数	衣着类指数 最低	衣着类指数 最高	每月上升倍数
1937年1—6月	100	100		100	100		100	100	
1943年4—12月	15426	38078	25	13315	36228	25.5	27704	56269	31.7
1944年	39836	112015	60	35174	104814	57	59594	159977	83.7
1945年1—8月	140995	544406	504.3	129577	605438	594.8	214130	583915	462.9

基数:以1937年上半年平均物价为100
资料来源:李学通:《国民政府与大后方经济》,四川大学出版社,1997年,第794页。

从上表可见,至1945年8月抗战胜利止,昆明物价指数与1937年上半年基数比较,零售价约上涨5400余倍,其中食物类约上涨6000余倍,衣着类约上涨5800余倍。主食大米是各地上涨最快的食物。由于战争导致越南大米无法进口,同时全省广泛种植大烟,占用了大量土地,影响粮食的种植面

---

① 李行健:《抗战期间昆明的物价》,《昆明文史资料选辑》,第7辑。
② 李珪:《云南近代经济史》,云南民族出版社,1995年,第533页。

积,造成粮食问题。

二、战时昆明科技文化的繁荣

昆明是云南教育最为发达的城市。昆明学校众多,有大学、中学、小学、职业学校等各种层级的学校。云南第一所大学——东陆大学建于1922年,结束了云南没有高等学府的历史。1934年改名为"省立云南大学",逐渐发展为一所闻名全国的名牌大学。抗战时期,沦陷区城市的大批文化艺术单位和大批文化名人荟萃昆明。国立西南联合大学、国立国术体育专科学校、国立艺专、国立同济大学、私立中法大学、国立中正医学院、国立上海医学院、云南省立英语专科学校等院校内迁昆明,一时间,昆明成为抗战时期的文化中心之一。其科技文化事业在特殊的时代背景下获得了前所未有的发展契机。

(一)文教事业

抗战时期,内迁云南的学校有十余所,多集中于昆明。在内迁学校、机关事业单位的带动下,昆明文教事业也有了长足发展。在众多迁昆的高校中,西南联大最具代表性,对昆明和云南的教育影响最突出。西南联大是由国内三所最著名的大学联合而成,在滇时间长达8年,西南联大的内迁,使得昆明大师云集,名流荟萃,成为大后方的学术重地和文化重镇,联大汇集了大批精英知识分子,如陈寅恪、吴晗、闻一多、朱自清、金岳霖、熊十力、王力、朱光潜、傅斯年、罗隆基、华罗庚、陈岱孙等。这些知识分子的到来,给云南各高校带来了严谨的治学精神和开放的思想观念。在名师指导下和严格的校训规范下,学生勤奋苦读,具有扎实的根基和理论水平,8年间,正式毕业生2581人,曾先后在联大受过教育的有8000多人,许多学生成为了国家栋梁之才,培养了李政道、杨振宁、邓稼先、朱光亚等大师。

西南联大并不是一个闭塞的学校,它本身是三所高校联合而成,抗战期间,又与其他高校建立了密切的合作关系,共同促成了昆明的科技文化繁荣景象。例如西南联大的教授多在云南大学等学校兼课。抗战胜利后,联大的一批教授如陈寅恪、刘文典、闻一多、王力、钱穆、张荫麟、吴晗、罗隆基、向达等十余人留在了云南。西南联大师生还与云南大学通过多种方式进行学术交流。云南大学教授主办的学术团体内就有许多西南联大的教授参与,如"西南文化研究会",有闻一多、罗隆基、曾昭抡等教授参加。云南大学方国瑜教授主持的"西南文化研究室"出版的9种丛书中,就收录了西南联大教授张印堂的《滇西经济地理》等专著。云南大学还充分利用西南联大的学术资源,积极邀请西南联大的老师来校讲学或开办讲座,如1943年起云南大学政治学系举办的"现代学术系统讲演",每一期都邀请西南联大著名教授演讲。这使云南大学一改抗战前教师寡少的状况,使这所在云贵高原上土生土长的僻处边省的后起学府竟拥有了仅次于西南联大,而为许多内地沿海大学所不曾拥有过的如此强大的师资阵容。[①]

抗战时期云南大学在省政府的大力支持下,获得显著发展,为云南地区文教事业的进步、发展奠定了一个初步的基础。1937年熊庆来担任云南大学校长,在其组织下,云南大学进行了扩充改革。首先进行了院系调整。分理工学院为理学与工学两院,理学院下设数学系(算学系)、理化学系(化学系)、生物学系、物理学系。工学院有5个系:土木工程学系、机械工程学系、航空工程学系、矿冶工程学系、铁道管理学系。并添办医学院、农学院,而于文法学院分设文史、政治、法律、教育四系;其次,开源节流,吸纳精英。联大在滇,汇集了众多一流的专家、教授和学者,云南大学紧紧抓住了这个千载难逢的机遇,采用借聘、兼任、讲座或讲学等诸多方式将这些专家、教授请进来,充实和提高自己的教师队伍。1939年从联大聘请到云大任教的多达50余人,其中文史方面专家有郑天挺、白寿彝、胡小石;数学方面有华罗庚、朱德祥;社会学方面有许烺光、陈达、潘光旦等。云南大学的教学质量有了极大的提升,吸引了众多求学若渴的学子,战时云大本科学生人数也增至七百余人。再次,积极进行校园扩建。抗战时期的云大校园面积增加了二百余亩。在多方努力下,云南大学于1938年由省立大学升为国立大学,经费更加充裕,达到国币五十万元,学校发展更为迅速。文法学院增设社会学系,工学院增设采矿专修科,理学院增设生物学系。此外,还筹设农学院,云大附中亦加以扩充。随着昆明战略地位的提升,抗日战争时期,美国国务院与中华民国政府交换留学生,云南大学成为了指定的五所大学之一。1946年云南大学被英国《大不列颠百科全书》列为中国十五所世界著名的大学之一,这是云南大学一个辉煌的时代。

---

① 孙代兴、吴宝璋编:《云南抗日战争史》,云南大学出版社,1995年,第42页。

高等教育的兴盛能直接推动社会生产力的发展。云南大学社会学系主要致力于云南省农村经济、乡镇行政及工区、工厂、劳工等问题之调查与研究。1939—1946年,以费孝通为首的社会学实地调查工作站集结了陶云逵、许娘光、李有义、王康、张宗颖以及联大的田汝康、谷苞、胡庆钧、张之毅等优秀学者,通过艰苦卓绝的调查,产生了大批杰出的社会科学研究成果,如费孝通的《禄村农田》,张之毅的《易村手工业》,史国衡的《昆厂劳工》,谷苞的《化城镇的基层行政》,田汝康的《内地女工》、《芒市边民的摆》,胡庆钧的《呈贡基层权力机构》等。云南大学矿业系迁往广通县舍资镇,与滇西企业局合作,对滇西地区盐、煤各矿之开采做了重要贡献。之后,该系又迁至会泽,与滇北矿务局合作,石充教授于马尾丝铜矿之精选研究,亦获得良好结果①。20世纪40年代初期,为适应战争时期运送军队和物资的需要,云南省政府决定修筑一条由石屏通往勐海的铁路即石佛铁路。石佛铁路筹委会委托学术单位,对铁路沿线少数民族地区的社会经济、人文地理、民情风俗、语言文化等方面的情况进行调查研究,供修筑铁路时参考。联大承担起此项重任,成立了边疆人文研究室,聘请云大陶、云逵教授为主任,主编《边疆人文》杂志,并接受石佛铁路筹委会委托,开展调查研究工作。一批优秀的学者不畏艰苦,对红河沿线进行了实地考察,对沿线的哈尼、彝、苗、布依、傣、瑶、壮等民族的语言、民俗、社会经济、地理、宗教礼俗等开展实地调查,取得了大批研究成果。如《石佛沿线少数民族语言分布状况图表》、《铁路员工应用的语言手册》、《石佛沿线社会经济调查报告》等。这些调查对铁路修建起到重要辅助作用。

昆明的中等教育也是引领全省的标杆。这一时期省城昆明有四所师范学校——省立昆华师范学校、省立昆华女子师范学校和昆华艺术师范学校、省立昆华体育师范学校,是全省师范院校的集中地。普通中学分公立中学和私立中学,公立中学有省会中学校、省立女子中学、省立昆华中学、富春中学、省立云瑞中学等。以省立中学为例,1938年全省省立中学共29所,其中所在地为昆明的为7所。昆明私立中学甚少,抗战前已有建国中学、私立中法大学附设中法中学、五华中学、云锡中学、中国建设中学等。抗战时期,学校迁徙至云南的甚多,滇缅、滇川公路的畅通使得本省人口陡增,私立中学校亦逐

---

① 云南省通志馆:《续云南通志长编》中册,云南省志编委会印,1985年,第819页。

年增设,主要集中在昆明。昆明先后兴办了正则、成德、求实、明德、南箐、护国等中学,著名的有求实中学、南箐中学、明诚初中等。其中南箐中学是省内闻名的贵族学校,达官贵人子女多在此校就读。中等职业学校也有所发展。昆明职业学校有省立甲种工业学校、省立甲种农业学校、昆华高级农业职业学校、昆华高级工业职业学校、省立昆华高级护士助产学校、省立鼎新初级商业学校、昆华女子工业职业学校等,昆明是整个云南省职业学校最多,职业教育发展最好的城市。

这一时期,昆明的中、初等教育不仅在量上有一定程度的发展,在质上也有长足提升。民国以来,云南长期没有一所专门的中等学校师资培训院校。云南省合格的中学老师十分匮乏,全省中学教师2000余人,大专以上毕业者不到一半。联大于1938年8月增设了师范学院,后联大师院又开办了在职教师进修班,办了两期,后又设立专修科。抗战8年间,联大师院共培养本科毕业生179人,加上专修科和进修班毕业415人,其中云南籍学生272人。同时,西南联大等内迁院校的学生为生活所迫,也积极创办私立中学,昆明先后建立了22所私立学校。如天祥中学、粤秀中学、松坡中学、五华中学、金江中学、建设中学、明德中学等。云大附中,从教务、训导、初中部主任及各科教师,都是联大的学生作了包揽。这在一定程度上地加强了云南中学师资队伍。

这一时期的社会教育也较前更为活跃。战前云南即颁布了《县(市)团队实施民众教育办法大纲》,以省令颁布实行。1939年,指定昆明市、县为实施区域,发动知识分子,利用行政力量,作大规模推行。办理结果,以能发动保甲人员参照户籍,分期分镇抽调失学男女入学,故设学数及学生数,市、县成绩均尚客观,尤以昆明设学较多,再加上西南联大等高校课堂还对外开放,实行开放式教育。不仅对本校、外校学生开放,而且也对社会开放,凡来听课的各界人士,不需办理任何手续,只需找一座位听讲即可。昆明地区很多中小学老师、公务员、职业青年甚至妇女就是利用这一形式来接受教育的。由于抗战教育的普及,昆明市妇女,1937年识字人数为12831人,识字率占24%,而1944年则增至38528人,识字率达90%,其中接受初等教育者为27552人,占妇女人数的60%以上,接受中等教育者达7142人,占妇女数的

17%,受高等教育者达180人,占妇女人数的4%[1]。毋庸置疑,这是云南城市社会的一大进步。

(二)大众文化

抗战爆发后,沦陷区各种文化团体和众多的艺人纷纷迁入昆明,一时间,各类文化团体、戏曲栏目、报刊杂志精彩纷呈,成为大众文化繁荣的显著标志。

1938年3月,中华戏剧界抗敌后援会云南分会在昆明成立。1938年秋中华全国文艺界抗敌协会昆明分会成立,这些文化团体极有影响力,它广泛地把文艺、文化、新闻、教育、戏剧等昆明文化界各方面力量团结起来,结成抗日文化统一战线。如昆明先后成立了国防剧社、戏剧巡回教育队、儿童剧团、业余联谊剧社、益志剧团、华山剧社、鲁迅剧艺社、育年会联谊话剧团、西南剧团、叙昆剧团、射日剧团、抗敌剧团、远征剧团、新中国剧团等等;迁到昆明的西南联大则成立了联大剧团,国立艺专成立了艺专剧团,国民党空军军官学校成立了大鹏剧社;"四维剧团"、上海影人剧团、中国电影制片厂剧团、教育部巡回演剧团、平剧"厉家班"等也先后到昆明进行演出。本地的,外来的,各种戏剧团体前后多达数十个,加上演出各剧种,一时间,大后方昆明剧坛异彩纷呈,空前繁荣。

民初至抗战前夕,本地人的戏曲爱好基本上只限于滇剧和花灯,一般只在酬神时搭台演出,民众的接触面和选择较少。抗战爆发,随着外来剧团的进入,京剧、话剧等剧种先后入昆,戏班和剧种的增加,昆明人逐渐接受新剧,剧社经常到省内各地巡回演出,演出形式多种多样,既有正规的舞台表演,也有街头剧、茶馆剧、广场剧、故事表演等流动演出。戏剧演出及各种活动以唤醒民众的民族意识为宗旨,揭露鞭笞敌人,同时通过义演,为民族抗战做贡献。各类新剧给予昆明市民极大的冲击,其审美观念随之发生变化。如这一时期舞台要求较少的话剧开始流行,剧目也是贴近时代要求的抗战戏剧,这一时期受广大市民喜爱的抗日话剧有《难民曲》、《当兵去》、《死亡线上》、《放下你的鞭子》等。朝气勃勃的学生是各类演出的中坚力量。"云南学生抗敌后援会"及其一些学校分会,在昆明市内及马街、官渡、宜良、路南城乡演出过

---

[1] 云南档案馆编印:《云南档案资料丛编·近代人口史料(1909—1982)》,1987年,第120页。

《当兵去》、《从军》、《到前线去》等话剧。各个学校的歌咏团主要致力于救亡歌曲的普及,时常到民众中去开展歌咏比赛或募捐公演,宣传抗战。西南联大合唱团,常常组织团员到市区、城郊演唱抗日歌曲。昆明成了中国联系世界最近的城市之一,昆明人的文化品味提高了,流行的社会风尚更加前卫。

　　文艺活动兴盛的同时,社会文化教育机构也日渐完善。民初,昆明的图书馆有省立昆华图书馆,藏书有140856余册,每年阅览人数多达10万余人。抗战时期,省政府看到国内学术机关迁滇者日众,名流学者荟萃一隅,文化水准无形增高,而本省原有的图书机关,质量均感不足,难以配合时代发展,于是谕示教育厅在大兴街兴建了省立昆明图书馆。此外,昆明市还有以下可供市民学习的场所。

昆明市图书馆一览表

名称	立别	地址	藏书册数(册)	成立年月
教育厅图书馆	教育厅设立	省教育厅内	1456	1921
云南省教育会图书馆	公立	长春坊	29121	
东陆大学图书馆	国立	校内	14000	1921
师范学院图书馆	省立	小富春街	5491	1923
公立法政学校图书馆	公立	兴隆街	6000	1901
省立第一师校图书馆	省立	校内	4857	1929
省立昆华中学图书馆	省立	文林街	19000	1912
省立昆华女中图书馆	省立	熟皮坡、咸宁寺巷	7098	1923
省立一工学校图书馆	省立	本校内	2584	1930
省立一农图书馆	省立	双塔寺	8218	1930
昆明县第1—5民众书报阅览室	县立	三捷桥、官渡、小坝、马街子、农头村	13800	1925
昆明市立图书馆	市立	市府东街	4704	1926
昆华民众教育阅览部	市立	文庙内	23412	1923
昆明市立近日楼阅览所	市立	近日楼	3678	1923
昆明市立劝农亭阅览所	市立	古幢公园	89种	1929
昆明市立大观楼阅览所	市立	大观公园	97	1930

续表

名称	立别	地址	藏书册数（册）	成立年月
昆明市立海心亭阅览所	市立	翠湖公园	154 种	1923
省立昆华高工图书馆	省立	西门外	10481	1932
省立昆华高护图书馆	省立	金碧路	2851	1932
昆华女子家事学校图书馆	省立	钱局路	352	1932
省立云瑞初中图书馆	省立	文林街	6205	1932
省立富春初中图书馆	省立	富春街	4854	1932
省立昆华简易图书馆	省立	官渡镇	6180	1932
省立昆华国学图书馆	省立	翠湖公园	133853	1930
省立昆明图书馆	省立	大兴街	20000	1942
昆明市立图书馆	市立	圆通公园	3000	
省立昆华中学图书馆	省立	西门外	27004	
省立昆华女中图书馆	省立	绥靖路	6860	
省立昆华师范图书馆	省立	西门外	86243	
省立昆华女师图书馆	省立	绿水河	6377	
省立昆华体师图书馆	省立	拓东路	1000	
省立昆华高农图书馆	省立	西门外	11565	
省立小坝女简师图书馆	省立	昆明县小坝乡	168	

资料来源：根据云南省通志馆《续云南通志长编》中册，云南省志编委会印，1985年，第898—917页整理而成。

抗战时期，各类刊物、杂志亦如雨后春笋般纷纷冒出。抗战8年中，昆明先后开办10家报馆，直到抗战胜利时还有7家日报。比较重要的有《云南日报》、《南方》、《前哨》、《云南教育》等报刊。战前，在昆明经营书籍的书店只有屈指可数的几家，如务本堂、文雅堂、五华山房及省外进入的商务印书馆云南分馆和中华书局昆明分局。抗战8年间图书业发展迅猛，据统计，昆明先后创办起来（包括中途停业和改行）的书店、书摊达73家，为战前的6倍多。东方书店、生活书店、读书出版社、新知书店等书店成了知识分子们交流的乐园，也成了革命进步刊物的流传地。大量革命、进步书刊、报纸的发行，传播了民族的、科学的、大众的文化，推动了昆明民主堡垒的形成和发展。

抗战时期,市民体育运动并未因战争的发展而完全中止。1943年、1944年,昆明市政府于双十节日举办全市运动大会二次,教育厅特制奖品办法。1944年8月,社会处于教育厅举办志舟杯篮球赛。抗战时期,昆明体育场有云南大学体育场、光华体育场、翠湖体育场、拓东体育场、昆明市体育场这几个体育场供市民锻炼,尤其是拓东体育场,于1942年正式竣工,设备有田径、球类、器械操等项目,较其他体育场更为完善。

但科技文化繁荣的背后,也隐藏着一些问题,例如教育经费。抗战前,教育经费达到新滇币三百余万元,经费来源为卷烟捐、田产租息、锡税附加捐以及中央暨省府拨发之义务教育补助费等。卷烟捐额度80%,经费充裕,教育发展较快。抗战爆发后,国际交通梗阻,卷烟特捐收入锐减,1940年滇越铁路、滇缅公路中断后,教育经费收支悬绝,仅靠历年节存的各项准备及卷烟统销处照案分得40%的利润勉为应付。1941年后,中央强令地方交出财权,划分为国、地财政系统,将卷烟捐列为国家税收,移交云南区税务局接管,原来设置的教育经费委员会、督核委员会、管理处同时撤销,仅留教育厅金库,担负省教育保管收支之责。教育经费只得依靠国库拨领开支,经费严重不足,只有向富滇银行借款及裁并学校,以资维持。

三、战时市政建设与城市公共事务管理的变化

抗战时期大量外地人口的迁入,给云南省会城市昆明带来诸多的社会问题。如何满足人口剧增的城市居民吃、住、行需求成为政府必须要解决的一个难题。但压力也不无益处,它推动了战时昆明市政建设的规范化和政府城市公共事务管理能力的迅速提升。

(一)市政建设

抗战时期,内迁机构、大批人口的迁入昆明,既带动了生产和消费的扩大,为昆明城市化提供了最为明显、最直接的动力,也带来了一系列社会问题,如吃、穿、住、行、生、老、病、死等问题。这对昆明城市建设提出了新的要求。抗战前的昆明城市建设一直处于一种自发状态,很少经过系统的设计和规划。这种状态严重制约了昆明城市的发展及昆明城市化水平。为了充分发挥昆明作为战略后方的重要作用,抗战时期的云南省政府加快了昆明的城市建设,1939年制定了《大昆明市规划图》,随后,唐英任昆明市工务局长时,在此基础上又拟定了《昆明市建设纲要》，《纲要》对昆明城区的市中心区，作了初步功能分区和城区道路规划，从而使昆明的城市规划建设进入到一个新的阶段。

随着城市化进程的推进，昆明城市的原有布局和格局已不能适应当时形势发展的需要，重新规划街道和进行旧城改造遂提上了议事日程。抗战期间，一些知名的建筑大师如梁思成、赵深、陈植、唐英等人来到昆明，一些营造商也从内地迁到昆明，如基泰工程公司、华盖建筑师事务所、陆根记营造厂等，这为旧城改造提供了可能。其最主要的成就是开辟了南屏街。昆明较繁华的街道基本上是南北走向，东西方向的街道并没有得到规划开发，开辟南屏街就是为了打通昆明城的东西通道。先是拆除近日楼至护国门城墙，利用城墙和护城河的基础，建设道路和两侧临街建筑。南屏街两侧建筑，自西端与正义路交叉的兴文银行至东端与护国路交叉的重庆银行，绝大部分是银行、钱庄、商号建筑，两侧高楼林立，商铺繁华，单银行就有兴文银行、重庆银行、劝业银行、昆明市银行、中央银行等40余家。商店有高级服装店、高档商品店、餐厅、酒吧、新式理发店等。改建后的南屏街可谓当时昆明的金融、商业和娱乐中心。

除南屏街外，还新辟了从南而北贯通南屏街和宝善街的两条短街，一条名为新祥云街，一条名为晓东街。沿街虽只有一二栋高大建筑物，但因有三家影剧院集中于此而形成繁华景象。新祥云街昆明戏院对面是五层楼的美丰银行，与宝善街交叉处是六层的国庆大楼，是美军陈纳德的第十四航空队的办公大楼。晓东街街道虽不长，却开设了许多高档商店，出售主要从美国来的进口商品，如高档烟酒、化妆品、名贵衣料、珠宝玉器等，此外还开设了一些酒吧、酒楼、餐厅等[①]。这条街具有当时主要沿海城市新型临街建筑的特点，也为城市向东发展提供了条件。

昆明市政还规划建设了环城马路，"环城马路正东方路线由太和街塘子巷经过，因向外拓展，将路线改为聚奎楼下，与迤东迤北汽车路相接，如商务发达，又由聚奎楼之西转北再辟一街，人烟繁盛时仍敷容积。新市场工程又东寺街、通羊市口一段，应打通与环城马路相接，并与南正街、三市街、护国

[①] 谢本书等：《昆明城市史》，云南大学出版社，1997年，第223页。

街、甘公祠街街相通,四通八达,若再将米宜亚洋行一段打通,至石桥铺。至于由大南门至马市口退街分段兴工"①。

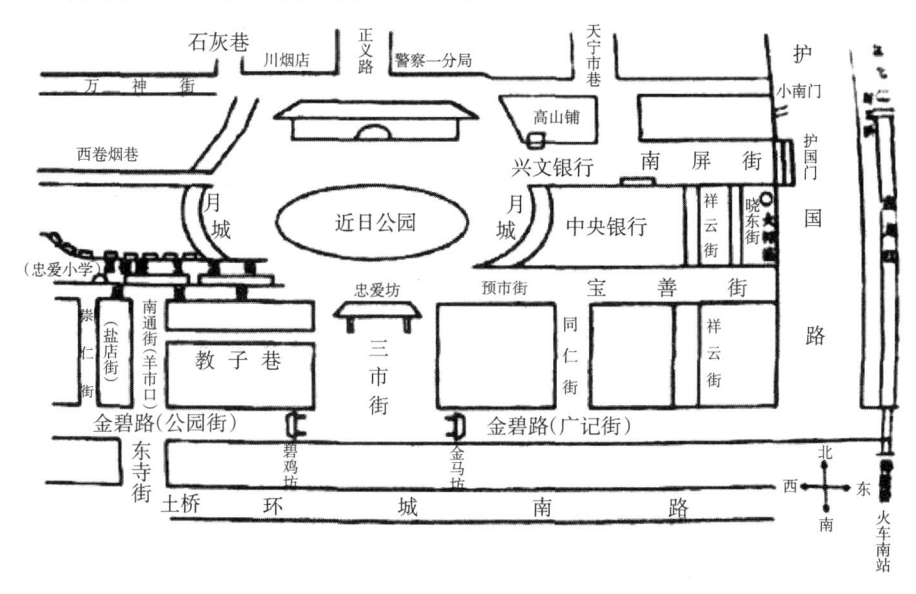

昆明南城图

资料来源:夏本戎《五华经济史话》,云南大学出版社,2007年。

除了对旧城、街道和街区进行改造和扩建外,为了解决住宿难的问题,政府在城区周围集中修建居民区。最早建设的是"篆塘新村",这个新村由成立较早的昆明建筑师事务所承建,其集资、征地、规划、设计、施工以及出售均采统一投资、统一规划、统一设计、统一施工、统一分配、统一管理的办法。"篆塘新村"的住宅全是平房,按小住宅布置平面,采用传统的木排架结构,筒板瓦屋面,土坯墙,毛石地基结合部分毛石墙面,每户自成院落。同时小区中配建公共建筑,如新村俱乐部、商店等。因其设计合理、实用,且造价低廉,该新村很快售空。而靠近弥勒寺的"靖国新村",开发稍晚,针对较为富有的人群,档次较高,1940年,昆明工务局又在东南郊吴井桥地段,开发"吴井新村",进行了平整地基、新村道路建设、宅地划分出售工作等。② 同年,云南省财政厅又对复兴村一带的地方进行重新规划和整理,建成商业区,分别按甲、乙、丙

---

① 《昆明市建筑(1932—1938)》,云南省档案馆,77—18—6869。
② 谢本书等:《昆明城市史》,云南大学出版社,1997年,第225页。

三等级规模规划和建设并出售。由此,昆明形成了造型极有特色的高中低档的居住空间。

战前,昆明的公共建筑很少的,可供群众文化娱乐和服务的公共建筑几乎没有,居民的文化娱乐活动大部分在原有的寺庙和会馆内进行,如原有的"大众"、"大逸乐"电影院就是这样。随着抗战时人口大量涌入,兴建了一批公共建筑,如人民胜利堂、南屏电影院、昆明戏院等。人民胜利堂充分利用地形,采用中国传统古建筑的造型与布局,使用现代建筑材料,空间大,坚固实用,是一所高规格的大会堂。昆明剧院坐落在南屏街中段,是当时昆明第一座新型剧院,在平面设计上除满足以演出京戏为主,和一般剧团演出要求外,还充分利用两侧临街部分修建两层裙房,设置茶座、舞厅和其他商业服务场所。在立面与内部装修上,采用与中国的传统建筑装饰结合的手法,这在当时也是创造性的大胆尝试。这座剧院几十年来,虽经多次内部翻修,一直起到市中心区重要娱乐场所的功能作用。南屏电影院在当时西南地区是第一流的,在全国也是第一流的。此外,水电之改良,风景区之整理,公共服务机关之设置,也在积极进行。经过整修后的大观公园,假山池沼,楼阁亭台,浅草如茵,名花吐秀,绿堤环绕,水碧风清,登楼远眺,波光万顷,楼前并有三潭印月诸胜。每当星期假日,衣香鬓影,车水马龙。抗战时期的昆明新式旅馆、茶馆、浴室、食堂、影剧院、公园、图书馆、体育场、义务小学、幼稚园等设施应有尽有。"古色古香之昆明,在近日复兴中华、开发西南高呼之下,一切物质渐趋文明,俨然一大都市矣。"①

(二)城市治安管理的强化

抗战前,随着昆明城市人口的增多,城市管理的工作变得更加复杂,特别是省会治安事繁且要,必须提高警察部门的职权。1932 年 1 月 1 日,原昆明市警察局改为省会公安局,脱离昆明市政府管辖,直隶于省民政厅,并受省政府指挥监督。1937 年 1 月 1 日,云南省政府根据部颁《各级警察机关编制纲要》和《省会警察局组织暂行规程》,将省会公安局改组为省会警察局,仍直属民政厅。内设局长一员,下置秘书室、勤务督察处、总务科、行政科、司法科、卫生科。此外,为改善警政,推行局务,置局务会议、设计委员会、整理经

---

① 帅雨苍:《昆明漫记》,《旅行杂志》,1939 年,第 8 号,第 31 页。

费委员会、储蓄管理委员会。计秘书室设秘书1员,下分两股,每股计科员1员,办理宣传、记录、编辑各事项。勤务督察处设督察长1员,督察员3员,差遣员4员,考核内外员警勤务事宜。省会警察局的附属机关有6个警察分局、省会警察学校、消防大队、侦缉队、交通警察队等。省会警察第一分局内设分局长1员,局员1员,巡官4员,警长12员,见习4员,文牍1员,雇员2名,警士120名,兵丁伙役54名。就管辖区内冲要地点分设警士派出所16所,每所派警士7名,分班执行段内一切警察事务。省会警察第二分局设分局长1员,局员1员,巡官4员,警长12员,见习5员,文牍1员,雇员2名,警士140名,兵丁伙役59名。就管辖区内冲要地点分设警士派出所20所,每所派警17名,分班执行段内一切警察事务。省会警察第三分局设分局长1员,局员1员,巡官4员,警长15员,见习5员,文牍1员,雇员2名,警士158名,兵丁伙役47名,要段内冲要地点设分驻所之所,警士派出所20所,每所警士7名,分班服务。省会警察第四分局设分局长1员,局员1员,巡官4员,警长11员,见习3员,文牍1员,雇员2名,警士63名,兵丁伙役24名。段内设分驻所2所,派出所9所,每所警士7名,分班执行职务。该局尚隶属有省会水上警察1处,设置于大观楼,因经费环境关系,组织单纯,计设警长1人,警士8名,水手2名,置有木船2只。省会警察第五分局设分局长1员,局员1员,巡官5员,警长12员,见习6员,文牍1员,雇员2名,警士157名,兵丁伙役63名。段内设分驻所2所,警士派出所21所,每所派警士7名,分班服务。省会警察第六分局设分局长1员,局员1员,巡官4员,警长12员,见习3员,文牍1员,雇员2名,警士91名,兵丁伙役41名。段内设分驻所2所,派出所13所,每所派警士7名,执行警察事务。此外,省会警察局还下设省会警察学校,内置校长1员,教务主任1员,学科教官8员,术科总队长1员,区队长4员,分队长12员,庶务兼会计1员,文牍1员,医官1员,雇员4名,司事2名。每期招收学生向例定为100名,4个月毕业,分派各分局、队服务。抗战爆发以后,因时局紧张,市内治安益形重要,乃每期招收学生400名,编为4班,扩大训练,以充实省会警察实力,用赴事机。

1937年7月,抗战军兴,沿海城镇相继沦陷,云南省成为后方重地,所有沦陷区域之机关、团体、学校、工厂、人民均纷纷向滇迁入。人口因而激增,社会情态骤呈复杂,兼之抗战日久,人民生活愈形艰苦,而作奸犯科之事,不一而足。警察有维持治安之责,为应付突发事件,安定社会,增强抗建力量起见,云南省政府乃于1939年7月1日以云南省会警察局的人员和经费为基础,成立云南省警务处,为全省警察行政之最高机关,直属于省政府。置处长1人,并兼任省会警察局长,总理处、局事务。另设副局长1人,助理局务。处之下于内部者设秘书室,置秘书3人,办事员1—3人,警察局原有之总务、行政、司法、卫生四科,在警务处编制内则称为第一、三、四、五科,并为利于办理省会之会计庶务及各县警局经费事项起见,增设第二科专责办理。旋又裁撤卫生科,移归昆明市府卫生局办理。复增设外事科、人事室、会计室。省会警察局原有六个分局,但由于抗战军兴以后,昆明市人口激增,警力不敷分配,乃于1941年4月,经省政府核准在昆明市南郊玉皇阁设置第七分局,划定昊井桥新市场及东寺街下街一带为其管区。1942年1月,在市区东郊之大厂村佛慧寺内设立第八分局,划定小东门及北门外一带为其管区。每分局各置分局长、局员各1人,巡官4员,警长13人,见习4人,警士76人。从而加强昆明消防、交通等治安工作的管理。

昆明城区人烟稠密,房屋鳞比,建筑以木楼为主,易发生火灾,消防力量倍感薄弱。省会警察局设有常备消防1大队,内分4队,每队辖2中队,共8中队,设大队长1员,大队副1员,队长4员,中队长8员,书记长、医官、司务员各1人,技士2人,雇员2名,消防士100名,置有石油卿筒水龙1架、蒸汽卿筒水龙2架、腕力卿筒水龙3架,并于各警察分局内各置腕前卿筒水龙一架。抗战爆发之初,为充实防空力量,向重庆震旦工厂订购帮浦救火汽车2辆、水柜汽车1辆,以资应用。1939年省会警察局购置帮浦救火机2部、运水机2部及其他消防应用器材。1940年9月起,日本飞机不断侵入昆明城市上空进行狂轰滥炸,火灾堪虞,增强消防力量刻不容缓,当经呈准增加消防警察100名,扩充为一大队,拨国币11万元作为购置消防器材之用;并会同防空司令部、昆明市政府向各银行、工厂、公司及商号等募获消防款国币27万余元,向重庆震旦工厂再订购帮浦救火汽车2部、运水车2部,从而使昆明城市的消防力量大大加强。1944年,云南省会消防大队警额共增为250名,分为5队,每队50名,每队之中,又分为技术组、抢救组、拆卸组、运水组等,并函聘震旦工厂技士 3 人为指导员及技术员,担任技术训练之责①。此外,为了加强昆明市区防火管理,昆明市政府命令各街铺面,每隔 30 间,拆卸 1 间,辟为火巷,以期隔绝火源,免除延烧,全市计开辟火巷 36 处;又令添置防空消防水井,除各机关团体修筑者外,经会同防部勘定者,确定三牌坊、青龙巷、富春街菜市、群云街、甘公祠街、南昌街、老郎宫、庆云街东口、庆云街一百二十号对面、书林街、水晶宫、电随局门口、蔡公祠内、昆华女中左侧、华山小学、民政厅东头空地、护国路与白鹤桥口等 16 处为消防重点②。

20 世纪 30 年代初,随着昆明城区车辆增多,城市交通管理成为一个突出的问题,因此省会警察局增设了交通警察队,设队长 1 员,编为 3 小队,共置小队长 3 员,见习 1 员,雇员 1 员,警士 100 名。交通警察专任取缔城内外冲繁市街一切违章交通,及指挥车辆事务。抗战爆发后,昆明城内的交通日趋繁盛,不但线路增多,且车马过往频繁,原有交通警力不敷分配,乃于 1938 年将原来的交通警察队扩充为交通警察大队,置大队长 1 员、区队长 2 员、中队长 4 员、分队长 8 人、警士 200 名,专司取缔城内外冲繁市街违章交通及指挥车辆事宜。20 世纪 40 年代中期在昆明城区内置有交通岗亭 7 座。此外,交通警察大队附设有骑巡队、车巡队,置马 10 匹、摩托卡车 6 辆,专任巡查四郊及繁盛街区。交通警察的出现,使昆明的交通开始变得较为有序,"这些整齐宽阔的马路上,中间走汽车,两边走人力车,商店门外才是人行道。街上来来往往的人,男女老幼,靠左前行,街道两旁自然成'来与往'两大行列"③。

此外省会警察局还下设侦缉队,男子、女子感化院,集园管理事务所,检查所,豆腐米线场管理处,屠兽检查所,寄柩所,火车站检查所,东、西汽车站检查所等。抗战初期,云南省会警察局及各分局暨附属机关的长警人数计有 119 员,警士 859 名,消防士 200 名。省会警察局各科职员每日上午 8 时到公办理职责内应办事件,下午 4 时 30 分钟退职。每日轮派督察员 1 员,科员、雇员 4 人值日值宿,办理紧急要件,接听情报电话;夜间分班稽查各分局、队、所、警岗警务状况及注意一切有关治安事项。下属 6 个警察分局仍采用时更番制,守望、巡逻并重,各按规定警额所分为甲、乙、丙三班,轮流出勤,每 4 小

---

① 云南省通志馆:《续云南通志长编》中册,云南省志编委会印,1985 年,第 38 页。
② 昆明市政府:《民国二十八年份下半年昆明市政府中心工作报告》,1940 年。
③ 沙鸥:《山光水色的昆明》,《旅行杂志》,1939 年,第 1 号,第 69 页。

时更番一次,如甲班出勤,乙班预备,丙班休息,周而复始,每班每昼夜共出勤8小时,预备8小时,休息8小时。出勤警士轮流守望巡逻,预备长警担任一切派遣及夜间武装小组巡查,并于每月之初一、十一、二十一日大更番一次,以均劳逸。交通警察队亦采用时更番制,专重守望。每日以两小队当班,1小队休息,轮流当班者自上午10时起至下午10时止,两小队长警更番出勤,按设定岗位,每岗位派警士1名执行职务,3小时1班,轮流更替,夜间并派警巡守望岗亭,休息长警仍补助出勤。1班时间为上午8时至10时,此外并派人守卫巡查及临时警戒事项。消防大队则平日从事技术训练,临时担任消防工作,夜间并分派武装消防士多组,补助四处巡查,至拂晓时止。又侦缉队员警亦昼夜分区分组出外侦缉捕,以免奸宄窃发。经费方面,系向省库请领,每月约支用滇省新币56300余元,内中有呈准自行收入之款,每月约收得滇新币5000余元。以收抵支,按月在预算范围内实支实报,呈请核销。省会警察局约月支6000余元,各分局共约月支33000余元,消防队、侦缉队、交通队、骑巡队及警察学校共约月支12000余元,其他附属机关20处,共约月支4000余元。至于临时费用未有定款,遇有支用,临时呈准请领。武装方面,现共置有手提机关枪4挺,左推手枪250支,马枪400支,警察力量尚属相当雄厚。通讯工具,则省会警察局及所属各分局队均各置有电话1部,传达消息,故情报尚称灵通也。

抗战爆发后,通过中国政府的努力,同盟各国相继取消了在中国的领事裁判权,因此外国侨居中国境内者,遇有民刑诉讼及违警案件,均应受中国法律支配。昆明自抗战以来,外籍人事日渐增多,对于处理外人违警案件及侦察预审刑事事项,自不能不有相当设备以为待质处所。因而省会警察局在局内新建房舍五间,作为外国人持质所,至于省会各分局,为便利处理起见,曾经与美国驻昆宪兵咨商,得同意就第一分局内设有禁闭室一间,专为处理美空军犯规官兵之用。

1942年,腾、龙相继被敌侵陷后,昆明一时已由后方城市变为临战区前方重镇,昆明行营龙云主任在与国防工程处及省会警察局几经会斟后,就省会有关军事地点建筑防御工事,平时用以维持治安,战时作为据点。计于省会各市街重要路口,建筑圆形掩体19座,内有上建交通挥指岗亭者12座,派出所地下室 7 座,碉堡 4 座,碉楼 3 座①。经过整顿和加强,抗战时期昆明市城市社会治安管理较为有序,并没有出现严重的社会问题。

(三)城市管理的强化

抗战时期大量人口涌入昆明,带来城市热闹繁华的同时,也带来了一系列的社会问题,积极应对城市问题,加强城市管理是昆明市政府的一个迫切问题。最迫切的是解决困扰城市生活的租房问题,沦陷区的大量人口涌入昆明,给昆明的租房市场造成了空前压力,人多房少,供求失衡,房租迅速上涨。抗战前每间房月租只需 5—10 元,1941 年一间房月租涨至 70 元,上涨了 10 倍左右。到了 1943 年,一间房月租涨至 300 元,还难觅住房。为了解决住房难这一社会问题,昆明市政府先后出台了一些调控政策。第一,减少租房押金。在抗战时期,因为住房供不应求和通胀过速,房东多将押金标准提高,强行要求房客先付月租 20 倍以上的押金,然后房东拿着这笔押金放高利贷。在退房的时候,一些蛮横房东又百般挑剔,想方设法扣除押金。为此,昆明市政府出台《租赁双方应收规约》,规定押金不得超过月租 6 倍,房东也不得变相索取其他任何费用,如果房东超额强收押金或者在退房的时候无理扣押不还,房客可以到区公所投诉,如果区公所不予受理或者处理不公,房客可以请"市政府房租评价委员会"仲裁。第二,限制房东权利。在 1943 年出台《昆明市居屋租赁规则》,对房东的权利进行限制,如规定除非租赁契约期满,或房主翻造房屋,或租户欠租在三个月以上或租户犯罪入监者,房主不得辞退租户及分租户;如房主因翻造房屋而辞退租户,须补偿租户一个月房租等。第三,建造平民住所。所谓"平民住所",是由政府出资兴建,性质相当于如今廉租房的公共社区。它允许低收入者入住,入住者每月向政府缴纳低额租金。昆明远偏西南,抗战前人口密度不大,房价房租并不算高,当局很少兴建"平民住所"。到了抗战胜利前夕,租房难的问题到了刻不容缓、必须解决的地步,市政府终于立项,在翠湖沿岸被日军炸毁的旧民宅废墟上建起了第一批廉租房。

抗战时期昆明市人口激增,物价上涨,人民生活在水深火热之中,作奸犯科之事也越来越多。面对这种形势,为维持社会治安,省会警察局在 6 个警

---

① 云南省通志馆:《续云南通志长编》中册,云南省志编委会印,1985 年,第 37—39 页。

察分局的基础上,于1941年和1942年增设了第七分局和第八分局。第七分局设在南郊的玉皇阁,管区为吴井桥新市场及东寺街下街一带;第八分局设在东郊大厂村佛慧寺内,管区为小东门及北门外一带。所以各分局设局长1人,局员1人,巡官4人,警长13人,见习4人,警士76人。

由于特殊的地理位置,第一次滇缅远征失败后,大批华侨及撤退人员涌入滇境,霍乱乘机侵入,沿交通线传入,霍乱蔓延达60余区县,患者达4万余人,尤以邓川、洱源、鹤庆、剑川伤亡尤惨。顺着滇缅公路而行,大批难民涌入昆明。他们带来了伤寒疾病,1942年霍乱尤为肆虐。

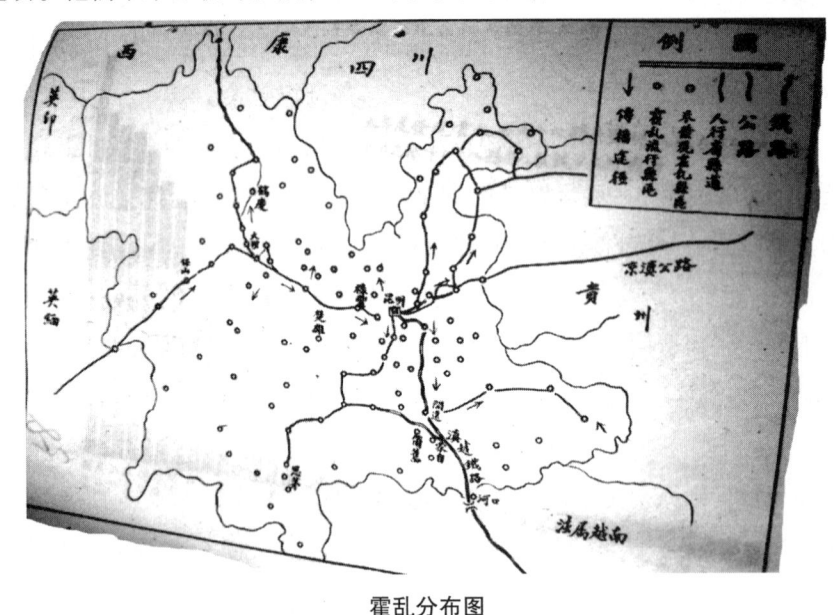

霍乱分布图

从霍乱分布图可见,第一,霍乱分布主要集中在滇西、滇中及滇南一带,滇中分布更为密集;第二,霍乱分布是沿主要交通线分布,昆明是交通线汇集中心,因此,昆明霍乱发病率极高。在中央指导下,中央防疫处投入霍乱疫苗四万余支,寄发各卫生院应用。昆明市政府具体防治措施如下:

(1)成立昆明临时防疫委员会,全面负责防疫工作。

(2)在昆明成立两个检疫站,一个设在东车站,一个设在西车站,主要办理出入境军民检疫工作。

(3)组织33支队防疫注射队,深入全市城乡普遍为民众免费注射。

(4)成立临时隔离医院,先后总共收治患者949人。

(5)全面开展防疫宣传,印发霍乱预防标语、传单,四处散发。

(6)办理家庭访视,对部分病人进行家庭访视。

(7)组织环境卫生大队,对相关地方进行消毒防疫,先后对病人家庭消毒601次,对水井消毒3317次,对饮水消毒达12493担数,对相关单位的环境卫生进行指导改良达172次。此项工作八月底结束。

(8)颁布管理饮食店暂行办法。

(9)制订招待所防疫工作。派公共卫生护士2人负责各处招待所的卫生知识宣传,同时派举办昆明市医院护士训练班,招收学生10人,组织防疫队2队,至各招待所为侨胞注射预防针。

(10)开展侨胞医疗救济工作。初时各医院对侨胞免费治疗,后患者过多,不能完全容纳,因此组织巡回医疗队,到各招待所为侨胞诊治。

此外,为解决众多人口的医疗问题,云南省加强了昆明地区卫生事业管理,如设立仁民医院。在1941年2月28日第784次省务会议上,经龙云提出,作出如下决定:"近来省会地方,人口激增,生活大涨。市上各医院、医士,所取医药费过昂,一般贫民遇有疾病,无力就诊,殊堪悯恻。本府为救济民众起见,特议决设立医院一所,定名为云南仁民医院"。除此之外,还进一步完善昆明市卫生行政机构,1942年以前,昆明市没有专门的卫生行政机构,为此,成立了昆明市卫生事务所,后经协商,成立昆明市卫生局,主管昆明市卫生事务。这样,昆明市有了专门的卫生事业管理机构。

昆明市医疗机关统计表(1938年)

机关名称	医院	妇产医院	疗养院	诊疗所	卫生所	麻风院	总计
公立	3	1			1	1	6
私立	5	1	1	31			38

资料来源:车溢湘《昆明市健康及卫生之调查》,《民国时期社会调查丛编》社会保障卷,第54页。

卫生局在市政府的支持下进行了卓有成效的宣传和建设工作。具体工作如下:

(1)增设自来水饮水工厂,水源不敷供给,拟定新建两厂,设计已完成。

（2）对垃圾处理及菜场厕所进行改良；另因陋就简，昆明的街巷常有垃圾堆积，有碍观瞻，经过市政部门的组织加以清除。1942年，新设玉龙堆及近日楼公厕各一处。

（3）开展夏令卫生运动。主要是对全市居民进行卫生宣传，进行清洁大扫除，由市民和相关机构自行扫除，并出动全市壮丁清道夫扫除街道、厕所；垃圾由各汽车公司派车将其送往郊外；在全市举行灭苍蝇运动，发动全市中小学生组织灭蝇队40余队，举行灭蝇比赛；开展捕鼠运动，警局规定每户须交死鼠5只，不缴者缴款；布告禁止售卖生冷及不洁食物；开展清洁检查及比赛，最清洁者可在门口挂模范清洁牌子一方，以资鼓励。

（4）举办卫生展览会，由云南大学医学院与军医学校供给病理生理模型，儿童营养促进社赶做食谱示范，卫生事务所供养妇婴卫生陈列品，抗疟委员会供给显微镜及各种血片寄生虫标本，卫生署公共卫生人员训练所云南分会绘制公医制度布标八大幅，亚洲科学社供给儿童玩具、儿童服装，总共陈列件数2300件，卫生展览会于当年10月10日开幕，至15日结束，参观人数达31800余人。

这一时期城市公共事业管理较前也有所进步。例如，1937年在区内玉皇阁及喷水洞等处建造三座电厂。始在城区街道上安装电灯照明，1942年全城有路灯150余盏。邮政电信业得以拓展。抗战开始后，随着业务的增多，昆明邮政发展甚速，如市内重要街道设置邮筒，以便人民投寄信件；增设邮局及代办处；在巡津街对岸滇越铁路车站建新式洋楼，以作收发包裹及储金、汇兑等业务之用；在昆明近郊组设乡镇邮路，由自行车信差收寄和投送信件，方便了民众。[1] 1938年9月，昆明成立"交通部昆明国际无线电支台"，开通了到旧金山、仰光、马尼拉、香港、重庆等地的国际和省外电报电话。1943年，昆明市各种电话容量为1065门[2]。

民国时期的昆明是云南城市规模最大、城市人口最多的综合型中心城市。昆明的崛起有以下几个因素：

第一，良好的区位优势。昆明地处整个云南地区的中间位置，到达省内

---

[1] 云南省通志馆：《续云南通志长编》中册，云南省志编委会印，1985年，第1056—1058页。
[2] 云南省通志馆：《续云南通志长编》中册，云南省志编委会印，1985年，第1063页。

其他地区的距离相对均等。得天独厚的地理位置决定了昆明是省内交通干线的汇集地和中转站。近代昆明作为滇越铁路云南境内的终点站,成了省内最大的外贸货物集散地。

第二,滇中腹地对昆明的支持。昆明城所在的滇池盆地是云南境内面积最大而且最具综合地理优势的坝子,广阔的滇池水域在承担着昆明与周边的水运联系[①]。滇中地区为昆明城市发展提供人力、物力支持,这是促进昆明城市发展的又一因素。

第三,历史因素。昆明是云南开发最早的地区之一,在公元前3世纪随着楚王入滇,滇池地区就成为云南地域生产力最发达的区域。汉朝对西南夷的开发,大量移民和内地先进技术、文化的传播,使滇池地区经济发展达到一个新的水平,其后经过元明清三朝积累,昆明逐渐成为云南政治经济中心。

第四,政治因素。昆明在清代、民国时期都一直是云南的省会,也是民国时期云南省唯一设市的城市,因此有相当大的政策扶持。抗战时期被定位为战略大后方,大量人口、资源汇集于此,因此城市获得了空前发展。当然,也不能过度拔高昆明城市现代化程度,如20世纪40年代,不仅紧接交三桥、螺蛳湾、潘家湾、瓦仓庄、塘子巷等界址之外的地方都还是郊区农村的大片农田或菜地,就连属于城界内的桃源街、吹箫巷、王川巷、明通巷、蒲草田、书林街等地都还保留有小片的稻田、菜圃和茭瓜塘[②]。可见仍有部分城区或郊区保持着传统状态。

第五节 战时云南区域城市的发展变迁

云南由于地理环境和气候环境的影响,被划分为滇东北、滇东、滇东南、滇南、滇西、滇西北、滇中、滇西南八个区域。不同区域发展状况有所不同,农业时代受交通条件的限制,各个区域发展有其独立性,区域间联系并不紧密。抗战时期这一状况发生剧烈变化,形成了以昆明为中心,各区域中心城市为次中心的城市体系,但各个区域仍有其独特的发展演变轨迹及特点。对云南

[①] 李孝聪:《中国区域历史地理》,北京大学出版社,2004年,第136页。
[②] 支那省别全志刊行会:《新修支那省别全志·云南》,东亚同文会发行,1943年,第378页。

城市研究必须要划分区域,做点、线、面的全面研究才有助于更深入地了解云南区域城市发展的特性。

一、滇西区域城市的发展演变

抗战时期,随着滇缅公路的通车,滇西城市发展进入一个新阶段。龙陵、畹町、下关等公路沿线城市可谓飞跃式的发展,但在这一时期滇西区域城市出现了两极分化,保山、龙陵等城市在经历短暂快速发展后,因滇缅公路中断和战争给滇西城市带来的巨大创伤,以腾冲为代表的城市发展趋缓,直至抗战结束,区域城市整体呈衰落趋势。大理、下关地区则因同时地处滇西、滇西北通商要道,一直保持稳定发展势头。

(一)大理地区城市的发展

云南作为大后方,除了昆明、保山等少数城市受到敌机轰炸外,其余地方均未遭受战争破坏,社会秩序安定。国民政府的党政军机关和大批高校内迁,使历来荒僻落后的云南人口顿增,市场顿时繁荣,城市获得一定程度的发展。这一时期,发展最快,最值得一提的城市是下关。

下关在清雍正以前,尚无商号出现,仍然是农村集市性的贸易。晚清,随着滇川、滇藏贸易的发展,下关逐渐成为滇西的商业重镇。抗战前下关的堆店增至七八家,商号发展到三四十家。经营主体从原来长期经营的农副土特产品转向了经营纺织、轻工日用品,此外,还兼营黄金、外汇,贩卖大烟,经营范围扩大。贸易对象从原来的川藏方向的经营转向了滇缅贸易为主,并在上海、广州、武汉、香港遍设商号。战前下关就成为了各大商帮的集聚地,同时还有一千五百余家中小商店,经营五十多种行业。还有成千的小商贩,经营零星日用品或小食品,成了滇西的商业重镇。下关商业发达,先后出现四川、腾冲、临安、鹤庆、喜洲五大商帮。

抗战期间,滇缅公路贯通后,滇缅公路途经祥云、弥渡、下关、漾濞、永平等五县市,下关运输业因此得到了一定的发展。1940年,西南运输处在下关设置修车厂。抗战结束时,有职工400余人。每天经过下关的汽车上千辆,商帮聚集,工商业较大理尤盛,贸易总值年达二百余万,来自北路者,以药材为主,来自南路者,以茶叶为主。

下关商品运输表

货名	来路	销路
茶	顺宁、孟获	宜宾、重庆、丽江
棉纱	昆明	本地
丝	四川、楚雄	缅甸
猪鬃	集中本地	昆明

资料来源：根据《大理经济发展史稿》262页整理。

除了公路运输兴盛之外，以下关为起点的驿运在战时也得到发展。民国三十年（1941年），《滇西驿运调查报告书》对滇西驿运状况作了调查："滇西旧路所经之各站，除路线交汇，物产丰富各市镇外，多呈萧条气象，近因车辆不足，驮运复兴，各旧站始有复兴之状，至公路所经之食宿站则日渐繁荣，原有房舍商店，多不能供应新增道路之人口，商家适用需求，至各站开设食宿栈者亦多，如下关、保山、永平、禄丰、龙陵、芒市、遮放、畹町、腊戍等地，饭馆客栈之多，有如雨后春笋，增加甚速。如下关，更有新市场之进行，建筑其凤仪新市场且经动工多日，立柱架梁之铺面，已有数十间，预计年后当可增加街道一二条。畹町为龙陵、腊戍之中途站，原无居民房舍，自滇缅公路通车后，日渐繁荣，竹墙草顶之房舍也在增建中。对岸九谷，因商务关系，并有百货商店多家，房舍皆极草率，惟交易忙碌，颇有朝气。腾冲为由八莫入滇之第一大站，商务颇甚，粮食亦足以自给，且有油纸、箆帽、麻线等日用品出口，交通组织有骡马同业公会，长途驮马多至四千余匹。"

下关驿运线路表

	终点	站数	备注
东路	昆明	13站	公路通车后，货物多由汽车运输，马驮已少
东北路	经宾川、金江至永胜，由永胜再向东北行16站亦可到西昌	6站	荒僻，非有大帮人马协备自卫武器，多不敢行
东北路	经大姚、仁和及四川之会理，至西昌	20站	所过多荒僻

续表

	终点	站数	备注
南路	经顺宁、镇康（缅宁）滚弄至腊成	野宿	边地多夷人，兼有瘴毒，人畜每患疾病
西南路	经永平、保山、龙陵、畹町至腊成		由保山分支向西行5站至腾冲，再8站至缅甸之八莫
西路	经漾濞、云龙，至片马	11站	片马至密支那通汽车，赴仰光通火车，赴八莫通汽车及小船。下关至片马，地僻而路险
北路	经大理、邓川、鹤庆至丽江，再经中甸赴西康	5站	下关至丽江现已建筑公路通行汽车

资料来源：《滇西驿运调查报告书》云南档案。

由于抗战时期的下关是滇缅公路和驿运的枢纽，大量商人涌来下关。一时间，下关商贾云集，商店剧增。出现了恒盛公、俩益商行、复协和、庆顺丰、南裕商行、宝兴元、宝兴祥、文彩号、何盛兴、鸿昌益等四五十家大商户和一千五百余家中小商店。这些商店经营着粮食、食盐、土产、皮杂、山货药材、绸缎布匹、百货、茶叶、纸烟、肥皂、织染、粉丝、碾米、糕点、水果、棉絮、铜器、爆竹、铁器、木器、火柴、五金器械、金银首饰、衣服鞋帽、印刷、机面、书籍、文具纸张、食馆、旅店等五十多种行业。下关关外街道是商业区，中心繁华地段叫"四方街"，有缝中山服的成衣店一家，南货杂货店数家，西大街全是堆店、货栈，是山货药材土特产品的集散地。堆店既是经商者包括坐商和行商的字号经理处，又兼有货栈、仓库。著名的福庆店（鹤庆帮）、洪盛祥（腾冲帮）、大有庆等都在西大街。振兴街、正阳街也是商业区。仁民街辟为新市场。这条新街取代了四方街，是抗日战争时期滇缅公路通车后的产物。

抗战时期喜洲帮得到很大的发展，成为下关和迤西资产最雄厚的第一大商帮。帮内主要商业资本代表有严、董、杨、尹四大家。抗战前后又发展了"八中家"和"十二小家"，共二十四家。以永昌祥为例，其主要经营棉纱、布匹、茶叶、黄丝、猪鬃、大烟、金银、外汇、山货、药材等业务，1902年成立，1903年有资银10794两，当年盈余3803两，利润率35%。1931年有资本687597元（滇币银圆），盈余586136元，利润率85.2%，1941年其资本增至3555814

元(法币),利润率577%,1947年资本392685元,利润率1848%[①]。除经营商业之外,还投资企业。如在缅甸开丝厂,昆明茶厂、下关茶厂、喜洲猪鬃厂、四川黄丝厂、个旧开锡矿,此外,还向合力公司、个旧锡矿、个碧石公司、宝明电力厂、顺宁茶山、万新纸厂、瑞成公司、玉昌商行、惠昌、永顺、三合行、新宣化工厂等企业和商号投资。

在商业活动的推动下,滇西逐渐形成了以下关为中心的一个商业网络:永胜之铜兰坪之铅,凤仪之铅,无不经由下关,以运往各地。此外鹤庆之火腿与棉纸,与滇西区各盐井之盐,经过下关者,其数目亦不少。位于这一网络中的城镇都有发展,如喜洲。这一时期喜洲的商业行业已有二十多种,坐商186户,行商213户,摊贩29户,主要经营土布、绸布、土杂、茶叶、百货、食盐、药店、食馆等。喜洲商业的不断兴旺,也促进了周围集市的不断发展。喜洲附近有小西城街、弯桥街、仁里邑街、狗街、龙街、周城街、上关街、沙坪街、江尾街、右所街、双朗街和挖色街等。还有附近一年一度的三月街、鱼潭会、松桂会等大集市。为喜洲商人循环赶街做买卖提供了良好条件。

商业的兴盛带动了下关金融业务的发达。下关银行越来越多,到抗战结束前后几年,下关地区银行最多时有16家:"中中交农"、储金汇业局、富滇银行下关分行、兴文银行、凤仪县银行、上海商业银行下关办事处、和成银行、云南实业银行下关分行、云南劝业银行、云南矿业银行、云南侨民银行、益华商业银行、长江实业银行等。大批银行的产生,正是工商业兴旺发达的表现。[②]

抗战期间,大理地区出现了部分近代工业企业,如陆续建立了纺织厂、制革厂、火力发电厂、碾米厂、织染厂、酒精厂等。具体来说,1938年,铁织布机被引进下关,喜洲商人在下关开办了"振华织染厂",拥有10台铁织布机和4台花线机,能织长10丈、宽2.4尺的宽幅布,如质量较好的"人字呢"、"翠湖呢"、花布、漂白布、蚊帐布等,较1尺左右的窄土布,是一大进步。[③] 1939年,云南省政府在下关开办云南制革厂下关分厂,1940年正式生产,场址原来在波罗甸,后搬到西大街,有100多工人,1945年停办。[④] 1940年,喜洲的杨茂

[①]中国科学院民族研究所编印:《云南省白族社会历史调查报告》白族调查资料之一,1963年,第127—128页。

[②]杨聪:《大理经济发展史稿》,云南民族出版社,1995年,第267页。

[③]杨聪:《大理经济发展史稿》,云南民族出版社,1995年,第130页。

[④]杨聪:《大理经济发展史稿》,云南民族出版社,1995年,经145页。

馨兄弟在洱海边办起了酒精厂,用农村生产的白酒蒸馏提取酒精。在抗战期间,其生产曾经起到补充汽油不足的作用。1945 年,大理地区建成了第一家水利发电站"喜洲万花溪水电站"。当时,由喜洲私立五台中学的校长杨白仑先生倡导并负责,喜洲尹辅臣、杨显成、杨宝成等 30 余家集资,由西南联合大学工学院院长施嘉炀先生为顾问工程师,负责勘测和设计,昆明华泰公司承包施工。这是云南省兴建的第二个水电站,当时发电达 84 千瓦,不仅供大理人民的照明所用,而且推动了大理粮食机械加工业的产生。当时,附设在水电站旁边的碾米厂,成为大理粮食机械加工业的先驱。① 这些企业虽然规模较小,但还是彰示了城市工业化的起步。

抗战时期,大理地区城市手工业仍然比较普遍。在大理、下关,外地人口大量流入,如中正学校、华中大学迁到大理,国民政府军队十几万人驻大理地区,需要加工缝做衣服的人大增。大理缝纫铺随之发展到 50 余家,比战前增加 1 倍多。下关的服装店发展也快,有许多上海裁剪技术人员到下关,开设"上海新时代服装店"等 4 家。主要加工西服。此时,下关有 40 多家服装店都请有技师和学徒 2—5 人,还有些独立手工缝纫店。大理县城专业做布鞋的 1920 年有 40 余家,抗战期间,因开辟了保山、腾冲的市场和人口的增加,遂在几年内发展为 100 余家。产品除本地销售部分外,大部分运往保山、腾冲、鹤庆、丽江、剑川、洱源、宾川、弥渡出售。在大理地区的松桂会、三月街、鱼潭会等盛会期间,大理各鞋铺都能前去销售几百双到一二千双。②

这一时期大理地区教育也出现了质的飞跃。如私立华中大学迁到大理喜洲将近 8 年,这期间,招收过 8 届学生,云南籍学生先后有 300 多人,私立华中大学开创了滇西高等教育的先河,打破了滇西闭塞状态,推动了当地经济文化建设。

(二)滇西边境城市的变迁:以腾冲为中心

腾冲是出入缅甸的必经之地,自古以来商业都较为繁盛。民国元年(1912 年)至三十年(1941 年)腾越海关的年进出口总值为 250 万—710 万海关两。出口以黄丝、石磺为主,占出口额的 80% 以上,其次是土特产品;进口

---

① 大理白族自治州地方志编委员会编:《大理市商业志》,云南人民出版社,1993 年,第 119 页。
② 中国科学院民族研究所编印:《云南省白族社会历史调查报告》白族调查资料之一,1963 年,第 178 页。

商品达160多种,来自5大洲30多个国家和地区,以花纱布、珠宝玉石、鸦片、煤油为主。进出口贸易的兴盛带动了手工业和农副产品加工业的发展。民国二十至三十年(1931—1941年),腾冲的工业、手工业发展到70多个行业,产品近300种,火柴、造纸、藤编、饵丝等手工制品亦很兴盛。

抗战前的腾冲经历了商业发展的鼎盛时期。腾冲商业上行业齐备,主街道两侧商店林立,其他岔街小零售商店也星罗棋布,还有外县的大商号,如永昌祥、复协和、复春恒也来腾冲设置机构。李正先生《对腾冲二千多年商贸历史初探》载:据1937年的统计,仅腾冲城区的堆店货栈就达9个,旅店11家,马店8家,各乡有初级市场48个。城内有坐商千户以上,摊贩、行商八百多户之众。《腾冲县志》亦记载:1939年县城的私营坐商已发展到93个行业,1239户,呈现出"商业大户多,经营进出口贸易的多,从事玉石加工的多"的商业浪潮。华盛荣、茂恒、洪盛祥、万通、永茂和等商号,其资本少者60多万银圆,多者达1000多万银圆。他们的分支机构,国内有昆明、重庆、广州、上海;国外有缅甸的瓦城、仰光,印度的加尔各答、孟买等地。以1936年进出口海关纳税数字为例,进口总值2897300元,出口总值983200元。常年在腾八线、腾密线、腾保线上承担运输的骡马在万匹以上,货运紧张时,黄牛也出动。县城市场五天一街,赶街时,人数达1.5万—2万人。全县除县城外,尚有农村初级市场48个:和顺、绮罗、洞山、草坝、打苴、宗堂、猛连、猛柳、芒棒、三甲、桥头、金堂、上营、平坡、珠星、小庄、朗蒲、囊烟、蛮东、九保、小回、公平、曲石、云华、马站、顺江、固东、东营、小辛等。如明光的东营街,是腾冲县西北山区内外贸易物资集散地之一,是缅甸山区少数民族与腾冲发生贸易的主要街道。交易的商品以麻线、药材、山货、大烟、毛猪、材板为主。有坐商11户,各地行商往来频繁,行商中有来自缅甸茶山的,国内上江等地的。茶山方面多输入象牙、鹿角、黄连、坝子、香菌、木耳、黄蜡、麝香、熊胆和布匹百货等走私物品,换回麻线、大烟、酒药、大米、食盐等。来自上江方面的,输入毛猪、漆蜡、核桃、牛皮等,换回土布、篾帽、棉衣等。由县城去的行商,多带土布、百货、冰糖、大枣等。每街上市约1500—2000人。因此,1940年前的腾冲又被誉为"小上海"、"不夜城"。

商业的发展带来了文化、教育的扩大以及中学校的扩大,腾冲是滇西文教事业最发达的城市。抗战时期和顺钏文辉弟兄投资创建了文辉女中,和顺华侨集资创办了益群中学、和顺图书馆,为腾冲的文化建设做出了重大贡献。1944年,腾冲收复后,李根源倡议,商会及各大商号协力又开办了"大同职业学校",之后改为"商校",为地方培养了人才。至民国三十八年(1949年)底,全县共有中学6所,职业学校1所,在校学生1290人,教职员70人;有小学206所,在校学生28938人,教员697人;幼稚园1所,学生70人,教养员4人,全县在校学生30298人,比民国四年(1915年)增长4.5倍。

然而,在抗战中腾冲逐渐衰落了。1938年,滇缅公路通车后,滇缅贸易重心逐步转移到滇缅公路沿线的保山、下关、昆明等地,腾冲贸易中心地位受到打击。特别是1942—1944年腾冲被日军占领后,腾冲的农业、工业、手工业和商业都遭到严重破坏,腾冲沦陷期间,日寇先后放火烧毁民房、学校、公所、寺院24000余间,腾北重镇界头街、桥头街、瓦甸街、小回街、营盘街、腊幸街、固东街、马站街、碗窑街、古永下小街,保家乡的大锡基、面街、泥古董、旧村、茶子园、中村、坡上村、芹菜塘等40多个村寨全部焚为平地。毁学校81所,毁主要江桥9座。反攻胜利后,城区已是屋宇摧毁,瓦砾遍野,繁荣之区成为荒凉之地。此外,日军在腾冲占领期间,在县城发行了日本军票,往各村寨派夫粮草的时候,都以军票支付,并建立"低利银行",通过这样的方式,对腾冲人民涸泽而渔。日军撤退时,故意传播鼠疫病毒,腾越厅旧属各县,1944年因染鼠疫而死1700余人,1945年死1200余人,1946年死500余人。[①] 从此,腾冲城市经济转向萧条,"出口无货,进口无物",工业、手工业受到严重影响。

1945年中印公路曾一度通车,腾冲作为中印公路北线重镇,腾越对外贸易再度兴盛起来,国民党的中央银行、中国银行、农民银行、交通银行,云南省的地方银行兴文银行、矿业银行、实业银行、侨友银行,接踵到腾冲建立机构开设银行。腾冲形成短暂的金融重镇。然而,日本投降后,中印公路存在的价值减小了,大批商品的运输改道滇缅公路。腾冲的一些大商号也随之内迁外移,如腾冲最大的商号茂恒溪,不但撤销了腾冲的机构,而且在昆明创办了云茂纱厂,万通则将资金大部分转移到香港。1946年后,"中中交农"四大银行也撤走,大批发商全部转移到县外。腾冲市场虽仍保持着本县及德宏州各县物资的供应集散,但不再像沦陷前那样的繁荣。1947年,县城商业、饮食服

[①] 腾冲县志编委会:《腾冲县志》,中华书局,1995年,第843页。

务员下降为301户,资产较大的仅两三户,私营工业只有造纸、火柴、皮革、发电等几个小工厂。1949年,腾越海关的进出口总值下降为银圆96万多元。1946年8月31日腾冲县商会给县政府的呈文,真实地反映了当时的情况。呈文说:"光复后,屋宇摧毁,瓦砾遍野,繁荣之区成为荒凉之地,创痛巨深,满目疮痍,号寒啼饥者比比皆是。生活所迫,岂能坐困待毙?一般素业工商业之人,或典田卖地,或合数人、十数人之力,集资经营,借觅蚝头,以维衣食。去岁日寇投降,又遭物价之惨跌,折本亏累,一蹶不振。光复两载,尚有多数待留在外,无法迁回。城内则一片焦土,无家可归,大半于城外租房住,小本营生。然商场冷淡,元气未复,印缅交易尚未畅通。贸迁无货,出口无物,腾冲商场成为死市,频日以忧,难以经营,折本之号更多。凡营工商业者,皆困惑不堪,……本年级各处又遭鼠疫及水灾之患,全县人民叫苦连天,所受痛苦,罄竹难书。"[1]

滇西位于滇缅公路沿线的城市在抗战时期得到巨大发展,例如保山在滇缅公路通车,保山至腾冲公路建成后,代替腾冲,成为进出口物资集散地,商品流通扩大,保山的工商业突然发生巨大变化,国立、省立、商业银行、公司、商行及国家运输机构相继来保设立。外籍工商业者,或因避战祸,而涌集保山,市场极为繁荣。城内有百货业、布业、米业、盐业及旅店、堆栈、客马店、照相、理发、沐浴等20多个行业,仅坐商有124户。戏院、剧场、电影院、公司、商行以及大型饭店、旅馆尤如雨后春笋应时而纷纷出现[2]。

滇西边境地区一些处在交通线上的边陲小镇在抗战期间也获得发展,畹町是滇缅公路入滇的第一站,滇缅公路开通后,这一地区车辆、商贾往来不断,腾冲海关还因此将原设于龙陵的分关移驻于此,更名为畹町分关。其时每月进出口物资近万吨,畹町也由原来只有六七户人家的边关驿站,一跃为举世闻名繁荣的边贸小镇。其中茂恒、永昌祥、洪盛祥、四通、利达、康达等商号均在畹町设立分号,最为繁盛时多达50余家。还有旅店、饭馆17家,饮食摊点18个,理发、茶馆5家,堆店18个。人口户数增至200多户,人口有600

---

[1] 腾冲县志编委会:《腾冲县志》,中华书局,1995年,第368页。
[2] 方国瑜主编:《保山县志稿》,云南民族出版社,2003年。

多人。①潞西县治所(芒市)在抗战前街上仅有小门面3户,摊贩10多户。在滇缅公路通车后,国家派驻芒市的单位逐渐增多,有西南运输处芒市站、滇缅公路运输管理局芒市站及所属诊所、修车厂、转运站、工程勘测队、芒市疟疾研究所、中国银行芒市分理处、富滇银行芒市分行及部队驻军等。还有众多往来于滇缅的商贾也纷纷将分号、店铺设在芒市,一时间芒市繁荣起来。到1949年末,芒市有私营商业户包括摊贩共160多户,旅店14户,马店1户,茶馆3户,杂货商店兼营医药9户,百货店62户,理发店10户等。②再如盈江县在1935年,干崖土司才正式设街,至1945年日本投降时,除"商号"外,有永益祥百货店、仲三记布匹杂货店、李存元的绸缎匹头店、松茂兴花纱杂货店、中西药铺2户、糕点1户、汤锅铺4户、马栈客栈4户、大烟管2户、茶馆7户,另有月交大洋800元设治局承包的"赌博公司"。遮岛为南甸土司驻在地,居民数百户,每当墟集,四方夷人皆来云会,熙熙攘攘,虽都市通衢不为过。

(三)滇西北边境城市的变迁:以丽江为中心

滇西北沿线城镇在抗战中后期也得到一定发展。1942年,缅甸陷入日本侵略军的魔爪,中国当时唯一的一条国际交通公路——滇缅公路被截断,从丽江经西藏再转道至印度的茶马古道,顿时成为抗日战争后期大西南后方主要的国际商用通道,丽江作为滇藏川康边区重要的商贸中转站,一时间沿途商号林立,马帮云集,一派繁忙的景象。原先在丽江设号经营的外地商号只有20余家,而在1943年前后,丽江已驻有中央和地方的银行分支机构9家,大小商号1200余家。③由于大后方物资需求量极大,所以当时往来于此线的马帮,由原先的几千匹增加到一万多匹。这使得一些以经营马为主的小镇获得极大的发展,例如蒙化。民国三十四年(1945年),《滇西驿运报告书》记载:"马匹及马户经下关之帮以蒙化(巍山旧称)者为最多,凤仪、弥渡、大理等次之。……蒙化不仅为驮马之生产地,亦且为其集中地,倘有需要,即万匹亦可招致之,盖附近各属之马帮,可向蒙化集中也。"蒙化成为这一交通线上

---

①云南省地方志编纂委员会编纂:《云南省志·城乡建设志》,云南人民出版社,1996年,第236页。
②云南省潞西县志编纂委员会编纂:《潞西县志》,卷七商业,云南民族出版社,1993年,第185页。
③李珪主编:《云南近代经济史》,云南民族出版社,1995年,第520页。

繁盛的小镇。直到1949年,全县有长途马帮204帮,计有骡马7784匹。

由于抗战中后期丽江商业空前繁荣,所以这一时期丽江商人及其商号也空前扩增。从坐商数目的变化看,1942年9月,根据当时的丽江县商会会员表,丽江县商会登记在册的商号有56家,商会会员56名。而到1945年12月,商号与商会会员都已倍增至156家[1]。

商业的兴盛加上中国工业合作社的推动,丽江开始有了城市工业。顾彼得在《被遗忘的王国》一书中写道:"丽江没有大工厂","可是在最近几年里、随着中国工业合作社运动的到来,小规模的工业有了长足的发展,许多小工厂散布全城,手工进行毛纺、织布和编织。如1942年在丽江,借低息贷款3.5万元给织工等,办起大研镇黄山街棉毛纺织染生产合作社。并由工合协助该社和当地毛纺织作坊购进宽口织布铁机、织袜机、织帽机等较先进设备,产毛毯、人字呢、毛线衣,产品质量较前提高,品种增多。漂亮的西式鞋袜和运动用品,都用本地的原料制成,陈列在许多商店里。白族家具店能生产出相当现代化的衣橱。藏靴和鞍囊成千上万地生产出来,实际上真正的好藏靴不是西藏生产的,而是从丽江出口到那里的。除了这些还有红铜器、黄铜器和精湛的手工镂刻黄铜挂锁。通过对西藏进行的巨额贸易和新发展的工业,丽江变得很繁荣,新的建筑物开始像雨后春笋般出现在各处"[2]。

除此之外,远在滇西北的丽江文化和习俗也开始向现代化转变。抗战期间的边陲小报《丽江周报》颇引人注目。这份报纸,白手起家,从小到大,由手抄到油印,由盒印到轮转速印,先后发行50多期,为抗战救亡,促进地方文化教育事业做出了贡献。抗战时期内迁人口将内地习俗也带到了少数民族地区,对当地习俗也产生影响。如抗战前云南许多地方还处在原始社会发展阶段,如"澜沧的拉祜族,抗日战争前还处于对偶婚时期,受到的外来影响日益加强,对偶婚家庭开始走向解体,这一过程发展到解放战争胜利后,已有少数家庭在生产、生活方面完全过渡到一夫一妻制了"[3]。

---

[1] 民国云南省政府社会处档案,卷宗号"44—2—445",云南省档案馆藏。
[2] [俄]顾彼得著,李茂春译:《被遗忘的王国》,云南人民出版社,1992年,第52页。
[3] [美]白修德,贾安娜:《中国的惊雷》,世界知识出版社,1986年。

二、滇南区域城市的发展演变

（一）滇南边境城市的变迁：以思茅为中心

滇南以茶为主要经济作物，城市商业发展也以茶叶为中心。思茅是滇西南茶叶集散地，也是制茶的中心，"向由迤南大道运至昆明，转运四川，行销全国并达北京，为有名之贡茶"。经大理来思茅贩茶，运销拉萨一带，晚清以来，市场繁荣，商贩云集，为云南三大商埠之一，海关每年所收近三四万元。民国初年，丽江鹤庆一带汉商，特来茶叶产地中心之佛海设厂制造，运输路线经缅甸之仰光或暹罗之曼谷装输，转印度加尔各答，再由火车运至喜马拉雅山脚之大吉岭复改托运入藏至拉萨销售，名为海路茶。然而思茅由于地理位置使然，受蒙自、腾越两个口岸洋货冲击，加上贸易产品单一，以茶叶为主，贸易交通落后，再加上民国十五年（1926年）思茅恶性疟疾流行，人口死亡过多，道尹公署一度移到普洱，商号店铺遂随之转移，思茅在民国时期逐渐走向衰落。

抗战时期的思茅受战争、疫病、地震等因素的影响，几乎变成了一座死城。1942年1月，思茅发生6.8级大地震，城墙倒塌30丈，东门、北门被震毁，第四师范学校、县中、县小各校无不摧毁殆尽，县政府各机关、仓库、寺庙均破坏残缺。此后依县政方案就地震倒塌后，对回梓街、南门街、珠市街、顺城街、过街楼上下街道进行修理。同年5月24日，日本侵略者的飞机轰炸思茅城，炸毁民房71间，炸死居民5人，炸伤5人。对思茅影响最大的是疫病的流行。1937年，思茅受鼠疫的袭击，思茅城内，人口死亡过半，1942年，中国远征军又从缅甸将伤寒、猩红热等疫病带入思茅，致使当时的思茅成了一个各种瘟疫大流行的世界，而偌大的县城仅设医师一人，办理门诊治疗，人民缺医少药，人口大量死亡。1939年，思茅全县人口为5284户，22069人，到1945年抗战结束，就只有3017户、11330人了，8年中人口减少将近一半。[①] 城区1933年有1046户，3152人，到1944年就只有457户，1714人，10年内减少了45.6%。[②] 到1948年，思茅只剩立号商号13户，未立号47户，其街道荒废者，计38条。[③] 1945年，思茅县长赵家藩写了一首竹枝词，对当时思茅城

[①] 思茅县志编委会编：《思茅县志》，《民族人口》，三联书店，1993年，第484页。
[②] 苏以屏：《思茅现状》，《思茅文史资料》，1998年，第164页。
[③] 思茅县志编委会编：《思茅县志》附录，三联书店，1993年，第559页。

作了一个很生动确切的描绘:"边塞徒伤旧繁华,满城荒草无人家,夜来狼号角鸣里,一个冷官守破衙。"城区到处断壁残垣、蒿草满地,1944年老虎也进了思茅城,在历史上曾一度繁荣兴旺的思茅城,如今商旅绝迹,店铺倒闭,城郊则土地无人耕种,鸡犬之声不闻,到处是一派荒凉破败景象。①

随着思茅城市的衰落,1930年以后,思茅的茶叶市场逐渐南移到佛海。思茅茶业集散地中心地位让位于下关,思茅的商业大多迁往车里的倚邦、普文,或是宁洱、威远等地区。但抗战时期,在开发边疆的思路指引下,围绕茶叶运销,思茅和其他滇南城镇茶业还是取得了一定发展。例如抗战时期,外省人大量进入普洱,不少人从事商业,普洱商业又有了新的发展。商旅路线主要为南、北两途。北路即由普洱直往昆明,主要输出茶叶、食盐、中草药材,输入布匹、香烟等,称为"省货";南路由普洱输出食盐、银饰等,经思茅、车里至佛海,销售后又转运茶叶至缅甸,输入象牙、煤油、洋靛、棉花、棉纱、布匹、西药、鹿茸、虎骨及杂货等,称为"坝子货"。此时的普洱茶不仅行销国内四川、西藏、湖南、湖北等省区,而且远销港澳、缅甸、越南乃至欧洲,尤在日本和西欧享有盛名。普洱成为滇南重镇和商业活动中心。

1938年夏,由富滇银行与中国茶叶公司筹组云南中国茶叶贸易股份有限公司,特至佛海设厂制造改良茶,遂成国营特产商品,推销国际市场。佛海的普洱茶也是畅销无阻,国外至缅甸、印度、暹罗、南洋一带,内地则遍及云南、贵州、康藏等地的商业市镇。

这一时期,投入茶业的茶商增多,并获得了较高利润。思茅揉制茶叶出售的茶庄茶号有:雷永丰、裕兴祥、鼎春利、恒和元、庆盛元、大吉祥、谦益祥、瑞丰号、钧义祥、复和园、同和祥、恒太祥、大有庆、利华茶庄等22个,每年由产地茶山运至思茅加工的毛茶在500吨以上。在产地加工茶叶,在思茅设经销门市的有倚邦恒盛公商号、和乾利贞商号、勐海洪盛祥商号、同信公商号、钧义祥茶庄等,除了思茅等地茶商获得大发展外,西双版纳、石屏等地的茶商也有不同程度的发展。在石屏城内经销茶叶,兼营棉花的铺号亦不少,较为有名的如余鹏程的"同源祥"、薛怀清的"文徽祥"、袁丕训的"源顺昌"、戴尧天的"同春和"、李海的"安保号"、杨镜涵的"德泰祥"、张麒的"裕和昌"、何宗

---

① 毛德昌:《抗战时期的思茅》,《思茅师专学报》,1995年,第2期。

旺的"长春兴"、杨盛光的"裕泰"、段其昌的"协和昌"、孙继先的"东济昌"、罗长年的"同顺祥"、彭盛五的"协盛祥"、张灿的"同兴昌"等等；在易武、倚邦、勐海（佛海）的老茶号就有七八十家；在思茅有陈姓的"恒和元"、雷姓的"永丰号"、杨姓的"庆盛元"等。1939年10月,思茅县成立百货、五金、制革、盐酱、成衣、食馆6个同业公会,负责联络,调解商业纠纷,平抑物价。①

战时边疆开发对滇南边境城镇发展也有一定的促进作用。如为安置流民,中央政府成立了中央垦务机关,专事解决难民移垦实施工作。地方政府将云南移垦区主要集中在边境普思一带,普思沿边包括临江、普文、佛海、南峤、镇越、江城等各县局,垦期定为5年。时人对移垦边境有普遍的共识："云南山川形势,东以曲靖为关,以沾益为蔽,南以元江为关,以车里为蔽。"边疆人口稀少,土地荒芜,"思茅治边一带,车里、佛海、南峤、澜沧、镇越各县平原辽阔,大部尚为荒原,而其各盆地多数系花岗岩体所构成,花岗岩石风化程度甚深,大部变为高岭土,土层既厚而又肥沃,我国各大都市仅广州平原之土质,与思普治边相同,物产之富甲于全滇"②。

移民迁入普思地区垦殖,促进了普思地区经济、社会和民风民俗的发展。例如抗战时期,一些内地商人进入元阳,元阳形成了一些较大的市场,如新街、牛角寨、黄草岭、马街、小新街、逢春岭等。市场上出现百货、火柴、煤油、手表、项链、手镯等商品。移民的迁入使边境城市卫生设施较前有所改进。据《思普沿边志稿》记载,1935年前景谷地区没有卫生管理机构,只设专职或兼职卫生专员,属县警察局民政科管辖。其职责是进行环境卫生监督、卫生宣传、种牛痘、水井消毒和其他有关卫生行政事项。1937年12月成立景谷县卫生院。1937年《云南全省卫生实验处二年工作概况》记载："因鉴于思普一带之瘴疫,由磨黑区食盐征收附捐为医院经费,同年12月成立景谷县卫生院",届丙级。院址在大街城隆庙,占地250平方米,原计划开办费4000元（法币）,实有2600多元,由于资金缺乏,医疗设备简陋。民国二十七年（1938年）,县卫生院也开展免费种牛痘,每年间断地为百姓注射伤寒、霍乱菌苗③。这从一个侧面反映了滇南地区的经济社会进步。

---

① 思茅县志编委会编:《思茅县志》,三联书店1993年,第272页。
② 《边防前卫之滇南》,《中国青年》,1941年,第6期。
③ 景谷县志编委会编:《景谷傣族彝族自治县志》,四川辞书出版社,1993年。

(二)滇东南边境城市的变迁:以蒙自、个旧为中心

滇东南地区自蒙自开关、滇越铁路开通以来,城市发展是最为迅速的,如沿线城市河口、开远、碧色寨、个旧、宜良等城市发展速度都较其他地区城市为快,这些城市的兴起加大了滇东南城市的密度,也改变了云南城市发展格局。滇东南以蒙自、个旧为重心的两个城市成为人口增长最快的地区,其增长率不仅高于全省,而且远远高于省会昆明。蒙自是这一地区的发展中心,在抗战前经历了飞速发展到缓慢发展的阶段。开埠通商后,蒙自成为云南第一大贸易口岸,客商云集,商业兴盛,市场繁荣,1889年到1909年其进出口贸易额约占全省的89.3%,法、英、美、德等多国商人纷纷来蒙自开公司、办洋行,江浙一带的商人也来蒙自经商。但滇越铁路开通后,铁路绕道蒙自,这致使蒙自对外贸易、商业发展迅速下降。除个旧锡仍在碧色寨报关转运外,其余进出口商品大部分已转移至昆明集散,大量洋行、商号等亦迁往昆明,蒙自城市发展几乎陷入停滞状态。

抗战时期的蒙自以1940年为界,经历了一个短暂的发展时期。1938、1939年两年间,滇越铁路的客货运量猛增,滇越铁路的运量达到自通车以来的最高峰。1938年货运量达到了376628吨,1939年又猛增至524329吨,为1919年的3倍多。1938年售出客票420万余张,1939年售出454万余张,为通车时的15倍。蒙自海关在全国海关中地位也迅速上升,抗战爆发前一年,蒙自关进出口值占全国进出口贸易总值的0.86%和3.35%,1937年其进出口值略有增加,占全国进出口贸易总值的1.01%、4.08%,1938年蒙自的进出口值在全国贸易总额中的比重分别增至1.28%和5.33%,1939年11月滇越铁路被水冲垮一个月,贸易额略有下降,但仍占全国进出口贸易总额的1.63%、3.39%。① 大量人口、物资汇集在滇越铁路沿线城镇,外迁人口的到来带动了蒙自等沿线城市的经济、文教繁荣。

内迁人口带来了先进技术,促进当地经济发展。1939年,河西县、开远县各有织机1.5万—2万台,年产土布各为25万锭,蒙自县有织机2万—3万台,年产土布26万锭,玉溪县仅大道生分厂每年以纱换布70多万锭,全县年

---

① 国民政府贸易委员会统计处编:《近六年进出口货物总值关别表》(1936—1941年),《贸易月刊》,1943年,第4卷,第9期,第54,56页。

总产在100万锭以上。建水在同时期内新建3家私营布厂,织机167台,工人223人,资金2.3万元,由于引进铁木机,年产量达5万匹。①

1938年秋,中国当时最有名的学府西南联合大学文法学院迁至蒙自,西南联大文法学院将蒙自原法租界的哥胪士洋行房屋和海关税务司署办公大厦用作"联大"文法学院的校舍。朱自清、陈岱孙、郑天挺、陈寅恪、闻一多等著名人士和教授都在蒙自做过半年左右的停留。如闻一多先生在蒙自居住在南湖旁原希腊哥胪士洋行二楼,潜心学问,极少下楼,被戏称为"何妨一下楼"先生,朱自清在蒙自居住5个月,其间写了散文《蒙自杂记》,对蒙自做了这样的描述:"蒙自小得好,人少得好。看惯了大城的人,见了蒙自的城圈儿会觉得像玩具似的,正像坐惯了普通火车的人,乍踏上个碧石小火车,会觉得像玩具似的一样。但是住下来,就渐渐觉得有意思。城里只有一条大街,不消几趟就走熟了。书店,文具店,点心店,电筒店,差不多闭了眼可以找到门儿。城外的名胜去处,南湖,湖里的崧岛,军山,三山公园,一下午便可走遍,怪省力的。"②

西南联大文法学院的学生虽在蒙自的时间不长,但对这个边地小城带来了诸多新观念、新事物。例如教育局联合联大文法学院将一座旧戏台改为演讲台,又每天张贴油印的广播消息,蒙自的民众相当地乐意接受宣传。教育局又配合北大的学生办了一所民众夜校。报名的群众非常踊跃,但因为教师和座位的关系,只收了二百人。夜校办了两三个月,学生颇认真,成绩相当可观。四五月间蒙自苍蝇非常多。西南联大的学生曾经从昆明专门来这里宣传并开展了一次灭蝇活动。经此灭蝇活动后,蒙自大街小巷的许多食物铺子,都准备了纱布罩子防蝇,虽然简陋,但不能不说是进步。蒙自妇女着装较为保守,长衫长裙,联大女生自北平来,着装更为开化,短裙露腿,赤足纳双履中,蒙自妇女纷纷效仿联大女生着装,风气为之一变。1940年后,个旧市的缝纫店增至200余家,每天缝制衣服400余套。其他如玉溪、通海、河西、建水、开远等县都有10多家,蒙自县有60多家。

滇越铁路沿线城市在1940年以前都经历了繁盛时期。如1937年建水

---

① 农本局:《云南棉业与棉织业》,《棉业经济参考资料》,第一、二期。
② 朱自清:《蒙自杂记》,《新云南》,1939年,第3期。

至石屏全线通车。小火车通后,物资来源充裕,市场也较繁荣,于是当地的一些大户,相继开设了店号,如继丰、万泰、同兴昌等。他们资金雄厚,信息灵通,省内及昆明有号,不但经营省内外商品,还兼代搞批发业务,办理商号的汇款业务,为本地小本商号带来了不少方便。除走西头仍用马驮外,个旧、蒙自、昆明等地均可用火车运输,进货方便,运费减少,成本下降,物价也随之下落。因为交通方便,促进了商业的繁荣,石屏的市场也随之活跃起来。石屏先后成立了同业公会。商会和同业公会成立后,制订一套规章制度,商人必须遵守,不得违反,否则处以罚款。商人参加商会和同业公会后,经常一起开会,对于商号中出现的一些不法行为提出批评,对于彼此间存在的问题或纠纷,也给予调解。基本上结束了历史上市场无人管理的混乱现象,不法行为有所减少,价格比较合理。

1940年以后,滇越铁路遭到日军的封锁,1940年9月12日,国民政府下令拆除碧色寨至河口177公里长的铁轨,炸毁中越铁路大桥,防止已占领越南的日军长驱而入,北侵云南腹地。此后,蒙自以及滇东南地区城市即结束了短暂繁荣时期,开始走向衰落。首先,城市遭到了破坏。1939—1942年,蒙自城市遭到日机多次轰炸,飞机场、火车站一带屡屡被炸,城垣毁坏550.9米。[1] 除了城市受损,城市经济受损也较为严重,如城市近郊的交通中心碧色寨,随着碧色寨至蒙自寸轨铁路的拆除,碧色寨不再是滇越铁路与个碧石铁路交会的枢纽。碧色寨彻底被冷落了,重新成为一个以农业为主的村寨。这一时期蒙自对外贸易已不存在,1942年2月4日,国民党政府财政部命令将蒙自关与腾越关合并成立昆明关,蒙自地位进一步下降,但走私贸易十分活跃,蒙自成为走私贸易商品的一个重要集散地。

个旧是云南最为重要的资源型城市,其所产出的锡是云南省的支柱产业。1937年每吨出口价上升至1983.25关平两,这一时期是个旧城市发展的黄金时期。正如杂志所描述:"开掘无分白昼,各山电炬、汽灯明耀有如白昼,来往各山至矿区运矿砂及生产、生活物资的骡马凡万余匹,熙来攘往,途为之塞。市城热闹,好像每天都是大街子。举凡美国罐头、英国呢绒,以至苏稠蜀

---

[1] 蒙自县志编纂委员会编:《蒙自县志·城乡建设》,中华书局,1995年,第543页。

锦,各项古董无不尽有,繁华盛况,远过昆明。"[1]

然而由于抗战中期铁路的停用,也由于战时法币大幅贬值,物价飞涨,锡的生产成本成倍上升,而大锡统购统销、锡价并未随物价作出相应的调整,锡矿商纷纷折本,锡矿产量下降,矿工失业者甚多,根据锡矿业同业工会调查,1938年锡产量10731吨,按每10个工人年产量为1吨计算,应有矿工10万余人,但到了1943年,全省锡产量下降到2000吨,矿工失业达到8万人之多,"每销矿一桶,仅能购米六七斗而已,两相品迭,亏折实巨。诚以每锡一吨之成本以时下物价计算,约需二十七万八千余元,今政府所给者只十一万元,不及半数,致令矿商亏折尽净,纷纷停业"[2]。很多矿山停用或半停用,大量矿工拿不到工资而离开个旧城另寻生路或回家务农,个旧的城市发展出现了倒退的情况。"矿洞倾覆,鲜有人迹。于市则蔓草颓垣,满目惨状。十余万矿工,流离穷困,厂户家业荡然,至为饿殍。数百年创造经营,已告总崩溃而不堪问矣。"[3]城市走向衰落,城市主要道路长满了青草,市区几十家用于熔锡的大炉子十有八九都停业了,城区铺面大部分都关了门,个旧工商业、手工业日益萧条,城区人口锐减,整个锡矿矿区和市区呈现一片荒凉景象。夜幕降临时,街头巷尾时有豺狼出没,猪、鸡和小孩被咬死或拖走的事也时有传闻。

由此可见,战时云南边境城市除了交通沿线城市获得较大发展以外,传统的中心城市均走向衰落,衰落的原因跟战争、交通、疾病等有密切关系。这在一定程度上也反映了抗战时期云南城市格局的变化。

三、滇东及滇中区域城市的发展演变

抗战时期,受外来因素的刺激,云南其他区域城市也出现不同程度的发展,尤其既是区域中心城市又属于交通型商业城市的曲靖、昭通、沾益等城市,发展较快。但本区域城市发展同样具有不平衡性和短暂性。

(一)滇东地区的城市发展与变迁

抗战时期,川滇公路、滇黔公路、叙昆驿运发挥着物资转运作用,尤其是

---

[1]《工业生活》,1944年,转引自 http://wenku.baidu.com/view/669c6866ddccda38376bafc0.html。
[2]张仁怀:《挽救个旧锡产危局以苏厂困而利抗战案》,《云南近代矿业档案史料选编(1890—1928)》,云南省档案馆、云南省经济研究所编印,1990年,第427页。
[3]黄子衡:《为个旧县大锡生产复苏办法接呈商呈》,《云南近代矿业档案史料选编(1890—1928)》,云南省档案馆、云南省经济研究所编印,1990年,第433页。

滇黔公路,直接连接昆明和重庆,沿线城市在战时也有一定发展。例如地处滇黔公路要道的曲靖。1938年8月,沾益修建了飞机场,1941年米轨铁路也从昆明先后修到了曲靖和沾益,曲靖成为通往川、黔两省的枢纽。铁路修通后,商业迅速发展起来,1941年,曲靖成立新市场委员会,在北门外兴建新市场,并拓宽了北关街。此外,沾益新市场委员会也在北门外火车站附近辟建新市场,龙华路北段商店、旅店、饭店、茶馆顿时热闹起来。沾益机场开通以来,作为昆明向内地运输线上的一个重要基地,1944年,沾益城内有百货、布业、食盐、粮食、煤炭、肉案、杂货、匹条、医药等11个行业734户,旅店、食馆、茶馆、理发、沐浴、照相6个行业218户,共有店铺952户,另外还有摊贩2000余户。

抗战时期滇东北的"叙昆运输线"也是一条重要的运输线路。该线路沿历史上的川、滇古道由昆明—曲靖—会泽—昭通—盐津—横江镇—叙府(宜宾)。1942年4月昭通至威宁公路通车后,昭通成为这条运输线上一个重要中转站,以昆明为起点,马帮驮运的沱茶、棉纱、百货经昭通转运至盐津,然后至横江下船,水运至叙府。每月运量为1.5万—2万吨。"叙昆线之运输工具⋯⋯全线约有驮马六千匹,背夫三千名,叙昆全线共长八百一十公里⋯⋯木船则仅能畅通于叙府至横江间,只七十公里,共有百三十艘⋯⋯但与全线运量,不能平衡。故仅能就夫马之运量利用木船。"[1]据1945年统计,昭通城有山货店246户,纱布店242户,百货店65户,盐业店52户,杂货店165户,饮食店47户。以客马店发展最快,达178户,其中客店64户,比1931年增加7倍。商业从业人员达3276人。[2] 昭通各地人民组成"抗战后援会"、"耆老救国会"等组织,各地群众积极捐献,各族子弟踊跃从军,以实际行动投入抗战、支援抗战,抗战8年,昭通各界人民共献金100万余元国币;从军参战的昭通子弟仅昭阳区一地即3万余人,青年学生参加抗日军队者,仅昭阳区一地即数百人,报考陆、空、医等各类军校者400余人。再如威信县虽僻居迤东极边,因位置适当滇川冲要,商旅麇集,百业待兴,唯以店房颓旧,街道崎岖,每值赶集时期,途为之塞。类似环境,万不能因陋就简故积极提倡建筑新市

---

[1]《叙昆运输线已往运输情形》,《交通月刊》,1941年,第2卷,第2期。
[2] 李珪:《云南近代经济史》,云南民族出版社,1995年,第509页。

改良旧街以适应时代之要求,完成抗建之使命。民众无不乐从,八月动工,迄时仅五月,新辟市场,已建瓦屋数百间,旧街改修亦将及一半。

(二)滇中地区城市

滇缅公路从滇中地区横穿而过,楚雄是沿线食宿站,因此,战时楚雄城市有一定发展。楚雄北门外新辟了汽车站,车站很快就发展成为一个新的商业建成区,聚集了为数甚多的商业店铺,除汽车修理店外,尤以旅店、饮食店铺的生意兴旺。楚雄城内商业繁荣,坐商购销扩大,行商收购大米、皮张、药材、蚕丝等运销昆明,运回棉纱、布匹、百货等商品在本地销售。抗战中期,远征军和美国盟军进驻楚雄,城市人口剧增,增建了一些较大的旅馆、饭店。玉溪布商不下数百家,集日清晨,州城、北城、大营街、研和街都有换布市场。布商以棉纱换取土布,然后染色运销各地。①

滇中的宜良是铁路和公路的交会地,因此也成为滇中的物资集散地和昆明的粮食供给地。在宜良集散的主要物资包括粮食、食盐、棉纱、木材、桐油、食盐、杂货等。抗战时期,仅在1943—1945年3年间,宜良县城新开业的商号有330余户,增加了食盐、五金、杂货、医药等20多个行业,全县共有大小商店1000多户。

澄江素号滇中名郡,山水明秀,人文蔚起,抗战时期,自中山大学迁来之后,人口激增,市面繁盛,原有铺面街道颇为拥挤,而县署屋宇大都朽坏。城市实不足以应现代发展的需要。后拟定一空地,约长120公尺,宽50公尺,两旁建新式铺面各18间,街宽5丈,中为马路,路两侧为草地并植树,草地外为人行道,照壁处建新云南纪念碑,西廊铺面后,又有空地一大块,除留小街一道外,辟为住宅区,可以建盖新式房屋十栋。将此空地分段拍卖,售其地价,充作衙署改建,改良监狱。

玉溪地处昆明与滇南之间,盐茶大道纵贯南北,直通滇南,处于交通要冲的玉溪、通海等地,是滇中重要物资集散地,所产河西布和烤烟业全滇闻名。玉溪县农村90%的农户从事纺织生产,年输出布匹1120驮,过境180驮。1943年,玉溪大道生年产土布7万多匹,总资本已达滇币1340万元,年进棉

---

① 李珪:《云南近代经济史》,云南民族出版社,1995年,第458页。

纱 2600 件。[①] 抗战期间,当时中国最大的烟草企业南洋兄弟烟草公司内迁云南,随即成立云南改良烟草推广处,开始有组织、有指导地进行烟草种植。先在武定、富民、罗次设立第一种植推广区,1942 年增设昆明、江川、玉溪、晋宁为第二推广区,由于玉溪土壤非常适宜美国品种,烟叶质量好,产量高。1948 年,区内烤烟种植面积达 58890 亩,总产量 147.15 万千克[②]。烤烟成为抗战期间崛起的新兴经济作物,是商品率最高的农产品,对云南的农业经济、财政收入产生了重大影响。

[①] 林超民主编,陈天武、张峻君编著:《云南乡土文化丛书·玉溪》,云南教育出版社,2003 年,第 32 页。

[②] 林超民主编,陈天武、张峻君编著:《云南乡土文化丛书·玉溪》,云南教育出版社,2003 年,第 30 页。

第五章 战时贵州城市的发展

贵州简称黔,位于中国西南部的云贵高原,是中华民族发祥地之一。境内山岭逶迤,河流纵横,资源丰富,世代生活在这块土地上的各族人民,创造了悠久的历史和灿烂的文化。贵州文明史是伟大祖国文明史的重要组成部分,其中包括城市文明发展这一重要方面。

受地理、政治、经济、人文等因素的制约,贵州城市发展不仅晚于中原地区,也晚于同处西南地区的四川,其城市发展最早可以追溯到春秋时期的夜郎邑。[①] 贵州城市经过2000余年的发展,到清末民初时,开始逐渐由传统走向现代。在这一转型过程中,随着抗日战争的爆发,贵州城市作为国家大后方基地得到了重点建设,城市建设发展迅速,城市化水平得到了较快的提升。抗战时期因此便成为了贵州城市发展史上的一个黄金时期。

第一节 抗战前贵州城市的发展

贵州地处西南边僻之地,在农业时代交通极不方便,信息闭塞,经济落后,文化不发达,向被称为贫瘠荒僻之区,宋朝在敕书中有"惟尔贵州,远在要荒"之语。汉代时,中原王朝即在贵州设置郡县,但由于路途遥远,管理较弱。直到明朝永乐年间始设置贵州承宣布政使,正式建制为省,以贵州为省名;废思州宣慰司与思南宣慰司,保留水东土司与水西土司,同属贵州布政司管辖。清雍正五年,将四川属遵义府,广西属荔波及红水河、南盘江以北地区,湖广

---

① 夏鹤鸣:《贵州航运史》,人民交通出版社,1993年,第1页。

属平溪、天柱,划归贵州管辖;另将贵州属永宁州划为四川管辖。由于自然环境的制约,经济十分落后,以自给自足的自然经济为主,手工业和商业都不发达,民困于野,货弃于地,丰富的自然资源较少为人所认识利用。贵州城市一直到抗战前都较为落后,城市数量较少,规模较小,极为分散,形不成强劲的区域聚集力。

一、贵州城市发展地理环境

自然地理环境是城市起源、发展须臾不可离的最基本条件。柏拉图认为人类精神生活与海洋影响相关;亚里士多德认为气候、土壤、地理位置等自然因素影响并塑造了民族的特性和社会性质;海德格尔认为"人应该诗意地栖居在大地之上"[1];怀特海认为"人类精神的每一个瞬间都产生于过去的整个宇宙"[2];马克思则阐述了"人创造了环境,同样环境也创造了人"的思想。所以从地理特性考察贵州城市的发展变迁,是一个重要的切入点。

贵州位于亚热带喀斯特化的云贵高原上。其地势西高东低,呈三级阶梯,南北侧呈两面斜坡,西部海拔2000米以上;中部海拔400—1200米;北、东、南500—800米。可溶性碳酸盐岩广布,占全省面积73%。大部分地区山峦起伏、沟壑纵横,地表崎岖破碎,地形复杂,广泛分布着石林、峰丛、溶丘、洼地、溶盆、岩溶湖、溶洞、暗河和伏流等地貌,其中高原山地占75.1%,丘陵占23.6%,盆地和谷地仅为1.3%。前人曾对此有过生动的描述:"地势险阻,冈峦错接,跬步皆山,谚云'地无三里平'。"[3]城市建设也不得不以"低洼巨壑填平以作街市"[4],从而制约了城市规模的发展。民国时期,谭辅之在论述西南地理中指出:"只有贵州才完全是高原,是长江珠江主流及支流之发源地,全省无一大江,无平原,亦说不上丘陵,尽是崇山峻岭,因之大体可说是大西南之山脊。"[5]从而在地理上阻绝了贵州与外省、贵州省内城市之间正常的交通往来。"黔之地,跬步皆山,上则层霄,下则九渊,……石如狼牙,或峰如剑

---

[1]《海德格尔全集》,第31卷,人民出版社,1996年,第316页。
[2] Grof. Stanislav, *The Adventure of Self—Discovery Dimensions of Consciousness and New Perspectives in Psychotheraphy and Inner Exploration*, Albany: State University of New York Press. 1988:200,220.
[3] 徐家干著,吴一文校注:《苗疆闻见录》,卷下,贵州人民出版社,1996年,第159页。
[4] 航建旬刊编辑部:《贵阳指南》,贵阳交通书局,1938年,第31页。
[5] 谭辅之:《贵州与新西南》,《贵州建设月刊》,1946年,第1期,第16页。

锷,或陡如壁立,或行如穿云,或盘旋屈曲,鸟道羊肠,又或欹釜巀嶪,鱼凫虫蚕丛,见者骇魄,闻之怵心,然皆显著奇坡,而无名峻岭不计也",交通之苦"万倍于他省"①。同时贵州也因山河走势而形成了相对独立的川江、沅江、珠江流域城市分布、发展的格局,影响了以贵阳为核心的城市体系的形成、发展。

高原的地理环境,造成了农业可耕地严重的不足,据20世纪30年代统计,贵州全省的耕地仅2200多万亩,仅占贵州全省土地面积的8.8%,贵州人均可耕地仅为2.2亩,且其中包括了大量的农业条件不佳的山地②。这都制约了贵州农业的发展。贵州在农业时代的农耕水平长期落后,故而农业经济相对落后,"刀耕火种,无薮泽之饶,桑麻之利,税赋所入不敌内地一大县"③。抗战前有人就对贵州的经济表示感叹:贵州僻处边陲,交通梗阻,百业不振,经济落后④,"工商业之难于发展,更无论矣!"⑤农业是城市发展的基础,由于农业的落后,因而为城市所提供的剩余农产品也十分有限,这在经济上制约了贵州城市的发展;同时由于农业的落后,大量的劳动力被束缚在土地上,因而不能为城市提供更多的劳动力。

特殊的地理位置与地貌塑造了贵州特殊的气候环境,而特殊的自然气候环境对于经济的发展、城市的分布也产生了重要的影响。贵州的气候特征主要有:冬无严寒,夏无酷暑;雨量充沛,雨热同期,无霜期长;气候地域差异大,全省分为南亚热带、中亚热带、北亚热带和中温带等五个地带,加上山地地理条件,使各地气候条件各异。但总的说来贵州"立体气候"明显。⑥贵州植被因此多样化特征极为显著,但在多雨、温暖、多变气候条件下,极易产生瘴疠,从而限制了生产力落后状态下人类的生存与发展。"地多瘴疠,夏秋为甚,霾雾沉蒙,即天气晴明亦须巳、午乃见天日,感其气者多患疟痢,俗有'不起早,不吃饱,不洗澡'之说,客苗疆者恒戒之。"⑦即便到了抗战时期,现代医疗技术有了较大的发展,贵州仍是各种疾疫频发之地,"每遇疫症流行,辄致病死

---

① 张澍:《续黔书》,卷1,朝间刻本。
② 冯和法:《中国农村经济资料》,上海黎明书局,1935年,第964页。
③ 《黔南识略·黔南职方纪略》,贵州人民出版社,1992年,第15页。
④ 胡嘉诏:《贵州省之经济建设》,《实业部月刊》,1937年,第2卷,第2期,第154页。
⑤ 胡嘉诏:《一年来之贵州省建设》,《中国建设》,1937年,第15卷,第1期,第81页。
⑥ 方铁:《西南通史》,中州古籍出版社,2003年,第3页。
⑦ 徐家干,吴一文校注:《苗疆闻见录》,卷下,贵州人民出版社,1996年,第160页。

累累,……几遍全省"①。贵州独特的气候条件也不利于农业生产,而农业落后的地方则难以形成城市。

总之,贵州的地理环境与周围云南、四川、重庆、湖南、广西相比较为恶劣,也更谈不上与中东部地区优越的地理环境了。高原的地理环境深刻地影响了贵州城市在区域上的布局,并在根本上决定了贵州城市发展的速度、规模与质量,最终影响了城市化水平的提高。从而在城市格局、城市发展等各方面都被赋予了极为浓烈的有别于其他地区的地域特征。

二、战前贵州城市空间分布

任何城市都是一定时空的地理实体,它所依托的地理环境(包括自然和人文环境)从总体上促进或制约着城市的发展并进而造就出具有区域性特征的城市,这个地理环境就是城市发展的地理基础。根据地理基础,历代城市建设者都非常注重城市的选址和布局。其选址一般遵循四个原则:一是有适于建城的广阔平原;二是水陆交通便利;三是地形有利,高低适宜,且水源丰富;四是气候温和、物产丰盈。② 贵州城市建设与布局也不例外。

抗日战争前,贵州先后建立了行政建置城市81个,这些城市的选址和发展演变一直秉承传统,一般都根据其所在地理单元实际情况,沿河流、交通要道进行布局。这主要是因为贵州高原山地自然地理环境的影响,适宜于城市建设的空间有限,河谷平坝地带相对而言,地势较为平坦,海拔较低、生产条件较山地高原优越,更适合人的生存、发展。同时交通较为便利,商业和手工业因此能得到较快的发展,故而在河谷地带聚集几乎贵州所有的城市。同时,贵州城市在整体上同处于云贵高原东部,但是高原在地质运动和亚热带季风气候的共同作用下,高原因山脉、河流分割而极为破碎,并形成相对封闭的小地理单元,从而造成各小地理单元之间联系不甚紧密。加上历史时期,为治理贵州的方便,尽量控制县级城市的人口规模和管理地域规模,从而形成了在战前81座城市,城市密度为4.60座/万公里^2,高于同期湖北省城市密

---

① 姚克方:《今后之贵州卫生设施》,《贵州卫生》,1942年,第1期。
② 马正林:《中国城市历史地理》,山东教育出版社,1999年,第22—27页。

度(3.87座/万公里^2)①。城市密度高并不代表贵州城市化水平高,这仅仅是一城市分布格局在历史地理上的客观反映。

贵州城市因为地理环境的影响,如同长江流域各省区城市一样,均分布于河流两岸台地上。如舞阳河流经施秉、镇远、玉屏等县城。锦江经江口、铜仁二县城,至文昌阁入湖南省境。清水江横贯都匀、麻江、凯里、黄平、台江、剑河、锦屏等城市。但贵州水系因境内众多山脉阻隔而分为沅系水道、川系水道、西系水道,分属长江、珠江流域②,没有像湖北、四川、湖南、江西等省那样完整统一的城市体系,最终形成了贵州有别于长江流域其他省份的空间分布格局的特征,即沿川江、沅江、珠江三大水系分割布局的城市空间体系。这主要是由于贵州河流多向四周放射,通航河段分布在省区周围,且境内通航里程短,又距贵州腹地中心城市贵阳较远,加之山川的阻隔,造成航运体系分散,不成体系,致使省内城市间在传统时期联系不很紧密。在政治经济规律的作用下,最终导致了贵州区域城市发展不平衡,其不平衡性主要体现以下三个方面:

战前贵州城市沿水道空间分布表

水道	分布城市
沅系水道(24个)	松桃、铜仁、江口、省溪、玉屏、岑鞏、清溪、镇远、施秉、黄平、平越、麻江、镇山、天柱、台拱、邛水、剑河、锦屏、郎洞、丹江、八寨、都匀、黎平、永从
川系水道(32个)	威宁、织金、普定、毕节、平坝、广顺、修文、贵阳、龙里、清正、贵定、绥阳、瓮安、开阳、息烽、黔西、怀仁、遵义、余庆、石阡、思南、湄潭、凤岗、印江、婺川、德江、沿河、后坪、正安、桐梓、赤水、习(鳛)水
西系水道(25个)	下江、榕江、都江、三合、荔波、独山、平舟、大塘、罗甸、番定、长寨、册亨、安龙、贞丰、紫云、镇宁、安顺、兴仁、关岭、安南、郎岱、普安、水城、盘县、兴义

资料来源:《中华民国地图册》,第25图,1936年。

从上表可以看到,贵州城市首先在流域上分布不平衡。贵州以苗岭为界分属长江、珠江两大流域,其中所属长江流域面积为115747平方公里,占全

---

① 根据《民国二十二年湖北民政厅调查》(《中国经济周刊》,第24卷,第15期)统计数据计算而得。
② 夏鹤鸣:《贵州航运史》,人民交通出版社,1993年,第4—8页。

省总面积的65.7%（其中沅江流域为30250平方公里,川系流域为85497平方公里）;珠江流域面积为60381平方公里,占全省面积34.4%[1]。战前贵州地处长江流域城市为56座,占全省城市总数的69.1%,城市密度为4.8座/万公里^2,其中川系流域城市32座,占全省城市总数39.5%,城市密度为3.7座/万公里^2,沅江流域城市24座,占全省城市总数29.6%,城市密度为7.9座/万公里^2;分布于珠江流域城市数则为25座,占全省城市数的30.9%,城市密度为4.1座/万公里^2。可见,贵州城市分布以沅江流域为密集,其次为珠江流域,再次为川系流域。这说明贵州的城市分布与通航条件便利与否和与东部经济中心距离远近存在着直接的关系。

其次是民族地区城市相对数量少。贵州省境内共有49个民族,其中汉族主要分布在黔中、黔北和黔西北[2],少数民族则广泛分布于全省。各民族在长期的历史发展过程中逐渐形成了各具民族特色的分布格局。"高山彝苗水仲家（布依族旧称）、仡佬住在石旮旯","苗家住山头,夷家（指布依族）住水头,客家（少数民族对汉族称呼）住街头"等民间俗语即是对贵州民族主体分布格局的概括。各少数民族根据本民族的生产生活习俗,长期生活在远离政治中心的广大的山区、农村,很少聚居于城镇,在历史上很少形成有民族特色的城镇,从而造成了至今贵州民族地区城镇数量偏少的局面。据21世纪初统计,贵州共设置了11个民族自治县、3个民族自治州,自治地方面积占全省55.5%。[3] 这则材料从另一方面说明了在贵州广阔的少数民族聚居地区到现在也只有14座城市,约占贵州城市总数的17.3%。这也间接证明了抗战前占贵州面积一半的民族聚居区的城市数量过少。民族地区城市数量太少,这既制约了民族地区城乡社会经济的发展,又迟滞了贵州城市的整体发展。

再次是贵州边境城市分布数量多。抗战以前,以贵阳为代表的贵州腹地城市发展受传统生产力低下、地理的隔绝而总体水平不高,特别是作为首位中心城市的贵阳在经济、文化等方面发展均显不足,以至于贵州腹地城市辐射力无法或很少影响到其他区域的城市,而仅局限于黔中北地区,使贵州在战前没有形成以省会为核心的城市间联系紧密的完整的城市体系。与之对

---

[1]陈永孝:《贵州经济地理》,新华出版社,1993年,第17—18页。
[2]贵州省志民族志编委会:《贵州省志·民族志》,贵州民族出版社,2002年,第2页。
[3]http://zhishi.sohu.com/question/72494977.html.

应的是,贵州边境地区反而因为与周边省份城市的经济联系密切而得到了相对较快的发展,并沿外联河流形成了一系列城市。据1936年《中华民国地图》统计,位于贵州省界附近的城市有松桃、印江、铜仁、毕节、赤水、安龙、册亨、石坪、兴义等24座城市(见下图),几为战前贵州城市总数的三分之一,达到了29.6%。

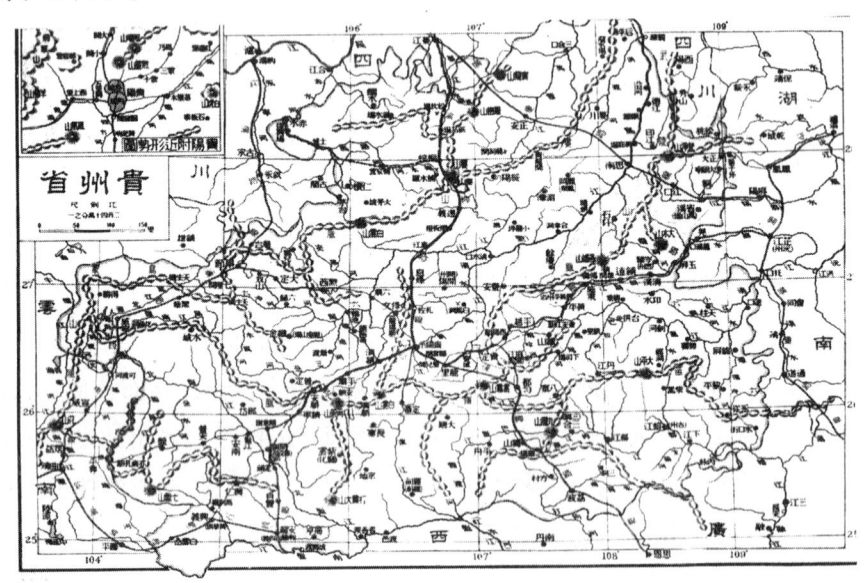

1936年贵州省边境城市分布图

资料来源:《中华民国地图册》,第25图,1936年。

可见,贵州城市布局在抗战前因交通、经济、地理环境等因素的制约,存在着严重的不平衡性,致使贵州在战前无法形成一个以贵阳为核心的统一而完整的城市布局体系,也使贵州城市结构形态没有形成"以大中城市为核心,并由之紧密相连的广大地区共同组成的、经济上紧密联系、生产上相互协作、在社会地域分工过程中形成的结节地域"[①]。这种离散型的空间分布格局极大地限制了贵州城市的发展。

在贵州城市体系空间布局发展演变过程中,贵州单体城市内部空间结构也在发生着缓慢的变迁,主要表现于城市功能结构现代性发展和城市规模逐步扩大。战前的这些改变主要发生在省会城市贵阳。首先是现代工业的兴

[①] 顾朝林等:《中国城市地理》,商务印书馆,2002年,第244页。

办。战前贵阳创建了永丰造纸厂、文通书局和贵阳电灯厂等近代工业,这些现代企业的创建、发展,不仅突破了传统城市经济功能弱化的藩篱,而且还初步改善了城市的经济结构,提升了城市的发展水平。其次是修建了以贵阳为核心的黔桂、川黔、滇黔等公路,通车里程达数百公里,引入了现代陆路长途交通工具——汽车,在城区自行车、人力车也不断增加,从而开始改变贵州城市居民出行习惯,城市现代交通不断发展,提高了城市的交通运输功能。此外随着城市现代教育事业的发展,贵州各大中小城市均兴办了数量不等的现代教育,完全改变了过去贵州文教事业主要集中在乡村的局面,使城市的教育功能日渐突出。经济、交通、文教事业的发展,标志着贵州城市功能结构的现代性得到了初步确立,并不断向前发展,尽管进步不是非常显著。

与贵阳城市现代功能不断发展相伴随的是贵阳城市空间结构也开始发生历史性变迁,其变迁主要表现在以下几方面:一是城市面貌的现代性特征日渐突出:电灯、电话在部分县城建成使用,西式建筑不断出现,城市"街道之厘定、建筑物之取缔、广场之增设、下水道之整理"[1],使城市面貌初步改变了传统形象,渐趋现代性。二是城市人口结构。随着城市现代工业、交通和文教等事业的发展,现代产业工业、运输工人、现代知识分子及现代城市管理者(如警察、法官等)等人口大量生活在城市中,一改传统的士农工商的城市人口结构。三是城市文化空间结构发生变化。随着新式文教事业的发展,越来越多的人口得到了新式文教事业的熏陶,使城市人口的文化结构分野极为明显,既有接受旧式教育的传统知识分子、大量的固守传统文化理念知识水平一般的普通民众或文盲,也有初步接受科学文化的现代知识分子,使战前贵州城市文化空间结构一改传统而向现代过渡。

但贵阳城市功能结构现代性变迁因条件的限制而没有对贵州其他城市产生太大的影响,贵州绝大多数城市因几乎没有任何促使城市功能变迁的现代性因子的出现,而依旧处于传统阶段,外界所看到的依然是城市空间结构发展、演变传统性的一面,而很少有现代城市空间功能结构的气息。

三、战前贵州城市的发展

抗战前10年,是中国城市经济发展的黄金时代,城市化水平提升很快,

---

[1] 贵州省地方志编纂委员会:《贵州省志·城乡建设志》,方志出版社,1998年,第1页。

以上海、天津、广州、青岛、武汉、南京、重庆等大城市为核心的中东西部城市和长江流域的无锡、苏州、杭州、沙市、宜昌等中小城市都建立起了现代城市工业，工业产值所占国家产业总值比重不断提高，国际国内贸易迅速增长，城市规模日渐扩大，城市人口不断增加，包括自来水、电灯、马路等现代市政事业也蓬勃发展，新式文教事业在各级城市逐渐普及，城市面貌呈现出一派兴旺景象。随着现代工商业、现代交通和文化教育的发展，中国城市化运动不断向纵深、向广域方向发展，原来城市化水平较低的地处僻远的大西南、大西北地区，城市化水平也比以前有了很大的提升，按城市现代化水平指标体系来评价，以成都、昆明、个旧等城市为代表的中国西南地区的城市，也如中东部城市建立了较为先进的工业、商业、金融等现代经济部门[1]；开始修建了以成都、重庆、昆明为中心的城市间现代交通网络，现代城市交通体系逐渐形成；并在晚清、北洋政府时期的基础上进一步发展了现代文教事业，从而促进了大西南地区城市化水平的整体提高，尽管与中东部地区相比还显落后。

与抗战前10年中国城市化不断发展的状况相比，贵州的城市化发展还相当滞后。这主要是因为贵州的大多数城市都地处云贵高原的少数民族聚居区，这里高原广阔，山峦起伏，沟壑纵横，平原面积狭小，虽然贵州自然资源丰富，但因交通阻塞、社会生产力发展滞后的制约，其农业与城镇工商业发展相较周边省份明显落后，这在客观上制约了城市的发展。加之抗战前自民初以来持续不断的战乱，先后经历了"驱唐运动"、"护国运动"、"护法运动"、兴义系军阀与桐梓系军阀的统治，直到1935年国民政府控制贵州才结束了长达23年的战乱。这使得贵州城市发展在抗战以前长期落后于全国，也落后于西南地区诸省，下以城市工业为例说明。

贵州及西南四省在全国工业中的比重及与江苏上海等省市的比较

省别	厂数	百分比（%）	资本额（千元）	百分比（%）	工人数	百分比（%）
全国*	3935	100.0	377938	100.0	457063	100.0
贵州	3	0.08	144	0.04	229	0.05

---

[1] 陈真：《中国近代工业史资料》，第4辑，三联书店，1957年，第92—97页；另参见马玉华：《抗战时期云南工业发展对现实的启示》，《学术探索》，2001年，第2期。

续表

省别	厂数	百分比(%)	资本额(千元)	百分比(%)	工人数	百分比(%)
四川	115	2.93	2145	0.58	13019	2.85
云南	42	1.07	4216	1.17	6353	1.49
广西	3	0.08	913	0.14	174	0.04
西南四省合计	163	4.16	7418	1.93	19775	4.43
江苏	318	8.08	39562	10.58	105223	23.03
浙江	718	19.85	27183	7.37	39797	8.71
山东	228	5.79	23127	6.20	18818	4.12
河北	19	0.48	22049	5.91	7662	1.68
湖北	206	5.24	20023	5.47	30072	6.58
河南	100	2.54	8642	2.31	13330	2.92
山西	82	2.09	14056	3.76	12699	2.78
上海	1235	31.39	148464	39.73	145226	31.78
南京	102	2.59	10213	2.73	4462	0.97
北平	101	2.56	10629	2.75	4565	0.99

资料来源:经济部《民国21—26年工厂统计》(1937年),转引自陈真:《中国近代工业史资料》(4),三联书店,1962年,第97页。

* 不包括中国东北地区。

抗战前贵州城市发展滞后情况主要体现在如下几个方面:

(一)城市规模小

民国初年,贵州省政府根据国家行政区划变革的原则,在清末12府、1直隶州、1直隶厅、13厅、13州、43县、53长官司的基础上,将原来的府、厅、州一律改为县,设黔中道(治贵阳,辖31县)、黔西道(治毕节,辖23县)、黔东道(治镇远,辖27县),各级行政建置城市共计81个。[①] 如果仅从行政建置城市数量来看,似乎并不算少,甚至相对国内部分省份而言还算比较多。但是这些所谓行政建置城市有相当部分是"土司长官司"改为县治的,严格地讲还不能称之为城市。其时,贵州全省除省会贵阳外,其余各行政建置城市无论是

---

① 范同寿:《贵州简史》,贵州人民出版社,1991年,第2页。

城市人口规模,还是城市用地规模,一般都很小,城市规模亦远落后于同处西南的四川、云南两省[①]。

抗战前夕,贵州总人口仅有991.88万人[②],人口密度仅为59.42人/公里^2,"较之国内华中各省,固瞠乎不及,即在西南各省中,除西康而外,较之其他各省,亦见稀少"[③]。人口总量的不足直接制约了贵州城市人口的增长和城市规模的扩大。有研究者考察,1935年,贵州的城市(镇)人口占全省总人口比例为15%[④],那么,到抗战前夕,贵州城镇人口为1487800人,如果按全省81城市计算,则平均每个城市(镇)的人口约1.83万余人(鉴于1935年与抗战前的1937年仅相隔两年,如果以15%的城市人口来推算贵州城市人口总数应该是可行的)。而实际上城镇人口还有相当部分是分散在县级城市以下的乡镇中,因而不少县级建置城市的人口数量远低于平均水平。同时由于经济发展水平较低,人口总量较少的制约,作为贵州的政治、经济、文化中心的省会城市贵阳在抗战前的人口总量也较少,仅11.7万人。顺治年间,贵阳军民府原额户口15818户。康熙时乃新增户口7864户[⑤]。自康熙朝至乾隆朝百余年间太平无事,客籍之民移入者日众,府城人口渐增。嘉庆以后,贵阳已成为街道纵横、人家万户的都会。道光末年,贵阳府附郭县城有居民12564户,男女共计60594人。宣统三年(1911年),贵阳城市人口总计为69702人。[⑥] 因而从宣统三年到抗战前的30余年间,贵州的城市人口增加了不到5万人,与国内其他省会城市相比,人口明显偏少,如与四川的省会城市成都相比,不及成都人口的1/3。贵州的城市人口甚至还落后于西南、西北民族地区的省级城市,如1937年青海的首府西宁城市人口规模增长到16.4万人,西藏的首府拉萨人口也增长到12.6万人[⑦]。抗战前,贵州其他地方建置城市的人口规模都普遍偏小,有的城市人口不足2000人,如1930年罗甸县城的城区面积仅为0.5平方公里,居民约350余户,共计1500多人。1931年罗甸县

[①] 隗瀛涛:《中国近代不同类型城市综合研究》,四川大学出版社,1998年,第635—751页。
[②] 潘治富:《中国人口·贵州分册》,中国财政经济出版社,1988年,第65页。
[③]《贵州省史地简论》,《贵州建设月刊》,1946年,第1期,第31—32页。
[④] 冯和法:《中国农村经济资料》,上海黎明书局,1935年,第964页。
[⑤] 曹申吉修,潘驯、吴中藩纂:《贵州通志》,卷11《食货志·户口》,康熙十二年(1673年)刻本。
[⑥]《贵州城镇》编委会编:《贵州城镇》,贵州科技出版社,1991年,第28页。
[⑦] 宁越敏等:《中国城市发展史》,安徽科学技术出版社,1994年,第433—434页。

县长刘泽民认为县城僻处深山峡谷,对外交通极为不便,不利发展经济,故将县城迁至龙坪镇,城市建成区面积扩展至1平方公里,但居民也只有300余户,男女合计1500多人,故仍然是贵州的"边陲小镇"[①]。贵州桐梓县城在抗战前也是"荒城寥廓,城中居民不过百户"[②]。其他民族地区的县级城市亦大抵如此,特别是那些由"土司长官司"改为县治的城市。贵州各级城市的用地规模因城市人口总量的不足和现代工商业极不发展,致使贵州城市用地普遍规模很小,如前文所述罗甸、桐梓等偏远山区的县级城市的城区面积一般不超过1平方公里。通过考察贵州省其他县级城市地方志所记载的抗战前城市用地规模,发现抗战前贵州城市用地规模基本上还局囿于清代城垣的范围,有的甚至还比清代略有缩小,具体情况详见下表。

抗战前贵州部分城市用地规模一览表

城市	城市规模(城周)	城市	城市规模(城周)	城市	城市规模(城周)
贵定	6里余(3456米余)	龙泉	2里余(1152米余)	永从	1里余(576米)
龙里	3里余(1728米)	青溪	6里余(3456米余)	毕节	4里余(2304米余)
修文	7里余(4032米余)	玉屏	5里余(2880米余)	威宁	6里余(3456米余)
安顺	10里余(5184米余)	铜仁	2里余(1152米余)	安南	4里余(2304米)
永宁	0.5里余(288米)	黎平	6里余(3456米余)	兴义	3里余(1728米余)
清镇	3里余(1728米余)	锦屏	5里余(2880米余)	正安	2里余(1152米余)
都匀	5里余(2880米余)	大定	5里余(2880米)	仁怀	2里余(1152米余)
麻哈	2里余(1152米余)	平远	4里余(2304米余)	湄潭	2里余(1152米余)
荔波	3里余(1728米余)	黔西	5里余(2880米)	余庆	近4里(近1728米)
镇远	2里余(1152米)	兴义	6里余(3456米余)	松桃	2里余(1152米余)
施秉	2里余(1152米余)	贞丰	3里余(1728米)	普安	3里余(1728米)
思南	4里余(2304米余)	普安	2里余(1152米)	怀仁	5里余(2880米余)
婺川	3里余(1728米)	遵义	7里余(4032米余)	天柱	1里余(576米余)
石阡	3里余(1728米余)	桐梓	3里余(1728米)	黄平	2里余(1152米余)

---

① 贵州省罗甸县志编委会编:《罗甸县志》,贵州人民出版社,1994年,第70页。
② 朱偰:《黔游日记》,《东方杂志》,1944年,第40卷,第12期。

续表

城市	城市规模(城周)	城市	城市规模(城周)	城市	城市规模(城周)
思州	2里余(1152米)	绥阳	2里余(1152米余)	印江	2里余(1152米余)
开州	2里余(1152米余)	平越	7里余(4032米余)	独山	4里余(2304米余)
定番	3里余(1728米余)	瓮安	3里余(1728米余)	清平	4里余(2304米余)
广顺	3里余(1728米余)	安平	4里余(2304米余)	镇宁	5里余(2880米余)

资料来源:以上各县地方志。

周长	9里余	7里余	6里余	5里余	4里余	3里余	2里余	1里余	1里以下
数量	1	3	5	6	7	12	17	2	1

上表共列有民国时期贵州54个一般行政建置城市的用地规模,从其周长来看,大部分城市的用地规模都甚小,周长在9里以上的城市仅安顺城1个,周长在7里余的城市也只有3个,此外,周长在6里的城市有5个,周长在5里余的城市有6个,周长在4里余的城市有7个,而周长在3里余的城市则为12个,2里余的城市更是多达17个,另有永宁县城的周长为0.5里;83%的城市周长都在5里以下,而周长3里以下的城市达32个,占了全部统计城市总数54个的59%。从城市用地规模可以看到抗战前贵州城市整体的发展相当滞后,小城市占了绝大部分,由于城市规模小,城市发展严重缺乏聚集力和辐射力,因而对区域的带动作用十分有限。

(二)城市经济发展相对缓慢,远落后于全国平均水平

抗战前10年,是中国社会经济发展的一个黄金时期,大多数省区的城市现代工业都获得了较快的发展。据农商部公司注册统计,迄止1928年全国仅有上规模的工业企业716家,注册资本46312.7万元,而1929年至1935年6月的6年间,新注册的上规模的工业企业1966家,资本额56039.4万元,新增企业数为1928年企业数的1.7倍[1]。中国近代制造业的生产总值由1920年的88287万元,增长到1936年的283073万元,增长率为221%[2]。位于西

---

[1] 陈真:《中国近代工业史资料》,第4辑,三联书店,1957年,第59页。
[2] 吴承明:《中国近代资本集成和工农业及交通运输业产值的估计》,《中国经济史研究》,1991年,第4期。

南边陲的四川、云南两省在此期间也取得了较大的进步,1936年四川建有各类大小工厂583家,总资本645万元,其中使用机械动力,资本在1万元以上、雇工30人以上的厂矿有115家,资本214.5万元,工人总数共计13000人[1]。1937年抗战爆发前,云南全省符合近代工厂企业条件的工厂企业有42家,为当时全国工厂总数的1.07%,工人总数为6353人,占全国工人总数的1.49%,工业资本总额为421万元,为全国工业资本总额的1.17%[2]。与川、滇两省相比,贵州的近代工业企业发展缓慢,由于连年战乱,城市经济建设不但没有安定和谐的环境,反而因社会秩序极度混乱而受到严重破坏。黔东一带,战祸绵延"广至二十余县,灾民多至一百余万"[3]。军队一到,"穿房入室,倒箧倾箱","一升半筒,均必扫去",城市因此"成墟,瓦片不全"[4]。那些清末民初辛苦建立起来的近代工矿业,也因社会动荡而大受影响。如民国初年,万山一带出现了一批民营汞矿厂,水城周围的银铅厂发展到百余处矿区,矿工近万人,其他各种矿业厂家也有70余个。但这些厂矿不是因当局的刁难和时局动荡而难以为继,便是因为"转运不灵"、"资金缺乏"而被迫停业倒闭[5]。由于贵州交通闭塞,人们的思想相对保守,对发展近代工业心有顾虑,特别是清来青溪铁厂的失败,给贵州近代工业的发展影响深远,使人们面对近代工业产业而裹足不前。民国《贵州通志·前事志》的编者和黔籍经济学家丁道谦均认为:光绪十二年(1886年)官商合办的青溪铁厂的失败是贵州近代工业不兴的关键性因素,"黔省实业界经此挫折,乃多年不能复振矣"[6]。"因此事之失败,影响于黔省工业者甚巨,有志者均恐蹈覆辙而不敢有所动作。"[7]倘若此论有可信度的话,则充分说明那个曾被寄予厚望(企图通过它扭转贵州财政长期"全赖各省协济"的局面)、前后投资计30万两白银(官股25万,商股5万两)的"贵州第一个近代企业"的流产[8],严重地挫伤了贵州

---

[1] 陈真:《中国近代工业史资料》,第4辑,三联书店,1957年,第92—97页。
[2] 马玉华:《抗战时期云南工业发展对现实的启示》,《学术探索》,2001年,第2期。
[3] 范同寿:《贵州简史》,贵州人民出版社,1991年,第201页。
[4] 刘其贤:《黔东战记》,贵阳文通书局,1930年。
[5] 范同寿:《贵州简史》,贵州人民出版社,1991年,第204页。
[6] 民国续修:《贵州通志·前事志》40卷,1948年,第50页。
[7] 丁道谦:《贵州经济地理》,商务印书馆,1946年,第206页。
[8] 关于"全国第一个官商合办企业"青溪铁厂的概况,详见彭泽益:《中国近代工业史资料》,第2辑上册。

本土有产者投资近代工业生产的积极性,使他们视投资近代工业为畏途。加之清季以降,贵州城市的地主、商人等有产者们在剥削农民赚取地租的同时,已经找到一条比举办近代工商业更能赚取超额利润的捷径——从事鸦片贸易。他们利用贵州兴盛的鸦片种植业,广泛在城市中进行鸦片毒品贸易,并通过鸦片贸易的成熟网络经营各种投机性商业,获取远比工业利润高得多的商业利润。这样使得贵州城市工业发展长期处于月朗星稀的落后状态。1938年春,国民政府贵州省主席吴鼎昌委托经济学家张肖梅女士对贵州全省经济生态进行调查,张氏在其后所写《贵州经济》一书中指出:"惟就大体而论,该省(贵州)之工商业,目前至多尚在萌芽时代。生产方面,大部分尚赖之于血汗手上;贩卖方面,几全部赖于行商走贩之贯通。装有机器之工厂,规模宏大之商店,迄今尚绝无仅有。"[1]抗战以前贵州工业仅有:面粉、酿造、蛋类、糖类、纺织、丝织、针织、制鞋、玻璃、火柴、烛、皂、烟炮、印刷、制革、木器制造、砖瓦陶瓷、电灯、造纸、制棕、金属品制造等20种,稍具规模者只有印刷、纺织、制革、玻璃制造、造纸、酿酒等产业,不仅规模小,资金少,而且多属手工操作,工业化程度很低。张氏之论断,虽有所偏颇,却也反映出当时贵州经济基础薄弱、资本主义性质工商企业甚少的特征[2]。1935年,贵州全省工业(包括手工业)企业和作坊仅有1.5万余户,从业者六七万人,其中只有167家厂(司)规模稍大,主要分布于冶金、纺织、煤炭、机械、食品、轻工等少数部门,现代工厂极少[3]。1936年贵州全省只有13家较大的工厂,其中资金最多的为文通书局,也只有10万元,雇工180名;资金最少的为协兴织布厂,资本总额仅有4000元,雇工24名,另有5家工厂的资本在5000元至8000元之间。而这13家规模稍大的工厂除文通书局、文华印书局采用机器生产外,其余皆为手工业生产。另据国民政府经济部1937年的统计,1937年以前贵州全省拥有发动机,平时雇佣工人30人以上,符合国民政府1929年颁布的《工厂法》规

---

[1] 张肖梅:《贵州经济》,1939年,中国国民经济所发行,见《吴序》及《弁言》,引文见第K1页。
[2] 丁道谦:《贵州经济研究》,中国国民经济所,1941年,贵阳中央日报社印。丁道谦在《序言》中断言,正是基于对张肖梅《贵州经济》的偏颇之见而成。丁言:"虽然此书(指张《贵州经济》)的搜罗,固已很费心,但是作者所用材料的评价如何?则非我们所欲断言。"
[3] 林兴黔:《贵州工业发展史略》,四川省社会科学院出版社,1988年,第366页。

定的工厂仅3家①，即永丰造纸厂、文通书局和贵阳电灯厂，资本总额约计60万银圆②。又据张肖梅所引贵州省政府统计室1937年底统计数据，全省较大民营工厂仅有13家，其中7家分布于贵阳。这7家具有近代因素的民营工厂，除"文通书局"满足《工厂法》的要求外，其余6家虽然已部分使用机器生产，但其资本额和雇佣工人数均不能达到登记为"工厂"的标准③。经济部对抗战前贵州工业落后状况进行了如下评价："战前后方较具规模之民营厂家，……贵州有纸厂一。"④张肖梅也对战前贵州工业经济生态大发慨叹："黔省之制造业，几全部停滞于手工业时代。"这些多为"农家之副业"的手工业，"以分布之地域言，当以贵阳为最盛"⑤。贵州企业家钱春祺也指出："黔省僻居西南，向称山国。道路崎岖，交通梗阻。抗战以前，谓为无工业之区，并非过语"⑥。对贵州深有研究的学者丁道谦也承认："抗战之前贵州没有工业。"⑦新中国建立后的贵州省人民政府财经委员会同样认为："贵州省在1937年以前，全部是农业社会，而且地方因交通不便，保守性特别强。当时的工业，只有简陋的手工业，自己制造，自己贩卖，根本没有现代化的工业。"⑧

抗战前，贵州虽然作为农业省，但是作为城市发展基石的农业也非常落后。据20世纪30年代的考察报告记载，广大贵州农村使用的生产工具，依然是十分简陋的手工工具，耕牛只有部分农户拥有，人拉犁的现象在农村广

---

① 国民政府经济部编:《民国21—26年工厂登记统计》,1937年;《中国近代工业史资料》(4),三联书店,1962年,第97页;3家工厂为文通书局、贵阳电厂、永丰造纸厂。

② 据陈书"1937年各省工业分布统计表"载,资本数为14.4万元,工人数为229人。

③ 在7家民营工厂中,文通书局的资本额为100000元,雇佣工人180人(男工160人,女工20人),并使用机器印刷。而两家最大的纺织厂——鲁丰布厂和协兴织布厂,资本额合计9000元,雇佣工人总计50人(男20人女30人),最先进的机器是手摇铁机,仅有21架,其他为木机。1929年的《工厂法》规定:"凡用发动机器之工厂,平时雇佣工人30人以上者"始得登记为工厂。张肖梅:《贵州经济》,中国国民经济所发行,1939年,第K26页、第P1—2页、第L42—43页、第L112—L116页;中国国民经济研究所:《西南中枢之贵州经济》(下),载《西南实业通讯》,第1卷,第5期,1940年5月,第35页;《工厂法》见1944年贵阳市政府编:《贵阳市工商业调查录》,第2编,《法规》,1944年,贵州省档案馆,全宗MG3,序号0119,第12页。

④ 经济部统计处:《后方工业概况》,第4页,经济部档案四,档案号:33537,1943年5月,中国第二历史档案馆藏。

⑤ 张肖梅:《贵州经济》,第K1页、第A26页。

⑥ 钱春祺:《贵州之工业建设与金融》,《贵州企业公司成立三周年纪念特刊》,1942年,第3页。

⑦ 丁道谦:《贵州经济地理》,商务印书馆,1946年,第206—207页;丁道谦:《贵州经济研究》,贵阳中央日报社印,1942年,第99页。

⑧ 贵州省人民政府财政经济委员会编:《贵州财经资料汇编》,1950年,第59页。

泛存在,在僻远的少数民族地区甚至还停留在锄耕与刀耕火种阶段。"水车、犁、钯、铲、锄等类,均系古来形式,肥料为油渣粪灰等,施用肥田粉者,千不一见。"[1]农作物"栽培甚为粗放"[2]。生产工具与耕作方法的落后,导致贵州农业发展水平长期停留在低水平无增长状态,主要农作物的产量和单产水平,都低于国内大多数省区。据《贵州财经资料汇编》中的"农林篇"记载,贵州省稻米产量"系黄河以南水稻区域之最低省份"。以至于贵州农业改进所发出呼吁,声称:"吾黔省以农立省,本省农业生产若不改进,农村经济无法繁荣,农民生活水准不能提高,则本省永无脱离贫瘠之望。"[3]同时,贵州地处云贵高原,土地资源稀少。据1933年统计,贵州人均可耕地仅为"2.2华亩,已不能使之再种充分的食物以养活人民"[4]。而这些有限的珍贵耕地资源却大量地被用来种植鸦片,以至于"害农最甚"[5]。使农业生产不能为工业提供大量而稳定的原材料来源和为城市人口发展提供足够的食物来源,从而制约了城市规模的扩大和城市现代经济部门的发展。据民国《贵州通志》载,至迟在光绪十年(1884年),贵州13府都已经广泛种植鸦片,而包括贵阳在内的上游5府,"鸦片弥山漫谷","自广种鸦片以来,上游绝无麦收"[6]。进入民国后,军阀政府、省内外鸦片贸易商、从事鸦片种植的地主、农户之间已形成一条左右贵州社会经济生活的食物链。在1935年左右,"贵州全省的税收,每年约八百余万,其中地丁七十万元,盐税附加一百五十余万元,余则全靠鸦片税"[7]。在外人的眼里,当时贵州的"鸦片很有可能成为一种公认的通货"[8]。巨量的鸦片产出,还影响了正常的有利于促进贵州城市健康发展的现代工商业发展。加之抗战以前长期的社会动荡以及频发的自然灾害,更加剧了贵州农业的落后状态。

传统的农业生产模式和病态的鸦片种植与现代工业的不发达,决定了贵

---

[1] 冯和法:《中国农村经济资料》,上海黎明书局,1935年,第967页。
[2] 何辑五:《十年来贵州经济建设》(四),《农业》,南京印书馆,1947年。
[3] 何辑五:《十年来贵州经济建设》(四),《农业》,南京印书馆,1947年。
[4] 冯和法:《中国农村经济资料》,上海黎明书局,1935年,第964页。
[5] 冯和法:《中国农村经济资料》,上海黎明书局,1935年,第967页。
[6] 《李用清奏陈遵谕禁种鸦片》,民国《贵州通志·前事志》40卷,1948年,第33—35页。
[7] 薛绍铭:《黔滇川旅行记》,中华书局,1940年,第15页。
[8] 胡克敏:《贵州军阀统治时期的社会经济概况》,《西南军阀史研究丛刊》第1辑,四川人民出版社,1982年,第231页。

州城市现代商业的落后状态。战前,除贵阳、遵义、安顺等少数城市的商号店铺稍具规模外,其他城镇商店很少,"什九属于行贩,又什九制造若干货品,资本且均极微小,甚至有不满十元者"[1]。1930年省会贵阳仅有56个商业门类,且多为传统商行,而这些商业贸易机构也多与鸦片贸易相联系。当时包括贵州、安顺著名的"四大号"在内的省内外鸦片商均纷纷云集贵阳经销鸦片,使贵阳成为"黔土"输出的最大集散中心[2]。贵阳市区的广东街、普定街一带形成了规模甚大的以经营鸦片为主的商品市场[3]。在1938年贵州省政府厉行禁烟前,鸦片贸易是贵阳城最有活力的商业贸易行业。贵阳的"大商家,其资金的积累,有不少是从贩卖烟毒中实现的"[4]。其时贵阳有实力和资金投资工业生产的商人,其原始资本多是从鸦片贸易中积累的。虽然鸦片贸易为贵州城市发展提供了产业资本来源的可能,但是鸦片贸易的巨大利润,往往诱使更多的人铤而冒险,另外也使一些准备投资现代城市工商业的人进入鸦片贸易领域。诚如一位黔省本土鸦片商人自述的那样:"在百色约一年,我就到南宁添设分号。当地交易,是以棉纱为大宗,而且是做赊期,半年交款。赊纱运黔,变款买烟土运去,销售完毕,还有空余时间流转资金,通常利润达40%到50%。""而且做广西的生意,由于有赊期,不要什么本钱就大获其利。"[5]又如在贵阳设有分号的安顺"四大号"之一的恒丰裕,在1926年时,"仅有资金6万元,以日用百货和栏杆丝绸、布匹为主,也兼做鸦片和存放汇兑业务"。其后,"以存放汇兑为契机,逐步推动鸦片业务的发展。又以鸦片业务的发展,扩大充实金融汇兑业务,相互调剂、补充,收到较好的经济效益"[6]。鸦片贸易的兴盛,促成了贵州商业的畸形发展,而使以工、农业产品的贸易得不到资金的支持而停滞不前;加之山川险阻、交通不便的制约,贵州城市商业市场结构极不完善,贵阳、安顺、遵义等城市的市场结构、功能均处于

---

[1] 张肖梅:《贵州经济》,中国国民经济所,1939年,第K32页。
[2] 谢根梅、孟慰苍:《贵州烟毒流行情况》,《贵州文史资料选辑》,第7辑,1981年,第167—168页。
[3] 曹鉴庭:《黔行纪略》(4),《旅行杂志》,1933年4月,第7卷,第4期,第80页。
[4] 邓庆棠:《解放前贵阳市工商行业变化概况》,《贵州文史资料选辑》,第8辑,1981年,第122页。
[5] 伍效高:《我贩运"黔土"外销的经过》,《近代中国烟毒写真》下卷,河北人民出版社,1997年,第288—289页。
[6] 杨维新:《恒丰裕字号的兴衰》,《贵阳文史资料选辑》,第36辑,1992年,第12页。

极不发达状态,消费市场极不发达,未能形成多层次的市场网络体系,以至于贵阳到战前还未能完全成为全省的商业中心城市①。"贵阳工商业向称落后。其原因不仅属交通的不便利,而是社会需要并不迫切。"在20世纪30年代鸦片贸易兴盛的刺激下,贵阳的商业才开始"兴盛",即便如此,贵州现代商业无论是数量还是资本额均显得很落后。以绸布业和洋杂货业为例,"民国十七八年的时候,两行商号统计不过数十家。可是经过民国十九年一年,绸缎商增到百多家。洋货商也增加到将近两百"②。贵阳全城"统计各行大小商铺,城内外不下二千余家"③。抗战前,贵阳最繁华的大十字一带"皆为绸缎商店,华洋百货商店,京果、海味、瓷器、笔墨、赤金、颜料诸业,亦间有药材等货商店"④。可见,贵阳除鸦片贸易外,一般商业虽然有所发展,但总体上还较为落后。参见下表。

1937年前后贵阳主要商业概况表

类别	化学品	日用品	油品	饮食品	金属品	药品	其他	合计
行业数	7	8	2	9	5	3	8	42
商家数	94	304	93	535	128	138	128	1420
资本数(元)	89110	574842	25315	191706	83814	637737	193711	1826035
年营业额(元)	182640	1606432	291920	2424090	344410	5448840	518930	9817262

资料来源:张肖梅《贵州经济》,1939年7月,第K32页。

贵阳作为贵州省会城市,得政治、经济、交通之便利,为贵州省之经济中心,然而其商业并不发达,除鸦片贸易外,商业仅四大门类,其中以饮食业的商业店铺数量最多,达535家,占全部商业店铺总数的37.6%,而平均每家商业店铺的资本金仅358元;其次是日用品的商家为304家,占总数的21.4%,平均每家商业店铺的资本金为1759元,比饮食业的资本金要高。仅此两大门类就占50%以上,这两大门类主要是为城市居民日常生活服务的,而与生

---

① 林建曾:《抗战时期贵州社会经济的发展》,《贵州文史丛刊》,1995年,第5期。
② 曹鉴庭:《黔行纪略》(4),《旅行杂志》,1933年,第7卷,第4期,第78、80页。
③ 曹鉴庭:《黔行纪略》(3),《旅行杂志》,1933年,第7卷,第3期,第55页。
④ 京滇公路周览会贵州分会宣传部印:《贵阳市素描》,1937年,第6页。

产相关的其他商业门类数量都相对较少,平均每个商家的资本金数额也都不大,如化学品商家为1942.9元,金属品商家为654.79元,药品业商家的平均资本额最高为4982.32元,而所谓药品业实际上是包括了特药业,即鸦片贸易在内。据张肖梅的调查统计,1937年底至1938年初,贵阳全城经营所谓"特药业"者共66户,其中贵阳本籍41户,外地籍25户,资本额最高者10万元,最低者10元①。不过,经营"特药"的商户们的资本额有可能偏低,原因之一是鸦片经营的非正义性,其次是传统中国"财不露富"的心理定式。总体看来,抗战前,贵州的商业并不发达,"贵阳工商业向称落后。其原因不仅属交通的不便利,而且是社会需要并不迫切"②。除了贵阳外,贵州其他城市的商业都普遍不景气,相当落后,无论是行业数、经营户数,还是资本额都较贵阳甚远,特别是那些位于山区、交通不便、物产不丰富、生产落后的城市,其城市商业活动多依附于因地理、民族习惯而形成的城区赶集活动。特别是那些地处民族地区的城市商业依然处于传统的集市阶段。大体上"'城市'和'村市'都是定期举行,城市每四日一次,村市每六日一次。农民们各就近处市集,以物卖钱,更以钱买所需之物"③。商业活动不活跃,不仅不能积极有效地促进城市的经济的繁荣,而且还使贵州城市间的联系不甚紧密,从而制约了贵州城市化的整体发展。

由于战前贵州城市经济部门的发展水平低下,虽然"商业资本的存在和发展达到一定的水平,本身就是资本主义生产方式发展的历史前提"④,但"制造业"远没有商业活跃,支撑战前贵州城市经济的主体是包括鸦片贸易在内的商业而不是"制造业"。这样,落后的农业、工业、商业,严重制约了贵州城市的现代化发展。城市化发展也因现代工商业的发展落后而处于传统农业时代的低水平阶段。抗战前的贵州城市与东部甚至是与西南地区其他省区的城市相比,无论数量还是质量都远远落后,推动贵州城市化发展的现代经济动

---

① 张肖梅《贵州经济》所载贵阳经营"特药"业者共67家,但有误。问题出在张氏登记赖永初经营的"赖兴隆"字号时共记录两次,故为67家。《贵州经济》,中国国民经济所,1939年,L153页—154页,L118页。
② 曹鉴庭:《黔行纪略》(4),《旅行杂志》,1933年4月,第7卷,第4期,第78页,第80页。
③ 冯和法:《中国农村经济资料》,上海黎明书局,1935年,第988页。
④ 马克思:《资本论》,第3卷,人民出版社,1975年,第365页。另,在这里,我们依然把战前贵阳的有产者们通过鸦片贸易积累的财富视为"商业资本"。

力还处于低度发展阶段,不足以使它启动城市转型,并发生突破性的变迁[1]。

(三)文教事业发展的相对滞后

抗战前,贵州文教事业"不及他省发达",一直是"黔籍人士所共抱的疚憾"[2]。造成贵州文教事业长期落后的原因很多,首先是贵州地理环境的制约。一般来说,自然环境优越,自然资源丰富,生产力水平就较高,经济较发展,物质财富丰富,相应地就容易促进科技和文化的发展。"地处沿海者,思想比较灵活开放,容易成长为人才;地处内陆者则比较内向封闭,恪守传统,人才难以成长。"[3]据《长江流域人才地理》一书作者对各类人才的统计,贵州在明清两代仅有17位杰出人才。地理的僻塞,阻碍了贵州文教事业的发展,贵州有识之士也深有感触:"僻处西南,交通梗塞","对于20世纪的物质文明,接触尤少"[4]。因此自然地理环境对于贵州文化教育事业的制约是十分突出的。其次是自民元以来,迄至中央军入黔止,贵州完全是军阀把持,进行残暴统治,"加以战祸交作,连年不绝,……当时国家未能真正统一,中央对于贵州,大有'鞭长莫及'之慨,无法推行新式文教事业"[5]。再次是贵州经济落后,民生凋敝,文化教育很少受到重视,经费极其匮乏,致使战前贵州城市文教事业得不到应有的发展与进步。第四,是担负贵州文教事业发展重任的"缙绅之流,还保存着一种守旧的恶习,不能并时代的步子而前趋。这原因是由于他们没有受过新文化的洗礼,所以才不知道新文化的重要"。尽管近代新式文教事业在贵州有所发展,但往往"不免受到这一般守旧者的阻碍和非难"而大受影响[6]。第五,是贵州城市的中等、初等教育因贵州高等教育的落后致使师资培养受到了极大的限制,从而使基础教育发展极为缓慢,并制约

---

[1] 仅就工业言,据统计,重庆1891—1936年有万元以上资本的近代新式工厂77家,资本总额818.5万元,而据另一统计,1933年,重庆共有大小工厂415家,资本额734万元,工人1293人;成都1937年前有稍具规模的印刷、棉纺织、日用化工和食品工业近40家,主要的大机器工业有9家;据昆明市政府1936年调查,全市符合《工厂法》的工厂有32家,资本总额近500万元,工人1385人。隗瀛涛:《近代重庆城市史》,四川大学出版社,1991年9月,第209页;又见隗瀛涛:《中国近代不同类型城市综合研究》,四川大学出版社,1998年,第670—671页;张学君、张莉红:《成都城市史》,成都出版社,1993年,第234—239页;张肖梅:《云南经济》,中国国民经济所,1939年,第1—2页。
[2] 赵家懋:《普及贵州教育的必要及方法》,《滇黔月刊》,1937年,第1期。
[3] 季羡林:《长江流域人才地理》,湖北教育出版社,2005年,第10页。
[4] 赵家懋:《普及贵州教育的必要及方法》,《滇黔月刊》,1937年,第1期。
[5] 赵家懋:《普及贵州教育的必要及方法》,《滇黔月刊》,1937年,第1期。
[6] 赵家懋:《普及贵州教育的必要及方法》,《滇黔月刊》,1937年,第1期。

了基础教育的发展,直接导致了贵州文教事业远远落后于东中部其他省区。

在抗战以前,贵州和其他省份一样进行了文化教育事业的近代化改革,促进了现代新式文化教育的曲折发展,各类新式初级教育在贵州城市也得以次第兴办。如罗甸县1913年设县立高等小学校1所,到1931年,全县建有完全小学3所,初级女子小学校2所,初级小学12所。与此同时,小学教育在其他县级城市都得以普遍建立,但总体上仍然很落后。其落后状态表现在学校数量的增长、在校学生数、受教育比例等方面。1915年贵州全省有小学1562所,在校学生65085人,1930年发展到1983所,学生81529人。每万人中仅50人接受过初等教育,居全国第33位。学龄儿童受义务教育的比例仅为5.53%,远低于全国22.07%的平均水平[①]。

中等教育虽然也在此期得到了一定的发展,但数量较少。直到1937年初,全省仅有中学31所,在校学生10539人,中学生人数约占全省总人口的千分之一[②]。1930年贵州每万人中受中等教育的人数仅为3.99人,远低于全国平均人数11.07人,在全国各省市中排名32位[③]。直到1946年,所有贵州县城才都实现了有中等教育机构[④]。贵州的中等教育机构远落后于同处西南地区的四川省,四川在20世纪30年代初有中学249所,除省立、联立外,平均每县有中学1所,居当时全国各省区第一位[⑤]。

从清末到民国前期,贵州的高等教育经过贵州省社会各界的共同努力曾先后举办过贵州大学堂、贵州政法学堂、贵州大学等学府。光绪二十八年(1902年),贵州巡抚邓华熙奏请设立贵州大学堂,拟以贵阳的贵山书院为校址,筹款修葺,扩充学舍,并拟定办学章程。同年八月,"贵州大学堂"正式成立。光绪三十年(1904年),贵州巡抚曹鸿勋开始对贵州大学堂实行整顿,并将其改名为贵州高等学堂。光绪三十一年(1905年)前后,贵州分两批派出20名学生赴日留学,由高等学堂教习周恭寿带队。这批赴日留学生中的尹笃生、周步瀛、王佩芬等人回国后积极推进新学,并在学堂任教,成为了贵州大学早期办学的骨干力量。同年11月,贵州高等学堂改名为"贵州高等学堂预

[①] 贵州省志编纂委员会:《贵州省志·教育志》,贵州人民出版社,1990年,第15页。
[②] 安永新、林开良:《抗日战争时期的贵州教育》,《贵州文史丛刊》,1987年,第2期。
[③] 贵州省志编纂委员会:《贵州省志·教育志》,贵州人民出版社,1990年,第15页。
[④] 贵州省罗甸县志编纂委员会:《罗甸县志》,贵州人民出版社,1994年,第451、465页。
[⑤] 陈世松、贾大泉主编:《四川通史》,第7册,四川人民出版社,2008年,第134页。

备科"。光绪三十二年(1906年),贵州巡抚岑春萱将贵州高等学堂预备科再次改为贵州师范学堂(简易科)。宣统元年(1909年),贵州师范学堂(简易科)又改为贵州官立矿业中学堂。辛亥革命后,矿业中学堂被迫停办,未毕业的学生和教学设备等全部转入贵州省立农林学校。1916年,矿业中学堂改名为贵州省立贵阳甲种农业学校,1927年奉令停办。1928年3月省立贵州大学设立,贵阳甲种农业学校的相关资源并入贵阳大学。1930年贵州大学因各种原因而不得不停办。在此后的近8年时间里,贵州全省没有一所高等学校,这在当时全中国各省区中极为罕见。

从上可见,战前贵州城市教育事业相当落后,贵州省政府的有关官员也深有感触:"本省二十七年(1938年)以前,初等教育颇不发达,儿童失学甚多","全省公私立中学仅三十三所","职业教育仅有省立职业学校三所","社会教育仅有贵阳、安顺、遵义"三所,"大都设备简陋",且"师资,甚形缺乏,……(全省)仅有一万五千一百零三人"①。

与教育事业落后一样,贵州全省文化建设也相当滞后。最直接的表现就是各类文化设施极为稀少。如作为重要文化载体的图书馆在大多数县级城市尚未设立,即便有部分城市设立,但其规模都很小,如贵州省立图书馆直到抗战中期才只有各类图书4万余册②,像电影院、文化馆等等文化设施在战前贵州的绝大部分城市仍属空白,至于民众教育馆以及开展乒乓球、现代棋类活动、音乐活动与阅报活动等都十分罕见③。

抗战以前,贵州文教事业虽落后于中东部各省,也落后西南地区的四川省,但在贵州各界有志之士的努力下,仍能在艰难的条件下取得了一定的进展,本身就具有很大的进步性,特别是在开启普通民众智慧、思想方面也有一定的成就,从而为抗战时期成为后方坚实的基地奠定了初步的文化精神基础④。同时也为抗战时期贵州城市的发展贮备了一定的具有较高素质的城市建设人才。当然,贵州文教事业的落后,在根本上制约了建设人才的培养,使贵州城市因城市建设人才的严重不足而迟滞了城市化和城市现代化的发展。

---

① 贵州省政府:《黔政五年》,1943年,第72—82页。
② 贵州省政府:《黔政五年》,1943年,第82页。
③ 贵州省罗甸县志编纂委员会:《罗甸县志》,贵州人民出版社,1994年,第488页。
④ 赵家懋:《普及贵州教育的必要及方法》,《滇黔月刊》,1937年,第1期。

（四）市政建设发展的滞后

市政建设的好坏往往决定了城市的发展水平，其往往是城市化发展的标志之一。现代市政建设在中国最早兴起于约开口岸的租界。西方殖民者将西方现代市政建设移植到租界，在租界市政建设的示范下，现代市政建设逐渐在华界开展。清末新政时期，随着新政的实施，在各省省会和部分重要城市也相继开展现代市政建设，如修马路、建自来水厂、设置路灯、修建公厕等。民国以后，在中东部一些省市，随着一批受过西方教育的市政专家进入城市管理领域，现代市政建设在中东部城市日渐发展、普及。但是贵州因地理僻远而封闭，文教事业落后，缺乏市政专家的指导，现代市政建设迟迟未充分展开，直至抗战前夕，贵州城市的街道、饮水、公共事业等市政建设仍还很落后。

贵州的城市道路多狭窄，建筑一般都较简陋，路面长期未经修整，故不少城市居民以"低洼巨壑填平以作街市"[1]。罗甸县老城街道多为毛石铺垫，起伏不平、狭窄[2]。街道泥泞，房屋简陋，有土木结构、瓦房81幢，其余皆为茅屋[3]。黄平县城内，"欲觅一完整之屋宇俱无"[4]。独山"房屋多为旧式"[5]。市民照明依靠桐油、菜油、煤油，街灯极少[6]。

现代城市自来水事业自19世纪末在上海等口岸城市发端以来，大连、天津、广州、青岛、汉口、汕头、北京等城市相继开办了自来水厂。到20世纪30年代，昆明、镇江、厦门、长春、杭州、南京、柳州、重庆、成都、苏州、开封、济南、安庆、常州、蚌埠等众多城市亦次第筹设自来水事业[7]。而贵州城市的自来水事业却依然处于自然状态。居民饮水依靠城内有限的水井及临河河流、溪水，根本没有现代饮水工程的建设。如罗甸老城依靠龙泉街两口水井。新城则靠城北一处水井，或鱼王洞、姊妹井以及到城外浸沙取水。每逢少雨季节，居民饮水极为紧张。这与同处西南地区的重庆、四川、云南、广西等省相比，落后很多。

---

[1] 航建旬刊编辑部：《贵阳指南》，贵阳文通书局，1938年，第31页。
[2] 贵州省罗甸县志编纂委员会：《罗甸县志》，贵州人民出版社，1994年，第356页。
[3] 贵州省罗甸县志编纂委员会：《罗甸县志》，贵州人民出版社，1994年，第70页。
[4] 陈志雄：《湘黔滇旅行记》，《旅行杂志》，1938年，第11期。
[5] 张琴南：《入川纪行》，《旅行杂志》，1936年，第6期。
[6] 贵州省罗甸县志编纂委员会：《罗甸县志》，贵州人民出版社，1994年，第357、358页。
[7] 国民政府主计处统计局编印：《中华民国统计提要（民国二十四年辑）》，1935年，第1113页。

抗战前贵州城市的一个突出问题就是卫生条件很差。多数贵州城市因居民缺乏现代公共卫生观念，而致使环境污染严重。市民多"'愚'而不注意卫生，因其'私'而缺乏公众利益观念，驯致随处便溺、唾涕、污垢不除、秽屑乱掷，其影响健康，为害民生，良非浅鲜"①。在省城贵阳贯城河，"沿河染坊林立，居民不少，致污水流入河内，河水溷浊，妨碍市民卫生"②。卫生条件恶劣的现象在贵州各城市均普遍存在，在贵州"天无三日晴"的特殊气候环境下，极利于疫菌滋生，极易于"感染传染病以及肺结核"。加之，贵州城市卫生事业极为落后。"民国二十六年[1937年]前，卫生建设，止于一省立医院而已。全省医师仅有12人，殊无事业之可言。"因而无法有效地防治频发的疾疫，"民众疾病"，往往"听其自然。每遇疫症流行，辄致病死累累，……几遍全省"③，极大地制约了贵州城市的健康发展。

现代邮电业虽继续发展，但还很落后。辛亥革命后，政府裁驿归邮，邮政遂成为传递信息、寄递货物、汇寄银钞的主要工具。到1936年，全省邮局发展为60处，代办所200处。在这一时期，电信方面新建了贵阳至四川、贵阳至广西的电报干线以及一些支线。但只在贵阳及少数县城开始使用电话，以及在军队开始安装并使用无线电台。而具有娱乐功能的商办电台为零，而江苏（上海、南京计入其中）最多，有43座，其次为浙江、河北（北平、天津计入其中）分别有8座、7座，安徽、江西、湖北、湖南、四川、山东、河南、山西、陕西、福建、广东、广西、云南等省分别有1—3座，其余偏远省区则完全没有广播电台④，贵州便在其中。

现代公路交通也从无到有。贵州从1926年开始对公路线路进行勘测，到1929年共勘测路线11条，1400余公里。1927年春开始建设公路，这一年先后开工建设的路段有：贵西路贵阳至安顺段、贵北路贵阳至桐梓段、贵东路贵阳至甘粑哨段。1928年春，贵（州）安（顺）段完工通车，全长95公里，这是贵州省最早通车的公路。从1929年至1935年，总计修筑公路955公里。到抗战前贵州省际公路已建成黔桂、川黔、滇黔等公路，但车辆很少，仅运行于

---

① 吴鼎昌：《勖卫生工作》，《贵州卫生》，1942年，第1卷，第1期。
② 航建旬刊编辑部：《贵阳指南》，贵阳文通书局，1938年，第31页。
③ 姚克方：《今后之贵州卫生设施》，《贵州卫生》，1942年，第1期。
④ 吴保丰：《十年来的中国广播事业》，《十年来的中国》，商务印书馆，1937年，第715—717页。

贵州腹地的安顺、贵阳、遵义间,很少担负省际运输[1]。随着现代公路交通的开辟,城市交通也开始发生变化。新型的运输工具——汽车,成为了城市交通的新宠,但数量很少,仅限于达官贵人们乘用。贵州的第一部汽车是1927年贵州省第一任省长周西成从香港购进的美制雪佛兰牌7座轿车,供周西成在贵阳城里几条街道乘坐。其他城市交通工具仍处于传统阶段。铁路建设还处于规划阶段。水运方面,对湃阳河、清水江、乌江、赤水河等河道进行了初步整治,水运条件有所改善,但仍以传统水运船舶为主,现代轮运极少[2]。1932年,贵州省政府将贵阳团坡桥运动场改建为飞机场,此为贵州最早的机场,1935年,中国航空公司开辟重庆至贵阳航线成功。

尽管贵州现代交通事业有所发展,但与西南其他省区相比还较落后。如云南省,随着1921年滇越铁路的通车,缩小了与国际市场的距离,极大地促进了铁路沿线城市的发展。四川自古以来陆路交通较为发达,境内拥有著名的川陕官道、川藏茶马古道,四川盆地陆路交通更为发达。境内河流纵横,适宜通航河流众多,通过长江航运与长江中下游城市结成了一个联系密切的有机的长江流域城市体系。并随着现代航运在长江流域的开拓,以卢作孚创办的民生公司为代表的四川近代航运事业有力地推动了四川地区经济社会的发展,并促进了航线沿岸城市的发展。

相比而言,贵州城市发展水平在抗战前还很落后。但不可否认的是,贵州经过民初20余年的建设,城市发展水平还是有一定的提升。如城市间现代交通线的修筑,带动了沿线城市的发展,如贵阳随通往川、湘、黔、桂四省的公路干线开通而成为全省的公路枢纽,不断吸引人流、物流集聚。那些公路沿线的城镇也因此发展较快。电灯、电话在部分县城建成使用。贵阳市及部分县城先后拟定市政建设大纲及计划,对街道、建筑物及公共设施的建设都做出了具体规定。如1931年贵州省政府批准建设厅拟定的《贵阳市政建设大纲》,内容涉及"街道之厘定、建筑物之取缔、广场之增设、下水道之整理"等。1932年贵州省建设厅颁发《整理各县市政计划》,并附发《市街工程标准规程》、《整理市街路街房建筑暂行办法》、《整理市街路街房拆修费暂行办

---

[1] 夏鹤鸣:《贵州航运史》,人民交通出版社,1993年,第155页。
[2] 夏鹤鸣:《贵州航运史》,人民交通出版社,1993年,第163—168页。

法》、《取缔市街路建筑物暂行规则》等文件。但因财力匮乏、城市建设技术力量短缺,除省会稍有成效外,其他城市形同具文[①]。

在抗战以前,贵州城市虽有一定的发展,城市发展水平得到了一定的提升,但因受地理区位的偏僻,政治格局的边缘化,经济基础薄弱与文化教育的落后,人口数量较少,人口质量较差,以及现代城市建设理念缺失等因素的影响,极大地制约了贵州城市的发展,无法像中国中东部城市和东北地区城市那样发展迅速,与同处西南的四川、云南相比,也还落后很多,而居全国末位。但经过战前的艰难发展,贵州城市无论是在经济、交通、文化教育,还是内部空间结构和城市功能都比以前有了明显的进步,尽管进步不是十分显著,但却为贵州在抗战时期城市受西迁运动的国家政策重心转移至贵州,促进贵州城市发展做了一定的具有基础性的铺垫。

第二节 抗战与贵州城市的发展变迁

1937年抗日战争爆发前后,面对日本帝国主义侵华步伐的不断加快,为长期抗战准备计,南京国民政府自1937年初开始有计划地将中东部的现代工矿业、人员西迁至包括贵州在内的大西南、大西北地区。在中央政府和各级地方政府的积极协助与组织下,华北、东南沿海与武汉等城市的工业企业的人员与设备纷纷迁往包括贵州、四川、云南、湘西、陕西等在内的大后方地区。同时,沦陷区的高校、知识分子、技术人员、工人、普通民众与军政机关也不断向大后方转移。各类经济组织、政府机关、学校和大量人口的迁入,开始迅速改变贵州在抗战以前城市发展缓慢的状态,有力地推动了贵州城市现代化发展,促进了贵州城市发展水平的提高,贵州城市发展开始发生质的飞跃,部分城市迅速向现代城市方向发展。

一、抗战内迁与贵州城市的发展

自晚清以来,中国城市逐渐由传统走向现代。中东部地区,因区位条件优越,经济发达,其城市发展水平也相应较高。特别是在西方现代产业的示

[①] 贵州省地方志编纂委员会:《贵州省志·城乡建设志》,方志出版社,1998年,第1页。

范下,经过洋务运动、晚清新政、北洋政府时期的发展,国家和民间资本在中东部上海、汉口、天津、青岛、广州等主要城市兴办了大批现代化的工矿业,这些城市便成为了中国首批迈入现代城市发展的城市,在它们的带动下,一些中东部地区中小城市和边境口岸城市也因现代产业部门的创办、现代市政设施的完善、现代文教事业的发展,也由传统走向了现代,从而促进了中国城市现代化的发展。

1927年南京国民政府建立之后,中国近代资本主义工矿业有了进一步的发展。据1937年国民政府实业部统计,当时全国有一定规模的工矿企业约4000家,建立起了初步的工矿业基础,但布局极不合理。这些工矿企业主要集中在上海、青岛、武汉、天津、广州等沿海、沿江城市,仅上海一地就占全国总数的1/3,而地域广阔的西南、西北地区仅有工厂237家,约占全国工厂数的6%[1]。现代产业布局的严重不平衡,在经济规律的作用下,大量的物质财富、人力资源源源不断地由腹地城市向中心城市上海、天津、汉口等单向流动,使本能促进腹地城市发展的经济资源、金融资本与人力资源因这一城市间的单向流动日益空心化,从而进一步加剧了中国区域城市发展失衡。同时,这种产业布局和城市格局在国力屡弱的近代,根本就没有安全的生产经营环境,更谈不上为国家抵御外辱提供强大的经济力量了。因此,抗战爆发后,面对日本帝国主义侵略不断深入,上海民营工厂代表于1937年7月上书国民政府,要求政府迅速组织工厂内迁。为免于"借寇兵而赍盗粮",国民政府责令资源委员会负责内迁动员,并派专员赴上海与厂商洽商内迁事宜。同时向行政院提出补助上海工厂内迁的方案。8月,上海民营工厂的内迁工作开始实施。8月22日,第一家内迁工厂——顺昌铁工厂的首批机器设备运抵武汉。随后日本侵略者将战火蔓延至长江中游,先前迁至武汉的工厂和武汉本地工厂,开始了新一轮的内迁活动,将工厂迁至湘、川、渝、桂、黔、滇、陕等省。据经济部统计,截至1938年底共迁出工厂304家,1939年再迁出114家,至1940年才安置就绪,使得内迁工厂总数达450家左右,机器设备与各种器材12万吨,技工12000余人,情况详见下表。

---

[1] 周天豹等:《抗日战争时期西南经济发展概述》,西南师范大学出版社,1988年,第136页。

抗战时期民营工厂的内迁情况

最后迁往地	四川	湖南	广西	陕西	其他地区	合计
内迁工厂数（A）	250	121	25	42	14	452
内迁器材吨数（A）	90000	10000	4000	15000	1000	120000
内迁工厂数（B）	254	121	23	27	23	448
内迁技工数（B）	8105	2777	532	432	318	12164

资料来源：(A)林继庸《民营厂矿内迁纪略》，1942年，系1946年6月统计；(B)经济部《经济统计月报》，第4期，1947年，系1940年底统计。原技工数合计为12181人，与分省区相加数不一致。转引自隗瀛涛：《中国近代不同类型城市综合研究》，四川大学出版社，1998年，第661—662页。

抗战时期的西迁运动在改变中国现代工业布局的同时，也初步改变了中国西部城市发展落后的局面，特别是地理闭塞的贵州城市。抗战时期，贵州作为重要的东部工业迁驻省份之一，一批现代工矿企业纷纷迁至贵阳、遵义等城市，为贵州带来了现代化的工矿业，仅1938至1939年，从上海、南京、武汉、长沙等地迁移到贵阳的大小工厂即达101家，此后，仍有不少工厂陆续迁黔[①]。这些工厂为贵州城市发展带来了大量的机器、设备、资金，一批具有现代思想的知识分子、懂得现代城市管理的管理者、熟知现代生产技能的产业工人，以及其他人员，为贵州城市现代化发展增添了新的动力。

（一）人口增加

抗战爆发后，在日本帝国主义疯狂侵略下，华北、华东及华中部分地区相继沦陷。为躲避战火，沦陷区的平民与政府机关、厂矿、文教团体、学校一道纷纷西迁至包括贵州在内的大后方，使贵阳获得发展现代工业所必需的人力资源，特别是管理人才、技术人员和熟练工人等稀缺性人力资源。无论是战前，还是战后，缺"人"一直是制约贵州社会经济进步的瓶颈之一，以至于抗战胜利一年后仍有人痛苦地指出："贵州经济建设中人的问题是很重要的一个。"贵州"文盲实在太多，受过专门学识的人则太少，就是受过比较专门技术训练的人也很有限。所以多少管理的人才，多少经理的人才，多少的技术员

[①] 顾朴光：《抗战时期贵州工矿业的发展》，《贵州民族学院学报》（社会科学版），1999年，第3期。

工不得不向外求"[1]。而"工业技术,日新月异,工业机器,精密正确。故工业计划之设计,必须专门人才,各部门之工业,需要各部门专门人才为之设计。此各门专门人才,又必须有高深之学理、纯熟之技术、丰富之经验,而兼具理想、远见与政治经济眼光,方能胜此伟大之重任"[2]。贵州城市要发展,就必须培养、引进人才。随着中东部城市管理人员、技术工人、知识分子等城市发展所需的各类人才的迁居贵州各座城市,在一定程度上解决了城市发展的"人"的瓶颈,从而有力地促进了贵州城市的现代化发展。

例如省会贵阳虽然是区域性的"首位城市"(Primary City),但人口素质较低,知识型人才、专业型人才匮乏同样是其城市发展中长期存在的严重社会问题。以手工工人为例,社会学家吴泽霖在1938年对贵阳城区的8类工业、手工业工人概况的调查报告中就指出,除印刷和成衣两业因职业性质的需要识字工人数略高外,其他木匠、铁匠等6个行业的文盲占各业受调查人数的近半数或半数以上。吴氏提醒道:"在年方少壮的人中,目不识丁者,竟有如此之多,这是社会教育所急应担负解决的一个问题。"[3]这样的人口素质,自然会增加贵阳城市经济建设的难度系数,"抗战军兴以来,本市渐成西南重心,人口日增,工商业日益发达,人才缺乏,供不应求,于是各工商团体,不得不降格以求,所有职工,知识技能,均较低劣,工作效率固小,而种种弊端亦复丛生"[4]。

"人口的变迁对于经济的影响甚大。"[5]尤其是一个地区的新增人口的知识积累如果具有经济上的实用性,那么这样的新移民对迁入地的经济发展必然具有积极作用。抗战期间,伴随厂矿企业、行政机关、学校研究机构迁入西

---

[1] 丁道谦:《当前贵州经济建设中几个先决条件》,《贵州经济建设月刊》,1946年,第1卷,第4期,第1页。
[2] 李熙谋:《中国工业化之基本条件》,《新中华》,1944年8月,复刊第2卷,第8期,第9页。
[3] 吴泽霖:《贵阳城区劳工概况的初步调查》,《新大夏月刊》,1938年11月,第1卷,第3期,第6—7页。
[4] 何辑五:《贵阳市教育之现在及将来》,《贵阳市政》,1942年10月,第3卷,第4,5期合刊,第2页。
[5] 胡鉴民:《人口变迁与社会变迁》,《民国丛书》,第1编第19辑,上海书店,1989年,第81页。

南地区的大量人口,"一部分为技术人员与文化工作者,多数为知识阶级"[1]。这些人参与、服务于寄居地的社会经济文化建设事业,一定程度上改善了当地长期人才匮乏的困境,推动着贵州主要城市的城市化进程。据贵州省档案馆编《贵州企业公司》提供的 1939—1949 年 10 年间公司高级管理人员的资料统计,在总计 146 位董事、经理级管理人员中,除籍贯未详者 15 人外,贵州本籍仅有 18 人,余皆为外省籍人员。并且,146 人中具有专科以上学历者计 101 人,有出国留学背景的 46 人,而贵州籍管理人员有 13 人具有专科以上学历,曾出国留学者 10 人[2]。这样的人才结构,当然是贵州企业公司一度兴旺的原因之一。又据 1947 年 8 月的《中国工程师学会贵阳分会会员通讯录》统计,265 名会员中(籍贯未详者 17 人),贵州籍会员为 32 人(其中贵阳籍 15 人),216 人为外省籍人员[3]。即便普通职员,据 1940 年 5 月《贵州企业股份有限公司职员名录》提供的资料统计,在 1939 年的 105 名普通职员中,外省籍 98 人,贵州只有 7 人。且这 105 名普通职员多为初高中以上学历[4]。战时贵阳各厂的熟练工人亦多来自于外省,如贵州烟草股份有限公司,"该厂有职员 25 人,男性技工约 60 人,女工(包括装撕叶等工作)约 120 人,其中本省籍者占百分之四十五,余为外省籍"[5]。凡此种种,不能不让时人感叹:"抗战以来贵州工业建设的人才的籍贯,贵州籍的不及百分之五。其他占百分之九十五,这百分之九十五的人才,大都是由沪、粤、汉、苏、湘等省而来。"[6]人口的增加特别是人才流入,给贵阳提供了进行工业建设所急需的人力要素。由于时局动荡,无法确切统计翔实的移居贵州的人口数量,但仍可从一些资料管窥抗战时期贵州城市人口的增长情况。

---

[1] 关于抗战期间内迁人口的具体数据,争论甚大。可参见冯祖诒:《抗战时期内迁人口对西南社会经济的影响》,载《庆祝抗战胜利五十周年两岸学术研讨会论文集》(下册),联合报系文化基金会丛书,1996 年 9 月,第 849—850 页;引文见陈彩章:《中国历代人口变迁之研究》,《民国丛书》3 编 16 辑,上海书店,1991 年,第 112 页。

[2] 贵州省档案馆:《贵州企业股份有限公司》(下),贵州人民出版社,2003 年,第 1515—1570 页。

[3] 中国工程师学会贵阳分会:《一年来黔省之工程事业专刊》,《中国工程师学会贵阳分会会员通讯录》,1947 年,第 87—98 页。

[4] 《一九三九年十月十日贵州企业股份有限公司职员名录》手抄本,贵州省档案馆,全宗 M78,序号 18。

[5] 贵阳市政府:《贵阳市工商业调查录》,第 2 编,1944 年,贵州省档案馆,全宗 MG3,序号 0119,第 9 页。

[6] 丁道谦:《贵州工业建设之人才问题》,《贵州日报》,1938 年 7 月 23 日。

1936—1944年贵州人口增长情况　　　　　　　　　　　单位:万人

年份	人口数	较上年净增人口
1936	991.88	72.33
1937	1030.25	38.37
1938	1032.63	2.38
1939	1025.59	-7.04
1940	1021.27	-4.32
1941	1055.20	33.93
1942	1072.86	17.66
1943	1079.25	6.40
1944	1082.72	3.46

资料来源:潘志富《中国人口·贵州分册》,中国财政经济出版社,1988年,第67页。

据上表所列数据分析,贵州人口从战前1936年的991.88万人增长到1944年的1082.72万人,净增90.84万人,人口年增长率为22.01‰。另据侯杨方统计,贵州人口年增长率在1936—1946年间为15.51‰[1],这都超过了贵州省正常的人口增长率。这说明在抗战时期大量外籍人口迁移到了贵州各地,其中又以城市为主。如贵阳市人口从1937年的121304人,迅速增加到1945年的284505人,在短短的8年间,人口增加了近1.25倍[2]。遵义人口由3万增长到1940年近10万人,都匀原不足1平方公里的市区扩大到3.2平方公里,人口达到9万[3]。

工矿企业与各个阶层的西迁,使贵州城市人口职业成分一改传统的职业结构而变得复杂,几乎涉及社会各阶层、各行业。孙艳魁在《苦难的人流》一书中按职业划分概括为:(1)工人、农民;(2)学生、知识分子;(3)地主、小工商业主;(4)城市市民和小手工业者;(5)沦陷区的政府工作人员、军警及其家属;(6)社会其他成员。另据国民政府赈济委员会1938年统计,移居贵州

---

[1] 葛剑雄主编,侯杨方著:《中国人口史》,第6卷,复旦大学出版社,2001年,第210页。
[2] 贵州省地方志编纂委员会:《贵州省志·地理志》上,贵州人民出版社,1985年,第304—306页。
[3] 蓝东兴:《我们都是贵州人》,贵州民族出版社,2000年,第51页。

人口中,文艺界55%,党政与国营事业21%,商人16%,工人6%,农民2%[①]。1940年国民政府统计,后方339个单位工作的知识界人士就有7746人,各类技术工人更多达数万人以上。抗战期间贵州工厂的技工、管理人才有95%为外省籍人,工程师237人中,贵州籍者只有31人,不到总人数的12%;贵州企业公司所属贵州玻璃厂厂长、工程师、技工均为湖南人;新生机械厂经理、车间主任全系外省人,其技工则从昆明、重庆聘来,其中不少也是内迁人员。城市人口的迅速增加,特别是具有较高素质的知识分子、国家工作人员、技术工人、商人的迁居贵州城市,不仅增加了贵州城市人口的数量,而且还改变了城市居民的职业构成与社会观念,从而极大地促进了贵州城市社会、经济、文教事业等诸方面现代化发展。另外,西迁文教事业在贵州开展的各类教育、文化活动,以及贵州本省现代文教事业的进一步发展,为贵州城市发展培养了一批初具现代科学知识的人才,并在一定程度上提高了贵州人口质量,进一步推动了贵州城市现代化的发展。

(二)城市经济

随着大量中东部城市工厂和大量工商业人口的迁入,贵州城市经济得到了快速发展。以工厂为例,1937年贵州除西迁工厂外仅有省建设厅所办的贵阳电灯厂和模范工厂两家,资本合计约30万元[②]。到1943年,"公营"与"公私合营"工厂,增至27家,资本总额共计9300多万元[③]。贵州民营工业也在抗战时期获得了较快发展。按国民政府《工厂法》规定,"凡用发动机器之工厂,平时雇佣工人30人以上者",方能称为工厂。1935年前,贵州全省仅有永丰造纸厂和文通书局两家符合条件,资本总额50万银圆。1943年,符合条件的工厂增加到97家,资本总额4792.2万元。1945年9月,全省民营工厂数增至174家[④]。

城市商业也因工业的发展、城市人口的增加而日趋繁荣。如1937年末贵阳城区领有开业执照的商业行号仅为1420户,资本总额为180万元;1942年商业行号则增加到3894户,资本总额增至7999.53万元;1943年商业行号

[①] 许世英:《蒋委员长讲救济难民问题》,《新华日报》,1938年3月23日。
[②] 贵州省档案馆,59全宗,卷25,第7—9页。
[③] 贵州财政经济委员会:《贵州财经资料汇编》,1950年,第83—120页。
[④] 周春元等:《贵州近代史》,贵州人民出版社,1987年,第321页。

又增至4329家,资本总额增至1.061414亿元。1944年,虽受"黔南事变"影响,工商业有较大波动,但因两广商人纷至贵阳,省城商号数和商业资本不降反升,商业行号达到4831户,资本总额增至1.57亿元。1945年商业行号更增至5422家,资本总额更达2.104047亿元①。遵义"为黔北十余县进出口货物之集散市场,因之商业比较繁盛。……自抗战军兴,外来机关极多,人口增加,日益稠密,公路汽车南通贵阳,北达重庆,自省会与东北各县交通,均以遵义为中心,……工商繁盛可期,经济发展迅速也"②。"进出口货值,亦有可观",每年进出口货值合计1500余万元,居贵州省第二位③。安顺县城场市发达,"东门场隔五日为西门场,再七日又为东门场,场期的中饭时买卖最盛,场最热闹最拥挤,一直至晚饭时方罢市"。市场分牛市、猪市、油市、布市、竹市、木市等。"城内无特别之市,乡民一方面经过城中由东门穿至西门,一方面采办城中商品。……无论城内外均拥挤不堪。"④随着商业活动的不断扩大,为加强商业组织间的联系,商业组织开始得以组建。自1937年至1945年,全省已有县市商会者达20余县,组织商业同业公会者30余县⑤。但是,抗战时期贵州城市商业发展极不平衡,除贵阳、遵义等少数城市外,大部分城市仍然保持着"日中为市,交易而退"的传统商业形态。

抗战时期,贵州城市服务业发展尤为迅速。贵阳服务业尤为兴盛。当时贵阳有"三多",即旅馆多、茶楼酒肆多、饮食店多。旅店多达450家,茶楼酒肆219家,饮食店仅市内广东街到南门桥长约两公里的街道间,经营酒席、小吃、糖果糕点、卤味腊味的大小店铺共107家⑥。贵阳市在1937年有娱乐场所7家,到1945年增至15家⑦。据丁道谦统计,当时仅娱乐捐税每月就达11万余元⑧。在偏僻的安顺,其"市况在一年内变化非常大,而且是畸形的发展。这一年中,大饭店酒楼如雨后春笋的起来,电影院大戏院相继开设,……上海

---

① 李振纲等:《贵州六百年经济史》,贵州人民出版社,1998年,第337页。
② 程治中:《贵州省遵义区二十九年度营利事业统计报告》,《直接税月刊》,1941年,第6期。
③ 奇无、兵孙:《长期抗战期内西南通海孔道一要埠——遵义经济调查》,《四川经济月刊》,1937年,第8卷,第5期。
④ 陈建炳:《谈谈安顺》,《浙江青年》,1940年,第2卷,第7、8期,第790页。
⑤ 李振纲等:《贵州六百年经济史》,贵州人民出版社,1998年,第337页。
⑥ 李振纲等:《贵州六百年经济史》,贵州人民出版社,1998年,第338页。
⑦ 贵州省政府统计室:《贵州统计年鉴》,1947年,第88页。
⑧ 丁道谦:《贵州经济地理》,商务印书馆,1946年,第220页。

大理发店也来了,一时昏眩了安顺人的眼睛"①。

此外,中国银行、交通银行、农民银行等金融机构也在贵州、安顺等城市建立了分支机构,现代金融网络开始形成。联系贵州城市的水陆交通也因抗战得到大力建设,初步形成了贵州城市现代水陆交通网。这都有力地推动了贵州城市社会经济的发展。

(三)城市文化教育

抗战前,贵州文教事业因受长期战乱、民生凋敝、教育经费及其匮乏的影响而长期滞后于他省。抗战爆发后,国民政府加强了大后方建设,贵州城市新式文教事业因此进步明显,特别是1940年贵州实行新县制,推行国民教育,有力地促进了文化教育事业的发展。同时,大批外省籍知识分子和沦陷区学校纷纷来贵州避难,不仅带来了先进的文化科学技术,而且还进一步提升了贵州文化教育事业的发展水平。

在教育方面,经过各方努力建设,贵州教育发展较快。全省小学由1937年的2222所增加到1944年16377所,中学由46所增加到176所,大学由2所增加到9所②,初步建立起了较为完整的教育体系。

1. 高等教育。自1930年贵州大学停办后,至抗战前,贵州便一直没有一所高等院校。抗日战争爆发后,国立浙江大学、国立广西大学、国立桂林师范学院、国立交通大学唐山分学院、湘雅医学院与私立大夏大学、私立之江大学等先后迁至贵州③。加上贵州本省新建了国立贵阳医学院、国立贵阳师范学院、国立贵州农工学院以及重办的国立贵州大学,初步建立起贵州高等教育体系。这段时期,许多科学家、艺术家、作家、教育家都曾在这些学校任教、讲学过,为贵州培养了大批人才,促进了贵州文教事业和其他事业的发展。

2. 中等教育。抗战爆发的1937年,贵州全省仅有31所中学,在校学生10539人。但这些学校和学生主要集中在贵阳和较大的城市,大部分县级城市没有中学。抗战爆发后,贵州举办了一批国立、公立、私立中学,至1945年已有中学121所,为1937年的4倍,在校学生人数增至29522人,是1937年

---

①陈建炳:《谈谈安顺》,《浙江青年》,1940年,第2卷,第7、8期,第790页。
②吕左:《中国·贵州人口研究》,贵州教育出版社,1999年,第79页。
③1937年7月,大夏大学由上海迁至贵阳,后迁赤水;1937年冬,交通大学唐山分学院由唐山迁往平越;1939年,湘雅医学院从湖南迁到贵阳;1939年,浙江大学从杭州迁至遵义湄潭;1943年之江大学由杭州迁至贵筑;1944年,广西大学、桂林师范学院分别从广西迁至榕江、平越。

的 2.8 倍[①]。

3. 职业教育。抗战时期，随贵州各项事业的兴举和各级各类教育事业的发展，职业教育也有一定的进步。贵州省根据《贵州省职业教育调整办法》、《贵州省职业教育分期辅导实施办法》、《贵州省推进农工职业教育实施办法》等法规，以适应地方事业建设为原则，制订了职业教育发展规划，将全省划分为六个职业学区，每区至少设置高、初级职业学校各一所。到1944年，贵州在贵阳、安顺、三都、镇远、遵义等城市共建有职业学校14所。

4. 师范教育。贵州师范教育始于清末，至1936年贵州在贵阳、镇远、都匀、盘县、遵义等5座城市创办了6所师范学校。抗战时期，为解决因国民政府推行义务教育和国民教育过程中师资缺乏的问题，贵州省政府在安顺、绥阳、贵定、榕江、铜仁、关岭、毕节、炉山、兴仁、黔西、龙里等22座城市增办了一批正规师范学校和简易师范学校；在都匀、麻江、天柱、桐梓、水城、松桃、印江、沿河等17座城市省、县立中学附设简师班，到1944年，全省已有师范学校23所，学生4784人。此外，还在40余座城市创办师资训练班46所，学生3794人。

5. 初等教育。1937年全省共有初等学校2222所，学生316953人，经过1940年新县制和国民教育计划的推行，到1945年全省初等学校及国民学校增加至10288所，入学儿童增加到772637人[②]。

在文化方面，因知识分子和文化人士大批移居贵州，创作出了大量的文化作品，如《迫害》、《朋友，伸出你强有力的手吧》、《四围山色中》等大量文学作品。刊行了《文讯》、《新青年》、《抗敌半月刊》、《贵州晨报》等大量报章杂志。音乐和戏剧通过音乐会、剧社、电台广播、街头演唱等形式宣传抗日救亡，"几乎唱遍了三十年代的全部抗日歌曲"，如歌曲《亡国奴当不得》、山歌剧《送郎打日本》等。美术界创作了许多著名作品，如徐悲鸿的《放下你的鞭子》。丰子恺、谢孝思、宋咏可、孟光涛也都创作了大量作品[③]。此期贵州文化界还以抗日战争为时代主题，创作了大量的作品，繁荣了贵州城市的文化。此外，作为传播文化基地的图书馆、电影院等文化机构、设施，在一些城市得

[①] 安永新、林开良：《抗日战争时期的贵州教育》，《贵州文史丛刊》，1987年，第2期。
[②] 贵州省志编纂委员会：《贵州省志·教育志》，贵州人民出版社，1990年，第16页。
[③] 范同寿：《贵州简史》，贵州人民出版社，1991年，第250—258页。

到了兴建,从而满足了都市群体精神文化的需求,拓宽了文化影响的范围,促进了文化建设的发展。

(四)城市规划

随着抗战期间工厂、国家机关、社会组织、各阶层人员西迁至贵州,贵州原来功能单一、市政设施落后的城市不堪重负,为承接西迁的工厂、国家机关、社会组织和大量的人口,贵州城市在新市政建设思想的指导下,开始着手进行城市规划。如贵阳提出了市政建设计划化、市政建设国防化、市政建设农村化、市政建设社会化等规划建设基本原则。

贵州首开现代城市规划之风气的是省城贵阳。民国初期,贵阳城市基本保持着清代的格局,城内除大十字、小十字及南北大街属闹市外,余皆系古老幽静的街巷。1926年周西成主持黔政,开始了对贵阳市政道路工程设计、建设,拆除北门老城和新城间的城墙,并修筑了环城马路,同时规划先修省府门前马路,再以大十字街为起点,改造东西南北大街。后又绘制中华路改建的建筑图,要求沿路各商号住户,按照设计图施工。这便是省城贵阳的第一次城市规划建设。

1931—1935年,贵州省建设厅制订《贵阳市街沟渠设计图标计划法规》对下水道规划作了初步的设计;编制了《整理旧市和扩大新市计划大纲》,内容包括街道的厘定,建筑物的取缔,广场之增设,下水道之整理等。

1938年,贵州省建设厅制订了《贵阳市新住宅区规划设计方案》,以贵阳大南门外观风台西南面的南明河一带为新住宅区,面积370亩,内辟道路18条,兴建公园一处,河岸南北各设取水码头一处,并修建配套公共设施。

1940年,为避免敌机空袭,贵州省政府制订了《贵州省会疏散区房屋建设规划》。同年省建设厅又制订了《贵阳市公路建筑设计图表法规》,提出完成东西南北四大干道(指中华路南北两段、中山路东西两段)整修工程的规划设想。

1941年,贵阳正式设市后,根据《贵阳市政府组织规则》,设立市政府工务局,职掌全市城市规划建设与管理工作。并成立贵阳市水道工程处、贵阳市协济处等机构参与城市规划建设与管理。

抗战时期,为适应城市发展新的需要,省建设厅编制了《贵阳市道路系统图》[1]。该道路规划分城市道路为三个等级,并规划城市东南部分为新住宅区,城市外围西南部为新工业区,城市南部为商业区。1941年,贵阳市政府根据《贵阳市道路系统图》,遵照国民政府颁布的《都市计划书》,结合地方实际,制作了贵阳市规划模型实体,简单地将城市功能按区分为工业、商业、政治、文化、住宅等,并对市政道路、沟渠、园林、广场等初步予以安排,还制订了《市区道路系统计划》,将贵阳市定位为:美丽安静的全省政治、文化中心的消费性城市。这是贵阳城市总体规划的雏形。在抗战时期,按照城市总体规划,对《南明住宅区》、《市区道路系统计划》分两期进行了建设,至民国三十三年(1944年)共完成50余条街道工程的修筑任务,将省府路及中华路部分路段改建为块石路面,创建自来水厂,设置路灯,等等。这些市政工程的规划与建设,有力地促进了贵阳城市的现代化发展[2]。

自20世纪30年代始,贵州其他城市在贵州省政府的指导下先后进行了一些城市规划。1932年2月,贵州省建设厅制订《整理各县市政计划》,附有《市街工程标准规程》、《整理市街路街房建筑暂行办法》、《整理市街路街房拆修费暂行办法》及《取缔市街建筑物暂行规则》等。该计划称"今省道建设,将次完成,市政建设亦已确定计划,次第施工。对于各地城镇,不能不通盘筹划,力使改进"。规定凡人口2000以上或户口500户以上之城镇,均应施行。省政府批准该计划并饬令各县据以编制各县的市政建设计划。《整理各县市政计划》是贵州第一部城镇建设的规划法规,也是市镇工程的技术法规,曾印制成册,分发各县及各厅局[3]。

1939年2月4日,日机轰炸贵阳,中心城区被毁大半。省建设厅制订《二四灾区整理计划》并组织实施。是年6月,国民政府颁布《都市计划法》[4]。省政府将《都市计划法》转发各县,并于1941年4月明令各县制订《市政建设初步计划》。据现有资料统计,先后制订《市政建设初步计划》上报省政府的县级城市有:锦屏、凤冈、石阡、开阳、贵定、清镇、大塘(平塘)、榕江、大定(大

---

[1] 由谌志笃设计,何新铭制图,花来峰等校订,贵州陆地测量局印制。
[2] 贵阳市地方志编纂委员会:《贵阳市志·城市建设志》,贵州人民出版社,1990年,第4—12页。
[3] 贵州省地方志编纂委员会:《贵州省志·城乡建设志》,方志出版社,1998年,第151—153页。
[4] 《都市计划法》,适用于人口在10万以上的城市或省会,贵州仅有贵阳一座城市适用。时贵阳正在实施《二四灾区整理计划》,因而未编制都市计划。

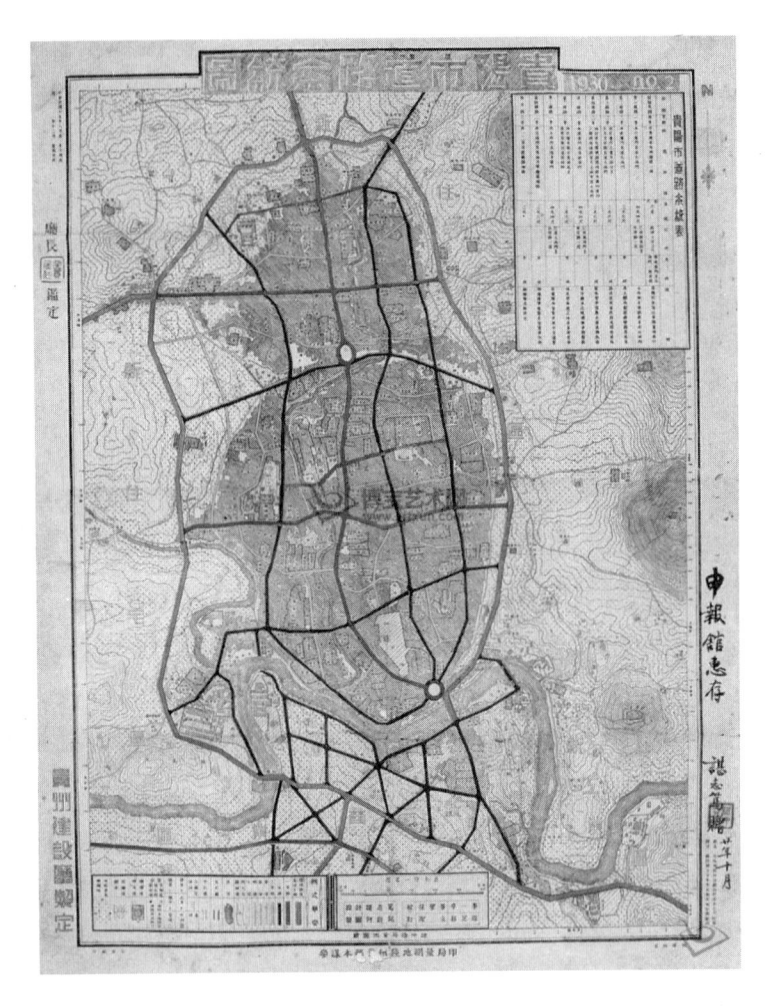

贵阳市道路系统图

方)、郎岱、毕节、金沙、兴义、三穗、息烽、思南、施秉、铜仁、长寨(长顺)、都匀、剑河、威宁、望谟、广顺、桐梓、麻江、晴隆、绥阳、纳雍、三都等30座。其中金沙、毕节的城市规划有一定的现状分析和发展预测，项目内容较为完整、翔实。

1942年5月，贵州省政府颁发《贵州省各县市镇建设计划概要》作为编制市政建设计划的技术性文件。该文件对市政建设计划的内容、目的、方法、技术要求、历史与现状分析、三十年发展预测、地图测绘、资料收集、工作程序、功能分区、公用建筑、园林绿化、道路桥梁、排水沟渠、环境卫生、防空消防、房屋建筑、规划管理等作了概要性说明，并对若干技术性要求作出具体规定,以便执行。

同一时期,国民政府内政部公布《县乡镇营建实施纲要》,规定:凡居住人口满5000人以上的县、乡镇均适用,并另文规定从1943年起营建计划应报内政部审查备案。1944年9月,行政院颁布《建筑法》后,内政部又明确:10万人以上城市适用《都市计划法》和《建筑法》;5000人以上县乡镇适用《县乡镇营建实施纲要》,以后各县营建计划为年度实施计划,按规定内容与格式每年上报,不再属城镇规划性质。1944年上报县乡镇营建计划的县有赫章、岑巩、怀仁、平坝、婺川、开阳6县;1945年有习水、丹寨、威宁、炉山(凯里)、湄潭、道真、望谟、三穗、余庆、石阡、郎岱、锦屏、婺川等13县。但是这些营建计划因抗战时期城市建设经费有限和时局原因而大多流于形式,计划项目多不能实现。仅个别县城直到1947、1948年才计划得较为完整,具有粗略的整体规划的深度,其中最为典型的是1947年的大定(大方)县城市建设计划和1948年遵义县营建实施计划[①]。

由于受诸多条件的制约,在抗战时期,除省城贵阳按照城市规划进行了一些市政建设,并取得了较大成效外,贵州其他各级城镇规划,特别是少数民族地区的城市几乎都是形同具文,几无建设可言。

(五)城市环境

随着抗战大后方城市建设的展开,为适应城市现代化发展与防治疾疫的需要,贵州城市根据《都市计划书》以及省建设厅对市政建设的要求,对城市环境进行了建设。

抗战以前,贵州城市居民大多不讲究卫生习惯,市民多"'愚'而不注意卫生,因其'私'而缺乏公众利益观念,驯致随处便溺、唾涕、污垢不除、秽屑乱掷,其影响健康,为害民生,良非浅鲜"[②],因不注重城市环境维护,致使城市生活污水、洗涤污水随便倾泻,任其自流。虽然贵阳、遵义、都匀、兴义、黎平等城市或石砌排污沟或建石板暗沟,但因这些排污设断面大小不一,流水坡度不顺,整个城市不能形成系统。且因无人管理,失养失修,坍塌堵塞,排污不畅,雨后溢流,污水满街,甚至顺流而至城市的饮水河道,污染了城市水源地。

[①] 贵州省地方志编纂委员会:《贵州省志·城乡建设志》,方志出版社,1998年,第151—153页。
[②] 吴鼎昌:《勖卫生工作》,《贵州卫生》,1942年,第1卷,第1期。

如贵阳贯城河"沿河染坊林立,居民不少,致污水流入河内,河水溷浊,妨碍了市民卫生"①。

抗战爆发后,贵州地方政府与市民对城市环境恶劣的现状深有感触,要求"修筑道路、改良建筑、讲求卫生"②。贵阳市政府专门"剀切告诫市民,利用劳动服务彻底整顿市容",并举行清洁比赛运动,"挨户严格检查,使市面日臻整洁。此外更饬警局挨户劝导"③。1937年主政的吴鼎昌也要求"卫生行政必求普遍推行"④,本着"清洁、整齐、朴实、安详"的原则⑤,对城市环境进行大力整治。整治内容涉及"上下水道之建筑,厕所之改善,街道之清洁,有关卫生商店之管理"等诸项,组建清洁队,进行"街道清洁,垃圾处理"等几乎涉及了所有的城市环境卫生事项⑥,其具体措施如下:

首先是整治城市排污系统和进行街道建设。贵阳市政府在1941年改造街道的同时,改造下水道,根据污水流量加大沟槽断面,修建了贯城河13条渠道,南明河6条渠道的两大排污系统。兴义在1942年全面拆修改建街道时,修砌暗沟1300米。印江县城则在街道两侧建明暗排水沟。安龙县城于1943年主要街道两侧建石砌暗沟2538米。麻江县城在主街两侧建明沟250米⑦。其他城市也多有类似整治城市环境的举措。此外,造成城市环境不佳的还与贵州城市街道的黄泥土路有关。天晴时,灰尘漫天;霖雨时,街道泥泞不堪。这种状况因战时城市街道建设的发展而有所改观。包括贵阳、遵义、安顺、都匀等地区中心城市在内的大部分贵州城市都修筑了数量不等的碎石马路或街道,这不仅便利了城市居民的出行,而且还在一定程度上改善了贵州城市的环境⑧。但由于战时财政的困难,市政经费有限,城市街道整治和排污系统建设多停留在纸面上,除贵阳相关设施有所建设外,贵州其他城市并没有实质性的进展。

其次是保持城市卫生。为保持城市整洁卫生,1935年贵州省政府颁布了

---

① 航建旬刊编辑部:《贵阳指南》,贵阳文通书局,1938年,第31页。
② 何德川:《建设刍议》,《贵州建设月刊》,1946年创刊号,第15页。
③ 贵州省政府:《黔政五年》,1943年,第103—107页。
④ 吴鼎昌:《本年工作,兵役第一》,《西南日报》,1939年1月1日,第1版。
⑤ 郑一平:《贵阳市政设施新姿态》,《新市政》,1943年,第2期,第9页。
⑥ 贵州省政府:《黔政五年》,1943年,第103—107页。
⑦ 贵州省地方志编纂委员会:《贵州省志·城乡建设志》,方志出版社,1998年,第316—322页。
⑧ 贵州省地方志编纂委员会:《贵州省志·城乡建设志》,方志出版社,1998年,第247—270页。

整齐、清洁两项城镇卫生标准,督导各城市推行清洁卫生工作,并成立了省卫生委员会。1939年,省政府在施政报告中进一步阐述了关于城镇卫生建设的问题,具体内容有:甲、整顿各县城卫生环境。饬卫生委员会通令各县政府督同各该县卫生院、所,利用劳动服务,清扫街道,疏通沟渠。先后呈复遵照办理完竣者25县;乙、组织省会清洁管理委员会,由卫生事务所联合省新生活运动促进会、卫生委员会、省会警察局及贵阳市政工程处(属省建设厅)组织成省会清洁管理委员会,推行一切有关省会清洁事宜;丙、建设灭虫站;丁、增建公共厕所(当时仅贵阳有公厕2处,各县均无公厕);戊、改良遵义、安顺、镇远及花溪给水工程;己、继续试办粪便管理;庚、建焚秽炉;辛、筹备夏令饮水消毒等[1]。

各城市根据省政府的指示,对城市清洁卫生环境进行了建设,下以城市公厕为例说明之。1943年,贵州省政府组织检查原有公私厕所,不良者予以改良,较差者予以封闭,并制发公厕设计图,指导城市公厕建设,到1944年,贵州多数城市新建了公共厕所。参见下表。

部分城市改造厕所完成情况表(1944年统计)

城市	封闭厕所 公厕	封闭厕所 私厕	新开公厕 开工	新开公厕 进行	新开公厕 完成	改良公厕 开工	改良公厕 进行	改良公厕 完成
贵阳	7	266	55	174	59	3	37	34
贵筑	1	5	2	3	2	—	1	1
息烽	11	25	4	4	5	3	3	3
纳雍	13	52	20	23	20	37	32	23
天柱	35	106	20	20	1	27	57	40
印江	172	226	64	45	6	175	144	59
望谟	—	—	2	—	—	—	—	—
正安	—	60	—	—	—	71	83	62
黎平	75	373	16	14	14	7	63	122
安龙	—	—	2	2	1	—	—	—

[1] 贵州省地方志编纂委员会:《贵州省志·城乡建设志》,方志出版社,1998年,第335—336页。

续表

城市	封闭厕所 公厕	封闭厕所 私厕	新开公厕 开工	新开公厕 进行	新开公厕 完成	改良公厕 开工	改良公厕 进行	改良公厕 完成
江口	—	8	—	15	—	—	—	—
镇宁	6	26	—	—	—	22	4	3
三穗	—	—	1	1	—	—	1	1
桐梓	4	43	—	—	—	11	20	48
清镇	55	264	21	10	18	38	12	50
都匀	1	41	4	4	4	9	9	9
习水	33	190	3	—	25	—	—	—
晴隆	2	8	1	2	—	2	4	1
江口	—	—	—	15	—	—	—	—
盘县	3	—	2	—	—	5	—	2
玉屏	—	—	2	—	2	—	2	2
平坝	1	4	—	—	—	1	1	1
合计	399	1697	219	332	157	411	472	460

资料来源：贵州省地方志编纂委员会《贵州省志·城乡建设志》，方志出版社，1998年，第336页。

在进行公厕建设的同时，各城市还加强了城市街道卫生清扫工作，落实了"清道夫制度"。如罗甸县城规定"凡街道两旁住户门前自己清扫"，并在1942年由县政府专雇一名清道夫，每逢赶场天当晚清扫一次[①]。

再次是对城市居民进行公共卫生宣传与教育。民众良好的公共卫生习惯的养成，也是城市公共卫生事业建设的一个重要方面。为此，抗战时期贵州各社会阶层采取多种形式对城市居民进行了较为广泛的公共卫生宣传与教育。各级政府和疾疫防控机关专门制作环境卫生手册，印制关于房屋卫生、饮水改良、厕所管理与垃圾处置的"四程挂图"，并分发各县以宣传卫生知识。贵州省卫生处下设的健康教育委员会不仅编订了卫生健康教材，对学生进行卫生习惯训练，还通过《修正贵州省种痘暂行办法》，专门规定各县政府

[①] 罗甸县志编纂委员会：《罗甸县志》，贵州人民出版社，1994年，第359页。

或者卫生院所(队)在每次接种牛痘前,必须先期分别督促该管各乡镇保甲长向其所辖境内民众讲解相关卫生知识。各县健康教育委员会,均订有各县卫生院(所)举办社区健康卫生教育实施的纲要:"设置卫生展览室外,并与其他社教机关合办失学儿童保健班四班,随时作文字及图书之宣传。"[1]学校通过主办暑期卫生研讨会等形式,来促进学生良好卫生习惯的养成。内迁高校与医疗机构则通过文艺演出、办报刊等形式,向民众宣传新的生活方式和健康理念[2]。经过广泛的宣传教育,贵州城镇居民的公共卫生观念比抗战前有了较显著的提高,效果明显。贵阳彻底改变了战前"满街都是污秽而恶臭的水潭和古老式的市房"的"中世纪式的典型村镇"[3],"市容因而改观者不少"[4],而为"环境清幽,宿舍清洁,身心为之一爽"的卫生城市。安顺"街道极佳,是石铺的,很平整,很宽大。我在任何省,没见过除了省会之外,又能有这样好的县城。即地方上一切建设,也都叫人只有赞叹"[5]。遵义"有个现象最惹我们注意的,就是遵义街道之清洁"[6]。

当然,抗战时期贵州城市因市政建设的渐次进行,卫生环境面貌发生了一定的改观,但城市居民的卫生观念、卫生行为的转变需要一个较长期的过程,因此,贵州城市卫生状况在总体上还未根本改观,城市卫生环境仍如独山县城街道"龌龊不堪"[7]。这种状况一直持续到以后的贵州城市发展。

二、抗战时期贵州城市发展存在的困难与问题

虽然贵州城市在抗战大后方建设时期获得了较快的发展,但受地理条件、经济基础、民族与人口问题以及国家战略的主次等因素的影响,尽管贵州城市获得了一定的发展,但仍步履艰难,问题与困难重重,其中主要体现于以下五点。

---

[1] 贵州省政府:《黔政五年》,1943年,第102页。
[2] 李仕波:《抗战时期贵州医疗卫生事业发展及其历史影响》,《辽宁医学院学报》(社科版),2011年,第2期。
[3] 尧译:《发展中的贵州》,《长风》,1940年,第4期。
[4] 航建旬刊编辑部:《贵阳指南》,贵阳文通书局,1938年,第32页。
[5] 李长之:《西南纪行》,《旅行杂志》,1938年,第11期。
[6] 同济:《千山万岭我归来》,《旅行杂志》,1941年,第5期。
[7] 张琴南:《入川纪行》,《旅行杂志》,1939年,第6期。

(一)闭塞的自然地理环境

贵州特殊的高原地理环境,大部分地区山峦起伏、沟壑纵横,地表崎岖破碎,地形复杂,河谷地带和山间盆地面积狭小,使得贵州城市自其起源、发展时便局限于狭小的河谷、盆地等地理单元上,只能以"低洼巨壑填平以作街市"①,其规模发展受到地理空间的挤压,致使城区规模很小。同时沟壑纵横崎岖的高原环境,在缺乏现代开挖机械的时代,为贵州城市与外界、境内城市间的人员交往、物资交流等交通联系平添了巨大而无法从根本上解决的天然障碍,贵州城市也因此而形成了相对独立的川江、沅江、珠江流域城市分布、发展,与外省经济、政治、文化中心联系相较贵阳密切的格局,从而制约了贵州区域统一市场的形成、发展,使得促进贵州城市的内动力具有了天生的弱性,最终影响了以贵阳为核心的城市体系的形成、发展。

在贵州城市发展的内生力严重不足的情况下,也是因为高原山川的重重阻隔而无法或迟滞了从外界获得发展推动力。当云南在 19 世纪末因边境口岸开放,城市发展便开始由传统向现代转型。重庆和四川因开埠和地理环境相对优越和川江航运的发展,也获得了很大的发展的时候,贵州现代化进程依旧处于传统阶段,除文化教育稍有现代气息外。即便贵州在抗战时期成为重要的战略大后方,也因地理环境的闭塞,在大后方建设的过程,贵州的地位也仍低于四川、重庆、云南、陕西等省区,这便是地理环境闭塞使然。

(二)城市发展动力不足

在近代贵州,促进城市发展的动力主要来自两方面:一是经济发展内生动力;一是政治推动力。在抗战前及抗战时期,因贵州特殊的条件限制,影响了经济和政治对城市发展的推动作用。

贵州区域经济发展因高原地理环境的影响而长期滞后。贵州在明清时期"刀耕火种,无薮泽之饶,桑麻之利,税赋所入不敌内地一大县"②。抗战时,贵州经济事业仍是"自来较逊他省,农矿工商,均未发展为独立之规模"③。在西南诸省中,"似乎只有贵州才最贫乏,盐棉皆缺,稻米不多,除煤

---

① 航建旬刊编辑部:《贵阳指南》,贵阳文通书局,1938 年,第 31 页。
② 《黔南识略·黔南职方纪略》,贵州人民出版社,1992 年,第 15 页。
③ 《贵州建设协会宣言》,《贵州建设月刊》,1946 年,创刊号。

而外,其他矿产尚不能有完全确实估计"[1],"相当贫苦,是不足自给的"[2]。时人评论道:贵州僻处边陲,交通梗阻,百业不振,经济落后[3],"工商业之难于发展,更无论矣!"[4]近代工业无论是在数量上,还是在使用动力、资本额等方面都逊于其他后方省份,在西部大后方各省中居末位。参见下表。

民国三十一年(1941年)后方3758家工厂公布概况表 单位:%

省别	工厂所占比例	工厂资本总额所占比例	使用动力工厂比例
四川	44.01	58.28	43.22
贵州	2.98	2.93	1.13
云南	2.82	10.80	10.32
广西	7.77	7.90	7.92
广东	1.85	0.48	0.95
福建	2.34	0.85	8.34
湖南	13.34	3.92	10.51
江西	2.71	1.72	3.23
浙江	1.89	4.71	2.45
陕西	10.24	3.43	9.63
甘肃	3.69	3.19	1.14

资料来源:中国史学会等《抗日战争》,四川大学出版社,1997年,第24—25页。

贵州工业不仅数量少,动力不足,而且资金少、规模小、设备差。占全省95%以上的工业企业,投资规模一般仅几十元、几百元,上千元的不多,上万元的更少。据统计投资上万元的企业也不过百家。绝大多数企业一般以三五人、六七人者最多,10人、20人以上的工厂都少,100人以上者屈指可数,千人以上的民族资本中只有独山多福利和玉屏益民公司两家,万人以上的工厂全省无一家。设备更是落后。抗战时期贵州工厂机械设备稍有增加,但仍以

---

[1]谭辅之:《贵州与新西南》,《贵州建设月刊》,1946年,创刊号。
[2]游德培:《开发西南呼声中对于贵州矿产之展望》,《贵州》,1940年,创刊号。
[3]胡嘉诏:《贵州省之经济建设》,《实业部刊》,1937年,第2卷,第2期,第154页。
[4]胡嘉诏:《一年来之贵州省建设》,《中国建设》,1937年,第15卷,第1期,第81页。

一厂一机或一厂二机居多,一厂三机的工厂不多,一厂十机的很少,且这些机器多陈旧破烂,有的已很难使用,几乎成一堆废铁①。这样落后的工农业基础当然是无法为贵州城市现代化发展提供持续长久的内动力的,使之成为制约抗战时期贵州城市发展的最主要的原因之一。

同时,贵州城市经济发展落后还与国家资本密切相关。贵州现代工矿企业"从它产生之日起,就与国家有不解之缘"②。如贵州企业公司从1939年6月创立开始,在抗战胜利前,虽先后3次增资,但其资本一直被国家资本控制③。且抗战期间最后一次增资至3000万元之巨后,国家资本合计占贵州企业公司资本总额的99.63%,而普通商股仅占资本总额的0.37%。由此看出,"贵州企业公司之组成,实以国家资本为主干"④。虽然国家资本在一定程度上促进了抗战时期贵州城市的发展,但这种资本构成情况亦凸显如下历史面相:战时贵州的本土资本"对于工业这种生产事业的投资除少数之少数外,大多裹足不前"⑤。国家资本才是战时贵阳工业经济有所发展的第一推动力。不过,我们也必须注意到它对落后地区发展的消极影响,特别是它所控制的"国营"、"省营"等经济单位,借助于国家权力资源对脆弱的民营工业挤兑、打压,从而使大后方工业生态普遍呈现"国强民弱"的畸形经济结构。从而影响了国家资本在贵州城市发展动力上的推动作用,最终导致了贵州城市经济的畸形发展。

推动中国城市发展的动力因素还有政治因素。国家和地方政治的统一与安定,往往是城市发展的黄金时期,特别是那些为政治力量垂青的城市,国家政治力量通过行政手段聚合大量的财政资源、物质资源、人力资源来促进其发展,其城市化发展水平因政治力量的推动而获得长足的进步。而贵州因抗战前各系军阀割据混战,直到1935年前全省政治因各方势力纷争而处于分裂状态,地方政府自然无法也不能够积极有效地促进城市发展,更多时候是对城市的破坏。1935年以后随着中央军队的进入,国民政府中央才将贵州

---

① 林兴黔:《贵州工业发展史略》,四川省社会科学院出版社,1988年,第370—371页。
② 张忠民:《艰难的变迁——近代中国公司制度研究》,上海社会科学出版社,2002年,第213页。
③ 需要说明的是,投资于中交农三行的股本在当时是被视为"特别商股"看待的。何辑五:《十年来贵州经济建设》(四),《农业》,南京印书馆,1947年,第59页。
④ 何辑五:《瑞园随笔》,贵阳西南印刷所印,1949年,第32页。
⑤ 丁道谦:《贵州经济研究》,中国国民经济所,1941年,贵阳中央日报社印,第63页。

纳入国家统一的政治范围。但由于抗战前贵州长期游离于中央治权之外,地方势力仍还很强大,在很多时候,地方势力为谋求最大的利益还会与中央在一定程度上进行抗衡。如代表中央政治力量的四川人吴鼎昌在任贵州省主席主政时期,致力于贵州经济建设、教育发展、城市规划建设等方面的活动,但经常受到贵州本土势力的掣肘,各项建设事业均进展不大:言政治,制度不建全,吏治腐败;言经济,除了公路交通略有发展以外,其余建设甚少;言教育,亦还停留在起步阶段。[①] 以致吴氏心情十分沉重:"予到筑时,正岁尾年头,国事艰危,客居孤寂,深夜一灯,往往不得成眠。"[②]中央力量与地方势力为争夺贵州控制权而不断内讧,在政治层面制约了对城市发展的促进作用,从而直接影响了贵州城市的发展。

(三)民族地区发展相对滞后

贵州民族成分复杂,除汉族外,还有苗、水、布依、彝、土家等12个少数民族[③]。这些民族因其发展历史不同而分布有异。苗族在贵州大多数县市都有其聚居的村寨,以黔东南最为集中。布依族在省内分布较为广泛,黔南和黔西南是其主要聚居区。侗族集中分布在黔东南的锦屏、天柱等地。彝族则以毕节、水城、大方等县分布最多。水族主要分布在黔南三都。回族主要居住在黔西的毕节、安顺、普安、水城与贵阳。仡佬族主要分布于道真、婺川、黔西、普定、平坝等县。壮族主要聚居在从江、独山、榕江、荔波等与广西接壤的地区[④]。贵州少数民族不仅分布广而且人口数量多。在1932年贵州仅苗民就有200多万[⑤]。据当时贵州省估计,苗夷族占全省人口三分之一强。又据陶覆恭、杨文询在《中外地理大全》中估计,少数民族人口占全省四分之三,贵州汉人仅占四分之一而已,当时贵州总人口约为1121.64万人。另据陈国钧在20世纪初调查统计,贵州苗夷区人口至少占全省40%,约有400多万苗夷民[⑥]。此外,水、土家、布依等族亦占有相当比例,迥异于现代贵州民族构成,从而形成了以苗夷族为主体、各民族大杂居小聚居的民族分布特点,且各少

---

① 茨青:《十年来之贵州》,《贵州晨报丛书》,第3种,1937年,第23—46页。
② 吴鼎昌:《花溪闲笔》,贵州印刷厂印刷,1941年,第7页。
③ 范同寿:《贵州简史》,贵州人民出版社,1991年,第6页。
④ 贵州师范大学地理系:《贵州省地理》,贵州人民出版社,1990年,第136—140页。
⑤ 游建西:《近代贵州苗族社会的文化变迁》,贵州人民出版社,1997年,第2页。
⑥ 吴泽霖、陈国钧:《贵州苗夷社会研究》,民族出版社,2004年,第3页。

数民族多避居深山远谷之中。这种民族分布格局是在长期的历史演化过程中形成的。"自元代军屯、卫所、官户、戍卒以及负贩商旅,来自各方,移民渐众,而苗夷同胞,遂多移居深山野谷之中,自成风俗,与世相远。"[1]"苗人聚种而居,窟宅之地皆呼为寨,或二三百家为一寨,或百数十家为一寨,依山傍涧,火种刀耕"[2],其"居寨"习惯在长期的迁徙过程中为保证种族的繁衍生息,通过特定的"姑舅亲"、祖先崇拜等婚姻、宗教形式不断得到强化[3]。这种"寨居"形式经过历史时期的演变,逐渐发展成为贵州城市的雏形——寨堡,无论是"寨居"还是"寨堡",都是以传统的自给自足的农业与狩猎经济为基础的。这当然是无法支撑"寨居"和"寨堡"发展成为功能较为齐全的现代城市的,更不必说发展成为现代都市了,至多形成一个基层区域内的人口、经济相对集中并承担起一定经济功能的场、集等聚落单元。甚至一些民族区域的县城也是如此。罗甸县老城城区面积为 0.5 平方公里,居民 350 余户,1500 多人。龙坪新城城区面积为 1 平方公里,居民 300 余户,1500 多人,为贵州边陲小镇[4]。桐梓县城更是"荒城寥廓,城中居民不过百户"[5],仅相当于内地的一个小市镇而已。如果按照现代城市标准,贵州相当一部分县城在严格意义上是不属于城市范畴的,与贵阳、遵义等汉族聚居区的城市发展相差甚远。

同时,在抗战以前贵州民族关系发展历程中,由于历史原因,各民族间"互相仇雠残杀,夙怨结深,民族界限,至今显然。原籍赣鄂湘住民,虽其祖若父有数百年之历史,现仍称原籍省县,雅不愿以籍隶贵州,其原因不过贵州素为苗夷所居,称贵州籍,即为苗夷后裔也"[6],这种民族关系到抗战初期仍还在一定范围存在,这在一定程度上影响了城市的健康发展。

由上可见,抗战时期,贵州民族地区的发展相对滞后,不仅迟滞了民族地区城镇的发展,还在贵州省域内制约了贵州城市的整体发展,从而使其成为贵州城市现代化发展迟滞的一个重要因素。

当然不可否认的是,贵州城市在其发展过程中,因受民族地区经济、文

---

[1] 杨森:《贵州边胞风习写真》,贵州省政府边胞文化研究会,1947 年,第 1 页。
[2] 徐家干,吴一文校注:《苗疆闻见录》,卷下,贵州人民出版社,1996 年,第 162 页。
[3] 吴一文:《黔东南苗语地名与苗族历史文化研究》,《贵州民族学院学报》,1995 年,第 3 期。
[4] 贵州省罗甸县志编纂委员会:《罗甸县志》,贵州人民出版社,1994 年,第 70 页。
[5] 朱偰:《黔游日记》,《东方杂志》,1944 年,第 40 卷,第 12 期。
[6] 刘千俊:《西南边陲中心的贵州》,《边疆半月刊》,1937 年,第 2 卷,第 6 期,第 1 页。

化、建筑风格的影响,而显示出浓烈的民族特性,这种城市民族性为其他省区所没有,从而为贵州城市发展提供了重要的文化资本,特别是对新世纪贵州城市旅游业、文化产业的发展来说,则是重要的文化资源。但这些宝贵的资源因受抗战时局各方面条件的限制而未得到很好的开发利用,以资成为城市发展的助推剂。

(四)人口总量的不足与素质低下

薄弱的经济基础、长期的战乱与传统医疗条件的落后,使得贵州人均寿命较短,人口总量增长缓慢。到抗战前夕,贵州总人口只有991.88万人①,人口密度仅为59.42人/公里²,但在抗战时期,贵州人口虽因中东部人口大量移居而有一定的增长,从战前的近1000万人增加到1944年的1082.72万人②,8年间仅增加了不足一百万,这使得贵州人口总量不足,"较之国内华中各省,固瞠乎不及,即在西南各省中,除西康而外,较之其他各省,亦见稀少"③。

贵州人口不仅数量少,而且素质也不高,这与贵州文化教育落后密切相关。据研究,在抗战爆发前,贵州还无一所大学。在近千万人口的贵州,每万人口中只有310名初等学校学生,10名中等学校学生。后在抗战时期西迁高校、本省建立的贵阳医学院、贵州师范大学等各级院校与政府的推动下,贵州教育事业发展较快④。1937年贵州全省有小学2222所、中学46所、大学2所(均系该年从沦陷区迁来);中小学教职员8576人、中小学学生309412人。到1944年,全省小学发展到10373所,中学发展到176所,大学发展到9所(其中6所为外省迁入);大中小学教职员增长到32628人,大中小学学生增加到789403人⑤,即便如此,贵州教育仍很落后,其最直接的表征便是文盲人口大量存在。如贵州教育最发达的省城贵阳,即使到了1942年,全市15岁及15岁以上的人口中仍有文盲83275人,文盲率很高,1943年全市15岁及

---

① 潘治富:《中国人口·贵州分册》,中国财政经济出版社,1988年,第65页。
② 贵州省政府:《贵州统计年鉴》(胜利纪念特辑),1946年。
③ 进文:《贵州省史地简论》,《贵州建设月刊》,1946年,第1期,第31—32页。
④ 吕左:《中国·贵州人口研究》,贵州教育出版社,1999年,第100页。
⑤ 贵州省政府:《贵州统计年鉴》,1945年。

15 岁以上的人口中的文盲率高达 50.90%①。文盲人口数量过多,比例过大,造成了贵州人口文化素质在总体上普遍低下,特别是接受高等教育的人口数偏少。

人口质量的不足与人口文化素质的低下,既不能满足现代工矿企业发展所要求的合格、充足的人力资源,也不能为城市发展提供足够的智力支持,更不必说满足城市现代化发展的要求了,从而在根本上制约了贵州城市的发展。

(五)国家政策因素

在中国,国家政策的支持与否,力度的大小,都会对区域经济、社会发展产生巨大的影响。在抗战爆发前,国民政府重点发展区域是东南沿海及长江下游地区。据 1937 年国民政府实业部的工厂登记,符合《工厂法》规定的拥有动力或 30 名工人以上的厂矿,全国共有 3935 家,其中仅苏、浙、沪三省市就有 2336 家,占总数 56%②。相反,地域辽阔的整个西南地区,符合《工厂法》的企业只有 237 家,仅占全国总数的 6%。其中西部各省中经济最发达的川渝地区,也只有 115 家厂矿,占全国 2.93%,而拥有的工人数和资本总额,却分别只占 2.28% 和 0.58% 而已③。而贵州在 1936 年全省只有 13 家较大的工厂,符合《工厂法》只有区区 3 家④。即便国民政府为应对即将爆发的中日战争,确立了战时经济建设方针,如关乎国防的工矿企业,"分别性质迁至四川、湖南、云南、鄂西等处",矿产开采以湖南、四川等省为主要,新建工厂"在四川、云南、湖南、河南、赣南等地进行者,应克期完成"等⑤。国民政府虽将发展重点逐渐转移到了西部大后方,但这些建设纲要却极少涉及贵州。这都充分反映出了贵州的国家战略地位低下现状,当然也就得不到国家重点开发了。

虽然抗战时期,大批中东部工矿企业西迁,但因贵州在国家战略的地位

---

① 贵阳市地方志编纂委员会:《贵阳市志·人口与计划生育志》,贵州人民出版社,1992 年,第 73 页。
② 齐植璐:《抗战时期工厂内迁与官僚资本的掠夺》,《工商经济史料丛刊》,第 2 辑,文史资料出版社,1983 年。
③ 陈真:《中国近代工业史资料》,第 4 辑,三联书店,1961 年,第 92、97、250 页。
④ 顾朴光:《抗战时期贵州工矿业的发展》,《贵州民族学院学报》(社会科学版),1999 年,第 3 期。
⑤ 章伯锋、庄建平:《抗日战争》,第 5 卷,四川大学出版社,1997 年,第 12 页。

和特殊的省情,一直处于较为尴尬的地位,贵州省的重要程度远远赶不上邻近的四川省与重庆市,也不及同处云贵高原的云南省。故西迁至贵州80余座城市的现代工矿企业数量则是相当有限的。

造成这一结果的原因除贵州在国家战略中的地位、国家政策支持力度小外,还与中央政府和社会各界对贵州社会落后状态抱有很深的成见有关。"自抗战军兴,西南乃一跃而为复兴民族之根据地,无论军事、政治、经济、交通,莫不以西南为中心。西南一词照狭义解释,乃指川、康、滇、黔而言。一般论西南建设者多侧重于前三省之阐述,而对黔省之建设问题,每多废而不言,言之,亦不过片断之论述耳。"①国家对贵州建设支持的弱化,使得贵州获得的政治资源相对不足,这在中国城市发展进程中的政治优先规律在贵州得不到实现,使贵州在其城市发展过程中因长期缺少中央政治的优先支持而持续落后,直至21世纪。

此外,县政建设落后也是迟滞贵州城市发展的一个重要因素。因受交通不便与现代市政建设管理人才的匮乏限制,即便贵州省府出台诸多善政,但往往因县政府因循守旧,不思改革,而不能有效地促进县级城市的建设与发展。如吴鼎昌主政贵州省期间,屡次宣布废除苛捐杂税,但是一些偏僻县城依然征收"国厝捐"、"绅富捐"等捐税。且主政的县长多是"未习吏事"的军人,在当时民智未开、不明白运用政权力量进行城市建设的情况下,卓越的行政长官便显得极为重要了,但是这些主政的出身军旅的县长因其知识结构、职业水平的限制,是无法在城市建设过程中很好地履行其城市管理与建设,特别是现代城市规划建设的职责的。虽然贵州省政府为此举办四次县政人员培训,但仍远远不能满足城市建设发展对管理建设人才的需要②。加之,贵州省财政、县级财政的匮乏,不能为县政建设提供充足的经费,以及其他条件的限制,致使抗战时期贵州的县政建设进展极为缓慢,县政建设的缓慢使城市建设与管理水平得不到应有的提高或现代化,城市建设和管理水平的落后,便成为了贵州城市发展的一个瓶颈。

---

① 谢文钊:《贵州之经济建设问题》,《贵州》,1940年,创刊号。
② 韦熙鸿:《建设新贵州的一线曙光》,《西南导报》,1938年,第1卷,第3期。

第三节　抗战时期贵州城市体系的发展

经过抗战时期城市的发展，贵州城市因山势河流走向自然被分割成为沅江、珠江与川江的城市体系，因西迁工矿企业、人员的迁入和相关现代工业、交通的发展发生了深刻的变化，促使贵州城市体系由分割走向以贵阳为核心的统一的城市体系，从而促进了贵州城市的整体化发展。

一、战时贵州城市体系的空间分布的变化

抗战前贵州城市因境内苗岭、武陵山、乌蒙山等山脉的分割而形成了分属珠江、川江与沅江流域，相对独立的三个空间板块，城市体系呈现出显著的条块分割的特点。

抗战爆发后，随着战时经济和现代交通的发展，特别是滇黔、川黔、湘黔等战略公路以及省道、县道与黔桂铁路的修建，贵州城市空间格局在悄然间发生了深刻的变化：一些市镇因陆路交通的发展上升为县级城市，一些城市则因交通变迁失去了区位优势逐渐衰落而被裁废。如省溪、青溪、丹江、后坝等县城被裁废；纳雍、道真、望谟、赫章等县因交通变迁而分别迁至交通便利的大定县大兔场、正安县土溪场、贞丰县王母、威宁县赫章等城镇，这些城镇因现代交通变迁和县府的迁入而由战前的市镇上升为县级城市[①]。正是因为近代以来现代交通的快速发展，使贵州传统的城市分布格局在根本上开始发生历史性的改变，即由沿河流型变迁为沿陆路交通节点分布的格局。据统计，沿川黔等公路及黔桂铁路贵州段分布有贵阳、黄平、修文、遵义、都匀等40余座城市[②]，占抗战时期贵州城市的一半以上。

现代交通的发展，为现代贵州城市发展提供了强大的推力，不仅促进了城市发展水平的提升，而且还使城市之间的联系进一步加深，打破战前贵州城市条块发展的空间格局，并强化了贵阳在贵州城市体系中的地位。这样，到抗战时期，贵州城市的空间布局便形成了以贵阳为中心的沿陆路交通节点

[①] 贵州省政府：《黔政五年》，1943年，第1页。
[②] 林辛：《贵州近代交通史略》，贵州人民出版社，1985年，第177—189页。

分布发展的现代城市空间体系。为此,贵州省针对这一变化从1938年开始着手整理县级行政区域,经过省参议会审查通过实施,1939年完成调整。"裁废省溪等四县,合并永从等八县为四县,析置望谟等五县及贵阳一市,成为七十八县市。"①具体情况如下②:

裁废者为:省溪、青溪、丹江、后坝。三十年(1941年)二月省溪县裁废,并入铜仁玉屏两县。青溪县裁废,并入镇远、天柱两县。三十年六月丹江县裁废,并入八寨、台拱两县,八寨改名丹寨,台拱改名台江。三十年八月后坪县裁废,并入沿河、婺川两县。

合并者为:永从、下江、三合、都江、平舟、大塘、长寨、广顺八县。三十年六月永从、下江两县合并,改名从江县,设治于丙妹。三合、都江两县合并,改名三都县,设治于原三合县城。平舟、大塘两县合并,改名平塘县,设治于原平舟县城。三十年八月长寨、广顺两县合并,改名长顺县,设治于原长寨县城。

析置者为:贵阳市、望谟、金沙、纳雍、道真、赫章六市县。三十年七月贵阳市成立,原贵阳县改名贵筑县,移治于县属之花溪镇。三十年三月金沙县成立,设治于原黔西县属之新场。同月纳雍县成立,设治于原大定县属之大兔场。同月道真县成立,设治于原正安县属之土溪场。望谟县则先于二十九年三月成立,设治于原贞丰县属之王母。赫章县则于三十年十月成立,设治于原威宁县属之赫章。

调整完毕者:惠水、平越、开阳、贵定、平坝、清镇、瓮安、炉山、麻江、铜仁、松桃、江口、岑巩、玉屏、三穗、锦屏、剑河、台江、余庆、天柱、思南、印江、石阡、镇远、黄平、施秉、沿河、黎平、榕江、都匀、安顺、兴义、安龙、盘县、郎岱、关岭、望谟、镇宁、紫云、普安、普定、水城、织金、湄潭、凤岗、德江、婺川、遵义等四十八县。

县级城市行政区域调整完毕之后,贵州省政府根据政治军事控制的原则,仿照江西"并区先例",将78座城市分为5区,还在遵义、镇远、独山、毕节以及安顺等地位重要的城市设置了专员公署③。使贵州城市在经济规模基础

---

① 贵州省政府:《黔政五年》,1943年,第1页。
② 贵州省政府:《黔政五年》,1943年,第15—16页。
③ 潘治富:《中国人口》(贵州分册),中国财政经济出版社,1988年,第77页。

上形成了完整的政治行政体系,即省会城市—专员公署驻地城市—县级城市。这一体系以贵阳为核心,以交通为纽带,城市联系密切,迥异于战前条块分割的城市格局。

抗战时期贵州城市行政体系

中心城市	次中心城市	县级中心城市
贵阳	镇远	施秉、黄平、岑巩、天柱、台江、铜仁、松桃、江口、印江、石阡、思南、沿河、三穗、剑河、余庆、锦屏、玉屏
	独山	榕江、黎平、都匀、平塘、荔波、从江、丹寨、三都、罗甸
	安顺	兴仁、兴义、安龙、盘县、贞丰、安南、普安、册亨、郎岱、关岭、普定、镇宁、紫云、望谟
	毕节	大定、黔西、威宁、水城、织金、金沙、纳雍、赫章
	遵义	桐梓、正安、赤水、仁怀、绥阳、湄潭、习水、凤岗、务川、德江、道真
	直辖省府	龙里、贵定、炉山、麻江、瓮安、平越、开阳、息烽、修文、清镇、平坝、长顺、惠水

资料来源:贵州省政府《黔政五年》,1943年,第18页。

二、战时城市内部结构的变化

抗战时期,贵州城市不仅政治、经济、文化教育、交通等事业随大后方建设的推进取得了较快的发展,而且城市内部功能结构也进一步由传统走向了现代。

城市是一个充满生机的载体,它由构筑物的内外两种空间以各种形式,按照一定原则交织而成一个城市功能结合密切的具有复杂关系的大空间。贵州因地处大西南的中心,地控川、滇、桂、湘、鄂五省,国家战略优势明显,以贵阳为中心的贵州城市便成为了军事用兵和控制西南民族地区的一个个战略据点,其城市的政治、军事功能十分突出,城市内部空间结构便因此表现为沿袭传统的以官衙为中心,局限于四围城垣之内的狭小空间范围内,城市民居一般按地域原则、同业原则相对集中分布于各街衢之中,寺院等宗教场所城内外均有分布。这一传统结构因其历史传承性,深刻地影响了贵州城市内部空间结构的发展。即便是在抗战初期,贵州城市仍然延续着传统的内部空间结构,但随着抗战时期大后方各项现代事业不断发展,贵州城市内部结构便在传统的基础上开始发生具有现代性的改变。

首先是城市发展突破城垣限制,向城郊发展,城市功能分区趋势日益明显。随着抗战时期现代工业经济和社会的发展,贵州城市传统的内部空间逐渐解构,最突出的是拆城墙、建马路。如贵阳在靠近新老城外沿修筑环城马路,以连接对外公路干线。川黔等公路开通后,沿线的遵义、安顺、镇远、独山等城市也相继拆毁城墙,向城郊发展[1]。随着城市规模扩大而不断向城郊拓展,贵州城市开始出现现代城市功能分区的趋势,如贵阳将西迁高校、工厂安置在花溪,花溪因之成为贵阳的新城区。遵义也将酒精厂、西迁高校安排在郊区[2]。商业则集中于市中心,在贵州各城市中沿大街小巷都分布着大量店铺、茶馆、酒楼。如贵阳在抗战时期旅店多达450家,茶楼酒肆219家,饮食店仅市内广东街到南门桥长约两公里的街道间,大小店铺共107家[3]。即使在一些商业不甚发达的城市,城内也辟有专门市场[4]。

城市公共空间总是伴随着城市现代性因素不断增长而得到拓展的,它是衡量现代城市发展水平的重要标准之一。随着城市规模的扩大,贵州城市公共空间也随之增加。抗战前,贵州城市的公共空间不多,仅限于茶馆、酒楼、寺庙等少数场所,而城市园林几乎都是私家园林,很少对外开放。为满足市民和西迁群体休闲生活的需要,1939年国民政府规定"市区公园依天然地势及人口疏密分别划定适当地段建设之,其占有土地总面积不得少于全市面积10%"。按此规定,贵阳、遵义、桐梓、都匀等11座城市共修建了中山、滨河、南明堂等13处公园[5],从而扩大了市民活动的空间范围。以公园为主体的城市公共空间的扩大,不仅拓展了贵州城市空间范围,改变了贵州城市的内部空间结构,而且还增强了城市的娱乐休闲功能,提升了城市发展水平。

其次是城市内部景象现代气息日浓。为适应扩大了的城市规模,市政规

---

[1] 贵州省地方志编纂委员会:《贵州省志·城乡建设志》,方志出版社,1998年,第58页。
[2] 同济:《千山万岭我归来》,《旅行杂志》,1941年,第15卷,第5号;《遵义酒精厂之巡礼》,《化工通讯》,1942年,第20期;贵州省地方志编纂委员会:《贵州省志·教育志》,贵州人民出版社,1990年,第408页。
[3] 李振纲等:《贵州六百年经济史》,贵州人民出版社,1998年,第338页。
[4] 陈建炳:《谈谈安顺》,《浙江青年》,1940年,第2卷,第7、8期,第790页。
[5] 贵州省地方志编纂委员会:《贵州省志·城乡建设志》,方志出版社,1998年,第599—602页。

划与建设也日益受到重视。1939年,贵阳拟定道路系统计划,将市区道路分为8等,规定其宽度为3—21米不等,并对新建房屋位置、间距、高度等都作具体规定,到1941年,贵阳各主要街道分设了车行道与人行道、设置了交通牌、开辟菜市场①。为保障迅速增加的城市人口的居住条件,贵州省政府在贵阳城郊筹建了平民房屋和新住宅区②。这些新式住宅区与电灯、水泥、新式建筑等物资层面一道,"都实实在在的改变着贵阳的城市面貌"③。一位过客于1943年描述:"贵阳虽不比桂林热闹,但这二三年来,确已比从前繁荣多了。我上次经过此地的时候,适当'二四'大轰炸之后,破屋颓垣,荒凉得很。现在呢,全市区未见一幢被炸的房屋。而且从清晨九时至灯火通明的夜间九十时,街上的人,往来如梭,和桂林仿佛。"④贵州城市面貌发生了深刻的现代化改变。如安顺"市况在一年内变化非常大,……这一年中,大饭店酒楼如雨后春笋的起来,电影院大戏院相继开设,……上海大理发店也来了,一时昏眩了安顺人的眼睛"⑤。经过改造,城市内部面貌焕然一新:"建筑颇巍峨,街道亦宽宏。"⑥"大街上的房屋,许多是骑楼",与香港、汕头相同⑦,现代气息日益浓厚。遵义是黔北的大城,比江浙一带的大都会虽然稍有逊色,但在贵州却算数一数二,我们久居"乡镇城市",一到这里,便如刘姥姥初进大观园,样样都新奇,样样都漂亮。⑧ 这些变化在相当程度上改变了贵州传统城市的原生态,使贵州城市现代性因素不断增强。

尽管城市内部空间结构的现代性因素在贵阳、遵义等少数城市得到了较快的发展,但传统因素依然在贵州各城市中因现代性发展动力受政治、经济、观念等因素的影响不足而致使其仍广泛存在。因此,抗战时期贵州大部分城市内部结构最主要的表象仍然是传统的,从而反映出了贵州城市发展的传统性与现代性并存的特征。

---

① 贵州省地方志编纂委员会:《贵州省志·城乡建设志》,方志出版社,1998年,第61页。
② 金琼:《抗战时期筹建贵阳平民住宅区档案史料一组》,《贵州档案》,1991年,第6期。
③ 彭湖:《贵州企业公司三年业务报告》,《贵州企业季刊》,1943年,第1卷,第2期,第97—99页。
④ 孤芳:《西南行》(4),《旅行杂志》,1943年4月,第19卷,第4期,第26页。
⑤ 陈建炳:《谈谈安顺》,《浙江青年》,1940年,第2卷,第7、8期,第790页。
⑥ 李长之:《西南纪行》,《旅行杂志》,1938年,第12卷,第11期。
⑦ 沙鸥:《贵阳一瞥》,《旅行杂志》,1938年,第12卷,第12期。
⑧ 贵阳市档案馆:《抗战期间黔境印象》,贵州人民出版社,2008年,第135页。

三、战时贵州城市规模等级结构的变化

城市规模等级结构,是指城市体系由不同规模的城市组成,并按规模的大小分成不同的等级①。根据研究取向的不同,一般按经济规模、用地规模以及人口规模等指标进行分析衡量。经过抗战时期的城市发展,贵州城市的规模等级结构也发生了较大的改变。

在城市人口规模方面,大批机关、学校、工厂的迁入,社会经济的发展,使贵州城市人口增长较快,"因公来黔,或因避难而来黔省者,如过江之鲫"②,其中尤以省会贵阳、遵义、都匀三座城市最为突出。1934年,贵阳城厢人口为9.78万人,到1945年增长到28.45万人。遵义城市人口由3万增加到近10万。都匀则从战前的1万人迅速增加到9万人。由于战时社会经济发展的不平衡,致使贵阳、遵义、安顺等少数城市的人口规模迅速增大,但全省大多数城市人口规模并无多大的变化③。

在城市经济规模方面。抗战以前,贵州社会经济长期停留在传统的农业经济状态。"虽中央努力,于民国二十四年深入该省后,即着手沟通对外之交通,开发公路,改进农业,并对工商业方面,讲求同业组织,以谋自治之发展。尤自抗战军兴,国都西移,黔省辟为后方交通之中心。以致向不受人注意之处,今已一跃而为朝野经营对象。'建设贵州'声浪日高,而由战区撤退之公私机构与生产设备,黔省亦为主要站留地之一。……加以人口即亦倍增,物资消费之需要倍殷,工商业于是随之俱兴。在此经济落后之省区,竟亦入于战时景气之状态。惟就大体而论,该省之工商业目前至多尚在萌芽时代。生产方面,大部分尚赖之于血汗手工、贩卖方面,几全部赖于行卖走贩之贯通。装有机器之工厂、规模宏大之商店,迄今尚绝无仅有。且因交通设备虽已较前进步,但仍尚不足适应商业上之需要。况在战时状态之下,军运孔亟,货运更难于充分发展。职是之故,百物腾贵。幸民风朴俭,刻苦勤劳,加以商品消费市场,该省内徙未有如今日之如是巨大者。因而使生产各业,莫不大为兴奋,欣欣向荣。地方当局,既激于国难严重,咸有奋发图存之志;又因人才集

---

① 张秀山、张可云:《区域经济理论》,商务印书馆,2003年,第100—102页。
② 张肖梅:《贵州经济》,中国国民经济所,1939年,第11章,K1页。
③ 潘治富:《中国人口》(贵州分册),中国财政经济出版社,1988年,第74页。

中,凡百设施,亦得充分运用现代科学之利,是以对于民间产业之督促与指导,直接所营之种种经济建设工作,至少已向合理化方面迈进。"[1]经过努力,贵州符合"工厂法"的现代工厂,从1937年55家,资本总额为法币21.38万元,增加到1942年89家,资本额3813万元;1943年末为154家,14048.7万元,其中民营资本97家的资本合计为4790多万元[2]。但这些现代工业主要分布在贵阳、遵义等少数城市,在其他边远地区的城市直至1949年以后才创建现代工业。经过抗战时期的发展,城市经济的不平衡进一步扩大,地区城市发展差距不断增加,直接导致了稍具现代经济规模的城市多集中于贵州腹心地带,如贵筑、都匀、清镇、平越、龙里、贵定、瓮安等少数城市[3]。

基于贵州城市经济规模、人口规模大小的不同与城市发展不平衡的特点,贵州省政府"自民国二十九年十月起,以各县面积、人口、经济、文化、交通之平均分数为根据",进行了县制改革,将之前"三等县制"改为"三等六级"。其标准是"平均分数在五十分者,为一等甲级。四十分以上者,为一等乙级。三十分以上者,为二等甲级。二十分以上者,为二等乙级。十二分以上者,为三等甲级。十二分以下者,为三等乙级。照此标准,当时计有一等甲级县九,一等乙级县八,二等甲级县二十一,二等乙级县廿四,三等甲级县十六,三等乙级县四,共八十二县"。后不断根据城市规模变化做出适时调整,使贵州城市规模等级日益向良性方向发展。如因贵州城市随现代交通、经济的变迁而在空间格局上发生了改变,四个一等县城在民国三十年整理区域后,"因设治条件不足,均被裁并"[4]。抗战时期贵州城市等级结构调整变化详见下表。

---

[1] 张肖梅:《贵州经济》,中国国民经济所,1939年,第11章,第K1页。
[2] 王培志等:《贵州经济社会发展概要》,中国计划出版社,1989年,第12—13页。
[3] 潘治富:《中国人口》(贵州分册),中国财政经济出版社,1988年,第77页。
[4] 贵州省政府:《黔政五年》,1943年,第19页。

抗战时期贵州城市等级结构变化表

等级	民国二十六年(1937年)	民国三十年(1941年)	民国三十二年(1943年)
一等	贵阳、定番、安顺、镇远、独山、黎平、榕江、平越、兴仁、兴义、盘县、安龙、毕节、大定、威宁、黔西、遵义、桐梓、正安、赤水、铜仁、松桃、思南(23)	贵筑、惠水、安顺、镇远、独山、黎平、兴义、盘县、毕节、大定、威宁、黔西、遵义、织金、桐梓、正安、湄潭、仁怀、铜仁、思南(20)	贵筑、惠水、安顺、镇远、独山、兴义、盘县、毕节、大定、威宁、黔西、遵义、桐梓、正安、仁怀、赤水、铜仁、松桃、思南(19)
二等	龙里、开阳、修文、息烽、贵定、清镇、平坝、黄平、岑巩、台拱、天柱、锦屏、施秉、都匀、荔波、平舟、罗甸、贞丰、关岭、镇宁、郎岱、紫云、水城、织金、绥阳、湄潭、凤冈、瓮安、婺川、仁怀、江口、玉屏、石阡、沿河、德江、后坪(36)	龙里、开阳、修文、息烽、贵定、清镇、平坝、黄平、岑巩、台江、天柱、锦屏、施秉、都匀、荔波、平塘、榕江、罗甸、平越、安龙、贞丰、关岭、镇宁、郎岱、紫云、纳雍、赫章、水城、金沙、道真、绥阳、凤冈、瓮安、婺川、赤水、江口、松桃、玉屏、石阡、沿河、德江(41)	龙里、开阳、修文、息烽、贵定、清镇、平坝、黄平、台江、天柱、余庆、锦屏、炉山、都匀、荔波、平塘、黎平、榕江、罗甸、平越、兴仁、普安、安龙、贞丰、晴隆、关岭、镇宁、郎岱、紫云、纳雍、赫章、水城、金沙、织金、道真、绥阳、湄潭、凤冈、瓮安、婺川、习水、玉屏、石阡、沿河、印江、德江(46)
三等	长寨、广顺、三穗、清溪、余庆、剑河、炉山、八寨、丹江、三合、都江、大塘、永从、下江、麻江、普安、册亨、安南、普定、习水、省溪、印江(22)	长寨、广顺、三穗、余庆、剑河、炉山、丹寨、三都、从江、麻江、兴仁、普安、望谟、册亨、晴隆、习水、印江(17)	长寨、广顺、三穗、岑巩、剑河、施秉、丹寨、三都、从江、麻江、望谟、册亨、江口(13)

资料来源:贵州省地方志编纂委员会《贵州省志·地理志》(上),贵州人民出版社,1985年,第99—101页。

随着抗战时期县制改革的完成,贵州城市规模等级结构发生了历史性的变化,由战前23∶36∶22的县级城市等级结构,演变成为市县两层四级城市规模等级结构,特别是县级城市规模等级结构的优化:1941年为20∶41∶17,1942年演变为19∶46∶13。抗战时期贵州城市规模等级结构的优化发展,使贵州城市间的联系更为紧密,城市现代性通过大、中、小城市纽带开始不断向乡村辐射,不断促使城乡发展向现代性演变,从而促进了贵州城市与农村的发展,尽管这种现代性的辐射力还很小,但毕竟已经得到了确立,深刻地影响了20世纪后期的贵州城市发展。同时,贵州城市规模等级结构的优化也进一步确立了以贵阳为核心的城市规模等级体系结构,这都说明了抗战时期贵州城市发展水平的提升。

但必须指出的是,作为贵州城市体系中最基层的县级城市普遍规模很小,甚至还比不上中国中东部省份的市镇。也远赶不上邻省四川。在1942年,记者曾对綦江与松坎进行了对比:"那却与松坎有些不同了,一个是古朴的,一个是比较现代化的,一个是贵州的,一个是四川的。"[①]

贵州部分县级城市规模表

县城名	规模情形
威远	"镇上有四百多家"
长寨	"全城不过百余家,全县人口也不过三万多,街道是短短的";一说长寨城"住着两百多户人家"
龙里	"全城的户口有四百左右"
麻江	"城内不过三百余家,一条短短的街道"
炉山	"城内只有一条弯成六十度的街道,居民不过二百余家"
湄潭	"县城不大,全城约千户人家"
德江	"城区共有六百多户"
后坪	"县城所在地毛天口只有二十多户"
务川	"县城内有千多户人家,共五千余人口"
道真	"县府所在地是一二十家人户的污旧小街,县府办公地点是一破庙,不逢场期,油盐柴米均不能买的地方"
道真	"县府所在地——土溪,无城,经长约一百户人家"
松坎	"街道是一字形的,说简单点,那就是紧紧地一条街道"
赫章	"无城,有小街一道,住户亦不过二百余"
郎岱	"城里只有一条大街,由东到西,不及半里,短且狭"
平坝	"异常巧小,西北两城门相距不过六百公尺"

[①] 贵阳市档案馆:《抗战期间黔境印象》,贵州人民出版社,2008年,第188页。

续表

县城名	规模情形
水城	"城内居民不及千户"
册亨	"顺着山腰二百户矮屋,凑成一个小小的城市"
望谟	县城住民三百余户;一说"县城总共二百多家,人口仅三千人";一说"共居四百余家"
紫云	"县城居千户"

资料来源:贵阳市档案馆《抗战期间黔境印象》,贵州人民出版社,2008年,第3—397页。

县级城市规模小,意味着贵州的城市体系虽经过抗战时期的发展,但仍存在极大的缺点,即贵州城市体系的基础因其规模(包括人口规模、经济规模)太小,不仅制约了其本身城市不发达,而且还不能为贵阳等大中城市发展提供市场、资源、人力等资源的支持,从而使贵州城市体系发展缺乏强有力的动力来源,最终制约了贵州城市体系健康发展。

四、战时贵州城市体系变化的特点

贵州城市体系经过抗战时期的发展、演变,较之战前发生了深刻的变化,并表现出了贵州城市发展的地域、时代特征。

(一)城市首位度过大

城市首位度是1939年,马克·杰斐逊(M. Jefferson)提出了城市首位律(Law of the Primate City),作为对国家城市规模分布规律的概括,其传统衡量指标一般为城市人口规模比较,即是指一国或地区最大城市的人口数与第二大城市的人口数之比值,通常用它来反映该国或地区的城市规模结构和人口集中程度。一般认为,城市首位度小于2表明结构正常、集中适当;大于2则有结构失衡、过度集中的趋势。抗战时期,经过发展,贵州城市人口均有不同的增长,但差别很大,城市人口主要集中在贵阳、遵义等少数大中城市。贵阳作为贵州省会城市,人口集中度远高于其他城市。据统计,贵阳人口在战时最高时为28.45万人[1],而居于第二位的遵义则只近10万人,第三位的都匀

---

[1] 潘治富:《中国人口》(贵州分册),中国财政经济出版社,1988年,第74页。

为9万人①。据此数据,贵阳城市的首位度达到了2.845以上。这充分说明贵州城市发展已严重失衡。同时,贵阳、遵义、都匀的城市人口约占当时贵州城市人口总数的58.5%②。而数量众多的民族地区城市人口一般为数千人,如罗甸县老城城区面积为0.5平方公里,居民350余户,1500多人。龙坪新城城区面积为1平方公里,居民300余户,1500多人③。桐梓县城更是"荒城寥廓,城中居民不过百户"④,均为贵州边陲小镇。因此,贵阳、遵义、都匀等三座城市人口规模也远大于贵州其他城市人口规模。这样就形成了贵州城市省域内和次级区域内的首位度过大的特点。这在西南诸省城市体系中是很少见的。城市首位度过大,就意味着首位城市在发展过程中过多地挤占原本发展中小城市所急需的物力、财力、人力等各类资源,从而加剧了贵州城市体系发展的不平衡,使抗战时期贵州城市发展的均衡性益发突出,并影响了贵州城市的整体发展。

(二)暂时性

经过抗战8年的建设发展,贵州城市体系比战前有了很大的变化,城市体系一改过去分割发展的局面而向以贵阳为核心的完整的初具现代性的城市体系演进。但是贵州城市体系的发展变迁是与抗战时局变化密切相关。在抗战时期,由于中东部地区的沦陷,迫使国民政府不得不将各项事业西迁至包括贵州在内的大后方地区,不得不在大后方进行大规模建设以图持久抗战。但随抗战的胜利,包括贵州在内的大后方城市由于地理封闭、经济落后,因中东部的政治、经济优势再次成为国家的重点发展区域,使原西迁事业因各种原因纷纷东还故地而陷入萧条境地,城市体系的现代性发展便因此停顿下来,直至20世纪中叶,从而折射出了贵州城市体系发展变迁的具有暂时性的时代特征。

---

① 蓝东兴:《我们都是贵州人》,《贵州移民心态剖析》,贵州民族出版社,2000年,第51页。
② 贵州城市人口比例在20世纪40年代末为7.49%。而贵州在抗战时期人口最高1944年为1082.72万人,据此可大致推断出在抗战时期贵州城市人口规模大致在81.1万人左右。参见侯杨方著:《中国人口史》,第6卷,复旦大学出版社,2001年,第468页;潘治富:《中国人口》(贵州分册),中国财政经济出版社,1988年,第70页。
③ 贵州省罗甸县志编纂委员会:《罗甸县志》,贵州人民出版社,1994年,第70页。
④ 朱偰:《黔游日记》,《东方杂志》,1944年,第40卷,第12期。

（三）政府和"西迁运动"是贵州城市体系变化的主要推动力

战前，贵州由于政治、经济、文化的落后，建立在封闭地理单元与传统经济基础上的城市体系呈现出区域分立发展的基本格局。但抗战时期政府与中东部各项事业西迁至贵州，极大地促进了城市工矿业、商业、文教、市政基础设施等各项事业的发展，提升了贵州城市发展水平，初步改变了过去城市发展落后的状况。这都是以政府和"西迁运动"为主要推动力的。如国民政府资源委员会不仅在抗战时期对贵州矿产资源进行了普查，得到了翔实而科学的考察资料，而且还利用这些资料进行矿产开发和工业建设。从1938年开始，资源委员会先后在贵州以合办、独办、投资等形式建立了近20个现代工矿企业，著名的有贵州电厂、修水河水利发电工程、贵州矿务局所属五大砂厂和八个直属厂矿、遵义酒精厂、贵阳汽车修理厂等[1]，资源委员会所创办的现代事业与西迁至贵州的现代工矿企业一道共同促进了贵州城市工业、交通、市政发展和以贵阳为核心的城市体系的形成。

与外部力量推动贵州城市发展相比，贵州本省因条件制约和社会经济的落后而内生动力严重不足。如联系贵州城市的现代交通，因投资额巨大，建设几乎是完全依靠国家建设。贵州本省因经济基础薄弱，其所创办的工矿企业数量不多，资本额也不充裕。据研究，1943年贵州本省资本创建的现代企业数仅为97家，资本额4790多万元，仅占贵州全省现代企业资本总额的34.1%[2]。即便由贵州省主席吴鼎昌发起、组建的贵州企业公司也因本省资本不足，筹集不到600万元的成立资本，不得不采取合资的办法，其中经济部资源委员会占20.8%，中国银行、交通银行和农民银行占58.33%，而贵州省政府占20.5%，贵州地方商股仅占0.37%，贵州本省资本所占比例不足21%。1943年贵州企业公司资本增加到3000万元，三大银行和资源委员会占资本总额的84.15%，而贵州本省所占比例则下降为15.85%[3]。作为推动现代城市发展与城市体系完善标志的现代工业，因贵州内生力的不足，致使发展现代工业的力量几乎都来自于外部。这也印证了20世纪30年代初时人的一个观点，"贵州的进化不得不靠着外面的军事和政治的侵略，求与界外

---

[1] 孔玲：《资源委员会在贵州的活动》，《贵州社会科学》，1997年，第5期。
[2] 王培志等：《贵州经济社会发展概要》，中国计划出版社，1989年，第12—13页。
[3] 顾朴光：《抗战时期贵州工矿业的发展》，《贵州民族学院学报》（社会科学版），1999年，第3期。

有接触的机会为唯一途径"①。抗战时期,贵州因外部环境的变化,成为了战时国家重点建设的区域,城市发展也因中东部工矿企业的迁入、大量人口的移居和以资源委员会为代表的国家资本在黔大力举办各项现代事业,促进了贵州城市快速发展,使之成为贵州城市发展的一个黄金时期。但这种城市发展在内生力缺失的条件下是不健康的,也不可能发展长久,一旦外部推力因政治、经济因素变化撤离或减小后,城市发展便会因外部推力消失或减弱而停顿下来,并因此衰落下去。历史时期的衰落城市莫不如此。因此,贵州城市内生力不足严重地制约了贵州城市及其体系的发展。

第四节　省会贵阳的发展

抗战时期,国民政府因国家政策的调整和抗战的需要,组织了中东部现代工矿企业迁至包括贵州在内的大西南地区,并加大了大后方建设的力度,促进了贵州城市的发展,为与外界隔绝的贵州城市带来了先进的生产力和现代观念,促进了贵州城市包括经济、市政、文化、教育、科技等各项事业的发展,城市面貌因现代性的移植逐渐脱泥于传统而焕然一新,其中尤以省会贵阳的发展最具代表性。

一、战时贵阳经济的发展

为坚持抗战提供必要的经济基础,在战时西迁工矿企业的作用下和国家政策的支持下,作为大后方基地的贵州城市首先在经济领域得到了优先发展,成效显著,尤其是在工业、商业贸易等方面。

(一)工业的发展

抗日战争爆发以前,贵州的经济整体滞后。1938年春,国民政府贵州省主席吴鼎昌委托经济学家张肖梅女士对贵州全省经济生态进行调查,其后张女士在调查报告《贵州经济》一书中指出:"惟就大体而论,该省(贵州)之工商业,目前至多尚在萌芽时代。生产方面,大部分尚赖之于血汗手上;贩卖方面,几全部赖于行商走贩之贯通。装有机器之工厂,规模宏大之商店,迄今尚

---

① 曹鉴庭:《黔行纪略》(2),《旅行杂志》,1933年,第2期,第37页。

绝无仅有。"①张肖梅女士的结论虽有所偏颇,却也反映出当时贵州经济基础薄弱、资本主义性质工商企业甚少的特征②。另据调查,抗战以前,作为贵州省会的贵阳城市也仅有一些中小型工厂③,其中包括金属加工企业127家,纺织123家,木器88家,制鞋83家,酿造60家,砖瓦51家,爆竹23家,面粉16家,丝织16家,烛皂16家,印刷13家,制革11家,糖类9家,制棕6家,蛋类5家,玻璃2家,针织若干家④。这些"工厂"虽涉及20种工业门类,但90%属于粗制手工业,现代企业的确很少,因而据1937年底的调查,贵阳城市符合《工厂法》的企业只有7家,这些工厂均为印刷、制革、火柴、染织等行业,而无重工业企业。详见下表。

1937年贵阳市符合《工厂法》的厂家概况

业别	厂名	主要产品	年产值或产量	资本额	职工数	厂址	运销区域
印刷	文通书局	印刷书报表章	6万元	10万元	160	盐行街	本省
印刷	文华印书局	印刷报表	1万元	5000元	20	盐行街	本省
制革	振华	木器制革品	1.2万元	8000元	50	西湖路	本省
火柴	协昌	硫磺火柴	700箱	7000元	28	箭道街	本省
火柴	惠川	硫磺火柴	500箱	5000元	8	南明街	本省
织染	鲁丰	各种布匹	1400匹	5000元	10	福德街	本省
织染	协丰	各种布匹	1300匹	4000元	10	乐群路	本省

资料来源:张肖梅《贵州经济》,中国国民经济所,1939年,K25—K26页。

除上述7家工厂外,还有1家贵阳电灯厂,该厂原为1926年建立的贵州电气局筹备处,1928年装机发电,仅供贵州省政府机关照明用电,经费由省政府拨付。1935年改为对外营业,但范围有限,发电容量150千瓦。1938年改

---

①张肖梅:《贵州经济》,《吴序》及《弁言》,中国国民经济所发行,1939年,K1页。
②黔籍经济学家丁道谦著《贵州经济研究》一书,正是基于对张肖梅《贵州经济》的偏颇之见而成。丁言:"虽然此书(指张《贵州经济》)的搜罗,固已很费心,但是作者所用材料的评价如何?则非我们所欲断言。"丁道谦著:《贵州经济研究》之《自序》部分,中国国民经济所,1941年,贵阳中央日报社印。
③在有关资料中仍称为"工厂"。
④贵州社会科学编辑部等:《贵州近代经济史资料选辑》上,第2卷,四川省社会科学院出版社,1987年,第462页。

组为资源委员会贵阳电厂,后一再增建扩容,至1944年,发电量达1040千瓦[1]。由此可见,贵阳工业仍处于战前的"手工业时代"[2],处在现代工业起步的前夜。

抗日战争爆发以后,国民政府的西移,和中东部沦陷区工矿企业、人口内迁与资金的流入,为贵州城市工业的发展带来了新的契机。一方面是国民政府的国家资本在贵州大力举办各类现代经济产业,从而促使了贵州现代工业的快速发展,虽然发展速度不及四川、云南、陕西等省,但在贵州城市发展史上却是空前的,特别是贵阳市受惠于抗战时期"异常的工业化空间传动"作用的刺激[3],其工厂数、工业部类、工业资本得到了空前的扩展。另一方面是东中部的企业直接迁移到贵州,从而推动了贵州城市工业的跨越式发展,仅1938年到1939年,从上海、南京、长沙、汉口、衡阳、桂林、江西等地迁移到贵阳的较大工厂即达101家[4],这101家主要集中分布于贵阳及其主要贵州的城市。这些大大小小的内迁工厂不仅带来发展城市工业经济所必需的机器、设备,而且带来更重要的资本和技术,尤其是发展工业的管理人才和技术人才,从而为贵州城市经济的发展注入新的活力,并刺激贵州城市经济的发展,特别是贵阳城市经济出现了"表面的繁荣"现象和一定程度的转型,使贵阳告别了战前落后的"手工业时代",而进入到现代工业的发展阶段[5]。

战时内迁对贵州城市的影响十分巨大,一个重要的方面就是使贵州城市发展现代工业获得必需的人力资源,特别是管理人才、技术人员和熟练工人等稀缺性人力资源。从历史的长时段考察,缺乏"人才"一直是制约贵州社会经济进步的最重要的因素之一。抗战时期有贵州籍人士指出:"贵州经济建设中人的问题是很重要的一个。"贵州"文盲实在太多,受过专门学识的人则太少,就是受过比较专门技术训练的人也很有限。所以多少管理的人才,多少经理的人才,多少的技术员工不得不向外求"[6]。而"工业技术,日新月异,

---

[1] 何辑五:《十年来贵州经济建设》,1947年。
[2] 张肖梅:《贵州经济》,中国国民经济所,1939年,第K1页。
[3] 林建曾:《一次异常的工业化空间传动——抗日战争时期厂矿内迁的客观作用》,《抗日战争研究》,1996年,第3期,第89—113页。
[4] 贵州省财经委员会编:《贵州财经资料汇编》,1950年,第59页,附表。
[5] 张肖梅:《贵州经济》,中国国民经济所,1939年,K1页。
[6] 丁道谦:《当前贵州经济建设中几个先决条件》,《贵州经济建设月刊》,1946年,第1卷,第4期,第1页。

工业机器,精密正确。故工业计划之设计,必须专门人才,各部门之工业,需要各部门专门人才为之设计。此各部门专门人才,又必须有高深之学理、纯熟之技术、丰富之经验,而兼具理想、远见与政治经济眼光,方能胜此伟大之重任"①。贵州要进行工业建设,就必须培养、引进人才。贵阳虽然是贵州省的政治、经济和文化中心,也是区域"首位城市",但人口素质较低,知识型人才、专业型人才匮乏同样也是城市发展中长期存在的严重问题。以手工工人为例,社会学家吴泽霖在1938年对贵阳城区的8类工业、手工业工人概况的调查报告中就指出,除印刷和成衣两业因职业性质的需要识字工人数略高外,其他木匠、铁匠等6个行业的文盲占各业受调查人数的近半数或半数以上。吴氏提醒道:"在年方少壮的人中,目不识丁者,竟有如此之多,这是社会教育所急应担负解决的一个问题。"②这样的人口素质,自然会增加贵阳城市经济建设的难度系数,"抗战军兴以来,本市渐成西南重心,人口日增,工商业日益发达,人才缺乏,供不应求,于是各工商团体,不得不降格以求,所有职工,知识技能,均较低劣,工作效率固小,而种种弊端亦复丛生"③。"人口的变迁对于经济的影响甚大。"④尤其是一个地区的新增人口的知识积累如果具有经济上的实用性,那么这样的新移民对迁入地的经济发展必然具有积极作用。而抗战期间,伴随厂矿企业、行政机关、学校研究机构迁入西南地区的大量人口,一部分为技术人员与文化工作者,多数为知识阶级。这些人参与、服务于寄居地的社会经济文化建设事业,一定程度上改善了当地长期人才匮乏的困境,推动着西南各主要城市的城市化进程。据贵州省档案馆编《贵州企业公司》提供的1939—1949年10年间公司高级管理人员的资料统计,在总计146位董事、经理级管理人员中,除籍贯未详者15人外,贵州本籍仅有18人,余皆为外省籍人员。并且,146人中具有专科以上学历者计101人,有出国留学背景的46人,而贵州籍管理人员有13人具有专科以上学历,曾出国

---

① 李熙谋:《中国工业化之基本条件》,《新中华》,1944年8月,复刊第2卷,第8期,第9页。
② 吴泽霖:《贵阳城区劳工概况的初步调查》,《新大夏月刊》,1938年,第1卷,第3期,第6—7页。
③ 何辑五:《贵阳市教育之现在及将来》,《贵阳市政》,1942年10月,第3卷,第4、5期合刊,第2页。
④ 胡鉴民:《人口变迁与社会变迁》,上海书店,1989年,第81页。

留学者 10 人①。这样的人才结构,当然是贵州企业公司一度兴旺的原因之一。又据 1947 年 8 月《中国工程师学会贵阳分会会员通讯录》统计,265 名会员中(籍贯未详者 17 人),贵州籍会员为 32 人(其中贵阳籍 15 人),216 人为外省籍人员②。即便普通职员,据 1940 年 5 月《贵州企业股份有限公司职员名录》提供的资料统计,在 1939 年的 105 名普通职员中,外省籍 98 人,贵州只有 7 人。且这 105 名普通职员多为初高中以上学历。③ 战时贵阳各厂的熟练工人亦多来自于外省,如贵州烟草股份有限公司,"该厂有职员二十五人,男性技工约六十人,女工(包括装撕叶等工作)约一百二十人,其中本省籍者占百分之四十五,余为外省籍"④。凡此种种,不能不让时人感叹:"抗战以来贵州工业建设的人才的籍贯,贵州籍的不及百分之五。其他占百分之九十五,这百分之九十五的人才,大都是由沪、粤、汉、苏、湘等省而来。"⑤

由于东中部工厂内迁和国民政府、省政府加大对贵阳工业的建设,因而直接增加和改善了贵阳的产业资本和产业结构;人口增加特别是人才流入,给贵阳提供了进行工业建设所急需的人力要素,从而使贵阳的工业在抗战时期得到跨越式发展。据 1943 年对贵阳工业的调查,抗战时期贵阳历年创办的工厂共计 67 家,不仅工厂数量多,而且规模也较大,产业部门结构也有很大的变化。另据《贵州省统计年鉴》记载,1942 年,西迁企业与本省资本及外来资本所建现代工矿企业共计 126 家,资本额 6996000 元;1943 年增长到 258 家,11302900 元,1944 年末 371 家,15482600 元,1945 年则达到 385 家,20502600 元⑥。

---

① 贵州省档案馆:《贵州企业股份有限公司》(下),贵州人民出版社,2003 年 12 月,第 1515—1570 页。
② 中国工程师学会贵阳分会编:《中国工程师学会贵阳分会会员通讯录》,《一年来黔省之工程事业专刊》,1947 年 8 月,第 87—98 页。
③《一九三九年十月十日贵州企业股份有限公司职员名录》手抄本,贵州省档案馆,全宗 M78,序号 18。
④ 贵阳市政府编:《贵阳市工商业调查录》,第 2 编,1944 年,贵州省档案馆,全宗 MG3,序号 0119,第 9 页。
⑤ 丁道谦:《贵州工业建设之人才问题》,《贵州日报》,1938 年 7 月 23 日。
⑥ 贵州省政府统计处:《贵州统计年鉴》(胜利纪念特辑),1947 年,第 88 页。

抗战时期贵阳市现代工厂统计及工业部门结构

A. 工厂数统计(1937—1943年)

成立时间	1937年前	1937	1938	1939	1940	1941	1942	1943	不明	合计
厂数	2	0	1	8	7	7	16	25	1	67
累计	2	2	3	11	18	25	41	66		67

B. 1942—1945年贵阳工厂家数及资本额

年别	厂数(单位:家)	资本额(单位:元)
1942	126	6996000
1943	258	11302900
1944	371	15482600
1945	385	20502600

注:1.1945年的统计数据系1946年的。

2. 从1942年到1945年的工厂数并不包括手工业,见1947年《贵州省统计年鉴》,第88页。

C. 工业的部门结构

业别	工厂数	百分比(%)	资本额(万元)	百分比(%)
机械	15	22.38	1258.6	21.94
动力	20	29.85	1154	20.11
化学	9	13.43	1005	17.52
煤矿	2	2.98	800	13.94
水泥	1	1.94	200	3.48
电器	2	2.98	110	1.91
卷烟	3	4.47	400	6.97
玻璃	1	1.49	100	1.74
染织	2	2.98	330	5.75
火柴	3	4.47	170	2.96
印刷	4	5.97	105	1.83
皮革	2	2.98	62	1.08

续表

业别	工厂数	百分比(%)	资本额(万元)	百分比(%)
制酸	3	4.47	41	0.71
合计	67	100.0	5735.6	100.0

资料来源:《筑市工厂总述》,《贵阳市工商业调查录》,第1编,1944年;贵州省政府统计处编印《贵州省统计年鉴》(胜利纪念特辑),1947年,第88页,贵阳市档案馆藏《民国文献资料》,序号0089。

从上表可以看出,较之战前,战时贵阳的工厂数、工业资本每年都大幅上涨。战前贵阳商业经济"一枝独秀"的状况有所缓和,其城市经济结构一定程度上得到调整。在抗战以来的短短几年内,贵阳的工业数量和结构都发生了相当大的变化。特别是在1942年、1943年两年中,新创建的现代工厂就达41家之多,占历年所设工厂总数的61%。工业部门结构也发生了根本性的变化,原来没有的重工业部门,如动力、机械、化学、水泥、电器等都从无到有,并有了较大的发展。尤以与军事密切相关的机械、动力、化学、电器、煤矿、水泥等行业发展迅速,数量到达49家,占新建工厂的73%,资本总额4526.6万元,占78.9%。贵阳现代工业的发展还可以从工业用电量得到反映。参见下表。

贵阳电气公司1938—1945年发电量和工业用电量统计表

年别	发电能力(千瓦)	平均日发电量(度)	用电户数(家)	工业用电量(千瓦)
1938	50	800	740	—
1939	470	1860	1039	202.5
1940	470	3320	1240	117.5
1941	470	3950	1662	236.5
1942	840	5400	2743	611.75
1943	840	9600	2972	806.5
1944	840	10650	3056	551.8
1945	1040	13200	3300	832.7

资料来源:1947年《贵州省统计年鉴》(胜利纪念特辑),第91页;《贵州财经资料汇编》,第58页。1944年《贵阳市政统计年鉴》,贵阳市政编辑室印,第262页;贵阳市政编

辑室印《贵阳市政》,第4卷,第4期,1944年2月15日发行,第46页。

注:据1944年《贵阳市政统计年鉴》统计,1942年度贵阳电气公司发电能力为1310千瓦,这里以1947年《贵州省统计年鉴》为准;另据1947年《贵州省统计年鉴》统计,1942年度贵阳用电户数为2763家,而《贵阳市政》,第4卷,第4期统计为2743户,这里以后者为准。

工业化时代,电力使用量的高低是衡量现代工业发达与否的重要参考指标。1938年贵阳工业用电量为零,但到1945年则增至832.7千瓦。其中1940年可能遭到日机7次侵略贵阳领空,并投弹轰炸以及时疫的影响,导致工厂开工不足,工业用电量较1939年下降;[1]而1944年则因受"黔南事变"影响,部分工厂或停开,或迁移,工业用电量下降明显。[2] 尽管如此,在抗战时期,贵阳城市工业用电量在总体上是呈不断上升趋势,且提升速度很快,这反映出贵阳现代工业已经打下了初步的发展基础。

需要指出的是,战时贵阳增加的工业资本,多为外来资本(特别是国家资本)而非本地募集。以著名的贵州企业公司为例,其1939年初创时的600万元股本,地方商股仅占微不足道的20000元,即便把贵州省政府的123万元股金视为地方资本,也仅占总投资额的20%,余下80%均为外来资本。[3] 这种严重依赖"外资"的现象,虽然催生出战时贵阳城市工业经济的暂时繁荣,但当战后"外资"抽逃回流时,对贵阳城市工业经济的打击却是致命的。因此战时贵阳的工业生态亦同大后方其他城市一样,具有两个显著特征:一是在资本结构上,多为国家资本所控制;二是在所有制结构上,"公营工厂"(包括

---

[1] 据1937年12月—1942年12月贵州《本省大事记》记录:1940年是日机侵略贵州领空最猖獗的一年,共计10次。其中该年5—9月相继7次到达贵阳领空或附近郊区。而此前1939年"二四"轰炸对贵阳的毁灭性打击造成的历史记忆,及市民之后相应增强的防空意识,可能是该年贵阳工业用电量相对1939年下降的主要原因。1940年贵州爆发全省性疾疫,贵阳亦未能免。参见贵州省图书馆编:《贵州历代自然灾害年表》,贵州人民出版社,1981年。

[2] 如贵州企业公司下属"三一化学工业公司"便因"黔南事变"而紧急疏散,结果"损失极大"而被迫于1945年元月"暂停、清理结束"。1949年《贵州企业股份有限公司十年业务总报告》;参见中国抗日战争史学会编:《抗战时期的西南大后方》,北京出版社,1997年,第203页。

[3] 彭湖:《一年来之贵州企业公司》,《贵州企业季刊》,1943年,第1卷,第2期,第5—6页。

"国营"和"省营")可称"一超独大"[①]。下面我们以几乎宰制全省经济命脉的贵州企业公司的资本构成情况来进行说明[②]。参见下表。

贵州企业公司1939—1943年投资额明细表　　单位:万元

股东	投资额 创立时	第一次增资	第二次增资	第三次增资	占资本总额（%）
贵州省政府	123	123	244.3	366.45	12.98
经济部	125	65	32.5	97.5	4.8
中国银行	170	398	796	1194	38.75
交通银行	120	278	556	834	27.1
中国农民银行	60	133	266	399	13.0
贵州银行	/	/	97.5	97.5	2.95
地方商股	2	3	7.7	11.55	0.37
合计	600	1000	2000	3000	

资料来源:何辑五《十年来贵州经济建设》,南京印书馆,1947年8月,第59、60页。彭湖《贵企五年综述》,《贵州企业季刊》,1944年6月,第2卷,第2期,第6—7页。

第1次增资是1940年6月,第2次是1942年5月,第3次是1943年2月。彭湖《贵企五年综述》,《贵州企业季刊》,1944年6月,第2卷,第2期,第6—7页。

从以上可见贵阳城市工业所形成的两个特点导致了一个后果,即国营工

[①] 关于抗战时期大后方工业生态的主要特征,吴半农总结如下:1.重工业抬头;2.工业区位建立;3.公营事业占优势;4.公营民营厂矿规模悬殊。中国第二历史档案馆编:《中华民国史档案资料汇编》,第5辑第2编,《财政经济》(6),江苏古籍出版社,1997年,第321—325页。

[②] 我们所以选择"贵州企业公司"作为样本说明战时贵阳工业生态特征的原因如下:作为"贵州历史上最大的垄断集团",贵州企业公司无论在其创立期、鼎盛期还是衰落期,它所创立参与的企事业单位大都落户于贵阳。以其10年生存期中经营企事业最多的1942年为例,是年该公司所涉足的28个企事业单位中,有19个安置于贵阳(若把设于贵筑县辖下青岩的贵州陶瓷厂也计算在内的话,则为20个)。而这19个单位中有11个属于工业部门,占是年该公司15个工业部门的73%强。此外,据1944年《贵阳市工商业调查录》调查,在该年贵阳所有13个工业部门中,贵州企业公司下属工业单位基本垄断控制了贵阳市除皮革服装、染织、电器外的11个工业部门。是故,通过贵州企业公司观察战时贵阳的工业生态是合适的。李振纲等:《贵州六百年经济史》,贵州人民出版社,1998年,第323页;彭湖:《贵州企业公司三年业务报告》,《贵州企业季刊》,1943年2月,第1卷,第2期,第96—99页;《贵阳市工商业调查录》,第2编,1944年,第9页—34页,贵州省档案馆全宗MG3,序号0119。

业的大发展。"抗战的发生与持久,始为国营事业造成了空前发展的机会。"①国营企业"除了中央政府所办的经济事业外,还包括着一切省营、市营和县营事业在内"②。而"省营工矿业是抗战中的产物,亦为公营事业的一种方式"③。就是说,没有抗战,就没有"国营"、"省营"等"公营"事业的"泛滥"。而事实上,战时"公营"事业的"泛滥"既是国家资本扩张的必然,也是国民政府中央强化地方控制的结果。以"省营"事业为例,早在贵州企业公司成立前的1939年1月,国民党中央就有这么一个主张:"省营事业,中央应尽必要范围以内,予省政府以积极的经济援助,因以减少地方政府之困难,扩大事业之效果,从而增加地方与中央之联系。"④从此一资料可以看到国民党中央对"省营"企事业的支持态度外,还能解读到另外的潜台词:即"省营"企事业也是中央政府控制地方的经济工具。"增加地方与中央之联系",实质就是要加强中央对地方的控制。"省单位事业无论就其表面观察,抑就其内容检讨,其制度可谓新颖进步,在抗战建国同时并进,敌人谋我益急之日,各省力图开发生产之建设工作,实无可非议之处。惟我国过去尝因地域观念之积习,致有形分裂割据之封建的状态,这一点是我们必须避免的,否则不仅无益于经济建设,亦且有害于国家统一也。"⑤大家都明白,"省营"企业无论怎样发展,都不能成为"有害于国家统一"的经济工具,它的一切活动都应该以维护中央权威为旨归。虽然贵州地方也组建了"贵州企业公司"以图稍挽地方利益,但贵州地方政府来说,一方面受到面对日寇入侵时要求强烈"一统"的民众的监视,另一方面地方财政收入大都依靠中央的支持,即便有所企图,也只能为获得国家资本参与地方建设,而不必同中央"角力"⑥。贵州企业公司也因不断得到国家资本注入,实质上由"省营"向"国营"演变。其模式亦为

---

① 《自由经济是中国的唯一道路》,《西南实业通讯》,1947年,第15卷,第7、8、9期合刊,第3页。
② 吴半农:《国营与省营》,《新经济半月刊》,1941年9月1日,第5卷,第11期,第245页。
③ 张锡昌、陈文川等:《战时的中国经济》,科学书店,1943年,第178页。
④ 国民党五届五中全会:《西部各省生产与建设统制案》,1939年1月26日,中国第二历史档案馆编,《中华民国史档案资料汇编》,第5辑2编:《财政经济》(5),江苏古籍出版社,1997年,第36页。
⑤ 彭湖:《论省单位企业》,载《企光》,1942年3月,第3卷,第1、2期合刊,第26页。
⑥ 以贵州为例,1938年国民政府每月要补助贵州省政府20000元"俾作亲民官养廉之额"。《国民政府公报》,渝字第61号,第13页,《中华民国史资料长编》(民国二十七年4卷),南京大学,1993年,第410—411页。而贵州省政府1943年也自呈:"本省财政,历年均不能自足,在财政收支系统改革以前,每年预算之平衡,端耐中央补助。"见贵州省政府编印:《黔政五年》,1943年,第4页。

国民政府中央所支持并于大后方15省加以推广①。最终影响了国家资本促进贵阳城市工业发展的效能，也极大地弱化了地方资本和民间资本在促进贵阳工业发展中起的作用。国营企业借助于国家权力资源对脆弱的民营工业挤兑、打压，从而使大后方工业生态普遍呈现"国强民弱"的畸形经济结构。以1944年《贵阳市工商业调查录》为依据，是年贵阳市从事机械生产的工厂共有15家，其中公营2家，民营13家，但公营资本额800万元，民营总计456.6万元。民营企业职工总数（含管理员在内）不足300人，公营不包括管理员的职工总数是394人②。由此可见，战时贵阳民营工厂多为中小型工厂，无论是资本额，还是职工人数甚至机器设备，与公营工厂比较，明显居于劣势。在国家资本的汪洋大海中，居于权力圈之外的民营中小企业，要么依附于国家资本求生存，要么就只能等待国家资本的蚕食鲸吞。以战时贵阳民营的新生五金厂为例，在生产正常、业绩较佳的情况下，仍然被贵州企业公司通过指使客户毁约、断电、授意银行拒绝贷款等方式排挤、欺凌，最终为贵州企业公司合并，成为其旗下的一个子公司③。又如1939年开办的新生陶瓷厂，辛苦打拼两年获得成功，贵州企业公司见陶瓷业有利可图，便于该厂附近开设"公营"的贵州陶瓷厂，"他们不仅从新生挖去技术工人，还强租厂里的球磨机等设备，强行采用厂里买下的瓷土矿和松材，使新生陶瓷厂受到很大损失"④。而面对政府的不作为，即便依附于贵州企业公司的中国机械厂，亦不得不发出这样无奈、愤懑的声音："经济部对于民营生产事业之管制，亦只为事后之调查。债权银行则以收回本息为目标，鲜能顾及事业之成败"，"同时颇有法令纷繁，动辄得咎，表报迭送，并无下文之感。仍如大海行舟，全赖自己挣扎！本公司有企业公司支持，尚且如此，其他民营工厂，更可想见！"⑤此类抱怨也泄露天机——"省营"企事业虽然是战时国民政府"公营"企事业体

---

① 张锡昌、陈文川等：《战时的中国经济》，第178—179页。
② 贵阳市政府编：《贵阳市工商业调查录》，第2编，1944年，第22—28页，贵州省档案馆，全宗MG3，序号0119。另，该调查录统计该年全市机械业总资本额是1258.6万元，若减去公营资本总额800万元，则民营资本额为458.6万元。但经笔者逐厂核对，该统计有误。见《调查录》，第2编，第8页。民营工厂有2家无职工人数，统计11家约为280人。
③ 伍效高：《我在贵州创办的事业》，《贵州文史资料选辑》，第31辑，1992年9月，第181—182页。
④ 伍效高：《创办新生各工厂的经过》，《贵阳文史资料选辑》，第6辑，1982年11月，第6页。
⑤ 王新元：《战时民营工业几个实际问题的检讨》，《贵州企业季刊》，第1卷，第3期，第12页。

系的一部分,但与嫡系的"国营"企事业还是有所区别的。

战时国家资本伸入贵阳的经济领域,使贵阳战前落后的工业生态起了明显变化。工业部类、工厂数量、产品质量、工业技术管理人才都得到提高、改善、增加。表面上看,贵阳有可能借此东风走上工业化之路,使其城市化进程获得动力支持。但因战争而导致的非生产性资本的畸形膨胀及"国强民弱"的城市经济结构实质上亦正逐渐吞噬着贵阳因战争而获得的一线生机,它的工业化进程并无质的突破。

(二)商业的畸形繁荣

战前,贵阳现代城市商业已有一定的发展,并与外省建立了较为密切的商贸联系。1931年左右有人记载:"年来贵阳商业发达,与日俱进","其中资本雄厚、营业扩展的大号,如永昌、恒兴益、合顺永、益通、恒昌裕、公合长、资深裕、久康、协春隆等等;省外若悟州、广州、上海、汉口、洪江、重庆、成都等处,都设有分庄或代号。所营输出货以土货为大宗"。[1] 随着抗战爆发,贵阳等城市在人口增加、物资奇缺等突发性战时经济因素拉动下,形成的战时"商机",刺激了"非生产性资本"的发展[2]。有人曾指出:"在这次抗战中,民族的产业资本虽然已得到了一个发展的机会,可是却还是始终被压制在一切前资本主义性的非生产性的资本下。"[3]这些非生产性的资本,主要包括商业资本和土地资本。它们的资金构成,多由内迁人口携带转移的,港、沪一带进入的或内地本土的"游资"聚集。游资是"脱离了生产过程和交换过程的一种暂时储藏的货币资本",它的大量集中,是战争状态下人们对未来预期的不确定性在金融上的具体反映。[4] 在"安全第一"的前提下,游资进入市场的主要活动就是攫取投机性超额利润。由于战时物资缺乏,通过囤积居奇、待价而沽甚至买空卖空等非正当手段从事商业贸易往往能攫取巨大利润,故游资多变身为商业资本参与商业投机。"货物到贵阳,都是一扫而空。尤其是洋货与日用品,不仅是物少不易购到,而且价格高出原价数倍。例如一双布拖鞋,在

---

[1] 曹鉴庭:《黔行纪略》(4),《旅行杂志》,1933年4月,第7卷,第4期,第80页。
[2] 高叔康:《畸形的商业资本》,《新经济半月刊》,1941年,第11期,第228—229页。
[3] 吴大琨:《抗战八年来的大后方经济》,《经济周报》,1945年11月,第1卷,第1期,第4页。
[4] 高叔康:《后方游资问题》,《新经济半月刊》,1940年5月1日,第3卷,第9期,第210、第211页。

武汉不过四角国币,在这儿要高到一元五或一元二。"①"贵阳商业输出品绝无仅有,舶来品和外省货输入极多,但以运输困难,物价较在东南各地竟要高过数倍"②;加上战时物资匮缺、商业利润丰厚,商业兴旺势所必然。因此,经商成为战时贵阳的一种社会时尚,达官贵人、普通公务员、文化人、平民百姓纷纷蜂拥而入商业领域,从业人数不断增加,从而形成了"全民皆商"的畸形奇观③。到1944年,全市从商人员达18000人以上。若以每个从业人员的家庭规模为5人计算,则战时贵阳市直接或间接依赖商业为生计者近10万人,"占全市人口几及半数"④。商业的发展,使贵阳市各类商号在抗战期间增加了3.82倍,商业资本扩大了116.9倍⑤。这样空前的增长速度,不仅是贵阳,而且在贵州商业史上也是绝无仅有的。城市商业专业市场在传统的基础上得到了进一步的发展,今贵阳市街道之的"引线巷"、"打铜街"、"竹市巷"、"盐行街"等名称皆由此而来⑥,在一定程度上促进了贵阳城市功能分区的发展。

抗战时期贵阳商业发展情况

年份	商业户数(户)	商业资本额(万元)
1937	1420	182.6035
1942	4541	9699.5031
1943	4239	10614.14
1944	4931	15735.50
1945	5422	21040.47

资料来源:张肖梅《贵州经济》,中国国民经济所1939年,第132页;《贵阳市政统计年鉴》(1944年),第240页;《贵州省统计年鉴》(1947年),第88页。

---

① 沙鸥:《贵阳一瞥》,《旅行杂志》,1938年12月,第12卷,第12期,第13页。
② 顾君谷:《贵阳杂写》,《旅行杂志》,1939年3月,第13卷,第3号,第9页。
③ 《劝大家莫再经商》,《贵州日报》,1942年4月24日。
④ 贵阳市政府编:《贵阳市工商业调查录》,第2编,1944年,第35页,贵州省档案馆,全宗MG3,序号0119。
⑤ 李振刚等:《贵州六百年经济史》,贵州人民出版社,1998年,第337页。
⑥ 贵州省地方志编纂委员会:《贵州省志·商业志》,贵州人民出版社,1990年,第13页。

但必须说明的是,商业的这种高速发展,不是建立在生产性产业发展的基础上的,而是战争时期的特殊产物,是一种畸形的城市商业繁荣。这主要是因为商业资本过多地挤占了工业资本份额,从长远计,是不利于城市健康发展的。诚如时人评价:"眼前大后方的工业,正遭遇着'工业资本'不及'商业资本'之利厚,'制造成品'不及'囤积货料'之利益大,与乎'作教师'不及'作店员'之钱多等阻碍,深切地感受着资金、器材与技工等缺乏之困苦,无法扩大其生产,甚至往往连原有再生产之维持亦不可能,次第趋向凋落的道路。"①

无论是抗战时期贵阳城市商业发展是畸形与否,贵阳商业随着上海等中东部城市具有现代商业精神的商人团体的移入,他们将其现代商业意识和经营理念也带到了贵阳,使贵阳商业模式也逐渐由传统向现代市场转变,其标志则是1938年12月在贵阳科学路口成立的中国国货公司②。

(三)金融业的发展

城市化的发展、现代工商业经济的举办,都离不开金融业的支持。战前贵州金融机构以传统的当铺、钱庄为主,兼以部分商号兼营存、汇业务,现代银行仅有1912年成立的贵州银行及1935年中央银行和中国农民银行在贵阳设立的分行等三家。1937年,贵阳全城"属于金融业者仅典当七家,堆栈九家,银行六家耳"③。抗战爆发后,中国银行、交通银行、邮政储金汇业局、中央信托局与中央合作金库陆续来贵阳设立机构,湘、粤、桂、川、滇等地方银行和上海、金城、和成、聚兴诚、美丰、复兴、怡兴昌、云南实业、昆明、利群、大同等商业银行也相继来贵阳设行④。"自二十七年以后,贵阳市上,每年均有新银行设立。"⑤这些金融机构的陆续迁入、兴办,极大地促进了贵阳现代金融业的发展,到1945年贵阳市有国家行、局和地方银行、商业银行26家⑥,分支机

---

① 漆琪生:《论旧工商业之危机与新工商业之使命》,《中国近代工业史资料》(4),三联书店,1961年,第87页。
② 贵州省地方志编纂委员会:《贵州省志·商业志》,贵州人民出版社,1990年,第14页。
③ 张肖梅:《贵州经济》,中国国民经济所,1939年,第P2页。
④ 贵州省钱币学会等:《贵州金融货币史论丛》,1989年,第57—58页。
⑤ 贵阳市政府编:《贵阳市工商业调查录》,第2编,1944年,第1页,贵州省档案馆,全宗MG3,序号0119。
⑥ 贵州省钱币学会等:《贵州金融货币史论丛》,1989年,第68—69页。

构 51 处，保险机构 10 家[①]。其业务主要有存贷款、汇兑、保险以及票据结算等。在抗战时期大后方城市迅速发展的背景下，各贵阳主要金融机构的业绩增长都很快，如向企业贷款。参见下表。

贵州企业公司 1939—1943 年投资额明细表

单位：万元

股东	投资额 创立时	第一次增资	第二次增资	第三次增资	占资本总额（%）
贵州省政府	123	123	244.3	366.45	12.98
经济部	125	65	32.5	97.5	4.8
中国银行	170	398	796	1194	38.75
交通银行	120	278	556	834	27.1
中国农民银行	60	133	266	399	13.0
贵州银行	/	/	97.5	97.5	2.95
地方商股	2	3	7.7	11.55	0.37
合计	600	1000	2000	3000	

资料来源：何辑五《十年来贵州经济建设》，南京印书馆，1947 年，第 59、60 页。彭湖《贵企五年综述》，《贵州企业季刊》，1944 年 6 月，第 2 卷，第 2 期，第 6—7 页。

注：第 1 次增资是 1940 年 6 月，第 2 次是 1942 年 5 月，第 3 次是 1943 年 2 月。见彭湖《贵企五年综述》，《贵州企业季刊》，1944 年 6 月，第 2 卷，第 2 期，第 6—7 页。

一般居民存贷款业务也增长较为迅速，参见下表。

1942 年贵阳市四行存户存款统计表

单位：法币千元

类别	金额	中央银行	中国银行	交通银行	农民银行
合计	130893	44083	37906	23114	25790
军政	72245	26408	22744	13073	10020
工商	28353	9401	8338	3514	7100
私人	30295	8274	6824	6527	8670

[①] 黄鑫：《抗战时期贵州的县政建设》，贵州师范大学硕士学位论文，2006 年。

资料来源:贵州省政府统计处编 1945 年《贵州省统计年鉴》,第 372 页。

1942 年贵阳市四行存户放款类别统计表　　　　单位:法币千元

类别	金额	中央银行	中国银行	交通银行	农民银行
合计	38793	4300	11154	7509	15830
军政	5876	4300	1141	2125	2610
工商	22694	—	7206	5368	10120
私人	2937	—	6	11	2920
其他	2986	—	2801	5	180

资源来源:贵州省政府统计处编 1945 年《贵州省统计年鉴》,第 373 页。

现代金融业的发展,对促进贵州战时经济的发展、推动技术进步,都起到了重要作用。贵阳的煤矿、电力、机械制造、建筑、化工、卷烟、面粉、玻璃器皿、陶瓷、印刷、火柴、酿造以及交通运输业和商业,都获得一定数额的银行贷款或投资的扶持,帮助企业由手工作坊式生产向机械或半机械生产转型,为贵阳新兴现代企业发展打下了一定的基础[1]。

作为城市近代化的标志之一,新式银行的发展与活跃,是战时贵阳城市近代化增速的具体表现[2],也为贵阳城市发展提供了资金支持,但支持力度却不足,特别是对贵阳民营中小企业的支持尤为不足[3],"很少起到扶持工商业的作用"[4]。这主要是因为抗战时期,贵州各金融机构因"社会游资流通数量之巨大"和国民政府政策因素而将经营重点放在了商业、汇兑和国营事业当中了,极少参与工业投资,"除黔籍银行外,其他各行,汇出数量恒较汇入数量

---

[1] 贵阳市地方志编纂委员会:《贵阳市志·金融志》,贵州人民出版社,2004 年,第 3—4 页。
[2] 近代金融业对城市化的"推力"作用,见隗瀛涛主编:《中国近代不同类型城市综合研究》,第 71 页;又见洪葭管、张继凤:《近代金融业与沿海经济发展》,载丁日初等主编:《近代中国》,第 2 辑,上海社会科学院出版社,1993 年 5 月,第 139—155 页。
[3] 刘泽霖:《我国银行之症结与改善之途径》,载《益世报》,1942 年 10 月 21 日。
[4] 李振纲等编:《贵州六百年经济史》,贵州人民出版社,1998 年 12 月,第 341 页。从民国元年(1912 年)到 1934 年,"贵州银行为唯一之金融事业",见张肖梅:《贵州经济》,中国国民经济所,1939 年,第 014 页;《黔行纪略》的作者曹鉴庭也称,军阀时期,贵阳"银行则仅贵州银行一";曹鉴庭:《黔行纪略》(3),《旅行杂志》,1933 年 3 月,第 7 卷,第 3 号,第 55 页;又见《贵州财经资料汇编》,同前,第 433 页。

为巨,甚有超出二三倍以上者,即此可以表示贵阳之为一交通商埠,而尚非一甚为发达之工业商埠也"①。战时游资的流动性迫使贵阳市政府不得不呼吁:"今后除欢迎外资兴办本市工业外,并希望本市商业游资勿再外流,以其举办各种实业,为国计民生,均沾利益不少。"②这一点在国民政府财政部 1941 年底的《董辙考察贵州省金融情况报告书》里也交代得很清楚:贵阳"中、中、交、农四行,大都办理存款及汇兑。除对公营事业放款外,并不对私人或商业放款"。纵使国家银行对民营中小工厂放款,一方面手续烦琐,"雁过拔毛"加大企业的贷款成本,并且层层审查后延误企业开工时间,往往使企业受战时物价因素的影响而导致生产成本上涨;另一方面条件苛刻,既多以生产资料为抵押,又严格限定贷款期限,如国民政府交通银行便明确规定:"贷款期限不使过长,限定借款人须于六个月内将款项还清,俾资金不致呆滞。"③以贵阳金城银行为例,该行 1938 年 10 月在贵阳设立时,只有准备金法币 10 万元,资金来源"全赖就地组织存款"④。但到 1942 年底其存款结余达 1826 万元,仅次于上海商业储蓄银行贵阳分行⑤。其放款的主要对象有两个方面:(1)该行总处办的附属商业事业;(2)贵阳电厂、贵阳水利林牧公司、贵州中国国货公司等"公营事业"。"除上述两方面的贷款外,一般放款绝少承做。"并且,该行对"公营事业"的放款,"大多为短期抵押放款"。所以严格控制放款,一是要将资金大量调往重庆,二是腾出资金"购买美金储券、美金公债和其他外汇"⑥。以上情况表明金城银行在贵阳设立分行的目的,就是要吸纳战时游资进行投机买卖牟取投机利润。

综上所述,战时贵阳的金融业较之战前进步明显,不过其业务却以汇兑、吸收存款为主而非放款支持地方发展,主要服务于战时畸形发展的商业贸易

---

① 贵阳市政府编:《贵阳市工商业调查录》,第 2 编,1944 年,第 1—2 页,贵州省档案馆,全宗 MG3,序号 0119。
② 朱庆柄:《两年来之贵阳市民政及工商管理工作概述》,贵阳市政编辑室编印:《贵阳市政》,1943 年 7 月 1 日,第 4 卷,第 1 期,第 16 页。
③ 秦柳方:《论工业贷款》,《西南实业通讯》,1942 年 6 月,第 5 卷,第 6 期,第 71—72 页;四联总处档案:《交通银行 1942 年度营业报告》,中国第二历史档案馆编:《中华民国史档案资料汇编》,第 5 辑第 2 编,《财政经济》(4),江苏古籍出版社,1997 年,第 540 页。
④ 陈之杰等:《解放前的贵阳金城银行》,《贵阳文史资料选辑》,第 37 辑,1993 年,第 183 页。
⑤ 《贵州省统计年鉴》,1945 年,第 371 页。
⑥ 陈之杰等:《解放前的贵阳金城银行》,《贵阳文史资料选辑》,第 37 辑,1993 年,第 184 页。

甚至有"金融商业化"的倾向。公私银行即便对工业生产放款,服务对象主要是国家资本控制的"公营"企业,对民营企业基本采取限制政策,并且贷款期限过短,贷款条件严苛。这些事项表明,虽然战时贵阳金融业的繁荣是其城市化加快的标志之一,但它并没有对贵阳的工业建设提供足够的资金支持,没有对生产周期长、货币回笼慢的工业生产提供较好的服务。简言之,它对战时贵阳工业化进程补益尚浅。它的兴盛既是战时金融业被迫内迁的结果也是游资集中、商业资本膨胀的必然。其繁荣状况随抗战的结束而迅速萎缩,归于萧条。

二、战时贵阳人口的增长与社会群体的变迁

贵阳虽然是区域性的"首位城市"(Primary City),但城市人口总量不足、人口素质较低,城市人口结构的传统化以及知识型人才、专业型人才匮乏等人口问题制约了城市发展,这一严重社会问题在贵阳抗战时期一直存在,并影响了贵阳以后的城市发展。以手工工人为例,社会学家吴泽霖在1938年对贵阳城区的8类工业、手工业工人概况的调查报告中就指出,除印刷和成衣两业因职业性质的需要识字工人数略高外,其他木匠、铁匠等6个行业的文盲占各业受调查人数的近半数或半数以上。吴氏提醒道:"在年方少壮的人中,目不识丁者,竟有如此之多,这是社会教育所急应担负解决的一个问题。"[①]这样的人口素质,自然会增加贵阳城市经济建设的难度系数,"抗战军兴以来,本市渐成西南重心,人口日增,工商业日益发达,人才缺乏,供不应求,于是各工商团体,不得不降格以求,所有职工,知识技能,均较低劣,工作效率固小,而种种弊端亦复丛生"[②]。这一状况随抗战的爆发,得到了一定的改变。

抗战爆发后,贵阳因地处大后方,在特定历史条件下,各类外来人员大量涌入,使贵阳人口总量迅速增加,并表现出了明显的非自然变动的特征。如1941年,贵阳市人口为185896人,新增28385人。同年迁入49099人,迁出

[①] 吴泽霖:《贵阳城区劳工概况的初步调查》,《新大夏月刊》,1938年,第1卷,第3期,第6—7页。

[②] 何辑五:《贵阳市教育之现在及将来》,《贵阳市政》,1942年10月,第3卷,第4、5期合刊,第2页。

迁入相抵,净迁入 23789 人,占新增人口总数的 96.52%。1942 年全市人口为 213270 人,新增 27357 人。同年迁入 57180 人,迁出 30825 人,净迁入 26356 人,占新增人口总量的 96.28%,表现出战争背景下非自然增长的特征。

贵阳县、贵阳市户口数

年份	户数	口数	年份	户数	口数
1937 年(贵阳县)	22765	121304	1942 年(贵阳市)	41217	213270
1938 年(贵阳县)	22584	123018	1943 年(贵阳市)	43987	249721
1939 年(贵阳县)	22718	113271	1944 年(贵阳市)	49355	280956
1940 年(贵阳县)	30185	17665	1945 年(贵阳市)	48424	284504
1941 年(贵阳市)	33798	185896			

资料来源:《各县市户口数》,《贵州省统计年鉴》(胜利纪念特辑),1945 年。

这一人口非自然迅速增长的特征,是与大量外省籍人口迁入密切相关的。据贵阳市 1942 年的统计,全市有外省籍人口 103126 人,占全市总人口的 48.35%[1]。据贵州省档案馆编《贵州企业公司》提供的 1939 年至 1949 年 10 年间公司高级管理人员的资料统计,在总计 146 位董事、经理级管理人员中,除籍贯未详者 15 人外,贵州本籍仅有 18 人,余皆为外省籍人员。并且,146 人中具有专科以上学历者计 101 人,有出国留学背景的 46 人,而贵州籍管理人员有 13 人具有专科以上学历,曾出国留学者 10 人[2]。这样的人才结构,当然是贵州企业公司一度兴旺的原因之一。又据 1947 年 8 月的《中国工程师学会贵阳分会会员通讯录》统计,265 名会员中(籍贯未详者 17 人),贵州籍会员为 32 人(其中贵阳籍 15 人),216 人为外省籍人员。[3] 即便普通职员,据 1940 年 5 月《贵州企业股份有限公司职员名录》提供的资料统计,在

---

[1] 贵阳市地方志编纂委员会:《贵阳市志·人口与计划生育志》,贵州人民出版社,1992 年,第 65 页。
[2] 贵州省档案馆:《贵州企业股份有限公司》(下),贵州人民出版社,2003 年,第 1515—1570 页。
[3] 中国工程师学会贵阳分会编:《中国工程师学会贵阳分会会员通讯录》,《一年来黔省之工程事业专刊》,1947 年,第 87—98 页。

1939年的105名普通职员中,外省籍98人,贵州只有7人。且这105名普通职员多为初高中以上学历。① 战时贵阳各厂的熟练工人亦多来自于外省,如贵州烟草股份有限公司,"该厂有职员二十五人,男性技工约六十人,女工(包括装撕叶等工作)约一百二十人,其中本省籍者占百分之四十五,余为外省籍"②。凡此种种,不能不让时人感叹:"抗战以来贵州工业建设的人才的籍贯,贵州籍的不及百分之五。其他占百分之九十五,这百分之九十五的人才,大都是由沪、粤、汉、苏、湘等省而来。"③

抗战时期,中东部人口和国家机关人员、军队、知识分子、企业主、工人等群体的大量移居贵阳,不仅促使了贵阳人口数量迅速增加,而且还改变了城市人口构成结构,使城市人口的年龄构成、性别比、民族构成、受教育程度、职业情况等方面都得到了不同程度的优化与改善,并呈现出复杂多样化特征。

就人口年龄构成而言,中青年人口始终占多数。《贵州省统计年鉴》记载:1942年全市总人口为213270人,其中0—14岁少年儿童人口有54275人,占全市人口比例的25.45%。15—49岁青壮年人口为129845人,所占人口比例高达60.88%;而50岁以上者为29150人,占人口比例的13.67%④。又据1946年1月国民政府为遣返的难民所作的调查统计,在被调查的2547名浙江省迁入西部难民中,15岁以下的少年儿童有908人,占35.65%;16岁至60岁的中青年达1588人,占62.35%;61岁以上的老人仅51人,占2%;而其中16岁至50岁的壮劳力为1487人,占58.38%⑤。劳动人口的大量增加为城市工业、商业、运输业等产业的发展提供了丰富的人力资源,为城市经济发展准备了较为充足的人口因素。

人口的性别构成因战争环境改变了过去大体平衡的状态,出现了严重的不平衡。1937年,贵阳县男性人口63349人,女性人口57955人,性别比(以女性为100,下同)为109。1941年,贵阳市男性人口117028人,女性68868

---

① 《一九三九年十月十日贵州企业股份有限公司职员名录》手抄本,贵州省档案馆,全宗M78,序号18。
② 贵阳市政府编:《贵阳市工商业调查录》,第2编,1944年,第9页,贵州省档案馆,全宗MG3,序号0119。
③ 丁道谦:《贵州工业建设之人才问题》,《贵州日报》,1938年7月23日。
④ 贵阳市地方志编纂委员会:《贵阳市志·人口与计划生育志》,贵州人民出版社,1992年,第37页。
⑤ 黄文:《抗战时期贵州人口变迁对社会的影响》,《贵州文史丛刊》,2009年,第3期。

人,性别比为169.93。1942年,全市男性人口128619人,女性84651人,性别比为151.94。1943年,全市男性人口155146人,女性94675人,性别比163.87。1944年,贵阳市男性人口173408人,女性107548人,性别比为161.24。这一时期性别比的不平衡,主要是外来人口中男性居多造成的①。人口性别比的失衡,给贵阳城市居民的婚姻生活带来了较大的压力,增加了社会不安定因素。

战时人口大量涌入贵阳,不仅造成了城市人口年龄构成和性别比的不平衡,而且还使城市人口的民族构成发生改变,这主要是大量的汉族人口的移入而造成的。1937年,贵阳总人口为126392人,"边胞"②人口有34137人,占总人口的27%。1939年,贵阳总人口为136858人,"边胞"人口仍为34137人,占总人口的24.94%③。城市少数民族人口比例呈下降趋势。

人口文化素质有了一定的提高。抗战前贵阳教育事业较为落后,城市人口受教育的程度很低。1931年小学仅有74所,学生7266人;抗战前夕有普通中学8所,在校学生2930人;大学因贵州大学、公立法政专门学校停办,而无专科以上学校。抗战爆发后,随着各类教育机构的迁入与贵州教育建设力度的加强,贵阳教育事业也有了较大的进步。小学到1942年增加到49所,300班,学生12877人;中学到1945年则增至18所;拥有贵州大学、贵州师范大学、贵阳医学院等数所高等院校④。此外,贵阳市政府还采取举办补习学校、民众学校、教育实验区、少数民族教育等方式,以提高贵阳城市居民受教育的水平。尽管还有许多不足之处,但与战前相比,贵阳城市居民文化素质有了较大的提高,则是不争的事实。

随着城市的不断发展,贵阳居民从业领域更为宽广,一改抗战前城市居民以手工业、商业、农业为主要职业的局面,呈现出现代城市的职业构成的特点。据1942年的统计资料,在业人口中从事农业的4977人;从事矿业的353人;从事工业的24731人;从事商业的18614人;从事交通运输的10241人;自由职业者3590人;从事"人事服务"的7605人;党(133人)、政(8267人)、军

---

① 贵阳市地方志编纂委员会:《贵阳市志·人口与计划生育志》,贵州人民出版社,1992年,第49页。
② "边胞"泛指抗战时期贵州省各少数民族。
③ 贵阳市地方志编纂委员会:《贵阳市志·民族志》,贵州人民出版社,1999年,第7页。
④ 黄鑫:《抗战时期贵州的县政建设》,贵州师范大学硕士学位论文,2006年。

(17847人)、警(525人),合计26772人①。孙艳魁在《苦难的人流》一书中按职业区分将难民概括为:(1)工人、农民;(2)学生和知识分子;(3)地主、小工商业主;(4)城市市民和小手工业者;(5)沦陷区域的政府工作人员,军警人员及其家属;(6)社会其他人员。据赈济委员会代委员长许世英1938年统计比例是:文教界55%,党政及国营事业21%,商人16%,工人6%,农民2%②。

  城市人口职业构成的现代化发展,不仅促进了城市居民层级化发展,而且还促使各社会群体的社会观念从传统向现代化演变。人口大规模地流动,无论是对外省籍人口还是对原住民打破地域观念和开阔视野都具有很大的意义。抗战时期,不同阶层、不同文化层次的外省籍人口涌入贵阳,使贵阳与外界有了历史性的接触机会,不同范畴的城市文化在贵阳相互碰撞,相互适应,从而形成彼此交融的开放式的新景观。抗战爱国,成为贵阳各个阶层群体不分地域的共同理念。"凡是街头巷尾,可以使人注意的地方,都是贴满了抗战的标语和壁报,而且不论是本地的居民以及避难的外客,没有一个不会唱'起来,不愿做奴隶的人们'或是'把我血和肉,拼掉敌人的头'的一类抗战歌曲;没有一个不知道敌人底奸淫烧杀的暴行","抗战使整个古色古香的社会,无论在表面上,实际上,已经过新时代的洗礼,发生激烈的变动"。③ 抗战也使社会成员对于现行的政治,"已不如从前的漠不关心",而变为热诚④。"整个抗战时期东部人口的大量迁入西部地区,使得后方社会发生巨大的变化,比如民俗方面使东西部风俗得到接触的机会,不仅使一般民众知道全国风俗的不同,而且因相互观摩,而得接触和改良的利益。大量人口内迁,新的知识、观念、风俗与习惯等不断地涌入,冲击了内地封建、愚昧、保守的风气,贵州当地的传统生活方式也开始发生改变,战争打乱了当地人民旧有的生活习惯,人们不得不重构自己吃穿住行的生活方式。在贵州城镇,外来者所穿的长袍马褂、中山服、旗袍等服饰逐渐被当地人所接受。"⑤婚姻观念也因不同地域、不同信仰的人口的聚集、影响,加之新式教育的逐渐普及、社会媒介对

---

① 贵阳市地方志编纂委员会:《贵阳市志·人口与计划生育志》,贵州人民出版社,1992年,第69页。
② 许世英:《蒋委员长讲救济难民问题》,《新华日报》,1938年3月23日。
③ 绳武:《花溪——黔地风光之一》,《西南公路》,1940年,第105期。
④ 尧译:《发展中的贵州》,《长风》,1940年,第4期。
⑤ 唐广苏:《浙大分部在湄潭》,《浙江大学在遵义》,浙江大学出版社,1990年,第648页。

婚姻自由的广泛宣传而发生变化,自由恋爱结婚、"外地郎"与本地姑娘成亲的跨地域婚姻形式,在当时已成为普遍现象①,并出现了集体婚姻的新形式②。

当然,贵阳在社会群体思想观念转变过程中,不可避免地会沾染一些不良习气,如奢侈性消费。"市面上的奢侈品、化妆品等,不怕价钱如何高昂,买的人仍然是踊跃。这种消费奢侈的现象,在抗战最严重的时候,无论如何,是绝对不应该有的。③"此外还有吸食鸦片等。当然这些不良习气也引起了当时有识之士和当局的警惕。如郑一平针对贵阳出现的伤风败俗、淫逸之风提出了批评,并要求对之进行教化④。贵阳市政府还颁布了多项禁政,以图社会改良⑤。

尽管战时贵阳社会变迁存在诸多不足,但是社会群体的现代性认识已成为城市居民的一种趋向,这对城市现代化发展无疑起着巨大的推动作用,从而加速城市现代化的发展。

三、战时贵阳科技文化的繁荣

抗战时期,贵州作为大后方重要的省份,许多文化名人、科学工作者以及大量文化教育机构纷纷迁入贵州城市,省会贵阳因条件优越而成为了聚集中心。各路知识精英一时荟萃贵阳,在云贵高原上碰撞出耀眼的火花,促成了现代文明与贵州传统文化的一次历史性的风云际会,形成了贵阳独特的抗战文化现象,在客观上促进了贵阳科技文化事业的发展,使贵阳成为了贵州省的科技文化中心,贵阳因之成为大后方四大文化中心之一,其影响至今不绝。

(一)科学技术的进步

抗战时期,在贵阳的科研机构主要有:贵州省立科学馆、贵州省农业改进所、贵州省地质调查所、建设厅气象所、贵州省度量衡检定所、贵州国医馆等,浙江大学的数学研究所、生物研究所、化学工程研究所、农业经济研究所、电机实验室、化工工场、机电工场、农场、园艺场等,经济部采金局贵州金矿探勘队,农林部贵州省推广繁殖站,中央水利实验处贵州省水文总站,经济部第一

---

① 忻平:《论抗战时期内迁及其对后方社会的影响》,《华东师范大学学报》,1999年,第2期。
② 檗:《营运公司同仁会主办之第一届集团结婚纪事》,《企光》,1942年,第3卷,第1、2期。
③ 贺梓侨:《论取缔奢侈品之重要性》,《贵阳市政》,1942年,第2卷,第1期。
④ 郑一平:《都市矫风与教化事业之商榷》,《贵阳市政》,1942年,第2卷,第1期。
⑤ 夏松:《一年来贵阳市之警政》,《贵阳市政》,1942年,第2卷,第10、11期。

水利设计测量队、农林部第一经济林场、农林部第一兽疫防治总站、国营第二耕牛繁殖场、中央研究院遵义蚕桑研究所等等。这一时期重要的自然科学团体有:中华学艺社(原名丙辰学社)贵州分社、中华自然科学社贵阳分社、中国工程师学会贵阳分会、贵州省技师公会、中华医学会贵州分会、贵州省中医师公会、中国业余无线电协会贵阳分会等组织。这些科研机构和学术团体,特别是抗战时期大批科技界人士进入贵阳,对贵州、贵阳科技的研究和推广,起到了重要作用。

在农业科学方面。贵州农业改进所先后从省外引进一批水稻、小麦良种,在省内推广种植;成功培育了"黔农二号籼稻"、"黔农二八号粳稻"、"黔农五五号黑粳稻"等水稻新品种,"遵义一三六号"、"定农一号"小麦良种,"黔农黄蜡质"、"黔农白马芽"玉米良种以及"黔农青皮豆"、"黔农棕皮豆"等大豆新品种。农改所还对烤烟进行了改良,其中以"黄金叶"最为有名。1942年,农改所喻锡章、黄志远运用纯系选种法在贵阳育成了"荣昌冬不老"苎麻。在园艺、林业技术上也有一定的突破,如引种和培育了苹果、马铃薯、成都名贵月季等。此外还在改良土种黄牛,进行兽疫防治等方面取得了一定的进展,从而在一定程度上促进了战时贵州农业的发展。

在地质科学与地质勘探方面。1935年,地质学家朱庭祜来贵阳,建立了贵州第一个地质调查所,调查了黔中煤矿、燕子阡锑矿、梵净山金矿、凤凰山磁铁矿及赫章铅锌矿等。1940年,贵阳籍地质学家乐森璕建立了贵州省矿产探测团。该团由贵州省建设厅与贵州企业公司合办,设址于乌当洛湾的万松阁。该所对梵净山金矿、黔中铝土矿、团溪锰矿作了调查,绘制了五十万分之一的《贵州地质略图》、《贵州矿产分布图》,编写了《贵州煤、铝、汞、铁四大矿产概论》。1941年,教育部决定在贵阳成立农工学院,设立矿冶系。次年,又建国立贵州大学,贵州籍地质学家丁道街与乐森璕创办地质系,培养地质学高级人才。1944年,中国地质学会第十二届年会在贵阳召开,乐森璕在会上宣读了《贵州地质纲要》、《贵阳附近地质构造》两篇论文。1945年,地质学家谢家荣在贵阳主持资源委员会西南矿产勘察处,对贵州的铝、煤、铁、汞等矿产进行调查。抗战期间,国内知名的地质学家如李四光、赵金科、张文佑、陈康等人都在贵阳作过短期地质勘察工作,其中李四光发表了著名的《贵州高原冰川之残痕》。地质科学的发展,对贵州战时及后来的工矿业发展有着十分重要的意义①。

在数学领域方面。苏步青于1939年在贵阳青岩创办领导了《微分几何》专题研究讨论班。贵阳籍数学家刘薰宇于1937年以后,先后出版了《马先生学算学》、《开明数学》等书籍,成为畅销一时的科技著作。贵阳师范学院院长肖文灿的《集合论初步》是中国第一部集合论专著,肖氏还翻译了《威斯二氏大代数》等著作,推进了中国数学科学的发展②。

此外,贵阳科技工作者在医学、气象学等方面也取得了一定的成绩。如医学工作者在疟疾病防治、寄生虫病理学、热病学、地方病、化验毒品、制造牛痘疫苗等诸领域取得了一定成绩③。气象工作者也积累了丰富的气象资料④。

当然,不可否认的是,贵阳因抗战时期特殊的历史条件和贵州特殊的省情的制约,所取得的科技成就比较小,发展水平还很落后。但与前相较,无疑又是一个发展较快的时期。

(二)文化事业的繁荣

抗战时期,随着闻一多、熊佛西、田汉、吴晓邦、吴夔时、徐悲鸿等文化名人的到来,贵阳文化事业日趋活跃。

1. 文艺活动

音乐和戏剧是抗战时期贵阳人民开展救亡运动的锐利武器。筑光音乐研究会、黄钟音乐会、贵阳医学院歌咏队、大夏歌咏队等音乐机构,以抗战为主题,通过演唱、演奏、大合唱、电台广播、集众教唱等活动形式,让抗日救亡的歌声响遍贵州省城的大街小巷。贵阳戏剧在抗战前上演的主要是文琴剧、川剧和京剧等剧种,话剧仅在学校偶尔演出。抗战初期,"沙驼"剧社和"青光"剧社活跃广泛,所演出的《生死关头》等反映抗战内容的话剧,深受群众欢迎、引起了市民的共鸣。1940年后,沦陷区许多话剧工作者来贵阳进行演出,进一步推动了省城话剧的发展。1944年,戏剧家熊佛西到贵阳,为旅筑剧人导演曹禺根据巴金《家》改写的剧本,名震一时。同年,戏剧大师田汉率剧

---

① 贵阳市地方志编纂委员会:《贵阳市志·科学技术志》,贵州人民出版社,1990年,第10—19页。
② 范同寿:《贵州简史》,贵州人民出版社,1991年,第252—253页。
③ 贵阳市地方志编纂委员会:《贵阳市志·科学技术志》,贵州人民出版社,1990年,第20页。
④ 贵阳市地方志编纂委员会:《贵阳市志·科学技术志》,贵州人民出版社,1990年,第21—25页。

团抵达贵阳,上演《江汉渔歌》、《新雁门关》、《双忠记》等宣传抗日的剧目。吴祖光新作《少年游》一经公演,立即"引起了社会强烈反响","绽开了贵州戏剧的新花"[1]。在颂扬抗日主题的背景下,贵阳川剧"天曲社"的蔡天鹏等人一改传统排演了新编时事川戏《乞儿救国》。贵阳京剧社将话剧《奢香》改编成同名京剧公演。在贵阳的"厉家班"演出了具有抗日救亡思想意识的《戚继光歼倭记》、《木兰从军》、《班超》、《吴越春秋》等新编历史京剧。1945年春贵阳举办了由田汉、熊佛西主持的"抗战戏剧展览会"。参加剧展的有熊佛西排演的洪深的《寄生草》、张俊祥的《万世师表》,李超、葛文华排演的曹禺的《蜕变》、沈浮的《金玉满堂》;在贵阳的一批知名演员排演了夏衍和于伶、宋之的合编的《草木皆兵》与老舍、宋之的、张道藩合编的《国家至上》,曹禺的《雷雨》、《日出》、《北京人》,阳翰笙的《前夜》,陈白尘的《结婚进行曲》,董每戡的《女店主》,于伶的《花溅泪》,陶熊的《反间谍》等剧,盛况空前,是我国进步戏剧力量的又一次展示。上述活动活跃了贵州戏剧舞台,推动了贵州抗战戏剧运动的发展,也为贵州戏剧界培养了人才[2]。

舞蹈、绘画也是宣传抗战的艺术形式,在20世纪40年代前以抗战为主题的舞蹈艺术在贵阳还是空白。1943年11月,著名舞蹈艺术家吴晓邦一行到达贵阳,在招待文化人士的茶会上,演出了《饥火》、《生之哀歌》、《游击队员之歌》、《血债》等,观众为之倾倒[3]。抗战初期,徐悲鸿在贵阳生活,创作了油画《放下你的鞭子》。吴夔时采用壁画形式描绘了义勇军战士奋勇杀敌的高大形象,并与进步青年一道举办了数次颇有影响的抗日宣传画展。据有限资料的不完全统计,贵阳此期较重要的画展有国立艺专师生抗战绘画展(1939年1月)、关良画展(1942年6月)、徐悲鸿画展(1942年12月)、黄尧漫画贵阳展(1942年12月)、黔籍青年画家孟光涛画展(1943年9月)、丰子恺画展(1943年11月)、赵子昂画展(1943年11月)、沈莫衰画展(1944年5月)、尹瘦石画展(1944年8月)等[4]。这些文艺活动形式极大地推动了大后方抗战事业的发展。

---

[1] 丁芝珍:《抗战时期贵州的文化事业》,《贵州文史丛刊》,1995年,第5期。
[2] 朱伟华:《抗战时期的贵州文化与文学》,《中国现代文学研究丛刊》,2006年,第3期,第244—245页。
[3] 丁芝珍:《抗战时期贵州的文化事业》,《贵州文史丛刊》,1995年,第5期。
[4] 贵阳市档案馆:《贵阳旧事·艺苑走笔》,贵州人民出版社,2005年,第147—182页。

2. 文学创作

"七七事变"以前,在省城贵阳便有了文学研究会、《救国旬刊》、《贵阳文艺》等文学团体及小型刊物,发表了一批激励斗志、鼓吹抗日救亡的作品。抗战爆发后,"七七"文艺社、中国诗艺社、贵阳文艺界联谊会、狼火文艺社、大夏笔会、中国写作协会大夏分会等一批文学团体在贵阳先后成立,一批抗战文艺刊物相继诞生,主要有《七七》、《抗敌》、《十日》、《中国诗艺》、《文讯》、《西南风》、《自强》、《新流》、《新青年》、《知识》等期刊[1]。报纸副刊有《大刚报·阵地》、《贵州日报·新垒》以及《力报》、《南明晚报》、《力行日报》、《小春秋报》等小报副刊。据统计抗战时期贵阳刊行的文艺性刊物及报纸文艺副刊,前后多达70余种[2]。持续时间长、质量高、影响最大当数文通书局编辑所主办的《文讯》月刊,从1941年10月到1944年7月,历时两年九个月。该刊主编是谢六逸。该刊秉承"出版事业的兴衰,足以代表一国文化的升降。而今日的贵阳已成为后方的重镇。本局同仁有鉴于此,拟定编辑计划,按期出版,使精神粮食无论在战时战后,都能够接济不断"的宗旨,以"在于集思广益,刊载学术论著、文艺作品、名著提要、文化动态以及其他与出版事业有关的文字"为目的[3],登载了郭沫若、茅盾、叶圣陶、朱自清、许杰、艾芜、碧野、吕莹、汪曾祺、袁水拍、戈宝权、曹靖华、唐弢、冯雪峰、李健吾、王统照、沙汀、王西彦、李广田、方敬、陈白尘、穆木天、洪深、端木蕻良、蹇先艾、林辰、施蛰存等名家的学术论文、小说、诗歌、散文、游记、戏剧等文艺作品和优秀译作,极大地推动了贵阳以及贵州文学艺术的发展。

3. 新闻出版

抗战初期,贵阳新闻出版事业发展较快,先后发行了《中央日报》(贵阳版)、《贵州日报》、《大刚报》、《革命日报》、《力报》等20余种报纸。这些报纸对战局的演变、前线的消息一般都进行了及时的报道。如1939年2月4日贵阳遭到日机轰炸,损失惨重,次日《中央日报》(贵阳版)刊载出了《灾区勘察记》,在动员人民坚持抗战、铲除恐日心理,揭露日本侵略者暴行方面起

---

[1] 范同寿:《贵州简史》,贵州人民出版社,1991年,第253页。
[2] 朱伟华:《抗战时期的贵州文化与文学》,《中国现代文学研究丛刊》,2006年,第3期,第242页。
[3] 谢六逸:《创刊辞》,《文讯》月刊创刊号,贵阳文通书局,1941年10月10日。

到了重要的作用。

抗战时期,贵阳出版业的发展,从书店与书籍出版的情况便可窥见其概况。在贵阳"中华中路靠近大十字的中华书局门市部更是豪华,玻璃书柜里许多巨册精装的典籍,书架也很气派"。"中华路和中山路上,还有好几家小书店。"①甚至贵阳街头地摊上不仅有简装本的古典小说和侦探故事,而且还有霍桑、海明威、辛克莱、斯坦培克所著的"洋版书"②。这与抗战时期贵阳图书出版业的发展密切相关。此期,在贵阳成立的图书出版业分馆、分局、分店有15家,其中商务、生活、中华、世界、开明、读新、新亚、正中、《新华日报》等国内著名的出版单位都在贵阳设立了分馆、分店、分销处,出版各类图书。它们出版风格各异,如开明书店注重出版巴金、老舍、茅盾等进步作家的作品,所出书籍深受读者和社会的欢迎③。而作为贵阳本土出版业的文通书局,其贡献尤为显著。文通书局是全省第一家使用动力机器生产的现代出版企业,又是贵州印刷出版业的大户,资金较为雄厚,印刷力量强,出版了大量书籍。据不完全统计,在1911—1949年间,文通书局共出版了各类书籍354种④。1941年11月至1945年12月是文通书局最辉煌的时期,出版图书多,门类齐全,社会和经济效益好,不仅在贵州出版史上是空前的,在近代中国出版史上也占有重要地位。据初步统计5年共出各种图书188种,10万册以上,其中1942年达到91种的最高纪录。编辑出版贵州地方图书文献达25种,保存了大量珍贵地方资料⑤。此外,还有以编印地方文献为己任的贵州文献征集馆,有出版图书的驿道出版社、今日出版社等,有兼营印刷出版和售书的贵阳崇学书局、京华书局、正风书局等。有些报社也编辑出版图书。贵州商务总会、贵州风俗矫正会、京滇公路周览团等,也编辑了少量图书。这都对贵州文化事业的发展做出了重要贡献。

---

①戴明贤:《书店漫忆·贵阳篇》,《十二年图书生意》,贵州西西弗书店店庆特刊,2005年,第16—17页。
②乐黛云:《追忆童年》,钱理群等:《贵州读本》,贵州教育出版社,2003年,第490页。
③丁芝珍:《抗战时期贵州的文化事业》,《贵州文史丛刊》,1995年,第5期。
④据梦阳:《文通书局出版图书目录》累计,参见《贵州出版史料》(四),贵州出版社,1987年。
⑤何长凤:《贵阳文通书局》,贵州教育出版社,2002年,第102—105页。

四、战时贵阳市政建设与城市管理

贵阳城市现代化建设始于周西成主黔时期，但因地方军阀纷争不已，城市建设进展极为缓慢。直到国民政府西迁，贵阳成为西南后方重镇后，现代市政才开始得到较为广泛的关注，市政建设与管理随之全面铺开，抗战时期便成为了贵阳市政建设的一个黄金时期。

抗战爆发后，大量人口的涌入，现代工业的建设，使贵阳原有的市政设施无法满足现代城市发展的要求。如市内街巷下水道，"因市区之日荣，人口之增加而渐修筑者，既无整个计划，又乏精密设计。故尝患坡度之太小，留沙井之阙如，而沟易于淤塞，且人口既众，用水亦增，沟渠多不足容纳最大流量，加以进水孔之欠畅，位置之不适，致污水时溢地表，雨水集停不消，非特有失市容，抑且碍于卫生，其影响居民住行，诚深且巨"[①]。此外，还有城市交通、经济、社会救济与保障、城市管理等市政方面的落后也深刻地影响了贵阳现代城市的发展。为适应城市的快速发展，贵阳县（市）政府加强了市政建设。鉴于抗战时期与现代市政建设的区别与行文的需要[②]，本节内容仅涉及关于现代狭义市政诸如城市交通、公共卫生、城市住宅、城市管网等方面的内容。

城市交通是现代市政建设最重要的方面之一。随着抗战时期川黔、滇黔等国家战略公路及大量的省道与县道的修通，贵阳与省内外城市联系更加便捷畅通，为了方便与外界的联系与市民出行，贵阳对城区内50余条街道、马路也进行了翻修和整治，引进了一定数量的近代运输工具，使市内公共交通逐渐由过去主要依靠人力、畜力的状况向乘用人力车、汽车、马车以及自行车发展（见下表），城市公共交通结构于是便发生了现代性的变化。

[①]《贵阳市内街巷下水道工程调查报告及改善计划》，《贵阳市政》，1941年，第1卷，第9期。
[②]《贵阳市政》(1942年，第2卷，第1、10、11期）专门就贵阳市政进行了专题讨论与报道，其涉及的市政内容极为广泛，具体有警政、兵甲、教育、地政、役政、救济事业、协济、水道建设、合作事业、妇女习艺、卫生、文化、交通、住宅、财政、税收等几乎涵盖了城市发展的所有要素。

民国三十三年(1944年)1月贵阳市各种交通工具统计表

类别	汽车		马车		人力车		自行车		板车		总计
	营业	自用	营业	自用	营业	自用	营业	自用	营业	自用	
合计	—	64	484	26	1552	75	244	63	316	24	2853

资料来源:《贵阳市政统计年鉴》,1944年1月。

注:1.汽车系指私人自用乘坐而言;2.行驶市区以外的营业汽车未列入本表;3.市内无公共汽车。

在公共卫生方面。贵阳和中国其他城市一样,极不注意城市公共环境卫生[1],污水时溢地表,不仅有碍市容,而且更影响了居民的生活环境和身体健康,如小十字三板桥一带,苦于下水道淤塞,居民终年生活在臭气扑鼻的污秽环境之中[2]。随着新生活运动开展和市政工程建设的进行,贵阳公共卫生事业取得了明显的进步。贵州省为加强公共卫生事业建设,先后组建了贵州省健康教育委员会、贵州省卫生实验所、贵阳卫生事务所(后改为贵阳市卫生局)、卫生用品经理委员会、贵州省抗疟所、贵州省立传染病院、贵州省防疫队六队、贵阳医院等管理、医疗机构[3],并颁布了《县各级卫生组织大纲》和《省卫生处组织大纲》等公共卫生法规;针对城市街道卫生不佳的状况,贵阳本着"清洁、整齐、朴实、安详"的原则[4],"剀切告诫市民,利用劳动服务彻底整顿市容",并举行清洁比赛运动,"挨户严格检查,使市面日臻整洁,此外更饬警局挨户劝导",并与地方基层保甲组织共同协作,推动城市清洁管理工作[5],诸如"上下水道之建筑,厕所之改善,街道之清洁,有关卫生商店之管理"以及垃圾处理等[6]。经过建设,贵阳市初步建立起了较为完整的公共卫生管理体系,城市公共卫生环境得到了很大的改观[7],许多街衢成为了"沉静遁世的幽

---

[1] 吴鼎昌:《勖卫生工作》,《贵州卫生》,1942年,第1卷,第1期。
[2] 贵阳市地方志编纂委员会:《贵阳市志·城市建设志》,贵州人民出版社,1990年,第78页。
[3] 贵州省政府:《黔政五年》,1943年,第91—94页。
[4] 郑一平:《贵阳市政设施新姿态》,《新市政》,1943年,第2期,第9页。
[5] 贵阳市地方志编纂委员会:《贵阳市志·城市建设志》,贵州人民出版社,1990年,第372—373页。
[6] 贵州省政府:《黔政五年》,1943年,第103—107页。
[7] 航建旬刊编辑部:《贵阳指南》,贵阳文通书局,1938年,第32页。

间"①与"环境清幽"②的"风景区"了,尽管有些街道清洁"比较马虎一点"③。

抗战以前,贵阳城市住宅很差,只有草屋、瓦房两种。随着战时贵阳城市人口的迅速增加,开辟新的住宅区便成为了历史的必然。"战区居民,避难来黔者踵相接,……本市人口骤增,屋宇供不应求,顿成空前之现象……平民顿失栖息之所,故已不得而安居矣。……不惟于户口之稽查,保甲之组织,诸多窒碍,且于治安,在在堪虞。"④出于方便城市建设管理的考虑,1938年贵阳县政府开辟了第一住宅区,将观凤台以南、南明河河套以内的私地征收归公;1943年贵阳市政府又将关永路东坛地带开辟为第二住宅区。经过建设,分别建成了"筑北新村"、"城南新村"等拥有民众会堂、水井、浴室、厕所以及小学等设施较为齐全的新型居民小区⑤。市内新建房屋根据道路系统计划,对新建房屋位置、间距、高度等都作具体规定。

经过抗战时期的市政建设,城市发展水平得到了很大的提升。贵阳迅速改变了抗战前"以连年兵燹,市街建设,成绩未著"的落后面貌⑥,"一切建筑、人物、风俗、人情也都为之一变"⑦:"旧街市狭巷,已不多见"⑧。"建筑颇巍峨,街道亦宽宏。"⑨一座座具有现代气息的剧院、酒楼、洋楼拔地而起,"大街上的房屋"因受外来影响和经济发展与出行的方便,一改传统而为"骑楼",建筑风格与香港、汕头相同⑩。即便是地处城郊的花溪也发生了翻天覆地的变化,其房屋"随着搬进各种不同口音避难而来的高贵的太太女士们,和公务员的眷属,很快的便告满了",整个街区的房屋都在"粉刷着,改造着"。"向来被人们蔑视为死穷窝的城郊,如今变为风景区了。"旅馆、饭店像雨后春笋,"应运而生,那些陈年封存的小铺,也全都择吉开张了,杂货铺和洋广字号,也接踵而起,造成昔日未有的蓬勃底新气象"。"三年的抗战,已使整个的花溪

---

① 尧译:《发展中的贵州》,《长风》,1938年,第12卷,第12期。
② 张恨水:《贵阳管窥》,《独鹤与飞》,陕西人民出版社,2007年。
③ 绳武:《花溪——黔地风光之一》,《西南公路》,1940年,第105期。
④ 《抗战时期筹建贵阳平民住宅区档案史料一组》,《贵州档案》,1991年,第6期。
⑤ 《抗战时期筹建贵阳平民住宅区档案史料一组》,《贵州档案》,1991年,第6期。
⑥ 航建旬刊编辑部:《贵阳指南》,贵阳文通书局,1938年,第32页。
⑦ 顾君毅:《贵阳杂写》,《旅行杂志》,1939年,第3期。
⑧ 张恨水:《贵阳管窥》,《独鹤与飞》,陕西人民出版社,2007年。
⑨ 宇周:《蜀黔湘游记》,《旅行杂志》,1941年,第10期。
⑩ 沙鸥:《贵阳一瞥》,《旅行杂志》,1938年,第12卷,第12期。

活跃起来了。"①总之,抗战时期贵阳城市建设取得了令人瞩目的成绩,被时人誉之:"贵阳是省会中的小弟弟,城里可十分繁华,洋楼汽车,妖艳女郎,实一典型的小'大都会'。"②

1943 年贵阳市花溪街道景象图

资料来源:http:apply. gzgov. gov. cndfz Show News. aspxNewsID = 4012.

此外,贵阳还在邮电、绿化措施等方面进行了建设,也取得了一定的成绩。

经过抗战时期的建设与发展,贵阳经济、交通、文化教育、城市基础设施等诸方面都获得了长足的进步,城市发展水平大为提高,从一个"是苗彝遍地贫瘠不堪的处所"而"形成西南诸省交通的中心枢纽"与"大都会"③,并确立了在贵州城市体系中的核心中心城市的地位。

第五节 战时贵州其他区域重要城市的发展

抗战时期,不仅省会贵阳发展迅速,而且贵州一些区域性中心城市的现代化发展也因贵阳的带动示范作用和国家建设的需要,经过各个阶层的共同

---

① 绳武:《花溪——黔地风光之一》,《西南公路》,1940 年,第 105 期。
② 德瞻:《贵州步行记》,《宇宙风》,1938 年,第 75 期,第 140 页。
③ 顾君毅:《贵阳杂写》,《旅行杂志》,1939 年,第 3 期。

努力,都有了一定的进展,甚至在这些次区域中心城市的推动下,一些县级城市也在向城市现代化发展方向开始萌动,从而促进了贵州城市现代化的整体发展。

一、战时遵义城市的发展

遵义历史悠久,最早可上溯春秋战国时期的鳖国,秦以后,名称屡变,宋宣和三年(1121年)改名播州并建城;元时置播州军民宣抚司及管军万户府;明初置播州宣慰司,改管军万户府为长官司,万历间改播州长官司为遵义县;清康熙年间,改遵义军民府为遵义府。1913年改遵义府为遵义县,1936年为第五行政督察区专员驻地。

遵义自宋代建城始,其城市发展一直较为缓慢,到清代时,形成了新城、旧城并立发展格局,旧城在湘水左岸,新城在旧城对岸,两城睥睨相望,有桥相通,两城城周2471丈,旧城为政治区、新城为经济区①。城市发展的各项事业之兴举多因条件制约而限于城墙之内,直至1929年川黔公路的开通。抗战前夕,遵义已经出现较大的发展,时人调查:"遵义城治,有新旧两城垣,旧城在湘水左岸,肇建于康熙经营于乾隆,新城在旧城对岸,睥睨相望,有桥可通汽车,商业极为繁盛,旧城为政治区,新城为商业区,全县人口约五十余万,县城约七万余,为黔省各县之冠,平民经济在种烟时代,颇称富裕。故前数年之贸易,亦较可观,惟自禁种以还,突失此项重大收入,致购买力锐减,商业亦随之萧条矣,益有一大原因,黔省在中央力量未达到以前,本邑显贵辈出,全省八十余县之财富,均聚会于遵桐两邑,淮南得道,鸡犬升天,于是一般经济皆较活动。"②

---

① 奇无、兵孙:《长期抗战内西南通海孔道一要埠——遵义经济调查》,《四川经济月刊》,1937年,第8卷,第5期。
② 奇无、兵孙:《长期抗战内西南通海孔道一要埠——遵义经济调查》,《四川经济月刊》,1938年,第8卷,第5期,第2页。

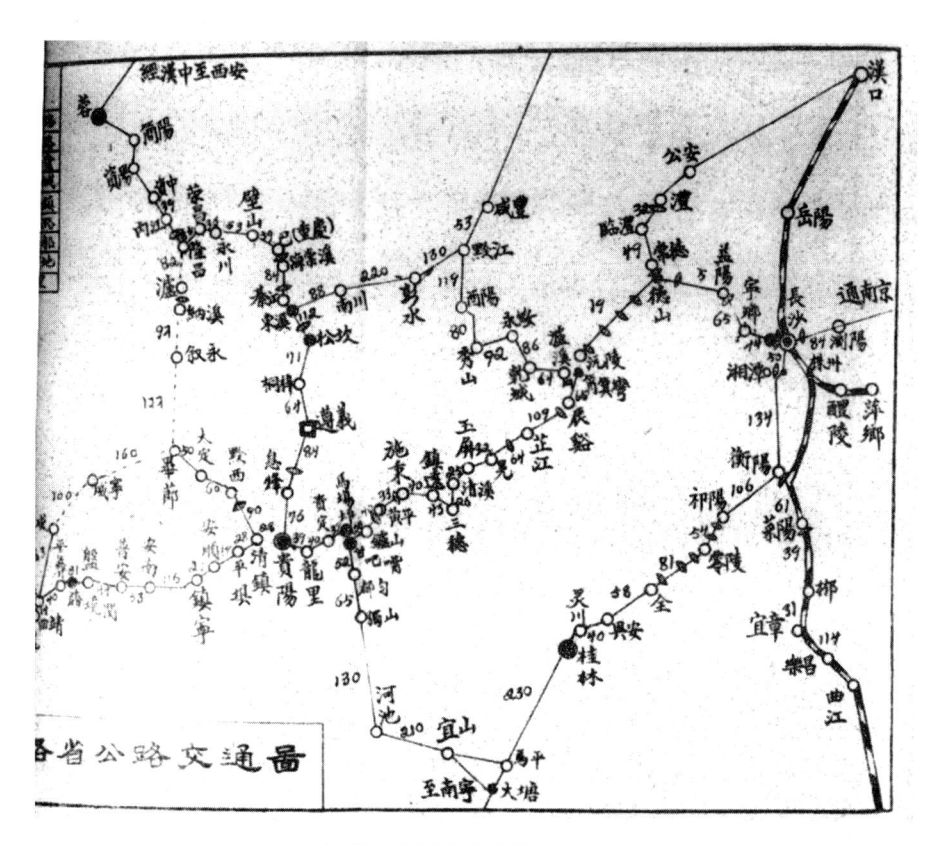

第五章　战时贵州城市的发展　735

抗战时期西南各省公路交通图

　　抗战军兴,遵义因为黔渝、川黔咽喉要地而成为后方重镇之一,也是贵州重点建设的城市之一,加之遵义在贵州城市中地理位置、经济条件相对优越,成为中东部企业和文教事业西迁的重要迁驻地之一和战时后方工业建设的重点区域,从而吸引了大批人口移居遵义,城区人口由1935年的57900人猛增至1945年5月的88318人[①]。在这些积极因素的推动下,遵义城市经济、文教、市政建设等事业便在抗战背景下,均得到了较快的发展。

　　首先是交通有较大的发展。抗战前遵义与外部的交通就有较大的改变,抗战期间,无论是国民政府还是贵州地方当局都对发展交通十分重视,因而进一步改善了遵义的交通状况。时人称:"遵义僻处万山间,但以地位关系,虽在未开公路以前,其商在黔省各埠中,即称繁盛,邻近十县份,皆仰以为进

[①] 遵义市志编纂委员会:《遵义市志》,中华书局,1998年,第106页。

出之枢纽,亦为四川出口贸易之一重要市场,逮十六年,川黔公路筑松段兴筑,以与四川段衔接以来,本市又适当其中点,市场遂日以兴荣,兼以滇黔、桂黔、湘黔各公路亦先后完成,接通贵筑后,本市形势又改,交通之便,驱车一两天,北上直抵巴蜀,南下急趋广西,东出长沙以达沪,西经昆明以出海,于是有无贸易迁,公私往来,皆可因利乘便,各展其欲,以一重山复关之隩,而得四通八达,其地位当因内地益增重要矣。本市除有陆路交通之使得外,北如綦江河,其船行虽止于桐属松坎,然水运之利,皆直接有关于遵义市场。"①"至于空中交通,本境内正建筑一规模宏大之飞机场,地址在老蒲场附近,去县城二十余里,有公路可直达,竣工在即,则本市交通,将因以更臻使得。"②"遵义公路交通,将如蛛网,遵绥线已筑成全线的三分之二,更拟由绥阳经正安、婺川以达后坪,遵湄线,计已筑成全线四分之三,更由湄潭经思南、印江、沿河以达四川之秀山,与川汀湘路衔接,遵甕线,遵境已成二分之一。拟更伸至平越、达马场坪,以与黔湘路衔接,此路现正设法兴筑,因此路成后,接黔湘路,为行弦上,将来运输,不必经由贵阳市,成弓形之绕道也,至遵西公路计划,则筑至长干山,即分西北、西南两线,经怀仁、茅台、土城、赤水(土赤间已筑有公路)以达四川纳溪,与川滇路(未筑)衔接,西南线直趋黔西县城,与现已筑成之清毕路衔接,所述虽多在拟议中,但发展交通,为繁荣社会与国家之关键,已深为一般人士所了解,政府倡之,人民从之,亦不难底于成功。"③

其次,城市工商业进步明显。在近代工业方面,遵义因西迁工业和战时工业的兴建而得到较快的发展。除抗战前建立的德泰、义昌和燧明等 3 家火柴厂外,从外省迁入了 41、42 兵工厂和新华橡胶厂等 3 家现代工业,以及战时组建的大兴面粉厂、贵州丝织厂、遵义酒精厂与遵义水电厂等 4 家企业,共计 10 家现代工业④。这些工业在抗战时期都得到了较快的发展。如义昌火柴厂到 1940 年生产的原材料"为建厂初期用量的 3 倍"⑤。大兴面粉厂在

---

① 奇无、兵孙:《长期抗战内西南通海孔道一要埠——遵义经济调查》,《四川经济月刊》,1938 年,第 8 卷,第 5 期,调查,第 3 页。
② 奇无、兵孙:《长期抗战内西南通海孔道一要埠——遵义经济调查》,《四川经济月刊》,1938 年,第 8 卷,第 5 期,调查,第 3 页。
③ 奇无、兵孙:《长期抗战内西南通海孔道一要埠——遵义经济调查》,《四川经济月刊》,1938 年,第 8 卷,第 5 期,调查,第 18 页。
④ 方步安、闵廷均:《抗战时期黔北工商业发展探究》,《铜仁学院学报》,2008 年,第 6 期。
⑤ 遵义市政协宣教文卫委员会:《遵义抗战纪事》,2005 年,内部版,第 319 页。

1941年投产的当年就生产各种面粉32222袋,1945年增加到44572袋①。贵州丝织厂有新式缫丝机10多台,雇工200余人,属于中等规模现代企业。遵义酒精厂有员工355人,建成当年产90度酒精300吨。1943年全部投产,年产量达2250吨。

同时,传统工业和手工业在战时仍在继续发展,遵义传统的酿酒业发展迅速。1938年,生产茅台酒的成义、恒兴、荣和三家酒厂年产量仅为4万公斤(400吨),随着人口的增加,消费需求的扩大,除生产茅台酒的企业产量大增外,其他白酒产量也有大幅度的提高。1943年遵义所属酒业企业的年产量则增至6020吨②,白酒业得到了飞速的发展。又譬如手工卷制香烟业的发展也较快,1945年遵义城内有50余家私营手工卷烟厂,较为知名的有仪联、成义、协联、国光、华丰等,产量最大的仪联卷烟厂月产卷烟1500余条③。

近代工业与传统工业和手工业的发展,为遵义城市的发展、功能结构的现代性变迁提供了较好的经济基础,也为遵义的发展提供了较强的助力。

遵义的商业贸易在抗战前就一直较发达,时人记载:"遵义地当交通孔道,自来商务繁盛,黔省市场,除贵阳外,前以黔西南之安顺县居第二位,惟禁烟实行,该县素货为贸易之大宗,究不免顿形减色,于是遵邑遂而代其地位矣。迩来一般经济虽属不景气,而遵市近年来进出口货值,亦有可观,进口货中,如川盐年值三百余万元,纸烟年值二百余万元,棉纱年值二百余万元,匹头杂货年值三百余万元,糖及干菜等年值数十万元,合计全年进口货值达一千万余元;出口货中,如白耳年值二百余万元,山货年值二十余万元,他如特货,虽将停贸,据估计,本年亦有二百余万元之输出,合计全年出口货值达五百余万元,出入品迭,为一入超商埠。"④

1938年12月,贵阳中国国货公司开业,不久在遵义设立分店,批零兼顾,其经营商品项目主要有绸缎、呢绒床单、服装、玻璃器皿、搪瓷制品、化妆品及日用百货等⑤。对外贸易也较发达,据统计,遵义进出口货值每年合计1500

---

① 何仁仲:《贵州通史》,当代中国出版社,2002年,第292页。
② 何仁仲:《贵州通史》,当代中国出版社,2002年,第290页。
③ 遵义市政协宣教文卫委员会:《遵义抗战纪事》,2005年内部版,第317—319页。
④ 奇无、兵孙:《长期抗战内西南通海孔道一要埠——遵义经济调查》,《四川经济月刊》,1938年,第8卷,第5期,调查,第18页。
⑤ 何仁仲:《贵州通史》,当代中国出版社,2002年,第343页。

余万元,居贵州省第二位①。"遵义为黔北第一商场,所销匹头棉纱俱为黔北民众服料之供给,在昔匹头尚未大批输入时,一般资以为衣之品料者,一部分为川产窄幅土布,一部分则为棉纱,现以匹头价廉物美,川布已失去固有的地位,棉纱为原料品,但以土法织布,其成品终欠光洁,颇难迎合一般购头者之心理,然而遵市棉纱贸易,一至于今,均未衰落,仅抗战爆发后,略现疲滞,而大势仍呈常态之发展,推其缘故,盖土布系家庭小工业,工作者多为农民妇孺,其利虽微,究可稍获收入,且一般农民力工所需用之布料,首要条件在厚实耐用,以故棉纱沿能保持其故状,洋广匹头得未奄其市场也。"②

"遵市棉纱之销场,昔前因黔东、西、南交通不便,销场颇广,近因黔东湘黔公路、黔桂公路、黔西滇黔公路相继筑成,黔东如镇远等县,则销湖南纱,黔西南则集中贵阳安顺,概销广西纱矣。故本市纱销范围现仅及邻县等地。"③

遵义棉纱商号一览表

牌号	全年营业额	牌号	全年营业额
天忠	十三万元	德生福	三万六千元
鸿发长	九万元	福钦隆	一万五千元
源昌	六万元	新德昌	六千元
炳林祥	二万元	仁德裕	三万二千元
裕民	二万元	惠和祥	二万元
裕记	三万五千元	同昌福	一万元
裕源	十三万元	祥福	一万元
怡康	四万元	福兴隆	六万元
福和	十万元	荣丰隆	三万五千元
永祯祥	三万五千元	福康	四万元
华胜荣	二万元	永裕和	一万元

①奇无、兵孙:《长期抗战内西南通海孔道一要埠——遵义经济调查》,《四川经济月刊》,1938年,第8卷,第5期,第28页。
②奇无、兵孙:《长期抗战内西南通海孔道一要埠——遵义经济调查》,《四川经济月刊》,1938年,第8卷,第5期,第26页。
③奇无、兵孙:《长期抗战内西南通海孔道一要埠——遵义经济调查》,《四川经济月刊》,1938年,第8卷,第5期,第29页。

续表

牌号	全年营业额	牌号	全年营业额
裕顺隆	二万元	怡和永	二万元
合计	九十三万七千四百元		

资料来源：奇无、兵孙：《长期抗战内西南通海孔道——要埠——遵义经济调查》，《四川经济月刊》，1937年，第8卷，第5期，第31页。

然据时人调查："上表统计营业数额极不确实，至少与实际数字有过倍之差减，恐在盛年，即一家营业成绩，亦可与合计数字相当，此不过借以觇各家营业之巨细耳。"

抗战初期遵义市匹头杂货商号

商号名称	所在地	经理	成立时间
顺昌	古式街	曾仲夫	1926年
协成美	古式街	邹成林	1931年
瑞荣祥	古式街	杨瑞荣	1934年
德厚祥	古式街	郭献廷	
义和	古式街	江从国	1928年
和康	古式街	徐昆荣	1933年
谦益祥	丁字口	周祥麟	1928年
协济	丁字口	刘季庄	1918年
华伦	丁字口	潘名辉	1936年
中孚	棉丝街	刘致中	1935年
永亨	棉丝街	蔡遐龄	1933年
厚记	棉丝街	邹厚成	1923年
献盛永	棉丝街	朱恒玉	1932年
福生祥	棉丝街	刘让卿	1918年
义记	棉丝街	马建卿	1935年
信昌	棉丝街	王定成	1933年
德成荣	棉丝街	龙泽轩	1928年
裕丰祥	东岳庙街	陈正修	1923年

资料来源:奇无、兵孙:《长期抗战内西南通海孔道一要埠——遵义经济调查》,《四川经济月刊》,1937年,第8卷,第5期,第35—37页。

时人调查:"以上商店之内部组织,较大者,亦设有批发部及门市部,布绸、苏货又各为陈列。其职司普通分经理、司账、跑街、售货员四种,惟经理多系聘请熟悉商情之人,甚少资本主行充任也"①。

抗战时期,遵义城市商业因城市人口的迅速增加和现代工业的发展而逐渐繁荣。城区商店林立,传统商业行业比较齐全。绸缎百货业的顺昌隆、顺丰,棉纱批发业的仁德、隆福和,粮食糕点业的桂香斋、裕泰恒、意味长,金银手饰业的老天城、顺天宝金号、天宝成银楼等商行(号)在当时都极负盛名。此外,餐饮业、中西药业、旅社服务业、照相馆、纸张文具、烟酒副食等服务行业数量众多,网点密布城区。入夜,电影院、川剧院、各大菜馆也都生意红火,呈现出一派少有的繁荣景象②。与此同时,现代商业也逐渐发展起来了。

其次,文教事业发展迅速。在抗战时期,迁驻到遵义的有国立浙江大学、国民党中央陆军大学、私立大夏大学等院校以及中国蚕桑研究所③。竺可桢、王淦昌、谭其骧、王国松、钱钟韩、苏元复、卢守耕等一大批享有全国甚至世界声誉的科学家也随之集聚黔北。这些文教研究机构和知识分子的迁驻,不仅带来了先进的文化、科学技术知识和民主精神,而且促进了遵义的教育文化的发展。如浙大由工、农、师范三学院辅导贵州的工业、农业职业教育和英语教育,还组织"社会教育推进委员会",由教育学会、学生自治会以及师范学生联合组成"社教工作服务队",开展诸如举办学术讲座、开办民众学校、开办青年补习班、设立民众阅览室、举办各种展览,以普及民众识字教育,并协助地方举办防空训练、防毒知识传习及补习教育等社会教育活动,成效显著④。最突出的实例便是,浙大附中先进的教学课程体系与显著办学成绩,吸引了许多遵义青少年入学⑤。其他各学校就读学生数也有很大的增长。1939年遵

---

① 奇无、兵孙:《长期抗战内西南通海孔道一要埠——遵义经济调查》,《四川经济月刊》,1938年,第8卷,第5期,第37页。
② 遵义市政协宣教文卫委员会:《遵义抗战纪事》,2005年内部版,第320页。
③ 石永言:《历史文化名城遵义》,贵州人民出版社,1984年,第3页。
④ 遵义地区地方志编制委员会:《浙江大学在遵义》,浙江人民出版社,1990年,第38页。
⑤ 刘务等:《抗战时期浙大等迁驻遵义院校对遵义教育的影响》,《法制与社会》,2010年,第6期。

义民众学校学员合计 15002 人,到 1942 年增至 51300 人[①]。此外,遵义还出版了《遵义党务》、《遵义青年》、《人生与服务》、《遵义国民教育》、《辅导月刊》、《时代儿童》、《步兵杂志》、《钟声》月刊、《浙大学报》、《浙大青年》、《浙大校刊》、《浙大农业经济学报》、《黑白文艺》、《思想与时代》等各类刊物数十种[②]。这些刊物既扩大了遵义市民的视野,又丰富了人们的知识,推动了人们现代意识的启蒙与发展。

再次,社会习尚现代性因素不断增加。抗战时期,随着城市现代性因素发展,省外人口,特别是受过现代教育人口的迁入,为遵义社会习尚增加了大量的现代色彩。如公用电话、书报阅览的出现;乒乓球、象棋、围棋、篮球、排球等现代体育项目的引入;特别是此期遵义民族乐器所没有的二胡、箫笛等与留声机的传入,使传统高雅音乐和现代音乐影响不断扩大,音乐晚会时常举行,极大地丰富了遵义居民的休闲娱乐生活,也使现代性因素不断深入、影响到城市各个角落:每到华灯初上时,市民和在校师生聚集社会服务处的茶座,品茶、欣赏音乐、谈天说地,其乐融融[③];电影院、戏院也热闹非凡[④];具有江南风味的江浙饭店、南京酒家、泰来面馆丰富了遵义的饮食内容;本地青年妇女纷纷仿效浙大女生服饰,四季蓝布旗袍或工装打扮,青鞋白袜,典雅大方,加之特有的书卷气的服饰风格,也逐渐摩登起来[⑤];婚姻模式也随外来人口的增加和社会习气的改变而开始有所变化;川黔公路的开通,使汽车成为了遵义居民出行的新选择等。所有这些变化都与抗战密不可分[⑥]。

二、战时安顺城市的发展

安顺位于贵州省西部,历史悠久,秦时为巴郡夜郎县地;汉为牂牁郡谈指县;唐置望江县;元初属普定府,后改为普定路;明改为普定卫;清为安顺府治;民国三年,改安顺县。安顺因地界长江、珠江两大流域,交通位置便利,而

[①] 遵义市历史文化研究会:《抗战的遵义》,中国文联出版社,2004 年,第 106 页。
[②] 黄群、闵廷均:《抗战时期遵义社会文化与生活习尚的变迁》,《遵义师范学院学报》,2010 年,第 6 期。
[③] 遵义市文化局史志编写组:《遵义文化史》,遵义市文化局,1990 内部版,第 224 页。
[④] 述鹏:《漫谈遵义》,《人生与服务》,1944 年,第 1 期,第 28 页。
[⑤] 遵义市文化局史志编写组:《遵义文化史》,遵义市文化局,1990 内部版,第 648 页。
[⑥] 述鹏:《漫谈遵义》,《人生与服务》,1944 年,第 1 期,第 29—30 页。

成为黔西重镇。抗战时期,安顺因其交通区位优势而成为贵州省重点建设的城市之一,城市因此发展较为迅速。

(一)工商业

安顺县城因地处交通要道,人烟稠密,日常生活,需用浩繁,工商业较为发达。"所出物品,俱称精良。统其大者,则以织染、缝纫、食品、五金、家具等业为最发达。举其著者,则以荸荠粉、面粉、铁剪、雨笠、月琴、毛皮、包壮(装)、绫绸、花线、酱油、糕饼、糖食等出品为最有名。"[1]据张肖梅统计,1938年,安顺手工业产品有面巾、绸缎、铁器、皮革、鞋类、烟草等部类,其中著名的有制造腰带、提包、牛羊皮、皮鞋的"韩云波商号";制作百合粉、荸荠粉的"万和斋"、"张元吉"商号以及制铁的"铁业公会"等[2]。尽管这些工业仍以手工为主,但其发展水平在贵州各城市中仍属较高水平。在手工工业发展的同时,以机械动力为动力来源的现代工厂也在安顺开始建设。如同德染织厂、建华工厂等[3]。1946年4月,贵州省政府在施政报告中载,已建电厂的县城有镇远、铜仁、遵义、独山、安顺、清镇、惠水、息烽、修文、贵定、兴义、普定、湄潭、桐梓14县。[4] 在此前,安顺城内已创办了义成电灯厂,拥有发电机、木炭炉各一部,引擎3台;贵大电灯厂有发电机、木炭炉、引擎各一部;1940年戴子儒等人筹建了安顺电厂,可供东西南北四条大街300多户使用。此外还设置了"黔丰面粉厂"机器食品加工厂[5]。

安顺地当黔西陆路交通之要衢,商路四通八达,自建城以来便是贵州重要的商业重镇,到抗战时,更是"客货辐辏,商业之盛甲于全省。就其中规模较大而营业较盛者,以汇兑、药材、颜料、杂货、猪毛、食盐、纸烟、斗笠、绸缎、布匹、洋纱、土布、油坊、糖食、京果诸商为最。统计全县居民从商的约占人口总数的百分之十五"[6]。

工商业的发展还吸引了现代金融机构来安顺设立分支机构,如聚康银行安顺支行(1943年9月20日正式开业,戴子儒为该行经理:行址设在安顺城

---

[1]托非:《安顺的产业》,《贵州教育》,1942年,第10期。
[2]张肖梅:《贵州经济》,中国国民经济所,1939年,第11章,第K1—K30页。
[3]丁道谦:《贵州工商业之现在与将来》,《新工商》,1943年,第1卷,第1期。
[4]贵州省地方志编纂委员会:《贵州省志·城乡建设志》,方志出版社,1998年,第16页。
[5]安顺市地方志编纂委员会:《安顺市志》(上),贵州人民出版社,1990年,第606页。
[6]托非:《安顺的产业》,《贵州教育》,1942年,第10期。

内南街)①。这都为安顺城市发展水平的提升奠定了经济基础。

(二)城市空间的改变

城市空间包括城市建筑物的物理空间、城市精神文化空间、城市社会空间等范畴。随着战时经济的发展,大量军政人员、知识分子迁居到安顺后,促进了安顺城市空间形态进一步由传统向现代转变。

首先是城市范围的扩大与内部结构的改变。1937年在安顺东门外修建了体育场。1938年在城郊修筑了安顺飞机场。国民军陆军兽医学校迁至安顺后,在西秀山脚南门城墙上建公园,为纪念抗战,取名为"七七公园"。该园在抗战时期兴盛一时②。1944年还筹建了"新生公园"③。在城市范围扩大的同时,安顺城市的内部空间也在发生着变化,如安顺县政府将儒林街、顾府街、南街、府门街、县门口、七五街、大梨街、范衙街、金柜街等街道均拓宽改建成马路,并开辟4处菜市场④。又将大十字钟鼓楼楼顶四块匾额"鼎甲楼"、"紫气东来"、"冠冕南极"等字样铲除,另置孙中山遗墨"大道之行"、"天下为公"及蒋介石亲书"艰苦卓绝"、"亲爱精诚"摹刻其上⑤。这都在一定程度上改变了安顺城市的物理空间结构。

其次是城市文化空间结构的变化。在城市物理空间扩大的同时,安顺城市的精神文化空间也得到了较大的拓展。除安顺原有的精神文化生活外,外来文化开始深刻地影响安顺居民的日常生活,如参观各种展览会、观看各种文艺节目、听戏、进行广泛的抗日巡回宣传活动等⑥。关于抗战时期安顺居民社会精神生活变化可从时人的评价与回忆中管窥其中大概。西南联大学生在写的《西南三千里》谈到,他们到了贵州安顺,也特别注意到当地"除了茶馆,还有一家湖广会馆改用的电影院可以消闲,每到晚上,自己用小马达发电,开映些《荒山女侠》与《十三妹》之类的'名片',倒是道地的国货"⑦。身处安顺小城的戴明贤曾回忆过抗战时期安顺人精神生活的变化:"……对于自

---

① 安顺市档案馆编:《安顺民国时期大事记》,贵州人民出版社,2008年,第47页。
② 贵州省地方志编纂委员会:《贵州省志·城乡建设志》,方志出版社,1998年,第600页。
③ 《筹建"新生公园"》,《新运导报》,1944年,第5期,第16页。
④ 贵州省地方志编纂委员会:《贵州省志·城乡建设志》,方志出版社,1998年,第253页。
⑤ 安顺市档案馆编:《安顺民国时期大事记》,贵州人民出版社,2008年,第28页。
⑥ 安顺市档案馆编:《安顺民国时期大事记》,贵州人民出版社,2008年,第29—53页。
⑦ 钱能欣:《西南三千五百里》,(长沙)商务印书馆,1939年,第73页。

给自足的安顺小石城,下江人像一股劲风,破门窗而入,带进众多的新事物,全方位地冲击了小城的传统生活方式。奇装异服、特殊口味之类犹在其次,最碍眼的是一男一女挽臂而行,何况女的还是鸡窝头、红嘴皮,化了浓妆! 路人就要公然作侧目而视状,或互相挤眼努嘴;小孩则尾随其后,拍手嘘哨。但下江人视而不见,听而不闻,依然故我,渐渐地也就见惯不惊了。"①这是从物质层面的诱惑,饮食文化的吸引,然后逐渐转入精神文化层面,而精神层面的进入,也是先通过表面的生活方式而逐渐到内在的文化理念,很好地诠释了抗战时期安顺人精神文化空间的现代性变革。

三、战时毕节城市的发展

毕节建城历史较短,原称龙更(洛更)、陇居、倮革、比跻,地当滇蜀要冲,为军事要地。明洪武十三年(1380 年)置毕节驿,十七年(1384 年)置毕节卫。清康熙二十六年(1687 年)裁卫,置毕节县,始为县治。民国初年为贵西道治。民国二十一年(1932 年)在城内分设东关、西关、南关、北关、中山五镇,后并为毕阳镇。民国二十四年(1935 年)为第四行政督察专员公署驻地②。

在抗战前,毕节城市发展很缓慢,基本上还是传统城市发展的延续。抗战爆发后,毕节城市传统工商业因战时经济的刺激和大量外地人口的移入而得到了较大的发展。民国二十五年(1936 年),毕节对工商业进行了登记,仅蓝布业 77 户、盐业 8 户③,到抗战结束之时,毕节工商业从业数都得到了显著增加,经济门类也不断增多(见下表)。据张肖梅统计,当时毕节的手工业主要有皮革、笔墨、水粉、丝织品、藤苑、布匹等门类,其知名商号有熊正崇、马玉贵、钟洪顺、刘子清、肖炳臣等④。在传统手工业继续发展的同时,现代工厂也开始建立,如民生工厂 1942 年生产布匹 19000 匹⑤;新黔卷烟厂有卷烟机 2 台,工人 200 余人。荣誉烟厂(三五烟厂)招工 70 余人;恒恒猪鬃股份有限公

---

① 戴明贤:《一个人的安顺》,人民出版社,2004 年,第 13 页。
② 贵州省地方志编纂委员会:《贵州省志·地理志》(上),贵州人民出版社,1985 年,第 476 页。
③ 毕节县地方志编纂委员会:《毕节县志》,贵州人民出版社,1996 年,第 391 页。
④ 张肖梅:《贵州经济》,中国国民经济所,1939 年,第 11 章,第 K1—K25 页。
⑤ 丁道谦:《贵州工商业之现在与将来》,《新工商》,1943 年,第 1 卷,第 1 期。

司雇佣工人200余人,年产猪鬃250000公斤①;川滇东路运输处在县城东关坡汽车修理厂,有职工200人②。

毕节县1930年至1945年个体工商业发展概况　　　　　单位:户

行业名称	1930—1937年	1938—1945年	行业名称	1930—1937年	1938—1945年
纺织	140	217	水业	5	11
缝纫	14	23	榨油	3	31
皮革	26	38	食品	15	49
织袜	1	7	印刷裱糊	2	8
制线	3	4	五金	4	12
染业	—	4	手工卷烟	—	7
铁木	21	51	其他	46	70
砖瓦石灰	2	13	合计	282	592

资料来源:毕节县地方志编纂委员会《毕节县志》,贵州人民出版社,1996年,第394—395页。

因经济发展的需要和大批知识分子的迁入与政府大力举办,原本"文化水准较之沿海诸省为低"的毕节教育,在抗战期间得到了较快的发展。时人对此进行了高度的评价:"现在各地的教育情形已是突飞猛进了。此地有毕节师范学校,县立中学,豫章小学,男子一小、二小,女子一小、二小及基督教所办的伯特利儿童保育院等等,所聘教师均甚严格,而莘莘学子的籍贯除本地籍者为多外,其他各省籍者亦不少,此地中学生都是男女同学的,这在京沪等地不易看到。"③

随着抗战时期毕节社会经济的发展,市政建设也比以前有了较大的改善。毕节作为战时大后方聚物屯兵的重镇,国民政府对其进行了较大规模的建设,市容为之一变。在珠市路、中山路等几条街道修建了砖木结构的三楼一底的新房,造型大方美观;坐落在街道两旁的土墙、茅屋改建成木瓦和砖木

---

① 毕节县地方志编纂委员会:《毕节县志》,贵州人民出版社,1996年,第597—598页。
② 毕节县地方志编纂委员会:《毕节县志》,贵州人民出版社,1996年,第676页。
③ 航僧:《毕节小记》,《旅行杂志》,1944年,第1期。

结构的平房或楼房,其代表建筑物有中央银行大楼、军政部门后勤机关大楼等。同时,修建了平街、大小横街、砂石路、威宁路、半边街等街巷,街面由原来3米宽的石板路改拓为8米宽的砂石土质路面。城市街道在原有基础上新增了8条,城区面积因此比抗战前扩增了3平方公里,并在一些交通繁忙的路口设置岗亭以维持社会交通秩序。还次第兴办电话、汽车运输等公用设施①。城市交通因清(远)毕(节)公路、川滇东路的开辟得到改善②。这些建设有力地推动了毕节现代市政的发展。

毕节城市居民的社会生活在受现代化熏陶的外省籍人员的影响下,开始发生变化。如毕节女性以穿着高跟鞋为时尚;"翩翩情侣或促膝清叙或徐步徜徉山头水畔";看有声电影、听戏成为人们休闲娱乐的一种重要方式③。士绅们还利用汽车引擎发电以改善毕节传统的照明方式。这都展示出了毕节正向现代城市发展的趋向。

四、战时都匀城市的发展

都匀地处黔南要冲,离省城三百里。元代为定远府址,明为都匀府,辖麻哈州、独山、清平等县。清承明制,唯将荔波、八寨、丹江、都江亦列入府治。民国后,改府为县,抗战时期列为二等县。

都匀在民国初期,已成为初具规模的小城镇,城内主要有协府街、临江街、晓街、文杰街、中山路,构成了县城的主体。随着黔桂公路的修通,城市规模日渐扩大,中山路逐步向南北延伸,北至老人街,在黔桂公路旁的百子桥因过往车辆的停靠而发展迅速,毗邻的环城路、复兴路与城外的羊肠街、辣子巷也因现代交通的开通而日渐繁华,城区外道路因之连成一体,城区向城外场坝扩展。至1943年,中山路贯通全城,羊肠街与华兴路逐渐成为都匀县城的商业中心④。城市规模由1937年的1万余人,面积不足1平方公里的消费小城镇⑤,扩大到1945年的3.2平方公里,人口达到9万的中等城市⑥,城市人

---

① 毕节县地方志编纂委员会:《毕节县志》,贵州人民出版社,1996年,第622页。
② 夏润泉:《贵州公路史》,第1册,人民交通出版社,1989年,第150—184页。
③ 航僧:《毕节小记》,《旅行杂志》,1944年,第1期。
④ 都匀市史志编纂委员会:《都匀市志》(下),贵州人民出版社,1999年,第908、909页。
⑤ 贵州师范大学地理系:《贵州省地理》,贵州人民出版社,1990年,第237页。
⑥ 蓝东兴:《我们都是贵州人》,《贵州移民心态剖析》,贵州民族出版社,2000年,第51页。

口密度由10000余人/公里^2,增加到28000余人/公里^2,增加了1.8倍。

抗战时期,都匀因地处交通要道,城市工商业发展较快。虽然都匀战时未建立起现代工业,但其传统手工业的发展水平仍居贵州省前列。如都匀产纸,"闻名全国,有漂色料单白纸、二夹纸、四夹纸、六夹纸。生铁及铁制品,亦操全省牛耳。如支字号铁厂、十字号铁厂、福字号铁厂、和字号铁厂,皆系负供给全省原铁之责。此外棉织品、棉制品、麻织品、竹制品等,亦皆有输出,但为数极微。由此可见,该县之工业,系十足之手工业,纸产铁产之资源虽丰,惟以生产技术之窳劣,概不能大量生产,品质后虽以改进,故操斯业为糊口计,不足以言经营实业"[1]。出于城市建设发展的需要,都匀还创建了"升茅营造厂"等建筑企业[2]。

城市商业也有一定的发展。"本县商业中心,集中于赶场,经常而固定之商店,即在城内,亦寥寥不可多得,且类皆资本微薄,仅出售杂货而已。至于赶场上交易最盛之商品,当推粮食、果蔬、纱线、布匹、纸张、桐油、茶叶、铁器等等。共输出入贸易值,因无材料可据,未便妄测。大致输出者以桐油、茶叶、牛皮、铁材、纸张居大宗。输入者以纱线布匹及其他日用品为主。"[3]经过抗战时期的发展,到1944年,都匀城区经营各类商品的大小商号近2000家,较大的商号有68家。为促进都匀工商业的发展,国民政府还成立了信用社、供给社、消费社、保险社等各类合作社145个[4]。

此外,城市交通因黔桂铁路的修通向多样化方向发展,既为都匀城市经济、交通的发展提供了动力,又方便了居民的出行。尽管因战争环境的影响,都匀受益不大,但为以后都匀现代交通与城市的发展奠定了雄厚的基础。

现代市政建设也开始起步。1944年黔桂铁路铺抵都匀,铁路部门安装了一台小型发电机供电,揭开了都匀城市用电的历史[5]。城市绿化随着城郊苗圃的建设得到进一步改善。因江浙、上海、武汉等省市的建筑技术工人的到来,城市建筑设计、结构、装饰风格发生一些现代性变化,传统民居中也出现

---

[1] 张肖梅:《贵州经济》,中国国民经济所,1939年,第16章,第14—15页。
[2] 都匀市史志编纂委员会:《都匀市志》(下),贵州人民出版社,1999年,第921页。
[3] 张肖梅:《贵州经济》,中国国民经济所,1939年,第16章,第14—15页。
[4] 都匀市史志编纂委员会:《都匀市志》(下),贵州人民出版社,1999年,第972—974页。
[5] 都匀市史志编纂委员会:《都匀市志》(下),贵州人民出版社,1999年,第917—919页。

了多层的"洋房",其中最为典型的是原国民党炮兵学校校部礼堂、办公室等[1]。为进一步促进都匀城市的发展,县政府分布了《本县市区房屋建筑管理实施暂行办法》,规定:凡沿街建房须先绘具平面及正面图,经呈县府核准后始得建筑;建筑物正面之地基不得突出左右地基;沿街不得建草房及平房;沿公路及大街最低须建两层楼房,不准露出屋檐;建屋需将门前水沟彻底整理,一律石砌明沟以畅水流等[2]。为便利居民闲暇休憩,都匀将东山北麓的龙王庙、龙王井、荷花池一带进行了整修,建成了1000平方米的中山公园,后经顾震所属部队扩建而成为都匀著名的风景区[3]。现代邮政、电信等市政工程也在抗战时期得到了初步的发展,进一步促进了都匀城市现代性因素的增长[4],改变了都匀的城市面貌。

正当都匀城市日渐发展之时,1944年日军攻抵独山,滇黔公路中断。是年12月5日,一场大火将城外羊肠街、裤裆街、华兴街、复兴路和城内胜利街、关厢街、大西街烧成废墟。虽然,县政府曾对都匀新旧市区进行了统一规划,并制订了重建方案,绘制了市区规划图。但因抗战胜利后,国家重心的东移,以及政治的腐败与经费的匮乏,而最终未能达到目的,规划建设方案徒为具文[5]。

五、战时铜仁城镇的发展

铜仁地区位于贵州省东北角,地处武陵山脉中部,东邻湘楚、北接巴蜀,具有成为连接中原地区和西南边陲的纽带地位的优势,自古享有"黔东门户"的称号。铜仁在宏观地理上处于云贵高原向湘西丘陵过渡的斜坡地带,总体上呈西北高、东南低的趋势。平均海拔在500—1000米之间,武陵山主峰在该区境内,山脉以东便是湘西丘陵地带。在地貌类型上,有低山、丘陵、河谷、盆地、河流阶地等之分,与贵州的大部分地区一样,境内喀斯特发育,地表破碎,沟壑纵横,河流切割较浅,地面起伏相对平缓,河流沿岸多是山间坝子,一般海拔在300—800米之间。武陵山主脉以西是岩溶的山原地貌,一般海拔

---

[1] 都匀市史志编纂委员会:《都匀市志》(下),贵州人民出版社,1999年,第929页。
[2] 贵州省地方志编纂委员会:《贵州省志·城乡建设志》,方志出版社,1998年,第15页。
[3] 贵州省地方志编纂委员会:《贵州省志·城乡建设志》,方志出版社,1998年,第601页。
[4] 都匀市史志编纂委员会:《都匀市志》(下),贵州人民出版社,1999年,第960—969页。
[5] 都匀市史志编纂委员会:《都匀市志》(下),贵州人民出版社,1999年,第908—909页。

在600—1000米之间,相对高差达600—800米,总体上,全境以山地为主,占全区总面积的67.8%,其次是丘陵占28.3%,坝子及其他地貌面积仅占3.9%。因而铜仁是典型的"地无三尺平"的地形,这种地形意味着耕地面积的有限和交通环境的严峻性,由此限制了人口的聚集规模和聚落的选址,因此在漫长的农业社会时代,铜仁地区的城镇起源远远滞后于其他地区。

铜仁地区自古以来就是少数民族杂居之地,古代因远离中原文化的辐射而被称为所谓的"蛮夷之地"。尽管铜仁地区的各族人民在历史上积极开发生存之地,但是少数民族居多的人口构成模式,一定程度上影响了境内的文明开化进程。境内民族对先进生产技术和文明的吸收力不强,导致生产力提高的进程远远落后于中原地区,经济发展的落后又深深地制约了铜仁地区的城镇发展。

明、清两代是铜仁地区古代城镇发展的重要时期,主要表现在以下几方面。

首先,行政建置的设立推动了早期城镇的兴起和人口的聚集。明永乐十一年(1413年),因思州宣抚使和思南宣慰使积怨,双方举兵相向,不听朝廷调处,遂废两宣慰司,并在今铜仁境内设置铜仁、思南、石阡、乌罗四府,隶属贵州布政使司,来统辖该区。其中铜仁府辖铜仁、省溪、提溪、大万山四长官司及鳌寨苏葛办坑水银局和大崖土黄坑水银朱砂局;思南府隶水德江、思印江、沿河佑溪蛮夷四长官司和务川县及木悠、岩前、板场、任办水银局;石阡府辖石阡、葛彰葛商、苗民、龙泉坪四长官司,万历二十九年(1601年),废龙泉坪司,置龙泉县,隶属石阡府;乌罗府辖乌罗、平头、答意、治古、朗溪五长官司。到1438年,罗司、平头司拨属铜仁府,1442年铜仁府人口为1222户、4488口[①]。1494年废思印江长官司设印江县开始撤司改县的行政改革,并先后于1598年、1601年、1605年、1727年分别设置铜仁县、龙泉县、安化县和玉屏县。明、清两代,各府所辖县有务川县、印江县、铜仁县、安化县、龙泉县和玉屏县,各县下辖洞、乡、里等基层政权。到清代,思南府辖17图、170甲,编户21里;铜仁县辖坡头、长坪等11乡[②];雍正六年(1728年),玉屏县"东西广

[①] 贵州省铜仁市地方志编委会:《铜仁市志》,贵州人民出版社,2003年,第214页。
[②] 铜仁地区地方志编委会:《铜仁地区·政权志》,贵州人民出版社,2006年,第51—52页。

三十五里,南北袤三十三里",实辖村寨 138 个①,从而可见,铜仁在行政建置上有一定的完善,各府县城也粗具一定规模。明、清时期这些政治意义上的区域行政中心,在平定当地的民族纷争和暴乱的同时,修筑一定的城池和关隘,在后来逐步演变为市场、居民载体,成为县域的政治、经济、社会和文化中心,聚集部分人口和财富,形成了一定规模的县级城镇,由此可见,政治因素在早期铜仁地区城镇发展过程中的重要作用。

其次,地方经济的发展促进了明清时期铜仁地区城镇发展。随着行政建置的相对完善,居民得以在一个稳定的社会环境中进行生产和生活,在一些人口较密集、交通条件和地理位置较优越的地域,兴起了较小范围的商业活动中心,如当时的思南作为川盐入黔涪岸的运盐终点,利用乌江便利的水运区位,一度成为黔东北的货物集散中心,各地的商人纷纷来此地经商,不少外地客商也在该地开设商号,到清末即有永顺源、正顺隆等十大商号,除此,还有铜仁也是得水运之便而兴盛的城镇,但境内其他各县城镇在 20 世纪以前都因动力机制不足发展非常缓慢。

20 世纪前半期,铜仁地区与中国其他地区一样经历着历史的变幻风云。19 世纪中叶以后伴随着资本主义的入侵,新的政治、经济、文化等因素都随之深入到内陆地区,铜仁地区在清末民初家庭手工业开始走向没落、资本主义经济得到一定程度的发展,城镇发展也出现新的推动因素,特别是铜仁地区的部分城镇对矿产资源开发利用,促进了城市的发展和人口的聚集。

民国肇始,贵州便进入到军阀混战统治时期,激烈的战争殃及铜仁地区各县区,严重破坏了境内经济发展进程,造成社会环境的不稳定,农村经济也受到战争的破坏,更谈不上城镇经济的发展,城镇发展进入相对停滞时期。

武陵山区一直都是自然灾害比较严重的地区,20 世纪前半期铜仁地区天灾更是频繁,再加战争和土匪在新中国成立前的盛行,严重破坏农村生产生活秩序,农民生活出现极度的艰难,农村经济日益衰败,阻碍了境内经济的发展和乡镇规模的扩大。

据统计,1920 年 7 月到 9 月,万山、玉屏、石阡、思南、德江、印江、沿河、松桃等地久旱无雨,禾苗枯萎,又盛虫害,次年,全区所辖各县又遭 50 多天大

---

① 玉屏侗族自治县志编委会:《玉屏侗族自治县志》,贵州人民出版社,1993 年,第 42 页。

旱,两季无收,又值暑疫流行,病死饿死者众多,俗称"庚申辛酉大灾年"①。天灾的光顾使农业生产失去了良好的自然环境,生产力的下降又减弱了农民的抗灾能力,如此恶性循环,是农业的普遍衰退的重要原因之一。

农业生产的停滞还表现在生产工具和技术并没有被改进,仍维持以前落后的状态,很多地方的耕种和管理技术都还是比较粗放,据记载,"到1929年,铜仁、印江、省溪(今万山区)、江口、思南等地的耕种方法,一沿旧制"②,生产要素没有得到改善,也是降低生产力的一个重要因素。

军阀混战已经让落后的农业经济残破不堪了,再加上匪患的盛行,20世纪前半期铜仁地区的农业生产几乎步入停滞阶段。在当地农民的回忆里有这样一段记忆,"多如牛毛的土匪,有外地的,也有本地的,……他们上下勾连,拉帮结伙,到处烧杀淫掠,无一寨不受其害,当地政府奈何不了他们,造成社会大动乱,老百姓一年四季,日夜不得安宁"③。由此可见,匪患在这个深度欠开发的铜仁地区是当地发展的严重祸害。

民国前期,铜仁地区战争、匪患不断,灾害盛行、疾病流行时常发生,使当期的人口死亡率上升,户口一度减少,百姓处在深刻的危机之中。农民面对的问题不仅是饥饿、冷暖,还有战争、匪患、天灾,沉重的负担使农民无法进行正常的农业生产,农村经济一度衰败,经济的衰败必然导致市场的萎缩,这样无疑严重制约了城镇经济的发展和城镇规模的扩展。同时农村市场萎缩,也深深地影响了外力驱动下一度有所发展的工商业的进程,是抗战前铜仁地区城镇缓慢发展的主要阻碍因素之一。

虽然抗战以前,铜仁地区的城镇总体上落后于其他地区,但就自身发展历史上来说,仍有一定程度的变化。20世纪以后,部分农民开始突破自给自足的封建经济生活模式,开始对市场有了一定的依赖性。清季,不少田主、农户见鸦片种植有利可图,便竞相种植,在"下游"的思南、平越、松桃二府一厅,"鸦片弥山遍谷",石阡、思州等地"亦渐染此风"④,铜仁成为商人贩运鸦片入黔的主要路口,"粤东贩烟之奸商,东南从古州入境,东北从铜仁入黔"。种植

---

①铜仁地区地方志编委会:《铜仁地区·气象志》,1994年,第63页。
②《湘滇线云贵段附近各县经济调查报告书》,《贵州六百年经济史》,贵州人民出版社,1998年,第303页。
③贵州省委员会铜仁地区工作委员会编:《铜仁文史资料选辑》,第2辑,1992年,第25页。
④李振纲等:《贵州六百年经济史》,贵州人民出版社,1998年,第255页。

罂粟对农户而言,不得不说是一种经济生活方式的改变,他们一定程度上摆脱了自给自足的封建经济模式,开始了将罂粟通过市场卖给需求者,也通过市场购买自己生活和生产必需品的商品经济生活模式。除此,通过市场的物资还有如纺织品、食盐、绸缎、棉布、山货药材、肥皂、玉器、电筒、洋伞等[①],这样使得物资的流通量增加,活跃了商贸交易场所,市场开始在部分人们的生活中成为不可或缺的一部分,对深受封闭的封建经济模式盛行几千年的铜仁来说是很大的改变。但鸦片种植带来的祸害却也对贵州农民和经济产生了深刻的影响。

在资本主义商品经济的冲击下,贵州传统经济模式开始出现解体,带动了铜仁城镇经济的发展。20世纪初铜仁地区还出现了因专营著名地方产品而形成的颇具代表性的地方销售市场,如万山就是因出产和经营朱砂而形成了新的销售市场,这必然促进了万山当地的经济文化发展,也给当地人民的生产生活带去新的活力。新的经济因素的出现,带动了对货币的需求,一些地方政府和民间的金融商号开展了发行货币等业务,来满足经济发展对货币的需求,如光绪十五年(1889年),铜仁张恒记、刘义太、吴文茂、正兴东等十余家商号先后发行俗称"商钞"的银、钱票,其数多达十余万串,流通于市面,同时,一些当铺也有金融业务的涉及,如光绪二十年(1904年)铜仁兴恒发记当铺曾发行过钱票[②]。

城镇经济的发展,使各县区人民之间的联系变得频繁,传递信息、寄递货物的需求随之增加。民国时期,改善了清代靠官府在驿道上设置邮传铺,靠官吏传递公文信件的邮政条件,1911年开始设立铜仁电报局,是当时贵州省10个电报局之一,1925年,思南等地出现了地方电信,包括城乡电话、公路形成电话、无线电台等[③]。可见,新的经济因素的出现深深影响了铜仁地区城镇的发展,以及对境内城镇生活质量的提高。

20世纪前半期铜仁地区城镇发展深受政治环境的影响,体现在军阀时期战争和匪患盛行对农村经济的破坏使铜仁地区的整体城镇发展呈下滑趋势,红军黔东苏维埃政区的建设又推动了铜仁地区的城镇发展,抗战结束到新中

---

① 李振纲等:《贵州六百年经济史》,贵州人民出版社,1998年,第276页。
② 李振纲等:《贵州六百年经济史》,贵州人民出版社,1998年,第279页。
③ 李振纲等:《贵州六百年经济史》,贵州人民出版社,1998年,第298页。

国成立前又是发展的低潮期。

1927年各军阀开展争夺贵州的统治政权,进行连年战争,铜仁地区作为贵州的一部分,也在战争中受到破坏。各方军阀为巩固和扩大其割据政权,必须要扩充各自的军事力量,不仅对兵员一增再增,还在各地巧立名目的大增赋税,剥削百姓。如第一次周西成和李桑之战时,李部经过松桃、铜仁、江口、沿河、思南、印江、石阡等地,"所有牛马牲畜、粮食等类",尽被"掠食一空",因战争而受害地方"广至二十余县,灾民多至一百余万"[1],给当地百姓生活和经济发展带来极大影响。不仅如此,军阀统治者甚至还在其防区内滥发面值在市场上远不及其券值的钱币,给地方经济、民生带来极大影响,地方机构也在军阀的控制下,加倍压制百姓,使社会生活秩序一片混乱。如铜仁县公署和厘税局面值一元的"粮税抵用券";铜仁县"德泰隆"等三家钱庄的转庄票;松桃县农村银行的"凤凰钞票";松桃、赤水等地的铜元券等等。这些券流通市场中的面值都远不及其券值,本来收入就甚微的百姓,加上钱币的混乱,使其更加难以维持生计,生活更加困苦不堪。除此,更有军阀在当地滥开白条的情况,更是对当地经济的残酷剥削,如民国前期川军汤子模师驻铜仁时,便向地方强行"征借"银圆20万元[2],沉重的负担压在百姓身上,农业生产尚且难以维持,何谈城镇经济的发展。

抗日战争期间是铜仁地区城镇发展的一个契机。抗日战争全面爆发,随着贵州战略地位的上升,国民高度政府开始重视对贵州的开发,铜仁地区的工矿业、交通、教育等事业都得到一定的发展,在"战时经济"的推动下,境内城镇得到短暂的发展。但是,紧接着的内战又一次深深冲击境内各项事业的发展,直到新中国成立前夕,铜仁地区的各城镇的经济残破不堪、人民生活困苦。

总的来说,抗战时期铜仁地区的城镇发展总体上仍然是缓慢,但相对于自身历史而言,仍是有一定的变化,变化主要表现在以下几个方面:

一是行政建置的变化。1935年,国民党势力进入贵州,在贵州省建立11个行政督察区,其中第六行政督察区,专员公署驻思南,辖思南、德江、务川、

---

[1]《贵州华洋义赈会长致蒋中正等电》,《贵州六百年经济史》,贵州人民出版社,1998年,第320页。
[2]贵州省委员会铜仁地区工作委员会编:《铜仁文史资料选辑》,第1辑,1992年。

湄潭、凤岗、印江、沿河、后坪8县,第九行政督察区专员公署驻铜仁,辖铜仁、江口、松桃、玉屏、石阡、省溪6县。1936年,撤销正大营分县并入铜仁县,撤销甘龙口分县并入松桃县。同年3月,全省缩编为8个督察区,建立新的第六督察区,其专员公署驻铜仁,辖铜仁、江口、松桃、玉屏、石歼、省溪、思南、德江、印江、沿河、后坪(治所今沿河县后坪乡)13县。民国三十年(1941年)省溪撤县,辖地分别并入铜仁、玉屏2县;同年,撤后坪县,辖地化入沿河、务川县。1943年,贵州省改设6个行政督察区,第六督察区专员公署驻铜仁,辖铜仁、玉屏、江口、松桃、印江、石阡、思南、德江、沿河9县。至此,铜仁地区行政建置基本固定①。

二是城镇规模的变化。通过各县所统治的基层政权和人口的数量变化来考量。1930年成立的贵州省自治筹备处调整行政区划,规定县以下划分区、乡、镇的原则,即除特殊情况外,每县至少设立4区,一般不多于10区;每区有10—50乡、镇;100户以上村庄设乡,不满100户的联合各村编为1乡;100户以上的街市地方设镇,不满100户街市仍设乡;乡、镇都不超过1000户②。1935年国民党在改组贵州省政府的过程中又推行《各县编查保甲户口条例》,将县以下行政区域分为区、联保、保、甲四级。到1941年,推行新县制,废区和联保,县辖乡(镇)、保、甲3级,直到新中国成立前一直沿用。

1948年12月铜仁督察区基层政权统计表③

县域	乡镇	其中 乡	其中 镇	保	甲
铜仁县	16	15	1	165	2400
江口县	13	11	2	112	—
玉屏县	7	6	1	75	685
松桃县	24	23	1	278	2814
石阡县	18	17	1	164	1618

---

① 铜仁地区地方志编委会:《铜仁地区·政权志》,贵州人民出版社,2006年,第5—8页。
② 贵州省铜仁市地方志编委会:《铜仁市志》,贵州人民出版社,2003年,第93页。
③ 铜仁地区地方志编委会:《铜仁地区·政权志》,贵州人民出版社,2006年,第84页。

续表

县域	乡镇	其中 乡	其中 镇	保	甲
思南县	20	17	3	230	2084
印江县	15	14	1	184	1969
德江县	18	17	1	183	1968
沿河县	25	24	1	273	2803
合计	156	144	12	1664	—

从上表可以看出,抗战时期,沿河、松桃、思南是铜仁地区统辖基层政权相对较多的县镇,玉屏是统辖乡镇政权最少的县,江口次之,由此可知,铜仁地区各县城镇规模上的大致趋势是沿河、松桃、思南、石阡、德江、铜仁、印江、江口、玉屏依次递减的排名。

三是人口的变化也是城镇变迁的重要方面,以铜仁县为例,1932年铜仁县人口为17373户、78178人,1941年,省规定新县标准"面积1000平方公里以上、5万人或1万户以上"才可设县,不符合的或并或废,后坪县和省溪县都因不符合标准而被撤县,省溪县部分人口和地域划归铜仁县,扩大了铜仁县的县镇区域,是铜仁县规模扩大的一个表现,当年铜仁县的人口也增长到22792户、128282人[1],相对于1932年增加了4万多人,人口增长弧度是相对较大的。之后几年亦有增减,但波动不大,都保持在11万以上,到1949年人口稍有减少,户数减少到20017户,人数为112729,比20世纪30年代户数和整体人口数都有所减少,是抗战胜利后铜仁地区发展回落的影响。由此可见其他各县在人口规模上的变迁,总的趋势是发展较快,但起伏大、总体规模小。

20世纪前半期铜仁地区城镇发展主要是各县城乡、镇的发展,规模小是主要特征,仍以铜仁县为例,一直到新中国成立前铜仁县辖的1镇、15乡,都是规模相当之小的小乡镇,没有形成其有机的乡镇市场,更谈不上城镇体系的完善。

---

[1] 贵州省铜仁市地方志编委会:《铜仁市志》,贵州人民出版社,2003年,第217页。

四是抗战时期铜仁地区城镇发展还表现在经济发展方面,特别是体现工矿业的发展上。铜仁地区丰富的矿产资源,在清末民初得到开发,繁荣了城镇经济。早在同治七年至十一年间(1868—1872 年),德国人李希霍芬(F. Von. Richthofen)到中国进行考察期间,就曾到铜仁、万山、开阳等地调查汞矿,并著有《中国》一书①,为后来对铜仁矿产资源的开发做了准备。随着资本主义的快速入侵,1899 年"英法水银公司"②在铜仁万山的滑石坡成立,这是一家由英法政府和商人以签订"合同"的方式租借了万山的矿区而开办的,实际上是对当地人力资源和矿产资源的严重掠夺③,1908 年在强烈地收回矿权的背景下,英法水银公司被迫撤走,但是其间为开采资源而引进的先进采矿技术和设备,以及公司管理制度的引入,也对当地的发展有一定的影响。在水银公司成立的同年,德商礼盒洋行亦设炼厂在铜仁,对梵净山的锑矿进行开采,这些都是以压迫劳工和掠夺资源为前提的,但是都一定程度上促进贵州资本主义近代企业和发展,打破当地封闭的经济模式,繁荣了部分矿产资源丰富乡镇,促进了城镇发展。但这种不符合可持续发展,"一时繁荣"深深地影响了地方经济的长远发展,也造成了对环境的严重破坏。

抗日战争爆发以后,国民政府迁都重庆,为了配合政治、军事上的重大举措,国民政府将中国经济推向了战时轨道,在实施东部工矿企业内迁的同时,制定了西南、西北工业建设计划,贵州作为西南交通的重要枢纽,在战时的政策推动下,其经济"在历史上第一次进入到全国经济发展的主流圈内,成为战时经济链条中不可或缺的一环"④。对铜仁地区来说,战时经济的推动力主要作用在工矿业上。铜仁地区工矿业之所以能有所发展,当然首先与汞、锑等矿产资源蕴藏丰富的自然条件有关,再者出于国防和战争的需要,国民政府当局实行了"工矿并举",投资向重工业倾斜的政策,对采矿、冶矿业提起重视。战时经济的发展,不仅支持了抗战,缓解了战时社会供应困难的问题,还推动了铜仁地区部分城镇的一度繁荣,特别是矿产资源丰富的城镇,是政治因素在城镇发展历程中所起作用的体现。

---

①花永丰等著:《贵州万山汞矿》,地质出版社,1995 年,第 113 页。
②《万山特区文史资料》,第一辑,第 72 页。
③不仅残酷压迫矿工,还廉价雇用童工来增加利润,十年里掠走汞 700 余吨,获利高达 400 万元以上。
④李振纲等:《贵州六百年经济史》,贵州人民出版社,1998 年,第 322 页。

1938年1月,国民党政府资源委员会与贵州省政府合作创办了贵州矿务局,负责采冶、营运、收购矿产等业务,其在贵州境内的矿厂主要设在铜仁地区,有玉屏,万山,铜仁的岩屋坪、茉莉坪和大硐喇等,其中,万山厂可月产两吨余,工人最多时有750人,岩屋坪厂、茉莉坪厂等也都有一吨多的月产量[1]。后来贵州矿务局以"支援抗战、矿产国有"的名义接管了德镒和、岩屋坪、大硐喇等5大矿厂,成立省溪汞矿,场址设于铜仁万山,雇工1250人,包工3870人[2]。同时,在这一时期对梵净山金矿、松桃锰矿都有更进一步的开发,对矿产资源的开发必定会给当地的经济发展带去新的活力,特别是对省溪的城镇发展有极大的影响,该地是典型的资源型城镇,对资源的利用程度直接决定了其经济发展程度。在抗战胜利以后,本身经济基础的薄弱,加之各政府当局宣布"还矿于民、还利于民",很快经济开始滑坡,甚至衰退。以全省汞矿的年产量为例,战时全省汞年产一般在120吨以上,多时达189.7吨,战后产量急剧下降,常年产量19吨左右,1949年的产量仅为10吨,除此,锑、铁、煤等矿产资源的产量也都明显下降,正常的商业经济秩序也都被内战和急剧衰退的矿业所打破,致使在解放前夕铜仁的社会局面是一片混乱,残破不堪。

20世纪前半期对铜仁地区资源的开发推动了部分资源丰富的城镇,相对的资源优势为当地的经济建设吸引了大量资金和人才,使当地的矿产资源能高效地向经济资源转化,推动城镇经济发展。

五是交通的改善与城镇发展。交通条件对于城镇的兴起与发展具有决定性的作用,交通便利了才能更好地满足经济的交流和文明的传播,从而对推动社会经济整体向前发展。20世纪初期,铜仁地区还没有近代意义上的交通,因其航运条件的充分,仍主要依靠水路交通来承担物资的运输和交流。但是商品化农业的萌芽,对交通运输条件提出了新的要求,地方当局和富商巨贾们开始对锦江、乌江等水系的通航能力进行改善。如咸丰六年(1856年)、同治三年(1864年)分别对德江县乌江左岸、右岸进行的整治,使乌江的承载能力进一步提高;1914到1915年,思南地方绅商协力开放乌江上端,使干流航道自文家店上延至江界河;1936年,石阡县也曾组织修缮石阡河险滩

---

[1] 熊大宽:《贵州抗战时期经济史》,贵州人民出版社,1996年,第113页。
[2] 何仁仲:《贵州通史》,第4卷,当代中国出版社,2002年,第294页。

野猪洞及木根洞段;1938年11月成立了乌江水道工程局;1940年开始整治乌江河段,直到1945年结束,施工范围主要在沿河、德江、思南三县境内,约160余公里,治理后可通小汽船,这样便改善了货物中转条件[①]。

除了对水路交通条件的改善外,铜仁地区为了配合战争的需要,公路建设有一定的发展,如民国时期玉屏至铜仁、遵义至思南公路等。另外,1934年国民政府还在铜仁修建了西门机场,虽然这个机场的相关设施因经费的缺少而极不完善,机场的面积也狭小,设备简陋,没有真正投入使用[②],但毕竟也算是一大进步。交通条件的改善对于经济发展起了重要的推动作用,抗战时期铜仁交通的变化,促进了部分城市经济的发展,如位于"上接乌江,下通楚蜀"的思南,因公路的修筑,交通区位发生了进一步的变化,成为"川贵商贾贸易之咽喉"[③],抗战时期经济有较大发展,商业繁荣,各项基础设施的建设也相对完善,这成为思南在该区域走在城镇发展前面的重要推动力之一。

六是教育的进步与城镇发展。20世纪前半期铜仁地区的教育事业取得长足的进步,随着清政府废科举的改革,铜仁地区在全国办新学的潮流中开始了地方教育建设,这对于改善民众落后的思想观念、提高市民自我意识有积极作用。1917年,铜仁各县共有小学264所,在校生10080人;道立中学1所(铜仁)。抗战时期是铜仁新式教育出现较大发展的时期,这不仅表现在学校数量的增加,更多地表现在教育质量的提高。到1949年,铜仁区有小学294所,在校生21374人;省立中学2所(铜仁、思南),县立初级中学9所,社会团体以及教会办的初级中学3所[④]。学校的建立是发展教育事业的第一步,随着教育的发展,一批受过新式教育的年轻人慢慢成长起来,从而改变人口的教育结构,同时也有利于民众文化素质的提高,思想观念的改变,能够逐渐接受新事物和新的发展观念,也使劳动生产力得到新的提高,促进了城镇经济的发展。

对教育事业进步的直接成果体现在,20世纪前半期的铜仁地区的乡镇基础设施的完善和城镇文化的建设上。抗战时期,随着民风的开化,各项事业

[①] 何仁仲:《贵州通史》,第4卷,当代中国出版社,2002年,第305页。
[②] 李振纲等:《贵州六百年经济史》,贵州人民出版社,1998年,第295页。
[③] 李振纲等:《贵州六百年经济史》,贵州人民出版社,1998年,第185页。
[④] 铜仁地区地方志编委会:《铜仁地区·政权志》,贵州人民出版社,2006年,第90页。

都有了进步,传统的文明建设得到一定的改善。1939—1940 年,铜仁所属各县相继建立了民众教育馆,开展了报刊、图书借阅等文化活动。同时,各县也在不同时期举办各种娱乐健身活动,如 1944 年 10 月,铜仁行政督察区第一届全区运动会在铜仁北校场举行等。这些都是铜仁地区开启民智的主要表现,虽然时间和进程都远远落后,但不能否认其对当地文明进程的推动作用。这样一来,铜仁地区的城镇社会得到建设和发展,也为解放后铜仁地区的城镇发展做了准备。

抗战时期,铜仁地区的城镇虽然有一定的发展,但是从整体考察,铜仁地区城镇仍然呈现明显的落后性。一直到新中国建立前,铜仁地区一直没有一个设市城市,也没有出现具有现代功能的城市,仅有的 9 个县级城镇也只是规模较小、功能简单的人口聚集中心,功能极不完善。县域中的乡镇,也只是传统意义上发展缓慢、以农耕生活为主的农村集市,人口规模很小,社会经济发展总体水平落后。城镇发展缺乏社会环境和经济基础,也缺少中心城镇的辐射带动作用,各乡镇之间没有形成完整的市场体系,导致乡镇经济没有得到很好的发展,当然,就不存在城镇体系的完善。

抗战时期,铜仁地区的城镇虽有一定的发展,但是由于缺乏政治、经济、文化等各方面内部驱动力,境内城镇仍只是行政力量统治的区域中心,是以政治功能为主、经济辐射带动功能极度弱化的城镇,其城镇功能的简单,也限制了对区域影响力的程度,更没有建立与省域,甚至东、中、西部等其他城市的有机联系,只是较为独立的区域市场,综合经济带动功能极为薄弱。

六、战时贵州其他一般城市的发展

与贵阳、遵义、毕节、都匀、安顺等城市发展相较,贵州其他城市因地理位置偏僻、经济发展水平低、交通不便等内在因素的影响,致使中东部工矿企业绝少迁至这些城市,且具有高素质的外来人口移居很少而造成外部推动力严重不足,使得城市发展因内外力不足受到了很大的限制,在贵阳、遵义、都匀等城市较快发展的背景下,它们的发展水平却提升有限,依然保持着传统时期的城市发展状态。如定番县城,距省会贵阳 55 公里,在全省为富饶之县,社会经济在抗战时期也得到了一定的发展,"它现在是黔省的一个实验县,一切的一切,可以说已具有若干实验县的雏形了"①。但在总体上仍比较落后。例如城市商业,定番县城只有少数商铺,而定期赶场却成为了"人民买卖之中心",城中商店"门前冷落车马稀","恰好与市集时人山人海熙来攘往之状况成一对照"②。

在贵州经济较为发达的龙里县城,在抗战时期因内地机关单位迁入,并留驻龙里,从而刺激了城市商业贸易的发展,仅据民国三十三年(1944年)统计,县城内有旅栈、餐馆54家,盐商、油商、木业、薪炭、成衣、理发、建筑、屠宰等200余户;兴办了师范学校、应钦中学;设置卫生所,开展西医治疗;城内各街道大都铺成碎石路面,但工业仍处于手工业阶段③。

贵定县城是建筑在一个山坡上,城西有河环绕,公路横贯东西,穿城而过,城内以东街、大街、东大十字、小十字口最为热闹。手工业发展较快,如皮丝烟业,"据说以前此业有一百余家,现在只有二三十家了,抗战以后,比较有起色,交易以舒洪兴为最盛,现在他家是说的上二三等的富商咧"④。

独山的发展得利于黔桂铁路的修筑。在黔桂铁路将要通车的时候,市面已经很发达,许多人都来购买地产,兴建房屋。因独山是通往广西的要道,通车以后,独山便成立了一个"新市区建设委员会",修建了火车站,拓建了新城区,和建筑古典的旧城区形成了鲜明的对比。在火车站一带形成了以中山路和中正路交叉地方的四面钟为中心的新市区,聚居了大量的流动人口。城市人口规模急剧扩大,仅本地人就"约五万人左右"⑤。

晴隆为贵州西路一小县,其规模甚小,经济也不发达。自黔滇公路通车,成为过往车辆必经之站后,一跃而成现代新兴城市,"一切建设已粲然大备,实为西路小县中最进步者"。"夜间,街上的商店都在煤气灯光下显得非常辉煌,市景也很可观。"晴隆的市面并不热闹,但很整洁,公路沿线的小吃馆特别多,"花绿的酒帘飘满了每一条街道"⑥。

紫江县城,"市街极为清洁,惜较狭窄,汽车行驶不便,尤以城门过小,车

---

① 贵阳市档案馆:《抗战期间黔境印象》,贵州人民出版社,2008年,第3页。
② 张肖梅:《贵州经济》,中国国民经济所,1939年,第11章,第K33页。
③ 龙里县地方志编纂委员会:《龙里县志》,贵州人民出版社,1995年,第4、15、62页。
④ 贵阳市档案馆:《抗战期间黔境印象》,贵州人民出版社,2008年,第12页。
⑤ 贵阳市档案馆:《抗战期间黔境印象》,贵州人民出版社,2008年,第61页。
⑥ 贵阳市档案馆:《抗战期间黔境印象》,贵州人民出版社,2008年,第378、383页。

行受阻……城中商店较少,除赶场外,较为冷落",但该县现代工矿产业开始发展,"昔曾有外资经营之英法公司开采,现则为资源委员会开发,有职工二百余人,已有相当产量"①。

修文,在抗战时期因县政建设和外来人口的推动,城市面貌发生很大的改变。"由街上走过,会见到'修文书店'、'经济饭店'、'照相馆'、'理发室'……招牌都是新的。同时,在街旁的墙壁上贴满了新剧公演的广告,篮球比赛的通知,各种纪念会的标语,还有县党部、民教馆及十六补训处的简报,最近两天还出现一种也是抄写的'文联周刊'。城乡铺设了电话,修筑了由扎佐至县城、由县城至贵筑的公路及各乡镇的乡村道路,交通便利。并修建'可发电量一千五百瓦特'的修文河发电工程。全县有14所中心学校,有□所初级中学,国民学校已达每保一校标准,城区扎佐,各设有民教馆,抗战后,省立高中迁办于此,教育颇有进步。"②

德江城区,平日没有大商店,赶场是他们交易的唯一日期。宽宽的马路,横卧在两边房屋的中间,墙壁都已刷黑,很整齐壮观③。

务川县城"街道狭窄空气不大流通,但屋宇整齐,行商云集,虽不是闹市,也还不算荒凉,赶起场来,有几千人,非常的拥挤,有面馆,有布店,有成衣铺,有食盐行……马马虎虎的还算完全"④。

正安县城,"街道颇宽,能行汽车,房子亦新整高大,墙上都是用石灰糊得白白的,有绸缎店,有成衣庄,有茶楼酒馆,有面食炒菜市,焖牛肉顶便宜,一毛钱一大碗,味道好,颇卫生,真是价廉物美,为各处所不及了……东街较热闹,赶场天固拥挤,平时人也多,资本稍大的铺店,多半集中在这里,晚上有两家茶社内,打着铜鼓,唱唱玩意儿的川戏,围观的人不算少……"⑤。城里相当整齐,颇有州城规模。城内"共有两个中等学校,一个是县中,一个是简易师范,学生都挤满了"⑥。

湄潭县城,"街道整齐,饭馆商店很多,突然一看,不次于遵义,不过范围

---

① 贵阳市档案馆:《抗战期间黔境印象》,贵州人民出版社,2008年,第104页。
② 贵阳市档案馆:《抗战期间黔境印象》,贵州人民出版社,2008年,第114—122页。
③ 贵阳市档案馆:《抗战期间黔境印象》,贵州人民出版社,2008年,第138页。
④ 贵阳市档案馆:《抗战期间黔境印象》,贵州人民出版社,2008年,第145页。
⑤ 贵阳市档案馆:《抗战期间黔境印象》,贵州人民出版社,2008年,第151—152页。
⑥ 贵阳市档案馆:《抗战期间黔境印象》,贵州人民出版社,2008年,第174页。

略小些。因为交通便利,浙大及浙大附中皆在,也是提高文化增加繁华的原因。整个街市颇似北平和平门一带。另外的学校有湄潭县立中学、湄潭职业学校、标准小学"。"街市上熙熙攘攘的尽是人,年轻的姑娘们,已换上了短袖旗袍,那久经掩盖的白臂膀,又在金色的阳光下诱动着一些男人在注意着。学生们也还上了短装,或者白的衬衣……在东门尽头的那家矮而不扬的万福兴金店,雀小脏全,他们仍然贴着黄金每日买进卖出的市价使我们增添了一项新知识。"①

金沙县城,位于群山怀抱中一块盆地上,"有长街一条,由东至西约二华里许,划为二:右为民族路,左为中华路,右为住宅区,左则为商店群集,尚称繁盛,街面为零乱之大石块铺成,天雨颇泥泞"。城内"住民万余人,近则外省侨寓者渐增,益臻繁盛。中华路中段,为商业繁盛区域,旧为中街,京广百货,土产饮食店均集于此"。"该县教育,比较落后,惟经地方人士热心倡导,当局努力推进,已有蒸蒸日上之象,计有中等学校二所,一为县立,一为私立。"②

郎岱县城,城里只有一条大街,由东到西,不及半里,短且狭,颇像一条石槽,城内的房屋大半古旧,多属百年以上的建筑,商店规模很小,旅店虽有几家,内部则陈旧肮脏,格式则仿古庙,依然是传统城市模样③。

安龙县城,呈长方形,东南地势高,西北地势低。学校、党部、县政府多半集中在东南角,故称东南部分为政治文化区。商业、车站、旅社、市场等多散布在西北部,为商业区。街市的房屋和马路相当整齐、清洁。方块石路面修筑和安顺市街一样,晴天无尘土,雨天不泥泞。道路的两旁植有树木,绿荫树林,远观极美观,如果谈市容,安龙也许还站在黔垣的前面。城乡妇女多秀丽健康,语言普通,城中青年女郎则多趋时④。

兴义县城,毗连滇桂,为三省交界之处,在军事上颇为重要,在经济上更有其特殊的地位,它是粤桂通滇的要道,是云南、广西、贵州三省边区——滇东、桂南、黔西一带货物的集散地。其商业气味倍极浓厚。城内市街整齐,"虽然缺少近代的新式建筑,但商店铺户很多。交易仍保有古代赶集的习惯,

---

① 贵阳市档案馆:《抗战期间黔境印象》,贵州人民出版社,2008年,第168—171页。
② 贵阳市档案馆:《抗战期间黔境印象》,贵州人民出版社,2008年,第228—230页。
③ 贵阳市档案馆:《抗战期间黔境印象》,贵州人民出版社,2008年,第254页。
④ 贵阳市档案馆:《抗战期间黔境印象》,贵州人民出版社,2008年,第343、344、354页。

六天为一场期,贸易之盛及进出口货物之大宗,甲于全省"。城内有中学二所,一为省立中学,一为县立中学,"两相比较,虽然各有优势,但彼此竞进,较诸过去只有中学一所的时候,却要好得多。小学教育颇称发达,全县小学共百余所,数量方面相当可观"。城内"人民团体,颇形活跃,总工会已正式成立。妇女会亦在积极改选中,县府重视民运工作,闻将设置人民团体联合办公处,俾各人民团体,能经常活动。此种办法若能实现,可为各县之示范"[1]。

望谟县城,地处边陲,毗连广西,交通梗塞,文化落后。县城住民三百余户,拥有八条很整齐的街道,都系新式门面。"只环境卫生的改良和卫生教育的推行,是当前望谟急要的工作。有三个厕所,还是经政府强制挖掘。"[2]

至于赫章、威宁、黔西、平坝、盘县等贵州"边县",城市虽然经过抗战时期的建设,但依旧很落后。街道一般都很狭窄、短小,且较肮脏[3],城市面貌变化很小,经济、教育与文化低于贵州其他城市,从而影响了贵州城市的整体发展。

总的来说,除龙里、贵定等贵阳附近县城发展形势稍好与现代教育有一定发展外,贵州县级城市总体发展水平还是很落后,不仅城市规模小、人口少、现代经济要素仍很缺乏,而且城市面貌依旧"太窄太脏"。尽管城市社会生活出现了因外来人口带来现代生活气息所感染的城市风尚,但总的来说仍显闭塞落后。在地处社会经济发展水平相对较高且交通较为方便的定番、龙里等县城尚且如此,而那些位居深山、社会落后的民族地区的城市,其发展更为落后,即便是到贵州城市发展速度最快的抗战中后期,亦是如此,如前文所述的罗甸、龙坪、桐梓等县城,与此期贵阳、遵义、安顺、都匀、毕节等受到国家战略重视、重点建设的城市发展相距甚远,从而加剧了贵州城市发展的不均衡性。加之这类城市数量多,这又使贵州城市整体协调性发展受到了很大的制约。尽管这些城市发展还很落后,也制约了贵州城市整体发展,但是它们经过抗战时期的发展,在贵阳、遵义、安顺、都匀等城市的影响下,也开启了其城市现代性发展之门,并为以后的发展打下了一定的基础。

通过对抗战时期贵州城市发展状况微观和宏观的考察,我们可以看出此

---

[1] 贵阳市档案馆:《抗战期间黔境印象》,贵州人民出版社,2008年,第360—362页。
[2] 贵阳市档案馆:《抗战期间黔境印象》,贵州人民出版社,2008年,第374—375页。
[3] 德瞻:《贵州步行记》,《宇宙风》,1938年,第75期,第140页。

期贵州城市发展具有鲜明的时代性、不平衡性、总体落后性,并带有浓厚的地域性特征。

首先,城市发展的暂时性。贵州城市在国家城市发展版图中历来是"蛮荒之地",国家很少注意对之进行经营。抗战时期,发达的中东部地区城市渐次沦陷,贵州因地处后方大西南中心地区,且靠近边境国际通道的地缘优势得以暂时体现,出于持久抗战的需要,才不得不为国家所重视,中东部现代工矿企业和大量具有较高素质的人员不得不迁驻贵州各城市,借助外部力量的推动,近代工厂、交通、文教等事业因此在贵州城市得以创建,并获得了较快的发展。抗战胜利后,国民政府还都南京,由原沪、京、津、汉及江、浙、粤、桂等省市西迁来的现代工矿企业大量迁还原籍、各类人才也随之东迁,城市人口骤减,现代产业顿时萎缩,贵州城市因外部推动力的骤然离去而丧失了抗战时期发展较快的势头,停顿了下来,加上国民政府不断强化经济统制政策与严重的通货膨胀,致使贵州城市迅速地从繁荣走向衰落,结束了近代贵州城市发展的"黄金期"[①]。

其次,城市发展的不平衡性。受地理环境、民族、经济因素的影响,贵州城市在抗战前发展的不平衡特性就已比较显著。抗战时期,国民政府根据贵州城市地理环境、国家战略地位的差异,采取了不同的建设方略。那些位于交通节点、发展条件优越的城市,如贵阳、遵义、安顺等,因政府大力营建而发展迅速。这些城市集中了当时贵州绝大部分的近代工业;聚集了比其他区域城市更多的城市人口,汇集了更多的促进城市发展的资源,全省现代交通事业均围绕这几座主要城市向贵州四围及周边省份延伸,城市规模比其他城市拓展更为迅速、范围更大,城市内部结构开始从外部特征上颠覆传统:宽阔的马路逐渐取代旧式石板窄街小巷,具有现代气息的剧院、酒楼、洋楼拔地而起,电灯、电报、电话、自来水等市政基础设施渐次兴举,城市面貌焕然一新。而那些位于僻远地区的城市因经济条件差、交通不便,且不为国家战略所重视而发展仍很落后,依然保持着传统城市的特征。贵州城市发展的不平衡性在抗战期间不但没有弥补,反而增加了新的内容。

再次,城市发展的总体落后性。贵州因地理、民族、经济的制约,与内地

[①] 贵州省志编纂委员会:《贵州省志·商业志》,贵州人民出版社,1990年,第15页。

和西南诸省相比,城市发展相对滞后。

一是城市规模小。经过抗战时期的建设,贵州城市发展水平有了一定的提高,但城市规模依然较小。省会贵阳在抗战期间城市人口虽在最高时接近 30 万人,市区规模到 1944 年扩展至 72 平方公里,市内面积扩展至 6.8 平方公里[①],但与重庆、成都、昆明相比差距仍然很大,更遑论经济规模了。贵州第二大城市遵义,人口最多时也不到 10 万人,城区面积狭小,规模不大[②]。而大多数城市都是几如桐梓县城"荒城寥廓,城中居民不过百户"的"小市镇"[③]。

二是城市功能单一。总的来说,抗战时期贵州城市的功能普遍较为单一,除贵阳、遵义、安顺等极少数城市建有少许现代工业,初现现代城市功能分区的趋势外,其他城市鲜见现代城市功能的存在,依然延续着传统的政治军事功能,城市经济功能则建构在自给自足的传统经济基础之上,不以市场为目的的手工业生产虽遍及城乡,但效率低下,产量有限。商业贸易也主要以日常生活所需的盐、茶以及为外贸所需的桐油、生漆、五倍子等商品为大宗[④]。大部分城市仍然保持着"日中为市,交易而退"的古代商业形态,定期集场仍是产销双方交换产品的主要交易方式。据《黔政五年》记载,在 1938—1943 年间,全省还有十几个偏僻县城尚无现代商业可言,依旧停滞在完全自给自足的自然经济状态下。即便出现了少许现代矿业城镇,但因历史地理条件的限制都没有发展成为城市。如六盘水在抗战期间得到了较大的发展,但因缺少其他城市功能的支持和条件的限制,直到国民政府在大陆覆亡时,仍还是水城县属辖的一个矿镇。

虽然贵州城市在抗战时期的发展有着暂时性、不平衡性与落后性的特征,但我们不应否认此期贵州城市发展的历史地位,即抗战时期是贵州城市数千年发展史上的一个黄金时期,并为新时期城市发展积累了雄厚的现代性因素,正如时人所言:"民国二十四年(1935 年)以前之工商业,均不过农业生产之附庸而已。民国二十年(1931 年)以后,情形则稍变迁,因沿江、沿海人

[①] 贵阳市地方志编纂委员会:《贵阳市志·城市建设志》,贵州人民出版社,1990 年,第 15—16 页。
[②] 贵州师范大学地理系:《贵州省地理》,贵州人民出版社,1990 年,第 220—221 页。
[③] 朱偰:《黔游日记》,《东方杂志》,1944 年,第 40 卷,第 12 期。
[④] 肖良武:《抗战时期贵州商业的发展》,《安顺师专学报》,2000 年,第 3 期。

力、财力、物力之内迁,黔省工业颇有欣欣向荣之象,而商业因亦有显著之发展,影响所及,于是黔省社会经济,获益实多。不仅开辟了荒原,而且确定了贵州前途乐观之信念。是今日工商之萌芽,即将来之根基也。"[1]

---

[1] 丁道谦:《贵州工商业之现在与将来》,《新工商》,1943年,第1卷,第1期。